수능까지 연결되는
초등

디딤돌 독해력

디딤돌

독해는 초등부터
시작해야 합니다

'독해는 고학년이 되면 잘할 수 있겠지.' 라고 막연하게 생각하고 계신가요?

하지만 학년이 높아져도 글 읽기를 어려워하는 학생들이 많이 있습니다.

글을 '제대로' 읽어보려는 노력 없이 독해력을 저절로 기를 수는 없습니다. 단순히

눈으로 활자를 읽어내는 것이 아니라, 읽은 내용을 토대로 **적극적으로 사고하는**

'독해'를 하려면 초등생 때부터 체계적이며 반복된 훈련이 필요합니다.

독해력은 단기간에 기를 수 없기에,
일찍 시작해서 차곡차곡 쌓아야 합니다!

모든 공부의 기본과 기초는 독해입니다.

교과서의 내용은 물론 인터넷, 신문 등 일상에서 접하는 지식과 정보가 대부분

글로 이루어져 있기 때문입니다.

기본적으로 독해력이 튼튼하게 뒷받침된 학생은 학교 공부도 잘합니다.

사고력이 커지며 스스로 생각하는 힘을 키우는

초등 저학년이 독해 공부를 시작하기 딱 좋은 시기입니다.

독해를 일찍 공부한 학생
- 국어뿐 아니라, 다른 교과 내용도 수월하게 이해함.
- 정보를 읽고 받아들이는 힘이 생겨 자기주도적 학습 능력이 향상됨.
- 의사소통 능력이 향상됨.
→ 꾸준하고 의도적인 노력을 통해 독해력을 길러야 합니다.

독해는 수능까지
연결되어야 합니다

이제 초등학교에 입학했는데 수능이라니요. 제목만 보고 당황하셨지요?

하지만 이 책에서 '수능'을 언급한 것은 초등학생 때부터 수능 시험을 대비하자는 의미가 아닙니다.

뜬구름을 잡는 것처럼 무작정 많이 읽는 비효율적인 공부가 아니라, **'학교 시험'과 '수능'이라는 목표를 향해 제대로 첫 발자국을 내딛자**는 의미입니다.

초등에서 고등까지,
독해의 기본 원리는 같습니다!

일반적으로 국어 학습 내용은 나선형으로 심화된다고 이야기합니다. 학습 내용이 이전 학년의 것을 기본으로 점차적으로 어려워지고, 많아지고, 깊어지기 때문입니다. 그 중에서도 특히 '독해'는 초등에서 고등까지 핵심 개념이 같으며, 지문과 어휘 수준의 난도가 올라갈 뿐입니다. 따라서 이 책은 초등 독해의 첫 시작점을 정확히 내딛어 궁극적으로 수능까지 도달할 수 있도록 구성하였습니다.

예를 들어, 수능에 자주 출제되는 '중심 화제 파악'이라는 독해 원리를 살펴볼까요?

우리 책에서는 학년별로 해당 독해 원리를 차근차근 심화하며 궁극적으로는 수능까지 개념이 이어지도록 목차를 설계하였습니다.

1학년	2학년	3학년	4학년	수능
6주 글에 어울리는 제목을 붙여요	6주 글의 중심 생각을 찾아요	4주 중심 문장을 찾아요	8주 글의 주제를 파악해요	중심 화제 파악

독해 공부는 속도가 아니라 방향이 중요합니다.

학교 시험을 잘 보고, **수능까지 연결되는 진짜 독해 공부**를 시작해 보세요.

학습 계획표

『디딤돌 독해력 3』 중 week 5, 6을 수록하였습니다.
1주 5day 학습을 경험해 보세요!

WEEK 1
인물의 마음 변화를 파악해요

1 Day 누나와 앵무새
2 Day 뿌듯함
3 Day 퐁퐁이와 툴툴이
4 Day ❶ 선생님께 ❷ 민서에게
5 Day 누가 먼저 말을 할까요?
1주 마무리

WEEK 2
감각적 표현의 재미를 느껴요

1 Day 방귀쟁이 며느리
2 Day 발가락
3 Day 아이들의 못 말리는 서커스
4 Day 꼬부랑 할머니
5 Day 민지와 은행나무
2주 마무리

WEEK 3
상황에 맞게 실감 나게 읽어요

1 Day 지각생
2 Day 소년과 어머니
3 Day 수탉과 돼지
4 Day 별주부전
5 Day 도깨비를 골탕 먹인 농부
3주 마무리

WEEK 4
중심 문장을 찾아요

1 Day 이가 없는 동물
2 Day 기후와 생활
3 Day 종이컵 이야기
4 Day 슬기로 만든 김치
5 Day 개
4주 마무리

WEEK 5
글쓴이의 의견을 파악해요

디딤돌 독해력 미리보기

1 Day 산불을 끄는 작은 새
2 Day 우리 음식, 똥보 막는다
3 Day 이를 닦읍시다
4 Day 공공장소에서의 예절
5 Day 우리 만화가 좋아

5주 마무리

WEEK 6
글의 흐름을 파악해요

디딤돌 독해력 미리보기

1 Day 강감찬 장군
2 Day 내 마음을 사로잡은 경주
3 Day 보들 이야기
4 Day 말하는 종이컵 인형 만들어 놀이하기
5 Day 소나기를 이긴 강아지풀

6주 마무리

WEEK 7
드러나지 않은 내용을 짐작해요

1 Day 물은 생명의 근원
2 Day 그리운 나의 어머니
3 Day 왕따가 제일 무서워요
4 Day 거울을 처음 본 아내
5 Day 태풍 이야기

7주 마무리

WEEK 8
글의 내용을 짧게 간추려요

1 Day 선생님의 말씀
2 Day 바닷속 동물
3 Day 놀이동산의 안내 방송
4 Day 선물 상자 포장하기
5 Day 동물들은 어떻게 잘까요?

8주 마무리

WEEK

5

글쓴이의 의견을
파악해요

오늘 점심 메뉴는?

일요일 점심이에요. 오늘은 아빠가 식사 당번이에요.
지원이는 쫄깃쫄깃한 피자를 만들어 달라고 했어요.
엄마는 나물이 가득 든 비빔밥이 드시고 싶대요.
그때 아빠가 머리를 긁적이며 슬그머니 말씀하시네요.
"라면이라면 내가 맛있게 끓여 줄 자신이 있는데……."

지원이는 피자, 엄마는 비빔밥, 아빠는 라면. 점심으로 무엇을 먹을지에 대한 지원이네 가족의 의견이 모두 다르네요. **의견은 어떤 대상에 대하여 가지는 생각**이에요. 어떤 대상에 대해 사람들이 지니는 의견은 같을 수도 있고 다를 수도 있어요.

글에는 **글쓴이나 인물의 의견**이 나타나 있어요. 의견을 파악하면서 글을 읽으면 글쓴이나 인물의 의견과 자신의 의견을 비교하며 창의적이고 비판적으로 생각하는 힘을 기를 수 있어요. 의견을 파악할 때에는 그 **까닭도 함께 파악하는 것**이 중요하다는 것을 잊지 마세요.

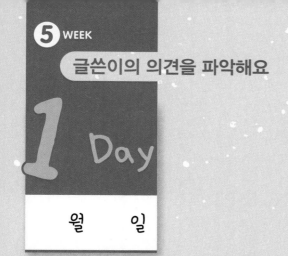
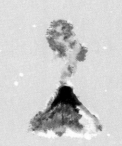

산불을 끄는 작은 새

다음 글을 읽으며, 빈칸에 들어갈 알맞은 낱말을 찾아 쓰세요.

우왕좌왕	단념	당황하지

우리 가족은 늦은 저녁에 식사를 하고 있었어요. 그런데 갑자기 깜깜해졌어

요. 정전이 된 거예요. 동생과 나는 ☐☐☐☐ 하였어요. 아빠는 차분하

　　　　　이리저리 왔다 갔다 하며 일이나 나아가는 방향을 종잡지 못함.

게 기다리면 된다고 우리에게 ☐☐☐ 말라고 하셨어요. 한참을 기다

　　　　　놀라거나 다급하여 어찌할 바를 모르지

려도 전기가 들어오지 않아 ☐☐ 하려는 순간, 반짝! 불이 들어왔어요. 우

　　　　　품었던 생각을 아주 끊어 버림.

리는 환호성을 질렀답니다.

● 다음 글을 읽고, 물음에 답하세요.

옛날 어느 숲속에 큰 산불이 일어났어요. 숲속에 살고 있던 동물들은 깜짝 놀라 우왕좌왕했어요.

"동물 여러분, 당황하지 마세요! 자기가 있는 자리의 불을 끈다면, 모든 불이 꺼질 것입니다. 내 말만 믿으세요."

동물의 왕 사자가 말하자 모든 동물들이 불을 끄기 위해 이리저리 뛰어다녔어요.

"앗, 뜨거! 내 코로 아무리 물을 퍼 올려도 불이 꺼지기는커녕 더 번지고* 있네. 사자님, 이러다가 우리 모두 죽고 말아요. 빨리 도망갑시다."

코끼리가 뒤뚱뒤뚱 불길을 피해 도망갔어요. 사자는 어쩔 수 없다는 듯이 동물들과 함께 동굴 속 안전한 곳으로 몸을 피했어요.

때마침 불어오는 바람을 타고 불길은 삽시간에 크게 번져 갔어요. 짐승들은 불 끄는 것을 단념할 수밖에 없었답니다. 사자와 동물들은 동굴 속에서 사납게 번져 가는 불길을 바라보고만 있었습니다.

그러나 작은 새 한 마리만은 여전히 필사적으로 소방* 작업을 계속했습니다. 개울로 날아가서 날개에 물을 적시고는 다시 불타고 있는 숲으로 날아와서 몇 방울의 물을 떨어뜨리기를 반복했어요. 이것을 지켜보고 있던 코끼리가 말했습니다.

"이 어리석은 꼬마 새야, 그만두어라. 우리들이 못하는 일을 너 같은 작은 새가 어떻게 해내겠단 말이냐? 그러다간 불을 끄기는커녕 네가 먼저 죽게 된단다."

"저의 목숨을 걱정해 주시는 코끼리 아저씨의 말씀은 감사합니다. 그러나 지금까지 우리가 살아온 숲이 불에 타고 있는데 어떻게 바라보고만 있겠어요? 되고 안 되고는 나중에 생각할 일이고, 저는 지금 제가 할 수 있는 일을 힘껏 할 뿐이랍니다."

작은 새는 이렇게 말하고 또다시 자신의 몸에 물을 적시기 위해 날아갔어요.

'작은 새가 동물의 왕인 나보다 낫구나! 우리의 땀과 피가 어려 있는 이 숲을 이렇게 쉽게 포기할 수는 없어.'

사자는 작은 새의 말을 듣고 [㉠]

● 번지고: 병이나 불, 전쟁 따위가 차차 넓게 옮아가고
● 소방: 화재를 진압하거나 예방함.

인물의 의견 파악하기 글에 나타난 인물의 의견을 파악하기 위해서는 인물의 생각이 나타난 부분을 찾거나 인물의 말이나 행동을 주의 깊게 살펴보면 됩니다. 이 글에서 사자가 어떤 말을 하였는지 찾아봅니다.

글쓴이의 의견
파악하기

1 숲속에 불이 나자 사자가 처음에 낸 의견은 무엇인가요? (   )

① 불길을 피해 얼른 도망가자.

② 자신의 코로 물을 퍼 올리자.

③ 자기가 있는 자리의 불을 끄자.

④ 동굴 속에서 불이 꺼지기를 기다리자.

2 사자와 다른 동물들이 불 끄는 것을 포기한 까닭으로 알맞은 것에 ○표 하세요.

❶ 조금만 기다리면 비가 온다고 하여서   (   )

❷ 다른 숲에 사는 동물들이 도와주러 온다고 하여서   (   )

❸ 불을 끄려고 노력했지만 불이 오히려 더 크게 번져서   (   )

3 작은 새가 불을 끄기 위해 한 일을 생각하여 빈칸에 알맞은 말을 쓰세요.

작은 새는 불을 끄기 위해 개울로 날아가서 □□에 물을 적셔서 불 타고 있는 숲에 몇 방울의 물을 떨어뜨렸다.

4 코끼리와 작은 새의 의견으로 알맞은 것을 찾아 선으로 이으세요.

① 코끼리 •

② 작은 새 •

• ㉮ 불에 타고 있는 숲을 위해 지금 내가 할 수 있는 일을 힘껏 하겠다.

• ㉯ 우리들의 힘으로는 불을 끄기 어려우니 안전한 곳에서 지켜본 뒤 살 길을 찾아야 한다.

5 작은 새의 말을 듣고 난 사자의 생각으로 보아 ㉠에 들어갈 알맞은 말은 무엇인가요? (   )

① 코끼리를 칭찬하였어요.
② 동굴 속에 계속 머물렀어요.
③ 자신의 행동을 크게 뉘우쳤어요.
④ 더 살기 좋은 다른 숲을 찾으러 갔어요.

오늘 독해는?

5문제 중   개를 맞혔어요!

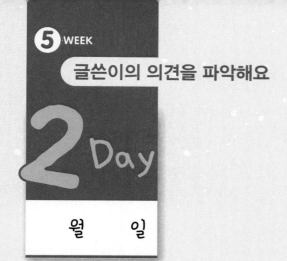

우리 음식, 뚱보 막는다

다음 글을 읽으며, 빈칸에 들어갈 알맞은 낱말을 찾아 쓰세요.

편식	섭취	열량

나는 □□ 이 심한 편이에요. 고기만 좋아하고 나물, 상추, 깻잎 같은 야

어떤 특정한 음식만을 가려서 즐겨 먹음.

채는 싫어해요. 엄마는 고기처럼 □□ 이 높은 음식만 먹으면 건강에 아주

열에너지의 양

나쁘다고 말씀하셨어요. 지금부터라도 몸에 좋은 야채도 고기와 함께

□□ 하라고 하셨지요. 그래서 나는 오늘부터 고기를 먹을 때에 꼭 상추나

생물체가 양분 따위를 몸속에 빨아들이는 일

깻잎에 싸 먹겠다고 결심하였어요.

최근 미국 비만 협회가 된장국 등 한국 음식으로 병을 치료하거나 예방하는 방법을 소개하는가 하면 김치 엑스포에 외국인들이 많이 오는 등 '한국 음식의 우수성'에 대한 인식이 높아지고 있습니다.

하지만 전 세계 사람들이 이처럼 한국 음식을 찾는 데 비해 우리나라 어린이들은 한국 음식의 우수성에 대해 잘 모르는 게 사실입니다.

초등학교에서 점심시간이 끝나면 김치와 멸치 등 건강에 좋은 전통 음식들이 가장 많이 남아 있습니다. 또 소시지나 튀김 요리만 먹고 콩은 먹지 않는 '편식 어린이'도 있습니다. 하지만 우리나라 전통 음식은 미네랄과 무기질이 풍부하고 아무리 많이 먹어도 열량이 적어 건강을 지켜 주는 '보약'입니다.

이처럼 편식을 하거나 패스트푸드로 식사를 하면 성장기 어린이에게 필요한 영양소가 부족해지거나 비만인 '뚱뚱한 어린이'가 되는 경우가 많습니다.

대한영양사협회에 따르면 어머니가 매일 차려 주시는 밥과 국, 생선 등은 어린이에게 필요한 탄수화물, 단백질, 지방 등이 적당한 비율로 섞여 있어 영양을 골고루 섭취할 수 있고, 기름과 설탕이 적어 자연스럽게 '날씬한 어린이'가 된다고 합니다.

또 시금치, 미역, 멸치 등 어린이들이 잘 먹지 않는 음식에는 칼슘이 풍부해 뼈를 튼튼하게 해 주고, 된장, 김치 등 발효 식품은 장에 있는 병원균을 억제시켜 줍니다. 쌀에는 밀가루보다 3, 4배 많은 식이섬유가 있어 소화가 빠르고, 구리, 아연 등과 결합하여 인체에 해로운 중금속의 흡수를 막아 줍니다.

대한영양사협회 관계자는 "어린이들이 많이 먹는 피자, 햄버거는 지방과 단백질이 많아 영양을 골고루 섭취할 수 없다."라며 "하루 세 끼 식사만 잘하면 비만 예방은 물론 튼튼한 어린이가 된다."라고 말합니다.

● 예방하는: 질병이나 재해 따위가 일어나기 전에 미리 대처하여 막는
● 인식: 사물을 분별하고 판단하여 앎.
● 발효 식품: 효모나 세균 따위의 미생물을 발효시켜 만드는 음식
● 병원균: 병의 원인이 되는 균
● 억제시켜: 정도나 한도를 넘어서 나아가려는 것을 억눌러 그치게 하여

1 다음은 이 글의 제목입니다. 글쓴이가 제목을 이렇게 지은 까닭은 무엇이겠는지 알맞은 것에 ○표 하세요.

> 우리 음식, 뚱보 막는다

❶ 우리 음식을 먹자고 말하기 위해서 ( )

❷ 밥을 맛있게 짓는 방법을 알려 주기 위해서 ( )

❸ 살이 찐 사람에게 자신감을 심어 주기 위해서 ( )

2 글쓴이는 다음과 같은 특징을 가진 우리나라 전통 음식을 무엇이라고 표현하였는지 찾아 쓰세요.

> • 미네랄과 무기질이 풍부하다.
> • 아무리 많이 먹어도 열량이 적다.

3 이 글에서 말한 우리나라 어린이의 문제점을 두 가지 고르세요. ( )

① 편식을 한다.
② 외국 음식을 싫어한다.
③ 패스트푸드를 많이 먹는다.
④ 단백질을 너무 많이 먹는다.

글쓴이의 의견
파악하기

4 **글쓴이의 의견은 무엇인가요? (   )**

① 김치 엑스포를 보러 가자.

② 음식을 적게 먹고 운동을 많이 하자.

③ 외국 음식의 좋은 점을 많이 배우자.

④ 건강에 좋은 우리나라 전통 음식을 많이 먹자.

글쓴이의 의견
파악하기

5 **글쓴이가 이 글에서 자신의 의견을 뒷받침하기 위해 쓴 까닭으로 알맞지 <u>않은</u> 것의 기호를 쓰세요.**

> **㉮** 패스트푸드의 나쁜 점
>
> **㉯** 우리나라 전통 음식의 좋은 점
>
> **㉰** 우리나라 음식을 맛있게 만드는 방법

(   )

오늘 독해는?

5문제 중   개를 맞혔어요!

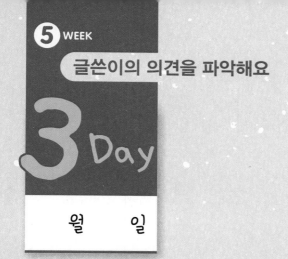

이를 닦읍시다

다음 글을 읽으며, 빈칸에 들어갈 알맞은 낱말을 찾아 쓰세요.

| 게을리하면 | 닦아 | 피곤해서 |

오늘은 학교에 가지 않는 주말이에요. 이번 주에 좀 ☐☐☐☐ 느지막

몸이나 마음이 지치어 고달파서

이 늦잠을 잤어요. 눈을 뜨자마자 창문을 열고 먼지가 쌓인 창틀을 ☐☐

때, 먼지 녹 따위의 더러운 것을 없애거나 윤기를 내려고 거죽을 문질러

내었답니다. 청소를 ☐☐☐☐☐ 먼지 때문에 목감기가 걸릴 수도 있

움직이거나 일하기를 몹시 싫어하여 제대로 하지 않으면

거든요. 깨끗해서 반짝반짝 윤이 나는 창틀을 보니 기분이 상쾌해졌어요. 피

곤했던 몸도 개운해졌고요.

● 다음 글을 읽고, 물음에 답하세요.

(가) 여러분은 이를 잘 닦고 있나요? 물론 잘 닦고 있겠지요. 아침에 늦잠을 자서 시간이 부족하거나 저녁에 피곤해서 얼른 자고 싶더라도 이는 꼭 닦아야 합니다. 이 닦기를 게을리하면 어떻게 되는지 잘 알고 있지요?

(나) 그런데 이 닦기가 중요한 일이라는 것을 알면서도 이 닦는 방법을 잘 모르는 친구가 많은 것 같아요. 이를 튼튼하게 하기 위해서는 열심히 닦는 것도 중요하지만 바르게 닦는 것도 중요하답니다. 이를 바르게 닦으려면 어떻게 하여야 할까요?

(다) 이는 음식을 먹은 뒤에 곧바로 닦아야 합니다. 아침에 눈을 뜨자마자 닦거나, 음식을 먹고 나서 한참 뒤에 닦는 것은 좋은 방법이 아니에요. 음식을 먹은 뒤에 입안에 남아 있는 음식 찌꺼기를 닦아 내는 것이 이 닦기입니다.

(라) 그리고 칫솔과 치약을 잘 선택하여야 합니다. 칫솔의 솔이 너무 뻣뻣하면 잇몸이 상하고, 너무 부드러우면 이가 잘 닦이지 않기 때문이지요. 치약은 이의 표면을 많이 갈아 내지 않는 것이 좋습니다.

(마) 이를 닦을 때에는 칫솔질을 바르게 하여야 합니다. 칫솔질을 너무 세게 하거나 약하게 하여도 좋지 않고, 너무 빨리 끝내거나 너무 오래 하는 것도 좋지 않습니다. 칫솔질을 할 때에는 칫솔을 세워서 위아래로 닦아야 하고, 입안 구석구석을 3분 정도 닦는 것이 좋아요. 특히, 이의 안쪽과 어금니 쪽을 잘 닦아야 합니다. 혓바닥도 문질러 주는 것이 좋지요.

(바) 이제 바른 이 닦기 방법에 대하여 자세히 알았지요? 튼튼하고 예쁜 이를 가지고 싶다면 바른 방법으로 이를 닦읍시다.

1 **글쓴이는 무엇에 대해 알려 주는 글을 썼나요? (　　)**

① 이를 바르게 닦는 방법

② 늦잠을 자지 않는 방법

③ 피곤을 풀 수 있는 방법

④ 이를 아프지 않게 뽑는 방법

2 **다음은 글 (다)~(마)의 중심 문장을 쓴 것입니다. 빈칸에 알맞은 말을 쓰세요.**

글 (다)	이는 음식을 먹은 뒤에 ❶ [　][　][　] 닦아야 합니다.
글 (라)	칫솔과 ❷ [　][　] 을 잘 선택하여야 합니다.
글 (마)	이를 닦을 때에는 ❸ [　][　] 을 바르게 하여야 합니다.

3 **이 글을 읽고, 이를 바르게 닦은 친구의 이름을 쓰세요.**

> **시경:** 이의 표면을 많이 갈아 내지 않는 치약으로 이를 닦았어.
>
> **현주:** 아침에 눈을 떴을 때와 밤에 잠을 자기 전에만 이를 닦았어.

(　　　　　)

4 다음 중 칫솔질을 바르게 하는 방법이 <u>아닌</u> 것은 무엇인가요? (   )

① 혓바닥은 닦지 않는다.

② 입안을 3분 정도 닦는다.

③ 칫솔질을 적당한 세기로 한다.

④ 칫솔을 세워서 위아래로 닦는다.

글쓴이가 제시한 정보를 통해 의견 파악하기 글쓴이가 글에서 무엇에 대해 알려 주고 있는지 살펴보면 글쓴이의 의견을 파악할 수 있습니다. 이 글의 글쓴이가 이를 바르게 닦는 방법을 알려 준 까닭을 생각해 봅니다.

글쓴이의 의견
파악하기

5 이 글의 글쓴이는 이 닦기에 대해 어떤 의견을 가지고 있는지 알맞은 것에 ○표 하세요.

❶ 이는 가끔 닦아야 한다. 그래야 이를 건강하게 유지할 수 있다. (   )

❷ 이는 바르게 닦아야 한다. 그래야 튼튼하고 예쁜 이를 가질 수 있다. (   )

❸ 피곤할 때에는 이를 닦지 않아도 된다. 푹 자는 것이 더 중요하기 때문이다. (   )

오늘 독해는?

5문제 중   개를 맞혔어요!

공공장소에서의 예절

다음 글을 읽으며, 빈칸에 들어갈 알맞은 낱말을 찾아 쓰세요.

개장	건의	예절

우리 동네에 새로운 수영장이 ☐☐ 을 하였어요. 나는 형과 함께 수영장
극장이나 시장, 해수욕장 따위의 영업을 시작함.

에 가서 신나게 물놀이를 하였어요. 그런데 미끄럼틀을 탈 때 다른 사람을

밀치거나 새치기를 하는 등 ☐☐ 을 지키지 않는 친구들이 많았어요. 그래
예의에 관한 모든 절차나 질서

서 형과 나는 수영장 관계자에게 ☐☐ 하는 글을 써서 보내기로 하였어요.
개인이나 단체가 의견이나 희망을 내놓음.

이 문제가 얼른 해결되었으면 좋겠어요.

● 다음 글을 읽고, 물음에 답하세요.

(가) 사람이 많이 모여 있는 곳에서는 예절을 지켜야 합니다.

여러분은 극장이나 공연장, 음식점 등의 공공장소에서 큰 소리로 떠들거나 쿵쿵거리며 뛰어다니는 친구들을 보고, 기분이 상한 적이 있을 것입니다.

'나 하나쯤이야, 어때?' 하고 함부로 행동하는 것은 옳지 않은 일입니다.

버스 안에서 장난치기, 공연장에서 큰 소리로 떠들기, 공원에서 시끄럽게 뛰어놀기 등의 행동은 다른 사람들에게 자기가 매우 예절이 없으며, 버릇이 없는 사람이라고 말하는 것과 다를 바 없습니다.

특히 식당 같은 곳에서 함부로 뛰어다니는 것은 좋지 않습니다. 또, 친구들과 시끄럽게 이야기를 하면서 식사를 하는 것도 좋지 않은 행동입니다. 다른 사람들이 식사를 하는 데 방해가 되기 때문입니다.

우리는 조용히 해야 할 곳과 마음대로 뛰어놀아야 할 곳을 잘 가려서 행동해야겠습니다.

(나) ㉠우리 아파트에는 공원이 없습니다. 좁은 단지 안에 많은 아파트가 빽빽하게 들어서 있기 때문입니다. 그래서 마음껏 뛰어놀 수 있는 공간이 부족합니다. ㉡그렇기 때문에 우리 아파트의 아이들은 아파트 앞 도로에서 공놀이를 합니다.

㉢그러던 중 올 여름에 아파트 근처에 공원이 개장되었습니다. 이 공원은 예전에 커다란 공장이 있던 곳인데, 시에서 사들여서 공원으로 만든 것입니다. 공원에는 널따란 운동장도 있고, 주위에는 잔디밭도 있습니다. 우리 아파트 사람들은 공원에서 쉬기도 하고, 산책을 하기도 합니다.

마음껏 뛰어놀 공간이 부족했던 우리들에게 새로 생긴 공원은 무척 재미있는 놀이터였습니다. ㉣아이들은 방과 후에 공원에서 모여 뛰어놀거나 큰 소리로 떠들며 몰려다닙니다. 그런데 얼마 전, '공원에서 뛰어다니지 마시오.'라는 경고문이 붙었습니다. 마을 주민 회의에서 너무 시끄럽다고 건의를 했다는 것입니다.

㉤공원은 많은 사람들이 즐겁게 생활하라고 꾸며 놓은 곳입니다. 이러한 공공장소에서 시끄럽다고 조용히 해야 한다면, 우리는 어디에서 마음껏 뛰어놀 수 있나요?

글의 제목 파악하기 의견이 드러난 글의 제목은 글쓴이의 의견이 잘 나타나게 지어야 합니다. 공공장소에서의 예절에 대한 글 (가)와 (나)의 글쓴이의 의견을 먼저 살펴본 다음, 이러한 의견이 잘 드러난 제목을 골라 봅니다.

글쓴이의 의견 파악하기

1 글 (가)와 (나)에 나타난 글쓴이의 의견을 생각하여 글 (가)와 (나)의 제목으로 알맞은 것을 보기 에서 찾아 각각 기호를 쓰세요.

> **보기**
>
> ㉮ 공공장소에서 예절을 지키자
> ㉯ 공공장소에서 즐겁게 생활하자

❶ 글 (가): (   )
❷ 글 (나): (   )

2 글 (가)의 글쓴이가 문제 상황으로 제시한 것은 무엇인가요? (   )

① 극장에서 조용히 있는 것
② 친구들이 공공장소에 가는 것
③ 친구들끼리 사이좋게 지내지 않는 것
④ 공공장소에서 예절을 지키지 않는 것

글쓴이의 의견 파악하기

3 ㉠~㉤ 중 글 (나)의 글쓴이 의견을 짐작할 수 있는 부분의 기호를 쓰세요.

(   )

4 다음은 글 (가)와 (나) 중 어떤 글의 의견을 뒷받침할 수 있는 내용인지 글의 기호를 쓰세요.

> 공공장소는 많은 사람들이 모여 있는 곳이므로 다른 사람에게 피해를 주어서는 안 된다.

(   )

5 글 (가)와 (나) 중 자신은 어떤 글의 글쓴이와 같은 의견을 가졌는지 생각하여 글의 기호에 ○표 하고, 그렇게 생각한 까닭을 함께 쓰세요.

> 나는 글 ((가), (나))의 글쓴이 의견에 찬성한다. 왜냐하면 _____
>
> _____
>
> _____

오늘 독해는?

5문제 중   개를 맞혔어요!

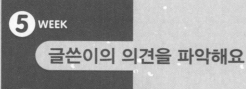

우리 만화가 좋아

다음 글을 읽으며, 빈칸에 들어갈 알맞은 낱말을 찾아 쓰세요.

실려	즐겨	인기

제 친구를 소개할게요. 제 친구는 항상 노래를 □□ 부르고 정말 잘 불

무엇을 좋아하여 자주 하여

러요. 어느 날 우연히 어린이 잡지에 노래를 잘 부르는 어린이라고 제 친구

의 이야기가 □□ 있는 것을 보았어요. 친구가 얼마나 자랑스러웠는지 몰

글, 그림, 사진 따위가 책이나 신문 따위의 출판물에 내어

라요. 제 친구는 친구들 사이에서 □□ 도 아주 많답니다. 저도 이런 친구

어떤 대상에 쏠리는 대중의 높은 관심이나 좋아하는 기운

랑 오래오래 친하게 지내고 싶어요.

● 다음 글을 읽고, 물음에 답하세요.

(가) 우리는 만화를 매우 좋아합니다. 만화책이나 만화 영화를 싫어하는 친구는 드뭅니다. 그래서 커서 만화가가 되고 싶어 하는 친구도 많습니다. 우리가 즐겨 보는 어린이 신문에도 만화가 실려 있지요. 인기 있는 만화의 주인공은 광고에도 나오고 여러 가지 상품에서도 볼 수 있습니다.

(나) 우리나라에서 만든 만화 가운데에는 재미있는 것이 많습니다. 귀엽고 멋진 주인공도 많지요. 하지만, 우리 만화보다 외국 만화가 더 인기가 높습니다. 우리가 즐겨 보는 만화책이나 만화 영화 가운데에는 다른 나라에서 만든 것이 많습니다. 학용품이나 옷, 장난감에 그려져 있는 인물도 다른 나라의 만화에 나오는 주인공인 경우가 많습니다.

(다) 그러면 어떻게 하여야 우리 만화를 발전시킬 수 있을까요? 먼저 재미있는 만화를 많이 만들어야 합니다. 우리 만화 가운데에도 재미있는 만화가 많지만, 어린이들이 좋아할 수 있는 만화를 더 많이 만들어야 합니다. 재미있고 다양한 내용의 만화를 만들면 사람들도 우리 만화를 많이 볼 것입니다.

(라) 우리 만화에 나오는 인물들은 외국 만화에 나오는 인물들보다 널리 알려져 있지 않습니다. 귀엽고 예쁜 만화 주인공이 나오는 상품을 만든다면, 우리 만화를 널리 알릴 수 있을 것입니다.

(마) 또, 좋은 만화를 만들 수 있게 모두가 힘을 모아야 합니다. 만화를 사랑하는 사람이 쉽게 만화가가 될 수 있도록 도와주고, 만화를 만드는 출판사나 영화사도 많이 세워야 합니다. 어린이들에게 해로운˚ 만화를 만들지 않도록 하는 일도 필요하겠지요.

(바) 가장 중요한 일은 우리 스스로 우리 만화를 아끼고 사랑하는 일입니다. 재미있는 만화가 많이 만들어져도, 사람들이 우리 만화에 관심과 애정을 가지지 않으면 그 만화들은 사라지고 맙니다. 우리 만화를 좋아하는 사람이 많아지면 우리 만화의 질˚도 높아질 것입니다.

(사) 이렇게 모든 사람이 힘을 모아 노력한다면 우리 만화는 더욱 발전할 것입니다. 그렇게 되면 우리 어린이들도 재미있고 유익한˚ 만화를 많이 볼 수 있겠지요.

˚ 해로운: 이롭지 아니하게 하거나 손상을 입히게 하는 점이 있는
˚ 질: 사물의 속성, 가치, 유용성, 등급 따위의 총체
˚ 유익한: 이롭거나 도움이 될 만한 것이 있는

1 글쓴이는 이 글에서 무엇에 대하여 말하고 있나요? (　　　)

① 광고 　　　　　　　　　　　 ② 출판사
③ 장난감 　　　　　　　　　　　 ④ 우리 만화

2 이 글에 나타난 우리 만화를 발전시키는 방법이 <u>아닌</u> 것에 ×표 하세요.

❶ 재미있는 만화를 많이 만든다. 　　　　　　　　　　 (　　　)

❷ 재미있는 외국 만화를 많이 본다. 　　　　　　　　　 (　　　)

❸ 좋은 만화를 만들 수 있게 힘을 모은다. 　　　　　　 (　　　)

❹ 우리 스스로 우리 만화를 아끼고 사랑한다. 　　　　 (　　　)

3 글쓴이가 우리 만화를 널리 알릴 수 있는 방법으로 말한 것은 무엇인가요?

(　　　)

① 우리 만화를 하루에 한 권씩 읽는다.
② 외국 사람들에게 우리 만화를 보여 준다.
③ 우리 만화를 보자는 내용의 광고를 만든다.
④ 귀엽고 예쁜 만화 주인공이 나오는 상품을 만든다.

4 이 글의 내용을 정리한 것 중 알맞지 <u>않은</u> 것의 기호를 쓰세요.

처음	㉮ 우리는 만화를 매우 좋아한다.
가운데	㉯ 어린이들이 만화를 보지 않으려면 재미있는 만화를 많이 만들어야 한다.
	만화 주인공이 나오는 상품을 만든다.
	㉰ 좋은 만화를 만들 수 있게 모두가 힘을 모아야 한다.
	㉱ 우리 만화를 아끼고 사랑해야 한다.
끝	모든 사람이 힘을 모아 노력한다면 우리 만화는 더욱 발전할 것이다.

(   )

> 🖐 **글쓴이와 의견 비교하기**   어떤 상황이나 대상에 대한 의견은 같을 수도 있고 다를 수도 있습니다.
> 우리 만화에 대해서 글쓴이와 같은 생각을 가진 친구가 누구인지 찾아봅니다.

글쓴이의 의견
파악하기

5 이 글의 글쓴이와 같은 의견을 말한 친구의 이름을 쓰세요.

> **수진:** 어린이들은 가급적이면 만화를 보지 않는 것이 좋아.
>
> **혜찬:** 재미있는 만화를 많이 만들어서 우리 만화를 더욱 발전시켜야 해.

(   )

오늘 독해는?

5문제 중   개를 맞혔어요!

의견 파악하기

인물의 의견을 파악하는 방법

• 인물의 생각을 나타낸 부분을 찾습니다.
• 인물의 말과 행동을 주의 깊게 살펴봅니다.

글쓴이의 의견을 파악하는 방법

• 글 제목을 주의 깊게 살펴봅니다.
• 문단의 중심 문장을 정리해 봅니다.
• 글쓴이가 글을 쓴 목적이 무엇인지 짐작해
  봅니다.

이야기 글에서는 인물의 말과 행동으로 의견을 파악하고,
의견이 나타난 글에서는 글쓴이의 생각이 분명하게 나타난 문장을 찾아보아요.

똑같이 비난받아야 하므로 결과적 운의 존재도 부정된다. 실패한 화가
를 더 비난하는 '상식'이 통용되는 것은 화가의 무책임한 행위가 그가
〔   〕각되기 때문이다.

글쓴이의 견해

17. ㉠과 글쓴이의 견해에 대한 설명으로 가장 적절한 것은?

① ㉠과 달리 글쓴이는 도덕적 평가는 '상식'을 존중해야 한다고
   생각한다

② ㉠은 글   '견해'는 '의견'을 어렵게 표현한 말이에요. 수능에는 글쓴이의 의
   각한다.   견을 파악한 뒤 다른 의견과 비교해 보는 문제가 나와요!

③ ㉠과 글쓴이는 모두 같은 성품을 가진 사람은 같은 행위를 한
   다고 생각한다

WEEK **6**

글의 흐름을
파악해요

고무줄 마술을 성공한 비법

누나가 태민이에게 고무줄 마술을 보여 줬어요.
검지와 중지 사이에 걸려 있던 고무줄이 순식간에 약지와
새끼손가락으로 자리를 옮겼네요.
눈이 휘둥그레진 태민이에게 누나는 자신의 비법이 담긴 책을
보여 주었어요. 누나의 비법은 무엇일까요?

> (첫 번째,) <u>둥근 고무줄을 두 개 준비합니다.</u> 색이 다른 고무줄이라면 더욱 좋습니다. ……
>
> (두 번째,) <u>주황색 고무줄을 왼손의 집게손가락과 가운뎃손가락에 끼웁니다.</u> 주황색 고무줄은
> 그대로 두고, ……
>
> (세 번째,) <u>파란색 고무줄을 손가락 네 개에 꼬아 감습니다.</u> 구체적으로 설명하자면 ……

누나가 보여 준 책에는 차례를 나타내는 말과 그 뒤에 나오는 중요한 내용에 빨간 색연필로 표시가 되어 있어요. 아하, 이게 바로 누나의 비법이네요! 누나처럼 읽으면 일의 차례가 잘 드러나서 일의 방법을 설명한 글의 흐름을 쉽게 파악할 수 있어요.

각각의 글에는 그 글에 맞는 흐름이 있고, **흐름에 따라 내용을 파악하며 글을 읽어야 전체 내용을 잘 이해**할 수 있어요. 여기에서는 **시간의 흐름이나 장소의 변화**가 나타나는 글, 원인과 결과가 나타나는 글, **일의 방법을 설명**하는 글을 통해 글의 흐름을 파악해 보도록 해요.

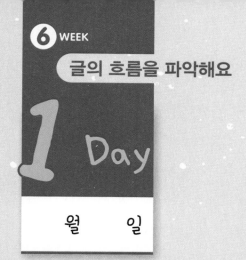

1 Day

월   일

강감찬 장군

다음 글을 읽으며, 빈칸에 들어갈 알맞은 낱말을 찾아 쓰세요.

발휘하여	대범하여	장차

우리 형은 어렸을 때부터 ⬚⬚⬚⬚ 주변에 친구가 많았어요. 친구가
<small>성격이나 태도가 사소한 것에 얽매이지 않으며 너그러워</small>

어려운 상황에 처했을 때에는 능력을 ⬚⬚⬚⬚ 친구를 도와주곤 했어
<small>재능, 능력 따위를 떨치어 나타내어</small>

요. 그러면서도 전혀 잘난 체는 하지 않았지요. 이런 형을 본 어른들은 형이

⬚⬚ 훌륭한 사람이 될 거라고 했어요. 난 형이 정말 자랑스러워요. 나도
<small>앞으로의 뜻으로, 미래의 어느 때를 나타내는 말</small>

우리 형 같은 사람이 될 거예요!

● 다음 글을 읽고, 물음에 답하세요.

　　지금으로부터 ㉠1000여 년 전, 고려의 어느 마을에 한 아기가 태어났습니다. ㉡아기의 우렁찬 울음소리를 듣고, 사람들은 아기가 장차 큰 인물이 될 것이라고 말하였습니다. 이 아이가 바로 강감찬입니다.

　　소년 시절, 강감찬은 행동이 바르고 성격이 대범하여 칭찬을 많이 받았습니다. ㉢몸집이 작아 친구들에게 놀림을 많이 받았지만, 화를 내거나 기분 나빠한 적이 없었습니다.

　　㉣꾸준히 공부를 한 강감찬은 서른여섯 살이 되던 해에 과거˚에 장원˚으로 급제˚하였습니다. 하지만, 이미 아버지께서 돌아가신 뒤라 기쁨을 안겨 드리지 못하여 무척 　　㉤　　 고을의 수령이 된 강감찬은 백성을 사랑으로 보살펴 주었습니다.

　　강감찬이 일흔한 살이 되던 해였습니다. 고려를 틈틈이 넘보던 거란이 십만 대군을 앞세워 쳐들어왔습니다. 거란군은 눈 깜짝할 사이에 압록강을 건너 평안북도의 흥화진을 포위하였습니다. 그러자 강감찬은 지혜를 발휘하여 거란의 군사들을 무찔렀습니다. 흥화진의 강물을 막았다가 터뜨려서 거란군에게 큰 피해를 주었고, 돌아가는 거란군을 공격하여 귀주에서 큰 승리를 거둔 것입니다. 강감찬의 활약으로 고려는 거란을 물리칠 수 있었고, 이후 거란과 고려는 평화 관계를 만들었습니다. 거란을 물리친 강감찬은 당시 가장 높은 벼슬이었던 '문하시중'의 자리에 올랐습니다.

　　1031년 83세의 나이로 강감찬이 숨을 거두자 나라에서는 그의 일대기를 적은 비석, 강감찬의 동상 등을 세워 그의 공을 사람들에게 널리 알렸습니다. 강감찬은 오늘날에도 외적의 침입으로부터 나라를 구한 영웅으로 회자˚되고 있습니다.

● 과거: 우리나라와 중국에서 관리를 뽑을 때 실시하던 시험
● 장원: 옛날에 과거에서 첫째로 합격하던 일
● 급제: 과거에 합격하던 일
● 회자: 칭찬을 받으며 사람의 입에 자주 오르내림을 이르는 말

시간의 흐름이 나타난 글을 파악하는 방법 알기 시간의 흐름이 나타난 글은 시간을 나타내는 말을 찾아 시간의 변화에 따라 중요한 사건을 정리하면 내용을 잘 파악할 수 있습니다.

글의 흐름
파악하기

1 이 글의 내용을 시간의 흐름에 따라 파악하기 위해 시간을 나타내는 말을 찾으려고 합니다. ㉠~㉣ 중 시간을 나타내는 말에 해당하는 것의 기호를 쓰세요.

(   )

2 소년 강감찬의 성격을 생각하여 (   ) 안에 들어갈 알맞은 말에 ○표 하세요.

> 소년 강감찬은 친구들에게 놀림을 받아도 화를 내거나 기분 나빠한 적이 없었다.

↓

> 소년 강감찬은 (건방진, 너그러운, 욕심이 많은) 성격이다.

3 ㉤에 들어갈 강감찬의 마음으로 알맞은 것은 무엇인가요? (   )

① 기뻐하였습니다.

② 무서워하였습니다.

③ 고소해하였습니다.

④ 안타까워하였습니다.

4 강감찬이 높은 벼슬자리에 오를 수 있었던 까닭을 생각하여 빈칸에 알맞은 말을 쓰세요.

> 강감찬은 지혜를 발휘하여 ☐☐ 을 물리쳐서 고려에서 가장 높은 벼슬인 '문하시중'에 올랐다.

글의 흐름
파악하기

5 다음은 이 글의 흐름을 시간 순서대로 정리한 것입니다. 빈칸에 들어갈 알맞은 내용에 ○표 하세요.

1000여 년 전	강감찬이 태어남.
소년 시절	행동이 바르고 성격이 대범하여 칭찬을 많이 받음.
서른여섯 살	
일흔한 살	고려에 쳐들어온 거란을 무찌름.
1031년	숨을 거둠.

① 과거 공부를 시작함. ( )

② 과거에 장원으로 급제함. ( )

③ 강감찬의 아버지가 고을의 수령이 됨. ( )

오늘 독해는?

5문제 중 ☐개를 맞혔어요!

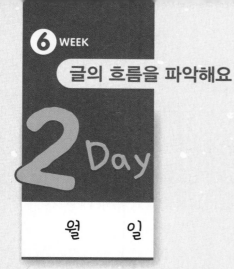

6 WEEK

글의 흐름을 파악해요

2 Day

월   일

내 마음을 사로잡은 경주

다음 글을 읽으며, 빈칸에 들어갈 알맞은 낱말을 찾아 쓰세요.

감탄	묘기	한없이

지난 토요일에 우리 가족은 서커스를 보러 갔어요. 공중에서 □□를 부

교묘한 기술과 재주

리는 사람들을 보니 □□이 절로 나오면서 심장이 두근두근하였어요. 서

마음속 깊이 느끼어 탄복함.

커스 공연은 밤이 늦어서야 끝이 났어요. 서커스장 바깥은 시끌벅적하던 서

커스장과는 정반대로 □□□ 조용하였어요. 나는 서커스를 본 것이 마치

끝이 없이

꿈을 꾼 것처럼 느껴졌어요.

● 다음 글을 읽고, 물음에 답하세요.

우리는 천 년 전의 풍경을 보기 위하여 빨려 들어가듯이 천마총 안으로 들어갔다. ㉠금방이라도 하늘로 날아오를 것 같은 천마를 본다는 사실이 즐거웠다. 천마총 안에는 신라 왕들이 쓰던 물건이 전시되어 있었다. 나는 난생 처음 보는 유물들이 신기하여 눈을 가까이 대고 살펴보았다.

그다음으로 간 곳은 첨성대였다. 아저씨께서는 우리에게 다음과 같은 이야기를 해 주셨다.

"첨성대는 옛날 신라 사람들이 천문˙ 관측˙을 하기 위하여 만든 거야. 높이는 9.17미터, 밑면은 지름 5.17미터로, 술병 모양을 하고 있으며, 동양에서 가장 오래된 관측대이지. 첨성대 꼭대기의 네모난 돌은 정확하게 동서남북을 가리킨단다."

"아, 옛날 사람들은 정말 슬기로웠구나!"

동생 영이가 감탄하였다.

그다음에 우리는 불국사로 갔다. 불국사로 들어가는 길은 숲이 잘 가꾸어져 있고 바닥이 평탄하여 산책하기에 좋았다. 절에 들어가니 다보탑과 석가탑이 눈에 들어왔다. 다보탑과 석가탑은 탑에 대하여 아무것도 모르는 내가 보아도 매우 아름답게 느껴졌다. 아버지께서는 둘 다 같은 돌로 만들었는데 어쩌면 그렇게 다르면서도 선이 부드러우냐며 연방 감탄을 하

▲ 다보탑　　▲ 석가탑

셨다. 불국사 뒤에 있는 오래된 소나무들은 불국사를 지키는 군사들 같았다. 아저씨께서 들려주시는 석가탑에 얽힌 아사달과 아사녀의 전설을 들으며, 우리는 이루지 못한 두 사람의 사랑을 안타까워하였다.

우리는 크고 웅장한 불국사를 돌아본 뒤에 석굴암이 있는 토함산으로 올라갔다. 토함산을 오르는 길은 구불구불하여 자동차가 묘기를 부리며 달리는 것 같았다. 석굴암에 도착하여 보니, 석굴 속에 부처님이 앉아 있었다. 천 년도 훨씬 더 지난 세월 동안 인자한 미소를 띠고 있는 돌부처는 사람들의 마음을 한없이 평화롭게 만드는 힘이 있는 것 같았다.

● 천문: 우주와 천체에 얽힌 온갖 현상과 법칙
● 관측: 자연에서 일어나는 일을 살피는 것

정답은 59쪽

글의 흐름 파악하기

1 이 글은 어떤 흐름에 따라 쓴 글인지 알맞은 것에 ○표 하세요.

❶ 인물의 마음 (　　)
❷ 장소의 변화 (　　)
❸ 원인과 결과 (　　)
❹ 인물의 성격 (　　)

글의 흐름 파악하기

2 글쓴이가 이동한 장소를 차례대로 찾아 빈칸에 알맞은 말을 쓰세요.

천마총 → □□□ → □□□ → 토함산 → 석굴암

3 ㉠에서 알 수 있는 것은 무엇인가요? (　　)

① 글쓴이가 천마총에서 들은 것
② 글쓴이가 천마총에서 배운 것
③ 글쓴이가 천마총 다음에 볼 것
④ 글쓴이가 천마총에서 생각하거나 느낀 것

4 글쓴이가 첨성대에 대하여 알게 된 것이 <u>아닌</u> 것은 무엇인가요? (　　　)

① 술병 모양이다.

② 아사달과 아사녀가 만들었다.

③ 동양에서 가장 오래된 관측대이다.

④ 첨성대 꼭대기의 네모난 돌은 동서남북을 가리킨다.

글의 흐름에 따라 내용 파악하기 장소의 변화에 따라 쓴 글은 장소의 변화와 각 장소에서 한 일을 파악하는 것이 중요합니다. 이 글의 글쓴이가 불국사와 토함산에서 어떤 일을 하거나 겪었는지 살펴봅니다.

글의 흐름
파악하기

5 이 글의 흐름을 파악하여 다음 각 장소에서 글쓴이가 한 일을 찾아 선으로 이으세요.

❶   불국사 ・   ・ ㉮   다보탑과 석가탑을 보았다.

❷   토함산 ・   ・ ㉯   석굴암에 있는 부처님을 보았다.

5문제 중   개를 맞혔어요!

보들 이야기

다음 글을 읽으며, 빈칸에 들어갈 알맞은 낱말을 찾아 쓰세요.

귀담아듣지	꾸중	거절

나는 오늘 기분이 나빴어요. 선생님 말씀을 ☐☐☐☐ 않아서 준

　　　　　　　　　　　　　　　　　　　　주의하여 잘 듣지

비물을 챙겨가지 못하였거든요. 선생님께 혼이 나고 풀이 죽어서 집으로 돌

아왔는데, 동생이 자기랑 놀아 달라고 떼를 썼어요. 나는 동생과 놀아 줄 기

분이 아니어서 ☐☐을 했어요. 그랬더니 동생이 엉엉 크게 울지 뭐예요.

상대편의 요구, 제안, 선물, 부탁 따위를 받아들이지 않고 물리침.

그래서 엄마에게 또 ☐☐을 들었어요. 오늘은 정말 힘든 하루예요.

아랫사람의 잘못을 꾸짖는 말

● 다음 글을 읽고, 물음에 답하세요.

(가) 마침내 하느님도 ㉠동물들이 불평하는 소리를 듣게 되었습니다. 하느님은 보들을 불러 크게 꾸짖었습니다.

"너는 생김새만 아름다울 뿐이지 마음씨는 조금도 그렇지 않구나. 앞으로 다른 동물들을 놀릴 때마다 너의 아름다운 털이 한 줌씩 빠질 것이다."

그러나 보들은 이 말을 귀담아듣지 않았습니다. 보들은 꾸중을 듣고도 친구들을 놀리는 버릇을 고치지 않았습니다.

그러다 보니 마침내 털이 다 빠져, 보들은 아름다운 모습을 잃고 말았습니다. 동물들은 이제 보들이 지나가도 본 체도 하지 않았고, 아름답다고 칭찬하지도 않았습니다.

그제서야 보들은 하느님을 찾아가 울면서 빌었습니다.

㉡"하느님, 제가 잘못했어요. 이제부터는 친구들을 놀리지 않을 테니 제 몸에 아름다운 털이 다시 나게 해 주세요."

하느님이 보들에게 말하였습니다.

"좋다. 네가 친구를 한 명씩 사귈 때마다 털이 한 줌씩 다시 나게 해 주겠다. 그러나 친구들이 너와 사귀고 싶지 않다고 말할 때마다 네 몸은 조금씩 길어질 것이다."

보들은 그날부터 친구들을 사귀러 숲속을 돌아다녔습니다. 맨 먼저 돼지를 만났습니다.

"돼지야, 너와 친구가 되고 싶어."

"나는 코도 귀도 꼬리도 못생겼어. 나 같은 동물이 어떻게 너처럼 아름다운 동물과 친구가 될 수 있겠니?"

돼지가 퉁명스럽게 말하며 거절하자, 동그랗던 보들의 몸이 조금 길어졌습니다.

(나) ㉢그러는 동안 보들의 몸은 자꾸 길어지고 이제 다리조차 보이지 않게 되었습니다. 보들은 후회하였지만 이미 때는 늦었습니다.

그 뒤부터 아무도 보들을 '보들'이라고 부르지 않았습니다. 그 대신 '뱀'이라는 이름으로 불렀습니다.

1 글 (가)의 내용으로 보아, ㉠의 내용으로 알맞은 것에 ○표 하세요.

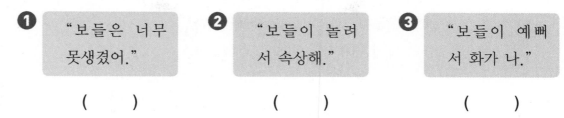

① "보들은 너무 못생겼어."

( )

② "보들이 놀려서 속상해."

( )

③ "보들이 예뻐서 화가 나."

( )

> 👊 **글의 내용을 원인과 결과에 따라 파악하기** '원인'은 어떤 일이 일어나게 만든 까닭이고, 그로 인하여 일어난 일을 '결과'라고 합니다. 친구들을 놀리는 버릇을 고치지 않은 보들에게 어떤 일이 일어났는지 살펴보면 원인과 결과를 알 수 있습니다.

글의 흐름
파악하기

2 이 글에서 일어난 일을 원인과 결과에 따라 정리하였습니다. 빈칸에 알맞은 말을 쓰세요.

원인	보들은 하느님에게 꾸중을 듣고도 친구들을 계속 놀렸다.

↓

결과	보들은 ☐ 이 다 빠져 더 이상 아름답지 않았다.

3 ㉡을 실감 나게 읽는 방법으로 알맞은 것을 두 가지 고르세요. ( )

① 후회하는 표정으로
② 울먹이는 목소리로
③ 즐거워하는 표정으로
④ 귀찮아하는 목소리로

4 ©으로 보아 짐작할 수 있는 것은 무엇일까요? (   )

① 보들이 친구들을 놀리며 괴롭혔다.

② 친구들이 보들의 몸을 잡아당겼다.

③ 보들이 예뻐지기 위해 노력하였다.

④ 아무도 보들과 친구가 되고 싶어 하지 않았다.

글의 흐름
파악하기 **5** 이 글에서 일어난 일의 순서에 맞게 번호를 쓰세요.

1 보들은 털이 빠지게 되었다.   (   )

2 동그랗던 보들의 몸이 조금 길어졌다.   (   )

3 보들은 '뱀'이라는 이름으로 불려졌다.   (   )

4 하느님이 다른 동물들을 놀리는 보들을 크게 꾸짖었다.   (   )

5 보들이 하느님을 찾아가 털이 다시 나게 해 달라고 빌었다.   (   )

오늘 독해는?

5문제 중   개를 맞혔어요!

4 Day

월   일

말하는 종이컵 인형 만들어 놀이하기

다음 글을 읽으며, 빈칸에 들어갈 알맞은 낱말을 찾아 쓰세요.

챙겨	제외하고	대강

아빠가 갑자기 여행을 가자고 하셨어요. 언니와 나는 신나서 먹던 밥을 마

저 후딱 먹었어요. 아빠는 짐을 가볍게 ☐☐ 가자고 하셨어요. 어디로 가

필요한 물건을 찾아서 갖추어 놓거나 무엇을 빠뜨리지 않는지 살펴

냐고 물어보니 이미 가 본 곳을 ☐☐☐☐ 어디든지 가자고 하셨어요.

따로 떼어 내어 한데 헤아리지 아니하고

여행 계획을 이렇게 ☐☐ 짠 것은 처음이에요. 그리고 이렇게 가슴 떨리

자세하지 않게 기본적인 부분만 들어 보이는 정도로

는 여행도 처음인 것 같아요. 정말 기대돼요!

● 다음 글을 읽고, 물음에 답하세요.

(가) 우리가 가끔 사용하고 버리는 일회용 종이컵으로 인형을 만든다면 어떤 모습일까요? 한 번만 쓰고 버리기에는 아까운 종이컵으로 말하는 인형을 만들어 봅시다. 완성된 모습을 생각하면서 말하는 종이컵 인형을 만드는 순서를 알아봅시다.

(나) 첫 번째, 종이컵 인형을 만들 준비물을 잘 챙겨 둡니다. 종이컵과 나무젓가락, 색종이, 가위, 풀, 셀로판테이프, 두꺼운 종이띠(나무젓가락 길이 정도)를 준비합니다.

(다) 두 번째, 종이컵을 자릅니다. 종이컵의 자를 부분에 연필로 대강 선을 긋습니다. 종이컵에서 종이가 겹쳐 있는 부분은 자르기 어렵기 때문에 이 부분을 제외하고, 종이컵의 반쯤 되는 부분에 선을 그으면 됩니다. 그리고 가위로 자릅니다.

(라) 세 번째, 나무젓가락을 붙입니다. 종이컵에서 종이가 겹쳐 있는 부분의 안쪽에 나무젓가락을 놓고 셀로판테이프로 붙여 고정합니다˚. 종이가 겹쳐 있는 부분은 가위로 자르지 않았던 부분입니다.

(마) 네 번째, 종이띠를 붙입니다. 나무젓가락과 같은 길이의 두꺼운 종이띠를 종이컵 위에 나무젓가락과 같은 방향으로 놓습니다. 그리고 종이컵의 바깥쪽 윗부분에 셀로판테이프로 붙입니다. 그러면 종이띠가 나무젓가락보다 위에 붙어 더 짧게 보입니다.

(바) 다섯 번째, 종이컵을 꾸밉니다. 종이컵 겉면에 그림을 그리거나 색종이를 잘라 붙입니다. 눈, 코, 입 등을 만들어 붙이거나 색칠하면 다양한 동물이나 인형으로 꾸밀 수 있습니다. 이때 나무젓가락이 보이는 쪽이 아래쪽입니다.

(사) 여섯 번째, 말하는 종이컵 인형 놀이를 합니다. 완성된 종이컵 인형의 나무젓가락을 한 손으로 잡고 종이띠를 아래위로 당겼다˚ 놓았다 반복합니다. 그러면 종이컵의 잘린 부분이 움직이면서 마치 인형이 말하는 것처럼 보입니다.

● 고정합니다: 한곳에 꼭 붙어 있거나 붙어 있게 합니다.
● 당겼다: 물건 따위를 힘을 주어 자기 쪽이나 일정한 방향으로 가까이 오게 하다.

1 이 글은 무엇에 대하여 설명한 글인지 빈칸에 알맞은 말을 쓰세요.

말하는 ☐☐☐ 인형을 만드는 순서를 설명한 글이다.

글의 흐름
파악하기

2 이 글의 흐름을 알맞게 파악하며 읽은 친구의 이름을 쓰세요.

> **유정:** 사건이 일어난 장소가 어떻게 변하는지 찾아보며 읽었어.
>
> **현진:** 글쓴이의 성격을 나타내는 말이나 행동을 살펴보며 읽었어.
>
> **보리:** '첫 번째', '두 번째'와 같이 차례를 나타내는 말과 관련된 중요한 내용을 찾아보며 읽었어.

(   )

글의 흐름
파악하기

3 이 글의 내용을 다음과 같이 세 부분으로 나눌 때, 글 (다)는 어떤 부분에 해당하는지 알맞은 것에 ○표 하세요.

준비하기	➡	만들기	➡	놀이하기
( )		( )		( )

4 다음 중 종이띠를 붙이는 방법으로 알맞지 <u>않은</u> 것은 무엇인가요? (   )

① 셀로판테이프로 붙인다.

② 종이컵의 바깥쪽 윗부분에 붙인다.

③ 나무젓가락보다 더 길어 보이게 붙인다.

④ 종이띠의 길이는 나무젓가락과 같은 길이로 한다.

일의 방법을 설명한 글의 흐름 파악하기 일의 방법을 설명하는 글은 일의 차례가 잘 드러나게 읽어야 합니다. 이 글에서는 '첫 번째', '두 번째' 등과 같이 차례가 나오는 말 뒤에 어떤 내용이 나왔는지 주의해서 살펴봅니다.

글의 흐름
파악하기

5 이 글의 흐름을 생각하여 빈칸에 들어갈 내용으로 알맞은 것에 ○표 하세요.

> 종이컵 인형을 만들 준비물을 잘 챙겨 둔다. → 종이컵을 자른다. →
> ⬚⬚⬚⬚⬚⬚⬚⬚⬚ → 종이띠를 붙인다. → 종이컵을 꾸민다. → 말하는 종
> 이컵 인형 놀이를 한다.

❶ 나무젓가락을 붙인다. (   )

❷ 종이컵 겉면에 그림을 그린다. (   )

❸ 종이컵 인형의 나무젓가락을 한 손으로 잡고 종이띠를 아래위로
당겼다 놓았다 반복한다. (   )

오늘 독해는?

5문제 중   개를 맞혔어요!

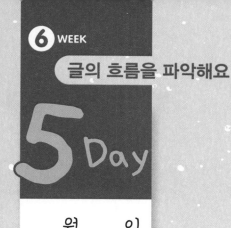

소나기를 이긴 강아지풀

다음 글을 읽으며, 빈칸에 들어갈 알맞은 낱말을 찾아 쓰세요.

한숨	기세	심술

동생이 또 잠을 자지 않겠다고 고집을 부려요. 장난감을 가지고 더 놀고 싶

대요. 지켜보던 엄마가 [ ]을 쉬셨어요. 엄마가 억지로 방에 데리고 가

근심이나 설움이 있을 때, 또는 긴장하였다가 안도할 때 길게 몰아서 내쉬는 숨

서 재우려고 하니 마구 발버둥을 치기 시작했어요. [ ]이 났나 봐요. 저

온당하지 아니하게 고집을 부리는 마음

러다가 밤을 꼴딱 샐 [ ]예요. 졸리지도 않은가 봐요. 고집쟁이 우리 동

기운차게 뻗치는 모양이나 상태

생. 어쩌면 좋죠?

● 다음 글을 읽고, 물음에 답하세요.

"하나, 둘, 셋, ……. 아, 두 친구가 없어졌네. 소나기가 또 심술을 부리면 어쩌지?"

소나기가 세차게 내릴 때마다 친구들은 하나둘씩 뿌리째 뽑혀 개울물 속으로 곤두박질쳤습니다.

"내 뿌리를 붙잡아 주는 흙도 인제 조금밖에 남지 않았어."

어린 강아지풀은 한숨을 쉬었습니다.

그때, 흙이 말하였습니다.

"네 뿌리를 튼튼하게 덮어 주고 싶지만, 나는 움직일 수가 없단다. 그러니까 네가 뿌리를 깊게 내려 보렴."

"아, 그러면 되겠구나! 고마워."

어린 강아지풀은 힘이 들었지만 부지런히 흙 속으로 뿌리를 내렸습니다. 무엇인가 뿌리에 닿았습니다. 바로 옆에 있는 친구 강아지풀의 뿌리였습니다.

"우리 서로 뿌리를 꼭 잡고 있자. 소나기가 내려도 꼭 잡고 있으면 쓸려 내려가지 않을 테니까."

"정말 그럴까?"

두 강아지풀은 서로 뿌리를 꼭 잡았습니다. 다른 강아지풀들은 모두 흙 속으로 뿌리를 힘껏 내려 서로를 꽉 잡았습니다.

밤이 지나고 아침이 되었습니다. 동쪽 하늘에 해님이 떠오르는가 싶더니 서쪽 하늘에서 먹구름이 몰려오기 시작하였습니다. 곧 사나운 기세로 소나기가 쏟아져 내렸습니다. 소나기는 심술쟁이 천둥도 불렀습니다. 그러나 서로 꼭 움켜잡고 버티고 있는 강아지풀들은 끄떡도 하지 않았습니다. 소나기가 사납게 심술을 부려 보았지만, 강아지풀들만은 어떻게 할 수가 없었습니다.

• 곤두박질쳤습니다: 몸이 뒤집혀 갑자기 세게 거꾸로 내리박혔습니다.
• 닿았습니다: 어떤 물체가 다른 물체에 맞붙어 사이에 빈틈이 없게 되었습니다.
• 움켜잡고: 손가락을 우그리어 힘 있게 꽉 잡고
• 끄떡도 하지 않았습니다: 조금이라도 움직이거나 동요하지 아니
  하고 버티었습니다.

1 강아지풀이 친구들을 하나둘 잃은 까닭은 무엇인가요? (　　　)

① 소나기가 세차게 내려서

② 사람들이 친구들을 뽑아 가서

③ 친구들이 나이가 많이 들어서

④ 비가 내리지 않아 친구들이 말라 죽어서

**글의 흐름
파악하기**

2 다음과 같은 일이 일어난 원인으로 알맞은 것에 ○표 하세요.

　　소나기가 사나운 기세로 쏟아져 내렸는데도 강아지풀들은 끄떡도 하지 않았다.

❶ 강아지풀들이 소나기가 오지 않는 곳으로 대피하였다. 　　　(　　　)

❷ 강아지풀들이 자신들의 뿌리를 붙잡아 주는 흙을 구해 왔다. 　(　　　)

❸ 강아지풀들이 땅 속 깊이 뿌리를 내려 서로를 꽉 움켜잡았다. 　(　　　)

3 이 글에서 강아지풀의 마음은 어떻게 바뀌었을까요? (　　　)

① 즐겁다. → 슬프다.

② 행복하다. → 무섭다.

③ 안타깝다. → 기쁘다.

④ 지루하다. → 설렌다.

글의 흐름
파악하기

4   **이 글의 흐름에 맞게 차례대로 기호를 쓰세요.**

> **㉮** 흙이 강아지풀에게 뿌리를 깊이 내리라고 말해 주었다.
>
> **㉯** 강아지풀들은 땅 속 깊이 뿌리를 내려 서로를 꽉 잡았다.
>
> **㉰** 소나기가 내려서 강아지풀의 친구들이 개울에 떠내려갔다.
>
> **㉱** 소나기가 세차게 내려도 강아지풀들은 끄떡도 하지 않았다.

(   ) → (   ) → (   ) → (   )

5   **이 글을 읽고 생각하거나 느낀 점을 알맞게 말한 친구의 이름을 쓰세요.**

> **세진:** 친구와 힘을 합치면 어려운 일도 함께 이겨 낼 수 있다는 것을 깨달았어.
>
> **기찬:** 자기 일은 자기 스스로 해야만 다른 사람에게 피해를 끼치지 않는다는 것을 알게 되었어.

(   )

오늘 독해는?

5문제 중   개를 맞혔어요!

글의 흐름을 파악해요

마무리

시간의 흐름에 따라 쓴 글

시간의 변화에 따라 사건이 어떻게 변하는지 살펴보며 읽습니다.

글의 흐름 파악하기

일의 방법을 설명한 글

차례를 나타내는 말과 관련된 중요한 내용을 찾아보며 읽습니다.

장소의 변화에 따라 쓴 글

장소의 변화와 그 장소에서 일어난 일에 주의하며 읽습니다.

시간을 나타내는 말, 차례를 나타내는 말, 장소를 나타내는 말에 주의하며 읽으면 글의 흐름을 잘 파악할 수 있어요.

47. 위 글의 서술상의 시간을 〈보기〉와 같이 정리했다. 이와 관련한 설명으로 적절하지 <u>않은</u> 것은?

─〈보기〉─
지금(1) → 그날 밤 → 며칠 전 → 지금(2) → 다음날

① '지금'(1)과 '지금'
② '그날 밤'과 '그
③ '그날 밤'과 '며
④ 실제 시간 순으로 배열하면 '며칠 전'이 가장 먼저이다.
⑤ '다음날'에는 새로운 사건의 발생이 암시되어 있다.

수능에는 일어난 일을 시간 순서대로 정리할 수 있는지 묻는 문제가 나와요!

시간 순으로 배열

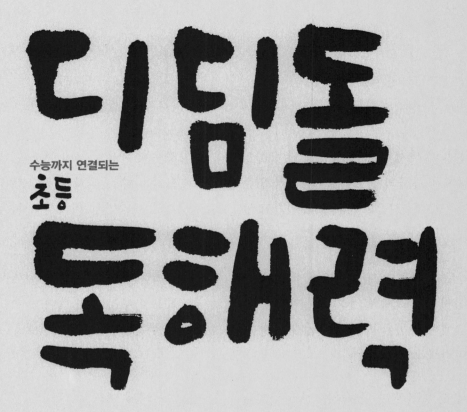

수능까지 연결되는
초등

디딤돌
독해력

정답과 해설

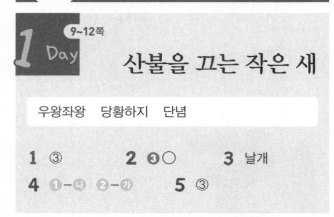

5 WEEK

1 Day 9~12쪽
산불을 끄는 작은 새

우왕좌왕   당황하지   단념

1 ③   **2** ❸○   **3** 날개
4 ❶-ㄴ ❷-ㄱ   **5** ③

2 Day 13~16쪽
우리 음식, 뚱보 막는다

편식   열량   섭취

1 ❶○   **2** 보약   **3** ①, ③
4 ④   **5** 다

1 숲속에 큰 산불이 나서 숲속에 살고 있던 동물들이 우왕좌왕하자 동물의 왕 사자는 자기가 있는 자리의 불만 끈다면 모든 불이 꺼질 것이라고 말하였습니다.

2 동물들이 아무리 불을 꺼도 불어오는 바람을 타고 불길이 삽시간에 크게 번져 가자 동물들은 불 끄는 것을 단념하고 동굴 속에서 사납게 번져 가는 불길을 바라보고만 있었습니다.

3 작은 새는 자신의 날개에 개울물을 적셔서 불타고 있는 숲에 몇 방울의 물을 떨어뜨리는 방법으로 산불을 끄려고 하였습니다.

4 코끼리는 불을 끄려다가 동물들이 먼저 죽게 된다며 안전한 곳으로 몸을 피하였습니다. 반면 작은 새는 지금까지 살아온 숲이 불에 타고 있는 것을 바라보고만 있을 수 없으니 자신이 할 수 있는 일을 힘껏 하겠다고 하였습니다.

5 사자는 작은 새가 자신보다 낫다고 하며 숲을 쉽게 포기할 수 없다고 생각하였습니다. 이로 보아 ㉠에는 사자가 숲을 포기하고 동굴 속에서 불을 보고만 있었던 행동을 뉘우친다는 내용이 들어가는 것이 알맞습니다.

1 제목에 우리 음식이 뚱보를 막을 수 있다는 우리 음식의 좋은 점을 쓴 것으로 보아, 우리 음식을 먹자고 말하기 위해서 제목을 이렇게 지었다는 것을 짐작할 수 있습니다.

2 우리나라 전통 음식은 미네랄과 무기질이 풍부하고 아무리 많이 먹어도 열량이 적어 건강을 지켜 주는 '보약'이라고 하였습니다.

3 이 글에서는 우리나라 어린이들이 한국 음식의 우수성에 대해 잘 모르는 점, 편식을 하거나 패스트푸드로 식사를 하는 점을 문제점으로 제시하였습니다.

4 이 글에는 우리나라 전통 음식을 먹지 않고 편식을 하거나 패스트푸드로 식사를 하였을 때의 문제점, 우리나라 전통 음식을 먹었을 때의 좋은 점, 대한영양사협회 관계자의 의견이 나타나 있습니다. 글쓴이는 이러한 내용을 통해 건강에 좋은 우리나라 전통 음식을 많이 먹자는 의견을 제시하였습니다.

5 글쓴이는 패스트푸드를 먹으면 영양소가 부족하고 비만이 된다는 나쁜 점과 우리나라 전통 음식을 먹으면 영양을 골고루 섭취할 수 있고 비만을 예방할 수 있다는 좋은 점을 제시하였습니다.

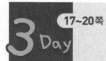

이를 닦읍시다

피곤해서 닦아   게을리하면

1 ①
2 ❶ 곧바로 ❷ 치약 ❸ 칫솔질
3 시경
4 ①
5 ❷ ○

1 글쓴이는 이를 잘 닦아야 하는데 이 닦는 방법을 잘 모르는 친구가 많은 것 같다며 이를 바르게 닦는 방법에 대해 알려 주고 있습니다.

2 글 (다)~(마)의 내용을 각각 대표하는 문장이 무엇인지 찾아봅니다.

3 글 (라)를 보면 이의 표면을 많이 갈아 내지 않는 치약을 선택한 시경이가 이를 바르게 닦았다는 것을 알 수 있습니다. 음식을 먹은 뒤에 곧바로 이를 닦아야 하고 아침에 눈을 뜨자마자 닦거나 음식을 먹고 나서 한참 뒤에 닦는 것은 좋은 방법이 아니므로 현주는 이를 바르게 닦지 않았습니다.

4 글 (마)의 마지막 문장에서 혓바닥도 문질러 주는 것이 좋겠다고 하였습니다.

5 글쓴이는 이를 바르게 닦는 방법에 대해 알려 주면서 튼튼하고 예쁜 이를 가지고 싶다면 바른 방법으로 이를 닦자고 하였습니다. 그리고 음식을 먹은 뒤에 곧바로 이를 닦아야 한다고 하였으므로 ❶의 의견은 알맞지 않습니다. 또한 저녁에 피곤해서 얼른 자고 싶더라도 이는 꼭 닦아야 한다고 하였으므로 ❸의 의견도 알맞지 않습니다.

공공장소에서의 예절

개장   예절   건의

1 ❶ ㉮ ❷ ㉯
2 ④
3 ㉢
4 (가)
5 ㉲ (가), 공공장소에서 함부로 뛰어다니며 예절을 지키지 않으면 다른 사람을 위험하게 할 수도 있기 때문이다.

1 글 (가)의 글쓴이는 사람이 많은 곳에서는 예절을 지켜야 한다는 의견을 나타내었고, 글 (나)의 글쓴이는 공원과 같은 공공장소는 많은 사람이 즐겁게 생활하라고 꾸며 놓은 곳이라는 의견을 나타내었습니다. 이러한 글쓴이의 의견이 드러난 제목을 찾으면 됩니다.

2 글 (가)의 글쓴이는 공공장소에서 큰 소리로 떠들거나 쿵쿵거리며 뛰어다니는 행동에 대하여 옳지 않다는 의견을 나타내었습니다.

3 ㉢에서는 공공장소는 사람들이 즐겁게 생활하는 곳이라는 글쓴이의 의견을 알 수 있습니다.

4 제시된 내용은 공공장소에서는 다른 사람에게 피해를 주면 안 된다는 내용이므로, 공공장소에서는 예절을 지켜야 한다는 글 (가)를 뒷받침할 수 있는 내용입니다.

5 글 (가)의 의견에 찬성한다면 공공장소에서 예절을 지켜야 하는 까닭을, 글 (나)의 의견에 찬성한다면 공공장소에서 즐겁게 생활하자고 생각하는 까닭을 '왜냐하면' 뒤에 쓰면 됩니다.

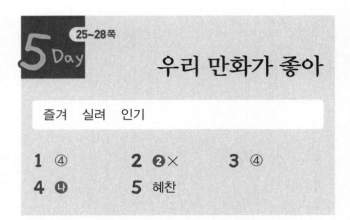

5 Day 우리 만화가 좋아

즐겨   실력   인기

1 ④   **2** ❷×   **3** ④
4 ❹   **5** 혜찬

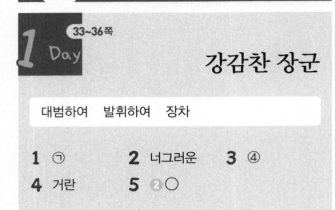

1 Day 강감찬 장군

대범하여   발휘하여   장차

1 ㉠   **2** 너그러운   **3** ④
4 거란   **5** ❷○

---

1 글쓴이는 우리나라에서 만든 만화를 발전시킬 수 있는 여러 가지 방법을 제시하고 있습니다.

2 우리 만화를 발전시키기 위해 먼저 재미있는 만화를 많이 만들어야 하고, 귀엽고 예쁜 만화 주인공이 나오는 상품을 만들면 우리 만화를 널리 알릴 수 있다고 하였습니다. 또 좋은 만화를 만들 수 있게 모두가 힘을 모으고, 가장 중요한 일은 우리 스스로 우리 만화를 아끼고 사랑하는 것이라고 하였습니다.

3 글쓴이는 글 (라)에서 귀엽고 예쁜 만화 주인공이 나오는 상품을 만든다면, 우리 만화를 널리 알릴 수 있을 것이라고 하였습니다.

4 이 글의 가운데 부분은 우리 만화를 발전시킬 수 있는 방법에 대한 것입니다. 따라서 ❹는 '우리 만화를 발전시키려면'이라고 고쳐 써야 합니다.

5 글쓴이는 글에서 제시한 여러 가지 방법을 통해 우리 만화를 발전시켜야 한다고 하였습니다. 따라서 우리 만화를 더욱 발전시켜야 한다는 혜찬이가 글쓴이와 같은 의견입니다.

1 이 글에서 시간을 나타내는 말은 '1000여 년 전', '소년 시절', '서른여섯 살이 되던 해에', '일흔한 살이 되던 해', '1031년 83세의 나이로'가 있습니다.

2 소년 강감찬이 친구들이 놀려도 화를 내거나 기분 나빠하지 않았다는 것으로 보아 소년 강감찬은 너그러운 성격이라는 것을 알 수 있습니다. '너그럽다'는 '마음이 넓고 속이 깊다.'는 뜻입니다.

3 강감찬은 과거에 장원으로 급제하였지만 아버지께서 돌아가신 뒤라 아버지께 기쁨을 안겨 드리지 못한 상황이므로 안타까운 마음이 들었을 것입니다.

4 강감찬은 고려를 틈틈이 넘보던 거란이 쳐들어오자 흥화진의 강물을 이용해서 거란군에서 큰 피해를 주고 거란군을 공격하여 귀주에서 큰 승리를 거두었습니다.

5 강감찬은 서른여섯 살이 되던 해에 과거에 장원으로 급제하였습니다. 제시된 표와 같이 시간의 흐름에 따라 내용을 파악하면 사건이 일어난 차례대로 정리할 수 있고, 전체 내용을 잘 이해할 수 있고, 글의 내용을 한눈에 파악할 수 있습니다.

2 Day 37~40쪽
내 마음을 사로잡은 경주

묘기 감탄 한없이

1 ❷○ 2 첨성대, 불국사
3 ④ 4 ②
5 ❶-㉮ ❷-㉯

3 Day 41~44쪽
보들 이야기

귀담아듣지 거절 꾸중

1 ❷○ 2 털 3 ①, ②
4 ④ 5 ❶2 ❷4 ❸5 ❹1 ❺3

---

1 이 글은 글쓴이가 경주에 가서 보고 듣고 생각하거나 느낀 점 등을 쓴 기행문입니다. 이 글은 글쓴이가 이동한 장소의 변화에 따라 사건이 진행되고 있습니다. 이와 같이 장소의 흐름이 나타난 글은 장소의 바뀜과 그 장소에서 일어난 일을 중심으로 간추리면 좋습니다.

2 글쓴이는 천마총, 첨성대, 불국사, 토함산, 석굴암의 순서대로 장소를 이동하였습니다.

3 ㉠은 천마총 안으로 들어갈 때 글쓴이가 생각하거나 느낀 점입니다.

4 글쓴이는 아저씨가 해 주신 말씀을 통해 첨성대가 옛날 신라 사람들이 천문 관측을 하기 위해 만들었다는 것, 첨성대의 크기, 첨성대가 술병 모양이라는 것, 첨성대가 동양에서 가장 오래된 관측대라는 것, 첨성대 꼭대기의 네모난 돌이 동서남북을 가리킨다는 것을 알 수 있었습니다.

5 글쓴이는 불국사에서는 다보탑과 석가탑을 보며 매우 아름답다고 느꼈고, 토함산에서는 석굴암에 있는 부처님을 보며 부처님이 사람들의 마음을 평화롭게 만드는 힘이 있는 것 같다고 느꼈습니다.

---

1 하느님이 보들을 불러 앞으로 다른 동물들을 놀릴 때마다 보들의 털이 한 줌씩 빠질 것이라고 꾸중하신 말을 통해 보들이 다른 동물들을 놀려서 동물들이 불평하였다는 것을 알 수 있습니다.

2 보들은 하느님께 꾸중을 듣고도 친구들을 놀리는 버릇을 고치지 않았고 그러다 보니 마침내 털이 다 빠져 아름다운 모습을 잃고 말았다고 하였습니다.

3 ㉡은 보들이 자신의 잘못을 후회하며 하느님께 울면서 비는 말이므로, 후회하는 표정으로 울먹이면서 말하면 실감 나게 말할 수 있습니다.

4 하느님은 친구들이 보들과 사귀고 싶지 않다고 말할 때마다 보들의 몸이 조금씩 길어질 것이라고 하였습니다. ㉢에서 보들의 몸이 자꾸 길어진 것으로 보아 친구들이 보들과 사귀고 싶어 하지 않았다는 것을 알 수 있습니다.

5 이 글에서 보들에게 일어난 일과 보들이 한 일을 중심으로 시간 순서에 맞게 정리하여 봅니다.

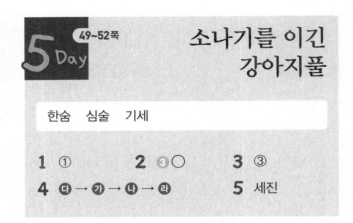

4 Day 45~48쪽

말하는 종이컵 인형 만들어 놀이하기

챙겨 제외하고 대강

1 종이컵   **2** 보리   **3** 만들기
4 ③   **5** ❶○

5 Day 49~52쪽

소나기를 이긴 강아지풀

한숨 심술 기세

1 ①   **2** ❸○   **3** ③
4 다 → 가 → 나 → 라   **5** 세진

1 이 글에서는 말하는 종이컵 인형을 만드는 순서를 알아보자고 하였습니다.

2 이 글은 종이컵 인형을 만드는 방법의 차례가 나타난 글입니다. 따라서 보리처럼 차례를 나타내는 말과 그 말과 관련된 중요한 내용을 정리하면서 읽으면 글의 내용을 바르게 파악할 수 있습니다. 유정이는 장소의 흐름에 따라 쓴 글을 파악하는 방법을 말하였습니다.

3 글 (가)~(나)는 준비하기, 글 (다)~(바)는 만들기, 글 (사)는 놀이하기에 해당하는 내용입니다.

4 종이띠를 붙이는 방법은 글 (마)에 나타나 있습니다. 종이띠는 나무젓가락과 같은 길이로 종이컵 위에 나무젓가락과 같은 방향으로 놓고, 종이컵의 바깥쪽 윗부분에 셀로판테이프로 붙입니다. 그렇게 하면 종이띠가 나무젓가락보다 위에 붙어 더 짧게 보인다고 하였습니다.

5 제시된 내용은 글에서 종이컵 인형을 만드는 중요한 차례만 정리한 것입니다. 준비물을 챙기고 종이컵을 자른 다음에는 나무젓가락을 붙이고 종이띠를 붙입니다.

1 소나기가 세차게 내릴 때마다 강아지풀의 친구들은 하나둘씩 뿌리째 뽑혀 개울물 속으로 곤두박질쳤습니다.

2 강아지풀들이 흙 속으로 뿌리를 깊게 내려 서로의 뿌리를 꽉 잡고 있어서 소나기가 사나운 기세로 쏟아져 내려도 강아지풀들은 끄떡도 하지 않았습니다.

3 강아지풀은 처음에는 소나기가 세차게 내릴 때마다 친구들이 없어져서 안타깝고 슬펐을 것입니다. 그러다 뿌리를 깊게 내려 보라는 흙의 말을 듣고 친구 강아지풀들과 함께 뿌리를 흙 속으로 내려 서로를 꽉 잡은 결과 소나기가 내려도 끄떡없이 잘 견딜 수 있어서 기쁘고 뿌듯하였을 것입니다.

4 소나기가 내려 강아지풀의 친구들이 떠내려가자 흙이 뿌리를 깊이 내려 보라고 말해 주었고, 강아지풀과 친구들은 뿌리를 깊게 내려 서로를 꽉 잡아서 버틸 수 있었습니다.

5 강아지풀은 친구 강아지풀들과 함께 힘을 합쳐 소나기가 세차게 내렸을 때에도 쓸려 내려가지 않고 버틸 수 있었습니다. 이러한 내용을 통해 세진이와 같이 생각할 수 있습니다.

1~2학년군 1, 2   3~4학년군 3, 4   5~6학년군 5, 6

독해를 처음 시작한다면, 기초를 튼튼히!

• 초등 교과서 학년별 성취 기준(학습 발달 단계)에 맞춰 구성
• 핵심 독해 원리를 충분히 체화할 수 있도록 1주 5day 학습으로 구성

고학년용

고학년 Ⅰ   고학년 Ⅱ   고학년 Ⅲ   고학년 Ⅳ

기초를 다진 후에는, 본격 실전 독해 훈련을!

• 수능 국어 출제 영역에 따른 주제별·수준별 구성
• 다양한 영역의 비문학 제재로만 구성(각 권별 40지문, 총 160지문 수록)

* 『디딤돌 독해력』은 학기 교재처럼 꼭 학년을 맞출 필요는 없고, 수준에 맞춰서 학습할 수 있습니다.

해당 교재(디딤돌 독해력 미리보기)는 『디딤돌 독해력』의 교재 학습 시스템을
확인해 볼 수 있도록 내용 일부를 재구성하여 실었습니다.

D210170

9 788926 160053
ISBN 978-89-261-6005-3

63710

국어 교과 지문독해력 향상

초등 3·2

디딤돌
통합본

국어

디딤돌

디딤돌 통합본 국어·사회·과학 3-2

펴낸날 [개정판 1쇄] 2024년 7월 1일
펴낸이 이기열 | **펴낸곳** (주)디딤돌 교육
주소 (03972) 서울특별시 마포구 월드컵북로 122 청원선와이즈타워
대표전화 02-3142-9000
구입문의 02-322-8451
내용문의 02-323-5489
팩시밀리 02-322-3737
홈페이지 www.didimdol.co.kr
등록번호 제10-718호
사진 북앤포토

- 정답과 풀이는 "디딤돌 교육 홈페이지〉초등〉정답과 해설"에서
  다운로드 받을 수 있습니다.
- 출간 이후 발견되는 오류는 "디딤돌 교육 홈페이지〉초등〉정오표"를 통해
  알려드리고 있습니다.

국어 교과 지문독해력 향상

초등 3·2

디딤돌 통합본

국어

교과서에 실린 **작품 소개**

단원	교과서	제재 이름	지은이	나온 곳	디딤돌 쪽수
1단원	국어 ㉮	「장금이의 꿈」	희원 엔터테인먼트	「장금이의 꿈 1기」 제1화 – (주)문화방송, 2005.	8쪽
		「미미 언니 자두」	아툰즈	「안녕 자두야 4: 자두와 친구들」 제11회 – (주)SBS, 2018.	9쪽
		「거인 부벨라와 지렁이 친구」	조 프리드먼 글, 지혜연 옮김	「거인 부벨라와 지렁이 친구」 – 주니어RHK, 2016.	10~14쪽
2단원	국어 ㉮	「줄넘기」 (원제목: 「꼬마야 꼬마야, 줄넘기」)	서해경	「들썩들썩 우리 놀이 한마당」 – (주)현암사, 2012.	24쪽
		한복 가족사진	배현주	「설빔, 남자아이 멋진 옷」 – (주)사계절출판사, 2010.	32, 39쪽
	국어 활동	「과일, 알고 먹으면 더 좋아요」 (원제목: 「우리는 어떤 과일을 먹을까요?」)	윤구병 기획, 보리 글	「가자, 달팽이 과학관」 – (주)도서출판 보리, 2012.	34쪽
		「축복을 전해 주는 참새」	고연희	「꽃과 새, 선비의 마음」 – (주)보림출판사, 2004.	35쪽
		「참새 무리」		국립중앙박물관	35쪽
4단원	국어 ㉮	「감기」	정유경	「까불고 싶은 날」 – (주)창비, 2010.	56쪽
		「지구도 대답해 주는구나」	박행신	「눈 코 귀 입 손!」 – 위즈덤북, 2009.	57쪽
		「진짜 투명 인간」	레미 쿠르종 글, 이정주 옮김	「진짜 투명 인간」 – 씨드북, 2015.	58~63쪽
		「천둥소리」	유강희	「지렁이 일기 예보」 – (주)비룡소, 2013.	64쪽
	국어 활동	「별난 양반 이 선달 표류기」	김기정	「별난 양반 이 선달 표류기 1」 – 웅진주니어, 2008.	66쪽

단원	교과서	제재 이름	지은이	나온 곳	디딤돌 쪽수
6단원	국어 ㉯	「꼴찌라도 괜찮아!」	유계영	『꼴찌라도 괜찮아!』 — 휴이넘, 2010.	94~96쪽
		「화해하기」	한국교육 방송공사	「스쿨랜드 초등 생활 매너 백서: 화해하기」 — 한국교육방송공사, 2017.	97쪽
7단원	국어 ㉯	「온 세상 국기가 펄럭펄럭」	서정훈	『온 세상 국기가 펄럭펄럭』 — 웅진주니어, 2010.	108~110쪽
	국어 활동	「산꼭대기에 열차가?」	김대조	『아인슈타인 아저씨네 탐정 사무소』 — 주니어김영사, 2015.	114쪽
8단원	국어 ㉯	「베짱베짱 베 짜는 베짱이」	임혜령	『이야기 할아버지의 이상한 밤』 — 한림출판사, 2012.	123~125쪽
	국어 활동	「숨 쉬는 도시 쿠리치바」 (원제목:「숨 쉬는 도시 꾸리찌바」)	안순혜	『숨 쉬는 도시 꾸리찌바』 — 파란자전거, 2004.	138쪽
9단원	국어 ㉯	「대단한 줄다리기」	베벌리 나이두 글, 강미라 옮김	『무툴라는 못 말려!』 — 국민서관(주), 2008.	146~149쪽
		「토끼의 재판」	방정환	『어린이』 제1권 제10호 — 1923.	150~153쪽
	국어 활동	「눈」	박웅현	『눈』 — (주)베틀북, 2001.	156쪽

구성과 특징

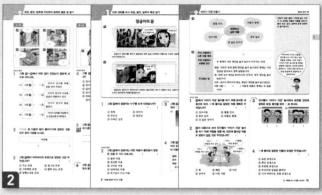
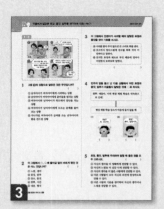
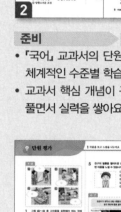

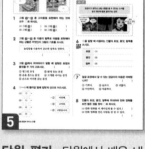
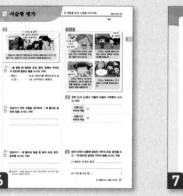
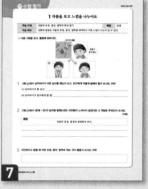
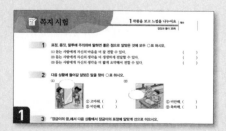
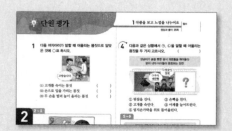

📖 교과개념북 **차례**

3-2 가

1 작품을 보고 느낌을 나누어요 ———— 6

2 중심 생각을 찾아요 ———— 23

3 자신의 경험을 글로 써요 ———— 42

4 감동을 나타내요 ———— 54

3-2 나

5 바르게 대화해요 ———— 73

6 마음을 담아 글을 써요 ———— 90

7 글을 읽고 소개해요 ———— 106

8 글의 흐름을 생각해요 ———— 122

9 작품 속 인물이 되어 ———— 145

작품을 보고 느낌을 나누어요

1 표정, 몸짓, 말투에 주의하며 말하면 좋은 점

같은 말을 해도 표정, 몸짓, 말투에 따라 뜻이 다르게 전달될 수 있어요.

① 듣는 사람에게 자신의 마음을 더 잘 전할 수 있습니다.

② 듣는 사람에게 자신의 생각을 더 생생하게 전달할 수 있습니다.

★★ **2 만화 영화를 보고 표정, 몸짓, 말투의 특징 알기**

① 인물의 표정, 몸짓, 말투에 주의하며 만화 영화를 봅니다.

② 상황에 알맞은 인물의 표정, 몸짓, 말투를 찾아봅니다.

③ 마음을 더 잘 드러낼 수 있는 표정, 몸짓, 말투를 생각해 봅니다.

예 「장금이의 꿈」에서 상황에 알맞은 장금이의 표정, 몸짓, 말투

상황	시험을 볼 수 있다는 소식을 듣고 장금이가 뒷산에 홀로 올라가면서 "엄마, 궁에 갈 수 있게 됐어요."라고 말하는 장면

표정 눈물을 글썽이며   표정, 몸짓, 말투를 통해 장금이가 궁으로 가게 되어 무척

몸짓 두 손에 힘을 꼭 주며   기쁜 마음임을 알 수 있어요.

말투 가늘고 떨리는 목소리로

〈인물의 표정, 몸짓, 말투에 주의하며 만화 영화를 보면 좋은 점〉
줄거리를 이해하는 데 도움이 되어요. / 인물의 표정, 몸짓, 말투에서 재미를 느낄 수 있어요. / 만화 영화를 더 재미있게 볼 수 있어요.

★★ **3 인물의 말과 행동을 살피며 만화 영화 감상하기**

① 인물의 표정, 몸짓, 말투에 주의하며 만화 영화를 봅니다.

② 만화 영화에 나오는 인물의 말과 행동을 살펴보며 이야기를 간추려 봅니다.

③ 만화 영화에서 재미있거나 감동받은 부분을 친구들과 이야기해 봅니다.

④ 인물의 말과 행동을 보고 자신이라면 어떻게 했을지 말해 봅니다.

예 「미미 언니 자두」에서 재미있거나 감동받은 부분

재미있거나 감동받은 부분	그 까닭
미미가 인기상을 받자 자두와 친구들이 기뻐하며 박수를 치는 부분	미미에게 인기상을 양보한 자두의 마음에 감동받아서

4 인물에게 알맞은 표정, 몸짓, 말투를 생각하며 작품을 읽고 대화 나누기

① 인물의 표정, 몸짓, 말투를 상상하며 글을 읽어 봅니다.

② 이야기에서 장면에 따라 인물의 표정, 몸짓, 말투가 어떻게 다른지 살펴봅니다.

③ 어떤 장면을 표현할지 정하고 인물에게 어울리는 표정, 몸짓, 말투로 표현해 봅니다.

④ 왜 그 장면을 골랐는지, 그렇게 표현한 까닭은 무엇인지 이야기해 봅니다.

개념 확인하기
정답과 풀이 2쪽

1 표정, 몸짓, 말투에 주의하며 말하면 듣는 사람에게 자신의 ( )을/를 더 잘 전할 수 있고 생각을 더 생생하게 전달할 수 있어 좋습니다.

2 다음 빈칸에 알맞은 말을 쓰시오.

> 만화 영화에서 인물의 표정, 몸짓, ( )을/를 통해 인물의 마음을 더 잘 드러낼 수 있다.

3 다음과 같은 상황에 어울리는 몸짓을 찾아 ○표 하시오.

상황	시험을 볼 수 있다는 소식을 듣고 뒷산에 홀로 올라가는 장면

장금: 엄마, 궁에 갈 수 있게 됐어요.

(1) 두 손에 힘을 꼭 주며

( )

(2) 힘이 빠진 채로 어깨를 늘어뜨리며

( )

4 인물의 말과 행동을 살피며 만화 영화를 감상하는 방법으로 알맞지 <u>않은</u> 것에 ×표 하시오.

(1) 인물의 표정, 몸짓, 말투에 주의하며 본다. ( )

(2) 가장 먼저 일어난 사건을 친구들과 이야기한다. ( )

교과서 문제

1 그림 **가**~**라**에서 어떤 일이 있었는지 알맞게 선으로 이으시오.

(1) 그림 **가** • • ① 아이가 친구를 위해 문을 잡아 주었다.

(2) 그림 **나** • • ② 아이가 친구의 우유를 엎질러 당황하고 있다.

(3) 그림 **다** • • ③ 아이가 친구의 발을 밟았다.

(4) 그림 **라** • • ④ 아이가 상처를 치료해 주신 선생님께 인사하였다.

2 ㉠~㉣ 중 다음의 말이 들어가기에 알맞은 것을 모두 찾아 기호를 쓰시오.

미안해.

( )

3 그림 **나**에서 여자아이의 표정으로 알맞은 것은 무엇입니까? ( )

① 우는 표정 ② 찡그린 표정
③ 시무룩한 표정 ④ 활짝 웃는 표정
⑤ 당황스러운 표정

교과서 문제

4 그림 **가**에서 남자아이에게 어떤 일이 있었습니까? ( )

① 친구의 연필을 잃어버렸다.
② 친구의 가방을 의자에서 떨어뜨렸다.
③ 실수로 친구의 필통을 바닥에 떨어뜨렸다.
④ 친구의 연필을 부러뜨려서 친구와 싸웠다.
⑤ 허락을 받지 않고 친구의 필통을 마음대로 열었다.

5 그림 **나**와 **다**에서 남자아이의 표정과 몸짓이 어떻게 다른지 쓰시오.
서술형

_____

_____

6★ 그림 **나**와 **다** 중 미안해하는 마음이 느껴지는 표정과 몸짓은 어느 것인지 그림의 기호를 쓰시오.

( )

장금이의 꿈

가

장금이가 강아지를 찾다가 임금님의 친족 혼례 잔치에서 처음으로 수라간 상궁을 보게 되었습니다.

나

장금이의 강아지가 뛰어다녀서 잔치에 내놓으려던 국수가 엉망이 되고, 장금이가 수라간 궁녀에게 꾸중을 들었습니다.

- **종류:** 만화 영화
- **만화의 특징:** 장금이가 우여곡절 끝에 생각시 선발 시험에 합격하고 꿈에 그리던 궁에 들어가 수라간에서 생활하는 모습을 담은 만화 영화입니다.

핵심내용 「장금이의 꿈」에서 상황에 알맞은 장금이의 표정, 몸짓, 말투 예

그림 **가**	❶ 표 정	눈을 크게 뜨고 입을 벌리며
	몸짓	몸을 앞으로 기울이며
	말투	높고 빠른 목소리로
그림 **나**	표정	죄송하다는 표정
	몸짓	고개를 숙이며
	말투	낮고 작은 목소리로

수라간 예전에 궁중에서 임금의 진지를 짓는 부엌을 이르는 말.
혼례 부부 관계를 맺기로 맹세하고 약속하는 의식.

1 그림 **가**에서 장금이는 누구를 보게 되었습니까?
( )

① 친척 　　② 강아지
③ 부모님 　　④ 임금님
⑤ 수라간 상궁

교과서 문제

2 그림 **가**에서 장금이는 어떤 마음이 들었을지 알맞은 것을 두 가지 고르시오. ( )

① 놀란 마음
② 속상한 마음
③ 고마운 마음
④ 안타까운 마음
⑤ 호기심이 드는 마음

3 그림 **나**의 ㉠에 어울리는 장금이의 표정과 몸짓을 찾아 ○표 하시오.

(1)
( )

(2)
( )

4 그림 **나**에서 장금이가 처한 상황을 생각하며 장금이의 표정, 몸짓, 말투를 알맞게 말하지 <u>못한</u> 친구의 이름을 쓰시오.

동현: 고개를 숙이고 있는 몸짓이 적당해.
은주: 눈물을 글썽이면서 밝게 웃는 것이 좋아.
휘성: 낮고 작은 목소리로 죄송하다고 말하는 것이 좋아.

( )

미미 언니 자두

과일 사러 온 거야, 언니 얘기 하러 온 거야?

자두 동생 미미는 어른들이 엄마를 '자두 엄마'로만 부르자 섭섭해합니다.

언니랑 같이 다니고 싶지 않아!

미미는 학교 친구와 선생님도 언니 자두에게만 관심을 기울여 화가 납니다.

자두야! 왜 그랬어?

자두는 미미를 돋보이게 하고 싶어서 일부러 자신의 무대를 망칩니다.

그게 정말이야?

자두는 미미가 언니보다 유명해지고 싶어서 몰래 발레를 배웠다는 사실을 알고 놀랐던 일을 떠올립니다.

미미에게 미안함을 느낌.

언니가 큰 거 먹어.

아니야, 네가 큰 거 먹어.

학예회에서 인기상을 탄 미미는 자두와 화해합니다.

- **종류**: 만화 영화
- **만화의 특징**: 명랑하고 사교적이어서 친구들에게 인기가 많은 언니 자두와 그런 언니를 질투하는 미미의 이야기입니다. 언니보다 유명해지고 싶어서 미미는 몰래 발레를 배우고 그런 미미와 화해하려는 자두의 모습을 담고 있습니다.

인물의 표정, 몸짓, 말투에 주의하며 만화 영화를 보면 만화 영화의 줄거리를 이해하는 데 도움이 되고, 만화 영화를 더 재미있게 볼 수 있어 좋아요.

교과서 문제

5 장면 **1**, **2**에서 미미가 화난 까닭은 무엇입니까? ( )

① 언니 자두가 자신을 자꾸 놀려서
② 사람들이 엄마를 '미미 엄마'로 불러서
③ 언니 자두가 자신을 쫓아다니며 괴롭혀서
④ 사람들이 언니인 자두에게만 관심을 가져서
⑤ 엄마가 언니 자두만 과일 가게에 데리고 가서

6★ 장면 **2**에서 화난 미미의 마음을 나타내는 표정과 몸짓을 두 가지 고르시오. ( )

① 손으로 팔짱을 꼈다.
② 어깨를 축 늘어뜨렸다.
③ 두 팔을 아래위로 흔들었다.
④ 눈물을 글썽이며 눈치를 보았다.
⑤ 찡그린 표정을 하고 입을 크게 벌렸다.

7 미미는 언니보다 유명해지고 싶어서 몰래 무엇을 배웠는지 쓰시오.

( )

8 자두가 일부러 자신의 무대를 망친 까닭을 알맞게 말한 친구의 이름을 쓰시오.

현수: 미미를 돋보이게 하고 싶어서야.
채령: 화가 난 미미의 기분이 좋아지게 하기 위해서야.

( )

9 장면 **1**~**5** 중 재미있거나 감동받은 부분을 찾아 까닭과 함께 쓰시오.

서술형

_____

_____

거인 부벨라와 지렁이 친구

· 조 프리드먼

· 글의 종류: 이야기
· 글의 특징: 거인 부벨라가 자신을 무서워하지 않는 지렁이를 만나 서로 좋은 친구가 되어 가는 과정이 잘 드러나 있는 글입니다.

미리 보기

| 거인 부벨라는 자신을 무서워하지 않는 지렁이를 만나 이야기하다가 집에 초대했습니다. | → | 부벨라는 지렁이를 위해 무엇을 해야 할지 몰라 정원사를 찾아갔습니다. | → | 부벨라의 손이 정원사를 가리키자 정원사의 굽어 있던 허리가 꼿꼿하게 펴졌습니다. | → | 부벨라는 진흙파이를 지렁이에게 대접하였고 둘은 서로 좋은 친구가 되었습니다. |

1 부벨라는 거인이에요. 모든 사람이 부벨라를 무서워했는데 이 ㉠자그마한 목소리의 주인공만은 예외였어요. / 부벨라는 발 근처 땅바닥을 자세히 들여다보았어요. 땅속에서 지렁이 한 마리가 고개만 빠끔히 내밀고는 말을 하고 있었어요.

일반적 규칙이나 예에서 벗어나는 일
작은 구멍이나 틈 사이로 조금만 보이는 모양

이번에는 부벨라가 말을 시작했어요.

"난 부벨라야. 네 이름은 뭐니?"

"이제야 뭔가 제대로 되네. 나는 지렁이라고 해."

"아니, 네 이름 말이야. 제이미나 다니엘 같은."

지렁이는 온몸이 흔들릴 정도로 고개를 가로저었어요. / "지렁이 이름이 제이미라고?"

지렁이는 그렇게 되묻더니 요란하게 웃으며 말을 잇지 못했답니다.

"정말 웃기지도 않네. 우리 지렁이들은 젠체하고 살지 않아. 우리는 그냥 지렁이야."

㉡"너는 내가 무섭지 않니?"

"왜 너를 무서워해야 하는데?"

"내가 너보다 훨씬 덩치가 크니까."

부벨라는 당연하다는 듯이 대답했어요.

"무슨 그런 말도 안 되는 소리가 다 있어? 이 세상 모든 것이 다 나보다 커. 만약 나보다 큰 것들에게 말 붙이기를 겁냈다면 난 계속 입을 다물고 살아야 했을걸."

부벨라는 숨을 깊이 들이마시고 난 뒤 조심스럽게 물었어요. / "우리 집에 차 마시러 올래?"

"좋아. 내일 갈게. 네 시에 여기서 만나자."

중심 내용 1 거인 부벨라는 자신을 무서워하지 않는 지렁이를 만나 이야기를 하다가 자신의 집에 초대하였어요.

2 그날 밤부터 그다음 날까지 부벨라는 정신없이 움직였어요. 집 안 곳곳을 닦고 정리했을 뿐 아니라 자신도 머리부터 발까지, 특히 발가락은 몇 번이나 씻고 또 씻었어요. 부벨라는 정원의 잔디를 깎고, 낡은 종이들과 깡통도 치웠어요.

---

10 모든 사람이 부벨라를 무서워한 까닭은 무엇입니까? 　　　　　　(　　)

① 부벨라가 거인이었기 때문에
② 부벨라의 성격이 괴팍했기 때문에
③ 부벨라는 항상 혼자 다녔기 때문에
④ 부벨라의 목소리가 너무 컸기 때문에
⑤ 부벨라의 모습이 괴물과 닮았기 때문에

11 ㉠은 누구를 말하는지 쓰시오.
　　　　　　　　(　　　　　　)

교과서 문제
12 상황을 생각하여 ㉡을 말하는 부벨라의 표정과 몸짓을 알맞게 말한 친구의 이름을 쓰시오.

인후: 화난 표정으로 하늘을 쳐다봐야 해.
미정: 놀란 표정으로 쪼그리고 앉아서 지렁이를 바라봐야 해.

　　　　　(　　　　　　)

13 부벨라가 정신없이 움직이면서 집 안 곳곳을 정리한 까닭은 무엇인지 빈칸에 알맞은 말을 쓰시오.

자기 집에 (　　　　　)을/를 초대해서

집을 다 치운 다음, 부벨라는 차와 함께 먹으려고 자신이 가장 좋아하는 바나나케이크를 구웠어요. 그러고
(부벨라가 가장 좋아하는 음식)
는 가장 예쁜 옷을 꺼내 입었지요. 무지개 그림이 그려진 티셔츠에, 구멍이 하나밖에 나지 않은 청바지를 입고 제일 아끼는 야구 모자를 썼어요. 이것저것 준비를 끝낸 다음 부벨라는 잠시 앉아서 쉬었어요.

그러다 문득 지렁이가 바나나케이크를 싫어할지도 모른다는 생각이 들었어요. 그러자 초조하고 당황스러웠어요.

㉠'그럼 차 마실 때 무엇을 내놓아야 할까? 누구에게 물어보지?'

중심 내용 2 부벨라는 집을 깨끗이 치우고 지렁이에게 어떤 음식을 내놓아야 할지 고민을 하였어요.

3 부벨라는 예전에 보았던 아름다운 정원이 생각났어요. 어쩌면 그곳에서 일하는 정원사는 지렁이가 무
(예전에 보았던 아름다운 정원)
엇을 먹고 사는지 알고 있을지도 몰라요. 부벨라는 서둘러 그 정원으로 갔어요. 그런데 정원사는 거인 부벨라가 오는데도 놀라지 않고 그저 물끄러미 바라보기만 했어요. / "아저씨는 도망을 가지 않네요."

초조하고 애가 타서 마음이 조마조마하고.
정원사(庭 뜰 정, 園 동산 원, 師 스승 사) 정원의 꽃밭이나 수목을 가꾸는 일을 직업으로 하는 사람.

"나는 이제 도망 다닐 나이가 아니야, 거인 아가씨."

정원사는 어쩐지 아파 보였어요.

"그런데 무슨 걱정거리라도 있니?"

부벨라는 정원사에게 걱정거리를 솔직히 털어놓았어요.

"지렁이가 저희 집에 차를 마시러 오기로 했어요. 그런데 저는 지렁이가 무얼 먹고 사는지, 무슨 음식
(부벨라의 걱정거리)
을 좋아하는지 모르겠어요. 바나나케이크를 좋아할 것 같지는 않은데……."

정원사는 가만히 생각에 잠겼어요.

"지렁이들은 멀리 다니지 않으니까 어쩌면 다른 집 정원의 흙을 좋아할 것 같구나. 진흙파이를 만들어 주면 어떻겠니?"

"아, 그게 좋겠네요! 하지만 어디에서 흙을 구하죠?" / "잠깐 여기서 기다려 봐."

그러더니 정원사는 돌아서서 집 안으로 들어갔어요.

정원사는 허리가 굽어서 아주 천천히 움직였는데, 움직이는 게 무척이나 힘들어 보였어요.

물끄러미 우두커니 한곳만 바라보는 모양.
잠겼어요 어떤 한 가지 일이나 생각에 열중했어요. ⑩ 주완이는 생각에 잠겨서 잠시 말을 잃고 있었습니다.

14 부벨라가 초조하고 당황스러워한 까닭은 무엇입니까? ( )

① 지렁이가 약속을 안 지킬 것 같아서
② 바나나케이크를 굽는 방법을 몰라서
③ 지렁이와 만나기로 한 곳이 생각나지 않아서
④ 지렁이가 바나나케이크를 몽땅 먹을 것 같아서
⑤ 지렁이가 바나나케이크를 싫어할지도 모른다는 생각이 들어서

15 ㉠에 어울리는 부벨라의 표정과 몸짓은 무엇인지 알맞은 것에 ○표 하시오.

(1)   (2)   (3)

( )   ( )   ( )

16 부벨라가 정원사를 찾아간 까닭은 무엇인지 알맞은 것에 ○표 하시오.

(1) 지렁이와 친해지기 위한 방법을 물어보기 위해서 ( )
(2) 지렁이와 차 마실 때 무엇을 내놓아야 할지 물어보기 위해서 ( )
(3) 지렁이가 집에 오기 전에 정원을 예쁘게 가꾸어 달라고 부탁하기 위해서 ( )

17 정원사가 부벨라에게 만들어 주라고 말한 것은 무엇입니까? ( )

① 과자   ② 국수
③ 진흙파이   ④ 사과주스
⑤ 초코케이크

정원사는 접시를 들고 다시 집 밖으로 나왔어요. 그러고는 천천히 움직이며 정원 세 곳에서 각기 다른 종류의 흙을 접시에 담은 뒤, 접시를 부벨라에게 건네주었어요. / "지렁이 친구가 정말 좋아할 거야."

㉠"고맙습니다, 고맙습니다."

부벨라는 얼마나 기쁜지 눈물이 나올 것만 같았어요. 정말 오랜만에 누군가가 부벨라에게 친절을 베풀어 주었거든요.

중심 내용 3 부벨라의 말을 듣고 정원사는 지렁이에게 진흙파이를 만들어 주라고 하며 정원 세 곳에서 각기 다른 종류의 흙을 접시에 담아 부벨라에게 건네주었어요.

4 부벨라는 친절한 정원사에게 어떻게든 꼭 보답을 하고 싶었어요. _{남의 친절한 마음이나 은혜를 갚음.} 그때 갑자기 부벨라의 손이 간지러워지기 시작하더니 아주 따뜻해졌어요. 무슨 일이 벌어지고 있는지는 정확히 알 수가 없었지요.

부벨라는 손을 들어 정원사를 가리켰어요. 그러자 손이 점점 더 간지러워지고 따뜻해졌어요. 그리고 깜짝 놀랄 만한 일이 벌어졌어요. 갑자기 정원사가 허리를 꼿꼿하게 펴더니 똑바로 선 거예요. 정원사는 한 발 _{물건이 휘거나 구부러지지 아니하고 단단하게} 자국 한 발자국 내디뎌 보다가 덩실덩실 춤을 추었어요. / 정원사가 웃으며 큰 소리로 외쳤어요.

㉡"이제 하나도 아프지가 않아!"

부벨라는 자신의 손을 쳐다보았어요. 무슨 일인지는 모르겠지만 분명 좋은 일임엔 틀림없었어요.

중심 내용 4 부벨라가 손을 들어 정원사를 가리키자 정원사가 허리를 꼿꼿하게 펴며 똑바로 섰어요.

> 정원사가 부벨라에게 흙을 건네주고 정원사의 허리가 펴지는 부분으로, 인물의 말에 어울리는 표정, 몸짓, 말투를 묻는 문제가 자주 출제돼.

5 집으로 돌아오면서 부벨라의 머릿속은 많은 생각으로 가득 찼어요. 지렁이를 만난 순간부터 모든 것이 변한 것 같았어요. 게다가 아주 특별한 일까지 일어났잖아요. '어쩌면 나에게 마법의 힘이 생긴 것은 아닐까' 하는 생각이 들었어요.

부벨라는 부엌에 들어가서 정원사가 준 흙으로 아주 _{진흙파이의 재료} 근사한 진흙파이를 만들었어요. 그런 다음 파이를 뚜껑으로 덮어 식탁 위에 놓은 뒤 손을 씻었답니다. 그것도 두 번이나 말이죠.

부벨라는 지렁이를 데리러 갔어요. 지렁이는 정확히 네 시 정각에 땅 위로 고개를 내밀었어요. 지렁이가 정 _{틀림없는 바로 그 시각} 원을 둘러보며 만족스러운 표정으로 말했어요.

"아주 바빴겠구나."

부벨라는 조심스럽게 지렁이와 그 주변의 흙까지 한 움큼을 퍼서 집 안으로 데리고 들어갔어요. _{손으로 한 줌 움켜질 만한 분량을 세는 단위}

---

18 정원사가 부벨라에게 건네준 접시에는 무엇이 담겨 있었습니까? ( )

① 흙으로 만든 파이
② 지렁이에게 줄 옷
③ 정원사가 직접 가꾼 꽃
④ 부벨라가 좋아하는 바나나케이크
⑤ 정원 세 곳에서 가져온 각기 다른 종류의 흙

19 ㉠에 어울리는 표정, 몸짓, 말투를 알맞게 말한 친구의 이름을 쓰시오.

> 민준: 떨리는 목소리로 놀란 표정을 지으며 차렷 자세로 얼어붙은 채로 말해야 해.
> 주희: 기뻐하는 목소리와 눈물을 흘릴 것 같은 표정으로 고개를 숙이면서 말해야 해.

( )

20 부벨라가 손을 들어 정원사를 가리키자 어떤 일이 벌어졌습니까? ( )

① 정원사가 훨씬 젊어졌다.
② 정원사의 키가 엄청 커졌다.
③ 정원사 주변에 꽃이 활짝 피었다.
④ 정원사의 허리가 꼿꼿하게 펴졌다.
⑤ 정원사가 노래를 흥얼거리게 되었다.

21 ㉡을 말할 때 정원사의 표정, 몸짓, 말투는 어떠할 **서술형** 지 쓰시오.

_____

_____

부벨라가 지렁이를 식탁에 내려놓자, 지렁이는 이리 저리 기어다니다가 바나나케이크를 보았어요. 그러고 는 식탁을 마저 둘러본 후 물었어요.

┌ 진흙파이를 덮어 둔 뚜껑 안
ⓐ"이 안에는 뭐가 들어 있니?"

"물어보지 않으면 어쩌나 했어!"

부벨라는 그렇게 말하고는 과장된 몸짓으로 뚜껑을 들어 올렸어요. 지렁이는 신이 나서 진흙파이 속으로 파고들어 갔어요. 지렁이가 다시 위로 올라왔을 때에 는 머리 위에 나뭇잎 조각이 얹어져 있었어요. 마치 모 자를 쓴 듯 말이에요.

부벨라가 물었어요.

"특별한 대접을 받았으면 고맙다고 해야 정상 아니니?"

지렁이는 부벨라를 뚫어져라 쳐다보다가 온몸이 흔 들릴 정도로 호탕하게 웃으며 말했어요.

"어쩐지 네가 좋아질 것 같아."

부벨라와 지렁이는 차를 마시면서 즐거운 시간을 보 냈어요. 두 친구는 시간 가는 줄 모르고 이야기꽃을 피 웠답니다.

과장된 사실보다 지나치게 불려서 나타난.
대접(待 기다릴 대, 接 접할 접) 음식을 차려 접대함.

부벨라는 자기만 보면 무서워서 도망을 치는 사람들
속상하고 억울한 기분
을 볼 때마다 어떤 기분이 드는지 지렁이에게 솔직하 게 털어놓았어요. 사실 부벨라는 파리 한 마리도 해치 지 못했거든요.

[중심 내용 5] 부벨라는 집에 온 지렁이에게 진흙파이를 대접했고, 부벨라와 지렁이는 시간 가는 줄 모르고 이야기했어요.

6 "그런데 지금 누구랑 살고 있니?"

"난 혼자 살아."

"왜?"

"부모님이 약초를 캐러 다부쉬타 정글로 가셨거든. 그동안 할머니가 돌보아 주셨는데, 갑자기 할아버지 가 아프셔서 할아버지가 계시는 작은 섬으로 돌아가 셨어."

지렁이는 부벨라가 안쓰러워 보였어요. 지렁이들은 수백 명이나 되는 친척들과 가까이에서 함께 살았기 때문에 홀로 지내는 것이 어떤 생활일지 그저 짐작할 수밖에 없었답니다.

부벨라는 바나나케이크를 먹고, 지렁이는 진흙파이 를 여기저기 파 들어가며 먹었어요.

호탕하게 씩씩하고 거리낌이 없이 우렁차고 힘이 있게.
안쓰러워 손아랫사람이나 약자의 딱한 형편이 마음이 아프고 가여워.

㉒ 지렁이가 ⓐ을 물을 때의 표정으로 알맞은 것에 ◯표 하시오.

(1) (　　　)　(2) (　　　)　(3) (　　　)

㉓ 부벨라가 식탁 위의 뚜껑을 들어 올렸을 때 지렁 이는 어떻게 하였습니까? (　　　)

① 부벨라에게 화를 냈다.
② 식탁 밑으로 기어 내려왔다.
③ 진흙파이를 보고 소리를 질렀다.
④ 진흙파이 속으로 파고들어 갔다.
⑤ 진흙을 좋아하지 않는다고 말했다.

㉔ 부벨라가 자기만 보면 무서워서 도망을 치는 사람 들을 볼 때마다 어떤 기분이 든다고 지렁이에게 말 했을지 알맞은 것에 ◯표 하시오.

(1) "사람들이 날 싫어하니 앞으로는 나도 사람들을 함부로 대하고 미워해야겠어." (　　　)
(2) "단지 크다는 이유로 나를 피하고 무서워하는 사람들 때문에 속상하고 억울하다는 생각이 들 어." (　　　)

㉕ 지렁이가 부벨라를 안쓰러워한 까닭은 무엇입니 까? (　　　)

① 자유롭게 생활하지 못해서
② 가족 없이 혼자 살고 있어서
③ 친척들이 가까이 함께 살아서
④ 사람들이 부벨라를 무서워해서
⑤ 한곳에서만 오랫동안 생활해서

1. 작품을 보고 느낌을 나누어요　**13**

"정말 맛있어. 흙 맛이 이렇게 다양하고 좋은지 몰
랐어."
<u>행복한 표정과 기쁜 말투</u>

지렁이의 말에 부벨라는 드디어 기다리던 순간이 되
었다고 생각했어요.

"네가 내 친구가 되어 준다면 어디든지 데리고 다닐
게. 그러면 가는 곳마다 맛있는 흙으로 만든 훌륭한
파이를 맛보게 될 거야."

지렁이는 생각만 해도 군침이 돌았어요.

"그러면 너에게 좋은 점은 뭐야?"

"<u>나를 무서워하지 않고 늘 진실을 말해 줄 수 있는
좋은 친구가 생기는 거지. 너를 만난 이후로 하루하
루가 더없이 즐거워. 난 너와 헤어지고 싶지 않아.</u>"
<u>부벨라가 지렁이에게 친구가 되어 달라고 말한 까닭</u>

지렁이는 잠시 생각을 해 보더니 미소를 지으며 말
했어요.

"그건 나도 마찬가지야." / "너에게 줄 것이 또 있어."

부벨라는 커다란 성냥갑으로 만든 작은 상자를 꺼냈
어요. 상자에는 가죽 줄이 달려 있었고, 안은 근사한

검은흙으로 채워져 있었어요. 지렁이는 상자를 살피더
니 안으로 기어들어 갔어요.

부벨라는 상자를 들어 올려 어깨에 매달았어요.

"정말 멋지구나."

지렁이는 새로운 집에서 세상을 내려다볼 수 있었고,
걸어 다닐 때도 부벨라와 이야기를 나눌 수 있었어요.

"널 처음 보았을 때, 발에서 이렇게 지독한 냄새가
나는 사람은 정말 이기적일 거라고 생각했었어."

부벨라가 뿌듯해하며 대답했어요.

㉠"지금껏 내게 관심을 보인 친구는 단 한 명도 없
었는데……. 이제는 네가 있구나."

중심 내용 6 부벨라는 지렁이에게 친구가 되어 달라고 말했고, 서로 좋은 친구가 되기로 하였어요.

핵심내용 「거인 부벨라와 지렁이 친구」를 읽고 그림으로 표현할 이야기 속 장면을 고르고 까닭과 함께 말하기 예

내가 고른 장면	고른 까닭
부벨라가 정원사를 낫게 하는 장면	정원사의 굽었던 ❷ ㅎ ㄹ 가 꼿꼿하게 펴졌다는 것을 재미있게 표현할 수 있을 것 같아서야.

군침 공연히 입 안에 도는 침. 예 잘 구워진 고구마를 보자 저절로 군침이 돌았습니다.

이기적(利 이로울 이, 己 몸 기, 的 과녁 적) 자기 자신의 이익만을 꾀하는. 또는 그런 것.

26 부벨라가 지렁이에게 부탁한 것은 무엇입니까?
( )
① 친구가 되어 달라는 것
② 어디든 데려다 달라는 것
③ 가족을 소개시켜 달라는 것
④ 진흙파이를 만들어 달라는 것
⑤ 진흙파이를 조금 남겨 달라는 것

교과서 문제
27 부벨라가 지렁이에게 무엇을 선물했는지 빈칸에 알맞은 말을 쓰시오.

( )이/가 달려 있고 ( )
(으)로 채워진 성냥갑 상자

28 ㉠을 말할 때 부벨라의 표정, 몸짓, 말투로 알맞은 것을 골라 기호를 쓰시오.

㉮ 무뚝뚝한 표정으로 먼 산을 보며 차분한 목소리로 말한다.
㉯ 뿌듯한 표정으로 지렁이를 바라보며 다정한 말투로 말한다.
㉰ 화난 표정으로 손을 이리저리 흔들며 높은 목소리로 말한다.

( )

29 다음은 이 글 전체에서 인물의 표정과 몸짓이 드러나게 장면을 표현한 것입니다. 어떤 장면인지 알맞은 것에 ○표 하시오.

(1) 정원사가 덩실덩실 춤을 추는 장면 ( )
(2) 부벨라가 흙을 받고 정원사에게 인사하는 장면 ( )

가

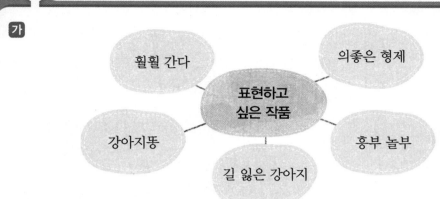

월월 간다

의좋은 형제

표현하고 싶은 작품

강아지똥

흥부 놀부

길 잃은 강아지

• '이야기 극장' 놀이: 기억에 남는 이야기 속 장면을 떠올려 역할을 정해 인물의 표정, 몸짓, 말투에 맞게 표현하는 놀이입니다.

나

우리 모둠에서 고른 작품 제목	㉮
우리 모둠에서 표현할 장면	두 형제가 서로 볏단을 옮겨 놓다가 마주치는 장면
주고받는 말	해설: 서로의 집에 몰래 볏단을 옮겨 놓으려던 형제는 서로 얼굴을 알아보고 깜짝 놀랐습니다. 형: (깜짝 놀라 볏단을 떨어뜨리며) 아우야, 네가 볏단을 옮겨 놓았구나! 아우: (놀라서 뛰어가며) 형님, 형님도 볏단을 옮겨 놓으셨군요. 이웃 사람: (㉠) 저렇게 의좋은 형제는 또 없을 거야!

이야기에 나오는 인물을 생각해 보고 각자 하고 싶은 역할을 정해요. 다른 모둠이 '이야기 극장' 놀이를 할 때에는 상황에 어울리는 표정과 말투로 말하는지, 자연스러운 몸짓으로 뜻을 분명하게 전달하는지 살펴보아요.

교과서 문제

1 나에서 '이야기 극장' 놀이를 하기 위해 준비한 내용으로 보아, ㉮에 들어갈 알맞은 작품 제목은 무엇입니까? ( )

① 강아지똥
② 월월 간다
③ 흥부 놀부
④ 의좋은 형제
⑤ 길 잃은 강아지

2 나의 내용으로 보아 친구들이 '이야기 극장' 놀이를 하기 위해 역할을 정할 때, 빈칸에 들어갈 역할로 알맞지 <u>않은</u> 것은 무엇입니까? ( )

나는 ( ) 역할을 하고 싶어.
나는 ( ) 역할을 하면 좋겠어.
나는 ( ) 역할을 하고 싶어.
( ) 역할도 필요하겠어.

① 형
② 해설
③ 아우
④ 강아지
⑤ 이웃 사람

3 친구들이 '이야기 극장' 놀이에서 표현할 장면에 알맞은 표정, 몸짓을 찾아 ○표 하시오.

(1)
( )

(2)
( )

4 ㉠에 들어갈 알맞은 인물의 표정은 무엇입니까? ( )

① 슬픈 표정으로
② 화난 표정으로
③ 흐뭇한 표정으로
④ 부끄러워 얼굴을 붉히며
⑤ 기가 막히다는 듯한 표정으로

1~3

1 그림 **1**의 상황으로 알맞은 것은 무엇입니까?
( )

① 남자아이가 여자아이에게 사과하는 상황
② 남자아이가 여자아이에게 준비물을 빌리는 상황
③ 여자아이와 남자아이가 복도에서 장난을 치는 상황
④ 여자아이가 남자아이에게 모르는 문제를 물어보는 상황
⑤ 지나가던 여자아이가 글씨를 쓰는 남자아이의 팔을 건드린 상황

2 이 그림에서 ㉠, ㉡에 들어갈 말이 바르게 묶인 것은 어느 것입니까? ( )

① 느낌, 생각
② 몸짓, 말투
③ 장소, 몸짓
④ 말투, 시간
⑤ 내용, 형식

3 이 그림에서 진경이가 사과할 때의 알맞은 표정과 몸짓을 찾아 기호를 쓰시오.

㉮ 사과를 받아 주지 않으면 큰 소리로 화를 낸다.
㉯ 웃으면서 장난스럽게 친구를 툭툭 치며 미안하다고 말한다.
㉰ 진지한 표정과 태도로 무엇 때문에 얼마나 미안한지 또박또박 말한다.

( )

4 민주의 말을 듣고 난 다음 상황에서 어떤 표정과 몸짓, 말투가 어울릴지 알맞은 것에 ○표 하시오.

민주: 얘들아, 이번 현장 체험 학습은 민속촌으로 간대!

현장 체험 학습 장소가 마음에 들지 않을 때

(1) 정말? 와, 신난다!
( )

(2) 정말? 에이, 실망이다.
( )

5 표정, 몸짓, 말투에 주의하며 말할 때 좋은 점을 모두 고르시오. ( )

① 자신의 생각을 더 정확하게 전달할 수 있다.
② 자신의 느낌을 더 실감 나게 전달할 수 있다.
③ 자신의 생각을 더 많은 사람에게 전달할 수 있다.
④ 다른 사람들이 모두 자신의 의견에 찬성하도록 만들 수 있다.
⑤ 다른 사람의 기분을 생각하며 자신의 생각이나 느낌을 전달할 수 있다.

낱말의 뜻

1 다음 뜻에 알맞은 낱말을 보기 에서 찾아 쓰시오.

> 보기
> 예외   혼례   보답   물끄러미

(1) (   ): 남에게 받은 은혜를 갚음.

(2) (   ): 우두커니 한곳만 바라보는 모양.

(3) (   ): 일반적 규칙이나 예에서 벗어나는 일.

(4) (   ): 부부 관계를 맺기로 맹세하고 약속하는 의식.

비슷한말

2 밑줄 친 낱말과 뜻이 비슷한 말을 골라 ○표 하시오.

> (1) 부벨라는 지렁이가 바나나케이크를 싫어할지도 모른다는 생각이 들자 초조하고 당황스러웠어요.

(우습고 , 뿌듯하고 , 조마조마하고)

> (2) 지렁이는 혼자 살고 있는 부벨라가 안쓰러워 보였어요.

(가여워 , 불안해 , 괴로워)

관용어

> 둘 이상의 낱말이 합쳐져 새로운 뜻으로 굳어져 쓰이는 표현을 관용어라고 해요.

3 밑줄 친 말의 뜻으로 알맞은 것은 무엇입니까?

(   )

> 텔레비전에서 치킨 먹는 광고를 보니 나도 모르게 군침이 돌았다.

① 기분이 언짢거나 괴롭다.
② 떨리는 마음을 가라앉히다.
③ 너무 우스워서 배를 잡고 웃다.
④ 음식을 먹고 싶어 하는 마음이 생기다.
⑤ 먹은 것이 너무 적어 먹은 느낌이 없다.

맞춤법

4 밑줄 친 낱말이 맞춤법에 맞게 쓰인 것을 두 가지 골라 ○표 하시오.

(1) 부벨라는 정원의 잔디를 깍다.   (   )

(2) 사실 부벨라는 파리 한 마리도 해치지 못한다.   (   )

(3) 부벨라는 상자를 들어 올려 어깨에 매달았다.   (   )

낱말의 활용

5 다음 중 낱말의 쓰임이 바르지 않은 것은 무엇입니까?   (   )

① 음악을 들으며 깊은 생각에 잠겼다.
② 손님들에게 점심 식사 대접을 하였다.
③ 형은 호탕하게 잘 웃어서 인기가 많다.
④ 과장된 광고인지 따져 보고 물건을 사라.
⑤ 어려운 친구를 돕다니 넌 참 이기적이구나.

낱말의 발음

6 다음 설명을 읽고, 밑줄 친 낱말을 바르게 발음한 것을 골라 ○표 하시오.

> 앞말의 받침 'ㅍ', 'ㅋ', 'ㅊ'이 'ㅣ', 'ㅔ'와 같은 모음으로 시작하는 말과 만나면 [피], [페], [키], [케], [치], [체]처럼 이어서 발음된다.

(1) 저 숲에는 늪이 있대.
→ [느비] , [느피]

(2) 무릎에 모래가 묻었구나.
→ [무르페] , [무르베]

(3) 등대에서 밝은 빛이 나왔다.
→ [비치] , [빗이]

(4) 서녘에 노을이 아름답게 진다.
→ [서녀게] , [서녀케]

1~4

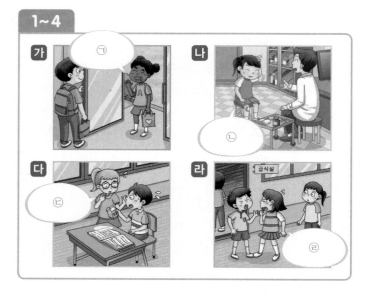

1 그림 **가**~**라** 중 고마움을 표현해야 하는 것에 모두 ○표 하시오.

(1) 그림 **가** (   )   (2) 그림 **나** (   )

(3) 그림 **다** (   )   (4) 그림 **라** (   )

2 그림 **가**~**라** 중 다음의 말투로 마음을 표현해야 하는 상황은 무엇인지 그림의 기호를 쓰시오.

> 높임말을 사용하여 공손한 말투로 말한다.

(   )

3 그림 **가**에서 여자아이가 말할 때 알맞은 표정과 몸짓을 두 가지 고르시오. (   )

① 찡그린 표정
② 밝게 웃는 표정
③ 손을 흔드는 몸짓
④ 고개를 숙이는 몸짓
⑤ 손으로 머리를 긁는 몸짓

4 ㉠~㉣에 들어갈 말에 알맞게 선으로 이으시오.

(1) ㉠ ·

(2) ㉡ ·

(3) ㉢ ·

(4) ㉣ ·

· ① 미안해.

· ② 고마워.

· ③ 고맙습니다.

5 친구의 필통을 떨어뜨린 남자아이의 표정에서 어떤 마음을 느낄 수 있습니까? (   )

① 쓸쓸한 마음
② 미안한 마음
③ 즐거운 마음
④ 화가 난 마음
⑤ 호기심이 생긴 마음

6~7

> 장금이가 생각시 선발 시험을 볼 수 있다는 소식을 듣고 뒷산에 홀로 올라가는 장면

우리 장금이가 궁녀가 된단 말이야?

그렇지!

㉠엄마, 궁에 갈 수 있게 됐어요.

6 ㉠을 말할 때 어울리는 인물의 표정, 몸짓, 말투를 쓰시오.

서술형

표정	(1)
몸짓	(2)
말투	(3)

7★ 얼굴 표정에서 알 수 있는 장금이의 마음은 어떠합니까? (   )

① 기쁘다.   ② 슬프다.   ③ 귀찮다.
④ 미안하다.   ⑤ 억울하다.

8 인물의 표정, 몸짓, 말투에 주의하며 만화 영화를 보면 좋은 점을 찾아 ○표 하시오.

(1) 만화 영화를 더 재미있게 볼 수 있다. (   )
(2) 만화 영화를 만든 사람을 잘 알 수 있다. (   )

9~10

과일 사러 온 거야, 언니 얘기 하러 온 거야?

자두 동생 미미는 어른들이 엄마를 '자두 엄마'로만 부르자 섭섭해합니다.

언니랑 같이 다니고 싶지 않아!

미미는 학교 친구와 선생님도 언니 자두에게만 관심을 기울여 화가 납니다.

9 장면 **1**에서 미미의 표정과 몸짓으로 알맞은 것을 두 가지 고르시오. ( )

① 눈을 동그랗게 뜨며
② 두 주먹을 불끈 쥐며
③ 눈썹을 잔뜩 찡그리며
④ 못마땅한 듯 팔짱을 끼며
⑤ 눈이 보이지 않도록 크게 웃으며

10 장면 **2**의 ㉠에 들어갈 미미의 표정으로 알맞은 것에 ○표 하시오.

(1) ( ) (2) ( ) (3) ( )

11~13

가 부벨라는 거인이에요. 모든 사람이 부벨라를 무서워했는데 이 자그마한 목소리의 주인공만은 예외였어요.

부벨라는 발 근처 땅바닥을 자세히 들여다보았어요. 땅속에서 지렁이 한 마리가 고개만 빠끔히 내밀고는 말을 하고 있었어요.

나 ㉠"너는 내가 무섭지 않니?"

"왜 너를 무서워해야 하는데?"

"내가 너보다 훨씬 덩치가 크니까."

부벨라는 당연하다는 듯이 대답했어요.

"무슨 그런 말도 안 되는 소리가 다 있어? 이 세상 모든 것이 다 나보다 커. 만약 나보다 큰 것들에게 말 붙이기를 겁냈다면 난 계속 입을 다물고 살아야 했을걸."

11 부벨라에 대한 설명으로 알맞은 것을 두 가지 고르시오. ( )

① 거인이다.
② 지렁이를 두려워한다.
③ 모든 사람이 무서워한다.
④ 자그마한 목소리를 지녔다.
⑤ 지렁이와 예전부터 친하게 지냈다.

12 ㉠을 말할 때 부벨라가 어떤 표정, 몸짓, 말투로 말해야 하는지 알맞은 것을 모두 고르시오.
( )

① 놀란 표정으로
② 실망한 표정으로
③ 목소리를 높여서
④ 몸을 쪼그리고 앉아서
⑤ 소리를 지르며 화난 목소리로

13 지렁이가 부벨라를 무서워하지 않는 까닭을 무엇이라고 하였는지 빈칸에 알맞은 말을 쓰시오.

• ( )이/가 다 자기보다 크기 때문에 만약 자기보다 큰 것들에게 말 붙이기를 겁냈다면 ( ) 하기 때문에

국어 활동

14 다음 상황에서 주연이의 표정과 몸짓을 보고 어떤 마음을 알 수 있습니까? ( )

이번 현장 체험 학습은 민속촌으로 간대!

정말?

주연

① 현장 체험 학습 장소가 궁금하다.
② 현장 체험 학습 장소가 마음에 든다.
③ 선생님과 현장 체험 학습을 가고 싶지 않다.
④ 현장 체험 학습을 민속촌으로 가고 싶지 않다.
⑤ 누구와 현장 체험 학습을 가게 될지 궁금하다.

15~17

가 정원사는 어쩐지 아파 보였어요.
㉠"그런데 무슨 걱정거리라도 있니?"
부벨라는 정원사에게 걱정거리를 솔직히 털어놓았어요.
"지렁이가 저희 집에 차를 마시러 오기로 했어요. 그런데 저는 지렁이가 무얼 먹고 사는지, 무슨 음식을 좋아하는지 모르겠어요. 바나나케이크를 좋아할 것 같지는 않은데……."

나 정원사는 허리가 굽어서 아주 천천히 움직였는데, 움직이는 게 무척이나 힘들어 보였어요.
정원사는 접시를 들고 다시 집 밖으로 나왔어요. 그러고는 천천히 움직이며 정원 세 곳에서 각기 다른 종류의 흙을 접시에 담은 뒤, 접시를 부벨라에게 건네주었어요.
㉡"지렁이 친구가 정말 좋아할 거야."
"고맙습니다, 고맙습니다."
부벨라는 얼마나 기쁜지 눈물이 나올 것만 같았어요. 정말 오랜만에 누군가가 부벨라에게 친절을 베풀어 주었거든요.

15 부벨라의 걱정거리로 알맞은 것에 ○표 하시오.

(1) 정원사가 어디가 아픈지 모르는 것 ( )
(2) 지렁이와 어떻게 친해질지 모르는 것 ( )
(3) 지렁이가 무슨 음식을 좋아하는지 모르는 것
( )

16 부벨라는 정원사에게 어떤 마음을 가지고 있습니까? ( )

① 아쉬운 마음　　② 고마운 마음
③ 싫어하는 마음　　④ 무시하는 마음
⑤ 짜증 나는 마음

17 ㉠, ㉡은 어떤 말투, 표정, 몸짓으로 말하면 좋을지 보기 에서 찾아 기호를 쓰시오.

> **보기**
> ㉮ 궁금해하는 표정
> ㉯ 고개를 숙여 인사하는 몸짓
> ㉰ 뿌듯해하는 표정과 다정한 말투

(1) ㉠: ( )　(2) ㉡: ( )

18~20

가 부벨라는 손을 들어 정원사를 가리켰어요. 그러자 손이 점점 더 간지러워지고 따뜻해졌어요. 그리고 ㉠깜짝 놀랄 만한 일이 벌어졌어요. 갑자기 정원사가 허리를 꼿꼿하게 펴더니 똑바로 선 거예요. 정원사는 한 발자국 한 발자국 내디뎌 보다가 덩실덩실 춤을 추었어요.
정원사가 웃으며 큰 소리로 외쳤어요.
㉡"이제 하나도 아프지가 않아!"

나 지렁이의 말에 부벨라는 드디어 기다리던 순간이 되었다고 생각했어요.
"네가 내 친구가 되어 준다면 어디든지 데리고 다닐게. 그러면 가는 곳마다 맛있는 흙으로 만든 훌륭한 파이를 맛보게 될 거야."
지렁이는 생각만 해도 군침이 돌았어요.
"그러면 너에게 좋은 점은 뭐야?"
"나를 무서워하지 않고 늘 진실을 말해 줄 수 있는 좋은 친구가 생기는 거지. 너를 만난 이후로 하루하루가 더없이 즐거워. 난 너와 헤어지고 싶지 않아."

18 ㉠은 어떤 일을 말합니까? ( )

① 정원사가 웃음을 찾게 된 일
② 정원사의 허리가 꼿꼿하게 선 일
③ 정원사의 손이 아주 따뜻해진 일
④ 정원사가 지렁이를 만나게 된 일
⑤ 부벨라와 정원사가 친해지게 된 일

19 ㉡을 말할 때 정원사의 모습은 어떠할지 알맞은 것에 ○표 하시오.

(1)　　　　(2)　　　　(3)

( )　　　( )　　　( )

20 부벨라가 지렁이와 함께 있고 싶은 까닭은 무엇일지 쓰시오.
서술형

_____

_____

점수

1

ㄱ고마운 줄 알아! 다른 상궁님 같았으면 너희는 옥살이야!

ㄴ

장금이의 강아지가 뛰어다녀서 잔치에 내놓으려던 국수가 엉망이 되고, 장금이가 수라간 궁녀에게 꾸중을 들었습니다.

1단계 낱말 쓰기

ㄱ을 말할 때 알맞은 표정, 몸짓, 말투는 무엇인지 빈칸에 알맞은 말을 쓰시오. [2점]

• 화난 (   )으로 장금이를 째려보면서 높고 큰 (   )로 소리치듯이 말한다.

2단계 문장 쓰기

장금이가 처한 상황을 생각하며 ㄴ에 들어갈 알맞은 말을 쓰시오. [5점]

_____

_____

3단계 생각 쓰기

장금이가 ㄴ에 들어갈 말을 할 때의 표정, 몸짓, 말투를 쓰시오. [6점]

_____

_____

❗ 장금이가 꾸중을 들었을 때 어떤 마음이었을지 생각하며 얼굴 표정이나 행동을 살펴 봐.

2~3

언니랑 같이 다니고 싶지 않아!

미미는 학교 친구와 선생님도 언니 자두에게만 관심을 기울여 화가 납니다.

자두야! 왜 그랬어?

자두는 미미를 돋보이게 하고 싶어서 일부러 자신의 무대를 망칩니다.

그게 정말이야?

자두는 미미가 언니보다 유명해지고 싶어서 몰래 발레를 배웠다는 사실을 알고 놀랐던 일을 떠올립니다.

ㄱ

자두는 학예회에서 인기상을 탄 미미를 축하해 줍니다.

2 장면 **1**과 **3**에서 인물의 마음이 어떠한지 쓰시오. [6점]

〈장면 **1**〉 미미의 마음	(1)
〈장면 **3**〉 자두의 마음	(2)

3 장면 **4**에서 상황에 알맞은 자두의 표정, 몸짓을 쓰고, ㄱ에 들어갈 알맞은 자두의 말을 쓰시오. [8점]

(1) 알맞은 표정과 몸짓: _____

_____

(2) ㄱ에 들어갈 말: (   )

1 작품을 보고 느낌을 나누어요

학습 주제	인물의 표정, 몸짓, 말투의 특징 알기	배점	25점
학습 목표	상황에 알맞은 인물의 표정, 몸짓, 말투를 파악하고 어떤 느낌이 드는지 알 수 있다.		

● 다음 그림을 보고, 물음에 답하시오.

1 그림 **가**에서 남자아이가 어떤 실수를 했는지 쓰고, 친구에게 어떻게 말해야 할지 쓰시오. [6점]

(1) 남자아이가 한 실수: _____

(2) 남자아이가 친구에게 할 말: _____

2 그림 **다**에서 〈문제 **1**번〉의 답처럼 말했는데도 미안함이 느껴지지 않았다면 그 까닭은 무엇인지 쓰시오.

[10점]

> **조건**
>
> 인물의 표정, 몸짓과 관련하여 쓴다.

_____

_____

3 미안하다고 말할 때 어떤 표정, 몸짓, 말투로 하는 것이 좋을지 쓰시오. [9점]

2 중심 생각을 찾아요

1 아는 내용이나 겪은 일과 관련지어 글을 이해하면 좋은 점

① 내용을 기억하기가 쉽습니다.

② 글 내용을 더 쉽게 이해할 수 있습니다.

③ 글 내용에 더 흥미를 느끼게 됩니다.

④ 글을 읽으면서 그 모습을 잘 상상할 수 있습니다.

2 아는 내용이나 겪은 일과 관련지어 글 읽기

① 자신이 알고 있는 내용이나 경험과 관련지어 글을 읽습니다.

② 알고 있는 내용과 다른 내용을 비교하며 글을 읽습니다.

③ 새롭게 안 내용이나 더 알고 싶은 내용을 생각해 봅니다.

글쓴이가 글 전체에서 말하고 싶은 생각이에요.

★★ 3 글을 읽고 중심 생각을 찾는 방법 알기

① 문단의 중심 문장을 찾아보고 중심 생각을 간추립니다.

② 글의 제목을 보고 무엇에 대해 쓴 글인지 생각합니다.

글쓴이는 글 전체 내용을 가장 잘 전할 수 있는 내용을 제목으로 정하기 때문에 제목을 보면 무엇을 쓴 글인지 미리 알 수 있어요.

③ 글에 있는 사진이나 그림을 보고 글쓴이의 중심 생각을 찾습니다.

예 「갯벌을 보존해야 하는 까닭」의 중심 생각 찾기

각 문단의 중심 문장 정리하기	**1**	바닷물이 육지로 밀려오는 밀물 때 갯벌은 바닷물로 덮여 있어 보이지 않지만 자연과 사람에게 여러 가지 도움을 줍니다.
	2	갯벌은 다양한 생물이 살 수 있는 장소입니다.
	3	어민들은 갯벌에서 수산물을 키우고 거두어 돈을 법니다.
	4	갯벌은 육지에서 나오는 오염 물질을 분해해 좋은 환경을 만듭니다.
	5	갯벌은 기후를 조절하고 홍수를 줄여 주는 역할을 합니다.
	6	소중한 갯벌을 잘 보존해야겠습니다.
제목에서 글쓴이의 생각 알아보기		• 갯벌을 보존하면 우리에게 좋은 점이 많다는 것을 알려 주려는 것 같다. • 갯벌을 보존해야 하는 까닭을 강조하려는 것 같다. • 갯벌을 잘 보존하면 우리에게 어떤 좋은 점이 있는지 알려 주려는 것 같다.

↓

중심 생각	• 갯벌이 주는 좋은 점을 알고 갯벌을 잘 보존해야 한다. • 갯벌을 보존해야 하는 까닭을 알고 소중한 갯벌을 보존해야 한다.

개념 확인하기   정답과 풀이 5쪽

1 다음 빈칸에 알맞은 말을 쓰시오.

> (   )이나 겪은 일과 관련지어 글을 읽으면 글의 내용을 기억하기가 쉽다.

2 글쓴이가 글 전체에서 말하고 싶은 생각을 무엇이라고 하는지 쓰시오.

(   )

3 다음 빈칸에 공통으로 들어갈 알맞은 말을 쓰시오.

> 글쓴이는 글 전체의 내용을 가장 잘 전할 수 있는 내용을 ☐☐(으)로 정하기 때문에 ☐☐을/를 보면 무엇을 쓴 글인지 알 수 있다.

(   )

4 글에서 중심 생각을 찾을 때 살펴볼 내용으로 알맞지 <u>않은</u> 것의 기호를 쓰시오.

> ㉮ 글의 제목
> ㉯ 문단의 중심 문장
> ㉰ 글에 쓰인 어려운 낱말
> ㉱ 글에 있는 사진이나 그림

(   )

가 꼬마야 꼬마야, 줄넘기 / 나 줄넘기

• 글의 종류: 가 노랫말 / 나 설명하는 글
• 글의 특징: 가는 긴 줄 넘기할 때 부르는 노랫말이고, 글 나는 전통 놀이인 줄넘기의 놀이 방법 등에 대해 설명하는 글입니다.

가 꼬마야 꼬마야 뒤로 돌아라

꼬마야 꼬마야 땅을 짚어라

꼬마야 꼬마야 만세를 불러라

꼬마야 꼬마야 잘 가거라

나 전통 놀이 가운데에서 지금까지도 잘 보존된 놀이가 줄넘기입니다. 지금도 체육 시간이나 운동 경기로 줄넘기 놀이를 자주 합니다. 언제부터 줄넘기를 했는지는 정확하게 알 수 없습니다. 다만 아주 오래전부터 줄을 사용했고, 전국의 어린이들이 줄넘기를 해 온 것으로 보아 오래된 놀이임을 짐작할 수 있을 뿐입니다. 예전에는 칡 줄기나 새끼줄로 줄넘기를 했다는 기록이 남아 있습니다.

줄넘기에는 혼자 하는 줄넘기, 두 사람이 긴 줄 끝을 잡고 돌리면 다른 사람이 그 줄을 넘는 긴 줄 넘기, 줄 양 끝을 두 사람이 잡고 있으면 다른 사람이 줄을 뛰어넘는 놀이가 있습니다.

고정된 줄을 뛰어넘는 줄넘기는 발목 높이에서 시작해 만세를 하듯 두 팔을 든 높이까지 합니다. 누가 더 높은 줄을 넘을 수 있는지 겨루는 놀이랍니다. 혼자서 줄넘기를 할 때에는 앞으로 뛰기, 손 엇걸어 뛰기, 이단 뛰기 같은 여러 놀이 방법이 있습니다. 긴 줄 넘기도 다양한 방법으로 할 수 있는데, <u>노래에 맞추어 놀이를 하는 특징</u>이 있습니다.
긴 줄 넘기의 특징

짚어라 바닥이나 벽, 지팡이 따위에 몸을 의지해라.
보존(保 보전할 보, 存 있을 존) 잘 보호하고 간수하여 남김.

겨루는 서로 버티어 승부를 다투는. 예 나는 형과 누가 빨리 달리는지를 겨루었습니다.

1* 가는 어떤 경험을 떠올리며 부르면 좋겠습니까?
( )

① 줄넘기한 경험   ② 줄다리기한 경험
③ 제기차기한 경험   ④ 숨바꼭질을 한 경험
⑤ 고무줄놀이를 한 경험

2 가를 부르며 줄을 넘는 사람이 하는 행동으로 알맞지 <u>않은</u> 것을 두 가지 고르시오. ( )

① 땅 짚기   ② 줄 밟기
③ 뒤로 돌기   ④ 만세 부르기
⑤ 손 엇걸어 뛰기

교과서 문제
3 글 나의 내용으로 알맞은 것에 모두 ○표 하시오.

(1) 지금은 줄넘기를 하지 않는다. ( )
(2) 줄넘기는 지금까지 잘 보존된 전통 놀이이다.
( )
(3) 언제부터 줄넘기를 했는지는 정확하게 알 수 없다. ( )

4 예전에는 줄넘기를 무엇으로 했는지 글 나에서 두 가지를 찾아 쓰시오.

( ), ( )

5 글 나에서 설명한 혼자 하는 줄넘기에 대한 내용으로 알맞은 것은 무엇입니까? ( )

① 반드시 노래에 맞추어 놀이를 한다.
② 혼자 하는 줄넘기는 횟수가 중요하다.
③ 혼자 하는 줄넘기는 최근에 만들어졌다.
④ 혼자 하는 줄넘기는 앞으로 뛰기만 해당한다.
⑤ 앞으로 뛰기, 손 엇걸어 뛰기, 이단 뛰기 같은 여러 놀이 방법이 있다.

6 글 나를 읽고 줄넘기에 대해 내가 아는 내용이나 경험을 떠올려 한 가지만 쓰시오.
서술형

_____

_____

닭싸움 놀이

• 글의 종류: 설명하는 글
• 글의 특징: 닭싸움 놀이를 하는 방법과 '닭싸움'이라는 이름의 유래, 닭싸움 놀이의 다른 이름에 대해 알려 주는 글입니다.

닭싸움 놀이는 한쪽 다리를 들어 올려 두 손으로 잡고, 다른 다리로 균형을 잡아 깨금발로 뛰면서 상대를 밀어 넘어뜨리는 놀이입니다. 준비물이 필요하지 않고 놀이 방법이 간단해 요즘도 어린이는 물론 청소년과 어른도 즐기는 놀이입니다.

닭싸움 놀이를 하는 방법

누구나

'닭싸움'은 두 사람이 겨루는 모습이 닭이 싸우는 것과 비슷하다고 해서 지어진 이름입니다. 닭싸움 놀이는 한 발로 서서 하므로 '외발 싸움', '깨금발 싸움'이라고도 부르고, 무릎을 부딪쳐 싸운다고 해서 '무릎 싸움'이라고도 부릅니다. 닭싸움 놀이는 두 명이 할 수도 있고 여러 명이 할 수도 있습니다.

이 글을 읽으면서 새롭게 안 내용, 더 궁금한 점은 무엇인지 생각해 보세요.

깨금발 한 발을 들고 한 발로 섬. 또는 그런 자세. 예 깨금발로 뛰면 균형을 잃기 쉽습니다.

---

7 닭싸움 놀이에 대한 설명으로 알맞지 <u>않은</u> 것은 무엇입니까? ( )

① 놀이 방법이 간단하다.
② 준비물이 필요하지 않다.
③ 어른들은 하기 힘든 놀이이다.
④ 누구나 즐길 수 있는 놀이이다.
⑤ 두 명이 할 수도 있고 여러 명이 할 수도 있다.

8 '닭싸움'이라는 이름은 두 사람이 겨루는 모습이 어떤 모습과 비슷해서 지어졌는지 쓰시오.

( )

9 닭싸움 놀이의 다른 이름에는 어떤 것이 있는지 이 글에서 모두 찾아 쓰시오.

( )

10* 이 글을 아는 내용이나 겪은 일과 관련지어 알맞게 읽지 <u>못한</u> 친구의 이름을 쓰시오.

서윤: 친구들과 닭싸움 놀이를 한 일과 관련지어 읽었어.
준상: 닭싸움 놀이를 설명한 책의 내용을 떠올리며 읽었어.
미진: 어릴 적에 마당에서 닭을 키웠던 경험과 관련지어 읽었어.

( )

교과서 문제
11 아는 내용이나 겪은 일과 관련지어 글을 읽으면 좋은 점으로 알맞지 <u>않은</u> 것은 무엇입니까? ( )

① 글이 쉽게 이해된다.
② 내용을 기억하기가 쉽다.
③ 글을 끝까지 읽지 않아도 된다.
④ 글의 내용에 더 흥미를 느끼게 된다.
⑤ 글을 읽으면서 그 모습을 잘 상상할 수 있다.

안전하게 과학 실험을 해요

- **글의 종류:** 설명하는 글
- **글의 특징:** 안전하게 과학 실험을 하기 위해 알아야 할 안전 수칙에 대해 알려 주는 글입니다.

1 어린이들은 과학 실험을 하면서 호기심이 생기고 평소에 품었던 궁금증을 해결합니다. 또 실험을 하면서 **탐구** 능력을 키우기도 합니다. 과학 실험을 하면 이와 같은 좋은 점이 있지만 안전사고가 발생하는 경우도 있습니다. 그러므로 안전하게 과학 실험을 하려면 과학 실험 안전 수칙을 확인하고 실천해 안전사고의 위험을 줄여야겠습니다. <u>지금부터 과학 실험 안전 수칙을 알아보겠습니다.</u>
글을 쓴 목적

중심 내용 **1** 과학 실험을 할 때에는 과학 실험 안전 수칙을 확인하고 실천해 안전사고의 위험을 줄여야겠습니다.

2 첫째, 선생님께서 계시지 않을 때에는 과학 실험을 하지 않습니다. 과학실에는 조심히 다루어야 할 실험 기구와 위험한 화학 약품이 많습니다. 선생님의 말씀에 따라 실험 기구나 화학 약품을 다루어야 사고가 나

는 것을 예방할 수 있습니다. 그러므로 선생님께서 계
질병이나 재해 따위가 일어나기 전에 미리 대처하여 막는 일
시지 않을 때에는 과학 실험을 해서는 안 됩니다.

중심 내용 **2** 선생님께서 계시지 않을 때에는 과학 실험을 하지 않습니다.

탐구(探 찾을 탐, 究 연구할 구) 진리, 학문 따위를 파고들어 깊이 연구함.

수칙(守 지킬 수, 則 법칙 칙) 행동이나 절차에 관하여 지켜야 할 사항을 정한 규칙. 예 공동 생활 <u>수칙</u>을 잘 지켜야 합니다.

---

1 이 글에서 말한 과학 실험을 할 때의 좋은 점으로 알맞지 <u>않은</u> 것의 기호를 쓰시오.

> ⑦ 호기심이 생긴다.
> ④ 탐구 능력을 키운다.
> ④ 조심성이 생기고 차분해진다.
> ④ 평소에 품었던 궁금증을 해결한다.

( )

3 이 글에서 과학 실험은 누가 있을 때 해야 한다고 했습니까? ( )

① 친구들 ② 선생님
③ 모둠원 ④ 부모님
⑤ 소방관 아저씨

4 과학실에서 〈문제 **3**번의 답〉이 없을 때 실험하면 안 되는 까닭은 무엇인지 알맞은 것을 두 가지 고르시오. ( )

① 실험 순서를 모르기 때문에
② 위험한 화학 약품이 많아서
③ 실험 기구를 찾을 수 없어서
④ 혼자서는 실험을 할 수 없기 때문에
⑤ 조심히 다루어야 할 실험 기구가 많아서

2 다음 빈칸에 알맞은 말을 이 글에서 찾아 쓰시오.

> 과학실에서 안전하게 과학 실험을 하려면 ( )을/를 확인하고 실천해야 한다.

3 둘째, 과학실에서는 절대 장난을 치면 안 됩니다. 과학실에는 깨지기 쉽거나 위험한 실험 기구가 많습니다. 장난을 치다가 유리로 만든 실험 기구가 깨지면 날카로운 유리 조각이 생겨 이 유리 조각에 사람이 다칠 수 있습니다. 또 장난을 치다가 알코올램프가 바닥에 떨어지면 과학실에 화재가 발생할 수도 있습니다. 그러므로 과학실에서는 장난을 치지 말고 진지한 자세로 실험을 해야 합니다.
과학실에서 필요한 자세

중심 내용 **3** 과학실에서는 절대 장난을 치면 안 됩니다.

4 셋째, 실험할 때 책상에 바짝 다가가지 않습니다. 실험하다가 만약 실험 기구가 넘어지면 깨진 기구의 조각이나 기구 속 화학 약품이 주변에 튈 수 있습니다. 이때 책상에 바짝 다가가 앉아 있으면 다칠 수가 있습니다. 그러므로 실험을 할 때에는 책상에 너무 바짝 다가가 앉지 않고 실험 기구와 어느 정도 거리를 유지하

알코올램프 알코올을 연료로 하는 가열 장치. 그을음이 없고 화력이 세어 화학 실험 따위에 씀.
바짝 매우 가까이 달라붙거나 세게 죄는 모양.

는 것이 안전합니다.

중심 내용 **4** 실험할 때 책상에 바짝 다가가지 않습니다.

> 과학 실험 안전 수칙과 안전 수칙을 지켜야 하는 까닭을 묻는 문제가 자주 출제돼.

5 과학 실험을 할 때에는 무엇보다 안전이 중요합니다. 실험이 재미있고 공부에 도움이 된다 하더라도 사고가 발생하면 아무런 소용이 없습니다. 그러므로 <u>과학 실험 안전 수칙을 항상 기억하고 실천해 안전하게</u>
글에서 당부하는 내용
<u>실험을 할 수 있도록 노력해야 합니다.</u>

중심 내용 **5** 과학 실험 안전 수칙을 항상 기억하고 실천해 안전하게 실험할 수 있도록 노력해야 합니다.

핵심내용 「안전하게 과학 실험을 해요」에서 알 수 있는 과학 실험 안전 수칙

첫째	선생님께서 계시지 않을 때에는 과학 실험을 하지 않습니다.
둘째	과학실에서는 절대 ❶ ㅈ ㄴ 을 치면 안 됩니다.
셋째	실험할 때 책상에 바짝 다가가지 않습니다.

유지 어떤 상태나 상황을 그대로 보존하거나 변함없이 계속하여 지탱함. ⑩ 운동을 꾸준히 하고 바른 식사 습관을 가진다면 건강한 생활을 유지할 수 있습니다.

5★ 다음 내용과 관련 있는 과학 실험 안전 수칙은 무엇인지 알맞은 것의 기호를 쓰시오.

> • 유리로 만든 실험 기구가 깨지면 그 조각에 사람이 다칠 수 있다.
> • 알코올램프가 바닥에 떨어지면 화재가 발생할 수 있다.

> ㉮ 과학실에서는 절대 장난을 치면 안 된다.
> ㉯ 선생님께서 계시지 않을 때에는 과학 실험을 하지 않는다.

( )

6 과학실에서 실험할 때 책상과 나의 거리로 알맞은 것에 ○표 하시오.

(1) 책상에 바짝 다가가 앉는다. ( )
(2) 책상에 바짝 다가가 앉지 않고 실험 기구와 어느 정도 거리를 유지한다. ( )

7 이 글에서는 과학 실험을 할 때 무엇보다 중요한 것은 무엇이라고 했습니까? ( )

① 안전
② 협동
③ 양보
④ 집중
⑤ 적극적인 태도

8 이 글 전체를 읽고 자신이 알고 있는 내용과 새롭게 안 내용을 정리하여 쓰시오.
서술형

| 알고 있는 내용 | (1) |
| 새롭게 안 내용 | (2) |

갯벌을 보존해야 하는 까닭

- 글의 종류: 설명하는 글
- 글의 특징: 갯벌이 주는 여러 가지 이로운 점을 알고 갯벌을 잘 보존해야 한다는 뜻을 전하고 있습니다.

1 갯벌에 가 본 적이 있나요? 갯벌에서 무엇을 보았나요? 바닷물이 빠져나가는 썰물 때에 육지로 드러나는 바닷가의 편평한 곳을 갯벌이라고 불러요. 바닷물이 육지로 밀려오는 밀물 때 갯벌은 바닷물로 덮여 있어 보이지 않지만 자연과 사람에게 여러 가지 도움을 줍니다.

중심 내용 1 밀물 때 갯벌은 바닷물로 덮여 있어 보이지 않지만 자연과 사람에게 여러 가지 도움을 줍니다.

2 첫째, ㉠갯벌은 다양한 생물이 살 수 있는 장소입니다. ㉡갯벌에 물이 들어오기도 하고 빠지기도 하면서 생물이 살기에 적합한 환경을 만듭니다. 그래서 게, 조개, 갯지렁이, 불가사리, 물고기 같은 여러 가지 생명체가 삽니다. 또한 갯벌은 철새들이 휴식하거나 번식하려고 이동하는 중간에 머물며 살기도 하는 장소입니다.

중심 내용 2 갯벌은 다양한 생물이 살 수 있는 장소입니다.

번식(繁 번성할 번, 殖 불릴 식) 붙고 늘어서 많이 퍼짐.
머물며 도중에 멈추거나 일시적으로 어떤 곳에 묵으며.
거두어 곡식이나 열매 따위를 따서 담거나 한데 모아.

3 둘째, ㉢어민들은 갯벌에서 수산물을 키우고 거두어 돈을 법니다. ㉣어민들은 갯벌에서 조개나 물고기, 낙지 따위를 잡아 팝니다. 또 ㉤갯벌은 생물이 살기에 좋은 환경이므로 어민들이 바다 생물들을 직접 키우기도 합니다. 이것을 양식이라고 하는데, 양식은 농민들이 밭이나 논에서 농작물을 키워 파는 것과 비슷합니다.
물고기, 미역, 굴 등을 양식할 수 있음.

중심 내용 3 어민들은 갯벌에서 수산물을 키우고 거두어 돈을 법니다.

▲ 갯벌에 사는 게

양식(養 기를 양, 殖 불릴 식) 물고기나 해조, 버섯 따위를 인공적으로 길러서 번식하게 함. 예 우리 아버지는 바다에서 김 양식을 하십니다.

교과서 문제

9 다음 내용은 무엇에 대한 설명인지 이 글에서 찾아 쓰시오.

> 바닷물이 빠져나가는 썰물 때에 육지로 드러나는 바닷가의 편평한 곳이다.

( )

10 갯벌에서 사는 생물로 알맞지 <u>않은</u> 것은 무엇입니까? ( )

① 게   ② 조개
③ 물고기   ④ 갯지렁이
⑤ 소금쟁이

11 ㉠~㉤ 중 중심 문장끼리 바르게 묶인 것은 무엇입니까? ( )

① ㉠, ㉡   ② ㉡, ㉣
③ ㉣, ㉤   ④ ㉠, ㉡, ㉢
⑤ ㉠, ㉣, ㉤

12 이 글에서 말한 갯벌이 주는 좋은 점으로 알맞은 것을 두 가지 고르시오. ( )

① 다양한 생물이 살 수 있다.
② 바닷물을 따뜻하게 해 준다.
③ 공기를 깨끗하게 만들어 준다.
④ 사람들에게 즐길 거리를 제공해 준다.
⑤ 어민들은 갯벌에서 수산물을 키우고 거두어 돈을 벌 수 있다.

4 셋째, 갯벌은 육지에서 나오는 오염 물질을 분해해 좋은 환경을 만듭니다. 갯벌은 겉으로는 그냥 진흙탕처럼 보이지만 작은 생물이 갯벌에 많이 살고 있습니다. 이 생물들은 오염 물질 분해가 잘 이루어지게 합니다. 갯벌에서 흔히 사는 갯지렁이도 오염 물질 분해를 돕습니다.

중심 내용 4 갯벌은 육지에서 나오는 오염 물질을 분해해 좋은 환경을 만듭니다.

5 넷째, 갯벌은 기후를 조절하고 홍수를 줄여 주는 역할을 합니다. <u>갯벌 흙은 물을 많이 흡수해 저장했다가 내보내는 기능을 합니다.</u> _{갯벌이 홍수를 막을 수 있는 까닭} 그러므로 갯벌은 비가 많이 오면 빗물을 저장해 갑작스러운 홍수를 막아 줍니다. 그리고 <u>주변 온도와 습도에 따라 물을 흡수하고 내보내는 역할을 알맞게 수행해 기후를 알맞게 만들어 줍니다.</u> _{갯벌이 기후를 조절할 수 있는 까닭}

중심 내용 5 갯벌은 기후를 조절하고 홍수를 줄여 주는 역할을 합니다.

6 갯벌의 환경은 특별하고 다양합니다. 갯벌과 그 속에 사는 여러 생물은 자연과 사람을 위해 좋은 역할을 많이 합니다. 그러므로 갯벌은 쓸모 없는 땅이 아니라 우리와 함께 살아가는 소중한 장소입니다. 소중한 갯벌을 잘 보존해야겠습니다.

중심 내용 6 소중한 갯벌을 잘 보존해야겠습니다.

> 각 문단의 중심 문장이 무엇인지 찾고, 중심 문장을 간추려 글의 중심 생각이 무엇인지 묻는 문제가 자주 출제돼.

핵심내용 「갯벌을 보존해야 하는 까닭」이라는 ❷ ㅈ ㅁ 을 보고 글쓴이의 생각 짐작하기 예

• 갯벌을 보존하면 우리에게 좋은 점이 많다는 것을 알려 주려는 것 같다.
• 갯벌을 보존해야 하는 까닭을 강조하려는 것 같다.
• 갯벌을 잘 보존하면 우리에게 어떤 좋은 점이 있는지 알려 주려는 것 같다.

분해(分 나눌 분, 解 풀 해) 한 종류의 화합물이 두 가지 이상의 간단한 화합물로 변화함. 또는 그런 반응.
진흙탕 흙이 질척질척하게 된 땅.

수행(遂 이룰 수, 行 다닐 행) 생각하거나 계획한 대로 일을 해냄.
　예 삼촌은 회사에서 중요한 업무를 수행하셨습니다.
쓸모 없는 쓸 만한 가치가 없는.

---

13 이 글에서 말한 갯벌의 역할로 알맞은 것을 모두 찾아 기호를 쓰시오.

> ㉮ 기후를 조절한다.
> ㉯ 홍수를 줄여 준다.
> ㉰ 산사태를 예방한다.
> ㉱ 육지에서 나오는 오염 물질을 분해한다.

(　　　　　)

교과서 문제
14 문단 **5**의 중심 문장을 찾아 ○표 하시오.

(1) 갯벌은 기후를 조절하고 홍수를 줄여 주는 역할을 합니다. (　　)
(2) 갯벌은 비가 많이 오면 빗물을 저장해 갑작스러운 홍수를 막아 줍니다. (　　)
(3) 주변 온도와 습도에 따라 물을 흡수하고 내보내는 역할을 알맞게 수행해 기후를 알맞게 만들어 줍니다. (　　)

교과서 문제
15 문단 **6**에서 글쓴이가 하고 싶은 말은 무엇입니까? (　　)

① 갯벌의 생물을 보호해야겠다.
② 갯벌을 쓸모 있게 개발해야겠다.
③ 갯벌에 대한 연구가 필요하겠다.
④ 소중한 갯벌을 잘 보존해야겠다.
⑤ 갯벌을 더 이상 이용하지 말아야겠다.

16 이 글 전체를 읽고 중심 생각을 정리하여 **조건** 에 맞게 쓰시오.
서술형

> **조건**
> 중심 생각을 한 문장으로 쓴다.

중심 생각

날씨를 나타내는 토박이말

- **글의 종류:** 설명하는 글
- **글의 특징:** 봄, 여름, 가을, 겨울의 날씨를 나타내는 토박이말과 그 뜻에 대해 자세히 알려 주는 글입니다.

1 계절별로 날씨와 관련이 있는 토박이말을 알아보자. 토박이말은 우리말에 본디부터 있던 말이나 그것에 더해 새로 만들어진 말이다. 다른 말로 순우리말, 고유어라고도 한다. 옛날부터 우리 할아버지, 할머니께서 만들어 써 오신 말이 토박이말이다. 이 가운데에는 <u>봄, 여름, 가을, 겨울의 날씨를 나타내는 말도 많은</u> _{글에서 설명하려는 내용} 데 어떤 말들이 있는지 알아보자.

중심 내용 **1** 계절별로 날씨와 관련이 있는 토박이말을 알아보자.

2 봄 날씨를 나타내는 토박이말에는 '꽃샘추위', '꽃샘바람', '소소리바람' 같은 말이 있다. 이른 봄, 꽃이 필 무렵에 찾아오는 추위를 '꽃샘추위'라고 한다. 여기서 '샘'은 시기, 질투라는 뜻이다. 그래서 '꽃샘추위'는 꽃이 피는 것을 시샘하듯 몰아닥친 추위라는 뜻이 된다. 꽃샘추위 때 부는 바람은 '꽃샘바람'인데, 이보다 차고 매서운 바람은 <u>'소소리바람'</u>이다. 이 바람은 이른 _{꽃샘바람보다 차고 매서운 바람} 봄에 살 속으로 스며드는 듯한 차고 매서운 바람을 일

컫는다.

중심 내용 **2** 봄 날씨를 나타내는 토박이말에는 '꽃샘추위', '꽃샘바람', '소소리바람' 같은 말이 있다.

3 여름 날씨를 나타내는 토박이말에는 '마른장마', '무더위', '불볕더위' 같은 말이 있다. 여름이면 어김없이 장마와 더위가 찾아온다. 장마 때에는 비가 많이 오는데, 장마인데도 비가 오지 않거나 적게 오면 '마른장마'라고 한다. 더위는 크게 '무더위'와 '불볕더위'로 나눌 수 있다. '무더위'는 '물+더위'로 물기를 잔뜩 머금은 끈끈한 더위를 뜻하고, '불볕더위'는 '불볕+더위'로 볕이 불덩이처럼 뜨거운 더위를 뜻한다. 장마철에 비가 오거나 날씨가 흐리면서 끈끈하게 더울 때에는 '무더위'라는 말이 어울리고, 장마가 지난 한여름에 물기도 없이 뜨거운 햇볕이 쨍쨍 내리쬘 때에는 '불볕더위'라는 말이 어울린다.

중심 내용 **3** 여름 날씨를 나타내는 토박이말에는 '마른장마', '무더위', '불볕더위' 같은 말이 있다.

본디 사물이 전하여 내려온 그 처음.
시샘 '시새움(자기보다 잘되거나 나은 사람을 공연히 미워하고 싫어함. 또는 그런 마음.)'의 준말.

몰아닥친 한꺼번에 세게 들이닥친.
머금은 나무나 풀 따위가 빗물이나 이슬 같은 물기를 지닌. 예 이슬을 머금은 풀잎이 싱그럽게 보입니다.

17 토박이말에 대한 설명으로 알맞지 <u>않은</u> 것은 무엇입니까? ( )

① 고유어라고도 한다.
② 순우리말이라고도 한다.
③ 날씨를 나타내는 토박이말은 없다.
④ 옛날부터 우리 할아버지, 할머니께서 만들어 써 오신 말이다.
⑤ 우리말에 본디부터 있던 말이나 그것에 더해 새로 만들어진 말이다.

교과서 문제
18 이 글에서 봄 날씨를 나타내는 토박이말을 모두 찾아 쓰시오.

( )

19 다음 토박이말의 뜻을 찾아 선으로 이으시오.

(1) 무더위 • • ① 볕이 불덩이처럼 뜨거운 더위

(2) 불볕더위 • • ② 물기를 잔뜩 머금은 끈끈한 더위

20 이 글의 제목을 보고 글쓴이의 생각이 무엇일지 알맞게 짐작한 것에 ○표 하시오.

(1) 날씨를 나타내는 토박이말이 많다. ( )
(2) 어려운 토박이말을 쉽게 바꿔야 한다.

( )

4 가을 날씨를 나타내는 토박이말에는 '건들바람', '건들장마', '무서리', '올서리', '된서리' ㉮같은 말이 있다. 여름이 지나고 가을이 되면 서늘한 바람이 불고 늦가을이 되면 서리가 내린다. 이른 가을날, 가볍고 부드럽게 건들건들 부는 서늘한 바람을 '건들바람'이
'건들바람'의 뜻
라고 한다. 이 무렵, 비가 쏟아져 내리다가 번쩍 개고 또 오다가 개는 장마를 '건들장마'라고 한다. 늦가을, 수증기가 땅이나 물체 표면에 얼어붙은 것을 '서리'라고 한다. 처음 생기는 묽은 서리를 '무서리'라고 하는데, '물+서리'로 무더위와 같은 짜임이다. 다른 해보다 일찍 생기는 서리를 '올서리'라고 하고, 늦가을에 아주 되게 생기는 서리를 '된서리'라고 한다.

중심 내용 4 가을 날씨를 나타내는 토박이말에는 '건들바람', '건들장마', '무서리', '올서리', '된서리' 같은 말이 있다.

5 ㉠겨울 날씨를 나타내는 토박이말에는 '가랑눈', '진눈깨비', '함박눈', '도둑눈' 같은 말이 있다. 겨울에는 눈이 와야 겨울답다고 한다. ㉡같은 눈이라도 눈의 생김새나 크기에 따라 그 이름이 다르다. '가랑눈'은 조금씩 잘게 부서져서 내리는 눈을 말한다. ㉢가

늦게 가루처럼 내리는 비를 '가랑비'라고 하는 것과 같다. ㉣비가 섞여 내리는 눈은 '진눈깨비', 굵고 탐스럽게 내리는 눈은 '함박눈', 밤에 사람들이 모르게 내린 눈은 '도둑눈'이라고 한다. 도둑눈은 사람들 몰래 왔다는 뜻을 담은 말이다.

중심 내용 5 겨울 날씨를 나타내는 토박이말에는 '가랑눈', '진눈깨비', '함박눈', '도둑눈' 같은 말이 있다.

6 이처럼 계절에 따라 ㉯알고 쓰면 좋은 토박이말이 많다. 우리가 우리말의 말뜻을 배우고 익혀 제대로 쓰는 일에 더욱 힘을 쏟을 때, 더 아름답고 넉넉한 우리말과 우리글을 쓸 수 있게 될 것이다.

중심 내용 6 계절에 따라 알고 쓰면 좋은 토박이말이 많다.

핵심내용 각 계절과 관련 있는 토박이말

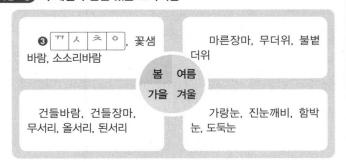

서리 대기 중의 수증기가 지상의 물체 표면에 얼어붙은 것.
건들건들 바람이 부드럽게 살랑거리며 부는 모양. 예 건들건들 부는 바람이 상쾌하게 느껴졌습니다.

개고 흐리거나 궂은 날씨가 맑아지고.
되게 반죽이나 밥 따위가 물기가 적어 빡빡하게. 예 밥이 되게 되어서 딱딱한 느낌이 들었습니다.

교과서 문제
21 다음 계절과 관련 있는 낱말을 보기 에서 모두 골라 쓰시오.

보기

| 무서리 | 도둑눈 | 된서리 |
| 가랑눈 | 건들바람 | 진눈깨비 |

(1) 가을: ( )
(2) 겨울: ( )

22 ㉠~㉣ 중 다음에 해당하는 것을 찾아 기호를 쓰시오.

문단의 전체 내용을 대표하는 문장

( )

교과서 문제
23 ㉮, ㉯와 서로 뜻이 반대인 낱말을 찾아 선으로 이으시오.

(1) ㉮ 같은 ·   · ① 모르고

(2) ㉯ 알고 ·   · ② 다른

24 이 글 전체를 읽고 중심 생각을 알맞게 정리한 것의 기호를 쓰시오.

㉮ 국어사전을 활용해서 토박이말의 뜻을 바르게 알고 사용하자.
㉯ 날씨를 나타내는 토박이말이 많이 있으니 이를 알고 자주 사용하자.

( )

옷차림이 바뀌었어요

- **글의 종류**: 설명하는 글
- **글의 특징**: 옛날과 오늘날의 옷차림을 비교하며 옛날 사람들이 입던 옷차림은 오늘날 사람들이 입는 옷차림과 많이 달랐음을 설명하고 있습니다.

1 옛날과 오늘날 사람들의 옷차림에는 차이가 많이 있다. 사람들은 옛날에 우리나라 고유한 옷인 한복을 입었다. 오늘날에는 서양 사람들이 입던 차림의 옷인 양복을 주로 입는다. 그리고 명절이나 결혼식 같이 특별한 행사가 있을 때에만 한복을 입는 경우가 ㉠많다.
<u>오늘날 한복을 입는 경우</u>
지금부터 사람들이 입는 옷차림이 옛날과 오늘날에 어떻게 다른지 신분과 성별, 옷감 종류에 따라 나누어 알아보자.

[중심 내용 1] 사람들이 입는 옷차림이 옛날과 오늘날에 어떻게 다른지 신분과 성별, 옷감 종류에 따라 나누어 알아보자.

2 먼저, 옛날에는 신분에 따라 옷차림이 달랐지만 오늘날에는 직업이나 유행에 따라 다른 경우가 많다. 옛날에는 양반과 평민의 신분에 따라 옷차림이 달랐다. 양반 가운데에서 남자는 소매가 넓은 저고리와 폭이 큰 바지를 입었고, 여자는 폭이 넓고 긴 치마를 입었
<u>옛날 양반 여자의 옷차림</u>

다. 평민 가운데에서 남자는 비교적 폭이 좁은 저고리와 바지를 입었고, 여자는 폭이 좁은 치마를 입었다.
<u>옛날 평민 여자의 옷차림</u>
그리고 평민이 입는 치마 길이는 양반보다 짧은 편이었다. 하지만 오늘날에는 직업이나 유행에 따라 옷을 입는 경우가 많다. 또 사람들이 입는 옷 종류도 옛날보다 더 다양해졌다.

[중심 내용 2] 옛날에는 신분에 따라 옷차림이 달랐지만 오늘날에는 직업이나 유행에 따라 다른 경우가 많다.

유행 특정한 행동 양식이나 사상 따위가 일시적으로 많은 사람의 추종을 받아서 널리 퍼짐. 또는 그런 사회적 동조 현상이나 경향.
평민(平 평평할 평, 民 백성 민) 벼슬이 없는 일반인.

소매 윗옷의 좌우에 두 팔을 꿰는 부분.
폭 너비. 평면이나 넓은 물체의 가로로 건너지른 거리. 예 이 길은 폭이 좁습니다.

---

1 옛날과 오늘날의 옷차림에 대한 설명으로 알맞지 않은 것은 무엇입니까? ( )

① 옛날에는 한복을 입었다.
② 오늘날에는 양복을 주로 입는다.
③ 옛날에는 양반들만 양복을 입었다.
④ 오늘날에는 특별한 행사 때 한복을 입는다.
⑤ 옛날과 오늘날 사람들의 옷차림에는 차이가 많이 있다.

2 문단 **2**에서 옛날에는 무엇에 따라 옷차림이 달랐다고 했는지 알맞은 것의 기호를 쓰시오.

㉠ 신분에 따라	㉡ 직업에 따라
㉢ 나이에 따라	㉣ 유행에 따라

( )

3 옛날 양반과 평민 남자의 옷차림을 구분하여 알맞게 선으로 이으시오.

(1) 양반 남자 • • ① 비교적 폭이 좁은 저고리와 바지

(2) 평민 남자 • • ② 소매가 넓은 저고리와 폭이 큰 바지

교과서 문제
4 ㉠과 뜻이 비슷한 말로 알맞은 것을 모두 고르시오. ( )

① 적다
② 덜하다
③ 풍족하다
④ 무진장하다
⑤ 어마어마하다

3 다음으로, 옛날에는 사람들이 ⟨ ㉠ ⟩에 따라 다른 옷을 입었지만 오늘날에는 자신이 좋아하는 옷을 입는다. 옛날에 남자는 아래에 바지를 입고 위에는 저고리와 조끼, 마고자를 입었다. 그리고 춥거나 나들이를 갈 때에는 겉에 두루마기를 입었다. 여자는 아래에 속바지와 치마를 입고 위에는 저고리를 입었다. 여자도 두루마기를 입지만 남자가 입는 두루마기와 모양이 달랐다. 오늘날에는 남자와 여자의 옷차림을 엄격하게 구분하지 않는다. 대신 각자 좋아하는 옷을 입기 때문에 옷차림이 사람에 따라 다르다.

중심 내용 3 옛날에는 사람들이 성별에 따라 다른 옷을 입었지만 오늘날에는 자신이 좋아하는 옷을 입는다.

▲ 양반 옷차림   ▲ 평민 옷차림

엄격(嚴 엄할 엄, 格 격식 격) 말, 태도, 규칙 따위가 매우 엄하고 철저함. 또는 그런 품격. 예 여러 심사 위원의 엄격한 심사를 거쳐 시험에 최종 합격했습니다.

4 마지막으로, 옛날에는 자연에서 얻은 실로 짠 옷감으로 옷을 만들었지만 오늘날에는 합성 섬유로 옷을 만드는 경우가 많다. 우리 조상은 식물이나 누에고치에서 실을 뽑아 옷감을 얻었다. <u>식물에서 뽑은 실로 짠 옷감으로는 삼베 · 모시 · 무명 따위가 있고, 누에고치에서 뽑은 실로 짠 옷감으로는 비단이 있다.</u> 오늘날에는 옛날처럼 자연에서 얻은 실로 옷감을 짜기도 하지만 공장에서 만든 합성 섬유에서 옷감을 더 많이 얻는다.

<small>옛날에는 자연에서 재료를 얻어 옷을 만듦.</small>

중심 내용 4 옛날에는 자연에서 얻은 실로 짠 옷감으로 옷을 만들었지만 오늘날에는 합성 섬유로 옷을 만드는 경우가 많다.

핵심내용 글을 읽고 중심 생각 간추리기 ⟨예⟩

제목을 보고 짐작하기	옛날과 오늘날 사람들의 옷차림에 차이가 많이 있다는 것을 말하고 있는 것 같다.
글에 있는 ❶ ㄱㄹ 을 보고 짐작하기	옛날에는 남녀가 전혀 다른 옷을 입었지만 오늘날에는 비슷한 옷을 입기도 하는 것처럼 옷차림이 많이 바뀌었다는 것을 말하는 것 같다.
↓	
중심 생각 정리하기	옛날 사람들은 신분, 남녀에 따라 옷차림이 엄격했지만 요즘에는 이런 구분이 많이 없어지고 있다.

합성 섬유(合 합할 합, 成 이룰 성, 纖 가늘 섬, 維 벼리 유) 석유, 석탄, 천연가스 따위를 원료로 하여 화학적으로 합성한 섬유. 나일론, 비닐론, 폴리에스테르 따위가 있다.

---

5 문단 **3**의 내용으로 보아, ㉠에 들어갈 알맞은 말은 무엇입니까? (   )

① 성별   ② 성격   ③ 신분
④ 재산   ⑤ 생김새

6 문단 **3**에서 오늘날에는 무엇에 따라 옷차림이 다르다고 했는지 쓰시오.

(   )

7 옛날에 사용하던 옷감으로 알맞지 <u>않은</u> 것은 무엇입니까? (   )

① 삼베   ② 모시   ③ 무명
④ 비단   ⑤ 합성 섬유

8 이 글 전체를 읽고 중심 생각을 알맞게 정리한 것에 ○표 하시오.

(1) 옛날 사람들이 입던 옷차림은 오늘날 사람들이 입는 옷차림과 많이 달랐다. (   )

(2) 오늘날 사람들이 입는 옷차림을 옛날 사람들이 입던 옷차림으로 바꾸어 보자. (   )

9 서술형 이 글 전체를 읽고 더 알고 싶은 내용을 생각하여 한 가지만 쓰시오.

_____

_____

과일, 알고 먹으면 더 좋아요

- 글의 종류: 설명하는 글
- 글의 특징: 우리가 먹을 수 있는 다양한 과일의 종류와 그 특징을 자세히 알려 주는 글입니다.

1 과일나무는 아주 오랜 옛날부터 산이나 들에서 저절로 자랐어요. 지금 우리가 먹는 과일은 옛날보다 맛도 좋고, 크기도 훨씬 크답니다. 요즘은 제철 구분 없이 다양한 과일이 나와요. 하지만 제철에 나는 과일이 맛도 좋고 영양도 많아요.
_{지금 우리가 먹는 과일의 특징}

중심 내용 1 제철에 나는 과일이 맛도 좋고 영양도 좋습니다.

2 사과는 우리나라에서 아주 많이 기르는 과일이에요. 우리나라 날씨는 사과가 자라기에 알맞기 때문이에요. 사과나무에 사과가 열려서 자라기 시작하면 종이봉투를 씌워 두기도 해요. 이렇게 하면 벌레도 막을 수 있고, 사과 맛도 좋아져요. 사과를 많이 먹으면 살갗도 부드러워지고 잇몸도 튼튼해진답니다.
_{종이봉투를 씌우는 까닭}

중심 내용 2 사과는 우리나라에서 아주 많이 기르는 과일로, 먹으면 살갗도 부드러워지고 잇몸도 튼튼해집니다.

3 배는 즙이 많아서 맛이 시원하지요. 배를 김치에 넣으면 김치 맛을 시원하게 해 줘요. 또 기침감기에 걸렸을 때, 소화가 잘 안될 때 약으로 쓰기도 해요. 배를 기를 때도 벌레가 먹는 것을 막으려고 종이봉투를 씌운답니다.

중심 내용 3 배는 즙이 많아서 맛이 시원하고, 약으로도 쓰입니다.

4 복숭아는 단물이 많고 맛이 좋아요. 그런데 쉽게 짓물러서 오래 두고 먹지 못해요. 그래서 설탕을 넣고 졸여서 통조림이나 잼으로 만들어 먹기도 해요. 복숭아씨는 약으로도 쓴답니다. 기침이 많이 나거나 가래가 생겼을 때 복숭아씨를 갈아서 먹어요.

중심 내용 4 복숭아는 단물이 많고 맛이 좋고, 복숭아씨는 약으로도 씁니다.

5 포도는 사람들이 아주 오래전부터 길러 온 과일이에요. 포도는 처음에는 푸르다가 검게 익어요. 포도를 따서 으깨면 즙이 나오는데 이 즙을 오래 두면 술이 되지요. 또 잼이나 젤리를 만들거나, 말려서 건포도를 만들기도 해요.

중심 내용 5 포도는 술, 잼, 젤리로 만들기도 하고, 말려서 건포도를 만들기도 합니다.

1 우리나라에서 사과를 많이 기르는 까닭은 무엇입니까? ( )

① 비싼 과일이어서
② 기르기 쉬운 과일이어서
③ 먹기 쉽고 영양이 풍부해서
④ 우리나라 날씨가 사과가 자라기에 알맞아서
⑤ 우리나라 사람들이 가장 좋아하는 과일이어서

2 이 글에서 설명한 과일 중 기침감기에 걸렸을 때나 소화가 잘 안될 때 약으로 쓰기도 하는 것은 무엇인지 쓰시오.

( )

3 이 글의 내용으로 알맞은 것에 ○표 하시오.

(1) 포도는 처음에는 검다가 점점 푸르게 익는다. ( )

(2) 배를 김치에 넣으면 김치 맛을 시원하게 해 준다. ( )

(3) 기침이 많이 나거나 가래가 생겼을 때 복숭아 껍질을 갈아서 먹는다. ( )

4 **서술형** 이 글을 읽고 더 알고 싶은 내용을 생각하여 한 가지만 쓰시오.

_____

_____

축복을 전해 주는 참새

· 고연희

· 글의 종류: 설명하는 글
· 글의 특징: 그림 「참새 무리」에 대해 설명하며 가을의 풍요로움과 참새가 축복을 전해 줌을 설명하고 있습니다.

가 지금은 환경 오염 등으로 자연이 훼손되면서 참새 <u>참새가 사라지는 까닭</u> 가 많이 사라졌지만, 아직도 참새는 가장 흔하게 볼 수 있는 새입니다. 곡식이 익어 갈 때면 허수아비를 세워야 할 만큼 농부들에게는 여전히 골칫거리입니다.

나 그러나 수많은 참새가 모여들어 날개를 활짝 ㉠펴고 마음껏 곡식을 쪼는 이 커다란 그림은 오히려 가을의 풍요로움을 느끼게 해 줍니다. 중국 청나라 때는 '참새 무리' 그림이 축복을 전해 주는 그림으로 인기를 누렸는데, 이 그림도 그런 배경에서 그려진 것으로 보입니다.

다 쉰 마리가 훨씬 넘는 참새 떼가 그려진 이 그림은 지금은 한 폭만 전해지지만, 원래는 이어지는 폭이 더 있었던 듯합니다. 그렇다면 참새가 거의 1백여 마리 있는 커다란 병풍일 테니, 마치 가을 들녘 수수밭을 마주하고 있는 듯한 착각을 일으킬 만한 멋진 장면이었을 것입니다. 이 그림만으로도 그 모습을 상상할 수 있으니 말입니다.

라 그림에 좀 더 가까이 다가가 참새들을 하나씩 들여다 보세요. 눈동자가 그려진 눈, 숨구멍이 그려진 부리, 깃털 색의 작은 변화까지 표현돼 모두가 살아 있는 듯합니다. 또한 참새가 앉거나 날거나 하는 모습이 일정한 규칙으로 반복되어 리듬감이 느껴지는데, 이렇게 구성한 데에는 그림에 많은 참새를 알맞게 그려 넣으려는 화가의 숨은 뜻이 담겨 있는 듯합니다.

▲ 「참새 무리」

마 참새는 축복을 전하는 새입니다. 풍성하게 매달린 곡식 줄기가 무게 때문에 아래로 축 처져 있습니다. 아마도 농사가 풍년이었나 봅니다. 그 둘레에 축복을 전한다는 참새들이 모여들어 조를 쪼아 먹는 모습은 다가오는 수확의 즐거움을 암시하는 듯합니다.

5 곡식이 익어 갈 때쯤 참새는 농부들에게 어떤 존재인지 쓰시오.

( )

6 ㉠과 뜻이 서로 반대되는 낱말은 무엇입니까?

( )

① 접고
② 서고
③ 앉고
④ 좁히고
⑤ 넓히고

7 글 **마**의 중심 문장으로 알맞은 것은 무엇입니까?

( )

① 그림에 좀 더 가까이 다가가 참새들을 하나씩 들여다 보세요.
② 지금은 한 폭만 전해지지만, 원래는 이어지는 폭이 더 있었던 듯합니다.
③ 풍성하게 매달린 곡식 줄기가 무게 때문에 아래로 축 처져 있는 것으로 보아 농사가 풍년이었나 봅니다.
④ 풍성한 곡식 줄기 둘레에 축복을 전한다는 참새들이 모여들어 조를 쪼아 먹는 모습은 다가오는 수확의 즐거움을 암시하는 듯합니다.
⑤ 참새가 거의 1백여 마리 있는 커다란 병풍일 테니, 마치 가을 들녘 수수밭을 마주하고 있는 듯한 착각을 일으킬 만한 멋진 장면이었을 것입니다.

낱말의 뜻

1 다음 뜻에 알맞은 낱말을 찾아 선으로 이으시오.

(1) 잘 보호하고 간수하여 남김. ・　　・① 본디

(2) 사물이 전하여 내려온 그 처음. ・　　・② 탐구

(3) 생각하거나 계획한 대로 일을 해냄. ・　　・③ 수행

(4) 진리, 학문 따위를 파고들어 깊이 연구함. ・　　・④ 보존

헷갈리기 쉬운 말

2 보기 의 낱말 뜻을 보고, 문장에 어울리는 말을 ( ) 안에서 골라 ○표 하시오.

보기
• **짚다**: 바닥이나 벽, 지팡이 따위에 몸을 의지하다.
• **집다**: 손가락이나 발가락으로 물건을 잡아서 들다.

(1) 다리를 다쳐서 목발을 (집고 , 짚고) 학교에 갔다.
(2) 방바닥에 떨어진 동전을 (집어 , 짚어) 주머니에 넣었다.

낱말의 활용

3 빈칸에 들어갈 알맞은 낱말을 보기 에서 찾아 쓰시오.

보기
엄격　　시샘　　번식

(1) 엄마는 예의범절을 ( )하게 따지신다.
(2) 친구가 상을 탄 것을 ( )하지 말고 축하해 주렴.

같은 표기 다른 뜻

4 밑줄 친 낱말의 뜻으로 알맞은 것을 보기 에서 찾아 기호를 쓰시오.

보기
㉮ 흐리거나 궂은 날씨가 맑아지다.
㉯ 옷이나 이불 등을 겹치거나 접어서 단정하게 포개다.
㉰ 가루나 덩이진 것에 물이나 기름 등을 넣어 서로 섞이거나 풀어지도록 으깨거나 반죽하다.

(1) 바지를 잘 개어 옷장에 넣었다. ( )
(2) 흐린 하늘이 맑게 개니 기분이 상쾌하다. ( )
(3) 부침개를 만들려고 밀가루에 물을 넣고 개었다. ( )

반대말

5 밑줄 친 말과 뜻이 반대인 낱말을 빈칸에 쓰시오.

형은 질게 지은 밥을 좋아하고 나는 ( ) 지은 밥을 좋아한다.

준말

6 보기 를 보고, 다음 밑줄 친 낱말을 준말로 바꾸어 쓰시오.

보기
숙제 끝나면 내게 알려 주어. → 줘

(1) 닭을 닭장에 가두었다. → ( )
(2) 동생과 간식을 나누어 먹었다. → ( )
(3) 부끄러움이 많은 정수가 춤을 추었다니! → ( )
(4) 도서관에서는 목소리를 낮추어 말해야 한다. → ( )

1
서술형

우리나라 전통 놀이와 관련해 자신이 했던 경험이나 아는 내용을 정리하여 간단히 쓰시오.

_____

_____

2~4

줄넘기에는 혼자 하는 줄넘기, 두 사람이 긴 줄 끝을 잡고 돌리면 다른 사람이 그 줄을 넘는 긴 줄 넘기, 줄 양 끝을 두 사람이 잡고 있으면 다른 사람이 줄을 뛰어넘는 놀이가 있습니다.

고정된 줄을 뛰어넘는 줄넘기는 발목 높이에서 시작해 만세를 하듯 두 팔을 든 높이까지 합니다. 누가 더 높은 줄을 넘을 수 있는지 겨루는 놀이랍니다. 혼자서 줄넘기를 할 때에는 앞으로 뛰기, 손 엇걸어 뛰기, 이단 뛰기 같은 여러 놀이 방법이 있습니다. 긴 줄 넘기도 다양한 방법으로 할 수 있는데, 노래에 맞추어 놀이를 하는 특징이 있습니다.

2 이 글을 알맞게 읽은 친구의 이름을 쓰시오.

채운: 감각적 표현을 찾으며 읽었어.
수빈: 아는 내용이나 겪은 일과 관련지어 읽었어.

( )

3 이 글의 내용으로 알맞은 것에 ○표 하시오.

(1) 혼자 하는 줄넘기는 반드시 노래에 맞추어 놀이를 한다. ( )
(2) 줄넘기에는 혼자 하는 줄넘기, 긴 줄 넘기, 줄 뛰어넘는 놀이가 있다. ( )

4 이 글에서 말한 혼자서 줄넘기 하는 방법으로 알맞지 않은 것을 두 가지 고르시오. ( )

① 이단 뛰기 　　　② 앞으로 뛰기
③ 만세하며 뛰기 　④ 손 엇걸어 뛰기
⑤ 허리를 굽혀 뛰기

5~7

가 첫째, 선생님께서 계시지 않을 때에는 과학 실험을 하지 않습니다. 과학실에는 조심히 다루어야 할 실험 기구와 위험한 화학 약품이 많습니다. 선생님의 말씀에 따라 실험 기구나 화학 약품을 다루어야 사고가 나는 것을 예방할 수 있습니다.

나 둘째, 과학실에서는 절대 장난을 치면 안 됩니다. 과학실에는 깨지기 쉽거나 위험한 실험 기구가 많습니다. 장난을 치다가 유리로 만든 실험 기구가 깨지면 날카로운 유리 조각이 생겨 이 유리 조각에 사람이 다칠 수 있습니다. 또 장난을 치다가 알코올램프가 바닥에 떨어지면 과학실에 화재가 발생할 수도 있습니다. 그러므로 과학실에서는 장난을 치지 말고 [㉠]로 실험을 해야 합니다.

다 셋째, 실험할 때 책상에 바짝 다가가지 않습니다. 실험하다가 만약 실험 기구가 넘어지면 깨진 기구의 조각이나 기구 속 화학 약품이 주변에 튈 수 있습니다. 이때 책상에 바짝 다가가 앉아 있으면 다칠 수가 있습니다.

5 이 글에서 설명하는 내용은 무엇입니까? ( )

① 과학실의 문제점
② 과학 실험의 좋은 점
③ 과학 실험을 하면 안 되는 까닭
④ 선생님께서 계시지 않을 때 할 일
⑤ 과학 실험을 할 때 지켜야 하는 안전 수칙

6 장난을 치다가 알코올램프가 바닥에 떨어지면 어떤 일이 발생할 수 있다고 했는지 쓰시오.

( )

7 과학실에서 실험할 때에는 어떤 자세가 필요한지 ㉠에 들어갈 알맞은 말은 무엇입니까? ( )

① 진지한 자세 　　② 긍정적인 자세
③ 소극적인 자세 　④ 재미있는 자세
⑤ 장난스러운 자세

가 요즘은 제철 구분 없이 다양한 과일이 나와요. 하지만 제철에 나는 과일이 맛도 좋고 영양도 많아요.

나 복숭아는 단물이 많고 맛이 좋아요. 그런데 쉽게 짓물러서 오래 두고 먹지 못해요. 그래서 설탕을 넣고 졸여서 통조림이나 잼으로 만들어 먹기도 해요. 복숭아씨는 약으로도 쓴답니다.

다 대추는 그냥 먹기도 하지만 말려서 떡이나 약밥에도 넣어요. 과일 가운데 으뜸으로 쳐요. 또 약으로도 써요. 대추를 많이 먹으면 오줌이 잘 나오고 몸도 튼튼해져요.

8 제철에 나는 과일의 특징으로 알맞은 것을 두 가지 고르시오. (　　　　)

① 맛이 좋다.　　　　② 영양이 많다.
③ 벌레가 없다.　　　④ 모양이 예쁘다.
⑤ 과일 향이 좋다.

9 이 글에서 설명한 과일을 모두 찾아 쓰시오.

(　　　　　　　　　)

10 이 글을 아는 내용이나 겪은 일과 관련지어 알맞게 읽은 것에 ○표 하시오.

(1) 복숭아를 졸여서 잼을 만들었던 경험을 떠올리며 읽었다. (　　　　)
(2) 당근을 많이 먹으면 눈 건강에 좋다는 뉴스를 본 경험을 떠올리며 읽었다. (　　　　)

11 글에서 중심 생각을 찾는 방법으로 알맞지 <u>않은</u> 것은 무엇입니까? (　　　　)

① 글에 있는 그림을 보고 중심 생각을 찾는다.
② 글의 첫 번째 문단의 중심 문장을 정리한다.
③ 글에 있는 사진을 보고 중심 생각을 찾는다.
④ 글의 제목을 보고 무엇에 대해 썼는지 생각한다.
⑤ 문단의 중심 문장을 찾고 중심 생각을 간추린다.

가 갯벌은 다양한 생물이 살 수 있는 장소입니다. 갯벌에 물이 들어오기도 하고 **빠지기도** 하면서 생물이 살기에 적합한 환경을 만듭니다. 그래서 게, 조개, 갯지렁이, 불가사리, 물고기 같은 여러 가지 생명체가 삽니다.

나 어민들은 갯벌에서 수산물을 키우고 거두어 돈을 법니다. 어민들은 갯벌에서 조개나 물고기, 낙지 따위를 잡아 팝니다. 또 갯벌은 생물이 살기에 좋은 환경이므로 어민들이 바다 생물들을 직접 키우기도 합니다. 이것을 　㉮　이라고 하는데, 　㉯　은 농민들이 밭이나 논에서 농작물을 키워 파는 것과 비슷합니다.

다 ㉠갯벌은 육지에서 나오는 오염 물질을 분해해 좋은 환경을 만듭니다. ㉡갯벌은 겉으로는 그냥 진흙탕처럼 보이지만 작은 생물이 갯벌에 많이 살고 있습니다. ㉢이 생물들은 오염 물질 분해가 잘 이루어지게 합니다. ㉣갯벌에서 흔히 사는 갯지렁이도 오염 물질 분해를 돕습니다.

12 이 글에서 설명하는 내용은 무엇입니까? (　　　　)

① 갯벌이 사라지는 까닭
② 갯벌로 인한 환경 파괴
③ 갯벌을 개발해야 하는 까닭
④ 갯벌이 우리에게 주는 피해
⑤ 갯벌이 우리에게 주는 좋은 점

13 갯벌에 다양한 생물이 살 수 있는 까닭은 무엇인지 쓰시오.

_____

_____

14 ㉮, ㉯에 공통으로 들어갈 알맞은 말은 무엇입니까? (　　　　)

① 개발　　　② 염전　　　③ 양식
④ 농작　　　⑤ 방파제

15 ㉠~㉢ 중 문단 **다**의 중심 문장을 찾아 기호를 쓰시오.

(   )

16 이 글을 읽고 새롭게 안 내용은 무엇인지 정리하여 쓰시오.
서술형

_____

_____

17~20

가 먼저, 옛날에는 신분에 따라 옷차림이 달랐지만 오늘날에는 직업이나 유행에 따라 다른 경우가 많다. 옛날에는 양반과 평민의 신분에 따라 옷차림이 달랐다. 양반 가운데에서 남자는 소매가 넓은 저고리와 폭이 큰 바지를 입었고, 여자는 폭이 넓고 긴 치마를 입었다. 평민 가운데에서 남자는 비교적 폭이 좁은 저고리와 바지를 입었고, 여자는 폭이 좁은 치마를 입었다. 그리고 평민이 입는 치마 길이는 양반보다 짧은 편이었다.

나 다음으로, 옛날에는 사람들이 성별에 따라 다른 옷을 입었지만 오늘날에는 자신이 좋아하는 옷을 입는다. 옛날에 남자는 아래에 바지를 입고 위에는 저고리와 조끼, 마고자를 입었다. 그리고 춥거나 나들이를 갈 때에는 겉에 두루마기를 입었다. 여자는 아래에 속바지와 치마를 입고 위에는 저고리를 입었다. 여자도 두루마기를 입지만 남자가 입는 두루마기와 모양이 달랐다. 오늘날에는 남자와 여자의 옷차림을 엄격하게 구분하지 않는다. 대신 각자 좋아하는 옷을 입기 때문에 옷차림이 사람에 따라 다르다.

17 옛날과 오늘날의 옷차림은 무엇에 따라 다른지 구분하여 알맞게 선으로 이으시오.

(1) 옛날 •   •① 직업, 유행, 사람

(2) 오늘날 •   •② 신분, 성별

18 양반 여자의 옷차림으로 알맞은 것을 두 가지 고르시오. (   )

① 폭이 넓은 치마를 입었다.
② 폭이 좁은 치마를 입었다.
③ 길이가 긴 치마를 입었다.
④ 저고리의 소매를 접어 입었다.
⑤ 비교적 길이가 짧은 치마를 입었다.

19 글에 있는 그림을 보고 알 수 있는 글쓴이의 생각으로 알맞은 것의 기호를 쓰시오.

> ㉮ 여자는 옛날에는 치마를 입었는데 오늘날에는 바지도 입는다.
> ㉯ 옛날에는 남녀가 모두 한복을 입어 점잖아 보였는데 오늘날에는 예의가 없어 보인다.

(   )

20 이 글을 읽고 새롭게 안 내용을 정리한 것으로 알맞지 않은 것은 무엇입니까? (   )

① 오늘날에는 각자 좋아하는 옷을 입는다.
② 옛날에는 외출할 때 두루마기를 입었다.
③ 옛날에 여자는 속바지, 치마, 저고리를 입었다.
④ 옛날에 남자는 바지, 저고리, 조끼, 마고자를 입었다.
⑤ 오늘날에도 남자와 여자의 옷차림이 엄격하게 구분된다.

1

닭싸움 놀이는 한쪽 다리를 들어 올려 두 손으로 잡고, 다른 다리로 균형을 잡아 깨금발로 뛰면서 상대를 밀어 넘어뜨리는 놀이입니다. 준비물이 필요하지 않고 놀이 방법이 간단해 요즘도 어린이는 물론 청소년과 어른도 즐기는 놀이입니다.

'닭싸움'은 두 사람이 겨루는 모습이 닭이 싸우는 것과 비슷하다고 해서 지어진 이름입니다. 닭싸움 놀이는 한 발로 서서 하므로 '외발 싸움', '깨금발 싸움'이라고도 부르고, 무릎을 부딪쳐 싸운다고 해서 '무릎 싸움'이라고도 부릅니다. 닭싸움 놀이는 두 명이 할 수도 있고 여러 명이 할 수도 있습니다.

1단계
낱말 쓰기
이 글을 읽고 닭싸움 놀이를 하는 방법을 정리하여 빈칸에 들어갈 알맞은 말을 쓰시오. [3점]

• 한쪽 (   )를 들어 올려 두 손으로 잡고, 다른 다리로 (   )을 잡아 깨금발로 뛰면서 (   )를 밀어 넘어뜨린다.

2단계
문장 쓰기
'닭싸움'이라는 이름은 어떻게 지어졌는지 쓰시오. [4점]

_____

_____

3단계
생각 쓰기
이 글을 아는 내용이나 겪은 일과 관련지어 읽으면 어떤 점이 좋을지 한 가지만 쓰시오. [6점]

_____

❶ 글을 읽을 때 아는 내용이나 겪은 일과 관련지어 읽었던 경험을 떠올려 봐.

2~3

갯벌을 보존해야 하는 까닭

가 갯벌은 다양한 생물이 살 수 있는 장소입니다. 갯벌에 물이 들어오기도 하고 빠지기도 하면서 생물이 살기에 적합한 환경을 만듭니다.

나 갯벌은 육지에서 나오는 오염 물질을 분해해 좋은 환경을 만듭니다. 갯벌은 겉으로는 그냥 진흙탕처럼 보이지만 작은 생물이 갯벌에 많이 살고 있습니다. 이 생물들은 오염 물질 분해가 잘 이루어지게 합니다.

다 갯벌은 기후를 조절하고 홍수를 줄여 주는 역할을 합니다. 갯벌 흙은 물을 많이 흡수해 저장했다가 내보내는 기능을 합니다. 그러므로 갯벌은 비가 많이 오면 빗물을 저장해 갑작스러운 홍수를 막아 줍니다. 그리고 주변 온도와 습도에 따라 물을 흡수하고 내보내는 역할을 알맞게 수행해 기후를 알맞게 만들어 줍니다.

라 갯벌의 환경은 특별하고 다양합니다. 갯벌과 그 속에 사는 여러 생물은 자연과 사람을 위해 좋은 역할을 많이 합니다. 그러므로 갯벌은 쓸모 없는 땅이 아니라 우리와 함께 살아가는 소중한 장소입니다. 소중한 갯벌을 잘 보존해야겠습니다.

2 이 글의 제목을 보고 알 수 있는 글쓴이의 생각을 정리하여 쓰시오. [6점]

_____

_____

_____

3 이 글을 읽고 더 알고 싶은 내용을 생각하여 한 가지만 쓰시오. [4점]

_____

_____

_____

수행 평가

2 중심 생각을 찾아요

학습 제재	안전하게 과학 실험을 해요	배점	16점
학습 목표	아는 내용이나 겪은 일과 관련지어 글을 읽을 수 있다.		

● **다음 글을 읽고, 물음에 답하시오.**

안전하게 과학 실험을 하려면 과학 실험 안전 수칙을 확인하고 실천해 안전사고의 위험을 줄여야겠습니다. 지금부터 과학 실험 안전 수칙을 알아보겠습니다.

첫째, 선생님께서 계시지 않을 때에는 과학 실험을 하지 않습니다. 과학실에는 조심히 다루어야 할 실험 기구와 위험한 화학 약품이 많습니다. 선생님의 말씀에 따라 실험 기구나 화학 약품을 다루어야 사고가 나는 것을 예방할 수 있습니다. 그러므로 선생님께서 계시지 않을 때에는 과학 실험을 해서는 안 됩니다.

둘째, 과학실에서는 절대 장난을 치면 안 됩니다. 과학실에는 깨지기 쉽거나 위험한 실험 기구가 많습니다. 장난을 치다가 유리로 만든 실험 기구가 깨지면 날카로운 유리 조각이 생겨 이 유리 조각에 사람이 다칠 수 있습니다. 또 장난을 치다가 알코올램프가 바닥에 떨어지면 과학실에 화재가 발생할 수도 있습니다. 그러므로 과학실에서는 장난을 치지 말고 진지한 자세로 실험을 해야 합니다.

셋째, 실험할 때 책상에 바짝 다가가지 않습니다. 실험하다가 만약 실험 기구가 넘어지면 깨진 기구의 조각이나 기구 속 화학 약품이 주변에 튈 수 있습니다. 이때 책상에 바짝 다가가 앉아 있으면 다칠 수가 있습니다. 그러므로 실험을 할 때에는 책상에 너무 바짝 다가가 앉지 않고 실험 기구와 어느 정도 거리를 유지하는 것이 안전합니다.

과학 실험을 할 때에는 무엇보다 안전이 중요합니다. 실험이 재미있고 공부에 도움이 된다 하더라도 사고가 발생하면 아무런 소용이 없습니다. 그러므로 과학 실험 안전 수칙을 항상 기억하고 실천해 안전하게 실험을 할 수 있도록 노력해야 합니다.

1 안전하게 과학 실험을 하기 위해 지켜야 할 안전 수칙을 쓰시오. [6점]

첫째	(1)
둘째	(2)
셋째	(3)

2 이 글을 읽고 앞으로 자신이 지킬 일을 생각하여 자신만의 과학 실험 안전 수칙을 두 가지만 만들어 쓰시오. [10점]

수칙 1	(1)
수칙 2	(2)

3 자신의 경험을 글로 써요

1 기억에 남는 일에 대해 이야기 나누기
인상 깊은 일

① 자신이 겪은 일을 떠올려 봅니다.

② 자신이 겪은 일을 친구들과 이야기해 봅니다.

③ 겪은 일 가운데에서 기억에 남는 일을 간단히 정리해 봅니다.
있었던 일을 구체적으로 떠올려 보고 자신의 생각이나 느낌, 그렇게 생각한
까닭을 정리해 봐요.

★★ 2 자신의 경험에서 인상 깊은 일을 글로 쓰는 방법 알기

① 겪은 일 가운데에서 어떤 일을 글로 쓸지 정합니다. → ② 쓸 내용을 정리
합니다. → ③ 글을 씁니다. → ④ 고쳐쓰기를 합니다.

〈띄어쓰기 방법〉

– 낱말과 낱말 사이는 띄어 쓰되, '이/가, 을/를, 은/는, 의'와 같은 말은 앞
말에 붙여 씁니다.

– 마침표(.)나 쉼표(,) 뒤에 오는 말은 띄어 씁니다.

– 수를 나타내는 말과 단위를 나타내는 말 사이는 띄어 씁니다.

예 「동생이 아파요」에서 서연이가 인상 깊었던 일을 정리한 내용

언제, 어디에서, 누구와 있었던 일인가요?	한밤중, 집, 동생 주혁이와 아빠
무슨 일이 있었나요?	동생 주혁이가 열이 나고 배가 아픔.
어떤 마음이 들었나요?	아픈 동생이 걱정됨.

3 인상 깊은 일로 글 쓰기

① 자신이 경험한 일 가운데에서 인상 깊은 일을 떠올려 봅니다.

② 인상 깊은 일 한 가지를 골라 정리해 봅니다.
일어난 일을 자세히 표현할 수 있고, 자신이 한 일을 되돌아볼 수 있어요.

③ 정리한 내용을 바탕으로 하여 인상 깊은 일을 글로 써 봅니다.

4 자신이 쓴 글을 고쳐 쓰기

① 자신이 쓴 글을 친구들과 바꾸어 읽고 고쳐 쓸 점을 이야기해 봅니다.

② 자신이 점검한 내용과 친구들의 의견을 바탕으로 하여 자신이 쓴 글을 고
쳐 써 봅니다.
자신이 쓴 글의 내용이나 표현에서 고치고
싶은 점이 무엇인지 생각해 봐요.

③ 고쳐 쓴 글을 읽고 친구가 잘한 점을 칭찬해 봅니다.

〈글을 쓴 뒤에 고쳐쓰기 하면 좋은 점〉

– 전하고자 한 내용을 효과적으로 표현했는지 확인할 수 있습니다.

– 잘못된 띄어쓰기나 표현을 고칠 수 있습니다.

– 읽는 사람이 글의 내용을 잘 이해할 수 있습니다.

개념 확인하기
정답과 풀이 9쪽

1 기억에 남는 일을 정리하면 좋은
점에 모두 ○표 하시오.

(1) 자신이 한 일을 되돌아볼 수
있다. ( )

(2) 기억에 남는 일을 글로 쓸 수
있다. ( )

(3) 자신이 겪은 일을 빠짐없이
알 수 있다. ( )

(4) 기억에 남는 일을 자세히 떠
올릴 수 있다. ( )

2 인상 깊은 일을 글로 쓰는 순서에
따라 기호를 쓰시오.

㉮ 글 쓰기
㉯ 고쳐쓰기
㉰ 쓸 내용 정리하기
㉱ 어떤 일을 글로 쓸지 정하기

( ) → ( ) → ( ) → ( )

3 다음 문장을 바르게 띄어 쓰시오.

아이스크림을 두개나 먹었다.

( )

4 다음 빈칸에 알맞은 말을 쓰시오.

글을 쓴 뒤에 ( )
을/를 하면 전하고자 한 내용
을 효과적으로 표현했는지 확
인할 수 있고, 잘못된 띄어쓰
기나 표현을 고칠 수 있다.

1~2

가 나

다 라

1 그림 **가**~**다**에 나타난 일을 찾아 선으로 이으시오.

(1) 그림 **가** • • ① 축구를 한 일

(2) 그림 **나** • • ② 수영을 한 일

(3) 그림 **다** • • ③ 갯벌 체험을 한 일

2 그림 **라**에서 겪은 일과 관련한 경험이 <u>아닌</u> 것은 무엇입니까? (   )

① 운동장에서 줄다리기를 했다.
② 교실에서 피자 만들기를 했다.
③ 우렁찬 목소리로 응원을 했다.
④ 달리기를 하다가 걸려 넘어졌다.
⑤ 공 굴리기에서 우리 반이 우승을 했다.

교과서 문제
3 자신이 겪은 일을 떠올려 말하지 <u>못한</u> 것은 무엇입니까? (   )

① 마당에 나무를 심었다.
② 가족과 놀이공원에 놀러 갔다.
③ 남동생과 함께 종이접기를 했다.
④ 할머니 댁에 가서 송편을 만들었다.
⑤ 여름 방학이 되면 가족과 함께 바다로 여행을 갈 것이다.

4~5

친구들과 함께한 운동회	
언제	어디에서
5월	학교 운동장
있었던 일	생각이나 느낌
친구들과 공 굴리기, 장애물 달리기와 같은 운동을 했다.	친구들과 함께 여러 가지 운동을 해서 즐거웠다.

4 어떤 일을 겪고 나서 기억에 남는 일을 정리한 것입니까? (   )

① 운동회 ② 봉사 활동
③ 학예 발표회 ④ 현장 체험 학습
⑤ 과학 실험 활동

5 이 표를 보고 기억에 남는 일에 대해 바르게 말하지 <u>못한</u> 친구의 이름을 쓰시오.

> 윤하: 5월에 겪은 일이야.
> 지민: 학교 운동장에서 있었던 일이야.
> 우진: 친구들과 함께 여러 가지 운동을 하느라 무척 힘들었어.
> 성태: 친구들과 공 굴리기, 장애물 달리기와 같은 운동을 한 것이 기억에 남아.

(   )

6* 기억에 남는 일을 정리하면 좋은 점으로 알맞지 <u>않</u>은 것은 무엇입니까? (   )

① 자신이 한 일을 되돌아볼 수 있다.
② 기억에 남는 일을 글로 쓸 수 있다.
③ 기억에 남는 일을 자세히 떠올릴 수 있다.
④ 기억에 남는 일을 반복해서 겪을 수 있다.
⑤ 어떤 내용을 말하거나 쓸지 점검할 수 있다.

동생이 아파요

- 글의 종류: 생활문
- 글의 특징: 동생 주혁이가 아팠던 일을 쓴 글로, 인상 깊었던 일이 잘 나타나 있습니다.

1 ㉠"아이고,배야."

동생 주혁이가 끙끙 앓는 소리에 잠에서 깼다.

병에 걸려 고통을 겪는

"열이 39도가 넘잖아! 배도 많이 아파하고, 큰일이네."

걱정스럽게 말씀하시는 아빠의 목소리도 들렸다. 나는 눈을 비비고 자리에서 일어났다.

"아빠, 무슨 일이에요?"

나는 주혁이 머리맡에 앉아 계신 아빠 옆으로 다가갔다.

> **중심 내용 1** 동생 주혁이가 앓는 소리에 잠에서 깬 나는 주혁이 머리맡에 앉아 계신 아빠 옆으로 다가갔다.

2 "주혁이가 열이 많이 나는구나. 아무래도 장염에 걸린 것 같다. ㉡이번 가을에만 두번째네."

아빠께서 걱정스럽게 말씀하셨다. 주혁이는 얼굴을 찡그리며 힘들어했다. 아빠께서 병원에 갈 채비를 하시는 동안 나는 주혁이 옆에 앉아 있었다.

"누나, 나 아파."

주혁이가 눈물이 그렁그렁한 얼굴로 말했다.

"병원 다녀오면 금방 나을 거야."

나는 주혁이의 이마에 차가운 물수건을 얹어 주었다.

주혁이의 열을 내리기 위해 물에 적신 수건을 이마에 얹어 줌.

마음이 아팠다. 동생이 얼른 나았으면 좋겠다.

> **중심 내용 2** 아빠께서 병원에 갈 채비를 하시는 동안 나는 주혁이의 이마에 차가운 물수건을 얹어 주었고, 동생이 얼른 나았으면 좋겠다고 생각했다.

핵심내용 「동생이 아파요」의 내용 정리하기 예

겪은 일	한밤중에 동생 주혁이가 아팠음.
글쓴이의 ❶ ㅁ ㅇ	아픈 동생이 걱정되었음.
글쓴이가 글을 쓴 까닭	동생 주혁이가 아픈 일은 평소와 달리 특별히 일어난 일이기 때문임.

머리맡 누웠을 때의 머리 부근. 예 책을 머리맡에 펴 둔 채 잠이 들었습니다.

장염 세균이 퍼지거나, 술이나 음식을 한꺼번에 많이 마시거나 먹어 창자에 생긴 염증. 예 장염에 걸려서 한동안 고생을 했습니다.

채비 어떤 일이 되기 위하여 필요한 물건, 자세 따위가 미리 갖추어져 차려지거나 그렇게 되게 함. 또는 그 물건이나 자세.

그렁그렁한 눈에 눈물이 넘칠 듯이 그득 괴어 있는. 예 아들의 뒷모습을 바라보는 어머니의 눈에 눈물이 그렁그렁했습니다.

교과서 문제

1 글쓴이는 겪은 일 가운데에서 어떤 일을 글로 썼습니까? ( )

① 집에서 낮잠을 잤던 일
② 동생 주혁이가 아팠던 일
③ 동생과 다투고 울었던 일
④ 다리를 다쳐 누워 있었던 일
⑤ 아빠께서 병원에 다녀오신 일

2 이 글에는 글쓴이의 어떤 마음이 잘 나타나 있습니까? ( )

① 화난 마음
② 미안한 마음
③ 걱정되는 마음
④ 후회하는 마음
⑤ 부끄러운 마음

3 글쓴이가 이 글을 쓴 까닭은 무엇이겠는지 쓰시오.

서술형

_____

_____

4 ㉠, ㉡을 바르게 띄어 쓰시오.

(1) ㉠"아이고,배야."
➡ ( )

(2) ㉡ 이번 가을에만 두번째네.
➡ ( )

5~6

가 봄에 있었던 일	**나** 여름에 있었던 일

다 가을에 있었던 일	**라**

5 그림 **가~다**로 보아, 각 계절별로 겪었던 인상 깊은 일을 보기 에서 찾아 기호를 쓰시오.

> 보기
> ㉮ 도자기 만들기 체험을 한 일
> ㉯ 과수원에서 직접 감을 따 본 일
> ㉰ 바닷가에 놀러 가서 모래성을 쌓은 일

(1) 그림 **가**: (   )
(2) 그림 **나**: (   )
(3) 그림 **다**: (   )

6★ 그림 **라**에 들어갈 내용으로 거리가 먼 것은 무엇입니까?   (   )

① 가족과 함께 여행을 간 일
② 점심시간에 급식을 먹은 일
③ 반 친구들과 눈싸움을 한 일
④ 박물관으로 현장 체험 학습을 간 일
⑤ 감기에 걸려서 학교에 가지 못한 일

교과서 문제
7 인상 깊은 일에 대해 정리할 내용으로 알맞지 않은 것은 무엇입니까?   (   )

① 무슨 일이 있었는가?
② 어떤 마음이 들었는가?
③ 왜 그런 마음이 들었는가?
④ 친구들의 생각이나 느낌은 어떠한가?
⑤ 언제, 어디에서, 누구와 있었던 일인가?

교과서 문제
8 다음 빈칸에 들어갈 제목으로 알맞은 것은 무엇입니까?   (   )

> ┌──────────────────┐
> └──────────────────┘
>
>   지난 주말에 동생과 할아버지 댁에 놀러 갔다. 할아버지 댁 감나무에는 빨갛게 익은 감들이 주렁주렁 열려 있었다. 나는 할아버지, 동생과 함께 긴 막대기로 조심스럽게 감을 땄다. 감을 따는 것은 참 재미있었다. 다음엔 친구들과 함께 감을 따 보고 싶다.

① 친구들   ② 감 따기
③ 할아버지   ④ 지난 주말
⑤ 긴 막대기

교과서 문제
9 친구가 쓴 글을 읽고 고쳐 쓸 점을 바르게 말하지 못한 친구의 이름을 쓰시오.

> **윤성**: 있었던 일을 자세히 쓰면 좋을 것 같아.
> **수민**: 어떤 생각이나 느낌이 들었는지 써야 해.
> **명인**: 친구들이 이해하기 쉽고 재미있는 표현을 많이 쓰면 좋겠어.
> **경태**: 상상한 내용을 많이 써서 글의 길이가 좀 더 길었으면 좋겠어.

(   )

10★ 글을 쓴 뒤에 고쳐쓰기 하면 좋은 점으로 알맞지 않은 것은 무엇입니까?   (   )

① 자신의 하루를 되돌아볼 수 있다.
② 잘못된 띄어쓰기나 표현을 고칠 수 있다.
③ 겪은 일을 자세히 썼는지 확인할 수 있다.
④ 읽는 사람이 글의 내용을 잘 이해할 수 있다.
⑤ 자신이 전하고자 한 내용을 효과적으로 표현했는지 확인할 수 있다.

1 우리 반 소식지를 만드는 과정을 생각하며 차례대로 기호를 쓰시오.

> ㉮ 다섯 가지 사건으로 모둠별 소식지를 만든다.
> ㉯ 모둠별 소식지를 모아 우리 반 소식지를 만든다.
> ㉰ 지금까지 우리 반에서 있었던 일을 떠올려 본다.
> ㉱ 지금까지 우리 반에서 있었던 일과 관련된 사진을 모으거나 그림을 그린다.
> ㉲ 지금까지 우리 반에서 있었던 일 가운데에서 기억에 남는 일 다섯 가지를 투표로 정한다.

(　　) → (　　) → (　　) → (　　) → ㉯

2 우리 반 소식지를 만들기 위해 떠올린 일로 알맞지 <u>않은</u> 것에 × 표 하시오.

(1) 4월에 친구가 전학 온 일　　　　　(　　　)
(2) 10월에 개교기념일 행사를 한 일　　(　　　)
(3) 5월에 가족과 함께 동물원에 간 일　(　　　)

3~4

> **즐거운 우리 반 체험 학습**
>
> 체험 학습일: 9월 20일
> 장소: 국립중앙과학관
>
>
>
> 　우리 반은 국립중앙과학관에 가서 별자리 관찰, 지진 체험을 다 같이 했다. 계절별 별자리가 빙글빙글 돌아갈 때에는 정말 신기했다. 까만 밤하늘을 누워서 보며 시골 할머니 댁에 온 것 같은 기분이 들었다. 모둠별로 조사 학습도 해서 우리 모둠끼리 더 친해지고 정말 좋은 경험이었다.
>
> 　　　　　　　　　　　　– 김혜온 기자

3 이 소식지로 보아, 반 친구들이 체험 학습을 가서 한 일을 두 가지 고르시오.　(　　　　)

① 별 사진 찍기
② 지진 체험하기
③ 별자리 관찰하기
④ 국가유산 관람하기
⑤ 별자리 관련 책 읽기

4 이 소식지에서 다음 일에 대한 생각이나 느낌은 어떠했습니까?　(　　　)

> 계절별 별자리가 빙글빙글 돌아갈 때

① 낯설다.　　　　② 두렵다.
③ 신기하다.　　　④ 편안하다.
⑤ 어지럽다.

5 우리 반 소식지를 만들려고 할 때 가장 기억에 남는 일을 떠올려 한 가지만 쓰시오.

서술형

_____

_____

6* 친구들이 만든 모둠별 소식지를 평가할 때 살펴볼 내용이 <u>아닌</u> 것은 무엇입니까?　(　　　)

① 쉽고 재미있게 표현했는가?
② 생각이나 느낌이 드러나 있는가?
③ 있었던 일이 구체적으로 나타나 있는가?
④ 자신이 하고 싶은 말이 잘 나타나 있는가?
⑤ 언제, 어디에서, 누구와 있었던 일인지 밝혔는가?

1~3

지난주 월요일에 우리 반은 희망 목장으로 현장 체험 학습을 갔다. 희망 목장에서는 내가 좋아하는 피자와 치즈를 만들 수 있다. 학교에서 출발해 시간이 흘러 드디어 목장에 도착했다. 도착하자마자 피자 만들기 체험장에 들어갔다. 우리는 모둠별로 의자에 앉았다. 먼저, 밀가루 반죽을 동그랗게 만들고 여러 가지 재료를 그 위에 올려놓았다. 피자가 구워질 동안 우리는 치즈 만들기 체험장에 갔다.

_{자기가 몸소 겪거나 그런 경험을 한 곳}

치즈 만들기 체험장에서는 치즈와 관련된 영상을 보았다. 영상을 보고 나서 본격적으로 치즈 만들기를 시작했다. 조몰락조몰락하며 치즈를 만드는 모습이 체험장을 가득 채웠다. 친구들은 모두 밝은 표정으로 신바람이 나 있었다. 현장 체험 학습은 새로운 것을 체험할 수 있어서 좋다. 다음에 또 오고 싶다.

_{작은 동작으로 물건 따위를 자꾸 주무르며}

1 이 글에서 다음 내용에 알맞은 설명을 찾아 선으로 이으시오.

(1) 우리 반은 • • ① 언제

(2) 희망 목장으로 • • ② 어디에서

(3) 지난주 월요일에 • • ③ 누가

(4) 현장 체험 학습을 • • ④ 무엇을

2 이 글에서 겪은 일에 대한 생각이나 느낌이 나타나 있는 부분을 찾아 쓰시오.

_____

_____

3 이 글에서 일이 일어난 차례대로 기호를 쓰시오.

⑦ 우리는 치즈 만들기 체험장에 갔다.
⑭ 도착하자마자 피자 만들기 체험장에 들어갔다.
⑮ 영상을 보고 나서 본격적으로 치즈 만들기를 시작했다.
⑯ 학교에서 출발해 시간이 흘러 드디어 목장에 도착했다.

( ) → ( ) → ( ) → ( )

4 오른쪽 그림의 상황에 알맞은 문장을 찾아 ○표 하시오.

(1) 아기가 오리를 보았다.
( )
(2) 아기 가오리를 보았다.
( )

5 다음 그림의 상황에 알맞은 문장을 찾아 선으로 이으시오.

•

• •
⑦ ⑭

용돈이 만 원이 있다. 용돈 이만 원이 있다.

6 다음 문장을 바르게 띄어 쓰시오.

예쁜신한켤레

➡ ( )

낱말의 뜻

1 낱말과 그 뜻이 알맞게 연결된 것에는 ○표, 그렇지 <u>않은</u> 것에는 ×표 하시오.

(1) 앓다 – 병에 걸려 고통을 겪다. ( )

(2) 머리맡 – 앉았을 때의 머리 부근. ( )

(3) 그렁그렁하다 – 눈에 눈물이 넘칠 듯이 그득 괴어 있다. ( )

(4) 채비 – 어떤 일이 되기 위하여 필요한 물건, 자세 따위가 미리 갖추어져 차려지거나 그렇게 되게 함. ( )

헷갈리기 쉬운 말

2 보기 의 낱말 뜻을 보고, 빈칸에 들어갈 알맞은 낱말을 골라 쓰시오.

> **보기**
> • **낫기**: 병이나 상처 따위가 고쳐져 본래대로 되기.
> • **낳기**: 배 속의 아이, 새끼, 알을 몸 밖으로 내놓기.

> 재호: 민지야, 감기가 빨리 (1) ( ) 를 바랄게.
> 민지: 고마워. 나도 너희 집 개가 예쁜 강아지를 (2) ( )를 기도할게.

둘 이상의 낱말이 합쳐진 말

3 다음 보기 와 같이 두 낱말이 합쳐진 말이 <u>아닌</u> 것은 무엇입니까? ( )

> **보기**
> '돌다리'는 '돌로 만든 다리'라는 뜻으로, '돌'과 '다리'가 하나의 낱말로 합쳐진 말이다.

① 밀가루 ② 감나무
③ 물수건 ④ 목소리
⑤ 할아버지

낱말의 형태

4 문장을 더 자연스럽게 하는 낱말의 형태를 골라 ○표 하시오.

(1) 동생이 얼른 나았으면 (좋았다 , 좋겠다).

(2) 병원 다녀오면 금방 (나을 , 나은) 거야.

(3) 지난주 월요일에 현장 체험 학습을 (갔다 , 갈 것이다).

반대말

5 다음 중 짝 지어진 낱말의 관계가 보기 와 <u>다른</u> 것은 무엇입니까? ( )

> **보기**
> 밝은 – 어두운

① 얼른 – 빨리 ② 가다 – 오다
③ 앉다 – 서다 ④ 함께 – 따로
⑤ 차가운 – 뜨거운

흉내 내는 말

6 빈칸에 들어갈 흉내 내는 말을 찾아 알맞게 선으로 이으시오.

(1) 포도밭에 포도가 □ 열렸다. • • ① 꿍꿍

(2) 이가 아파서 밤새 □ 앓았다. • • ② 빙글빙글

(3) 벌이 꽃 주위를 □ 돌고 있다. • • ③ 조몰락조몰락

(4) 손에 쥔 젤리를 □ 주물렀다. • • ④ 주렁주렁

1~2

1 그림 **가**~**다**를 보고 겪은 일이 무엇인지 빈칸에 알맞은 말을 각각 쓰시오.

(1) 그림 **가**: 친구들과 함께 (   )을/를 하였다.

(2) 그림 **나**: 친구들과 함께 (   )을/를 하였다.

(3) 그림 **다**: 친구들과 학교에서 (   ) 을/를 하였다.

2 그림 **라**에서 겪은 일에 대한 생각이나 느낌으로 알맞지 <u>않은</u> 것은 무엇입니까? (   )

① 즐겁다.   ② 신난다.
③ 기쁘다.   ④ 고맙다.
⑤ 두렵다.

3 자신이 겪은 일에 대해 바르게 말하지 <u>못한</u> 친구의 이름을 쓰시오.

> 은비: 할머니와 송편을 만들었어.
> 성준: 숲에 나무들이 자라고 있어.
> 수민: 가족과 함께 바다로 여행을 갔어.
> 나연: 남동생과 함께 피자를 만들어 먹었어.

(   )

4 기억에 남는 일을 정리하면 좋은 점에 모두 ○표 하시오.

(1) 자신이 한 일을 되돌아볼 수 있다. (   )

(2) 앞으로 자신에게 일어날 일을 짐작해 볼 수 있다. (   )

(3) 기억에 남는 일을 자세히 떠올려 글로 쓸 수 있다. (   )

3

5~6

5 이 그림으로 보아 서연이가 하루 동안 겪은 일이 <u>아닌</u> 것은 무엇입니까? (   )

① 저녁에 책을 읽었다.
② 한밤중에 몸이 아팠다.
③ 학교에서 열심히 공부했다.
④ 아침에 학교에 갈 준비를 했다.
⑤ 친구와 함께 축구를 하며 놀았다.

6 서연이가 겪은 일과 자신이 겪은 일 가운데에서 다른 점을 찾아 한 가지만 쓰시오.

서술형

_____

_____

7~9

7 서연이는 겪은 일 가운데에서 어떤 일을 골라서 글로 쓰려고 정했는지 쓰시오.

(   )

8 서연이가 〈문제 7번〉 답의 일을 쓰기로 정한 까닭은 무엇인지 쓰시오.
서술형

_____

_____

_____

9★ 서연이가 글을 쓰기 위해 정리할 내용으로 알맞지 않은 것은 무엇입니까? (   )

① 친구들이 겪은 일을 정리한다.
② 누구와 있었던 일인지 정리한다.
③ 무슨 일이 있었는지 자세히 정리한다.
④ 언제, 어디에서 있었던 일인지 정리한다.
⑤ 어떤 생각이나 느낌이 들었는지 정리한다.

10 다음 문장에서 띄어 써야 할 부분에 ∨표를 하고 바르게 띄어 쓰시오.

> 하늘이맑고푸르다.

➡ _____

11★ 띄어쓰기가 바르지 <u>않은</u> 문장은 무엇입니까?

(   )

① 아빠,무슨 일이에요?
② 이번 가을에만 두 번째네.
③ 책을 읽으면 지식이 쌓인다.
④ 우정은 예쁘게 가꿀수록 좋다.
⑤ 주혁이가 눈물이 그렁그렁한 얼굴로 말했다.

12 다음은 어느 계절에 경험한 일을 떠올린 것인지 쓰시오.

> • 과수원에서 감을 따 본 일이 있어.
> • 논에 들어가서 잘 익은 벼를 만져 본 일이 있어.

(   )

13~14 국어 활동

지난주 월요일에 우리 반은 희망 목장으로 현장 체험 학습을 갔다. 희망 목장에서는 내가 좋아하는 피자와 치즈를 만들 수 있다. 학교에서 출발해 시간이 흘러 드디어 목장에 도착했다. 도착하자마자 피자 만들기 체험장에 들어갔다. 우리는 모둠별로 의자에 앉았다. 먼저, 밀가루 반죽을 동그랗게 만들고 여러 가지 재료를 그 위에 올려놓았다. 피자가 구워질 동안 우리는 치즈 만들기 체험장에 갔다.

치즈 만들기 체험장에서는 치즈와 관련된 영상을 보았다. 영상을 보고 나서 본격적으로 치즈 만들기를 시작했다. 조몰락조몰락하며 치즈를 만드는 모습이 체험장을 가득 채웠다. 친구들은 모두 밝은 표정으로 신바람이 나 있었다. 현장 체험 학습은 새로운 것을 체험할 수 있어서 좋다. 다음에 또 오고 싶다.

13 현장 체험 학습을 가서 한 일을 모두 고르시오.

(   )

① 치즈 만들기   ② 피자 만들기
③ 도자기 만들기   ④ 체험 보고서 쓰기
⑤ 치즈와 관련된 영상 보기

14 이 글의 내용에 어울리는 제목을 쓰시오.

(   )

15 자신이 겪은 일을 글로 쓴 뒤에 해야 할 일로 알맞은 것에 ○표 하시오.

(1) 언제 있었던 일인지 정리한다. ( )
(2) 자신이 쓴 글을 읽고 고쳐 쓴다. ( )
(3) 무슨 일이 있었는지 자세히 떠올린다.
( )
(4) 기억에 남는 일에 대한 자신의 생각이나 느낌을 정리해 본다. ( )

16 글을 쓴 뒤에 고쳐쓰기 하면 좋은 점을 바르게 말한 친구의 이름을 모두 쓰시오.

> **진경:** 잘못된 띄어쓰기나 표현을 고칠 수 있어.
> **형석:** 내가 쓴 글을 읽은 사람들이 서로 다른 생각을 할 수 있어.
> **소윤:** 내가 전하고자 한 내용을 효과적으로 표현했는지 확인할 수 있어.

( )

국어 활동
17 다음 그림의 상황에 알맞은 문장을 찾아 선으로 이으시오.

⑦ • • ⓝ

| 나 물 좀 줘. | 나물 좀 줘. |

18 우리 반 소식지에 들어갈 내용으로 알맞지 않은 것은 무엇입니까? ( )

① 개교기념일 행사
② 모둠 농장 가꾸기
③ 우리 반 나눔 잔치
④ 우리 반 체험 학습
⑤ 새로 이사 온 이웃 사람들

19~20

4월에 전학 온 친구

이름: 최민우
전학 온 곳: 누리초등학교

민우가 1학기에 전학을 와서 우리 반 짝이 딱 맞게 되었다. 처음에는
민우가 많이 쑥스러워했지만 놀이를 하면서 친해졌다. 우리 반에서 날마다 하는 이름 불러 주기 놀이를 할 때 민우만 친구들 이름을 잘 몰라 힘들어했다. 그런데 우리 모둠 친구들이 도와줘서 금방 이름을 외울 수 있었다고 한다.

– 김은별 기자

19 이 모둠별 소식지의 내용으로 알맞지 않은 것은 무엇입니까? ( )

① 민우는 4월에 전학 온 친구이다.
② 민우는 처음에 많이 쑥스러워했다.
③ 민우는 이름 불러 주기 놀이를 좋아했다.
④ 민우가 전학 와서 우리 반 짝이 딱 맞게 되었다.
⑤ 민우는 우리 모둠 친구들이 도와줘서 금방 이름을 외울 수 있었다.

20 이와 같은 모둠별 소식지를 만드는 방법으로 알맞은 것에 모두 ○표 하시오.

(1) 쉽고 재미있게 표현한다. ( )
(2) 있었던 일을 구체적으로 쓴다. ( )
(3) 생각이나 느낌이 잘 드러나게 쓴다. ( )
(4) 우리 반에서 있었던 일을 빠짐없이 쓴다.
( )

1

1단계
낱말 쓰기

서연이가 하루 동안 겪은 일을 살펴보고 빈칸에 알맞은 내용을 쓰시오. [3점]

언제	어디에서	있었던 일
아침	(1)	학교에 갈 준비를 함.
오전	(2)	공부를 함.
오후	놀이터	친구와 축구를 함.
저녁	집	책을 읽음.
(3)	집	동생이 아픔.

2단계
문장 쓰기

서연이가 겪은 일 중에서 특별한 일은 무엇이겠는지 까닭과 함께 쓰시오. [5점]

_____

_____

❗ 자신이 하루 동안 겪은 일을 떠올려 보고, 매일 하는 일과 그렇지 않은 일을 생각해 봐.

3단계
생각 쓰기

자신이 서연이라면 하루 동안 겪은 일 가운데에서 어떤 일을 골라서 글로 쓰고 싶은지 그 까닭을 함께 쓰시오. [8점]

글로 쓰고 싶은 일	(1)
그 까닭	(2)

2~3

독서 잔치

우리 반에서는 국어 시간에 독서 단원을 배우고 나서 독서 잔치를 열었다. ㉠1학기에한번,2학기에한번했다. 특히 1학기에 처음으로 우리 모둠까지 책을 읽고 모둠 협동화를 그려서 전시했는데 반응이 정말 좋았다. 2학기에도 우리 모둠이 재미있는 독서 활동을 많이 했으면 좋겠다.

– 나진원 기자

2 이와 같은 소식지를 만들 때 주의할 점을 한 가지만 쓰시오. [4점]

_____

_____

3 ㉠에서 띄어 써야 할 부분에 ∨표를 하고 바르게 띄어 쓰시오. [5점]

> 1학기에한번,2학기에한번했다.

➡ _____

🤓 수행 평가

3 자신의 경험을 글로 써요

학습 주제	인상 깊은 일로 글 쓰기	배점	40점
학습 목표	자신이 겪은 일 가운데에서 인상 깊은 일을 떠올려 글로 쓸 수 있다.		

1 자신이 일 년 동안 경험한 일 가운데에서 인상 깊은 일 한 가지를 골라 정리하여 쓰시오. [10점]

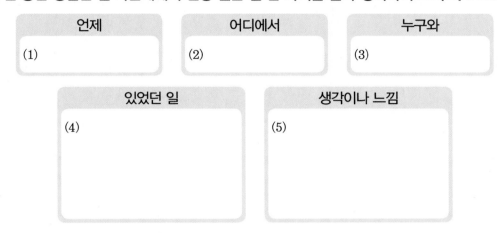

언제	어디에서	누구와
(1)	(2)	(3)

있었던 일	생각이나 느낌
(4)	(5)

2 〈문제 **1**번〉과 같이, 글을 쓰기 전에 글로 쓸 내용을 구체적으로 정리하면 어떤 점이 좋은지 쓰시오. [10점]

_____

_____

3 〈문제 **1**번〉에서 정리한 내용을 바탕으로 하여 인상 깊은 일을 글로 쓰시오. [20점]

4 감동을 나타내요

> 눈으로 보고, 귀로 듣고, 입으로 맛보고, 코로 냄새 맡고, 손으로 만지면서
> 알게 된 느낌을 생생하게 표현한 것을 말해요.

1 감각적 표현을 사용해 느낌 나타내기

① 사물을 보고, 듣고, 냄새 맡고, 손으로 만지며 관찰해 봅니다.

② 대상을 떠올리고 그 느낌을 어떻게 표현하면 좋을지 생각해 봅니다.

③ 대상을 관찰하고 그 느낌을 감각적 표현을 넣어 말해 봅니다.
  └ 대상을 감각적 표현으로 나타내면 좋은 점: 대상의 느낌을 생생하고 재미있게 나타낼 수 있어요. /
    감각적 표현을 말하려고 대상을 더 자세히 관찰할 수 있어요.

★★ 2 시를 읽고 여러 가지 감각적 표현 말하기

① 장면을 떠올리며 시를 읽습니다.

② 시에서 감각적인 표현을 찾아봅니다.

③ 감각적 표현이 주는 느낌을 살려 시를 낭송해 봅니다.

④ 시를 읽고 떠오르는 생각이나 느낌, 재미나 감동을 친구들과 나누어 봅니다.

예 「감기」에 나타난 감각적 표현

느릿느릿, / 거북이도 들어오고	감기약을 먹고 난 뒤 몸이 무거운 상태를 재미있고 생생하게 표현함.
까무룩, / 잠꾸러기도 들어왔다.	감기약을 먹고 몹시 졸린 상태를 재미있고 생생하게 표현함.

3 이야기를 읽고 생각이나 느낌 표현하기

① 이야기를 읽고 이야기의 내용을 파악해 봅니다.

② 이야기를 읽고 친구들과 묻고 답하기 놀이를 해 봅니다.

③ 이야기에서 사건이 어떻게 연결되었는지 찾아봅니다.

④ 이야기를 읽고 생각이나 느낌을 친구들과 이야기해 봅니다.

⑤ 이야기에 나오는 인물에게 편지를 써 봅니다.
  – 생각이나 느낌을 바탕으로 하여 누구에게 편지를 쓸지 정하고, 해 주고 싶은 말이나 바라는 점을 씁니다.

4 느낌을 살려 시 쓰기

① 무엇을 시로 쓸지 정해 봅니다.

② 시로 쓸 대상을 자세히 관찰해 봅니다.

③ 대상을 떠올리고 그 느낌을 정리해 봅니다.

④ 생각한 내용을 바탕으로 하여 시를 써 봅니다.

개념 확인하기   정답과 풀이 12쪽

1 다음 빈칸에 알맞은 말을 쓰시오.

> 감각적 표현은 눈으로 보고, 귀로 듣고, 입으로 맛보고, 코로 냄새 맡고, 손으로 만지면서 알게 된 느낌을 (   ) 표현한 것이다.

2 감각적 표현을 사용할 때의 좋은 점으로 알맞지 <u>않은</u> 것에 ×표 하시오.

  ⑴ 대상의 느낌을 생생하게 나타낼 수 있다.   (   )

  ⑵ 시나 이야기의 내용을 객관적으로 쓸 수 있다.   (   )

  ⑶ 감각적 표현을 말하려고 대상을 더 자세히 관찰할 수 있다.
          (   )

3 이야기를 읽고 생각이나 느낌을 표현하는 방법으로 알맞은 것의 기호를 쓰시오.

> ㉮ 이야기에 나오는 인물에게 편지를 써 본다.
> ㉯ 이야기에 나오는 흉내 내는 말의 뜻을 정리한다.

  (   )

4 느낌을 살려 시를 쓸 때에는 무엇을 시로 쓸지 정해 대상을 자세히 (   )해 봅니다.

1~2

㉠ 보들보들	㉡ 동글동글	㉢ 매끈매끈
㉣ 아삭아삭	㉤ 물렁물렁	㉥ 뺑
㉦ 거칠거칠	㉧ 푹신푹신	㉨ 데굴데굴
㉩ 펄럭펄럭	㉪ 요리조리	㉫ 왁자지껄

교과서 문제

1 이 표에 나온 낱말 중 다음 대상에 어울리는 표현을 모두 고르시오. (   )

① ㉠   ② ㉣   ③ ㉤
④ ㉥   ⑤ ㉧

교과서 문제

2 이 표에서 오른쪽 대상에 어울리는 표현을 세 가지 찾아 쓰시오.

(1) (   )
(2) (   )
(3) (   )

3★ 다음은 무엇에 대한 설명인지 쓰시오.

눈으로 보고, 귀로 듣고, 입으로 맛보고, 코로 냄새 맡고, 손으로 만지면서 알게 된 느낌을 생생하게 표현한 것이다.

(   )

교과서 문제

4 대상을 떠올리고 그 느낌을 보기 와 같은 방법으로 나타내어 쓰시오.

보기

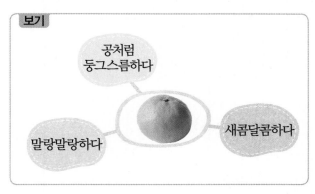

공처럼 둥그스름하다

말랑말랑하다

새콤달콤하다

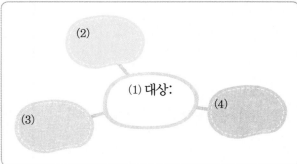

(2)

(1) 대상:

(3)   (4)

5 〈문제 4번〉에서 답한 내용을 바탕으로 하여 대상에 대한 느낌을 감각적 표현을 넣어 쓰시오.

(   )

6 다음 빈칸에 들어갈 알맞은 말은 무엇입니까?

(   )

대상을 감각적 표현으로 나타내면 대상의 느낌을 [   ] 재미있게 나타낼 수 있고, 감각적 표현을 말하려고 대상을 더 자세히 관찰할 수 있어 좋다.

① 간단하고   ② 생생하고
③ 딱딱하고   ④ 논리적이고
⑤ 객관적이고

감기

• 정유경

• 글의 종류: 시
• 글의 특징: 감기에 걸려 몸이 힘든 상태를 감각적 표현으로 나타낸 시입니다.

㉠ 내 몸에   ◯: '내' 몸에 들어온 것

불덩이가 들어왔다. / —뜨끈뜨끈.

불덩이를 따라

몹시 추운 사람도 들어왔다. / —오들오들.

약을 먹고 나니

느릿느릿,

거북이도 들어오고

까무룩,

잠꾸러기도 들어왔다.

내 몸에

너무 많은 것들이 들어왔다.

그래서

내 몸이 아주 무거워졌다.

> 감기에 걸려 몸이 힘든 상태를 어떻게 감각적 표현으로 나타내었는지 묻는 문제가 자주 출제돼.

'느릿느릿', '거북이도 들어오고', '까무룩', '잠꾸러기도 들어왔다' 등은 감기에 걸린 상태를 생생하게 나타낸 감각적 표현이에요.

뜨끈뜨끈 매우 뜨뜻하고 더운 느낌.
오들오들 춥거나 무서워서 몸을 잇따라 심하게 떠는 모양.
까무룩 정신이 갑자기 흐려지는 모양.
예 까무룩 잠이 들었습니다.

1 이 시에서 말하는 이는 지금 어떤 상태입니까?
(   )

① 배탈이 났다.
② 화가 나 있다.
③ 친구와 싸웠다.
④ 감기에 걸렸다.
⑤ 비를 많이 맞았다.

교과서 문제
2 ㉠과 같이 말한 까닭은 무엇입니까? (   )

① 창피해서
② 화가 나서
③ 열이 많이 나서
④ 기분이 우울해서
⑤ 마음이 무거워서

3* 감기약을 먹고 몸이 무거운 상태를 나타낸 감각적 표현으로 알맞은 것을 두 가지 고르시오.
(   )

① 뜨끈뜨끈
② 느릿느릿
③ 거북이도 들어오고
④ 잠꾸러기도 들어왔다.
⑤ 몹시 추운 사람도 들어왔다.

4 이 시를 읽고 난 뒤의 생각이나 느낌을 정리하여
서술형 간단히 쓰시오.

_____

_____

지구도 대답해 주는구나

• 박행신

강가 고운 모래밭에서

발가락 옴지락거려

두더지처럼 파고들었다.

지구가 간지러운지

굼질굼질 움직였다.

아, ㉠내 작은 신호에도

지구는 대답해 주는구나.

그 큰 몸짓에

이 조그마한 발짓
　　발가락을 파고드는 발짓
그래도 지구는 대답해 주는구나.

• 글의 종류: 시
• 글의 특징: 강가 모래밭에서 발가락을 옴지락거려 모래가 움직이는 모습을 보고 지구가 살아 있다는 생각을 감각적으로 표현한 시입니다.

'발가락 옴지락거려 / 두더지처럼 파고들었다.'와 '지구가 간지러운지 / 굼질굼질 움직였다'는 감각적 표현이에요.

옴지락거려 작은 것이 느릿느릿 자꾸 움직여.
파고들었다 깊숙이 안으로 들어갔다.
㉮ 이불 속에 파고들어 몸을 녹였습니다.

교과서 문제

5 이 시에서 말하는 이는 무엇을 하고 있습니까?
(　　)

① 물놀이를 하고 있다.
② 모래성을 쌓고 있다.
③ 강가에서 낮잠을 자고 있다.
④ 두더지잡기 놀이를 하고 있다.
⑤ 강가 모래밭에 발을 대 보았다.

6 발가락을 모래밭에 파고드는 모습을 무엇에 빗대어 표현하였는지 쓰시오.
(　　)

7 이 시에 사용된 흉내 내는 말을 찾아 쓰시오.
(　　)

8 ㉠에 대한 설명으로 알맞은 것은 무엇입니까?
(　　)

① 모래에 물을 뿌린 것
② 모래를 강가에 뿌린 것
③ 손바닥으로 모래밭을 두드린 것
④ 발가락으로 모래밭을 파고든 것
⑤ 두더지를 잡기 위해 망치를 두드린 것

9* 말하는 이는 왜 지구가 굼질굼질 움직였다고 했을지 알맞은 것에 ○표 하시오.

(1) 낮과 밤이 생기는 것이 지구가 움직이는 것이라고 생각했기 때문이다. (　　)

(2) 강물이 출렁이는 모습을 지구가 움직이는 모습이라고 생각했기 때문이다. (　　)

(3) 모래가 움직이는 모습을 지구가 천천히 움직이는 모습이라고 생각했기 때문이다. (　　)

진짜 투명 인간

· 레미 쿠르종

· **글의 종류:** 이야기
· **글의 특징:** 투명 인간이 되고 싶은 에밀과 시각 장애인인 블링크 아저씨 사이의 따뜻한 우정에 대한 이야기입니다.

| 미리 보기 | 피아노 음이 맞지 않아서 조율사인 블링크 아저씨가 집에 찾아와 음을 맞추었습니다. | → | 시각 장애인인 블링크 아저씨는 다른 사람보다 촉각, 후각, 미각, 청각이 발달했습니다. | → | 에밀은 블링크 아저씨께 색을 들려주고 싶었고, 에밀은 피아노 연습을 많이 했습니다. | → | 아저씨는 안구를 기증받아 눈 수술을 하고 투명 인간처럼 집에 돌아왔습니다. |

1 "봐, 이건 투명 인간이 된 남자의 이야기야. 사람들이 눈치채지 못하게 정상인 것처럼 보이려고 애를 쓰지. 그러던 어느 날, 투명 인간은 자신에게 장점이 많다는 걸 알게 돼."

내가 단짝 폴에게 신나게 투명 인간의 이야기를 하고 있을 때 엄마가 부르는 소리가 들렸어요.

"에밀, 피아노 쳐야지!"
<u>엄마가 에밀을 부른 까닭</u>
"네, 가요!"

"그래서 들키지 않으려면 홀딱 벗어야 하는 거야?"

폴이 눈이 동그래져서 물었어요.

"응. 하지만 겨울이 문제야. 감기에 걸리면 재채기를 하다가 들켜 버리거든."

"에이, 안됐네."

"난 이만 갈게. 악! 괴로운 시간이야."

우리 엄마는 피아노 선생님이에요.

그래서 엄마의 제자 중에서 내가 제일 잘 치기를 원하지만 난 그렇지 못해요.

이날은 엄마가 내 탓이 아니라며 딴 데서 핑계를 찾았어요. 피아노 음이 맞지 않는다고요. 조율이 안 됐다고 말이에요.

난 방으로 올라가서 투명 인간 책을 읽었어요.

정말이지 투명 인간처럼 되고 싶어요.

중심 내용 1 폴과 투명 인간의 이야기를 하고 있을 때 피아노를 칠 시간이 되었고, 에밀은 피아노 치는 시간이 괴로웠어요.

애 몹시 수고로움.
홀딱 남김없이 벗거나 벗어진 모양. 예 아이들이 옷을 <u>홀딱</u> 벗고 물놀이를 하고 있습니다.

핑계 내키지 아니하는 사태를 피하거나 사실을 감추려고 방패막이가 되는 다른 일을 내세움.
조율(調 고를 조, 律 법칙 율) 악기의 음을 표준음에 맞추어 고름.

---

10 에밀은 폴과 어떤 이야기를 하고 있었는지 알맞은 것에 ○표 하시오.

(1) 장점이 많은 친구 이야기 ( )
(2) 투명 인간이 된 남자 이야기 ( )
(3) 피아노를 잘 치는 남자 이야기 ( )

11 에밀은 피아노 치는 시간을 어떻게 생각합니까?
( )

① 괴로운 시간이다.   ② 신나는 시간이다.
③ 재미있는 시간이다. ④ 겁이 나는 시간이다.
⑤ 조마조마한 시간이다.

12 이 글에서 에밀의 엄마는 에밀에게 무엇을 원했습니까? ( )

① 정해진 시간 동안 밥을 다 먹는 것
② 피아노의 음을 정확하게 맞추는 것
③ 정해진 시간 안에 숙제를 다 하는 것
④ 반 친구들 중에서 공부를 가장 잘하는 것
⑤ 엄마의 제자 중에 피아노를 제일 잘 치는 것

13 에밀은 무엇이 되고 싶다고 했는지 이 글에서 찾아 쓰시오.

( )

2 학교에서 돌아와 보니 검은 선글라스를 낀 아저씨가 피아노 앞에 몸을 숙인 채 앉아 있었어요. 밖엔 비가 오는데 선글라스를 끼고 말이에요.

다른 용도로 선글라스를 끼는 것을 짐작할 수 있음.

"누구세요?"

내가 물었어요.

"안녕, 나는 피아노 조율사 블링크란다. 넌 누구니?"

"전 피아니스트 에밀이에요."

아저씨가 웃었어요.

아저씨의 웃음소리가 피아노 줄 위에서 통통 뛰었어요.

㉠아저씨가 일을 마치고 일어나자 엄마는 아저씨의 소매를 잡고 현관까지 안내했어요.

길에 나온 아저씨는 흰 지팡이를 펼치며 말했어요.

"됐습니다, 됐어요. 집이 코앞인걸요. 길도 잘 압니다."

나는 조율사를 본 게 처음이었어요.

시각 장애인을 본 것도 처음이었어요.

중심 내용 2 피아노 음이 맞지 않아 블링크 아저씨가 에밀의 집에 찾아와 피아노 음을 맞추었어요.

3 "에밀, 피아노 쳐야지!" / "또요?"

"그럼. 매일 쳐야 실력이 늘지."

나는 식당에서 정확한 음을 자동으로 연주하는 피아노를 본 적이 있어요.

마치 투명 인간이 치는 듯했지요.

정말이지 난 그 피아노를 사고 싶었어요. 우리 부모님이 내 피아노 실력이 많이 늘었다고 믿게 말이에요.

정확한 음을 자동으로 연주하는 피아노를 사고 싶은 까닭

"에밀, 집중해."

"엄마, 엄청 집중하고 있어요."

"이 곡 다 치고 조율사 아저씨 댁에 갔다 올래? 비(b) 플랫 건반이 이상한 것 같구나."

나는 블링크 아저씨 집에 가서 초인종을 눌렀어요.

숙인 앞으로나 한쪽으로 기울게 한.
코앞 코의 바로 앞이라는 뜻으로, 아주 가까운 곳을 이르는 말. 예 친구를 코앞에서 보고도 그냥 지나쳤습니다.

시각 장애인 선천적이거나 후천적인 요인으로 시각에 이상이 생겨 앞을 보지 못하는 사람. 또는 아주 약한 시력만 남아 있어서 앞을 보기 어려운 사람.

---

14 조율사 아저씨에 대한 설명으로 알맞지 않은 것은 무엇입니까? ( )

① 시각 장애인이다.
② 이름은 블링크이다.
③ 검은 선글라스를 꼈다.
④ 휠체어를 타고 다닌다.
⑤ 흰 지팡이를 갖고 다닌다.

15 에밀의 엄마가 ㉠처럼 행동한 까닭은 무엇입니까? ( )

① 일이 너무 늦게 끝나 죄송해서
② 블링크 아저씨의 몸이 불편해서
③ 블링크 아저씨가 어지럽다고 해서
④ 블링크 아저씨가 집에서 나가지 않으려고 해서
⑤ 시각 장애인인 블링크 아저씨가 현관문을 찾지 못할까 봐서

교과서 문제

16 시각 장애인을 처음 본 에밀은 어떤 기분이었을지 알맞게 짐작한 친구의 이름을 쓰시오.

> 정아: 시각 장애인을 보고 투명 인간을 본 것처럼 신기했을 것 같아.
> 현수: 검은 선글라스를 낀 시각 장애인을 보고 다시는 만나고 싶지 않았을 것 같아.

( )

17 다음 원인에 알맞은 결과를 쓰시오.

원인	피아노 음이 맞지 않았다.
결과	

"안녕, 에밀. 들어오너라."

나는 아직 인사도 안 했는데 아저씨는 이미 나란 것을 알았어요.

"비(b) 플랫이 여전히 이상해서 왔어요."

"그래? 내일 가 보마. 주스 마실래?"

아저씨는 손끝으로 벽을 더듬어 주방에 들어갔다가 큰 유리잔을 들고 나왔어요. 주스를 한 방울도 흘리지 않았어요.

"질문 하나 해도 돼요?"

"물론이지, 에밀."

"조금 전에 어떻게 저란 걸 아셨어요? 앞이 보이지 않으시면서."

아저씨는 웃으며 말했어요.

"그래, 난 태어날 때부터 앞을 보지 못했지. 그 대신 ㉠어릴 적부터 다른 감각들이 아주 발달되어 있단다. 촉각, 후각, 미각, 청각 이런 것들 말이야. 아까 네가 현관문을 열 때 너희 집 냄새와 네 바지가 구

겨지는 소리, 그 밖에 설명하기 애매한 것들로 너란 걸 알았어."

"그러면 제가 투명 인간이어도 알아채실 수 있어요?"

"에밀, 넌 나에게 투명 인간이란다."

시각 장애로 앞을 볼 수 없기 때문에

나는 잠시 망설이다 말했어요.

"그러면 아저씨는 뭐가 보여요? 검은색이요? 아니면 흰색이요?"

"아무것도 없는 게 보여."

"그게 무슨 말이에요?"

"에밀, 넌 네 무릎으로 뭐가 보이니?"

"아무것도 안 보여요."

"나도 마찬가지야. 내 눈은 네 무릎처럼 본단다."

무릎으로는 아무것도 볼 수 없음.

아저씨는 또다시 웃음을 터뜨렸어요.

이어서 손가락이 잘 보이지 않을 정도로 **빠른** 곡을 쳤어요.

중심 내용 **3** 에밀은 여전히 비(b) 플랫이 이상해 조율사 아저씨 댁으로 찾아갔어요.

촉각(觸 닿을 촉, 覺 깨달을 각) 물건이 피부에 닿아서 느껴지는 감각.
예 차가운 느낌은 촉각으로 알 수 있습니다.

애매한 희미하여 분명하지 아니한.
알아채실 낌새를 미리 아실.

---

18 에밀은 왜 블링크 아저씨 집에 가게 되었는지 알맞은 것을 두 가지 고르시오. ( )

① 피아노 음이 맞지 않아서
② 피아노 조율을 부탁하려고
③ 아저씨의 생활이 궁금해서
④ 아저씨께 주스를 전해 드리려고
⑤ 아저씨께 피아노를 배우고 싶어서

교과서 문제
19 아저씨는 어떻게 주스를 한 방울도 흘리지 않을 수 있었겠습니까? ( )

① 깔끔한 성격이어서
② 완벽한 성격이어서
③ 다른 사람보다 행동이 빨라서
④ 다른 사람보다 감각이 발달해서
⑤ 에밀에게 잘 보이고 싶은 마음이 있어서

20* ㉠의 원인으로 알맞은 것은 무엇입니까?

( )

① 성격이 예민해서
② 어릴 때 사고로 다쳐서
③ 혼자 생활한 지 오래 되어서
④ 집에 찾아오는 사람이 없어서
⑤ 태어날 때부터 앞을 보지 못해서

21
서술형
에밀이 블링크 아저씨 집에 갔을 때, 블링크 아저씨는 보지 않고도 집에 온 사람이 에밀이라는 것을 어떻게 알 수 있었는지 쓰시오.

_____

_____

4 집에 돌아오는 길에 나는 슬펐어요. 색깔들이 참 아름다워서요.

오만 가지 질문이 머릿속에서 맴돌았어요.

투명 인간은 먹을 때 음식물이 순식간에 사라질까요?

아니면 투명한 소화 기관을 따라 내려가는 게 보일까요?

그리고 소화가 다 되면 천천히 없어질까요?

블링크 아저씨의 미각으로는 코코아가 가장 맛있지 않을까요?

아저씨가 오렌지를 먹을 때 오렌지색을 알면 더 좋을 텐데.
아저씨가 오렌지색을 모르고 오렌지를 먹는 것을 안타까워함.

아주 조금이라도 말이에요.

나는 간식을 먹다가 결심했어요.

아저씨에게 색깔을 가르쳐 주기로요.

블링크 아저씨에게 알려 주기 위해 나는 색깔을 떠올리는 것을 찾아봤어요.

가장 초록색인 것은 맨발로 걸을 때 발가락 사이로 살살 삐져 나오는 촉촉한 풀잎이에요.

가장 붉은색인 것은 할아버지 밭에서 나는 토마토 맛이에요.

가장 푸른색인 것은 옆집 수영장에서 헤엄치는 것이에요.

가장 흰 것은 여름에 푹 자고 열 시쯤에 일어났을 때예요.

에밀이 아저씨께 색깔을 알려 주려고 어떻게 색깔을 표현했는지 묻는 문제가 자주 출제돼.

난 할아버지네 토마토를 블링크 아저씨 집에 가져갔어요.

아저씨는 맛있게 먹었어요.

"이건 붉은색이에요."

내가 말했어요. 그러자 아저씨는 피아노 한 곡을 쳤어요.

"나한테는 이게 붉은색이란다!"
아저씨는 피아노 곡으로 붉은색을 표현함.

진짜였어요. 왜 그런지 설명하기는 어렵지만 딱 붉은색인 곡이었어요.

오만 가지 매우 종류가 많은 여러 가지. 또는 그런 것. 예 오만 가지 생각이 떠올라 머릿속이 복잡해졌습니다.

푹 잠이 푸근하게 깊이 들거나 곤한 몸을 매우 흡족하게 쉬는 모양. 예 휴일에 푹 쉬었더니 몸이 가뿐합니다.

22 집에 돌아오는 길에 에밀이 슬펐던 까닭은 무엇입니까? (　　)

① 아저씨와 헤어져서
② 색깔들이 참 아름다워서
③ 피아노 연습을 해야 해서
④ 자신이 혼자라는 생각이 들어서
⑤ 투명 인간에 대한 답을 찾지 못해서

23 에밀은 어떤 결심을 하였는지 알맞은 것에 ○표 하시오.

(1) 피아노를 집중해서 치겠다. (　　)
(2) 아저씨께 색깔을 가르쳐 주겠다. (　　)
(3) 아저씨처럼 다른 감각을 길러 보겠다. (　　)

24 에밀이 다음 색을 어떻게 떠올렸는지 알맞게 선으로 이으시오.

(1) 흰색　·　·① 할아버지 밭에서 나는 토마토 맛
(2) 붉은색　·　·② 옆집 수영장에서 헤엄치는 것
(3) 푸른색　·　·③ 여름에 푹 자고 열 시쯤에 일어났을 때

25 자신이 에밀이라면 '노란색'을 어떻게 알려 주고 싶은지 색깔을 표현하여 쓰시오.

(　　　　　　　　　　　)

나는 아저씨를 풀밭에 데려가 걸었어요.

그러자 아저씨는 아코디언을 가져와 즉석에서 딱 초록색인 곡을 연주했어요.

이건 우리 사이의 놀이가 되었어요.

나는 아저씨에게 색깔을 알려 주려고 애를 썼고, 아저씨는 내게 색깔을 연주해 주려고 애를 썼어요.

어떤 색은 다른 색보다 훨씬 쉬웠어요.

하지만 난 가끔 집에 돌아올 때에는 기운이 쭉 빠졌어요.
아저씨가 진짜 색깔을 볼 수 없어서

아저씨가 진짜 색깔을 볼 수 있으면 얼마나 좋을까요?
시각 장애인을 위한 점자(손가락으로 더듬어 읽도록 만든 시각 장애인용 문자. 두꺼운 종이 위에 도드라진 점들을 일정한 방식으로 짜 모아 만든 것)로 되어 있는 책

하루는 아저씨가 점자책을 보여 줬어요.

작은 점으로 된 글씨가 오톨도톨 나 있는데, 시각 장애인들은 이것을 손가락으로 만지면서 읽는다고 했어요.

나는 감자를 갈 때 쓰는 강판을 만지는 것 같았어요.

아저씨의 세상은 또 다른 별이에요.
앞을 못 보는 아저씨의 세상을 비유함.

중심 내용 4 에밀과 아저씨는 각자의 방법으로 서로에게 색깔을 가르쳐 주었어요.

5 그리고 겨울이 왔어요.

블링크 아저씨는 먼 여행을 떠났어요. 아저씨의 음악도요.

날씨가 춥고 우중충해졌어요. 그래서 난 도서관에서 책을 한 아름 빌렸어요.

『투명 인간의 복수』

『투명 인간의 일곱 명의 아이들』

『투명 인간들이 사는 행성』

『투명 개 키키』

난 빌린 책들을 다 읽고 폴에게 얘기해 줬어요.

엄마는 내 피아노 실력이 늘었다고 좋아했어요.

그럴 수밖에요. 난 블링크 아저씨가 돌아오면 세상 모든 색을 들려주려고 많이 연습했으니까요.

중심 내용 5 블링크 아저씨는 먼 여행을 떠났고, 에밀은 블링크 아저씨가 돌아오면 들려주려고 피아노 연습을 많이 했어요.

아코디언 악기의 하나. 주름상자를 신축시키고 건반을 눌러 연주하며 경음악에 씀.
기운 생물이 살아 움직이는 힘. ⑩ 감기로 <u>기운</u>이 없습니다.

강판(薑 생강 강, 板 널빤지 판) 무, 생강, 과일 따위를 갈아 즙을 내거나 채를 만들기 위하여 사용하는, 표면이 거칠게 생긴 도구.
우중충해졌어요 날씨나 분위기 따위가 어둡고 침침해졌어요.

---

26 에밀과 블링크 아저씨는 어떤 놀이를 했는지 알맞게 설명한 것의 기호를 쓰시오.

> ㉮ 에밀은 아저씨에게 색깔을 설명해 주고, 블링크 아저씨는 색깔을 떠올리고 자신의 느낌을 피아노로 연주한다.
> ㉯ 에밀은 아저씨에게 글자를 설명해 주고, 블링크 아저씨는 글자를 떠올리고 자신이 알게 된 글자를 종이에 적는다.

( )

27 에밀이 점자책을 만졌을 때의 느낌을 어떻게 표현하였는지 이 글에서 찾아 쓰시오.

( )

28 블링크 아저씨가 먼 여행을 떠나자 에밀은 무엇을 했는지 두 가지 고르시오. ( )

① 폴과 매일 놀았다.
② 봉사 활동을 다녔다.
③ 색깔에 대해 공부했다.
④ 피아노 연습을 많이 했다.
⑤ 도서관에서 책을 많이 빌려 읽었다.

교과서 문제
29 다음 일의 원인으로 알맞은 것에 ○표 하시오.

> 에밀은 피아노 연습을 많이 했다.

(1) 에밀은 블링크 아저씨에게 세상 모든 색을 들려주고 싶었다. ( )
(2) 에밀은 엄마께 피아노 실력이 늘었다고 칭찬을 받고 싶었다. ( )

6 어느 날, 학교에서 돌아온 나는 눈이 휘둥그레졌어요. _{깜짝 놀랐어요.}

진짜 투명 인간을 봤거든요.

투명 인간은 거실에 앉아 엄마와 얘기하고 있었어요.

얼굴을 붕대로 칭칭 감은 것이 책과 똑같았어요.

"에밀, 네 피아노 실력이 늘었다며?"

블링크 아저씨의 목소리였어요. 나는 말문이 막혔어요.

"블링크 아저씨는 외국에서 다른 사람에게서 안구를 기증받아 수술을 받고 돌아오셨어."

엄마가 말했어요.

㉠새하얀 침묵이 거실을 뒤덮었어요.

휘둥그레졌어요 놀라거나 두려워서 눈이 크고 둥그렇게 되었어요.
칭칭 든든하게 자꾸 감거나 동여매는 모양. 친친. ⑩ 다친 다리에 붕대를 칭칭 감았습니다.
말문 말을 할 때에 여는 입.

"한 달 뒤에 붕대를 풀 거야. 그러면 네가 어떻게 생겼는지 드디어 볼 수 있겠지?"

아저씨가 말했어요.

그제야 난 알았어요.

이제 새로운 이야기가 시작된다는 것을요.

중심 내용 6 안구를 기증받아 눈 수술을 받은 블링크 아저씨는 투명 인간처럼 돌아오셨어요.

핵심내용 「진짜 투명 인간」을 읽고 생각이나 느낌 표현하기 ⑩
• 블링크 아저씨가 피아노로 색깔을 표현하는 장면이 감동 깊었다.
• 마지막에 블링크 아저씨가 눈 수술을 받고 온 장면이 인상 깊었다.
• 에밀이 블링크 아저씨를 위해 ❶ □피□○□노□ 연습을 많이 한 점이 감동 깊었다.

안구(眼 눈 안, 球 공 구) 척추동물의 시각 기관인 눈구멍 안에 박혀 있는 공 모양의 기관. 눈알.
기증(寄 부칠 기, 贈 줄 증) 선물이나 기념으로 남에게 물품을 거저 줌. '드림'으로 순화.

---

30 에밀이 눈이 휘둥그레진 까닭은 무엇인지 쓰시오.

( )

교과서 문제

31 블링크 아저씨가 진짜 투명 인간인 까닭은 무엇이겠습니까? ( )

① 예전보다 몸집이 커져서
② 온몸을 붕대로 감고 있어서
③ 아저씨가 앞을 볼 수 있어서
④ 아저씨는 보이지 않고 목소리만 들려서
⑤ 얼굴을 붕대로 칭칭 감은 것이 책과 똑같아서

32 이 글의 내용으로 보아, 블링크 아저씨가 먼 여행을 떠났던 까닭은 무엇입니까? ( )

① 혼자 있으려고
② 눈 수술을 하려고
③ 음악 공부를 하려고
④ 피아노 연주를 하려고
⑤ 다른 장애인을 도우려고

33 ㉠은 어떤 감각을 이용한 감각적 표현입니까?

( )

① 미각 ② 시각
③ 후각 ④ 촉각
⑤ 청각

34 이 글 전체에 나오는 인물을 떠올려 보고, 인물에게 하고 싶은 말을 생각하여 조건 에 맞게 쓰시오.
서술형

조건
• '에밀, 블링크 아저씨, 엄마' 중에서 골라 쓴다.
• 해 주고 싶은 말이나 바라는 점이 드러나게 쓴다.

인물	(1)
하고 싶은 말	(2)

1~3

천둥소리

유강희

하늘에 사는 아이들도
체육 시간이 있나 보다

우르르 쿵쾅,
운동장으로
뛰쳐나가는 소리

1 이 시는 무엇을 시로 표현하였습니까? (   )

① 학교
② 운동장
③ 천둥소리
④ 체육 시간
⑤ 하늘에 사는 아이들

2 이 시에서 천둥소리가 마치 무엇과 같다고 표현했습니까?   (   )

① 하늘에 사는 아이들이 우는 소리
② 하늘에 사는 아이들이 축구하는 소리
③ 하늘에 사는 아이들이 부르는 노랫소리
④ 하늘에 사는 아이들이 집으로 뛰어가는 소리
⑤ 하늘에 사는 아이들이 운동장으로 뛰쳐나가는
   소리

3 이 시에서 소리를 흉내 내는 말을 찾아 쓰시오.

(   )

4 시로 쓰고 싶은 대상을 떠올리고 그 느낌을 생각나는 대로 쓰시오.

시로 쓸 대상	(1)
떠오르는 느낌	(2)

교과서 문제
5 〈문제 **4**번〉에서 떠올린 대상과 그 느낌을 보기 와 같이 다른 대상에 빗대어 표현하여 쓰시오.

보기

고슴도치처럼 따가운 밤송이

다른 대상에 빗대어 표현하기	

6★ 대상을 떠올리고 느낌을 살려 시를 쓰는 방법으로 알맞지 <u>않은</u> 것은 무엇입니까?   (   )

① 내용을 짧은 글로 쓴다.
② 대상을 주의 깊게 관찰한다.
③ 반복되는 말을 사용하지 않는다.
④ 시 내용에 어울리는 제목을 붙인다.
⑤ 대상을 떠올리고 그 느낌을 보거나 듣거나 만지는 것처럼 생생하게 표현한다.

가 나무 타령 / 나 초승달아

- 글의 종류: 가 시(전래 동요) / 나 시(전래 동요)
- 글의 특징: 가 나무의 이름을 관찰하고 이름의 특징을 살리거나 흉내 내는 말을 넣어 감각적으로 표현하였습니다. 나 초승달의 모습과 닮은 점이 있는 대상을 떠올려 감각적으로 표현하였습니다.

가 나무나무 무슨 나무

십 리 절반 오리나무

열아홉에 스무나무
'시무나무'를 '스물'을 떠올릴 수 있게 바꾸어 쓴 말
아흔아홉 백양나무

가다 보니 가닥나무

오다 보니 오동나무

너구 나구 살구나무
너하고 나하고
따끔따끔 가시나무

갓난아기 자작나무

앵돌아져 앵두나무

동지섣달 사시나무

바람 솔솔 솔나무

방귀 뀌는 ⌐ ㉠ ┘

㉡ 입 맞추자 쪽나무

낮에 봐도 밤나무

나 초승달아 초승달아 무엇이 되련?

풀 베는 아저씨 낫이 되련다

초승달아 초승달아 무엇이 되련?

어여쁜 언니 머리빗이 되련다

초승달아 초승달아 무엇이 되련?

귀여운 아가 꼬까신이 되련다

1 시 가의 내용으로 보아, ㉠에 들어갈 알맞은 말은 무엇입니까? (   )

① 잣나무   ② 소나무
③ 전나무   ④ 벚나무
⑤ 뽕나무

2 ㉡을 바르게 이해한 것에 ○표 하시오.

(1) 쪽나무를 만졌을 때의 느낌을 떠올리며 생생하게 표현하였다. (   )

(2) 입을 맞출 때 나는 '쪽' 소리를 활용하여 재미있게 표현하였다. (   )

3 시 나에서 초승달이 되고 싶은 것이 아닌 것을 두 가지 고르시오. (   )

① 우리 엄마 눈썹
② 풀 베는 아저씨 낫
③ 어여쁜 언니 머리빗
④ 귀여운 아가 꼬까신
⑤ 우리 할아버지 지팡이

4 시 나에서 반복되는 말을 모두 고르시오.

(   )

① 귀여운
② 어여쁜
③ 되련다
④ 초승달아
⑤ 무엇이 되련?

별난 양반 이 선달 표류기

· 김기정

· **글의 종류:** 이야기
· **글의 특징:** 책을 통해 얻은 선달의 지식으로 바다에 떠다니던 사람들이 뭍에 안전하게 도착한다는 내용의 이야기입니다.

가 잠잠하던 바다가 갑자기 무서워지는 것이었어요.
휘이잉 소리가 나더니 남풍이 뚝 그치고, 서쪽에서 큰
(높은 파도가 침.)
바람이 한 번 불었어요. 뱃사공은 등골이 오싹했어요.
그러자 배가 슈우웅 단숨에 먼바다까지 나아가는 게
아니겠어요?

"이게 뭔 일이냐?"

배에 탄 이들은 입을 딱 벌린 채 오들오들 떨었습니다.

바닷물이 뭍을 점점 삼키더니, 뭍이 가물가물하다가
산꼭대기가 쏙 하고 물속으로 사라졌습니다.

"이야!"

선달은 눈이 휘둥그레졌어요. 그러고는 환하게 웃었
(문무과에 급제하고 아직 벼슬을 하지 아니한 사람)
습니다. 바람 덕분에 선달은 마침내 보고 싶던 것을 보
게 되었으니까요. 이것이야말로 '땅이 둥글다'는 첫 번
째 증거였습니다.

나 돛이랑 노는 부러지고 키도 떠내려가고 없으니 큰
일이었습니다. 배는 그저 바닷물 흐르는 대로 떠다닐
수밖에요.

첫날은 모두 여기저기 두리번거리며 뭍이 보이나 살
피었습니다.

둘째 날은 쌀을 씹어 먹으며 한숨을 쉬었어요.

셋째 날부터는 힘이 다 빠져 죽은 듯이 숨만 할딱거
릴 뿐이었어요.

그리고 엿새가 되자 드디어 먹을 물도 다 떨어지고
말았지요.

덩치 큰 공 비장이 말했어요.

"뵈는 게 다 물인데, 물 한가운데에서 목말라 바짝
타서 죽게 생겼네!"

다 "먹을 물을 만드는 수가 있소."

가장 젊은 군돌이 고개를 가로저으며 말했습니다.

"비라도 오면 모를까, 어떻게 먹을 물이 생기우?"
선달은 수염을 한 번 쓰다듬으며 말했어요.

"에헴, 내가 읽은 책이 만 권이 넘는데, 팔백아흔두
번째 읽은 책에 이런 말이 있소."

"뭔 말이 쓰여 있우?"

"'바닷물은 마실 수는 없으나 물을 끓여 나오는 김
을 식혀 받으면 먹을 만한 물이 생긴다.' 하였는데,
이제 내가 그걸 해 보려는 거요."

---

5 큰 파도가 쳐 배가 먼바다까지 나아가는 모습을 흉
내 내는 말을 글 **가**에서 찾아 쓰시오.

( )

6 선달이 본 땅이 둥글다는 증거는 무엇이었는지 쓰
서술형 시오.

_____

_____

7 선달은 어떻게 먹을 물을 만들 수 있다고 했습니
까? ( )

① 비가 오기를 기다린다.
② 바닷물에 쌀을 섞는다.
③ 바닷물에 설탕을 섞는다.
④ 바닷물을 담아 햇빛에 말린다.
⑤ 바닷물을 끓여 나오는 김을 식혀 받는다.

8 이 글에 나오는 선달에 대한 생각이나 느낌으로 알
맞은 것에 ○표 하시오.

(1) 선달은 책을 많이 읽어서 모르는 게 없을 것 같
다. ( )
(2) 선달은 책만 읽고 일은 안 해서 남에게 시키는
것을 좋아할 것 같다. ( )

낱말의 뜻

1 낱말의 뜻에 알맞은 말을 ( ) 안에서 골라 ○ 표 하시오.

(1) 코앞 – 아주 (먼 , 가까운) 곳을 이르는 말.

(2) 기증 – 선물이나 기념으로 남에게 물품을 거저 (줌 , 받음).

(3) 애매하다 – (희미하여 분명하지 아니하다 , 뚜렷하여 분명하다).

(4) 우중충하다 – 날씨나 분위기 따위가 (밝고 환하다 , 어둡고 침침하다).

흉내 내는 말

2 빈칸에 들어갈 알맞은 낱말을 보기 에서 찾아 쓰시오.

> **보기**
> 까무룩　　　뜨끈뜨끈　　　오들오들

(1) 책을 펼치자마자 ( ) 눈이 감겼다.

(2) 강아지가 비를 맞고 ( ) 떨고 있네.

(3) 햇볕이 강해서 얼굴이 ( ) 익는 것 같다.

포함하는 말

3 다음 낱말들 중에서 네 개의 낱말을 모두 포함하는 낱말을 찾아 쓰시오.

> 후각　　　청각　　　미각　　　감각　　　촉각

( )

관용어

4 밑줄 친 표현의 뜻을 보고, 빈칸에 들어갈 알맞은 낱말을 완성하시오.

> 강아지가 죽었다는 말에 갑자기 ㅁ ㅁ 이/가 막혀 버렸다.
> └ 말이 입 밖으로 나오지 않게 되다.

( )

뜻을 더해 주는 말

5 다음 설명을 읽고, 빈칸에 들어갈 말로 알맞지 <u>않</u>은 것을 두 가지 고르시오. ( )

> '–꾸러기'는 다른 낱말 뒤에 붙어 '그것이 심하거나 많은 사람'이라는 뜻을 더해 주는 말이다. ➡ ☐☐ +꾸러기

① 잠　　　　　　② 사냥
③ 욕심　　　　　④ 나무
⑤ 심술

맞춤법

6 밑줄 친 낱말을 맞춤법에 맞게 바르게 고쳐 쓰시오.

(1) | <u>무릅</u>을 꿇고 앉아서 기도를 하였다.

( )

(2) | 바쁘다는 <u>핑게</u>를 대며 방 정리를 하지 않았다.

( )

> '소고기'와 '쇠고기', '예쁘다'와 '이쁘다'는 둘 다 쓸 수 있는 같은 뜻을 가진 표준어야.

표준어

7 다음 낱말과 같이 쓸 수 있는, 같은 뜻을 가진 표준어를 보기 에서 찾아 쓰시오.

> **보기**
> 넝쿨　　　차지다　　　만날　　　간지럽히다

(1) 맨날 → ( )
(2) 덩굴 → ( )
(3) 찰지다 → ( )
(4) 간질이다 → ( )

1 다음 그림에 어울리는 표현이 <u>아닌</u> 것을 두 가지 고르시오. ( )

① 뻥   ② 데굴데굴   ③ 왁자지껄
④ 아삭아삭   ⑤ 꼬불꼬불

2★ 대상을 관찰하고 그 느낌을 감각적 표현으로 나타낸 것은 무엇입니까? ( )

① 노란 개나리   ② 맛있는 사과
③ 문이 열렸다.   ④ 곰 인형이 귀엽다.
⑤ 공처럼 둥그스름한 굴

3~5

내 몸에
불덩이가 들어왔다.
—뜨끈뜨끈.
불덩이를 따라
몹시 추운 사람도 들어왔다.
—오들오들.

약을 먹고 나니
㉠느릿느릿,
거북이도 들어오고
㉡까무룩,
잠꾸러기도 들어왔다.

내 몸에
너무 많은 것들이 들어왔다.
그래서
내 몸이 아주 무거워졌다.

3 이 시에서 말한 '내' 몸에 들어온 것이 <u>아닌</u> 것은 무엇입니까? ( )

① 거북이   ② 불덩이   ③ 잠꾸러기
④ 의사 선생님   ⑤ 몹시 추운 사람

4 감기약을 먹고 몹시 졸린 상태를 흉내 내는 말을 이 시에서 찾아 쓰시오.

( )

5 ㉠과 ㉡을 빼고 읽을 때와 넣고 읽을 때, 느낌이 서술형 어떻게 다른지 비교하여 쓰시오.

_____

_____

6~7 국어 활동

나무나무 무슨 나무
십 리 절반 오리나무
열아홉에 스무나무
아흔아홉 백양나무
가다 보니 가닥나무
오다 보니 오동나무
너구 나구 살구나무
㉠ 가시나무

갓난아기 자작나무
앵돌아져 앵두나무
동지섣달 사시나무
바람 솔솔 ㉡
방귀 뀌는 뽕나무
입 맞추자 쪽나무
낮에 봐도 밤나무

6 ㉠에 어울리는 흉내 내는 말은 무엇입니까? ( )

① 매끈매끈   ② 따끔따끔
③ 철렁철렁   ④ 소근소근
⑤ 깡충깡충

7 ㉡에 알맞은 나무 이름은 무엇입니까? ( )

① 솔나무   ② 참나무
③ 단풍나무   ④ 떡갈나무
⑤ 갈잎나무

8~10

가 "봐, 이건 투명 인간이 된 남자의 이야기야. 사람들이 눈치채지 못하게 정상인 것처럼 보이려고 애를 쓰지. 그러던 어느 날, 투명 인간은 자신에게 장점이 많다는 걸 알게 돼."

내가 단짝 폴에게 신나게 투명 인간의 이야기를 하고 있을 때 엄마가 부르는 소리가 들렸어요.

"에밀, 피아노 쳐야지!"

나 "난 이만 갈게. 악! 괴로운 시간이야."

우리 엄마는 피아노 선생님이에요.

그래서 엄마의 제자 중에서 내가 제일 잘 치기를 원하지만 난 그렇지 못해요.

이날은 엄마가 내 탓이 아니라며 딴 데서 핑계를 찾았어요. 피아노 음이 맞지 않는다고요. 조율이 안 됐다고 말이에요.

난 방으로 올라가서 투명 인간 책을 읽었어요. 정말이지 투명 인간처럼 되고 싶어요.

8 엄마가 에밀을 부른 까닭은 무엇인지 쓰시오.

(   )

9* 글 **나**에서 에밀의 마음은 어떠합니까? (   )

① 피아노 치는 것이 괴롭다.
② 피아노를 계속 배우고 싶다.
③ 피아노 치는 것이 재미있다.
④ 피아노 치는 것이 기대된다.
⑤ 피아노 치는 것이 힘들지 않다.

10 다음 결과에 대한 원인으로 알맞은 것에 ○표 하시오.

> 에밀은 투명 인간이 되고 싶었다.

(1) 피아노 치는 시간이 괴로웠다. (   )
(2) 폴과 노는 시간이 재미없고 지루했다.
                                      (   )

11~14

가 "조금 전에 어떻게 저란 걸 아셨어요? 앞이 보이지 않으시면서요." / 아저씨는 웃으며 말했어요.

"그래, ㉠난 태어날 때부터 앞을 보지 못했지. 그 대신 어릴 적부터 다른 감각들이 아주 발달되어 있단다. 촉각, 후각, 미각, 청각 이런 것들 말이야. 아까 네가 현관문을 열 때 너희 집 냄새와 네 바지가 구겨지는 소리, 그 밖에 설명하기 애매한 것들로 너란 걸 알았어."

"그러면 제가 투명 인간이어도 알아채실 수 있어요?" / "에밀, 넌 나에게 투명 인간이란다."

나 나는 간식을 먹다가 결심했어요.

아저씨에게 색깔을 가르쳐 주기로요.

블링크 아저씨에게 알려 주기 위해 나는 색깔을 떠올리는 것을 찾아봤어요.

가장 초록색인 것은 맨발로 걸을 때 발가락 사이로 살살 삐져 나오는 촉촉한 풀잎이에요.

가장 붉은색인 것은 할아버지 밭에서 나는 토마토 맛이에요. / 가장 푸른색인 것은 옆집 수영장에서 헤엄치는 것이에요.

11 ㉠으로 인해 생긴 결과는 무엇입니까? (   )

① 친구가 없다.   ② 밖에 못 나간다.
③ 누구 와도 모른다.   ④ 남의 도움을 받는다.
⑤ 다른 감각들이 아주 발달했다.

12 아저씨에게 에밀은 무엇과 같은지 쓰시오.

(   )

13 에밀은 블링크 아저씨에게 색깔을 알려 주려고 어떻게 초록색을 표현했는지 쓰시오.

_____

_____

14 만일 자신이 에밀이라면 블링크 아저씨에게 다음
서술형 색깔을 어떻게 알려 주고 싶은지 생각하여 쓰시오.

갈색	

15~17

엄마는 내 피아노 실력이 늘었다고 좋아했어요.

그럴 수밖에요. 난 블링크 아저씨가 돌아오면 세상 모든 색을 들려주려고 많이 연습했으니까요.

어느 날, 학교에서 돌아온 나는 눈이 휘둥그레졌어요.

진짜 투명 인간을 봤거든요.

투명 인간은 거실에 앉아 엄마와 얘기하고 있었어요.

얼굴을 붕대로 칭칭 감은 것이 책과 똑같았어요.

"에밀, 네 피아노 실력이 늘었다며?"

블링크 아저씨의 목소리였어요. 나는 말문이 막혔어요.

"블링크 아저씨는 외국에서 다른 사람에게서 안구를 기증받아 수술을 받고 돌아오셨어."

엄마가 말했어요.

새하얀 침묵이 거실을 뒤덮었어요.

"한 달 뒤에 붕대를 풀 거야. 그러면 네가 어떻게 생겼는지 드디어 볼 수 있겠지?"

15 블링크 아저씨가 돌아오면 세상 모든 색을 들려주기 위해 에밀이 한 일은 무엇입니까? ( )

① 책 읽기
② 공부하기
③ 산책하기
④ 그림 그리기
⑤ 피아노 연습하기

16 에밀이 본 진짜 투명 인간은 누구였는지 쓰시오.

( )

17 이 글을 읽고 어떤 생각이나 느낌이 들었는지 간단 서술형 히 쓰시오.

_____

_____

18~19

천둥소리

하늘에 사는 아이들도
체육 시간이 있나 보다

㉠우르르 쿵쾅,
운동장으로
뛰쳐나가는 소리

18 이 시에 대한 설명으로 알맞은 것을 모두 고르시오. ( )

① 짧은 글로 표현했다.
② 감각적 표현을 썼다.
③ 소리를 흉내 내는 말을 사용했다.
④ 우리가 잘 모르는 사물을 시로 썼다.
⑤ 말하는 이의 답답한 마음이 느껴진다.

19 ㉠은 무엇을 감각적으로 표현한 것인지 쓰시오.

( )

20 대상을 떠올려 그 느낌을 소리나 모양을 흉내 내는 말을 넣어 나타내지 못한 것은 무엇입니까?

( )

① 텅 빈 운동장
② 씽씽 달리는 자전거
③ 하얗고 보드라운 토끼
④ 푸드득 날아가는 비둘기
⑤ 펄럭펄럭 날리는 태극기

1

내 몸에
불덩이가 들어왔다.
—뜨끈뜨끈.
불덩이를 따라
몹시 추운 사람도 들어왔다.
—오들오들.

약을 먹고 나니
느릿느릿,
거북이도 들어오고
까무룩,
잠꾸러기도 들어왔다.

내 몸에
너무 많은 것들이 들어왔다.
그래서
내 몸이 아주 무거워졌다.

1단계
낱말쓰기 다음은 이 시에 나타난 감각적 표현 한 가지를 찾아 쓴 것입니다. 빈칸에 알맞은 말을 쓰시오. [2점]

• 느릿느릿, / (   )도 들어오고

2단계
문장쓰기 **1단계**에서 찾아 쓴 감각적 표현은 무엇을 표현한 것인지 쓰시오. [4점]

_____

_____

3단계
생각쓰기 이 시에서 말하는 이의 마음을 표현할 때에는 어떤 목소리로 낭송하는 것이 어울릴지 쓰시오.

[6점]

_____

_____

❶ 먼저 시에서 말하는 이가 어떤 상태인지 살펴 봐.

2~3

가 나는 간식을 먹다가 결심했어요.
아저씨에게 색깔을 가르쳐 주기로요.
블링크 아저씨에게 알려 주기 위해 나는 색깔을 떠올리는 것을 찾아봤어요.
가장 초록색인 것은 맨발로 걸을 때 발가락 사이로 살살 삐져 나오는 촉촉한 풀잎이에요.
가장 붉은색인 것은 할아버지 밭에서 나는 토마토 맛이에요.

나 난 할아버지네 토마토를 블링크 아저씨 집에 가져갔어요.
아저씨는 맛있게 먹었어요.
"이건 붉은색이에요."
내가 말했어요. 그러자 아저씨는 피아노 한 곡을 쳤어요.
"나한테는 이게 붉은색이란다!"
진짜였어요. 왜 그런지 설명하기는 어렵지만 딱 붉은색인 곡이었어요.
나는 아저씨를 풀밭에 데려가 걸었어요.
그러자 아저씨는 아코디언을 가져와 즉석에서 딱 초록색인 곡을 연주했어요.

2 이 글에서 알 수 있는 에밀의 마음은 어떠한지 쓰시오. [4점]

_____

_____

_____

3 에밀이 한 말이나 행동을 떠올려 보고, 에밀에게 하고 싶은 말을 정리하여 간단히 쓰시오. [8점]

_____

_____

_____

수행 평가

4 감동을 나타내요

학습 제재	지구도 대답해 주는구나	배점	15점
학습 목표	시를 읽고 재미나 감동을 나눌 수 있다.		

● 다음 시를 읽고, 물음에 답하시오.

지구도 대답해 주는구나

박행신

강가 고운 모래밭에서
발가락 옴지락거려
두더지처럼 파고들었다.

지구가 간지러운지
굼질굼질 움직였다.

아, 내 작은 신호에도
지구는 대답해 주는구나.

그 큰 몸짓에
이 조그마한 발짓
그래도 지구는 대답해 주는구나.

1 이 시를 읽고 떠오른 생각이나 느낌을 간단히 쓰시오. [5점]

_____

_____

2 이 시의 말하는 이처럼 지구가 살아 있다고 생각한 경험을 떠올려 질문에 답하시오. [10점]

언제 어디에서 있었던 경험인가요?	(1)
무엇을 보고 지구가 살아 있다고 생각했나요?	(2)

5 바르게 대화해요

1 대화할 때 고려해야 할 점 떠올리기

① 상대가 누구인지 생각합니다.
대화 상대가 다르면 같은 뜻이라도 형태가 다르게 말해요.
② 대화하는 목적이 무엇인지 생각합니다.

③ 어떤 대화 상황인지 생각합니다.

④ 상대가 웃어른일 때에는 높임 표현을 사용합니다.

⑤ 상대의 기분을 생각합니다.

★★ 2 대상에 따라 알맞은 높임 표현을 사용해 말하기

① 상황에 어울리는 말을 합니다.

② 대상에 따라 알맞은 높임 표현을 사용합니다.

③ 상대를 바라보고 상대가 하는 말을 존중하며 대화합니다.
상대가 하는 말을 집중해서 듣고, 상대가 하는 말에 알맞게 반응해야 해요.

└ 대화 상대가 친구라서 반말을 사용해요.

└ 대화 상대가 웃어른이라서 높임 표현을 사용해요.

★★ 3 전화할 때의 바른 대화 예절 알기

① 자신이 누구인지 밝히고 상대가 누구인지 확인합니다.

② 상대의 상황을 헤아려 봅니다.

③ 상대의 얼굴을 보지 않고 이야기하므로 더 공손하게 말합니다.

④ 공공장소에서는 작은 목소리로 말합니다.

▶ 대화에서 잘못된 부분: 전화를 건 사람이 자신이 누구인지를 밝히지 않고 상대가 누구인지도 확인하지 않았음.

4 상황에 어울리는 표정, 몸짓, 말투로 대화하기

① 상황에 어울리는 표정, 몸짓, 말투로 대화합니다.

② 대상에 따라 알맞은 높임 표현을 사용해 대화합니다.

③ 언어 예절을 지키며 대화합니다.

개념 확인하기
정답과 풀이 16쪽

1 대화할 때 고려해야 할 점을 생각하여 빈칸에 알맞은 말을 쓰시오.

> 상대가 누구인지 생각하고, 대화하는 (   )과/와 어떤 (   )인지를 생각해야 한다.

2 다음 승민이와 선생님의 대화에서 알맞은 말에 ○표 하시오.

> 선생님: 승민아, 지난 주말에 뭐 했니?
> 승민: 책을 사러 서점에 (갔어, 갔습니다).

3 전화할 때의 바른 대화 예절로 알맞지 **않은** 것에 ×표 하시오.

(1) 상대의 상황을 헤아려 본다.
　　　　　　　　　　(　　　)

(2) 자신이 누구인지 밝히고 상대가 누구인지 확인한다. (　　　)

(3) 상대의 얼굴을 보지 않고 이야기하므로 예의를 지키지 않고 말해도 된다. (　　　)

4 상황에 어울리는 표정, 몸짓, 말투로 대화하는 방법을 알맞게 말한 친구의 이름을 쓰시오.

> 영수: 언어 예절을 지키며 대화해야 해.
> 우진: 모든 사람과 높임 표현을 사용해 대화해야 해.

(　　　　　　　　　)

진수의 대화

• **대화의 특징:** 진수가 엄마, 친구, 문구점 주인아저씨와 대화하는 상황으로, 이 대화를 통해 대화할 때 고려해야 할 점을 떠올려 볼 수 있습니다.

❶ 엄마: 진수야, 몸은 좀 괜찮니?

진수: 엄마, 어제보다
높임 표현을 사용하지 않고 말하고 있음.
많이 좋아졌어. 내일은 학교에 갈 거야.

엄마: 그래.

진수야, 몸은 좀 괜찮니?

엄마, 어제보다 많이 좋아졌어.

❷ 수정: 여보세요?

진수: 수정이니? 나, 진수야. 수정아, 내일 준비물이 뭐야?

수정: 풀이랑 가위야.

진수: 그리고……

수정: (전화를 뚝 끊는다.)
준비물만 알려 준 뒤 바로 전화를 끊어 버림.

수정아, 내일 준비물이 뭐야? 그리고……

풀이랑 가위야.

❸ (문구점 안. 남녀 학생이 시끄럽게 떠드는 소리가 들린다.)
아저씨가 진수의 말을 제대로 듣지 못한 까닭
진수: 아저씨, 이 풀 얼마예요?

문구점 주인아저씨: 뭐라고? 시끄러워서 잘 안 들리는데 다시 한번 말해 줄래?

아저씨, 이 풀 얼마예요?

뭐라고? 시끄러워서 잘 안 들리는데 다시 한번 말해 줄래?

❹ 여자아이: 진수야, 내가 가위를 깜빡하고 안 가져왔어. 가위 좀 빌려줄래?

진수: 안 돼. 내가 쓸 거야. 나도 가위가 계속 필요하거든.

가위 좀 빌려줄래?

안 돼. 내가 쓸 거야.

준비물 미리 마련하여 갖추어 놓는 물건. ⑩ 영수야, 준비물을 빠짐없이 챙기도록 해.

깜빡하고 어떤 것을 기억하지 못하거나 주의를 기울이지 못하고. ⑩ 수미가 진희와의 약속을 깜빡했습니다.

교과서 문제

1 대화 ❶에서 진수는 누구와 이야기하고 있는지 쓰시오.

( )

2 대화 ❷에서 진수가 당황했다면 그 까닭은 무엇이겠습니까? ( )

① 수정이가 갑자기 화를 내서
② 수정이가 준비물을 모른다고 해서
③ 수정이가 준비물과 관련 없는 말을 해서
④ 수정이가 아닌 다른 사람이 전화를 받아서
⑤ 수정이가 자기 말을 더 듣지 않고 전화를 끊어 버려서

3 대화 ❸의 상황으로 알맞은 것에 ○표 하시오.

(1) 진수가 주인아저씨께 높임 표현을 사용하지 않고 반말로 말하는 상황 ( )

(2) 아이들이 시끄럽게 떠들어서 주인아저씨가 진수의 말을 잘 듣지 못한 상황 ( )

(3) 진수가 너무 작은 목소리로 이야기를 해서 주인아저씨가 진수의 말을 잘 듣지 못한 상황 ( )

4* 대화 ❶～❹ 중 진수가 대화를 할 때 높임 표현을 사용하여 말해야 하는 상황을 모두 찾아 번호를 쓰시오.

( )

가 진영아, 네가 그린 그림 정말 멋지다!

㉠

진영

나 아픈 친구를 도와주는 것을 보니 진영이는 마음이 참 따뜻하구나!

㉡

진영

- **대화의 특징**: 진영이가 친구, 선생님 과 대화를 나누는 상황으로, 같은 뜻이 지만 형태가 다르게 말하는 까닭을 알 수 있습니다.

핵심내용 대화 **가**와 **나**에서 진영이가 대 화한 사람

대화 **가**	친구
대화 **나**	선생님

: 같은 뜻이지만 다른 형태로 말하는 까닭 은 ❶ [ㄷ][ㄴ] 사람이 서로 다르기 때문 이다.

5

5 대화 **가**와 **나**에서 진영이는 각각 누구와 대화하고 있는지 알맞게 선으로 이으시오.

(1) 대화 **가** •　　　　• ① 친구

(2) 대화 **나** •　　　　• ② 선생님

6 대화 **가**에서 진영이가 칭찬을 들은 까닭은 무엇입 니까?　　　　　　　　　　　　　(　　　)

① 아픈 친구를 도와주어서
② 그림을 정말 멋지게 그려서
③ 그림 그리는 친구를 도와주어서
④ 반 친구들의 그림을 예쁘게 전시해서
⑤ 친구에게 그림 그리는 법을 알려 주어서

7 대화 **나**에서 진영이를 칭찬한 까닭에 맞게 빈칸에 알맞은 말을 쓰시오.

(　　　　　　　)을/를 도와주었기 때문에

8* 대화 **가**와 **나**에서 진영이가 고마움을 표현하기 위 해 어떻게 말해야 할지 ㉠, ㉡에 들어갈 알맞은 말 을 쓰시오.

(1) ㉠: (　　　　　　　　　　)
(2) ㉡: (　　　　　　　　　　)

교과서 문제

9 〈문제 8번〉의 답처럼 진영이가 같은 뜻이지만 형 태가 다르게 말하는 까닭을 알맞게 말한 친구의 이 름을 쓰시오.

현수: 대화 상대가 다르기 때문이야.
주미: 대화하는 장소가 다르기 때문이야.
다혜: 대화하는 목적이 다르기 때문이야.
성훈: 듣는 사람의 기분이 서로 다르기 때문이야.

(　　　　　　　　)

└ 할머니께서 과일을 사 오셔서 승민이가 고맙다고 말씀드리는 상황

└ 할머니와 승민이가 학교생활을 주제로 대화하는 상황

└ 승민이가 가게에서 사과주스를 주문하는 상황

└ 어머니와 승민이가 할아버지께서 무엇을 하시는지 대화하는 상황

1 대화 **가**의 ㉠에 들어갈 알맞은 말은 무엇입니까?

( )

① 고마워.
② 고맙습니다.
③ 많이 사 왔어?
④ 무슨 과일인데?
⑤ 다음에는 용돈을 주세요.

교과서 문제

2 대화 **나**에서 승민이의 대화 태도로 알맞은 것을 모두 고르시오. ( )

① 무성의하게 대화하고 있다.
② 공손한 태도로 대화하고 있다.
③ 할머니의 눈을 바라보며 대화하고 있다.
④ 할머니의 말씀을 잘 들으며 대화하고 있다.
⑤ 할머니의 질문에 엉뚱한 대답을 하고 있다.

3 대화 **나**에서 승민이가 할머니께 어떻게 말씀드리고 있는지 빈칸에 알맞은 말을 쓰시오.

( )을/를 사용해 말씀드리고 있다.

4 ㉡을 알맞은 표현으로 바꾸어 쓰고, 그렇게 바꾸어 써야 하는 까닭을 쓰시오.

서술형

(1) 알맞은 표현: ( )

(2) 바꿔야 하는 까닭: _____

_____

5* 대화 **라**의 ㉢에 들어갈 말은 무엇인지 알맞은 것에 ○표 하시오.

먹고 있어요, 드시고 있어, 드시고 계세요

6 〈문제 **5**번〉의 답에서 승민이가 높이고 있는 대상은 누구누구인지 쓰시오.

( )

대화 상대가 서로 다른 상황

5

7 대화 **가**와 **나**에서 각각의 두 상황은 어떤 점에서 다른지 빈칸에 알맞은 말을 쓰시오.

두 대화는 각각 (   )과/와 대화하는 상황과 (   )과/와 대화하는 상황이라는 점이 다르다.

8 대화 **가**와 **나**의 각각의 두 상황에서 승민이는 어떻게 대화해야 할지 알맞은 것을 모두 고르시오.
(   )

① 상대를 고려해야 한다.
② 친구에게는 반말을 사용한다.
③ 상대가 하는 말에 반응하지 않는다.
④ 웃어른에게는 높임 표현을 사용한다.
⑤ 웃어른과 대화할 때만 상대가 하는 말을 존중한다.

9 대화 **가**에서 승민이는 주말에 무엇을 했다고 했습니까?
(   )

① 친구와 축구를 했다.
② 아빠와 등산을 갔다.
③ 책을 사러 서점에 갔다.
④ 도서관에 가서 책을 읽었다.
⑤ 선생님과 서점에서 읽을 책을 골랐다.

10 대화 **가**의 ㉠에 들어갈 알맞은 말을 골라 ○표 하시오.

갔어, 갔습니다

교과서 문제
11 대화 **나**에서 승민이가 어떻게 말해야 할지 ㉡, ㉢에 들어갈 말을 알맞게 선으로 이으시오.

(1) ㉡ •   • ① 이 책이 재미있습니다.

(2) ㉢ •   • ② 이 책이 재미있어.

민지와 지원이의 대화

가 (전화벨이 울린다.)

민지: 여보세요?

지원: 여보세요, 민지 있나요?
　　　자신이 누구인지 밝히지 않음.

민지: ㉠제가 민지인데, 누구신가요?

지원: 나, 지원이야.

나 지원: ㉡나, 아까 학교 앞 문구점에서 미술 준비물을 샀는데 망가져 있어.

민지: 뭐가? 물감에 구멍이 났니? 아
　　　지원이가 말한 미술 준비물이 무엇인지 알 수 없음.
　　　니면 물통?

지원: 아니, 물통에 물이 샌다고.

민지: 아, 물통을 말하는 거구나.

* 대화의 특징: 민지와 지원이가 전화로 대화를 하는 상황으로, 전화할 때 바르게 대화하는 방법에 대해 생각해 볼 수 있습니다.

핵심내용 「민지와 지원이의 대화」에 나타난 문제점

대화 **가**	전화를 건 지원이가 자신이 누구인지를 밝히지 않아 민지가 전화를 건 사람이 누구인지 모름.
대화 **나**	지원이는 ❶⬚⬚⬚을 들고 학교 앞 문구점에서 미술 준비물로 산 것이라고 말했지만, 전화 통화에서는 상황을 볼 수 없기 때문에 민지는 지원이가 무엇을 말하는지 모름.

교과서 문제

12 대화 **가**에서 민지가 ㉠처럼 말한 까닭은 무엇입니까?　　　　　　　(　　　)

① 딴짓을 하면서 전화를 받아서
② 평소 지원이의 목소리와 달라서
③ 전화를 건 사람이 지원이임을 확인하려고
④ 전화를 건 사람이 너무 작은 목소리로 말해서
⑤ 전화를 건 사람이 자신이 누구인지 밝히지 않아서

14⭐ 대화 **나**의 문제를 해결하려면 지원이가 어떻게 말해야 할지 알맞은 것을 찾아 기호를 쓰시오.

> ㉮ 전화를 건 사람이 누구인지 밝힌다.
> ㉯ 잘 알아들을 수 있도록 큰 소리로 말한다.
> ㉰ 상대가 상황을 볼 수 없으니 정확하고 구체적으로 표현한다.

(　　　　　)

교과서 문제

13 대화 **나**에서 ㉡을 듣고 민지는 어떤 생각을 하였습니까?　　　　　　　(　　　)

① 크레파스를 사용하면 좋겠다고 생각했다.
② 미술 준비물을 빌려줘야겠다고 생각했다.
③ 어떻게 지원이를 도울 수 있을지 생각했다.
④ 왜 자신에게 전화를 걸었는지 모르겠다고 생각했다.
⑤ 정확히 무엇을 말하는지 몰라서 물통과 물감을 모두 생각했다.

15 대화 **가**, **나**를 바탕으로 하여 알 수 있는 전화 대화의 특징으로 알맞지 <u>않은</u> 것은 무엇입니까?
(　　　)

① 듣고 있음을 나타내는 말을 한다.
② 전화를 건 사람과 받는 사람이 있다.
③ "여보세요?"처럼 자주 사용하는 말이 있다.
④ 잘 알아들을 수 있게 두 번씩 내용을 말한다.
⑤ 직접 만나지 않아도 멀리 있는 사람에게 소식을 전할 수 있다.

전화 대화

가 (전화벨이 울린다.)

예원이 언니: 여보세요?
_{전화를 받은 사람}

수진: ㉠예원아! 우리 내일 어디에서 만나서
놀기로 했지?

예원이 언니: (생각) 나는 예원이 언니인데…….
누구지?

나 지수: 정아야, 어제 우리 반 회의에서 책 당번을 정하기로 했잖아. 내 생각에
는 책 당번을 일주일에 한 번씩 바꾸는 건 잘못된 것 같아. 각자 맡고 있는 역
할도 있는데 일주일 동안 책을 관리하는 건 너무 힘들어.

정아: 응. 그런데…….

지수: 내 생각에는 하루에 한 번씩 책 당번을 바꾸는 게 맞아. 회의 시간에 강력
하게 말했어야 하는데, 내가 괜히 의견을 말 안 했나 봐. 내일 선생님께 다시
한번 말씀드려 볼까?

정아: (생각) 내 생각에는 하루에
한 번씩 바꾸면 친구들도 헷갈
리고, 책 관리가 안 될 수도 있
다고 말하고 싶었는데. 지수는
계속 자기 말만 하네. ㉡지수에
게 내 생각을 언제 말하지?

지수: 내 의견 어때? 왜 말이 없니?

정아: 그래.

• 대화 **가**~**라**의 특징: 전화 대화를 하는 여러 가지 상황으로, 전화 대화를 하며 잘못한 점을 찾아 전화로 대화할 때 지켜야 할 예절에 대해 알 수 있습니다.

핵심내용 「전화 대화」에서 잘못된 부분

대화 **가**	전화를 건 수진이가 자신이 누구인지를 밝히지 않고 ❷ ㅅ ㄷ 가 누구인지도 확인하지 않음.
대화 **나**	정아도 할 말이 있는데 지수가 계속 자기 할 말만 함.

당번(當 마땅 당, 番 차례 번) 어떤 일을 책임지고 돌보는 차례가 됨. 또는 그 차례가 된 사람. 예 이번 주는 청소 당번이라 좀 늦게 끝날 거야.
역할(役 부릴 역, 割 벨 할) 자기가 마땅히 하여야 할 맡은 바 직책이나 임무.
강력하게 힘이나 영향이 강하게.

---

16 대화 **가**에서 수진이가 잘못한 점을 두 가지 고르시오. ( )

① 너무 큰 목소리로 말하였다.
② 너무 작은 목소리로 말하였다.
③ 자신이 누구인지 밝히지 않았다.
④ 자기 할 말만 하고 전화를 끊었다.
⑤ 상대가 누구인지 확인하지 않았다.

17 ㉠을 전화 예절에 맞게 바르게 고쳐 쓰시오.
서술형

_____

_____

18 대화 **나**에서 정아가 ㉡처럼 생각한 까닭은 무엇인지 알맞은 것에 ○표 하시오.

(1) 지수와 같은 생각을 하고 있어서 ( )
(2) 지수가 계속 자신이 할 말만 해서 ( )
(3) 별다른 의견을 가지고 있지 않아서 ( )

19 대화 **나**의 지수에게 전화로 대화할 때 지켜야 할 예절을 바르게 알려 준 친구의 이름을 쓰시오.

> 나영: 내용을 정확하고 구체적으로 표현해야 해.
> 윤지: 상대의 상황을 헤아리고 상대의 말을 귀 기울여 들어야 해.

( )

다 (전화벨이 울린다.)

유진: 여보세요?
전화를 받은 사람

할머니: 유진이냐? 할머니다.
전화를 건 사람

유진: 네, 할머니! 안녕하세요?

할머니: 그래. 여기는 괜찮은데, 요즘 한국은 많이 덥지?

유진: 네, 많이 더워요.

할머니: 네 엄마는?

유진: 시장에 장 보러 가셨어요.

할머니: 엄마 오시면 할머니가 이번 토요일에 한국에 간다고 전해 다오.

유진: ㉠네. (전화를 끊는다. 전화 끊는 소리 "찰칵 뚜뚜뚜…….")

할머니: 세 시까지 공항에 데리러 오라고 말해야 하는데……

라 (지하철 소리)

남자아이: (큰 목소리로) 하하! 그래. 너 이번 주에 뭐 하
공공장소에서 큰 목소리로 전화 통화를 함.
니? 우리 이번 주에 축구할래? 지난주에 비가 와서 축
구를 하지 못했잖아.

세 시까지 공항에 데리러 오라고 말해야 하는데……

우리 이번 주에 축구할래?

핵심내용 「전화 대화」에서 잘못된 부분

대화 다	할머니께서 하실 말씀이 남아 있는데 유진이가 그것을 듣지 않고 갑자기 전화를 끊음.
대화 라	❸ ㄱㄱㅈㅅ 에서 남자아이가 큰 목소리로 통화함.

장(場 마당 장) 많은 사람이 모여 여러 가지 물건을 사고파는 곳. 예 우리 마을에는 일주일에 한 번씩 장이 섭니다.
공항 비행기를 들어가고 나가게 하기 위해 사용하는 공공용 비행장.

---

20 대화 **다** 에서 할머니께서 전화로 알리려던 소식은 무엇인지 두 가지 고르시오. ( )

① 한국의 날씨가 덥다는 것
② 토요일에 한국에 간다는 것
③ 지내는 곳의 날씨가 좋다는 것
④ 시장에 장 보러 갔다 왔다는 것
⑤ 토요일 세 시까지 공항에 데리러 오라는 것

교과서 문제
21 대화 **다** 에서 할머니께서 당황하신 까닭은 무엇입니까? ( )

① 유진이가 반말로 이야기를 해서
② 유진이가 계속 자기 얘기만 해서
③ 유진이의 엄마가 집에 없다고 해서
④ 유진이가 할머니의 목소리를 알아듣지 못해서
⑤ 하실 말씀이 남아 있는데 유진이가 그것을 듣지 않고 갑자기 전화를 끊어서

22 대화 **다** 에서 유진이는 ㉠을 어떻게 고쳐 말해야 하는지 가장 알맞은 것에 ○표 하시오.

(1) 알겠어요. 안녕히 계세요. ( )
(2) 네, 전해 드릴게요. 할머니, 혹시 더 하실 말씀 있으세요? ( )

23 대화 **라** 에서 남자아이가 전화 통화를 하는 장소는 어디입니까? ( )

① 거실   ② 교실   ③ 방 안
④ 지하철   ⑤ 도서관

24 대화 **라** 의 남자아이에게 어떤 말을 해 줄 수 있는지 알맞은 것을 찾아 기호를 쓰시오.

㉮ 공공장소에서는 작은 목소리로 통화해야 해.
㉯ 이동할 때에는 전화 벨 소리를 크게 해야 해.
㉰ 전화 통화할 때에는 내용을 자세히 말해야 해.

( )

나는야, 안전 멋쟁이

1 훈이가 노란색 우산에 노란색 옷을 입은 강이를 보고 유치원생 같다고 놀리자 강이는 속상했습니다.

2 강이는 검은색 옷을 차려입었지만, 엄마께서 비가 와서 날이 어두운 날에는 검은색보다 밝은색 옷을 입으라고 하셨습니다.

3 엄마께서 날씨에 맞게 옷을 입는 사람이 진짜 멋쟁이라고 하시며 옷을 갈아입으라고 하셨습니다.

4 강이는 엄마의 말씀을 듣고 노란색 옷을 입고 노란색 우산을 챙겼고, 엄마께서는 그런 강이를 칭찬하셨습니다.

5 엄마께서는 우산으로 앞을 가리지 않고 땅을 쳐다보고 걷지 말라고 당부하셨습니다.

6 그리고 운전자가 자신을 알아보고 피하는 것도 중요하지만 내가 먼저 자동차를 확인하고 피하는 것도 중요하다고 하셨습니다.

7 검은색 옷을 입은 훈이는 앞을 잘 보지 않고 뛰어가다가 교통사고가 날 뻔하였고, 그것을 강이가 지켜보았습니다.

8 강이는 훈이에게 비가 오는 날에는 밝은색 옷을 입는 것이 더 멋진 것이라고 말해 주었습니다.

9 그리고 우산으로 앞을 가리지 않고 조심해서 길을 건너는 건 우리 모두 지켜야 할 안전 약속이라고도 말했습니다.

- **종류:** 만화 영화
- **만화 영화의 특징:** 훈이가 교통사고를 당할 뻔한 경험을 통해 비 오는 날 지켜야 할 안전 수칙을 알 수 있습니다.

핵심내용 「나는야, 안전 멋쟁이」에서 알 수 있는 비 오는 날에 지켜야 할 안전 수칙

- 어두운 색보다 **④** [ㅂ][ㅇ][ㅅ] 옷을 입어야 한다는 것
- 우산으로 앞을 가리지 않고 땅을 쳐다보고 걷지 말라는 것
- 조심해서 길을 건너라는 것

멋쟁이 멋있거나 멋을 잘 부리는 사람.
⑩ 은수는 우리 반 멋쟁이로 유명합니다.
당부하셨습니다 말로 단단히 부탁하셨습니다.

5

교과서 문제
25 강이가 훈이를 만난 뒤에 속상해한 까닭은 무엇입니까? ( )

① 훈이 때문에 우산을 잃어버려서
② 훈이가 유치원생 같다고 놀려서
③ 훈이가 자신보다 더 멋져 보여서
④ 훈이가 약속 시간보다 늦게 나타나서
⑤ 훈이가 고인 물을 세게 밟아 옷이 더러워져서

26 강이 엄마께서 비 오는 날 어떻게 하라고 당부하셨는지 알맞은 것에 모두 ○표 하시오.

(1) 땅을 쳐다보고 걷지 말아야 한다. ( )
(2) 뛰지 말고 천천히 걸어다녀야 한다. ( )
(3) 우산으로 앞을 가리지 않고 가야 한다. ( )

27 훈이에게 어떤 일이 생겼는지 알맞은 것을 찾아 기호를 쓰시오.

⑦ 빨리 뛰어가다가 길에서 미끄러져 넘어졌다.
⑭ 검은색 옷을 입고 걷다가 아저씨와 부딪쳤다.
⑮ 앞을 잘 보지 않고 뛰어가다가 교통사고가 날 뻔했다.

( )

28 **7**의 상황에서 강이는 어떤 표정, 몸짓, 말투를 했을지 알맞은 것을 모두 고르시오. ( )

① 박수를 치는 몸짓
② 친구를 잡으려는 몸짓
③ 웃으며 뿌듯해하는 표정
④ 놀라면서 당황하는 표정
⑤ "안 돼!"라고 외치며 다급한 말투

미나의 대화

이번 주 금요일까지 우리 주위 사람들이 좋아하는 음식을 조사해 오세요.

1 **선생님**: 이번 주 금요일까지 우리 주위 사람들이 좋아하는 음식을 조사해 오세요.

미나: 선생님, 주위 사람이면 누구를 말하는 건가요?

선생님: 가족, 친척, 이웃처럼 가까운 사람을 말한단다.
<u>주위 사람</u>

2 **미나**: 할아버지, ［ ㉠ ］?

할아버지: 음식? 어떤 음식?
<u>대화 대상(웃어른)</u>

미나: 불고기, 김밥 같은 음식요.

할아버지: 응, 할아버지는 된장찌개가 최고야.

3 **남동생**: 누나, 뭐 해? 나랑 놀자.
<u>대화 대상</u>

미나: 참, 민철아! 너, ［ ㉡ ］?

남동생: 에이, 누난 그것도 몰라?

미나: 하하, 맞아. 우리 민철이는 통닭을 가장 좋아하지!

• **대화의 특징**: 미나가 선생님께서 내 준 숙제를 하려고 할아버지와 남동생과 대화하는 상황입니다.

핵심내용 「미나의 대화」에서 말하는 대상에 따른 대화 방법

대화 2	할아버지와의 대화이므로 ① ￮ ￯ ￮ 표현을 사용함.
대화 3	남동생과의 대화이므로 높임 표현을 사용하지 않음.

: 대상에 따라 높임 표현을 다르게 사용해 대화해야 함.

주위(周 두루 주, 圍 둘레 위) 어떤 사람의 가까이에 있는 사람들. 예 민철이는 <u>주위</u>의 추천으로 회장 선거에 나갔습니다.

---

1 대화 1에서 선생님께서 무엇을 조사해 오라고 하셨습니까? ( )

① 친척들과 만나는 장소
② 가족이 자주 찾는 음식점
③ 주위 사람들이 좋아하는 음식
④ 주위 사람들이 즐겨 하는 운동
⑤ 주위 사람들과 함께 만들어 본 음식

교과서 문제

2 대화 2와 3에서 미나는 누구와 대화를 나누는지 쓰시오.

(1) 대화 2 : ( )
(2) 대화 3 : ( )

3 대화 1의 내용으로 보아, 미나가 어떻게 말했을지 ㉠과 ㉡에 들어갈 알맞은 말을 쓰시오.
서술형

(1) ㉠ : _____

(2) ㉡ : _____

4 대화 2의 내용으로 친구들과 역할놀이를 할 때, 어떤 점에 주의해야 할지 알맞지 <u>않은</u> 것의 기호를 쓰시오.

㉮ 상냥한 말투로 말한다.
㉯ 언어 예절을 잘 지켜서 말한다.
㉰ 알맞은 높임 표현을 써서 말한다.
㉱ 웃어른과 만나서 대화할 때 표정은 신경 쓰지 않아도 된다.

( )

가

기준이니?
나 은미야. 내일
준비물이 뭐야?

줄넘기야.

나

기준아, 내일
준비물이 뭐야?

그런데 넌
누구니?

• **대화 가, 나의 특징:** 전화할 때 자신이 누구인지 밝히고 상대가 누구인지 확인한 경우과 그렇지 않은 경우를 대비하여 바른 대화 예절을 파악할 수 있습니다.

• **대화 다, 라의 특징:** 전화할 때 상대의 상황을 헤아리며 말한 경우와 그렇지 않은 경우를 대비하여 바른 대화 예절을 파악할 수 있습니다.

다

너 숙제하니? 그래도 내
이야기 좀 들어 봐. 어제 피구를
했는데…… 중간에 민정이가 공에
맞고……. 피구 너무 재미있더라.
너도 내일 같이 할래?

난 숙제하느라
바쁜데…….

민지   영선

라

너 숙제해야 되니까
간단히 말할게. 혹시 시간 되니?
어제 피구 너무 재미있더라.
너도 내일 같이 할 수 있니?

그래, 나도
같이 하자.

전화 대화를 할 때에는
상대의 얼굴을 보지 않은 채로
자신의 말을 전하고 다른 사람의
말을 듣기 때문에 다른 사람의 입장을
배려하며 대화하고 상대의 표정이나
몸짓이 어떨지 생각하며 잘
들으려고 노력해야 해요.

5

1 대화 가, 나에서 전화할 때 대화 예절이 바르지 못한 친구를 찾아 기호를 쓰시오.

(   )

2 〈문제 1번〉의 답에서 전화를 건 친구에게 필요한 바른 대화 예절은 무엇입니까? (   )

① 상대의 상황 헤아리기
② 공공장소에서 작은 목소리로 말하기
③ 내용을 정확하고 구체적으로 말하기
④ 자신이 누구인지 밝히고 상대가 누구인지 확인하기
⑤ 상대의 얼굴을 보지 않고 이야기하므로 더 공손하게 말하기

3 대화 다, 라에서 민지가 영선이에게 전화를 한 까닭은 무엇인지 빈칸에 들어갈 알맞은 말을 쓰시오.

내일 (   )을/를 같이 할 수
있냐고 묻기 위해서

4 대화 다의 민지에게 필요한 전화 대화 예절을 알맞게 말한 친구의 이름을 쓰시오.

승윤: 상대의 상황이 어떠한지 헤아려야 해.
청하: 다른 사람에게 방해가 되지 않도록 작은 목소리로 말해야 해.
민기: 상대의 얼굴을 보지 않고 말하기 때문에 더 공손하게 말해야 해.

(   )

낱말의 뜻

1 다음 낱말의 뜻을 찾아 알맞게 선으로 이으시오.

(1) 장 •

(2) 당번 •

(3) 주위 •

(4) 당부 •

• ① 말로 단단히 부탁함.

• ② 어떤 사람의 가까이에 있는 사람들.

• ③ 많은 사람이 모여 여러 가지 물건을 사고파는 곳.

• ④ 어떤 일을 책임지고 돌보는 차례가 됨. 또는 그 차례가 된 사람.

낱말의 형태

2 밑줄 친 부분을 보기 와 같이 바꾸어 쓰시오.

보기
가위를 깜빡하고 가져오지 않았어.
→ 가위를 깜빡하고 안 가져왔어.

(1) 시끄러워서 잘 들리지 않는데 다시 한번 말해 줄래?
→ 시끄러워서 잘 (   ) 다시 한 번 말해 줄래?

(2) 내가 괜히 의견을 말하지 않았나 봐.
→ 내가 괜히 의견을 (   ) 봐.

비슷한말, 반대말

3 두 낱말의 뜻이 비슷한 말이면 '비', 뜻이 반대되는 말이면 '반'이라고 쓰시오.

(1) 서점 – 책방   (   )
(2) 사다 – 팔다   (   )
(3) 강력하다 – 세다   (   )
(4) 깜빡하다 – 잊어버리다   (   )

맞춤법

4 빈칸에 들어갈 알맞은 말을 골라 ○표 하시오.

(1) 우리 [   ]을 나누어 교실 청소를 하자.

(역활 , 역할)

(2) 너도 바쁠 테니 간단히 [   ].

(말할게 , 말할께)

단위를 나타내는 말

5 다음 중 밑줄 친 낱말이 바르게 쓰이지 않은 것은 무엇입니까? (   )

① 주스 한 잔 마실래?
② 장미꽃 두 송이가 활짝 피었다.
③ 필통에 연필 세 자루를 넣었다.
④ 도서관에서 동화책 두 장을 빌려 왔다.
⑤ 물고기 네 마리가 정답게 헤엄쳐 다닌다.

낱말의 발음

6 다음 설명을 읽고, 밑줄 친 낱말을 바르게 발음한 것을 골라 ○표 하시오.

'ㄱ', 'ㅂ', 'ㅈ'이 'ㅎ'과 만나면 [ㅋ], [ㅍ], [ㅊ]으로 발음된다.

(1) 친구가 전학을 가게 되어서 섭섭하다.
→ [섭써파다 , 섭써바다]

(2) 힘이 있는 사람은 힘이 약한 사람을 도와주어야 한다. → [야간 , 야칸]

(3) 어제 내가 전화를 끊자마자 현수가 다시 전화했어. → [끈차마자 , 끈짜마자]

점수

1~3

가 수정: 여보세요?
진수: 수정이니? 나, 진수야. 수정아, 내일 준비물이 뭐야?
수정: 풀이랑 가위야.
진수: 그리고…….
수정: (전화를 뚝 끊는다.)
나 은정: 진수야, 내가 가위를 깜빡하고 안 가져왔어. 가위 좀 빌려줄래?
진수: 안 돼. 내가 쓸 거야. 나도 가위가 계속 필요하거든.

1 대화 가는 어떤 상황인지 알맞은 것에 ○표 하시오.

(1) 진수가 수정이에게 전화로 준비물을 물어보는 상황 (　　)
(2) 진수가 수정이에게 풀과 가위를 빌려 달라고 부탁하는 상황 (　　)
(3) 진수가 수정이에게 내일은 학교에 간다고 알려 주려고 전화한 상황 (　　)

2 대화 가에서 수정이가 다른 사람과 대화할 때 고려해야 할 점으로 알맞은 것은 무엇입니까? (　　)

① 대화하는 목적을 생각한다.
② 상대의 말을 끝까지 듣는다.
③ 자신이 하고 싶은 말만 한다.
④ 상대가 누구든 높임 표현을 사용한다.
⑤ 상대의 기분은 그다지 신경쓰지 않는다.

3 대화 나에서 은정이는 어떤 마음이 들었겠습니까? (　　)

① 뿌듯한 마음
② 기쁘고 행복한 마음
③ 섭섭하고 속상한 마음
④ 짜증 나고 귀찮은 마음
⑤ 미안하고 걱정되는 마음

4~5

가

나

4 ㉠~㉢ 중 높임 표현이 알맞지 않은 것은 무엇인지 기호를 쓰시오.

(　　　　)

5 〈문제 4번〉의 답이 잘못된 표현인 까닭을 알맞게 말한 친구의 이름을 쓰시오.

진영: 사과주스는 사물이라 높임 표현을 사용할 수 없기 때문이야.
채은: 사과주스를 주문한 사람이 나이가 어려 높임 표현을 사용하지 않아도 되기 때문이야.

(　　　　)

6 다음 대화에서 준수가 선생님으로 바뀐다면 승민이는 어떻게 말해야 할지 알맞은 것에 ○표 하시오.

준수: 승민아, 지난 주말에 뭐 했니?
승민: 책을 사러 서점에 갔어.

(1) 책을 사러 서점에 간다. (　　)
(2) 책을 사러 서점에 갔습니다. (　　)

가 민지: 여보세요?

지원: 여보세요, 민지 있나요?

민지: 제가 민지인데, 누구신가요?

지원: 나, 지원이야.

나 지원: 나, 아까 학교 앞 문구점에서 미술 준비물을 샀는데 망가져 있어.

민지: 뭐가? 물감에 구멍이 났니? 아니면 물통?

지원: 아니, 물통에 물이 샌다고.

민지: 아, 물통을 말하는 거구나.

학교 앞 문구점에서 미술 준비물을 샀는데 망가져 있어.

7 대화 **가**에서 전화로 대화할 때 예절을 지키지 못한 친구의 이름을 쓰시오.

( )

8 대화 **나**에 대한 설명으로 알맞지 <u>않은</u> 것은 무엇입니까? ( )

① 대화 대상은 지원이와 민지이다.

② 두 사람은 전화 통화를 하고 있다.

③ 지원이는 물통을 들고 전화를 하고 있다.

④ 지원이와 민지는 전화 예절을 잘 지키고 있다.

⑤ 민지는 처음 지원이의 말을 듣고 물감과 물통을 떠올렸다.

9 다음 전화 대화의 상황에서 대화의 문제를 해결하
서술형 려면 어떻게 해야 할지 쓰시오.

예원이 언니: 여보세요?

수진: 예원아! 우리 내일 어디에서 만나서 놀기로 했지?

예원이 언니: (생각) 나는 예원이 언니인데……. 누구지?

_____

_____

유진: 여보세요?

할머니: ㉠유진이냐? 할머니다.

유진: ㉡네, 할머니! 안녕하세요?

할머니: 그래. 여기는 괜찮은데, 요즘 한국은 많이 덥지?

유진: ㉢네, 많이 더워요.

할머니: 네 엄마는?

유진: ㉣시장에 장 보러 가셨어요.

할머니: 엄마 오시면 할머니가 이번 토요일에 한국에 간다고 전해 다오.

유진: ㉤네. (전화를 끊는다. 전화 끊는 소리 "찰칵 뚜뚜뚜…….")

할머니: 세 시까지 공항에 데리러 오라고 말해야 하는데…….

10 이 대화는 누구와 누구의 대화인지 쓰시오.

( )

11 ㉠~㉤ 중 전화 예절을 지키지 <u>않은</u> 부분은 어느 것입니까? ( )

① ㉠ ② ㉡ ③ ㉢ ④ ㉣ ⑤ ㉤

12 이 대화에 나타난 문제를 해결하려면 어떻게 해야 하는지 알맞은 것에 ○표 하시오.

(1) 유진이가 높임 표현을 사용해야 한다. ( )

(2) 유진이가 할머니의 말씀을 끝까지 확인하고 통화를 마쳐야 한다. ( )

국어 활동
13 다음 전화 대화에서 ㉠에 들어갈 알맞은 말을 골라 ○표 하시오.

여보세요?

㉠

(1) 내일 준비물이 뭐니? ( )

(2) 나 희지야. 내일 준비물이 뭐니? ( )

14~15

(지하철 소리)

남자아이: (큰 목소리로) 하하! 그래. 너 이번 주에 뭐 하니? 우리 이번 주에 축구할래? 지난 주에 비가 와서 축구를 하지 못했잖아.

우리 이번 주에 축구할래?

14 이 대화는 어떤 상황인지 알맞은 것에 ○표 하시오.

(1) 남자아이가 길을 몰라 헤매는 상황 (　　　)

(2) 남자아이가 공공장소에서 큰 목소리로 통화하는 상황 (　　　)

15 이 대화의 문제를 해결하려면 어떻게 해야 합니까? (　　　)

① 상대가 누구인지 확인한다.

② 상대의 말을 귀 기울여 듣는다.

③ 공공장소에서는 작은 목소리로 대화한다.

④ 전화를 건 사람이 자신이 누구인지 밝힌다.

⑤ 상대의 말을 끝까지 듣고 공손하게 말한다.

16~17

1 훈이가 노란색 우산에 노란색 옷을 입은 강이를 유치원생 같다고 놀리자 강이는 속상했습니다.

2 강이는 엄마의 말씀을 듣고 노란색 옷을 입고 노란색 우산을 챙겼고, 엄마께서는 칭찬하셨습니다.

3 강이는 검은색 옷을 입은 훈이가 앞을 잘 보지 않고 뛰어가다가 교통사고가 날 뻔한 것을 보았습니다.

4 강이는 훈이에게 비가 오는 날에는 밝은색 옷을 입는 것이 더 멋진 것이라고 말해 주었습니다.

16 장면 **1**과 **3**에서 강이에게 어떤 표정이 어울릴지 보기 에서 골라 기호를 쓰시오.

보기
㉮ 기쁘고 즐거운 표정
㉯ 놀라고 당황하는 표정
㉰ 속상해하고 시무룩한 표정

(1) 장면 **1**: (　　　) (2) 장면 **3**: (　　　)

17 훈이가 겪은 일을 통해 강이와 훈이가 깨닫게 된 것은 무엇인지 쓰시오.

서술형

_____

_____

국어 활동

18 다음 상황에서 수홍이의 말에 어울리는 목소리는 무엇입니까? (　　　)

아야! 괜찮니?

수홍

① 화난 목소리 　　② 즐거운 목소리

③ 씩씩한 목소리 　　④ 걱정하는 목소리

⑤ 놀리는 듯한 목소리

19~20

1 선생님: 이번 주 금요일까지 우리 주위 사람들이 좋아하는 음식을 조사해 오세요.

미나: ㉠선생님, 주위 사람이면 누구를 말하는 건가요?

2 미나: ㉡할아버지, 가장 좋아하시는 음식이 뭐야?

할아버지: 음식? 어떤 음식?

미나: ㉢불고기, 김밥 같은 음식요.

할아버지: 응, 할아버지는 된장찌개가 최고야.

3 미나: 민철아! ㉣너, 가장 좋아하는 음식이 뭐야?

남동생: 에이, 누난 그것도 몰라?

미나: ㉤하하, 맞아. 우리 민철이는 통닭을 가장 좋아하지!

19 대화 **1**에서 선생님께서 무엇을 말씀하셨는지 빈칸에 알맞은 말을 쓰시오.

• 금요일까지 우리 주위 사람들이 (　　　　　) 을/를 조사해 오라는 것

20 ㉠~㉤ 중 언어 예절에 맞지 않게 말한 것은 무엇입니까? (　　　)

① ㉠　② ㉡　③ ㉢　④ ㉣　⑤ ㉤

1

할아버지 지금 뭐 하시니?

할아버지께서 사과주스를 먹고 있어요.

승민

1단계
낱말 쓰기

이 대화는 어떤 상황인지 쓰시오. [2점]

• (　　　　　)과/와 승민이가 대화하는 상황이다.

> 어머니와 승민이가 누구에 대해 말하고 있는지 살펴보고 알맞은 높임 표현으로 고쳐 봐.

2단계
문장 쓰기

승민이의 말에서 잘못된 표현을 찾아 고쳐 쓰시오. [4점]

(　　　　　　　　) → (　　　　　　　　)

3단계
생각 쓰기

2단계에서 잘못된 표현을 그렇게 고친 까닭을 쓰시오. [6점]

_____

_____

2~3

지수: 정아야, 어제 우리 반 회의에서 책 당번을 정하기로 했잖아. 내 생각에는 책 당번을 일주일에 한 번씩 바꾸는 건 잘못된 것 같아. 각자 맡고 있는 역할도 있는데 일주일 동안 책을 관리하는 건 너무 힘들어.

정아: 응. 그런데……

지수: 내 생각에는 하루에 한 번씩 책 당번을 바꾸는 게 맞아. 회의 시간에 강력하게 말했어야 하는데, 내가 괜히 의견을 말 안 했나 봐. 내일 선생님께 다시 한번 말씀드려 볼까?

정아: (생각) 내 생각에는 하루에 한 번씩 바꾸면 친구들도 헷갈리고, 책 관리가 안 될 수도 있다고 말하고 싶었는데. 지수는 계속 자기 말만 하네. 지수에게 내 생각을 언제 말하지?

지수: ㉠내 의견 어때? 왜 말이 없니?

정아: 그래.

어제 우리 반 회의에서 책 당번을 정하기로 했잖아. 내 생각에는 책 당번을 일주일에 한 번씩 바꾸는 건 잘못된 것 같아. …… 내 생각에는 하루에 한 번씩 책 당번을 바꾸는 게 맞아.

지수에게 내 생각을 언제 말하지?

2 이 대화에는 어떤 문제가 있는지 쓰시오. [6점]

_____

_____

3 ㉠의 지수의 말을 전화 예절에 맞게 고쳐 쓰시오. [8점]

조건

〈문제 **2**번〉에서 답한 문제를 해결할 수 있는 내용으로 고쳐 쓴다.

_____

_____

🤓 수행 평가

5 바르게 대화해요

학습 주제	전화할 때의 바른 대화 예절 알기	배점	30점
학습 목표	전화할 때의 바른 대화 예절을 알고, 예절에 맞지 않는 통화 내용을 바르게 고칠 수 있다.		

● 다음 대화를 읽고, 물음에 답하시오.

가 민지: 여보세요?
지원: ㉠여보세요, 민지 있나요?
민지: 제가 민지인데, 누구신가요?
지원: 나, 지원이야.

나 지원: ㉡나, 아까 학교 앞 문구점에서 미술 준비물을 샀는데 망가져 있어.
민지: 뭐가? 물감에 구멍이 났니? 아니면 물통?
지원: 아니, 물통에 물이 샌다고.
민지: 아, 물통을 말하는 거구나.

1 전화로 대화할 때 **가**, **나**에서 각각 어떤 문제가 있는지 쓰시오. [10점]

(1) 대화 **가** : _____

_____

(2) 대화 **나** : _____

_____

2 대화 **가**, **나**의 ㉠, ㉡ 부분을 어떻게 말해야 할지 생각하여 바르게 고쳐 쓰시오. [20점]

> **조건**
>
> 문제를 해결할 수 있는 방법을 생각해 전화할 때 바른 대화로 쓴다.

(1) ㉠ : _____

(2) ㉡ : _____

6 마음을 담아 글을 써요

1 다른 사람에게 마음을 전해 본 경험 떠올리기

마음을 전할 때에는 상대의 기분을 생각하며 진심으로 말하는 것이 중요해요.

① 마음을 전해야 하는 여러 상황을 떠올려 봅니다.

② 상대에게 마음을 전하는 상황은 고마울 때, 미안할 때, 부탁할 때 등입니다.

예 자신의 마음을 다른 사람에게 전해 본 경험

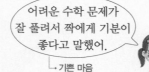

어려운 수학 문제가 잘 풀려서 짝에게 기분이 좋다고 말했어.
└ 기쁜 마음

아침에 봉사하시는 녹색 어머니회 회원분께 감사하다고 말씀드렸어.
└ 고마운 마음

2 이야기를 듣고 인물의 마음이 어떻게 변했는지 정리하기

① 인물의 마음이 어떻게 변하는지 생각하며 이야기를 들어 봅니다.

② 인물이 한 일이나 겪은 일을 차례대로 말해 봅니다.

③ 인물이 한 일이나 겪은 일과 그때의 마음을 정리합니다.

이야기 속 인물이 한 일이나 겪은 일, 생각, 말이나 행동을 살펴보면 인물의 마음을 알 수 있어요.

④ 시간 흐름에 따라 변하는 인물의 마음을 정리해 봅니다.

⑤ 인물과 비슷한 자신의 경험을 떠올려 봅니다.

★★ 3 이야기 속 인물의 마음을 헤아리며 글 읽기

① 인물에게 어떤 일이 일어났는지 생각하며 글을 읽어 봅니다.

② 인물의 상황을 생각하며 그때 인물의 마음을 헤아려 봅니다.

예 「꼴찌라도 괜찮아!」에서 기찬이의 마음 헤아리기

기찬이의 마음이 드러난 부분	기찬이의 마음
기찬이는 '이어달리기'가 쓰인 쪽지를 뽑았어요. 울상이 된 기찬이를 보고 친구들이 몰려들었어요.	이어달리기가 가장 점수가 높은데 달리기를 잘하지 못해서 마음이 무거웠을 것임.

★★ 4 읽을 사람을 생각하며 마음을 전하는 글 쓰기

① 누구와 어떤 일이 있었는지 씁니다.

② 어떤 마음을 전할지 자신의 감정을 솔직하게 씁니다.

③ 앞으로 바라는 점이 무엇인지 씁니다.

친구에게 사과하는 쪽지를 쓸 때에는 상냥한 말투로 정성껏 바른 글씨로 진심을 담아 써야 해요. 그리고 장난처럼 말하듯이 쓰지 않아야 해요.

개념 확인하기

정답과 풀이 19쪽

1 다음은 어떤 마음을 전한 경험을 떠올린 것인지 ○표 하시오.

> 아침에 봉사하시는 녹색 어머니회 회원분께 감사하다고 말씀드렸어.

(고마운, 아쉬운) 마음

2 이야기에서 인물이 한 일이나 겪은 일, 생각, 말이나 행동을 살펴보면 인물의 (   )을/를 알 수 있습니다.

3 이야기를 듣고 인물의 마음이 어떻게 변했는지 정리할 때 생각할 것에 모두 ○표 하시오.

(1) 시간 흐름에 따라 변하는 인물의 마음을 정리한다. (   )

(2) 인물이 한 일이나 겪은 일을 차례대로 떠올린다. (   )

(3) 이야기에서 장소가 어떻게 이동되었는지 생각해 본다.
(   )

4 친구에게 사과하는 쪽지를 쓰는 방법을 알맞게 말하지 <u>못한</u> 친구의 이름을 쓰시오.

> 수미: 어떤 일이 있었는지 써야 해.
> 진영: 읽는 사람을 고려해서 자신의 감정을 드러내서는 안 돼.

(   )

가

⊙고맙습니다.

나

다

가을 현장 체험 학습

라

• 그림의 상황을 보고 인물이 어떤 마음이었을지 파악하고 전할 말을 생각해 볼 수 있습니다.

핵심내용 그림 가~라의 상황

그림 가	이웃집 아주머니께서 주시는 음식을 받는 상황
그림 나	약속 시간에 늦어서 뛰어가는 상황
그림 다	가을 현장 체험 학습을 가게 되어 기뻐하는 상황
그림 라	아픈 친구를 ❶ ㄱ ㅈ 하는 상황

6

1 ⭐ 그림 가에서 아이는 어떤 마음을 전해야 합니까? ( )

① 미안한 마음 ② 고마운 마음
③ 부끄러운 마음 ④ 걱정하는 마음
⑤ 실망하는 마음

2 그림 가의 ⊙ 대신 쓸 수 있는 표현으로 알맞은 것은 무엇입니까? ( )

① 괜찮아요.
② 그냥 가져가세요.
③ 맛있게 잘 먹겠습니다.
④ 다음에도 부탁드리겠습니다.
⑤ 좀 더 많이 주셨으면 좋았을 텐데요.

3 그림 나에서 뛰어가는 남자아이의 마음과 같은 마음이 든 상황으로 알맞은 것에 ○표 하시오.

(1) 급식 시간에 반찬을 친구의 옷에 떨어뜨린 상황 ( )
(2) 다리가 다쳐 기다리던 반 대항 축구 시합에 출전하지 못하는 친구를 지켜보는 상황 ( )

교과서 문제
4 그림 나~라의 빈칸에 들어갈 알맞은 말을 보기에서 골라 쓰시오.

보기

와, 신난다! 정말 미안해.
너무 화가 나. 빨리 나아야 해.

(1) 그림 나: ( )
(2) 그림 다: ( )
(3) 그림 라: ( )

5 다음에서 그림 다에서 든 마음을 다른 사람에게 전해 본 경험을 말한 친구의 이름을 쓰시오.

미나: 동생에게 청소를 도와줘서 고맙다고 말했어.
연수: 전학을 가는 친구에게 보고 싶을 거라고 말했어.
현석: 어려운 수학 문제가 잘 풀려서 짝에게 기분이 좋다고 말했어.

( )

규리의 하루

• **글의 특징**: 규리가 한 일이나 겪은 일을 차례대로 살펴보며 규리의 마음이 어떻게 변하는지 생각해 볼 수 있습니다.

미리 보기

규리는 늦잠을 자서 엄마께서 깨워 주셔서 억지로 일어났고 학교에 지각할 뻔했습니다. → 1교시 사회 시간에 발표 차례가 되자 가슴이 뛰었고 겨우 발표를 끝냈습니다. → 3교시 음악 시간에 짝 민호에게 리코더 연주 방법을 가르쳐 주었습니다. → 수업이 끝나고 집으로 가는 길에 놀이터에서 수호네 강아지를 보고 행복했습니다.

1 "규리야, 얼른 일어나. 학교 가야지!"

엄마 목소리가 귀에 울려 퍼졌다.

"5분만요."
<small>일어나기 싫어하는 마음</small>

"지금 안 일어나면 지각이야."

엄마 손이 이불을 걷어 냈다.

"아이참! 엄마, 알았다고요."

나는 눈을 비비며 부스스 자리에서 일어났다. 차가운 물로 세수를 하자, 졸음이 싹 달아났다. 아침밥을 먹는 둥 마는 둥 하고 서둘러 집을 나섰다.

<u>마음이 바빠져서 거의 뛰다시피 걸었다.</u> 덕분에 1교
<small>늦잠을 자는 바람에 지각할 수도 있어서</small>
시 시작하기 직전에 교실에 들어갈 수 있었다.

> 규리가 아침에 일어나 겪은 일이 나타난 부분으로, 인물의 마음을 묻는 문제가 자주 출제돼.

"규리야, 왜 이렇게 늦었어? 걱정했잖아."

짝 민호가 핀잔 투로 말했다.
<small>말이나 글, 행동 따위에서 버릇처럼 일정하게 굳어진 모양이나 방식</small>

"그랬어? 늦잠 자는 바람에……."

곧 수업 시작을 알리는 종이 울렸다.

중심 내용 1 규리는 아침에 늦잠을 자서 급하게 학교에 갔다.

2 1교시는 사회 시간이었다. 우리 지역의 자랑거리를 조사해서 발표하는 시간이었다.

우리 모둠 발표자는 나였다. 앞 모둠 발표가 거의 끝나 가자 나는 가슴이 콩닥콩닥 뛰기 시작했다.

'어쩌지? 실수하면 안 되는데…….'

발표 내용이 갑자기 뒤죽박죽되는 느낌이었다.

우리 모둠 차례가 되었고 겨우겨우 발표를 끝내고 자리로 돌아왔다. 얼른 이 시간이 지나가면 좋겠다고 생각했다.

중심 내용 2 1교시 사회 시간에 규리는 발표 차례가 다가오자 가슴이 뛰었고 발표를 겨우 끝냈다.

핀잔 맞대어 놓고 언짢게 꾸짖거나 비꼬아 꾸짖는 일.

뒤죽박죽되는 여럿이 마구 뒤섞여 엉망이 되는.

---

1 글 **1**에서 규리가 한 일이나 겪은 일은 무엇인지 두 가지를 고르시오. (　　　　)

① 몸이 아파 학교에 가지 못했다.
② 늦어서 선생님께 꾸중을 들었다.
③ 더 자고 싶은데 억지로 일어났다.
④ 아침 운동을 하고 아침밥을 먹었다.
⑤ 1교시 시작하기 직전에 교실에 들어갔다.

3 규리가 사회 시간에 가슴이 콩닥콩닥 뛴 까닭은 무엇입니까? (　　　　)

① 발표할 때 실수를 해서
② 발표하는 게 겁이 나서
③ 앞 모둠이 발표를 너무 잘해서
④ 발표 준비를 하나도 하지 않아서
⑤ 선생님께서 갑자기 발표를 시키셔서

2* 글 **1**에서 규리는 집에서 어떤 마음이 들었겠습니까? (　　　　)

① 기쁜 마음　　② 미안한 마음
③ 속상한 마음　　④ 고마운 마음
⑤ 뿌듯한 마음

4 규리가 사회 시간에 한 일이나 겪은 일을 정리하여 쓰시오.
서술형

_____

_____

6

3 3교시는 내가 가장 좋아하는 음악 시간이었다. 나는 여러 가지 악기를 잘 다루고 노래도 잘 부르는 편이다. 오늘 음악 시간에는 리코더를 연주했다. 내 짝 민호는 리코더 연주가 서툴다. 선생님께서는 민호가 리코더를 연주하는 것을 보시더니 내게 말씀하셨다.

"규리야, 네가 민호 좀 도와주렴."
<u>민호가 리코더 연주가 서툴기 때문에 선생님께서 규리에게 하신 말씀</u>

나는 음악 시간 내내 민호의 리코더 선생님이 되었다.

"규리야, '솔' 음은 어떻게 소리 내니?"

"응, 내가 가르쳐 줄게."

민호는 가르쳐 주는 대로 잘 따라 했다.

"아, 이렇게 하는 거구나. 고마워, 규리야."

민호가 잘하자 나도 덩달아 기분이 좋아졌다.

【중심 내용 **3**】 3교시 음악 시간에 규리는 민호에게 리코더 연주 방법을 가르쳐 주었다.

> 음악 시간에 규리가 겪은 일이 나타난 부분으로, 겪은 일에 따라 인물의 마음을 묻는 문제가 자주 출제돼.

4 수업이 모두 끝났다. 집으로 가는 길에 놀이터를 지나게 되었다.

"멍멍!"

어디선가 강아지 소리가 들려왔다.

자세히 보니 <u>옆집 수호네 엄마께서 강아지를 데리고 산책을 나오셨다.</u> 너무너무 반가웠다. 수호네 강아지
<u>규리가 집에 가는 길에 만난 인물</u>
는 털이 하얗고 조그만 강아지여서 내가 아주 귀여워한다. 나는 수호 엄마께 반갑게 인사한 뒤에 수호네 강아지의 하얀 털을 조심조심 쓰다듬어 주었다. 구름을 만지는 기분이 이런 기분일까?

수호네 강아지 덕분에 오늘 하루가 행복하게 마무리되었다.

【중심 내용 **4**】 규리는 집에 가는 길에 놀이터에서 수호네 강아지를 만나 강아지의 하얀 털을 쓰다듬어 주었다.

【핵심내용】「규리의 하루」에서 규리가 한 일이나 겪은 일과 그때의 마음 ⑩

규리가 한 일이나 겪은 일	그때의 마음
더 자고 싶은데 억지로 일어남.	속상한 마음, 화나는 마음
발표할 차례가 다가옴.	걱정스러운 마음, 불안한 마음
민호에게 리코더 연주 방법을 가르쳐 줌.	자랑스러운 마음
수호네 강아지의 하얀 털을 쓰다듬어 줌.	❶ ㅎ ㅂ 한 마음

서툴다 일 따위에 익숙하지 못하여 다루기에 설다. ⑩ 삼촌은 아직 운전하는 게 <u>서툽니다.</u>

산책(散 흩을 산, 策 꾀 책) 휴식을 취하거나 건강을 위해 천천히 걷는 일. ⑩ 우리는 점심을 먹은 뒤에 <u>산책</u>을 했습니다.

---

5 규리가 음악 시간에 기분이 좋아진 까닭은 무엇인지 알맞은 것에 ○표 하시오.

(1) 리코더를 연주하는 시험을 잘 봐서 (　　　)

(2) 선생님께 리코더 연주를 잘한다고 칭찬을 들어서 (　　　)

(3) 민호가 자신이 가르쳐 주는 대로 리코더 연주를 잘 따라 해서 (　　　)

6 글 **3**에서 규리가 경험한 일과 그때의 마음과 비슷한 자신의 경험을 말한 친구의 이름을 쓰시오.

> **미라:** 동생이 **뺄셈**을 잘 못해서 가르쳐 줬는데 이해하기 쉽다고 좋아해서 나도 뿌듯했어.
> **정현:** 친구와 그림을 완성하는 모둠 숙제가 있었는데 친구가 그림을 너무 못 그려서 짜증 났어.

(　　　　　)

7 규리가 수업이 끝나고 집으로 가는 길에 어떤 일이 있었는지 빈칸에 알맞은 말을 쓰시오.

> 산책을 나오신 옆집 수호네 엄마를 만나 수호네 (　　　　　)의 하얀 털을 쓰다듬어 주었다.

8 글 **3**과 **4**에서 규리의 마음은 어떻게 변했는지 알맞게 묶인 것은 무엇입니까? (　　　)

	글 **3**	글 **4**
①	즐거움.	화남.
②	불안함.	자랑스러움.
③	속상함.	당황스러움.
④	걱정스러움.	지루함.
⑤	자랑스러움.	행복함.

꼴찌라도 괜찮아!

• 유계영

• 글의 종류: 이야기
• 글의 특징: 운동에 자신이 없는 기찬이가 이어달리기 선수로 뽑히고, 운동회 날 달리기하는 동안의 마음 변화가 드러나 있습니다.

| 미리
보기 | 운동에 자신이 없는 기찬이는 운동회가 정말 싫었고, 교문 밖으로 달려 나가는 기찬이를 친구들이 놀렸어요. | ▶ | 제비뽑기로 운동회에 나갈 이어달리기 선수로 기찬이가 뽑히고 기찬이는 울상이 되었어요. | ▶ | 운동회 날, 이호가 화장실에 가 버려서 기찬이 다음에 아무도 없어 친구들이 기찬이가 이기고 있다고 착각했어요. | ▶ | 기찬이가 이긴 줄 알고 좋아했던 친구들은 뒤늦게 한 바퀴나 차이 나게 진 것을 알고 기찬이를 둘러싸고 웃었어요. |

1 "힘껏 던져!"

친구들이 책가방을 향해 얌체공을 던졌어요. 박 터뜨리기 연습을 하고 있는 거예요. 운동회가 코앞으로 다가왔지만 기찬이는 멀찍이 앉아 물끄러미 친구들을 쳐다보았어요.

_{고무로 만든 작고 말랑말랑한 공}
_{친구들이 책가방에 얌체공을 던진 까닭}

'치, 하나도 재미없어!'

기찬이는 운동에 자신이 없었거든요. 심술이 나 돌멩이를 발로 뻥 차 버렸어요. 그런데 기찬이가 찬 돌멩이가 그만 책가방을 맞혀 버렸어요. / "으악!"

공책과 연필이 친구들의 머리 위로 우수수 쏟아졌어요.

㉠"나기찬, 방해하지 말고 집에나 가!"

머리에 혹이 난 친구들이 화가 나서 한마디씩 거들

었어요. 기찬이는 사과를 하려고 했지만 할 말이 생각나지 않았어요.

"난 운동회가 정말 싫어!"

기찬이는 교문 밖으로 후다닥 달려 나갔어요. 그때 이호가 소리쳤어요.

"저것 봐. 달리기도 엄청 느려!"

친구들이 손뼉을 치며 깔깔 웃었어요.

중심 내용 **1** 운동에 자신이 없는 기찬이는 운동회가 다가와서 연습을 하는 친구들을 보고 심술이 났고 친구들은 기찬이를 놀렸어요.

핵심내용 「꼴찌라도 괜찮아!」에서 인물의 마음 헤아리기 예

	기찬이의 마음
글 **1**	운동을 잘 못해서 **2** ㅅ ㅅ 하고, 친구들에게 사과를 제대로 못 해서 당황했을 것 같음.

물끄러미 넋이 나간 듯이 가만히 한곳만 바라보는 모양. 예 수영이는 하루 종일 물끄러미 창밖만 내다보았어요.

거들었어요 남의 말이나 행동에 끼어들어 참견했어요. 예 지민이가 의견을 내자 모두들 한마디씩 거들기 시작했습니다.

---

9 친구들이 박 터뜨리기 연습을 하고 있을 때 기찬이는 무엇을 하였습니까? ( )

① 혼자 공 던지기를 하였다.
② 친구들의 책가방을 정리하였다.
③ 친구들이 연습하는 것을 방해하였다.
④ 떨어진 얌체공을 주워 친구들에게 던졌다.
⑤ 멀찍이 앉아 물끄러미 친구들을 쳐다보았다.

10 기찬이가 돌멩이를 발로 뻥 차 버린 까닭으로 알맞은 것에 ○표 하시오.

(1) 친구들이 운동을 못한다고 자신을 놀려 대서 ( )

(2) 운동에 자신이 없는데 운동회가 다가와서 심술이 나서 ( )

11 ㉠을 말하는 친구들의 마음은 어떠합니까? ( )

① 반갑다. ② 슬프다. ③ 뿌듯하다.
④ 화가 난다. ⑤ 당황스럽다.

12 이 글에 나타난 기찬이의 마음으로 알맞은 것을 두 가지 고르시오. ( )

① 운동회가 다가와서 설렜다.
② 운동을 잘 못해서 속상하다.
③ 운동회에 참여하지 못해 아쉽다.
④ 친구들에게 사과하지 못해 당황스럽다.
⑤ 운동회 준비를 하는 친구들을 도와주지 못해 미안하다.

2 이튿날, 운동회에 나갈 선수를 뽑기로 했어요. 모두 들뜬 마음으로 선생님의 말씀에 귀 기울였어요.
_{운동회에 나갈 선수를 뽑기 전 아이들의 마음}

"제비뽑기로 선수를 뽑자. 누구나 한 경기씩 나갈 수 있도록 말이야."

"말도 안 돼. 가장 잘하는 사람이 나가야 하는 것 아닌가요?"

아이들은 투덜거리며 제비를 뽑았어요. 기찬이의 제비뽑기 순서가 다가왔어요. 기찬이는 '이어달리기'가 쓰인 쪽지를 뽑았어요. 울상이 된 기찬이를 보고 친구들이 몰려들었어요.
_{'이어달리기'가 쓰인 쪽지를 뽑아서}

"안 봐도 질 게 뻔해!"

"어떡해! 이어달리기가 가장 점수가 높은데!"

> 제비뽑기를 해서 기찬이가 이어달리기 선수로 뽑히는 부분으로, 인물의 마음을 묻는 문제가 자주 출제돼.

그때 이호가 쪽지를 까딱까딱 흔들며 말했어요. 이호가 뽑은 쪽지도 '이어달리기'였어요.

"얘들아, 이 형님만 믿어!"

중심 내용 2 제비뽑기를 하여 운동회에서 이어달리기 선수로 뽑힌 기찬이는 울상이 되었고, 이호는 자신만만했어요.

울상 울려고 하는 얼굴 표정. 예 명수가 장난치다가 그림에 물을 쏟자, 지윤이는 울상이 되었습니다.

---

3 운동회 날 아침, 친구들은 머리에 힘껏 청군 띠를 묶었어요. 그런데 어제부터 신나게 뛰어다니던 이호의 표정이 이상했어요. 다리를 배배 꼬며 안절부절못했어요.

'아, 어제 떡을 너무 많이 먹었나 봐……'

"탕!"

출발 신호가 떨어졌어요. 백군 친구들은 쌩쌩 잘도 달렸어요. 기찬이네 반 친구들은 걱정이 앞섰어요. 청군은 이미 반 바퀴나 뒤처지고 있었어요.

"진 거나 마찬가지야! 다음엔 거북이 나기찬인걸!"
_{달리기가 느려서 생긴 기찬이의 별명}

아무도 기찬이를 응원하지 않고 딴전을 부렸어요.
_{엉뚱한 행동을 했어요.}
기찬이는 이를 악물고 뛰었어요. 하지만 점점 뒤처지기만 할 뿐이었어요. 이미 백군의 마지막 선수가 달리고 있었어요. 하지만 기찬이는 반 바퀴도 채 뛰지 못하고 있었어요.

"빨리! 더 빨리!"

핵심내용 「꼴찌라도 괜찮아!」에서 인물의 마음 헤아리기 예

기찬이의 마음	
글 **2**	이어달리기가 가장 점수가 높은데 ❸ 를 잘하지 못해서 마음이 무거웠을 것 같다.

안절부절못했어요 마음이 초조하고 불안하여 어찌할 바를 몰랐어요. 예 시험 시간이 다가오자 안절부절못했어요.

---

13 선생님께서는 운동회에 나갈 선수를 무엇으로 뽑자고 하셨는지 쓰시오.

( )

14* '이어달리기'가 쓰인 쪽지를 뽑았을 때 기찬이의 마음이 어떠했을지 알맞게 말한 친구의 이름을 쓰시오.

> **지훈:** 열심히 연습해서 자신을 놀린 친구들의 코를 납작하게 만들어야겠다고 생각했을 거야.
> **우진:** 이어달리기가 가장 점수가 높은데 달리기를 잘하지 못해서 마음이 무거웠을 것 같아.
> **채연:** 달리기를 잘하지 못해 어차피 질 거라서 대충 달리다가 들어오면 된다고 생각했을 거야.

( )

15 기찬이가 '이어달리기'가 쓰인 쪽지를 뽑았을 때 친구들의 반응은 어떠했습니까? ( )

① 기찬이를 위로해 주었다.
② 기찬이의 쪽지를 찢어 버렸다.
③ 투덜거리며 다시 뽑자고 하였다.
④ 기찬이에게 같이 연습을 하자고 했다.
⑤ 질 게 뻔하다며 아무 기대를 하지 않았다.

교과서 문제
16 친구들이 기찬이를 거북이라고 부른 까닭은 무엇입니까? ( )

① 달리기를 잘 못해서
② 성격이 차분하고 침착해서
③ 생김새가 거북이를 닮아서
④ 행동이 거북이처럼 느릿해서
⑤ 느리지만 거북이처럼 성실해서

다음 선수인 이호는 손을 뒤로 뻗어 기찬이를 재촉했어요. / "꾸르르륵……!"

그때 이호의 배 속에서 천둥처럼 큰 소리가 났어요. 이호는 갑자기 가로질러 뛰쳐나갔어요. 더 이상 참을 수가 없었던 거예요!
이어달리기를 하는 도중에 화장실에 감.

중심 내용 3 기찬이는 이호의 재촉을 받으며 열심히 뛰었고, 이호는 배가 아파 참지 못하고 달리기 중간에 뛰쳐나갔어요.

4 백군의 마지막 선수와 청군의 세 번째 선수 기찬이가 같은 자리를 뛰고 있었어요. 이호가 화장실에 가 버리는 바람에 기찬이의 다음에는 아무도 없었어요. 그런데 누군가 기찬이를 가리키며 소리쳤어요.

㉠"어? 나기찬이 이기고 있어!"

백군의 마지막 선수와 같이 달리고 있는 기찬이를 보고 친구들이 착각을 한 거예요.

"뛰어라, 나기찬!"/"달려라, 나기찬!"

기찬이는 어리둥절했어요. 친구들이 목청껏 자신의 이름을 부르고 있었으니까요. 기찬이는 눈을 질끈 감고 발바닥에 불이 나도록 내달렸어요. 기찬이가 마지막 백군 선수보다 한발 앞서 나갔어요.

"기적이야! 우리가 이겼어!"

착각 어떤 사물이나 사실을 실제와 다르게 깨닫거나 생각함.

기찬이네 반 친구들이 신이 나서 외쳤어요.

"나기찬!"/ "나기찬!"

"저기! 나기찬 좀 봐."

그런데 기찬이가 한 바퀴를 더 도는 게 아니겠어요? 그때 이호가 휴지를 들고 헐레벌떡 뛰어왔어요. 친구들은 그제야 이마를 탁 쳤어요.
친구들이 이제야 사실을 파악함.

"뭐야, 이긴 게 아니야?"

"그것도 한 바퀴나 차이 나게 진 거야?"

이호는 머리를 긁적이며 멋쩍게 웃었어요.
어색하고 쑥스럽게

"어디 갔다 왔어!"

기찬이는 이호에게 배턴을 넘겨주었어요.

> 친구들이 기찬이가 백군을 이기고 있다고 착각하다가 이호의 등장으로 사실을 알게 된 부분으로, 인물의 상황을 생각하여 마음을 헤아리는 문제가 자주 출제돼.

"너만 믿다가 졌잖아."

기찬이는 괜히 웃음이 나왔어요. 친구들도 웃음이 나오는 것을 참을 수 없었어요. 모두 기찬이를 둘러싸고 웃으며 운동장을 달렸어요.

중심 내용 4 기찬이가 이긴 줄 알고 신이 나서 응원하던 아이들은 한 바퀴나 차이 나게 진 것을 알고 함께 웃으며 운동장을 달렸어요.

배턴 달리기 경기에서, 앞 선수가 다음 선수에게 넘겨주는 막대기.

17 이호가 이어달리기를 할 차례가 다 되었을 때 갑자기 뛰쳐나간 까닭은 무엇입니까? ( )

① 화장실이 급해서
② 배턴을 잃어버려서
③ 기찬이가 쓰러져서
④ 선생님께서 부르셔서
⑤ 기찬이가 너무 느려 답답해서

18 기찬이 반 친구가 왜 ㉠처럼 소리쳤겠는지 알맞은 것에 ○표 하시오.

(1) 기찬이가 평소와는 달리 엄청 빠르게 달려서 ( )

(2) 지고 있던 기찬이가 백군의 마지막 선수를 따라 잡아서 ( )

(3) 기찬이가 백군의 마지막 선수와 같이 달리고 있어 이기고 있다고 착각해서 ( )

19* 기찬이를 목청껏 응원할 때 친구들의 마음으로 알맞은 것은 무엇입니까? ( )

① 미안하다. ② 불안하다.
③ 답답하다. ④ 신이 난다.
⑤ 화가 난다.

20 이호에게 배턴을 넘겨주는 기찬이의 마음은 어떠했을지 쓰시오.
서술형

_____

_____

화해하기

주은이의 행동에 화가 난 원호

주은이가 딱지치기를 하다가 마음대로 되지 않자 원호에게 "다시 해!", "집에 갈 거야!"와 같은 예의 없는 말과 행동을 하였습니다.

그래. 결심했어! 가서 원호에게 사과하자!

주은이는 자기 때문에 화가 많이 난 원호에게 사과를 하기로 마음 먹었습니다.

미안해, 미안하다고. 됐냐?

주은이가 말로는 사과한다고 했지만, 표정이나 분위기, 말한 내용이나 행동이 사과하는 것처럼 느껴지지 않아 원호는 주은이의 사과를 받지 않았습니다.

주은이는 ㉠친구들의 의견을 듣고 원호에게 사과하는 쪽지를 썼습니다.

- **그림의 특징:** 주은이가 자신 때문에 화가 난 원호에게 사과한 일을 통해 마음을 전하는 글을 쓰는 방법을 생각해 볼 수 있습니다.

핵심내용 읽을 사람을 생각하며 쪽지를 주고받는 방법

- 정성껏 손으로 씁니다.
- 상냥한 말투로 씁니다.
- 표현을 잘 골라 ❹ ⬚ㅈ ㅅ⬚을 담아서 씁니다.
- 사과하는 쪽지를 줄 때 쪽지와 함께 진짜 사과를 주거나 사과 그림을 선물할 수도 있습니다.

친구에게 전하고 싶은 마음이 장난스럽게 보이지 않아야 해요. 그때 어떤 표정, 몸짓, 말투로 해야 할지도 생각해요.

---

21 장면 **1**에서 원호가 화가 난 까닭은 무엇인지 빈칸에 알맞은 말을 쓰시오.

> 주은이가 딱지치기를 하다가 마음대로 되지 않자 원호에게 ( )을/를 하였기 때문에

22 장면 **3**에서 원호가 주은이의 사과를 받지 않은 까닭은 무엇입니까? ( )

① 주은이가 선물을 주지 않아서
② 주은이에게 너무 많이 화가 나서
③ 주은이가 말로 사과를 하지 않아서
④ 주은이가 미안한 마음을 담은 쪽지를 주지 않아서
⑤ 주은이의 표정, 분위기, 말한 내용이나 행동이 사과하는 것처럼 느껴지지 않아서

교과서 문제
23 ㉠의 내용으로 알맞지 <u>않은</u> 것을 찾아 기호를 쓰시오.

> ㉮ 조금 더 상냥하게 말하면 좋을 것 같아.
> ㉯ 손 편지를 정성껏 써서 사과하면 좋겠어.
> ㉰ 사과하는 내용만 담아 말하면 표현 방법은 어떻든 상관없을 것 같아.

( )

24 주은이가 어떤 내용으로 원호에게 쪽지를 썼을지 알맞은 것에 ○표 하시오.

(1) 네가 사과를 받지 않아서 기분이 나빴어. 나도 잘못한 게 있으니 용서해 줄게. ( )

(2) 네게 예의 없이 행동하고서도 제대로 사과하지 못했어. 정말 미안해. 앞으로는 그러지 않을게. ( )

대한초등학교	**대한통신**	20○○년 10월

'마음을 전하는 우리 반' 행사에 많이 참여해 주세요

우리 학교 전교 어린이회에서는 2학기를 맞이해 10월에 어떤 행사를 하면 좋을지 의논했습니다. 회의 시간에 각 학년 학생들은 각자 하고 싶은 행사를 많이 추천해 주었습니다. 그 가운데에서 전교 어린이회에서는 '마음을 전하는 우리 반' 행사를 함께하기로 결정했습니다.
전교 어린이회에서 하기로 결정한 행사

10월 넷째 주에 '마음을 전하는 우리 반'이라는 이름으로 각 반에서 행사를 합니다. '마음을 전하는 우리 반'은 자신의 마음을 다른 사람에게 전하는 행사입니다. 이때에는 친구들뿐만 아니라 주위 사람들에게 고마운 마음, 존경하는 마음, 미안한 마음 따위를 전할 수 있습니다. 전하는 방법은 다양하지만 예쁜 종이에 마음을 담아 손 편지를 써서 전하자는 의견이 많았습니다.

• **글의 특징**: 우리 학교 전교 어린이회에서 하기로 결정한 '마음을 전하는 우리 반' 행사가 무엇인지, 언제 하는지 등을 알리는 학교 신문입니다.

핵심내용 '마음을 전하는 우리 반' 행사

언제	10월 넷째 주
누구에게	친구들뿐만 아니라 주위 사람들에게 마음을 전함.
어떤 마음	고마운 마음, 존경하는 마음, 미안한 마음 등을 전할 수 있음.
마음을 전하는 방법	예쁜 종이에 마음을 담아 손 ❶ ㅍ ㅈ 를 써서 전함.

1 우리 학교 전교 어린이회에서 의논한 것은 무엇입니까? ( )

① 10월에 어떤 행사를 하면 좋을지
② 10월 가을 운동회에 어떤 종목을 할지
③ 10월에 어떤 주제로 학교 신문을 꾸밀지
④ 10월에 현장 체험 학습을 어떤 곳으로 갈지
⑤ 10월에 가난한 이웃을 어떤 방법으로 도울지

2 우리 학교 전교 어린이회에서 하기로 결정한 행사는 무엇인지 쓰시오.

'( )' 행사

3 〈문제 **2**번〉에서 답한 행사에 대한 설명으로 알맞은 것에 모두 ○표 하시오.

(1) 10월 넷째 주에 한다. ( )
(2) 전교생이 모여서 행사를 한다. ( )
(3) 친구들끼리만 자신의 마음을 전할 수 있다. ( )
(4) 자신의 마음을 다른 사람에게 전하는 행사이다. ( )

4 마음을 전하고 싶은 사람과 있었던 일을 떠올려 행사에서 전할 마음을 보기 에서 골라 쓰시오.

보기

고마운 마음   미안한 마음
위로하는 마음   좋아하는 마음

(1) 지난주에 다툰 친구: ( )
(2) 우리 학교 지킴이 선생님: ( )
(3) 글쓰기 상을 받지 못한 친구:
( )

5
서술형
마음을 전하고 싶은 사람과 있었던 일을 간단히 쓰고, 전하고 싶은 마음도 함께 쓰시오.

(1) 마음을 전하고 싶은 사람과 있었던 일: _____

_____

_____

(2) 전하고 싶은 마음: ( )

1 다음 문장을 다른 사람의 감정을 그대로 인정해 주는 말로 알맞게 고쳐 쓴 것을 골라 기호를 쓰시오.

> 시끄럽게 왜 우니?

> ㉮ 그렇게 울 거면 밖에 나가.
> ㉯ 많이 우는 걸 보니 무척 슬픈가 보다.
> ㉰ 그런 일로 뭘 그렇게 우니? 그만 울어.

(   )

2 다음 문장을 다른 사람의 마음을 생각하며 자신의 마음을 전하는 말로 바르게 고쳐 쓴 것은 무엇입니까? (   )

> 너는 왜 그렇게 준비물을 안 가져오니?

① 또 준비물을 안 가져왔니?
② 너 또 선생님께 혼날 것 같아.
③ 네가 준비물을 안 가져오면 내가 많이 걱정돼.
④ 자꾸 준비물을 안 가져오면 수업을 어떻게 하니?
⑤ 이제는 네가 준비물을 안 가져와도 신경 쓰지 않을게.

3 서술형 다음 문장을 다른 사람의 마음을 생각하며 자신의 마음을 전하는 말로 고쳐 쓰시오.

> 네가 물통을 건드려서 그림을 망쳤잖아!

_____

_____

4 다른 사람의 마음을 생각하며 자신의 마음을 전하는 말로 알맞지 <u>않은</u> 것은 무엇입니까? (   )

① 네가 도와줘서 고마워.
② 그렇게 하지 말랬잖니?
③ 네가 기뻐해 줘서 나도 기뻐.
④ 부탁을 들어주지 못해 내 마음이 아파.
⑤ 너도 그림 그리는 걸 좋아하는 것 같은데, 우리 함께 그려 볼까?

5 읽을 사람을 생각하며 자신의 마음을 전하는 글을 쓰는 방법을 알맞게 말한 친구의 이름을 모두 쓰시오.

> 유주: 어떤 일이 있었는지 사실대로 써야 해.
> 태현: 자신의 감정을 솔직하게 쓰는 것이 좋아.
> 승철: 자신이 생각하는 상대의 잘못만을 쓰는 것이 좋아.

(   )

6 자신의 마음을 전하는 글을 쓸 때 주의할 점으로 알맞은 것을 모두 찾아 ○표 하시오.

(1) 자신의 진심을 담아 글로 표현한다. (   )
(2) 자신의 마음을 표현하는 알맞은 말을 사용한다. (   )
(3) 읽을 사람의 마음과 상관없이 자신이 하고 싶은 말을 모두 쓴다. (   )
(4) 읽을 사람의 마음을 생각하며 읽을 사람의 기분이 상하지 않게 글을 쓴다. (   )

낱말의 뜻

1 뜻에 알맞은 낱말이 되도록 보기 에서 알맞은 말을 찾아 쓰시오.

보기
| 잔 | 울 | 각 | 산 |

(1) 울려고 하는 얼굴 표정. ➡ [ ] 상

(2) 휴식을 취하거나 건강을 위해 천천히 걷는 일. ➡ [ ] 책

(3) 맞대어 놓고 언짢게 꾸짖거나 비꼬아 꾸짖는 일. ➡ 핀 [ ]

(4) 어떤 사물이나 사실을 실제와 다르게 깨닫거나 생각함. ➡ 착 [ ]

낱말의 활용

2 밑줄 친 낱말의 쓰임이 적절하지 않은 것을 골라 ×표 하시오.

(1) 젓가락질이 서툴러서 반찬을 잘 집는다.
( )

(2) 나는 머리를 긁적이며 멋쩍게 사과를 했다.
( )

(3) 깨끗했던 방이 동생 때문에 다시 뒤죽박죽되었다.
( )

비슷한말

3 밑줄 친 부분과 바꾸어 써도 뜻이 통하는 낱말은 무엇입니까? ( )

나는 학원에 가지 않은 것이 들통날까 봐 불안하여 어찌할 바를 몰랐다.

① 비웃었다.   ② 투덜거렸다.
③ 부끄러웠다.   ④ 못마땅하였다.
⑤ 안절부절못했다.

맞춤법

4 빈칸에 들어갈 알맞은 낱말을 골라 ○표 하시오.

(1) 잠을 푹 잤더니 [ ] 몸이 좋아졌다.
(이튼날 , 이튿날 , 이틋날)

(2) 마지막 선수가 [ ]을 놓치는 바람에 이어달리기에서 지고 말았다.
(배턴 , 바톤 , 배톤)

뜻을 더하는 말

5 빈칸에 공통으로 들어갈 말은 무엇입니까?
( )

• 목청□: 있는 힘껏 큰 소리로. 예 목청□ 소리를 지르다.
• 힘□: 있는 힘을 다하여. 또는 힘이 닿는 데까지. 예 공을 힘□ 던지다.

① 질   ② 껏   ③ 님   ④ 보   ⑤ 꾼

헷갈리기 쉬운 말

6 다음 설명을 읽고, ( ) 안에서 바른 표현을 골라 ○표 하시오.

'-(ㄴ/는)대'는 다른 사람에게 들은 말을 전할 때 쓰이고, '-ㄴ데/-는데'는 뒤에 나오는 일을 설명하기 위하여 그와 상관된 일을 미리 말할 때 쓰인다.

(1) 비가 온다고 해서 우산을 (가져왔는데 , 가져왔는대) 비가 안 온다.
(2) 그곳에 입장하려면 오후 여섯 시까지는 도착해야 (한데 , 한대).
(3) 옆에 있던 친구가 "현주가 장난으로 (숨겼데 , 숨겼대)."라고 말했다.
(4) 공연장에 가는 (길인데 , 길인대) 친구가 아직 오지 (않았데 , 않았대).

1~4

1 그림 가~라의 상황을 알맞게 설명하지 **않은** 것에 × 표 하시오.

(1) 그림 가: 이웃집 아주머니께서 주시는 음식을 받는 상황 ( )

(2) 그림 나: 약속 시간에 늦어서 뛰어가는 상황 ( )

(3) 그림 다: 가을 현장 체험 학습을 가게 되어 기뻐하는 상황 ( )

(4) 그림 라: 다친 친구를 부축하는 상황 ( )

2 그림 가~라 중 다음의 상황에서 든 마음과 같은 마음을 전해야 하는 그림은 무엇인지 기호를 쓰시오.

우리 반이 달리기 대회에서 우승한 상황

( )

3 그림 나의 ㉠에 들어갈 알맞은 말은 무엇입니까?

( )

① 속상해.
② 화내지 마.
③ 무척 기뻐!
④ 정말 미안해.
⑤ 다치지 않았니?

4 그림 라의 ㉡에 들어갈 알맞은 말은 무엇인지 쓰고, 그렇게 생각한 까닭도 쓰시오.

서술형

(1) ㉡에 들어갈 말: ( )

(2) 그 까닭: _____

_____

5~7

가 "지금 안 일어나면 지각이야."
엄마 손이 이불을 걷어 냈다.
"아이참! 엄마, 알았다고요."
나는 눈을 비비며 부스스 자리에서 일어났다. 차가운 물로 세수를 하자, 졸음이 싹 달아났다. 아침밥을 먹는 둥 마는 둥 하고 서둘러 집을 나섰다.

나 1교시는 사회 시간이었다. 우리 지역의 자랑거리를 조사해서 발표하는 시간이었다.
우리 모둠 발표자는 나였다. 앞 모둠 발표가 거의 끝나 가자 나는 가슴이 콩닥콩닥 뛰기 시작했다.
'어쩌지? 실수하면 안 되는데…….'

5 '내'가 겪은 일을 두 가지 고르시오. ( )

① 눈뜨자마자 엄마와 싸웠다.
② 더 자고 싶은데 억지로 일어났다.
③ 가족들과 아침밥을 천천히 먹었다.
④ 사회 시간에 발표를 하면서 실수를 했다.
⑤ 사회 시간에 자신의 발표 차례를 기다렸다.

6 1교시 사회 시간은 무엇을 조사해서 발표하는 시간이었는지 쓰시오.

( )

7* 글 가와 나에서 '나'의 마음은 어떻게 변하였습니까? ( )

① 화남. → 불안함.
② 행복함. → 화남.
③ 불안함. → 행복함.
④ 속상함. → 행복함.
⑤ 기쁨. → 자랑스러움.

가 오늘 음악 시간에는 리코더를 연주했다. 내 짝 민호는 리코더 연주가 서툴다. 선생님께서는 민호가 리코더를 연주하는 것을 보시더니 내게 말씀하셨다. / "규리야, 네가 민호 좀 도와주렴."

나는 음악 시간 내내 민호의 리코더 선생님이 되었다.

"규리야, '솔' 음은 어떻게 소리 내니?"

"응, 내가 가르쳐 줄게."

민호는 가르쳐 주는 대로 잘 따라 했다.

"아, 이렇게 하는 거구나. 고마워, 규리야."

나 집으로 가는 길에 놀이터를 지나게 되었다.

"멍멍!" / 어디선가 강아지 소리가 들려왔다.

자세히 보니 옆집 수호네 엄마께서 강아지를 데리고 산책을 나오셨다. 너무너무 반가웠다. 수호네 강아지는 털이 하얗고 조그만 강아지여서 내가 아주 귀여워한다.

8 글 **가**에서 규리가 겪은 일은 무엇입니까? (   )

① 반 대표로 리코더를 연주했다.

② 음악 시간에 리코더 시험을 봤다.

③ 민호에게 리코더 연주 방법을 가르쳤다.

④ 민호와 떠들다가 선생님께 꾸중을 들었다.

⑤ 선생님 대신 반 친구들에게 리코더 연주 방법을 가르쳤다.

9* 글 **가**에서 규리의 마음으로 알맞은 것을 두 가지 고르시오.   (   )

① 슬픈 마음   ② 뿌듯한 마음

③ 아쉬운 마음   ④ 불안한 마음

⑤ 자랑스러운 마음

10 글 **나**에서 규리가 경험한 일과 비슷한 경험을 떠올려 말한 친구의 이름을 쓰시오.

> 유진: 나도 강아지를 좋아해서 강아지랑 놀 때 기분이 좋아.
>
> 자경: 놀이터에서 친구랑 미끄럼틀을 타고 놀았던 기억이 떠올라.

(   )

가 "난 운동회가 정말 싫어!"

기찬이는 교문 밖으로 후다닥 달려 나갔어요. 그때 이호가 소리쳤어요.

"저것 봐. 달리기도 엄청 느려!"

친구들이 손뼉을 치며 깔깔 웃었어요.

나 이튿날, 운동회에 나갈 선수를 뽑기로 했어요. 모두 들뜬 마음으로 선생님의 말씀에 귀 기울였어요.

"제비뽑기로 선수를 뽑자. 누구나 한 경기씩 나갈 수 있도록 말이야."

다 기찬이의 제비뽑기 순서가 다가왔어요. 기찬이는 '이어달리기'가 쓰인 쪽지를 뽑았어요. 울상이 된 기찬이를 보고 친구들이 몰려들었어요.

㉠"안 봐도 질 게 뻔해!"

"어떡해! 이어달리기가 가장 점수가 높은데!"

11 글 **가**에서 달리기를 못한다고 친구들이 놀릴 때 기찬이의 마음은 어떠했겠습니까?   (   )

① 기뻤을 것이다.   ② 놀랐을 것이다.

③ 속상했을 것이다.   ④ 고마웠을 것이다.

⑤ 불안했을 것이다.

12 기찬이네 반 친구들이 제비뽑기를 한 까닭은 무엇인지 알맞은 것에 ○표 하시오.

(1) 청소 당번을 정하기 위해서   (   )

(2) 이어달리기 순서를 정하기 위해서   (   )

(3) 운동회에 나갈 선수를 뽑기 위해서   (   )

13 기찬이가 왜 울상이 되었는지 빈칸에 알맞은 말을 쓰시오.

• 달리기를 못하는데 '(   )' 이/가 쓰인 쪽지를 뽑아서

14 ㉠에는 친구들의 어떤 마음이 담겨 있습니까?

(   )

① 기쁜 마음   ② 기대되는 마음

③ 미안한 마음   ④ 실망스러운 마음

⑤ 뿌듯한 마음

6

15~17

가 "진 거나 마찬가지야! 다음엔 거북이 나기찬인걸!"
아무도 기찬이를 응원하지 않고 딴전을 부렸어요. 기찬이는 이를 악물고 뛰었어요. 하지만 점점 뒤처지기만 할 뿐이었어요. 이미 백군의 마지막 선수가 달리고 있었어요.
나 그때 이호의 배 속에서 천둥처럼 큰 소리가 났어요. 이호는 갑자기 가로질러 뛰쳐나갔어요. 더 이상 참을 수가 없었던 거예요!
백군의 마지막 선수와 청군의 세 번째 선수 기찬이가 같은 자리를 뛰고 있었어요. 이호가 화장실에 가 버리는 바람에 기찬이의 다음에는 아무도 없었어요.
다 그런데 기찬이가 한 바퀴를 더 도는 게 아니겠어요? 그때 이호가 휴지를 들고 헐레벌떡 뛰어왔어요. 친구들은 그제야 이마를 탁 쳤어요.
"뭐야, 이긴 게 아니야?"
"그것도 한 바퀴나 차이 나게 진 거야?"
㉠이호는 머리를 긁적이며 멋쩍게 웃었어요.
"어디 갔다 왔어!"
기찬이는 이호에게 배턴을 넘겨주었어요.

15 친구들이 기찬이를 응원하지 않고 딴전을 부린 까닭으로 알맞은 것에 ○표 하시오.

(1) 기찬이와 사이가 좋지 않아서 ( )
(2) 기찬이가 이길 수가 없다고 생각해서 ( )
(3) 응원하지 않아도 기찬이가 이길 것이라고 생각해서 ( )

16 기찬이가 한 바퀴를 더 돈 까닭은 무엇인지 쓰시오.

서술형

_____

_____

17 ㉠에서 이호는 어떤 마음이었겠습니까? ( )

① 친구들에게 고맙다.
② 기찬이가 원망스럽다.
③ 기찬이에게 고맙고 미안하다.
④ 자신이 뿌듯하고 자랑스럽다.
⑤ 선생님께 꾸중을 들을까 봐 걱정스럽다.

18~19

주은이가 딱지치기를 하다가 원호에게 예의 없는 말과 행동을 하였습니다.
주은이의 행동에 화가 난 원호

그래. 결심했어! 가서 원호에게 사과하자!
주은이는 자기 때문에 화가 많이 난 원호에게 사과를 하기로 마음 먹었습니다.

㉠미안해, 미안하다고. 됐냐?
말로는 사과한다고 했지만, 표정이나 행동 등이 사과하는 것처럼 느껴지지 않아 원호는 사과를 받지 않았습니다.

주은이는 친구들의 의견을 듣고 원호에게 사과하는 쪽지를 썼습니다.

18 장면 **3**에서 ㉠과 같은 주은이의 사과를 받은 원호는 어떤 마음이겠습니까? ( )

① 즐겁다.   ② 슬프다.
③ 미안하다.   ④ 화가 난다.
⑤ 걱정이 된다.

19 주은이가 쪽지를 쓸 때 어떤 점에 주의했을지 알맞지 <u>않은</u> 것은 무엇입니까? ( )

① 있었던 일을 사실대로 쓴다.
② 자신의 감정을 솔직하게 쓴다.
③ 진심이 느껴지도록 딱딱한 말투로 쓴다.
④ 앞으로 바라는 점이나 자신의 다짐을 쓴다.
⑤ 진심을 담아 상대에게 하고 싶은 말을 쓴다.

국어 활동
20 다음 문장을 다른 사람의 마음을 생각하며 자신의 마음을 전하는 말로 바르게 고친 것에 ○표 하시오.

> 너는 왜 그렇게 준비물을 안 가져오니?

(1) 계속 준비물을 빌려 주면 안 되겠어. ( )
(2) 네가 준비물을 안 가져오면 내가 많이 걱정돼. ( )

점수

1

진수

진수가 약속 시간에 늦은 상황

1단계
낱말
쓰기

이 그림은 어떤 상황을 나타내고 있는지 쓰시오.
[2점]

• 진수가 (　　　　　) 시간에 늦어서 뛰어가는 상
황

2단계
문장
쓰기

**이 그림에서 진수가 어떤 마음을 전해야 하는지
쓰시오.** [3점]

_____

_____

약속 시간에 늦었을 때는 상대에게 어떤
마음을 전할지 그때 할 말을 생각해 봐.

3단계
생각
쓰기

**진수가 2단계에서 쓴 그 마음을 전하기 위해 할 말
을 쓰시오.** [6점]

_____

_____

2~3

그래. 결심했어!
가서 원호에게
사과하자!

1
주은이의 행동에 화가 난 원호
주은이가 딱지치기를 하
다가 원호에게 예의 없는 말
과 행동을 하였습니다.

2
주은이는 자기 때문에 화
가 많이 난 원호에게 사과를
하기로 마음 먹었습니다.

3
미안해,
미안하다고.
됐냐?
말로는 사과한다고 했지
만, 표정이나 행동 등이 사과
하는 것처럼 느껴지지 않아
원호는 사과를 받지 않았습
니다.

4
주은이는 친구들의 의견
을 듣고 원호에게 사과하는
쪽지를 썼습니다.

2 **주은이와 원호가 같이 놀다가 어떤 일이 있었는지
쓰시오.** [5점]

_____

_____

3 **주은이가 원호에게 사과하는 쪽지를 어떻게 쓰면
좋을지 쓰시오.** [15점]

조건
사과하는 쪽지를 쓸 때 주의할 점에 맞게 쓴다.

6 마음을 담아 글을 써요

학습 제재	규리의 하루	배점	30점
학습 목표	자신의 하루를 되돌아보고, 하루 동안 일어난 일과 그때의 마음을 정리할 수 있다.		

● 「규리의 하루」에서 규리가 한 일이나 겪은 일을 정리한 다음 그림을 보고, 물음에 답하시오.

1 규리가 한 일이나 겪은 일과 그때의 마음을 생각하여 빈칸에 알맞은 말을 쓰시오. [9점]

언제	규리가 한 일이나 겪은 일	그때의 마음
아침 시간	더 자고 싶은데 억지로 일어남.	속상한 마음
1교시 사회 시간	발표할 차례가 다가옴.	(1)
3교시 음악 시간	(2)	자랑스러운 마음
집으로 돌아갈 때	수호네 강아지의 하얀 털을 쓰다듬어 줌.	(3)

2 〈문제 1번〉처럼 자신의 하루를 되돌아보고, 하루 동안 일어난 일과 그때의 마음을 정리해 쓰시오. [21점]

> **조건**
> 하루 동안 일어난 일 중 가장 기억에 남거나 인상적인 일을 세 가지만 떠올려 정리해 쓴다.

언제	일어난 일이나 겪은 일	그때의 마음
(1)	(2)	(3)
(4)	(5)	(6)
(7)	(8)	(9)

7 글을 읽고 소개해요

1 글을 읽고 다른 사람에게 소개한 경험 나누기

① 어떤 글을 소개했는지 말해 봅니다.

② 누구에게 소개했는지 말해 봅니다.

③ 무슨 내용을 소개했는지 말해 봅니다.

〈글을 읽고 친구에게 소개하면 좋은 점〉
• 새로운 사실을 알려 줄 수 있음.
• 읽은 글의 내용을 잘 정리할 수 있음.
• 소개하면서 친구들과 많은 이야기를 나눌 수 있음.

 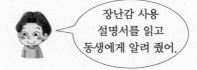

달팽이 놀이를 하는 방법을 읽고 친구들에게 소개해서 재미있게 한 적이 있어.

장난감 사용 설명서를 읽고 동생에게 알려 줬어.

★★ 2 여러 가지 방법으로 책 소개하기

① 어떤 책을 소개하고 싶은지 써 봅니다.

② 소개할 방법과 내용을 씁니다.

③ 친구들에게 책을 소개해 봅니다.

예 책을 소개하는 여러 가지 방법

책 보여 주며 말하기	책 표지를 보며 제목, 글과 그림, 소개하고 싶은 부분, 가장 인상 깊은 부분 등을 소개함.
노랫말을 바꾸어 소개하기	노랫말을 책을 소개하는 내용으로 바꾸어 부름.
새롭게 안 내용을 그림으로 보여 주며 소개하기	책을 읽고 새롭게 안 내용을 정리해 그림으로 보여 주며 책을 소개함.
책갈피를 만들어 소개하기	책을 읽고 기억에 남는 문장을 책갈피 앞쪽에 쓰고 그 까닭을 책갈피 뒤쪽에 써서 책을 소개함.
책 보물 상자를 만들어 소개하기	책 내용과 관련된 물건을 책 보물 상자에 넣고 하나씩 꺼내며 소개함.

★★ 3 독서 감상문에 대해 알기

① 독서 감상문은 책을 읽은 뒤에 책을 읽게 된 까닭, 책 내용, 인상 깊은 부분, 책을 읽은 뒤에 든 생각이나 느낌 따위를 쓴 글입니다.

② 독서 감상문의 특징 → 독서 감상문을 쓸 때에는 책의 모든 내용이나 사건을 다 쓰지 않고 중요한 내용이나 사건을 중심으로 쓸 수 있어요

책을 읽게 된 까닭	그 책을 어떻게 읽게 되었는지를 말함.
책 내용	책에 있는 이야기의 줄거리나 책에 담긴 중요한 정보
인상 깊은 부분	책 내용 가운데 읽은 사람에게 가장 기억에 남는 부분
책을 읽은 뒤에 든 생각이나 느낌	책을 읽고 나서 읽은 사람이 떠올린 생각이나 느낌

개념 확인하기 · 정답과 풀이 23쪽

1 글을 읽고 친구에게 소개하면 좋은 점으로 알맞지 <u>않은</u> 것에 ×표 하시오.

⑴ 읽은 글의 내용을 잘 정리할 수 있다. ( )

⑵ 관심 있는 분야에 대한 흥미가 사라진다. ( )

2 다음은 책을 소개하는 방법 중 어떤 방법에 대한 설명인지 빈칸에 알맞은 말을 쓰시오.

책 내용과 관련된 물건을 책 보물 상자에 넣고 하나씩 꺼내며 소개하는 방법

• ( )을/를 만들어 소개하기

3 ( )은/는 책을 읽은 뒤에 책을 읽게 된 까닭, 책 내용, 인상 깊은 부분, 책을 읽은 뒤에 든 생각이나 느낌 따위를 쓴 글입니다.

4 독서 감상문을 쓰는 방법을 알맞게 말한 친구의 이름을 쓰시오.

주혁: 책의 모든 내용이나 사건을 반드시 다 써야 해.
연우: 책 내용뿐만 아니라 책을 읽은 뒤에 든 생각이나 느낌도 함께 쓰는 것이 좋아.

( )

재미있는 교실 놀이 '앉아서 하는 피구'

'앉아서 하는 피구'는 공 하나로 교실에서 쉽게 즐길 수 있는 놀이이다. 먼저 교실에 있는 책상을 모두 뒤로 밀어 가로로 긴 네모 모양으로 피구장을 만든다. 그다음에는 학급 친구 전체를 두 편으로 나누고 두 편 대표가 가위바위보를 해서 먼저 공격할 쪽을 정한다.

규칙은 피구와 같지만 앉은 자세로 하는 것이 특징이다. <u>공을 굴리는 사람이나 피하는 사람 모두 앉은 자세로 해야 한다.</u> <u>앉은 자세에서 무릎을 한쪽이라도</u>
'앉아서 하는 피구'의 규칙 ①
<u>펴서 일어나는 자세가 되면 누구든 피구장 밖으로 나가야 한다.</u> 상대를 맞힐 때
'앉아서 하는 피구'의 규칙 ②
에는 <u>공을 바닥에 굴려서 맞혀야 한다.</u> 공을 튀기거나 던져서 맞히면 맞은 사람
'앉아서 하는 피구'의 규칙 ③
은 밖으로 나가지 않는다. 공을 피할 때에는 옆으로 이동해 피하거나, 무릎을 가슴에 붙여 앉은 자세로 뜀을 뛰어 피할 수 있다.

<u>굴린 공이 아무도 맞히지 못하고 벽에 닿으면, 수비하던 친구가 공을 잡아 공</u>
'앉아서 하는 피구'의 규칙 ④
<u>격할 기회를 얻는다.</u> 그러나 굴린 공이 벽에 닿기도 전에 잡으면 공에 맞은 것과 똑같이 밖으로 나가야 한다.

결국 공에 맞거나, 일어서거나, 공이 벽에 닿기 전에 잡으면 밖으로 나가야 하는 것이다. 밖으로 나간 친구들은 놀이가 끝날 때까지 지켜본다. 어느 한 편의 친구 모두가 밖으로 나가면 놀이가 끝난다.

- 글의 종류: 소개하는 글
- 글의 특징: 친구들에게 '앉아서 하는 피구'를 소개하기 위해 쓴 글입니다.

핵심내용 「재미있는 교실 놀이 '앉아서 하는 피구'」에서 소개한 놀이 내용

소개하는 놀이 이름	앉아서 하는 ❶ ［ 피 ］［ 구 ］
소개하는 내용	놀이 이름, 준비할 내용, 놀이 규칙

공격(攻 칠 공, 擊 부딪칠 격)할 운동 경기나 오락 따위에서 상대편을 이기기 위해 적극적으로 행동함. 예 이번에는 우리가 공격할 차례야.
수비(守 지킬 수, 備 갖출 비)하던 외부의 침략이나 공격을 막아 지키던.

---

1 이 글에서 소개한 놀이 이름은 무엇입니까?
（　　　）

① 얼음땡
② 딱지치기
③ 공기놀이
④ 스무고개 놀이
⑤ 앉아서 하는 피구

교과서 문제
2 이 글에서 소개한 놀이를 하려면 준비할 내용은 무엇인지 알맞은 것을 모두 고르시오.（　　　）

① 공 하나를 준비한다.
② 학급 친구 전체를 두 편으로 나눈다.
③ 공과 양쪽을 구분할 네트를 준비한다.
④ 골키퍼를 맡을 사람을 각각 한 명씩 정한다.
⑤ 교실에 있는 책상을 모두 뒤로 밀어 가로로 긴 네모 모양의 피구장을 만든다.

3 이 글에서 소개한 놀이의 규칙으로 알맞지 <u>않은</u> 것에 ×표 하시오.

(1) 공을 튀기거나 던져서 상대를 맞힌다.
（　　　）

(2) 공을 굴리는 사람이나 피하는 사람 모두 앉은 자세로 해야 한다.（　　　）

4 이 글을 읽고 새로운 놀이를 알게 된 것처럼, 글에서 새롭게 안 점을 소개한 경험을 말한 친구의 이름을 쓰시오.

사랑: 달팽이 놀이를 텔레비전에서 보고 해 보았는데 재미있었어.
진아: 나랑 가장 친한 친구를 집에 데려가서 부모님께 소개한 적이 있어.
강준: 책을 보고 돌고래가 서로 말을 한다는 내용을 알게 되어 친구에게 소개했어.

（　　　　　　　　）

온 세상 국기가 펄럭펄럭

• 서정훈

• 글의 종류: 설명하는 글
• 글의 특징: 여러 나라 국기에 담긴 의미에 대해 설명하고 있는 글입니다.

미리보기

캐나다 국기에 나라에 많은 설탕단풍 나무의 빨간 단풍잎이 그려 있듯이 국기에는 그 나라의 자연이 담겨 있어. → 멕시코 국기에 신의 계시를 받고 나라를 세운 이야기가 그려 있듯이 국기에는 그 나라의 전설이 담겨 있어. → 미국 국기에 오십 개의 주를 뜻하는 오십 개의 별이 그려 있듯이 국기에는 그 나라의 땅이 담겨 있어. → 국기는 나라를 나타내는 얼굴이라서 나라를 빛내는 순간이나 나라를 대표하는 자리에 언제나 국기가 함께해.

1 두근두근, 두근두근!

드디어 월드컵 개막식이 시작되었어.

각 나라를 대표하는 선수들이 운동장으로 줄지어 들어오고 있어. / 커다란 국기를 펼쳐 들고서 말이야.

갖가지 무늬와 색깔의 국기들이 물결처럼 출렁거려.
<u>각 나라의 선수들이 들고 있는 국기들이 한곳에 섞여 흔들리고 있는 모습</u>
그런데 왜 국기를 들고 입장하냐고?

국기는 그 나라를 나타내는 깃발이거든.

중심 내용 1 월드컵 개막식이 시작되자 각 나라를 대표하는 선수들이 그 나라를 나타내는 깃발인 국기를 들고 입장해.

2 국기에는 그 나라의 자연이 담겨 있어.

캐나다에는 설탕단풍 나무가 많이 자라.

설탕단풍 나무는 캐나다처럼 추운 날씨에 잘 자라거든.

가을에 붉은색으로 단풍이 들면 얼마나 고운지 몰라.

캐나다 사람들은 설탕단풍 나무에서 나오는 즙으로 달콤한 메이플시럽을 만들어 먹기도 해.

그래서 캐나다 사람들은 국기에 <u>빨간 단풍잎을 그려</u> 넣었어.
<u>캐나다 국기에 담겨 있는 자연의 모습</u>

중심 내용 2 국기에는 그 나라의 자연이 담겨 있는데, 캐나다 국기에는 그 나라에서 많이 자라는 설탕단풍 나무의 잎이 그려져 있어.

핵심내용 「온 세상 국기가 펄럭펄럭」에 나오는 국기와 그것에 담겨 있는 것

국기	국기에 담겨 있는 것
 ▲ 캐나다	캐나다 사람들은 설탕단풍 나무에서 나오는 즙으로 달콤한 메이플시럽을 만들어 먹어서 국기에 빨간 ❶ ㄷ ㅍ ㅇ 을 그려 넣었음.

개막식(開 열 개, 幕 장막 막, 式 법 식) 일정 기간 동안 계속되는 행사를 처음 시작할 때 행하는 의식.
출렁거려 물 따위가 큰 물결을 이루며 자꾸 흔들려.

입장하냐고 어떠한 곳이나 일정한 구역의 안으로 들어가냐고. 예 곧 공연이 시작되니 관객 여러분은 빨리 입장해 주시기 바랍니다.
고운지 색깔이 밝고 산뜻하여 보기 좋은 상태에 있는지.

---

1 월드컵 개막식 때, 각 나라를 대표하는 선수들이 국기를 들고 입장하는 까닭은 무엇입니까?
( )

① 행사에 참여한다는 표시여서
② 각 나라의 국기를 서로 알리려고
③ 예전부터 전해 내려오는 전통이어서
④ 국기로 행사를 화려하게 장식하려고
⑤ 국기는 그 나라를 나타내는 깃발이어서

교과서 문제

3 캐나다 국기에 빨간 단풍잎을 그려 넣은 까닭은 무엇입니까? ( )

① 캐나다의 날씨가 추워서
② 캐나다가 단풍잎 모양으로 생겨서
③ 캐나다 사람들이 빨간색을 좋아해서
④ 캐나다에 설탕단풍 나무가 많이 자라서
⑤ 캐나다 사람들이 자연을 아끼고 사랑해서

2 국기에는 무엇이 담겨 있다고 하였는지 빈칸에 알맞은 말을 쓰시오.

그 나라의 ( )

4 캐나다 사람들이 설탕단풍 나무에서 나오는 즙으로 만들어 먹은 것은 무엇인지 쓰시오.

( )

3 국기에는 그 나라의 전설이 담겨 있어.

멕시코 국기 이야기를 들어 볼래?

어느 날, 아즈텍족이 신의 계시를 받았어.

"독사를 물고 날아가는 독수리가 선인장 위에 앉으
<u>면 그곳에 도시를 세워라!</u>"
　　　신으로부터 받은 계시의 내용

계시대로 독수리가 내려앉은 곳에 도시를 세웠더니
점점 강해져 아즈텍 제국으로 발전했고, 오늘날의 멕
시코가 되었대.

그래서 나라를 세운 이야기를 국기에 그려 넣은 거야.

〔중심 내용 3〕 국기에는 그 나라의 전설이 담겨 있는데, 멕시코 국기에는 아즈텍족이
신의 계시를 받고 나라를 세운 전설이 담겨 있어.

4 국기에는 그 나라의 땅이 담겨 있어.

미국 국기에는 줄과 별이 참 많지? 도대체 몇 개인
지 한번 세어 볼까? 줄이 열세 개, 별이 오십 개야. 미
국이 처음 나라를 세울 때에는 주가 열세 개였대. 열세

개의 줄은 그걸 기념하는 거야. 미국 땅이 점점 커져
　　　미국이 처음 나라를 세울 때 주가 열세 개였던 것
주가 생길 때마다 국기의 별이 하나씩 늘어났는데 지
금은 주가 오십 개라서 별도 오십 개가 된 거야. 땅과
함께 국기도 변한 거지.

〔중심 내용 4〕 국기에는 그 나라의 땅이 담겨 있는데, 미국 국기에는 미국의 오십 개 주
를 뜻하는 오십 개의 별이 그려져 있어.

> 국기에는 그 나라의 땅이 담겨 있다는 내용으로, 미국 국기의
> 줄과 별에 담긴 의미를 묻는 문제가 자주 출제돼.

〔핵심내용〕 「온 세상 국기가 펄럭펄럭」에 나오는 국기와 그것에 담겨 있는 것

국기	국기에 담겨 있는 것
▲ 멕시코	아즈텍족이 독사를 문 독수리가 선인장 위에 앉으면 그곳에 도시를 세우라는 신의 계시대로 도시를 세워 점점 강해졌고 오늘날의 멕시코가 되었는데, 이 이야기를 국기에 그렸음.
▲ 미국	열세 개의 줄은 처음 나라를 세울 때 주가 열세 개 있었음을 의미하고, ❷ㅂ이 오십 개인 것은 현재 미국의 주가 오십 개임을 뜻함.

전설(傳 전할 전, 說 말씀 설) 옛날부터 민간에서 전하여 내려오는 이야
기. 예 이 마을에는 옛날부터 전해 내려오는 전설이 있습니다.

계시(啓 열 계, 示 보일 시) 사람의 지혜로써는 알 수 없는 진리를 신이
가르쳐 알게 함.

제국(帝 임금 제, 國 나라 국) 황제가 다스리는 나라. 예 그 나라는 한때
서유럽 전역에서 사나운 위세를 떨치던 제국이었습니다.

주 연방 국가의 행정 구역의 하나. 예 미국은 오십 개의 주로 이루어
진 나라입니다.

---

5 글 **3**과 **4**에서는 국기에 무엇이 담겨 있다고 하
였는지 알맞은 것을 두 가지 고르시오.

(　　　　)

① 땅　　　　　　② 나이
③ 전설　　　　　④ 의상
⑤ 민족성

6 멕시코의 국기에 무엇이 그려져 있는지 알맞은 것
을 모두 고르시오. (　　　　)

① 뱀
② 별
③ 선인장
④ 독수리
⑤ 신의 계시를 받은 장소

7 미국 국기에서 열세 개의 줄은 무엇을 의미하는지
알맞은 것에 ○표 하시오.

(1) 미국이 처음 나라를 세울 때 주가 열세 개 있
었음을 의미한다. (　　　)
(2) 미국을 세우기 위해 큰 공을 세운 사람이 열세
명이라는 것을 의미한다. (　　　)
(3) 미국이 독립된 열세 개의 나라들이 합쳐져서
만들어진 나라임을 의미한다. (　　　)

8 미국이 처음 나라를 세울 때에 국기의 모습이 어
떠하였을지 알맞은 것에 ○표 하시오.

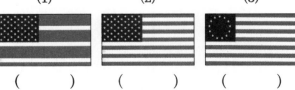

(1)　　　　　　(2)　　　　　　(3)

(　　　)　　(　　　)　　(　　　)

5 우리나라 국기인 태극기도 궁금하지?

일본에 나라를 빼앗긴 시대에는 태극기를 마음대로
　　　일제 강점기　　　　　　　일본이 태극기 사용을 금지했기 때문에
사용하지 못했어. / 일본이 태극기 사용을 금지했거든.

하지만 우리는 독립하려고 열심히 싸울 때마다 태극
기를 힘차게 휘날렸어.

마침내 1945년에 나라를 되찾았고, 그동안 무늬가
조금씩 달랐던 태극기는 1949년에 지금의 태극기 모
습으로 정해졌어.

우리나라 사람들의 평화를 사랑하는 마음은 태극기
의 흰색에 담겨 있어.

태극 문양은 조화로운 우주를 뜻하고, 네 모서리의
사괘는 하늘, 땅, 물, 불을 나타낸 거야.

중심 내용 5 우리나라 국기인 태극기의 흰색, 태극 문양, 네 모서리의 사괘에는 각각
의 다른 의미가 담겨 있어.

> 우리나라 국기인 태극기에 대해 설명한 부분으로,
> 태극기에 담긴 의미를 묻는 문제가 자주 출제돼.

6 국기는 그 나라를 나타내는 얼굴이야.

국제 경기에 참가할 때에도, 메달을 땄을 때에도, 에
베레스트산 정상에 올랐을 때에도 …… 나라를 빛내는
　　　　　　　　　　　　　　　　　　국기가 함께하는 때 ①
순간에는 언제나 국기가 함께해.

남극의 과학 기지에도, 우주로 날아가는 우주선에
도, 국제연합[유엔] 본부에도 …… 나라를 대표하는 자
　　　　　　　　　　　　　　　　국기가 함께하는 때 ②
리에는 언제나 국기가 함께해.

국기는 그 나라이자 국민이거든.

중심 내용 6 국기는 그 나라를 나타내는 얼굴이기 때문에 나라를 빛내는 순간이나 나
라를 대표하는 자리에 언제나 국기가 함께해.

핵심내용 「온 세상 국기가 펄럭펄럭」에 나오는 국기와 그것에 담겨 있는 것

국기	국기에 담겨 있는 것
 ▲ 대한민국	1949년 지금의 태극기 모습으로 정해짐. 태극기의 ❸ ㅎ ㅅ 은 평화를 사랑하는 마음, 태극 문양은 조화로운 우주, 네 모서리의 사괘는 하늘, 땅, 물, 불을 나타냄.

금지했거든　법이나 규칙이나 명령 따위로 어떤 행위를 하지 못하도록
　했거든.
독립(獨 홀로 독, 立 설 립)하려고　한 나라가 정치적으로 완전한 주권을
　행사하려고.

문양(文 글월 문, 樣 모양 양)　옷감이나 조각품 따위를 장식하기 위한 여
　러 가지 모양. 무늬. 예 한복에 무궁화 모양의 문양을 수놓았어요.
국제연합　제2차 세계 대전 후 국제 평화와 안전의 유지, 협력을 달성
　하기 위하여 만든 국제 평화 기구.

9 태극기에 대한 설명으로 알맞은 것을 모두 고르시
오.　　　　　　　　　　　　　（　　　　　）

① 태극기의 무늬는 조금씩 변했다.
② 태극 문양과 사괘에 의미가 담겨 있다.
③ 독립하려고 싸울 때 태극기를 사용했다.
④ 1945년에 지금의 태극기 모습으로 정해졌다.
⑤ 일본에 나라를 빼앗긴 시대에도 태극기를 마음
　대로 사용하였다.

10 태극기에 담겨 있는 뜻에 맞게 선으로 이으시오.

(1) 흰색 ・　　・① 조화로운 우주

(2) 태극 문양 ・　　・② 하늘, 땅, 물, 불

(3) 사괘 ・　　・③ 우리나라 사람들의 평화를 사랑하는 마음

11 국기가 나라를 나타내는 얼굴임을 알 수 있는 예를
서술형 한 가지만 쓰시오.

_____

_____

12 다음 그림에서 아이는 어떤 방법으로 이 책을 소개
하고 있는지 알맞은 것에 ○표 하시오.

> 국기는
> 그 나라를 나타내는
> 얼굴이야. ……

(1) 책 보여 주며 말하기　　　（　　　）
(2) 책갈피를 만들어 소개하기　　（　　　）
(3) 책 보물 상자를 만들어 소개하기　（　　　）

바위나리와 아기별의 우정

- 글의 종류: 독서 감상문
- 글의 특징: 『바위나리와 아기별』을 읽고 책을 읽게 된 까닭, 책 내용, 인상 깊은 부분, 책을 읽은 뒤에 든 생각이나 느낌을 쓴 글입니다.

미리 보기

| 앞표지에 있는 바위나리와 아기별 그림이 무척 예뻐서 내용이 궁금했기 때문에 학교에서 『바위나리와 아기별』을 읽었다. | 바닷가에 핀 꽃 바위나리와 아기별은 친구가 되었지만, 아기별이 바닷가에 내려오지 못하자 바위나리는 점점 시들다가 바람에 날려 갔다. | 바위나리를 그리워하며 밤마다 울다가 빛을 잃은 아기별이 하늘 나라에서 쫓겨나 바다로 떨어진 장면이 가장 기억에 남는다. | 주위에 바위나리처럼 외로운 친구가 있는지 생각해 보았고 그 친구에게 아기별과 같은 친구가 되어야겠다는 생각이 들었다. |

1 오늘은 학교에서 『바위나리와 아기별』이라는 책을 읽었다. 앞표지에 있는 바위나리와 아기별 그림이 무척 예뻐서 내용이 궁금했기 때문이다. 이 책은 <u>바위나리와 아기별의 우정</u> 이야기이다.
책에서 다루고 있는 내용

> 책을 읽게 된 까닭을 썼구나.

중심 내용 1 앞표지에 있는 바위나리와 아기별 그림이 무척 예뻐서 내용이 궁금해서 『바위나리와 아기별』이라는 책을 읽었다.

2 바위나리는 바닷가에 핀 아름다운 꽃이었다. 하지만 친구가 없어 늘 ㉠외로웠다. 어느 날 밤, 아기별이 하늘에서 내려와 둘은 친구가 되었고, 바위나리와 아기별은 밤마다 만나 즐겁게 놀았다.

그러던 어느 날, 병이 든 바위나리를 ㉡간호하던 아기별은 너무 늦게 하늘 나라로 올라가 그 벌로 다시는 바닷가에 내려오지 못했다. 아기별을 기다리던 바위나리는 점점 ㉢시들다가 그만 바람이 세게 불어 바다로 ㉣날려 갔다. 아기별은 밤마다 울다가 빛을 ㉤잃어 바다로 떨어졌다. 바위나리가 날려 간 바로 그 바다였다.
아기별이 빛을 잃게 된 까닭

> 책 내용을 소개하는구나.

중심 내용 2 바위나리와 아기별은 친구가 되었지만, 아기별이 다시 바닷가로 내려오지 못하자 바위나리는 바다로 날려 가고 아기별은 바다로 떨어졌다.

우정(友 벗 우, 情 뜻 정) 친구 사이의 정. ⑩ 주환이와 나는 어떠한 경우에도 <u>우정</u>을 지키기로 약속했습니다.

세게 물, 불, 바람 따위의 기세가 크거나 빠르게. ⑩ 겨울에는 바람이 <u>세게</u> 불어 무척 춥습니다.

13 이 글은 어떤 책을 읽고 쓴 글인지 쓰시오.
( )

14 글쓴이가 〈문제 **13**번〉에서 답한 책을 읽게 된 까닭은 무엇입니까? ( )

① 친구가 추천해 주었기 때문에
② 국어 교과서에 소개된 책이기 때문에
③ 선생님께서 재미있다고 말씀해 주셨기 때문에
④ 앞표지에 있는 그림이 예뻐서 내용이 궁금했기 때문에
⑤ 도서관에서 친구가 읽는 것을 보고 재미있어 보였기 때문에

15 글 **2**는 독서 감상문의 특징 중 무엇에 해당하는 부분입니까? ( )

① 책 내용
② 인상 깊은 부분
③ 책을 읽게 된 까닭
④ 책을 읽은 뒤에 든 생각
⑤ 책을 읽은 뒤에 든 느낌

교과서 문제
16 ㉠~㉤ 중 다음의 뜻을 가진 낱말은 무엇입니까? ( )

> 다쳤거나 앓고 있는 환자나 노약자를 보살피고 돌보다.

① ㉠   ② ㉡   ③ ㉢
④ ㉣   ⑤ ㉤

3 나는 이 책에서 <u>바위나리를 그리워하며 울다가 빛을 잃은 아기별이 하늘 나라에서 쫓겨나 바다로 떨어진 장면</u>이 가장 기억에 남는다. 왜냐하면 살아 있을 때에는 만나지 못하다가 죽은 뒤에야 같이 있을 수 있게 된 것이 너무 슬펐기 때문이다. 바위나리는 몸이 아파 아기별을 만나지 못해 너무 슬펐다. 얼마나 슬펐으면 가슴이 미어졌을까?

<u>가장 인상 깊은 부분</u>

> 인상 깊은 부분을 썼구나.

중심 내용 **3** 바위나리를 그리워하며 울다가 빛을 잃은 아기별이 하늘 나라에서 쫓겨나 바다로 떨어진 장면이 가장 기억에 남는다.

4 이 책을 읽고 주위에 바위나리처럼 외로운 친구가 있는지 생각해 보았다. 그리고 그 친구에게 아기별과 같은 친구가 되어야겠다는 생각이 들었다. 나는 바위나리와 아기별의 우정이 아름다우면서도 안타깝고 슬펐다.

> 책을 읽은 뒤에 든 생각이나 느낌을 썼구나.

중심 내용 **4** 주위에 바위나리처럼 외로운 친구가 있는지 생각해 보고 그 친구에게 아기별과 같은 친구가 되어야겠다는 생각이 들었다.

> 독서 감상문에서 인상 깊은 부분과 책을 읽은 뒤에 든 생각이나 느낌을 나타낸 부분으로, 인상 깊었던 까닭이나 책을 읽은 뒤의 생각이나 느낌을 묻는 문제가 자주 출제돼.

핵심내용 「바위나리와 아기별의 우정」을 읽고 독서 감상문의 특징 알아보기

독서 감상문	책을 읽은 뒤에 책을 읽게 된 까닭, 책 내용, 인상 깊은 부분, 책을 읽은 뒤의 생각이나 느낌 따위를 쓴 글
책을 읽게 된 까닭을 밝힘.	앞표지에 있는 바위나리와 아기별 그림이 무척 예뻐서 내용이 궁금했기 때문임.
책 내용을 소개함.	친구가 된 바위나리와 아기별이 서로 그리워하다가 바위나리는 점점 시들다가 그만 바람이 세게 불어 바다로 날려 가고 빛을 잃은 아기별은 그 바다로 떨어짐.
인상 깊은 부분을 씀.	바위나리를 그리워하며 울다가 빛을 잃은 아기별이 하늘 나라에서 쫓겨나 바다로 떨어진 장면이 가장 기억에 남는데, 죽은 뒤에야 같이 있을 수 있게 된 것이 너무 슬펐기 때문임.
책을 읽은 뒤에 든 생각이나 느낌을 씀.	바위나리처럼 외로운 친구를 생각해 보고 그 친구에게 **4** ㅇ ㄱ ㅂ 과 같은 친구가 되어야겠다는 생각이 들었음.

미어졌을까 가슴이 찢어질 듯이 심한 고통이나 슬픔을 느꼈을까.
예 매일 붙어 지내던 진영이와 다른 반이 되어 헤어진다고 생각하니 벌써부터 가슴이 <u>미어집니다</u>.

안타깝고 뜻대로 되지 아니하거나 보기에 딱하여 가슴 아프고 답답하고. 예 이번 축구 시합에서 우리 반이 우승을 놓친 것은 정말로 안타깝습니다.

---

17 글쓴이가 가장 기억에 남는다고 한 장면은 무엇입니까? ( )

① 바위나리가 아기별을 만나 즐겁게 노는 장면
② 바위나리가 아기별을 기다리며 밤새 우는 장면
③ 아기별이 늦게 하늘 나라로 돌아가서 혼이 나는 장면
④ 바위나리가 점점 시들다가 바람이 세게 불어 바다로 날려 가는 장면
⑤ 바위나리를 그리워하며 울다가 빛을 잃은 아기별이 하늘 나라에서 쫓겨나 바다로 떨어진 장면

18 〈문제 17번〉에서 답한 장면이 가장 기억에 남는다고 한 까닭을 찾아 쓰시오.

_____

_____

19 글 **4**에는 독서 감상문의 특징 중 어떤 부분이 나타나 있는지 알맞은 것에 ○표 하시오.

(1) 책 내용 ( )
(2) 인상 깊은 부분 ( )
(3) 책을 읽게 된 까닭 ( )
(4) 책을 읽은 뒤에 든 생각이나 느낌 ( )

20 글쓴이가 책을 읽고 난 뒤에 생각한 것으로 알맞은 것을 모두 고르시오. ( )

① 주위에 외로운 친구가 있는지 생각해 보았다.
② 이 책을 읽지 않은 친구들에게 소개해 줘야겠다.
③ 외로운 친구에게 아기별과 같은 친구가 되어야겠다.
④ 바위나리와 아기별의 우정이 아름다우면서도 안타깝고 슬펐다.
⑤ 아기별이 바위나리에게 했던 것처럼 주변의 친구나 가족들에게 잘해 줘야겠다.

핵심내용 독서 감상문으로 교실 꾸미기

- 독서 감상문을 쓰고 싶은 책 생각하기
- 소개할 책 제목 쓰기
- 독서 감상문에 들어갈 내용을 친구들과 이야기하기
  - 책을 읽게 된 까닭
  - 책 내용
  - ❶ ⃞이⃞상⃞ 깊은 부분
  - 책을 읽은 뒤에 든 생각이나 느낌
- 독서 감상문으로 교실을 꾸미는 방법 정하기

1 친구들이 반에서 한 활동을 보며 이야기 나누고 있습니다. 아이들이 한 말과 그림으로 보아 어떤 활동을 한 것인지 알맞은 것에 ○표 하시오.

(1) 독서 감상문 발표하기 ( )
(2) 독서 감상문으로 교실 꾸미기 ( )
(3) 인상 깊은 책을 떠올려 책 표지 그리기
( )

2 독서 감상문을 쓰는 방법을 생각하여 ㉠에 들어갈 알맞은 말을 한 친구의 이름을 모두 쓰시오.

> 윤주: 책을 읽게 된 까닭을 썼구나.
> 지현: 책을 산 장소가 어디인지 소개했구나.
> 성민: 책을 읽고 가장 인상 깊은 부분을 썼구나.

( )

3 보기 와 같이 독서 감상문으로 교실을 꾸미는 방법을 생각하여 한 가지 쓰시오.

서술형

> 보기
> 나뭇잎 모양으로 책 나무 환경판을 만들어 꾸미기

( )

4 독서 감상문으로 교실 꾸미기 활동을 하는 순서로 알맞은 것은 무엇입니까? ( )

> ㉮ 소개할 책 제목을 쓴다.
> ㉯ 독서 감상문을 쓰고 싶은 책을 생각한다.
> ㉰ 독서 감상문으로 교실을 꾸미는 방법을 정한다.
> ㉱ 독서 감상문에 어떤 내용이 들어가는지 친구들과 이야기해 본다.

① ㉮ → ㉯ → ㉰ → ㉱   ② ㉮ → ㉰ → ㉱ → ㉯
③ ㉯ → ㉮ → ㉱ → ㉰   ④ ㉰ → ㉮ → ㉯ → ㉱
⑤ ㉱ → ㉮ → ㉰ → ㉯

산꼭대기에 열차가?

• 김대조

• 글의 종류: 이야기
• 글의 내용: 영롱이가 산꼭대기에서 열차를 발견하고 그 열차가 탐정 사무소임을 확인하고 주인인 명탐정 아인슈타인과 이야기를 나누는 내용입니다.

가 영롱이는 산마루로 향하는 오르막길로 발걸음을 옮겼다.
산등성이의 가장 높은 곳

'다시 집으로 돌아갈까? 가방이야 내일 학교 가는 길에 찾으면 되잖아. 설마 그걸 누가 훔쳐 가기야 하겠어?'

빗소리가 더욱 거세졌다. 영롱이는 그냥 집으로 돌아가고 싶은 마음이 자꾸만 커졌다.

"어디에 정신을 팔고 다니기에 가방을 내팽개치고 다녀? 당장 가서 찾아와!"

엄마의 날카로운 목소리가 빗속 어딘가에서 들려오는 것 같았다. 어쩔 수 없이 영롱이는 가던 길을 계속 갔다.

나 아까보다 더 큰 번개가 쳤다. 그 순간 영롱이는 분명히 보았다. 산꼭대기에 나타난 ㉠거대한 검은 물체를!

영롱이는 침을 크게 꿀꺽 삼켰다. / 콰르릉 쾅!

뒤따라 천둥이 요란하게 울렸다. 영롱이는 그 자리에서 그대로 얼어 버렸다.
평소에 없던 거대한 검은 물체가 있어서

다 다음 날, 영롱이는 어젯밤에 본 것이 무엇인지 확인하고 싶었다. 겁도 났지만 날이 밝으니까 괜찮을 거라고 용기를 내었다.

"어? 저게 뭐지?"

분명 며칠 전까지만 해도 빈터였던 곳에 열차가 한 대 떡하니 서 있었다. 고장 난 증기 기관차처럼 보였다.

"산꼭대기에 왜 열차가 있지?"

라 "좋아. 그럼 내가 먼저 대답하지. 난 이 열차, 그
기차가 탐정 사무소라고 소개함.
러니까 탐정 사무소의 주인인 명탐정 아인슈타인이
사건을 해결하는 능력이 뛰어나 이름이 널리 알려진 탐정
란다."

"이 기차가 탐정 사무소라고요?"

영롱이는 아저씨의 모습을 다시 살펴보았다.

"여기에서 무슨 일을 하시는데요?"

"잃어버린 물건, 도둑맞은 물건, 해결하지 못한 문제 등 어떤 일이든 해결해 줄 수 있어. 나는 명탐정 아인슈타인이니까."

---

1 영롱이가 산마루로 향하는 오르막길로 간 까닭은 무엇입니까? (   )

① 학교에 가기 위해서
② 두고 온 가방을 찾기 위해서
③ 열차를 구경하러 가기 위해서
④ 명탐정을 만나러 가기 위해서
⑤ 엄마의 심부름을 가기 위해서

2 ㉠은 무엇인지 글 다에서 찾아 두 글자로 쓰시오.
(   )

3 글 나에서 영롱이는 어떤 마음이 들었겠습니까? (   )

① 신난다.   ② 슬프다.
③ 두렵다.   ④ 신기하다.
⑤ 자랑스럽다.

4 영롱이가 산꼭대기에서 만난 사람은 누구인지 쓰시오.
(   )

5 이 글을 읽고 책을 소개하기 위한 책 보물 상자에 넣을 물건으로 '열차 그림'을 골랐다면 그 까닭으로 알맞은 것에 ○표 하시오.

(1) 탐정 사무소가 ○○에 있다는 게 신기해서
(   )

(2) 친구들과 놀다가 ○○을/를 두고 와서 깜짝 놀란 적이 있어서
(   )

여러 가지 타악기

・글의 종류: 독서 감상문
・글의 특징: 여러 가지 타악기에 대해 설명한 글을 읽고 책 내용, 기억에 남는 부분, 책을 읽고 한 생각 등을 쓴 글입니다.

1 나는 음악을 좋아한다. 그래서 도서관에 가면 음악에 대한 책을 자주 찾는다. 이번에는 악기에 대한 책을 읽고 독서 감상문을 썼다.

중심 내용 **1** 나는 음악을 좋아해서 악기에 대한 책을 읽고 독서 감상문을 썼다.

2 책에는 여러 가지 타악기가 나와 있었다. 트라이앵글, 탬버린, 북, 심벌즈는 내가 이미 알고 있는 타악기였다. 내가 모르는 팀파니와 비브라폰도 있었다. 팀파니는 밑이 좁은 통에 막을 씌운 것인데 두드리면 일정한 소리를 낸다. 비브라폰은 실로폰처럼 생긴 쇠막대를 두드려서 연주하는 악기이다.

▲ 팀파니

▲ 비브라폰

중심 내용 **2** 책에는 트라이앵글, 탬버린, 북, 심벌즈, 팀파니와 비브라폰 등 여러 가지 타악기가 나와 있었다.

3 책에서 읽은 타악기 가운데에서 마라카스가 가장 기억에 남는다. 마라카스는 '마라카'라는 열매를 말려서 그 속에 말린 씨를 넣고 흔들어서 소리를 낸다. '마라카'라는 열매가 있다니 참 신기했다.

▲ 마라카스

중심 내용 **3** 책에서 읽은 타악기 가운데 '마라카'라는 열매를 말려 만든 마라카스가 가장 기억에 남는다.

4 책을 읽고 나서 나도 타악기를 하나 만들어 보고 싶다는 생각을 했다. 컵라면 그릇 두 개를 준비하고 윗면에 두꺼운 종이로 뚜껑을 만들어 붙인다. 바닥을 서로 붙이고 나무젓가락으로 두드리면 소리가 나겠지?

중심 내용 **4** 책을 읽고 나서 나도 타악기를 하나 만들어 보고 싶다는 생각을 했다.

타악기(打 칠 타, 樂 노래 악, 器 그릇 기) 두드려서 소리를 내는 악기를 통틀어 이르는 말. 예 탬버린과 북은 타악기이다.

일정한 어떤 것의 양, 성질, 상태, 계획 등이 달라지지 아니하고 한결같은.

---

6 글 **1**~**4**에 드러나는 독서 감상문의 특징을 보기 에서 찾아 기호를 쓰시오.

보기
㉮ 책 내용
㉯ 인상 깊은 부분
㉰ 책을 읽게 된 까닭
㉱ 책을 읽은 뒤에 든 생각이나 느낌

(1) 글 **1**: (   )
(2) 글 **2**: (   )
(3) 글 **3**: (   )
(4) 글 **4**: (   )

7 다음은 어떤 타악기에 대한 설명인지 쓰시오.

밑이 좁은 통에 막을 씌운 것인데 두드리면 일정한 소리를 낸다.

(   )

8 글쓴이가 가장 기억에 남는다고 한 악기는 무엇입니까? (   )

① 북
② 탬버린
③ 심벌즈
④ 마라카스
⑤ 비브라폰

9 글쓴이가 어떻게 타악기를 만들려고 하는지 쓰시오.

서술형

_____

_____

낱말의 뜻

1 다음 낱말의 뜻으로 알맞은 것을 보기 에서 찾아 기호를 쓰시오.

> 보기
> ㉠ 친구 사이의 정.
> ㉡ 외부의 침략이나 공격을 막아 지킴.
> ㉢ 옷감이나 조각품 따위를 장식하기 위한 여러 가지 모양.
> ㉣ 일정 기간 동안 계속되는 행사를 처음 시작할 때 행하는 의식.

(1) 수비 (   )   (2) 문양 (   )
(3) 우정 (   )   (4) 개막식 (   )

헷갈리기 쉬운 말

2 보기 의 낱말과 뜻을 보고, 빈칸에 알맞은 낱말을 찾아 쓰시오.

> 보기
> • **맞혀야**: 물체를 쏘거나 던져서 어떤 물체에 닿게 해야.
> • **마쳐야**: 하던 일이나 과정이 끝나야.

(1) 숙제를 (   ) 친구들과 놀 수 있단다.
(2) 공을 튀기거나 던져서 상대를 (   ) 한다.

문장의 호응

3 문장에 어울리는 낱말을 (   ) 안에서 골라 ○표 하시오.

(1) (설마 , 결코) 가방을 누가 훔쳐 가기야 하겠어?
(2) 두근두근! (어쩌면 , 드디어) 월드컵 개막식이 시작되었다.
(3) 미국 국기에는 줄과 별이 참 많지? (만약 , 도대체) 몇 개인지 세어 볼까?

낱말의 형태

4 보기 를 읽고, 두 낱말을 합쳐서 하나의 낱말을 만들어 쓰시오.

> 보기
> • 나무+가지
> → 나뭇가지

두 낱말이 합쳐져 하나의 낱말이 될 때 그 사이에 'ㅅ'이 덧붙기도 해.

(1) 바다+가 → (   )
(2) 비+소리 → (   )

포함되는 말

5 빈칸에 들어갈 포함되는 말이 <u>아닌</u> 것은 무엇입니까? (   )

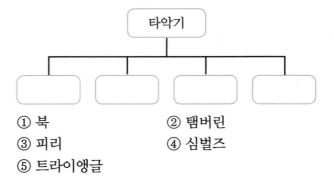

① 북   ② 탬버린
③ 피리   ④ 심벌즈
⑤ 트라이앵글

맞춤법

6 다음 설명을 읽고, (   ) 안에서 바른 표기를 골라 ○표 하시오.

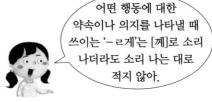
어떤 행동에 대한 약속이나 의지를 나타낼 때 쓰이는 '-ㄹ게'는 [께]로 소리 나더라도 소리 나는 대로 적지 않아.

(1) 다섯 시쯤 (올께요 , 올게요).
(2) 다음 공은 내가 (칠게 , 칠께).
(3) 내일부터 운동을 열심히 (할께요 , 할게요).
(4) 맛있게 잘 (먹을깨요 , 먹을게요 , 먹을께요).

점수

1~4

'앉아서 하는 피구'는 공 하나로 교실에서 쉽게 즐길 수 있는 놀이이다. 먼저 교실에 있는 책상을 모두 뒤로 밀어 가로로 긴 네모 모양으로 피구장을 만든다. 그다음에는 학급 친구 전체를 두 편으로 나누고 두 편 대표가 가위바위보를 해서 먼저 공격할 쪽을 정한다.

규칙은 피구와 같지만 앉은 자세로 하는 것이 특징이다. 공을 굴리는 사람이나 피하는 사람 모두 앉은 자세로 해야 한다. 앉은 자세에서 무릎을 한쪽이라도 펴서 일어나는 자세가 되면 누구든 피구장 밖으로 나가야 한다. 상대를 맞힐 때에는 공을 바닥에 굴려서 맞혀야 한다. 공을 튀기거나 던져서 맞히면 맞은 사람은 밖으로 나가지 않는다. 공을 피할 때에는 옆으로 이동해 피하거나, 무릎을 가슴에 붙여 앉은 자세로 뜀을 뛰어 피할 수 있다.

굴린 공이 아무도 맞히지 못하고 벽에 닿으면, 수비하던 친구가 공을 잡아 공격할 기회를 얻는다. 그러나 굴린 공이 벽에 닿기도 전에 잡으면 공에 맞은 것과 똑같이 밖으로 나가야 한다.

1 이 놀이를 할 때 필요한 준비물은 무엇인지 이 글에서 찾아 세 글자로 쓰시오.

( )

2⭐ 이 글에서는 놀이의 어떤 내용을 소개하고 있는지 모두 고르시오. ( )

① 이름   ② 규칙
③ 걸리는 시간   ④ 준비할 내용
⑤ 필요한 인원 수

3 이 놀이가 피구와 다른 점으로 알맞은 것에 ○표 하시오.

(1) 앉은 자세로 한다. ( )
(2) 공을 가지고 놀이한다. ( )
(3) 두 편으로 나누어 진행한다. ( )

4 다음 중 피구장 밖으로 나가야 하는 상황이 <u>아닌</u> 것을 두 가지 고르시오. ( )

① 바닥에 굴린 공에 맞은 경우
② 옆으로 이동해 공을 피한 경우
③ 튀기거나 던진 공에 맞은 경우
④ 굴린 공이 벽에 닿기 전에 잡은 경우
⑤ 앉은 자세에서 무릎을 펴서 일어난 경우

5~7

캐나다에는 설탕단풍 나무가 많이 자라.
설탕단풍 나무는 캐나다처럼 추운 날씨에 잘 자라거든.
가을에 붉은색으로 단풍이 들면 얼마나 고운지 몰라.
캐나다 사람들은 설탕단풍 나무에서 나오는 즙으로 달콤한 메이플시럽을 만들어 먹기도 해.
그래서 캐나다 사람들은 국기에 빨간 단풍잎을 그려 넣었어.

5 설탕단풍 나무가 잘 자라는 곳은 어디입니까?

( )

① 더운 곳   ② 추운 곳
③ 땅이 기름진 곳   ④ 비가 많이 오는 곳
⑤ 햇빛이 많이 비치는 곳

6 캐나다 국기에는 무엇이 그려져 있는지 쓰시오.

( )

7 이 글을 통해 국기의 어떤 면을 생각해 볼 수 있는지 알맞은 것에 ○표 하시오.

(1) 국기에는 그 나라의 자연이 담겨 있다.

( )

(2) 국기에는 그 나라의 전설이 담겨 있다.

( )

(3) 국기를 보면 그 나라에서 즐겨 먹는 음식을 알 수 있다. ( )

가 멕시코 국기 이야기를 들어 볼래?

어느 날, 아즈텍족이 신의 계시를 받았어.

"독사를 물고 날아가는 독수리가 선인장 위에 앉으면 그곳에 도시를 세워라!"

계시대로 독수리가 내려앉은 곳에 도시를 세웠더니 점점 강해져 아즈텍 제국으로 발전했고, 오늘날의 멕시코가 되었대.

그래서 나라를 세운 이야기를 국기에 그려 넣은 거야.

나 미국 국기에는 줄과 별이 참 많지? 도대체 몇 개인지 한번 세어 볼까? 줄이 열세 개, 별이 오십 개야. 미국이 처음 나라를 세울 때에는 주가 열세 개였대. 열세 개의 줄은 그걸 기념하는 거야. 미국 땅이 점점 커져 주가 생길 때마다 국기의 별이 하나씩 늘어났는데 지금은 주가 오십 개라서 별도 오십 개가 된 거야. 땅과 함께 국기도 변한 거지.

8 멕시코 국기에는 어떤 전설이 담겨 있는지 빈칸에 알맞은 말을 쓰시오.

• (   )을/를 물고 날아가는 (   )이/가 선인장 위에 앉으면 그곳에 도시를 세우라는 계시를 받은 아즈텍족의 전설

9 멕시코 국기의 모습을 알맞게 말하지 <u>못한</u> 친구의 이름을 쓰시오.

> 장훈: 독사를 입에 물고 있는 독수리가 그려 있어.
> 민영: 독수리가 선인장 위에 앉아 있는 모습이 있어.
> 신지: 족장이 신께 독수리를 제물로 바치며 제사를 지내는 그림이 그려 있어.

(   )

10 다음 빈칸에 들어갈 숫자가 차례대로 알맞게 묶인 것은 무엇입니까? (   )

> 미국 국기에는 (   )개의 줄과 (   )개의 별이 있다.

① 10, 13   ② 13, 13   ③ 13, 50
④ 50, 13   ⑤ 50, 50

11 미국 국기의 모습이 계속 변한 까닭은 무엇인지 쓰시오.
서술형

_____

_____

우리는 독립하려고 열심히 싸울 때마다 태극기를 힘차게 휘날렸어.

마침내 1945년에 나라를 되찾았고, 그동안 무늬가 조금씩 달랐던 태극기는 1949년에 지금의 태극기 모습으로 정해졌어.

우리나라 사람들의 평화를 사랑하는 마음은 태극기의 흰색에 담겨 있어.

태극 문양은 조화로운 우주를 뜻하고, 네 모서리의 사괘는 하늘, 땅, 물, 불을 나타낸 거야.

12 지금의 태극기 모습으로 정해진 때는 언제인지 쓰시오.

(   )

13 태극기의 태극 문양에 담겨 있는 뜻은 무엇입니까? (   )

① 하늘과 땅
② 조화로운 우주
③ 우리나라의 독립
④ 변하지 않는 신념
⑤ 평화를 사랑하는 마음

14 다음 친구는 이 책을 읽고 어떤 방법으로 소개하고 있는지 알맞은 것에 ○표 하시오.

> 태극기가 나오는 부분이 인상 깊었습니다.

(1) 책 보여 주며 말하기   (   )
(2) 책갈피를 만들어 소개하기   (   )
(3) 책 보물 상자를 만들어 소개하기   (   )

15~17

가 오늘은 학교에서 『바위나리와 아기별』이라는 책을 읽었다. ㉠앞표지에 있는 바위나리와 아기별 그림이 무척 예뻐서 내용이 궁금했기 때문이다. 이 책은 바위나리와 아기별의 우정 이야기이다.

나 바위나리는 바닷가에 핀 아름다운 꽃이었다. 하지만 친구가 없어 늘 외로웠다. 어느 날 밤, 아기별이 하늘에서 내려와 둘은 친구가 되었고, ㉡바위나리와 아기별은 밤마다 만나 즐겁게 놀았다.

그러던 어느 날, 병이 든 바위나리를 간호하던 아기별은 너무 늦게 하늘 나라로 올라가 그 벌로 다시는 바닷가에 내려오지 못했다. ㉢아기별을 기다리던 바위나리는 점점 시들다가 그만 바람이 세게 불어 바다로 날려 갔다. ㉣아기별은 밤마다 울다가 빛을 잃어 바다로 떨어졌다. 바위나리가 날려 간 바로 그 바다였다.

다 ㉤나는 이 책에서 바위나리를 그리워하며 울다가 빛을 잃은 아기별이 하늘 나라에서 쫓겨나 바다로 떨어진 장면이 가장 기억에 남는다. 왜냐하면 살아 있을 때에는 만나지 못하다가 죽은 뒤에야 같이 있을 수 있게 된 것이 너무 슬펐기 때문이다. 바위나리는 몸이 아파 아기별을 만나지 못해 너무 슬펐다. 얼마나 슬펐으면 가슴이 ㉮미어졌을까?

15 ㉠~㉤에 나타난 독서 감상문의 특징으로 알맞은 것은 무엇입니까? ( )

① ㉠: 책 내용
② ㉡: 책을 읽게 된 까닭
③ ㉢: 책을 읽고 난 뒤의 생각
④ ㉣: 인상 깊은 부분
⑤ ㉤: 인상 깊은 부분

16 글쓴이가 읽은 책의 내용으로 알맞지 **않은** 것은 무엇입니까? ( )

① 바닷가에 핀 바위나리는 외로웠다.
② 바위나리와 아기별은 친구가 되었다.
③ 아기별은 밤마다 울다가 빛을 잃었다.
④ 아기별은 병이 나서 바닷가에 내려가지 못했다.
⑤ 아기별은 바위나리가 날려 간 바다로 떨어졌다.

17 ㉮의 뜻을 짐작하여 쓰시오.

서술형

미어지다

_____

_____

18 독서 감상문을 쓰는 방법으로 알맞지 **않은** 것을 두 가지 고르시오. ( )

① 책 제목을 쓴다.
② 책을 읽게 된 까닭을 쓴다.
③ 책 전체 내용을 빠짐없이 쓴다.
④ 책을 쓴 사람을 반드시 소개한다.
⑤ 책을 읽은 뒤에 든 생각이나 느낌을 쓴다.

19~20 국어 활동

가 책에는 여러 가지 타악기가 나와 있었다. 트라이앵글, 탬버린, 북, 심벌즈는 내가 이미 알고 있는 타악기였다. 내가 모르는 팀파니와 비브라폰도 있었다. 팀파니는 밑이 좁은 통에 막을 씌운 것인데 두드리면 일정한 소리를 낸다. 비브라폰은 실로폰처럼 생긴 쇠막대를 두드려서 연주하는 악기이다.

나 책에서 읽은 타악기 가운데에서 마라카스가 가장 기억에 남는다. 마라카스는 '마라카'라는 열매를 말려서 그 속에 말린 씨를 넣고 흔들어서 소리를 낸다. '마라카'라는 열매가 있다니 참 신기했다.

19 글쓴이가 읽은 책은 무엇에 대한 책인지 빈칸에 알맞은 말을 쓰시오.

• 여러 가지 ( )

20 독서 감상문의 특징 중 이 글에 나타난 내용은 무엇인지 알맞은 것에 모두 ○표 하시오.

(1) 책 내용 ( )
(2) 인상 깊은 부분 ( )
(3) 책을 읽게 된 까닭 ( )
(4) 책을 읽고 난 뒤의 생각이나 느낌 ( )

1

가 국기에는 그 나라의 자연이 담겨 있어.

캐나다에는 설탕단풍 나무가 많이 자라.

설탕단풍 나무는 캐나다처럼 추운 날씨에 잘 자라거든.

가을에 붉은색으로 단풍이 들면 얼마나 고운지 몰라.

캐나다 사람들은 설탕단풍 나무에서 나오는 즙으로 달콤한 메이플시럽을 만들어 먹기도 해.

그래서 캐나다 사람들은 국기에 빨간 단풍잎을 그려 넣었어.

나 국기에는 그 나라의 땅이 담겨 있어.

미국 국기에는 줄과 별이 참 많지? 도대체 몇 개인지 한번 세어 볼까? 줄이 열세 개, 별이 오십 개야. 미국이 처음 나라를 세울 때에는 주가 열세 개였대. 열세 개의 줄은 그걸 기념하는 거야. 미국 땅이 점점 커져 주가 생길 때마다 국기의 별이 하나씩 늘어났는데 지금은 주가 오십 개라서 별도 오십 개가 된 거야. 땅과 함께 국기도 변한 거지.

1단계
낱말
쓰기
글 **가**에서 캐나다 국기에는 왜 자연이 담겨 있다고 했는지 빈칸에 알맞은 말을 쓰시오. [2점]

• 캐나다에서 많이 자라는 (   ) 나무의 잎이 국기에 그려져 있기 때문이다.

2단계
문장
쓰기
미국의 처음 국기와 현재의 국기는 어떤 점이 다른지 쓰시오. [4점]

_____

_____

3단계
생각
쓰기
2단계에서 쓴 답이 뜻하는 것은 무엇인지 쓰시오.

[6점]

_____

_____

2~3

가 오늘은 학교에서 『바위나리와 아기별』이라는 책을 읽었다. 앞표지에 있는 바위나리와 아기별 그림이 무척 예뻐서 내용이 궁금했기 때문이다. 이 책은 바위나리와 아기별의 우정 이야기이다.

나 바위나리는 바닷가에 핀 아름다운 꽃이었다. 하지만 친구가 없어 늘 외로웠다. 어느 날 밤, 아기별이 하늘에서 내려와 둘은 친구가 되었고, 바위나리와 아기별은 밤마다 만나 즐겁게 놀았다.

그러던 어느 날, 병이 든 바위나리를 간호하던 아기별은 너무 늦게 하늘 나라로 올라가 그 벌로 다시는 바닷가에 내려오지 못했다. 아기별을 기다리던 바위나리는 점점 시들다가 그만 바람이 세게 불어 바다로 날려 갔다. 아기별은 밤마다 울다가 빛을 잃어 바다로 떨어졌다. 바위나리가 날려 간 바로 그 바다였다.

2 글쓴이가 읽은 책은 어떤 내용인지 쓰시오. [6점]

3 이 글을 통해 알 수 있는 독서 감상문의 특징을 쓰고, 이외에 어떤 내용을 더 써야 할지 쓰시오. [10점]

조건
독서 감상문의 특징 중에 이 글에 빠져 있는, 꼭 들어가야 할 내용을 쓴다.

(1) 이 글에 나타난 독서 감상문의 특징: _____

_____

(2) 더 써야 할 내용: _____

_____

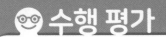
7 글을 읽고 소개해요

학습 주제	독서 감상문에 대해 알기	배점	40점
학습 목표	독서 감상문의 특징을 알고, 간단하게 독서 감상문을 쓸 수 있다.		

1 자신이 읽은 책 가운데에서 한 권을 정해 독서 감상문의 특징을 정리해 빈칸에 채우시오. [20점]

 읽은 책 가운데 기억에 남는 책을 떠올려 봐.

 독서 감상문의 특징은 뭐지?

떠올린 책을 독서 감상문의 특징에 맞게 정리해 봐.

독서 감상문의 특징	독서 감상문의 내용
책 제목	(1)
책을 읽게 된 까닭	(2)
책 내용	(3)
인상 깊은 부분	(4)
책을 읽은 뒤에 든 생각이나 느낌	(5)

2 〈문제 **1**번〉에서 정리한 내용을 바탕으로 하여 독서 감상문을 쓰시오. [20점]

> **조건**
>
> 〈문제 **1**번〉에서 정리한 독서 감상문의 특징이 모두 잘 드러나게 쓴다.

글의 흐름을 생각해요

1 시간 흐름을 생각하며 이야기 읽기
사건이 일어난 차례대로 정리할 수 있고, 전체 내용을 잘 이해할 수 있고, 내용이 한눈에 들어와서 좋아요.
① 시간 흐름을 생각하며 글을 읽어 봅니다.
② 시간에 따라 중요한 사건을 정리합니다.
 '다음 날 밤', '오늘 낮'과 같이 시간을 나타내는 말에 유의해요.
③ 전체 이야기를 간추려 처음부터 끝까지 연결해 말해 봅니다.

2 일하는 방법에 따라 내용을 파악하며 글 읽기
① 일을 하는 차례를 생각하며 글을 읽어 봅니다.
② 차례를 나타내는 말과 그 차례와 관련되는 중요한 내용을 찾아 표시해 봅니다.
③ 일 차례를 알려 주는 낱말에 주의하며 글을 간추립니다.
 '첫 번째', '두 번째'와 같은 낱말이에요.

3 장소 변화에 따라 글의 내용 간추리기
① 어디에서 어디로 이동했는지 살펴보며 글을 듣거나 읽습니다.
② 장소 변화와 각 장소에서 한 일이나 일어난 사건을 간추려 봅니다.

예 「주말여행」을 듣고 장소 변화에 따라 한 일을 간추리기

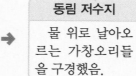

장소	고인돌 박물관		동림 저수지		선운사
한 일	고인돌의 역사를 알았음.	→	물 위로 날아오르는 가창오리들을 구경했음.	→	아름다운 동백나무 숲을 보았음.

★★ **4** 글의 흐름에 따라 내용을 간추리는 방법
① 시간 흐름에 따라 쓴 글은 시간 차례대로 간추립니다.
② 일 차례를 설명한 글은 일 차례가 잘 드러나게 간추립니다.
③ 장소가 바뀌면서 사건이 변하는 글은 이동한 장소와 각 장소에서 한 일을 중심으로 간추립니다.

예 「즐거운 직업 체험」에서 글의 흐름을 알 수 있는 부분

시간 흐름을 알 수 있는 부분	열 시, 열한 시, 열두 시 등
장소 변화를 알 수 있는 부분	학교, 직업 체험관, 소품 설계관 등

★★ **5** 글의 흐름에 따라 내용을 간추릴 때 주의할 점
① 시간 표현을 사용합니다.
② 차례를 나타내는 말을 사용합니다.
③ 이어 주는 말을 사용합니다.
④ 중요한 부분을 메모합니다.

개념 확인하기　정답과 풀이 26쪽

1 다음에서 일 차례를 나타내는 말이 <u>아닌</u> 것을 찾아 쓰시오.

> 첫 번째, 먼저, 다음 날 밤

（　　　　　　　）

2 다음 중 일하는 방법에 따라 글의 내용을 간추리는 방법으로 알맞은 것에 ○표 하시오.

⑴ 일하는 차례가 잘 드러나게 간추린다.　（　　　）

⑵ 장소 변화와 각 장소에서 한 일이 잘 드러나게 간추린다.
（　　　）

3 글을 읽고 보기 와 같은 내용을 중심으로 글을 간추렸다면, 읽은 글은 무엇을 중심으로 쓴 글인지 알맞은 것에 ○표 하시오.

> 보기
> 고인돌 박물관 → 동림 저수지 → 선운사

（ 일 차례 , 장소 변화 ）

4 글의 흐름에 따라 내용을 간추릴 때 주의할 점으로 알맞지 <u>않은</u> 것에 ×표 하시오.

⑴ 시간 표현을 사용한다.
（　　　）

⑵ 이어 주는 말을 사용한다.
（　　　）

⑶ 재미나 감동을 주는 부분을 중심으로 간추린다. （　　　）

베짱베짱 베 짜는 베짱이

· 임혜령

· 글의 종류: 이야기
· 글의 특징: 갑자기 줄어든 이야기 할아버지가 베짱이의 도움으로 본래 크기로 돌아오고 베짱이를 위한 시를 지어 준다는 내용입니다.

| 미리 보기 | 어린이들을 위한 동시와 이야기를 쓰는 이야기 할아버지가 갑자기 작게 줄어들었습니다. | → | 베짱이가 마법 열매를 먹고 작아진 할아버지를 도와주겠다며 열심히 베를 짰습니다. | → | 할아버지는 베짱이가 짠 베를 들고 쥐를 찾아가 마법 열매와 바꾸자고 하였습니다. | → | 마법 열매를 먹고 본래 크기로 돌아온 할아버지는 베짱이를 위한 시를 지었습니다. |

1 끝이 보이지 않을 만큼 ㉠넓디넓은 땅에, 잎이 세 개뿐인 나무들이 **빽빽**했습니다. 자세히 보니 그것은 ㉡클로버밭이었습니다. 발목까지밖에 오지 않던 화단 턱이 절벽처럼 높았습니다. 도대체 무슨 일이 일어난 것일까요?

"갑자기 세상이 왜 이렇게 커졌지?"

이야기 할아버지는 어리둥절해서 사방을 둘러보았습니다. ㉢그날 밤도 할아버지는 여느 때처럼 <u>어린이들을 위한 동시와 이야기를 쓰고 있었습니다</u>. 잠시 바람을 쐬러 ㉣마당으로 나왔다가 순식간에 벌어진 일이었지요. 할아버지는 어쩔 줄 몰랐습니다.

(할아버지가 하시는 일)

"어, 이야기 할아버지 아니세요? 어쩌다 이렇게 작아지셨어요?"

할아버지만큼 커다란 베짱이가 말을 건넸습니다. 할

아버지는 그제야 세상이 크게 변한 게 아니라 할아버지가 작게 줄어들었음을 알았습니다.

"글쎄, 나도 잘 모르겠다. 마당에 처음 보는 작은 열매가 있기에 먹어 보았을 뿐인데……."

베짱이는 할아버지 말을 듣고 이마를 '탁' 치며 말했습니다.

"그건 아마 '커졌다 작아졌다' 마법 열매였을 거예요! 그걸 한 알 더 먹어야 본래 크기로 돌아올 수 있어요."

(할아버지가 먹은 것)

"그래? 혹시 그걸 구할 방법을 알고 있니?"

"㉤마루 밑에 사는 쥐들이 갖고 있는 걸 본 적은 있지만……."

"그럼 쥐를 찾아가서 부탁하면 되겠군. 지금 내 몸이라면 마루 밑에 들어갈 수 있으니!"

중심 내용 **1** 이야기 할아버지가 '커졌다 작아졌다' 마법 열매를 먹고 갑자기 작게 줄어들었습니다.

빽빽했습니다 사이가 촘촘했습니다.

턱 평평한 곳의 어느 한 부분이 갑자기 조금 높이 된 자리.

---

1 이야기 할아버지에게 일어난 일은 무엇입니까?

( )

① 몸이 커졌다.
② 쥐들에게 물렸다.
③ 몸이 작게 줄어들었다.
④ 클로버밭에서 길을 잃었다.
⑤ 자유롭게 몸을 늘리고 줄일 수 있게 되었다.

교과서 문제
2 〈문제 **1**번〉의 답과 같은 일이 일어난 까닭에 알맞게 빈칸에 알맞은 말을 쓰시오.

> 할아버지가 ( )
> 을/를 먹었기 때문이다.

3 할아버지가 본래 크기로 돌아올 수 있는 방법은 무엇인지 알맞게 말한 친구의 이름을 쓰시오.

> **세라**: 마루 밑에 사는 쥐들이 갖고 있는 마법 열매를 한 알 더 먹으면 돼.
> **우주**: 작은 몸으로 마루 밑으로 들어가서 쥐들에게 본래 크기로 돌려 달라고 부탁하면 돼.

( )

4 ㉠~㉤ 중 시간 흐름을 나타내는 말은 무엇입니까?

( )

① ㉠　　　② ㉡　　　③ ㉢
④ ㉣　　　⑤ ㉤

2 베짱이는 서둘러 쥐를 찾아가려는 할아버지를 덥석 잡았습니다.

"안 돼요, 할아버지! 흉악한 쥐들이 할아버지를 잡아먹을지도 모른다고요! 제가 도와드릴게요."

베짱이는 제 집에서 작은 베틀을 꺼내어 풀잎 위에 놓았습니다. ~~삼베, 무명, 명주 따위의 천을 짜는 틀~~ 그러고는 별이 총총한 밤하늘 위로 다리 하나를 번쩍 들었습니다. 그러자 별빛들이 모여 가느다란 실 모양으로 합쳐졌습니다. 가느다란 별빛이 베짱이 다리 속으로 쏙 들어왔지요.

베짱이가 다시 다른 다리 하나를 번쩍 들어 꽃밭을 향했습니다. 이번에는 달빛을 받아 마당에 은은히 흐르던 꽃빛들이 한데 모여 베짱이의 다른 쪽 다리로 들어왔습니다.

베짱이는 별빛으로 날을 날고, 꽃빛으로 씨를 삼아 ~~베, 비단 따위를 짜려고 날을 세는 단위인 새의 수에 맞춰 실을 길게 늘이고~~ 부지런히 베를 짰습니다. 베짱베짱 베틀이 분주히 움직일 때마다 베는 한 자 한 자 길어졌습니다.

> **중심 내용 2** 베짱이는 할아버지를 돕기 위해 부지런히 베를 짰고 베는 점점 길어졌습니다.

3 마침내 베가 완성되었을 때, 할아버지는 감탄을 금치 못했습니다. 베짱이가 너무도 빠르게 베 한 필을 짜 내었을 뿐 아니라, 솜씨 또한 기가 막혔기 때문이죠. ~~할아버지가 감탄한 까닭~~

"자, 할아버지. 이 베를 가지고 쥐들을 찾아가세요. 그러고는 '커졌다 작아졌다' 마법 열매와 바꾸자고 하세요."

"정말 고맙다, 베짱이야. 보답으로 무엇을 해 줄까?"

"음……. 할아버지, 「개미와 베짱이」 이야기 알고 계시죠?"

"여름에 개미가 열심히 일하는 동안 베짱이는 놀기만 했다는 이야기 말이냐?" ~~「개미와 베짱이」 이야기의 내용~~

"네, 맞아요. 그래서 말인데요. 할아버지, 제가 놀기만 하는 곤충이 아니라는 것을 글로 써 주세요. 동시든 이야기든 좋으니 말이에요. 사실 그동안 「개미와 베짱이」 이야기 때문에 늘 게으른 곤충 취급을 당해서 많이 속상했거든요."

"아무렴, 너같이 솜씨 좋고 부지런한 베짱이더러 놀기만 하는 곤충이라니, 말도 안 되지!"

> **중심 내용 3** 할아버지는 완성된 베를 보고 감탄했고, 베짱이는 할아버지에게 자신이 놀기만 하는 곤충이 아니라는 것을 글로 써 달라고 하였습니다.

날 베, 비단 따위의 천이나 그물을 짤 때, 세로 방향으로 놓는 실.
씨 베, 비단 따위의 천이나 그물을 짤 때, 가로 방향으로 놓는 실.
분주히 정신이 없을 정도로 매우 바쁘게.

보답(報 갚을 보, 答 대답할 답) 남의 친절한 마음이나 은혜를 갚음.
　예 선생님의 은혜에 어떻게 보답해야 할까요?
취급 사람이나 사건을 어떤 태도로 대하거나 처리함.

---

5 베짱이가 할아버지를 돕기 위해 무엇을 했습니까?
(　　　)

① 베를 짰다.
② 옷을 만들었다.
③ 꽃밭을 만들었다.
④ 마법 열매를 찾아왔다.
⑤ 쥐를 찾아가서 부탁했다.

6* 시간 흐름에 따라 글의 내용을 간추릴 때, 빈칸에 알맞은 시간 흐름을 나타내는 말을 이 글에서 찾아 쓰시오.

> 베짱이는 별빛과 꽃빛으로 부지런히 베를 짰고, (　　　　　　　　) 할아버지는 베짱이의 솜씨에 감탄했습니다.

7 베짱이가 할아버지께 부탁한 것은 무엇입니까?
(　　　)

① 게으른 곤충 취급을 하지 말라는 것
② 베짱이가 나온 글을 소개시켜 달라는 것
③ '커졌다 작아졌다' 마법 열매를 달라는 것
④ 자기가 놀기만 하는 곤충이 아니라는 것을 글로 써 달라는 것
⑤ 「개미와 베짱이」 이야기가 재미있다는 것을 다른 사람에게 알려 달라는 것

8 할아버지가 생각하는 베짱이는 어떤 인물인지 두 가지 고르시오.
(　　　)

① 착하다.　　　　　② 흉악하다.
③ 게으르다.　　　　④ 부지런하다.
⑤ 솜씨가 좋다.

4 할아버지는 베짱이에게 고맙다는 인사를 하고 마루 밑으로 들어갔습니다. 쥐들은 <u>자기 크기만 한 작은 사람이 찾아오자 깜짝 놀랐습니다.</u>
쥐들이 깜짝 놀란 까닭

"이 집에 사는 영감님이잖아! 이렇게 작아져서는 웬일이지?"

"인간도 우리만 해지니 무섭지 않군. 한입에 꿀꺽 삼켜 버릴까?"

쥐들은 날카로운 이빨을 번뜩였습니다.

할아버지는 침착하게 쥐들에게 베를 내밀어 보였습니다. <u>쥐들은 아까보다 더 놀라워했습니다.</u>
할아버지가 베짱이가 짜 준 베를 내밀어서

"오호, 베짱이가 짠 베잖아! 이 베를 우리가 가진 보물이랑 바꾸지 않겠어? 반쯤 갉아먹은 비누는 어떠냐? 맛이 기가 막히지!" / "난 비누는 먹지 않아."

"그럼 이건 어떠냐? 썩은 사과다. 향긋한 썩은 내에 군침이 절로 돈다고!"
공연히 입 안에 도는 침

"아니, 너희가 갖고 있는 '커졌다 작아졌다' 마법 열매를 주면 바꾸지."

중심 내용 4 할아버지는 베짱이가 짠 베를 들고 쥐들을 찾아가서 '커졌다 작아졌다' 마법 열매와 바꾸자고 하였습니다.

5 할아버지 말에 쥐들은 잠깐 자기네끼리 속닥이더니 말했습니다. / "좋아, 바꾸자."

할아버지가 베를 내주자, 쥐들은 할아버지에게 마법 열매를 주었습니다.

마루 밑에서 나온 할아버지는 열매를 입에 넣고 꿀꺽 삼켰습니다. 순간 할아버지 몸이 풍선처럼 부풀어 오르는 듯한 기분이 드는가 싶더니 본래 크기로 돌아왔습니다.

클로버밭은 작고 아담해 보였습니다. 화단 턱도 가볍게 오르내릴 수 있을 만큼 낮았고요. 모든 것이 평소와 다름없었습니다.
적당히 자그마해

다음 날 밤, 이야기 할아버지 방으로 동네 아이들이 모여들었습니다. / 할아버지가 새로 지은 시「베짱이」를 들려주신다고 했거든요.

중심 내용 5 할아버지는 쥐들에게 받은 마법 열매를 먹고 본래 크기로 돌아왔고, 새로 지은 시「베짱이」를 들려주신다고 하여 동네 아이들이 모여들었습니다.

> 할아버지가 쥐들을 찾아가 베와 마법 열매를 바꿔 본래 크기로 돌아오는 내용으로, 시간 흐름에 따라 이야기를 간추리는 문제가 자주 출제돼.

핵심내용 「베짱베짱 베 짜는 베짱이」에서 ❶ [ㅅ][ㄱ] 흐름에 따라 일어난 일 정리하기 예

• 이야기 할아버지가 갑자기 작아짐. → 할아버지가 마법 열매를 먹고 작아진 것을 안 뒤 베짱이는 베를 짬. → 베가 완성된 뒤 할아버지는 베를 들고 쥐들을 찾아감. → 마법 열매를 먹고 난 뒤 할아버지는 본래 크기로 돌아옴.

9 할아버지가 쥐들을 찾아간 까닭은 무엇입니까?
( )

① 쥐들과 친해지려고
② 베짱이의 부탁을 들어주려고
③ 베짱이가 짠 베를 선물로 주려고
④ 쥐들이 어떻게 생활하는지 확인하려고
⑤ 쥐들이 갖고 있는 마법 열매와 베를 바꾸려고

10 다음 사건의 원인이 되는 것은 무엇인지 알맞은 것에 ○표 하시오.

> 할아버지가 본래 크기로 돌아왔어요.

(1) 베하고 바꾼 마법 열매를 먹었어요. ( )
(2) 쥐들에게 받은 풍선을 입에 물었어요.
( )

11 서술형 다음은 시간 흐름에 따라 이야기 전체의 내용을 간추린 것입니다. 빈칸에 알맞은 내용을 쓰시오.

> 어느 날 이야기 할아버지가 갑자기 작아졌음.
> ➡ 할아버지가 '커졌다 작아졌다' 마법 열매를 먹고 작아진 것을 안 베짱이는 (1) _____
> _____
>
> ➡ 베짱이가 베를 완성한 뒤 (2) _____
> _____
>
> ➡ 마법 열매를 먹고 난 뒤 할아버지는 본래 크기로 돌아옴. ➡ 할아버지가 새로 지은 시를 듣기 위해 할아버지 방으로 동네 아이들이 모여 듦.

세 가닥 땋기

▲ 세 가닥 땋기

세 가닥 땋기는 머리를 땋을 때 많이 쓰는 방법입니다. ㉠먼저, 왼쪽 첫 번째
그림과 같이 실 세 가닥을 나란히 폅니다. ㉡두 번째, 왼쪽 빨간색 실을 가운데
파란색 실 위로 올립니다. 그러면 왼쪽 실이 가운데로 오고, 가운데 실이 왼쪽
으로 가게 됩니다. ㉢세 번째, 오른쪽 노란색 실을 가운데로 온 실 위에 올립니
다. 다시 처음처럼 왼쪽으로 간 실을 가운데로, 오른쪽으로 간 실을 가운데로 올
립니다. 이 방법을 계속 반복하면 실이 땋아집니다. 주의할 점은 실을 땋는 동안
실이 풀어지지 않도록 실 세 가닥을 단단히 잡아야 한다는 점입니다.

'세 가닥 땋기'가 많이 쓰이는 곳
세 가닥 땋기를 할 때 주의할 점

• 글의 종류: 설명하는 글
• 글의 특징: 세 가닥 땋기를 하는 방법
을 일 차례가 잘 드러나게 알려 주는
글입니다.

핵심내용 「세 가닥 땋기」의 글의 특징
• 일 ❶ ㅊ ㄹ 를 알려 줌.
• '먼저, 두 번째, 세 번째'와 같은 차례
를 나타내는 말을 사용함.

가닥 한군데서 갈려 나온 낱낱의 줄.
땋기 머리털이나 실 따위를 둘 이상의
  가닥으로 갈라서 어긋나게 엮어 한 가
  닥으로 하기.

교과서 문제

1 이 글의 특징은 무엇입니까? ( )

① 마음이 잘 드러난 글이다.
② 인물의 생애를 소개하는 글이다.
③ 글쓴이의 의견을 내세우는 글이다.
④ 일을 하는 방법을 알려 주는 글이다.
⑤ 어떤 책을 읽고 생각하거나 느낀 점을 쓴 글이다.

2 세 가닥 땋기는 무엇을 할 때 많이 쓰이는 방법입
니까? ( )

① 실을 감을 때   ② 머리를 땋을 때
③ 머리를 자를 때   ④ 실에 매듭을 지을 때
⑤ 고무줄놀이를 할 때

3 ㉠~㉢은 어떤 말인지 알맞은 것에 ○표 하시오.

(차례, 장소, 원인과 결과)를 나타내는 말
이다.

4 다음을 세 가닥 땋기를 하는 방법에 맞게 차례대로
나타낸 것은 무엇입니까? ( )

㉮ 실 세 가닥을 나란히 편다.
㉯ 앞의 방법을 계속 반복한다.
㉰ 오른쪽 노란색 실을 가운데로 온 실 위에 올
  린다.
㉱ 왼쪽 빨간색 실을 가운데 파란색 실 위로 올
  린다.

① ㉮ → ㉯ → ㉰ → ㉱   ② ㉮ → ㉱ → ㉰ → ㉯
③ ㉰ → ㉮ → ㉱ → ㉯   ④ ㉱ → ㉮ → ㉯ → ㉰
⑤ ㉱ → ㉰ → ㉮ → ㉯

5 실을 땋을 때 주의할 점은 무엇입니까? ( )

① 실이 엉키지 않게 해야 한다.
② 간격을 똑같이 유지해야 한다.
③ 실 세 가닥을 단단히 잡아야 한다.
④ 아래로 갈수록 촘촘히 땋아야 한다.
⑤ 동작을 반복할 때 힘을 비슷하게 줘야 한다.

실 팔찌 만들기

· 글의 종류: 설명하는 글
· 글의 특징: 여러 가지 색깔 실을 엮어서 실 팔찌를 만드는 방법을
설명한 글로, 일 차례가 잘 드러나 있습니다.

1 여러 가지 색깔 실을 엮어 만든 팔찌를 실 팔찌라
고 합니다. 실 팔찌는 팔목에 차다가 자연스럽게 닳아
서 끊어지면 소원이 이루어진다는 이야기가 있어서 소
_{실 팔찌를 소원 팔찌라고도 하는 까닭}
원 팔찌라고도 합니다. ㉠중국에서는 단오절에 실 팔
찌를 손목에 차면 나쁜 기운을 막는다고 하고, ㉡브라
질에서는 축구 경기 전에 승리를 기원하며 손목에 실
팔찌를 찬다고 합니다. 실 팔찌는 종류에 따라 다양한
모양이 있는데, ㉢그중에서 가장 간단한 모양의 실 팔
_{다양한 모양의 실 팔찌 중}
찌를 만들어 봅시다.

> **중심 내용 1** 여러 가지 색깔 실을 엮어 만든 팔찌인 실 팔찌 중 가장 간단한 모양의
> 실 팔찌를 만들어 봅시다.

2 실 팔찌 만들기의 준비물은 매우 간단합니다. 서
로 다른 색깔 털실 세 줄, 셀로판테이프만 있으면 됩니
다. 실은 굵을수록 엮기 쉬우므로 굵은 실을 준비하고
길이는 손목 둘레의 서너 배 정도로 자릅니다.

> **중심 내용 2** 실 팔찌를 만들기 위해 서로 다른 색깔 털실 세 줄, 셀로판테이프를 준비
> 합니다.

3 ㉣첫 번째, 서로 다른 색깔 실 세 가닥을 함께 잡고
매듭을 짓습니다. 실의 3~4센티미터를 남겨 두고 실
세 가닥을 한꺼번에 잡아 작은 원을 만듭니다. 그 뒤
짧은 쪽 실 세 가닥을 아까
만든 원 쪽으로 집어넣고 당
기면 쉽게 매듭을 지을 수 있
습니다.

▲ 실에 매듭을 짓는 모습

> **중심 내용 3** 첫 번째, 서로 다른 실 세 가닥
> 을 함께 잡고 매듭을 짓습니다.

4 ㉤두 번째, 셀로판테이프
로 매듭 위쪽을 책상에 붙입
니다. 셀로판테이프는 실 팔
찌를 만드는 동안 실이 움직
이거나 꼬이지 않게 고정하
는 역할을 합니다.

▲ 셀로판테이프를 붙인 모습

> **중심 내용 4** 두 번째, 실이 움직이거나 꼬이지 않게 셀로판테이프로 매듭 위쪽을 책
> 상에 붙입니다.

닳아서 갈리거나 오래 쓰여서 어떤 물건이 낡아지거나, 그 물건의 길
이, 두께, 크기 따위가 줄어들어서. 예 축구를 많이 하다 보니 오래되
지 않은 신발이 다 닳았습니다.

기원(祈 빌 기, 願 원할 원)하며 바라는 일이 이루어지기를 빌며.
　예 합격을 기원합니다.
매듭 노, 실, 끈 따위를 잡아매어 마디를 이룬 것.

---

6 이 글은 무엇을 알려 주는 글인지 빈칸에 알맞은
말을 쓰시오.

> (　　　　　　　　)을/를 만드는 방법

7 실 팔찌를 다른 말로 무엇이라고 하는지 찾아 쓰시
오.

> (　　　　　　　　)

8 실 팔찌를 만들기 위한 준비물을 두 가지 고르시
오. (　　　　　)

① 가위
② 바늘
③ 고무줄
④ 셀로판테이프
⑤ 서로 다른 색깔 털실 세 줄

9★ ㉠~㉤ 중 차례를 나타내는 말을 두 가지 고르시
오. (　　　　　)

① ㉠
② ㉡
③ ㉢
④ ㉣
⑤ ㉤

10 실 팔찌를 만드는 방법으로 알맞지 <u>않은</u> 것은 무엇
입니까? (　　　　　)

① 굵은 실을 준비한다.
② 실의 길이는 손목 둘레와 비슷하게 자른다.
③ 매듭 위쪽을 셀로판테이프로 책상에 붙여 움직
이지 않게 고정시킨다.
④ 매듭을 지을 때 짧은 쪽 실 세 가닥을 이미 만
든 원 쪽으로 집어넣고 당긴다.
⑤ 매듭을 지을 때 실의 3~4센티미터를 남겨 두
고 실 세 가닥을 함께 잡아 작은 원을 만든다.

5 세 번째, 실 세 가닥을 잡고 세 가닥 땋기를 합니다. 이때 자신이 원하는 길이보다 길게 땋아야 합니다. 손목 둘레의 두세 배 정도 길이로 땋는 것이 좋습니다.

> 중심 내용 **5** 세 번째, 실 세 가닥을 잡고 손목 둘레의 두세 배 정도의 길이로 세 가닥 땋기를 합니다.

6 ⃞ ⃝ ⃞, 땋은 실 끝 쪽에 매듭을 짓습니다. 매듭은 첫 번째 매듭을 지을 때 사용한 방법으로 지으며, 자신이 땋은 부분이 끝나는 곳보다 좀 더 앞쪽에 짓습니다. 매듭을 짓고 보면 줄이 짧아

▲ 끝에 매듭을 지은 모습

진 게 느껴질 겁니다. 원하는 길이보다 길게 땋아야 하는 까닭은 이렇게 <u>줄이 짧아</u>

<small>원하는 길이보다 길게 땋아야 하는 까닭</small>

<u>지기</u> 때문입니다.

> 중심 내용 **6** 네 번째, 땋은 실 끝 쪽에 첫 번째 매듭을 지을 때 사용한 방법으로 매듭을 짓습니다.

둘레 사물의 가장자리를 한 바퀴 돈 길이. 예 직사각형의 둘레를 구하는 법을 공부했습니다.

7 마지막으로, 양쪽 끝을 ⓛ <u>연결합니다.</u> 양쪽 끝을 연결할 때에는 끝끼리 묶어도 좋고, 다른 실로 양쪽 매듭을 함께 이어 줘도 좋습니다. 어때요? 멋있는 실 팔찌가 만들어졌나요?

▲ 실 팔찌가 완성된 모습

> 중심 내용 **7** 마지막으로, 양쪽 끝을 연결하여 실 팔찌를 완성합니다.

> 실 팔찌를 만드는 방법이 나와 있는 부분으로, 일 차례를 묻는 문제나 차례를 나타내는 말을 묻는 문제가 자주 출제돼.

핵심내용 「실 팔찌 만들기」에서 실 팔찌 만드는 방법 간추리기

- 먼저, 준비물을 준비한다.
- 첫 번째, 서로 다른 색깔 실 세 가닥을 함께 잡고 ➋ ⃞ ㅁ ⃞ ㄷ ⃞ 을 짓는다.
- 두 번째, 셀로판테이프로 매듭 위쪽을 책상에 붙인다.
- 세 번째, 실 세 가닥을 잡고 세 가닥 땋기를 한다.
- 네 번째, 땋은 실 끝 쪽에 매듭을 짓는다.
- 마지막으로, 양쪽 끝을 연결한다.

연결(連 잇닿을 연, 結 맺을 결)합니다 둘 이상의 사물이나 현상 등이 서로 이어지거나 관계를 맺습니다.

---

11 실 세 가닥을 잡고 세 가닥 땋기를 할 때 어느 정도의 길이로 땋는 것이 좋습니까? ( )

① 손목 둘레와 똑같게
② 손목 둘레보다 조금 짧게
③ 손목 둘레보다 살짝 길게
④ 손목 둘레의 두세 배 길이로
⑤ 손목 둘레의 다섯 배 길이로

12 ㉠에 들어갈 차례를 나타내는 말은 무엇이겠는지 쓰시오.

( )

교과서 문제
13 ⓛ과 뜻이 비슷한 말은 무엇입니까? ( )

① 짓습니다   ② 잇습니다
③ 끊습니다   ④ 잡습니다
⑤ 이동합니다

14 이 글 전체를 읽고, 실 팔찌 만드는 방법을 차례대로 알맞게 나타낸 것은 무엇입니까? ( )

> ㉮ 양쪽 끝을 연결한다.
> ㉯ 땋은 실 끝 쪽에 매듭을 짓는다.
> ㉰ 실 세 가닥을 잡고 세 가닥 땋기를 한다.
> ㉱ 셀로판테이프로 매듭 위쪽을 책상에 붙인다.
> ㉲ 서로 다른 색깔 실 세 가닥을 함께 잡고 매듭을 짓는다.

① ㉮ → ㉯ → ㉰ → ㉱ → ㉲
② ㉮ → ㉲ → ㉱ → ㉰ → ㉯
③ ㉰ → ㉯ → ㉲ → ㉱ → ㉮
④ ㉲ → ㉱ → ㉮ → ㉯ → ㉰
⑤ ㉲ → ㉱ → ㉰ → ㉯ → ㉮

교과서 문제
15 이 글은 어떤 흐름에 주의하며 내용을 간추려야 하는지 알맞은 것에 ○표 하시오.

(1) 일 차례에 주의하며 간추린다. ( )
(2) 장소 변화에 주의하며 간추린다. ( )
(3) 시간 흐름에 주의하며 간추린다. ( )

감기약을 먹는 방법

• 글의 종류: 설명하는 글
• 글의 특징: 감기약을 먹는 방법과 감기약을 먹을 때 주의할 점을 설명한 글입니다.

1 날이 추워지면 감기에 걸리는 사람이 많아집니다. 몸을 따뜻하게 하고 푹 쉬면 금방 낫는 경우도 있지만, 감기 때문에 많이 아플 때에는 감기약을 먹어야 합니다. 어떻게 감기약을 먹어야 좋을까요?

중심 내용 1 감기 때문에 많이 아플 때에는 감기약을 먹어야 하는데, 어떻게 감기약을 먹어야 할지 알아봅시다.

2 먼저, 병원에서 의사와 충분하게 상담한 뒤 자신의 증세에 맞는 감기약을 처방받습니다. 어른들이 먹는 감기약이나 언제 샀는지 모르는 감기약을 먹으면 오히려 더 큰 병에 걸릴 수도 있습니다. 어린이들이 감기약을 먹을 때에는 꼭 의사의 지시에 따릅니다.
감기약을 먹는 방법 ①
일러서 시킴. 또는 그 내용

중심 내용 2 병원에서 의사와 충분하게 상담한 뒤 자신의 증세에 맞는 감기약을 처방받습니다.

3 감기약은 끝까지 먹는 게 좋습니다. 감기약을 먹다가 몸이 나았다고 생각해 그만 먹으면 안 됩니다. 중간에 마음대로 감기약을 먹지 않으면 감기가 더 심해지거나 나중에 감기약을 먹어도 낫지 않을 수 있으므로, 의사가 처방한 날짜만큼 먹어야 합니다.
감기약을 먹는 방법 ②

감기약을 먹을 때에는 물과 함께 먹어야 합니다. 우유나 녹차, 주스와 같은 다른 음료와 함께 먹어서는 안 됩니다. 또 물 이외에 밥이나 빵을 같이 먹어서도 안 됩니다.
감기약을 먹는 방법 ③

감기약을 먹는 시간을 놓쳤다고 다음에 두 배로 먹어서도 안 됩니다. 두 배로 먹는다고 감기약 효과가 두 배가 되지는 않습니다. 오히려 몸에 부담만 될 뿐입니다. 감기약은 정해진 양만큼만 먹어야 합니다.
감기약을 먹는 방법 ④

중심 내용 3 감기약은 끝까지 먹는 게 좋고, 물과 함께 먹어야 하고, 감기약을 먹는 시간을 놓쳤다고 두 배로 먹어서도 안 됩니다.

> 감기약을 먹는 방법을 알려 주는 부분으로, 글의 특징이나 감기약을 먹는 방법을 묻는 문제가 자주 출제돼.

4 감기약을 안전하고 효과적으로 먹는 것도 중요하지만, 감기에 걸리지 않게 예방하는 것도 중요합니다. 평소에 손을 깨끗이 씻고, 따뜻한 물을 많이 마시고, 몸을 따뜻하게 합시다.

중심 내용 4 평소에 손을 깨끗이 씻고, 따뜻한 물을 많이 마시고, 몸을 따뜻하게 해서 감기에 걸리지 않게 예방하는 것도 중요합니다.

16 이 글에서 알려 주는 것은 무엇입니까? (   )

① 감기의 증세
② 감기약의 주성분
③ 감기에 걸리는 까닭
④ 감기약을 먹는 방법
⑤ 감기에 걸렸을 때 찾아가야 하는 병원

17 이 글의 특징으로 알맞은 것을 모두 고르시오.
(   )

① 차례가 정해져 있다.
② 차례가 정해져 있지 않다.
③ 일을 하는 방법을 알려 준다.
④ 일할 때 주의할 점을 알려 준다.
⑤ 물건을 만드는 차례를 알려 준다.

18 감기약을 먹는 방법으로 알맞지 <u>않은</u> 것은 무엇입니까? (   )

① 물과 함께 먹는다.
② 밥이나 빵과 같이 먹지 않는다.
③ 의사가 처방한 날짜만큼 먹는다.
④ 증세에 맞는 감기약을 처방받아 먹는다.
⑤ 먹는 시간을 놓치면 다음에 두 배로 먹는다.

19 감기약을 끝까지 먹어야 하는 까닭을 알맞게 말한 친구의 이름을 모두 쓰시오.

> 세현: 나중에 감기약을 먹어도 낫지 않을 수 있어.
> 진모: 중간에 감기약을 먹지 않으면 몸에 부담이 될 수 있어.
> 자경: 중간에 마음대로 감기약을 먹지 않으면 감기가 더 심해질 수 있어서야.

(   )

주말여행

1 우리 가족은 할머니 생신을 맞아 주말에 여행을 다녀왔다. 여행지는 <u>전라북도 고창</u>으로 예전에 텔레비전
_{우리 가족이 여행 간 곳}
여행 방송에서 본 기억이 있어서, 가기 전부터 많이 설레었다.

중심 내용 1 우리 가족은 전라북도 고창으로 여행을 다녀왔다.

2 토요일 아침 일찍 출발해서, 맨 처음 도착한 고창 관광지는 <u>고인돌 박물관</u>이었다. 고인돌 박물관에서는
_{여행한 장소 ①}
영화와 유물들을 보면서 고인돌의 역사를 알 수 있었다. 박물관 일 층에서는 고인돌 영화를 봤고 이 층에서는 고인돌과 관련된 여러 유물을 봤다. 박물관을 다 둘러보고 나니 고인돌 박사가 된 것 같은 기분이었다.

중심 내용 2 맨 처음 고인돌 박물관에서 영화와 유물들을 보면서 고인돌의 역사를 알 수 있었다.

3 다음으로 간 곳은 <u>동림 저수지</u> 야생 동식물 보호 구역이었다. 동림 저수지는 겨울 철새가 많이 찾는 곳으로 우리 가족도 혹시 철새 떼의 춤을 볼 수 있을까 하는 기대로 방문해 보았다. 그곳에서 여러 가지 설명을 읽어 보았는데, <u>고창군</u> 전 지역은 2013년부터 유네스
_{동림 저수지}
코 생물권 보존 지역으로 지정되어 환경을 해치는 행위를 해서는 안 된다는 안내도 있었다. 아주 많은 수의

철새는 아니었지만 간간이 물 위로 날아오르는 가창오리들을 구경할 수 있었다.

중심 내용 3 동림 저수지에서 간간이 물 위로 날아오르는 가창오리들을 구경할 수 있었다.

4 마지막으로 고창의 유명한 절인 <u>선운사</u>를 방문했
_{여행한 장소 ③}
다. 선운사는 삼국 시대 때부터 지어진 오래된 절이다. 오래된 절답게 웅장한 건물과 많은 관광객이 있었다. 선운사에서 가장 인상 깊었던 것은 선운사 뒤편의 동백나무 숲이었다. 푸른 동백나무잎 위로 하얀 눈이 소복이 쌓여 아름다운 풍경을 만들어 내고 있었다. 내가 본 가장 아름다운 숲이었다.

중심 내용 4 마지막으로 방문한 선운사에서 하얀 눈이 쌓여 아름다운 풍경을 만들어 내고 있는 아름다운 동백나무 숲을 보았다.

> 장소 변화에 따라 한 일이 드러난 부분으로, 장소 변화와 그 장소에서 한 일을 묻는 문제가 자주 출제돼.

5 고창에서 아주 오래전 역사인 고인돌에서 삼국 시대의 선운사, 앞으로 보호해야 할 철새 떼까지 한 번에 보고 나니 마치 시간을 거슬러 가는 기분이었다. 고창을 떠나는 마음은 아쉬웠지만, '다음에는 또 어떤 곳으로 여행을 갈까?' 하는 기대를 품고 이번 주말여행을 마쳤다.

중심 내용 5 고창을 떠나는 마음은 아쉬웠지만, 다음 여행에 대한 기대를 품고 주말여행을 마쳤다.

• **글의 특징:** 가족과 주말여행으로 전라북도 고창에 다녀와서 장소 변화에 따라 한 일을 쓴 글입니다.

교과서 문제

20 이 글은 무엇을 한 뒤에 쓴 글입니까? (   )

① 봉사활동
② 주말여행
③ 고향 방문
④ 텔레비전 시청
⑤ 현장 체험 학습

21 어디에서 어디로 이동했는지 빈칸에 알맞은 장소를 쓰시오.

> 고인돌 박물관 → 동림 저수지 → (   )

22 고인돌 박물관과 동림 저수지에서 한 일은 무엇인
서술형 지 빈칸에 알맞은 내용을 정리하여 쓰시오.

장소	한 일
고인돌 박물관	(1)
동림 저수지	(2)

23 이 글을 간추릴 때 주의할 부분을 골라 ○표 하시오.

> 원인과 결과, 일 차례, 장소 변화

동물원에서

- **글의 종류**: 견학 기록문
- **글의 특징**: 과학 관찰 보고서를 쓰려고 동물원에 가서 장소 변화에 따라 동물을 관찰한 것을 쓴 글입니다.

1 어제 과학 관찰 보고서를 쓰려고 동물원에 갔다. 내 보고서 주제는 '날개가 있는 동물'로, 동물원의 많은 동물 가운데에서도 날개가 있는 동물을 찾아 관찰하는 것이다. 날씨가 추워서 야외 관람관은 문을 닫은 곳이 많아서 주로 실내 관람관에서 관찰했다.

(동물원에서 주로 관찰한 것)

중심 내용 1 어제 과학 관찰 보고서를 쓰려고 동물원에 갔다.

2 동물원 입구를 지나 가장 먼저 간 곳은 '곤충관'이었다. 곤충관에는 여러 지역의 곤충들이 전시되어 있었는데, 날개가 있는 동물로 나비와 벌, 메뚜기와 같은 곤충들이 있었다. 곤충관에서 가장 관심이 갔던 곤충은 톱사슴벌레이다. 톱사슴벌레는 몸 색깔이 갈색이고 톱날 모양의 큰턱이 있다. 원래 밤에 활동하는 곤충이

(방문한 장소 ①)

지만 참나무 수액을 먹으려고 낮에도 돌아다니기 때문에, 먹이를 먹는 톱사슴벌레를 볼 수 있었다. 톱사슴벌레가 나뭇가지 꼭대기에 올라가서 날개를 펴고 날아가는 모습이 멋있었다.

중심 내용 2 가장 먼저 '곤충관'에 가서 여러 곤충을 보았고, 그중 가장 관심이 갔던 곤충은 톱사슴벌레이다.

3 곤충관 바로 옆의 '야행관'이었는데 주로 밤에 활동하는 동물들이 있는 곳이었다. 야행관에도 날개가 있는 동물들이 있었다. 바로 박쥐와 올빼미였다. 외국에서 산다는 과일박쥐도 인상 깊었지만, 내 눈길을 끈

(방문한 장소 ②)

핵심내용 「**동물원에서**」에서 가장 먼저 간 곳과 관찰한 것

❸ ㄱ ㅊ ㄱ 톱사슴벌레는 몸 색깔이 갈색이고 톱날 모양의 큰턱이 있음. 먹이를 먹는 톱사슴벌레를 볼 수 있었음.

야외(野 들 야, 外 바깥 외) 집 밖이나 노천을 이르는 말.
전시되어 여러 가지 물품이 한곳에 벌여 놓아져 볼 수 있게 되어. 예 이번 전시회에는 유명한 화가의 그림 100여 점이 전시될 계획입니다.

관심 어떤 것에 마음이 끌려 주의를 기울임. 또는 그런 마음.
수액(樹 나무 수, 液 진 액) 땅속에서 나무의 줄기를 통하여 잎으로 올라가는 액.

교과서 문제

24 '내'가 동물원에 간 까닭은 무엇입니까? (　　　)

① 가족 나들이를 하려고
② 과학 관찰 보고서를 쓰려고
③ 동물원의 규모를 알아보려고
④ 새로 들어온 동물을 확인하려고
⑤ 동생에게 곤충 구경을 시켜 주려고

25 동물원에서 '나'는 어떤 동물을 관찰했는지 알맞은 것에 ○표 하시오.

(1) 날개가 있는 동물　　　　　(　　　)
(2) 땅속에서 사는 동물　　　　(　　　)
(3) 추위에 잘 견디는 동물　　　(　　　)

26 동물원 입구를 지나 가장 먼저 간 곳은 어디인지 쓰시오.

(　　　　　　　　　)

27 '내'가 곤충관에서 가장 관심이 갔던 곤충은 무엇입니까? (　　　)

① 벌　　　　　　　　② 나비
③ 메뚜기　　　　　　④ 잠자리
⑤ 톱사슴벌레

28 톱사슴벌레에 대한 설명으로 알맞지 <u>않은</u> 것은 무엇입니까? (　　　)

① 밤에만 활동한다.
② 몸 색깔이 갈색이다.
③ 참나무 수액을 먹는다.
④ 날개를 펴고 날아다닌다.
⑤ 톱날 모양의 큰턱이 있다.

29 야행관에서는 어떤 동물을 관찰할 수 있는지 빈칸에 알맞은 말을 쓰시오.

주로 (　　　　　　)에 활동하는 동물

것은 수리부엉이이다. 수리부엉이는 천연기념물로 몸길이가 70센티미터나 될 정도로 큰 새이다. 날개를 접고 나뭇가지에 앉아 있는 것을 관찰했는데, 붉은 눈과 앞뒤로 자유롭게 움직이는 목이 신기했다. 가끔 날개를 펴고 앉은 자세를 고치기도 했는데, 날개를 퍼덕이는 모습에 큰 바람이 일 것 같았다. 이렇게 멋진 새가 멸종 위기 동물이라니, 자연을 보호해야겠다는 다짐을 했다.

중심 내용 ③ '야행관'에서는 멸종 위기 동물인 수리부엉이를 관찰했다.

④ 야행관 다음으로 간 곳은 '열대 조류관'이었다. 열
방문한 장소 ③
대 조류관은 따뜻한 지역에 사는 새들이 사는 곳이었다. 열대 조류관은 아주 큰 실내 전시장으로, 천장이 높아서 머리 위로 화려한 색의 새들이 날아다니는 것을 볼 수 있었다. 앵무새는 책이나 텔레비전에서 본 적이 있었는데, 이렇게 많은 종류의 앵무새가 있는지는 몰랐다. 왕관앵무, 장미앵무, 회색앵무와 같이 색과
'열대 조류관'에서 관찰한 것
크기도 다양한 앵무새를 관찰할 수 있었다. 말을 할 수 있는 앵무새를 찾지 못한 것이 아쉬웠다.

중심 내용 ④ '열대 조류관'에서는 색과 크기도 다양한 앵무새를 관찰했다.

퍼덕이는 큰 새가 가볍고 크게 날개를 치는. 예 갑자기 닭이 날개를 퍼덕이는 소리가 들렸습니다.

⑤ 마지막으로 간 곳은 야외에서도 황새를 볼 수 있는 '큰물새장'이었다. 황새 마을에서는 황새 외에도 두루
방문한 장소 ④
미나 고니와 같이 물 근처에 사는 여러 새를 볼 수 있었다. 처음에는 깃털 색이 하얗고 까만 게 비슷해서 두루미와 황새를 구별하지 못했다. 설명을 읽고 나서야 키가 더 크고 머리가 붉은색이고 목과 다리가 까만색인 새가 두루미, 다리가 붉은색인 새가 황새라는 사실
두루미와 황새의 차이점
을 알게 되었다.

중심 내용 ⑤ '큰물새장'에서는 황새, 두루미, 고니와 같이 물 근처에 사는 여러 새를 관찰했다.

동물원에서 방문한 장소와 관찰한 것이 나와 있는 부분으로, 장소 변화와 관찰한 내용을 묻는 문제가 자주 출제돼.

핵심내용 「동물원에서」에서 장소 변화에 따라 관찰한 것

야행관	④ ○ㄷ 조류관	큰물새장
수리부엉이는 천연기념물로 몸길이가 70센티미터나 될 정도로 큼. 눈이 붉고 목이 앞뒤로 자유롭게 움직이며 멸종 위기 동물임.	왕관앵무, 장미앵무, 회색앵무와 같이 색과 크기도 다양한 앵무새를 관찰함.	키가 더 크고 머리가 붉은색이고 목과 다리가 까만색인 새가 두루미, 다리가 붉은색인 새가 황새라는 사실을 알게 됨.

멸종(滅 멸할 멸, 種 씨 종) 생물의 한 종류가 아주 없어짐. 또는 생물의 한 종류를 아주 없애 버림.

교과서 문제
30 이 글 전체에서 '내'가 방문한 장소를 차례대로 빈칸에 알맞게 쓰시오.

곤충관 → 야행관 → (   )
→ (   )

31 ★ 수리부엉이에 대한 설명으로 알맞지 <u>않은</u> 것은 무엇입니까? (   )

① 천연기념물이다.
② 눈이 푸른색이다.
③ 멸종 위기 동물이다.
④ 몸길이가 70센티미터나 된다.
⑤ 목을 앞뒤로 자유롭게 움직인다.

32 '열대 조류관'은 어떤 새들이 사는 곳인지 알맞은 것에 ○표 하시오.

(1) 따뜻한 지역에 사는 새들 (   )
(2) 무리를 지어 살아가는 새들 (   )
(3) 습기가 많은 지역에 사는 새들 (   )

33 두루미와 황새의 특징에 알맞게 선으로 이으시오.

(1) 두루미 • • ① 다리가 붉은색이다.

(2) 황새 • • ② 키가 더 크고 머리가 붉고 목과 다리가 까만색이다.

즐거운 직업 체험

- **글의 종류:** 견학 기록문
- **글의 특징:** 직업 체험관으로 직업 체험 학습을 다녀와서 느낀 점을 쓴 글로, 시간 흐름과 장소 변화를 잘 알 수 있습니다.

1 오래전부터 기다려 오던 직업 체험 학습을 가는 날이다. ㉠학교에서 모두 함께 출발해 ㉡열 시에 직업 체험관에 도착했다. 도착하자마자 우리 반은 모둠별로 흩어졌다. 우리 모둠은 나, 민기, 혜정, 병주까지 네 명으로 모두 활발한 친구들이다.

◯: 장소 □: 시간

중심 내용 1 직업 체험 학습을 가는 날, 학교에서 함께 출발해 열 시에 직업 체험관에 도착했다.

2 우리 모둠은 가장 먼저 ㉢소품 설계관으로 출발했다. 소품 설계관은 작은 소품을 설계하고 직접 만들 수 있는 곳이다. 체험 학습 계획을 세울 때 민기가 "집안 어른들께 선물로 드릴 만한 물건을 만들면 좋겠어."라고 의견을 냈기 때문에 소품 설계관을 첫 번째 체험 활동 장소로 정했다. 민기는 어머니께 드릴 머리끈을 만들고, 나는 할아버지께 드릴 손수건을 만들기로 했다. 내 손으로 만든 소품이 어딘가 부족해 보였지만 기분

만은 진짜 디자이너가 된 것 같아 뿌듯했다.

중심 내용 2 가장 먼저 작은 소품을 설계하고 직접 만들 수 있는 소품 설계관으로 가서 디자이너 체험을 했다.

3 디자이너 체험을 끝내자 거의 ㉣열한 시가 되었다. 우리는 제빵사 체험을 하려고 ㉤제빵 학원으로 갔다. 제빵 학원 앞에는 크게 '크림빵'이라고 적혀 있었다. 체험관 안으로 들어가자 체험관 선생님께서 밀가루를 나누어 주셨다. 체험관 선생님께서 알려 주시는 차례를 그대로 따라 해서 크림빵을 완성했다.

중심 내용 3 열한 시에 제빵사 체험을 하려고 제빵 학원으로 가서 선생님께서 알려 주시는 차례를 따라 크림빵을 만들었다.

핵심내용 「즐거운 직업 체험」에서 시간 흐름과 장소 변화에 따라 체험한 일

직업 체험관, 열 시	⑤ ㅅ ㅍ 설계관	제빵 학원, 열한 시
직업 체험관에 도착함.	디자이너 체험을 함.	크림빵을 완성함.

소품(小 작을 소, 品 물건 품) 규모가 작은 예술 작품. ㉔ 그 가게에는 작고 예쁜 소품들을 팔고 있었습니다.
부족해 필요한 양이나 기준에 미치지 못해 충분하지 아니해.

제빵사 빵을 만드는 일을 전문으로 하는 사람. ㉔ 오늘은 일일 제빵사 체험을 하는 날입니다.
완성했다 완전히 다 이루었다.

---

34 어디를 다녀온 뒤에 쓴 글입니까? (   )

① 학교
② 병원
③ 제과점
④ 재래시장
⑤ 직업 체험관

교과서 문제
35 우리 모둠이 가장 먼저 소품 설계관으로 가기로 정한 까닭은 무엇입니까? (   )

① 가장 쉬운 활동이어서
② 선생님께서 추천해 주셔서
③ 입구와 가장 가깝게 있어서
④ 모둠 친구들이 가장 관심 있어 하는 활동이어서
⑤ 집안 어른들께 선물로 드릴 만한 물건을 만들려고

36 소품 설계관에서 '내'가 만든 것은 무엇입니까? (   )

① 모자
② 양말
③ 손수건
④ 머리끈
⑤ 종이비누

37 ㉠~㉤ 중 시간 흐름을 알 수 있는 부분을 두 가지 고르시오. (   )

① ㉠
② ㉡
③ ㉢
④ ㉣
⑤ ㉤

38 이 글은 어떤 흐름이 잘 드러나 있는지 빈칸에 알맞은 말을 쓰시오.

(   ) 흐름과 (   ) 변화

4 제빵사 체험을 마치고 나오니 거의 <u>열두 시</u>가 되었
다. 우리 모둠은 <u>중앙 광장</u>에서 아까 만든 크림빵과 각
자 싸 온 점심을 먹으며 다른 모둠 친구들과 체험 활동
이야기를 나누었다. 효지는 공항에서 한 비행기 조종
사 체험이 가장 재미있었다고 했고, 준우는 국가유산
발굴 현장에서 국가유산을 찾는 체험이 가장 재미있었
다고 했다.

〔중심 내용 **4**〕 열두 시가 되어 중앙 광장에서 점심을 먹으며 다른 모둠 친구들과 체험
활동 이야기를 나누었다.

5 점심시간이 끝난 <u>오후 한 시</u>, <u>소방서</u>에서 병주가
가장 기대하던 소방관 체험으로 활동을 시작했다. 소
방관 복장을 하고, 소방차를 타고 출동하고, 불이 난
곳에 물도 뿌렸다. 원래 소방관에는 관심이 없었는데,
체험해 보니 내 적성에도 잘 맞고 보람도 있어서 미래
에 소방관이 되어도 좋겠다고 생각했다.

〔중심 내용 **5**〕 오후 한 시, 소방서에서 소방관 체험을 하며 미래에 소방관이 되어도 좋
겠다고 생각했다.

6 소방관 체험을 마치고 나서 시계를 보니 <u>두 시</u>가
조금 넘었다. 두 시 반까지 버스에 타기로 우리 반 선

조종사 항공기를 일정한 방향과 속도로 움직이도록 다루는 기능과 자
격을 갖춘 사람. 예 저는 <u>조종사</u>가 꿈입니다.
발굴 땅속이나 큰 덩치의 흙, 돌 더미 따위에 묻혀 있는 것을 찾아서
파냄.

생님과 약속했기 때문에 아쉽지만 체험 활동을 끝낼
수밖에 없었다.

> 직업 체험관에서 한 활동이 드러난 부분으로, 시간 흐름과
> 장소 변화를 묻는 문제가 자주 출제돼.

돌아오는 버스 안에서 선생님께서 말씀하셨다.
"오늘 체험 활동이 재미있었나요? 세상에는 직업 체
험관에 있는 직업 외에도 수많은 직업이 있어요. 여러
분이 앞으로 직업의 세계에 관심을 가지고 살펴본다
면 여러분에게 딱 맞는 직업을 찾을 수 있을 거예요."
선생님 말씀을 들으며 앞으로도 직업의 세계에 관심
을 두어야겠다고 생각했다. 이번 체험은 내 미래를 진
지하게 생각해 볼 수 있는 좋은 경험이 되었다.

〔중심 내용 **6**〕 두 시가 넘어 체험 활동을 마무리하고, 선생님 말씀을 들으며 앞으로도
직업의 세계에 관심을 두어야겠다고 생각했다.

〔핵심내용〕「즐거운 직업 체험」에서 글의 흐름을 알 수 있는 부분

6 시간 흐름을 알 수 있는 부분	열 시, 열한 시, 열두 시, 한 시, 두 시
장소 변화를 알 수 있는 부분	학교, 직업 체험관, 소품 설계관, 제빵 학원, 중앙 광장, 소방서

적성(適 맞을 적, 性 성품 성) 어떤 일에 알맞은 성질이나 적응 능력. 또
는 그와 같은 소질이나 성격.
진지하게 마음 쓰는 태도나 행동 따위가 참되고 착실하게. 예 이 문제
를 어떻게 해결할 것인지 <u>진지하게</u> 이야기해 봅니다.

39* 우리 모둠이 언제 어디에서 무엇을 했는지 빈칸에
알맞은 말을 쓰시오.

시간	장소	한 일
열두 시	(1)	점심을 먹었다.
(2)	소방서	(3)

교과서 문제
40 '내'가 소방관이 되어도 좋겠다고 생각한 까닭은
무엇인지 알맞은 것에 ○표 하시오.

(1) 평소 기대했던 직업이라서 ( )
(2) 적성에도 잘 맞고 보람도 있어서 ( )
(3) 일하기 편하고, 어렵지 않은 일이라서 ( )

---

41 '내'가 직업 체험관을 다녀와서 생각한 것은 무엇
인지 알맞은 것을 찾아 기호를 쓰시오.

> ㉮ 직업 체험관에 자주 방문해야겠다.
> ㉯ 오늘 체험한 직업을 좀 더 조사해야겠다.
> ㉰ 앞으로도 직업의 세계에 관심을 두어야겠다.

( )

42 이 글처럼 글의 흐름을 생각하며 쓰고 싶은 자신의
서술형 경험을 떠올리고 어떤 글의 흐름으로 쓰는 것이 좋
을지 쓰시오.

_____

_____

가 괴산 특산물, 한지

한지는 닥나무 껍질로 만든 우리 종이입니다. 괴산에서 만든 한지는 질기고
보관하기 좋아 외국으로 많이 수출한다고 합니다. 그럼 옛날 사람들은 한지를
어떻게 만들었을까요?

한지를 만드는 재료

- 글의 종류: 소개하는 글
- 글의 특징: 괴산에 있는 지역의 자랑
  거리인 지역 특산물, 지명 변화, 산막
  이옛길에 대해 소개하는 글입니다.

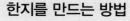

한지를 만드는 방법

① 닥나무 자르기　② 닥나무 껍질 벗기기　③ 껍질 삶기　④ 껍질 씻기

⑤ 껍질 두드리기　⑥ 닥풀 풀기　⑦ 발로 한지 뜨기　⑧ 한지 말리기

핵심내용 글 가와 나에서 소개하는 내용
과 글의 흐름

	글 가	글 나
내용	한지를 만드는 방법	괴산의 지명 변화
글의 흐름	❶ ○ 차례	시간 차례

나 '괴산'이라는 이름은 어떻게 변해 왔을까요?

① 잉근내군 고구려 → ② 괴양군 신라 → ③ 괴주군 고려 → ④ 괴산군 조선

괴산 지역 이름은 시간에 따라 변해 왔습니다. 고구려 때에는 '잉근내군'이라고
불리다가, 신라 경덕왕 때 '괴양군'으로 바뀌었습니다. 그 뒤 고려 시대에는 '괴주'라
고 불리다가, 조선 태종 때부터는 지금 이름인 '괴산'이라는 지명으로 불렸습니다.

수출 우리나라의 상품이나 기술을 외
국으로 팔아 내보냄. 예 우리나라의
많은 농산물을 해외로 수출하고 있습
니다.

지명(地 땅 지, 名 이름 명) 마을이나 지
방, 산천, 지역 따위의 이름.

---

1 글 가, 나는 어떤 글인지 알맞은 것을 찾아 ○표
하시오.

(1) 지역의 자랑거리를 소개하는 글 　(　　)
(2) 어떤 지역을 다녀와서 보고 느낀 점을 쓴 글
　　　　　　　　　　　　　　(　　)
(3) 사람들에게 잘 알려진 지역에 대해 설명하는 글
　　　　　　　　　　　　　　(　　)

2* 글 가, 나의 내용을 어떤 흐름으로 정리하는 것이
좋은지 보기에서 골라 알맞게 쓰시오.

　　보기
　　　시간 차례, 장소 변화, 일 차례

(1) 글 가: (　　　　　　　　　)
(2) 글 나: (　　　　　　　　　)

3 한지는 무엇으로 만드는지 쓰시오.
　　　　　　　(　　　　　　　)

4 괴산 한지의 특징으로 알맞은 것을 두 가지 고르시
오. 　　　　　　　　　(　　　　)

① 얇다.　　　　　② 질기다.
③ 투명하다.　　　④ 보관하기 좋다.
⑤ 색깔이 예쁘다.

5 글 나에서 지금 이름인 '괴산'이라는 지명으로 불
린 때는 언제부터인지 쓰시오.
　　　　　　　(　　　　　　　)

다 산막이 옛길 안내

괴산에는 사오랑 마을에서 산골 마을인 산막이 마을까지 연결되는 10리(약 4킬로미터)에 걸친 옛길이 있다. 이 옛길을 **산책로**로 만든 것이 지금의 산막이 옛길이다.

산막이 옛길은 주차장을 지나 오르막으로 시작한다. 오르막을 걷다 보면 차돌바위 나루를 지나 소나무 동산에 이를 수 있다. 소나무 동산엔 40년이 넘은 소나무들이 숲을 이룬다. 소나무 동산에서는 괴산호를 바라볼 수 있다. 소나무 동산을 지나 호수 전망대로 가려면 소나무 출렁다리를 건너 호랑이 모형이 관광객을 반겨 주는 호랑이 굴 앞을 지난다. 호수 전망대, 고공 전망대로 가는 길 내내 아름다운 풍경을 볼 수 있다. 그리고 산골 마을인 산막이 마을에 도착하면 산막이 옛길이 끝난다.

산막이 옛길의 코스

핵심내용 글 **다**에서 소개하는 내용과 글의 흐름

	글 **다**
내용	산막이 옛길에 대한 안내
글의 흐름	❷ ㅈ ㅅ 변화

소개하는 내용에 따라 일 차례, 시간 차례, 장소 변화대로 다르게 정리할 수 있어.

산책로 산책할 수 있게 만든 길.
오르막 낮은 곳에서 높은 곳으로 이어지는 비탈진 곳. ⑩ 여기서부터 오르막이 시작됩니다.
전망대(展 펼 전, 望 바랄 망, 臺 대 대) 멀리 내다볼 수 있도록 높이 만든 대.

---

6 글 **다**는 어떤 흐름으로 쓰였는지 알맞은 것을 찾아 ○표 하시오.

(1) 일 차례 (　　　)
(2) 시간 차례 (　　　)
(3) 장소 변화 (　　　)

7 산막이 옛길에 대한 설명으로 알맞지 <u>않은</u> 것은 무엇입니까? (　　　)

① 길이는 10리(약 4킬로미터)이다.
② 주차장을 지나 오르막으로 시작한다.
③ 산막이 옛길이 끝나는 길에는 괴산호가 있다.
④ 가는 길 중간에 소나무 숲과 아름다운 풍경을 볼 수 있다.
⑤ 사오랑 마을에서 산막이 마을까지 연결되는 옛길을 산책로로 만든 것이다.

8 글 **다**의 내용과 지도를 보고 산막이 옛길의 장소 변화를 알맞게 정리한 것을 찾아 기호를 쓰시오.

⑦ 주차장 → 차돌 바위 나루 → 소나무 동산 → 호랑이 굴 → 호수 전망대 → 고공 전망대 → 산막이 마을
⑭ 주차장 → 차돌 바위 나루 → 호랑이 굴 → 호수 전망대 → 소나무 동산 → 고공 전망대 → 산막이 마을

(　　　　　　　　)

9 우리 지역을 소개하는 글을 쓰려고 할 때, 소개하고 싶은 자랑거리를 쓰고 어떤 글의 흐름으로 쓰면 좋을지도 함께 쓰시오.
서술형

(1) 우리 지역의 자랑거리: _____

_____

(2) 글의 흐름: (　　　　　　　　)

가

술래잡기하는 방법

첫 번째, 술래잡기할 공간과 술래를 정한다. [㉠], 술래가 숫자를 세는 동안 다른 친구들은 술래를 피한다. [㉡], 술래가 다른 친구들을 잡으러 간다. 마지막으로, 술래에게 잡힌 친구가 다음 술래가 된다.

나

1 세 번째, 바람을 뒤로하고 소화기 호스를 불이 난 곳으로 향하게 잡습니다.

2 두 번째, 소화기 안전핀을 뽑습니다. 이때 손잡이를 누르면 안전핀이 빠지지 않으니 손잡이를 누르지 않습니다.

3 끝으로, 손잡이를 꽉 잡고 불을 향해 빗자루로 쓸듯이 소화제를 뿌립니다.

4 먼저, 소화기의 손잡이를 잡고 불이 난 곳으로 가져갑니다.

- 글 **가**의 특징: 술래잡기하는 방법을 일 차례가 드러나게 알려 주고 있습니다.
- 글 **나**의 특징: 소화기로 불을 끄는 방법을 일 차례가 드러나게 알려 주고 있습니다.

핵심내용 글 **가**, **나**에서 글의 흐름을 알 수 있는 부분

	글의 흐름을 알 수 있는 부분
글 **가**	첫 번째, 마지막으로
글 **나**	**1** ㅁ ㅈ , 두 번째, 세 번째, 끝으로

호스 자유롭게 휘어지도록 고무, 비닐, 헝겊 따위로 만든 관.
소화제(消 사라질 소, 火 불 화, 劑 약제 제) 불을 끄기 위하여 쓰는 물질.

1 글 **가**, **나**에서 알려 주고 있는 내용은 무엇인지 빈칸에 알맞은 말을 쓰시오.

(1) 글 **가**: ( )하는 방법
(2) 글 **나**: ( )을/를 사용해 불을 끄는 방법

2 글 **가**, **나**는 어떤 흐름에 주의하며 내용을 정리해야 합니까? ( )

① 일 차례
② 시간 흐름
③ 장소 변화
④ 원인과 결과
⑤ 사건의 변화

3 글 **가**의 ㉠과 ㉡에 들어갈 알맞은 말을 **보기**에서 골라 쓰시오.

보기

> 두 번째 먼저 끝으로 세 번째 네 번째

(1) ㉠: ( ) (2) ㉡: ( )

4 흐름에 맞도록 글 **나**의 차례를 바르게 나타낸 것은 무엇입니까? ( )

① **1** → **2** → **3** → **4**
② **2** → **3** → **4** → **1**
③ **3** → **4** → **1** → **2**
④ **4** → **2** → **1** → **3**
⑤ **4** → **1** → **2** → **3**

숨 쉬는 도시 쿠리치바

· 안순혜

· 글의 종류: 이야기
· 글의 특징: 환이와 아빠가 자연환경뿐 아니라 역사와 문화도 재활용하고 아름답게 가꾸는 도시인 쿠리치바시를 여행하면서 쓴 이야기입니다.

가 ㉠이튿날 아침, 환이는 아빠와 함께 쿠리치바시의 자전거 도로를 달렸습니다. 아빠의 등이 풍선을 집어넣은 것처럼 바람으로 풀럭입니다.

환이도 시원한 아침 바람을 몸에 가득 담고 신나게 달렸습니다.

"야호!" / 환이가 소리쳤습니다.

키 큰 파라나 소나무도 환이를 반기는 듯 몸을 흔들었습니다.

"저기가 꽃의 거리야."

아빠와 환이는 자전거를 세워 놓고 보행자 광장인 ㉡'꽃의 거리'로 향했습니다. 자동차 소리는 전혀 들리지 않고 경쾌하게 걷는 사람들 모습만 보입니다.

머리를 길게 늘어뜨린 인디오 할아버지가 밝은 표정으로 바이올린을 켜고 있었습니다. 그 선율이 멀리까지 울려 퍼졌습니다.

소박한 축제의 향연이 벌어지고 있는 '꽃의 거리'를 환이는 신나게 걸었습니다.

나 ㉢오후에 환이는 아빠를 따라 쿠리치바 시청에 갔습니다. 버스를 타고 시청까지 가는 길에는 잘 정돈된 나무들이 늘어서 있었습니다. 나무들은 노래하듯 밝은 모습이었지요. 어느 곳이든 자연이 숨 쉬고 있는 것 같아 환이는 몸까지 가벼워지는 느낌이었습니다.

㉣차창 밖으로 본 쿠리치바는 새 건물보다는 오래된 건물이 많았습니다. 물론 말끔하게 다시 단장해서 낡고 지저분한 느낌은 조금도 없었어요. 환이는 그러한 건물들에 정감이 갔습니다.

"쿠리치바 사람들은 도시 자체를 창조적인 종합 예술 작품이라고 생각한단다. 그래서 오래된 건물을 부수기보다는 아름답고 쓸모 있는 건물로 되살리려고 애쓰지. 쿠리치바는 예술적 재활용을 좌우명으로 삼고 있어."

다 드디어 시청 청사에 도착했습니다. 아빠가 볼일을 마칠 때까지 환이는 혼자서 청사 밖을 거닐었습니다. 말이 안 통해서 누구를 잡고 함께 놀자고 할 수는 없었지만 조금도 지루하지 않았습니다. 청사에는 멋진 조각상들이 있었고, 벽에는 아름다운 벽화가 그려져 있었거든요. ㉤특히나 청사 정면에 좌 깔려 있는 벽화는 너무나 아름다웠습니다.

5 글 가~다에서 장소 변화에 맞게 빈칸에 알맞은 말을 쓰시오.

· ( ) → 쿠리치바 시청 (청사)

6 '꽃의 거리'에서 환이가 한 일은 무엇입니까? ( )

① 꽃을 심었다. ② 신나게 걸었다.
③ 자전거를 탔다. ④ 바이올린을 샀다.
⑤ 앉아서 지나가는 사람들을 구경했다.

7 시청 청사에서 환이가 한 일은 무엇인지 쓰시오.

8 쿠리치바에 대한 설명으로 알맞은 것에 모두 ○표 하시오.

(1) 오래된 건물이 많지만 낡고 지저분한 느낌이 들지 않는다. ( )
(2) 오래된 건물을 부수고 아름답고 쓸모 있는 건물로 다시 짓고 있다. ( )
(3) 쿠리치바 사람들은 도시 자체를 예술적인 작품이라고 생각한다. ( )

9 ㉠~㉤ 중 시간을 나타내는 말을 두 가지 고르시오. ( )

① ㉠ ② ㉡ ③ ㉢
④ ㉣ ⑤ ㉤

낱말의 뜻

1 다음 뜻에 알맞은 낱말을 골라 ○표 하시오.

(1) 바라는 일이 이루어지기를 빎.

(기원 , 보답)

(2) 생물의 한 종류가 아주 없어짐.

(멸종 , 발굴)

(3) 사물의 가장자리를 한 바퀴 돈 길이.

(높이 , 둘레)

(4) 노, 실, 끈 따위를 잡아매어 마디를 이룬 것.

(땋기 , 매듭)

관용어

2 밑줄 친 말의 뜻을 알맞게 말한 친구에 ○표 하시오.

베짱이는 너무도 빠르게 베 한 필을 짜 내었을 뿐 아니라 솜씨 또한 <u>기가 막혔다.</u>

(1) 채진: 어떠한 일이 놀랍거나 언짢아서 어이없다는 뜻이야. (　　)

(2) 규헌: 어떻다고 말할 수 없을 만큼 좋거나 정도가 높다는 뜻이야. (　　)

포함하는 말

3 빈칸에 들어갈 포함하는 말로 알맞은 것은 무엇입니까? (　　)

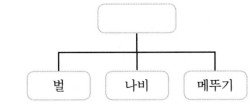

① 식물　　　② 곤충
③ 조류　　　④ 천연기념물
⑤ 톱사슴벌레

반대말

4 보기 처럼 문장에서 서로 반대되는 뜻으로 쓰인 낱말을 찾아 ○표 하시오.

보기

톱사슴벌레는 원래 ⓝ밤에 활동하는 곤충이지만 참나무 수액을 먹으려고 ⓝ낮에도 돌아다닌다.

(1) 날씨가 추워서 야외 관람관은 문을 닫은 곳이 많아서 주로 실내 관람관에서 관찰했다.

(2) 학교에서 모두 함께 출발해 열 시에 직업 체험관에 도착했다.

낱말의 뜻

5 밑줄 친 낱말을 문장과 어울리도록 바꾸어 쓰시오.

괴산에서 만든 한지는 질기고 보관하기 좋아 외국으로 많이 <u>수입</u>한다고 한다.

(　　　　　　　　)

맞춤법

6 다음 ( ) 안에 쓰인 낱말 중에서 바른 표기를 골라 ○표 하시오.

[ㄲ], [ㄸ], [ㅃ], [ㅉ]로 들리는 'ㄱ', 'ㄷ', 'ㅂ', 'ㅈ'을 소리 나는 대로 적지 않도록 주의해야 해.

(1) 내 (눈낄 , 눈길)을 끈 것은 수리부엉이이다.

(2) 괴산에는 사오랑 마을에서 (산골 , 산꼴) 마을인 산막이 마을까지 연결되는 옛길이 있다.

단원 평가

점수

1~4

가 할아버지는 그제야 세상이 크게 변한 게 아니라 할아버지가 작게 줄어들었음을 알았습니다.

"글쎄, 나도 잘 모르겠다. 마당에 처음 보는 작은 열매가 있기에 먹어 보았을 뿐인데……."

베짱이는 할아버지 말을 듣고 이마를 '탁' 치며 말했습니다.

"그건 아마 '커졌다 작아졌다' 마법 열매였을 거예요! 그걸 한 알 더 먹어야 본래 크기로 돌아올 수 있어요."

나 마침내 베가 완성되었을 때, 할아버지는 감탄을 금치 못했습니다. 베짱이가 너무도 빠르게 베 한 필을 짜 내었을 뿐 아니라, 솜씨 또한 기가 막혔기 때문이죠.

"자, 할아버지. 이 베를 가지고 쥐들을 찾아가세요. 그러고는 '커졌다 작아졌다' 마법 열매와 바꾸자고 하세요."

다 마루 밑에서 나온 할아버지는 열매를 입에 넣고 꿀꺽 삼켰습니다. 순간 할아버지 몸이 풍선처럼 부풀어 오르는 듯한 기분이 드는가 싶더니 본래 크기로 돌아왔습니다.

1 할아버지는 무엇을 먹고 작아졌는지 쓰시오.

( )

2 베짱이가 베를 짠 까닭은 무엇입니까? ( )

① 쥐들이 부탁을 해서
② 할아버지께 솜씨를 자랑하려고
③ 할아버지 옷을 만들어 드리려고
④ 완성된 베를 팔아 마법 열매를 사려고
⑤ 쥐들이 가진 마법 열매와 바꾸게 하려고

3 베짱이가 베를 완성하였을 때, 할아버지가 감탄한 까닭을 찾아 쓰시오.

_____

_____

4 시간 흐름대로 이 글의 중요한 사건을 정리할 때, ㉠에 들어갈 사건을 짐작하여 쓰시오.
서술형

> 할아버지가 작게 줄어들었다. ➡ 베짱이가 베를 짜서 완성한 뒤, 할아버지에게 주었다. ➡ [㉠] ➡ 할아버지가 마법 열매를 먹고 본래 크기로 돌아왔다.

_____

_____

5~7

세 가닥 땋기는 머리를 땋을 때 많이 쓰는 방법입니다. 먼저, 왼쪽 첫 번째 그림과 같이 실 세 가닥을 나란히 폅니다. ㉠두 번째, 왼쪽 빨간색 실을 가운데 파란색 실 위로 올립니다. 그러면 왼쪽 실이 가운데로 오고, 가운데 실이 왼쪽으로 가게 됩니다. 세 번째, 오른쪽 노란색 실을 가운데로 온 실 위에 올립니다. 다시 처음처럼 왼쪽으로 간 실을 가운데로, 오른쪽으로 간 실을 가운데로 올립니다. 이 방법을 계속 반복하면 실이 땋아집니다.

5 이 글은 무엇을 알려 주는 글인지 빈칸에 알맞은 말을 쓰시오.

• ( )을/를 하는 방법

6 ㉠에서 차례를 나타내는 말을 찾아 쓰시오.

( )

7 세 가닥 땋기의 일 차례를 생각하여 다음 그림의 순서대로 번호를 쓰시오.

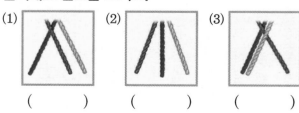

(1) ( ) (2) ( ) (3) ( )

8~9

감기약은 끝까지 먹는 게 좋습니다. 감기약을 먹다가 몸이 나았다고 생각해 그만 먹으면 안 됩니다. 중간에 마음대로 감기약을 먹지 않으면 감기가 더 심해지거나 나중에 감기약을 먹어도 낫지 않을 수 있으므로, 의사가 처방한 날짜만큼 먹어야 합니다.

감기약을 먹을 때에는 물과 함께 먹어야 합니다. 우유나 녹차, 주스와 같은 다른 음료와 함께 먹어서는 안 됩니다. 또 물 이외에 밥이나 빵을 같이 먹어서도 안 됩니다.

8 ★ 이 글의 특징을 알맞게 말한 친구의 이름을 쓰시오.

> **훈민:** 차례가 정해져 있어.
> **영주:** 일을 하는 방법을 알려 주고 있어.

( )

9 감기약을 먹을 때 함께 먹을 수 있는 것은 무엇입니까? ( )

① 밥   ② 물   ③ 우유
④ 녹차   ⑤ 주스

10~11 국어 활동

가 ㉠첫 번째, 술래잡기할 공간과 술래를 정한다. 두 번째, 술래가 숫자를 세는 동안 다른 친구들은 술래를 피한다. 세 번째, 술래가 다른 친구들을 잡으러 간다. ㉡마지막으로, 술래에게 잡힌 친구가 다음 술래가 된다.

나 ㉢먼저, 소화기의 손잡이를 잡고 불이 난 곳으로 가져갑니다. 두 번째, 소화기 안전핀을 뽑습니다. 이때 ㉣손잡이를 누르면 안전핀이 빠지지 않으니 손잡이를 누르지 않습니다. 세 번째, 바람을 뒤로하고 소화기 호스를 불이 난 곳으로 향하게 잡습니다. ㉤끝으로, 손잡이를 꽉 잡고 불을 향해 빗자루로 쓸듯이 소화제를 뿌립니다.

10 글 **가**와 **나**의 비슷한 점은 무엇인지 알맞은 것에 ○표 하시오.

(1) 일을 하는 방법을 알려 준다. ( )
(2) 장소 변화에 따라 한 일이 드러난다. ( )

11 ㉠~㉤ 중 차례를 나타내는 말이 아닌 것은 무엇입니까? ( )

① ㉠   ② ㉡   ③ ㉢
④ ㉣   ⑤ ㉤

12~14

가 토요일 아침 일찍 출발해서, 맨 처음 도착한 고창 관광지는 고인돌 박물관이었다. 고인돌 박물관에서는 영화와 유물들을 보면서 고인돌의 역사를 알 수 있었다. 박물관 일 층에서는 고인돌 영화를 봤고 이 층에서는 고인돌과 관련된 여러 유물을 봤다.

나 마지막으로 고창의 유명한 절인 선운사를 방문했다. 선운사는 삼국 시대 때부터 지어진 오래된 절이다. 오래된 절답게 웅장한 건물과 많은 관광객이 있었다. 선운사에서 가장 인상 깊었던 것은 선운사 뒤편의 동백나무 숲이었다. 푸른 동백나무잎 위로 하얀 눈이 소복이 쌓여 아름다운 풍경을 만들어 내고 있었다. 내가 본 가장 아름다운 숲이었다.

12 이 글을 간추릴 때 주의할 부분을 알맞게 말한 친구를 골라 ○표 하시오.

(1) 유빈: 일 차례대로 간추려야 해. ( )
(2) 성현: 장소 변화대로 간추리는 것이 좋아.

( )

13 글쓴이가 방문한 곳 두 군데를 고르시오. ( )

① 동백섬   ② 선운사
③ 조선 왕릉   ④ 역사 박물관
⑤ 고인돌 박물관

14 이 글의 내용으로 알맞은 것에 ○표 하시오.

(1) 맨 처음 도착한 관광지는 선운사이다. ( )
(2) 고인돌 박물관에서는 고인돌 관련 그림을 봤다. ( )
(3) 선운사에서 가장 인상 깊었던 것은 동백나무 숲이었다. ( )

15~17

가 어제 과학 관찰 보고서를 쓰려고 동물원에 갔다. 내 보고서 주제는 '날개가 있는 동물'로, 동물원의 많은 동물 가운데에서도 날개가 있는 동물을 찾아 관찰하는 것이다.

나 곤충관 바로 옆은 '야행관'이었는데 주로 밤에 활동하는 동물들이 있는 곳이었다. 야행관에도 날개가 있는 동물들이 있었다. 바로 박쥐와 올빼미였다. 외국에서 산다는 과일박쥐도 인상 깊었지만, 내 눈길을 끈 것은 수리부엉이이다. 수리부엉이는 천연기념물로 몸길이가 70센티미터나 될 정도로 큰 새이다. 날개를 접고 나뭇가지에 앉아 있는 것을 관찰했는데, 붉은 눈과 앞뒤로 자유롭게 움직이는 목이 신기했다. 가끔 날개를 펴고 앉은 자세를 고치기도 했는데, 날개를 퍼덕이는 모습에 큰 바람이 일 것 같았다. 이렇게 멋진 새가 멸종 위기 동물이라니, 자연을 보호해야겠다는 다짐을 했다.

다 마지막으로 간 곳은 야외에서도 황새를 볼 수 있는 '큰물새장'이었다. 황새 마을에서는 황새 외에도 두루미나 고니와 같이 물 근처에 사는 여러 새를 볼 수 있었다.

15 '내'가 쓸 과학 관찰 보고서의 주제는 무엇입니까?
( )

① 멸종 위기 동물
② 날개가 있는 동물
③ 밤에 활동하는 동물
④ 날개가 있어도 날지 못하는 동물
⑤ 야외와 실내에서 볼 수 있는 동물

16 '야행관'에서 본 동물이 <u>아닌</u> 것을 두 가지 고르시오.
( )

① 고니　　② 올빼미　　③ 두루미
④ 과일박쥐　　⑤ 수리부엉이

17 '야행관'에서 무엇을 관찰했는지 간추려 쓰시오.

서술형

_____

_____

18~20

가 학교에서 모두 함께 출발해 열 시에 직업 체험관에 도착했다. 도착하자마자 우리 반은 모둠별로 흩어졌다.

나 우리 모둠은 가장 먼저 소품 설계관으로 출발했다. 소품 설계관은 작은 소품을 설계하고 직접 만들 수 있는 곳이다. 체험 학습 계획을 세울 때 민기가 "집안 어른들께 선물로 드릴 만한 물건을 만들면 좋겠어."라고 의견을 냈기 때문에 소품 설계관을 첫 번째 체험 활동 장소로 정했다.

다 디자이너 체험을 끝내자 거의 열한 시가 되었다. 우리는 제빵사 체험을 하려고 제빵 학원으로 갔다. 제빵 학원 앞에는 크게 '크림빵'이라고 적혀 있었다.

라 점심시간이 끝난 오후 한 시, 소방서에서 병주가 가장 기대하던 소방관 체험으로 활동을 시작했다. 소방관 복장을 하고, 소방차를 타고 출동하고, 불이 난 곳에 물도 뿌렸다.

18 언제 어디에서 체험을 했는지 시간 흐름과 장소 변화에 맞게 빈칸에 들어갈 말을 쓰시오.

시간	열 시	(2)	오후 한 시
장소	(1)	제빵 학원	(3)

19 장소 변화에 따라 어떤 체험을 했는지 알맞게 선으로 이으시오.

(1) 소방서　　•　　•① 제빵사 체험

(2) 제빵 학원　　•　　•② 소방관 체험

(3) 소품 설계관　　•　　•③ 디자이너 체험

20 소방관 체험에서 한 일로 알맞지 <u>않은</u> 것을 두 가지 고르시오.
( )

① 소방관 복장을 했다.
② 긴급 전화를 받았다.
③ 소방차를 타고 출동했다.
④ 불이 난 곳에 물을 뿌렸다.
⑤ 119 구급대가 되어 긴급 출동을 했다.

점수

1

가 첫 번째, 서로 다른 색깔 실 세 가닥을 함께 잡고 매듭을 짓습니다. 실의 3~4센티미터를 남겨 두고 실 세 가닥을 한꺼번에 잡아 작은 원을 만듭니다. 그 뒤 짧은 쪽 실 세 가닥을 아까 만든 원 쪽으로 집어넣고 당기면 쉽게 매듭을 지을 수 있습니다.

두 번째, 셀로판테이프로 매듭 위쪽을 책상에 붙입니다. 셀로판테이프는 실 팔찌를 만드는 동안 실이 움직이거나 꼬이지 않게 고정하는 역할을 합니다.

세 번째, 실 세 가닥을 잡고 세 가닥 땋기를 합니다. 이때 자신이 원하는 길이보다 길게 땋아야 합니다. 손목 둘레의 두세 배 정도 길이로 땋는 것이 좋습니다.

나 감기약은 끝까지 먹는 게 좋습니다. 감기약을 먹다가 몸이 나았다고 생각해 그만 먹으면 안 됩니다. 중간에 마음대로 감기약을 먹지 않으면 감기가 더 심해지거나 나중에 감기약을 먹어도 낫지 않을 수 있으므로, 의사가 처방한 날짜만큼 먹어야 합니다.

감기약을 먹을 때에는 물과 함께 먹어야 합니다. 우유나 녹차, 주스와 같은 다른 음료와 함께 먹어서는 안 됩니다. 또 물 이외에 밥이나 빵을 같이 먹어서도 안 됩니다.

1단계
낱말 쓰기
글 **가** 는 실 팔찌 만드는 방법을 알려 주는 글입니다. 중요한 내용을 차례대로 간추려 빈칸에 알맞은 말을 쓰시오. [3점]

> 첫 번째, 서로 다른 색깔 실 세 가닥을 함께 잡고 (1) (　　　　　)을 짓는다.

↓

> 두 번째, (2) (　　　　　)로 매듭 위쪽을 책상에 붙인다.

↓

> 세 번째, 실 세 가닥을 잡고 (3) (　　　　　)를 한다.

↓

> 네 번째, 땋은 실 끝 쪽에 매듭을 짓고, 마지막으로 양쪽 끝을 연결한다.

2단계
문장 쓰기
글 **나** 를 읽고 감기약을 먹는 방법을 간추려 쓰시오. [6점]

- _____
- _____

3단계
생각 쓰기
글 **가** 와 **나** 의 비슷한 점과 다른 점을 한 가지씩 쓰시오. [12점]

	글 **가**	글 **나**
비슷한 점	(1)	
다른 점	(2)	(3)

2 동물원을 방문한 글쓴이는 어디에서 무엇을 관찰하였는지 간추려 쓰시오. [8점]

> 열대 조류관은 따뜻한 지역에 사는 새들이 사는 곳이었다. 열대 조류관은 아주 큰 실내 전시장으로, 천장이 높아서 머리 위로 화려한 색의 새들이 날아다니는 것을 볼 수 있었다. 앵무새는 책이나 텔레비전에서 본 적이 있었는데, 이렇게 많은 종류의 앵무새가 있는지는 몰랐다. 왕관앵무, 장미앵무, 회색앵무와 같이 색과 크기도 다양한 앵무새를 관찰할 수 있었다. 말을 할 수 있는 앵무새를 찾지 못한 것이 아쉬웠다.

장소	관찰한 것
(1)	(2)

8 글의 흐름을 생각해요

학습 제재	베짱베짱 베 짜는 베짱이	배점	40점
학습 목표	시간 흐름에 따라 글의 내용을 간추리고, 내용에 맞는 시를 쓸 수 있다.		

● 다음 글을 읽고, 물음에 답하시오.

> 가 할아버지는 그제야 세상이 크게 변한 게 아니라 할아버지가 작게 줄어들었음을 알았습니다.
> "글쎄, 나도 잘 모르겠다. 마당에 처음 보는 작은 열매가 있기에 먹어 보았을 뿐인데……."
> 베짱이는 할아버지 말을 듣고 이마를 '탁' 치며 말했습니다.
> "그건 아마 '커졌다 작아졌다' 마법 열매였을 거예요! 그걸 한 알 더 먹어야 본래 크기로 돌아올 수 있어요."
> 나 마침내 베가 완성되었을 때, 할아버지는 감탄을 금치 못했습니다. 베짱이가 너무도 빠르게 베 한 필을 짜
> 내었을 뿐 아니라, 솜씨 또한 기가 막혔기 때문이죠.
> "자, 할아버지. 이 베를 가지고 쥐들을 찾아가세요. 그러고는 '커졌다 작아졌다' 마법 열매와 바꾸자고 하세요."
> "정말 고맙다, 베짱이야. 보답으로 무엇을 해 줄까?"
> "음……. 할아버지, 「개미와 베짱이」 이야기 알고 계시죠?"
> "여름에 개미가 열심히 일하는 동안 베짱이는 놀기만 했다는 이야기 말이냐?"
> "네, 맞아요. 그래서 말인데요. 할아버지, 제가 놀기만 하는 곤충이 아니라는 것을 글로 써 주세요. 동시든
> 이야기든 좋으니 말이에요."
> 다 할아버지가 베를 내주자, 쥐들은 할아버지에게 마법 열매를 주었습니다.
> 마루 밑에서 나온 할아버지는 열매를 입에 넣고 꿀꺽 삼켰습니다. 순간 할아버지 몸이 풍선처럼 부풀어 오
> 르는 듯한 기분이 드는가 싶더니 본래 크기로 돌아왔습니다.
> 라 다음 날 밤, 이야기 할아버지 방으로 동네 아이들이 모여들었습니다.
> 할아버지가 ㉠새로 지은 시 「베짱이」를 들려주신다고 했거든요.

1 글 가~다의 내용을 시간 흐름에 따라 간추려 쓰시오. [20점]

_____

_____

2 자신이 할아버지라면 어떤 내용으로 ㉠을 쓸지 생각하여 한 편의 시를 쓰시오. [20점]

> 조건
>
> 베짱이가 부탁한 내용이 들어가게 쓴다.

> 베짱이
>
>

9 작품 속 인물이 되어

1 글을 읽고 인물에 대해 이야기하기

① 이야기 속 인물과 비슷한 말이나 행동을 하는 친구는 성격이 어떤지 생각해 봅니다.

② 자신이 이야기 속 인물이라면 어떤 말이나 행동을 할지 생각해 봅니다.

③ 인물에 알맞은 표정, 몸짓, 말투로 표현해 봅니다.
말을 하는 버릇이나 본새

2 인물의 성격을 생각하며 극본을 소리 내어 읽기

① 인물의 말과 행동을 보고 인물의 성격을 짐작해 봅니다.

② 인물의 성격과 상황에 알맞은 말투를 상상해 극본을 소리 내어 읽어 봅니다.

★★ 3 알맞은 표정, 몸짓, 말투를 생각하며 극본 읽기
극본에는 표정, 몸짓, 말투를 직접 알려 주는 부분이 있어요. ( ) 안이나 인물이 하는 동작을 설명한 부분을 살펴봐요.

① 인물의 성격이나 마음을 짐작해 봅니다.

② 인물에게 어울리는 표정, 몸짓, 말투를 상상해 알맞은 표정, 몸짓, 말투로 실감 나게 소리 내어 읽어 봅니다.

예 「토끼의 재판」 뒷부분에서 인물에게 어울리는 표정, 몸짓, 말투 상상하기

상황	호랑이의 성격이나 마음	극본에서 찾은 부분
토끼가 계속 호랑이의 말을 이해하지 못함.	화를 잘 낸다. / 답답하다.	(답답하다는 듯이 화를 내며) 왜 이렇게 말귀를 못 알아듣지?
상상한 표정, 몸짓, 말투	답답한 표정으로 가슴을 치며 큰 소리로	

4 연극 준비하기

공연할 장면을 정하고 준비하기	소품 준비하기, 역할 정하기, 자신이 맡은 역할의 인물에게 어울리는 표정, 몸짓, 말투 상상하기
무대에서 연극 발표회를 할 준비하기	인물이 설 곳과 소품을 둘 곳을 생각하기, 인물이 입장할 곳과 퇴장할 곳 정하기, 정한 방법을 그림으로 나타내기, 친구들과 함께 정한 방법대로 무대에 서는 연습하기 무대에 설 때에는 가운데에 서야 해요.
연극 연습하기	인물의 표정, 몸짓, 말투를 생각하며 극본을 여러 번 소리 내어 읽으며 연습하기 → 다른 친구가 읽는 것을 잘 듣고 알맞게 반응하며 연습하기 → 친구들과 함께 연극 전체 장면을 연습하기

1 글을 읽고 인물에 대해 이야기하는 방법으로 알맞은 것에 ○표 하시오.

(1) 이야기 속 인물의 말과 행동을 주의 깊게 살펴볼 필요는 없다. 　　(　　)

(2) 이야기 속 인물과 비슷한 말이나 행동을 하는 친구는 성격이 어떤지 생각해 본다.
　　(　　)

2 다음 빈칸에 알맞은 말을 쓰시오.

> 인물의 (　　　　)은/는 인물의 말이나 행동을 통해 짐작할 수 있다.

3 다음 인물의 말에 나타난 성격은 어떠한지 알맞은 것의 기호를 쓰시오.

> "그럼 내가 얼마나 힘이 센지 알게 될 거야!"

> ㉮ 겁이 많은 성격
> ㉯ 자신만만한 성격

　　(　　　　　　)

4 연극을 하기 위해 무대에 설 때에는 어디에 서야 하는지 쓰시오.

> 무대의 (　　　　)

대단한 줄다리기

• 베벌리 나이두

• 글의 종류: 이야기
• 글의 특징: 산토끼 무툴라의 꾀로 투루와 쿠부가 해가 질 때까지 줄다리기를 한다는 내용으로, 인물의 말과 행동에 나타난 성격을 짐작할 수 있습니다.

미리보기

| 투루는 산토끼 무툴라를 본 체만체하며 무시하였습니다. | → | 쿠부도 산토끼 무툴라를 업신여기며 무시하였습니다. | → | 무툴라의 꾀로 투루와 쿠부가 줄다리기를 했습니다. | → | 줄다리기는 해가 질 때까지 계속되었습니다. |

1 옛날옛날, 산토끼 무툴라가 코로로 언덕의 굴속에서 살고 있었어요. 어느 날 아침, 무툴라는 코가 따끔거려서 잠에서 깼어요. 무툴라는 코로로 언덕 아래로 깡충 뛰어갔어요.

그런데 갑자기 뭔가가 "우두둑, 뚝, 쿵!" 하고 부러지는 소리가 들렸어요. 코끼리 투루가 나타난 거예요.

"안녕, 투루."

<u>투루는 질겅질겅 풀을 씹기만 할 뿐 아무 말도 하지 않았어요.</u>
_{다른 사람이 하는 말을 잘 듣지 않음.}

"안녕이라고 말했잖아. 투루!"

투루는 꼬리를 한 번 실룩 움직일 뿐 여전히 아무 말도 하지 않았어요.

"안녕이라고 말했잖아. 투루!"

무툴라는 이번에는 아주 크게 소리쳤어요.

"그래서 어쩌라고? 이 꼬맹이야! ㉠<u>감히 아침 식사하는 나를 귀찮게 해?</u>"

"<u>투루, 그렇게 거만하게 굴 것까진 없잖아!</u> 너는 몸
_{용기가 있음.}
집이 가장 크다고 네가 가장 힘이 센 줄 알지? 난 줄다리기를 하면 널 언제든 이길 수 있어!"

"네가? 너 같은 꼬맹이가? 흥, 푸우하하하!"

"내일 아침, 내가 밧줄을 가져올게. 그럼 내가 얼마나 힘이 센지 알게 될 거야!"

> 인물의 성격과 인물이 한 말에 알맞은 표정, 몸짓, 말투 등을 묻는 문제가 자주 출제돼.

질겅질겅 질긴 물건을 거칠게 자꾸 씹는 모양. ⑩ 소가 마른 풀을 질겅질겅 씹고 있습니다.
감히 말이나 행동이 주제넘게.

거만하게 잘난 체하며 남을 업신여기는 데가 있게. ⑩ 거만하게 쳐다봐서 기분이 몹시 상했습니다.
굴 그러하게 행동하거나 대할.

---

1 무툴라에 대한 설명으로 알맞지 <u>않은</u> 것에 ×표 하시오.

(1) 산토끼이다. ( )
(2) 코끼리이다. ( )
(3) 코로로 언덕의 굴속에서 산다. ( )

3★ 이 글에 나타난 투루의 성격으로 알맞은 것을 두 가지 고르시오. ( )

① 거만하다. ② 게으르다.
③ 겁이 많다. ④ 꾀가 많다.
⑤ 남을 무시한다.

교과서 문제
4 ㉠을 실감 나게 말하려면 어떤 말투가 알맞겠습니까? ( )

① 다정한 말투
② 작고 졸린 말투
③ 궁금해하는 말투
④ 억울해하는 말투
⑤ 크고 거만한 말투

2 무툴라가 잠에서 깬 까닭은 무엇입니까? ( )

① 목이 말라서
② 배가 고파서
③ 투루가 불러서
④ 코가 따끔거려서
⑤ 밖에서 시끄러운 소리가 나서

무툴라가 자신만만하게 말했어요. 투루의 대답을 기다리지도 않고 무툴라는 물가로 깡충깡충 뛰어갔지요.

중심 내용 **1** 무툴라는 자신을 무시하는 투루에게 줄다리기를 하면 자신이 얼마나 힘이 센지 알게 될 거라고 말했어요.

2 산토끼 무툴라는 눈을 반쯤 감고 물속에 잠겨 있는 하마 쿠부를 찾아냈어요. / "안녕, 쿠부."

쿠부는 무툴라를 쳐다보았지만 아무 말도 하지 않았어요.
_{무툴라를 무시하는 행동}

"내가 안녕이라고 말했잖아, 쿠부."

쿠부는 눈을 감더니 아무 말 없이 물속으로 사라져 버렸어요. 쿠부의 머리가 다시 물 밖으로 나오자 무툴라는 아주 크게 소리쳤어요.

"쿠부, 내가 안녕이라고 말했잖아!"

"그래서 어쩌라고, 이 꼬맹이야! 감히 내 아침잠을
_{잘난 체하는 성격임을 알 수 있음.}

방해하다니!"

"쿠부, 그렇게 거만하게 굴 것까진 없잖아! 너는 몸집이 가장 크다고 네가 가장 힘이 센 줄 알지? ㉠난 줄다리기를 하면 널 언제든 이길 수 있어!"

"㉡네가? 너 같은 꼬맹이가? 푸우하하하!"

"내일 아침, 내가 밧줄을 가져올게. 그럼 내가 얼마나 힘이 센지 알게 될 거야!"

무툴라가 자신만만하게 말했어요.

쿠부의 대답을 기다리지도 않고 무툴라는 깡충깡충 뛰어 그 자리를 떠났어요.

그날 내내 무툴라는 아주아주 길고 무지무지 튼튼한 밧줄을 열심히 만들었어요.

중심 내용 **2** 무툴라는 자신을 무시하는 쿠부에게 줄다리기를 하면 자신이 얼마나 힘이 센지 알게 될 거라고 말했어요.

내내 처음부터 끝까지 계속해서. ㉠ 날씨가 따뜻해서 내내 겉옷을 벗고 걸어다녔습니다.

무지무지 몹시 놀랄 만큼 대단히. ㉠ 백과사전이 발등에 떨어져 무지무지 아팠습니다.

---

5 글 **2**에서 무툴라는 누구를 찾아냈는지 쓰시오.

( )

6* ㉠을 말할 때 어울리는 목소리는 무엇입니까?

( )

① 거만한 목소리
② 샘이 난 목소리
③ 울먹이는 목소리
④ 자신만만한 목소리
⑤ 소곤거리는 목소리

교과서 문제
7 ㉡을 말할 때 어울리는 표정은 무엇인지 쓰시오.

( )

8 이 글에서 알 수 있는 무툴라의 성격을 알맞게 짐작한 친구의 이름을 쓰시오.

> **수아**: 무툴라는 당차고 자신만만한 성격인 것 같아.
>
> **재헌**: 무툴라는 소극적이고 겁이 많은 성격인 것 같아.
>
> **정현**: 무툴라는 짜증이 많고 화를 잘 내는 성격인 것 같아.

( )

9 이 글의 내용으로 보아, 무툴라가 밧줄을 만든 까닭은 무엇이겠습니까? ( )

① 사냥을 하려고
② 줄넘기를 하려고
③ 울타리를 만들려고
④ 줄다리기를 하려고
⑤ 쿠부를 잡아 묶으려고

3 다음 날, <u>해님이 오렌지색과 빨간색 햇살로 달님에</u>
<u>게 길을 비키라는 경고를 보내기도 전에</u> 무툴라는 자
_{해가 뜨기도 전에, 아침 일찍}
리에서 일어났어요. 그리고 해님이 레농산 위로 고개
를 내밀 때 무툴라는 벌써 코로로 언덕 아래로 깡충깡
충 뛰어 내려왔지요. 길고 튼튼한 밧줄을 한쪽 어깨에
걸치고요.

코끼리 투루는 역시나 언덕에 있었어요!

"안녕, 투루! 내가 밧줄을 가져왔어."

"흥!"

무툴라는 가까이 가서 밧줄의 한쪽 끝을 투루에게
내밀었어요.

㉠"이걸 잡아. 난 다른 쪽 끝을 잡고 저 너머로 달려
갈게."

무툴라는 **빽빽한** 덤불숲을 가리켰어요.

"당길 준비가 되면 이렇게 휘파람을 불게. 휘이이이

익!"

그다음, 무툴라는 파리처럼 재**빠르게** 움직여 **빽빽**한
_{무툴라가 재빨리 움직이는 모습을 파리에 빗댐.}
덤불숲 쪽으로 깡충깡충 뛰어갔어요. 하지만 무툴라는
덤불숲에서 멈추지 않았어요. 무툴라에게는 물웅덩이
까지 닿을 수 있는 긴 밧줄이 있었어요.

하마 쿠부는 무툴라를 못 본 척하며 물속에 들어가
있었어요.

"안녕, 쿠부! 내가 밧줄을 가져왔어."

"푸우우!"

무툴라는 가까이 다가가서 밧줄의 한쪽 끝을 하마
쿠부에게 내밀었어요.

"이걸 잡아. 저 덤불숲이 보이지? 밧줄의 한쪽 끝
을 저 뒤에다 두었어. 난 달려가서 그걸 잡을 거야.
㉡내가 당길 준비가 되면 휘파람을 불게. 이렇게.
휘이이이익!"

경고(警 경계할 경, 告 고할 고) 조심하거나 삼가도록 미리 주의를 줌.
또는 그 주의. 예 내 방에 들어오지 말라고 동생에게 경고를 주었습
니다.

걸치고요 어떤 물체를 다른 물체에 얹어 놓고요. 예 갑자기 날씨가 더
워져서 겉옷을 어깨에 걸치고 다녔습니다.
빽빽한 사이가 촘촘한.

---

10 ㉠을 말할 때 어울리는 몸짓은 무엇입니까?
( )

① 박수를 치는 몸짓
② 밧줄의 한쪽 끝을 내미는 몸짓
③ 두 손을 높이 들고 흔드는 몸짓
④ 상대방의 손을 잡고 흔드는 몸짓
⑤ 허리를 숙였다 폈다를 반복하는 몸짓

11 ㉡을 읽는 방법으로 알맞지 <u>않은</u> 것의 기호를 쓰
시오.

㉮ 시치미를 떼는 듯한 표정을 짓는다.
㉯ 웃음이 나오려는 것을 참듯이 읽는다.
㉰ 배를 움켜쥐고 깔깔 웃는 몸짓을 한다.

( )

12 무툴라가 가져온 밧줄의 양끝은 각각 누구와 누구
가 잡고 있게 되었는지 알맞은 것에 ○표 하시오.

(1) 투루 ── 쿠부 ( )

(2) 투루 ── 무툴라 ( )

(3) 무툴라 ── 쿠부 ( )

13★ 이 글을 읽고 무툴라에 대한 생각이나 느낌을 정리
한 것으로 알맞은 것은 무엇입니까? ( )

① 정직한 것 같다.
② 꾀가 많은 것 같다.
③ 의심이 많은 것 같다.
④ 작지만 힘이 센 것 같다.
⑤ 친구를 사귀고 싶어 하는 것 같다.

무틀라는 쿠부가 밧줄을 꽉 물 때까지 숨죽이고 기다렸어요. <u>무틀라는 영양처럼 재빨리 덤불숲으로 뛰어갔어요.</u>
무틀라가 재빨리 움직이는 모습을 영양에 빗댐.

중심 내용 3 길고 튼튼한 밧줄을 만든 무틀라는 투루와 쿠부가 줄다리기를 하게 하는 꾀를 내었어요.

4 무틀라는 꼭꼭 숨자마자 숨을 깊이깊이 들이마신 다음 있는 힘껏 휘파람을 불었어요. "휘이이이익!" 그러자 양쪽 끝에서 투루와 쿠부가 밧줄을 잡아당기기 시작하는 소리가 들렸어요. 둘은 밧줄을 당기고 당기고 또 당겼어요. 먼저 코끼리 투루가 영차영차 끙끙 밧줄을 잡아당기자 하마 쿠부는 몸을 부르르 떨며 버텼어요. 그다음엔 하마 쿠부가 영차영차 끙끙 밧줄을 잡아당기자 코끼리 투루가 몸을 부르르 떨며 버텼어요. <u>무틀라는 너무 재미있어서 깔깔 웃느라 배가 다 아팠어요.</u>
거만하게 굴었던 투루와 쿠부를 골탕 먹여서

줄다리기는 해가 뜰 때 시작되어 해가 질 때까지 계

속되었어요. 투루와 쿠부는 둘 다 지고 싶지 않아서 줄다리기를 그만두지 않았어요. 하지만 해님이 달님에게 길을 양보하려는 순간, 코끼리 투루는 더 이상 1초도 버틸 수 없었어요. 하마 쿠부 역시 이제 포기해야겠다고 느꼈지요. 그래서 <u>둘은 동시에 밧줄을 놓았어요!</u>
줄다리기를 포기함.
'이제 가야겠다. 가서 저녁을 먹어야지.'

어느새 달님이 레농산 위로 고개를 **빠끔히** 내밀자 무틀라는 깡충깡충 뛰어갔어요. 그리고 마지막으로 한 번 더 크게 "휘이이이익!" 하고 휘파람을 불었답니다.

중심 내용 4 투루와 쿠부는 서로를 상대로 줄다리기를 하는 줄 모르고 해가 질 때까지 줄다리기를 했어요.

핵심내용 「대단한 줄다리기」에 나오는 인물의 성격 알아보기 예

인물	성격을 알 수 있는 말	성격
무틀라	"그럼 내가 얼마나 힘이 센지 알게 될 거야!"	❶ ㅇ ㄱ가 있다. 자신감이 있다.
투루, 쿠부	"감히 아침 식사 하는 나를 귀찮게 해?" / "네가? 너 같은 꼬맹이가?"	잘난 체한다. 거만하다.

끙끙 몹시 앓거나 힘겨울 때 자꾸 내는 소리. 예 엄마는 몸살이 나셨는지 끙끙 앓으셨습니다.

버텼어요 쓰러지지 않거나 밀리지 않으려고 팔, 다리 따위로 몸을 지탱했어요.

14 무틀라가 휘파람을 불자 어떤 일이 일어났습니까? ( )

① 쿠부가 밧줄을 놓았다.
② 투루가 밧줄을 놓았다.
③ 투루와 쿠부가 동시에 밧줄을 놓았다.
④ 양쪽 끝에서 잡아당기던 밧줄이 끊어졌다.
⑤ 양쪽 끝에서 투루와 쿠부가 밧줄을 잡아당겼다.

16 이 글에 나타난 투루와 쿠부의 행동으로 보아, 두 인물의 성격은 어떠하겠습니까? ( )

① 어리석다.
② 지혜롭다.
③ 생각이 깊다.
④ 남을 잘 돕는다.
⑤ 약속을 잘 지키지 않는다.

15 투루와 쿠부가 줄다리기를 그만두지 않은 까닭은 무엇입니까? ( )

① 무틀라가 시켜서
② 줄다리기가 재미있어서
③ 둘 다 지고 싶지 않아서
④ 무틀라가 자꾸 휘파람을 불어서
⑤ 다른 동물들이 지켜보고 있어서

17 이 글에서 무틀라의 마음은 어떠하겠습니까? ( )

① 쿠부가 부러울 것이다.
② 투루가 답답할 것이다.
③ 투루와 쿠부에게 미안할 것이다.
④ 투루와 쿠부의 친구가 되고 싶을 것이다.
⑤ 투루와 쿠부를 골려 주어서 통쾌할 것이다.

토끼의 재판 ①

• 방정환

• 글의 종류: 극본
• 글의 특징: 극본의 앞부분으로, 인물의 말과 행동을 통해 성격을 짐작하고, 성격을 생각하며 극본을 실감 나게 읽을 수 있습니다.

미리 보기

| 지나가던 나그네가 호랑이를 궤짝 속에서 꺼내 주었습니다. | → | 호랑이는 은혜를 모르고 나그네를 잡아먹으려고 했습니다. | → | 소나무는 사람을 탓하며 호랑이에게 나그네를 잡아먹으라고 했습니다. | → | 길도 사람을 탓하며 호랑이에게 나그네를 잡아먹으라고 했습니다. |

1
● **때**: 옛날 옛적, <u>호랑이 담배 피우던 때</u>
　　　　　　　　　아주 오래 전을 뜻함.
● **곳**: 산속
● **등장인물**: 호랑이, 사냥꾼 1, 사냥꾼 2, 나그네, 소나무, 길, 토끼

막이 열리면 산속 외딴길에 나무가 한 그루 서 있다. 커다란 호랑이를 넣은 궤짝이 놓여 있고, 나무 밑에서 사냥꾼들이 땀을 씻으며 이야기를 하고 있다. 바람 부는 소리와 나무 흔들리는 소리가 들린다.

사냥꾼 1: 여보게, 목이 마른데 근처에 샘이 없을까?

사냥꾼 2: 나도 목이 마른데 같이 찾아볼까?

사냥꾼 1: 얼른 갔다 오세.

두 사람은 아래로 내려간다. 바람 부는 소리와 나무 흔들리는 소리가 들린다.

중심 내용 **1** 목이 마른 사냥꾼들은 호랑이를 넣은 궤짝을 두고 샘을 찾으러 갔습니다.

2 호랑이: ㉠아! 뛰쳐나가고 싶어 못 견디겠다. 아이고, 배고파. (머리로 문짝을 떼밀어 보고) 안 되겠는걸! <u>여기서 나가기만 하면 먼저 저 사냥꾼을 잡아먹고, 사슴이나 토끼를 닥치는 대로 잡아먹어야지.</u> (머
　　　　　　　배가 너무 고파서 잡아먹을 상상을 함.
리로 또 문을 밀어 보고) ㉡아무리 해도 안 되겠는걸. (그냥 쭈그리고 앉는다.)

외딴길 홀로 따로 나 있는 작은 길.
궤짝 물건을 넣도록 나무로 네모나게 만든 그릇.

떼밀어 남의 몸이나 어떤 물체 따위를 힘을 주어 밀어. 예 누군가 뒤에서 떼밀어 넘어졌습니다.

---

1 사냥꾼들이 아래로 내려간 까닭은 무엇입니까?
(　　　)

① 호랑이가 무서워서
② 새 궤짝을 구하려고
③ 산속에서 길을 잃어서
④ 목이 말라서 샘을 찾으려고
⑤ 호랑이에게 잡아먹힐 것 같아서

2 호랑이가 처한 상황으로 알맞은 것을 두 가지 고르시오. (　　　)

① 배가 고프다.
② 궤짝 속에 갇혀 있다.
③ 산토끼를 잡아먹었다.
④ 산속에서 길을 잃었다.
⑤ 사냥꾼들에게 쫓기고 있다.

3 ㉠을 읽을 때의 말투로 알맞은 것은 무엇입니까?
(　　　)

① 망설이는 말투
② 깜짝 놀란 말투
③ 미안해하는 말투
④ 자신만만한 말투
⑤ 힘들고 지친 말투

4 ㉡을 읽을 때 어울리는 표정으로 알맞은 것은 무엇입니까? (　　　)

① 당당한 표정
② 희망찬 표정
③ 즐거운 표정
④ 귀찮아하는 표정
⑤ 실망스러운 표정

나그네가 지나간다.

호랑이: (반가운 목소리로) 나그네님!
( ) 안에 있는 말은 인물의 표정, 몸짓, 목소리 등을 지시함.
나그네: 누가 나를 부르나? (사방을 둘러본다.)

호랑이: 나그네님, 저를 좀 구해 주십시오.

나그네: (궤짝을 들여다보고) 이크, 호랑이구려! 무슨 일
이오?

호랑이: ㉠나그네님, 제발 문고리를 따고 문짝을 좀 열
어 주십시오.

나그네: 뭐요? 문을 열어 달라고? 열어 주면 뛰쳐나와
서 나를 잡아먹을 것이 아니오?

호랑이: 아닙니다. 제가 은혜를 모르고 그런 짓을 할
                                    나그네를 잡아먹는 행동
리가 있겠습니까? (앞발을 비비며 자꾸 절을 한다.)

나그네: 허허, 알았소. 설마 거짓말이야 하겠소? 내가
이 궤짝 문을 열어 주리다. 그 대신 약속을 꼭 지키
시오.

호랑이: 네, 얼른 좀 열어 주십시오. 배가 고파서 눈이
빠질 지경입니다.

중심 내용 2 호랑이는 지나가는 나그네에게 문고리를 따고 문짝을 열어 달라고 부탁
했습니다.

3 나그네가 문을 열자, 호랑이가 뛰쳐나와서 나그네
를 잡아먹으려고 덤빈다.

나그네: 이게 무슨 짓이오? 약속을 지키지 않고……

호랑이: 하하, 궤짝 속에서 한 약속을 궤짝 밖에 나와
서도 지키라는 법이 어디 있어?

나그네: 조금 전에 은혜를 모를 리가 있겠느냐고 하면
서 애걸복걸하지 않았소?

호랑이: 은혜 모르기는 사람이 더하지. 그러니까 사람
은 보는 대로 잡아먹어도 괜찮아.

나그네: 아니, 그런 법이 어디 있소? 우리 누가 옳은지
한번 물어보세.

호랑이: 좋아, 소나무에게 물어보자.

중심 내용 3 나그네가 호랑이를 궤짝에서 꺼내 주자 호랑이는 나그네를 잡아먹겠다
고 위협했습니다.

> 인물의 성격과 상황에 알맞은 표정, 몸짓,
> 말투 등을 묻는 문제가 자주 출제돼.

사방(四 넉 사, 方 모 방) 동, 서, 남, 북 네 방위를 통틀어 이르는 말. 예
사방이 바위절벽으로 둘러싸여 있었습니다.
이크 당황하거나 놀랐을 때 내는 소리. '이키'보다 큰 느낌.

덤빈다 마구 대들거나 달려든다.
애걸복걸(哀 슬플 애, 乞 빌 걸, 伏 엎드릴 복, 乞 빌 걸) 소원 따위를 들어
달라고 애처롭게 사정하며 간절히 빎.

교과서 문제

5 ㉠을 읽을 때 호랑이의 말투로 알맞은 것은 무엇
입니까?   (   )

① 간절한 말투
② 겁을 주는 말투
③ 서운해하는 말투
④ 억울해하는 말투
⑤ 미안해하는 말투

6 호랑이는 궤짝 문을 열어 주는 나그네에게 무엇을
약속했는지 알맞은 것에 ○표 하시오.

(1) 나그네를 잡아먹지 않겠다.   (   )
(2) 약한 동물을 괴롭히지 않겠다.   (   )
(3) 은혜를 잊지 않고 착하게 살겠다. (   )

7 이 글에 나타난 호랑이의 성격으로 알맞은 것을 두
가지 고르시오.   (   )

① 마음이 약하다.
② 남을 잘 돕는다.
③ 고마움을 모른다.
④ 남의 부탁을 무시하지 못한다.
⑤ 약속을 지키지 않고 뻔뻔하다.

8 자신이 나그네라면 호랑이가 잡아먹으려고 할 때,
서술형 어떤 마음이 들었을지 쓰시오.

_____

_____

4 나그네: 소나무님, 소나무님! 당신도 보셨으니까 사정을 아시지요? 호랑이가 옳습니까, 제가 옳습니까?

<u>나그네와 호랑이가 소나무에게 물은 것</u>

소나무: 물론 호랑이가 옳지. 왜냐하면 사람은 내가 맑은 공기를 마시게 해 주는데도 나를 마구 꺾고 베어 버리기 때문이야. 호랑이야, 얼른 잡아먹어 버려라.

호랑이: 자, 어때? 내가 옳지?

나그네: (머리를 긁으며) 길한테 한 번 더 물어보세. 길님, 길님! 다 보고 들으셨지요? <u>호랑이가 옳습니까, 제가 옳습니까?</u>

<u>나그네와 호랑이가 길에게 물은 것</u>

길: 물론 호랑이가 옳지. 왜냐하면 사람들은 날마다 나를 밟고 다니면서도 고맙다는 말 한마디를 하지 않기 때문이야. 코나 흥흥 풀어 팽개치고, 침이나 탁탁 뱉잖아? 호랑이야, 얼른 잡아먹어 버려라.

호랑이가 입을 쩍 벌리고 나그네를 잡아먹으려고 한다.

사정(事 일 사, 情 뜻 정) 일의 형편이나 까닭.
팽개치고 짜증이 나거나 못마땅하여 물건 따위를 내던지거나 내버리고.

나그네: (⊙ 목소리로) 잠깐, 한 번 더 물어봐야지. 재판도 세 번은 해야 하지 않소?

호랑이: (자신만만하게) 그래? 그러면 이번이 마지막이다.

나그네: ⓒ이번에는 누구에게 물어보아야 하나? 마지막인데…… (풀이 죽은 모습으로 고개를 숙인다.)

중심 내용 4 호랑이와 나그네가 소나무와 길에게 누가 옳은지 묻자 호랑이가 옳다고 대답했습니다.

핵심내용 「토끼의 재판」에 나오는 호랑이와 나그네의 말투 상상하기

호랑이의 성격과 상황에 알맞은 말투 상상하기 예	
나그네를 부를 때	빠르고 급한 말투
살려 달라고 사정할 때	❶ ㄱ ㅈ ㅎ 말투
소나무와 길이 호랑이가 옳다고 할 때	뻔뻔한 말투
나그네의 성격과 상황에 알맞은 말투 상상하기 예	
호랑이를 구해 줄 때	다정한 말투
호랑이가 잡아먹으려고 할 때	억울한 말투
소나무와 길이 호랑이가 옳다고 할 때	실망스러운 말투

탁탁 침을 잇따라 뱉는 소리. 또는 그 모양.
풀 세찬 기세나 활발한 기운. 예 누나는 시험을 망쳤다고 풀이 죽어 방으로 들어갔습니다.

---

9 다음 ㉮와 ㉯ 중 소나무와 길의 공통된 생각은 무엇인지 찾아 기호를 쓰시오.

> ㉮ 나그네가 옳다.
> ㉯ 호랑이가 옳다.

( )

10 소나무와 길이 〈문제 9번의 답〉과 같이 생각한 까닭을 찾아 기호를 쓰시오.

> ㉮ 사람들이 매일 나를 밟고 다니면서도 고맙다는 말을 하지 않는다.
> ㉯ 사람은 내가 맑은 공기를 마시게 해 주는데도 나를 꺾고 베어 버린다.

(1) 소나무: ( )
(2) 길: ( )

11 ⊙에 들어갈 내용으로 알맞은 것은 무엇입니까?

( )

① 꾸짖는 　　② 신나는
③ 비웃는 　　④ 기운 없는
⑤ 자신만만한

12* ⓒ을 읽을 때 어울리는 표정으로 알맞은 것은 무엇입니까?

( )

① 후회하는 표정
② 시무룩한 표정
③ 깜짝 놀란 표정
④ 귀찮아하는 표정
⑤ 반가워하는 표정

토끼의 재판 ②

· 방정환

· 글의 종류: 극본
· 글의 특징: 극본의 뒷부분으로, 인물에게 어울리는 표정, 몸짓, 말투를 상상하며 읽을 수 있습니다.

1 하얀 토끼가 지나간다.

나그네: 토끼님, 토끼님! 재판 좀 해 주세요. 이 궤짝 속에 갇힌 호랑이를 살려 준 나하고, 살려 준 나를 잡아먹으려는 호랑이하고 누가 옳습니까?
_{재판 내용}

토끼: (귀를 기울이고 한참 생각하다) 누가 누구를 살려 주었어요? 누가 누구를 잡아먹으려 해요? 아, 당신이 이 호랑이를 잡아먹으려고 해요?

나그네: 아니지요. 내가 호랑이를 잡아먹으려 하는 게 아니라, 이 호랑이가 궤짝에 갇혀 있었는데 내가 살려 주었어요.

토끼: 네, 알았습니다. 그러니까 이 호랑이하고 당신이 궤짝 속에 갇혀 있었다고요?

나그네: 아니지요. 호랑이가…….

호랑이: (답답하다는 듯이 화를 내며) 왜 이렇게 말귀를 못 알아듣지? (궤짝 속으로 들어가며) 이 궤짝 속에 내

가 이렇게 있었어. 내가 이렇게 갇혀 있었단 말이야. 알았지?

중심 내용 **1** 나그네는 지나가는 토끼에게 재판을 부탁하고 사정을 설명했습니다.

2 토끼가 얼른 달려들어 문고리를 걸어 잠근다.

토끼: (웃으면서) 이제야 알았습니다. 설명하시지 않아도 잘 알겠습니다. 호랑이님이 어떻게 이 궤짝 속에 들어갔는지 잘 알았습니다. 그럼 저는 바빠서 이만 가 보겠습니다.

나그네: (　　ㄱ　　) 토끼님, 대단히 고맙습니다. 이 은혜를 어떻게 갚아야 할지…….

호랑이는 궤짝 속에 쭈그려 울부짖고, 사냥꾼들이
_{이야기의 처음 상태로 돌아감.}
돌아와 궤짝을 메고 고개를 넘어간다. 즐거운 음악이 흐르며 막이 내린다.

중심 내용 **2** 토끼의 꾀로 호랑이를 다시 궤짝 안에 가두고 나그네는 토끼에게 고맙다고 인사했습니다.

재판(裁 마를 재, 判 판단할 판) 옳고 그름을 따져 판단함.
말귀 말이 뜻하는 내용.

울부짖고 감정이 격하여 마구 울면서 큰 소리를 내고. 예 뉴스에서 사람들이 시위를 하며 울부짖는 장면을 보았습니다.

---

13 나그네와 호랑이는 마지막으로 누구에게 재판을 해 달라고 했는지 알맞은 것에 ○표 하시오.

| 행인 | 토끼 | 사냥꾼들 |

14 호랑이는 왜 답답해했습니까? (　　　)

① 재판을 또 해야 해서
② 토끼가 생각을 오래 해서
③ 토끼가 나그네가 옳다고 해서
④ 토끼가 말귀를 못 알아들어서
⑤ 토끼가 말할 기회를 주지 않아서

15 이 글에서 토끼의 성격은 어떠합니까? (　　　)

① 어리석다.　　　② 꾀가 많다.
③ 겁이 많다.　　　④ 소극적이다.
⑤ 잘난 체한다.

16 ㄱ에 들어갈 말로 알맞은 것은 무엇입니까?
(　　　)

① 가슴을 치며
② 뒤로 물러서며
③ 토끼를 쫓아가며
④ 호랑이에게 다가가며
⑤ 몸을 뒤로 젖히고 팔짱을 끼며

1
서술형

우리 반 친구들과 함께 「토끼의 재판」 연극 발표회를 하려고 합니다. 공연할 장면을 정하고 필요한 소품을 두 가지 이상 쓰시오.

공연할 장면	(1)
필요한 소품	(2)

2 〈문제 1번〉에서 정한 장면에서 자신은 어떤 역할을 맡고 싶은지 쓰시오.

( )

3 연극 발표회에 필요한 소품을 준비하는 방법으로 알맞은 것을 모두 고르시오. ( )

① 그림으로 그려도 된다.
② 실제 물건으로만 준비한다.
③ 최대한 소품을 많이 준비한다.
④ 재활용품으로 간단히 준비한다.
⑤ 평소 사용하는 물건으로 준비한다.

4★ 무대에서 연극 발표회를 할 준비를 할 때 할 일로 알맞지 않은 것은 무엇입니까? ( )

① 정한 방법을 그림으로 나타내 봅니다.
② 인물이 입장할 곳과 퇴장할 곳을 정해 봅니다.
③ 인물이 설 곳과 소품을 둘 곳을 생각해 봅니다.
④ 발표회에 필요한 소품을 간단히 준비해 봅니다.
⑤ 친구들과 함께 정한 방법대로 무대에 서는 연습을 해 봅니다.

5 연극 연습을 하는 순서에 맞게 차례대로 번호를 쓰시오.

(1) 친구들과 함께 연극 전체 장면을 연습한다.

( )

(2) 다른 친구가 읽는 것을 잘 듣고 알맞게 반응하며 연습해 본다. ( )

(3) 인물의 표정, 몸짓, 말투를 생각하며 극본을 여러 번 소리 내어 읽으며 연습해 본다. ( )

교과서 문제
6 연극을 볼 때 지켜야 할 예절로 알맞지 않은 것은 무엇입니까? ( )

① 집중해서 본다.
② 이야기를 하지 않는다.
③ 발표를 끝낸 친구에게 박수를 보낸다.
④ 연극 중간에도 잘했을 때는 박수를 친다.
⑤ 다른 친구들이 발표할 때 연습하지 않는다.

7 다음 ( ) 안의 내용 중 알맞은 것에 ○표 하시오.

> 연극을 관람할 때에는 (진지한, 냉정한) 자세로 봐야 연극하는 친구가 힘이 날 것이다.

8 친구의 연극 발표를 평가할 때 생각할 내용으로 알맞지 않은 것은 무엇입니까? ( )

① 인물에게 어울리는 말투로 잘 표현했는가?
② 무대에 서서 항상 같은 표정으로 표현했는가?
③ 발표회에서 자신이 맡은 역할을 충실히 했는가?
④ 인물의 마음이 잘 드러나는 몸짓으로 표현했는가?
⑤ 인물의 마음이 잘 드러나는 표정으로 표현했는가?

은혜 갚은 개구리

• 글의 종류: 극본
• 글의 특징: 개구리의 목숨을 구해 준 가난한 농부에게 개구리가 쌀이 나오는 요술 바가지를 선물로 주어 은혜를 갚는다는 내용입니다.

가 농부: (궁금한 듯이) 여보시오, 그 많은 개구리를 다 어디에 쓰려고 잡아가시오?

마을 사람: (한숨을 쉬며) 집에 먹을 것이 하나도 없어 개구리라도 구워 먹으려고 그럽니다.

이때 갑자기 개구리들이 모두 개굴개굴 슬픈 듯이 운다.

농부: (혼잣말로) 갑자기 개구리가 불쌍한 생각이 들어. (마을 사람이 가려고 하자 그 사람을 잡으며) 여보시오, 내가…… 그 개구리를 사겠소. (쌀자루를 들어 보이며) 이 쌀과 바꾸면 어떻겠소?

마을 사람: (깜짝 놀라며) 농담하지 마시오.

농부: (진지한 표정으로) 농담이 아니오. 자, 어서 바꿉시다.

마을 사람: (기뻐하며) 좋소. 나중에 다시 돌려 달라고나 하지 마시오.

나 개구리들: (합창하며) ㉠농부님, 고맙습니다! 농부님, 고맙습니다!
목숨을 살려 주어서

개구리들은 농부의 말을 듣고 얼른 개울물 속으로 들어간다. 잠시 뒤, 개구리 한 마리가 다시 물 밖으로 나온다.

개구리: (바가지를 하나 끌고 나오며) 농부님! 이 바가지를 가지고 가세요. ㉡좋은 일이 있을 거예요.

농부: 이 바가지가 무엇이냐?

개구리들: 하루에 한 번만 사용하세요.

농부: (혼잣말로) 물 뜰 때나 써야겠구나.

다 농부: 뭐라고요? (바가지를 들여다보고 깜짝 놀라며) 아니, 이게 웬 쌀이오!

아내: (기뻐하며) 모르겠어요. 당신이 준 바가지로 물을 펐는데 뜨고 보니 쌀이 가득했어요.

1 마을 사람은 왜 개구리를 잡아간다고 했습니까?
( )

① 집에서 기르려고
② 농사에 이용하려고
③ 개구리가 길에 뛰어들어서
④ 연못에 개구리가 너무 많아져서
⑤ 집에 먹을 것이 없어 개구리라도 구워 먹으려고

2 글 **가**에서 알 수 있는 농부의 성격은 어떠합니까?
( )

① 게으르다.
② 냉정하다.
③ 욕심이 많다.
④ 인정이 많다.
⑤ 자기밖에 모른다.

3 ㉠을 읽을 때 어울리는 말투로 알맞은 것에 ○표 하시오.

(1) 걱정되는 말투 ( )
(2) 밝고 희망적인 말투 ( )
(3) 떨리고 겁이 난 말투 ( )

4 이 글의 내용으로 보아, ㉡은 어떤 일입니까?
( )

① 농부가 젊어진 것
② 아내가 젊어진 것
③ 바가지에 쌀이 가득 든 것
④ 바가지에 물이 가득 든 것
⑤ 바가지에 돈이 가득 든 것

눈

• 박웅현

- **글의 종류:** 이야기
- **글의 특징:** 자기가 최고라고 생각하며 노래를 부르고 춤을 추며 내려왔던 눈이 달님의 충고를 듣고 소리 없이 내린다는 내용입니다.

1 옛날옛날, 눈은 자기가 최고라고 생각했어요.

세상 모두가 자기를 좋아한다고 믿었지요.

"모두 나와 함께 놀고 싶어 해! 내가 땅에 내려가기만 하면 모두 뛰어나와서 나를 반겨 주잖아?"

"㉠내가 내려가기만 하면 세상이 훨씬 예뻐져! 아무리 더러운 것도 하얗게 덮어 주고, 나뭇가지마다 하얀 눈꽃도 피우고……. 하하하!"

눈은 세상에 내려오는 일이 너무나 신났어요.

그래서 늘 랄랄라 노래를 부르고 춤을 추며 내려왔답니다.

중심 내용 **1** 눈은 자기가 최고라고 생각했고 세상에 내려오는 일이 너무 신났습니다.

2 그러던 어느 날이었어요.

눈이 신나게 내려오고 있는데 어디선가 이런 말이 들렸어요.

㉡"제발 눈이 멈췄으면 좋겠어!"
　　　땅속에서 막 나온 홍당무들이 한 말

눈은 깜짝 놀랐어요.

"내가 싫다고? 도대체 누구지?"

주위를 둘러보니 땅속에서 막 나온 홍당무들이었어요.

눈은 노래를 부르다 말고 홍당무가 하는 말을 조용히 엿들었습니다.

"휴, 먼 곳에 살고 있는 토끼들에게 가야 하는데 눈이 너무 많이 오네. 발도 시리고 길도 보이질 않고……. 이제 눈이 그만 왔으면 좋겠어……."

눈은 믿을 수가 없었어요.

'세상에, 어떻게 나를 싫어한단 말이야? 나만 보면 모두 신이 나서 즐거워하는데……. 나만 내리면 세상이 다 깨끗하고 예뻐지는데…….'

<u>'아마 홍당무가 잘못 말한 걸 거야. 나를 좋아하면서 괜히 저렇게 말하는 거야!'</u>
　　　홍당무의 말을 듣고도 자기가 생각하고 싶은 대로 믿음.

눈은 또다시 랄랄라 노래하며 춤추었지요.

중심 내용 **2** 눈은 홍당무들이 눈이 그만 왔으면 좋겠다고 하는 말을 듣고 깜짝 놀랐습니다.

---

5 눈의 생각으로 알맞은 것을 두 가지 고르시오.
　　　　　　　　　　　　　　　　　(　　　)

① 내가 최고이다.
② 모두가 자신을 좋아한다.
③ 모두가 자신을 싫어한다.
④ 자신이 땅에 내려가면 모두 힘들어한다.
⑤ 자신이 땅에 내려가면 세상이 깜깜해진다.

6 ㉠을 말할 때 알맞은 인물 표정을 찾아 ○표 하시오.

(1)

　　　　　　　(　　　)

(2)

　　　　　　　(　　　)

7 홍당무들이 ㉡과 같이 말한 까닭은 무엇인지 쓰시오.

(　　　　　　　　　　　　　　　　　　　)

8 ㉡은 어떤 목소리로 읽으면 실감 납니까?
　　　　　　　　　　　　　　　　　(　　　)

① 졸린 목소리
② 신난 목소리
③ 반가운 목소리
④ 걱정스러운 목소리
⑤ 억울해하는 목소리

낱말의 뜻

1 뜻에 알맞은 낱말을 보기 에서 찾아 기호를 쓰시오.

보기
㉮ 버티다　　　　㉯ 팽개치다
㉰ 덤비다　　　　㉱ 애걸복걸하다

(1) 마구 대들거나 달려들다.　　　　　(　　　　)
(2) 소원 따위를 들어 달라고 애처롭게 사정하여 간절히 빌다.　　　　　(　　　　)
(3) 짜증이 나거나 못마땅하여 물건 따위를 내던지거나 내버리다.　　　　　(　　　　)
(4) 쓰러지지 않거나 밀리지 않으려고 팔, 다리 따위로 몸을 지탱하다.　　　　　(　　　　)

흉내 내는 말

2 (　　) 안에서 알맞은 흉내 내는 말을 골라 ○표 하시오.

여러분, 교실에서 껌을 (질겅질겅 , 바삭바삭) 씹거나 침을 (흥흥 , 탁탁) 뱉지 마세요.

헷갈리기 쉬운 말

3 보기 의 낱말 뜻을 보고, 빈칸에 들어갈 알맞은 낱말을 골라 쓰시오.

보기
· 넘어: 높은 부분의 위를 지나가.
· 너머: 경계나 가로막은 것을 넘어선 저쪽.

(1) 저 산 (　　　　　)에서 늑대 울음소리가 들려왔다.
(2) 등산객들은 산을 (　　　　　) 무사히 마을로 내려왔다.

비슷한말

4 밑줄 친 낱말과 바꾸어 써도 뜻이 통하는 말을 골라 ○표 하시오.

(1) 오늘 날씨가 무지무지 더워서 샤워를 두 번이나 했다.

(계속 , 감히 , 대단히)

(2) 교통사고가 많이 나는 곳이라서 경고 표지판이 세워져 있었다.

(주의 , 안심 , 걱정)

관용어

5 밑줄 친 말의 뜻으로 알맞은 것은 무엇입니까?

(　　　　)

토끼는 나그네의 말에 귀를 기울였다.

① 듣고도 못 들은 척했다.
② 남의 말을 쉽게 받아들였다.
③ 관심을 가지고 주의 깊게 들었다.
④ 너무 많이 들어서 또 듣기가 싫었다.
⑤ 귀를 딴 데로 돌리어 잘 듣지 않았다.

맞춤법

6 다음 설명을 읽고, (　　) 안에 쓰인 낱말 중에서 바른 표기를 골라 ○표 하시오.

어떤 행동을 할 목적을 드러낼 때 '-ㄹ려고'나 '-ㄹ라고'로 표기하는 것은 잘못된 것이고, '-(으)려고'가 바른 표기이다.

(1) 아침에 일찍 (일어날려고 , 일어나려고) 했다.
(2) 준비물을 (챙기려고 , 챙길라고) 알림장을 확인했다.
(3) 내일 소풍을 (갈려고 , 가려고) 도시락을 준비했다.
(4) 밥을 (먹으려고 , 먹을려고) 냉장고에서 반찬을 꺼냈다.

1 다음 인물들이 나오는 이야기의 제목은 무엇입니까? (　　　)

> 호랑이, 어머니, 오빠, 동생

① 「심청전」　　　　② 「흥부 놀부」
③ 「별주부전」　　　④ 「플랜더스의 개」
⑤ 「해와 달이 된 오누이」

2~4

> 어느 날 아침, 무툴라는 코가 따끔거려서 잠에서 깼어요. 무툴라는 코로로 언덕 아래로 깡충 뛰어갔어요.
> 그런데 갑자기 뭔가가 "우두둑, 뚝, 쿵!" 하고 부러지는 소리가 들렸어요. 코끼리 투루가 나타난 거예요.
> "안녕, 투루."
> ㉠투루는 질겅질겅 풀을 씹기만 할 뿐 아무 말도 하지 않았어요.
> "안녕이라고 말했잖아. 투루!"
> ㉡투루는 꼬리를 한 번 실룩 움직일 뿐 여전히 아무 말도 하지 않았어요.
> "안녕이라고 말했잖아. 투루!"
> 무툴라는 이번에는 아주 크게 소리쳤어요.
> ㉢"그래서 어쩌라고? 이 꼬맹이야! 감히 아침 식사 하는 나를 귀찮게 해?"

2 코로로 언덕 아래에서 무툴라가 만난 인물은 누구인지 쓰시오.

(　　　)

3 ㉠과 ㉡에 나타난 투루의 성격은 어떠한지 쓰시오.

서술형
＿＿＿＿＿＿＿＿＿＿＿＿＿＿＿＿＿＿＿＿
＿＿＿＿＿＿＿＿＿＿＿＿＿＿＿＿＿＿＿＿
＿＿＿＿＿＿＿＿＿＿＿＿＿＿＿＿＿＿＿＿

4 ㉢의 말을 듣고 무툴라의 마음은 어떠하였을지 쓰시오.

(　　　)

5~7

> "쿠부, 내가 안녕이라고 말했잖아!"
> ㉠"그래서 어쩌라고, 이 꼬맹이야! 감히 내 아침잠을 방해하다니!"
> "쿠부, 그렇게 거만하게 굴 것까진 없잖아! 너는 몸집이 가장 크다고 네가 가장 힘이 센 줄 알지? 난 줄다리기를 하면 널 언제든 이길 수 있어!"
> "네가? 너 같은 ㉮꼬맹이가? 푸우하하하!"
> "내일 아침, 내가 밧줄을 가져올게. 그럼 내가 얼마나 힘이 센지 알게 될 거야!"
> 무툴라가 자신만만하게 말했어요.

5 ㉮는 누구를 가리키는 말인지 쓰시오.

(　　　)

6 ㉠을 말할 때 어울리는 몸짓은 무엇입니까?

(　　　)

① 고개를 숙이는 몸짓
② 차렷 자세로 서 있는 몸짓
③ 눈을 피하고 몸을 떠는 몸짓
④ 어깨를 움츠리고 머리를 긁적이는 몸짓
⑤ 시선을 내려다보고 고개를 뒤로 젖히는 몸짓

7 이 글에 나오는 무툴라의 말투로 알맞은 것은 무엇이겠습니까?

(　　　)

① 당당한 말투　　　② 겁이 난 말투
③ 화가 난 말투　　　④ 울먹이는 말투
⑤ 소곤거리는 말투

8~11

나그네가 문을 열자, 호랑이가 뛰쳐나와서 나그네를 잡아먹으려고 덤빈다.

나그네: 이게 무슨 짓이오? 약속을 지키지 않고…….
호랑이: 하하, 궤짝 속에서 한 약속을 궤짝 밖에 나와서도 지키라는 법이 어디 있어?
나그네: 조금 전에 은혜를 모를 리가 있겠느냐고 하면서 애걸복걸하지 않았소?
호랑이: 은혜 모르기는 사람이 더하지. 그러니까 사람은 보는 대로 잡아먹어도 괜찮아.
나그네: ⊙아니, 그런 법이 어디 있소? 우리 누가 옳은지 한번 물어보세.

8 누가 호랑이를 궤짝에서 꺼내 주었는지 쓰시오.

(   )

9 ⊙을 읽을 때 어울리는 표정은 무엇입니까?
(   )

① 억울해하는 표정
② 재미있어하는 표정
③ 뻔뻔하고 거만한 표정
④ 간절히 애원하는 표정
⑤ 자신만만하고 당당한 표정

10 이 글에서 일어난 일을 알맞게 정리한 것은 무엇입니까? (   )

① 호랑이가 뛰쳐나와서 나그네를 도와주었다.
② 나그네가 호랑이에게 살려 달라고 애원했다.
③ 나그네가 호랑이를 다시 궤짝 속에 가두었다.
④ 호랑이가 나그네에게 은혜를 모른다고 꾸짖었다.
⑤ 나그네가 호랑이를 궤짝에서 꺼내 주자 호랑이는 나그네를 잡아먹겠다고 위협했다.

11 서술형 이 글에 나오는 인물 중 한 사람을 정하여 궁금한 점을 물어보고, 자신이 그 인물이 되어 대답해 보시오.

궁금한 점	(1)
대답	(2)

9

12~13 국어 활동

농부는 어리둥절한 표정으로 바가지를 들고 집으로 간다. 느린 음악이 나오고 농부가 바가지를 가지고 이리저리 쳐다보며 천천히 걷는다.

아내: (반가운 표정으로 마중을 나오며) 여보, 왜 이제야 오셨어요. 쌀은 어디 있어요?
농부: (미안한 표정으로) 쌀은 가져오지 못했소. 미안하오. (바가지를 내밀며) 오다가 개구리가 불쌍해서 쌀과 바꾸었다오.
아내: (실망한 표정으로) ⊙이 바가지는 뭐예요? 당장 먹을 것도 없는데……. (한숨을 쉬며 바가지를 들고 부엌으로 간다.)

12 이와 같이 연극, 영화, 방송극을 만들려고 배우의 대사나 동작, 장면 차례, 무대 장치 따위를 구체적으로 적어 놓은 글을 무엇이라고 하는지 쓰시오.

(   )

13 ⊙을 읽을 때 어울리는 말투는 무엇입니까?
(   )

① 비웃는 말투   ② 희망적인 말투
③ 자랑하는 말투   ④ 실망스러운 말투
⑤ 자신만만한 말투

14~17

호랑이: (답답하다는 듯이 화를 내며) ㉠왜 이렇게 말귀를 못 알아듣지? (궤짝 속으로 들어가며) 이 궤짝 속에 내가 이렇게 있었어. 내가 이렇게 갇혀 있었단 말이야. 알았지?

토끼가 얼른 달려들어 문고리를 걸어 잠근다.

토끼: (웃으면서) 이제야 알았습니다. 설명하시지 않아도 잘 알겠습니다. 호랑이님이 어떻게 이 궤짝 속에 들어갔는지 잘 알았습니다. 그럼 저는 바빠서 이만 가 보겠습니다.

나그네: (토끼를 쫓아가며) 토끼님, 대단히 고맙습니다. 이 은혜를 어떻게 갚아야 할지……

호랑이는 궤짝 속에 쭈그려 울부짖고, 사냥꾼들이 돌아와 궤짝을 메고 고개를 넘어간다.

14 호랑이의 말에서 느낄 수 있는 호랑이의 성격은 어떠합니까? ( )

① 지혜롭다. ② 잘난 체한다.
③ 화를 잘 낸다. ④ 이해심이 많다.
⑤ 자기밖에 모른다.

15* ㉠을 읽을 때 어울리는 몸짓은 무엇입니까? ( )

① 팔짱을 끼는 몸짓
② 머리를 쓰다듬는 몸짓
③ 주먹으로 가슴을 치는 몸짓
④ 입에 두 손을 대고 속삭이는 몸짓
⑤ 이쪽저쪽으로 빠르게 움직이는 몸짓

16 이 글의 내용으로 보아, 토끼는 다음 문제에 대해 누가 옳다고 생각하는지 쓰시오.

> 궤짝 속에 갇힌 호랑이를 구해 준 나그네와 살려 준 나그네를 잡아먹으려는 호랑이 중 누가 옳은가?

( )

17 토끼가 웃으며 사라진 까닭으로 알맞은 것을 두 가지 고르시오. ( )

① 사냥꾼들이 돌아와서
② 나그네를 구할 수 있었기 때문에
③ 호랑이와 나그네가 어리석게 느껴져서
④ 궤짝 속에 쭈그려 울부짖는 호랑이의 표정이 재미있어서
⑤ 자신의 꾀에 속아 호랑이가 다시 궤짝 속에 갇혔기 때문에

18 연극 발표회에 필요한 소품을 준비하려고 합니다. 준비 방법을 알맞게 말한 친구의 이름을 쓰시오.

> 예원: 가구점에서 큰 궤짝을 사서 실제와 똑같이 하는 게 좋겠어.
> 민주: 궤짝은 재활용품에서 큰 상자를 찾아 한쪽 면만 열리게 해서 만드는 게 좋겠어.

( )

19 ㉠~㉢ 중 무대에서 연극 발표회를 할 때 인물이 설 곳은 어디인지 기호를 쓰시오.

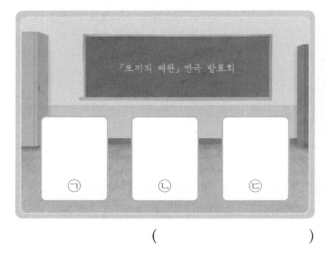

( )

20 연극을 볼 때 지켜야 할 예절을 생각하여 한 가지만 쓰시오.

( )

1

"안녕이라고 말했잖아. 투루!"
무툴라는 이번에는 아주 크게 소리쳤어요.
"그래서 어쩌라고? 이 꼬맹이야! 감히 아침 식사 하는 나를 귀찮게 해?"
"투루, 그렇게 거만하게 굴 것까진 없잖아! 너는 몸집이 가장 크다고 네가 가장 힘이 센 줄 알지? 난 줄다리기를 하면 널 언제든 이길 수 있어!"
"네가? 너 같은 꼬맹이가? 흥, 푸우하하하!"
"내일 아침, 내가 밧줄을 가져올게. 그럼 내가 얼마나 힘이 센지 알게 될 거야!"
무툴라가 자신만만하게 말했어요.

1단계
낱말 쓰기 이 글을 읽고 무툴라의 성격은 어떠한지 빈칸에 알맞은 말을 쓰시오. [2점]

• (　　　　　　　　　　)이/가 있다.

2단계
문장 쓰기 1단계에서 답한 무툴라의 성격을 알 수 있는 말을 찾아 한 가지만 쓰시오. [4점]

_____

_____

3단계
생각 쓰기 이야기 속 인물의 성격을 짐작하는 방법을 한 가지 쓰시오. [5점]

_____

_____

2~3

호랑이: (반가운 목소리로) 나그네님!
나그네: 누가 나를 부르나? (사방을 둘러본다.)
호랑이: 나그네님, 저를 좀 구해 주십시오.
나그네: (궤짝을 들여다보고) 이크, 호랑이구려! 무슨 일이오?
호랑이: 나그네님, 제발 문고리를 따고 문짝을 좀 열어 주십시오.
나그네: 뭐요? 문을 열어 달라고? 열어 주면 뛰쳐나와서 나를 잡아먹을 것이 아니오?
호랑이: 아닙니다. 제가 은혜를 모르고 그런 짓을 할 리가 있겠습니까? (앞발을 비비며 자꾸 절을 한다.)
나그네: ㉠허허, 알았소. 설마 거짓말이야 하겠소? 내가 이 궤짝 문을 열어 주리다. 그 대신 약속을 꼭 지키시오.
호랑이: 네, 얼른 좀 열어 주십시오. 배가 고파서 눈이 빠질 지경입니다.

2 이 글에 나타난 나그네의 성격은 어떠한지 조건 에 맞게 쓰시오. [5점]

조건
• '~ 성격이다.'의 문장으로 끝맺는다.
• 어떤 말이나 행동을 보고 그렇게 생각했는지 가 드러나게 쓴다.

_____

_____

3 나그네의 성격과 상황을 보고 ㉠을 읽을 때 어울리는 말투를 생각하여 쓰시오. [4점]

_____

_____

9 작품 속 인물이 되어

학습 제재	토끼의 재판	배점	15점
학습 목표	공연할 장면을 정하고 연극 준비를 해 볼 수 있다.		

● 다음 글을 읽고, 물음에 답하시오.

막이 열리면 산속 외딴길에 나무가 한 그루 서 있다. 커다란 호랑이를 넣은 궤짝이 놓여 있고, 나무 밑에서 사냥꾼들이 땀을 씻으며 이야기를 하고 있다. 바람 부는 소리와 나무 흔들리는 소리가 들린다.

사냥꾼 1: 여보게, 목이 마른데 근처에 샘이 없을까?
사냥꾼 2: 나도 목이 마른데 같이 찾아볼까?
사냥꾼 1: 얼른 갔다 오세.

두 사람은 아래로 내려간다. 바람 부는 소리와 나무 흔들리는 소리가 들린다.

호랑이: 아! 뛰쳐나가고 싶어 못 견디겠다. 아이고, 배고파. (머리로 문짝을 떼밀어 보고) 안 되겠는걸! 여기서 나가기만 하면 먼저 저 사냥꾼을 잡아먹고, 사슴이나 토끼를 닥치는 대로 잡아먹어야지. (머리로 또 문을 밀어 보고) 아무리 해도 안 되겠는걸. (그냥 쭈그리고 앉는다.)

1 이 장면으로 발표회를 할 때, 다음 소품을 어떻게 준비하면 좋을지 준비 방법을 쓰시오. [6점]

소품	준비 방법
나무	(1)
호랑이	(2)

2 자신은 이 장면에 나오는 인물 중 어떤 역할을 맡고 싶은지 쓰고, 그 인물의 말이나 행동에 알맞은 표정, 몸짓, 말투를 상상해 보시오. [9점]

맡고 싶은 역할	(1)
인물의 말이나 행동	(2)
표정, 몸짓, 말투	(3)

✎ 평가대비북 **차례**

3-2 가

1 작품을 보고 느낌을 나누어요 ⋯⋯⋯⋯ 164

2 중심 생각을 찾아요 ⋯⋯⋯⋯⋯⋯ 169

3 자신의 경험을 글로 써요 ⋯⋯⋯⋯ 174

4 감동을 나타내요 ⋯⋯⋯⋯⋯⋯⋯ 179

3-2 나

5 바르게 대화해요 ⋯⋯⋯⋯⋯⋯⋯ 184

6 마음을 담아 글을 써요 ⋯⋯⋯⋯ 189

7 글을 읽고 소개해요 ⋯⋯⋯⋯⋯⋯ 194

8 글의 흐름을 생각해요 ⋯⋯⋯⋯⋯ 199

9 작품 속 인물이 되어 ⋯⋯⋯⋯⋯ 204

1 표정, 몸짓, 말투에 주의하며 말하면 좋은 점으로 알맞은 것에 모두 ○표 하시오.

(1) 듣는 사람에게 자신의 마음을 더 잘 전할 수 있다. ( )

(2) 듣는 사람에게 자신의 생각을 더 생생하게 전달할 수 있다. ( )

(3) 듣는 사람에게 자신의 생각을 더 짧게 요약해서 전할 수 있다. ( )

2 다음 상황에 들어갈 알맞은 말을 찾아 ○표 하시오.

(1)

① 고마워. ( )
② 미안해. ( )

(2)

① 미안해. ( )
② 축하해. ( )

3 「장금이의 꿈」에서 다음 상황에서 장금이의 표정에 알맞게 선으로 이으시오.

(1) 처음으로 수라간 상궁을 보는 장면 •	• ① 죄송하다는 표정
(2) 강아지 때문에 국수를 쏟아 꾸중을 듣는 장면 •	• ② 감격스러워 눈물을 글썽이는 표정
(3) 시험을 볼 수 있다는 소식을 듣고 뒷산에 홀로 올라가 기뻐하는 장면 •	• ③ 눈을 크게 뜨고 입을 벌리고 있는 표정

4 「미미 언니 자두」에서 다음 상황에서 인물이 느낀 마음이 무엇인지 알맞은 것에 ○표 하시오.

(1)
과일 사러 온 거야, 언니 얘기 하러 온 거야?

(기쁜 , 섭섭한) 마음

(2)
언니랑 같이 다니고 싶지 않아!

(화난 , 즐거운) 마음

(3)
그게 정말이야?

(놀란 , 짜증 나는) 마음

5 「거인 부벨라와 지렁이 친구」의 다음 설명하는 장면에 알맞은 인물의 표정, 몸짓은 무엇인지 찾아 ○표 하시오.

(1) 부벨라가 지렁이에게 인사하는 장면	① 쪼그리고 앉아서 놀란 표정으로	( )
	② 뒷짐을 지고 서서 무관심한 표정으로	( )
(2) 부벨라 덕분에 아프던 정원사의 허리가 꼿꼿이 서는 장면	① 몸을 움츠리며 불안해하는 표정으로	( )
	② 덩실덩실 춤을 추며 활짝 웃는 표정으로	( )

단원 평가

1 다음 여자아이가 말할 때 어울리는 몸짓으로 알맞은 것에 ○표 하시오.

(1) 고개를 숙이는 몸짓 ( )

(2) 손으로 입을 가리는 몸짓 ( )

(3) 두 손을 벌려 높이 올리는 몸짓 ( )

2~3

2 그림 **가** 에서 친구의 필통을 떨어뜨렸을 때, 남자아이의 마음은 어떠하였겠습니까? ( )

① 기쁘다. ② 슬프다.

③ 부끄럽다. ④ 재미있다.

⑤ 당황스럽다.

3 그림 **나** 와 **다** 중 미안한 마음이 느껴지는 그림은 어떤 것인지 기호를 쓰고, 그렇게 생각한 까닭도 함께 쓰시오.

서술형

(1) 미안한 마음이 느껴지는 그림: ( )

(2) 그렇게 생각한 까닭: _____

_____

4 다음과 같은 상황에서 ㉠, ㉡을 말할 때 어울리는 몸짓을 두 가지 고르시오. ( )

① 뒷짐을 진다. ② 손뼉을 친다.

③ 고개를 숙인다. ④ 어깨를 늘어뜨린다.

⑤ 엄지손가락을 위로 들어올린다.

5~6

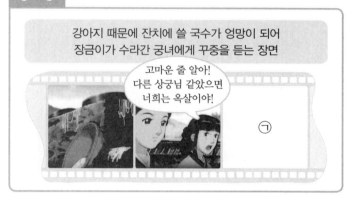

5 장금이는 어떤 마음이 들었겠습니까? ( )

① 놀랍다. ② 즐겁다. ③ 뿌듯하다.

④ 죄송하다. ⑤ 억울하다.

6 ㉠에 들어갈 장금이의 모습에 알맞은 표정, 몸짓, 말투를 찾아 ○표 하시오.

(1) 표정: (죄송한 , 화가 난) 표정

(2) 몸짓: (고개를 숙이는 , 몸을 세우는) 몸짓

(3) 말투: (높고 빠른 , 낮고 작은) 목소리

7 다음에서 느껴지는 마음은 무엇입니까? ( )

① 기쁘다.

② 미안하다.

③ 재미있다.

④ 속상하다.

⑤ 자랑스럽다.

언니랑 같이 다니고 싶지 않아!

미미는 학교 친구와 선생님도 언니 자두에게만 관심을 기울여 화가 납니다.

㉠

자두는 미미가 언니보다 유명해지고 싶어서 몰래 발레를 배웠다는 사실을 알고 놀랐습니다.

자두는 발레 연습을 하다가 부르튼 미미의 발을 보게 됩니다.

미미가 인기상을 받자 자두와 친구들이 박수를 칩니다.

8 다음은 재미있거나 감동받은 부분에 대해 말한 것입니다. 장면 **1**~**4** 중 어떤 장면에 대해 말한 것인지 장면의 번호를 쓰시오.

> "상처가 날 때까지 열심히 연습한 미미가 대단해 보여."

( )

9 표정과 몸짓을 생각하여 ㉠에 들어갈 알맞은 자두의 모습에 ○표 하시오.

(1) ( ) (2) ( ) (3) ( )

10 장면 **4**에서 자두의 마음은 어떠합니까? ( )

① 미미를 질투하는 마음
② 미미를 축하하는 마음
③ 미미가 상을 타 놀란 마음
④ 자신이 상을 타지 못해 속상한 마음
⑤ 자기 대신 상을 탄 미미에게 화가 난 마음

가 부벨라는 거인이에요. 모든 사람이 부벨라를 무서워했는데 이 자그마한 목소리의 주인공만은 예외였어요. / 부벨라는 발 근처 땅바닥을 자세히 들여다보았어요. 땅속에서 지렁이 한 마리가 고개만 빠끔히 내밀고는 말을 하고 있었어요.

나 ㉠"너는 내가 무섭지 않니?"
"왜 너를 무서워해야 하는데?"
"내가 너보다 훨씬 덩치가 크니까."
부벨라는 당연하다는 듯이 대답했어요.
"무슨 그런 말도 안 되는 소리가 다 있어? 이 세상 모든 것이 다 나보다 커. 만약 나보다 큰 것들에게 말 붙이기를 겁냈다면 난 계속 입을 다물고 살아야 했을걸."
부벨라는 숨을 깊이 들이마시고 난 뒤 조심스럽게 물었어요. / "우리 집에 차 마시러 올래?"

다 집 안 곳곳을 닦고 정리했을 뿐 아니라 자신도 머리부터 발까지, 특히 발가락은 몇 번이나 씻고 또 씻었어요. 부벨라는 정원의 잔디를 깎고, 낡은 종이들과 깡통도 치웠어요.

11 부벨라와 지렁이의 생각에 맞게 선으로 이으시오.

(1) 부벨라 •

(2) 지렁이 •

• ① 덩치가 크다고 무서워할 필요는 없다.

• ② 자신보다 덩치가 큰 것을 무서워해야 한다.

12 상황을 생각하여 ㉠을 말할 때의 부벨라의 표정, 몸짓, 말투를 쓰시오.
서술형

_____

13 글 **다**에서 부벨라가 지렁이를 초대한 뒤 집으로 와서 한 일이 <u>아닌</u> 것은 무엇입니까? ( )

① 발톱을 정리한 일
② 정원의 잔디를 깎은 일
③ 머리부터 발까지 씻은 일
④ 집 안 곳곳을 닦고 정리한 일
⑤ 낡은 종이들과 깡통을 치운 일

14~17

가 어쩌면 그곳에서 일하는 정원사는 지렁이가 무엇을 먹고 사는지 알고 있을지도 몰라요. 부벨라는 서둘러 그 정원으로 갔어요.

나 부벨라는 정원사에게 걱정거리를 솔직히 털어놓았어요.

"지렁이가 저희 집에 차를 마시러 오기로 했어요. 그런데 저는 지렁이가 무얼 먹고 사는지, 무슨 음식을 좋아하는지 모르겠어요. 바나나케이크를 좋아할 것 같지는 않은데……."

정원사는 가만히 생각에 잠겼어요.

"지렁이들은 멀리 다니지 않으니까 어쩌면 다른 집 정원의 흙을 좋아할 것 같구나. 진흙파이를 만들어 주면 어떻겠니?"

다 정원사는 접시를 들고 다시 집 밖으로 나왔어요. 그러고는 천천히 움직이며 정원 세 곳에서 각기 다른 종류의 흙을 접시에 담은 뒤, 접시를 부벨라에게 건네주었어요.

㉠"지렁이 친구가 정말 좋아할 거야."

14 부벨라는 지렁이가 무엇을 먹고 사는지 알고 싶어서 누구를 찾아갔는지 쓰시오.

( )

15 정원사는 지렁이를 위해 무엇을 만들어 주라고 하였는지 쓰시오.

( )

16 정원사의 성격은 어떠합니까? ( )

① 급하다.　② 친절하다.　③ 어리석다.
④ 게으르다.　⑤ 무뚝뚝하다.

17 ㉠을 말할 때 정원사의 표정으로 알맞은 것을 찾아 기호를 쓰시오.

( )

18~19

가 부벨라는 손을 들어 정원사를 가리켰어요. 그러자 손이 점점 더 간지러워지고 따뜻해졌어요. 그리고 깜짝 놀랄 만한 일이 벌어졌어요. 갑자기 정원사가 허리를 꼿꼿하게 펴더니 똑바로 선 거예요. 정원사는 한 발자국 한 발자국 내디디며 보다가 덩실덩실 춤을 추었어요.

나 부벨라는 바나나케이크를 먹고, 지렁이는 진흙파이를 여기저기 파 들어가며 먹었어요.

㉠"정말 맛있어. 흙 맛이 이렇게 다양하고 좋은지 몰랐어."

18 부벨라가 어떤 행동을 하자 정원사의 허리가 꼿꼿히 펴졌습니까? ( )

① 정원사의 손을 잡았다.
② 정원사 머리에 손을 얹었다.
③ 손을 들어 정원사를 가리켰다.
④ 정원사에게 다가가 꼭 안아 주었다.
⑤ 정원사를 바라보며 덩실덩실 춤을 추었다.

19* ㉠을 말할 때의 지렁이의 표정, 몸짓, 말투를 알맞게 말한 친구의 이름을 모두 쓰시오.

준서: 높고 신이 난 목소리로 읽어.
석민: 풀이 죽어 기운 빠진 표정이 어울려.
희연: 신나서 온몸을 이리저리 비트는 듯한 몸짓이 좋겠어.

( )

국어 활동
20 ㉠에 알맞은 표정은 무엇입니까? ( )

용희: 얘들아, 이번 현장 체험 학습은 민속촌으로 간대!
준수: ㉠정말? 에이, 실망이다.

① 궁금한 표정
② 환하게 웃는 표정
③ 부끄러워하는 표정
④ 눈물을 글썽이는 표정
⑤ 이마를 찌푸리며 입을 삐죽대는 표정

1 다음 그림과 같은 상황에서 여자아이는 자신의 마음을 어떤 표정, 몸짓, 말투로 표현해야 하는지 쓰시오. [6점]

_____

_____

2 다음 선생님의 말에 답하는 친구들의 표정, 몸짓을 보고 마음이 어떠한지 짐작하여 쓰시오. [10점]

> "오늘 3교시 국어 시간에 단원평가를 보기로 한 것 기억하죠? 여러분의 실력을 잘 발휘해 보세요."

조건
• 인물의 마음의 차이점이 드러나게 쓴다.
• 그렇게 생각하는 까닭을 표정, 몸짓을 통해 구체적으로 밝혀 쓴다.

_____

_____

_____

3 다음 상황을 보고 장면 **2**에서 미미는 어떤 표정, 몸짓으로 마음을 표현하고 있는지 쓰고, 이를 통해 드러난 마음은 어떠한지 쓰시오. [10점]

(1) 미미의 표정과 몸짓

표정	①
몸짓	②

(2) 미미의 마음: (　　　　　　　　　　　　)

4 다음 상황에서 미미의 행동을 보고 자신이라면 어떻게 했을지 쓰시오. [8점]

나라면 _____

_____

1 「꼬마야 꼬마야, 줄넘기」는 (혼자 하는 줄넘기 , 긴 줄 넘기)를 할 때 부르는 노랫말입니다.

2 「안전하게 과학 실험을 해요」에서 과학실에서 안전하게 과학 실험을 하려면 무엇을 반드시 지켜야 한다고 했는지 쓰시오.

(   )

3 글쓴이가 글 전체에서 말하고 싶은 생각을 무엇이라고 하는지 쓰시오.

(   )

4 ㉠, ㉡에 들어갈 알맞은 말을 쓰시오.

> 설명하는 글에서 중심 생각을 찾을 때에는 각 문단의   ㉠   을/를 찾아보고, 글의   ㉡   , 글과 함께 제시된 그림과 사진 등을 보며 글쓴이가 가장 전달하고 싶은 내용을 알아봅니다.

(1) ㉠: (   )   (2) ㉡: (   )

5 「갯벌을 보존해야 하는 까닭」에 나오는 다음 문단의 중심 문장을 찾아 밑줄을 그으시오.

> 갯벌의 환경은 특별하고 다양합니다. 갯벌과 그 속에 사는 여러 생물은 자연과 사람을 위해 좋은 역할을 많이 합니다. 그러므로 갯벌은 쓸모 없는 땅이 아니라 우리와 함께 살아가는 소중한 장소입니다. 소중한 갯벌을 잘 보존해야겠습니다.

6 「날씨를 나타내는 토박이말」에서 봄 날씨를 나타내는 토박이말을 모두 찾아 기호를 쓰시오.

> ㉠ 꽃샘바람   ㉡ 마른장마   ㉢ 건들바람   ㉣ 소소리바람

(   )

7 '많다'와 뜻이 비슷한 낱말과 뜻이 서로 반대인 낱말을 각각 알맞게 쓰시오.

(1) 뜻이 비슷한 낱말: (   )   (2) 뜻이 반대인 낱말: (   )

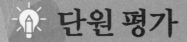
1 다음 노래를 부르며 하는 놀이는 무엇입니까?
( )

> 꼬마야 꼬마야 뒤로 돌아라
> 꼬마야 꼬마야 땅을 짚어라
> 꼬마야 꼬마야 만세를 불러라
> 꼬마야 꼬마야 잘 가거라

① 줄넘기
② 공기놀이
③ 팽이치기
④ 제기차기
⑤ 모래성 쌓기

2~4

> **가** 전통 놀이 가운데에서 지금까지도 잘 보존된 놀이가 줄넘기입니다. 지금도 체육 시간이나 운동 경기로 줄넘기 놀이를 자주 합니다. 언제부터 줄넘기를 했는지는 정확하게 알 수 없습니다.
> **나** 줄넘기에는 혼자 하는 줄넘기, 두 사람이 긴 줄 끝을 잡고 돌리면 다른 사람이 그 줄을 넘는 긴 줄 넘기, 줄 양 끝을 두 사람이 잡고 있으면 다른 사람이 줄을 뛰어 넘는 놀이가 있습니다.
> 고정된 줄을 뛰어넘는 줄넘기는 발목 높이에서 시작해 만세를 하듯 두 팔을 든 높이까지 합니다. 누가 더 높은 줄을 넘을 수 있는지 겨루는 놀이랍니다.

2 이 글에서 설명하는 대상은 무엇인지 쓰시오.
( )

3 고정된 줄을 뛰어넘는 줄넘기에 대한 설명으로 알맞은 것에 모두 ○표 하시오.

(1) 허리 높이에서 시작한다. ( )
(2) 만세를 하듯 두 팔을 든 높이까지 한다.
( )
(3) 누가 더 높은 줄을 넘을 수 있는지 겨룬다.
( )

4 이 글을 아는 내용이나 겪은 일과 관련지어 읽으면
서술형 어떤 점이 좋은지 한 가지만 쓰시오.

_____

_____

5~6

> 과학실에서는 절대 장난을 치면 안 됩니다. 과학실에는 깨지기 쉽거나 위험한 실험 기구가 많습니다. 장난을 치다가 유리로 만든 실험 기구가 깨지면 날카로운 유리 조각이 생겨 이 유리 조각에 사람이 다칠 수 있습니다. 또 장난을 치다가 알코올램프가 바닥에 떨어지면 과학실에 화재가 발생할 수도 있습니다. 그러므로 과학실에서는 장난을 치지 말고 진지한 자세로 실험을 해야 합니다.

5 과학실에서 장난을 치면 생길 수 있는 일로 알맞은 것을 두 가지 고르시오. ( )

① 화재가 발생할 수도 있다.
② 실험 결과를 알 수가 없다.
③ 유리 조각에 다칠 수 있다.
④ 친구들과 사이가 나빠진다.
⑤ 실험 기구를 잃어버릴 수 있다.

6 이 글을 읽고 더 알고 싶은 내용을 알맞게 말한 친구의 이름을 쓰시오.

> 민서: 과학실에서 장난을 치면 안 되는 까닭을 알고 싶어.
> 준희: 여러 가지 실험 기구를 안전하게 다루는 방법을 알고 싶어.

( )

[7~11]

갯벌을 보존해야 하는 까닭

가 ⊙갯벌에 가 본 적이 있나요? ⓒ갯벌에서 무엇을 보았나요? ⓒ바닷물이 빠져나가는 썰물 때에 육지로 드러나는 바닷가의 편평한 곳을 갯벌이라고 불러요. ⓔ바닷물이 육지로 밀려오는 밀물 때 갯벌은 바닷물로 덮여 있어 보이지 않지만 자연과 사람에게 여러 가지 도움을 줍니다.

나 첫째, 갯벌은 다양한 생물이 살 수 있는 장소입니다. 갯벌에 물이 들어오기도 하고 빠지기도 하면서 생물이 살기에 적합한 환경을 만듭니다. 그래서 게, 조개, 갯지렁이, 불가사리, 물고기 같은 여러 가지 생명체가 삽니다.

다 둘째, 어민들은 갯벌에서 수산물을 키우고 거두어 돈을 법니다. 어민들은 갯벌에서 조개나 물고기, 낙지 따위를 잡아 팝니다. 또 갯벌은 생물이 살기에 좋은 환경이므로 어민들이 바다 생물들을 직접 키우기도 합니다.

라 셋째, 갯벌은 육지에서 나오는 오염 물질을 분해해 좋은 환경을 만듭니다. 갯벌은 겉으로는 그냥 진흙탕처럼 보이지만 작은 생물이 갯벌에 많이 살고 있습니다. 이 생물들은 오염 물질 분해가 잘 이루어지게 합니다.

마 넷째, 갯벌은 기후를 조절하고 홍수를 줄여 주는 역할을 합니다. 갯벌 흙은 물을 많이 흡수해 저장했다가 내보내는 기능을 합니다. 그러므로 갯벌은 비가 많이 오면 빗물을 저장해 갑작스러운 홍수를 막아 줍니다.

7 글 내용을 더 쉽게 이해하려면 이 글을 어떤 방법으로 읽어야 할지 알맞은 것의 기호를 쓰시오.

> ㉮ 글쓴이의 주장과 근거를 찾아보며 읽는다.
> ㉯ 아는 내용이나 겪은 일과 관련지어 읽는다.
> ㉰ 중심 낱말이 몇 번 나오는지 세어보며 읽는다.

( )

8 갯벌에 사는 생명체를 두 가지만 쓰시오.

( )

9 이 글에서 말한 갯벌이 자연과 사람에게 주는 도움이 **아닌** 것은 무엇입니까? ( )

① 갯벌은 기후를 조절하고 홍수를 줄여 준다.
② 갯벌을 이용하여 어민들은 돈을 벌 수 있다.
③ 갯벌은 다양한 생물이 살 수 있는 장소이다.
④ 갯벌은 추운 날씨에도 땅이 얼지 않게 해 준다.
⑤ 갯벌은 오염 물질을 분해해 좋은 환경을 만든다.

10 ⊙~ⓔ 중 문단 **가**의 중심 문장을 찾아 기호를 쓰시오.

( )

11 이 글을 읽고 중심 생각을 찾는 방법으로 알맞은 것을 두 가지 고르시오. ( )

① 각 문단의 뒷받침 문장을 정리해 본다.
② 문단의 중심 문장을 찾아 정리해 본다.
③ 제목을 보고 글쓴이의 생각을 알아본다.
④ 글쓴이가 자주 사용하는 말을 표시한다.
⑤ 글에 쓰인 낱말과 뜻이 반대인 낱말을 생각한다.

[12~13]

　　⊙　　로 날씨와 관련이 있는 ⓒ토박이말을 알아보자. 토박이말은 우리말에 본디부터 있던 말이나 그것에 더해 새로 만들어진 말이다. 다른 말로 순우리말, 고유어라고도 한다. 옛날부터 우리 할아버지, 할머니께서 만들어 써 오신 말이 토박이말이다. 이 가운데에는 봄, 여름, 가을, 겨울의 날씨를 나타내는 말도 많은데 어떤 말들이 있는지 알아보자.

12 ⊙에 들어갈 알맞은 말은 무엇입니까? ( )

① 나라별　　② 지역별　　③ 시간별
④ 계절별　　⑤ 나이별

13 ⓒ과 뜻이 비슷한 말을 모두 찾아 쓰시오.

( )

14~18

가 가을 날씨를 나타내는 토박이말에는 '건들바람', '건들장마', '무서리', '올서리', '된서리' 같은 말이 있다. 여름이 지나고 가을이 되면 서늘한 바람이 불고 늦가을이 되면 서리가 내린다. 이른 가을날, ㉠가볍고 부드럽게 건들건들 부는 서늘한 바람을 '건들바람'이라고 한다. 이 무렵, 비가 쏟아져 내리다가 번쩍 개고 또 오다가 개는 장마를 '건들장마'라고 한다. 늦가을, 수증기가 땅이나 물체 표면에 얼어붙은 것을 '서리'라고 한다. 처음 생기는 묽은 서리를 '무서리'라고 하는데, '물+서리'로 무더위와 같은 짜임이다.

나 이처럼 계절에 따라 알고 쓰면 좋은 토박이말이 많다. 우리가 우리말의 말뜻을 배우고 익혀 제대로 쓰는 일에 더욱 힘을 쏟을 때, 더 아름답고 넉넉한 우리말과 우리글을 쓸 수 있게 될 것이다.

14 '이른 가을날, 가볍고 부드럽게 건들건들 부는 서늘한 바람'을 뜻하는 낱말은 무엇입니까? (   )

① 무서리   ② 올서리
③ 된서리   ④ 건들장마
⑤ 건들바람

15 글 **나**에서 글쓴이가 하고 싶은 말은 무엇입니까?
(   )

① 계절의 특성을 잘 알자.
② 우리말 지킴이 활동을 해야 한다.
③ 날씨를 나타내는 말을 정확히 알자.
④ 우리말의 말뜻을 배우는 시간이 필요하다.
⑤ 계절에 따라 알고 쓰면 좋은 토박이말이 많다.

16 이 글의 중심 생각을 정리하여 한 문장으로 쓰시오.
서술형

_____

_____

17 ㉠과 뜻이 반대되는 낱말은 무엇인지 쓰시오.

(   )

18 계절과 관련 있는 토박이말을 사용해 한 문장을 만들어 쓰시오.

(   )

19~20 국어 활동

가 수많은 참새가 모여들어 날개를 활짝 펴고 마음껏 곡식을 쪼는 이 커다란 그림은 오히려 가을의 풍요로움을 느끼게 해 줍니다. 중국 청나라 때는 '참새 무리' 그림이 축복을 전해 주는 그림으로 인기를 누렸는데, 이 그림도 그런 배경에서 그려진 것으로 보입니다.

나 참새는 축복을 전하는 새입니다. 풍성하게 매달린 곡식 줄기가 무게 때문에 아래로 축 처져 있습니다. 아마도 농사가 풍년이었나 봅니다. 그 둘레에 축복을 전한다는 참새들이 모여들어 조를 쪼아 먹는 모습은 다가오는 수확의 즐거움을 암시하는 듯합니다.

19 이 글에서 참새는 무엇을 전하는 새라고 했습니까?
(   )

① 재물   ② 축복
③ 건강   ④ 손님
⑤ 나쁜 소식

20 다음은 문단 **가**의 중심 문장을 정리한 것입니다. 빈칸에 알맞은 말을 쓰시오.

> 수많은 참새가 모여들어 날개를 활짝 펴고 마음껏 곡식을 쪼는 이 커다란 그림은 가을의 [   ]을/를 느끼게 해 준다.

(   )

1 우리 학교의 다른 교실에서 지켜야 할 안전 수칙을 두 가지만 쓰시오. [6점]

교실 이름	(1)
안전 수칙	(2)
	(3)

2 옛날에 두루마기는 어떤 때 입었는지 쓰시오. [4점]

( )

3 다음 옷감들의 공통점은 무엇인지 쓰시오. [4점]

삼베 · 모시 · 무명

( )

2 ~ 5

옷차림이 바뀌었어요

가 지금부터 사람들이 입는 옷차림이 옛날과 오늘날에 어떻게 다른지 신분과 성별, 옷감 종류에 따라 나누어 알아보자.

나 먼저, 옛날에는 신분에 따라 옷차림이 달랐지만 오늘날에는 직업이나 유행에 따라 다른 경우가 많다. 옛날에는 양반과 평민의 신분에 따라 옷차림이 달랐다. 양반 가운데에서 남자는 소매가 넓은 저고리와 폭이 큰 바지를 입었고, 여자는 폭이 넓고 긴 치마를 입었다. 평민 가운데에서 남자는 비교적 폭이 좁은 저고리와 바지를 입었고, 여자는 폭이 좁은 치마를 입었다.

다 다음으로, 옛날에는 사람들이 성별에 따라 다른 옷을 입었지만 오늘날에는 자신이 좋아하는 옷을 입는다. 옛날에 남자는 아래에 바지를 입고 위에는 저고리와 조끼, 마고자를 입었다. 그리고 춥거나 나들이를 갈 때에는 겉에 두루마기를 입었다. 여자는 아래에 속바지와 치마를 입고 위에는 저고리를 입었다. 여자도 두루마기를 입지만 남자가 입는 두루마기와 모양이 달랐다.

라 마지막으로, 옛날에는 자연에서 얻은 실로 짠 옷감으로 옷을 만들었지만 오늘날에는 합성 섬유로 옷을 만드는 경우가 많다. 우리 조상은 식물이나 누에고치에서 실을 뽑아 옷감을 얻었다. 식물에서 뽑은 실로 짠 옷감으로는 삼베 · 모시 · 무명 따위가 있고, 누에고치에서 뽑은 실로 짠 옷감으로는 비단이 있다.

4 옛날과 오늘날의 옷차림은 어떻게 다른지 비교하여 조건 에 맞게 쓰시오. [6점]

조건
• 신분, 성별, 옷감 중에 기준을 정하여 쓴다.
• '옛날에는'과 '오늘날에는'이라는 말을 넣어 한 문장으로 쓴다.

5 이 글의 제목을 보고 글쓴이의 생각을 짐작하여 간단히 쓰시오. [6점]

1 다음 문장에서 알맞은 말을 찾아 ○표 하시오.

> 기억에 남는 일을 정리하려면 있었던 일을 (구체적으로 , 간단히) 떠올려 보고 자신의 생각이나 느낌, 그렇게 생각한 까닭을 정리해 본다.

2 다음은 인상 깊은 일을 글로 쓰는 방법입니다. 차례대로 번호를 쓰시오.

(1) 글을 쓴다. ( )
(2) 고쳐쓰기를 한다. ( )
(3) 쓸 내용을 정리한다. ( )
(4) 겪은 일 가운데에서 어떤 일을 글로 쓸지 정한다. ( )

3 띄어쓰기 방법으로 알맞은 것에 모두 ○표 하시오.

(1) 마침표(.)나 쉼표(,) 뒤에 오는 말은 띄어 쓴다. ( )
(2) 수를 나타내는 말과 단위를 나타내는 말 사이는 붙여 쓴다. ( )
(3) 낱말과 낱말 사이는 띄어 쓰되, '이/가, 을/를, 은/는, 의'와 같은 말은 앞말에 붙여 쓴다. ( )

4 띄어쓰기를 바르게 하면 좋은 점을 알맞게 말한 친구의 이름을 모두 쓰시오.

> 수혁: 자신이 한 일을 되돌아볼 수 있어.
> 서윤: 글을 읽는 사람도 편하게 읽을 수 있어.
> 희수: 전하고자 하는 뜻을 정확히 전할 수 있어.

( )

5 다음 빈칸에 들어갈 말은 무엇인지 쓰시오.

> 글을 쓸 때에 ☐☐☐은/는 자신이 쓴 글에서 가장 하고 싶은 말이 무엇인지, 어떤 마음을 표현하고 싶은지를 생각해서 정해야 한다.

( )

6 글을 쓴 뒤에 고쳐쓰기 하면 좋은 점을 보기 에서 모두 찾아 기호를 쓰시오.

> 보기
> ㉮ 잘못된 띄어쓰기나 표현을 고칠 수 있다.
> ㉯ 자신이 경험한 일을 자세히 떠올릴 수 있다.
> ㉰ 자신이 전하고자 한 내용을 효과적으로 표현했는지 확인할 수 있다.

( )

1 오른쪽 그림에서 친구들이 겪은 일로 알맞은 것에 ○표 하시오.

(1) 독서 그림을 그리고 있다. ( )

(2) 친구들과 함께 노래를 부르고 있다. ( )

(3) 도서관에서 자신이 읽고 싶은 책을 찾고 있다.

( )

2 자신이 겪은 일에 대해 바르게 말하지 <u>못한</u> 친구는 누구입니까? ( )

① 효영: 반 친구들과 교실 청소를 했어.

② 창훈: 동생과 함께 만화 영화를 보았어.

③ 유진: 오늘 저녁에 동화책을 읽기로 했어.

④ 하니: 아빠와 함께 야구 경기를 보러 갔어.

⑤ 해찬: 동화책을 읽고 나서 독서 감상문을 썼어.

3 다음 ㉠~㉢에 들어갈 알맞은 말을 보기 에서 찾아 쓰시오.

친구들과 함께한 운동회	
㉠	㉡
5월	학교 운동장
있었던 일	㉢
친구들과 공 굴리기, 장애물 달리기와 같은 운동을 했다.	친구들과 함께 여러 가지 운동을 해서 즐거웠다.

보기

언제   어디에서   누구와

무엇을   생각이나 느낌

(1) ㉠: ( )

(2) ㉡: ( )

(3) ㉢: ( )

4~6

4 이 그림을 보고 서연이가 하루 동안 겪은 일의 차례대로 기호를 쓰시오.

㉮ 동생이 아픔.

㉯ 학교에서 공부함.

㉰ 집에서 책을 읽음.

㉱ 학교에 갈 준비를 함.

㉲ 친구와 함께 놀이터에서 축구를 함.

( ) → ( ) → ( ) → ( ) → ( )

5 오른쪽 그림과 같은 일을 겪었을 때 서연이의 느낌으로 알맞지 <u>않은</u> 것은 무엇입니까? ( )

① 즐겁다.   ② 신난다.

③ 기쁘다.   ④ 재미있다.

⑤ 걱정스럽다.

6 서술형 서연이가 겪은 일과 자신이 겪은 일을 비교해 보고, 비슷한 일과 다른 일을 한 가지씩 쓰시오.

비슷한 일	(1)
다른 일	(2)

7~9

> "아이고, 배야."
> 동생 주혁이가 끙끙 앓는 소리에 잠에서 깼다.
> "열이 39도가 넘잖아! 배도 많이 아파하고, 큰일이네."
> 걱정스럽게 말씀하시는 아빠의 목소리도 들렸다. 나는 눈을 비비고 자리에서 일어났다.
> "㉠아빠, 무슨 일이에요?"
> 나는 주혁이 머리맡에 앉아 계신 아빠 옆으로 다가갔다.
> "주혁이가 열이 많이 나는구나. 아무래도 장염에 걸린 것 같다. ㉡이번 가을에만 두번째네."
> 아빠께서 걱정스럽게 말씀하셨다. 주혁이는 얼굴을 찡그리며 힘들어했다. 아빠께서 병원에 갈 채비를 하시는 동안 나는 주혁이 옆에 앉아 있었다.
> "누나, 나 아파."
> ㉢주혁이가 눈물이 그렁그렁한 얼굴로 말했다.
> "병원 다녀오면 금방 나을 거야."
> 나는 주혁이의 이마에 차가운 물수건을 얹어 주었다. 마음이 아팠다. 동생이 얼른 나았으면 좋겠다.

7 이 글의 내용으로 알맞지 <u>않은</u> 것은 무엇입니까?
( )

① 아빠께서 병원에 갈 채비를 하셨다.
② 주혁이는 배가 아프고 열이 많이 났다.
③ '나'는 주혁이의 배를 어루만져 주었다.
④ 주혁이는 얼굴을 찡그리며 힘들어했다.
⑤ '나'는 주혁이가 끙끙 앓는 소리에 잠에서 깼다.

8 이 글에서 주혁이에 대한 '나'의 마음으로 알맞은 것을 두 가지 고르시오. ( )

① 서운하다.　　　② 부끄럽다.
③ 질투가 난다.　　④ 걱정이 된다.
⑤ 마음이 아프다.

9* ㉠~㉢ 중 띄어쓰기가 바르지 <u>않은</u> 부분을 찾아 기호를 쓰시오.

( )

10 다음 문장에서 띄어 써야 할 부분에 ∨표를 하고 바르게 띄어 쓰시오.

> 우정은예쁘게가꿀수록좋다.

➡ _____

11~13

▲ 여름에 있었던 일

▲ 가을에 있었던 일

11 오른쪽 영서가 한 말과 관련 있는 그림을 찾아 기호를 쓰시오.

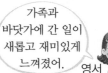
가족과 바닷가에 간 일이 새롭고 재미있게 느껴졌어. 영서

( )

12 그림 나에 나타난 계절에 겪은 일을 언제, 어디에서, 누구와 있었던 일인지 알맞게 말한 친구의 이름을 쓰시오.

> 하정: 가족과 해돋이를 보러 간 일이 인상 깊었어.
> 윤서: 10월에 큰아버지 농장에서 동생과 함께 고구마를 캤어.
> 성현: 지난봄에 반 친구들과 도자기 체험을 한 일이 가장 재미있었어.

( )

13 그림 가와 나에서 인상 깊은 일에 대해 정리할 내용이 <u>아닌</u> 것은 무엇입니까? ( )

① 언제 일어난 일인가?
② 무슨 일이 있었는가?
③ 어떤 마음이 들었는가?
④ 알맞은 근거를 들었는가?
⑤ 왜 그런 마음이 들었는가?

14~15

감 따기

⊙지난 주말에 동생과 할아버지 댁에 놀러 갔다. 할아버지 댁 감나무에는 빨갛게 익은 감들이 주렁주렁 열려 있었다. ⓒ나는 할아버지, 동생과 함께 긴 막대기로 조심스럽게 감을 땄다. ⓒ감을 따는 것은 참 재미있었다. ⓔ다음엔 친구들과 함께 감을 따 보고 싶다.

14 글쓴이가 겪은 일을 생각하며 빈칸에 알맞은 말을 쓰시오.

- 지난 주말에 동생과 함께 (   ) 에 가서 빨갛게 익은 감을 땄다.

15 ⊙~ⓔ 중 겪은 일에 대한 생각이나 느낌이 드러난 부분을 두 가지 찾아 기호를 쓰시오.

(   )

16 다음 빈칸에 공통으로 들어갈 말을 쓰시오.

- ☐☐☐은/는 자신이 쓴 글을 다시 읽고 내용과 표현이 잘못된 부분을 찾아 고치는 것이다.
- ☐☐☐을/를 하면 자신이 전하고자 한 내용을 효과적으로 표현했는지 확인할 수 있다.

(   )

국어 활동

17 다음 그림 속 상황을 잘 살펴보고 다음 문장을 바르게 띄어 쓰시오.

예쁜손수건으로닦아.

➡ _____

국어 활동

18 다음 그림의 상황에 알맞은 문장을 보기 에서 찾아 기호를 쓰시오.

보기
㉮ 자연 보호를 위해 오늘 밤나무를 심자.
㉯ 자연 보호를 위해 오늘 밤 나무를 심자.

(   )

19~20

우리 학교에서는 커다란 화분에 모둠별로 농장을 가꾸고 있다. 우리 모둠에서는 지난봄에 토마토를 심어서 거두었다. 방울토마토가 알이 작긴 했지만 우리가 길러서 그런지 정말 달았다. 2학기에는 배추를 심는다고 한다. 김장 김치를 담글 정도로 크게 잘 자랐으면 좋겠다.

– 최민우 기자

19 이 글은 어떤 일에 대하여 알리는 소식지입니까?

(   )

① 우리 학교　　　② 배추 심기
③ 김장 김치　　　④ 나눔 장터
⑤ 모둠 농장 가꾸기

20 이 글과 같이, 지금까지 우리 반에서 있었던 일을 떠올려 보고, 소식지로 만들고 싶은 일의 내용을 빈칸에 알맞게 쓰시오.

서술형

언제	(1)
어디에서	(2)
있었던 일	(3)
생각이나 느낌	(4)

1~2

▲ 독서 그림 그리기   ▲ 피자 만들기

▲ 선물 받은 경험

1 그림 **가**~**다**에서 겪은 일은 무엇인지 각각 쓰시오. [4점]

그림 가	(1)
그림 나	(2)
그림 다	(3)

2 그림 **다**의 일을 겪은 친구의 마음은 어떠했을지 짐작하여 쓰시오. [4점]

3 다음을 보고, 공통적인 띄어쓰기 방법을 쓰시오. [4점]

> • 열살 → 열 살
> • 소아홉마리 → 소 아홉 마리
> • 연필한자루 → 연필 한 자루

4 자신이 일 년 동안 경험한 일 가운데에서 인상 깊은 일을 떠올려 보고, 빈칸에 알맞은 내용을 정리하여 쓰시오. [8점]

언제, 어디에서, 누구와 있었던 일인가?	언제	(1)
	어디에서	(2)
	누구와	(3)
무슨 일이 있었는가?	(4)	
어떤 마음이 들었는가?	(5)	
왜 그런 마음이 들었는가?	(6)	

5 〈문제 **4**번〉에서 정리한 내용을 바탕으로 하여 조건 에 맞게 인상 깊은 일을 글로 쓰시오. [8점]

> **조건**
> • 인상 깊은 일이 구체적으로 드러나게 쓴다.
> • 그 일에 대한 생각이나 느낌이 드러나게 쓴다.
> • 자신이 가장 하고 싶은 말이나 표현하고 싶은 마음을 제목으로 정하여 쓴다.

1 '사과'에 어울리는 표현으로 알맞지 <u>않은</u> 것의 기호를 쓰시오.

> ㉠ 물렁물렁   ㉡ 동글동글   ㉢ 아삭아삭   ㉣ 와삭

(   )

2 보기 는 어떤 대상에 어울리는 표현인지 알맞은 것에 ○표 하시오.

> **보기**
>
> 탱글탱글   말랑말랑   동글동글   새콤달콤

(곰인형 , 귤 , 이불   )

3 「감기」에서 거북이가 들어왔다고 한 까닭은 무엇인지 쓰시오.

(   )

4 「지구도 대답해 주는구나」에서 다음 밑줄 친 흉내 내는 말은 무엇을 표현한 것인지 알맞은 것에 ○표 하시오.

> 지구가 간지러운지 / <u>굼질굼질</u> 움직였다.

(1) 느리게 조금씩 움직이는 모습 (   )   (2) 간지러워 몸을 긁는 모습 (   )

5 「진짜 투명 인간」에서 엄마가 블링크 아저씨를 집으로 부른 까닭으로 알맞은 것의 기호를 쓰시오.

> ㉠ 피아노 조율을 부탁하려고
> ㉡ 에밀에게 피아노를 가르쳐 달라고 부탁하려고

(   )

6 다음은 「진짜 투명 인간」에서 에밀이 어떤 색깔을 떠올린 것인지 알맞은 것에 ○표 하시오.

> 여름에 푹 자고 열 시쯤에 일어났을 때

(초록색 , 붉은색 , 흰색   )

7 「천둥소리」에서 천둥소리가 마치 무엇과 같다고 표현하였는지 쓰시오.

(   )

단원 평가

1 다음 그림을 보고 감각적 표현을 넣어 대상을 알맞게 표현한 것에 ○표 하시오.

(1) 축구공이 데굴데굴 굴러 간다.　　(　　)

(2) 축구공이 이불처럼 폭신폭신하다.　(　　)

2 다음 표현에 대한 느낌을 알맞게 말한 것은 무엇입니까?　　　　　　　　　　(　　)

> 곰 인형은 폭신폭신 부드러운 느낌이야. 마치 강아지를 만지는 것 같아.

① 곰 인형의 얼굴이 떠오르는 것 같다.

② 곰 인형의 냄새가 느껴지는 것 같다.

③ 곰 인형의 촉감이 느껴지는 것 같다.

④ 곰 인형의 색깔이 떠오르는 것 같다.

⑤ 곰 인형에서 나는 소리가 들리는 것 같다.

3 '귤'의 느낌을 다음과 같이 표현하였을 때, 알맞은 관찰 방법을 찾아 ○표 하시오.

> 말랑말랑하다

(　　)　　(　　)　　(　　)

4 대상을 감각적 표현으로 나타낼 때의 좋은 점을 생각하여 한 가지만 쓰시오.

_____

_____

5 다음은 「감기」의 일부분입니다. ㉠~㉤ 중 감각적 표현이 아닌 것을 찾아 기호를 쓰시오.

> ㉠약을 먹고 나니
> ㉡느릿느릿,
> ㉢거북이도 들어오고
> ㉣까무룩,
> ㉤잠꾸러기도 들어왔다.

(　　)

6~7 국어 활동

> 초승달아 초승달아 무엇이 되련?
> 풀 베는 아저씨 낫이 되련다
>
> 초승달아 초승달아 무엇이 되련?
> 어여쁜 언니 머리빗이 되련다
>
> 초승달아 초승달아 무엇이 되련?
> 귀여운 아가 꼬까신이 되련다

6 이 시를 읽고 떠오르는 장면으로 알맞은 것에 ○표 하시오.

(1) 엄마가 아기를 돌보는 장면　　(　　)

(2) 아이가 초승달을 보고 있는 장면　(　　)

7 이 시에서 초승달을 빗댄 대상들은 무엇과 관련이 있습니까?　　　　　　　　　(　　)

① 초승달의 쓰임　　② 초승달의 크기

③ 초승달의 색깔　　④ 초승달의 모양

⑤ 초승달을 만진 느낌

8~10

학교에서 돌아와 보니 검은 선글라스를 낀 아저씨가 피아노 앞에 몸을 숙인 채 앉아 있었어요. 밖엔 비가 오는데 선글라스를 끼고 말이에요.

"누구세요?" / 내가 물었어요.

"안녕, 나는 피아노 조율사 블링크란다. 넌 누구니?"

"전 피아니스트 에밀이에요."

아저씨가 웃었어요.

㉠아저씨의 웃음소리가 피아노 줄 위에서 통통 튀었어요.

아저씨가 일을 마치고 일어나자 엄마는 아저씨의 소매를 잡고 현관까지 안내했어요.

길에 나온 아저씨는 흰 지팡이를 펼치며 말했어요.

"됐습니다, 됐어요. 집이 코앞인걸요. 길도 잘 압니다."

나는 조율사를 본 게 처음이었어요.

시각 장애인을 본 것도 처음이었어요.

8 블링크 아저씨가 에밀의 집에 온 까닭은 무엇이겠습니까? ( )

① 이사를 와서
② 길을 물어보려고
③ 부탁할 게 있어서
④ 피아노를 조율하려고
⑤ 에밀을 가르치게 되어서

9 이 글의 내용으로 보아, 블링크 아저씨는 왜 검은 선글라스를 끼고 있었을지 쓰시오.

( )

10 ㉠의 감각적 표현은 아저씨의 웃음소리를 어떤 느낌으로 나타내었습니까? ( )

① 슬픈 느낌
② 무서운 느낌
③ 쓸쓸한 느낌
④ 경쾌한 느낌
⑤ 화가 난 느낌

11~13

가 "그러면 아저씨는 뭐가 보여요? 검은색이요? 아니면 흰색이요?"

"아무것도 없는 게 보여."

"그게 무슨 말이에요?"

"에밀, 넌 네 무릎으로 뭐가 보이니?"

"아무것도 안 보여요."

"나도 마찬가지야. ㉠내 눈은 네 무릎처럼 본단다."

아저씨는 또다시 웃음을 터뜨렸어요.

이어서 손가락이 잘 보이지 않을 정도로 빠른 곡을 쳤어요.

집에 돌아오는 길에 나는 슬펐어요. 색깔들이 참 아름다워서요.

나 블링크 아저씨의 미각으로는 코코아가 가장 맛있지 않을까요?

아저씨가 오렌지를 먹을 때 ㉡오렌지색을 알면 더 좋을 텐데.

11 ㉠의 뜻으로 알맞은 것에 ○표 하시오.

(1) 아무것도 보이지 않는다. ( )
(2) 사람들이 잘 보지 못하는 것도 본다. ( )

12 자신이 에밀이라면 블링크 아저씨에게 ㉡을 어떻게 알려 주고 싶은지 쓰시오.
서술형

_____

_____

13 이 글에서 짐작할 수 있는 블링크 아저씨에 대한 에밀의 마음은 어떠합니까? ( )

① 가족이 없어 불쌍한 마음
② 볼 수 없는 것이 안타까운 마음
③ 대화가 잘 안 통해 답답한 마음
④ 도움이 필요해 부담스러운 마음
⑤ 피아노를 잘 쳐서 존경스러운 마음

14~17

나는 아저씨에게 색깔을 알려 주려고 애를 썼고, 아저씨는 내게 색깔을 연주해 주려고 애를 썼어요.

어떤 색은 다른 색보다 훨씬 쉬웠어요.

하지만 난 가끔 집에 돌아올 때에는 기운이 ⃞㉠ 빠졌어요.

아저씨가 진짜 색깔을 볼 수 있으면 얼마나 좋을까요?

하루는 아저씨가 점자책을 보여 줬어요.

작은 점으로 된 글씨가 ⃞㉡ 나 있는데, 시각 장애인들은 이것을 손가락으로 만지면서 읽는다고 했어요.

나는 ㉢감자를 갈 때 쓰는 강판을 만지는 것 같았어요.

14 '나(에밀)'는 아저씨에게 무엇을 알려 주려고 애를 썼는지 쓰시오.

( )

15 '내(에밀)'가 가끔 기운이 빠지는 까닭은 무엇입니까? ( )

① 피아노 연주가 지루해서
② 색깔을 표현하는 게 어려워서
③ 아저씨의 연주를 이해할 수 없어서
④ 아저씨와 함께 있는 것이 힘들어서
⑤ 아저씨가 진짜 색깔을 볼 수 없어서

16 ㉠과 ㉡에 들어갈 알맞은 흉내 내는 말을 찾아 선으로 이으시오.

(1) ㉠ •   • ① 쭉

(2) ㉡ •   • ② 오톨도톨

17 ㉢은 무엇을 만질 때의 느낌을 감각적으로 표현한 것인지 이 글에서 찾아 쓰시오.

( )

18 다음 중 시로 쓰기에 알맞은 내용을 모두 고르시오. ( )

① 인상 깊었던 일
② 학교 주변의 자연
③ 평소에 관심이 없는 대상
④ 기억이 잘 나지 않는 경험
⑤ 평소에 관심을 두었던 사물

19 다음 대상에 대한 느낌을 나타낸 것으로 알맞은 것을 두 가지 고르시오. ( )

① 아삭아삭하다.
② 푹신푹신하다.
③ 뾰족뾰족하다.
④ 따끔따끔하다.
⑤ 매끈매끈하다.

20 어떤 대상을 떠올리고 그 느낌을 다른 대상에 빗대어 알맞게 표현한 것은 무엇입니까? ( )

① 얼음이 차갑다.
② 아삭아삭 김치
③ 쟁반 같이 둥근 달
④ 후루룩 짭짭 자장면
⑤ 냉장고가 숨을 쉰다.

강가 고운 모래밭에서
발가락 옴지락거려
두더지처럼 파고들었다.

지구가 간지러운지
굼질굼질 움직였다.

아, 내 작은 신호에도
지구는 대답해 주는구나.

그 큰 몸짓에
이 조그마한 발짓
그래도 지구는 대답해 주는구나.

1 어떤 모습을 두더지처럼 파고들었다고 표현했는지 쓰시오. [6점]

_____

_____

2 지구가 대답해 준다고 표현한 까닭은 무엇인지 쓰시오. [4점]

_____

_____

3 이 시를 읽고 느낀 재미나 감동을 쓰시오. [6점]

_____

_____

가 "난 이만 갈게. 악! 괴로운 시간이야."
우리 엄마는 피아노 선생님이에요.
그래서 엄마의 제자 중에서 내가 제일 잘 치기를 원하지만 난 그렇지 못해요.
이날은 엄마가 내 탓이 아니라며 딴 데서 핑계를 찾았어요. 피아노 음이 맞지 않는다고요. 조율이 안 됐다고 말이에요.
난 방으로 올라가서 투명 인간 책을 읽었어요.
정말이지 투명 인간처럼 되고 싶어요.
나 "에밀, 피아노 쳐야지!"
"또요?"
"그럼. 매일 쳐야 실력이 늘지."
나는 식당에서 정확한 음을 자동으로 연주하는 피아노를 본 적이 있어요.
마치 투명 인간이 치는 듯했지요.
정말이지 난 그 피아노를 사고 싶었어요. 우리 부모님이 내 피아노 실력이 많이 늘었다고 믿게 말이에요.
"에밀, 집중해."
"엄마, 엄청 집중하고 있어요."

4 에밀이 정확한 음을 자동으로 연주하는 피아노를 사고 싶은 까닭은 무엇인지 쓰시오. [4점]

_____

_____

5 이 글에서 짐작할 수 있는 에밀의 마음은 어떠한지 쓰시오. [5점]

_____

_____

1 다른 사람과 대화할 때 고려해야 할 점으로 알맞은 것에 모두 ○표 하시오.

(1) 자신의 기분만 생각한다. ( )
(2) 상대가 누구인지 생각한다. ( )
(3) 어떤 대화 상황인지 생각한다. ( )

2 다음 빈칸에 들어갈 알맞은 말에 ○표 하시오.

> 〔가〕 민수: 진영아, 네가 그린 그림 정말 멋지다!
> 진영: ㉠고마워.
> 〔나〕 선생님: 아픈 친구를 도와주는 것을 보니 진영이는 마음이 참 따뜻하구나!
> 진영: ㉡고맙습니다.

→ ㉠, ㉡에서처럼 진영이가 같은 뜻이지만 형태가 다르게 말하는 까닭은 (말하는 사람 , 듣는 사람)이/가 다르기 때문이다.

[3~4] 다음 빈칸에 알맞은 높임 표현을 골라 ○표 하시오.

3

승민아, 네가 좋아하는 과일 사 왔다.

( ).

(고마워 , 고맙습니다)

4

할아버지 지금 뭐 하시니?

할아버지께서 사과주스를 ( ).

(먹고 있어요 , 드시고 계세요)

5 다음 빈칸에 공통으로 들어갈 말을 쓰시오.

> 대화를 할 때에는 상대를 고려해서 대화해야 하고, 친구와 대화할 때는 ( ) 을/를 사용하지 않지만 웃어른과 대화할 때는 ( )을/를 사용해야 한다.

( )

[6~7] 다음 빈칸에 들어갈 말 중, 전화할 때 대화 예절에 맞게 말한 것을 골라 ○표 하시오.

6

(1) 학교 앞 문구점에서 산 물통이 망가져 있어. ( )

(2) 학교 앞 문구점에서 미술 준비물을 샀는데 망가져 있어. ( )

7

예원이 언니

(1) 예원아! 우리 내일 어디에서 만나서 놀기로 했지? ( )
(2) 저는 예원이 친구 수진이예요. 예원이 좀 바꿔 주시겠어요? ( )

8 전화할 때의 바른 예절을 생각하며 〔보기〕에서 알맞은 말을 찾아 빈칸에 쓰시오.

> 〔보기〕
> 자신   작은 목소리
> 공손하게   상황   상대

(1) ( )이/가 누구인지 밝히고 ( )이/가 누구인지 확인한다.
(2) 상대의 얼굴을 보지 않고 이야기하므로 더 ( ) 말한다.
(3) 상대의 ( )을/를 헤아린다.
(4) 공공장소에서는 ( )(으)로 말한다.

단원 평가

1~3

> **가** 엄마: 진수야, 몸은 좀 괜찮니?
>
> 진수: ㉠엄마, 어제보다 많이 좋아졌어. 내일은 학교에 갈 거야.
>
> **나** 영지: 진수야, 내가 가위를 깜빡하고 안 가져왔어. 가위 좀 빌려줄래?
>
> 진수: 안 돼. 내가 쓸 거야. 나도 가위가 계속 필요하거든.

1 대화 **가**에서 ㉠을 대화 예절에 맞게 고친 것은 무엇입니까? ( )

① 응, 이제 괜찮아.
② 네, 어제보다 많이 좋아졌어.
③ 응, 어제보다 많이 좋아졌어요.
④ 엄마, 어제보다 많이 좋아졌어요.
⑤ 엄마, 어제보다 많이 좋아지셨어요.

2 대화 **나**는 어떤 상황인지 알맞은 것에 ○표 하시오.

(1) 진수와 영지가 문구점에서 가위를 사려는 상황 ( )

(2) 진수가 영지에게 가위를 빌려주지 않으려는 상황 ( )

3 대화 **나**와 비슷한 경험을 말한 친구의 이름을 쓰시오.

> 미령: 친구가 까닭 없이 준비물을 빌려주지 않아서 섭섭했던 적이 있어.
> 수빈: 친구가 자신이 할 말만 하고 전화를 끊어서 당황한 적이 있어.

( )

4 다른 사람과 대화할 때 고려해야 할 점으로 알맞은 것을 모두 고르시오. ( )

① 누구에게나 반말을 한다.
② 상대가 누구인지 생각한다.
③ 자신이 하고 싶은 말만 한다.
④ 어떤 대화 상황인지 생각한다.
⑤ 대화하는 목적이 무엇인지 생각한다.

5 다음 대화 상황에서 ㉠, ㉡에 들어갈 알맞은 말에 ○표 하시오.

(1) ㉠: (고마워 , 고맙습니다).
(2) ㉡: (고마워 , 고맙습니다).

6~7

6 ㉠을 알맞은 표현으로 바꾸어 쓰시오.

( )

7 〈문제 6번〉의 답과 같이 ㉠을 고친 까닭은 무엇입니까? ( )

① 손님을 높여야 해서
② 어떤 대상이든지 다 높여야 해서
③ 사과주스와 듣는 사람을 동시에 높여야 해서
④ 사물인 사과주스에는 높임 표현을 사용할 수 없어서
⑤ 듣는 사람이 말하는 사람보다 나이가 어려서 높임 표현을 사용할 수 없어서

가 민지: 여보세요?

지원: 여보세요, 민지 있나요?

민지: 제가 민지인데, 누구신가요?

지원: 나, 지원이야.

나 지원: 나, 아까 학교 앞 문구점에서 미술 준비물을 샀는데 망가져 있어.

민지: 뭐가? 물감에 구멍이 났니? 아니면 물통?

지원: 아니, 물통에 물이 샌다고.

민지: 아, 물통을 말하는 거구나.

학교 앞 문구점에서 미술 준비물을 샀는데 망가져 있어.

8 가의 대화에 대해 알맞게 설명한 친구의 이름을 쓰시오.

의주: 전화를 건 사람은 지원이야.

상민: 지원이는 전화 예절을 잘 지키고 있어.

향미: 민지가 통화를 하면서 딴생각을 해서 누구냐고 다시 물어보았어.

( )

9 대화 나에서 처음 지원이의 말을 듣고 민지가 떠올린 것은 무엇무엇인지 쓰시오.

( )

10 대화 나에서 민지는 지원이가 한 말을 왜 알아듣지 못했는지 쓰시오.

서술형

_____

_____

예원이 언니: 여보세요?

수진: 예원아! 우리 내일 어디에서 만나서 놀기로 했지?

예원이 언니: (생각) 나는 예원이 언니인데……. 누구지?

㉠나는 예원이 언니인데…….

11 이 대화에 대한 설명으로 알맞지 <u>않은</u> 것은 무엇입니까? ( )

① 전화 통화하는 상황이다.

② 전화를 건 사람은 수진이다.

③ 전화 예절을 안 지킨 사람은 예원이 언니다.

④ 전화를 건 사람은 전화를 받은 사람을 착각하고 있다.

⑤ 전화를 받은 사람은 전화를 건 사람이 누구인지 모르고 있다.

12 전화를 건 사람은 누구와 통화를 하기 위해 전화를 하였는지 쓰시오.

( )

13 전화를 받은 사람이 ㉠처럼 생각한 까닭은 무엇인지 알맞은 것에 ○표 하시오.

(1) 전화를 건 사람의 목소리가 너무 작아서

( )

(2) 전화를 건 사람이 자신이 누구인지를 밝히지 않고 상대가 누구인지도 확인하지 않아서

( )

14 다음 대화에서 지수가 잘못한 점은 무엇인지 알맞은 것에 ○표 하시오.

어제 우리 반 회의에서 책 당번을 정하기로 했잖아. 내 생각에는 책 당번을 일주일에 한 번씩 바꾸는 건 잘못된 것 같아. …… 내 생각에는 하루에 한 번씩 책 당번을 바꾸는 게 맞아.

지수에게 내 생각을 언제 말하지?

지수   정아

(1) 자기가 할 말만 계속 했다. ( )

(2) 공손하지 않은 태도로 통화했다. ( )

15 ~ 16

유진: 여보세요?

할머니: 유진이냐? 할머니다.

유진: 네, 할머니! 안녕하세요?

할머니: 그래. 여기는 괜찮은데, 요즘 한국은 많이 덥지?

유진: 네, 많이 더워요.

할머니: 네 엄마는?

유진: 시장에 장 보러 가셨어요.

할머니: 엄마 오시면 할머니가 이번 토요일에 한국에 간다고 전해 다오.

유진: ㉠네. (전화를 끊는다. 전화 끊는 소리 "찰칵 뚜뚜 뚜…….")

할머니: 세 시까지 공항에 데리러 오라고 말해야 하는데…….

15 유진이가 지켜야 할 전화 예절은 무엇입니까?

( )

① 상대의 상황을 헤아린다.

② 자신이 누구인지 밝힌다.

③ 공공장소에서 작은 목소리로 대화한다.

④ 상대의 말을 끝까지 듣고 공손하게 말한다.

⑤ 빠르게 말하지 않고 잘 알아들을 수 있게 정확히 발음한다.

16 유진이가 ㉠을 어떻게 말하면 좋을지 언어 예절에 맞게 고쳐 쓰시오.

서술형

_____

_____

국어 활동

17 다음 전화 대화에서 ㉠에 들어갈 말로 알맞은 것에 ○표 하시오.

(갔어 , 갔어요)

18 ~ 19

1 강이는 검은색 옷을 차려입었지만, 엄마께서 비가 와서 날이 어두운 날에는 검은색보다 밝은색 옷을 입으라고 하셨습니다.

2 강이는 엄마의 말씀을 듣고 노란색 옷을 입고 노란색 우산을 챙겼고, 엄마께서는 칭찬하셨습니다.

3 검은색 옷을 입은 훈이는 앞을 잘 보지 않고 뛰어가다가 지나가는 차에 치일 뻔했습니다.

4 강이는 훈이에게 비가 오는 날에는 밝은색 옷을 입는 것이 더 멋진 것이라고 말해 주었습니다.

18 장면 **3**에서 훈이가 갑자기 뛰어들자 지켜보던 강이와 운전하던 아저씨는 어떤 마음이 들었겠습니까? ( )

① 놀랐을 것이다.   ② 신기했을 것이다.

③ 즐거웠을 것이다.   ④ 반가웠을 것이다.

⑤ 안심이 되었을 것이다.

19 강이와 훈이가 무엇을 알게 되었습니까? ( )

① 엄마의 말씀은 뭐든지 옳다.

② 비가 오는 날에는 집에 있어야 한다.

③ 어린이에게는 밝은색 옷이 더 잘 어울린다.

④ 비가 오는 날에는 밝은색 옷을 입어야 한다.

⑤ 늘 노란 우산을 쓰고 노란 옷을 입어야 한다.

20 다음 대화로 역할놀이를 할 때 주의할 점으로 알맞은 것을 모두 고르시오. ( )

미나: 할아버지, 가장 좋아하시는 음식이 뭐예요?

할아버지: 음식? 어떤 음식?

미나: 불고기, 김밥 같은 음식요.

할아버지: 응, 할아버지는 된장찌개가 최고야.

① 미나는 친근하게 반말로 말한다.

② 할아버지는 다정한 말투로 말한다.

③ 미나는 궁금한 듯한 표정을 짓는다.

④ 미나는 알맞은 높임 표현을 사용한다.

⑤ 할아버지는 귀찮은 듯한 표정으로 말한다.

1 다음 대화에서 승민이의 대화 태도가 어떠한지 한 가지만 쓰시오. [7점]

_____

_____

2 대상에 따라 어떻게 말할지 생각하여 ㉠, ㉡에 알 맞은 말을 쓰시오. [10점]

조건

승민이가 책을 사러 서점에 갔다는 내용으로 답을 쓴다.

㉠	(1)
㉡	(2)

3 다음 대화에서 전화 통화하는 남자아이의 주변 사람들의 표정이 좋지 않은 까닭은 무엇인지 쓰시오. [8점]

_____

_____

4~5

1 미나: 할아버지, 가장 좋아하시는 음식이 뭐예요?

할아버지: 음식? 어떤 음식?

미나: 불고기, 김밥 같은 음식요.

할아버지: 응, 할아버지는 된장찌개가 최고야.

2 미나: 민철아! 너, 가장 좋아하는 음식이 뭐야?

남동생: 에이, 누난 그것도 몰라?

미나: ㉠하하, 맞아. 우리 민철이는 통닭을 가장 좋아하지!

4 대화 **1**과 **2**에서 미나는 대화 대상에 따라 어떻게 다르게 대화해야 하는지 쓰시오. [5점]

_____

_____

5 대화 **2**를 친구들과 역할놀이로 할 때, ㉠을 읽는 미나에게 어울리는 표정, 몸짓, 말투를 쓰시오.

[8점]

_____

_____

1 다음 상황에서 어떤 마음을 전해야 할지 알맞은 것을 보기 에서 찾아 쓰시오.

> 보기
>
> 기쁜 마음,   고마운 마음, 미안한 마음,   자랑스러운 마음

(1) 약속 시간에 늦어서 뛰어가는 상황 ( )

(2) 가을 현장 체험 학습을 가게 되어 기대되는 상황 ( )

2 「규리의 하루」에서 규리가 한 일이나 겪은 일에 따라 마음이 어떻게 변했는지 알맞은 것을 골라 ○표 하시오.

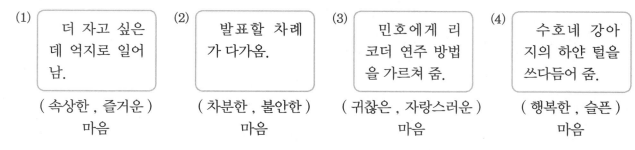

(1) 더 자고 싶은데 억지로 일어남.

(속상한 , 즐거운) 마음

(2) 발표할 차례가 다가옴.

(차분한 , 불안한) 마음

(3) 민호에게 리코더 연주 방법을 가르쳐 줌.

(귀찮은 , 자랑스러운) 마음

(4) 수호네 강아지의 하얀 털을 쓰다듬어 줌.

(행복한 , 슬픈) 마음

3 이야기에서 인물의 마음을 알 수 있는 방법으로 알맞은 것에 모두 ○표 하시오.

(1) 인물의 생김새를 잘 떠올려 본다. ( )

(2) 인물이 한 일이나 겪은 일을 찾는다. ( )

(3) 인물의 생각, 말이나 행동을 살펴본다. ( )

4 「꼴찌라도 괜찮아!」에서 기찬이네 반은 운동회에 나갈 선수를 ( )(으)로 뽑았고, 기찬이는 '( )'이/가 쓰인 쪽지를 뽑았습니다.

5 「꼴찌라도 괜찮아!」에서 다음 상황에서 기찬이의 마음이 어떠했는지 알맞은 것에 ○표 하시오.

(1) 달리기를 못한다며 이호와 친구들이 놀릴 때 (즐겁다 , 속상하다)

(2) '이어달리기'가 쓰인 쪽지를 뽑았을 때 (기대된다 , 마음이 무겁다)

(3) 열심히 달리고 난 후 이호에게 배턴을 넘겨주었을 때 (뿌듯하다 , 실망스럽다)

6 다른 사람의 마음을 헤아리며 자신의 마음을 전하는 쪽지를 쓰는 방법으로 알맞지 <u>못한</u> 것을 찾아 기호를 쓰시오.

> ㉮ 앞으로 바라는 점이나 자신의 다짐을 쓴다.
> ㉯ 있었던 일과 그때 자신의 감정을 솔직하게 쓴다.
> ㉰ 친구에게 전하고 싶은 마음이 장난스럽게 보이지 않도록 딱딱한 말투로 쓴다.

( )

1~3

1 그림 가~라 중 다음의 마음을 전하고 있는 그림은 무엇인지 기호를 쓰시오.

> 고마운 마음

( )

2 그림 다의 ㉠에 들어갈 마음을 전할 말로 알맞지 않은 것은 무엇입니까? ( )

① 기뻐!　　　　② 즐거워.
③ 실망이야.　　④ 기대가 돼.
⑤ 와, 신난다!

3 그림 라에서 ㉡과 바꿔 쓸 수 있는 표현으로 알맞은 것은 무엇입니까? ( )

① 고마워.
② 그럴 줄 알았어.
③ 네가 아파서 걱정돼.
④ 너 없으니 조용하더라.
⑤ 학교를 안 가서 좋겠다.

4~6

가 "지금 안 일어나면 지각이야."
엄마 손이 이불을 걷어 냈다.
㉠"아이참! 엄마, 알았다고요."
나는 눈을 비비며 부스스 자리에서 일어났다. 차가운 물로 세수를 하자, 졸음이 싹 달아났다. 아침밥을 먹는 둥 마는 둥 하고 서둘러 집을 나섰다.
마음이 바빠져서 거의 뛰다시피 걸었다. 덕분에 1교시 시작하기 직전에 교실에 들어갈 수 있었다.
"규리야, 왜 이렇게 늦었어? 걱정했잖아."
짝 민호가 핀잔 투로 말했다.
나 "규리야, 네가 민호 좀 도와주렴."
나는 음악 시간 내내 민호의 리코더 선생님이 되었다.
"규리야, '솔' 음은 어떻게 소리 내니?"
"응, 내가 가르쳐 줄게."
민호는 가르쳐 주는 대로 잘 따라 했다.

4 글 가에서 규리가 한 일이나 겪은 일로 알맞지 않은 것은 무엇입니까? ( )

① 엄마께서 규리를 깨웠다.
② 짝 민호에게 핀잔을 들었다.
③ 뛰다시피 걸어서 학교에 갔다.
④ 아침밥을 먹는 둥 마는 둥 했다.
⑤ 늦잠을 자서 학교에 지각을 했다.

5 ㉠에서 알 수 있는 규리의 마음은 무엇입니까?

( )

① 기쁜 마음　　　② 화나는 마음
③ 행복한 마음　　④ 궁금한 마음
⑤ 걱정되는 마음

6 글 나에서 규리와 민호는 각각 어떤 마음이 들었을지 빈칸에 알맞은 말을 쓰시오.

(1) 규리는 민호가 가르쳐 주는 대로 잘 따라 해서
( ) 마음이 들었을 것이다.

(2) 민호는 규리에게 ( )
마음이 들었을 것이다.

7~10

가 친구들이 책가방을 향해 얌체공을 던졌어요. 박 터뜨리기 연습을 하고 있는 거예요. 운동회가 코앞으로 다가왔지만 ㉠기찬이는 멀찍이 앉아 물끄러미 친구들을 쳐다보았어요. / ㉠'치, 하나도 재미없어!'

기찬이는 운동에 자신이 없었거든요. 심술이 나 돌멩이를 발로 뻥 차 버렸어요. 그런데 기찬이가 찬 돌멩이가 그만 책가방을 맞혀 버렸어요.

나 ㉡공책과 연필이 친구들의 머리 위로 우수수 쏟아졌어요. / ㉢"나기찬, 방해하지 말고 집에나 가!"

머리에 혹이 난 친구들이 화가 나서 한마디씩 거들었어요. ㉣기찬이는 사과를 하려고 했지만 할 말이 생각나지 않았어요.

다 "제비뽑기로 선수를 뽑자. 누구나 한 경기씩 나갈 수 있도록 말이야." / "말도 안 돼. 가장 잘하는 사람이 나가야 하는 것 아닌가요?"

아이들은 투덜거리며 제비를 뽑았어요. 기찬이의 제비뽑기 순서가 다가왔어요. 기찬이는 '이어달리기'가 쓰인 쪽지를 뽑았어요. ㉤울상이 된 기찬이를 보고 친구들이 몰려들었어요.

㉤"안 봐도 질 게 뻔해!"

7 기찬이에 대한 설명으로 알맞은 것에 ○표 하시오.

(1) 운동에 자신이 없다. (　　　)
(2) 평소 친구들을 많이 괴롭힌다. (　　　)
(3) '이어달리기' 선수가 되고 싶었다. (　　　)

8 ㉮와 ㉯에서 알 수 있는 기찬이의 마음에 맞게 선으로 이으시오.

(1) | ㉮ | •　　　•① | 미안한 마음 |

(2) | ㉯ | •　　　•② | 속상한 마음 |

9 선생님께서 제비뽑기로 운동회에 나갈 선수를 뽑자고 하신 까닭을 쓰시오.

(　　　　　　　　　　　　　　　)

10★ ㉠~㉤ 중 인물의 마음을 짐작할 수 있는 부분이 아닌 것은 무엇입니까? (　　　)

① ㉠　② ㉡　③ ㉢　④ ㉣　⑤ ㉤

11~14

가 "진 거나 마찬가지야! 다음엔 거북이 나기찬인걸!"

아무도 기찬이를 응원하지 않고 딴전을 부렸어요. 기찬이는 이를 악물고 뛰었어요.

나 그때 이호의 배 속에서 천둥처럼 큰 소리가 났어요. 이호는 갑자기 가로질러 뛰쳐나갔어요. 더 이상 참을 수가 없었던 거예요!

백군의 마지막 선수와 청군의 세 번째 선수 기찬이가 같은 자리를 뛰고 있었어요. 이호가 화장실에 가 버리는 바람에 기찬이의 다음에는 아무도 없었어요.

다 "어? 나기찬이 이기고 있어!"

백군의 마지막 선수와 같이 달리고 있는 기찬이를 보고 친구들이 착각을 한 거예요.

"뛰어라, 나기찬!" / "달려라, 나기찬!"

기찬이는 어리둥절했어요. 친구들이 목청껏 자신의 이름을 부르고 있었으니까요.

라 그런데 기찬이가 한 바퀴를 더 도는 게 아니겠어요? 그때 이호가 휴지를 들고 헐레벌떡 뛰어왔어요. ㉠친구들은 그제야 이마를 탁 쳤어요.

"뭐야, 이긴 게 아니야?"

"그것도 한 바퀴나 차이 나게 진 거야?"

11 이호가 뛰어간 곳은 어디이겠습니까? (　　　)

① 집　　② 식당　　③ 교무실
④ 보건실　　⑤ 화장실

12 글 다에서 반 친구들의 마음이 어떠할지 그 까닭과 함께 쓰시오.
서술형

_____

_____

13 기찬이가 어리둥절한 까닭은 무엇입니까?(　　　)

① 이호가 사라져서　② 자신이 백군을 이겨서
③ 친구들이 사라져서　④ 친구들이 딴전을 부려서
⑤ 친구들이 자신을 목청껏 응원해서

14 ㉠의 까닭으로 알맞은 것에 ○표 하시오.

(1) 기찬이가 잘 달린 까닭을 알게 되어서(　　　)
(2) 한 바퀴나 차이 나게 진 거라는 사실을 알게 되어서 (　　　)

15~16

1 주은이의 행동에 화가 난 원호

주은이가 딱지치기를 하다가 원호에게 예의 없는 말과 행동을 하였습니다.

2 ㉠미안해, 미안하다고. 됐냐?

주은

원호는 주은이가 제대로 사과하지 않아 주은이의 사과를 받지 않았습니다.

15 장면 **2**에서 주은이가 전하려는 마음은 무엇입니까? ( )

① 고마운 마음
② 미안한 마음
③ 속상한 마음
④ 즐거운 마음
⑤ 안타까운 마음

16 주은이가 ㉠을 어떤 표현으로 말했으면 원호가 사과를 받았겠습니까? ( )

① 네가 화내는 이유를 모르겠어.
② 그렇게 내 사과를 받고 싶었니?
③ 다음번에 너도 나한테 그렇게 해.
④ 친구끼리 뭘 그런 거 가지고 화를 내니?
⑤ 지난번 같이 놀다가 예의 없게 말해서 정말 미안해.

국어 활동
17
서술형
다음 문장을 다른 사람의 감정을 그대로 인정해 주는 말로 고쳐 쓰시오.

에이, 뭐 그런 일로 짜증을 내니?

_____

_____

18~19

그 가운데에서 전교 어린이 회에서는 '마음을 전하는 우리 반' 행사를 함께하기로 결정했습니다.

10월 넷째 주에 '마음을 전하는 우리 반'이라는 이름으로 각 반에서 행사를 합니다. '마음을 전하는 우리 반'은 자신의 마음을 다른 사람에게 전하는 행사입니다. 이때에는 친구들뿐만 아니라 주위 사람들에게 고마운 마음, 존경하는 마음, 미안한 마음 따위를 전할 수 있습니다. 전하는 방법은 다양하지만 예쁜 종이에 마음을 담아 손 편지를 써서 전하자는 의견이 많았습니다.

18 '마음을 전하는 우리 반' 행사는 언제 하기로 했습니까? ( )

① 10월 첫째 주
② 10월 둘째 주
③ 10월 셋째 주
④ 10월 넷째 주
⑤ 가을 운동회 때

19 행사에서 마음을 전하는 방법 중 가장 많은 의견은 무엇인지 빈칸에 알맞은 말을 쓰시오.

• 예쁜 종이에 마음을 담아 ( ) 을/를 써서 전하자.

20 다른 사람의 마음을 고려하며 자신의 마음을 전하기에 알맞은 표현이 <u>아닌</u> 것에 ×표 하시오.

(1) 그런 게 뭐가 속상해! ( )
(2) 내가 놀라지 않게 부드럽게 말해 주면 좋겠어. ( )
(3) 지난번에 내가 뛰다가 너와 부딪쳐서 아팠지? 미안해. ( )

1 다음 상황에서 전하는 마음과 비슷한 마음을 다른 사람에게 전해 본 경험을 떠올려 쓰시오. [8점]

고맙습니다.

_____

_____

2 다음에서 규리가 겪은 일과 비슷한 자신의 경험을 떠올려 그때의 마음을 생각하여 규리에게 하고 싶은 말을 쓰시오. [10점]

> 1교시는 사회 시간이었다. 우리 지역의 자랑거리를 조사해서 발표하는 시간이었다.
> 우리 모둠 발표자는 나였다. 앞 모둠 발표가 거의 끝나 가자 나는 가슴이 콩닥콩닥 뛰기 시작했다.
> '어쩌지? 실수하면 안 되는데…….'
> 발표 내용이 갑자기 뒤죽박죽되는 느낌이었다.
> 우리 모둠 차례가 되었고 겨우겨우 발표를 끝내고 자리로 돌아왔다.

규리에게 하고 싶은 말	

3 다음 글을 읽고 자신이 기찬이라고 생각하여 친구들에게 마음을 전하는 쪽지를 간단하게 쓰시오. [15점]

> **가** 친구들이 책가방을 향해 얌체공을 던졌어요. 박 터뜨리기 연습을 하고 있는 거예요.
> **나** '치, 하나도 재미없어!'
> 기찬이는 운동에 자신이 없었거든요. 심술이 나 돌멩이를 발로 뻥 차 버렸어요. 그런데 기찬이가 찬 돌멩이가 그만 책가방을 맞혀 버렸어요.
> "으악!"
> 공책과 연필이 친구들의 머리 위로 우수수 쏟아졌어요.
> "나기찬, 방해하지 말고 집에나 가!"
> 머리에 혹이 난 친구들이 화가 나서 한마디씩 거들었어요. 기찬이는 사과를 하려고 했지만 할 말이 생각나지 않았어요.
> "난 운동회가 정말 싫어!"
> 기찬이는 교문 밖으로 후다닥 달려 나갔어요.

4 마음을 전하고 싶은 사람을 떠올려 하고 싶은 말을 다음 표에 정리하여 쓰시오. [10점]

전하고 싶은 마음	(1) ( )에게 ( ) 마음
하고 싶은 말	(2)
앞으로의 각오나 다짐	(3)

쪽지 시험

1 글을 읽고 친구에게 소개하면 좋은 점으로 알맞은 것의 기호를 모두 쓰시오.

> ㉮ 새로운 사실을 알려 줄 수 있다.
> ㉯ 읽은 글의 내용을 잘 정리할 수 있다.
> ㉰ 관심 있는 분야에 대한 흥미가 사라진다.
> ㉱ 소개하면서 친구들과 많은 이야기를 나눌 수 있다.

(   )

2 「온 세상 국기가 펄럭펄럭」에서 캐나다 국기에 캐나다에서 많이 자라는 설탕단풍 나무의 잎이 그려져 있는 것을 통해 국기에 그 나라의 (   )이/가 담겨 있는 것을 알 수 있습니다.

3 「온 세상 국기가 펄럭펄럭」에서 멕시코 국기에는 (   )과/와 독사와 선인장이 나오는 아즈텍족의 전설이 담겨 있습니다.

4 「온 세상 국기가 펄럭펄럭」에서 미국 국기에는 열세 개의 (   )과/와 오십 개의 (   )이/가 있습니다.

5 「온 세상 국기가 펄럭펄럭」에서 태극기의 각 부분에 담겨 있는 뜻을 보기 에서 찾아 기호를 쓰시오.

> **보기**
> ㉮ 조화로운 우주
> ㉯ 하늘, 땅, 물, 불
> ㉰ 우리나라 사람들의 평화를 사랑하는 마음

(1) 태극 문양: (   )
(2) 태극기의 흰색: (   )
(3) 네 모서리의 사괘: (   )

6 다음은 책을 소개하는 방법 중 어떤 방법에 해당하는지 알맞은 것에 ○표 하시오.

> ❶ 책 표지를 보여 주며 제목을 말하고 책 앞표지나 뒤표지에 있는 글과 그림을 소개한다.
> ❷ 책 내용 가운데에서 친구들에게 소개하고 싶은 부분을 말한다.
> ❸ 가장 인상 깊은 부분과 그 까닭을 말한다.

(1) 책 보여 주며 말하기   (   )
(2) 책갈피를 만들어 소개하기   (   )
(3) 책 보물 상자를 만들어 소개하기 (   )

7 다음과 같은 글을 무엇이라고 하는지 쓰시오.

> 책을 읽은 뒤에 책을 읽게 된 까닭, 책 내용, 인상 깊은 부분, 책을 읽은 뒤에 든 생각이나 느낌 따위를 쓴 글

(   )

8 「바위나리와 아기별의 우정」에서 다음 내용이 독서 감상문의 특징 중 무엇에 해당하는지 보기 에서 찾아 쓰시오.

> **보기**
> • 책 내용
> • 인상 깊은 부분
> • 책을 읽게 된 까닭
> • 책을 읽은 뒤에 든 생각이나 느낌

(1) 아기별을 기다리던 바위나리는 점점 시들다가 그만 바람이 세게 불어 바다로 날려 갔다.
(   )
(2) 아기별과 같은 친구가 되어야겠다는 생각이 들었다.
(   )

9 독서 감상문을 쓰는 방법으로 알맞은 것에 ○표, 알맞지 <u>않은</u> 것에 ×표 하시오.

(1) 책 제목을 쓴다.   (   )
(2) 책에 나오는 내용을 모두 쓴다. (   )

1~4

'앉아서 하는 피구'는 공 하나로 교실에서 쉽게 즐길 수 있는 놀이이다. 먼저 교실에 있는 책상을 모두 뒤로 밀어 가로로 긴 네모 모양으로 피구장을 만든다. 그다음에는 학급 친구 전체를 두 편으로 나누고 두 편 대표가 가위바위보를 해서 먼저 공격할 쪽을 정한다.

규칙은 피구와 같지만 앉은 자세로 하는 것이 특징이다. 공을 굴리는 사람이나 피하는 사람 모두 앉은 자세로 해야 한다. 앉은 자세에서 무릎을 한쪽이라도 펴서 일어나는 자세가 되면 누구든 피구장 밖으로 나가야 한다. 상대를 맞힐 때에는 공을 바닥에 굴려서 맞혀야 한다. 공을 튀기거나 던져서 맞히면 맞은 사람은 밖으로 나가지 않는다. 공을 피할 때에는 옆으로 이동해 피하거나, 무릎을 가슴에 붙여 앉은 자세로 뜀을 뛰어 피할 수 있다.

굴린 공이 아무도 맞히지 못하고 벽에 닿으면, 수비하던 친구가 공을 잡아 공격할 기회를 얻는다.

1 이 글에서 소개하고 있는 놀이는 어디에서 하는 놀이인지 쓰시오.

( )

2 이 글을 읽고 '앉아서 하는 피구'를 하려고 준비하면서 친구들이 나눈 대화입니다. 준비할 내용을 바르게 말하지 <u>못한</u> 친구의 이름을 쓰시오.

믿음: 공 하나를 준비하자.
나리: 두 편으로 나누고 대표 선수를 뽑자.
현무: 가로로 긴 네모 모양의 피구장을 만들자.

( )

3 놀이에서 어떻게 공을 피하는지 두 가지 고르시오.

( )

① 옆으로 이동한다.
② 무릎으로 공을 받아 낸다.
③ 굴러 온 공을 손으로 잡는다.
④ 공이 날아오면 일어서서 움직인다.
⑤ 무릎을 가슴에 붙여 앉은 자세로 뜀을 뛴다.

4 이 놀이의 규칙으로 알맞지 <u>않은</u> 것은 무엇입니까?

( )

① 공을 바닥에 굴려서 상대를 맞힌다.
② 공을 굴릴 때 앉은 자세로 해야 한다.
③ 튀긴 공에 맞은 사람은 밖으로 나가지 않는다.
④ 앉은 자세에서 한쪽 무릎을 펴서 잠시 일어나는 자세를 해도 밖으로 나가지 않는다.
⑤ 굴린 공이 아무도 맞히지 못하고 벽에 닿으면, 수비하던 사람이 공을 잡아 공격할 기회를 얻는다.

5 자신이 아는 놀이를 잘 소개한 것을 찾아 ○표 하시오.

(1) '얼음땡'이라는 놀이를 아니? 밖에서 하는 놀이인데 무척 재미있어. ( )
(2) '스무고개'는 내가 낱말을 하나 생각하면 다른 친구들이 질문해서 그 낱말이 무엇인지 알아맞히는 거야. 질문은 스무 개까지만 할 수 있어.

( )

6~7

캐나다에는 설탕단풍 나무가 많이 자라.
설탕단풍 나무는 캐나다처럼 추운 날씨에 잘 자라거든.
가을에 붉은색으로 단풍이 들면 얼마나 고운지 몰라.
캐나다 사람들은 설탕단풍 나무에서 나오는 즙으로 달콤한 메이플시럽을 만들어 먹기도 해.
그래서 캐나다 사람들은 국기에 빨간 단풍잎을 그려 넣었어.

6 캐나다에서 많이 자라는 나무는 무엇인지 쓰시오.

( )

7 캐나다 국기에 대해 알맞게 설명한 것을 모두 찾아 ○표 하시오.

(1) 빨간 단풍잎이 그려 있다. ( )
(2) 캐나다의 자연이 담겨 있다. ( )
(3) 캐나다의 전설이 담겨 있다. ( )

가 국기에는 그 나라의 [㉠] 이/가 담겨 있어. 멕시코 국기 이야기를 들어 볼래?

어느 날, 아즈텍족이 신의 계시를 받았어.

"독사를 물고 날아가는 독수리가 선인장 위에 앉으면 그곳에 도시를 세워라!"

계시대로 독수리가 내려앉은 곳에 도시를 세웠더니 점점 강해져 아즈텍 제국으로 발전했고, 오늘날의 멕시코가 되었대. / 그래서 나라를 세운 이야기를 국기에 그려 넣은 거야.

나 국기에는 그 나라의 [㉡] 이/가 담겨 있어.

미국 국기에는 줄과 별이 참 많지? 도대체 몇 개인지 한번 세어 볼까? 줄이 열세 개, 별이 오십 개야. 미국이 처음 나라를 세울 때에는 주가 열세 개였대. 열세 개의 줄은 그걸 기념하는 거야. 미국 땅이 점점 커져 주가 생길 때마다 국기의 별이 하나씩 늘어났는데 지금은 주가 오십 개라서 별도 오십 개가 된 거야. 땅과 함께 국기도 변한 거지.

8 글 **가**, **나**의 내용으로 보아 ㉠, ㉡에 들어갈 말이 알맞게 묶인 것은 무엇입니까? ( )

① ㉠: 땅, ㉡: 전설
② ㉠: 땅, ㉡: 자연
③ ㉠: 자연, ㉡: 땅
④ ㉠: 전설, ㉡: 땅
⑤ ㉠: 전설, ㉡: 자연

9 아즈텍족이 도시를 세운 곳은 어디입니까? ( )

① 선인장이 많은 곳
② 독사가 자리 잡은 곳
③ 독수리들이 모여 사는 곳
④ 독사를 문 독수리가 내려앉은 곳
⑤ 아즈텍족이 신의 계시를 받은 곳

10 미국 국기에 대한 설명으로 알맞지 않은 것에 ×표 하시오.

(1) 처음과 현재의 모습은 다르다. ( )
(2) 열세 개의 줄과 오십 개의 별이 있다. ( )
(3) 오십 개의 별은 처음 나라가 생길 때보다 주가 오십 개가 늘었음을 의미한다. ( )

가 일본에 나라를 빼앗긴 시대에는 태극기를 마음대로 사용하지 못했어.

일본이 태극기 사용을 금지했거든.

하지만 우리는 독립하려고 열심히 싸울 때마다 태극기를 힘차게 휘날렸어.

마침내 1945년에 나라를 되찾았고, 그동안 무늬가 조금씩 달랐던 태극기는 1949년에 지금의 태극기 모습으로 정해졌어.

우리나라 사람들의 평화를 사랑하는 마음은 태극기의 흰색에 담겨 있어.

태극 문양은 조화로운 우주를 뜻하고, 네 모서리의 사괘는 하늘, 땅, 물, 불을 나타낸 거야.

나 국제 경기에 참가할 때에도, 메달을 땄을 때에도, 에베레스트산 정상에 올랐을 때에도 …… 나라를 빛내는 순간에는 언제나 국기가 함께해.

남극의 과학 기지에도, 우주로 날아가는 우주선에도, 국제연합[유엔] 본부에도 …… 나라를 대표하는 자리에는 언제나 국기가 함께해.

국기는 그 나라이자 국민이거든.

11 일본에 나라를 빼앗긴 시대에 태극기를 마음대로 사용하지 못한 까닭을 쓰시오.

( )

12 태극기의 사괘가 나타내고 있는 것이 아닌 것은 무엇입니까? ( )

① 물 ② 불 ③ 땅 ④ 구름 ⑤ 하늘

13 국기가 함께하는 순간을 든 예로 알맞지 않은 것에 ×표 하시오.

(1) 국제 경기에 참가할 때 ( )
(2) 남극에 과학 기지를 세울 때 ( )
(3) 반에서 현장 체험 학습을 갈 때 ( )

14 영광스러운 순간이나 기념할 만한 순간에 왜 국기가 함께 있는 것일지 쓰시오.
서술형

_____

_____

15 자신이 읽은 책 가운데 친구에게 소개하고 싶은 책
서술형 을 떠올려 다음의 방법으로 책을 소개하는 내용을
빈칸에 알맞게 쓰시오.

> 책을 읽고 기억에 남는 문장을 책갈피 앞쪽에
> 쓰고 그 까닭을 책갈피 뒤쪽에 써서 책을 소개
> 하는 방법

책갈피 앞쪽	책갈피 뒤쪽
(1)	(2)

16~18

가 오늘은 학교에서 『바위나리와 아기별』이라는 책을 읽었다. 앞표지에 있는 바위나리와 아기별 그림이 무척 예뻐서 내용이 궁금했기 때문이다. 이 책은 바위나리와 아기별의 우정 이야기이다.

나 나는 이 책에서 바위나리를 그리워하며 울다가 빛을 잃은 아기별이 하늘 나라에서 쫓겨나 바다로 떨어진 장면이 가장 기억에 남는다. 왜냐하면 살아 있을 때에는 만나지 못하다가 죽은 뒤에야 같이 있을 수 있게 된 것이 너무 슬펐기 때문이다. 바위나리는 몸이 아파 아기별을 만나지 못해 너무 슬펐다. 얼마나 슬펐으면 가슴이 미어졌을까?

다 이 책을 읽고 주위에 바위나리처럼 외로운 친구가 있는지 생각해 보았다. 그리고 그 친구에게 아기별과 같은 친구가 되어야겠다는 생각이 들었다. 나는 바위나리와 아기별의 우정이 아름다우면서도 안타깝고 슬펐다.

16 글 **가**~**다**에 나타난 독서 감상문의 특징에 맞게 선으로 이으시오.

(1) 글 **가** ・ ・① 인상 깊은 부분

(2) 글 **나** ・ ・② 책을 읽게 된 까닭

(3) 글 **다** ・ ・③ 책을 읽은 뒤에 든 생각이나 느낌

17 글쓴이가 생각한 인상 깊은 부분은 무엇인지 알맞은 것에 ○표 하시오.

(1) 바위나리와 아기별이 만난 장면 (　　　)

(2) 아기별이 바위나리를 생각하며 우는 장면
(　　　)

(3) 아기별이 하늘 나라에서 쫓겨나 바다로 떨어진 장면 (　　　)

18 글쓴이는 바위나리와 아기별의 우정에 대해 어떤 생각을 했는지 모두 고르시오. (　　　)

① 슬프다.　　② 신기하다.　　③ 어리석다.
④ 안타깝다.　　⑤ 아름답다.

19~20 국어 활동

가 책에는 여러 가지 타악기가 나와 있었다. 트라이앵글, 탬버린, 북, 심벌즈는 내가 이미 알고 있는 타악기였다. 내가 모르는 팀파니와 비브라폰도 있었다. 팀파니는 밑이 좁은 통에 막을 씌운 것인데 두드리면 일정한 소리를 낸다. 비브라폰은 실로폰처럼 생긴 쇠막대를 두드려서 연주하는 악기이다.

나 책을 읽고 나서 나도 타악기를 하나 만들어 보고 싶다는 생각을 했다. 컵라면 그릇 두 개를 준비하고 윗면에 두꺼운 종이로 뚜껑을 만들어 붙인다. 바닥을 서로 붙이고 나무젓가락으로 두드리면 소리가 나겠지?

19 글 **나**에 나타난 독서 감상문의 특징은 무엇입니까?
(　　　)

① 책 내용
② 책 제목
③ 인상 깊은 부분
④ 책을 읽게 된 까닭
⑤ 책을 읽은 뒤에 든 생각이나 느낌

20 글쓴이가 책을 읽고 새롭게 알게 된 타악기는 무엇인지 두 가지 고르시오. (　　　)

① 북　　　②팀파니　　　③심벌즈
④ 비브라폰　　⑤ 트라이앵글

1~2

가 '앉아서 하는 피구'는 공 하나로 교실에서 쉽게 즐길 수 있는 놀이이다.

나 규칙은 피구와 같지만 앉은 자세로 하는 것이 특징이다. 공을 굴리는 사람이나 피하는 사람 모두 앉은 자세로 해야 한다. 앉은 자세에서 무릎을 한쪽이라도 펴서 일어나는 자세가 되면 누구든 피구장 밖으로 나가야 한다. 상대를 맞힐 때에는 공을 바닥에 굴려서 맞혀야 한다. 공을 튀기거나 던져서 맞히면 맞은 사람은 밖으로 나가지 않는다. 공을 피할 때에는 옆으로 이동해 피하거나, 무릎을 가슴에 붙여 앉은 자세로 뜀을 뛰어 피할 수 있다.

1 글쓴이가 소개한 놀이 내용을 빈칸에 정리해 쓰시오. [10점]

놀이 이름	(1)
규칙	① 공을 굴리는 사람이나 피하는 사람 모두 앉은 자세로 해야 한다. ② 상대를 맞힐 때에는 (2) ＿＿＿＿＿ ＿＿＿＿＿＿＿＿＿＿＿ ③ 공을 피할 때에는 (3) ＿＿＿＿ ＿＿＿＿＿＿＿＿＿＿＿ ＿＿＿＿＿＿＿＿＿＿＿

2 글쓴이처럼 자신이 좋아하는 놀이를 간단히 소개하는 글을 쓰시오. [15점]

> **조건**
> 좋아하는 놀이 이름과 놀이 방법을 소개한다.

3~4

가 국기에는 그 나라의 전설이 담겨 있어.

멕시코 국기 이야기를 들어 볼래?

어느 날, 아즈텍족이 신의 계시를 받았어.

"독사를 물고 날아가는 독수리가 선인장 위에 앉으면 그곳에 도시를 세워라!"

계시대로 독수리가 내려앉은 곳에 도시를 세웠더니 점점 강해져 아즈텍 제국으로 발전했고, 오늘날의 멕시코가 되었대.

그래서 나라를 세운 이야기를 국기에 그려 넣은 거야.

나 국기에는 그 나라의 땅이 담겨 있어.

미국 국기에는 줄과 별이 참 많지? 도대체 몇 개인지 한번 세어 볼까? 줄이 열세 개, 별이 오십 개야. 미국이 처음 나라를 세울 때에는 주가 열세 개였대. 열세 개의 줄은 그걸 기념하는 거야. 미국 땅이 점점 커져 주가 생길 때마다 국기의 별이 하나씩 늘어났는데 지금은 주가 오십 개라서 별도 오십 개가 된 거야. 땅과 함께 국기도 변한 거지.

3 멕시코 국기에 담겨 있는 전설이 무엇인지 쓰시오.
[7점]

4 미국 국기에 있는 줄과 별이 무엇을 의미하는지 쓰시오. [10점]

열세 개의 줄	(1)
오십 개의 별	(2)

1 다음 **보기** 의 표현은 무엇을 나타내는 것인지 알맞은 것에 ○표 하시오.

> **보기**
>
> 다음 날 밤, 오늘 낮, 수업 시작종이 친 뒤, 식사하기 전, 숙제를 마치자마자

(1) 시간을 나타내는 말   (   )

(2) 장소를 나타내는 말   (   )

2 「베짱베짱 베 짜는 베짱이」는 (시간 흐름 , 장소 변화)에 따라 내용을 파악하며 읽으면 전체 내용을 잘 이해할 수 있고, 사건이 일어난 차례대로 정리할 수 있습니다.

3 「실 팔찌 만들기」와 「감기약을 먹는 방법」은 모두 (   )을/를 하는 방법을 알려 주는 글이다.

4 일하는 방법을 설명하는 글에는 「실 팔찌 만들기」처럼 (차례가 정해져 있는 , 차례가 정해져 있지 않은) 글도 있고, 「감기약을 먹는 방법」처럼 (차례가 정해져 있는 , 차례가 정해져 있지 않은) 글도 있습니다.

5 「주말여행」에서 장소 변화에 따라 한 일에 맞게 선으로 이으시오.

6 「동물원에서」에서 **보기** 의 흐름에 따라 글을 간추리려면 어떤 점에 주의해야 할지 알맞은 것의 기호를 쓰시오.

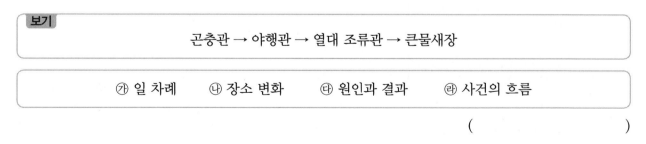

7 「즐거운 직업 체험」에서 '열 시, 열한 시, 열두 시, 한 시, 두 시'는 (   )을/를, '학교', '직업 체험관', '소품 설계관', '제빵 학원', '중앙 광장', '소방서'는 (   )을/를 알 수 있는 표현입니다.

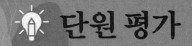
1~4

가 할아버지는 그제야 세상이 크게 변한 게 아니라 할아버지가 작게 줄어들었음을 알았습니다.

"글쎄, 나도 잘 모르겠다. 마당에 처음 보는 작은 열매가 있기에 먹어 보았을 뿐인데……."

베짱이는 할아버지 말을 듣고 이마를 '탁' 치며 말했습니다.

"그건 아마 '커졌다 작아졌다' 마법 열매였을 거예요! 그걸 한 알 더 먹어야 본래 크기로 돌아올 수 있어요."

"그래? 혹시 ㉠그걸 구할 방법을 알고 있니?"

"마루 밑에 사는 쥐들이 갖고 있는 걸 본 적은 있지만……."

나 "자, 할아버지. 이 베를 가지고 쥐들을 찾아가세요. 그리고는 '커졌다 작아졌다' 마법 열매와 바꾸자고 하세요."

다 "할아버지, 제가 놀기만 하는 곤충이 아니라는 것을 글로 써 주세요. 동시든 이야기든 좋으니 말이에요. 사실 그동안 「개미와 베짱이」이야기 때문에 늘 게으른 곤충 취급을 당해서 많이 속상했거든요."

"아무렴, 너같이 솜씨 좋고 부지런한 베짱이더러 놀기만 하는 곤충이라니, 말도 안 되지!"

라 할아버지가 베를 내주자, 쥐들은 할아버지에게 마법 열매를 주었습니다.

마루 밑에서 나온 할아버지는 열매를 입에 넣고 꿀꺽 삼켰습니다. 순간 할아버지 몸이 풍선처럼 부풀어 오르는 듯한 기분이 드는가 싶더니 본래 크기로 돌아왔습니다.

1 시간 흐름에 따라 이야기의 차례대로 기호를 쓰시오.

> ㉮ 베짱이가 베를 짜서 할아버지에게 주었다.
> ㉯ 할아버지가 쥐들의 마법 열매를 먹고 본래 크기로 돌아왔다.
> ㉰ 할아버지가 '커졌다 작아졌다' 마법 열매를 먹고 작게 줄어들었다.

(   ) → (   ) → (   )

2 ㉠의 방법은 무엇인지 빈칸에 알맞은 말을 쓰시오.

• 마루 밑에 사는 (   )을/를 찾아간다.

3 할아버지는 무엇을 주고 쥐들에게서 마법 열매를 받았습니까? (   )

① 쌀   ② 베   ③ 사과
④ 고기   ⑤ 풍선

4 할아버지가 베짱이의 부탁으로 「베짱이」라는 제목으로 시를 썼다면 어떤 내용일지 상상하여 쓰시오.
서술형

_____

_____

5~6

가 실 팔찌 만들기의 준비물은 매우 간단합니다. 서로 다른 색깔 털실 세 줄, 셀로판테이프만 있으면 됩니다.

나 첫 번째, 서로 다른 색깔 실 세 가닥을 함께 잡고 매듭을 짓습니다. 실의 3~4센티미터를 남겨 두고 실 세 가닥을 한꺼번에 잡아 작은 원을 만듭니다. 그 뒤 짧은 쪽 실 세 가닥을 아까 만든 원 쪽으로 집어넣고 당기면 쉽게 매듭을 지을 수 있습니다.

두 번째, 셀로판테이프로 매듭 위쪽을 책상에 붙입니다. 셀로판테이프는 실 팔찌를 만드는 동안 실이 움직이거나 꼬이지 않게 고정하는 역할을 합니다.

5 이 글은 무엇을 설명하고 있습니까? (   )

① 바느질하는 방법
② 뜨개질하는 방법
③ 세 가닥 땋는 방법
④ 실 팔찌 만드는 방법
⑤ 실로 리본을 만드는 방법

6 이 글은 어떤 흐름으로 되어 있습니까? (   )

① 일 차례   ② 장소 변화
③ 시간 흐름   ④ 원인과 결과
⑤ 생각의 변화

7~8

가 감기약은 끝까지 먹는 게 좋습니다. 감기약을 먹다가 몸이 나았다고 생각해 그만 먹으면 안 됩니다. 중간에 마음대로 감기약을 먹지 않으면 감기가 더 심해지거나 나중에 감기약을 먹어도 낫지 않을 수 있으므로, 의사가 처방한 날짜만큼 먹어야 합니다.

나 감기약을 먹는 시간을 놓쳤다고 다음에 두 배로 먹어서도 안 됩니다. 두 배로 먹는다고 감기약 효과가 두 배가 되지는 않습니다. 오히려 몸에 부담만 될 뿐입니다. 감기약은 정해진 양만큼만 먹어야 합니다.

7 이 글의 특징으로 알맞은 것에 모두 ○표 하시오.

(1) 차례가 정해져 있지 않다. ( )
(2) 일하는 방법을 알려 준다. ( )
(3) 무엇인가를 만드는 차례를 알려 준다. ( )

8 감기약을 먹는 방법을 바르게 이해한 친구의 이름을 쓰시오.

> 주희: 의사가 처방한 날짜만큼 끝까지 먹어야 해.
> 민영: 감기약을 먹다가 몸이 나으면 중간에 그만 먹어도 돼.
> 성준: 깜박하고 감기약을 먹지 않았으면 다음에 두 배로 먹으면 돼.

( )

9~10

우리 가족은 할머니 생신을 맞아 주말에 여행을 다녀왔다. 여행지는 전라북도 고창으로 예전에 텔레비전 여행 방송에서 본 기억이 있어서, 가기 전부터 많이 설레었다.

토요일 아침 일찍 출발해서, 맨 처음 도착한 고창 관광지는 고인돌 박물관이었다. 고인돌 박물관에서는 영화와 유물들을 보면서 고인돌의 역사를 알 수 있었다. 박물관 일 층에서는 고인돌 영화를 봤고 이 층에서는 고인돌과 관련된 여러 유물을 봤다. 박물관을 다 둘러보고 나니 고인돌 박사가 된 것 같은 기분이었다.

9 우리 가족은 왜 고창에 가게 되었습니까? ( )

① 전에 가 본 적이 있어서
② 할머니 고향을 방문하려고
③ 할머니께서 가고 싶어 하셔서
④ 지역 탐방이라는 사회 과제를 하려고
⑤ 할머니 생신을 맞아서 주말여행을 하려고

10 도착해서 맨 처음 간 곳은 어디인지 쓰시오.

( )

11~13

가 곤충관 바로 옆은 '야행관'이었는데 주로 밤에 활동하는 동물들이 있는 곳이었다. 야행관에도 날개가 있는 동물들이 있었다. 바로 박쥐와 올빼미였다. 외국에서 산다는 과일박쥐도 인상 깊었지만, 내 눈길을 끈 것은 수리부엉이이다.

나 동물원 입구를 지나 가장 먼저 간 곳은 '곤충관'이었다. 곤충관에는 여러 지역의 곤충들이 전시되어 있었는데, 날개가 있는 동물로 나비와 벌, 메뚜기와 같은 곤충들이 있었다. 곤충관에서 가장 관심이 갔던 곤충은 톱사슴벌레이다.

다 야행관 다음으로 간 곳은 '열대 조류관'이었다. 열대 조류관은 따뜻한 지역에 사는 새들이 사는 곳이었다. 열대 조류관은 아주 큰 실내 전시장으로, 천장이 높아서 머리 위로 화려한 색의 새들이 날아다니는 것을 볼 수 있었다.

11 이 글은 어떤 흐름에 따라 간추리는 것이 좋은지 알맞은 것에 ○표 하시오.

(1) 일 차례 ( )
(2) 장소 변화 ( )
(3) 원인과 결과 ( )

12 글의 흐름에 맞게 차례대로 기호를 쓰시오.

( ) → ( ) → ( )

13 '야행관'에서 '내' 눈길을 끈 것은 무엇입니까?

( )

① 벌 ② 박쥐 ③ 올빼미
④ 톱사슴벌레 ⑤ 수리부엉이

14 ~ 16

가 디자이너 체험을 끝내자 거의 ⊙열한 시가 되었다. 우리는 제빵사 체험을 하려고 제빵 학원으로 갔다. 제빵 학원 앞에는 크게 '크림빵'이라고 적혀 있었다.

나 제빵사 체험을 마치고 나오니 거의 ⓒ열두 시가 되었다. 우리 모둠은 중앙 광장에서 아까 만든 크림빵과 각자 싸 온 점심을 먹으며 다른 모둠 친구들과 체험 활동 이야기를 나누었다. 효지는 공항에서 한 비행기 조종사 체험이 가장 재미있었다고 했고, 준우는 국가유산 발굴 현장에서 국가유산을 찾는 체험이 가장 재미있었다고 했다.

다 점심시간이 끝난 ⓒ오후 한 시, 소방서에서 병주가 가장 기대하던 소방관 체험으로 활동을 시작했다. 소방관 복장을 하고, 소방차를 타고 출동하고, 불이 난 곳에 물도 뿌렸다.

14 글쓴이가 오후에 한 직업 체험은 무엇입니까?
( )

① 제빵사 체험
② 소방관 체험
③ 디자이너 체험
④ 국가유산 발굴 체험
⑤ 비행기 조종사 체험

15 점심을 먹은 시간은 언제인지 쓰시오.
( )

16 ⊙~ⓒ의 특징으로 알맞은 것에 ○표 하시오.
(1) 장소 변화를 알 수 있는 표현이다. ( )
(2) 시간 흐름을 알 수 있는 표현이다. ( )
(3) 원인과 결과를 알 수 있는 표현이다. ( )

17 ~ 18   국어 활동

가 오후에 환이는 아빠를 따라 쿠리치바 시청에 갔습니다. 버스를 타고 시청까지 가는 길에는 잘 정돈된 나무들이 늘어서 있었습니다.

나 환이와 아빠는 시청 앞 거리로 나왔습니다.
아빠는 내친김에 거리 이곳저곳에 있는 아름다운 벽화들을 구경시켜 주었습니다.
"와, 너무나 멋져요!" / "도시의 벽화는 사람들의 마음을 순화하고 환경을 아름답게 만들어 준단다."

17 이 글에서 시간을 나타내는 말을 찾아 쓰시오.
( )

18 글 **나**에서 환이가 간 곳과 한 일을 알맞게 정리하
서술형 여 쓰시오.

장소	한 일
(1)	(2)

19 ~ 20

'괴산'이라는 이름은 어떻게 변해 왔을까요?

괴산 지역 이름은 ⊙에 따라 변해 왔습니다. 고구려 때에는 '잉근내군'이라고 불리다가, 신라 경덕왕 때 '괴양군'으로 바뀌었습니다. 그 뒤 고려 시대에는 '괴주'라고 불리다가, 조선 태종 때부터는 지금 이름인 '괴산'이라는 지명으로 불렸습니다.

19 ⊙에 들어갈 알맞은 말은 무엇이겠습니까?
( )

① 시간
② 장소
③ 경험
④ 일 차례
⑤ 역사적 사실

20 '괴산'이라는 이름이 변화된 차례로 알맞은 것은 무엇입니까?
( )

① 괴산 → 괴주 → 괴양군 → 잉근내군
② 괴양군 → 괴주 → 잉근내군 → 괴산
③ 괴양군 → 괴주 → 괴산 → 잉근내군
④ 잉근내군 → 괴양군 → 괴주 → 괴산
⑤ 잉근내군 → 괴주 → 괴양군 → 괴산

1~2

가 할아버지는 그제야 세상이 크게 변한 게 아니라 할아버지가 작게 줄어들었음을 알았습니다.

"글쎄, 나도 잘 모르겠다. 마당에 처음 보는 작은 열매가 있기에 먹어 보았을 뿐인데……."

나 "그건 아마 '커졌다 작아졌다' 마법 열매였을 거예요! 그걸 한 알 더 먹어야 본래 크기로 돌아올 수 있어요."

다 베짱이는 별빛으로 날을 날고, 꽃빛으로 씨를 삼아 부지런히 베를 짰습니다.

라 "자, 할아버지. 이 베를 가지고 쥐들을 찾아가세요. 그러고는 '커졌다 작아졌다' 마법 열매와 바꾸자고 하세요."

마 할아버지는 베짱이에게 고맙다는 인사를 하고 마루 밑으로 들어갔습니다. 쥐들은 자기 크기만 한 작은 사람이 찾아오자 깜짝 놀랐습니다.

바 할아버지가 베를 내주자, 쥐들은 할아버지에게 마법 열매를 주었습니다.

마루 밑에서 나온 할아버지는 열매를 입에 넣고 꿀꺽 삼켰습니다. 순간 할아버지 몸이 풍선처럼 부풀어 오르는 듯한 기분이 드는가 싶더니 본래 크기로 돌아왔습니다.

1 다음 결과에 맞는 원인을 쓰시오. [5점]

원인	

↓

결과	할아버지가 작게 줄어들었다.

2 다음 시간을 나타내는 말에 따라 중요한 사건을 정리하여 쓰시오. [9점]

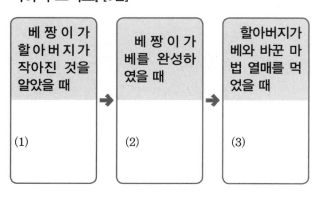

베짱이가 할아버지가 작아진 것을 알았을 때	베짱이가 베를 완성하였을 때	할아버지가 베와 바꾼 마법 열매를 먹었을 때
(1)	(2)	(3)

3~4

가 우리 모둠은 가장 먼저 소품 설계관으로 출발했다. 소품 설계관은 작은 소품을 설계하고 직접 만들 수 있는 곳이다.

나 민기는 어머니께 드릴 머리끈을 만들고, 나는 할아버지께 드릴 손수건을 만들기로 했다. 내 손으로 만든 소품이 어딘가 부족해 보였지만 기분만은 진짜 디자이너가 된 것 같아 뿌듯했다.

다 디자이너 체험을 끝내자 거의 열한 시가 되었다. 우리는 제빵사 체험을 하려고 제빵 학원으로 갔다. 제빵 학원 앞에는 크게 '크림빵'이라고 적혀 있었다. 체험관 안으로 들어가자 체험관 선생님께서 밀가루를 나누어 주셨다. 체험관 선생님께서 알려 주시는 차례를 그대로 따라 해서 크림빵을 완성했다.

라 점심시간이 끝난 오후 한 시, 소방서에서 병주가 가장 기대하던 소방관 체험으로 활동을 시작했다. 소방관 복장을 하고, 소방차를 타고 출동하고, 불이 난 곳에 물도 뿌렸다. 원래 소방관에는 관심이 없었는데, 체험해 보니 내 적성에도 잘 맞고 보람도 있어서 미래에 소방관이 되어도 좋겠다고 생각했다.

3 장소 변화에 따라 '내'가 경험한 일을 쓰시오. [9점]

소품 설계관	(1)
제빵 학원	(2)
소방서	(3)

4 자신이 직업 체험관에 견학을 가면 어디에서 어떤 체험을 하고 싶은지 쓰시오. [8점]

체험하고 싶은 곳	하고 싶은 체험
(1)	(2)

1 다음 중 이야기 속 인물의 성격을 알 수 있는 것을 모두 찾아 기호를 쓰시오.

> ㉮ 인물의 말　　㉯ 인물의 생김새　　㉰ 인물의 옷차림　　㉱ 인물의 행동

(　　　　　　)

2 「대단한 줄다리기」에서 투루와 쿠부의 성격으로 알맞은 것에 ○표 하시오.

(1) 꾀가 많다. 　　　　　　　　　　　　　　　　　　　　　　　　 (　　　)
(2) 자신감이 있다. 　　　　　　　　　　　　　　　　　　　　　　　 (　　　)
(3) 상대방이 하는 말을 잘 듣지 않는다. 　　　　　　　　　　　　　 (　　　)

3 「대단한 줄다리기」에서 줄다리기를 한 인물은 누구와 누구인지 쓰시오.

(　　　　　　)

4 「토끼의 재판」에서 호랑이는 어디에 갇혀 있었는지 쓰시오.

(　　　　　　)

5 「토끼의 재판」에서 다음은 누구의 성격인지 알맞은 인물에 ○표 하시오.

> • 남의 부탁을 잘 거절하지 못한다.
> • 남을 걱정하고 잘 돕는 성격이다.

(토끼 ,　 호랑이 ,　 나그네 ,　 길)

6 「토끼의 재판」에서 다음은 누구의 의견인지 쓰시오.

> 사람은 내가 맑은 공기를 마시게 해 주는데도 나를 마구 꺾고 베어 버리기 때문에 호랑이가 옳다.

(　　　　　　)

7 연극을 볼 때 지켜야 할 예절을 알맞게 말하지 <u>못한</u> 것에 ×표 하시오.

(1) 이야기를 하면 안 돼.

(2) 집중해서 봐야 해.

(3) 다른 친구들이 발표할 때에는 빨리 연습해야 해.

(　　　)　　　　　　　　　(　　　)　　　　　　　　　(　　　)

1 이야기 속 인물 짝 찾기 놀이를 하려고 합니다. 다음 인물의 짝은 무엇입니까? ( )

> 베짱이

① 달님　　　　　② 개미
③ 두꺼비　　　　④ 비둘기
⑤ 나무꾼

2~3

가 ⊙"투루, 그렇게 거만하게 굴 것까진 없잖아! 너는 몸집이 가장 크다고 네가 가장 힘이 센 줄 알지? 난 줄다리기를 하면 널 언제든 이길 수 있어!"
"네가? 너 같은 꼬맹이가? 흥, 푸우하하하!"
"내일 아침, 내가 밧줄을 가져올게. 그럼 내가 얼마나 힘이 센지 알게 될 거야!"
무툴라가 자신만만하게 말했어요.

나 ⊙"쿠부, 그렇게 거만하게 굴 것까진 없잖아! 너는 몸집이 가장 크다고 네가 가장 힘이 센 줄 알지? 난 줄다리기를 하면 널 언제든 이길 수 있어!"
"네가? 너 같은 꼬맹이가? 푸우하하하!"
"내일 아침, 내가 밧줄을 가져올게. 그럼 내가 얼마나 힘이 센지 알게 될 거야!"
무툴라가 자신만만하게 말했어요.

2 ⊙과 ⊙의 말로 보아, 무툴라의 성격은 어떠한지 두 가지 고르시오. ( )

① 거만하다.　　　② 소심하다.
③ 용기가 있다.　　④ 인정이 많다.
⑤ 자신감이 있다.

3 무툴라는 무엇을 하면 투루와 쿠부를 이길 수 있다고 했는지 쓰시오.

( )

4~6

가 무툴라는 가까이 가서 밧줄의 한쪽 끝을 투루에게 내밀었어요.
"이걸 잡아. 난 다른 쪽 끝을 잡고 저 너머로 달려갈게."

나 무툴라는 가까이 다가가서 밧줄의 한쪽 끝을 하마 쿠부에게 내밀었어요.
"이걸 잡아. 저 덤불숲이 보이지? 밧줄의 한쪽 끝을 저 뒤에다 두었어. 난 달려가서 그걸 잡을 거야. ⊙내가 당길 준비가 되면 휘파람을 불게. 이렇게. 휘이이이익!"

다 투루와 쿠부는 둘 다 지고 싶지 않아서 줄다리기를 그만두지 않았어요. 하지만 해님이 달님에게 길을 양보하려는 순간, 코끼리 투루는 더 이상 1초도 버틸 수 없었어요. 하마 쿠부 역시 이제 포기해야겠다고 느꼈지요. 그래서 둘은 동시에 밧줄을 놓았어요!
'이제 가야겠다. 가서 저녁을 먹어야지.'
어느새 달님이 레농산 위로 고개를 빠끔히 내밀자 무툴라는 깡충깡충 뛰어갔어요. 그리고 마지막으로 한 번 더 크게 "휘이이이익!" 하고 휘파람을 불었답니다.

4 투루와 쿠부는 누구와 줄다리기를 한다고 생각했을지 쓰시오.

( )

5 ⊙은 어떻게 읽는 것이 어울릴지 쓰시오.

서술형

_____

_____

6 글 **다**에서 투루와 쿠부의 모습을 보면서 무툴라의 마음은 어떠했겠습니까? ( )

① 통쾌했을 것이다.
② 걱정되고 안타까웠을 것이다.
③ 쿠부를 응원하고 싶었을 것이다.
④ 투루를 응원하고 싶었을 것이다.
⑤ 투루와 쿠부에게 미안했을 것이다.

호랑이: 은혜 모르기는 사람이 더하지. 그러니까 사람은 보는 대로 잡아먹어도 괜찮아.

나그네: 아니, 그런 법이 어디 있소? 우리 누가 옳은지 한번 물어보세.

호랑이: 좋아, 소나무에게 물어보자.

나그네: 소나무님, 소나무님! 당신도 보셨으니까 사정을 아시지요? 호랑이가 옳습니까, 제가 옳습니까?

소나무: ㉠물론 호랑이가 옳지. 왜냐하면 사람은 내가 맑은 공기를 마시게 해 주는데도 나를 마구 꺾고 베어 버리기 때문이야. 호랑이야, 얼른 잡아먹어 버려라.

호랑이: ㉡자, 어때? 내가 옳지?

7 이 글에 나오는 인물을 모두 쓰시오.

( )

8 소나무가 ㉠과 같이 말한 까닭은 무엇입니까?

( )

① 사람들이 소나무를 이용하지 않기 때문에
② 호랑이에게 도움을 받은 적이 있기 때문에
③ 호랑이가 자신을 해칠까 봐 두려웠기 때문에
④ 사람들이 소나무에 자꾸 낙서를 하기 때문에
⑤ 사람은 소나무가 맑은 공기를 마시게 해 주는데도 소나무를 마구 꺾고 베기 때문에

9 ㉡을 말할 때 어울리는 말투는 무엇입니까?

( )

① 기죽은 말투   ② 힘없는 말투
③ 뻔뻔한 말투   ④ 걱정하는 말투
⑤ 슬퍼하는 말투

10 나그네는 소나무에게 어떤 마음이 들었겠습니까?

( )

① 두려운 마음   ② 서운한 마음
③ 미안한 마음   ④ 걱정되는 마음
⑤ 안타까운 마음

11 극본을 실감 나게 읽으려면 무엇을 생각해야 하는지 알맞은 것에 모두 ○표 하시오.

(1) 문장의 길이   (   )
(2) 인물의 성격   (   )
(3) 인물이 처한 상황   (   )

눈이 신나게 내려오고 있는데 어디선가 이런 말이 들렸어요.

㉠"제발 눈이 멈췄으면 좋겠어!"

눈은 깜짝 놀랐어요.

"내가 싫다고? 도대체 누구지?"

주위를 둘러보니 땅속에서 막 나온 홍당무들이었어요.

눈은 노래를 부르다 말고 홍당무가 하는 말을 조용히 엿들었습니다.

"휴, 먼 곳에 살고 있는 토끼들에게 가야 하는데 눈이 너무 많이 오네. 발도 시리고 길도 보이질 않고……. 이제 눈이 그만 왔으면 좋겠어……."

눈은 믿을 수가 없었어요.

㉡'세상에, 어떻게 나를 싫어한단 말이야? 나만 보면 모두 신이 나서 즐거워하는데……. 나만 내리면 세상이 다 깨끗하고 예뻐지는데…….'

12 ㉠은 누가 한 말인지 쓰시오.

( )

13 ㉡을 말할 때의 표정과 몸짓으로 알맞은 것의 기호를 쓰시오.

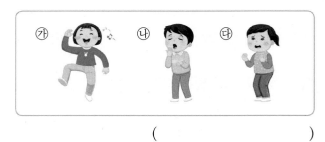

( )

14~17

가 나그네: 토끼님, 토끼님! 재판 좀 해 주세요. 이 궤짝 속에 갇힌 호랑이를 살려 준 나하고, 살려 준 나를 잡아먹으려는 호랑이하고 누가 옳습니까?

토끼: (귀를 기울이고 한참 생각하다) 누가 누구를 살려 주었어요? 누가 누구를 잡아먹으려 해요? 아, 당신이 이 호랑이를 잡아먹으려 해요?

나 호랑이: (답답하다는 듯이 화를 내며) 왜 이렇게 말귀를 못 알아듣지? (궤짝 속으로 들어가며) 이 궤짝 속에 내가 이렇게 있었어. 내가 이렇게 갇혀 있었단 말이야. 알았지?

토끼가 얼른 달려들어 문고리를 걸어 잠근다.

토끼: (웃으면서) ㉠이제야 알았습니다. 설명하시지 않아도 잘 알겠습니다. 호랑이님이 어떻게 이 궤짝 속에 들어갔는지 잘 알았습니다. 그럼 저는 바빠서 이만 가 보겠습니다.

14 다음은 나그네가 토끼를 부른 까닭입니다. 빈칸에 알맞은 말을 쓰시오.

• (   )을/를 해 달라고 부탁하기 위해서

15 이 글의 내용으로 보아, 토끼가 말귀를 못 알아듣
서술형 는 척한 까닭은 무엇인지 쓰시오.

_____

_____

16 나그네는 토끼에게 어떤 마음이 들었겠습니까?
(   )

① 창피한 마음   ② 서운한 마음
③ 고마운 마음   ④ 두려운 마음
⑤ 걱정스러운 마음

17 ㉠을 읽을 때 어울리는 말투는 무엇입니까?
(   )

① 망설이는 말투
② 두려워하는 말투
③ 허탈해하는 말투
④ 문제를 해결해 기쁜 말투
⑤ 도울 수 없어 미안한 말투

18 무대에서 연극 연습을 할 때 생각할 점으로 알맞은 것을 모두 고르시오.   (   )

① 무대 중앙에 서야 한다.
② 말을 주고받을 때에는 상대를 바라본다.
③ 무대에 서서 천장을 향해 큰 소리로 말한다.
④ 연극을 보는 친구들에게도 모습이 잘 보이도록 한다.
⑤ 무대에서 입장이나 퇴장할 때에는 관객의 시선을 가리도록 한다.

19 극본에서 (   ) 안의 내용이 하는 역할에 대한 설명으로 알맞은 것의 기호를 쓰시오.

> ㉮ 인물이 하는 말이다.
> ㉯ 극본의 맨 처음에만 나온다.
> ㉰ 등장인물, 무대 등을 설명한다.
> ㉱ 인물의 표정, 몸짓, 말투를 직접 알려 준다.

(   )

20 다음은 극본을 실감 나게 읽는 방법을 정리한 것입니다. 빈칸에 들어갈 알맞은 말을 쓰시오.

> 극본을 읽을 때에는 인물의 성격을 생각하고, 상황에 알맞은 표정, ☐☐☐, 말투로 읽는다.

(   )

1~2

가 무툴라는 가까이 가서 밧줄의 한쪽 끝을 투루에게 내밀었어요.

"이걸 잡아. 난 다른 쪽 끝을 잡고 저 너머로 달려갈게."

무툴라는 빽빽한 덤불숲을 가리켰어요.

"당길 준비가 되면 이렇게 휘파람을 불게. 휘이이이익!"

나 무툴라는 가까이 다가가서 밧줄의 한쪽 끝을 하마 쿠부에게 내밀었어요.

"이걸 잡아. 저 덤불숲이 보이지? 밧줄의 한쪽 끝을 저 뒤에다 두었어. 난 달려가서 그걸 잡을 거야. 내가 당길 준비가 되면 휘파람을 불게. 이렇게. 휘이이이이익!"

무툴라는 쿠부가 밧줄을 꽉 물 때까지 숨죽이고 기다렸어요.

다 무툴라는 꼭꼭 숨자마자 숨을 깊이깊이 들이마신 다음 있는 힘껏 휘파람을 불었어요. "휘이이이이익!" 그러자 양쪽 끝에서 투루와 쿠부가 밧줄을 잡아당기기 시작하는 소리가 들렸어요. 둘은 밧줄을 당기고 당기고 또 당겼어요. 먼저 코끼리 투루가 영차영차 끙끙 밧줄을 잡아당기자 하마 쿠부는 몸을 부르르 떨며 버텼어요. 그다음엔 하마 쿠부가 영차영차 끙끙 밧줄을 잡아당기자 코끼리 투루가 몸을 부르르 떨며 버텼어요. 무툴라는 너무 재미있어서 깔깔 웃느라 배가 다 아팠어요.

1 글 **가**와 **나**에 나오는 무툴라의 말은 어떤 말투로 읽어야 할지 쓰시오. [4점]

( )

2 투루와 쿠부가 무툴라와 줄다리기를 한 게 아니라는 것을 알았다면 어떤 기분일지 쓰시오. [5점]

_____

_____

3~5

나그네: (머리를 긁으며) 길한테 한 번 더 물어보세. 길님, 길님! 다 보고 들으셨지요? 호랑이가 옳습니까, 제가 옳습니까?

길: 물론 호랑이가 옳지. 왜냐하면 사람들은 날마다 나를 밟고 다니면서도 고맙다는 말 한마디를 하지 않기 때문이야. 코나 흥흥 풀어 팽개치고, 침이나 탁탁 뱉잖아? 호랑이야, 얼른 잡아먹어 버려라.

호랑이가 입을 쩍 벌리고 나그네를 잡아먹으려고 한다.

나그네: (기운 없는 목소리로) 잠깐, 한 번 더 물어봐야지. 재판도 세 번은 해야 하지 않소?

호랑이: (자신만만하게) ㉠그래? 그러면 이번이 마지막이다.

3 길이 호랑이가 옳다고 말한 까닭을 두 가지로 정리하여 쓰시오. [6점]

(1) _____

_____

(2) _____

_____

4 ㉠을 읽을 때 어울리는 표정을 쓰시오. [4점]

( )

5 이 글에서 나그네의 마음은 어떠할지 쓰시오. [4점]

_____

_____

올바른 개념학습,
디딤돌 초등수학 시리즈!

기본부터 심화까지,
개념 연결 학습을 통해
기본기는 강화하고 문제해결력과
사고력을 함께 키워줍니다.

문제해결력 강화 문제유형, 응용

개념 다지기 원리, 기본

개념 이해 → 개념 응용 → 수학 좀 한다면

개념＋문제해결력 강화를 동시에
기본+유형, 기본+응용

사회 교과 자료분석력 향상

초등 3·2

디딤돌 통합본

사회

디딤돌 통합본 국어·사회·과학 3-2

펴낸날 [개정판 1쇄] 2024년 7월 1일
펴낸이 이기열 | **펴낸곳** (주)디딤돌 교육
주소 (03972) 서울특별시 마포구 월드컵북로 122 청원선와이즈타워
대표전화 02-3142-9000
구입문의 02-322-8451
내용문의 02-323-5489
팩시밀리 02-322-3737
홈페이지 www.didimdol.co.kr
등록번호 제10-718호
사진 북앤포토

• 정답과 풀이는 "디딤돌 교육 홈페이지〉초등〉정답과 해설"에서
  다운로드 받을 수 있습니다.
• 출간 이후 발견되는 오류는 "디딤돌 교육 홈페이지〉초등〉정오표"를 통해
  알려드리고 있습니다.

사회 교과 자료분석력 향상

초등 3·2

디딤돌
통합본

사회

디딤돌

구성과 특징

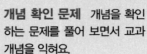

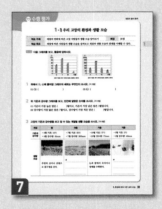

📖 교과개념북 차례

1 환경에 따라 다른 삶의 모습

1 우리 고장의 환경과 생활 모습 ──────── 6

2 환경에 따른 의식주 생활 모습 ──────── 18

2 시대마다 다른 삶의 모습

1 옛날과 오늘날의 생활 모습 ──────── 36

2 옛날과 오늘날의 세시 풍속 ──────── 46

3 가족의 모습과 역할 변화

1 가족의 구성과 역할 변화 ──────── 62

2 다양한 가족이 살아가는 모습 ──────── 72

1

환경에 따라 다른 삶의 모습

1 우리 고장의 환경과 생활 모습
2 환경에 따른 의식주 생활 모습

1 우리 고장의 환경과 생활 모습(1)

1 자연환경과 인문 환경 알아보기

(1) **환경의 의미**: 사람들을 둘러싸고 있는 모든 것을 말합니다.

★ **(2) 자연환경과 인문 환경**

자연환경 자료⁺1		
• 자연적으로 만들어진 것 • 산, 들, 하천, 바다 등 땅의 생김새나 날씨에 영향을 주는 눈, 비, 바람, 우박, 기온 등을 말함.	**땅의 생김새**	산 / 들 / 바다 / 하천
	날씨에 영향을 주는 것	눈 / 비 / 바람 / 기온

인문 환경 자료⁺2	
• 사람들이 자연환경을 이용해 만들어 낸 것 • 논, 밭, 과수원, 다리, 도로, 공장, 항구 등	논 / 과수원 / 도로 / 항구

2 땅의 생김새와 고장 사람들의 생활 모습

★ • 고장 사람들은 <u>산과 들, 하천과 바다</u> 등 자연환경을 이용하여 생활에 편리한 시설을 만들기도 합니다.

└ 디지털 영상 지도로 고장 주변의 산, 들, 하천, 바다 등 땅의 생김새를 살펴볼 수 있어요.

산	들	하천	바다

• 등산을 함. • 전망대나 케이블카를 설치해 이용함.	• 농사를 지음. • 도로와 건물을 만들어 이용함.	• 하천의 물을 생활에 이용함. • 주변에 공원을 만들어 이용함.	• 물고기나 조개를 잡고, 염전을 만들어 소금을 얻음. • 바닷가에 항구를 만들어 이용함.

자료＋1 자연환경

❶ 땅의 생김새

산	주변보다 높이 솟은 땅
들	넓고 평평한 땅
하천	넓고 길게 흐르는 큰 물줄기
바다	지구의 표면에서 육지를 제외한 부분

❷ 날씨에 영향을 주는 것

눈	구름으로부터 내리는 얼음 결정
비	대기 중의 수증기가 물방울이 되어 내리는 것
바람	공기의 움직임
기온	공기의 온도

땅의 생김새와 날씨에 영향을 주는 것의 공통점: 사람이 만들지 않은 자연 그대로의 환경입니다.

자료＋2 인문 환경

논	평평한 땅에 물을 채우고 작물을 기르는 땅
밭	물을 채우지 않고 작물을 기르는 땅
과수원	기온이 적당한 곳에서 달고 맛있는 과일을 기르는 땅
저수지	물을 모아 두어 필요한 때에 사용할 수 있게 해둔 시설
도로	사람이나 자동차가 다니는 비교적 큰 길
공장	사람들이 모여 일을 하기 위해 만든 시설
항구	바닷가에 배가 안전하게 드나들 수 있도록 만든 시설

공통점: 자연환경을 이용해 생활에 도움을 주는 시설을 만든 것입니다.

핵심 개념 정리

- 자연환경: 고장에는 산, 하천, 바다 등 땅의 모양이 다양하게 나타납니다. 날씨에 영향을 주는 눈, 비, 바람 등도 다양하게 나타납니다.
- 인문 환경: 고장 사람들은 자연환경을 이용하여 논밭, 도로, 건물 등 생활에 편리한 시설을 만들기도 합니다.

자연환경 — 자연 그대로의 환경이야.

인문 환경 — 사람들이 자연을 이용하여 만든 환경이야.

---

1 다음 환경의 뜻을 선으로 바르게 연결하시오.

(1) 자연환경 •

(2) 인문 환경 •

• ㉠ 사람들이 만들어 낸 환경

• ㉡ 땅의 생김새나 날씨 등 자연 그대로의 것

2 고장의 환경 중에서 논, 밭, 과수원, 도로 등은 (자연, 인문) 환경에 속합니다.

3 우리 고장 사람들이 자연환경을 이용하는 모습으로 옳은 것에 ○표, 옳지 <u>않은</u> 것에 ✕표 하시오.

(1) 지구 표면에서는 산, 들, 하천, 바다 등 다양한 모습을 볼 수 있습니다. (   )

(2) 사람들은 고장의 자연환경을 이용하며 살아갑니다. (   )

4 고장의 환경과 그 고장에서 사람들이 주로 하는 일을 선으로 바르게 연결하시오.

(1) ▲ 넓은 들이 있는 고장 • •㉠ ▲ 농사를 지음.

(2) ▲ 산이 많은 고장 • •㉡ ▲ 목장에서 소를 키움.

(3) ▲ 바다가 있는 고장 • •㉢ ▲ 물고기를 잡음.

5 다음 ( ) 안의 알맞은 말에 ○표 하시오.

(산, 들)이 많은 고장에서는 전망대나 케이블카를 설치해 이용한다.

1 우리 고장의 환경과 생활 모습 (2)

😊 공부할 개념
• 산, 들, 바다가 있는 고장의 환경과 고장 사람들의 생활 모습 살펴보기

용어 사전

• **산봉우리** 산에서 뾰족하게 높이 솟은 부분.
• **산비탈** 산에 가파르게 기울어져 있는 곳.
• **계단식 논**(階 계단 계, 段 층계 계, 式 법 식, -) 산이 많은 고장에서 경사진 땅을 평평한 계단 모양으로 만든 논.

산에는 비탈진 곳이 많아 농사지을 장소가 충분하지 않기 때문에 경사지를 계단처럼 만들어 이용해요.

• **들** 평평하고 넓게 트인 땅으로, 보통 논이나 밭, 도시로 개발된 넓은 땅을 말함.
• **하천**(河 물 하, 川 내 천) 육지 표면에서 일정한 물길을 따라 흐르는 큰 물줄기.
• **도시**(都 도읍 도, 市 시장 시) 많은 인구가 모여 살며 일정한 지역의 정치, 경제, 문화의 중심이 되는 곳.
• **갯벌** 바닷물이 들어오면 물에 잠기고, 바닷물이 빠져나가면 땅이 드러나는 곳.

• **양식장**(養 기를 양, 殖 불릴 식, 場 마당 장) 시설을 만들어두고 물고기나 김, 미역 등을 기르는 곳.
• **직판장**(直 바로 직, 販 팔 판, 場 마당 장) 잡아 온 물고기를 소비자에게 직접 파는 곳.

★ 1 산이 많은 고장 – 환경과 생활 모습 살펴보기

자연환경	인문 환경
산봉우리 울창한 숲 계곡	목장 계단 모양의 논 스키장 등산로

• 산비탈에 밭이나 논을 만들어 농사를 지음.
• 목장에서 소나 양을 키우기도 하고, 버섯을 기르기도 함.

• 눈이 많이 내리는 곳에서는 산비탈을 이용해 스키장을 만듦.
• 스키장 주변에서 식당이나 숙박 시설을 운영함.

산이 많은 고장 사람들의 생활 모습

★ 2 들이 펼쳐진 고장 – 환경과 생활 모습 살펴보기 [자료 1] [자료 2]

자연환경	인문 환경
넓고 평평한 들 강 하천	논 밭 비닐 하우스 저수지 / 많은 건물 넓은 도로 회사 공장

들이 펼쳐져 있고 강이 흐르는 곳에 많은 사람이 모여 살면서 도시가 발달하기도 해요.

• 주로 곡식과 채소 등을 재배함.
• 넓은 들을 논(벼농사)과 밭(채소 재배) 등으로 이용함.
• 가축을 기르는 일을 함.

• 공장에서 물건을 만들거나 회사를 다님.
• 음식을 만들어 팔기도 하고, 버스나 택시를 운전함.
• 백화점이나 할인점에서 물건을 팖.

들이 펼쳐진 고장 사람들의 생활 모습

도시에 사는 사람들은 촌락에 사는 사람들보다 훨씬 더 다양한 일을 하며 살아가요.

★ 3 바다가 있는 고장 – 환경과 생활 모습 살펴보기

자연환경	인문 환경
바다 모래사장 갯벌	양식장 해수욕장 숙박 시설 등대 / 항구 염전 수산 시장(직판장) 방파제

• 주로 물고기를 잡거나 김과 미역을 기르는 양식을 함.
• 소규모로 농사를 짓기도 함.

• 식당이나 숙박 시설을 운영하기도 함.
• 물고기를 잡는 기구를 팔거나 수리하는 일을 함.
• 바다에서 잡은 물고기를 소비자에게 직접 팖.

바다가 있는 고장 사람들의 생활 모습

자료 1 넓은 들이 있는 고장 사람들의 생활 모습

논과 밭이 있는 고장	• 농사를 지을 때 일손이 많이 필요하기 때문에 서로 도와주며 삽니다. • 고장의 날씨나 계절의 영향을 많이 받아 가꾸는 작물이나 농사 방법이 달라집니다. • 공동으로 하는 일이 많아 사람들 간에 교류가 많습니다.
도시가 발달한 고장	• 아파트와 같은 주택에서 사람들이 모여 삽니다. • 넓은 들을 논밭으로 만들어 이용하는 고장에 비해 더 다양한 일을 하며 살아갑니다. • 비교적 다양한 교통수단을 이용합니다. • 사람들 간의 교류 모습이나 생활 모습도 다양하게 나타납니다.

도시에 사는 사람들이 다양한 일을 하는 까닭: 도시에는 많은 시설을 비롯한 인문 환경이 있고, 이러한 인문 환경을 활용해 사람들이 매우 다양한 일을 하기 때문입니다.

자료 2 고장마다 사람들이 하는 일이 다른 까닭

• 고장 사람들이 하는 일이나 생활 모습은 그 고장의 환경과 밀접한 관계가 있기 때문입니다.
• 고장마다 자연환경과 인문 환경이 다르기 때문입니다.

 핵심 개념 정리

• 산: 공원과 등산로를 만들어 이용합니다.
• 들: 논밭에 농사를 짓거나 도로와 건물을 만듭니다.
• 하천: 물을 생활에 이용하거나 주변에 공원을 만듭니다.
• 바다: 물고기를 잡거나 물놀이를 합니다.

사람들은 땅의 생김새를 이용하거나, 그에 알맞은 시설을 만들며 살아가.

1 다음 ( ) 안에 공통으로 들어갈 말을 쓰시오.

> ( )이/가 펼쳐진 곳에서는 ( )을/를 논과 밭으로 만들기도 하고, ( )에 발달한 도시에서 다양한 일을 하며 살아갑니다.

( )

2 넓은 들이 있는 고장에서 사람들이 주로 하는 일을 선으로 바르게 연결하시오.

(1) 논과 밭이 있는 고장 •

(2) 도시가 발달한 고장 •

• ㉠  공장이나 회사에서 일하기 / 물건이나 음식 팔기

• ㉡ 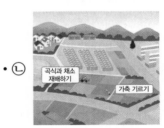 곡식과 채소 재배하기 / 가축 기르기

3 ( )이/가 있는 고장에 사는 사람들은 주로 물고기를 잡는 일을 합니다.

4 바다가 있는 고장 사람들은 ( )을/를 만들어 김, 미역 등을 기릅니다.

5 각 고장 사람들이 주로 하는 일에 대한 설명으로 옳은 것에 ○표, 옳지 않은 것에 ✕표 하시오.

(1) 바다가 있는 고장에서는 농사를 지을 수 없다.

( )

(2) 논과 밭이 있는 고장에서는 곡식과 채소를 재배한다.

( )

1 우리 고장의 환경과 생활 모습(3)

😊 공부할 개념
• 계절별 날씨를 비교하고 날씨 그래프 읽기
• 날씨에 따른 고장 사람들의 생활 모습 살펴보기

1 °계절별 날씨 비교하기

★ **(1) 계절에 따른 고장 사람들의 생활 모습**

① 우리나라는 봄, 여름, 가을, 겨울 사계절이 나타납니다.

② 계절에 따라 날씨가 다릅니다. 자료 1

봄	여름	가을	겨울
• 주변의 산이나 공원으로 꽃구경을 감. • 싹을 틔워 키운 모를 논에 옮겨 심음.	더위를 피해 해수욕을 즐김.	• 단풍 구경을 감. • 논과 밭에서 곡식이나 열매를 수확함.	• 눈썰매장에서 신나게 썰매를 탐. • 추운 날씨를 이용해 명태를 말림.

★ **(2) 고장의 계절별 °기온과 °강수량** 자료 2

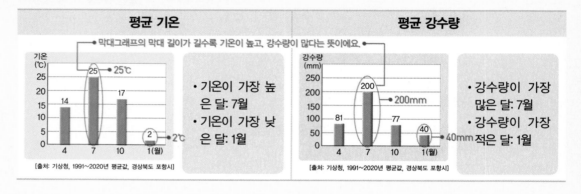

평균 기온	평균 강수량
막대그래프의 막대 길이가 길수록 기온이 높고, 강수량이 많다는 뜻이에요. 기온(℃) 25 25℃ 17 14 2 2℃ / 4 7 10 1(월) [출처: 기상청, 1991~2020년 평균값, 경상북도 포항시]	막대그래프의 막대 길이가 길수록 기온이 높고, 강수량이 많다는 뜻이에요. 강수량(mm) 200 200mm 81 77 40 40mm / 4 7 10 1(월) [출처: 기상청, 1991~2020년 평균값, 경상북도 포항시]
• 기온이 가장 높은 달: 7월 • 기온이 가장 낮은 달: 1월	• 강수량이 가장 많은 달: 7월 • 강수량이 가장 적은 달: 1월

2 날씨에 따른 생활 모습 살펴보기

(1) 날씨에 따라 다른 여러 고장 사람들의 생활 모습

① 기온이나 비, 바람의 영향으로 나타나는 날씨는 고장 사람들의 생활 모습에 영향을 줍니다.

② 고장마다 나타나는 날씨에 따라 사람들은 다양한 일을 하며 살아갑니다.

자연환경	자연환경	자연환경
겨울에도 날씨가 따뜻함	여름에 서늘함	비가 내리는 날이 적고 햇볕이 잘 듦.
기온이 높고 겨울에도 따뜻한 고장에서는 감귤을 재배함.	여름철 기온이 낮아 서늘한 날씨를 이용해 산비탈에 있는 밭에서 배추와 무를 재배함.	바닷가에 염전을 만들고, 햇볕과 바람으로 바닷물을 말려 소금을 생산함.

용어 사전

• **계절** (季 계절 계, 節 마디 절) 일 년을 규칙적으로 되풀이되는 자연 현상에 따라서 구분한 것.
• **기온** (氣 기운 기, 溫 따뜻할 온) 지표면 공기의 온도를 말함.
• **강수량** (降 내릴 강, 水 물 수, 量 헤아릴 량) 일정한 곳에 일정 기간 내린 눈과 비 등의 물의 양을 말함.
• **그래프** 조사한 자료를 직선, 막대, 그림 등으로 한 눈에 알아볼 수 있도록 나타낸 것.

자료 1 우리나라의 계절별 날씨 특징

봄	• 건조하고 따뜻함.	• 꽃샘추위가 나타나기도 함.
여름	• 기온이 높아 매우 더움.	• 장마 때는 비가 많이 내림.
가을	• 선선한 바람이 붐.	• 높고 푸른 하늘을 자주 볼 수 있음.
겨울	• 차가운 바람이 불어 매우 추움.	• 눈이 내림.

자료 2 *그래프 읽기 예 우리 고장의 강수량

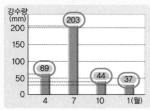

우리 고장의 강수량

❶단계	그래프가 무엇을 나타내는지 제목을 확인합니다.	→	'우리 고장의 강수량'을 나타냈어요.
❷단계	그래프의 가로와 세로가 무엇을 나타내는지 확인합니다.	→	그래프의 가로는 '월'을, 세로는 '강수량'을 나타내요.
❸단계	그래프에서 눈금 한 칸의 크기가 얼마인지 확인합니다.	→	강수량 그래프의 한 칸은 50mm씩 숫자가 커져요.
❹단계	각각의 막대가 나타내는 양이 얼마인지 확인합니다.	→	4월 강수량은 69mm, 7월 강수량은 203mm, 10월 강수량은 44mm, 1월 강수량은 37mm에요.
❺단계	계절에 따라 어떻게 변하는지 특징을 파악합니다.	→	여름인 7월에 강수량이 제일 많고, 겨울인 1월에 강수량이 가장 적어요.

그래프를 이용하면 조사한 자료를 정리해 알아보기 쉽게 나타낼 수 있습니다.

핵심 개념 정리

• 따뜻한 봄: 꽃구경을 하는 사람이 많습니다.
• 덥고 습한 여름: 계곡이나 바다에서 물놀이를 즐깁니다.
• 선선한 가을: 단풍 구경을 가고, 곡식이나 열매를 수확합니다.
• 춥고 눈이 내리는 겨울: 썰매를 타는 사람이 많습니다.

봄	여름
겨울	가을

우리나라는 봄, 여름, 가을, 겨울 사계절이 나타나.

---

1 고장 사람들의 생활 모습을 선으로 바르게 연결하시오.

(1) 봄 •

• ㉠

(2) 여름 •

• ㉡

(3) 가을 •

• ㉢

(4) 겨울 •

• ㉣

2 다음 ( ) 안의 알맞은 말에 ○표 하시오.

하영이네 고장에서 기온이 가장 높은 달은 (1, 7)월이다.

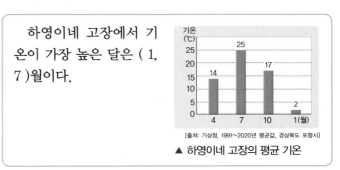

[출처: 기상청, 1991~2020년 평균값, 경상북도 포항시]
▲ 하영이네 고장의 평균 기온

3 ( )은/는 두꺼운 옷을 입고, 눈썰매장에서 신나게 썰매를 타는 모습을 볼 수 있는 계절입니다.

4 다음 ( ) 안의 알맞은 말에 ○표 하시오.

일 년 중 가장 기온이 높고 강수량이 많은 계절은 (여름, 겨울)이다.

5 비가 내리는 날이 적고 햇볕이 잘 드는 바닷가에서는 ( )을/를 만들고, 햇볕과 바람으로 바닷물을 말려 소금을 생산합니다.

1 우리 고장의 환경과 생활 모습 (4)

☺ 공부할 개념
• 여러 고장 사람들의 여가 생활 모습 알아보기
• 우리 고장 사람들의 여가 생활 모습 조사하기

1 여러 고장 사람들의 여가 생활 모습 알아보기

(1) 여가 생활의 의미: 스스로 즐거움을 얻으려고 남는 시간에 하는 자유로운 활동입니다.

(2) 여가 생활의 특징

① 사람들은 산, 하천, 바다 등 고장의 자연환경과 영화관, 박물관 등 고장의 인문 환경을 이용해 여가 생활을 합니다.

② 주로 고장의 환경을 이용해 여가 생활을 즐기지만 주변 환경에서 원하는 여가 생활을 하지 못할 경우, 다른 고장으로 이동해 즐길 수도 있습니다.

★ **(3) 다양한 여가 생활 모습**

자연환경을 이용한 여가 생활		인문 환경을 이용한 여가 생활	
산 – 등산, 단풍 구경, 패러글라이딩	바다 – 낚시, 수영, 물놀이	박물관 – 박물관 견학	영화관 – 영화 관람
숲 – 야영	하천, 계곡 – 래프팅	야구장 – 야구	승마장 – 승마

▲ 등산하기   ▲ 낚시하기   ▲ 박물관 견학하기   ▲ 영화 관람하기

▲ 패러글라이딩 하기   ▲ 래프팅 하기   ▲ 야구하기   ▲ 승마하기

2 우리 고장의 생활 모습 조사하기 [자료+1] [자료+2] [자료+3]

(1) 인터넷으로 찾아보기: 인터넷으로 우리 고장의 *디지털 영상 지도 등을 찾아 우리 고장의 자연환경을 알아봅니다.

(2) *고장 안내 책자 살펴보기: 우리 고장의 안내도를 살펴보며 자연환경과 인문 환경을 조사해 봅니다.

(3) 직접 찾아가서 살펴보기: 우리 고장 곳곳을 직접 찾아가 사람들의 생활 모습을 살펴봅니다.

> 우리 고장 사람들이 어떤 여가 생활을 하는지 조사하려면 우리 고장 사람들을 직접 만나서 물어봐야 해요.

(4) 면담하기: 알아보고자 하는 내용을 면담 대상자를 만나 직접 물어봅니다.

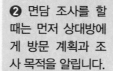

안녕하세요? ○○초등학교 김수현입니다. 고장 사람들의 여가 활동을 알아 보기 위해 면담을 하고 싶습니다.

❶ 면담 내용, 면담할 사람, 조사 기간 등을 계획합니다. → ❷ 면담 조사를 할 때는 먼저 상대방에게 방문 계획과 조사 목적을 알립니다. → ❸ 사진기, 수첩, 녹음기 등을 미리 준비해 면담을 합니다. → ❹ 면담 결과를 표나 그래프로 나타내고 자신의 생각을 정리합니다.

용어 사전

• **패러글라이딩** 낙하산과 행글라이딩의 장점을 합해 만든 항공 스포츠.

• **래프팅** 여러 사람이 고무보트를 타고 빠른 물살을 헤쳐 나가는 운동.

• **승마** (乘 탈 승, 馬 말 마) 사람이 말을 타고 장애물을 넘거나 규정된 종목 연기로 점수를 겨루는 스포츠.

• **디지털 영상 지도** 항공 사진을 지도 형식으로 바꾸고, 컴퓨터 등 다양한 기기에서 이용할 수 있도록 디지털 정보로 표현한 지도.

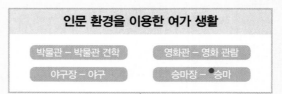

• **고장 안내 책자** 고장의 환경, 역사, 볼거리 등을 지도, 사진, 짧은 글로 소개한 책.

자료⁺1 우리들의 여가 생활 모습

- 평소 즐기는 여가 생활이 무엇인지 떠올려봅니다.
- 모둠 친구들의 여가 생활 모습과 고장의 환경에 대해 이야기해 봅니다.
- 모둠별로 친구들의 여가 생활 모습을 표나 그림그래프로 정리합니다.

자료⁺2 친구들의 여가 생활 모습 예

이름	여가 생활	장소	이용한 환경
서유정	등산	산	자연환경
김지석	책 읽기	도서관	인문 환경
최정민	영화 감상	영화관	인문 환경

자료⁺3 여가 생활 모습 발표하기

새롭게 알게 된 점	저는 실내 수영장에서만 물놀이를 즐겼는데, 친구들의 발표를 통해 바다에서 물놀이를 즐기는 사람들도 많다는 것을 알게 되었습니다.
느낀 점	고장 사람들이 여가 생활을 즐길 수 있도록 해 주는 고장의 산과 하천, 바다를 아끼고 보호해야겠다고 느꼈습니다.

핵심 개념 정리

- 여가 생활: 스스로 즐거움을 얻으려고 남는 시간에 하는 자유로운 활동입니다.
- 고장의 환경에 따라 사람들의 여가 생활은 다양하게 나타납니다.

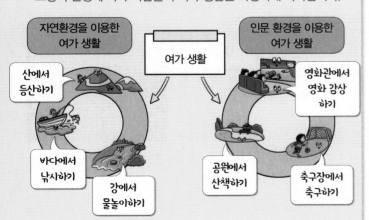

자연환경을 이용한 여가 생활 / 여가 생활 / 인문 환경을 이용한 여가 생활
산에서 등산하기 / 바다에서 낚시하기 / 강에서 물놀이하기 / 공원에서 산책하기 / 축구장에서 축구하기 / 영화관에서 영화 감상 하기

---

1 스스로 즐거움을 얻고자 남는 시간에 하는 자유로운 활동을 (　　　　　　　)(이)라고 합니다.

2 다음 여가 생활은 어떠한 환경을 이용한 것인지 선으로 바르게 연결하시오.

(1) 　　　　　•　　　• ㉠ 자연환경
▲ 영화관에서 영화를 봄.

(2) 　　　　　•　　　• ㉡ 인문 환경
▲ 산에서 등산을 함.

3 다음 (　　　) 안의 알맞은 말에 ○표 하시오.

> (공원에서 산책하기, 강에서 래프팅하기)는 자연환경을 이용한 여가 생활 모습이다.

4 고장 사람들이 어떤 여가 생활을 하는지 알아보기 위해 만나서 직접 물어보는 방법인 (　　　　　　　) 조사를 실시합니다.

5 면담할 때 주의할 점으로 옳은 것에 ○표, 옳지 않은 것에 ✕표 하시오.

(1) 주제에 맞는 질문을 미리 준비한다. 　　　　(　　　)

(2) 생각을 미리 정리해 발표 내용을 작성한다. (　　　)

🎓 **핵심문장으로 시작하기**

1 우리를 둘러싼 환경 중에서 자연 그대로 생겨난 산, 들, 하천, 바다와 같은 땅의 생김새와 날씨에 영향을 주는 눈, 비, 바람, 기온 등을 | ㅈ | ㅇ | ㅎ | ㄱ |(이)라고 합니다.

2 들이 펼쳐진 고장에서는 사람들이 논과 밭에서 농사를 짓거나, | ㄷ | ㅅ |의 회사나 공장에서 일합니다.

3 우리나라는 봄, | ㅇ | ㄹ |, 가을, 겨울, 사계절이 나타나고 계절의 변화는 사람들의 생활 모습에 영향을 줍니다.

4 다음 자연환경 중 땅의 생김새에 해당하는 것을 두 가지 고르시오. ( )

①
▲ 산

②
▲ 눈

③
▲ 하천

④
▲ 우박

5⭐ 다음 ㉠, ㉡에 들어갈 알맞은 말을 쓰시오.

　　사람들은 고장의 (㉠)을/를 이용해 논과 밭, 과수원, 다리, 도로, 공장 등을 만드는데 이와 같이 사람들이 만든 환경을 (㉡)(이)라고 한다.

㉠: ( ), ㉡: ( )

6 고장 사람들이 하천을 이용하는 모습으로 알맞은 것은 어느 것입니까? ( )

① 　　　　　②

③ 　　　　　④

7 다음에서 설명하는 사람이 만든 환경은 무엇입니까? ( )

바닷가 근처에 조선소가 있어서 배를 수리할 수 있어요.

① 하천　　　　② 항구
③ 바다　　　　④ 다리
⑤ 과수원

8 서술형 고장 사람들이 오른쪽과 같은 자연환경을 어떻게 이용하는지 쓰시오.

바다 ▶

_____

_____

9 다음 빈칸에 들어갈 고장은 어디인지 쓰시오.

> 주로 물고기를 잡거나 김과 미역을 기르는 일 등을 한다.

(   )가 있는 고장

13 산이 많은 고장에 사는 사람들이 하는 일로 알맞지 않은 것은 어느 것입니까? (   )

① 버섯을 재배한다.
② 숲에서 목재를 얻는다.
③ 나물이나 약초를 캔다.
④ 꿀을 얻기 위해 벌을 기른다.
⑤ 백화점이나 할인점에서 물건을 판다.

`10~11` 다음 그림을 보고, 물음에 답하시오.

(가)   (나)

10 사람들이 다음과 같은 일을 하는 고장은 어디인지 위에서 골라 기호를 쓰시오.

> • 가축을 기르는 일
> • 농업 기술을 연구하고 알려 주는 일

(   )

`14~15` 다음 사진을 보고, 물음에 답하시오.

(가)   (나)
(다)   (라)

14 위에서 봄에 볼 수 있는 있는 고장 사람들의 생활 모습을 골라 기호를 쓰시오.

(   )

11★ 위 **10**번 답의 고장에서 볼 수 있는 자연환경으로 알맞은 것을 두 가지 고르시오. (   )

① 많은 공장   ② 낮은 산
③ 넓은 들판   ④ 높은 건물
⑤ 발달된 도로

12 고장마다 사람들이 하는 일이 <u>다른</u> 까닭을 쓰시오.

서술형

_____

_____

15 위 계절과 고장 사람들의 생활 모습을 <u>잘못</u> 짝 지은 것은 어느 것입니까? (   )

① (가) – 난로나 온풍기를 사용한다.
② (가) – 더위를 피해 해수욕을 즐긴다.
③ (나) – 눈썰매장에서 신나게 썰매를 탄다.
④ (다) – 주변의 산이나 공원으로 꽃구경을 간다.
⑤ (라) – 논과 밭에서 곡식이나 열매를 수확한다.

16

서술형

다음 계절에 고장 사람들의 생활 모습을 쓰시오.

올해도 아름다운 단풍의 계절이 찾아왔습니다. 전국의 산들은 알록달록한 고운 빛으로 물들었습니다.

파란 하늘을 배경으로 계곡을 따라 피어난 단풍이 더욱 아름답습니다.

_____

_____

17 ★

다음 그래프에서 기온이 가장 높고 강수량이 가장 많은 계절을 알맞게 짝 지은 것은 어느 것입니까?

(　　　)

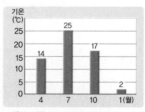

[출처: 기상청, 1991~2020년 평균값, 경상북도 포항시]

▲ 민우네 고장의 평균 기온

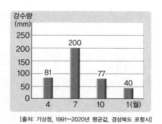

[출처: 기상청, 1991~2020년 평균값, 경상북도 포항시]

▲ 민우네 고장의 평균 강수량

① 봄, 여름
② 여름, 여름
③ 여름, 가을
④ 여름, 겨울
⑤ 가을, 여름

18

다음 보기 의 그래프 읽는 방법을 순서대로 기호를 쓰시오.

보기

㉠ 그래프가 무엇을 나타내는지 제목을 확인한다.
㉡ 각각의 막대가 나타내는 양이 얼마인지 확인한다.
㉢ 그래프에서 눈금 한 칸의 크기가 얼마인지 확인한다.
㉣ 그래프의 가로와 세로가 무엇을 나타내는지 확인한다.

(　　　) → (　　　) → (　　　) → (　　　)

19

다음 대화에서 서영이의 여가 생활은 주원이와 민우의 여가 생활과 어떤 점이 다릅니까? (　　　)

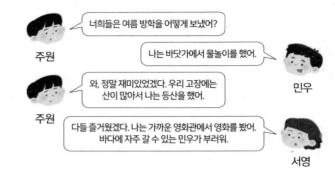

주원: 너희들은 여름 방학을 어떻게 보냈어?

민우: 나는 바닷가에서 물놀이를 했어.

주원: 와, 정말 재미있었겠다. 우리 고장에는 산이 많아서 나는 등산을 했어.

서영: 다들 즐거웠겠다. 나는 가까운 영화관에서 영화를 봤어. 바다에 자주 갈 수 있는 민우가 부러워.

① 서영이는 여가 생활을 하지 못했다.
② 서영이는 여가 생활이 즐겁지 않았다.
③ 서영이는 자연환경을 이용하여 여가 생활을 즐겼다.
④ 서영이는 인문 환경을 이용하여 여가 생활을 즐겼다.
⑤ 서영이는 바닷가와 산을 이용하여 여가 생활을 즐겼다.

20

인문 환경을 이용한 여가 생활을 보기 에서 두 가지 골라 기호를 쓰시오.

보기

㉠ 숲에서 야영하기
㉡ 공원에서 산책하기
㉢ 바다에서 물놀이하기
㉣ 놀이공원에서 놀이기구 타기

(　　　)

1 다음 자료를 보고, 물음에 답하시오. [12점]

논

도로가 생겨서 어디든 가기 편리해졌어요.

땅이 평평하고 물이 풍부해서 농사짓기 좋아요.

(1) 위와 같이 논, 도로 등의 환경을 무엇이라고 하는지 쓰시오. [4점]   (   )

(2) 위 (1)번 답의 의미를 쓰시오. [8점]

_____

_____

서술형 문제를 푸는 방법을 익혀보자!

1단계 묻는 것 찾기   환경은 무엇일까?

| 환 | 경 | : 사람들이 살아가는 데 영향을 주는 우리 주변의 모든 것을 말합니다.

2단계 분류하기   논과 도로는 어떤 환경일까?

산, 하천, 바다 등	논, 도로, 학교 등
⬇	⬇
자연적으로 생겨난 환경이다!	사람들이 만든 환경이다!
⬇	⬇
자 연 환 경	인 문 환 경

---

2 다음 그래프를 보고, 물음에 답하시오. [12점]

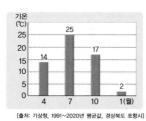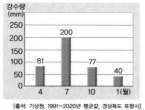

[출처: 기상청, 1991~2020년 평균값, 경상북도 포항시]

▲ 민우네 고장의 평균 기온   ▲ 민우네 고장의 평균 강수량

(1) 위 그래프에서 기온이 가장 낮은 달과 강수량이 가장 적은 달을 각각 쓰시오. [4점]

㉠ 기온이 가장 낮은 달   (   )
㉡ 강수량이 가장 적은 달 (   )

(2) 위와 같이 민우네 고장의 기온과 강수량을 보고 알 수 있는 계절별 생활 모습을 쓰시오. [8점]

_____

_____

---

3 다음은 여가 생활 모습을 나타낸 것입니다. 물음에 답하시오. [12점]

낚시

박물관 관람

등산

영화 감상

(1) 위 여가 생활을 자연환경을 이용한 것과 인문환경을 이용한 것으로 각각 나누어 쓰시오. [4점]

㉠ 자연환경	
㉡ 인문 환경	

(2) 위 그림을 보고 여가 생활의 의미를 쓰시오. [8점]

_____

_____

2 환경에 따른 의식주 생활 모습(1)

1 사람이 생활하는 데 꼭 필요한 것 알아보기

└● 사람이 살아가는 데 있어 가장 기본적이고 필수적인 것이에요.

(1) **의식주의 뜻**: 사람이 생활하는 데 필요한 옷, 음식, 집을 의식주라고 합니다. 자료➊

★ (2) **의식주의 필요성**

의	식	주

• 옷은 피부를 보호하고 몸의 온도를 유지하기 위해 필요함.	• 음식은 *영양분을 얻기 위해 필요함.	• 집은 안전하고 편안하게 쉬기 위해 필요함.
• ⑩ 옷, 신발, 목도리, 모자, 귀마개, 장갑 등	• ⑩ 밥, 빵, 과일, 김치, 음료수, 아이스크림 등	• ⑩ *한옥, 양옥, 아파트, 통나무집 등

2 고장 사람들의 옷차림 비교하기

(1) **우리 고장 사람들의 옷차림** 자료➋

① *계절별로 다른 고장 사람들의 옷차림 모습

여름		겨울	
	• 더위를 피하려고 바람이 잘 통하는 옷감으로 만든 반소매 옷과 반바지를 입음. • 뜨거운 햇볕을 막는 모자를 쓰기도 함.		• 추위를 견디기 위해 두꺼운 옷을 입음. • 장갑을 끼거나 목도리를 두르기도 함.

② 같은 계절이라도 *날씨에 따라 다른 고장 사람들의 옷차림 모습(⑩ 9월 중순)

제주		평창	
	• 제주는 남쪽에 있어서 기온이 높음. • 따뜻하기 때문에 반소매 옷을 입음.		• 평창은 높은 산에 있어서 기온이 낮음. • 아침저녁으로 서늘하기 때문에 긴소매 옷을 입음.

💬 제주에서는 아직 사람들이 반소매 옷을 입는데 거기는 날씨가 춥니?

💬 평창은 아침 저녁으로 날씨가 서늘해서 긴소매 옷을 입어.

★ (2) **세계 여러 고장 사람들의 옷차림**

└● 얼음으로 뒤덮여 있어요.   └● 높은 산이 있어요.

사우디아라비아	베트남	캐나다	페루
흰 천으로 된 긴 옷을 입어요.●	얇은 소재로 시원한 옷을 만들어요.●	발목까지 감싸는 부츠를 신기도 해요.●	
*사막에서 뜨거운 햇볕과 모래바람을 막으려고 긴 옷을 입고 머리에는 천을 둘러 감음.	덥고 비가 많이 내리는 고장에서는 바람이 잘 통하는 긴 옷을 입고, *챙이 넓은 모자를 씀.	춥고 눈이 많이 오는 고장에서는 동물의 털과 가죽으로 만든 두꺼운 옷을 입음.	낮과 밤의 기온 차가 큰 고장에서는 낮의 뜨거운 햇볕을 막고 밤의 추위를 견디려고 *망토와 같은 긴 옷을 걸치고 모자를 씀.

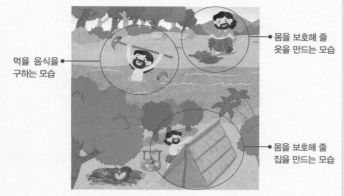

자료⁺1 '로빈슨 크루소'가 섬에서 살아남기 위해 한 일

먹을 음식을
구하는 모습

몸을 보호해 줄
옷을 만드는 모습

몸을 보호해 줄
집을 만드는 모습

	한 일	까닭
의생활	나뭇잎으로 옷을 만들어 입었음.	벌레로부터 몸을 보호하고 몸의 중요한 부분을 보호하기 위해서
식생활	바다에서 물고기를 잡아 먹었음.	영양분을 얻기 위해서
주생활	주변에서 나무를 구해 집을 지었음.	잠을 자고, 무서운 동물, 더위나 추위를 피하기 위해서

자료⁺2 하는 일에 따라 나타나는 특별한 의생활 모습

잠수복	바닷속에 들어가 소라나 전복을 따는 일을 하는 해녀들은 차가운 물이 몸에 직접 닿지 않도록 잠수복을 입음.	
방충 모자	벌을 키우는 일을 하는 사람들은 벌에 쏘이지 않으려고 방충 모자를 쓰고 긴소매 옷을 입음.	

🎓 핵심 개념 정리

• 고장마다 옷차림이 다양하게 나타납니다.
• 고장의 날씨에 따라 알맞은 옷차림을 하면서 살았기 때문입니다.

우리나라의 계절별 옷차림	세계 여러 고장의 옷차림
계절은 고장 사람들의 옷차림에 많은 영향을 줘.	고장마다 사람들이 입는 옷의 모양, 재료나 두께가 달라.

😊 **개념 확인 문제**

정답과 풀이 51쪽

1 의식주의 필요성을 선으로 바르게 연결하시오.

(1) 의 • • ㉠ 영양분을 얻기 위해서

(2) 식 • • ㉡ 안전하고 편안하게 쉬기 위해서

(3) 주 • • ㉢ 피부를 보호하고 몸의 온도를 유지하기 위해서

2 오른쪽 물건은 의식주 생활 중에서 무엇과 관련 있는 것인지 쓰시오.

( )

3 다음 ( ) 안의 알맞은 말에 ○표 하시오.

우리 고장 사람들이 바람이 잘 통하는 소재로 만든 옷을 입었던 계절은 (여름, 겨울)이다.

4 세계 여러 고장의 옷차림은 바람, 비, 눈, 기온 등 ( )에 따라 다양하게 나타납니다.

5 세계 여러 고장의 환경과 그 고장의 의생활 모습을 선으로 바르게 연결하시오.

(1)
▲ 햇볕이 뜨겁고 모래바람이 많이 부는 고장

• • ㉠

(2)
▲ 춥고 눈이 많이 오는 고장

• • ㉡

1. 환경에 따라 다른 삶의 모습 **19**

2 환경에 따른 의식주 생활 모습(2)

1 고장 사람들이 먹는 음식 비교하기 자료⁺1 자료⁺2

★ (1) 우리 고장 사람들의 음식: 고장 사람들은 고장의 환경에 따라 쉽게 얻을 수 있는 음식 재료를 이용하여 다양한 음식을 만들어 먹습니다.

평양냉면
• 날씨가 ˚서늘하고 비가 많이 내리지 않는 평양에서는 ˚메밀을 많이 재배함.
• 메밀로 면발을 만듦.

감자떡
• ˚산지가 많고 날씨가 서늘한 영월에서는 감자를 많이 심음.
• 감자로 감자떡을 만듦.

천안 호두과자
• 천안은 땅이 기름져 호두나무가 잘 자람.
• 호두를 넣은 과자를 만들어 먹음.

영덕 대게찜
• 영덕은 가까운 바다에서 대게가 잘 잡힘.
• 대게를 이용해 만든 음식이 유명함.

전주 비빔밥
• 전주에서는 고장의 넓은 들과 산에서 쌀과 채소를 쉽게 구할 수 있음.
• 다양한 재료를 넣어 비빔밥을 먹음.

옥돔구이
• 제주 바다에서 옥돔이 많이 잡힘.
• 제주에서는 옥돔구이가 발달함.

(지도 속 지명: 평양, 영월, 울릉도, 독도, 천안, 영덕, 전주, 이어도, 제주)

★ (2) 세계 여러 고장 사람들의 음식 ┌ 고장에 발달한 음식은 땅의 모양, 기후, 고장에서 많이 생산되는 음식 재료에 따라 달라져요.

날씨가 덥고 ˚습한 고장	산지가 많은 고장	들이 넓은 고장	바다로 둘러싸인 고장

• 파인애플, 바나나, 망고와 같은 ˚열대 과일을 이용한 음식이 많음. • 타이에서는 볶음밥에 과일을 넣어 만들기도 함.	• 산지에 사는 사람들은 젖소를 키워 얻은 우유로 음식을 만듦. • 스위스에서는 빵, 고기 등을 우유로 만든 치즈에 찍어 먹는 음식이 유명함.	• 벼를 재배하기 알맞아 쌀로 만든 음식이 많음. • 베트남에는 쌀국수처럼 쌀로 만든 음식이 많음.	• 바다에서 얻은 해산물을 이용한 음식이 많음. • 일본에는 생선으로 만든 음식이 많음.

자료➊ 고장의 자연환경과 고장 사람들의 식생활

산이 있는 고장	• 산나물, 버섯 등을 이용해 만든 음식을 주로 먹음. • 많이 생산되는 음식 재료: 고랭지 배추, 산나물, 버섯, 소고기, 우유 등
들이 있는 고장	• 들이 펼쳐진 고장에서는 논과 밭에서 자란 곡식과 채소를 이용해 만든 음식을 주로 먹음. • 많이 생산되는 음식 재료: 쌀, 보리, 콩, 당근, 오이, 양파 등
바다가 있는 고장	• 해산물을 이용해 만든 음식을 주로 먹음. • 많이 생산되는 음식 재료: 고등어, 새우, 게, 조개, 김, 미역 등

바다가 있는 고장에 살아서 신선한 해산물을 구하기 쉬워요.

자료➋ 우리 고장의 대표 음식 소개하기

특별한 음식	고장의 환경
곤드레나물밥 (강원도 영월군)	영월의 산골짜기에서는 곤드레나물이 잘 자람.
굴밥 (경상남도 통영시)	통영시는 바다가 따뜻하고 바위가 많아 굴이 잘 자람.
대통밥 (전라남도 담양군)	대나무가 많이 자라는 담양군에서는 대나무를 잘라 그 안에 밥을 지어 먹음.
꼬막무침 (전라남도 보성군)	보성에는 갯벌이 넓게 펼쳐져 있어 꼬막을 구하기 쉬움.
갓김치 (전라남도 여수시)	땅이 기름지고 물 빠짐이 좋아 갓을 재배하여 김치를 담가 먹음.

핵심 개념 정리

• 고장마다 발달한 음식이 다릅니다.
• 땅의 생김새나 날씨와 같은 자연환경이 고장 사람들의 식생활에 영향을 주기 때문입니다.

우리 고장의 음식 — 고장의 환경에 따라 발달한 음식이 달라~

세계 여러 고장의 음식 — 사람들의 식생활 모습은 다양하게 나타나.

1 다음 ( ) 안의 알맞은 말에 ○표 하시오.

> 고장 사람들의 식생활 모습을 보면 고장마다 발달한 음식이 (같다, 다르다).

2 각 고장을 대표하는 음식들과 고장의 자연환경에 대한 설명으로 옳은 것에 ○표, 옳지 <u>않은</u> 것에 ✕표 하시오.

(1) 산지가 많은 영월을 여행했을 때 감자떡과 곤드레나물밥을 먹었다.   (   )

(2) 제주에서는 넓은 들에서 쌀을 쉽게 구할 수 있어 비빔밥이 발달하였다.   (   )

3 다음 음식과 관련있는 자연환경은 무엇인지 쓰시오.

▲ 옥돔구이   ▲ 영덕 대게찜

(   )

4 세계 여러 고장 사람들의 식생활 모습으로 옳은 것에 ○표, 옳지 <u>않은</u> 것에 ✕표 하시오.

(1) 산지가 많은 고장에서는 신선한 해산물을 이용한 음식이 발달하였다.   (   )

(2) 날씨가 덥고 습한 고장에서는 열대 과일을 이용한 음식을 많이 먹는다.   (   )

5 고장마다 발달한 음식과 사람들의 식생활 모습이 <u>다른</u> 까닭은 고장의 땅의 생김새나 날씨와 같은 (   ) 이/가 고장 사람들의 식생활 모습에 영향을 주기 때문입니다.

2 환경에 따른 의식주 생활 모습(3)

1 고장 사람들이 사는 집 비교하기 자료 1

★ **(1) 옛날 여러 고장 사람들의 집**

터돋움집	우데기집	°너와집	지붕을 밧줄로 엮은 집

여름철 홍수로 인한 피해를 막기 위해서 땅 위에 터를 °돋우어 높은 곳에 집을 지음.	울릉도에서는 집에 눈이 들어오는 것을 막기 위해서 °우데기라는 벽을 만듦.	나무를 쉽게 구할 수 있는 고장에서는 나뭇조각으로 지붕을 얹음.	바람이 많이 부는 제주도에서는 지붕이 날아가지 않도록 끈으로 단단히 묶어 고정함.

(ㅇ_ㅇ) 공부할 개념
· 환경에 따른 주생활 모습 알아보기
· 의식주 생활 모습 소개하기

★ **(2) 세계 여러 고장 사람들의 집**

통나무집	동굴집	수상 가옥

주변 숲에서 통나무를 쉽게 구할 수 있기 때문에 통나무로 집을 지음.	화산재가 쌓여 굳어진 바위는 단단하지 않아서, 바위의 속을 파서 집을 지음.	일 년 내내 덥고 습한 곳에서는 더위와 해충을 피하기 위해서 물 위에 집을 지음.
흙집	얼음집(이글루)	이동식 가옥(게르)

비가 적게 내리고 나무를 구하기 어려운 사막에서는 주변에서 쉽게 구할 수 있는 흙으로 집을 지음.	일 년 내내 춥고 눈이 많이 내리는 곳에서는 눈과 얼음으로 집을 지음.	물과 풀이 있는 곳으로 자주 옮겨야 하는 곳에서는 천막을 이용해서 설치하고 이동이 간편한 집을 지음.

용어 사전

· **돋우다** 위로 끌어 올려 도드라지거나 높아지게 함.
· **우데기** 집 안에 눈이 들어오는 것을 막으려고 지붕 끝에서부터 땅까지 내린 벽.
· **너와** 지붕 위를 덮을 때 기와처럼 쓰는 돌 조각이나 나뭇조각을 말함.

2 환경에 따른 의식주 생활 모습을 여러 가지 방법으로 나타내기 자료 2 자료 3

· 여러 가지 방법으로 고장 사람들의 의식주 생활 모습을 나타낼 수 있습니다.

▲ 작은 책 만들기

▲ 그림 그리기

자료 1 오늘날의 다양한 집 예 도시가 발달한 고장

아파트

단독 주택

- 오늘날에는 아파트, 단독 주택, 연립 주택 등 다양한 모양의 집에 많은 사람이 모여 삽니다. →도시가 발달한 고장에는 주로 높은 집이 많아요.
- 오늘날에는 과학, 기술, 교통의 발달로 다양한 재료를 이용해 집을 짓습니다.

자료 2 의식주 생활 모습을 소개하는 방법

환경에 따른 주생활 모습을 작은 책으로 만들었어.

환경에 따른 의생활 모습을 그림으로 그려 봤어.

우리 고장 사람들의 식생활 모습을 역할극으로 나타내 볼래.

춥고 눈이 많이 오는 고장 사람들의 의생활 모습을 노래 가사로 표현해 볼래.

자료 3 의식주 생활 모습을 소개하고 알게 된 점 예 바다가 있는 고장

구분	알게 된 점
의생활 모습	바다가 있는 고장의 해녀들은 잠수복을 입음.
식생활 모습	바다가 있는 고장의 사람들은 해산물을 이용해 만든 음식을 많이 먹음.
주생활 모습	바람이 많이 부는 고장에서는 지붕을 끈으로 묶은 집을 지음.

핵심 개념 정리

- 고장마다 집의 모습이 다양하게 나타납니다.
- 땅의 생김새나 날씨와 같은 자연환경이 고장 사람들의 주생활에 영향을 주기 때문입니다.

옛날 여러 고장의 집

세계 여러 고장의 집

옛날에는 자연환경의 영향을 많이 받았어.

집을 짓는 재료가 다양하고 집의 모습이 달라.

1 다음 집의 모습은 어떤 고장에서 발달한 것인지 선으로 바르게 연결하시오.

(1)

▲ 땅 위에 터를 돋우어 집을 지음.

· ㉠ 겨울철에 눈이 많이 내리는 고장

(2)

▲ 집 안을 자유롭게 다닐 수 있도록 벽을 둘러침.

· ㉡ 여름철에 비가 많이 오는 고장

2 집에 눈이 들어오는 것을 막으려고 지붕의 끝에서부터 땅까지 내린 벽을 (　　　　　　　)(이)라고 합니다.

3 다음 (　　) 안의 알맞은 말에 ○표 하시오.

　　과거에 나무를 쉽게 구할 수 있는 고장에서는 나뭇조각으로 지붕을 얹어 (너와집, 초가집)을 지었다.

4 오늘날 도시에 사는 사람들은 (　　　　　　　　), 단독 주택, 연립 주택 등 다양한 모양의 집에 삽니다.

5 다음 세계 여러 고장의 주생활 모습에 대한 내용으로 옳은 것에 ○표, 옳지 않은 것에 ✕표 하시오.

(1) 더위와 해충을 피하기 위해서 물 위에 집을 짓기도 한다. 　　　　　　　　(　　)

(2) 화산 폭발로 만들어진 단단하지 않은 바위의 속을 파서 얼음집을 지었다. 　　　　　　(　　)

핵심문장으로 시작하기

1 사람이 살아가기 위해 꼭 필요한 옷, 음식, 집을 ⟨ㅇ ㅅ ㅈ⟩(이)라고 합니다.

2 같은 계절이라도 고장마다 ⟨ㄴ ㅆ⟩이/가 다르기 때문에 고장별로 사람들의 옷차림이 차이가 납니다.

3 고장의 ⟨ㅈ ㅇ ㅎ ㄱ⟩에 따라 집의 모양이나 집을 짓는 데 쓰인 재료가 다양합니다.

4 로빈슨 크루소가 다음과 같이 나뭇잎으로 옷을 만들고 있는 까닭으로 알맞은 것을 두 가지 고르시오. ( )

① 영양분을 얻기 위해서
② 편안하게 쉬기 위해서
③ 배고플 때 먹기 위해서
④ 벌레로부터 몸을 보호하기 위해서
⑤ 몸의 중요한 부분을 보호하기 위해서

5* 사람들이 살아가기 위해서 음식이 필요한 까닭을 보기 에서 두 가지 골라 기호를 쓰시오.

보기
㉠ 체력을 유지할 수 있기 때문에
㉡ 자신의 개성을 표현할 수 있기 때문에
㉢ 사회적 지위를 나타낼 수 있기 때문에
㉣ 음식을 먹지 않으면 움직일 힘이 없기 때문에

( )

6 다음 밑줄 친 부분의 예로 잘못된 것은 어느 것입니까? ( )

사람이 살아가려면 몸을 보호하는 옷과 영양분을 얻기 위한 음식이 필요하다. 또한 안전하고 편안하게 쉴 수 있는 집도 필요하다.

① 한옥   ② 초가집
③ 아파트   ④ 자동차
⑤ 수상 가옥

7~8 다음 자료를 보고, 물음에 답하시오.

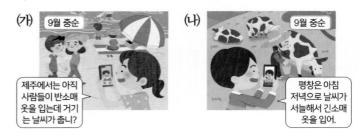

7 위 (가), (나) 중 날씨가 더 추운 지역을 골라 기호를 쓰시오.

( )

8 위와 같이 고장별로 옷차림이 차이가 나는 까닭을 쓰시오.
서술형

_____

_____

9 오른쪽 고장 사람들이 이러한 의생활을 갖추게 된 까닭을 두 가지 고르시오. (   )

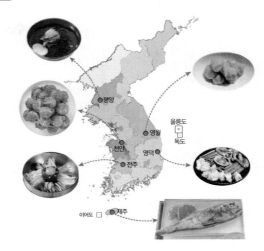

① 비를 피하기 위해서
② 동물을 보호하기 위해서
③ 모래바람을 막기 위해서
④ 뜨거운 햇볕을 막기 위해서
⑤ 추위와 많이 내리는 눈을 견디기 위해서

10 오른쪽 고장 사람들의 의생활에 대한 설명으로 알맞은 것을 보기 에서 두 가지 골라 기호를 쓰시오.

보기
㉠ 챙이 넓은 모자를 쓴다.
㉡ 망토와 같은 긴 옷을 입는다.
㉢ 동물의 털로 만든 옷을 입는다.
㉣ 동물의 가죽으로 만든 옷을 입는다.

(   )

11 다음 음식을 통해 알 수 있는 고장 사람들의 식생활로 알맞은 것은 어느 것입니까? (   )

바다가 있는 우리 고장에서 쉽게 구할 수 있는 재료로 만든 음식이야.

① 나물을 주로 먹는다.
② 해산물을 많이 먹는다.
③ 김치는 다른 고장에서 사 먹는다.
④ 열대 과일을 이용한 음식이 발달했다.
⑤ 감자나 메밀을 이용한 음식이 발달했다.

12~13 다음 자료를 보고, 물음에 답하시오.

12 위 자료를 보고, 다음 글의 빈칸 ㉠, ㉡에 들어갈 알맞은 말은 무엇입니까? (   )

전주에서는 고장의 넓은 (㉠   )와/과 (㉡   )에서 쌀과 채소를 구하기 쉽다. 다양한 재료를 넣어 만든 비빔밥이 유명하다.

	㉠	㉡		㉠	㉡
①	들	산	②	산	섬
③	산	하천	④	하천	바다
⑤	바다	계곡			

13 위 자료를 보고 영월에서 감자떡이 발달한 까닭을 쓰시오.

서술형

_____

_____

14 날씨가 덥고 습한 고장의 식생활 모습을 보기 에서 골라 기호를 쓰시오.

보기
㉠ 쌀농사보다 밭농사가 발달했다.
㉡ 생선을 이용한 음식이 발달했다.
㉢ 치즈를 이용한 음식이 발달했다.
㉣ 파인애플, 망고 등을 이용한 음식이 발달했다.

(   )

15 ~ 16 다음 사진을 보고, 물음에 답하시오.

(가)  (나)

15 위에서 여름철 홍수에 대비하여 만든 집을 골라 기호와 집 이름을 쓰시오.

( )

16
서술형 울릉도 지역에 위 (가)와 같은 집을 만든 까닭을 쓰시오.

_____

_____

17 다음 사진과 같이 산간 지역에서 집의 지붕을 얹기 위해 주로 사용한 재료는 무엇입니까? ( )

① 돌　　　② 짚　　　③ 나무
④ 모래　　　⑤ 동물의 털

18 화산 폭발로 만들어진 바위가 있는 고장에서 단단하지 않은 바위의 속을 파서 지은 집은 어느 것입니까? ( )

① 　　　②
▲ 아파트　　　　　　　　▲ 통나무집

③ 　　　④
▲ 동굴집　　　　　　　　▲ 수상 가옥

19★ 고장마다 주거 형태가 다른 까닭으로 알맞은 것을 두 가지 고르시오. ( )

① 계절이 같기 때문에
② 날씨가 다르기 때문에
③ 땅의 생김새가 다르기 때문에
④ 고장 사람들의 언어가 다르기 때문에
⑤ 주변에서 쉽게 구할 수 있는 재료가 같기 때문에

20 다음에서 환경에 따른 의식주 생활 모습을 나타낸 방법은 어느 것입니까? ( )

① 의생활 모습 – 신문 만들기
② 주생활 모습 – 작은 책 만들기
③ 식생활 모습 – 그림으로 그리기
④ 식생활 모습 – 역할극으로 나타내기
⑤ 의생활 모습 – 노래 가사 바꾸어 부르기

1 다음 자료를 보고, 물음에 답하시오. [14점]

㉠	㉡	㉢

(1) 위 표의 ㉠, ㉡, ㉢에 들어갈 알맞은 말을 쓰시오. [각 2점]

㉠: (   ) ㉡: (   ) ㉢: (   )

(2) 위 (1)번 답이 우리 생활에 꼭 필요한 까닭을 쓰시오. [8점]

_____

_____

서술형 문제를 푸는 방법을 익혀보자!

1단계 묻는 것 떠올리기   사람이 살아가는 데 기본적으로 필요한 것은?

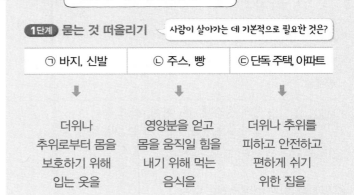

㉠ 바지, 신발	㉡ 주스, 빵	㉢ 단독 주택, 아파트
⬇	⬇	⬇
더위나 추위로부터 몸을 보호하기 위해 입는 옷을	영양분을 얻고 몸을 움직일 힘을 내기 위해 먹는 음식을	더위나 추위를 피하고 안전하고 편하게 쉬기 위한 집을
⬇	⬇	⬇
의 라고 합니다!	식 이라고 합니다!	주 라고 합니다!

2단계 정리하기   의식주가 필요한 까닭은?

• 사람이 생활하려면 기본적으로 꼭 필요한 것이 있습니다.

• 사람은 옷 을 입고, 음 식 을 먹고, 집 을 지어 안전하고 편안하게 쉬어야 살아갈 수 있습니다.

---

2 다음 사진을 보고, 물음에 답하시오. [12점]

(가)   (나)

▲ 사우디아라비아   ▲ 베트남

(1) 위에서 사막 지역에 살고 있는 고장 사람들의 의생활 모습을 골라 기호를 쓰시오. [4점]

(   )

(2) 위 (나) 지역에 사는 고장 사람들이 이와 같이 의생활을 갖추게 된 까닭을 쓰시오. [8점]

_____

_____

---

3 다음 사진을 보고, 물음에 답하시오. [12점]

▲ 터돋움집

(1) 위 집은 주로 어느 계절을 대비하기 위해서 지었는지 쓰시오. [4점]

(   )

(2) 위와 같은 집을 짓는 까닭을 쓰시오. [8점]

_____

1 환경에 따라 다른 삶의 모습

고장의 자연환경과 인문 환경을 살펴보면 환경에 따라 사람들의 생활 모습이 다양하게 나타남을 알 수 있습니다.

1 우리 고장의 환경과 생활 모습

개념1 환경

· 뜻: 우리 주변을 둘러싸고 있는 모든 것.

· 종류

자연환경	· 땅의 생김새: 산, 하천, 바다 등 · 날씨에 영향을 주는 것: 눈, 비, 바람 등
인문 환경	과수원, 도로, 터널 등

개념2 환경에 따른 생활 모습

땅의 생김새	산	목장에서 소나 양을 키우거나 등산로를 만들어 이용함.
	들	논밭에 농사를 짓거나 도로와 건물을 만들고 도시의 회사에서 일함.
	바다	항구를 만들고 물고기를 잡거나 물놀이를 함.
계절	여름	일 년 중 가장 기온이 높고 강수량이 많은 여름에 물놀이를 즐김.
	겨울	두꺼운 옷을 입고 눈이나 얼음 위에서 썰매를 탐.
여가 생활		· 스스로 즐거움을 얻고자 남는 시간에 하는 자유로운 활동 · 자연환경과 인문 환경을 이용하여 즐김.

2 환경에 따른 의식주 생활 모습

개념3 의식주

· 뜻: 옷, 음식, 집처럼 살아가기 위해 꼭 필요한 것.

개념4 의식주 생활 모습

· 고장의 의식주 생활 모습은 자연환경의 영향을 받음.

의	식	주
· 사막: 햇볕과 모래바람을 막을 수 있는 긴 옷 · 덥고 습한 고장: 바람이 잘 통하는 옷	· 산지가 많은 고장: 젖소의 우유를 이용한 음식 · 바다로 둘러싸인 고장: 해산물을 이용한 음식	· 우리나라: 울릉도의 우데기가 있는 집, 강원도의 너와집 등 · 세계: 얼음집, 수상 가옥 등

👁 그림을 보고 배운 개념을 떠올리며 말풍선을 채워 보세요.

1

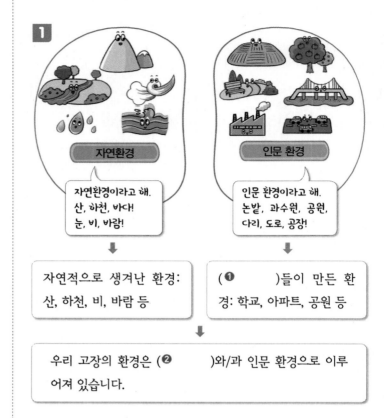

자연환경

인문 환경

자연환경이라고 해. 산, 하천, 바다! 눈, 비, 바람!

인문 환경이라고 해. 논밭, 과수원, 공원, 다리, 도로, 공장!

자연적으로 생겨난 환경: 산, 하천, 비, 바람 등

(❶　　　)들이 만든 환경: 학교, 아파트, 공원 등

우리 고장의 환경은 (❷　　　)와/과 인문 환경으로 이루어져 있습니다.

👁 그림을 보고 배운 개념을 떠올리며 말풍선을 채워 보세요.

3

사람의 몸을 보호하기 위해 입는 옷!

영양분을 얻기 위해 먹는 음식!

안전하고 편안하게 쉴 수 있는 집!

몸을 보호하는 옷, 영양분을 얻기 위한 음식, 안전하고 편안하게 쉴 수 있는 집을 통틀어 (❹　　　)(이)라고 합니다.

2

> 사람들은 고장마다 나타나는 땅의 생김새를 이용하거나, 그에 알맞은 시설을 만들고 다양한 일을 하며 살아가.

고장 사람들은 산, 들, 하천, (❸   ) 등 각 고장의 자연환경과 관련된 일을 하며 살아갑니다.

4

> 옷차림이 다르군.

> 발달한 음식도 다양하고!

> 집의 모습이나 집을 짓는 데 쓰인 재료도 다양해!

자연환경에 따라 고장 사람들의 의식주 생활 모습은 (❺ 다양합니다, 똑같습니다).

 옳은 문장에 ○, 틀린 문장에 ✕하세요. 틀린 부분은 밑줄을 긋고 바른 개념으로 고쳐 써 보세요.

1 산은 사람들이 만든 것입니다. (   )

2 고장의 자연환경에는 논과 밭, 공장, 도로 등이 있습니다. (   )

3 사람들은 고장의 자연환경을 이용해 생활에 필요한 것을 얻거나, 자연환경에 알맞은 일을 하며 살아갑니다. (   )

4 넓은 들이 있는 고장에서는 농사를 짓기도 하고, 도시가 발달하기도 합니다. (   )

5 같은 계절이라도 고장마다 기온과 강수량이 다를 수 있습니다. (   )

6 사람들은 고장의 자연환경이나 인문 환경을 이용해 여가 생활을 즐깁니다. (   )

7 옷, 음식, 집은 우리가 안전하고 편안하게 살아가기 위해 꼭 필요합니다. (   )

8 일 년 내내 덥고 습한 고장에서는 바람이 잘 통하는 가벼운 옷을 입습니다. (   )

9 산으로 둘러싸인 고장에서는 신선한 해산물을 자주 먹습니다. (   )

10 눈이 많이 내리는 울릉도에서는 나뭇조각으로 지붕을 얹은 너와집을 지었습니다. (   )

1~2 다음 사진을 보고, 물음에 답하시오.

㉠

▲ 바다

㉡

▲ 비

㉢

▲ 도로

㉣

▲ 항구

1 위 사진을 자연환경과 인문 환경으로 알맞게 나눈 것은 어느 것입니까? ( )

	자연환경	인문 환경
①	㉠	㉡, ㉢, ㉣
②	㉣	㉠, ㉡, ㉢
③	㉠, ㉡	㉢, ㉣
④	㉠, ㉢	㉡, ㉣
⑤	㉠, ㉡, ㉢	㉣

2 서술형 위 사진을 보고 자연환경과 인문 환경의 의미를 쓰시오.

_____

_____

3 고장 사람들이 오른쪽 그림과 같은 자연환경을 이용하는 모습으로 알맞은 것을 두 가지 고르시오.
( )

▲ 들

① 농사를 짓는다.
② 항구를 만든다.
③ 해수욕장을 만든다.
④ 도로와 주택 등을 만든다.
⑤ 염전을 만들어 소금을 얻는다.

4 산이 많은 고장에 사는 사람들이 하는 일을 잘못 말한 친구는 누구입니까? ( )

① 목장에서 소를 길러.
② 나물이나 약초를 캐기도 해.
③ 꿀을 얻기 위해 벌을 길러.
④ 넓은 논에서 벼농사를 지어.

5 오른쪽 그림과 같은 고장에서 살고 있는 사람들이 하는 일로 알맞은 것은 어느 것입니까? ( )

▲ 논과 밭이 있는 고장

① 공장에서 물건을 만든다.
② 백화점에서 물건을 판다.
③ 양식장에서 해산물을 채취한다.
④ 농기계를 팔거나 수리하는 일을 한다.
⑤ 주로 버스나 택시를 운전하는 일을 한다.

6 서술형 도시에 사는 사람들이 다양한 일을 하는 까닭을 쓰시오.

_____

_____

7 바다가 있는 고장에 사는 사람들이 자연환경을 이용하는 모습으로 잘못된 것은 어느 것입니까? ( )

① 가두리 양식을 한다.
② 바다에서 물고기를 잡는다.
③ 소규모로 농사를 짓기도 한다.
④ 해녀들은 바다에 나가서 해산물을 직접 구하기도 한다.
⑤ 음식을 만들어 팔기도 하고 버스나 택시를 운전하기도 한다.

8~9 다음 그래프를 보고, 물음에 답하시오.

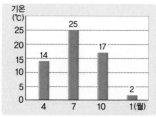

▲ 민우네 고장의 평균 기온

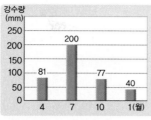

▲ 민우네 고장의 평균 강수량

[출처: 기상청, 1991~2020년 평균값, 경상북도 포항시]

8 위 그래프를 보고 다음 빈칸에 들어갈 알맞은 말을 쓰시오.

> 민우는 그래프를 보고 고장의 기온과 강수량
> 이 (   )에 따라 달라지는 것을 알았다.

(   )

9 위 그래프를 통해 알 수 있는 고장의 계절 특징으로 알맞은 것은 어느 것입니까? (   )

① 봄에는 기온이 가장 높아 덥다.
② 여름에는 기온이 가장 낮아 춥다.
③ 여름에는 강수량이 가장 많고 습하다.
④ 가을에는 기온이 가장 높고 덥다.
⑤ 겨울에는 강수량이 가장 많고 기온도 가장 높다.

10 겨울에 볼 수 있는 생활 모습으로 알맞은 것은 어느 것입니까? (   )

① 얇은 옷을 입는다.
② 단풍 구경을 간다.
③ 에어컨을 사용한다.
④ 스키나 썰매를 탄다.
⑤ 논과 밭에서 곡식을 수확한다.

11 자연환경을 이용한 여가 생활로 알맞은 것은 어느 것입니까? (   )

① 숲에서 야영하기
② 볼링장에서 볼링을 치기
③ 박물관에서 유물 관람하기
④ 영화관에서 영화 감상하기
⑤ 수영장에서 친구들과 수영하기

12 인문 환경을 이용한 여가 생활이 아닌 것을 보기 에서 골라 기호를 쓰시오.

> **보기**
> ㉠ 공원에서 산책하기
> ㉡ 바다에서 낚시하기
> ㉢ 승마장에서 승마하기
> ㉣ 야구장에서 야구하기

(   )

13 다음 보기 의 물건들을 의생활, 식생활, 주생활과 관련된 것끼리 골라 기호를 각각 쓰시오.

(1) 의생활	
(2) 식생활	
(3) 주생활	

14 집을 만든 까닭으로 알맞지 않은 것은 어느 것입니까? (   )

① 쉬기 위해서
② 잠을 자기 위해서
③ 무서운 동물을 피하기 위해서
④ 더위와 추위를 피하기 위해서
⑤ 필요한 영양분을 얻기 위해서

15 다음 ㈎, ㈏ 옷차림에 대한 설명으로 알맞지 <u>않은</u> 것은 어느 것입니까? ( )

㈎ 베트남

㈏ 캐나다

① ㈎ – 바람이 잘 통하는 옷을 입는다.
② ㈎ – 덥고 습한 고장 사람들의 옷차림이다.
③ ㈎ – 머리에 천을 두르고 검은 끈으로 고정한다.
④ ㈏ – 눈이 많이 오는 고장 사람들의 옷차림이다.
⑤ ㈏ – 동물의 털로 만든 옷을 입는다.

16 서술형 다음과 같은 모습을 볼 수 있는 고장의 자연환경을 쓰시오.

망토와 같은 긴 옷을 걸치고 모자를 써요.
페루

_____

_____

17 고장마다 발달한 음식과 설명을 알맞게 선으로 연결하시오.

(1)
▲ 옥돔구이(제주)

• • ㉠ 가까운 바다에서 옥돔이 많이 잡힘.

(2)
▲ 감자떡(영월)

• • ㉡ 산지가 많고 날씨가 서늘해서 감자를 많이 심음.

(3)
▲ 평양냉면(평양)

• • ㉢ 날씨가 서늘하고 비가 적게 내려 메밀을 많이 재배함.

18 다음과 같은 고장에서 치즈를 이용한 음식이 발달한 까닭으로 알맞은 것은 어느 것입니까? ( )

① 낙농업이 발달했기 때문에
② 날씨가 덥고 습하기 때문에
③ 바다로 둘러싸여 있기 때문에
④ 넓은 땅에서 논농사를 많이 짓기 때문에
⑤ 일 년 내내 눈이나 비가 거의 내리지 않기 때문에

19 ★ 다음 집에 대한 설명으로 알맞은 것은 어느 것입니까? ( )

▲ 우데기집

① 나뭇조각으로 지붕을 얹어 만든 집이다.
② 단단하지 않은 바위의 속을 파서 지은 집이다.
③ 여름철 홍수 피해가 나는 고장에서 만든 집이다.
④ 숲에서 쉽게 구할 수 있는 통나무로 만든 집이다.
⑤ 눈이 집 안으로 들어오는 것을 막기 위해서 지었다.

20 고장 사람들의 주생활에 대한 설명으로 알맞은 것을 보기 에서 두 가지 골라 기호를 쓰시오.

보기
㉠ 날씨에 따라 집의 형태가 다르다.
㉡ 땅의 생김새에 따라 집의 형태가 다르다.
㉢ 고장에서 구하기 힘든 재료로 집을 짓는다.
㉣ 도시가 발달한 고장에서는 주로 낮은 집을 짓는다.

( )

1-1 우리 고장의 환경과 생활 모습

학습 주제	계절의 변화에 따른 고장 사람들의 생활 모습 알아보기	배점	30점
학습 목표	계절에 따른 사람들의 생활 모습을 살펴보고 계절과 생활 모습의 관계를 이해할 수 있다.		

1~3 다음 그래프를 보고, 물음에 답하시오.

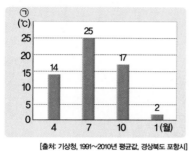

[출처: 기상청, 1991~2010년 평균값, 경상북도 포항시]

[출처: 기상청, 1991~2010년 평균값, 경상북도 포항시]

1 위에서 ㉠, ㉡에 들어갈 그래프의 세로는 무엇인지 쓰시오. [각 5점]

(1) ㉠: (   )　　　　　　　　(2) ㉡: (   )

2 위 기온과 강수량 그래프를 보고, 빈칸에 알맞은 숫자를 쓰시오. [각 2점]

(1) 기온이 가장 높은 달은 (   )월이고, 기온이 가장 낮은 달은 1월입니다.

(2) 강수량이 가장 많은 달은 7월이고, 강수량이 가장 적은 달은 (   )월입니다.

3 고장의 기온과 강수량을 보고 알 수 있는 계절별 생활 모습을 쓰시오. [각 8점]

계절	봄	여름	가을	겨울
기온과 강수량	• 4월 기온: 14℃ • 4월 강수량: 81mm	• 7월 기온: 25℃ • 7월 강수량: 200mm	• 10월 기온: 17℃ • 10월 강수량: 77mm	• 1월 기온: 2℃ • 1월 강수량: 40mm
생활 모습	주변의 산이나 공원으로 꽃구경을 간다.	❶	논과 밭에서 곡식이나 열매를 수확한다.	❷

1-2 환경에 따른 의식주 생활 모습

학습 주제	환경에 따른 사람들의 생활 모습 비교하기	배점	30점
학습 목표	환경에 따른 두 고장의 환경과 의식주 생활 모습을 비교할 수 있다.		

1 고장의 환경과 생활 모습을 비교하여 표에 알맞은 내용을 쓰시오. [각 5점]

구분	산이 많은 고장	❶ [　　　　]이/가 펼쳐진 고장	바다가 있는 고장
❷ [　　　　] 생활 모습	벌을 키우는 일을 하는 사람들은 벌에 쏘이지 않으려고 방충모자와 긴소매 옷을 입는다.	논과 밭에서 일하는 농부들은 긴 고무장화를 신고 일을 한다.	소라나 전복을 따는 해녀들은 차가운 물이 몸에 직접 닿지 않도록 잠수복을 입는다.
식생활 모습	산에서 자란 산나물, 감자, 버섯 등을 이용하여 만든 음식이 발달하였다.	논과 밭에서 자란 곡식과 채소를 이용하여 만든 음식이 발달하였다.	신선한 ❸ [　　　]을/를 이용하여 만든 음식이 발달하였다.
주생활 모습	강원도에서는 나뭇조각으로 만든 ❹ [　　　](으)로 지붕을 얹는다.	여름철 ❺ [　　　](으)로 인한 피해를 막기 위해서 땅 위에 터를 돋우어 집을 짓는다.	바닷바람이 많이 부는 제주도에서는 지붕이 날아가지 않도록 끈으로 단단히 묶는다.

2 위와 같이 고장 사람들의 생활 모습은 환경과 어떤 관련이 있는지 쓰시오. [5점]

_____

_____

2

시대마다 다른 삶의 모습

1 옛날과 오늘날의 생활 모습
2 옛날과 오늘날의 세시 풍속

1 옛날과 오늘날의 생활 모습(1)

1 옛날 사람들의 생활 모습

(1) 생활 도구의 뜻: 사람이 생활하는 데 필요한 여러 가지 물건을 말합니다.

😊 공부할 개념

• 돌로 도구를 만들어 사용하
던 옛날의 생활 모습 알아보
기
• 청동과 철로 도구를 만들어
사용하던 옛날의 생활 모습
알아보기

★ **(2) 돌과 나무로 도구를 만들어 쓰던 °시대의 생활 모습**

돌을 깨뜨려 만든 도구를 사용한 시대	돌을 갈아서 만든 도구를 사용한 시대

불을 이용하여 음식을
익혀 먹고 추위를 이
겨 낼 수 있었어요.

멧돼지를
잡아야 해.

열매가 많이
열렸네.

◀ °주먹 도끼

곡식을 가루로
갈아서 토기에
저장해야지.

잡았다.

◀ 빗살무늬 토기

• 돌을 깨뜨리거나 나무를 다듬어 생활 도구로
사용했음.
• 사냥을 하거나 열매를 따서 먹을거리를 얻었음.
• 동물 가죽으로 옷을 만들었음.
• 추위와 동물의 공격을 피하려고 동굴이나 바
위 그늘에서 살았음.

• 강가나 바닷가에 모여 살았음.
• 강이나 바다에서 먹을거리를 얻었고, 땅을 갈
아서 농사를 짓고 가축을 길렀음.
• 흙으로 그릇을 만들었음. 자료1
• 돌이나 동물의 뼈를 갈아서 더 좋은 도구를
만들어 사용했음.
• 땅을 파고 기둥을 세운 집을 지어 살았음.

용어 사전

• **시대** (時 때 시, 代 시대 대)
역사적으로 어떤 표준에
의하여 구분한 일정한 기
간.
• **주먹 도끼** 한쪽은 손으로
잡아 쥘 수 있고, 다른 쪽
은 날카로워서 물건을 자
르거나 땅을 팔 수 있는 작
은 도끼.
• **빗살무늬 토기** 흙으로 빚
은 후 불에 구워 만들었으
며, 바깥 면에 빗살무늬가
새겨져 있음.
• **청동** (靑 푸를 청, 銅 구리 동)
구리와 주석을 섞어 단단
하게 만든 금속.
• **비파형 동검** 청동으로 만
든 칼의 모양이 비파라는
악기를 닮아서 붙은 이름.
• **장신구** (裝 꾸밀 장, 身 몸 신,
具 갖출 구) 몸치장을 하
는 데 쓰는 도구.

★ **(3) 금속으로 도구를 만들어 쓰던 시대의 생활 모습**

청동으로 만든 도구를 사용한 시대 자료2	철로 만든 도구를 사용한 시대

이번에는 청동 검을
만들어 보자고.

돌칼이 날카로워
이삭을 자르기가
좋아.

◀ 비파형 동검

철로 만든 무기가
생겨 든든하군.

단단한 철로 만든
농사 도구를 사용
하니 땅을 갈기 훨
씬 편해졌어.

철로 만든 무기 ▶

• 청동은 재료를 구하기 어렵고, 만드는 과정이
복잡하여 무기, 몸을 꾸미는 데 쓰는 °장신구,
제사 지내는 도구를 만드는 데 주로 사용했음.
• 농사를 지을 때나 일상생활에서는 여전히 돌
과 나무로 만든 도구를 사용했음.

• 철은 청동보다 재료를 구하기 쉽고 단단하여,
다양한 생활 도구를 만들 때 사용되었음.
• 철로 만든 농사 도구를 사용하면서 농업이 크
게 발달하였음.
• 전쟁에서도 철로 만든 무기를 사용했음.

철로 만든 무기를 사용한 사람들은
전쟁에서 더 많이 이길 수 있었어요.

자료 1 옛날 사람들의 생활 모습 체험하기

빗살무늬 토기를 만드는 과정

❶ 흙에 물을 섞어 반죽함.
❷ 반죽한 흙을 손으로 주물러 토기 모양을 만듦.
❸ 토기 모양을 다듬고 바깥에 무늬를 새김.
❹ 그늘에서 말림.
❺ 불에 구워 완성함.

옛날 사람들은 강가나 바닷가에서 사용하기 편리하도록 밑이 뾰족한 토기를 만들었습니다.

자료 2 청동으로 만든 도구를 사용한 시대

▲ 청동 거울

▲ 하늘에 제사는 지내는 일을 하던 제사장

▲ 비파형 동검

▲ 반달 돌칼

사람들은 돌을 잘 다듬어 다양한 모양의 생활 도구를 만들었는데, 곡식을 수확할 때 반달 돌칼을 사용했습니다.

🎓 핵심 개념 정리

• 사람이 생활하는 데 필요한 여러 가지 물건을 생활 도구라고 합니다.
• 옛날 사람들은 돌이나 나무를 이용하여 생활 도구를 만들었고, 시간이 흘러 청동보다 더 단단한 철로 도구를 만들었습니다.

단단한 돌로 돌을 깨뜨리니까 날카로운 부분이 생겼어.

철로 만든 농사 도구를 사용하면 농사짓기가 더 편해.

---

1 (　　　　　　　　)은/는 사람이 생활하는 데 필요한 여러 가지 물건을 의미합니다.

2 옛날 사람들은 자연에서 얻은 (　　　　　　)(이)나 나무를 이용하여 생활 도구를 만들었습니다.

3 돌을 깨뜨려 도구를 만들었던 시대의 생활 모습으로 옳은 것에 ○표, 옳지 <u>않은</u> 것에 ✕표 하시오.

(1) 땅을 갈아서 농사를 지었습니다. 　　　(　　)

(2) 흙으로 그릇을 만들어 사용했습니다. 　(　　)

(3) 주로 동굴이나 바위 그늘에서 살았습니다. (　　)

4 다음 (　) 안의 알맞은 말에 ○표 하시오.

> (나무, 청동)은/는 재료를 구하기 어려워 무기, 장신구, 제사 도구 등을 만드는 데 주로 사용했다.

5 다음 설명에 해당하는 말을 보기 에서 골라 쓰시오.

> **보기**
>
> 돌　　　　철　　　　나무　　　　청동

(1) (　　　　　　　　)(으)로 만든 농사 도구를 사용하면서 농업은 크게 발달했습니다.

(2) 청동으로 도구를 만들었던 시대에도 일상생활에서는 여전히 돌과 (　　　　　　)(으)로 만든 도구를 사용했습니다.

1 옛날과 오늘날의 생활 모습(2)

★ 1 농사 도구의 발달로 달라진 사람들의 생활 모습 자료⁺1

공부할 개념

· 농사 도구의 발달로 달라진 사람들의 생활 모습 알아보기
· 음식을 만드는 도구의 발달로 달라진 사람들의 생활 모습 알아보기

농사 도구의 발달		땅을 가는 도구	곡식을 °수확하는 도구
돌이나 나무를 이용한 농사 도구	처음에 사람들은 돌이나 나무를 이용하여 농사 도구를 만들었음.	돌괭이	반달 돌칼
철을 이용한 농사 도구	튼튼한 철로 농사 도구를 만들어 사용하면서 더 쉽게 농사를 지을 수 있었음.	철로 만든 °괭이	철로 만든 낫
동물의 힘을 이용하거나 힘이 덜 드는 농사 도구	소를 이용한 농사 도구가 등장한 뒤로 힘을 덜 들이고 농사를 지을 수 있었음.	°쟁기	°탈곡기
다양한 농기계의 발달	오늘날에는 다양한 농기계가 발달하여 적은 힘으로 넓은 땅을 농사지을 수 있게 되었고 수확하는 곡식의 양도 많아졌음.	°트랙터	°콤바인

용어 사전

· **괭이** 땅을 파거나 흙을 고르는 데 쓰는 농기구.
· **쟁기** 논이나 밭을 가는 데 쓰는 삽 모양의 농기구.
· **트랙터** 농사에 필요한 여러 가지 기계를 연결하여 끄는 특수 자동차.
· **수확**(收 거둘 수, 穫 벼 벨 확) 곡식을 거두어들임.
· **탈곡기**(脫 벗을 탈, 穀 곡식 곡, 機 기계 기) 벼나 보리 등의 이삭에서 낟알을 떨어내는 농기계.
· **콤바인** 농작물을 베는 일과 탈곡하는 일을 동시에 하는 농업 기계.
· **옹기**(甕 항아리 옹, 器 그릇 기) 간장이나 된장, 김치 등을 담아 보관하는 그릇.
· **쭉정이** 속에 알맹이가 들어 있지 않은 곡식.

2 음식을 만드는 도구의 발달로 달라진 사람들의 생활 모습 자료⁺2

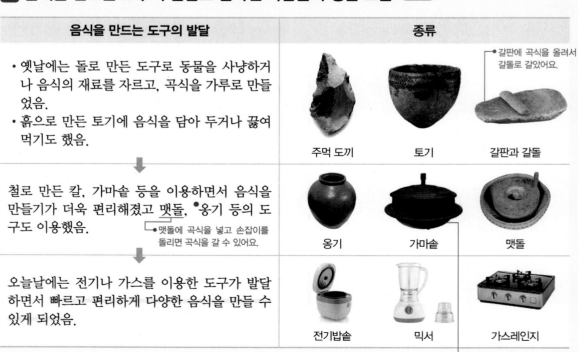

음식을 만드는 도구의 발달	종류
· 옛날에는 돌로 만든 도구로 동물을 사냥하거나 음식의 재료를 자르고, 곡식을 가루로 만들었음. · 흙으로 만든 토기에 음식을 담아 두거나 끓여 먹기도 했음.	주먹 도끼 토기 갈판과 갈돌 ┌갈판에 곡식을 올려서 갈돌로 갈았어요.
철로 만든 칼, 가마솥 등을 이용하면서 음식을 만들기가 더욱 편리해졌고 맷돌, °옹기 등의 도구도 이용했음. └맷돌에 곡식을 넣고 손잡이를 돌리면 곡식을 갈 수 있어요.	옹기 가마솥 맷돌
오늘날에는 전기나 가스를 이용한 도구가 발달하면서 빠르고 편리하게 다양한 음식을 만들 수 있게 되었음.	전기밥솥 믹서 가스레인지 └뚜껑이 무거워서 솥 안의 열기가 잘 빠져나가지 않아 음식이 골고루 잘 익었어요.

옛날 사람들이 사용한 농사 도구

지게	키	도리깨

농작물 등 짐을 얹어 사람이 등에 지고 옮길 때 사용했음.	곡식 등을 위아래로 흔들어 쭉정이나 티끌을 골라내는 데 사용했음.	곡식의 낟알을 떨어내는 데 사용했음.

 음식을 만드는 도구가 발달한 순서

곡식을 가는 도구

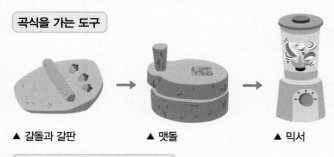

▲ 갈돌과 갈판   ▲ 맷돌   ▲ 믹서

음식을 끓이거나 밥을 짓는 도구

▲ 토기   ▲ 가마솥   ▲ 전기밥솥

 **핵심 개념 정리**

· 농사 도구의 발달로 사람들은 더욱 편리하게 농사를 짓고, 많은 양의 곡식을 얻을 수 있게 되었습니다.

· 음식을 만드는 도구가 발달하면서 빠르고 편리하게 다양한 음식을 만들 수 있게 되었습니다.

언제 다 갈지?

나는 벌써 끝~!!

1 농사 도구의 발달에 대한 설명으로 옳은 것에 ○표, 옳지 않은 것에 ✕표 하시오.

(1) 처음부터 사람들은 돌보다 튼튼한 철로 농사 도구를 만들어 사용했습니다. ( )

(2) 오늘날에는 다양한 농기계가 발달하여 쉽고 편리하게 농사를 지을 수 있습니다. ( )

2 다음 내용에 해당하는 농사 도구를 선으로 바르게 연결하시오.

(1) 땅을 가는 도구 ·

(2) 곡식을 수확하는 도구 ·

· ㉠ 돌괭이

· ㉡ 콤바인

· ㉢ 트랙터

· ㉣ 반달 돌칼

3 다음 ( ) 안의 알맞은 말에 ○표 하시오.

> 곡식을 가는 도구는 갈돌과 갈판 → (맷돌, 지게) → 믹서 순서로 발달했다.

4 다음 중 철로 만든 솥뚜껑을 덮어 솥 안의 뜨거운 열로 음식을 골고루 익혔던 도구를 골라 ○표 하시오.

(1)   (2)   (3)

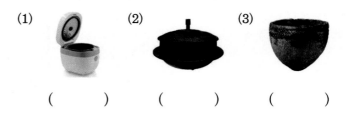

( )   ( )   ( )

5 오늘날에는 ( )(이)나 가스를 이용한 도구가 발달하면서 빠르고 편리하게 다양한 음식을 만들 수 있게 되었습니다.

1 옛날과 오늘날의 생활 모습(3)

😊 공부할 개념

• 옷을 만드는 도구의 발달로
달라진 사람들의 생활 모습
알아보기
• 집의 형태가 발달하면서 달
라진 사람들의 생활 모습 알
아보기

1 옷을 만드는 도구의 발달로 달라진 사람들의 생활 모습

(1) 실을 뽑거나 옷감을 짜는 도구: 가락바퀴 ➡ 물레, 베틀 ➡ 방직기 순서로 발달했습니다.

가락바퀴로 식물의 줄기를
꼬아서 실을 만들었어요.

▲ 가락바퀴
막대(가락)를 가운데 구멍
에 꽂아서 실을 뽑는 도구

▲ 물레
솜이나 털 등에서 실을
뽑아 내는 도구

▲ 베틀
실을 엮어 옷감을 짜는
도구

▲ 방직기
실을 뽑아서 옷감을 짜 내
는 기계

자료🔺1 (2) 가죽이나 옷을 꿰매는 도구: 뼈바늘 ➡ 철로 만든 *바늘 ➡ *재봉틀 순서로 발달했습니다.

(3) 옷을 만드는 도구의 발달로 좋아진 점: 다양한 종류의 옷을 쉽고 빠르게 만들 수 있습니다.

★ 2 집의 형태가 발달하면서 달라진 사람들의 생활 모습

동굴		• 먹을 것을 찾아 *이동하며 살았던 사람들은 더위나 추위, 사나운 짐승을 피할 수 있는 동굴에서 살았음. ┌▶바위 그늘에서 지내기도 했어요. • 동굴에서 먹을 것을 손질하고 도구를 만들었음.
움집 자료🔺2		• 농사를 짓고 한곳에 모여 살았던 사람들은 움집을 짓고 그 안에서 불을 피워 따뜻하게 지내면서 음식을 만들어 먹고 잠을 잤음. • 움집은 땅을 파서 바닥을 평평하게 한 후, 기둥을 세우고 풀과 짚을 덮어서 만들었음.
초가집 자료🔺3		┌▶볏짚은 불에 타기 쉬웠고, 잘 썩었기 때문에 지붕을 자주 갈아야 했어요. • *볏짚을 엮어 지붕을 만들고, 나무와 흙으로 벽을 만들었음. • 화장실은 방에서 떨어져 있었고, 마당 한쪽에 *외양간을 두어 가축을 기르기도 했음. • 마당에서는 농사와 관련된 일을 했음.
기와집 자료🔺3		┌▶기와는 쉽게 썩지 않아 오래 사용할 수 있었어요. • 흙을 구워 만든 기와를 사용해 지붕을 덮었음. • *안채와 사랑채 등으로 구분되었음. • 안채에서는 여자들이 생활했고, 사랑채에서는 남자들이 손님을 맞이하거나 글공부를 했음.
주택, 아파트		• 거실과 주방이 연결되어 있고 화장실도 집 안에 있어서 하나의 공간에서 다양한 생활을 할 수 있음. ┌▶보일러가 있어 집 안에서 따뜻하게 생활해요 • 아파트는 여러 층으로 높게 지어 좁은 땅에서 많은 사람이 살 수 있음.

용어 사전

• **바늘** 옷을 꿰맬 때 사용하
는 가늘고 끝이 뾰족한 도
구.
• **재봉틀** 바느질을 하는 기
계.
• **이동**(移 옮길 이, 動 움직일
동) 움직여 옮김. 또는 움
직여 자리를 바꿈.
• **볏짚** 벼의 낟알을 떨어낸
줄기.
• **외양간** 말과 소를 기르는
곳.
• **안채** 한 집 안에 안팎 두
채 이상의 집이 있을 때,
안에 있는 집채.
• **구들장** 방바닥 아래에 깔
린 넓적한 돌판.

자료➊ 가죽이나 옷을 꿰매는 도구가 발달한 순서

▲ 뼈바늘 → ▲ 철로 만든 바늘 → ▲ 재봉틀

자료➋ 움집을 만드는 과정

❶ 바닥을 원이나 사각형 모양으로 파고 평평하게 다듬었음.
❷ 주변에 기둥을 세우고 연결했음.
❸ 풀, 짚, 갈대 등으로 지붕을 만들어 덮었음.
❹ 햇볕이 잘 들어오는 쪽으로 입구를 만들었음.

자료➌ 초가집과 기와집의 온돌과 마루

추위를 이겨 내는 온돌	더위를 이겨 내는 마루
아궁이에 불을 때면 뜨거운 열기가 방바닥 아래를 지나가면서 구들장을 데워 방을 따뜻하게 함.	나무로 된 마루는 바람이 잘 통하고 방으로 이동하기에 편리했음.

🎓 핵심 개념 정리

• 옷을 만드는 도구가 발달하면서 사람들은 옷을 빠르고 편리하게 만들 수 있게 되었습니다.
• 집은 동굴 → 움집 → 초가집과 기와집 → 주택, 아파트 순서로 발달했고, 집의 형태에 따라 사람들의 생활 모습도 바뀌었습니다.

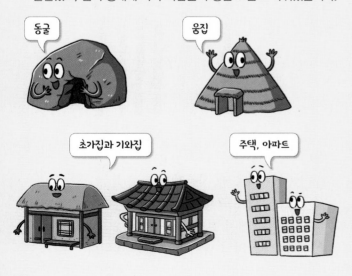

동굴   움집

초가집과 기와집   주택, 아파트

---

1 다음 ( ) 안의 알맞은 말에 ○표 하시오.

옛날 사람들은 막대(가락)를 가운데 구멍에 꽂아서 실을 뽑는 (가락바퀴, 방직기)를 사용했다.

2 옷을 만드는 도구에 대한 설명으로 옳은 것에 ○표, 옳지 않은 것에 ✕표 하시오.

(1) 재봉틀 → 바늘 → 뼈바늘의 순서로 발달했습니다.
( )

(2) 옷을 만드는 도구가 발달하면서 다양한 종류의 옷을 빠르게 만들 수 있게 되었습니다. ( )

3 농사를 짓고 한곳에 모여 살게 되면서 사람들은 땅을 파서 바닥을 평평하게 한 후, 기둥을 세우고 풀과 짚을 덮어서 ( )을/를 만들었습니다.

4 다음 집의 형태에서 볼 수 있는 생활 모습을 선으로 바르게 연결하시오.

(1) 초가집 • • ㉠ 안채에서는 여자들이 생활했음.

(2) 기와집 • • ㉡ 마당에서 농사와 관련된 일을 했음.

5 오늘날 사람들이 사는 집에 대한 설명으로 옳은 것에 ○표, 옳지 않은 것에 ✕표 하시오.

(1) 주로 주택, 아파트 등에서 생활합니다. ( )

(2) 화장실은 집 안에 있지 않고 바깥에 있습니다. ( )

1 옛날 사람들은 자연에서 쉽게 구할 수 있는 돌과 나무로 | ㅅ | ㅎ | ㄷ | ㄱ | 을/를 만들기 시작했습니다.

2 오늘날에는 트랙터, 콤바인 등 | ㄴ | ㄱ | ㄱ | 을/를 사용해 더욱 편리하게 농사를 짓습니다.

3 아주 오래전 사람들은 먹을 것을 찾아 옮겨 다니는 생활을 했기 때문에 | ㄷ | ㄱ | (이)나 바위 그늘에서 살았습니다.

4 다음 도구는 옛날 사람들이 무엇을 이용해 만든 것입니까? (   )

▲ 주먹 도끼

① 철   ② 돌   ③ 금
④ 청동   ⑤ 나무

5* 돌을 갈아서 만든 도구를 사용한 시대의 생활 모습으로 옳지 <u>않은</u> 것은 어느 것입니까? (   )

① 가축을 길렀다.
② 농사를 지었다.
③ 동굴에서 생활했다.
④ 흙으로 그릇을 만들었다.
⑤ 강가나 바닷가에 모여 살았다.

6 오른쪽 도구에 대한 설명으로 알맞은 것은 어느 것입니까?
(   )

① 옷을 만들 때 사용했다.
② 곡식을 갈 때 사용했다.
③ 물고기를 잡을 때 사용했다.
④ 동물을 사냥할 때 사용했다.
⑤ 음식을 담아 보관할 때 사용했다.

7 다음 밑줄 친 '이것'은 무엇인지 쓰시오.

• <u>이것</u>은 구리와 주석을 섞어 단단하게 만든 금속이다.
• <u>이것</u>은 재료를 구하기 어려워 주로 무기나 제사 도구, 장신구를 만들 때 사용했다.

(   )

8 다음 도구들의 특징으로 알맞은 것은 어느 것입니까? (   )

▲ 비파형 동검   ▲ 철로 만든 무기

① 금속으로 만든 도구이다.
② 농사를 지을 때 사용했다.
③ 재료를 쉽게 구할 수 있었다.
④ 일상생활에서 널리 사용되었다.
⑤ 돌을 깨뜨려서 날카롭게 만든 것이다.

9 철로 만든 도구를 사용한 시대의 생활 모습으로 알맞은 것은 어느 것입니까? ( )

① 전쟁이 사라졌다.
② 농업이 크게 발달했다.
③ 동물 가죽으로만 옷을 만들었다.
④ 주로 사냥으로 먹을거리를 얻었다.
⑤ 빗살무늬 토기에 먹을 것을 보관했다.

10 다음 그림을 보고 땅을 가는 도구가 발달한 순서대로 기호를 쓰시오.

▲ 트랙터

▲ 돌괭이

▲ 철로 만든 괭이

▲ 쟁기

( ) → ( ) → ( ) → ( )

11 농사 도구가 발달하면서 달라진 오늘날의 생활 모습으로 알맞은 것은 어느 것입니까? ( )

① 철로 만든 낫으로 곡식을 벤다.
② 소를 이용해 힘을 덜 들이고 땅을 간다.
③ 농기계를 사용해 편리하게 농사를 짓는다.
④ 돌을 나무에 연결한 농사 도구를 사용한다.
⑤ 반달 돌칼을 사용해 곡식의 이삭을 자른다.

[12~13] 다음 음식 도구의 발달 순서를 보고, 물음에 답하시오.

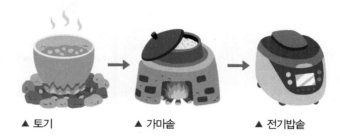
▲ 토기   ▲ 가마솥   ▲ 전기밥솥

12 위 도구들은 무엇을 할 때 사용하는 것입니까? ( )

① 곡식을 갈 때
② 채소를 썰 때
③ 음식을 집어 먹을 때
④ 음식 재료를 보관할 때
⑤ 음식을 끓이거나 밥을 지을 때

13 위와 같이 음식을 만드는 도구가 발달하면서 달라
서술형 진 사람들의 생활 모습을 쓰시오.

_____

_____

14 다음 그림과 같이 옛날 사람들이 식물의 줄기를 꼬아 실을 만들 때 사용한 도구의 이름은 무엇입니까? ( )

① 물레   ② 뼈바늘
③ 재봉틀   ④ 방직기
⑤ 가락바퀴

15 다음 도구를 사용하여 옷을 만들면 좋은 점으로 알맞은 것은 어느 것입니까? ( )

▲ 재봉틀 　　　　　 ▲ 방직기

① 옷을 입는 시간이 오래 걸린다.
② 옷을 쉽고 빠르게 만들 수 있다.
③ 집에서 옷을 만들어 입어야 한다.
④ 한 가지 종류의 옷만 입을 수 있다.
⑤ 사람이 직접 손으로 옷감을 짤 수 있다.

16 아주 오래전에 동굴에서 살았던 사람들의 생활 모습으로 알맞은 것은 어느 것입니까? ( )

① 아파트를 지었다.
② 여름에 마루에서 생활하였다.
③ 먹을 것을 찾아 이동하며 살았다.
④ 움집을 짓고 그 안에서 불을 피웠다.
⑤ 한곳에 머물러 살면서 농사를 지었다.

17 다음 그림과 같이 볏짚을 엮어 지붕을 만들고 나무와 흙으로 벽을 만든 집은 무엇입니까? ( )

① 동굴　　　　② 움집
③ 기와집　　　④ 초가집
⑤ 아파트

18 기와집에 대한 설명으로 옳지 <u>않은</u> 것은 어느 것입니까? ( )

① 기와로 지붕을 덮었다.
② 철근과 콘크리트로 만들었다.
③ 화장실은 방에서 떨어져 있었다.
④ 안채에서는 주로 여자들이 생활했다.
⑤ 사랑채에서는 남자들이 손님을 맞이하거나 글공부를 했다.

19 다음 그림에 나타난 우리나라의 대표적인 난방 방법은 무엇인지 쓰시오.

( )

20 다음 그림과 같이 주택, 아파트 등에서 생활하는 오늘날 사람들의 생활 모습을 한 가지 쓰시오.

서술형

_____

_____

1 다음 그림을 보고, 물음에 답하시오. [12점]

(1) 위 그림의 ○표한 것처럼 사람이 생활하는 데 필요한 여러 가지 물건을 무엇이라고 하는지 쓰시오. [4점]

(   )

(2) 위 그림과 같은 시대의 사람들이 먹을거리를 구했던 방법을 쓰시오. [8점]

_____

_____

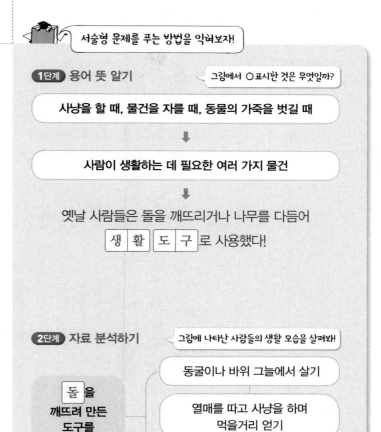

서술형 문제를 푸는 방법을 익혀보자!

1단계 용어 뜻 알기   그림에서 ○표시한 것은 무엇일까?

사냥을 할 때, 물건을 자를 때, 동물의 가죽을 벗길 때

⬇

사람이 생활하는 데 필요한 여러 가지 물건

⬇

옛날 사람들은 돌을 깨뜨리거나 나무를 다듬어
│ 생 │ 활 │ 도 │ 구 │로 사용했다!

2단계 자료 분석하기   그림에 나타난 사람들의 생활 모습을 살펴봐!

│ 돌 │을
깨뜨려 만든
도구를
사용한 시대

- 동굴이나 바위 그늘에서 살기
- 열매를 따고 사냥을 하며 먹을거리 얻기
- 동물 가죽으로 옷 만들기

2 다음 자료를 보고, 물음에 답하시오. [12점]

땅을 가는 도구	돌괭이 → ( )(으)로 만든 괭이 → 쟁기 → 트랙터
곡식을 수확 하는 도구	반달 돌칼 → ( )(으)로 만든 낫 → 탈곡기 → 콤바인

(1) 위 빈칸에 공통으로 들어갈 말을 쓰시오. [4점]

(   )

(2) 위와 같은 농사 도구의 발달로 농기계를 사용하면서 좋아진 점은 무엇인지 쓰시오. [8점]

_____

_____

3 다음 그림을 보고, 물음에 답하시오. [12점]

(1) 위와 같이 땅을 판 후 기둥을 세우고 풀과 짚을 덮어서 만든 집을 무엇이라고 하는지 쓰시오. [4점]

(   )

(2) 위 (1)번 답에 사는 사람들의 생활 모습을 쓰시오. [8점]

_____

_____

2 옛날과 오늘날의 세시 풍속 (1)

공부할 개념
• 세시 풍속의 뜻 알아보기
• 계절에 따라 다양한 옛날의 세시 풍속 알아보기

1 명절과 °세시 °풍속

(1) 명절의 뜻과 종류

뜻	옛날부터 해마다 즐기거나 기념하는 날
종류	설날, 추석, 정월 대보름, 동지 등

★ (2) 세시 풍속의 뜻: 해마다 일정한 날이나 계절에 반복하는 우리 고유의 풍속을 말합니다.

(3) 조상들이 세시 풍속을 했던 까닭: 농사가 잘되기를 바라고, 건강이나 복을 빌기 위해서입니다.
┗ 정월대보름에 즐긴 쥐불놀이는 논이나 밭의 언덕에 불을 놓아 해로운 벌레를 쫓고 농사가 잘되기를 바라는 뜻으로 했어요.

★ 2 옛날의 세시 풍속 -1 자료⁺1 자료⁺2

설날	정월 대보름	삼짇날

• °음력 1월 1일, 새해 첫날 • °차례 지내기, 세배하기 • 떡국 먹기 • 윷놀이, 널뛰기, 연날리기 등	• 음력 1월 15일, 새해의 첫 보름달이 뜨는 날 • °오곡밥과 나물 먹기, °부럼 깨기 • °달집태우기, 쥐불놀이 등	• 음력 3월 3일로, 새봄을 알리는 날 • 진달래꽃으로 전 만들어 먹기, 꽃놀이하기

한식	단오	삼복 ┈ 여름철 가장 더운 때인 초복, 중복, 말복을 말해요.

• 동지로부터 105일째 되는 날 • 불을 사용하지 않기, 찬 음식 먹기 • 조상의 산소를 찾아 °성묘하기	• 음력 5월 5일 • 수리취떡 먹기 • 부채 선물하기, °창포물로 머리 감기, 그네뛰기, 씨름 등	• 일 년 중 가장 더운 시기 • 닭백숙, 육개장 등 영양이 풍부한 음식 먹기 • 물놀이 즐기기

백중	추석	중양절

• 음력 7월 15일로, 농사일이 어느 정도 끝나는 시기 • 호미 걸어 두기	• 음력 8월 15일 • 차례 지내기, 성묘하기 • 송편과 토란국 먹기 • 줄다리기, 강강술래 등	• 음력 9월 9일 • 단풍과 국화 즐기기 • 국화전 먹기

용어 사전

• **세시** (歲 해 세, 時 때 시) 명절과 같이 매년 같은 시기에 반복되는 날.

• **풍속** (風 바람 풍, 俗 관습 속) 옛날부터 전해 내려오는 생활 습관.

• **음력** (陰 응달 음, 曆 책력 력) 달의 모양 변화를 기준으로 날짜를 세는 방법.

• **차례** 명절날, 조상 생일 등의 낮에 지내는 제사.

• **오곡밥** 다섯 가지 곡식을 섞어 지은 밥.

• **부럼** 정월 대보름날 새벽에 까먹는 땅콩, 밤, 호두, 잣, 은행 등을 통틀어 이르는 말.

• **달집태우기** 정월 대보름날 밤에 달이 떠오를 때 솔가지 등을 쌓아올린 무더기에 불을 질러 태우며 노는 세시 풍속.

• **성묘** (省 살필 성, 墓 무덤 묘) 조상의 산소를 찾아가서 돌보는 일.

• **창포물** 창포라는 풀의 잎과 뿌리를 삶은 물.

자료⁺1 계절에 따른 옛날의 세시 풍속

새해에 한 해의 풍년을 기원하였음.	조상의 산소를 보살피고, 농사일을 시작했음.

겨울 | 봄
가을 | 여름

곡식과 과일을 거두고, 수확의 기쁨을 나누었음.	농사일을 잘하려고 영양이 풍부한 음식을 먹었음.

조상들은 주로 농사를 짓고 살았기 때문에 계절과 날씨의 변화는 매우 중요했습니다. 그래서 조상들은 계절과 날씨에 따라 그에 알맞은 세시 풍속을 즐겼습니다.

자료⁺2 달력 읽기

달력에 작게 쓰여 있는 날짜는 조상들이 사용했던 음력입니다.

핵심 개념 정리

• 해마다 일정한 날이나 계절에 반복하는 우리 고유의 풍속을 세시 풍속이라고 합니다.

• 옛날부터 우리나라에는 계절에 따라 다양한 세시 풍속이 있었습니다.

설날에는 떡국

정월 대보름에는 오곡밥과 부럼

단오에는 수리취떡

추석에는 송편

동지에는 팥죽

---

1 해마다 일정한 날이나 계절에 반복하는 우리 고유의 풍속을 ( )(이)라고 합니다.

2 설날의 세시 풍속으로 알맞은 것에 ○표, 알맞지 <u>않은</u> 것에 ╳표 하시오.

(1) 오곡밥과 나물을 먹었습니다. ( )

(2) 윷놀이, 연날리기 등의 놀이를 즐겼습니다. ( )

3 다음 ( ) 안의 알맞은 말에 ○표 하시오.

> 정월 대보름은 음력 (1월 15일, 8월 15일)로 새해의 첫 보름달이 뜨는 날이다.

4 다음 명절에 즐겼던 세시 풍속을 선으로 바르게 연결하시오.

(1) 삼짇날 • • ㉠ 찬 음식 먹기

(2) 한식 • • ㉡ 창포물에 머리 감기

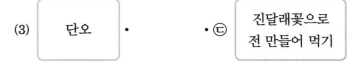

(3) 단오 • • ㉢ 진달래꽃으로 전 만들어 먹기

5 다음 세시 풍속이 있었던 명절을 보기 에서 골라 기호를 쓰시오.

> **보기**
> ㉠ 삼복 ㉡ 추석 ㉢ 중양절

(1) 국화전을 만들어 먹었습니다. ( )

(2) 송편을 먹고, 강강술래 등을 했습니다. ( )

(3) 더위를 이겨 내려고 영양이 풍부한 음식을 먹었습니다.
( )

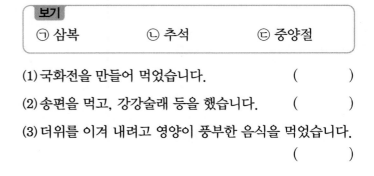

2 옛날과 오늘날의 세시 풍속(2)

공부할 개념
- 옛날과 오늘날의 세시 풍속 비교하기
- 오늘날 세시 풍속의 특징 알아보기

1 옛날의 세시 풍속 −2

•상달	동지
 •음력 10월로, 먹을 거리가 많아 '가장 좋은 달'이라는 뜻에서 불렸음. •김장하기, 메주 띄우기	 •양력 12월 22일경, 일 년 중 밤이 가장 긴 날 •팥죽 먹기

2 옛날과 오늘날의 세시 풍속 비교 자료⁺1

★ (1) 오늘날까지 이어지고 있는 세시 풍속 ┌─► 겨울 동안 먹을 김치를 한꺼번에 담그는 김장을 하기도 해요.

▲ 설날에 웃어른께 세배를 드리고 떡국을 먹음.

▲ 가족이나 마을 사람들이 모여 윷놀이, 줄다리기 등의 놀이를 함.

▲ 추석에 조상들께 차례를 지내고 송편과 햇과일을 먹음.

★ (2) 옛날과 오늘날 세시 풍속의 특징

옛날	•농사와 관련된 다양한 세시 풍속을 즐겼음. ──► 풍년을 바라는 마음이 담겨 있어요. •날씨와 계절과 관련된 세시 풍속이 많았음.
오늘날	•직업이 다양해져 농사와 관련된 세시 풍속이 많이 사라졌음. •설날, 추석 등 큰 명절을 중심으로 세시 풍속이 이어져 오고 있음. •계절에 관계없이 언제든지 세시 풍속을 즐길 수 있음.

3 옛날부터 전해 내려오는 세시 풍속 체험하기

복조리 걸어 두기	•설날에 집집마다 •복조리를 벽에 걸어 두는 풍속이 있었음. •색종이를 이용해 복조리를 만든 후 받고 싶은 복을 이야기하면서 복을 기원하는 세시 풍속을 체험할 수 있음.
윷놀이하기 자료⁺2	•우리 조상들은 설날부터 정월 대보름까지 윷놀이를 즐겼음. •윷, 윷판, 윷말만 있으면 어디에서나 누구나 즐길 수 있었음.
제기차기	•제기를 발로 차면서 노는 놀이 •옛날에는 겨울철, 주로 설날에 어린이들이 즐겼음.

용어 사전

- **상달** '시월'을 예스럽게 이르는 말. 햇곡식을 신에게 드리기에 가장 좋은 달이라는 뜻에서 온 말.
- **복조리** 조리는 대나무를 가늘게 쪼개 엮어서 만든 것으로 쌀을 이는 데 쓰는 도구임. 그해의 복을 조리로 일어 얻는다는 뜻에서 음력 1월 1일 걸어 놓음.

- **윷** 작고 둥근 통나무 두 개를 반씩 쪼개어 네 쪽으로 만든 것.
- **제기** 엽전이나 그와 비슷한 것을 종이나 헝겊에 싼 다음 나머지 부분을 먼지 떨이처럼 여러 갈래로 늘여 발로 차고 노는 장난감.
- **설빔** 설날을 맞이하여 새로 장만해 입는 옷이나 신발.

자료 1 옛날과 오늘날의 세시 풍속

구분	옛날의 세시 풍속	오늘날의 세시 풍속
설날	• 설빔을 입고, 차례를 지냈음. • 세배를 드리고, 떡국을 먹었음. • 복조리를 집 안에 걸었음. • 사람들이 모여 윷놀이를 하였음.	• 떨어져 살던 가족과 친척이 모임. • 차례를 지내는 집이 있음. • 세배를 드리고, 떡국을 먹음. • 전통놀이를 체험할 수 있는 곳을 찾아감.
추석	• 차례를 지내고 성묘를 갔음. • 송편을 빚어 먹었음. • 마을 사람들이 모여서 강강술래, 줄다리기 등을 즐겼음.	• 멀리 떨어져 사는 가족이 한자리에 모임. • 차례를 지내고 성묘를 감. • 음식을 만들거나 사 먹기도 함.

자료 2 윷놀이를 하는 방법

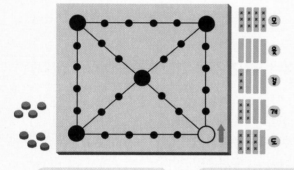

❶ 두 편으로 나누고 윷말을 네 개씩 가짐. ➡ ❷ 순서를 정해 윷을 던지고, 윷이 뒤집힌 모양에 따라 윷말을 옮김.

➡ ❸ 윷 또는 모가 나오거나, 상대편의 윷말을 잡으면 윷을 한 번 더 던짐. ➡ ❹ 네 개의 윷말이 먼저 출발지로 들어오면 이김.

핵심 개념 정리

• 오늘날에는 농사와 관련된 세시 풍속이 많이 사라지고 있습니다.
• 큰 명절을 중심으로 세시 풍속이 이어져 오고 있습니다.

벌레를 없애야 농사가 잘될 수 있어.

옛날 　　　　　오늘날

---

1 다음 중 동지에 나쁜 기운을 쫓는 의미로 만들어 먹었던 음식을 골라 ○표 하시오.

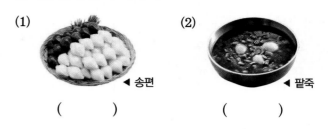

(1) ◀ 송편　　　　　(2) ◀ 팥죽

(　　　)　　　　　(　　　)

2 오늘날에 볼 수 있는 추석의 세시 풍속으로 알맞은 것에 ○표, 알맞지 않은 것에 ✕표 하시오.

(1) 조상들께 차례를 지내고 성묘를 갑니다. (　　　)

(2) 웃어른께 세배를 드리고 떡국을 먹습니다. (　　　)

3 다음 (　　) 안의 알맞은 말에 ○표 하시오.

　　옛날에는 (농사, 장사)와 관련된 다양한 세시 풍속을 즐겼다.

4 오늘날 세시 풍속의 특징으로 옳은 것에 ○표, 옳지 않은 것에 ✕표 하시오.

(1) 옛날의 세시 풍속은 모두 사라졌습니다. (　　　)

(2) 큰 명절을 중심으로 세시 풍속이 이어져 오고 있습니다.
　　　　　　　　　　　　　　　　　　　(　　　)

5 (　　　　　　　)은/는 윷, 윷말, 윷판만 있으면 어디에서나, 누구나 즐길 수 있습니다.

1 설날, 추석 등 옛날부터 해마다 즐기거나 기념하는 날을 ⬜ㅁ ⬜ㅈ (이)라고 합니다.

2 ⬜ㅈ ⬜ㅇ ⬜ㄷ ⬜ㅂ ⬜ㄹ 은/는 음력 1월 15일로, 새해의 첫 보름달이 뜨는 날입니다.

3 오늘날에는 ⬜ㄴ ⬜ㅅ 와/과 관련된 세시 풍속이 많이 사라졌습니다.

4 다음에서 설명하는 것은 무엇인지 쓰시오.

> • 해마다 일정한 날이나 계절에 반복하는 우리 고유의 풍속이다.
> • 하는 일, 하는 놀이, 먹는 음식 등 다양한 생활 모습과 관련이 있다.

(   )

5* 설날에 즐겼던 세시 풍속으로 알맞은 것은 어느 것입니까? (   )

①
▲ 강강술래

②
▲ 송편 먹기

③
▲ 단풍과 국화 즐기기

④
▲ 세배하기

6 다음 그림과 같은 쥐불놀이를 즐겼던 명절은 무엇입니까? (   )

① 설날   ② 한식
③ 삼짇날   ④ 중양절
⑤ 정월 대보름

7 명절의 시기가 잘못 연결된 것은 어느 것입니까? (   )

① 설날 – 음력 1월 1일
② 한식 – 음력 3월 3일
③ 단오 – 음력 5월 5일
④ 추석 – 음력 8월 15일
⑤ 동지 – 양력 12월 22일경

8 다음 그림을 참고하여 단오에 즐겼던 세시 풍속을 두 가지 쓰시오.

서술형

_____

_____

9 삼복에 했던 세시 풍속을 보기 에서 모두 골라 기호를 쓰시오.

보기
㉠ 물놀이를 즐겼다.
㉡ 호미를 걸어 두었다.
㉢ 영양이 풍부한 음식을 먹었다.
㉣ 불을 사용하지 않고 찬 음식을 먹었다.

( )

10* 추석에 즐겨 먹었던 음식은 무엇입니까? ( )

①
▲ 오곡밥

②
▲ 팥죽

③
▲ 송편

④
▲ 닭백숙

11 다음 달력을 보고 국화로 만든 음식을 먹었던 중양절은 음력으로 언제입니까? ( )

① 음력 9월 1일   ② 음력 9월 9일
③ 음력 9월 20일   ④ 음력 10월 4일
⑤ 음력 10월 9일

12 상달에 다음과 같은 세시 풍속을 하였던 까닭으로 알맞은 것은 어느 것입니까? ( )

김장을 하고 메주를 띄웠다.

① 차례를 지내기 위해
② 농사가 잘되기를 빌기 위해
③ 더운 여름을 이겨 내기 위해
④ 다가오는 겨울을 대비하기 위해
⑤ 조상들께 고마움을 표현하기 위해

13 동지에 나쁜 기운을 쫓는 의미로 하였던 세시 풍속은 무엇입니까? ( )

① 팥죽을 먹었다.
② 부럼 깨기를 했다.
③ 부채를 주고받았다.
④ 조상의 산소를 찾아가 성묘를 했다.
⑤ 마을 사람들이 모여 강강술래를 했다.

14 오늘날 설날을 보내는 모습으로 알맞지 않은 것은 어느 것입니까? ( )

① 떡국을 먹는다.
② 복조리를 집 안에 건다.
③ 어른들에게 세배를 드린다.
④ 차례를 지내지 않는 집도 있다.
⑤ 가족들이 모여 윷놀이를 하기도 한다.

15~16 다음 자료를 보고, 물음에 답하시오.

(가)
새해에 한 해의 풍년을 기원하였음.

(나)
조상의 산소를 보살피고, 농사일을 시작했음.

(다)
곡식과 과일을 거두고, 수확의 기쁨을 나누었음.

(라)
농사일을 잘하려고 영양이 풍부한 음식을 먹었음.

15 조상들이 위와 같은 세시 풍속을 즐겼던 계절을 쓰시오.

(가) ( ), (나) ( )
(다) ( ), (라) ( )

16 옛날에 위와 같은 세시 풍속을 즐겼던 까닭으로 알맞은 것은 어느 것입니까? ( )

① 직업이 다양했기 때문에
② 어린이들이 많았기 때문에
③ 과학 기술이 발달했기 때문에
④ 주로 농사를 짓고 살았기 때문에
⑤ 계절의 영향을 받지 않았기 때문에

17 옛날과 다른 오늘날 세시 풍속의 특징을 한 가지 쓰시오.
서술형

_____

_____

18 옛날과 오늘날 추석 세시 풍속의 공통점으로 알맞은 것은 어느 것입니까? ( )

① 차례를 지낸다.
② 음식을 사 먹는다.
③ 가족들이 모이지 않는다.
④ 마을 사람들이 모두 모여 농악을 즐긴다.
⑤ 전통놀이를 체험할 수 있는 행사장을 찾아간다.

19 다음 대화를 읽고 빈칸에 들어갈 알맞은 말은 무엇입니까? ( )

어떤 세시 풍속을 체험해 보면 좋을까?

옛날에는 설날에 ( )을/를 벽에 걸어 두는 세시 풍속이 있었대.

그럼 우리 색종이를 이용해 ( )을/를 만들어 보자.

① 윷 ② 제기
③ 부채 ④ 팥죽
⑤ 복조리

20 윷놀이에 대한 설명으로 알맞지 <u>않은</u> 것은 어느 것입니까? ( )

① 누구나 즐길 수 있다.
② 윷, 윷판, 윷말이 필요하다.
③ 여름을 잘 보내라는 의미가 담겨 있다.
④ 설날과 정월 대보름 사이에 즐겼던 놀이이다.
⑤ 네 개의 윷말이 먼저 출발지로 들어오면 이긴다.

1 다음 사진을 보고, 물음에 답하시오. [12점]

(가)

▲ 떡국

(나)

▲ 오곡밥

(1) 위 음식을 먹었던 명절을 각각 쓰시오. [각 2점]

(가) (　　　　　　), (나) (　　　　　　)

(2) 위 (나)와 같은 음식을 먹었던 명절에 볼 수 있었던 세시 풍속을 두 가지 쓰시오. [8점]

_____

_____

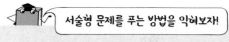
서술형 문제를 푸는 방법을 익혀보자!

1단계 자료 분석하기

(가), (나)를 먹었던 명절은 무엇일까?

(가): 새해 첫날에 먹는 음식	(나): 다섯 가지 곡식을 섞어 지은 밥
↓	↓
설 날	정 월 대 보 름

2단계 묻는 것 찾기

발문에서 실마리를 찾아볼까?

세시 풍속의 뜻을 떠올려 봐! 정월 대보름마다 반 복 하여 하는 일, 하는 놀이 등 고유의 풍 속 이어야 해.

3단계 생각하기

(나) 명절에만 하는 생활 모습을 제시해야 해!

정월 대보름의 세시 풍속

부 럼 깨기	오곡밥과 나물 먹기	달집태우기, 쥐 불 놀 이

---

2 다음 자료를 보고, 물음에 답하시오. [12점]

시기	하는 일
음력 8월 15일	ⓛ

ㄱ

먹는 음식	하는 놀이
송편	줄다리기, 강강술래

(1) ㉠에 들어갈 알맞은 명절을 쓰시오. [4점]

(　　　　　　)

(2) ㉡에 들어갈 알맞은 내용을 쓰시오. [8점]

_____

_____

---

3 다음 그림을 보고, 물음에 답하시오. [12점]

(가)

▲ 그네뛰기

(나)

▲ 쥐불놀이

(1) 위에서 농사와 관련된 세시 풍속을 골라 기호를 쓰시오. [4점]

(　　　　　　)

(2) 위 (1)번 답과 같은 농사와 관련된 세시 풍속이 오늘날 많이 사라진 까닭을 쓰시오. [8점]

_____

_____

옛날과 오늘날을 비교해 보면 시대마다 생활 도구, 집의 형태뿐만 아니라 세시 풍속도 달라졌습니다.

1 옛날과 오늘날의 생활 모습

개념1 옛날 사람들의 생활 모습

돌로 만든 도구를 사용한 시대	• 돌을 깨뜨리거나 나무를 다듬어 생활 도구로 사용했음. • 시간이 흘러 흙으로 그릇을 만들고, 돌을 갈아서 더 좋은 도구를 만들어 사용했음.
금속으로 만든 도구를 사용한 시대	• 청동으로 도구를 만들어 사용했음. • 철로 농사 도구와 무기를 만들어 사용하면서 사람들의 생활이 크게 바뀌었음.

개념2 여러 도구와 집 형태의 발달로 달라진 생활 모습

여러 가지 도구의 발달	• 농기계로 편리하게 농사를 짓고 있음. • 음식을 빠르고 편리하게 만들 수 있음. • 방직기, 재봉틀로 옷을 쉽고 빠르게 만들 수 있음.
집의 형태 발달	동굴 → 움집 → 초가집, 기와집 → 주택, 아파트로 발달하면서 사람들의 생활 모습도 달라졌음.

👁 그림을 보고 배운 개념을 떠올리며 말풍선을 채워 보세요.

1

돌을 깨뜨려 도구를 만들고, 열매를 따거나 사냥으로 먹을거리를 얻었음.

돌을 갈아서 도구를 만들고, 땅을 갈아서 농사를 지었음.

청동으로 무기, 장신구, 제사 도구를 만들었지만, 농사에서는 주로 돌 도구를 사용했음.

농사 도구를 철로 만들면서 농업이 크게 발달했고, 철로 무기도 만들었음.

옛날 사람들은 돌과 나무로 생활 도구를 만들어 사용했습니다. 시간이 흘러 청동으로 도구를 만들었다가 이후 더 단단한 (❶)(으)로 다양한 도구를 만들어 사용했습니다.

2 옛날과 오늘날의 세시 풍속

개념3 옛날의 세시 풍속

설날	차례 지내기, 세배하기, 떡국 먹기 등
정월 대보름	오곡밥과 나물 먹기, 부럼 깨기, 쥐불놀이 등
삼짇날	진달래꽃으로 전 만들어 먹기, 꽃놀이 등
한식	찬 음식 먹기, 성묘하기 등
단오	수리취떡 먹기, 창포물로 머리 감기 등
삼복	영양이 풍부한 음식 먹기, 물놀이 등
백중	호미 걸어 두기
추석	송편 먹기, 차례 지내기, 강강술래 등
중양절	국화전 먹기 등
상달	김장하기, 메주 띄우기
동지	팥죽 먹기

개념4 옛날과 오늘날의 세시 풍속 비교

공통점	설날과 추석에 차례, 성묘 등을 함.
차이점	오늘날 농사와 관련된 세시 풍속이 많이 사라졌음.

👁 그림을 보고 배운 개념을 떠올리며 말풍선을 채워 보세요.

3

한복 / 연날리기 / 윷놀이 / 입는 옷 / 하는 놀이 / 하는 일 / 먹는 음식 / 세배하기 / 떡국

설날에 입는 옷, 하는 놀이, 하는 일, 먹는 음식처럼 해마다 일정한 날이나 계절에 반복하는 우리 고유의 풍속을 (❸)(이)라고 합니다.

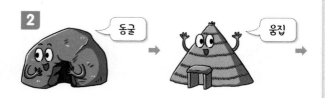

2

동굴 → 웅집 →

추위와 동물의 공격을 피했습니다.

집 한가운데 불을 피워 따뜻하게 지냈습니다.

초가집과 기와집

주택, 아파트

(❷　　　)은/는 볏짚, 기와집은 기와로 지붕을 덮었습니다.

거실, 주방이 연결되어 있습니다.

4

옛날 세시 풍속

벌레를 없애야 농사가 잘될 수 있어.

오늘날 세시 풍속 모습

오늘날에는 (❹　　　)와/과 관련된 세시 풍속이 많이 사라졌고, 큰 명절을 중심으로 세시 풍속이 이어져 오고 있습니다.

옳은 문장에 ○, 틀린 문장에 ✕하세요. 틀린 부분은 밑줄을 긋고 바른 개념으로 고쳐 써 보세요.

1 돌을 깨뜨려 만든 도구를 사용한 시대에는 사냥을 하거나 열매를 따서 먹을거리를 얻었습니다.　　　(　　　)

2 청동을 이용하여 음식을 만드는 칼, 농사 도구, 무기 등을 만들어 사용했습니다.　　　(　　　)

3 땅을 가는 도구는 돌괭이 → 철로 만든 괭이 → 쟁기 → 트랙터 순으로 발달했습니다.　　　(　　　)

4 옛날 사람들은 가락바퀴로 식물의 줄기를 꼬아서 실을 만들었습니다.　　　(　　　)

5 흙을 구워 만든 기와로 지붕을 덮은 집을 움집이라고 합니다.　　　(　　　)

6 여러 층으로 높게 지은 아파트는 많은 사람이 살 수 있는 집의 형태입니다.　　　(　　　)

7 설날은 음력 1월 15일로, 새해 첫날입니다.
　　　(　　　)

8 단오에는 나쁜 기운을 쫓으려고 창포물에 머리를 감았습니다.　　　(　　　)

9 추석에 다가오는 겨울을 대비해 김장을 하고 메주를 띄웠습니다.　　　(　　　)

10 오늘날에는 경칩과 같은 큰 명절을 중심으로 세시 풍속이 이어져 오고 있습니다.　　　(　　　)

1★ 다음 도구를 사용했던 사람들의 생활 모습으로 알맞지 <u>않은</u> 것은 어느 것입니까? (   )

① 사냥을 하였다.
② 동굴이나 바위 그늘에서 살았다.
③ 동물 가죽으로 옷을 만들어 입었다.
④ 돌을 이용해 생활 도구를 만들었다.
⑤ 철이 일상생활에서 널리 사용되었다.

2 다음 그림을 보고 돌을 갈아서 도구를 만들었던 시대의 생활 모습을 두 가지 쓰시오.
서술형

_____

_____

3 청동이 무기, 장신구 등을 만드는 데 주로 쓰였던 까닭으로 옳은 것은 어느 것입니까? (   )

① 철보다 단단했기 때문에
② 색이 너무 어두웠기 때문에
③ 만드는 과정이 쉬웠기 때문에
④ 재료를 구하기 어려웠기 때문에
⑤ 깨뜨리거나 갈아서 사용할 수 있었기 때문에

4 다음과 같은 농사 도구를 사용하면서 달라진 생활 모습으로 알맞은 것은 어느 것입니까? (   )

▲ 철로 만든 괭이   ▲ 철로 만든 낫

① 소를 키우지 않게 되었다.
② 청동으로 무기를 만들었다.
③ 전쟁에서 쉽게 이길 수 있었다.
④ 동물을 사냥하기가 힘들어졌다.
⑤ 더 많은 곡식을 수확할 수 있었다.

5 오늘날 곡식을 수확할 때 사용하는 농기계는 무엇입니까? (   )

① 쟁기   ② 콤바인
③ 탈곡기   ④ 돌괭이
⑤ 반달 돌칼

6 음식을 만드는 도구가 발달하면서 달라진 사람들의 생활 모습으로 알맞은 것은 어느 것입니까?
(   )

① 음식의 종류가 줄어들었다.
② 음식을 만들기가 더 어려워졌다.
③ 음식을 먹지 않는 사람이 늘어났다.
④ 음식을 만드는 데 시간이 오래 걸린다.
⑤ 음식을 빠르고 편리하게 만들 수 있다.

7 다음 빈칸에 들어갈 알맞은 도구를 쓰시오.

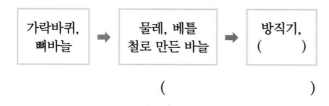

| 가락바퀴, 뼈바늘 | ➡ | 물레, 베틀 철로 만든 바늘 | ➡ | 방직기, ( ) |

( )

8 아주 오래전에 먹을 것을 찾아 이동하며 살았던 사람들이 살았던 곳은 어디입니까? ( )

① 동굴
② 움집
③ 초가집
④ 아파트
⑤ 연립 주택

9* 움집에 살았던 사람들의 생활 모습으로 알맞은 것은 어느 것입니까? ( )

① 외양간을 두어 가축을 길렀다.
② 볏짚을 엮어 지붕을 만들었다.
③ 거실에서 가족들이 함께 시간을 보냈다.
④ 집 가운데에 불을 피워 따뜻하게 지냈다.
⑤ 남자들은 사랑채, 여자들은 안채에서 생활했다.

10 다음 그림과 같은 집을 무엇이라고 하는지 쓰고, 이 집에 사는 사람들의 생활 모습을 쓰시오.

서술형

(1) 집의 이름: ( )

(2) 생활 모습:

_____

_____

11 정월 대보름에 즐겼던 세시 풍속이 <u>아닌</u> 것은 어느 것입니까? ( )

① 부럼을 깨물었다.
② 쥐불놀이를 하였다.
③ 남자들은 씨름을 했다.
④ 풍년을 바라며 오곡밥을 먹었다.
⑤ 달을 보고 소원을 비는 달맞이를 하였다.

12 다음과 같은 세시 풍속을 즐겼던 명절을 바르게 짝지은 것은 어느 것입니까? ( )

(개) ▲ 창포물로 머리 감기   (내) ▲ 닭백숙 먹기

	(개)	(내)
①	설날	한식
②	단오	삼복
③	백중	동지
④	삼복	중양절
⑤	삼짇날	추석

13 다음에서 설명하는 명절은 무엇인지 쓰시오.

- 불을 사용하지 않고 찬 음식을 먹었다.
- 한 해 농사가 잘되기를 바라며 조상들의 산소에 가서 성묘했다.

( )

14 추석에 즐겼던 세시 풍속으로 알맞은 것은 어느 것입니까? ( )

①
▲ 쥐불놀이

②
▲ 복조리 걸기

③
▲ 송편 먹기

④
▲ 메주 띄우기

15 다음에서 설명하는 명절은 무엇입니까? ( )

> • 음력 9월 9일이다.
> • 국화로 국화전을 만들어 먹었다.
> • 단풍과 국화를 구경하려고 나들이를 갔다.

① 삼복　　　　　② 백중
③ 추석　　　　　④ 상달
⑤ 중양절

16
서술형
동지에 다음 사진의 음식을 먹었던 까닭은 무엇인지 쓰시오.

_____

17 옛날에 다음과 같은 세시 풍속을 볼 수 있었던 계절은 언제인지 쓰시오.

조상님! 농사가 잘되게 도와주세요.
농사일을 시작해요.

( )

18 옛날부터 오늘날까지 이어지고 있는 설날의 세시 풍속은 어느 것입니까? ( )

① 수리취떡을 먹는다.
② 차례를 지내지 않는다.
③ 웃어른께 세배를 드린다.
④ 전화를 이용해서 새해 인사를 한다.
⑤ 윷놀이를 하며 한 해의 운세를 점친다.

19 오늘날 농사와 관련된 세시 풍속이 많이 사라진 까닭으로 알맞은 것은 어느 것입니까? ( )

① 명절이 없어졌기 때문에
② 직업이 다양해졌기 때문에
③ 친척들이 명절에만 모이기 때문에
④ 농사를 짓는 사람이 많아졌기 때문에
⑤ 계절의 변화에 영향을 많이 받기 때문에

20 세시 풍속을 체험하는 방법을 잘못 말한 사람은 누구입니까? ( )

① 가람: 송편을 만들어 먹을 거예요.
② 나비: 가족들과 윷놀이를 하고 싶어요.
③ 다정: 친구들과 제기차기를 하려고 해요.
④ 라은: 크리스마스트리를 예쁘게 꾸밀 거예요.
⑤ 마음: 색종이로 복조리를 만들어 벽에 걸어 두려고 해요.

수행 평가

2-1 옛날과 오늘날의 생활 모습

학습 주제	시대에 따라 다른 생활 도구	배점	30점
학습 목표	옛날 사람들이 만들어 사용하던 생활 도구를 통해 옛날의 생활 모습을 설명할 수 있다.		

1~3 다음 사진을 보고, 물음에 답하시오.

(가)

▲ 주먹 도끼

(나)

▲ 비파형 동검

(다)

▲ 빗살무늬 토기

(라)

▲ 철로 만든 괭이

1 위 도구가 발달한 순서대로 기호를 쓰시오. [5점]

(   ) → (   ) → (   ) → (   )

2 위 (가) 도구를 사용하던 시대의 생활 모습을 보기 에서 모두 골라 기호를 쓰시오. [5점]

> **보기**
> ㉠ 초가집에서 생활하였다.
> ㉢ 돌과 나무로 생활 도구를 만들었다.
> ㉡ 동물 가죽으로 옷을 만들어 입었다.
> ㉣ 전쟁에서 철로 만든 무기를 사용했다.

(   )

3 위 (나) 도구를 만드는 데 쓰인 금속의 종류를 쓰고, 이 재료를 사용해 주로 무엇을 만들었는지 쓰시오. [20점]

(1) 금속의 종류: (   )

(2) 주로 만든 것:

2-2 옛날과 오늘날의 세시 풍속

학습 주제	옛날의 세시 풍속	배점	30점
학습 목표	옛날에 어떤 세시 풍속이 있었는지 설명할 수 있다.		

1~2 다음 옛날의 세시 풍속 모습을 보고, 물음에 답하시오.

(가)

▲ 설날

(나)

▲ 정월 대보름

(다)

▲ 단오

(라)

▲ 삼복

(마)

▲ 추석

(바)

▲ 동지

1 위 모습 중에서 가을과 관련 있는 것을 골라 기호를 쓰시오. [5점]

(   )

2 위 (가)~(바) 명절에 즐겼던 세시 풍속에 맞게 빈칸에 들어갈 알맞은 내용을 써서 표를 완성하시오. [각 5점]

구분	먹는 음식	하는 일 또는 하는 놀이
(가)	떡국	❶
(나)	❷ , 나물, 부럼	달집태우기와 쥐불놀이를 하였다.
(다)	수리취떡	부채를 선물하였다. ❸ 물로 머리를 감았다. 그네뛰기와 씨름 등을 즐겼다.
(라)	닭백숙, 육개장	계곡에서 물놀이를 즐겼다.
(마)	송편, 토란국	❹
(바)	❺	대문에 팥죽을 뿌리기도 했다.

3

가족의 모습과 역할 변화

1 가족의 구성과 역할 변화
2 다양한 가족이 살아가는 모습

1 가족의 구성과 역할 변화(1)

😊 공부할 개념
• 가족의 뜻 알아보기
• 옛날과 오늘날의 결혼 풍습 비교하기
• 옛날과 오늘날 결혼 풍습의 공통점 알아보기

1 가족

뜻	함께 살아가면서 힘들고 어려운 일이 있을 때 서로 도와주고, 기쁘고 즐거운 일이 있을 때 행복을 함께 나누는 사람들
만들어지는 사례	•결혼, 출산, 입양 등

↳ 법으로 부모와 자식의 관계를 맺어 가족이 되는 거예요.

2 옛날과 오늘날의 결혼 •풍습 자료⁺1

신랑 집안과 신부 집안의 어른들이 신랑과 신부의 혼인을 약속해요.

★ **(1) 옛날의 결혼 풍습**

❶ •혼인하는 날 신랑은 말을 타고 신부의 집으로 갔음.

❷ 신랑이 나무로 만든 기러기를 신부 측에 건네주면 •혼례가 시작되었음.

❸ 신랑과 신부가 마주 보고 절을 하고 부부가 되었음을 사람들에게 알렸음.

❹ 신부의 집에서 며칠을 보낸 후 신랑은 말을, 신부는 가마를 타고 신랑의 집으로 갔음.

❺ 신부가 신랑의 집안 어른들에게 •폐백을 드리고, 어른들은 대추와 밤을 던져 주었음.

↳ 신랑의 집안에 새로 들어왔다는 것을 알리는 뜻으로 했어요.

오늘날에는 개인이 자유롭게 배우자를 선택하여 결혼해요.

★ **(2) 오늘날의 결혼 풍습**

장소	결혼식장, 공원, 정원 등 결혼식 장소가 다양함.
모습	• 신랑은 턱시도를 입고 신부는 웨딩드레스를 입음. • 신랑과 신부가 결혼반지를 주고받으며 결혼을 약속함. • 결혼식장에 있는 폐백실에서 폐백을 드리기도 함. 자료⁺2 • 결혼식을 마치고 신혼여행을 떠남.

용어 사전

• **결혼** (結 맺을 결, 婚 혼인할 혼) 남자와 여자가 서로 약속하여 부부가 되는 것.
• **풍습** (風 바람 풍, 習 익힐 습) 옛날부터 전해 내려오는 생활 습관이나 생활 모습.
• **혼인** 결혼과 같은 말로, 남자와 여자가 부부가 되는 일.
• **혼례** (婚 혼인할 혼, 禮 예절 예) 결혼식과 같은 말로, 남자와 여자가 부부가 되기로 약속하는 의식.
• **폐백** 결혼식을 마치고 신부가 신랑의 집안 어른들께 첫인사를 올리는 것.

▲ 결혼식장 결혼식

▲ 야외 결혼식

▲ 전통 혼례 방식의 결혼식

↳ 신랑과 신부는 전통 혼례복을 입어요.

(3) 옛날과 오늘날 결혼 풍습의 공통점

① 사람들에게 신랑 신부 두 사람이 부부가 된 것을 알립니다.
② 가족과 친척이 모여 신랑 신부의 행복한 미래를 축복해 줍니다.

자료 1 옛날과 오늘날의 결혼 풍습 비교

구분		옛날	오늘날
차이점	장소	신부의 집	결혼식장, 공원 등
	옷	한복	턱시도, 웨딩드레스
	주고받는 물건	나무로 만든 기러기	결혼반지
	폐백을 드리는 장소	신랑의 집	결혼식장에 있는 폐백실
공통점		• 두 사람의 결혼을 알리는 것 • 가족의 탄생을 축하하는 마음	

 **자료 2 폐백**

오늘날에는 결혼식장에서 신랑 신부 양쪽 집안에 폐백을 드리기도 하고, 폐백을 드리지 않는 경우도 있습니다.

🎓 **핵심 개념 정리**

• 가족은 결혼, 출산, 입양 등으로 만들어집니다.
• 옛날과 오늘날의 결혼 풍습은 다르지만 신랑 신부를 축복해 주는 마음은 같습니다.

> 옛날과 오늘날 결혼하면서 주고받았던 물건은 다르지만, 둘 다 평생을 함께 하자는 의미가 있지.

옛날   오늘날

---

1 가족은 (   ), 출산, 입양 등으로 만들어져 행복을 나누며 함께 살아가는 사람들입니다.

2 옛날의 결혼 풍습에 대한 설명으로 옳은 것에 ○표, 옳지 않은 것에 ✕표 하시오.

(1) 혼인하는 날 신부는 신랑의 집으로 갔습니다. (   )

(2) 신랑이 나무로 만든 기러기를 신부 측에 건네주면 혼례가 시작되었습니다. (   )

3 다음 (   ) 안의 알맞은 말에 ○표 하시오.

> 옛날에는 신부가 신랑의 집안에 새로 들어왔다는 것을 알리는 뜻으로 (폐백, 가마)을/를 드렸다.

4 오늘날 결혼식에서 신랑과 신부가 입는 옷을 선으로 바르게 연결하시오.

(1) 신랑 •   •⊙ 턱시도

(2) 신부 •   •ⓒ 웨딩드레스

5 옛날과 오늘날의 결혼 풍습을 비교했을 때 공통점으로 옳은 것에 ○표, 옳지 않은 것에 ✕표 하시오.

(1) 신랑 신부가 결혼반지를 주고받습니다. (   )

(2) 가족, 친척 등 많은 사람이 신랑과 신부를 축복해 줍니다. (   )

1 가족의 구성과 역할 변화(2)

1 가족의 형태

확대 가족	핵가족 자료⁺1
결혼한 자녀와 부모가 함께 사는 가족	결혼하지 않은 자녀와 부모가 함께 사는 가족

아들 어머니 할머니 할아버지 아버지 딸

아버지 딸 할머니

아들 어머니

아들 아버지 어머니 딸

★ 2 옛날과 오늘날의 가족 형태 비교 ┌─●생활 모습이 달라지면서 가족의 형태도 바뀌고 있어요.

구분	옛날	오늘날 자료⁺2
생활 모습	주로 농사를 짓고 살았음.	• ●산업이 발달하면서 다양한 일자리가 생겨났음. • 사람들의 생활 방식과 가족에 대한 생각 등이 변화함.
가족 형태	• 종류: 확대 가족이 많았음. • 까닭: 농사에는 ●일손이 많이 필요했기 때문 →옛날에는 일손이 필요해서 확대 가족이 많았지만 모두 확대 가족이었던 것은 아니예요.	• 종류: 핵가족이 많음. • 까닭 → 개인 생활을 위해 독립하는 경우도 늘고 있어요. 　─ ●직장이나 교육 등을 위해 다른 고장으로 이사를 가기 때문 　─ ●쾌적한 환경, 살기 좋은 곳을 찾아 이동하기 때문
가족 ●구성원	가족 구성원의 수가 많았음.	가족 구성원의 수가 적음.
가족 모습	 할아버지, 할머니, 아빠, 엄마, 삼촌, 동생들과 함께 살아요. 결혼을 해도 가족이 따로 살지 않고 함께 모여 사는 경우가 많았음.	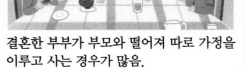 아빠, 엄마, 동생과 함께 살아요. 결혼한 부부가 부모와 떨어져 따로 가정을 이루고 사는 경우가 많음.

용어 사전

• **산업** (産 생산할 산, 業 일업) 사람들이 살아가는 데 필요한 것을 만드는 모든 활동.
• **일손** 일을 하는 사람.
• **직장** (職 벼슬 직, 場 마당 장) 사람들이 일정한 직업을 가지고 일하는 곳.
• **쾌적하다** 기분이 상쾌하고 즐겁다.
• **구성원** 어떤 조직이나 단체를 이루고 있는 사람들.

정답과 풀이 60쪽

자료 1 가족사진

우리 가족을 소개할게. 우리 가족의 형태는 핵가족이야. 우리 가족은 아빠, 엄마, 누나, 나 이렇게 네 명이야.

1 다음 가족 형태와 그 뜻을 선으로 바르게 연결하시오.

(1) 핵가족 •

• ㉠ 결혼한 자녀와 부모가 함께 사는 가족

(2) 확대 가족 •

• ㉡ 결혼하지 않은 자녀와 부모가 함께 사는 가족

자료 2 오늘날 핵가족이 많아지고 있는 까닭

직장을 구해 이곳으로 오면서 가족과 떨어져 살게 되었어요.

우리 교육 때문에 이곳으로 이사 왔어요.

정든 고향에서 계속 살고 싶어요.

장사를 하려고 사람들이 많은 도시로 이사 왔어요.

2 가족 구성원을 보고 확대 가족이면 '확', 핵가족이면 '핵'이라고 쓰시오.

(1) 아버지, 어머니, 나, 남동생 ( )

(2) 할아버지, 할머니, 아버지, 어머니, 언니, 나 ( )

3 옛날에는 주로 ( )을/를 짓고 살았기 때문에 일손이 많이 필요해 확대 가족이 많았습니다.

4 오늘날의 가족 형태에 대한 설명으로 옳은 것에 ○표, 옳지 <u>않은</u> 것에 ✕표 하시오.

(1) 직장, 교육 등을 위해 다른 지역으로 이사하는 사람이 많아 핵가족이 많아지고 있습니다. ( )

(2) 결혼한 자녀와 고향에서 함께 살고 싶어 하는 부모가 많아 핵가족이 사라지고 있습니다. ( )

핵심 개념 정리

• 가족의 형태는 크게 확대 가족과 핵가족이 있습니다.

• 옛날에는 농사를 짓기 위해 일손이 많이 필요해 확대 가족이 많았지만, 오늘날에는 핵가족이 많습니다.

오늘날에는 핵가족이 더 많아.

확대 가족   핵가족

5 다음 ( ) 안의 알맞은 말에 ○표 하시오.

옛날에는 ㉠(확대 가족, 핵가족)이 많았는데 사회가 변화하면서 오늘날에는 ㉡(확대 가족, 핵가족)이 더 많아졌다.

1 가족의 구성과 역할 변화(3)

1 가족 구성원의 역할 변화

(1) 옛날과 오늘날 가족 구성원의 °역할

옛날 가족 구성원의 역할	오늘날 가족 구성원의 역할
• 가족 구성원의 역할이 구분되어 있었음. • 남자는 주로 바깥일을 하고 여자는 주로 집안일을 했음. • 집안에서 나이 많은 남자 어른이 가족의 중요한 일을 결정했음. ┌• 다른 가족들은 그 결정에 따랐어요.	• 남녀의 역할 구분이 없어지고 있음. • 가족 구성원이 집안일을 함께 나누어 함. • 중요한 일은 가족 구성원이 의논하여 함께 결정하기도 함.

▲ 남자들은 바깥에서 농사일을 하거나 나라의 큰일에 참여했고, 남자아이는 글공부를 하였음.

▲ 부모가 모두 직장에 다 니는 경우가 많음.
▲ 부모가 함께 자녀를 돌 봄.

▲ 여자들은 부엌에서 음식 준비, 수놓기, 아기 돌보기 등 을 하였음.

▲ 역할을 정해 집안일을 나누어 함.
▲ 가족의 일을 의논하여 함께 결정함.

(2) **가족 구성원의 역할이 변한 까닭**: 오늘날에는 남녀 모두 교육받을 °기회가 많아지고 여성의 사회 활동이 활발해졌기 때문입니다. →• 남자와 여자가 평등하다고 생각해요.

2 가족 구성원의 바람직한 역할

(1) **가족 구성원 사이의 °갈등**: 가족 구성원이 서로 생각이 다르거나 각자의 역할을 하지 않을 때 갈등이 생깁니다.

아이들이 잠자리를 스스로 정리하지 않 아 힘들어요.

나 혼자만 집안일을 하는 경우에 화가 나요.

다들 바쁘다고 집안 일을 미룰 때가 있 어요.

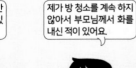
제가 방 청소를 계속 하지 않아서 부모님께서 화를 내신 적이 있어요.

아빠   엄마   누나   나

(2) **가족 구성원 간의 갈등을 해결하기 위해 해야 할 일** [자료1]
① 대화를 나누며 갈등의 원인을 파악해야 합니다.
② 서로의 생각을 이해하며 해결 방법을 찾도록 노력해야 합니다.

(3) **가족 구성원의 바람직한 역할** ─┌• 행복한 가족이 되려면 가족 구성원들이 자신의 바람직한 역할을 알고 실천하는 것이 중요해요.
① 가족 구성원이 서로 존중하고 °배려하는 마음을 가집니다.
② 문제가 생겼을 때는 협력하여 해결해야 합니다.
③ 가족 구성원으로서 자신의 역할을 바로 알고 실천해야 합니다.

용어 사전

• **역할**(役 부릴 역, 割 나눌 할) 자기가 마땅히 하여야 할 맡은 바 직책이나 임무.
• **기회**(機 틀 기, 會 모일 회) 어떠한 일을 하는 데 적절 한 시기나 경우.
• **갈등**(葛 칡 갈, 藤 등나무 등) 서로 생각이나 마음이 맞 지 않아 다투는 상황.
• **배려**(配 나눌 배, 慮 생각할 려) 도와주거나 보살펴 주 려고 마음을 씀.

자료 1 가족 구성원 간의 갈등 해결 방법을 역할극으로 표현하기

자료 2 행복한 가족을 만들기 위한 나의 역할 실천 계획 📄

나의 역할	○월				
	○일	○일	○일	○일	○일
내 방 청소 내가 하기					
다 먹은 그릇 설거지통에 넣기					
아침에 일어나 이불 개기					

가족을 위해 내가 할 수 있는 일을 계획해 보고, 실천 결과를 매우 잘함(◎), 잘함(○), 보통(△)으로 표시합니다.

핵심 개념 정리

- 옛날에 비해 오늘날에는 가족 구성원 간 남녀의 역할 구분이 없어졌습니다.
- 가족이 행복하게 생활하려면 가족 구성원 모두가 서로 배려하고 협력하며, 각자의 역할을 잘 실천해야 합니다.

1 옛날 가족 구성원의 역할로 옳은 것에 ○표, 옳지 <u>않은</u> 것에 ✕표 하시오.

(1) 여자는 주로 집 안에서 글공부를 했습니다. (　　　)

(2) 남자는 주로 농사일 등의 바깥일을 했습니다. (　　　)

2 다음 (　　　) 안의 알맞은 말에 ○표 하시오.

> 오늘날에는 남녀의 역할 구분이 (생기면서, 없어지면서) 가족 구성원이 집안일을 함께 나누어 한다.

3 옛날 가족 구성원의 모습에 해당하면 '옛', 오늘날 가족 구성원의 모습에 해당하면 '오'라고 쓰시오.

(1) 나이 많은 남자 어른이 가족의 중요한 일을 결정하였습니다. (　　　)

(2) 부모가 모두 직장에 다니는 경우가 많고, 자녀를 함께 돌봅니다. (　　　)

4 다음 (　　　) 안의 알맞은 말에 ○표 하시오.

> 가족 구성원 간에 서로 생각이 다르거나 각자의 역할을 하지 않아 (행복, 갈등)을 겪을 수 있다.

5 가족 구성원 간에 갈등이 생기면 (　　　　　　)을/를 나누며 갈등의 원인을 파악해야 합니다.

핵심문장으로 시작하기

1 옛날에는 신부의 집에 도착한 신랑이 나무로 만든 ☐ㄱ☐ㄹ☐ㄱ☐ 을/를 신부 측에 건네주면 혼례가 시작되었습니다.

2 결혼한 자녀와 부모가 함께 사는 가족을 ☐ㅎ☐ㄷ☐ ☐ㄱ☐ㅈ☐ (이)라고 합니다.

3 오늘날에는 남녀의 ☐ㅇ☐ㅎ☐ 구분이 없어지고 있습니다.

4 다음 빈칸에 들어갈 알맞은 말은 무엇입니까? ( )

> 부모, 형제자매, 조부모 등으로 이루어진 ( )은/는 결혼, 출산, 입양 등으로 만들어진다.

① 가족 ② 고장 ③ 지역
④ 국가 ⑤ 세계

5★ 옛날의 결혼 풍습에 맞게 순서대로 기호를 쓰시오.

> ㉠ 신부가 폐백을 드렸다.
> ㉡ 신랑과 신부가 마주 보고 절을 했다.
> ㉢ 신랑은 말을 타고 신부의 집으로 갔다.
> ㉣ 신부의 집에서 며칠을 보낸 후 신랑의 집으로 갔다.
> ㉤ 신랑이 나무로 만든 기러기를 신부 측에 건네주었다.

( ) → ( ) → ( ) → ( ) → ( )

6 다음 그림과 같이 옛날의 결혼 풍습에서 폐백을 드릴 때 어른들이 신랑과 신부에게 던져 주었던 것을 두 가지 고르시오. ( )

① 떡 ② 밤
③ 대추 ④ 사과
⑤ 비단

7 오늘날의 결혼식 모습에 대한 설명으로 옳지 <u>않은</u> 것은 어느 것입니까? ( )

① 주로 결혼식장에서 결혼식을 한다.
② 결혼식을 마치고 신혼여행을 떠난다.
③ 신랑과 신부가 결혼반지를 주고받는다.
④ 전통 혼례 방식으로 결혼하는 사람은 없다.
⑤ 정원, 공원 등 야외에서 결혼식을 하기도 한다.

8 다음 그림과 같이 오늘날 결혼식에서 신부가 입는 옷은 무엇입니까? ( )

① 한복 ② 부케
③ 턱시도 ④ 바지
⑤ 웨딩드레스

9 옛날과 오늘날의 결혼 풍습을 <u>잘못</u> 비교한 사람은 누구입니까? ( )

① 결혼식을 하는 장소가 달라졌어.
② 결혼에 담긴 의미가 달라졌어.
③ 결혼을 할 때 주고받는 것이 달라졌어.
④ 결혼할 때 입는 옷이 달라졌어.

10 다음에서 설명하는 가족의 형태를 쓰시오.

> 결혼하지 않은 자녀와 부모가 함께 사는 가족을 말한다.

( )

11 다음 중 가족의 형태가 확대 가족인 사람은 누구입니까? ( )

① 가람이는 엄마와 둘이 산다.
② 나영이는 아빠, 엄마와 산다.
③ 다정이는 아빠, 엄마, 오빠와 산다.
④ 라은이는 아빠, 엄마, 언니, 남동생과 산다.
⑤ 마음이는 할아버지, 할머니, 아빠, 엄마와 산다.

12 서술형 다음 그림을 보고 옛날에 확대 가족이 많았던 까닭을 쓰시오.

할아버지, 할머니, 아빠, 엄마, 삼촌, 동생들과 함께 살아요.

_____

_____

13 다음 밑줄 친 부분에 들어갈 내용으로 알맞지 <u>않은</u> 것은 어느 것입니까? ( )

> 오늘날에는 _____ 핵가족이 많이 늘어났다.

① 살기 좋은 곳을 찾아 이동하면서
② 직장을 위해 다른 지역으로 옮기면서
③ 부모와 함께 평생 농사를 짓게 되면서
④ 개인의 독립된 생활을 중요하게 생각하면서
⑤ 자녀 교육을 위해 다른 지역으로 이사하면서

14* 옛날 가족 구성원의 역할에 대한 설명으로 알맞지 <u>않은</u> 어느 것입니까? ( )

① 남자는 주로 바깥일을 했다.
② 여자는 주로 집안일을 했다.
③ 가족 구성원의 역할이 구분되어 있었다.
④ 여자들이 아이를 키우는 일을 도맡아 했다.
⑤ 가족 구성원이 중요한 일을 함께 결정했다.

3

15 다음 그림을 보고 알 수 있는 오늘날 가족 구성원의 역할로 알맞은 것은 어느 것입니까? (   )

① 남자아이만 학교에 다닌다.
② 부모가 함께 자녀를 돌본다.
③ 부모가 모두 직장에서 일한다.
④ 남성과 여성의 역할을 구분하고 있다.
⑤ 남편이 집안의 중요한 일을 결정한다.

16 ★ 오늘날 가족 구성원의 역할이 변화하게 된 까닭으로 알맞은 것은 어느 것입니까?   (   )

① 확대 가족이 많기 때문에
② 바깥일을 하는 여성이 없기 때문에
③ 가족 구성원의 수가 늘어나고 있기 때문에
④ 남성만 사회 활동에 참여할 수 있기 때문에
⑤ 남녀 모두 교육받을 기회가 많아졌기 때문에

17 가족 구성원 사이에 갈등이 일어나는 경우로 알맞은 것을 보기 에서 모두 골라 기호를 쓰시오.

> **보기**
> ㉠ 가족 구성원 간에 서로 생각이 달라서
> ㉡ 가족 구성원들이 기쁜 일을 함께 나누어서
> ㉢ 가족 구성원들이 각자의 역할을 하지 않아서
> ㉣ 가족 구성원들이 어려울 때 서로 도와주어서

(   )

18 서술형 다음과 같은 가족 구성원 간의 갈등을 해결하기 위해 해야 할 일은 무엇인지 쓰시오.

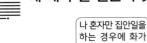

나 혼자만 집안일을 하는 경우에 화가 나요.

제가 방 청소를 계속 하지 않아서 부모님께서 화를 내신 적이 있어요.

엄마   나

_____

_____

19 행복한 가족을 만들기 위해 필요한 태도로 바르지 않은 것은 어느 것입니까?   (   )

① 서로 존중하고 배려한다.
② 서로에게 관심을 가지지 않는다.
③ 자신의 역할을 바로 알고 실천한다.
④ 문제가 생겼을 때 협력하여 해결한다.
⑤ 자신이 할 수 있는 일을 스스로 찾아서 한다.

20 다음 실천 계획표에서 '나의 역할'로 옳지 않은 것은 어느 것입니까?   (   )

행복한 가족을 만들기 위한 나의 역할 실천 계획	
나의 역할	○월 ○일
① 내 방 청소 내가 하기	
② 아침에 일어나 이불 개기	
③ 다 먹은 그릇 설거지통에 넣기	
④ 식사 준비를 할 때 식탁을 깨끗이 닦기	
⑤ 동생과 사이좋게 지내기 위해 대화하지 않기	

(매우 잘함: ◎, 잘함: ○, 보통: △)

1 다음 그림을 보고, 물음에 답하시오. [12점]

(가)

▲ 혼례 치르기

(나)

▲ 폐백 드리기

(1) 위 (가)와 같은 옛날에 혼례를 치렀던 장소를 쓰시오. [4점]

(   )

(2) 위 (나)와 같은 폐백을 드리는 의미가 무엇인지 쓰시오. [8점]

_____

 서술형 문제를 푸는 방법을 익혀보자!

1단계 자료 분석하기   (가), (나)는 무엇을 하는 모습일까?

(가)	(나)
한복을 입고 혼례를 치렀음.	폐백을 드렸음.

⬇

옛날의 결 혼 풍습은 오늘날과 다르다!

2단계 묻는 것 찾기   옛날에 결혼하는 과정을 생각해 봐!

신 부 의 집으로 가기 → 신부 측에 나무 기러기 주기 →

혼례 치르기 → 신 랑 의 집으로 이동하기 → 폐백 드리기

3단계 생각하기   결혼하는 과정에 답이 있어!

폐 백 : 신랑의 집에 도착한 신부가 어른들에게 첫인사를 드리는 것으로, 신부가 신랑의 집안에 새로 들어왔음을 알리는 뜻이 있음.

---

2 다음 자료를 보고, 물음에 답하시오. [12점]

(가)

아들 어머니 할머니 할아버지 아버지 딸

(나)

아들 아버지 어머니 딸

(1) 위 (가), (나)의 가족 형태는 무엇인지 각각 쓰시오. [각 2점]

(가) (   ), (나) (   )

(2) 위 (1)번 답과 같이 가족 형태를 구분하는 기준을 쓰시오. [8점]

_____

_____

3 다음 그림을 보고, 물음에 답하시오. [12점]

(가)   (나)

(1) 오늘날 가족 구성원의 모습으로 알맞은 것을 위에서 골라 기호를 쓰시오. [4점]

(   )

(2) 위 (1)번 답과 같이 가족 구성원의 역할이 변화하게 된 까닭을 쓰시오. [8점]

_____

_____

2 다양한 가족이 살아가는 모습 (1)

공부할 개념
• 오늘날 다양한 가족의 형태 알아보기
• 다양한 가족의 생활 모습 알아보기

★ **1 오늘날의 다양한 가족 형태** → 오늘날 사회가 변화하면서 다양한 형태의 가족이 늘어나고 있어요.

할아버지, 할머니, 아버지, 어머니, 자녀가 있는 가족
└ 확대 가족

부부와 자녀로 구성된 가족
└ 핵가족

아이를 입양하고 우리 가족이 더 행복해졌어요.

자녀를 •입양한 가족

할머니와 둘이 행복하게 살고 있어요.

•조부모(할아버지 또는 할머니)와 •손주로 이루어진 가족

다양한 가족 형태

엄마는 안 계시지만 우리 가족은 행복해요.

한 부모(아버지 또는 어머니)와 자녀로 이루어진 가족

아빠는 한국인이고, 엄마는 프랑스인이에요.

•국적과 문화가 다른 남녀가 만나 이루어진 가족

반려동물을 가족처럼 여기기도 해요.

아이 없이 부부만 있는 가족

이제 우리는 한 가족이란다.

저도 동생이 생겼어요.

부모님의 •재혼으로 이루어진 가족

용어 사전

• **입양**(入 들 입, 養 기를 양) 혈연관계가 아닌 사람들이 법적으로 부모와 자식이 되는 것.

• **조부모**(祖 조상 조, 父 아버지 부, 母 어머니 모) 할아버지와 할머니를 아울러 이르는 말.

• **손주** 손자와 손녀를 아울러 이르는 말.

• **국적**(國 나라 국, 籍 호적 적) 나라의 한 구성원이 되는 자격.

• **재혼**(再 두 재, 婚 혼인할 혼) 다시 결혼함.

2 다양한 가족이 살아가는 모습

(1) **가족의 생활 모습이 다양한 까닭**: 가족 구성원이나 가족 형태, 가족이 살아가는 상황과 환경 등이 다르기 때문입니다.

(2) **다양한 가족이 살아가는 모습을 살펴볼 수 있는 자료**: 가족의 이야기가 담긴 일기, 편지, 동화, 신문, 영화, 만화 등이 있습니다. 자료+1

자료 1 다양한 가족이 살아가는 모습

베트남 출신 '세 아이 엄마' 경찰의 베트남어 수업

베트남 사람이었던 홍○○ 순경은 대학생 때 우리나라에 공부하러 온 후 한국인 남자와 결혼하고 세 아이의 엄마가 되었다. 그리고 우리나라에서 어려움을 겪는 베트남 사람들을 돕고 싶다는 생각으로 많은 노력 끝에 경찰 시험에 합격했다.

홍○○ 순경은 마을 학교에서 초등학생뿐만 아니라 지역 주민에게 베트남어를 가르치게 됐다. — 「시사 매거진」, 2019. 3. 25. —

▲ 신문 속 가족 모습

닭고기가 먹고 싶어요!

백숙 말고 프라이드치킨!

할머니, 사랑해요.

▲ 영화 속 가족 모습

20△△년 △△월 △△일 △요일

오늘 어머니는 홍합밥을, 아버지는 꼬막무침을 하셨는데 두 가지 모두 무척 맛있었다. 부모님께서 나와 동생에게 계속 음식을 먹어 보라고 하셔서 우리는 배가 볼록 나와 버렸다. 우리 가족 모두가 즐거운 저녁 시간이었다.

▲ 일기 속 가족 모습

언니, 안녕?

엄마와 아빠가 결혼해서 나에게 언니가 생겼다니, 꿈만 같아! 나도 언니가 생겼다고 친구들한테 자랑했어.

학교에 갈 때 언니랑 함께 가니까 든든했어. 언니, 앞으로 우리 사이좋게 지내자! 좋은 동생이 될게.

10월 3일, 새로 생긴 동생이

▲ 편지 속 가족 모습

핵심 개념 정리

· 우리 사회에는 여러 가지 형태의 가족이 있습니다.

· 가족의 형태가 다양한 만큼 가족이 살아가는 모습도 다양합니다.

가족 구성원, 가족 형태 등이 달라 가족마다 살아가는 모습이 다양한 거야.

---

1 다음 ( ) 안의 알맞은 말에 ○표 하시오.

우리 주변에는 (다양한, 한 가지) 형태의 가족이 있다.

2 할아버지, 할머니, 아버지, 어머니, 자녀가 있는 가족처럼 ( )한 자녀와 부모가 함께 사는 가족을 확대 가족이라고 합니다.

3 다음 중 한 부모와 자녀로 이루어진 가족의 형태를 골라 ○표 하시오.

(1) 엄마는 안 계시지만 우리 가족은 행복해요.

(2) 이제 우리는 한 가족이란다.

저도 동생이 생겼어요.

( ) ( )

4 오늘날 가족에 대한 설명으로 옳은 것에 ○표, 옳지 않은 것에 ✕표 하시오.

(1) 사회가 변화하면서 가족의 형태가 다양해지고 있습니다. ( )

(2) 가족의 형태가 달라도 가족이 살아가는 모습은 모두 똑같습니다. ( )

5 다양한 가족의 생활 모습을 살펴볼 수 있는 자료로 알맞은 것에 ○표, 알맞지 않은 것에 ✕표 하시오.

(1) 우리 가족의 모습을 쓴 일기 ( )

(2) 우리 학교의 위치가 표시된 지도 ( )

(3) 할머니와 손주의 이야기를 다룬 영화 ( )

2 다양한 가족이 살아가는 모습(2)

1 다양한 가족의 생활 모습 표현하기

1단계	어떤 가족의 모습을 나타낼지 생각해 봄.

↓ ┌● 동시 짓기, 노랫말 바꾸기 등 다양한
방법으로 표현할 수 있어요.

2단계	각자가 선택한 표현 방법으로 작품을 완성함. 자료➕1

●역할극으로 표현하기

우리 할아버지 최고!

수아: 할아버지, 학교 다녀왔습니다. 친구들이 나무 목걸이가 아주 예쁘다며 부러워했어요.
할아버지: 그랬구나. 우리 수아가 기분이 정말 좋았겠다.
수아: 네, 최고예요. 오늘은 어떤 것을 만드셨어요?
할아버지: 우리 세 식구가 앉아서 책을 읽을 수 있는 흔들의자를 만들었단다.
수호: 할아버지, 정말 대단해요.
할아버지: 수아와 수호가 좋아하니 할아버지도 행복하구나.
수아: 할아버지, 다음에는 나무 인형을 만들어 주세요.

다양한 가족의 생활 모습을 실감나게 표현할 수 있음.

뉴스로 표현하기

오늘은 한국인 어머니와 독일인 아버지 사이에서 태어난 김다연 학생을 소개하려고 합니다. 다연 학생은 어머니와는 한국어로, 아버지와는 독일어로 대화합니다. 부모님은 영어로 대화하시므로 다연 학생은 영어에도 익숙합니다. 다연 학생은 친구들에게 ●외국어를 알려 주며 친구들과 자연스럽게 친해질 수 있었다고 합니다.

기자가 되어 다양한 가족의 모습을 뉴스로 소개함.

그림 그리기

다양한 가족이 모여 사는 집을 그려야지.

다양한 가족이 모여 사는 집을 그렸음.

↓

3단계	완성된 작품을 발표하고 느낀 점을 이야기함.

용어 사전

● **역할극** 참여자가 주어진 상황에서 특정 역할을 담당하여 연기하는 극.
● **외국어** (外 바깥 외, 國 나라 국, 語 말씀 어) 다른 나라의 말.
● **보금자리** 지내기에 매우 포근하고 아늑한 곳을 비유적으로 이르는 말.
● **규칙** (規 법 규, 則 법칙 칙) 여러 사람이 다 같이 지키기로 작정한 법칙. 또는 제정된 질서.

2 다양한 가족을 대하는 바람직한 태도

(1) 다양한 가족이 살아가는 모습을 살펴보고 알 수 있는 점

① 우리 가족이 소중한 것처럼 다른 가족도 소중합니다. 자료➕2 ┌● 우리는 가족의 사랑과 보살핌 속에서 태어나고 자라요.

② 가족의 형태나 살아가는 모습은 달라도 가족 구성원끼리 아끼고 사랑하며 배려하는 마음은 같습니다.

(2) 다양한 가족이 살아가는 모습을 대하는 바람직한 태도

① 다른 가족이 살아가는 모습을 이해하는 태도가 필요합니다.
② 다른 가족이 살아가는 모습을 존중해야 합니다.
③ 다른 가족의 어려움을 도와주려는 태도가 중요합니다.

자료⁺1 다양한 가족이 살아가는 모습을 만화로 표현하기

❶ 어떤 가족을 대상으로 할지 정하기 ➡ ❷ 어떤 이야기를 만들지 의논하기

➡ ❸ 이야기의 줄거리를 만들기 ➡ ❹ 만화의 장면을 나누어 맡기

➡ ❺ 각자 나누어 맡은 부분에 그림을 그리고 말풍선을 만들어 글을 써 넣기 ➡ ❻ 각자 맡은 부분을 연결하여 하나의 작품을 만들기

자료⁺2 가족의 역할

| 가족은 힘들 때 의지할 수 있는 쉼터이자 ˙보금자리의 역할을 함. | 가족의 위로로 힘과 용기를 내어 어려움을 이겨 낼 수 있음. | 가족 안에서 사회생활에 필요한 ˙규칙과 예절을 배울 수 있음. |

🎓 **핵심 개념 정리**

• 다양한 가족의 생활 모습을 여러 방법으로 표현할 수 있습니다.

• 우리는 다양한 가족의 모습을 이해하고 존중해야 합니다.

가족은 우리 모두에게 의미 있고 소중해.

---

1 다양한 가족의 생활 모습을 표현하는 순서에 맞게 빈칸에 알맞은 숫자를 쓰시오.

(1) 완성된 작품을 발표하기   (   )

(2) 어떤 가족의 모습을 나타낼지 생각해 보기   (   )

(3) 각자가 선택한 표현 방법으로 작품 완성하기 (   )

2 오른쪽 작품은 다양한 가족이 살아가는 모습을 (   )(으)로 그린 것입니다.

3 가족의 역할에 대한 설명으로 옳은 것에 ○표, 옳지 <u>않은</u> 것에 ✕표 하시오.

(1) 가족은 힘들 때 의지할 수 있는 쉼터의 역할을 합니다.

                                   (   )

(2) 가족 안에서 사회생활에 필요한 규칙과 예절을 배우기 어렵습니다.   (   )

4 다양한 가족의 생활 모습을 살펴보면, 우리 가족이 나에게 소중한 것처럼 다른 가족도 (   )하다는 것을 알 수 있습니다.

5 다음 (   ) 안의 알맞은 말에 ○표 하시오.

> 우리는 서로 다른 가족이 살아가는 모습을 이해하고 (무시, 존중)해야 한다.

1 우리 주변에는 다양한 형태의 ㄱ ㅈ 이/가 있습니다.

2 부모님의 ㅈ ㅎ (으)로 서로 다른 가족이 만나 한 가족이 되어 살아가기도 합니다.

3 가족의 형태나 살아가는 모습은 달라도 가족 구성원끼리 아끼고 사랑하며 ㅂ ㄹ 하는 마음은 같습니다.

4 오늘날 가족의 형태에 대한 설명으로 알맞은 것은 어느 것입니까? (　　)

① 확대 가족이 가장 많다.
② 다양한 형태의 가족이 있다.
③ 가족의 형태는 절대 변하지 않는다.
④ 가족의 형태는 핵가족 한 가지만 있다.
⑤ 가족의 형태가 같으면 가족 구성원의 수도 같다.

5* 다음 가족에 대한 설명으로 옳은 것은 어느 것입니까? (　　)

할머니와 둘이 행복하게 살고 있어요.

① 아이 없이 부부만 있는 가족이다.
② 부부와 자녀로 이루어진 가족이다.
③ 할머니와 손주로 이루어진 가족이다.
④ 자녀를 입양하여 만들어진 가족이다.
⑤ 부모 중 한 명이 자녀를 키우는 가족이다.

6 오늘날의 다양한 가족 형태 중 확대 가족의 모습은 어느 것입니까? (　　)

① 　②

엄마는 안 계시지만 우리 가족은 행복해요.

③ 　④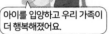

아이를 입양하고 우리 가족이 더 행복해졌어요.

7 다음 그림에 나타난 가족 형태를 쓰시오.

서술형

아빠는 한국인이고, 엄마는 프랑스인이에요.

_____

_____

8* 가족이 살아가는 모습이 다양한 까닭으로 알맞은 것은 어느 것입니까? (　　)

① 가족은 모두에게 소중해서
② 가족 구성원의 수가 같아서
③ 결혼으로만 가족이 만들어져서
④ 모든 가족이 살아가는 환경이 비슷해서
⑤ 가족 구성원이나 가족 형태 등이 달라서

9 다양한 가족의 생활 모습을 살펴볼 수 있는 자료를 보기 에서 모두 골라 기호를 쓰시오.

> **보기**
> ㉠ 여러 층으로 높게 지은 아파트 사진
> ㉡ 아버지와 딸이 함께 살아가는 모습을 쓴 일기
> ㉢ 자녀를 입양해서 키우고 있는 가족에 관한 신문 기사

(   )

10 다음 일기를 쓴 어린이의 가족 구성원을 바르게 짝 지은 것은 어느 것입니까? (   )

20△△년 △△월 △△일 △요일	☀ ⛅ ☁ 🌧

오늘 어머니는 홍합밥을, 아버지는 꼬막무침을 하셨는데 두 가지 모두 무척 맛있었다. 부모님께서 나와 동생에게 계속 음식을 먹어 보라고 하셔서 우리는 배가 볼록 나와 버렸다. 우리 가족 모두가 즐거운 저녁 시간이었다.

① 어머니, 나
② 아버지, 어머니, 나
③ 할머니, 아버지, 형, 나
④ 아버지, 어머니, 나, 동생
⑤ 할아버지, 할머니, 아버지, 어머니, 나

11 다음 편지에 나타난 가족에 대한 설명으로 알맞은 것은 어느 것입니까? (   )

> 언니, 안녕?
> 엄마와 아빠가 결혼해서 나에게 언니가 생겼다니, 꿈만 같아! 언니, 앞으로 우리 사이좋게 지내자. 좋은 동생이 될게.
> 　　　　　　　 10월 3일, 새로 생긴 동생이

① 입양으로 부모님이 생겼다.
② 할아버지와 함께 살게 되었다.
③ 두 가족이 새롭게 한 가족이 되었다.
④ 어머니와 자녀로 이루어진 가족이다.
⑤ 부모님이 태어난 나라가 서로 다르다.

12~13 다음 자료를 보고, 물음에 답하시오.

> 베트남 사람이었던 홍○○ 순경은 대학생 때 우리나라에 공부하러 온 후 한국인 남자와 결혼하고 세 아이의 엄마가 되었다. 그리고 우리나라에서 어려움을 겪는 베트남 사람들을 돕고 싶다는 생각으로 많은 노력 끝에 경찰 시험에 합격했다.
> 　홍○○ 순경은 마을 학교에서 초등학생뿐만 아니라 지역 주민에게 베트남어를 가르치게 됐다.
> 　　　　　　　　　　　　　　　 -『시사 매거진』, 2019. 3. 25. -

12 위 자료는 가족의 생활 모습을 살펴볼 수 있는 어떤 자료에 해당하는지 쓰시오.

(   )

13 위 자료 속 가족이 살아가는 모습으로 알맞은 것은 어느 것입니까? (   )

① 재혼으로 아이가 셋이 되었다.
② 어머니가 혼자 아이들을 키우고 있다.
③ 입양된 동생과 사이좋게 지내고 있다.
④ 아버지가 가족들에게 음식을 만들어 주었다.
⑤ 베트남 출신의 엄마가 사람들에게 베트남어를 가르치게 되었다.

14 다양한 가족의 생활 모습을 표현하려고 할 때 가장 먼저 할 일은 어느 것입니까? (   )

① 완성된 작품을 발표한다.
② 서로의 작품을 감상한다.
③ 작품을 보고 나서 느낀 점을 이야기한다.
④ 어떤 가족의 모습을 나타낼지 생각해 본다.
⑤ 자신이 선택한 표현 방법으로 작품을 만든다.

15 ~ 16 다음 대본을 읽고, 물음에 답하시오.

> **우리 할아버지 최고!**
>
> 수아: 할아버지, 학교 다녀왔습니다. 친구들이 나무 목걸이를 부러워했어요.
>
> 할아버지: 우리 수아가 기분이 정말 좋았겠다.
>
> 수아: 네, 최고예요. 오늘은 어떤 것을 만드셨어요?
>
> 할아버지: 우리 세 식구가 앉아서 책을 읽을 수 있는 흔들의자를 만들었단다.
>
> 수호: 할아버지, 정말 대단해요.

15 위와 같은 대본을 활용하여 가족의 생활 모습을 표현하는 방법은 무엇입니까? ( )

① 동시 짓기　　　② 그림 그리기
③ 노랫말 바꾸기　　④ 뉴스로 표현하기
⑤ 역할극으로 표현하기

16 위 대본에 담겨 있는 가족의 생활 모습을 쓰시오.
서술형
_____

_____

17 다양한 가족이 살아가는 모습을 보고 알 수 있는 점이 <u>아닌</u> 것은 어느 것입니까? ( )

① 모든 가족은 자녀가 두 명이다.
② 가족마다 가족 구성원이 다르다.
③ 가족 구성원끼리 사랑하는 것은 같다.
④ 가족의 형태나 살아가는 모습은 다르다.
⑤ 우리 가족이 소중한 것처럼 다른 가족도 소중하다.

18 다양한 가족이 살아가는 모습을 보고 가져야 하는 태도로 바른 것은 어느 것입니까? ( )

① 다른 가족의 어려움은 모른 척한다.
② 다른 가족이 살아가는 모습을 존중한다.
③ 우리 가족의 모습이 가장 좋다고 주장한다.
④ 우리 가족과 비슷한 형태의 가족만 이해한다.
⑤ 가족의 모습이 다를 수 있음을 인정하지 않는다.

19 가족의 역할로 알맞지 <u>않은</u> 것은 어느 것입니까?
( )

① 힘들 때 의지할 수 있다.
② 잘못을 하면 무조건 화를 낸다.
③ 어렵고 힘들 때 위로와 용기를 준다.
④ 여러 가지 규칙과 예절을 가르쳐 준다.
⑤ 가족 구성원들의 소중한 보금자리이다.

20 다양한 가족이 살아가는 모습을 대하는 바람직한 태도를 나타낸 표어로 알맞지 <u>않은</u> 것은 어느 것입니까? ( )

① 사는 모습 달라도 모두 행복한 가족
② 다른 가족 어려움도 함께 도와 해결해요
③ 이 세상 모든 가족 중 우리 가족만 소중해요
④ 다양한 형태 가족들 아름다운 우리 세상

1 다음 그림을 보고, 물음에 답하시오. [12점]

▲ 부모의 재혼으로 이루어 진 가족   ▲ 조부모와 손주로 이루어 진 가족

(1) 위에서 가족 구성원 중 할아버지, 할머니가 있는 가족을 골라 기호를 쓰시오. [4점]

(   )

(2) 위와 같은 여러 가족의 모습을 보고 알 수 있 는 점을 쓰시오. [8점]

_____

_____

 서술형 문제를 푸는 방법을 익혀보자!

1단계 자료 분석하기   (가), (나)의 가족을 이루고 있는 사람은 누구일까?

(가)	아버지, 어머니, 아들, 딸
(나)	할아버지, 할머니, 손주

↓

가족의 구 성 원 이 달라!

2단계 생각하기   가족의 형태가 어떠한지 생각해 봐!

오늘날 가족을 이루는 구성원이 다양해지면서 가족의 형 태 도 다양해졌어.

---

2 다음 글을 읽고, 물음에 답하시오. [12점]

부모님께
오늘은 우리 가족에게 뜻깊은 날이에요. 3년 전 부모님께서 다섯 살 동생 승주를 입양한 날이 니까요. 동생을 데려와 주셔서 정말 고마워요.
예쁜 딸 지유 올림.

(1) 위 자료는 가족의 생활 모습을 살펴볼 수 있는 어떤 자료에 해당하는지 쓰시오. [4점]

(   )

(2) 위 자료에 나타난 가족의 형태를 쓰시오. [8점]

_____

_____

3 오른쪽 작품을 보 고, 물음에 답하시 오. [12점]

(1) 위 작품은 어떤 방법으로 다양한 가족의 생활 모습을 표현한 것인지 쓰시오. [4점]

(   )

(2) 위 작품에 나타난 다양한 가족이 살아가는 모 습을 대하는 바람직한 태도를 두 가지 쓰시 오. [8점]

_____

_____

3 가족의 모습과 역할 변화

오늘날 결혼 풍습과 가족의 모습은 옛날과 달라졌고 가족의 형태는 다양해지고 있습니다.

1 가족의 구성과 역할 변화

개념1 옛날과 오늘날의 결혼 풍습

구분	옛날	오늘날
장소	신부의 집	결혼식장, 공원 등
옷	한복	턱시도, 웨딩드레스
주고받는 것	나무 기러기	결혼반지
공통점	부부가 되는 것을 알리고 축복해 줌.	

개념2 옛날과 오늘날의 가족 형태와 역할 변화

• 옛날과 오늘날의 가족 형태

옛날	농사를 지으며 살았기 때문에 확대 가족이 많았음.
오늘날	직장, 교육 등을 위해 이사를 가면서 핵가족이 많음.

• 옛날과 오늘날 가족 구성원의 역할

옛날	가족 구성원의 역할이 구분되어 있었음.
오늘날	남녀의 역할 구분이 없어지고 있음.

• 가족 구성원의 바람직한 역할: 서로 배려하고 협력하며, 자신의 역할을 바로 알고 실천해야 함.

👁 그림을 보고 배운 개념을 떠올리며 말풍선을 채워 보세요.

옛날과 오늘날의 (❶　　　　) 풍습은 장소, 입는 옷, 주고받는 물건, 결혼식을 마치고 하는 일 등 여러 가지 차이점이 있습니다.

2 다양한 가족이 살아가는 모습

개념3 오늘날의 다양한 가족 형태

다양한 가족 형태	• 조부모, 부모, 자녀가 있는 가족 • 부부와 자녀로 구성된 가족 • 자녀를 입양한 가족 • 조부모와 손주로 이루어진 가족 • 한 부모와 자녀로 이루어진 가족 • 부모님의 재혼으로 이루어진 가족 • 국적과 문화가 다른 남녀가 만나 이루어진 가족 등

개념4 다양한 가족의 생활 모습

생활 모습이 다양한 까닭	가족 구성원이나 가족 형태, 가족이 살아가는 상황과 환경 등이 다르기 때문
다양한 가족을 대하는 바람직한 태도	다양한 가족이 살아가는 모습을 이해하고 존중하는 태도를 가져야 함.

👁 그림을 보고 배운 개념을 떠올리며 말풍선을 채워 보세요.

우리 주변에는 다양한 형태의 (❹　　　　)이/가 있습니다. 가족들의 모습은 서로 비슷하기도 하고 다르기도 합니다.

2 옛날

옛날에는 바깥일은 주로 (❷   )이/가, 집안일은 주로 (❸   )이/가 맡아 했습니다.

오늘날

오늘날에는 남자와 여자가 하는 일을 구분하지 않고, 함께 바깥일을 하고 집안일을 나누어 합니다.

4

가족은 쉼터이자 보금자리예요.

우리 가족과 다른 가족 모두 소중해요.

가족 구성원끼리 서로 사랑하고 배려해요.

우리 가족이 소중한 것처럼 다른 가족도 소중합니다. 그래서 우리는 서로 다른 가족의 모습을 이해하고 (❺   )해야 합니다.

옳은 문장에 ○, 틀린 문장에 ✕하세요. 틀린 부분은 밑줄을 긋고 바른 개념으로 고쳐 써 보세요.

1 우리는 부모, 형제자매, 조부모 등으로 이루어진 학교 안에서 행복을 나누며 함께 살아갑니다.   (   )

2 옛날에는 신부의 집에서 혼례를 치렀습니다.
          (   )

3 옛날과 오늘날의 결혼 풍습에서 많은 사람들이 신랑 신부의 행복한 미래를 축복해 주는 마음은 같습니다.
          (   )

4 옛날에는 농사를 짓기 위하여 결혼한 자녀와 부모가 함께 사는 핵가족이 많았습니다.   (   )

5 오늘날에는 성별에 따라 가족 구성원의 역할을 구분합니다.   (   )

6 가족 구성원 간에 발생한 갈등을 해결하려면 대화를 통해 서로의 생각을 이해해야 합니다.   (   )

7 오늘날에는 사회가 변화하면서 가족의 형태가 비슷해지고 있습니다.   (   )

8 가족의 형태나 가족 구성원 등이 달라 가족마다 살아가는 모습이 다양합니다.   (   )

9 다양한 가족의 생활 모습을 표현하는 방법에는 백지도로 그리기가 있습니다.   (   )

10 우리 사회를 이루는 다양한 가족이 살아가는 모습을 이해하고 존중하는 태도를 가져야 합니다. (   )

3

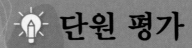
1 가족에 대한 설명으로 옳지 <u>않은</u> 것은 어느 것입니까? ( )

① 기쁘고 즐거운 일은 함께 나눈다.
② 어려운 일이 있을 때 모른 척한다.
③ 결혼, 출산, 입양 등으로 만들어진다.
④ 부모, 형제자매, 조부모 등으로 이루어진다.
⑤ 우리는 가족 안에서 사랑과 보살핌을 받는다.

2* 옛날의 결혼 풍습으로 알맞은 것은 어느 것입니까? ( )

① 신랑은 턱시도를 입었다.
② 신부는 웨딩드레스를 입었다.
③ 신랑의 집으로 가서 폐백을 드렸다.
④ 주로 결혼식장에서 결혼식을 하였다.
⑤ 신랑 신부가 결혼반지를 주고받았다.

3 옛날과 오늘날 모두 볼 수 있는 결혼식의 모습으로 알맞은 것은 어느 것입니까? ( )

①  ②
③  ④

4 옛날과 오늘날 결혼 풍습의 공통점으로 알맞은 것을 두 가지 고르시오. ( )

① 신혼여행을 간다.
② 부부가 된 것을 숨긴다.
③ 결혼을 통해 새로운 가족을 이룬다.
④ 많은 사람이 신랑 신부를 축복해 준다.
⑤ 행복하게 살자며 나무 기러기를 주고받는다.

5 다음 ㉠, ㉡에 들어갈 가족의 형태를 쓰시오.

> 결혼한 자녀와 부모가 함께 사는 가족을 (㉠)(이)라고 하고, 결혼하지 않은 자녀와 부모가 함께 사는 가족을 (㉡)(이)라고 한다.

㉠ ( ), ㉡ ( )

6 옛날의 가족 형태에 대해 <u>잘못</u> 말한 사람은 누구입니까? ( )

① 가람: 확대 가족이 많았어.
② 나영: 결혼한 자녀와 부모가 함께 살았어.
③ 다훈: 가족 구성원의 수가 많은 편이었어.
④ 라진: 일손이 많이 필요해서 가족이 모여 살았어.
⑤ 마음: 결혼한 후에 부모와 따로 사는 경우가 많았어.

7 서술형 오늘날 다음 그림과 같은 핵가족이 많은 까닭을 한 가지 쓰시오.

_____

_____

8 다음 ㉠, ㉡에 들어갈 말이 바르게 짝 지어진 것은 어느 것입니까? ( )

> 옛날에는 (㉠)은/는 주로 바깥일을 하고 (㉡)은/는 주로 집안일을 하였다.

	㉠	㉡
①	남자	여자
②	여자	남자
③	아이	어른
④	어머니	아버지
⑤	남자아이	여자아이

9★ 오늘날 가족 구성원의 모습으로 알맞지 <u>않은</u> 것은 어느 것입니까? ( )

① 부모가 함께 자녀를 돌본다.
② 남녀의 역할 구분이 없어졌다.
③ 부모가 모두 일하는 경우가 많다.
④ 모든 집안일을 어머니 혼자서 한다.
⑤ 가족의 중요한 일을 의논하여 함께 결정한다.

10 오늘날 가족 구성원의 역할이 변화하게 된 까닭을 보기 에서 모두 골라 기호를 쓰시오.

> **보기**
> ㉠ 남녀의 역할 구분이 확실하기 때문에
> ㉡ 여성의 사회 활동이 활발해졌기 때문에
> ㉢ 여성보다 남성을 더 귀하게 여기기 때문에
> ㉣ 남녀 모두 교육받을 기회가 많아졌기 때문에

( )

11 가족 구성원 간에 갈등이 생길 수 있는 경우로 알맞지 <u>않은</u> 것은 어느 것입니까? ( )

12 다음 그림에 나타난 가족의 형태를 쓰시오.

서술형

_____

_____

13 다음 다정이네 가족에 대한 설명으로 알맞은 것은 어느 것입니까? ( )

① 확대 가족이다.
② 자녀를 입양했다.
③ 어머니가 외국인이다.
④ 아이 없이 부부만 산다.
⑤ 할아버지, 할머니와 셋이 산다.

14~16 다음 그림을 보고, 물음에 답하시오.

(가)

▲ 국적과 문화가 다른 남녀가 만나 이루어진 가족

(나)

▲ 부모의 재혼으로 이루어진 가족

(다)

▲ 조부모와 손주로 이루어진 가족

(라)

▲ 아이 없이 부부만 있는 가족

14 가족 구성원이 다음과 같은 가족의 형태를 위에서 골라 기호를 쓰시오.

> 할머니, 나

(   )

15 다음 편지에 나타난 가족과 가장 비슷한 가족의 형태를 위에서 골라 기호를 쓰시오.

> 언니, 안녕?
> 엄마와 아빠가 결혼해서 나에게 언니가 생겼다니, 꿈만 같아! 언니, 앞으로 우리 사이좋게 지내자. 좋은 동생이 될게.
> 10월 3일, 새로 생긴 동생이

(   )

16* 위 (가)~(라)를 보고 알 수 있는 내용으로 알맞은 것은 어느 것입니까? (   )

① 동물은 가족이 될 수 없다.
② 가족의 형태는 모두 똑같다.
③ 모든 가족이 같은 곳에 산다.
④ 가족 구성원이 많을수록 행복하다.
⑤ 오늘날에는 다양한 형태의 가족이 있다.

17~18 다음 자료를 읽고, 물음에 답하시오.

> 20○○년 ○월 ○일
> 오늘은 학교 운동회 날이었다. 아빠가 사 준 새 운동화를 신고 달리기를 하려고 준비할 때 열심히 응원하는 아빠가 보였다. 나는 운동회가 끝나자마자 아빠에게 달려가서 안겼다. 우리 두 식구 모두에게 정말 행복한 하루였다.

17 위 자료는 가족의 생활 모습을 살펴볼 수 있는 어떤 자료입니까? (   )

① 신문   ② 일기   ③ 편지
④ 영화   ⑤ 만화

18 위 자료 속 가족에 대한 설명으로 알맞은 것은 어느 것입니까? (   )

① 확대 가족이다.
② 구성원 간에 갈등이 많다.
③ 아버지와 딸이 함께 산다.
④ 부모님이 태어난 나라가 다르다.
⑤ 서로 다른 가족이 만나서 한 가족이 되었다.

19 다양한 가족의 생활 모습을 표현할 수 있는 방법을 두 가지 쓰시오.
서술형

_____

_____

20 다음 빈칸에 들어갈 내용으로 알맞지 <u>않은</u> 것은 어느 것입니까? (   )

> 가족의 형태나 살아가는 모습은 달라도 가족 구성원끼리 (   ) 마음은 같다.

① 아끼는   ② 배려하는
③ 사랑하는   ④ 격려하는
⑤ 무서워하는

🤓 수행 평가

3-1 가족의 구성과 역할 변화

학습 주제	옛날과 오늘날의 결혼 풍습	배점	30점
학습 목표	옛날과 오늘날의 결혼 풍습을 비교하여 차이점과 공통점을 설명할 수 있다.		

1~3 다음은 옛날과 오늘날의 결혼 풍습을 정리한 것입니다. 물음에 답하시오.

구분	옛날의 결혼 풍습	오늘날의 결혼 풍습
결혼식 모습		
결혼식 장소	(㉠)	결혼식장
결혼할 때 입는 옷	한복	• 신랑: (㉡) • 신부: 웨딩드레스
주고받는 물건	나무로 만든 기러기	결혼반지

1 위 ㉠, ㉡에 들어갈 알맞은 말을 쓰시오. [각 5점]

㉠: (   ), ㉡: (   )

2 위에 있는 내용 이외에 옛날과 오늘날의 결혼 풍습을 바르게 말한 사람을 모두 골라 이름을 쓰시오. [4점]

> • 가람: 옛날에는 결혼식을 마치고 신혼여행을 갔어.
> • 나비: 그와 달리 오늘날에는 신부 집에서 며칠을 보낸 후 신랑의 집으로 가.
> • 다운: 배우자를 선택하는 방법도 달라. 옛날에는 주로 집안의 어른들이 결정한 사람과 혼인을 했어.
> • 라진: 오늘날에는 개인이 자유롭게 배우자를 선택하여 결혼해.

(   )

3 옛날과 오늘날의 결혼 풍습에서 달라지지 않은 점을 두 가지 쓰시오. [16점]

3-2 다양한 가족이 살아가는 모습

학습 주제	오늘날의 다양한 가족 형태	배점	30점
학습 목표	다양한 가족의 형태를 알고, 다양한 가족의 모습을 대하는 바람직한 태도를 가진다.		

1~3 다음 그림은 다양한 가족의 형태를 나타낸 것입니다. 물음에 답하시오.

1 다음에서 설명하는 가족의 형태를 위에서 골라 기호를 쓰시오. [각 2점]

(1) 자녀를 입양한 가족: (   )   (2) 조부모와 손주로 이루어진 가족: (   )

(3) 한 부모와 자녀로 이루어진 가족: (   )   (4) 부모님의 재혼으로 이루어진 가족: (   )

(5) 할아버지, 할머니, 아버지, 어머니, 자녀가 있는 가족: (   )

2 다음 글의 밑줄 친 부분에 들어갈 내용을 한 가지 쓰시오. [10점]

가족의 형태나 살아가는 모습은 달라도 _____ 등은 같다.

3 위와 같은 다양한 가족이 살아가는 모습을 대하는 바람직한 태도는 무엇인지 쓰시오. [10점]

✎ 평가대비북 **차례**

1 환경에 따라 다른 삶의 모습

1 우리 고장의 환경과 생활 모습 ························· 89

2 환경에 따른 의식주 생활 모습 ···················· 95

2 시대마다 다른 삶의 모습

1 옛날과 오늘날의 생활 모습 ························· 102

2 옛날과 오늘날의 세시 풍속 ························· 108

3 가족의 모습과 역할 변화

1 가족의 구성과 역할 변화 ···························· 115

2 다양한 가족이 살아가는 모습 ···················· 121

① 우리 고장의 환경과 생활 모습

❶ 자연환경과 인문 환경

자연환경	• 산, 하천, 바다와 같은 땅의 생김새 • 눈, 비, 바람, 기온과 같은 날씨에 영향을 주는 것
인문 환경	논과 밭, 도로, 학교 등 사람들이 만든 환경

❷ 자연환경과 우리 고장 사람들이 하는 일

	산	공원, 등산로를 만들어 이용하고, 소를 키우거나 버섯을 재배함.
들	논과 밭이 있는 고장	논과 밭에서 곡식 재배하기, 채소 재배하기, 가축 기르기, 농기계 팔기 등
	도시가 발달한 고장	많은 사람이 살고 높은 건물이 있으며 회사나 공장에서 일함.
바다		물고기를 잡거나 김과 미역을 기르고, 염전을 만들어 소금을 얻는 데 이용함.

❸ 계절에 따른 우리 고장 사람들의 생활 모습

구분	기온과 강수량	생활 모습
여름	기온이 높아 덥고 비가 많이 옴.	해수욕을 즐김.
겨울	기온이 낮아 춥고 눈이 내림.	눈썰매를 탐.

➡ 계절에 따라 기온, 강수량이 달라지고 생활 모습이 달라집니다.

❹ 우리 고장 사람들의 여가 생활 모습

자연환경 이용	등산, 래프팅, 낚시, 패러글라이딩 등
인문 환경 이용	공원 산책, 박물관 관람, 영화 감상 등

② 환경에 따른 의식주 생활 모습

❶ 의식주의 필요성

의	식	주
몸을 보호하기 위해서	영양소를 얻기 위해서	안전하고 편안하게 쉬기 위해서

❷ 고장 사람들의 의생활 모습

사우디아라비아	햇볕이 뜨거워서 긴 옷을 입고, 머리에 천을 둘러 감음.
베트남	덥고 비가 많이 내려 바람이 잘 통하는 긴 옷을 입고, 챙이 넓은 모자를 씀.
캐나다	춥고 눈이 많이 와서 동물의 털과 가죽으로 만든 두꺼운 옷을 입음.
페루	낮과 밤의 기온 차가 커서 망토, 모자를 씀.

❸ 고장 사람들의 식생활 모습

구분	자연환경	식생활 모습
우리 고장	바다가 있음.	제주(옥돔구이)
	산이 있음.	영월(감자떡)
	넓은 들이 있음.	전주(전주비빔밥)
다른 고장	날씨가 덥고 습함.	열대 과일을 이용한 음식
	바다로 둘러싸임.	생선을 이용한 음식
	산지가 있음.	치즈를 이용한 음식

❹ 고장 사람들의 주생활 모습

터돋움집	여름철에 홍수로 물에 잠길 위험이 있어 땅을 높여서 집을 지음.
우데기집	겨울철에 눈이 많이 내려 집 안으로 들어오는 것을 막기 위해서 만듦.

1 산, 하천, 바다와 같은 땅의 생김새와 날씨에 영향을 주는 눈, 비, 바람, 기온 등 자연 그대로의 환경을 무엇이라고 합니까?

2 논과 밭, 과수원, 다리, 도로, 공장 등 사람이 만든 환경을 무엇이라고 합니까?

3 자연환경과 인문 환경에 따라 사람들의 생활 모습은 (같습니다, 다릅니다).

4 염전을 만들어 소금을 얻는 것은 자연환경 중 (들, 바다)을/를 이용하는 모습입니다.

5 고장 사람들의 생활 모습에 영향을 주는 것으로 일정한 곳에 일정 기간 내린 눈, 비 등의 물의 양은 무엇이라고 합니까?

6 단풍 구경을 가고 논과 밭에서 곡식이나 열매를 수확하는 계절은 언제입니까?

7 여름에는 기온이 높아 덥고 비가 많이 오며, 더위를 피해 (해수욕, 눈썰매)을/를 즐깁니다.

8 들이 펼쳐진 곳 중에서 (논, 도시)이/가 발달한 고장에 사는 사람들이 하는 일이 훨씬 더 다양합니다.

9 스키장을 만들고 그 주변에서 식당이나 숙박 시설을 운영하는 일을 하는 것은 고장의 다양한 자연환경 중 무엇을 이용하여 살아가는 것입니까?

10 가족들과 도서관에서 책을 읽는 것은 (자연환경, 인문 환경)을 이용한 여가 생활입니다.

1 다음 환경에 해당하는 요소들을 바르게 짝 지은 것은 어느 것입니까? ( )

	자연환경	인문 환경
①	산, 들	논, 밭
②	하천, 바다	바람, 기온
③	다리, 도로	눈, 비
④	밭, 과수원	바다, 하천
⑤	공장, 항구	기온, 들

3 오른쪽의 모습을 볼 수 있는 고장은 어디입니까?
( )

① 도시 ② 산이 많은 고장
③ 하천이 많은 고장 ④ 바다가 있는 고장
⑤ 넓은 들이 있는 고장

4 넓은 들이 있는 고장 사람들이 하는 일로 알맞은 것은 어느 것입니까? ( )

▲ 계단식 논에서 농사지음.

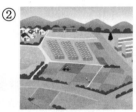

▲ 논에서 벼농사를 함.

▲ 염전을 만들어 소금을 얻음.

▲ 스키장을 만들어 운영함.

2 사람들이 자연환경을 이용하는 모습을 알맞게 선으로 연결하시오.

(1) 들 ·

· ㉠ 물고기를 잡거나 염전을 만들어 소금을 얻음.

(2) 산 ·

· ㉡ 공원이나 등산로를 만들어 이용함.

(3) 바다 ·

· ㉢ 농사를 짓거나 도로와 주택 등을 만듦.

5 다음 고장 사람들이 환경을 이용해서 하는 일을 한 가지만 쓰시오.

서술형

바다가 있는 고장

_____

_____

6~7 다음 글을 읽고, 물음에 답하시오.

올해도 아름다운 단풍의 계절이 찾아왔습니다. 전국의 산들은 알록달록한 고운 빛으로 물들었습니다. 이번 주말에 단풍 나들이를 나간다면 (㉠)을/를 느낄 수 있을 것입니다.

6 위 ㉠에 들어갈 계절을 쓰시오.

( )

7 위 글에 나타난 계절에 고장 사람들의 생활 모습으로 알맞은 것은 어느 것입니까? ( )

① 곡식을 수확한다.
② 스키나 썰매를 탄다.
③ 봄꽃을 보러 소풍을 간다.
④ 에어컨과 선풍기를 사용한다.
⑤ 물놀이를 즐기는 사람들이 많다.

8 다음 그래프를 통해 알 수 <u>없는</u> 내용은 어느 것입니까? ( )

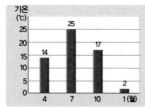

▲ 민우네 고장의 평균 기온   ▲ 민우네 고장의 평균 강수량

① 1월 기온이 가장 낮다.
② 1월 강수량이 가장 적다.
③ 7월 기온이 가장 높다.
④ 7월 강수량이 가장 많다.
⑤ 강수량이 가장 많은 달에 눈과 비가 많이 온다.

9 다음 계절에 따른 사람들의 생활 모습으로 알맞은 것은 어느 것입니까? ( )

▲ 눈썰매 타기

① 얇은 옷을 입는다.
② 산에 단풍 구경을 간다.
③ 난로나 온풍기를 사용한다.
④ 과수원에서 과일을 수확한다.
⑤ 해수욕을 하러 바다로 여행을 간다.

10 다음에서 자연환경을 이용한 여가 생활을 두 가지 고르시오. ( )

▲ 야구장에서 야구하기   ▲ 공원에서 체험하기

▲ 바다에서 수영하기   ▲ 강에서 래프팅하기

1 다음 고장의 디지털 영상 지도를 보고, 고장 사람들이 자연환경을 이용하는 모습으로 알맞지 <u>않은</u> 것은 어느 것입니까? (   )

▲ 경상북도 포항시 청하면

① 산에 등산로를 만든다.
② 바다에서 물고기를 잡는다.
③ 산에 배가 드나들 수 있는 항구를 만든다.
④ 들에 농사를 짓거나 도로와 주택을 만든다.
⑤ 하천의 물을 생활용수나 공업용수로 이용한다.

2 다음 ㉠~㉣의 인문 환경을 바르게 짝 지은 것은 어느 것입니까? (   )

	㉠	㉡	㉢	㉣
①	하천	밭	바다	들
②	들	산	항구	하천
③	다리	과수원	하천	들
④	다리	논	바다	논
⑤	도로	과수원	항구	논

3 자연환경으로 알맞은 것을 두 가지 고르시오. (   )

① ▲ 눈
② ▲ 논
③ ▲ 바다
④ ▲ 과수원

4~5 다음 자료를 보고, 물음에 답하시오.

산이 많은 고장

4 위 고장에 사는 사람들이 하는 일로 알맞지 <u>않은</u> 것은 어느 것입니까? (   )

① 버섯을 재배한다.
② 숲에서 목재를 얻는다.
③ 목장에서 소를 기른다.
④ 경사진 밭이나 계단식 논에서 농사를 짓는다.
⑤ 배나 물고기 잡는 기구를 고쳐 주는 일을 한다.

5 위 고장의 인문 환경으로 알맞은 것은 어느 것입니까? (   )

① 스키장이 있다.
② 울창한 숲이 있다.
③ 높고 낮은 산이 많다.
④ 길이 좁고 구불구불하다.
⑤ 나물이나 약초가 많이 자란다.

6 도시에 사는 사람들이 주로 하는 일을 두 가지 고르시오. ( )

① 공장에서 물건을 만든다.
② 버스나 택시를 운전한다.
③ 관광객에게 농촌 체험을 할 수 있도록 한다.
④ 농업 기술을 연구하고 알려 주는 일을 한다.
⑤ 잡아 온 물고기를 소비자에게 직접 파는 직판장을 운영한다.

7
서술형 도시에 사는 사람들이 논과 밭이 있는 고장에 사는 사람들보다 더 다양한 일을 하는 까닭을 쓰시오.

_____

_____

8 다음 그래프에 대한 설명으로 알맞은 것은 어느 것입니까? ( )

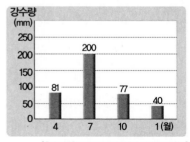
[출처: 기상청, 1991~2010년 평균값, 경상북도 포항시]
▲ 민우네 고장의 평균 강수량

① 1월은 비가 가장 많이 내리는 달이다.
② 4월에 비가 가장 적게 내린다.
③ 4월은 눈과 우박이 가장 많이 내리는 달이다.
④ 7월에 비가 가장 많이 내린다.
⑤ 10월은 눈이 가장 많이 내리는 달이다.

9 다음 생활 모습과 관련된 계절로 알맞은 것은 어느 것입니까? ( )

- 얇은 옷을 입는다.
- 에어컨이나 선풍기를 사용한다.

① 봄 ② 여름
③ 가을 ④ 겨울

10 사람들이 환경을 이용하여 여가 생활을 하는 모습을 알맞게 선으로 연결하시오.

(1) 자연
환경

· ㉠
▲ 강에서 낚시하기

· ㉡
▲ 영화관에서 영화 감상하기

· ㉢
▲ 산에서 등산하기

(2) 인문
환경

· ㉣
▲ 박물관에서 유물 관람하기

1 다음 자료를 보고, 물음에 답하시오. [12점]

| (㉠) 의 생김새 | 산 / 들 / 하천 / 바다 |
| (㉡) 에 영향을 주는 요소 | 눈 / 바람 / 비 / 우박 |

(1) 위 ㉠, ㉡에 들어갈 알맞은 말을 쓰시오. [각 2점]

㉠: (   ) ㉡: (   )

(2) 위 자료를 보고, 자연환경의 의미를 쓰시오. [8점]

_____

_____

2 다음 자료를 보고, 물음에 답하시오. [12점]

고장 모습	사람들이 하는 일
(가)	㉠
(나)	공장이나 회사에서 일 함. 물건이나 음식을 팔기도 함. 버스나 택시를 운전하기도 함.

(1) (가) 고장 모습을 보고 이 고장의 특징을 쓰시오. [4점]

(   )이/가 있는 고장

(2) ㉠에 들어갈 고장 사람이 하는 일을 쓰시오. [8점]

3 다음과 같이 계절에 따라 사람들의 생활 모습이 다른 까닭을 쓰시오. [8점]

| 봄 | 여름 |
| 가을 | 겨울 |

_____

_____

4 다음 그림을 보고, 물음에 답하시오. [12점]

(1) 위 여가 생활은 자연환경과 인문 환경 중 어떠한 환경을 이용한 것인지 쓰시오. [4점]

(   )

(2) 이 외에도 인문 환경을 이용한 여가 생활을 두 가지 쓰시오. [8점]

_____

_____

1 사람이 살아가는 데 기본적으로 필요한 옷, 음식, 집을 무엇이라고 합니까?

2 고장의 날씨나 땅의 생김새와 같은 자연환경은 사람들의 의식주 생활 모습에 (적은, 많은) 영향을 줍니다.

3 우리 고장 사람들은 겨울에 (더위, 추위)를 막으려고 솜을 누벼서 만든 두꺼운 옷을 입으며 목도리를 두르거나 장갑을 낍니다.

4 뜨거운 햇볕과 모래바람을 막기 위해 긴 옷을 입고 머리에는 천을 둘러 감는 옷차림을 하는 곳은 어디에 있는 고장입니까?

5 춥고 눈이 많이 오는 고장에서는 동물의 털과 가죽으로 만든 (두꺼운, 얇은) 옷을 입습니다.

6 영덕의 대게찜, 제주의 옥돔구이는 (들, 바다)이/가 있는 고장에서 발달한 음식입니다.

7 산이 많아 밭농사를 주로 짓는 고장에서는 (전주비빔밥, 감자떡)과 같은 음식이 발달하였습니다.

8 여름철에 홍수로 집이 물에 잠길 위험이 있는 고장에서 땅 위에 터를 돋우어 높은 곳에 지은 집을 무엇이라고 합니까?

9 눈이 많이 내리는 울릉도에서 집에 눈이 들어오는 것을 막고 눈이 많이 쌓여도 집 안을 자유롭게 다니기 위해 만든 벽을 무엇이라고 합니까?

10 고장 사람들의 의식주 생활 모습이 다른 까닭은 고장의 계절과 날씨, 땅의 생김새 등 (자연환경, 인문 환경)이 영향을 주기 때문입니다.

1 다음 ㈀~㈂에 대한 설명으로 알맞지 <u>않은</u> 것은 어느 것입니까? ( )

① ㈀ - 벌레로부터 몸을 보호하기 위해서 나뭇잎을 몸에 둘렀다.

② ㈀ - 몸의 중요한 부분을 보호하기 위해서 나뭇잎을 몸에 둘렀다.

③ ㈁ - 물고기를 잡아서 먹는 등 음식을 먹어야 체력을 유지할 수 있었다.

④ ㈂ - 잠을 자고 쉬기 위해서 집을 만들었다.

⑤ ㈂ - 자신의 개성을 표현하기 위해서 집을 만들었다.

2
서술형

다음 자료를 보고 ㈀과 ㈁에 들어갈 알맞은 말을 쓰시오.

	의	식	주
예			㈀
필요성	피부를 보호하고 몸의 온도를 유지하기 위해서이다.	영양분을 얻고 몸을 움직일 힘을 내기 위해서이다.	㈁

(1) ㈀: ( )

(2) ㈁: _____

3 날씨가 추울 때 고장 사람들의 옷차림으로 알맞은 것을 보기 에서 두 가지 골라 기호를 쓰시오.

보기

㈀ 솜을 넣어 만든 옷을 입는다.

㈁ 햇빛을 막기 위해 모자를 쓴다.

㈂ 장갑을 끼거나 목도리를 두른다.

㈃ 바람이 잘 통하는 모시 소재의 옷을 입는다.

( )

4 고장 사람들이 다음과 같은 옷차림을 갖추게 된 까닭으로 알맞은 것은 어느 것입니까? ( )

① 눈을 막기 위해서

② 비를 피하기 위해서

③ 모래바람을 막기 위해서

④ 무서운 동물을 피하기 위해서

⑤ 낮의 뜨거운 햇빛과 밤의 추위로부터 몸을 보호하기 위해서

5 사막과 같은 고장의 의생활 모습으로 알맞은 것은 어느 것입니까? ( )

6 다음과 같은 고장에서 발달한 음식은 무엇입니까?
( )

> 산지가 많아 날씨가 서늘하다.

①
▲ 옥돔구이

②
▲ 영월감자떡

③
▲ 전주비빔밥

④
▲ 영덕대게찜

⑤
▲ 천안호두과자

7 날씨가 덥고 습한 고장에서 발달한 음식은 무엇입니까?
( )

①
▲ 생선을 이용한 음식

②
▲ 열대 과일을 이용한 음식

③
▲ 치즈를 이용한 음식

④
▲ 메밀을 이용한 음식

8 다음 ㉠, ㉡에 들어갈 계절로 알맞은 것은 어느 것입니까?
( )

터돋움집	우데기집

(㉠)에 홍수로 잠길 위험이 있는 집을 보호하기 위해서 지었음.	(㉡)에 눈이 집 안으로 들어오는 것을 막기 위해서 지었음.

	㉠	㉡		㉠	㉡
①	봄철	여름철	②	여름철	가을철
③	여름철	겨울철	④	가을철	봄철
⑤	겨울철	여름철			

9 다음 ㉠, ㉡에 대한 설명으로 알맞지 않은 것은 어느 것입니까?
( )

㉠
▲ 너와집

㉡
▲ 동굴집

① ㉠ - 산이 많은 고장에서 주로 지은 집이다.
② ㉠ - 나뭇조각으로 지붕을 얹어 집을 지었다.
③ ㉡ - 화산 폭발이 있었던 고장에서 만들어진 집이다.
④ ㉡ - 단단하지 않은 바위의 속을 파서 집을 지었다.
⑤ ㉡ - 주변에서 쉽게 구할 수 있는 눈과 얼음으로 만든 집이다.

10 다음 빈칸에 들어갈 알맞은 말을 쓰시오.

> 날씨가 더운 고장에 사는 사람들은 강위에 집을 지어 더위를 피합니다.

덥고 비가 많이 내리는 고장에 사는 사람들의 ( ) 모습을 작은 책으로 만들었다.

( )

1 다음 ㉠~㉢에 들어갈 말을 알맞게 짝 지은 것은 어느 것입니까? ( )

(㉠)생활	옷, 신발, 목도리, 모자, 장갑 등
(㉡)생활	밥, 빵, 과일, 음료수, 아이스크림 등
(㉢)생활	아파트, 한옥, 통나무집 등

	㉠	㉡	㉢
①	의	식	주
②	의	주	식
③	식	주	의
④	식	의	주
⑤	주	식	의

2 다음과 같이 사람들의 옷차림이 차이가 나는 까닭으로 알맞은 것은 어느 것입니까? ( )

제주에서는 아직 사람들이 반소매 옷을 입는데 거기는 날씨가 춥니?

평창은 아침 저녁으로 날씨가 서늘해서 긴소매 옷을 입어.

① 고장별로 날씨가 다르기 때문에
② 고장별로 계절이 다르기 때문에
③ 고장마다 입는 옷이 다르기 때문에
④ 고장마다 과학 기술이 다르기 때문에
⑤ 여자와 남자가 입는 옷이 정해져 있기 때문에

3~4 다음 사진을 보고, 물음에 답하시오.

㉠

㉡

㉢

㉣

3 다음에서 설명하는 고장 사람들의 옷차림으로 알맞은 것을 위에서 골라 기호를 쓰시오.

춥고 눈이 많이 오는 고장에서는 동물의 털과 가죽으로 만든 두꺼운 옷을 입는다.

( )

4 위 ㉢ 고장 사람들의 옷차림에 대한 설명으로 알맞지 않은 것은 어느 것입니까? ( )

① 얇은 소재의 시원한 옷을 입었다.
② 바람이 잘 통하는 긴 옷을 입었다.
③ 챙이 큰 모자를 써서 햇빛을 가렸다.
④ 덥고 비가 많이 내리는 고장에서 볼 수 있다.
⑤ 낮의 뜨거운 햇빛과 밤의 추위를 견디려고 망토를 입었다.

5 다음 음식을 구할 수 있는 고장은 어디입니까?

( )

▲ 감자떡

▲ 감자옹심이

▲ 곤드레나물밥

① 산이 있는 고장
② 사막이 있는 고장
③ 하천이 있는 고장
④ 바다가 있는 고장
⑤ 넓은 들이 있는 고장

6~7 다음 자료를 보고, 물음에 답하시오.

(가)
▲ 평양냉면

(나)
▲ 옥돔구이

(다)
▲ 영덕대게

(라)
▲ 전주비빔밥

6 위 (가)~(라) 중 바닷가에서 발달한 음식으로 알맞은 것을 두 가지 골라 기호를 쓰시오.

(   )

7 위 자료를 보고 전주에서 비빔밥이 발달한 까닭을 쓰시오.
서술형

_____

_____

8 다음과 같은 집을 지은 까닭으로 알맞은 것은 어느 것입니까? (   )

① 여름철 통풍을 위해서
② 뜨거운 햇빛을 가리기 위해서
③ 바닷물이 들어오는 것을 막기 위해서
④ 눈이 많이 와도 집 안을 자유롭게 활동하기 위해서
⑤ 홍수로 물에 잠길 위험에 있는 집을 보호하기 위해서

9 화산 폭발로 만들어진 단단하지 않은 바위의 속을 파서 지은 집의 이름은 무엇입니까? (   )

① 너와집
② 이글루
③ 동굴집
④ 아파트
⑤ 우데기집

10 여러 고장의 의식주 생활 모습을 정리한 내용 중 알맞지 <u>않은</u> 것은 어느 것인지 골라 기호를 쓰시오.

구분	날씨가 덥고 습한 고장	날씨가 춥고 눈이 많이 내리는 고장
의	㉠ 바람이 잘 통하고 시원한 소재로 옷을 만들어 입는다.	㉡ 동물의 가죽이나 털로 만든 옷을 입는다.
식	㉢ 열대 과일, 쌀국수 등을 먹는다.	–
주	–	㉣ 해충의 피해를 막기 위해 물 위에 집을 짓는다.
특징	㉤ 고장마다 자연환경과 인문 환경이 다르기 때문에 생활 모습이 다르다.	

(   )

1 다음 보기 를 보고, 물음에 답하시오. [12점]

보기

(1) 보기 에서 의생활과 관련된 것을 모두 골라 기호를 쓰시오. [4점]

(   )

(2) 위 (1)번 답과 같은 물건을 만들어 입고 생활하는 까닭을 쓰시오. [8점]

_____

_____

2 다음 사진을 보고, 물음에 답하시오. [12점]

(가)   (나)

(1) (가) 고장처럼 비나 눈이 적게 내려 물이 부족하여 풀이나 나무가 자라기 어려운 땅을 무엇이라고 하는지 쓰시오. [4점]

(   )

(2) (가) 고장 사람들이 (나)와 같은 의생활을 갖추게 된 까닭을 쓰시오. [8점]

3 다음 자료를 보고, 물음에 답하시오. [12점]

▲ (㉠)

▲ 감자떡

▲ 호두과자

▲ 영덕대게

▲ (㉡)

▲ 옥돔구이

(1) 위 ㉠, ㉡에 들어갈 음식을 쓰시오. [각 2점]

㉠: (   ) ㉡: (   )

(2) 위와 같이 고장마다 발달한 음식이 다른 까닭을 쓰시오. [8점]

_____

_____

4 다음과 같은 집을 지은 고장의 자연환경을 쓰시오. [8점]

▲ 터돋움집

_____

1 옛날과 오늘날의 생활 모습

1 옛날 사람들의 생활 모습

• 돌과 나무로 도구를 만들어 쓰던 시대의 생활 모습

돌을 깨뜨려 만든 도구의 사용	• 돌을 깨뜨려 생활 도구를 만들었음. • 사냥을 하거나 열매를 땄음. • 동굴이나 바위 그늘에서 살았음.
돌을 갈아서 만든 도구의 사용	• 흙으로 그릇을 만들었고, 돌을 갈아서 더 좋은 도구를 만들었음. • 강가나 바닷가에 모여 살았음. • 농사를 짓고 가축을 길렀음.

• 금속으로 도구를 만들어 쓰던 시대의 생활 모습

청동으로 만든 도구의 사용	청동은 재료를 구하기 어려워 무기, 장신구, 제사 도구 등에 주로 사용했음.
철로 만든 도구의 사용	철은 농사 도구, 무기 등 다양한 생활 도구를 만들 때 사용되었음.

2 여러 가지 도구의 발달로 달라진 사람들의 생활 모습

• 농사 도구의 발달: 농기계를 사용해 쉽고 편리하게 농사를 짓고 있습니다.

• 음식을 만드는 도구의 발달: 빠르고 편리하게 다양한 음식을 만들 수 있게 되었습니다.

• 옷을 만드는 도구의 발달: 다양한 옷을 쉽고 빠르게 만들 수 있게 되었습니다.

3 집의 형태가 발달하면서 달라진 사람들의 생활 모습

동굴	더위와 추위, 사나운 짐승을 피할 수 있었음.
움집	움집 안에서 불을 피워 따뜻하게 지내면서 간단한 음식을 만들어 먹고 잠을 잤음.
초가집	방, 마루, 부엌, 외양간, 화장실 등을 쓰임에 맞게 나누어 사용했음.
기와집	안채에서는 여자들이 생활했고, 사랑채에서는 남자들이 손님을 맞이하거나 글공부를 했음.
주택, 아파트	거실과 주방이 연결되어 있고 화장실도 집 안에 있어 다양한 생활을 할 수 있음.

2 옛날과 오늘날의 세시 풍속

1 세시 풍속

• 뜻: 해마다 일정한 날이나 계절에 반복하는 우리 고유의 풍속입니다.

• 옛날의 세시 풍속

설날	차례 지내기, 세배하기, 떡국 먹기 등
정월 대보름	오곡밥과 나물 먹기, 부럼 깨기, 쥐불놀이 등
삼짇날	진달래꽃으로 전 만들어 먹기, 꽃놀이 등
한식	찬 음식 먹기, 성묘하기 등
단오	수리취떡 먹기, 창포물로 머리 감기 등
삼복	영양이 풍부한 음식 먹기, 물놀이 등
백중	호미 걸어 두기
추석	송편 먹기, 차례 지내기, 강강술래 등
중양절	국화전 먹기 등
상달	김장하기, 메주 띄우기
동지	팥죽 먹기

2 옛날과 오늘날의 세시 풍속 비교

옛날	• 농사와 관련된 다양한 세시 풍속을 즐겼음. • 날씨와 계절과 관련된 세시 풍속이 많았음.
오늘날	• 직업이 다양해져 농사와 관련된 세시 풍속이 많이 사라졌음. • 설날, 추석 등 큰 명절을 중심으로 세시 풍속이 이어져 오고 있음. • 계절과 관계없이 언제든지 세시 풍속을 즐길 수 있음.

3 옛날부터 전해 내려오는 세시 풍속 체험하기

복조리 걸어 두기	색종이를 이용해 복조리를 만든 후 받고 싶은 복을 이야기하면서 복을 기원하는 세시 풍속을 체험할 수 있음.
윷놀이하기	윷, 윷판, 윷말만 있으면 어디에서나 누구나 즐길 수 있음.

1 사람이 생활하는 데 필요한 여러 가지 물건을 무엇이라고 합니까?

2 돌을 (깨뜨려, 갈아서) 도구를 만들어 쓰던 시대에는 농사를 짓고 가축을 길렀습니다.

3 옛날에 재료를 구하기 어렵고 만드는 과정이 복잡하여 무기, 장신구, 제사 도구를 만드는 데 주로 쓰였던 금속은 무엇입니까?

4 (철, 금)(으)로 만든 농사 도구를 사용하면서 농업이 크게 발달했습니다.

5 땅을 가는 농사 도구는 (돌괭이, 반달 돌칼) → 철로 만든 괭이 → 쟁기 → 트랙터의 순서로 발달했습니다.

6 음식을 만드는 도구 중 오늘날 불을 피울 필요 없이 전기를 이용해 빠르게 밥을 짓는 도구는 무엇입니까?

7 오늘날에는 방직기, 재봉틀과 같은 (기계, 재료)를 이용해 옷을 쉽고 빠르게 만들 수 있습니다.

8 볏짚을 엮어 지붕을 만들고, 나무와 흙으로 벽을 만든 집을 무엇이라고 합니까?

9 기와집의 안채에서 주로 생활했던 사람은 여자와 남자 중 누구입니까?

10 (움집, 아파트)은/는 여러 층으로 높게 짓기 때문에 좁은 땅에 많은 사람들이 함께 살 수 있습니다.

1 다음 그림에 나타난 옛날 사람들의 생활 모습으로 알맞지 <u>않은</u> 것은 어느 것입니까? ( )

① 열매를 따고 사냥을 했다.
② 동굴이나 바위 그늘에서 살았다.
③ 철로 만든 농사 도구를 사용했다.
④ 돌과 나무로 생활 도구를 만들었다.
⑤ 동물의 가죽으로 옷을 만들어 입었다.

2 다음 빈칸에 들어갈 알맞은 말을 쓰시오.

> 시간이 흘러서 사람들은 먹을 것이 풍부한 강가나 바닷가에 모여 살기 시작했다. 그리고 땅을 갈아서 ( )을/를 짓고 가축을 길렀으며, 흙으로 그릇을 만들었다.

( )

3 청동으로 도구를 만들었던 시대에도 일상생활에서는 여전히 돌과 나무로 만든 도구를 사용한 까닭은 무엇인지 쓰시오.

서술형

_____

_____

4 철로 만든 도구를 사용한 시대의 생활 모습으로 알맞은 것은 어느 것입니까? ( )

① 움집을 지어 살았다.
② 빗살무늬 토기를 만들었다.
③ 장신구를 만드는 데 청동을 사용했다.
④ 전쟁에서 철로 만든 무기를 사용했다.
⑤ 돌괭이 등의 농사 도구를 만들어 사용했다.

5 다음 자료를 보고 곡식을 수확하는 도구가 발달한 순서대로 기호를 쓰시오.

ㄱ

▲ 반달 돌칼

ㄴ

▲ 콤바인

ㄷ

▲ 철로 만든 낫

ㄹ

▲ 탈곡기

( ) → ( ) → ( ) → ( )

6 오늘날 다양한 농기계를 사용하면서 좋아진 점을 두 가지 고르시오. (　　　　)

① 편리하게 농사지을 수 있다.
② 수확하는 곡식의 양이 많아졌다.
③ 이전보다 힘들게 농사를 짓고 있다.
④ 소를 이용해 농사짓는 사람들이 늘어나고 있다.
⑤ 사람들은 더 이상 농사일을 하지 않아도 된다.

7 음식을 만드는 도구의 발달 과정에 맞게 다음 빈칸에 들어갈 도구는 무엇입니까? (　　　　)

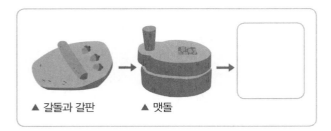

▲ 갈돌과 갈판　　　▲ 맷돌

①

▲ 전기밥솥

②

▲ 가마솥

③

▲ 믹서

④

▲ 토기

8 옷을 만드는 도구의 발달로 달라진 사람들의 생활 모습을 보기 에서 모두 골라 기호를 쓰시오.

> **보기**
> ㉠ 집에서 옷을 만들어 입게 되었다.
> ㉡ 다양한 종류의 옷을 입게 되었다.
> ㉢ 쉽고 빠르게 옷을 만들 수 있게 되었다.
> ㉣ 옷을 만드는 데 시간이 오래 걸리게 되었다.

(　　　　)

9 다음에서 설명하는 집은 무엇입니까? (　　　　)

땅을 파서 바닥을 평평하게 한 후 기둥을 세우고 풀과 짚을 덮어서 집을 만들었다.

① 동굴　　　　② 움집
③ 기와집　　　④ 초가집
⑤ 아파트

10 다음 그림의 집에 살았던 사람들의 생활 모습으로 알맞은 것은 어느 것입니까? (　　　　)

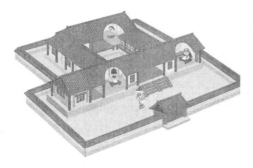

① 먹을 것을 찾아 옮겨 다녔다.
② 화장실이 집 안에 있어 편리했다.
③ 볏짚으로 만든 지붕을 자주 갈아야 했다.
④ 집 가운데에 불을 피워 따뜻하게 지냈다.
⑤ 안채에서는 여자들이, 사랑채에서는 남자들이 생활했다.

1 다음 빈칸에 들어갈 알맞은 말은 무엇입니까?
( )

> 옛날 사람들은 자연에서 쉽게 얻을 수 있는 ( )을/를 깨뜨리거나 나무를 다듬어 생활 도구로 사용했다.

① 짚   ② 철   ③ 돌
④ 청동   ⑤ 유리

2 돌을 갈아서 만든 도구를 사용한 시대의 생활 모습을 보기 에서 골라 기호를 쓰시오.

> 보기
> ㉠ 농사를 짓고 가축을 길렀다.
> ㉡ 청동으로 장신구를 만들었다.
> ㉢ 강가나 바닷가에 모여 살았다.
> ㉣ 철로 만든 무기를 사용해 전쟁을 했다.

( )

3 청동으로 만든 도구로 알맞은 것은 어느 것입니까?
( )

①
▲ 비파형 동검

②
▲ 주먹 도끼

③
▲ 빗살무늬 토기

④
▲ 가마솥

4 다음 도구를 만들어 사용했던 시대의 생활 모습으로 알맞은 것은 어느 것입니까? ( )

철로 만든 농사 도구를 사용하니 땅을 갈기가 훨씬 편해졌어.

철로 만든 무기가 생겨 든든하군.

① 반달 돌칼로 곡식을 수확했다.
② 청동으로 제사 도구를 만들었다.
③ 마을 사람의 수가 크게 줄어들었다.
④ 일상생활에서 철이 널리 사용되었다.
⑤ 땅을 파고 기둥을 세운 움집에서 살았다.

5 다음 농사 도구의 공통점으로 알맞은 것은 어느 것입니까?
( )

▲ 돌괭이

▲ 반달 돌칼

① 땅을 갈 때 사용했다.
② 돌을 이용해 만들었다.
③ 곡식을 수확하는 도구이다.
④ 오늘날에 볼 수 있는 농기계이다.
⑤ 동물의 힘을 이용한 농사 도구이다.

6 다음에 제시된 음식을 만드는 도구의 공통점으로 알맞은 것은 어느 것입니까? (   )

> • 믹서   • 전기밥솥

① 곡식을 갈 때 사용한다.
② 도구를 만든 재료가 철이다.
③ 아궁이에 불을 피워 이용해야 한다.
④ 음식을 끓이거나 밥을 짓는 도구이다.
⑤ 음식을 빠르고 편리하게 만들 수 있다.

7 다음 빈칸에 들어갈 알맞은 도구는 무엇입니까?
(   )

> (   ) ➡ 물레, 베틀 ➡ 방직기

① 가위   ② 재봉틀
③ 가락바퀴   ④ 뼈바늘
⑤ 철로 만든 바늘

8
서술형

다음 밑줄 친 부분에 들어갈 온돌의 좋은 점을 쓰시오.

> 온돌은 아궁이에 불을 때면 뜨거운 열기가 방 바닥 아래를 지나가면서 구들장을 데워 _____
> _____

9 다음 그림과 같은 집에 살았던 사람들의 생활 모습으로 알맞지 <u>않은</u> 것은 어느 것입니까? (   )

① 화장실은 방에서 떨어져 있었다.
② 보일러를 설치해 추위를 이겨 냈다.
③ 마당에서 농사와 관련된 일을 했다.
④ 외양간을 두어 가축을 기르기도 했다.
⑤ 한 해 농사가 끝나면 새 볏짚으로 지붕을 바꿨다.

10 오늘날 사람들이 주로 생활하는 집의 형태는 어느 것입니까? (   )

①
▲ 동굴

②
▲ 움집

③
▲ 기와집

④
▲ 아파트

1 다음 사진을 보고, 물음에 답하시오. [12점]

(가)

(나)

(1) 위에서 돌을 깨뜨려 만든 도구를 골라 기호를 쓰시오. [4점]

( )

(2) 위 (1)번 답과 같은 도구를 사용했던 시대의 사람들이 살았던 곳은 어디인지 쓰시오. [8점]

_____

_____

2 다음 자료를 보고, 물음에 답하시오. [12점]

돌로 만든 농사 도구	( )(으)로 만든 농사 도구

(1) 위 빈칸에 들어갈 알맞은 금속을 쓰시오. [4점]

( )

(2) 위와 같이 농사 도구가 변화하면서 달라진 점은 무엇인지 쓰시오. [8점]

_____

_____

3 다음 자료를 보고, 물음에 답하시오. [12점]

▲ 베틀   ▲ 방직기

(1) 위에서 가장 최근에 등장한 옷을 만드는 도구를 골라 이름을 쓰시오. [4점]

( )

(2) 옷을 만드는 도구가 발달하면서 사람들의 생활 모습은 어떻게 달라졌는지 쓰시오. [8점]

_____

_____

4 다음 그림을 보고, 물음에 답하시오. [12점]

(가)

(나)

(1) 위 (가), (나)에 해당하는 집의 이름을 쓰시오. [각 2점]

(가) ( ), (나) ( )

(2) 위 (가), (나)의 지붕을 만드는 데 쓰인 재료가 어떻게 다른지 비교하여 쓰시오. [8점]

_____

_____

1 해마다 일정한 날이나 계절에 반복하는 우리 고유의 풍속을 무엇이라고 합니까?

2 설날에는 새해를 맞아 웃어른께 (세배, 부채)를 드렸습니다.

3 새해 첫 보름달이 뜨는 날로, 오곡밥과 나물 먹기, 부럼 깨기, 쥐불놀이 등의 세시 풍속이 있었던 명절은 무엇입니까?

4 창포물로 머리를 감고 그네뛰기와 씨름을 즐겼던 단오는 음력 몇 월 며칠입니까?

5 (한식, 삼복)에는 더운 여름을 건강하게 나기 위해 닭백숙, 육개장 등 영양이 풍부한 음식을 먹었습니다.

6 동지에 나쁜 기운을 몰아내고자 만들어 먹었던 음식은 무엇입니까?

7 (추석, 중양절)에 조상들께 차례를 지내고 송편과 햇과일을 먹는 것은 오늘날까지 이어지고 있는 세시 풍속입니다.

8 오늘날에는 직업이 다양해져 (농사, 기술)와/과 관련된 세시 풍속이 많이 사라졌습니다.

9 옛날에는 설날에 집집마다 (복조리, 제기)를 벽에 걸어 두는 풍속이 있었습니다.

10 우리 조상들이 설날부터 정월 대보름까지 즐겼던 놀이로, 윷, 윷판, 윷말만 있으면 어디에서나 할 수 있었던 놀이는 무엇입니까?

1 다음 세시 풍속을 즐겼던 명절을 쓰시오.

> • 떡국을 먹었다.
> • 어른들에게 세배를 드렸다.
> • 윷놀이, 연날리기 등을 하였다.

( )

2 다음 그림의 세시 풍속에 대한 설명으로 옳지 <u>않은</u> 것은 어느 것입니까? ( )

① 여름에 볼 수 있었다.
② 정월 대보름에 즐겼다.
③ 쥐불놀이를 하는 모습이다.
④ 농사와 관련된 세시 풍속이다.
⑤ 해충과 나쁜 기운을 쫓아내기 위해 했다.

3 다음에서 설명하는 명절은 무엇입니까? ( )

> • 음력 3월 3일로, 새봄을 알리는 날이다.
> • 진달래꽃으로 전을 만들어 먹었다.

① 설날   ② 한식
③ 단오   ④ 추석
⑤ 삼짇날

4 단오에 즐겼던 세시 풍속으로 알맞은 것은 어느 것입니까? ( )

①
▲ 윷놀이하기

②
▲ 팥죽 먹기

③
▲ 성묘하기

④
▲ 창포물에 머리 감기

5 삼복에 다음과 같은 세시 풍속을 즐겼던 까닭은 무엇입니까? ( )

> 삼복에는 영양이 풍부한 음식을 먹고, 계곡에서 물놀이를 즐겼다.

① 풍년을 기원하려고
② 더위를 이겨 내려고
③ 한 해를 마무리하려고
④ 나쁜 기운을 쫓아내려고
⑤ 조상들께 감사하는 마음을 표현하려고

6
서술형
다음 그림을 참고하여 추석에 즐겼던 세시 풍속을 두 가지 이상 쓰시오.

8 오늘날 세시 풍속의 특징을 보기 에서 모두 골라 기호를 쓰시오.

> 보기
> ㉠ 날씨와 계절의 영향을 많이 받는다.
> ㉡ 농사와 관련된 세시 풍속이 많이 사라졌다.
> ㉢ 옛날보다 더 다양한 세시 풍속을 즐기고 있다.
> ㉣ 큰 명절을 중심으로 세시 풍속이 이어져 오고 있다.

( )

9 오늘날까지 이어지고 있는 세시 풍속 모습으로 알맞지 <u>않은</u> 것은 어느 것입니까? ( )

① 김장을 한다.
② 추석에 송편을 먹는다.
③ 설날에 웃어른께 세배를 드린다.
④ 단오에는 창포물로 머리를 감는다.
⑤ 명절에 가족이 모여 윷놀이를 한다.

7 다음 그림과 같이 옛날에 계절에 따라 세시 풍속의 모습이 달랐던 까닭으로 알맞은 것은 어느 것입니까? ( )

① 직업이 다양해서
② 과학 기술이 발달해서
③ 맛있는 음식을 먹으려고
④ 주로 농사를 짓고 살아서
⑤ 도시에 사는 사람이 많아서

10 세시 풍속을 체험한 내용을 <u>잘못</u> 말한 사람은 누구입니까? ( )

1 우리나라의 명절을 보기 에서 모두 골라 기호를 쓰시오.

> **보기**
> ㉠ 설날　　　　㉡ 추석
> ㉢ 동지　　　　㉣ 어린이날
> ㉤ 개교기념일　㉥ 정월 대보름

(　　　　　　)

2 정월 대보름에 즐겼던 세시 풍속으로 알맞지 <u>않은</u> 것은 어느 것입니까?　　　　(　　　)

① 부럼을 깨물었다.
② 달집태우기를 했다.
③ 계곡에서 물놀이를 했다.
④ 논, 밭에서 쥐불놀이를 했다.
⑤ 풍년을 바라며 오곡밥을 먹었다.

3 각 명절에 즐겼던 세시 풍속을 바르게 설명한 것은 어느 것입니까?　　　　(　　　)

① 설날 – 수리취떡을 먹었다.
② 동지 – 웃어른께 세배를 드렸다.
③ 삼복 – 복조리를 벽에 걸어 두었다.
④ 백중 – 강강술래 등의 놀이를 즐겼다.
⑤ 한식 – 불을 사용하지 않고 찬 음식을 먹었다.

4 다음과 같은 세시 풍속이 있었던 명절의 시기는 언제입니까?　　　　(　　　)

> • 창포물로 머리를 감았다.
> • 그네뛰기와 씨름 등의 놀이를 즐겼다.
> • 여름을 잘 보내라는 의미로 부채를 선물했다.

① 음력 1월 1일　　② 음력 3월 3일
③ 음력 5월 5일　　④ 음력 8월 15일
⑤ 양력 12월 22일경

5 중양절에 즐겼던 세시 풍속으로 알맞은 것은 어느 것입니까?　　　　(　　　)

①
▲ 호미 걸어 두기

②
▲ 국화전 먹기

③
▲ 메주 띄우기

④
▲ 세배하기

6 다음 명절에 먹었던 음식을 선으로 바르게 연결하시오.

(1) 삼복 •

• ㉠

▲ 팥죽

(2) 추석 •

• ㉡

▲ 송편

(3) 동지 •

• ㉢

▲ 닭백숙

7 옛날에 다음과 같은 세시 풍속을 볼 수 있었던 계절은 언제입니까? ( )

조상님들 덕에 풍년이 들었어.

① 봄   ② 여름
③ 가을   ④ 겨울
⑤ 사계절 내내

8 다음과 같이 세시 풍속이 달라진 까닭은 무엇인지
서술형 쓰시오.

> 옛날에는 농사와 관련된 세시 풍속이 많았지만, 오늘날에는 농사와 관련된 세시 풍속이 많이 사라졌다.

_____

_____

9 오늘날에 볼 수 있는 설날의 모습으로 알맞지 <u>않은</u> 것은 어느 것입니까? ( )

① 김장을 한다.
② 떡국을 먹는다.
③ 덕담을 주고받는다.
④ 웃어른께 세배를 드린다.
⑤ 떨어져 살던 가족과 친척이 모인다.

10 다음 그림의 가족들이 체험하고 있는 세시 풍속은 무엇입니까? ( )

① 씨름하기   ② 제기차기
③ 부럼 깨기   ④ 윷놀이하기
⑤ 부채 주고받기

1 다음 사진을 보고, 물음에 답하시오. [12점]

▲ 떡국

(1) 위 음식을 먹는 것처럼 해마다 일정한 날이나 계절에 반복하는 우리 고유의 풍속을 무엇이라고 하는지 쓰시오. [4점]

(   )

(2) 위 음식을 먹는 명절을 쓰고, 이날 즐겼던 세시 풍속을 한 가지 쓰시오. [8점]

_____

_____

2 다음 그림을 보고, 물음에 답하시오. [12점]

팥죽이 맛있어요.

(1) 위 그림과 관련 있는 명절을 쓰시오. [4점]

(   )

(2) 위와 같은 세시 풍속을 했던 까닭은 무엇인지 쓰시오. [8점]

_____

_____

3 다음 그림을 보고, 물음에 답하시오. [12점]

(가)  (나)

마을 사람들이 모두 모여서 해요.

▲ 강강술래하기   ▲ 차례 지내기

(1) 위에서 오늘날까지 이어지고 있는 추석의 세시 풍속을 골라 기호를 쓰시오. [4점]

(   )

(2) 위 (1)번 답 이외에 오늘날 추석에 볼 수 있는 모습을 쓰시오. [8점]

_____

_____

4 다음 글을 읽고, 물음에 답하시오. [12점]

> 옛날에는 사람들이 주로 (   )을/를 지었지만, 오늘날에는 다양한 일을 한다. 그래서 오늘날에는 (   )와/과 관련된 세시 풍속이 많이 사라졌다.

(1) 위 빈칸에 공통으로 들어갈 말을 쓰시오. [4점]

(   )

(2) 위에 제시된 것 이외에 오늘날 세시 풍속의 특징을 한 가지 쓰시오. [8점]

_____

_____

① 가족과 구성과 역할 변화

❶ 가족

- 부모, 형제자매, 조부모 등으로 이루어져 행복을 나누며 함께 살아갑니다.
- 결혼, 출산, 입양 등으로 만들어집니다.

❷ 옛날과 오늘날의 결혼 풍습

구분	옛날	오늘날
장소	신부의 집	결혼식장, 공원 등
옷	한복	턱시도, 웨딩드레스
주고받는 물건	나무로 만든 기러기	결혼반지
폐백 장소	신랑의 집	결혼식장의 폐백실
공통점	결혼을 알림, 축하하는 마음 등

❸ 옛날과 오늘날의 가족 형태

옛날	• 결혼한 자녀와 부모가 함께 사는 확대 가족이 많았음. • 농사짓는 데 일손이 많이 필요했기 때문
오늘날	• 결혼하지 않은 자녀와 부모가 함께 사는 핵가족이 많음. • 직장, 교육 등을 위해 이사 가는 사람이 많기 때문

❹ 가족 구성원의 역할 변화

- 옛날과 오늘날 가족 구성원의 역할

옛날	남자는 주로 바깥일, 여자는 주로 집안일을 하는 등 가족 구성원의 역할이 구분되어 있었음.
오늘날	가족 구성원이 집안일을 함께 나누어 하고 중요한 일을 의논하여 함께 결정하기도 함.

- 가족 구성원 간의 갈등과 바람직한 역할

갈등	서로의 생각이 다르거나 각자의 역할을 하지 않을 때 발생함.
바람직한 역할	서로 배려하고 협력하며, 자신의 역할을 바로 알고 실천해야 함.

② 다양한 가족이 살아가는 모습

❶ 오늘날의 다양한 가족 형태

▲ 조부모, 부모, 자녀가 있는 가족

▲ 부부와 자녀로 구성된 가족

▲ 자녀를 입양한 가족

▲ 조부모와 손주로 이루어진 가족

▲ 한 부모와 자녀로 이루어진 가족

▲ 국적이 다른 남녀가 만나 이루어진 가족

▲ 아이 없이 부부만 있는 가족

▲ 부모의 재혼으로 이루어진 가족

❷ 다양한 가족이 살아가는 모습

생활 모습이 다양한 까닭	가족 구성원이나 가족 형태, 상황 등이 다르기 때문에 가족마다 살아가는 모습도 다양함.
다양한 가족의 생활 모습이 나타난 자료	일기, 편지, 동화, 신문, 영화, 만화 등
다양한 가족의 생활 모습 표현 방법	역할극, 뉴스, 그림 등

❸ 다양한 가족을 대하는 바람직한 태도

- 다양한 가족의 생활 모습을 보고 알 수 있는 점: 가족의 형태나 생활 모습은 달라도 가족 구성원이 서로 사랑하고 배려하는 마음은 같습니다.
- 다양한 가족이 살아가는 모습을 대하는 바람직한 태도: 다양한 가족이 살아가는 모습을 이해하고 존중하는 태도가 필요합니다.

1 부모, 형제자매, 조부모 등으로 이루어져 행복을 나누며 함께 살아가는 사람들을 무엇이라고 합니까?

2 옛날의 결혼 풍습에서 혼인하는 날 신랑이 오래도록 행복하게 함께 살자는 의미로 신부 측에 건네주었던 것은 무엇입니까?

3 옛날의 혼례에서 신부가 신랑의 집안에 새로 들어왔다는 것을 알리는 뜻으로 했던 것은 무엇입니까?

4 오늘날의 결혼식에서 신부가 입는 옷은 무엇입니까?

5 결혼하지 않은 자녀와 부모가 함께 사는 가족을 무엇이라고 합니까?

6 주로 농사를 짓고 살았던 옛날에 일손이 많이 필요했기 때문에 많았던 가족 형태는 무엇입니까?

7 옛날에는 남자는 주로 바깥일을 하고, 여자는 주로 집안일을 하는 등 가족 구성원의 (역할, 외모)이/가 구분되어 있었습니다.

8 오늘날에는 남녀 모두 교육받을 기회가 (많아지고, 적어지고) 여성의 사회 활동이 활발해지고 있습니다.

9 가족 구성원 간에 서로 생각이 다르거나 각자의 역할을 하지 않을 때 생길 수 있는 것은 무엇입니까?

10 행복한 가족이 되려면 가족 구성원이 서로 (비난 , 배려)하고 협력해야 합니다.

1 다음 빈칸에 공통으로 들어갈 말을 쓰시오.

> • 우리는 부모, 형제자매, 조부모 등으로 이루어진 ( ) 안에서 살아간다.
> • ( )은/는 결혼, 출산, 입양 등으로 만들어진다.

( )

2~3 다음 그림을 보고, 물음에 답하시오.

(가)
▲ 혼례 치르기

(나)
▲ 신부의 집으로 이동하기

(다)
▲ 폐백 드리기

(라)
▲ 신랑의 집으로 이동하기

2 위 그림을 보고 옛날의 결혼 풍습에 맞게 순서대로 기호를 쓰시오.

( ) → ( ) → ( ) → ( )

3 위 (다)에서 어른들이 했던 행동으로 알맞은 것은 어느 것입니까? ( )

① 꽃다발을 선물했다.
② 나무 기러기를 주었다.
③ 대추와 밤을 던져 주었다.
④ 신부가 타고 온 가마를 청소했다.
⑤ 신랑 신부를 축하하며 박수를 쳤다.

4 다음 사진을 보고 오늘날의 결혼 풍습에 대한 설명으로 옳지 <u>않은</u> 것은 어느 것입니까? ( )

① 신랑은 턱시도를 입는다.
② 신부는 웨딩드레스를 입는다.
③ 주로 결혼식장에서 결혼식을 한다.
④ 많은 사람의 축하를 받으며 결혼식을 한다.
⑤ 전통 혼례 방식으로 결혼하는 사람이 매우 많다.

5 다음 (가), (나) 가족에 대한 설명으로 옳지 <u>않은</u> 것은 어느 것입니까? ( )

(가)
아들 아버지 어머니 딸

(나)
아들 어머니 할머니 할아버지 아버지 딸

① (가)는 핵가족이다.
② (가)는 옛날에 많았던 가족 형태이다.
③ (가)는 결혼하지 않은 자녀와 부모가 함께 사는 가족이다.
④ (나)는 확대 가족이다.
⑤ (나)는 결혼한 자녀와 부모가 함께 사는 가족이다.

6 오늘날 핵가족이 많은 까닭으로 알맞은 것은 어느 것입니까? ( )

① 농사를 짓는 데 일손이 많이 필요하기 때문에
② 부모가 결혼한 자녀와 함께 살기를 원하기 때문에
③ 자신이 태어난 고향을 떠나지 않는 사람들이 많기 때문에
④ 직장, 교육 등을 위해 다른 지역으로 이사하는 사람이 많기 때문에
⑤ 개인의 독립된 생활보다 부모와 함께 사는 것을 중요하게 생각하기 때문에

7 다음과 같은 오늘날 가족 구성원의 역할을 보고 알 수 있는 내용으로 알맞은 것은 어느 것입니까? ( )

▲ 부모가 모두 직장에 다니는 경우가 많음. ▲ 부모가 함께 자녀를 돌봄.

① 남녀의 역할 구분이 없어지고 있다.
② 집안일은 주로 여자가 맡아서 한다.
③ 중요한 일은 집안의 어른이 결정한다.
④ 가족 구성원의 역할이 구분되어 있다.
⑤ 주로 할아버지, 할머니가 손주를 돌본다.

8 오늘날 가족 구성원의 역할이 변화하게 된 까닭을 바르게 말한 사람의 이름을 쓰시오.

> 가람: 여성의 사회 활동이 줄어들고 있기 때문이야.
> 나진: 남녀 모두 교육받을 기회가 많아지고 있기 때문이야.
> 다운: 옛날보다 오늘날 가족 구성원의 수가 더 많기 때문이야.

( )

9 다음은 가족 구성원 간의 갈등 해결 방법을 역할극으로 표현한 것입니다. 가족 구성원 간에 생긴 갈등 상황으로 알맞은 것은 어느 것입니까? ( )

① 부모님이 약속을 지키지 않아서
② 아버지가 집안일을 혼자 하셔서
③ 자녀가 방 정리를 제대로 하지 않아서
④ 가족 여행을 가고 싶은 장소가 모두 달라서
⑤ 누나와 동생이 원하는 장난감이 서로 같아서

10 행복한 가족을 만들기 위한 가족 구성원의 바람직한 역할을 한 가지 쓰시오.
서술형

_____

_____

1 옛날의 결혼 풍습을 잘못 말한 사람은 누구입니까?
( )

① 신부의 집에서 혼례를 치렀어.

② 신랑 신부가 결혼반지를 주고받았어.

③ 신랑의 집에 가서 폐백을 드렸어.

④ 혼례를 치르고 신부의 집에서 며칠을 보냈어.

2 오른쪽 사진과 같이 옛날의 결혼 풍습에서 혼인하는 날 신랑이 신부 측에 건네주었던 것은 무엇인지 쓰시오.

( )

3 다음 그림을 보고 옛날과 오늘날의 결혼 풍습에서 입는 옷이 어떻게 다른지 비교하여 쓰시오.

서술형

▲ 옛날   ▲ 오늘날

4 옛날과 오늘날 결혼 풍습의 공통점을 보기 에서 모두 골라 기호를 쓰시오.

> 보기
> ㉠ 물속에서 결혼식을 하는 것
> ㉡ 많은 사람이 신랑과 신부를 축복해 주는 것
> ㉢ 두 사람이 부부가 된 것을 사람들에게 알리는 것
> ㉣ 신랑은 말을 타고, 신부는 가마를 타고 신랑의 집으로 이동하는 것

( )

5 다음 그림을 보고 옛날에 확대 가족이 많았던 까닭으로 알맞은 것은 어느 것입니까? ( )

할아버지, 할머니, 아빠, 엄마, 삼촌, 동생들과 함께 살아요.

① 자녀들이 결혼을 하지 않았기 때문에
② 가족 구성원이 같은 직장에 다녔기 때문에
③ 주로 농사를 지어 일손이 많이 필요했기 때문에
④ 개인의 독립된 생활을 중요하게 생각했기 때문에
⑤ 일자리를 찾아 다른 지역으로 이사하는 사람이 많았기 때문에

6 다음 빈칸에 들어갈 알맞은 가족의 형태를 쓰시오.

> 오늘날에는 직장이나 교육 등을 위해 다른 고장으로 이사를 가거나 쾌적한 환경, 살기 좋은 곳을 찾아 이동하면서 (   )이/가 많이 늘어났다.

(   )

7 옛날 가족 구성원의 역할에 대한 설명으로 알맞은 것은 어느 것입니까? (   )

① 남자는 주로 바깥일을 했다.
② 남녀의 역할을 구분하지 않았다.
③ 여자는 나라의 큰일에 참여했다.
④ 남자아이는 어머니를 도와 집안일을 했다.
⑤ 할머니는 여자아이에게 글공부를 가르쳤다.

8 오늘날 가족 구성원의 역할로 알맞지 <u>않은</u> 것은 어느 것입니까? (   )

▲ 부모가 모두 직장에 다니는 경우가 많음.

▲ 역할을 정해 집안일을 나누어 함.

▲ 부모가 함께 자녀를 돌봄.

▲ 할아버지가 가족의 중요한 일을 혼자 결정함.

9 다음 글을 읽고 가족 구성원 간의 갈등이 생긴 까닭으로 알맞은 것은 어느 것입니까? (   )

> 오늘은 우리 가족이 공원에 운동가기로 한 날이다. 그런데 회사일을 끝내고 집으로 돌아온 어머니는 피곤해하신다. 아버지는 약속을 잊으셨는지 아직 집에 오시지 않았다.
> 나는 가족과 함께 공원에 갈 생각에 신났었는데……. 몹시 속상하다.

① 서로의 생각을 존중해서
② 각자의 역할을 잘 실천해서
③ 어려울 때 서로 도와주어서
④ 서로에게 바라는 것이 같아서
⑤ 가족끼리 한 약속을 지키지 않아서

10 가족 구성원으로서 자신이 해야 할 역할을 실천하는 모습이 <u>아닌</u> 것은 어느 것입니까? (   )

① 내 방 정리를 깨끗하게 했다.
② 아침에 일어나서 이불을 정리했다.
③ 컴퓨터 게임을 먼저 하려고 동생과 다투었다.
④ 신발 정리 같은 집안일을 스스로 찾아서 했다.
⑤ 숙제 같이 내가 해야 할 일을 미루지 않고 제때했다.

1 다음 그림을 보고, 물음에 답하시오. [12점]

(가)  (나)

(1) 위에서 오늘날 많이 볼 수 있는 결혼식의 모습을 골라 기호를 쓰시오. [4점]

( )

(2) 위 그림을 참고하여 옛날과 오늘날 결혼식 장소의 차이점을 쓰시오. [8점]

_____

_____

2 다음 그림을 보고, 물음에 답하시오. [12점]

아들 어머니 할머니 할아버지 아버지 딸

(1) 위와 같은 가족의 형태를 무엇이라고 하는지 쓰시오. [4점]

( )

(2) 옛날에 위와 같은 가족의 형태가 많았던 까닭을 쓰시오. [8점]

3 다음 자료를 보고, 물음에 답하시오. [12점]

옛날	오늘날

남자는 주로 바깥일을, 여자는 주로 집안일을 했음.	부모가 모두 직장에 다니는 경우가 많아졌음.

(1) 위에서 가족 구성원의 역할이 구분되어 있는 것은 옛날과 오늘날 중 언제인지 쓰시오. [4점]

( )

(2) 위와 같이 가족 구성원의 역할이 변화하게 된 까닭을 쓰시오. [8점]

_____

_____

4 다음 대화를 읽고, 물음에 답하시오. [12점]

> 가람: 가족이랑 함께 생활하다 보면 갈등이 생기는 경우가 있어.
> 나진: 맞아. 가족 구성원 간에 갈등이 생기면 대화를 하지 않고 무조건 피해야 해.
> 다운: 서로의 생각을 이해하고 해결 방법을 찾으려고 노력해야 해.

(1) 위 대화에서 가족 구성원 간의 갈등과 해결 방법에 대해 잘못 말한 사람을 쓰시오. [4점]

( )

(2) 위 (1)번 답의 사람이 말한 내용을 바르게 고쳐 쓰시오. [8점]

_____

_____

1 우리 주변에는 다양한 (형태, 크기)의 가족이 살고 있습니다.

2 오늘날에는 사회가 변화하면서 다양한 형태의 가족이 (줄어들고, 늘어나고) 있습니다.

3 혈연관계가 아닌 사람들이 법적으로 부모와 자식이 되어 가족을 이루는 것을 무엇이라고 합니까?

4 가족 구성원, 가족의 형태, 가족이 살아가는 상황 등이 (같아서, 달라서) 가족마다 살아가는 모습이 다양합니다.

5 다양한 가족의 생활 모습을 살펴볼 수 자료에는 어떤 것들이 있습니까?

6 다양한 가족의 생활 모습을 표현하는 방법에는 어떤 것들이 있습니까?

7 가족의 형태나 살아가는 모습은 달라도 가족 구성원이 서로를 아끼고 (사랑, 싫어)하는 마음은 같습니다.

8 우리는 가족의 모습이 다를 수 있음을 인정하고 서로를 (존중, 무시)하는 태도를 지녀야 합니다.

9 우리가 힘들 때 의지할 수 있는 쉼터이자 보금자리의 역할을 하는 것은 무엇입니까?

10 가족 안에서 사회생활에 필요한 규칙과 무엇을 배울 수 있습니까?

1 다음 그림에 나타난 가족에 대해 바르게 말한 사람은 누구입니까? ( )

① 가람: 확대 가족에 해당해.
② 나은: 입양을 통해 가족이 되었어.
③ 다정: 부모님 중 한 분이 외국인이야.
④ 라진: 두 가족이 새롭게 한 가족이 되었어.
⑤ 마음: 아버지와 자녀로 이루어진 가족이야.

2 조부모와 손주로 이루어진 가족의 모습은 어느 것입니까? ( )

①
②
할머니와 둘이 행복하게 살고 있어요.
③
반려동물을 가족처럼 생각해요.
④
아빠는 한국인이고, 엄마는 프랑스인이에요.

3 오늘날 가족의 형태에 대한 설명으로 옳은 것을 보기에서 모두 골라 기호를 쓰시오.

> **보기**
> ㉠ 다양한 형태의 가족이 있다.
> ㉡ 가족의 형태는 한 가지뿐이다.
> ㉢ 오늘날에는 확대 가족이 가장 많다.
> ㉣ 가족의 형태는 상황에 따라 달라질 수 있다.

( )

4~5 다음 자료를 읽고, 물음에 답하시오.

> 언니, 안녕?
> 엄마와 아빠가 결혼해서 나에게 언니가 생겼다니, 꿈만 같아! 나도 언니가 생겼다고 친구들한테 자랑했어. 언니, 앞으로 우리 사이좋게 지내자! 좋은 동생이 될게.
>
> 10월 3일, 새로 생긴 동생이

4 위 자료의 종류는 무엇입니까? ( )

① 일기   ② 신문
③ 편지   ④ 동시
⑤ 만화

5 위 자료를 쓴 어린이의 가족 구성원을 바르게 짝지은 것은 어느 것입니까? ( )

① 아버지, 어머니, 나
② 어머니, 오빠, 나, 동생
③ 할머니, 아버지, 형, 나
④ 아버지, 어머니, 언니, 나
⑤ 할아버지, 할머니, 아버지, 어머니, 나

6 다음 가족의 생활 모습을 보고 알 수 있는 것은 무엇입니까? ( )

닭고기가 먹고 싶어요!

백숙 말고 프라이드치킨!!

할머니, 사랑해요.

① 어머니가 외국인이다.
② 손자, 손녀가 여러 명이다.
③ 반려동물을 가족처럼 여기고 있다.
④ 할머니가 손자를 사랑으로 보살피고 있다.
⑤ 입양으로 동생이 생기는 것에 기뻐하고 있다.

7 다음 밑줄 친 부분에 들어갈 내용으로 알맞지 <u>않은</u> 것은 어느 것입니까? ( )

오늘날에는 _____ 등이 달라 가족마다 살아가는 모습이 다양하다.

① 가족의 형태
② 가족 구성원
③ 가족의 소중함
④ 가족이 처한 환경
⑤ 가족이 살아가는 상황

8 다양한 가족의 생활 모습을 표현하는 방법으로 알맞지 <u>않은</u> 것은 어느 것입니까? ( )

① 그림 그리기
② 노랫말 바꾸기
③ 뉴스로 표현하기
④ 역할극으로 표현하기
⑤ 디지털 영상 지도 살펴보기

9
서술형
다음은 어느 가족의 생활 모습을 뉴스로 표현한 것입니다. 이를 통해 알 수 있는 내용을 한 가지 쓰시오.

오늘은 한국인 어머니와 독일인 아버지 사이에서 태어난 다연 학생을 소개하려고 합니다. 다연 학생은 어머니와는 한국어로, 아버지와는 독일어로 대화합니다. 부모님은 영어로 대화하시므로 다연 학생은 영어에도 익숙합니다.

10 다양한 가족이 함께 어울려 살아가기 위해 필요한 태도로 알맞은 것은 어느 것입니까? ( )

① 다른 가족을 존중한다.
② 우리 가족만 소중하게 여긴다.
③ 우리 가족과 비슷한 형태의 가족만 이해한다.
④ 다른 가족의 어려움에 관심을 가지지 않는다.
⑤ 우리 가족과 다르게 살아가는 가족은 비난한다.

1 가족의 형태에 대한 설명으로 옳지 <u>않은</u> 것은 어느 것입니까? ( )

① 입양을 통해 가족이 될 수 있다.
② 우리 가족과 다른 형태의 가족이 있다.
③ 우리 가족과 비슷한 형태의 가족이 있다.
④ 다양한 형태의 가족이 우리 사회를 이루고 있다.
⑤ 사회가 변화하면서 가족의 형태가 모두 똑같아지고 있다.

2 다음 그림에 나타난 가족의 형태로 알맞은 것은 어느 것입니까? ( )

한 가족이 되어 기뻐요.
새아버지와 동생이 생겼어요.

① 자녀를 입양한 가족
② 아이 없이 부부만 있는 가족
③ 부모님의 재혼으로 이루어진 가족
④ 할아버지와 손주가 함께 사는 가족
⑤ 부모 중 한 명과 자녀로 이루어진 가족

3~4 다음 그림을 보고, 물음에 답하시오.

(가) 아이를 입양하고 우리 가족이 더 행복해졌어요.
(나) 반려동물을 가족처럼 생각해요.
(다) 아빠는 한국인이고, 엄마는 프랑스인이에요.
(라) 할아버지, 할머니, 아버지, 어머니, 나, 동생이 함께 살아요.

3 위에서 확대 가족을 골라 기호를 쓰시오.

( )

4 다음 편지에 나타난 가족과 비슷한 가족의 형태를 위에서 골라 기호를 쓰시오.

> 부모님께
>   오늘은 우리 가족에게 뜻깊은 날이에요. 3년 전 부모님께서 다섯 살 동생 승주를 입양한 날이니까요. 동생을 데려와 주셔서 정말 고마워요.
>   예쁜 딸 지유 올림.

( )

5 오늘날 가족마다 살아가는 모습이 다른 까닭은 무엇인지 쓰시오.
서술형

_____

_____

6 **다음 일기를 쓴 어린이의 가족에 대한 설명으로 알맞은 것은 어느 것입니까?** ( )

20△△년 △△월 △△일 △요일		맑음
오늘 친구들이 우리 집에 놀러 왔다. 엄마께서 엄마 고향에서 즐겨 먹는 베트남 고추를 넣은 떡볶이를 만들어 주셨다. 친구들은 떡볶이가 맵긴 하지만 맛있다고 했다.		

① 언니가 새로 생겼다.
② 어머니가 외국인이다.
③ 부모님 없이 할아버지와 산다.
④ 가족 구성원이 다섯 명 이상이다.
⑤ 서로 다른 가족이 만나서 한 가족이 되었다.

7~8 **다음 작품을 보고, 물음에 답하시오.**

7 **위 작품은 다양한 가족의 생활 모습을 어떤 방법으로 표현한 것입니까?** ( )

① 동시 ② 그림
③ 뉴스 ④ 노랫말
⑤ 역할극

8 **앞에 제시된 작품을 보고 느낀 점으로 알맞은 것은 어느 것입니까?** ( )

① 가람: 형제자매는 언제나 싸우는구나.
② 나은: 입양으로 가족 구성원이 늘어났구나.
③ 다훈: 다양한 가족이 모여 사는 집을 표현했구나.
④ 라진: 가족 구성원의 역할을 구분하여 표현했구나.
⑤ 마음: 한번 만들어진 가족의 형태는 절대 변하지 않는구나.

9 **다양한 가족이 살아가는 모습을 대하는 태도로 바람직하지 <u>않은</u> 것은 어느 것입니까?** ( )

①
우리 가족만 소중히 여겨야 해요.
②
다양한 가족의 모습을 존중해야 해요.
③
가족의 모습이 다를 수 있음을 인정해야 해요.
④
다양한 가족의 모습을 이해하는 태도를 가져야 해요.

10 **다음 빈칸에 공통으로 들어갈 말을 쓰시오.**

• (   )은/는 힘들 때 의지할 수 있는 쉼터이자 보금자리의 역할을 한다.
• (   )의 형태나 살아가는 모습이 달라도 가족 구성원이 서로 사랑하는 마음은 같다.

( )

1 다음 그림을 보고, 물음에 답하시오. [12점]

(가)  (나)

(1) 위에서 한 부모와 자녀로 이루어진 가족을 골라 기호를 쓰시오. [4점]

( )

(2) 위 (가), (나) 이외에 우리 주변에서 볼 수 있는 가족의 형태를 두 가지 쓰시오. [8점]

_____

_____

2 다음 자료를 읽고, 물음에 답하시오. [12점]

> ○○ 신문　　　　　20○○년 ○○월 ○○일
>
> 　5년 전 새로운 가족을 꾸리게 된 송○○, 이△△ 씨 부부. 이들은 한적한 마을에서 세 아이를 키우며 살고 있다. 송 씨가 낳은 첫째 아들은 판사가 꿈이다. 이 씨와 함께 살던 둘째 아들은 강아지와 산책하는 게 제일 좋다. 입양한 지 얼마 안 된 막내딸은 피아노를 좋아한다.

(1) 위 자료는 가족의 생활 모습을 살펴볼 수 있는 어떤 자료에 해당하는지 쓰시오. [4점]

( )

(2) 위 자료에 나타난 가족은 어떤 특징이 있는지 쓰시오. [8점]

_____

_____

3 다음 자료를 읽고, 물음에 답하시오. [12점]

> 민준이는 할머니와 살고 있군요.
> 준서는 아빠와 살고 있었네요.
> 서연이는 엄마와 함께 살고
> 예은이는 엄마, 아빠와 살고 있습니다.
> 모습은 다르지만 모두 행복한 (　　　)입니다.

(1) 위 빈칸에 들어갈 알맞은 말을 쓰시오. [4점]

( )

(2) 위와 같은 다양한 가족을 대하는 바람직한 태도는 무엇인지 쓰시오. [8점]

_____

_____

4 다음 대화를 읽고, 물음에 답하시오. [12점]

> 가람: 가족의 형태와 생활 모습은 달라도 ㉠ 가족은 우리 모두에게 소중해.
> 나은: ㉡ 가족의 위로로 힘과 용기를 낼 수 있지.
> 다진: 하지만 ㉢ 가족 안에서 사회생활에 필요한 규칙과 예절을 배우기는 힘들어.

(1) 위 대화 중에서 잘못된 부분을 골라 기호를 쓰시오. [4점]

( )

(2) 위 (1)번 답의 내용을 바르게 고쳐 쓰시오. [8점]

_____

_____

상위권의 기준!

똑같은 DNA를 품은 최상위지만,
심화문제 접근 방법에 따른 구성 차별화!

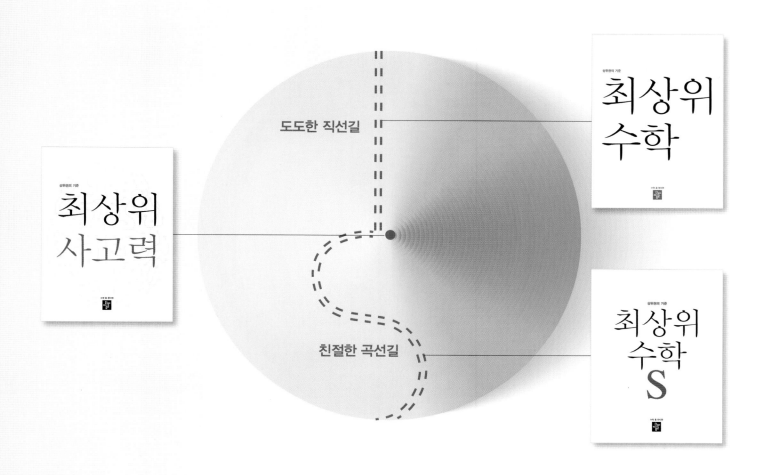

도도한 직선길

최상위
사고력

친절한 곡선길

상위권의 기준
최상위
수학

상위권의 기준
최상위
수학
S

최상위를 위한
심화 학습 서비스 제공!

문제풀이 동영상 ➕ 상위권 학습 자료
(QR 코드 스캔 혹은 디딤돌 홈페이지 참고)

과학 교과 탐구이해력 향상

초등 **3·2**

디딤돌 통합본

과학

디딤돌 통합본 국어·사회·과학 3-2

펴낸날 [개정판 1쇄] 2024년 7월 1일
펴낸이 이기열 | **펴낸곳** (주)디딤돌 교육
주소 (03972) 서울특별시 마포구 월드컵북로 122 청원선와이즈타워
대표전화 02-3142-9000
구입문의 02-322-8451
내용문의 02-323-5489
팩시밀리 02-322-3737
홈페이지 www.didimdol.co.kr
등록번호 제10-718호
사진 북앤포토

- 정답과 풀이는 "디딤돌 교육 홈페이지〉초등〉정답과 해설"에서
  다운로드 받을 수 있습니다.
- 출간 이후 발견되는 오류는 "디딤돌 교육 홈페이지〉초등〉정오표"를 통해
  알려드리고 있습니다.

과학 교과 탐구이해력 향상

초등 3·2

디딤돌 통합본

과학

구성과 특징

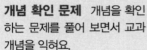
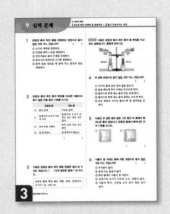

1 개념 이해 핵심 개념 정리를 통해 꼭 알아야 할 핵심 내용을 한눈에 쉽게 이해해요.

2 개념 확인 문제 개념을 확인하는 문제를 풀어 보면서 교과 개념을 익혀요.

3 실력 문제 다양한 유형의 문제를 풀면서 실력을 쌓아요.

4 단원 정리 이해를 돕는 그림과 함께 단원의 핵심 내용을 정리해요.

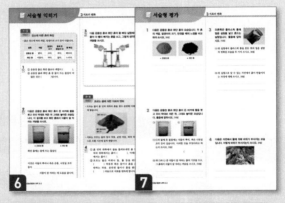

5 단원 평가 단원 평가 문제를 풀면서 배운 내용을 마무리해요.

6 서술형 익히기 7 서술형 평가
- 서술형 문제를 푸는 방법을 단계별로 익혀요.
- 출제 비중이 높은 서술형 문제를 풀면서 서술형 평가에 대비해요.

8 수행 평가 다양한 유형의 수행 평가 문제로 학교에서 보는 수행 평가에 대비해요.

➕

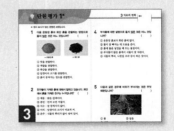

1 핵심 정리 단원의 핵심 내용을 정리해요.

2 쪽지 시험 쪽지 시험으로 단원에서 배운 중요 개념을 확인해요.

3 단원 평가 단원 평가에 자주 나오는 다양한 문제를 집중적으로 풀면서 문제 해결력을 키워요.

4 서술형 평가 자신의 생각을 쓰면서 점점 강화되고 있는 서술형 평가에 완벽하게 대비해요.

교과개념북 차례

1 과학 탐구 ————————————— 4

2 동물의 생활 ————————————— 9

3 지표의 변화 ————————————— 43

4 물질의 상태 ————————————— 75

5 소리의 성질 ————————————— 109

1

과학 탐구

1 탐구 문제 정하기
2 탐구 계획을 세우고 탐구 실행하기
3 탐구 결과를 발표하고 새로운 탐구 시작하기

1 탐구 문제 정하기

1 ˙탐구 문제를 정하는 방법

> 궁금한 것을 기록할 때는 적절한 탐구 문제인지를 판단하지 않고 자유롭게 의문을 기록해야 합니다.

궁금한 것 기록하기

• 수업 시간에 배운 내용과 우리 생활에서 관찰한 것 중에서 궁금했던 것을 떠올린다.
• 궁금한 것은 잊지 않도록 기록한다.

예
• ˙회전판이 커지면 팽이가 오래 돌까?
• 달의 ˙충돌 구덩이는 어떻게 만들어진 것일까?
• 배추흰나비 애벌레에게 다른 색깔의 잎을 먹이면 다른 색의 똥을 눌까?
• 비눗방울이 나오는 막대 끝의 모양을 다르게 하면 어떤 모양의 비눗방울이 나올까?

↓

탐구 문제 정하기

• 궁금한 것 중에서 한 가지를 골라 탐구 문제로 정한다.

예
• 회전판이 커지면 팽이가 오래 돌까?

▲ 화전판이 작을 때   ▲ 회전판이 클 때

2 좋은 탐구 문제의 조건

(1) 검증이 가능해야 하고, 이미 답을 알고 있어서는 안 됩니다.
(2) 흥미와 호기심을 가질 수 있어야 하고 간결하고 ˙명료해야 합니다.

3 탐구 문제가 적절한지 스스로 확인하기

(1) 스스로 탐구할 수 있는 문제인지 확인해야 합니다.
(2) 탐구하고 싶은 내용이 문제에 분명하게 드러나 있는지 확인해야 합니다.
(3) 관찰, 분류, 측정, 추리, 예상, 의사소통 등을 통해 탐구할 수 있는 문제인지 확인합니다.

• **좋은 탐구 문제 정하기**
  • 실험을 통하여 측정이 가능해야 하고, 우리 주변에서 구할 수 있는 도구나 재료를 이용할 수 있어야 합니다.
  • 다른 사람이 이미 탐구한 것, 책이나 인터넷 등을 통해 답을 이미 알고 있는 것은 안 되고, 추가적으로 탐구할 거리가 있는 것이 좋습니다.
  • 우리 주변에서 쉽게 볼 수 있는 현상과 관련된 것이 좋습니다.

• **회전판**
  어떤 것을 축으로 물체가 빙빙 돌 수 있게 만든 판

• **충돌 구덩이**
  달 표면에 운석의 충돌에 의해 깊게 파인 구덩이

• **명료**
  뚜렷하고 분명함

😊 개념 확인 문제

정답과 풀이 77쪽

1 탐구 문제로 적절하지 <u>않은</u> 것은 어느 것입니까?
( )

① 사람이 죽으면 천국으로 갈까?
② 회전판이 커지면 팽이가 오래 돌까?
③ 달의 충돌 구덩이는 어떻게 만들어진 것일까?
④ 어떻게 하면 잘 부서지지 않는 탱탱볼을 만들 수 있을까?
⑤ 막대자석 두 개를 길게 이어 붙이면 막대자석 한 개보다 클립이 더 많이 붙을까?

2 좋은 탐구 문제의 조건으로 옳지 <u>않은</u> 것은 어느 것입니까?
( )

① 검증 가능해야 한다.
② 간결하고 명료해야 한다.
③ 이미 답을 알고 있어서는 안 된다.
④ 탐구 문제를 다른 사람이 쉽게 이해할 수 있어야 한다.
⑤ 우리 주변에서 쉽게 볼 수 없는 현상과 관련된 것이 좋다.

2 탐구 계획을 세우고 탐구 실행하기

1 탐구 계획 세우기

(1) **탐구 문제를 해결할 방법 정하기**

① 탐구 문제를 해결하려면 실험을 어떻게 할지를 정해야 합니다.

② 실험에서 다르게 해야 할 것과 그에 따라 바뀌는 것은 무엇일지를 생각합니다.

(2) *탐구 계획 세우기 —— 다른 친구가 탐구를 실행해도 같은 결과가 나올 수 있도록
탐구 계획을 자세히 작성해야 합니다.

탐구 문제	회전판이 커지면 팽이가 오래 돌까?
탐구 순서	① 회전판의 크기가 작은 팽이, 중간인 팽이, 큰 팽이를 각각 만든다. ② 각 팽이를 5분씩 돌리면서 팽이가 멈출 때까지 걸린 시간을 잰다. ③ 가장 오래 도는 팽이를 찾는다.
준비물	회전판, 팽이 심, 초시계 등
예상되는 결과	회전판이 클수록 팽이가 오래 돌 것이다.

2 탐구 실행하기

(1) *탐구 실행하기 : 탐구를 실행하면서 나타나는 결과를 사실대로 빠짐없이 기록해야 합니다.

- **탐구 계획이 적절한지 스스로 확인하기**

  탐구 계획이 탐구 문제를 해결하기에 적절한지 확인해야 합니다. 또한 탐구 순서가 자세한지 확인해야 합니다.

	회전판의 크기	팽이가 멈출 때까지 걸린 시간(초)				
		1회	2회	3회	4회	5회
탐구 결과	3 cm	5	7	6	7	8
	6 cm	10	11	13	12	12
	9 cm	21	19	18	21	20

- **탐구를 실행하기 전에 해야 할 것**
  - 준비물을 준비해야 합니다.
  - 실험을 하면서 결과를 기록할 수 있는 기록장을 준비해야 합니다.
  - 탐구 계획서를 확인하여 빠진 것이 없는지 확인해야 합니다.

(2) **탐구를 하여 알게 된 것 정리하기** : 탐구 결과를 바탕으로 탐구를 하여 알게 된 것을 정리합니다. ⑩ 회전판의 크기가 클수록 팽이가 더 오래 돕니다.

3 탐구를 바르게 실행했는지 스스로 확인하기

(1) 안전에 주의하며 탐구를 실행했는지 확인합니다.

(2) 탐구를 하여 알게 된 것이 탐구 문제에 대한 답이 되었는지 확인합니다.

(3) 탐구 계획대로 탐구를 실행하고, 탐구 결과를 사실대로 기록했는지 확인합니다.

:) **개념 확인 문제**　　　　　　　정답과 풀이 **77**쪽

1 다음 탐구 문제를 해결하기 위해 다르게 해야 할 것은 어느 것입니까?　　　　　　　(　　　)

> 회전판이 클수록 팽이가 오래 돌 것이다.

① 팽이의 무게　　　　② 회전판의 크기
③ 회전판의 무게　　　④ 회전판의 개수
⑤ 회전판의 색깔

2 탐구를 바르게 실행했는지 확인하는 방법으로 옳지 않은 것은 어느 것입니까?　　　　　　　(　　　)

① 옳은 탐구 결과만 기록했는가?
② 안전에 주의하며 탐구를 했는가?
③ 계획한 대로 탐구를 실행했는가?
④ 탐구 결과를 사실대로 기록하였는가?
⑤ 탐구 결과가 탐구 문제에 대한 답이 되었는가?

3 탐구 결과를 발표하고 새로운 탐구 시작하기

1 °탐구 결과를 발표하는 방법

❶ 발표 방법 정하기	탐구 결과를 쉽게 전달할 수 있는 발표 방법을 정한다.
❷ 발표 자료 만들기	탐구 문제, 탐구한 사람, 탐구한 때와 장소, 탐구 순서, 탐구 결과, 탐구를 하여 알게 된 것 등이 들어가도록 발표 자료를 만든다.
❸ 탐구 결과 발표하기	• 탐구 결과를 발표하고, 친구들의 질문에 대답한다. • 친구들이 발표하는 내용을 주의 깊게 듣고 궁금한 것을 질문한다.

— 표나 그래프, 사진 등을 이용해 다른 사람들이 이해하기 쉽게 발표 자료를 만드는 것이 좋습니다.

- **탐구 결과 발표가 적절한지 스스로 확인하기**
  - 탐구 결과를 쉽게 전달할 수 있는 발표 방법인지 확인합니다.
  - 발표 자료가 이해하기 쉬운지, 알맞은 목소리와 말투로 발표했는지 확인합니다.
  - 친구들의 질문에 대한 나의 대답이 적절했는지 확인합니다.

- **스스로 탐구하는 방법**

- **차단**
  액체나 기체 따위의 흐름 또는 통로를 막거나 끊어서 통하지 못하게 함

2 °새로운 탐구 문제 정하기

(1) 우리 주변에서 궁금한 것 찾기 ── 익숙한 것에 의문을 갖고 "무엇일까?", "왜?", "어떻게?" 라는 질문을 해 봅니다.

탐구하면서 더 궁금했던 것
- 팽이 심의 길이에 따라 팽이가 도는 시간이 달라질까?
- 회전판을 여러 개 겹치면 팽이가 도는 시간이 길어질까?

우리 생활에서 관찰한 것
- 오래가는 비눗방울을 만들려면?
- 자외선 °차단제는 효과가 있을까?
- 바나나를 검게 변하지 않게 하려면?

학교에서 배운 내용
- 탱탱볼을 크게 만들면 더 높이 튀어 오를까?
- 달의 충돌 구덩이와 운석의 크기는 어떤 관계가 있을까?

궁금한 것

인터넷에서 본 것
- 강아지는 하루에 몇 시간이나 잘까?
- 김치가 시지 않게 하려면?

책에서 본 것
- 소리를 이용해 모기를 쫓을 수 있을까?
- 세제는 환경을 어떻게 오염시킬까?

(2) 궁금한 것 중에서 새로운 탐구 문제 정하기
  예 회전판을 여러 개 겹치면 팽이가 도는 시간이 길어질까?

🙂 개념 확인 문제

정답과 풀이 77쪽

1 탐구 결과를 발표하는 방법을 순서대로 나열한 것은 어느 것입니까? ( )

> ㉠ 탐구 결과 발표하기 ㉡ 발표 자료 만들기
> ㉢ 발표 방법 정하기

① ㉠, ㉡, ㉢　　　　② ㉠, ㉢, ㉡
③ ㉡, ㉠, ㉢　　　　④ ㉡, ㉢, ㉠
⑤ ㉢, ㉡, ㉠

2 새로운 탐구 문제를 정하기 위해서 우리 주변에서 궁금한 점을 찾는 방법으로 옳지 않은 것은 어느 것입니까? ( )

① 책에서 본 것 중에서 찾는다.
② 인터넷에서 본 것 중에서 찾는다.
③ 학교에서 배운 내용 중에서 찾는다.
④ 우리 생활에서 관찰한 것 중에서 찾는다.
⑤ 탐구하기 전에 궁금했던 것 중에서 찾는다.

2

동물의 생활

1 주변에서 사는 동물 관찰하기

2 동물을 특징에 따라 분류하기

3 땅에서 사는 동물의 특징

4 물에서 사는 동물의 특징

5 날아다니는 동물의 특징

6 사막이나 극지방에서 사는 동물의 특징

7 동물의 특징 활용하기

1 주변에서 사는 동물 관찰하기

1 주변에서 사는 동물 관찰하기 ➕1

(1) 우리 주변에는 다양한 동물이 삽니다.

(2) 까치, 나비처럼 날아다니는 동물도 있고 공벌레, 고양이처럼 땅에서 사는 동물도 있습니다. 금붕어처럼 물에서 사는 동물도 있습니다.

(3) *관찰한 동물의 특징

동물 이름	관찰 장소	특징
까치	화단, 나무 위	• 몸이 깃털로 덮여 있다. • 날개가 있어 날아다닌다.
참새		• 몸이 깃털로 덮여 있다. • 날개가 있어 날아다닌다. • 부리가 있어 곤충, 벼 등을 먹는다.
직박구리		• 몸이 회색과 갈색의 깃털로 덮여 있으며, 귀 근처에 얼룩무늬가 있다. • 뾰족한 부리와 한 쌍의 날개가 있다.
거미	화단	• 몸이 머리가슴과 배의 두 부분으로 구분된다. • 다리가 네 쌍이며, 거미줄에 매달려 있다.
달팽이		• 등에 딱딱한 껍데기가 있다. • 미끄러지듯이 움직인다.
공벌레		• 몸이 여러 개의 마디로 되어 있다. • 건드리면 몸을 공처럼 둥글게 만든다.
개미		• 몸이 머리, 가슴, 배의 세 부분으로 구분된다. • 다리가 세 쌍이다.
나비		• 몸이 머리, 가슴, 배의 세 부분으로 구분된다. • 날개가 있어 날아다니며, 대롱같이 생긴 입으로 꿀을 먹는다.
잠자리	화단, 학교 텃밭	• 투명한 날개가 두 쌍이 있고, 다리는 세 쌍이다. • *더듬이는 한 쌍이고, 커다란 눈이 있다.
┌고양이 집 주변에서도 볼 수 있습니다.	학교 운동장	• 몸이 털로 덮여 있으며, 머리에는 세모 모양의 귀와 큰 눈이 있다. • 긴 꼬리가 있으며, 다리는 두 쌍이다.
소금쟁이	물웅덩이	• 다리가 여섯 개이고, 그중 네 개는 매우 길다. • 물 위를 미끄러지듯이 움직인다.
개구리	연못, 물웅덩이	• 물과 땅을 오간다. • 다리가 네 개이고, 뛰어다닌다.
금붕어	연못	• 연못의 물속에서 산다. • 아가미와 지느러미가 있으며, 헤엄쳐 이동한다.

2 주변에서 동물을 볼 수 있는 곳 ➕2

(1) 동물을 볼 수 있는 곳은 동물의 먹이가 있는 곳입니다.

(2) 동물이 숨을 곳이 있어서 안전하게 생활할 수 있는 곳입니다.

● 주변에 사는 여러 가지 동물

▲ 까치　　▲ 직박구리

▲ 거미　　▲ 달팽이

▲ 공벌레　　▲ 잠자리

▲ 소금쟁이　　▲ 금붕어

● 더듬이
동물의 머리 부분에 있는 감각 기관으로 후각, 촉각의 기능을 하며, 먹이를 찾고 적을 막는 역할을 함.

─더듬이

+1 주변에서 사는 또 다른 동물

동물 이름	관찰 장소	특징
박새	화단, 나무 위	• 크기가 참새보다 작다. • 머리에는 검은색과 흰색 털이 있고, 몸은 연한 회색을 띤다.
사마귀	화단	• 삼각형 머리에 더듬이 두 개가 있다. • 여섯 개의 다리 중 두 개의 앞다리는 낫처럼 생겼다.
노린재	화단	• 몸이 방패 모양으로 생겼다. • 여섯 개의 다리와 두 개의 더듬이가 있다.
송사리	연못	• 몸이 작고 납작하다. • 여러 개의 지느러미를 이용하여 헤엄치고, 입은 위를 향해 있다.

▲ 박새　　　　　　▲ 노린재

+2 주변에 있는 동물들과 함께 살아가기 위해서 우리가 실천할 수 있는 일

• 동물을 괴롭히지 않습니다.
• 화단에 함부로 들어가지 않습니다.

핵심 개념 정리

• 우리 주변에는 여러 가지 동물이 살고, 이러한 동물은 각각 다양한 특징이 있습니다.
• 주변에서 개미, 나비, 잠자리, 직박구리, 참새, 공벌레 등을 볼 수 있습니다.

나는 나무에서 볼 수 있어. 참새
난 화단에서 볼 수 있지. 나비
달팽이　개미

1 주변에서 사는 동물에 대한 설명으로 옳은 것은 ○표, 옳지 않은 것은 ✕표 하시오.

(1) 땅속에서는 동물을 볼 수 없다. (　　)
(2) 주변에서 사는 동물은 저마다의 특징을 가지고 있다. (　　)
(3) 화단 주변에서 나비는 보기 어렵다. (　　)

2~3 여러 가지 동물을 보고, 물음에 답하시오.

▲ 잠자리　　　▲ 소금쟁이　　　▲ 달팽이

2 위 동물 중 화단이나 학교 텃밭에서 볼 수 있고, 날아다니는 동물의 이름을 쓰시오.

(　　　　　)

3 위 동물 중 미끄러지듯이 움직이며, 더듬이가 있는 동물의 이름을 쓰시오.

(　　　　　)

4 주변에서 동물을 볼 수 있는 곳에 대한 설명입니다. (　) 안의 알맞은 말에 ○표 하시오.

> 동물은 (먹이, 사람)이/가 많고, 숨을 곳이 (적은, 많은) 곳에서 잘 볼 수 있다.

2 동물을 특징에 따라 분류하기

1 동물을 특징에 따라 분류하기 +1

(1) 동물은 생김새에 따라 날개가 있는 것과 없는 것, 다리가 있는 것과 없는 것 등으로 분류할 수 있습니다.

(2) 물에서 사는 것과 물에서 살지 않는 것처럼 사는 곳에 따라서도 동물을 분류할 수 있습니다.

(3) 동물을 특징에 따라 분류하면 동물을 이해하는 데 도움이 됩니다.

2 °분류 기준을 세워 여러 가지 동물 분류하기 ─ 분류 기준으로 '빠른가', '예쁜가' 처럼 사람마다 판단하는 기준이 다른 것은 알맞지 않습니다.

분류 기준 : 다리가 있는가? +2

그렇다.   그렇지 않다.

▲ 개   ▲ 개구리   ▲ 달팽이   ▲ 돌고래

▲ 까치   ▲ 잠자리   ▲ 뱀   ▲ 송사리

분류 기준 : 날개가 있는가?

그렇다.   그렇지 않다.

▲ 제비   ▲ 꿀벌   ▲ 금붕어   ▲ 다슬기

▲ 참새   ▲ 잠자리   ▲ 남생이   ▲ 삵

- **동물을 분류할 때 분류 기준을 세워야 하는 까닭**
  분류 기준을 세우지 않으면 사람마다 분류한 결과가 다르기 때문입니다.

- **동물을 분류하는 기준 더 알아보기**
  - 지느러미가 있는 것과 지느러미가 없는 것으로 분류할 수 있습니다.
  - 500원짜리 동전보다 큰 것과 500원짜리 동전보다 작은 것으로 분류할 수 있습니다.
  '크다', '작다'는 사람마다 기준이 다를 수 있으므로 무엇보다 크고 작은 것인지 기준을 정해야 합니다.

+1 °여러 가지 동물 분류하기

분류 기준 : 더듬이가 있는가?	
그렇다.	그렇지 않다.
물방개, 나비, 땅강아지, 잠자리, 벌, 공벌레, 달팽이	게, 금붕어, 뱀, 참새, 지렁이, 직박구리, 소라, 피라미, 고양이, 고라니, 거미

분류 기준 : 알을 낳는 동물인가?	
그렇다.	그렇지 않다.
비둘기, 참새, 잠자리, 메뚜기, 사슴벌레, 뱀, 달팽이, 금붕어, 꿀벌, 송사리, 공벌레, 개구리, 거미, 소금쟁이, 개미	다람쥐, 고양이, 토끼

분류 기준 : 물속에서 살 수 있는가?	
그렇다.	그렇지 않다.
금붕어, 송사리, 개구리	비둘기, 참새, 잠자리, 메뚜기, 사슴벌레, 뱀, 달팽이, 공벌레, 개미, 거미, 다람쥐, 고양이, 토끼

+2 다리가 있는 동물을 다리의 개수에 따라 한 번 더 분류하기

다리 두 개	까치, 직박구리, 펭귄
다리 네 개	두더지, 여우, 고양이, 토끼, 낙타
다리 여섯 개 이상	개미, 게, 오징어, 잠자리, 나비

🎓 핵심 개념 정리

• 동물을 특징에 따라 분류하면 동물을 이해하는 데 도움이 됩니다.

• 동물을 분류하는 기준에는 다리가 있는 것과 없는 것, 날개가 있는 것과 없는 것 등이 있습니다.

다리의 개수에 따라 분류해 보자.

---

1 동물을 특징에 따라 분류한 내용으로 옳은 것은 ○표, 옳지 않은 것은 ×표 하시오.

(1) 동물을 날개나 다리의 유무 등으로 분류할 수 있습니다.
            (   )

(2) 송사리, 금붕어, 소금쟁이는 더듬이가 있는 동물로 분류할 수 있습니다.   (   )

(3) 토끼, 고양이는 다리가 네 개인 동물로 분류할 수 있습니다.   (   )

2 다음과 같이 동물들을 분류할 수 있는 기준은 어느 것입니까?   (   )

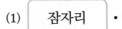

꿀벌	토끼, 송사리, 개구리

① 다리가 있는 것과 없는 것
② 날개가 있는 것과 없는 것
③ 알을 낳는 것과 새끼를 낳는 것
④ 다른 동물을 먹는 것과 먹지 않는 것
⑤ 몸이 털로 덮여 있는 것과 털로 덮여 있지 않은 것

3 다음 동물들을 더듬이가 있는 것과 없는 것으로 분류하여 선으로 연결하시오.

(1) [잠자리] •

                  • ㉠ [더듬이가 있다.]

(2) [거미] •

                  • ㉡ [더듬이가 없다.]

(3) [소금쟁이] •

1 주변에서 볼 수 있는 동물에 대한 설명으로 옳지 않은 것은 어느 것입니까? ( )

① 화단에서 개미를 볼 수 있다.
② 집 주변에서 개를 볼 수 있다.
③ 마당에서 고양이를 볼 수 있다.
④ 화단의 나무에서 참새를 볼 수 있다.
⑤ 화단의 돌 밑에서 잠자리를 볼 수 있다.

2 주변에서 볼 수 있는 동물의 특징에 대한 설명으로 옳은 것은 어느 것입니까? ( )

① 까치는 깃털이 없다.
② 꿀벌은 부리로 꿀을 먹는다.
③ 고양이는 다리가 두 쌍이 있다.
④ 공벌레는 날개가 두 쌍이 있다.
⑤ 거미는 건드리면 몸을 공처럼 둥글게 만든다.

`3~4` 여러 가지 동물을 보고, 물음에 답하시오.

▲ 꿀벌

▲ 공벌레

▲ 참새

▲ 나비

▲ 달팽이

▲ 다람쥐

3 위 동물 중 돌 밑에서 볼 수 있으며, 몸이 여러 개의 마디로 되어 있는 동물의 기호를 쓰시오.

( )

4 앞 동물 중 다음과 같은 특징을 가진 동물의 기호를 쓰시오.

• 날개가 있어 날 수 있다.
• 부리로 곤충, 벼 등을 먹는다.

( )

5 다음은 우진이가 관찰한 동물에 대한 설명입니다. 어떤 동물입니까? ( )

나무에서 다리가 네 쌍인 동물을 봤어. 날개는 없고 다리로 걸어 다녔어.

① 까치
② 거미
③ 꿀벌
④ 토끼
⑤ 공벌레

6 딱딱한 껍데기로 몸을 보호하고, 미끄러지듯이 움직이는 동물은 어느 것입니까? ( )

①
▲ 잠자리

②
▲ 개미

③
▲ 달팽이

④
▲ 지렁이

⑤
▲ 고양이

7 학교 화단에 동물이 많이 사는 까닭으로 옳지 <u>않은</u> 것은 어느 것입니까? ( )

① 먹이가 많기 때문이다.
② 눈에 잘 보이기 때문이다.
③ 숨기 좋은 장소이기 때문이다.
④ 동물이 쉴 수 있는 장소가 있기 때문이다.
⑤ 동물이 집을 지을 수 있는 장소가 있기 때문이다.

8 다음과 같이 동물을 (가)와 (나)의 두 무리로 분류하였습니다. 어떻게 분류한 것입니까? ( )

(가)

▲ 잠자리

▲ 달팽이

(나)

▲ 참새

▲ 뱀

① 알을 낳는 동물과 새끼를 낳는 동물
② 다리가 있는 동물과 다리가 없는 동물
③ 날개가 있는 동물과 날개가 없는 동물
④ 더듬이가 있는 동물과 더듬이가 없는 동물
⑤ 물속에서 살 수 있는 동물과 물속에서 살 수 없는 동물

9 ( ) 안에 공통으로 들어갈 알맞은 말은 어느 것입니까? ( )

• ( )이/가 있는 것 : 까치, 나비
• ( )이/가 없는 것 : 다람쥐, 토끼

① 날개　　　　　② 다리
③ 부리　　　　　④ 깃털
⑤ 지느러미

10 동물을 특징에 따라 분류할 때 분류 기준으로 옳지 <u>않은</u> 것은 어느 것입니까? ( )

① 알을 낳는가?
② 날개가 있는가?
③ 더듬이가 있는가?
④ 몸이 작은 편인가?
⑤ 다른 동물을 먹는가?

11~12 여러 가지 동물을 보고, 물음에 답하시오.

▲ 금붕어

▲ 개구리

▲ 사슴벌레

▲ 토끼
▲ 다람쥐

▲ 비둘기

11 위 동물을 다음 분류 기준으로 분류하여 동물의 이름을 쓰시오.

알을 낳는 것	새끼를 낳는 것

12 위 동물을 물속에서 살 수 있는 것과 물속에서 살 수 없는 것으로 분류할 때 같은 무리로 분류할 수 <u>없는</u> 것은 어느 것입니까? ( )

① 토끼
② 다람쥐
③ 개구리
④ 비둘기
⑤ 사슴벌레

3 땅에서 사는 동물의 특징

1 땅에서 사는 동물의 특징 알아보기
— 땅에서 사는 동물은 땅 위에서 사는 동물, 땅속에서 사는 동물, 땅 위와 땅속을 오가는 동물이 있습니다.

(1) 땅 위에서 사는 동물 : 토끼, 거미, 노루, 고라니, 소, 다람쥐 등

동물	특징	동물	특징
▲ 토끼	• 몸이 털로 덮여 있다. • 귀가 크고 길쭉하며, 뒷다리가 앞다리보다 길다. • 다리가 네 개이며, 걷거나 뛰어서 이동한다.	▲ 거미	• 몸이 머리가슴, 배로 구분되며 다리는 네 쌍이다. • 주로 땅 위에서 살지만 땅속에서 사는 것도 있다. • 다리로 이동한다.
▲ 노루	• 몸이 털로 덮여 있다. • 수컷은 머리에 뿔이 있다. • 다리는 네 개이며, 걷거나 뛰어다닌다. • 꼬리가 짧다.	▲ 고라니	• 몸이 털로 덮여 있고, 노루와 달리 뿔이 없다. • 다리로 이동한다. • 땅 위에서 살며 풀이나 나뭇잎을 먹는다.
▲ 소	• 몸이 털로 덮여 있다. • 머리에 뿔이 있다. • 다리는 네 개이며, 걷거나 뛰어다닌다. • 꼬리가 있다.	▲ 다람쥐	• 몸이 털로 덮여 있다. • 등에 줄무늬가 있다. • 볼에 먹이를 넣을 수 있는 주머니가 있다. • 꼬리가 있다.

(2) 땅속에서 사는 동물 : 땅강아지, 두더지, 지렁이 등

동물	특징	동물	특징
▲ 땅강아지 — 날개가 있어 날기도 합니다.	• 몸이 머리, 가슴, 배의 세 부분으로 구분된다. • 다리는 세 쌍이다. • 앞다리를 이용해 땅을 팔 수 있다.	▲ 두더지	• 몸이 길고 털로 덮여 있다. • 눈은 거의 보이지 않고 주둥이가 가늘고 길다. • 앞발이 튼튼하여 땅속에서 굴을 파서 이동한다. — 삽 모양이며, 긴 발톱이 있습니다.
▲ 지렁이	• 고리 모양의 마디가 있는 긴 원통형의 몸으로 땅속을 기어 다닌다.		

(3) 땅 위와 땅속을 오가며 사는 동물 : 개미, 뱀 등

동물	특징	동물	특징
▲ 개미 +1	• 몸이 머리, 가슴, 배의 세 부분으로 구분된다. • 다리는 세 쌍, 더듬이는 한 쌍이다. • 날개가 있는 것도 있다.	▲ 뱀	• 몸이 길고 비늘로 덮여 있다. • 다리가 없어 기어서 이동한다. • 혀는 가늘고 길며 끝이 두 개로 갈라져 있다.

2 땅에서 사는 동물의 이동 방법 +2

다리가 있는 동물	걷거나 뛰어다닌다. 예 다람쥐, 너구리, 두더지, 소, 공벌레, 땅강아지 등
다리가 없는 동물	기어 다닌다. 예 뱀, 지렁이 등

• 고라니와 노루의 차이점
고라니와 노루는 비슷하게 생겼지만 고라니는 노루에 비해 귀가 작고, 뿔이 없으며 수컷은 송곳니가 길게 자랍니다.

• 땅강아지와 두더지의 앞발
땅강아지의 앞발은 넓적하여 굴을 파기에 알맞고, 두더지의 앞발은 넓적하며 발톱이 길고 단단해 땅속에서 굴을 파고 다니기에 알맞습니다.

• 개미와 같은 작은 동물을 관찰하는 방법
돋보기나 확대경 같은 도구를 사용해 관찰합니다. 확대경을 사용하면 작은 동물을 확대경 안에 가둬 놓고 확대해서 관찰할 수 있습니다.

▲ 확대경

+1 개미의 생김새 관찰하기

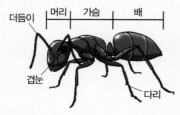

더듬이   머리   가슴   배

겹눈

다리

• 몸이 검은색입니다.
• 다리는 세 쌍이고, 걸어 다닙니다.
• 머리에는 더듬이 한 쌍, 겹눈이 한 쌍 있습니다.
• 다리가 가늘고 길며, 털이 나 있습니다.

+2 공벌레의 생김새 관찰하기

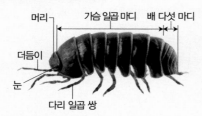

머리   가슴 일곱 마디   배 다섯 마디

더듬이

눈

다리 일곱 쌍

• 몸은 어두운 회색 또는 갈색입니다.
• 일곱 쌍의 다리가 있어 다리로 이동합니다.
• 몸은 여러 개의 마디로 되어 있으며, 머리에는 더듬이가 있습니다.
• 위험을 느끼면 몸을 동그랗게 말고 움직이지 않습니다.

🎓 핵심 개념 정리

• 땅 위에는 소, 다람쥐, 공벌레, 노루 등이 살고, 땅속에는 두더지, 땅강아지, 지렁이 등이 살고 있습니다.
• 뱀, 개미 등은 땅 위와 땅속을 오가며 살고 있습니다.
• 땅에서 사는 동물 중에는 다리가 있어 걷거나 뛰어다니는 동물도 있고, 다리가 없어 기어 다니는 동물도 있습니다.

다리가 있는 동물은 걷거나 뛰어다녀.

다리가 없는 동물은 기어 다녀.

1 땅속에서 사는 동물을 모두 골라 기호를 쓰시오.

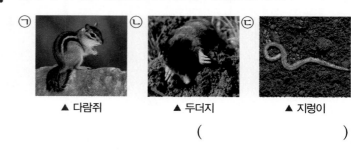

ㄱ   ㄴ   ㄷ

▲ 다람쥐   ▲ 두더지   ▲ 지렁이

(   )

2 땅에서 사는 동물에 대한 설명으로 옳은 것은 ○표, 옳지 않은 것은 ×표 하시오.

(1) 너구리는 다리가 있어 걷거나 뛰어다닙니다. (   )
(2) 뱀은 걸어 다닙니다. (   )
(3) 땅강아지는 날기도 하며, 앞다리로 땅을 팔 수 있습니다.
(   )

3 개미의 생김새에 대한 설명으로 옳은 것은 어느 것입니까?
(   )

① 다리는 한 쌍이다.
② 피부가 매끄럽고 축축하다.
③ 몸이 머리, 가슴, 배로 구분된다.
④ 가슴에는 더듬이가 한 쌍, 겹눈이 한 쌍 있다.
⑤ 몸에 고리 모양의 마디가 있으며 땅속을 기어 다닌다.

4 기어서 이동하는 동물은 어느 것입니까? (   )

① 개미   ② 너구리
③ 두더지   ④ 지렁이
⑤ 땅강아지

4 물에서 사는 동물의 특징

1 ˙물에서 사는 동물의 특징 알아보기

(1) 강이나 호수에서 사는 동물의 특징

동물 이름	사는 곳	특징
수달	강가나 호숫가 수달, 개구리 등은 땅과 물을 오가며 삽니다.	• 몸이 가늘고 발가락에 물갈퀴가 있어 헤엄을 잘 친다. • 몸이 털로 덮여 있다. • 물가에서 물고기나 개구리를 잡아먹는다.
개구리		• 땅에서는 폴짝폴짝 뛰어다니고, 물속에서는 헤엄쳐 다닌다. • 뒷다리에 물갈퀴가 있고, 뒷다리가 앞다리보다 더 길다.
˙물방개	강이나 호수의 물속	• 다리가 세 쌍이고, 털이 나 있는 뒷다리로 헤엄친다. • 몸이 위아래로 납작하며, 윗면은 날개로 덮여 있다.
다슬기		• 물속의 바위에 붙어서 배발로 기어 다닌다. • 딱딱한 껍데기로 덮여 있고, 아가미로 숨을 쉰다.
붕어 +1		• 몸이 비늘로 덮여 있으며, 아가미로 숨을 쉰다. • 여러 개의 지느러미를 이용하여 헤엄쳐서 이동한다.
˙미꾸리		• 몸이 가늘고 길며, 입 주변에 수염이 있다. • 지느러미를 이용해 물속에서 헤엄쳐 이동한다.

(2) 바다에서 사는 동물의 특징

동물 이름	사는 곳	특징
게	˙갯벌 +2	• 집게 다리 한 쌍이 있고, 나머지 다리 네 쌍으로 걸어 다닌다. • 몸은 딱딱한 껍데기로 이루어져 있으며, 아가미로 숨을 쉰다.
조개		• 기어 다니고, 아가미가 있다. 도끼 모양의 발로 기어 다니거나 땅을 파고 들어가기도 합니다. • 몸이 딱딱한 껍데기로 둘러싸여 있다.
갯지렁이		• 몸이 가늘고 길며, 털처럼 생긴 다리가 많다. • 몸이 고리 모양의 여러 개의 마디로 이루어져 있다.
상어	바닷속	• 여러 개의 지느러미로 헤엄쳐서 이동한다. • 몸이 비늘로 덮여 있고, 아가미가 있다. 몸의 옆면에 아가미구멍이 있습니다.
전복		• 배발을 이용하여 물속 바위에 붙어서 기어 다닌다. • 몸이 딱딱한 껍데기로 덮여 있고, 껍데기에 구멍이 나 있다.
오징어		• 지느러미를 이용하여 헤엄치고, 아가미로 숨을 쉰다. • 몸이 세모꼴이며, 머리에 다리 열 개가 있다.
고등어		• 지느러미를 이용하여 헤엄친다. • 몸이 부드러운 곡선 형태로 물속을 빠르게 헤엄칠 수 있다. • 몸이 비늘로 덮여 있으며, 아가미로 숨을 쉰다.

└ 고등어, 붕어 등의 물고기는 몸이 부드러운 곡선 모양이고 비늘로 덮여 있으며, 지느러미로 헤엄쳐 이동하므로 물에서 살기에 알맞습니다.

2 물에서 사는 동물의 이동 방법

(1) 게처럼 다리가 있는 동물은 걸어 다닙니다.

(2) 붕어와 고등어처럼 헤엄쳐 이동하는 동물도 있습니다.

(3) 전복처럼 바위에 붙어서 기어 다니는 동물도 있습니다.

옆단

• 물에서 사는 여러 가지 동물

▲ 수달　▲ 물방개

▲ 다슬기　▲ 게

▲ 상어　▲ 전복

▲ 오징어　▲ 고등어

• 물방개와 물자라

물방개는 뒷다리에 털이 있고, 물자라는 입이 비늘처럼 생겼습니다.

▲ 물방개　▲ 물자라

• 미꾸라지와 미꾸리

미꾸라지와 미꾸리는 생김새가 비슷하지만 미꾸리의 수염이 미꾸라지보다 짧은 것으로 구별할 수 있습니다.

▲ 미꾸리　▲ 미꾸라지

• 갯벌

바닷물이 들어오면 물에 잠기고, 바닷물이 빠져나가면 드러나는 땅입니다.

+1 금붕어의 생김새와 이동하는 모습 관찰하기

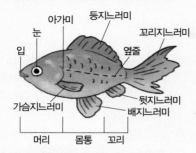

눈
입
아가미
등지느러미
꼬리지느러미
옆줄
뒷지느러미
배지느러미
가슴지느러미
머리 몸통 꼬리

- 몸이 부드러운 곡선 형태이고, 붉은색입니다.
- 몸이 비늘로 덮여 있습니다.
- 몸 옆에는 옆줄이 있습니다.
- 입과 아가미를 계속 움직입니다.
- 여러 개의 지느러미가 있습니다.
- 지느러미를 이용하여 헤엄쳐 이동합니다.

+2 갯벌에서 사는 짱뚱어와 바닷속에 사는 가오리

동물	특징
▲ 짱뚱어	• 발처럼 생긴 지느러미로 기어 다닌다. • 공기 중에서 숨을 쉴 수 있다.
▲ 가오리	• 몸이 납작하고 넓으며, 꼬리가 가늘고 길다. • 눈은 등 위에 나란히 있고, 입과 아가미구멍은 배면에 있다. • 가슴지느러미를 이용하여 헤엄쳐 이동한다.

핵심 개념 정리

- 강가나 호숫가에는 수달이나 개구리 등이 땅과 물을 오가며 삽니다.
- 강이나 호수의 물속에는 붕어, 물방개, 미꾸리 등이 헤엄을 치며 살고, 다슬기처럼 기어 다니는 동물도 삽니다.
- 갯벌에는 게, 조개, 갯지렁이 등이 삽니다.
- 바닷속에는 상어, 오징어, 고등어, 전복, 가오리 등이 삽니다.

물갈퀴가 있어 헤엄을 잘 치지.
수달
게
게는 걸어 다니고, 전복은 기어 다녀.
전복

1 다음 동물이 사는 곳을 선으로 연결하시오.

(1) 전복 •

(2) 게 •

(3) 고등어 •

• ㉠ 바닷속

• ㉡ 갯벌

2 다음 두 동물의 공통점은 어느 것입니까? ( )

▲ 상어

▲ 오징어

① 다리의 유무　② 지느러미의 수
③ 숨을 쉬는 방법　④ 몸을 덮고 있는 털
⑤ 몸에 덮여 있는 딱딱한 껍데기

3 지느러미를 이용하여 헤엄치는 동물이 <u>아닌</u> 것은 어느 것입니까? ( )

①
▲ 붕어

②
▲ 수달

③
▲ 상어

④
▲ 오징어

⑤
▲ 고등어

5 날아다니는 동물의 특징

1 날아다니는 새의 특징 +1

동물	특징	동물	특징
▲ 황조롱이	• 몸은 갈색이고, 등에 짙은 색 반점이 있다. • 짧고 끝이 휘어진 부리로 쥐나 두더지와 같은 작은 동물, 작은 새, 곤충 등을 먹는다.	▲ 백로	• 몸은 흰색이고, 길고 뾰족한 부리, 커다란 날개, 긴 목과 긴 다리가 있다. • 가까운 거리는 걸어 다니고, 먼 거리는 날아서 이동한다.
▲ 제비	• 머리와 등 위쪽은 검은색이고, 아랫면은 흰색이다. • 대체로 날아다니는 곤충을 잡아먹는다.	▲ 까치	나무 위에 둥지를 만듭니다. • 몸이 검은색과 하얀색 깃털로 덮여 있다. • 날개가 있으며, 꽁지깃이 검고 길다. • 부리가 짧고, 단단하다.
▲ 직박구리	• 몸 전체가 회색이고, 귀 근처에 무늬가 있다. • 부리는 곧고 검은색이다. • 곤충이나 식물의 열매를 먹는다.	▲ 참새	• 몸이 갈색이고, 배는 하얀색이다. • 부리가 검은색이다. • 날개가 한 쌍이다.

2 날아다니는 곤충의 특징 +2

• 참새의 생김새
한 쌍의 날개에는 깃털이 있습니다.

부리 · 눈 · 날개 · 다리

▲ 참새

• 잠자리의 생김새
참새와 다르게 두 쌍의 날개에는 깃털이 없습니다.

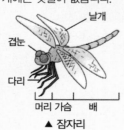

날개 · 겹눈 · 다리

머리 가슴 배

▲ 잠자리

동물	특징	동물	특징
▲ 나비	앉을 때 날개를 붙여서 접습니다. • 몸이 머리, 가슴, 배의 세 부분으로 구분된다. • 날개 두 쌍, 다리 세 쌍, 더듬이 한 쌍이 있다.	▲ 벌	• 몸이 머리, 가슴, 배의 세 부분으로 구분된다. • 날개 두 쌍, 다리 세 쌍, 더듬이 한 쌍이 있다. • 배 끝에 침이 있다.
▲ 잠자리	• 몸이 가늘고 길다. • 몸이 머리, 가슴, 배의 세 부분으로 구분된다. • 얇고 투명한 날개가 두 쌍이다. • 다리가 세 쌍이다.	▲ 매미	• 몸이 머리, 가슴, 배의 세 부분으로 구분된다. • 날개 두 쌍과 다리 세 쌍이 있어 걷거나 날아다닌다. • 더듬이가 있다.

수컷이 소리를 냅니다.

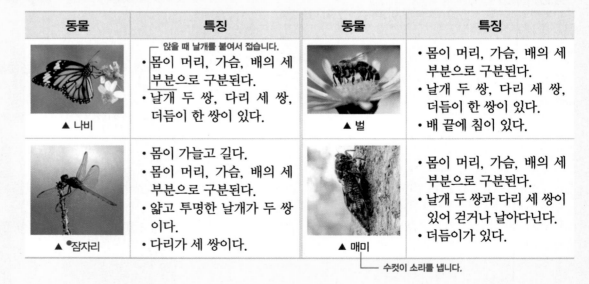

3 날아다니는 새와 곤충의 공통점과 차이점 +3

공통점	날아다니는 새와 곤충은 날개가 있다.
차이점	• 새는 날개에 깃털이 있지만 곤충은 날개에 깃털이 없다. • 새는 날개가 한 쌍이지만 곤충은 대부분 날개가 두 쌍이다.

+1 나무 사이를 날아서 이동하는 하늘다람쥐

하늘다람쥐는 앞다리와 뒷다리 사이에 날개 역할을 하는 막이 있어 나무 사이를 날아서 이동할 수 있습니다.

▲ 하늘다람쥐

+2 새도 아니고 곤충도 아닌 박쥐

· 박쥐는 새도 아니고 곤충도 아니지만 몸의 일부가 변한 날개로 하늘을 날 수 있습니다.
· 발가락에 갈고리 모양의 발톱이 있어서 거꾸로 매달려 있을 수 있습니다.

▲ 박쥐

+3 날아다니는 동물의 특징

· 하늘을 날 수 있도록 날개가 있습니다.
· 몸의 크기에 비해 무게가 가볍습니다. 새의 경우는 무게를 가볍게 하기 위해 뼛속이 비어 있습니다.

핵심 개념 정리

· 날아다니는 동물에는 나비, 매미와 같은 곤충이 있고 제비, 까치, 황조롱이, 참새와 같은 새도 있습니다.
· 날아다니는 새와 곤충은 날개가 있습니다.

1 다음 날아다니는 동물을 새와 곤충으로 구분하여 기호를 쓰시오.

ㄱ ▲ 나비 ㄴ ▲ 까치
ㄷ ▲ 잠자리 ㄹ ▲ 황조롱이

(1) 새 : (   )
(2) 곤충 : (   )

2 오른쪽 까치와 같이 몸이 깃털로 덮여 있는 것은 어느 것입니까? (   )

▲ 까치

① 매미   ② 나방
③ 나비   ④ 잠자리
⑤ 직박구리

3 나비, 매미, 잠자리의 공통점에 대한 설명입니다. (   ) 안에 들어갈 알맞은 말을 순서대로 쓰시오.

> 나비, 매미, 잠자리는 날개가 (   ) 쌍이고, 다리가 (   ) 쌍이다.

(,   )

4 날아다니는 동물이 날 수 있는 공통적인 특징을 두 가지 고르시오.   (,   )

① 날개가 있다.   ② 꼬리가 있다.
③ 다리가 없다.   ④ 깃털이 있다.
⑤ 몸이 비교적 가볍다.

6 사막이나 극지방에서 사는 동물의 특징

1 사막에서 사는 동물의 특징

동물 이름	특징
뱀	뜨거운 땅에 닿는 부분을 줄이기 위해 몸의 일부를 들고 옆으로 기어 다니는 것처럼 이동한다.
사막여우	• 몸에 비해 큰 귀로 체온 조절을 하며, 작은 소리도 잘 들을 수 있다. • 귓속의 털로 인해 모래바람이 불어도 귓속으로 모래가 잘 들어가지 않는다.
도마뱀	서 있거나 이동할 때 한 번에 두 발씩 번갈아 들어 올리며 열을 식힌다.
사막 딱정벌레	새벽에 땅 위로 나와 머리를 숙여 몸에 맺힌 이슬을 모아서 마신다.
전갈	온몸이 딱딱한 껍데기로 되어 있어 몸에 있는 물이 잘 빠져나가지 않는다. 거미, 전갈, 개미 등은 다리가 길고 빠르게 움직이는 편입니다. 이러한 특징 때문에 몸이 뜨거운 바닥에 닿는 부분을 줄일 수 있습니다.
사막 거북	앞다리로 땅을 잘 팔 수 있어서 땅굴을 만들어 뜨거운 낮에 쉴 수 있다.
낙타 **+1**	• 등의 혹에 지방이 있어서 먹이가 없어도 며칠 동안 생활할 수 있다. • 발바닥이 넓어서 모래에 발이 잘 빠지지 않는다. • 콧구멍을 여닫을 수 있어 모래바람이 불어도 콧속으로 모래가 잘 들어가지 않는다. • 몸의 수분을 유지하기 위해 땀을 잘 흘리지 않으며 배설물에도 수분이 거의 없다.

사막 거북, 두꺼비 등은 땅속에서 여름잠을 자기도 합니다.

2 극지방에서 사는 동물의 특징 **+2**

추위에 잘 견디기 위해 긴털을 가지고 있는 동물이 많습니다.

동물	특징
▲ 북극곰	• 귀와 꼬리가 작고 뭉툭하다. • 몸이 털로 촘촘하게 덮여 있고, 몸집이 크다. • 흰색 털 아래의 검은색 피부가 두꺼워 추위를 막을 수 있다.
▲ 북극여우 **+3**	• 몸의 열을 빼앗기지 않기 위해 귀가 작다. • 몸이 털로 덮여 있고, 계절에 따라 털 색깔이 변한다.
▲ 펭귄	• 여러 동물이 무리 지어 생활하며 추위를 이겨낸다. (서로 몸을 바짝 맞대 추위를 견딥니다.) • 몸이 털로 덮여 있고, 날개가 있지만 날지 못한다. • 두꺼운 피부와 보온이 잘 되는 깃털을 가지고 있어 추위를 이길 수 있다.
▲ 순록	• 몸의 위쪽은 긴 털, 아래쪽은 양털 모양의 솜털로 덮여 있으며, 긴 털이 몸의 온도를 유지하도록 도와준다. • 코 끝이 털로 덮여 있다. • 발굽이 넓고 편평하게 퍼져 있다.

• 사막의 환경
• 낮에는 덥고 밤에는 추우며, 모래바람이 많이 붑니다.
• 물과 먹이가 부족합니다.
• 비가 거의 내리지 않아 매우 건조합니다.

▲ 사막

• 사막에서 사는 동물

▲ 사막여우

▲ 도마뱀

▲ 전갈

▲ 사막 거북

• 극지방의 환경
• 극지방은 남극과 북극을 중심으로 하는 그 주변 지역을 말합니다.
• 극지방은 일 년 내내 눈과 얼음으로 덮여 있고, 매우 춥습니다.

+1 사막에서 사는 낙타의 생김새와 특징

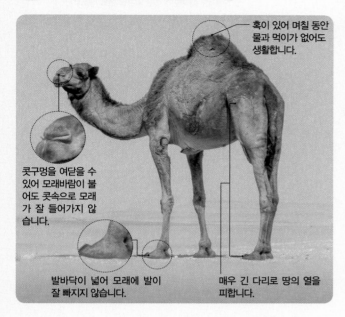

혹이 있어 며칠 동안 물과 먹이가 없어도 생활합니다.

콧구멍을 여닫을 수 있어 모래바람이 불어도 콧속으로 모래가 잘 들어가지 않습니다.

발바닥이 넓어 모래에 발이 잘 빠지지 않습니다.

매우 긴 다리로 땅의 열을 피합니다.

+2 극지방에서 사는 다양한 동물

남극에서 사는 동물	북극에서 사는 동물
펭귄, 범고래, 남극물개, 도둑갈매기, 향유고래 등	북극곰, 북극여우, 바다코끼리, 북극제비갈매기, 일각돌고래, 흰고래 등

+3 사막여우와 북극여우의 생김새

사막여우는 몸이 적갈색 털로 덮여 있고 귀가 크지만, 북극여우는 몸이 하얀색 털로 덮여 있고 귀가 작습니다.

핵심 개념 정리

· 사막에는 낙타, 사막여우, 사막 도마뱀 등이 살고, 극지방에는 북극곰, 북극여우, 펭귄 등이 삽니다.
· 사막이나 극지방에서 사는 동물은 덥고 건조하거나 추운 환경에서도 살 수 있는 특징이 있습니다.

먹이가 없어도 혹에 있는 지방으로 며칠 동안 생활하지.

큰 귀로 체온 조절을 해.

1 오른쪽의 사막에서 사는 사막여우에 대한 설명으로 옳은 것은 ○표, 옳지 않은 것은 ×표 하시오.

(1) 몸에 비해 작은 귀를 가지고 있어 체온 조절을 할 수 있습니다. (   )
(2) 작은 소리도 잘 들을 수 있습니다. (   )
(3) 귓속의 털로 인해 모래바람이 불어도 귓속으로 모래가 잘 들어가지 않습니다. (   )

2 낙타의 생김새와 사막에서 잘 살 수 있는 까닭을 선으로 연결하시오.

(1) 지방이 있는 등의 혹 · · ㉠ 먹이가 없어도 며칠 동안 생활할 수 있다.

(2) 넓은 발바닥 · · ㉡ 콧속으로 모래바람이 들어가지 않는다.

(3) 여닫을 수 있는 콧구멍 · · ㉢ 모래에 발이 잘 빠지지 않는다.

3 극지방에서 사는 동물을 두 가지 고르시오. (,   )

①
▲ 순록

②
▲ 고라니

③
▲ 북극곰

④
▲ 사막 도마뱀

7 동물의 특징 활용하기

1 동물의 특징을 생활 속에서 활용한 예 +1

소금쟁이가 물 위를 미끄러지듯이 이동하는 특징을 활용해
물 위에서도 움직일 수 있는 로봇을 만들었습니다.

▲ 문어   ▲ 문어 다리의 빨판을
활용한 칫솔걸이

문어 다리의 빨판이 잘 붙는 특징을 활용하여 칫솔걸이처럼 거울이나 유리에 붙이는 생활용품을 만들었다.

▲ 오리   ▲ 오리 발의 특징을
활용한 물갈퀴

오리의 발가락 사이에는 막이 있어 물속에서 헤엄을 잘 친다. 이런 오리의 발 모양을 활용해 물갈퀴를 만들었다.

▲ 수리   ▲ 수리 발의 특징을
활용한 집게 차

수리의 발가락은 먹이를 잘 잡고 놓치지 않는다. 이런 특징을 활용한 집게 차는 쓰레기를 잡아 원하는 곳으로 옮길 수 있다.

▲ 바다거북   ▲ 바다거북의 특징을
활용한 로봇

바다거북이 네 개의 물갈퀴를 사용해 상하좌우 모든 방향으로 물속에서 헤엄칠 수 있는 움직임을 활용하여 한 지점에서 다른 방향으로 회전할 수 있는 로봇을 만들었다.

▲ 뱀   ▲ 뱀의 특징을
활용한 로봇

뱀은 좁은 공간을 기어서 이동할 수 있다. 이런 특징을 활용하여 건물이 무너지거나 지진이 발생했을 때 °정찰할 수 있는 로봇을 만들었다.

└ 액티브 스코프 카메라

▲ 상어   ▲ 상어의 특징을
활용한 수영복

물이 잘 흐르게 하는 °상어 피부의 특징을 활용해 수영복을 만들었다.

▲ 산양   ▲ 산양의 특징을
활용한 신발

절벽에서 잘 미끄러지지 않는 산양의 발바닥 특징을 활용해 등산화 밑창을 만들었다.

● 생체 모방 기술
생물체가 지닌 다양한 기능 중에서 사람의 생활에 유용한 것을 모방하여 적용하는 기술을 말합니다. 초기에는 사람의 생김새를 모방하여 사람의 기능을 대신할 기계나 로봇을 연구했지만 최근에는 점차 대상의 범위를 넓혀 동물의 생김새뿐만 아니라 움직임, 기능 등을 모방하기도 합니다.

▲ 개의 특징을 모방한 개 로봇

● 정찰
더듬어 살피어 알아내는 것을 말합니다.

● 상어 피부의 특징
상어의 피부 표면에는 삼각형의 작게 튀어나온 부분(돌기)이 일정한 방향으로 나 있습니다. 이 부분이 물과 접촉하면 물이 흐르면서 생기는 소용돌이가 끝에서 밀려나며 상어가 더 빨리 헤엄칠 수 있게 합니다.

+1 우리 생활에서 동물의 특징을 활용한 예

활용한 예	동물의 특징과 활용하면 좋은 점
홍합 접착제	홍합은 세찬 파도에도 바위에 단단하게 붙어 있다. → 이런 특징을 활용한 홍합 접착제는 물속에서 이루어지는 공사에 이용할 수 있고, 의료용 실 대신 사용할 수 있다.
고속 열차 앞부분	물총새는 부리가 길고 머리가 날렵하다. → 이런 특징을 활용한 고속 열차는 소음을 줄일 수 있다.
지하 교통수단	두더지는 땅속에서 크고 단단한 앞발로 굴을 파서 이동한다. → 이런 특징을 활용하여 많은 사람들이 빠르고 편리하게 이동할 수 있는 지하 교통수단을 만들었다.
게코 테이프	도마뱀붙이(게코)의 발바닥에는 수백만 개의 털이 나 있다. → 이런 특징을 활용한 게코 테이프는 벽이나 천장에도 붙일 수 있으며, 밀고 당기는 방향에 따라 쉽게 떼어 낼 수 있다.
개미 로봇	개미는 여러 마리가 힘을 합해 자기 무게의 수백 배에 달하는 물체를 나를 수 있다. → 이런 특징을 활용한 로봇은 떼를 지어 함께 무거운 물건을 나를 수 있다.
방탄복	전복의 껍데기에는 탄산 칼슘이 겹겹이 쌓여 있다. → 이런 특징을 활용한 방탄복은 가볍고 잘 뚫리지 않는다.

└ 날아오는 탄알을 막기 위하여 입는 옷입니다.

핵심 개념 정리

• 동물의 특징을 활용하여 벽에 붙는 칫솔걸이, 잠수할 때 발에 끼우는 물갈퀴, 원하는 곳으로 물건을 옮길 수 있는 집게 차 등을 만들어 생활에서 이용하고 있습니다.

• 동물의 특징을 활용한 물건을 실생활에서 잘 활용한다면 좀 더 편리한 생활을 할 수 있습니다.

1 오른쪽은 거울이나 유리에 붙이는 칫솔걸이입니다. 이것은 어떤 동물의 특징을 활용한 것입니까? ( )

① 오리
② 문어
③ 수리
④ 홍합
⑤ 바다거북

2 오리 발의 특징을 활용한 예의 기호를 쓰시오.

 ㉠    ㉡    ㉢

▲ 튜브   ▲ 물갈퀴   ▲ 전신 수영복

( )

3 동물과 동물의 특징을 활용한 로봇에 대한 설명을 선으로 연결하시오.

(1)

▲ 바다거북

• ㉠ 좁은 공간을 살필 수 있다.

(2)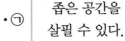

▲ 뱀

• ㉡ 모든 방향으로 움직이며 물속을 탐사할 수 있다.

1 땅에서 사는 동물의 특징으로 옳은 것은 어느 것입니까? (   )

① 기어서만 다닌다.
② 땅속에서만 생활한다.
③ 모두 다리가 두 쌍이다.
④ 몸이 머리, 가슴, 배로 구분된다.
⑤ 다리가 있는 동물은 걷거나 뛰어다닌다.

2 오른쪽 개미를 관찰한 내용으로 옳지 <u>않은</u> 것은 어느 것입니까? (   )

① 다리는 세 쌍이다.
② 다리로 걸어 다닌다.
③ 더듬이는 가지고 있지 않다.
④ 몸이 머리, 가슴, 배로 구분된다.
⑤ 땅 위와 땅속을 오가며 살아간다.

3 다음과 같은 땅에서 사는 동물의 이동 방법으로 옳은 것은 어느 것입니까? (   )

▲ 뱀

▲ 지렁이

① 날아다닌다.
② 뛰어다닌다.
③ 기어 다닌다.
④ 걸어 다닌다.
⑤ 통통 튀면서 다닌다.

4 다음 설명과 관계있는 동물을 골라 이름을 쓰시오.

• 아가미로 숨을 쉰다.
• 머리에 다리가 열 개 있다.
• 지느러미를 이용하여 헤엄친다.

▲ 게

▲ 오징어

▲ 조개

(   )

5 강이나 호수, 바다에서 사는 동물의 특징으로 옳은 것은 어느 것입니까? (   )

① 게는 몸이 세모꼴이다.
② 상어는 아가미로 숨을 쉰다.
③ 붕어는 딱딱한 껍데기로 덮여 있다.
④ 다슬기는 지느러미를 이용하여 헤엄친다.
⑤ 고등어는 물속의 바위에 붙어서 기어 다닌다.

6 다음 동물들의 공통점이 <u>아닌</u> 것은 어느 것입니까? (   )

▲ 참새

▲ 까치

▲ 직박구리

① 날아다닌다.
② 다리가 두 개이다.
③ 몸이 비교적 무겁다.
④ 몸이 깃털로 덮여 있다.
⑤ 들, 산, 공원에서 볼 수 있다.

7 날아다니는 동물에 대한 설명으로 옳지 <u>않은</u> 것은 어느 것입니까? ( )

① 매미는 수컷이 소리를 낸다.
② 벌은 몸이 머리가슴, 배로 구분된다.
③ 나비는 앉을 때 날개를 붙여서 접는다.
④ 잠자리는 날개가 아주 얇아 빨리 날 수 있다.
⑤ 까치는 몸이 검은색과 하얀색 깃털로 덮여 있다.

8 사막여우가 사막에서 잘 살 수 있는 까닭을 설명한 것입니다. ( ) 안에 들어갈 알맞은 말을 쓰시오.

> 몸에 비해 큰 ( )을/를 가지고 있어서 체온을 조절하며, 작은 소리도 잘 들을 수 있다.

( )

9 낙타의 특징에 대한 설명으로 옳은 것을 두 가지 고르시오. (,)

① 네 쌍의 긴 다리가 있다.
② 발바닥이 좁아 모래에 발이 잘 빠지지 않는다.
③ 혹에 지방이 있어 먹이가 없어도 며칠 동안 생활할 수 있다.
④ 콧구멍을 여닫을 수 있어 콧속으로 모래가 잘 들어가지 않는다.
⑤ 몸이 딱딱한 껍데기로 되어 있어 몸에 있는 물이 밖으로 잘 빠져나가지 않는다.

10 극지방에서 사는 동물의 특징으로 가장 알맞은 것은 어느 것입니까? ( )

① 긴 털이 있다.
② 물갈퀴가 있다.
③ 귀나 꼬리가 크다.
④ 매우 빠르게 움직인다.
⑤ 몸의 균형을 잘 잡는다.

11 오른쪽 물갈퀴는 오리 발의 어떤 특징을 활용하여 만든 것입니까? ( )

① 물이 잘 튀는 성질을 이용한 것이다.
② 강한 햇빛으로부터 발을 보호해 준다.
③ 차가운 물로부터 체온을 유지해 준다.
④ 걸을 때 발이 모래 속으로 잘 빠지지 않는다.
⑤ 발가락 사이에 막이 있어 물속에서 헤엄을 잘 친다.

12 우리 생활에서 동물의 특징을 활용한 예로 옳게 짝지은 것을 보기 에서 골라 기호를 쓰시오.

> **보기**
> ㉠ 홍합 – 전신 수영복
> ㉡ 물총새 부리 – 집게 차
> ㉢ 전복의 껍데기 – 방탄복
> ㉣ 문어 다리의 빨판 – 고속 열차 앞부분

( )

2 동물의 생활

우리 주변에는 땅 위, 땅속, 물속, 하늘, 사막, 극지방 등 다양한 곳에서 여러 생물이 살고 있으며, 이러한 생물의 특징을 우리 생활의 다양한 곳에 활용하고 있습니다.

👁 그림을 보고 배운 개념을 떠올리며 ( ) 안에 알맞은 말을 써 보세요.

개념1 동물을 특징에 따라 분류하기

다리의 개수에 따라 분류해 보자.

2개
6개
4개

동물은 (❶   )에 따라 다리가 있는 것과 다리가 없는 것, 날개가 있는 것과 날개가 없는 것 등으로 분류할 수 있습니다. 또 물에서 사는 것과 물에서 살지 않는 것처럼 (❷   )에 따라 동물을 분류할 수 있습니다.

개념2 땅에서 사는 동물의 특징

다리가 있는 동물은 걷거나 뛰어다녀.

다리가 없는 동물은 기어 다녀.

땅 위에는 소, 다람쥐, 공벌레, 노루 등이 살고, (❸   )에는 두더지, 땅강아지, 지렁이 등이 살고 있습니다. 그리고 뱀, 개미 등은 (❹   )을/를 오가며 살고 있습니다.

👁 그림을 보고 배운 개념을 떠올리며 ( ) 안에 알맞은 말을 써 보세요.

개념4 날아다니는 동물의 특징

우린 날개가 있어서 하늘을 날 수 있어.

박새

매미

날아다니는 동물에는 나비, 매미와 같은 (❾   )이/가 있고 박새, 황조롱이, 참새와 같은 (❿   )도 있습니다.

개념5 사막이나 극지방에서 사는 동물의 특징

먹이가 없어도 혹에 있는 지방으로 며칠 동안 생활하지.

큰 귀로 체온 조절을 해.

(⓫   )에는 낙타, 사막여우, 사막 도마뱀 등이 살고, (⓬   )에는 북극곰, 북극여우, 펭귄 등이 살고 있습니다.

개념3 물에서 사는 동물의 특징

물속에서 사는 고등어, 붕어 등은 (❺   )
(으)로 헤엄을 잘 칩니다. 게는 (❻   )이/가
있어 걸어서 움직이고, 전복은 바위에 붙어서 기어
다닙니다. 강가나 호숫가에서 수달, 개구리 등은
(❼   )와/과 (❽   )을/를 오가며
살고 물속에서는 물갈퀴가 있는 발로 헤엄칩니다.

개념6 동물의 특징 활용하기

문어 다리의 빨판, 오리의 발 등 동물
의 (❸   )을/를 활용한 물건
을 실생활에서 잘 활용한다면 좀 더
편리한 생활을 할 수 있습니다.

 옳은 문장에 ○, 틀린 문장에 ✕하세요. 틀린 부분
은 밑줄을 긋고 바른 개념으로 고쳐 써 보세요.

1 우리 주변에서 볼 수 있는 거미는 다리가 세 쌍이고, 몸
이 머리가슴과 배 두 부분으로 구분됩니다.

(   )

2 제비는 날개가 있는 동물로 분류할 수 있고, 송사리는 날
개가 없는 동물로 분류할 수 있습니다. (   )

3 땅에서 사는 노루는 몸이 털로 덮여 있으며, 암컷은 머리
에 뿔이 있습니다. (   )

4 뱀은 주로 땅속에서만 삽니다. (   )

5 미꾸리는 몸이 가늘고 길며, 물갈퀴를 이용해 헤엄칩니다.

(   )

6 갯벌에서 사는 조개는 기어 다니고, 아가미가 있습니다.

(   )

7 날아다니는 동물에는 황조롱이, 제비 같은 새와 나비,
벌, 백로 같은 곤충이 있습니다. (   )

8 사막에서 사는 사막여우는 몸에 비해 작은 귀를 가지고
있어 체온 조절을 합니다. (   )

9 극지방에서 사는 펭귄은 두꺼운 피부와 보온이 잘 되는
깃털이 있어 추위를 이길 수 있습니다. (   )

10 문어 다리의 빨판이 잘 붙는 특징을 이용해 유리에 붙이
는 칫솔걸이를 만들었습니다. (   )

※ 한 문항당 5점입니다.

1 다음에서 설명하는 동물은 어느 것입니까?
( )

> • 다리가 두 쌍이다.
> • 냄새를 잘 맡고 꼬리가 있다.
> • 다리로 걷거나 뛰어다닌다.

① 개   ② 까치
③ 거미   ④ 공벌레
⑤ 잠자리

2 화단에서 주로 볼 수 있는 동물이 <u>아닌</u> 것은 어느 것입니까? ( )

① 거미   ② 나비
③ 개구리   ④ 잠자리
⑤ 공벌레

3 서술형 오른쪽 동물의 이름과 움직임의 특징을 쓰시오.

_____

4 ﾞ 동물을 다음과 같이 두 무리로 분류한 기준은 어느 것입니까? ( )

분류 기준 :	
그렇다.	그렇지 않다.
고양이, 참새	토끼, 꿀벌

① 날개가 있는가?
② 다리가 있는가?
③ 새끼를 낳는가?
④ 다른 동물을 먹는가?
⑤ 물속에서 살 수 있는가?

5 동물을 특징에 따라 분류한 것으로 옳지 <u>않은</u> 것은 어느 것입니까? ( )

① 다리가 두 개인 동물 : 비둘기, 참새
② 새끼를 낳는 동물 : 다람쥐, 고양이, 토끼
③ 물속에서 살 수 있는 동물 : 소금쟁이, 거미
④ 더듬이가 있는 동물 : 꿀벌, 개미, 사슴벌레
⑤ 날개가 있는 동물 : 잠자리, 메뚜기, 사슴벌레

6 동물과 동물이 주로 사는 곳을 옳게 짝 지은 것은 어느 것입니까? ( )

① 다람쥐 – 땅속
② 너구리 – 땅속
③ 지렁이 – 땅 위
④ 땅강아지 – 땅속
⑤ 두더지 – 땅 위와 땅속

7 다음에서 이동하는 방법이 나머지와 <u>다른</u> 동물의 기호를 쓰시오.

ⓐ    ⓑ   ⓒ

▲ 개미   ▲ 뱀   ▲ 지렁이

( )

8 다음 두 동물의 공통점은 어느 것입니까?( )

▲ 조개

▲ 상어

① 갯벌에서 산다.
② 헤엄쳐 이동한다.
③ 아가미로 숨을 쉰다.
④ 몸이 비늘로 덮여 있다.
⑤ 여러 개의 지느러미가 있다.

9 다음의 특징을 가진 동물을 모두 골라 기호를 쓰시오.

• 몸이 딱딱한 껍데기로 덮여 있다.
• 배발을 이용하여 물속 바위에 붙어서 기어 다닌다.

㉠

▲ 물방개

㉡

▲ 다슬기

㉢
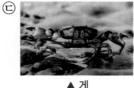
▲ 게

㉣
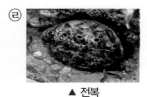
▲ 전복

( )

10* 붕어가 물속에서 생활하기에 알맞은 점을 두 가지 고르시오. (,)

① 물갈퀴가 있다.
② 지느러미가 있다.
③ 아가미로 숨을 쉰다.
④ 몸이 세모꼴 형태이다.
⑤ 물에 잘 젖지 않는 털로 덮여 있다.

11 다음 설명에 해당하는 동물은 어느 것입니까?
( )

• 곤충이다.
• 몸이 머리, 가슴, 배로 구분된다.
• 날개는 두 쌍이며, 앉을 때 날개를 붙여서 접는다.

① 개미 ② 나방
③ 참새 ④ 나비
⑤ 직박구리

12 오른쪽 까치와 같은 새가 날 수 있는 까닭으로 옳은 것은 어느 것입니까? ( )

① 날개가 얇다.
② 더듬이가 있다.
③ 작은 부리가 있다.
④ 다리가 가늘고 길다.
⑤ 몸이 비교적 가볍다.

13 오른쪽 잠자리에 대한 설명으로 옳은 것은 어느 것입니까? ( )

① 날개는 두 쌍이다.
② 몸이 두껍고 짧다.
③ 날개에 깃털이 있다.
④ 다리가 없어 앉을 수 없다.
⑤ 두꺼운 날개로 천천히 날아다닌다.

14 사막의 환경에 대한 설명으로 옳은 것은 어느 것입니까? ( )

① 물과 먹이가 많다.
② 낮과 밤 모두 매우 덥다.
③ 모래바람이 심하게 분다.
④ 나무가 많아 그늘이 많다.
⑤ 비가 많이 내려 물이 충분하다.

15 사막에서 사는 낙타가 먹이가 없어도 며칠 동안 생
서술형 활할 수 있는 까닭을 쓰시오.

_____

_____

16 다음 ( ) 안의 알맞은 말에 ○표 하시오.

> 사막에 사는 전갈은 온몸이 (딱딱한, 부드러운)
> 껍데기로 되어 있어서 몸에 있는 (물, 열)이
> 밖으로 잘 빠져나가지 않아 사막에서 잘 살 수
> 있다.

17 사막과 극지방에서 사는 동물의 특징에 대한 설명
으로 옳지 않은 것은 어느 것입니까? (   )

① 사막여우는 몸집이 작고 귀가 크다.
② 낙타는 귀와 눈 주변에 난 긴 털로 모래가 들어
가지 않게 한다.
③ 낙타는 몸에 비해 귀가 매우 커서 작은 소리도
잘 들을 수 있다.
④ 남극에 사는 펭귄은 헤엄치기에 알맞게 날개가
지느러미 모양이다.
⑤ 북극곰은 흰색 털 아래의 검은색 피부가 두꺼
워서 체온을 유지한다.

18 다음에서 문어 다리의 빨판 특징을 활용한 예의 기
호를 쓰시오.

ⓐ ▲ 집게 차   ⓑ ▲ 물갈퀴   ⓒ ▲ 칫솔걸이

(   )

19 오른쪽 고속 열차 앞부분은
어떤 동물의 특징을 활용한
것입니까?   (   )

① 오리 발
② 상어 피부
③ 물총새 부리
④ 전복의 껍데기
⑤ 게코의 발바닥에 나 있는 수백만 개의 털

20 다음과 같은 등산화는 산양 발바닥의 어떤 특징을
서술형 활용해 만들었는지 쓰시오.

_____

_____

점수

※ 한 문항당 5점입니다.

1 다음과 같은 특징을 가진 동물은 어느 것입니까?
( )

> • 몸이 여러 개의 마디로 되어 있다.
> • 건드리면 몸을 공처럼 둥글게 만든다.

①

▲ 거미

②

▲ 꿀벌

③

▲ 공벌레

④

▲ 땅강아지

2* 오른쪽 달팽이에 대한 설명으로 옳은 것은 어느 것입니까?
( )

① 더듬이가 없다.
② 몸이 털로 덮여 있다.
③ 미끄러지듯이 움직인다.
④ 날개가 있어 날 수 있다.
⑤ 다리가 있어 걸어 다닌다.

3 학교 화단에 동물들이 많이 사는 까닭을 두 가지 쓰시오.
서술형

_____

_____

4 여러 가지 동물을 분류할 수 있는 기준으로 적당하지 <u>않은</u> 것은 어느 것입니까? ( )
① 알을 낳는가?　② 날개가 있는가?
③ 다리가 있는가?　④ 몸 색깔이 화려한가?
⑤ 다른 동물을 먹는가?

5 다음과 같이 동물들을 두 무리로 분류했을 때 분류 기준으로 옳은 것은 어느 것입니까? ( )

▲ 금붕어

▲ 뱀

▲ 개구리

▲ 참새

① 사는 곳　　② 몸의 크기
③ 날개의 유무　④ 다리의 유무
⑤ 더듬이의 유무

6* 땅에서 사는 동물들이 주로 사는 곳에 따라 분류하여 기호를 쓰시오.

㉠

▲ 지렁이

㉡

▲ 너구리

㉢

▲ 소

㉣
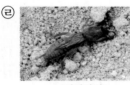
▲ 땅강아지

(1) 땅 위 : ( )
(2) 땅속 : ( )

7 오른쪽 두더지가 땅속에서 굴을 파는 데 이용하는 몸의 부분은 어느 것입니까? ( )

① 앞발　　　　② 뒷발
③ 머리　　　　④ 꼬리
⑤ 몸에 난 뾰족한 털

8 땅에서 사는 동물의 특징으로 옳지 <u>않은</u> 것은 어느 것입니까? ( )

① 소 : 걸어 다니고 머리에 뿔이 있다.
② 땅강아지 : 걸어 다니며 날기도 한다.
③ 뱀 : 코로 냄새를 맡아 먹이를 찾아낸다.
④ 다람쥐 : 다리가 두 쌍이고, 나무를 잘 탄다.
⑤ 너구리 : 몸이 털로 덮여 있고, 걷거나 뛰어다닌다.

9
서술형 오른쪽 붕어가 물속에서 생활하기에 알맞은 점을 두 가지 쓰시오.

_____

_____

10 물속에서는 헤엄쳐 이동하고 땅에서는 폴짝폴짝 뛰어다니는 동물은 어느 것입니까? ( )

① 게 　　　　② 조개
③ 전복 　　　　④ 개구리
⑤ 물방개

11 오른쪽 수달에 대한 설명으로 옳은 것을 두 가지 고르시오. (,)

① 아가미가 있다.
② 몸이 털로 덮여 있다.
③ 지느러미로 헤엄친다.
④ 발가락에 물갈퀴가 있다.
⑤ 갯벌이나 바닷속에서 산다.

12 다음에서 설명하는 동물을 보기 에서 골라 쓰시오.

> • 몸이 깃털로 덮여 있다.
> • 날개가 있어 날아다닌다.
> • 몸이 검은색과 흰색이며 꽁지깃이 있다.

보기
　　소　　까치　　잠자리　　거미

(　　　　　　)

13* 날아다니는 동물에 대한 설명입니다. ( ) 안에 들어갈 알맞은 말을 순서대로 쓰시오.

> 까치, 참새, 직박구리와 같은 (　　　)과/와 나비, 매미, 잠자리와 같은 (　　　)은/는 날아다닐 수 있다.

(　　　 , 　　　)

14 날아다니는 동물의 특징으로 옳은 것을 두 가지 고르시오. (,)

① 날개가 있다.
② 땅을 잘 팔 수 있다.
③ 몸이 비교적 가볍다.
④ 작은 소리도 잘 듣는다.
⑤ 아가미와 지느러미가 있다.

15 다음과 같은 환경에서 사는 동물이 <u>아닌</u> 것은 어느 것입니까? ( )

> 그늘이 거의 없으며 비가 많이 내리지 않아 물이 매우 적다. 모래바람이 많이 분다.

①
▲ 낙타

②
▲ 전갈

③
▲ 사막 거북

④
▲ 다람쥐

16 다음과 같이 사막에서 잘 살 수 있는 특징을 가진 동물의 이름을 쓰시오.

> • 몸에 비해 큰 귀를 가지고 있어서 체온 조절을 하며, 작은 소리도 잘 들을 수 있다.
> • 귓속의 털로 인해 모래바람이 불어도 귓속으로 모래가 잘 들어가지 않는다.

( )

17 낙타가 사막에서 잘 살 수 있는 특징이 <u>아닌</u> 것은 어느 것입니까? ( )

① 발바닥이 넓다.
② 혹에 지방이 있다.
③ 땀을 잘 흘리지 않는다.
④ 콧구멍을 여닫을 수 있다.
⑤ 앞다리로 땅을 잘 팔 수 있다.

18 다음 동물이 사는 환경에 대한 설명으로 옳은 것은 어느 것입니까? ( )

▲ 북극여우

▲ 펭귄

① 비가 거의 내리지 않아 건조하다.
② 사계절의 변화가 뚜렷하게 나타난다.
③ 1년 내내 기온이 높고 비가 많이 내린다.
④ 1년 중 대부분이 봄으로 날씨가 따뜻하다.
⑤ 1년 중 대부분이 겨울로 온도가 매우 낮다.

19 홍합은 세찬 파도에도 바위에 단단하게 붙어 있습니다. 이러한 홍합의 특징을 생활 속에 활용하여 만들 수 있는 것은 어느 것입니까? ( )

① 수영복
② 접착제
③ 물갈퀴
④ 고속 열차
⑤ 에어컨 실외기 날개

20 수리 발의 특징을 활용하여 만든 것은 어느 것입니까? ( )

①
▲ 집게 차

②
▲ 물갈퀴

③
▲ 칫솔걸이

④
▲ 방탄복

1~3

개념1   특징에 따라 동물 분류하기

• 동물은 생김새와 사는 곳 등에 따라 다양하게 분류할 수 있습니다.

> **분류 기준 : 다리가 있는가?**
>
> | 그렇다. | 그렇지 않다. |
> |---|---|
> | 개구리, 꿀벌, 황새, 메뚜기, 문어, 게, 토끼, 까치 | 뱀, 달팽이, 금붕어, 상어 |

• 동물을 특징에 따라 분류하면 동물을 이해하는 데 도움이 됩니다.

1
빈칸쓰기

① 동물은 (   )에 따라 다리가 있는 것과 다리가 없는 것, 날개가 있는 것과 날개가 없는 것 등으로 분류할 수 있습니다.

② 동물은 (   )에 따라 물에서 사는 것과 물에서 살지 않는 것 등으로 분류할 수 있습니다.

2
문장쓰기

다음 보기 의 동물을 분류할 수 있는 기준을 쓰시오.

> **보기**
> 벌, 닭, 잠자리, 까치, 금붕어, 개구리

벌, 닭, 잠자리, 까치는 _____

_____ (으)로 분류할 수 있고,

금붕어, 개구리는 _____

(으)로 분류할 수 있습니다.

3
서술완성

다음 동물을 생김새에 따른 분류 기준을 정하고 분류해 보시오.

▲ 개   ▲ 돌고래   ▲ 잠자리

▲ 까치   ▲ 금붕어   ▲ 개구리

_____

_____

_____

4~6

개념2   물에서 사는 동물의 이동 방법

• 게처럼 다리가 있는 동물은 걸어 다닙니다.
• 붕어와 고등어처럼 헤엄쳐 이동하는 동물도 있습니다.
• 전복처럼 바위에 붙어서 기어 다니는 동물도 있습니다.

▲ 게   ▲ 고등어   ▲ 전복

4
빈칸쓰기

① 갯벌에서 사는 게는 다리로 (   ) 다닙니다.

② 바닷속에 사는 고등어는 지느러미로 (   ) 다닙니다.

③ 바닷속 바위에 붙어 사는 전복은 배발을 이용해 (   ) 다닙니다.

5
문장
쓰기

물에서 사는 게와 고등어, 전복의 이동 방법을 쓰시오.

게는 다리를 이용해 _____, 고등어는 지느러미를 이용해 _____, 전복은 바위에 붙어서 _____.

6
서술
완성

다음과 같이 물에서 사는 다양한 동물이 무엇을 이용하여 어떻게 이동하는지 세 가지 쓰시오.

▲ 수달

▲ 다슬기

▲ 게

▲ 상어

▲ 전복

▲ 고등어

_____

_____

7~9

개념3 **사막과 극지방에서 사는 동물의 특징**

• 사막에서 사는 사막여우는 큰 귀로 몸속의 열을 밖으로 내보내 체온 조절을 하고, 몸이 적갈색 털로 덮여 있습니다.

• 북극에서 사는 북극여우는 귀가 작아서 몸속의 열이 빠져나가는 것을 막으며, 몸이 하얀색 털로 덮여 있습니다.

▲ 사막여우

▲ 북극여우

7
빈칸
쓰기

① 사막여우는 몸에 비해 (   ) 귀를 가지고 있어서 몸속의 열을 밖으로 내보내 체온 조절을 합니다.

② 북극여우는 (   ) 귀로 몸속의 열이 밖으로 빠져나가는 것을 막아 체온 조절을 합니다.

8
문장
쓰기

사막여우와 북극여우 생김새의 차이점을 두 가지 쓰시오.

사막여우는 귀가 크고, 북극여우는 귀가

_____

사막여우는 털 색깔이 적갈색이고, 북극여우는

털 색깔이 _____

9
서술
완성

사막과 극지방의 환경을 비교하고, 사막여우와 북극여우가 환경에 적응한 점을 두 가지 이상 쓰시오.

▲ 사막여우

▲ 북극여우

_____

_____

_____

1 다음과 같이 화단에서 동물을 많이 볼 수 있는 까닭을 쓰시오. [8점]

_____

_____

2 땅에서 사는 두 동물을 보고, 물음에 답하시오. [12점]

▲ 개미　　　　　　　　▲ 뱀

(1) 위 동물들이 사는 곳은 땅 위, 땅속, 땅 위와 땅속 중 어디인지 쓰시오. [2점]

(　　　　　　　　　　)

(2) 개미 생김새의 특징을 두 가지 쓰시오. [10점]

_____

3 다음과 같이 땅에서 사는 동물을 이동 방법에 따라 분류하였습니다. 각각의 이동 방법을 쓰시오. [8점]

동물 이름	이동 방법
소, 다람쥐, 공벌레	㉠
뱀, 지렁이	㉡

㉠ : _____

_____

㉡ : _____

_____

4 물에서 사는 동물을 사는 곳에 따라 분류한 것입니다. 물음에 답하시오. [12점]

• 사는 곳 : 강이나 호수

▲ 다슬기　　　　　　　▲ 붕어

• 사는 곳 : (　　　　㉠　　　　)

▲ 상어　　　　　　　　▲ 전복

(1) ㉠에 들어갈 알맞은 장소를 쓰시오. [2점]

(　　　　　　　　　　)

(2) 붕어와 상어의 공통점을 세 가지 쓰시오. [10점]

_____

_____

5 다음 동물들은 주로 어떻게 이동하는지 쓰시오.

[8점]

▲ 직박구리 　　　 ▲ 잠자리 　　　 ▲ 매미

---

6 다음은 사막에서 사는 동물입니다. 물음에 답하시오. [12점]

▲ 낙타 　　　 ▲ 사막여우 　　　 ▲ 도마뱀

(1) 위 동물들이 살고 있는 사막 환경의 특징을 두 가지 쓰시오. [4점]

---

(2) 위 사막여우가 사막에서 잘 살 수 있는 까닭을 두 가지 쓰시오. [8점]

---

7 북극곰에 대해 조사한 내용입니다. 이를 참고하여 북극곰이 극지방에서 잘 살 수 있는 까닭을 두 가지 쓰시오. [8점]

• 귀와 꼬리가 작고 뭉툭하다.
• 몸이 털로 촘촘하게 덮여 있고, 몸집이 크다.
• 흰색 털 아래의 검은색 피부가 두껍다.

▲ 북극곰

---

8 오리 발과 오리 발의 특징을 활용하여 만든 물건의 모습입니다. 물음에 답하시오. [12점]

(1) 오리 발의 특징을 활용하여 만든 물건의 이름을 쓰시오. [2점]

(　　　　　　　　　　　)

(2) 위 (1)의 답은 오리 발의 어떤 특징을 활용한 것인지 쓰시오. [10점]

2 동물의 생활

과제명	동물을 특징에 따라 분류하기	배점	20점
성취 목표	여러 가지 동물을 관찰하여 특징에 따라 동물을 분류할 수 있다.		

1~4 다음 동물들을 특징에 따라 분류하였습니다. 물음에 답하시오.

> 비둘기, 개구리, 다람쥐, 금붕어, 달팽이, 고양이, 참새, 개미, 송사리, 뱀

㈎ 분류 기준 : (㉠)

그렇다.
개구리, 금붕어, 송사리

그렇지 않다.
비둘기, 다람쥐, 달팽이, 고양이, 참새, 개미, 뱀

㈏ 분류 기준 : 다리가 있는가?

그렇다.
㉡

그렇지 않다.
㉢

1 위 ㉠에 들어갈 분류 기준을 쓰시오. [4점]

_____

_____

2 위 ㉡과 ㉢에 들어갈 동물의 이름을 각각 쓰시오. [4점]

㉡ : ( )

㉢ : ( )

3 위 ㉡의 동물들을 '다리가 두 개인가?'로 다시 분류할 때 '그렇다.'와 '그렇지 않다.'에 들어갈 동물을 각각 쓰시오. [4점]

(1) 그렇다. : ( )

(2) 그렇지 않다. : ( )

4 위에서 정한 분류 기준 외에 동물을 특징에 따라 분류할 수 있는 기준을 세 가지 쓰시오. [8점]

_____

_____

2 동물의 생활

과제명	날아다니는 동물의 특징 알아보기	배점	20점
성취 목표	동물의 생김새와 생활 방식이 환경과 관련되어 있음을 설명할 수 있다.		

1~4 우리 주위에서 볼 수 있는 여러 가지 동물의 모습입니다. 물음에 답하시오.

▲ 직박구리   ▲ 나비   ▲ 뱀   ▲ 붕어   ▲ 잠자리

1 위 동물 중 날아다니는 동물을 모두 골라 이름을 쓰시오. [2점]

(   )

2 위 **1**의 답에 해당하는 동물의 공통점과 차이점을 한 가지 이상 쓰시오. [7점]

_____

_____

3 위 **1**의 답에 해당하는 동물이 날아다닐 수 있는 까닭을 쓰시오. [7점]

_____

_____

4 위의 나비와 잠자리 생김새에서 공통점을 두 가지 이상 쓰시오. [4점]

_____

_____

2 동물의 생활

과제명	우리 생활에서 동물의 특징 활용하기	배점	20점
성취 목표	동물의 특징을 모방하여 생활 속에서 활용하고 있는 사례를 발표할 수 있다.		

1~3 동물의 모습과 동물의 특징을 활용한 물건의 모습입니다. 물음에 답하시오.

▲ 도마뱀붙이

▲ 전신 수영복

▲ 방탄복

1 위 도마뱀붙이의 특징을 활용하여 만들어진 물건에는 무엇이 있으며, 어떤 특징을 활용한 것인지 쓰시오.

[5점]

2 위 전신 수영복과 방탄복은 각각 어떤 동물의 특징을 활용한 것인지 쓰시오. [5점]

3 오른쪽과 같이 지진이 발생하여 건물이 무너졌습니다. 무너진 건물 안에 사람이나 동물이 있는지 알기 위해서 로봇을 이용하려고 합니다. 이러한 재난 구조 로봇을 만들기 위해서 활용할 수 있는 동물을 보기 에서 모두 고르고, 그렇게 생각한 까닭을 쓰시오. [10점]

보기

바다거북   뱀   바퀴벌레   수리

3

지표의 변화

1 장소에 따른 다양한 흙 관찰하기
2 장소에 따른 흙의 특징 알아보기
3 흙이 만들어지는 과정
4 흐르는 물에 의한 지표의 변화
5 강 주변 지형의 모습
6 바닷가 주변 지형의 모습

1 장소에 따른 다양한 흙 관찰하기

1 장소에 따른 흙의 특징 관찰하기

(1) 흙은 학교뿐만 아니라 다양한 장소에서 볼 수 있습니다. +1

(2) 흙은 장소에 따라 알갱이의 크기, 만졌을 때의 느낌, 색깔 등 특징이 다릅니다.

(3) 우리 주변의 다양한 흙 +2

검은색이나 붉은색으로 보입니다.

▲ 밭에서 볼 수 있는 흙

갈색으로 보이고, 물에 젖어 있습니다.

▲ 논에서 볼 수 있는 흙

노란색이고, 작은 알갱이가 보입니다.

▲ 모래사장에서 볼 수 있는 흙

어두운색이며, 물이 고여 있는 것도 보입니다.

▲ 갯벌에서 볼 수 있는 흙

2 °운동장 흙과 화단 흙 관찰하기

- 운동장 흙과 화단 흙을 관찰하는 방법
  - 눈으로 색깔을 관찰해 봅니다.
  - 돋보기로 알갱이를 자세히 관찰해 봅니다.
  - 손으로 만졌을 때의 느낌을 관찰해 봅니다.
  - 뭉쳐 보거나 물에 넣어 봅니다.

구분	운동장 흙	화단 흙
모습		
색깔	밝은 갈색	어두운 갈색
알갱이의 크기	비교적 크다.	큰 것도 있고 작은 것도 있다.
만졌을 때의 느낌	거칠다.	약간 부드럽다.
기타	• 잘 뭉쳐지지 않는다. • 주로 모래나 흙 알갱이만 보인다.	• 잘 뭉쳐진다. • 식물의 뿌리나 나뭇잎 조각과 같은 여러 물질이 섞여 있다.

➕1 흙의 역할과 소중함

· 흙이 있어야 식물이 살 수 있습니다.
· 동물은 흙에서 자란 식물을 먹고 살아갑니다.
· 흙은 동식물이 살아가는 생활 터전입니다.
· 흙은 강이나 호수로 들어가는 물을 깨끗하게 만들어 줍니다.

▲ 생물이 살아가는 장소인 흙

➕2 흙 보존하기

· 흙은 만들어지기까지 매우 오랜 시간이 걸리지만 쉽게 없어지거나 오염될 수 있습니다.
· 산에 나무를 많이 심어 흙이 깎여 나가는 것을 막습니다.
· 흙이 떠내려가지 않도록 흙 보호 시설을 설치해서 막습니다.
· 흙이 오염되지 않도록 일회용품, 세제 등의 사용을 줄이고, 쓰레기를 함부로 버리지 않습니다.

🎓 핵심 개념 정리

· 흙은 다양한 장소에서 볼 수 있으며, 색깔, 알갱이의 크기 등 특징이 다릅니다.
· 운동장 흙은 밝은 갈색으로 알갱이의 크기가 크고, 화단 흙은 어두운 갈색으로 알갱이의 크기가 작습니다.
· 운동장 흙은 주로 모래나 흙 알갱이만 보입니다.

운동장 흙   화단 흙

1 흙에 대한 설명으로 옳은 것은 ○표, 옳지 **않은** 것은 ×표 하시오.

(1) 흙은 산과 화단에서만 볼 수 있습니다.   (   )

(2) 흙은 장소마다 색깔과 알갱이의 크기가 다릅니다.
(   )

(3) 밭에서 볼 수 있는 흙과 논에서 볼 수 있는 흙은 알갱이의 크기가 같습니다.   (   )

2~3 다음과 같이 운동장 흙과 화단 흙을 흰 종이에 올려 놓고 관찰하였습니다. 물음에 답하시오.

▲ 운동장 흙   ▲ 화단 흙

2 위 흙 중 만졌을 때의 느낌이 거친 것은 어느 것인지 쓰시오.

(   )

3 다음은 운동장 흙과 화단 흙에 대한 설명입니다. ㉠과 ㉡에 들어갈 알맞은 말을 쓰시오.

> 운동장 흙은 색깔이 (㉠) 갈색이고, 화단 흙은 색깔이 (㉡) 갈색이다.

㉠ : (   ), ㉡ : (   )

2 장소에 따른 흙의 특징 알아보기

1 운동장 흙과 화단 흙의 특징 알아보기

(1) 운동장 흙과 화단 흙의 물 빠짐 비교하기

*탐구 과정 +1	① 플라스틱 통의 밑부분을 거즈로 감싼 다음 고무줄로 묶는다. ② 플라스틱 통에 운동장 흙과 화단 흙을 각각 절반 정도 채운 뒤, 스탠드에 고정한다. ③ 비커를 플라스틱 통 아래에 각각 놓는다. ④ 두 흙에 각각 300 mL의 물을 비슷한 빠르기로 동시에 붓는다. ⑤ 일정한 시간 동안 어느 흙에서 물이 더 많이 빠졌는지 비교한다. 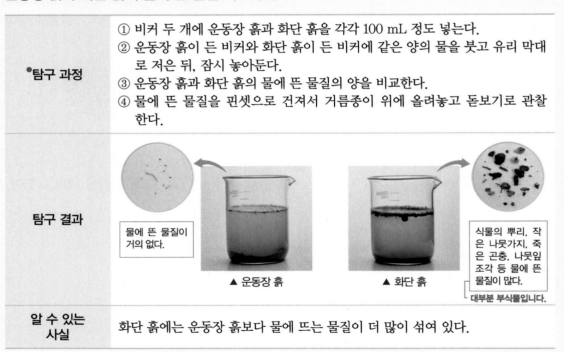 운동장 흙 / 플라스틱 통 / 화단 흙 / 거즈 / 고무줄
*탐구 결과	운동장 흙의 물이 더 많이 빠진다.
알 수 있는 사실	운동장 흙은 화단 흙보다 알갱이의 크기가 더 크기 때문에 물이 더 빠르게 빠진다. 비가 온 뒤에 운동장에는 물이 거의 고이지 않기 때문에 운동장 흙이 화단 흙보다 물이 더 빠르게 빠짐을 생각할 수 있습니다.

(2) 운동장 흙과 화단 흙의 물에 뜬 물질 비교하기

*탐구 과정	① 비커 두 개에 운동장 흙과 화단 흙을 각각 100 mL 정도 넣는다. ② 운동장 흙이 든 비커와 화단 흙이 든 비커에 같은 양의 물을 붓고 유리 막대로 저은 뒤, 잠시 놓아둔다. ③ 운동장 흙과 화단 흙의 물에 뜬 물질의 양을 비교한다. ④ 물에 뜬 물질을 핀셋으로 건져서 거름종이 위에 올려놓고 돋보기로 관찰한다.
탐구 결과	▲ 운동장 흙 (물에 뜬 물질이 거의 없다.) / ▲ 화단 흙 (식물의 뿌리, 작은 나뭇가지, 죽은 곤충, 나뭇잎 조각 등 물에 뜬 물질이 많다. 대부분 부식물입니다.)
알 수 있는 사실	화단 흙에는 운동장 흙보다 물에 뜨는 물질이 더 많이 섞여 있다.

사이드 노트

● **물 빠짐 비교 실험에서의 실험 설계**
- 같게 해야 할 조건 : 흙의 양, 플라스틱 통의 크기, 물의 양, 물을 붓는 빠르기, 거즈의 종류나 사용한 장수 등
- 다르게 해야 할 조건 : 흙의 종류

● **운동장 흙과 화단 흙의 물 빠짐 차이**

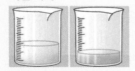

▲ 운동장 흙의 물 빠짐 ▲ 화단 흙의 물 빠짐

● **실험할 때의 주의할 점**
- 흙을 정확한 무게나 부피로 측정하기 어렵습니다. 무게로 측정할 경우 부피 차이가 나고, 부피로 측정할 경우 흙 알갱이 사이에 틈이 생기면서 무게 차이가 나기 때문입니다. 따라서 숟가락으로 비커에 적당히 넣는 것으로 합니다.
- 유리 막대로 비커 속 물을 살살 저도록 합니다.
- 흙이 가라앉아 물이 어느 정도 맑아질 때까지 기다립니다.

2 식물이 잘 자라는 흙의 특징

(1) **부식물** : 식물의 뿌리나 죽은 곤충, 나뭇잎 조각 등이 썩은 것으로 식물이 잘 자라는 데 도움을 줍니다.

(2) **식물이 잘 자라는 흙** : 식물의 뿌리나 죽은 곤충, 나뭇잎 조각 등의 물에 뜨는 물질이 많습니다.

➡ 화단 흙은 부식물이 많아 식물이 잘 자라고, 운동장 흙은 부식물이 적어서 식물이 잘 자라지 않습니다. +2

+1 주위에서 구하기 쉬운 물건으로 흙의 물 빠짐 장치 만들기

• 반으로 자른 페트병과 거즈 이용하기

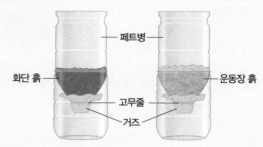

• 종이컵과 나무젓가락 이용하기

위에 올려 놓는 종이컵은 바닥에 구멍을 뚫는다.

+2 물 빠짐이 빠른 흙에서도 잘 자라는 식물

화단 흙처럼 물이 잘 빠지지 않는 흙에서만 식물이 잘 자란다고 생각하는 경우가 많습니다. 물 빠짐이 좋은 흙에서 잘 자라는 식물도 있고, 물 빠짐이 나쁜 흙에서 잘 자라는 식물이 있습니다. 예를 들어 선인장은 알갱이 크기가 크고 물이 쉽게 빠지는 흙에서 잘 자랍니다.

핵심 개념 정리

• 화단 흙보다 운동장 흙에서 물이 더 빠르게 빠집니다.
• 부식물은 식물의 뿌리나 죽은 곤충, 나뭇잎 조각 등이 썩은 것입니다.
• 화단 흙은 부식물이 많아 식물이 잘 자랍니다.

물에 떠 있는 물질이 많아.

난 거의 없어.

화단 흙   운동장 흙

1~2 다음은 운동장 흙과 화단 흙의 물 빠짐을 비교하는 실험입니다. 물음에 답하시오.

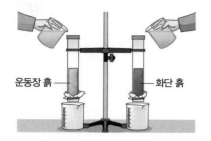

운동장 흙   화단 흙

1 위 실험을 할 때 같게 해야 할 조건이 <u>아닌</u> 것은 어느 것입니까? ( )

① 물의 양   ② 흙의 양
③ 흙의 종류   ④ 거즈의 종류
⑤ 플라스틱 통의 크기

2 위 실험 결과 물 빠짐이 빠른 흙은 어느 것인지 쓰시오.

( )

3~4 운동장 흙과 화단 흙이 든 비커에 물을 넣고 유리 막대로 저은 뒤, 그대로 놓아두고 물에 뜨는 물질을 관찰하였습니다. 물음에 답하시오.

3 위 실험에서 다르게 해야 할 조건은 어느 것입니까? ( )

① 흙의 양   ② 물의 양
③ 젓는 시간   ④ 흙의 종류
⑤ 비커의 크기

4 위 실험 결과 운동장 흙과 화단 흙의 모습을 선으로 연결하시오.

(1) 운동장 흙 •

• ㉠

(2) 화단 흙 •

• ㉡

3 흙이 만들어지는 과정

1 흙이 만들어지는 과정 알아보기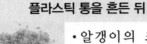

탐구 과정	① 흰 종이 위에 얼음 설탕을 올려놓고 모습을 관찰한다. ② 얼음 설탕을 플라스틱 통에 $\frac{1}{3}$ 정도 넣고 뚜껑을 닫는다. ③ 플라스틱 통 안에 가루가 보일 때까지 플라스틱 통을 흔든다. ④ 흰 종이 위에 얼음 설탕을 부어 어떤 변화가 생겼는지 관찰한다.	 ▲ 얼음 설탕을 통에 넣고 흔들기

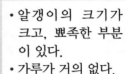

탐구 결과	**플라스틱 통을 흔들기 전**	**플라스틱 통을 흔든 뒤**
	• 알갱이의 크기가 크고, 뾰족한 부분이 있다. • 가루가 거의 없다.	• 알갱이의 크기가 작아지고, 모양이 달라졌다. • 가루가 생겼다.

알 수 있는 사실	얼음 설탕을 통에 넣고 흔들면 큰 덩어리가 작은 알갱이로 부서진다.

2 자연에서 흙이 만들어지는 과정

(1) 바위나 돌이 작게 부서진 알갱이와 생물이 썩어 생긴 물질들이 섞여서 흙이 만들어집니다.

▲ 바위와 돌

▲ 흙

플라스틱 통을 흔들기 전 큰 얼음 설탕은 자연에서 바위나 돌에 비유되고, 플라스틱 통을 흔든 뒤 작아진 얼음 설탕은 자연에서 흙에 비유할 수 있습니다.

(2) *바위나 돌은 오랜 시간에 걸쳐 여러 가지 과정으로 작게 부서집니다.

㉠ 바위틈에 있는 물이 얼었다 녹았다를 반복하면서 바위가 부서지기도 하고, 바위틈에서 자란 나무뿌리가 자라면서 바위가 부서지기도 합니다.

▲ 물이 얼었다 녹으면서 바위가 부서진 모습

▲ 나무뿌리가 자라면서 바위가 부서진 모습

(3) 얼음 설탕이 가루가 되는 것과 바위나 돌이 흙이 되는 것의 공통점과 차이점

공통점	얼음 설탕이 작게 부서져 가루가 되는 것처럼 바위나 돌이 부서져서 흙이 된다.
차이점	얼음 설탕이 가루가 되는 데 걸린 시간은 짧지만, 자연에서 바위나 돌이 흙이 되는 데 걸린 시간은 매우 길다.

• 바위나 돌이 부서지는 과정
• 겨울에 바위틈에 스며든 물이 얼면 틈이 더 커지면서 바위가 부서집니다. → 겨울이 지나고 따뜻한 봄이 되면 바위 틈에 얼어 있던 물이 녹는 과정을 반복하면서 바위가 부서집니다.

• 식물이 자라기 어려운 환경이지만 식물의 뿌리는 바위틈 사이로 뿌리를 내립니다. → 시간이 흘러 식물이 자라면 뿌리가 굵어져 바위틈을 벌리게 되고, 결국 바위가 부서지게 됩니다.

+1 흙이 만들어지는 과정

물, 공기, 나무뿌리 등의 영향으로 바위가 부서지고 점점 작은 돌이 된 뒤 생물이 썩어 생긴 물질이 섞여 흙이 됩니다.

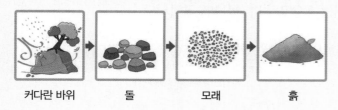

커다란 바위   돌   모래   흙

+2 바위나 돌이 부서지는 여러 가지 원인

바위틈에 스며든 물, 식물의 뿌리 외에도 바위나 돌이 부서지는 원인은 다양합니다. 바위가 흐르는 물에 의해 깎이거나 굴러가면서 부서지기도 하고, 바람에 깎이거나 굴러가면서 부서지기도 합니다.

▲ 흐르는 물에 바위가 부서짐

▲ 바람에 바위가 부서짐

핵심 개념 정리

• 얼음 설탕을 플라스틱 통에 넣고 흔들면 알갱이의 크기가 작아지고 가루가 생깁니다.

• 오랜 시간에 걸쳐 물이나 나무뿌리 등에 의해서 바위가 작게 부서집니다.

• 바위나 돌이 작게 부서진 알갱이와 생물이 썩어 생긴 물질들이 섞여서 흙이 됩니다.

나무뿌리가 바위나 돌을 작게 부서지게 해.

---

1 오른쪽과 같이 얼음 설탕을 플라스틱 통에 넣고 흔들었을 때의 변화로 옳은 것은 어느 것입니까? (   )

① 얼음 설탕이 녹는다.

② 아무런 변화가 없다.

③ 얼음 설탕의 크기가 커진다.

④ 얼음 설탕의 크기가 작아진다.

⑤ 얼음 설탕이 뭉쳐져 한 덩어리가 된다.

2 다음은 얼음 설탕을 플라스틱 통에 넣고 흔드는 것과 자연에서 물이나 나무뿌리가 하는 일의 공통점에 대한 내용입니다. (   ) 안에 들어갈 알맞은 말을 쓰시오.

> 큰 덩어리를 (   )(으)로 부순다.

(   )

3 다음과 같이 바위틈에서 얼었다 녹았다를 반복하면서 바위를 부서지게 하는 것은 어느 것입니까? (   )

① 물   ② 동물

③ 파도   ④ 바람

⑤ 나무뿌리

4 자연에서 흙이 만들어지는 과정에 대한 설명으로 옳은 것은 ○표, 옳지 <u>않은</u> 것은 ×표 하시오.

(1) 물이나 나무뿌리 등에 의해 바위나 돌이 부서집니다.

(   )

(2) 바위나 돌이 흙으로 만들어지는 데에는 짧은 시간이 걸립니다. (   )

(3) 작은 돌이 뭉쳐져 흙이 됩니다. (   )

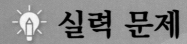
1 운동장 흙과 화단 흙을 관찰하는 방법으로 옳지 <u>않은</u> 것은 어느 것입니까? (   )

① 눈으로 색깔을 관찰한다.
② 만졌을 때의 느낌을 관찰한다.
③ 전자저울로 흙의 무게를 측정한다.
④ 돋보기로 알갱이의 크기를 관찰한다.
⑤ 흙에 물을 넣었을 때 물에 뜨는 물질의 양을 관찰한다.

2 운동장 흙과 화단 흙의 특징을 비교한 내용으로 옳지 <u>않은</u> 것을 골라 기호를 쓰시오.

	운동장 흙	화단 흙
㉠	밝은 갈색	어두운 갈색
㉡	알갱이의 크기가 비교적 크다.	알갱이의 크기가 큰 것도 있고 작은 것도 있다.
㉢	만져 보면 거칠다.	만져 보면 약간 부드럽다.
㉣	잘 뭉쳐진다.	잘 뭉쳐지지 않는다.

(   )

3 다음은 운동장 흙과 화단 흙을 관찰한 결과 알 수 있는 점입니다. (   ) 안의 알맞은 말에 ○표 하시오.

> 운동장 흙과 화단 흙은 색깔, 촉감, 알갱이의 크기가 (같, 다르)다.

4~5 다음은 운동장 흙과 화단 흙의 물 빠짐을 비교하는 실험입니다. 물음에 답하시오.

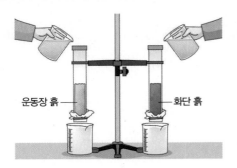

운동장 흙   화단 흙

4 위 실험 방법으로 옳지 <u>않은</u> 것은 어느 것입니까? (   )

① 각각의 흙에 같은 양의 물을 붓는다.
② 물을 빠르게 부어 아래로 흐르도록 한다.
③ 플라스틱 통에 넣는 흙의 양은 같게 한다.
④ 플라스틱 통에 넣는 흙의 종류는 다르게 한다.
⑤ 같은 종류의 거즈로 플라스틱 통 밑부분을 감싼다.

5 다음은 위 실험 결과 같은 시간 동안 두 흙에서 빠져나온 물의 양입니다. 운동장 흙에서 빠져나온 것의 기호를 쓰시오.

㉠    ㉡

(   )

6 식물이 잘 자라는 흙에 대한 설명으로 옳지 <u>않은</u> 것은 어느 것입니까? (   )

① 부식물이 많다.
② 물에 뜨는 물질이 많다.
③ 화단 흙에서 식물이 잘 자란다.
④ 알갱이의 크기가 비교적 크고, 색깔이 밝다.
⑤ 식물의 뿌리, 나뭇잎 조각 등이 썩은 것이 많다.

7~8 다음은 식물이 잘 자라는 흙의 특징을 알아보는 실험입니다. 물음에 답하시오.

㈎ 비커 두 개에 운동장 흙과 화단 흙을 각각 100 mL 정도 넣는다.

㈏ 운동장 흙이 든 비커와 화단 흙이 든 비커에 같은 양의 물을 붓고 유리 막대로 저은 뒤, 잠시 놓아둔다.

㈐ 운동장 흙과 화단 흙의 물에 뜬 물질의 양을 비교한다.

㈑ 물에 뜬 물질을 (   )(으)로 건져서 거름종이 위에 올려놓고 돋보기로 관찰한다.

7 위 ㈑ 과정에서 (   ) 안에 들어갈 실험 도구로 알맞은 것의 기호를 쓰시오.

▲ 약숟가락   ▲ 핀셋   ▲ 유리 막대

(   )

8 다음은 위 ㈑ 과정의 결과입니다. 화단 흙에 해당하는 것의 기호를 쓰시오.

   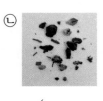

(   )

9 오른쪽은 주로 무엇의 작용으로 바위가 부서지는 것입니까? (   )

① 달
② 바람
③ 햇빛
④ 나무뿌리
⑤ 동물의 이동

10~11 오른쪽과 같이 얼음 설탕을 플라스틱 통에 넣고 흔들었습니다. 물음에 답하시오.

10 위 실험에서 플라스틱 통을 흔든 뒤의 얼음 설탕 모습의 기호를 쓰시오.

㉠    ㉡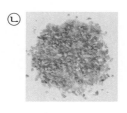

(   )

11 위 실험은 자연에서 어떤 현상을 알아보기 위한 것입니까? (   )

① 흙이 만들어지는 과정
② 흙, 모래가 쌓이는 과정
③ 바위가 만들어지는 과정
④ 식물이 잘 자라는 흙의 모습
⑤ 이른 아침에 풀잎에 이슬이 맺히는 이유

12 흙이 만들어지는 과정에 대한 설명으로 옳지 <u>않은</u> 것을 두 가지 고르시오. (,   )

① 흙에는 생물이 썩어서 생긴 물질이 있다.
② 흙이 만들어지는 데 걸리는 시간은 짧다.
③ 모래보다 작은 알갱이가 뭉쳐져 만들어진다.
④ 흙은 바위나 돌이 여러 가지 과정으로 부서져 만들어진다.
⑤ 바위틈의 물이 얼면서 바위가 부서져 흙이 만들어지기도 한다.

4 흐르는 물에 의한 지표의 변화

1 흐르는 물에 의한 흙 언덕 변화 모습 관찰하기

탐구 과정	① ●흙 언덕을 만들고, 색 모래를 흙 언덕 위쪽에 뿌린다. 색 모래의 이동으로 물에 의해 흙이 어떻게 이동하는지 쉽게 볼 수 있습니다. ② 페트병에 물을 담아 흙 언덕 위쪽에서 물을 흘려보내고, 흙 언덕이 어떻게 변하는지 관찰한다. **+1** ③ 흙 언덕에서 흙이 깎인 곳과 흙이 흘러내려 쌓인 곳을 관찰한다. ④ 색 모래가 어떻게 이동했는지 관찰한다. 
탐구 결과	• ●흙 언덕의 모습  흙 언덕의 위쪽 : 경사가 급해 흐르는 물에 의해 흙이 깎인다.　　흙 언덕의 아래쪽 : 경사가 완만해 물에 의해 위쪽의 깎인 흙이 떠내려와 쌓인다.  색 모래의 이동 방향 • 색 모래의 이동 방향 : 위쪽에서 아래쪽
알 수 있는 사실	흙 언덕의 모습이 변한 까닭은 흐르는 물이 흙 언덕 위쪽의 흙을 깎고 운반해 아래쪽에 쌓았기 때문입니다.

• 흙 언덕 위쪽에서 물을 흘려보내면 흙 언덕이 어떻게 변할지 예상하여 그림으로 나타내 보기

예상한 모습

• 흙 언덕 위쪽에서 물을 흘려보낸 뒤 흙 언덕이 변한 모습 그림으로 나타내기

2 흐르는 물이 지표를 변화시키는 과정

(1) 땅의 표면을 지표라고 하며, 흐르는 물은 지표의 바위나 돌, 흙 등을 깎아 낮은 곳으로 운반해 쌓아 놓습니다.

(2) 흐르는 물은 오랜 시간에 걸쳐 지표의 모습을 서서히 변화시킵니다. **+2**

(3) **침식 작용** : 지표의 바위나 돌, 흙 등이 깎여 나가는 것　흙 언덕의 위쪽에서 활발하게 일어납니다.

(4) **운반 작용** : 깎인 돌이나 흙 등이 쌓이는 것

(5) **퇴적 작용** : 운반된 돌이나 흙이 쌓이는 것　흙 언덕의 아래쪽에서 활발하게 일어납니다

+1 흙 언덕 실험에서 흙 언덕 모습을 더 많이 바꾸게 하는 방법

· 흙 언덕을 더 높게 쌓고 물을 흘려보내면 흙은 더 많이 파이거나 깎이고, 깎인 흙은 흘러내려 아래쪽에 더 많이 쌓입니다.

· 흙 언덕 위쪽에서 한꺼번에 많은 물을 흘려보내면 흙이 더 많이 깎이고 아래쪽에 더 많이 쌓입니다.

· 언덕 위쪽에서 물을 계속 흘려보내면 위쪽은 계속 깎이고 아래쪽에 더 많이 쌓입니다.

+2 흐르는 물의 작용

흐르는 물에 의해 지표의 바위나 돌, 흙 등이 깎이고(침식 작용) 운반되어(운반 작용) 쌓입니다(퇴적 작용).

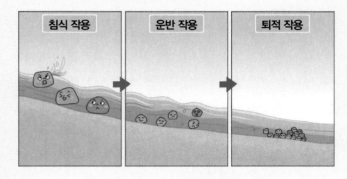

| 침식 작용 | 운반 작용 | 퇴적 작용 |

핵심 개념 정리

· 흙 언덕 위쪽에서 물을 흘려보내면 주로 흙 언덕의 위쪽에서는 흙이 깎이고, 아래쪽에서는 흙이 흘러내려 쌓입니다.

· 흐르는 물은 바위나 돌, 흙 등을 깎아 낮은 곳으로 운반해 쌓아 놓습니다.

· 지표의 바위나 돌, 흙 등이 깎여 나가는 것을 침식 작용이라고 합니다.

· 운반된 돌이나 흙이 쌓이는 것을 퇴적 작용이라고 합니다.

흐르는 물이 내 모습을 변화시켜.

1 다음 흙 언덕의 모습에서 경사가 완만한 곳의 기호를 쓰시오.

(   )

2~3 다음과 같이 흙 언덕을 만들고 위쪽에 색 모래를 뿌린 뒤 흙 언덕 위쪽에서 물을 흘려보냈습니다. 물음에 답하시오.

2 위 실험 결과 흙 언덕 위쪽의 모습으로 옳은 것은 어느 것입니까? (   )

① 흙이 쌓인다.

② 흙이 깎인다.

③ 아무 변화가 없다.

④ 흙의 색깔이 바뀐다.

⑤ 색 모래가 모두 사라진다.

3 위 실험 결과 색 모래의 이동 방향을 쓰시오.

(   )쪽 → (   )쪽

4 다음 (   ) 안의 알맞은 말에 각각 ○표 하시오.

지표의 바위나 돌, 흙 등이 깎여 나가는 것을 (침식, 퇴적) 작용이라고 하며, 운반된 돌이나 흙이 쌓이는 것을 (침식, 퇴적) 작용이라고 한다.

5 강 주변 지형의 모습

1 강 주변 지형의 모습 알아보기

강 상류

강 상류에는 '브이(V)'자 모양의 계곡이 있습니다.

▲ 바위

강 하류

강 하류에는 편평한 지형이 펼쳐져 있습니다.

▲ 모래

구분	강 상류	강 하류
•강폭	좁다.	넓다.
강의 경사	급하다.	완만하다.
많이 볼 수 있는 것 +1	• 바위나 큰 돌 • 계곡이나 산	• 모래나 흙이 넓게 쌓여 있는 것 • 넓은 평야와 들

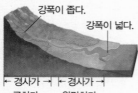

• 강폭과 강의 경사

강폭이 좁다.

강폭이 넓다.

┠경사가┨ ┠경사가┨
급하다. 완만하다.

• 강 상류와 강 하류에서의 흐르는 물의 작용
  • 강 상류에서도 퇴적 작용이 일어나며, 강 하류에서도 침식 작용이 일어납니다.
  • 침식 작용이 강한 계곡에서도 한 켠에 모래가 쌓인 것을 볼 수 있듯이, 강의 각 부분에서 한 가지 작용만 일어나는 것이 아닙니다.
  • 강 상류에서는 퇴적 작용보다 침식 작용이 활발하고, 강 하류에서는 침식 작용보다 퇴적 작용이 활발한 것입니다.

2 강 주변 지형의 특징과 •흐르는 물의 작용

(1) **강 상류에서 흐르는 물의 작용** : 퇴적 작용보다 침식 작용이 활발하게 일어납니다.

(2) **강 하류에서 흐르는 물의 작용** : 침식 작용보다 퇴적 작용이 활발하게 일어납니다.

(3) 오랜 시간에 걸쳐 흐르는 강물은 지표의 모습을 서서히 변화시킵니다.

➡ 강 상류에서는 침식 작용이 활발하여 지표를 깎고, 강 하류에서는 퇴적 작용이 활발하여 운반된 물질이 쌓이기 때문입니다.

(4) **강 상류에서 하류로 갈수록 돌이 둥글어지고 모래나 흙이 많아지는 까닭** : 강 상류에 있는 바위나 돌이 물에 의해 모난 부분이 깎이고 운반되면서 모래나 흙이 되어 강 하류에 쌓이기 때문입니다. +2

+1 강 주변의 다양한 지형

▲ 강 상류에서 볼 수 있는 폭포

▲ 강 하류에서 볼 수 있는 모래사장

+2 강 중류의 특징

강 중류는 강 상류보다 물의 흐름이 느리지만 흐르는 물의 양이 많아지면서 물질을 이동시키는 운반 작용이 주로 일어납니다. 강이 구불구불하게 흐르는 모습을 볼 수 있습니다.

▲ 구불구불하게 흐르는 강 중류의 지형

🎓 핵심 개념 정리

- 강 상류는 강폭이 좁고, 강의 경사가 급합니다.
- 강 상류에서는 계곡이나 산을 많이 볼 수 있습니다.
- 강 하류는 강폭이 넓고, 강의 경사가 완만합니다.
- 강 하류에서는 넓고 편평한 곳을 많이 볼 수 있습니다.
- 강 상류에서는 침식 작용이 활발하고, 강 하류에서는 퇴적 작용이 활발합니다.

상류에는 바위나 큰 돌이 많아.
하류에는 모래나 흙이 쌓여 있어.

---

1 강 상류는 어디인지 기호를 쓰시오.

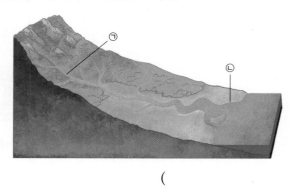

(　　　　　　　　)

2 다음 (　　) 안의 알맞은 말에 각각 ○표 하시오.

> 강 하류는 강 상류에 비해 강폭이 (넓고, 좁고), 강의 경사가 (급, 완만)하다.

3 강 하류에서 많이 볼 수 있는 모습의 기호를 쓰시오.

ㄱ 　　ㄴ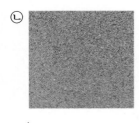

(　　　　　　　　)

4 다음은 오랜 시간이 흘렀을 때 강 주변의 모습에 대한 설명입니다. ㉠과 ㉡에 들어갈 알맞은 말을 쓰시오.

> 강 상류에서는 (　㉠　) 작용이 활발하여 지표를 깎고, 강 하류에서는 (　㉡　) 작용이 활발하여 운반된 물질이 쌓여 지표의 모습이 서서히 달라진다.

㉠ : (　　　　　　), ㉡ : (　　　　　　)

6 바닷가 주변 지형의 모습

1 바닷가 주변 지형의 모습 알아보기

구분	바닷물의 침식 작용으로 만들어진 지형		바닷물의 퇴적 작용으로 만들어진 지형	
바닷가 지형				
특징	바위 가운데에 구멍이 있다.	해안가에 가파른 절벽이 있다.	모래가 넓게 쌓여 있다. → 모래 해변	고운 흙이나 가는 모래가 넓게 쌓여 있다. → 갯벌
만들어진 까닭	바닷물에 의해 바위가 깎이면서 가운데에 구멍이 뚫렸다.	바닷물이 바위와 만나는 부분을 계속 깎고 무너뜨려서 절벽이 만들어졌다.	바닷물이 모래를 쌓아서 만들어졌다.	바닷물이 고운 흙이나 가는 모래와 같이 작은 물질들을 쌓아서 만들어졌다.

2 바닷물의 작용과 바닷가 지형

• 바닷가 지형은 오랜 시간에 걸쳐 만들어집니다. +1

바닷물의 침식 작용

• 바다 쪽으로 튀어나온 곳에서 활발하다.
• 파도가 세게 부딪쳐 바위를 깎아 구멍을 만들거나 무너뜨려 절벽을 만든다.

• **오랜 시간이 지난 뒤 바닷가 지형의 변화**

↓ 오랜 시간이 지난 뒤 예상 모습

그렇게 생각한 까닭 : 바닷물에 바위가 서서히 깎이기 때문입니다. 바닷물의 침식 작용으로 절벽이 깎여 윗부분이 무너지고 기둥만 남기 때문입니다.

바닷물의 퇴적 작용

• 육지 쪽으로 들어간 곳에서 활발하다.
• 파도가 잔잔히 밀려와 모래나 고운 흙이 쌓인다.
• 모래 해변이나 갯벌을 만든다.

+1 바닷물에 의한 지형의 변화 알아보기

① 수조의 한쪽에 모래를 비스듬하게 쌓아 바닷가 지형을 만듭니다.

② 수조의 벽을 따라 물을 $\frac{1}{3}$ 정도 넣습니다.

③ 플라스틱판으로 물결을 일으킵니다.

④ 바닷가 지형의 변화 모습을 관찰합니다.

• 물결이 칠 때 쌓여 있던 모래가 조금씩 깎여 나가고, 깎여 나간 모래는 물 안쪽으로 밀려들어가 쌓입니다.

• 물결이 칠 때 모래가 깎이는 것은 바닷가의 절벽이 바닷물에 깎이는 것과 같고, 깎여 나간 모래가 다른 곳에 쌓이는 것은 바닷물에 운반된 모래가 완만한 곳에 쌓여 모래사장과 같은 지형을 만드는 것과 같습니다.

🎓 핵심 개념 정리

• 바닷물의 침식 작용은 바위에 구멍을 뚫거나 가파른 절벽을 만듭니다.

• 바다 쪽으로 돌출된 부분에서 바닷물의 침식 작용이 활발하게 일어납니다.

• 바닷물의 퇴적 작용은 모래나 고운 흙을 쌓아서 모래 해변이나 갯벌을 만듭니다.

• 바닷가의 안쪽으로 들어간 부분에서 바닷물의 퇴적 작용이 활발하게 일어납니다.

1~2 다음 바닷가 지형을 보고, 물음에 답하시오.

㉠ 　　　㉡ 　　　㉢

1 위에서 다음 설명에 해당하는 지형의 기호를 쓰시오.

> 바닷물에 의해 바위가 깎이면서 가운데에 구멍이 뚫려 있다.

(　　　　　)

2 위에서 바닷물의 침식 작용으로 만들어진 지형의 기호를 모두 쓰시오.

(　　　　　)

3 바닷가 지형에 대한 설명으로 옳은 것은 ○표, 옳지 <u>않은</u> 것은 ×표 하시오.

(1) 바다 쪽으로 돌출된 부분에서는 바닷물의 침식 작용이 활발합니다. 　　　　　　　(　　)

(2) 바닷물의 퇴적 작용으로 가파른 절벽이 만들어지기도 합니다. 　　　　　　　　　(　　)

(3) 바닷가 지형은 오랜 시간에 걸쳐 만들어집니다.
　　　　　　　　　　　　　　　　　(　　)

4 다음과 같은 바닷가 주변의 모습을 살펴보면 바다 쪽으로 돌출된 부분과 안쪽으로 들어간 부분이 있습니다. 바닷물의 퇴적 작용이 활발한 곳의 기호를 쓰시오.

(　　　　　)

1~3 다음과 같이 흙 언덕을 만들어 색 모래를 위쪽에 뿌리고, 흙 언덕 위쪽에서 물을 흘려보냈습니다. 물음에 답하시오.

1 색 모래를 뿌리는 까닭으로 옳은 것은 어느 것입니까? ( )

① 흙이 잘 깎이게 하기 위해서
② 물을 빨리 흘려보내기 위해서
③ 흙이 빠르게 이동하게 하기 위해서
④ 흙 언덕이 잘 무너지지 않게 하기 위해서
⑤ 흙이 이동하는 모습을 쉽게 알아보기 위해서

2 위 실험에서 색 모래가 이동하는 방향을 다음 흙 언덕에 화살표로 나타내시오.

3 위 실험 결과 흙 언덕의 모습을 선으로 연결하시오.

(1) •

• ㉠ 흙 언덕의 위쪽

(2) •

• ㉡ 흙 언덕의 아래쪽

4 흐르는 물의 작용에 대한 설명으로 옳지 <u>않은</u> 것은 어느 것입니까? ( )

① 바위나 돌 등을 깎는다.
② 지표의 모습을 변화시킨다.
③ 흙을 낮은 곳으로 운반한다.
④ 바위나 돌의 크기를 크게 만든다.
⑤ 바위나 돌, 흙 등을 운반하여 쌓아 놓는다.

5 다음 ㉠과 ㉡에 들어갈 알맞은 말을 쓰시오.

> 지표의 바위나 돌, 흙 등이 (㉠) 나가는 것을 침식 작용이라고 하고, 운반된 돌이나 흙이 (㉡) 것을 퇴적 작용이라고 한다.

㉠ : ( ), ㉡ : ( )

6 침식 작용이 가장 활발한 곳의 기호를 쓰시오.

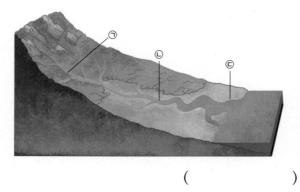

( )

7 강 하류에서 볼 수 있는 모습의 기호를 쓰시오.

(   )

8 다음 강 주변의 모습에서 ㉠ 지역에 대한 설명으로 옳은 것은 어느 것입니까? (   )

① 바위가 많다.
② 강의 폭이 좁다.
③ 강의 경사가 급하다.
④ 침식 작용이 활발하다.
⑤ 운반된 물질이 쌓인다.

9 강 상류에 대한 설명으로 옳은 것을 두 가지 고르시오. (,   )

① 강폭이 좁다.
② 강의 경사가 완만하다.
③ 모래나 흙이 넓게 쌓여 있다.
④ 계곡이나 산을 많이 볼 수 있다.
⑤ 퇴적 작용이 침식 작용보다 활발하게 일어난다.

10 다음 바닷가 지형에서 바닷물의 퇴적 작용으로 만들어진 지형의 기호를 모두 쓰시오.

(,   )

11 다음 지형에 대한 설명으로 옳은 것은 어느 것입니까? (   )

① 강의 상류에서 볼 수 있다.
② 짧은 시간 동안에 만들어진다.
③ 바닷물의 침식 작용으로 만들어진다.
④ 바닷물이 고운 흙을 쌓아서 만들어진다.
⑤ 바닷가에서 주로 안쪽으로 들어간 곳에서 볼 수 있다.

12 퇴적 작용이 침식 작용보다 활발하게 일어나는 곳은 어디입니까? (   )

① 강 상류
② 강폭이 좁은 곳
③ 경사가 급한 곳
④ 바닷가에서 안쪽으로 들어간 부분
⑤ 바닷가에서 바다 쪽으로 돌출된 부분

흙은 장소마다 색깔, 알갱이의 크기 등이 다릅니다. 강 상류는 강 하류보다 강폭이 좁고, 강의 경사가 급합니다. 바다 주변은 바닷물의 침식 작용으로 절벽과 동굴을 만들고, 바닷물의 퇴적 작용으로 모래사장과 갯벌을 만듭니다.

👁 그림을 보고 배운 개념을 떠올리며 ( ) 안에 알맞은 말을 써 보세요.

개념1 장소에 따른 다양한 흙 관찰하기

밝고 거칠거칠해.

어둡고 부드러워.

운동장 흙   화단 흙

흙은 장소에 따라 알갱이의 크기, 만졌을 때의 느낌, 색깔 등 특징이 (❶   )니다. 운동장 흙은 알갱이의 크기가 (❷   )고, 화단 흙은 알갱이의 크기가 (❸   )니다.

개념2 장소에 따른 흙의 특징 알아보기

물에 떠 있는 물질이 많아.

난 거의 없어.

화단 흙   운동장 흙

(❹   )은/는 식물의 뿌리나 죽은, 곤충, 나뭇잎 조각 등이 썩은 것으로, 화단 흙에는 (❹   )이/가 많아 식물이 잘 (❺   )니다.

👁 그림을 보고 배운 개념을 떠올리며 ( ) 안에 알맞은 말을 써 보세요.

개념4 흐르는 물에 의한 지표의 변화

흐르는 물이 내 모습을 변화시켜.

흐르는 물에 의해 지표의 바위나 돌, 흙 등이 깎여 나가는 것을 (❼   ) 작용, 깎인 돌이나 흙 등이 운반되는 것을 (❽   ) 작용, 운반된 돌이나 흙이 쌓이는 것을 (❾   ) 작용이라고 합니다.

개념5 강 주변 지형의 모습

상류에는 바위나 큰 돌이 많아.

하류에는 모래나 흙이 쌓여 있어.

강 상류는 강폭이 (❿   ), 강의 경사가 (⓫   )합니다. 강 하류는 강폭이 (⓬   ), 강의 경사가 (⓭   )합니다.

개념 3 **흙이 만들어지는 과정 알아보기**

바위나 돌이 작게 부서진 알갱이와
생물이 썩어 생긴 물질들이 섞여서
(**❻**   )이/가 됩니다.

개념 6 **바닷가 주변 지형의 모습**

바다 쪽으로 돌출된 부분에서는 바닷
물의 (**⑭**   ) 작용이 활발하게
일어나고, 바닷가의 안쪽으로 들어간
부분에서는 바닷물의 (**⑮**   )
작용이 활발하게 일어납니다.

옳은 문장에 ◯, 틀린 문장에 ✕하세요. 틀린 부분
은 밑줄을 긋고 바른 개념으로 고쳐 써 보세요.

1 우리 주변의 다양한 곳에서 흙을 볼 수 있습니다.
(   )

2 화단 흙은 운동장 흙보다 색깔이 어둡고, 알갱이의 크기
가 작습니다. (   )

3 화단 흙보다 운동장 흙에서 물이 더 느리게 빠집니다.
(   )

4 운동장 흙은 부식물이 적어서 식물이 잘 자라지 않습니다.
(   )

5 흙 언덕 위쪽에서 물을 흘려보내면 흙 언덕의 위쪽에서
는 흙이 쌓이고, 아래쪽에서는 흙이 깎입니다.
(   )

6 흐르는 물은 바위나 돌, 흙 등을 깎아 낮은 곳으로 운반
해 쌓아 놓습니다. (   )

7 강 상류에서는 퇴적 작용이 활발하고, 강 하류에서는
침식 작용이 활발합니다. (   )

8 강 상류에서는 계곡이나 폭포를 많이 볼 수 있습니다.
(   )

9 바닷물의 침식 작용은 바위에 구멍을 뚫거나 가파른 절
벽을 만듭니다. (   )

10 바닷가 지형은 짧은 시간에 걸쳐 만들어집니다.
(   )

※ 한 문항당 5점입니다.

1 다음 두 흙 중 손으로 만졌을 때의 느낌이 부드러운 것의 기호를 쓰시오.

ⓒ ▲ 운동장 흙   ⓒ ▲ 화단 흙

( )

2 운동장 흙과 화단 흙의 알갱이를 자세히 관찰할 때 필요한 도구는 어느 것입니까? ( )

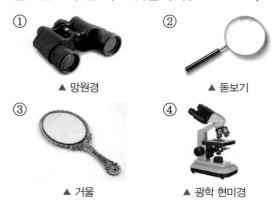

① ▲ 망원경   ② ▲ 돋보기
③ ▲ 거울   ④ ▲ 광학 현미경

3~4 다음은 운동장 흙과 화단 흙의 물 빠짐을 비교하기 위한 실험입니다. 물음에 답하시오.

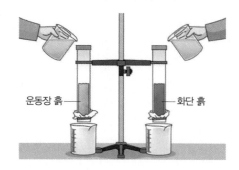

운동장 흙   화단 흙

3 위 실험에서 같게 해 주지 <u>않아도</u> 되는 조건은 어느 것입니까? ( )

① 물의 양   ② 흙의 양
③ 고무줄의 길이   ④ 물을 붓는 빠르기
⑤ 플라스틱 통의 크기

4 앞 실험 결과 일정한 시간 동안 어느 흙에서 물이 더 많이 빠졌는지 비교하여 ( ) 안에 <, =, >를 쓰시오.

운동장 흙 ( ) 화단 흙

5 운동장 흙에 대한 설명으로 옳은 것을 두 가지 고르시오. (,)

① 밝은 갈색이다.
② 어두운 갈색이다.
③ 알갱이의 크기가 비교적 작다.
④ 손으로 뭉쳐 보면 잘 뭉쳐진다.
⑤ 주로 모래나 흙 알갱이만 보인다.

6 다음은 운동장 흙과 화단 흙이 든 비커에 물을 붓고 유리 막대로 저은 뒤 그대로 놓아둔 모습입니다. 부식물이 많이 섞여 있는 흙의 기호를 쓰시오.

ⓒ   ⓒ

( )

7 식물이 잘 자라는 흙에 대한 설명으로 옳은 것은 어느 것입니까? ( )

① 밝은색을 띤다.
② 물 빠짐이 없다.
③ 잘 뭉쳐지지 않는다.
④ 부식물이 많이 있다.
⑤ 물에 뜨는 물질이 적다.

8~10 다음은 얼음 설탕이 든 플라스틱 통을 흔드는 실험입니다. 물음에 답하시오.

8 위 실험 결과에 대한 설명으로 옳지 <u>않은</u> 것은 어느 것입니까? ( )

① 가루가 생긴다.
② 얼음 설탕이 부서진다.
③ 얼음 설탕이 점점 커진다.
④ 얼음 설탕 알갱이의 크기가 작아진다.
⑤ 자연에서 바위나 돌이 부서지는 것과 비슷하다.

9
서술형 위 실험에서 얼음 설탕이 가루가 되는 것과 바위나 돌이 흙이 되는 것의 공통점을 쓰시오.

_____

_____

10 다음은 자연에서 흙이 만들어지는 과정을 순서 없이 나타낸 것입니다. 순서대로 기호를 쓰시오.

> **보기**
> ㉠ 바위가 부서진다.
> ㉡ 바위틈에 물이 스며든다.
> ㉢ 오랜 시간 물이 얼었다 녹았다를 반복한다.
> ㉣ 작아진 알갱이와 생물이 썩어 생긴 물질들이 섞인다.

( ) → ( ) → ( ) → ( )

11 다음은 흙 언덕의 위쪽에서 물을 흘려보내는 실험입니다. 이 실험의 결과로 옳은 것은 어느 것입니까? ( )

① ㉠에서는 흙이 쌓인다.
② ㉢에서는 흙이 깎인다.
③ ㉡에는 물이 흘러가지 않는다.
④ ㉠에서는 침식 작용이 활발하다.
⑤ 색 모래는 아래쪽에서 위쪽으로 이동한다.

12
서술형 위 11의 실험 결과 흙 언덕 위쪽과 아래쪽의 모습이 다른 까닭을 흙 언덕의 경사와 관련지어 쓰시오.

_____

_____

13 흐르는 물이 지표에 영향을 미치는 과정으로 옳지 <u>않은</u> 것은 어느 것입니까? ( )

① 지표 위의 돌을 운반한다.
② 지표의 모습을 변화시킨다.
③ 운반한 돌이나 흙을 쌓는다.
④ 지표 위의 바위나 돌을 깎는다.
⑤ 짧은 시간 동안에 지표를 빠르게 변화시킨다.

14 강 상류와 강 하류에서 활발하게 일어나는 흐르는 물의 작용을 선으로 연결하시오.

(1) 강 상류 · · ㉠ 퇴적 작용

(2) 강 하류 · · ㉡ 침식 작용

3

15 다음과 같은 모습을 많이 볼 수 있는 강 주변에 대한 설명으로 옳지 <u>않은</u> 것은 어느 것입니까?
( )

① 강폭이 좁다.
② 강의 경사가 급하다.
③ 산을 많이 볼 수 있다.
④ 계곡을 많이 볼 수 있다.
⑤ 퇴적 작용은 일어나지 않는다.

16 다음 강 주변의 (가)와 (나) 지역의 특징을 옳게 나타낸 것의 기호를 쓰시오.

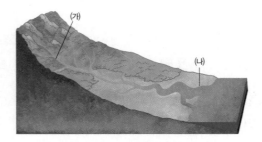

	(가) 지역		(나) 지역	
	강폭	강의 경사	강폭	강의 경사
㉠	좁다.	완만하다.	넓다.	급하다.
㉡	넓다.	급하다.	좁다.	완만하다.
㉢	좁다.	급하다.	넓다.	완만하다.
㉣	넓다.	완만하다.	좁다.	급하다.

( )

17 바닷물의 침식 작용에 대한 설명으로 옳지 <u>않은</u> 것은 어느 것입니까? ( )

① 바위에 구멍이 뚫린다.
② 바위가 깎여 동굴이 생긴다.
③ 바닷가에 절벽이 만들어진다.
④ 바위가 깎여 특이한 모양이 만들어진다.
⑤ 고운 흙이나 모래로 된 땅이 만들어진다.

18 다음 두 지형의 공통점으로 옳은 것을 두 가지 고르시오. (,)

① 바닷가에서 볼 수 있는 지형이다.
② 모래나 흙이 넓게 쌓여 있는 지형이다.
③ 오랜 시간이 지나도 모습이 변하지 않는다.
④ 바닷물의 침식 작용으로 만들어진 지형이다.
⑤ 주로 바다 쪽으로 돌출된 부분에서 볼 수 있다.

19 다음에서 설명하는 바닷가 지형의 기호를 쓰시오.

> 바닷물이 바위와 만나는 부분을 계속 깎고 무너뜨려서 절벽이 만들어진 것이다.

㉠  ㉡

( )

20 다음은 바닷가 지형과 이 지형이 오랜 시간이 지난 뒤의 예상 모습입니다. 이와 같이 예상할 수 있는 까닭을 쓰시오.
서술형

_____

_____

점수

※ 한 문항당 5점입니다.

1 운동장 흙과 화단 흙을 비교할 때 관찰해야 할 것으로 옳지 <u>않은</u> 것은 어느 것입니까? (　　　)

① 흙의 색깔　　　　② 흙의 냄새
③ 흙 알갱이의 크기　④ 흙이 뭉쳐지는 정도
⑤ 흙을 손으로 만졌을 때의 느낌

2 다음은 ㉠과 ㉡ 중 어떤 흙을 관찰한 내용인지 기호를 쓰시오.

> • 밝은 갈색을 띠며, 만져 보면 거칠다.
> • 알갱이의 크기가 비교적 크다.

 ㉠　　　 ㉡

▲ 운동장 흙　　　　▲ 화단 흙

(　　　　　　)

3~4 다음은 운동장 흙과 화단 흙의 물 빠짐을 비교하기 위한 실험입니다. 물음에 답하시오.

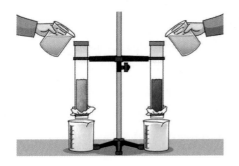

3 위 실험에서 물 50 mL가 빠져나오는 데 시간이 더 오래 걸리는 것은 어느 흙인지 쓰시오.

(　　　　　　)

4 위 실험 결과 두 흙의 물 빠짐이 서로 다른 까닭을
서술형 알갱이의 크기와 관련지어 쓰시오.

_____

_____

5~6 다음은 운동장 흙과 화단 흙이 든 비커에 물을 붓고 유리 막대로 저은 뒤 그대로 놓아둔 모습입니다. 물음에 답하시오.

▲ 운동장 흙　　　　▲ 화단 흙

5 위 실험을 할 때 다르게 해야 할 조건은 어느 것입니까? (　　　)

① 흙의 양　　　　② 물의 양
③ 비커의 크기　　④ 흙을 가져온 장소
⑤ 유리 막대로 젓는 횟수

6 위 실험을 통해 알 수 있는 내용으로 옳은 것은 어느 것입니까? (　　　)

① 운동장 흙은 물에 잘 뜬다.
② 운동장 흙은 어두운색이다.
③ 화단 흙은 알갱이의 크기가 크다.
④ 운동장 흙에서는 식물이 잘 자란다.
⑤ 화단 흙에는 부식물이 많이 섞여 있다.

7 부식물이 될 수 <u>없는</u> 것은 어느 것입니까? (　　　)

① 나뭇잎　　　　② 나무뿌리
③ 죽은 곤충　　　④ 비닐 조각
⑤ 식물의 조각

8~9 오른쪽은 플라스틱 통에 얼음 설탕을 넣고 흔드는 실험입니다. 물음에 답하시오.

8 위 실험에서 플라스틱 통을 흔든 뒤의 변화로 옳은 것을 보기 에서 골라 기호를 쓰시오.

> 보기
> ㉠ 아무런 변화가 없다.
> ㉡ 얼음 설탕이 녹아 액체가 된다.
> ㉢ 얼음 설탕이 더 큰 덩어리가 된다.
> ㉣ 얼음 설탕이 부서져 작은 알갱이가 된다.

( )

9 다음은 자연에서 볼 수 있는 모습입니다. 위 실험에서 플라스틱 통을 흔든 뒤의 얼음 설탕 모습에 해당하는 것의 기호를 쓰시오.

㉠    ㉡

( )

10 다음과 같은 모습에서 나타나는 공통된 현상은 어느 것입니까? ( )

① 바위가 부서진다.
② 바위가 만들어진다.
③ 식물이 자라지 않는다.
④ 흙이 뭉쳐져 돌이 된다.
⑤ 바위가 점점 단단해진다.

11~12 오른쪽은 흙 언덕의 위쪽에서 물을 흘려보낸 뒤의 모습입니다. 물음에 답하시오.

11 위에서 침식 작용이 가장 활발하게 일어난 곳과 퇴적 작용이 가장 활발하게 일어난 곳의 기호를 순서대로 쓰시오.

(,)

12* 위 실험 결과 흙 언덕의 모습이 변하는 까닭은 어느 것입니까? ( )

① 색 모래가 이동하지 않기 때문이다.
② 흙 언덕의 위쪽에 흙이 쌓이기 때문이다.
③ 흙 언덕의 아래쪽에서 흙이 깎이기 때문이다.
④ 흐르는 물에 의해 흙이 더 크게 뭉쳐지기 때문이다.
⑤ 흐르는 물이 위쪽의 흙을 깎아 낮은 곳으로 운반하여 쌓기 때문이다.

13 흐르는 물의 퇴적 작용에 대한 설명으로 옳은 것을 보기 에서 골라 기호를 쓰시오.

> 보기
> ㉠ 흙이나 모래 등이 운반되는 것
> ㉡ 운반된 돌이나 흙 등이 쌓이는 것
> ㉢ 지표의 바위나 돌 등이 깎여 나가는 것
> ㉣ 부서진 바위나 돌이 생물이 썩어 생긴 물질들과 섞여 흙이 되는 것

( )

14 오른쪽 지형에 대한 설명으로 옳은 것은 어느 것입니까? ( )

▲ 계곡

① 바닷가에서 볼 수 있다.
② 강 상류에서 볼 수 있다.
③ 경사가 완만한 곳에서 볼 수 있다.
④ 퇴적 작용이 활발한 곳에서 볼 수 있다.
⑤ 흙과 모래가 넓게 쌓여 있는 곳에서 볼 수 있다.

15 다음 강 주변의 모습에서 ㉠ 지역에 대한 설명으로 옳은 것은 어느 것입니까? ( )

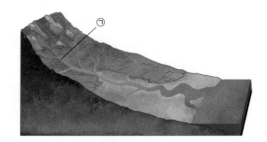

① 퇴적 작용이 활발하다.
② 침식 작용이 활발하다.
③ 모래나 흙이 많이 보인다.
④ 강폭이 넓고, 강의 경사가 완만하다.
⑤ 넓게 펼쳐진 지형을 많이 볼 수 있다.

16 다음은 오랜 시간에 걸쳐 강물이 지표의 모습을 서서히 변화시키는 까닭에 대한 설명입니다. ( ) 안에 들어갈 알맞은 말을 순서대로 쓰시오.

강 (   )에서는 (   ) 작용이 활발하여 지표를 깎고, 강 (   )에서는 (   ) 작용이 활발하여 운반된 물질이 쌓여 지표의 모습이 서서히 달라진다.

(, , ,)

17 다음은 바닷가에서 볼 수 있는 가파른 절벽의 모습입니다. 이것은 바닷물의 어떤 작용이 활발하여 만들어진 지형인지 보기 에서 골라 쓰시오.

보기
• 바닷물의 침식 작용
• 바닷물의 퇴적 작용
• 바닷물의 운반 작용

( )

18 침식 작용이 활발한 곳을 두 가지 고르시오.
(,)

① 강 상류
② 강 하류
③ 경사가 완만한 곳
④ 비가 내린 뒤 산의 아래쪽
⑤ 바닷가에서 바다 쪽으로 돌출된 부분

19 서술형 다음 두 바닷가 지형이 어떻게 만들어졌는지 바닷물의 작용과 관련지어 쓰시오.

_____

_____

20 바닷가 주변 지형이 시간이 지날수록 변하는 까닭은 무엇입니까? ( )

① 바닷가에 있던 바위가 모두 크기 때문이다.
② 바닷가 주변 지형은 모습이 모두 같기 때문이다.
③ 지형에 따라 햇빛이 비치는 정도가 다르기 때문이다.
④ 바닷물에 의해 침식 작용과 퇴적 작용이 일어나기 때문이다.
⑤ 바닷가에서는 파도가 세게 치는 침식 작용만 일어나기 때문이다.

1~3

개념1 장소에 따른 흙의 특징

• 흙은 장소에 따라 색깔, 알갱이의 크기 등이 다릅니다.

종류	색깔	알갱이 크기	물에 뜬 물질의 양	물 빠짐
운동장 흙	밝다.	크다.	적다.	빠르다.
화단 흙	어둡다.	작다.	많다.	느리다.

1
빈칸 쓰기

① 운동장 흙은 화단 흙보다 색깔이 (   ).

② 운동장 흙과 화단 흙 중 물이 뜨는 물질이 더 많은 것은 (   )입니다.

2
문장 쓰기

다음은 운동장 흙과 화단 흙이 든 비커에 물을 붓고 유리 막대로 저은 뒤 그대로 놓아둔 모습입니다. 이 결과를 보고 화단 흙에서 식물이 잘 자라는 까닭을 쓰시오.

▲ 운동장 흙

▲ 화단 흙

화단 흙에는 물에 뜨는 물질인 _____

_____

이것은 식물의 뿌리나 죽은 곤충, 나뭇잎 조각 등이 _____

_____ 식물이 잘 자라는 데 도움을 줍니다.

3
서술 완성

다음 운동장 흙과 화단 흙의 물 빠짐 실험에서 물이 더 빨리 빠지는 흙을 쓰고, 그렇게 생각한 까닭을 쓰시오.

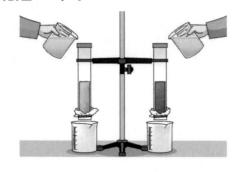

_____

_____

4~6

개념2 흐르는 물에 의한 지표의 변화

• 흐르는 물이 흙 언덕 위쪽의 흙을 깎고 운반해 아래쪽에 쌓습니다.

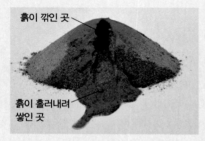
흙이 깎인 곳
흙이 흘러내려 쌓인 곳

• 지표는 흐르는 물의 침식 작용, 운반 작용, 퇴적 작용으로 오랜 시간에 걸쳐 변합니다.

4
빈칸 쓰기

① 흙 언덕 위쪽에서 물을 흘려보내면 흙 언덕의 위쪽에서는 흙이 (   ), 아래쪽에서는 흙이 (   ).

② 흐르는 물은 바위나 돌, 흙 등을 깎는 (   ) 작용과 깎은 돌이나 흙을 운반하는 작용, 운반된 돌이나 흙을 쌓는 (   ) 작용으로 지표를 변하게 합니다.

5
문장
쓰기

흙 언덕의 위쪽에서 물을 흘려보냈을 때 흙 언덕의 모습이 변한 까닭을 쓰시오.

흐르는 물이 흙 언덕의 위쪽의 _____

_____

깎인 흙을 흙 언덕 아래쪽으로 _____

_____ 때문입니다.

6
서술
완성

흐르는 물에 의한 지표의 변화 모습을 쓰시오.

_____

_____

7~9

개념3 **강 주변 지형의 모습**

• 강 상류는 강 하류에 비해 강폭이 좁고, 강의 경사가 급합니다.
• 강 상류에서는 폭포, 산 등을 볼 수 있고, 강 하류에서는 넓고 편평한 땅을 볼 수 있습니다.
• 강 상류에서는 침식 작용이 활발하고, 강 하류에서는 퇴적 작용이 활발합니다.

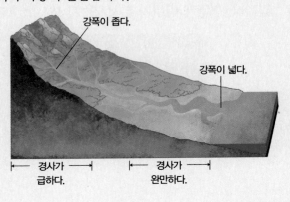

강폭이 좁다.

강폭이 넓다.

경사가 급하다. 경사가 완만하다.

7
빈칸
쓰기

① 강의 상류는 강폭이 ( ), 강의 경사가 ( ).

② 강의 상류는 ( ) 작용이, 강의 하류는 ( ) 작용이 활발하게 일어납니다.

8
문장
쓰기

다음 강 주변의 모습에서 ㉠ 지역의 특징을 쓰시오.

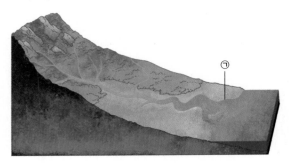

㉠

㉠은 강의 _____로, 강폭이

_____ 강의 경사가 _____.

또한, 흐르는 물에 의한 _____.

9
서술
완성

다음은 강 주변에서 볼 수 있는 지형입니다. 강 하류에서 잘 볼 수 있는 지형의 기호를 쓰고, 그렇게 생각한 까닭을 쓰시오.

㉠    ㉡

_____

_____

1 다음은 운동장 흙과 화단 흙의 모습입니다. 두 흙의 색깔, 알갱이의 크기, 만졌을 때의 느낌을 비교하여 쓰시오. [8점]

▲ 운동장 흙 ▲ 화단 흙

_____

_____

2 다음은 운동장 흙과 화단 흙이 든 비커에 물을 붓고 유리 막대로 저은 뒤, 그대로 놓아둔 모습입니다. 물음에 답하시오. [12점]

㉠  ㉡

(1) ㉡의 물에 뜬 물질에는 식물의 뿌리, 썩은 나뭇잎 조각 등이 있습니다. 이러한 것을 무엇이라고 하는지 쓰시오. [2점]

(   )

(2) 위 ㉠과 ㉡ 중 식물이 잘 자라는 흙의 기호를 쓰고, 그 흙에서 식물이 잘 자라는 까닭을 쓰시오. [10점]

_____

_____

3 오른쪽은 플라스틱 통에 얼음 설탕을 넣고 흔드는 실험입니다. 물음에 답하시오. [12점]

(1) 위 실험에서 플라스틱 통을 흔든 뒤의 얼음 설탕의 변화된 모습을 두 가지 쓰시오. [6점]

_____

_____

(2) 위 실험으로 알 수 있는 자연에서 흙이 만들어지는 과정에 대해 쓰시오. [6점]

_____

_____

4 다음은 자연에서 물에 의해 바위가 부서지는 모습입니다. 어떻게 바위가 부서지는지 쓰시오. [8점]

_____

_____

5 다음은 흙 언덕 위쪽에서 물을 흘려보낸 뒤의 모습입니다. 물음에 답하시오. [12점]

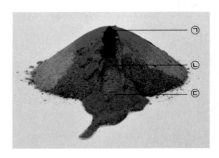

(1) 위 흙 언덕에서 침식 작용이 가장 활발한 곳의 기호를 쓰시오. [2점]

(   )

(2) 위 실험을 보고 침식 작용과 퇴적 작용이 무엇인지 쓰시오. [10점]

_____

_____

6 다음은 강 주변의 모습입니다. 강 상류에서 강 하류로 가면서 강폭과 강의 경사는 어떻게 달라지는지 쓰시오. [8점]

_____

_____

7 다음은 강 주변에서 볼 수 있는 모습입니다. ㉠과 ㉡을 볼 수 있는 강의 지역과 주로 일어나는 흐르는 물의 작용을 각각 쓰시오. [8점]

㉠

㉡

_____

_____

8 다음은 바닷가에서 볼 수 있는 지형입니다. 물음에 답하시오. [12점]

(1) 위 바닷가 지형은 바닷물의 어떤 작용이 활발하여 만들어진 것인지 쓰시오. [2점]

(   )

(2) 위 (1)의 답과 같이 생각한 까닭을 쓰시오. [10점]

_____

_____

3 지표의 변화

과제명	운동장 흙과 화단 흙의 물 빠짐 비교하기	배점	20점
성취 목표	운동장 흙과 화단 흙의 물 빠짐을 비교하여 두 흙의 특징을 설명할 수 있다.		

1~4 다음은 운동장 흙과 화단 흙의 물 빠짐을 비교하기 위한 실험입니다. 물음에 답하시오.

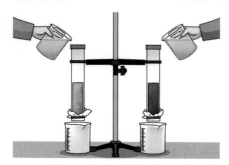

1 위 실험에서 다르게 해야 할 조건을 쓰시오. [2점]

(   )

2 다음은 위 실험 과정을 순서 없이 나타낸 것입니다. 순서대로 기호를 쓰시오. [2점]

> **보기**
> ㉠ 두 흙에 각각 300 mL의 물을 붓는다.
> ㉡ 비커를 플라스틱 통 아래에 각각 놓는다.
> ㉢ 플라스틱 통의 밑부분을 거즈로 감싸 고무줄로 묶는다.
> ㉣ 플라스틱 통에 운동장 흙과 화단 흙을 절반 정도 채운 뒤, 스탠드에 고정한다.

(   ) → (   ) → (   ) → (   )

3 위 실험 결과 일정한 시간이 지난 뒤 한 비커에는 빠져나온 물이 약 200 mL, 다른 비커에는 빠져나온 물이 약 100 mL였습니다. 운동장 흙에서 빠져나온 물의 양은 어느 것인지 쓰고, 그렇게 생각한 까닭을 쓰시오. [8점]

_____

_____

4 위 실험 결과로 보아 비가 온 뒤 운동장의 모습이 어떠할지 예상하시오. [8점]

_____

_____

수행 평가

3 지표의 변화

과제명	흙이 만들어지는 과정 알아보기	배점	20점
성취 목표	얼음 설탕을 부수는 실험을 통해 흙이 만들어지는 과정을 설명할 수 있다.		

1~2 오른쪽과 같이 얼음 설탕을 플라스틱 통에 넣고 흔들었습니다. 물음에 답하시오.

1 위 실험의 결과입니다. (   ) 안에 들어갈 알맞은 말을 쓰시오. [4점]

> 플라스틱 통을 흔든 뒤에는 흔들기 전보다 알갱이의 크기가 (㉠)고, (㉡)이/가 많이 생겼다.

㉠ : (   ), ㉡ : (   )

2 플라스틱 통에 넣은 얼음 설탕의 모습이 변한 까닭을 쓰시오. [8점]

_____

_____

3 다음은 자연에서 바위나 돌이 작게 부서지는 모습을 나타낸 것입니다. 바위가 부서지는 과정을 쓰시오. [8점]

_____

_____

3 지표의 변화

과제명	흐르는 물에 지표의 변화 관찰하기	배점	20점
성취 목표	흙 언덕 실험으로 흐르는 물이 지표를 어떻게 변화시키는지 설명할 수 있다.		

1~4 다음과 같이 색 모래를 뿌린 흙 언덕 위쪽에서 물을 흘려보냈습니다. 물음에 답하시오.

1 위 실험에서 색 모래를 뿌리는 까닭을 쓰시오. [8점]

2 위 ㉠~㉢ 중 물을 흘려보냈을 때 흙이 깎이는 작용과 흙이 쌓이는 작용이 활발한 곳의 기호를 각각 쓰시오. [2점]

(1) 흙이 깎이는 작용이 활발한 곳 : (　　　　　　)
(2) 흙이 쌓이는 작용이 활발한 곳 : (　　　　　　)

3 위 ㉠~㉢ 중 물을 흘려보낸 뒤 흙 언덕의 모습을 강 주변의 모습에 비유한다면 강 상류, 강 하류의 모습과 비슷한 곳의 기호를 각각 쓰시오. [2점]

(1) 강 상류의 모습과 비슷한 곳 : (　　　　　　)
(2) 강 하류의 모습과 비슷한 곳 : (　　　　　　)

4 위 실험 결과를 보고 강 상류보다 강 하류에 모래가 많은 까닭을 쓰시오. [8점]

4

물질의 상태

1 우리 주변 물질의 특징
2 고체의 성질
3 액체의 성질
4 공간을 차지하는 기체
5 기체의 이동
6 기체의 무게
7 물질의 상태에 따른 분류

1 우리 주변 물질의 특징

1 여러 가지 °물질 비교하기

공기는 눈에 보이지 않지만 지퍼 백이 팽팽한 것으로 공기가 들어 있다는 것을 알 수 있습니다.

(1) °나무 막대, 물, 공기 관찰하기 +1 +2

나무 막대	물	공기
• 네모 모양이다. • 연한 갈색이다. • 딱딱하다.	• 흐르고 투명하다. • 흔들면 출렁거린다.	공기가 든 지퍼 백 • 눈에 보이지 않는다. • 손에 잡히지 않는다.

(2) 나무 막대, 물, 공기를 친구에게 손으로 전달하면서 특징 관찰하기

나무 막대	물	공기
• 손으로 잡고 전달할 수 있다. • 플라스틱 그릇에 그대로 담을 수 있다.	• 흘러서 전달하기 어렵다. • 모양이 계속 변하고 흘러내린다.	눈에 보이지 않고 손에 잡히지 않아 전달한 것인지 알 수 없다.

2 나무 막대, 물, 공기의 특징 비교하기

나무 막대와 물의 차이점	물과 공기의 차이점	나무 막대와 공기의 차이점
나무 막대는 손으로 잡을 수 있지만, 물은 흘러서 손으로 잡을 수 없다.	물은 만질 수 있고 눈에 보이지만, 공기는 눈에 보이지 않고 전달하는 느낌이 나지 않는다.	나무 막대는 손으로 잡을 수 있지만, 공기는 눈에 보이지 않고 손으로 잡을 수 없다.

3 물질의 세 가지 °상태

(1) 나무 막대, 물, 공기의 특징이 다른 까닭은 물질의 상태가 다르기 때문입니다.

(2) 물질의 상태에는 고체, 액체, 기체가 있으며, 나무 막대가 고체, 물이 액체, 공기가 기체입니다.

공기 **기체**
• 눈으로 볼 수 없습니다.

물 **액체**
• 눈으로 볼 수 있습니다.
• 손에서 흘러내립니다.

돌 **고체**
• 눈으로 볼 수 있습니다.
• 손으로 잡을 수 있습니다.

• **물질**
물체를 만드는 재료

• **물이 든 생수병 관찰하기**

• 생수병과 생수병의 뚜껑은 플라스틱으로 만들어져 있습니다.
• 생수병 안에는 물과 공기가 들어 있습니다.

• **상태**
어떤 사물이나 현상 등이 처해 있는 형편이나 모양

＋1 지퍼 백 안의 물질 관찰하기

▲ 지퍼 백에 담은 쌓기나무, 물, 공기

구분	쌓기나무	물	공기
눈으로 관찰	보인다.	보인다.	보이지 않는다.
지퍼 백 기울이기	구른다.	흐르고, 출렁인다.	보이지 않는다.
손으로 잡기	잡을 수 있다.	잡을 수 없다.	잡을 수 없다.

＋2 물속에서 물총을 눌렀을 때 나타나는 현상

• 물총 속에 들어 있는 물질은 공기입니다.
• 물총 속에 들어 있는 공기는 눈에 보이지 않지만 물속에서 둥근 모양으로 올라옵니다.

핵심 개념 정리

• 나무 막대는 눈으로 볼 수 있고 손으로 잡을 수 있어 쉽게 전달할 수 있습니다.
• 물은 눈으로 볼 수 있지만, 손 사이로 흘러서 전달하기 어렵습니다.
• 공기는 눈으로 볼 수 없고 손으로 잡을 수 없어 전달되는지 알기 어렵습니다.

우리는 서로 상태가 달라.

물   나무 막대   공기

---

1 다음의 나무 막대, 물, 공기의 특징을 선으로 연결하시오.

(1)
▲ 나무 막대

• ㉠ 흐르고 투명하며, 흔들면 출렁거린다.

(2)
▲ 물

• ㉡ 딱딱하고 네모 모양이다.

(3)
▲ 공기

• ㉢ 눈에 보이지 않고, 손에 잡히지 않는다.

2 나무 막대, 물, 공기 중 손으로 전달할 때 다음과 같은 특징이 나타나는 물질을 쓰시오.

> 손에 잡히지 않아 전달한 것인지 알 수 없다.

(   )

3 나무 막대와 물의 차이점을 옳게 설명한 것을 보기 에서 골라 기호를 쓰시오.

> 보기
>
> ㉠ 나무 막대는 손으로 잡을 수 있지만, 물은 흘러서 손으로 잡을 수 없다.
> ㉡ 나무 막대는 만질 수 있고 눈에 보이지만, 물은 눈에 보이지 않고 전달하는 느낌이 나지 않는다.
> ㉢ 나무 막대는 손으로 잡을 수 있지만, 물은 눈에 보이지 않고 손으로 잡을 수 없다.

(   )

2 고체의 성질

1 고체의 성질 알아보기

(1) *나무 막대와 플라스틱 막대 관찰하기

나무 막대	플라스틱 막대
• 단단하다. • 손으로 잡을 수 있다. • 눈에 보인다. • 일정한 모양이 있다. • 쌓을 수 있다. 등	• 단단하다. • 손으로 잡을 수 있다. • 눈에 보인다. • 일정한 모양이 있다. • 쌓을 수 있다. 등

(2) 나무 막대와 플라스틱 막대를 여러 가지 모양의 그릇에 넣었을 때 모양과 크기 변화 +1

▲ 나무 막대를 여러 가지 모양의 그릇에 넣어 본 결과   ▲ 플라스틱 막대를 여러 가지 모양의 그릇에 넣어 본 결과

구분	모양	크기
나무 막대	변하지 않는다.	변하지 않는다.
플라스틱 막대	변하지 않는다.	변하지 않는다.

(3) 나무 막대와 플라스틱 막대의 공통점

① 단단하며 눈으로 볼 수 있습니다.
② 손으로 잡을 수 있습니다.
③ 여러 가지 모양의 그릇에 넣었을 때 모양과 크기가 변하지 않습니다.

2 고체

(1) *고체 : 담는 그릇이 바뀌어도 모양과 *부피가 일정한 물질의 상태
(2) 고체의 예 : 책, 지우개, 가위, 색연필, 필통, 페트병, 유리컵, 의자, 책상, 신발, 가방 등

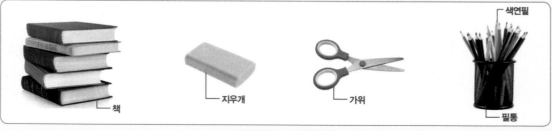

▲ 고체인 여러 가지 *물체

• 나무 막대와 플라스틱 막대

▲ 나무 막대

▲ 플라스틱 막대

• 가루 물질의 성질

• 모래나 소금과 같은 가루 물질은 작은 알갱이들이 모여 있는 것입니다.
• 가루 물질을 여러 가지 모양의 그릇에 담으면 가루 전체의 모양은 담는 그릇에 따라 변하지만, 알갱이 하나하나의 모양과 부피는 변하지 않습니다. 따라서 가루 물질도 고체입니다.

▲ 모래

• 부피
넓이와 높이를 가진 물건이 공간에서 차지하는 크기

• 물체
모양이 있고 공간을 차지하고 있는 것

+1 나무 막대와 탁구공을 여러 가지 용기에 옮겨 담아 보기

• 나무 막대와 탁구공이 들어가지 않는 용기가 있습니다.
• 나무 막대와 탁구공의 모양은 변하지 않기 때문에 각 물체보다 입구가 작은 용기에는 들어가지 않습니다.

▲ 용기 속 나무 막대의 모습

▲ 용기 속 탁구공의 모습

핵심 개념 정리

• 나무 막대와 플라스틱 막대는 눈으로 볼 수 있고, 손으로 잡을 수 있습니다.
• 나무 막대와 플라스틱 막대는 여러 가지 모양의 그릇에 넣어도 그릇의 모양과 관계없이 막대의 모양은 변하지 않습니다.
• 담는 그릇이 바뀌어도 모양과 부피가 일정한 물질의 상태를 고체라고 합니다.
• 책, 지우개, 가위, 색연필, 필통, 가방, 유리컵, 책상, 의자 등은 고체입니다.

작은 그릇에 담아도 우린 넘치지 않아.

우리는 모양이 일정한 고체니까!

---

1 다음과 같은 나무 막대와 플라스틱 막대의 공통점으로 옳지 <u>않은</u> 것은 어느 것입니까?   (   )

▲ 나무 막대   ▲ 플라스틱 막대

① 흘러내린다.
② 공간을 차지한다.
③ 비교적 단단하다.
④ 눈으로 볼 수 있다.
⑤ 손으로 잡을 수 있다.

2 다음과 같이 나무 막대를 여러 가지 모양의 투명한 그릇에 넣어 보았습니다. (   ) 안에 들어갈 알맞은 말을 쓰시오.

여러 가지 모양의 그릇에 넣었을 때 나무 막대의 모양과 크기가 (   ).

(   )

3 고체에 대한 설명으로 옳은 것은 어느 것입니까? (   )

① 흘러내린다.
② 눈으로 볼 수 없다.
③ 손으로 잡을 수 없다.
④ 담는 그릇에 따라 모양이 변한다.
⑤ 담는 그릇이 바뀌어도 모양과 부피가 일정하다.

4 고체가 <u>아닌</u> 것은 어느 것입니까?   (   )

①   ②   ③

▲ 의자   ▲ 연필   ▲ 책

④   ⑤

▲ 유리구슬   ▲ 주스

3 액체의 성질

1 액체의 성질 알아보기

(1) 물과 주스 관찰하기

▲ 물

▲ 주스

- 물과 주스는 모두 흐른다.
- 물과 주스는 모두 눈으로 볼 수 있다.
- 물과 주스는 모두 손으로 잡을 수 없다.
- 물은 무색투명하고, 주스는 노란색이다.

(2) *물과 주스를 여러 가지 모양의 그릇에 넣었을 때 모양과 크기 변화 +1

탐구 과정	① 투명한 그릇에 물을 넣은 뒤 유성 펜으로 물의 높이를 표시한다. ② 물을 다른 모양의 그릇에 차례대로 옮겨 담으면서 물의 모양을 관찰해 본다. ③ 첫 번째 그릇에 물을 다시 옮겨 담은 뒤 물의 높이를 처음 표시한 높이와 비교해 본다. ④ 주스를 이용해 ①~③의 과정을 반복한다.
탐구 결과	물 첫 번째 물을 담는 그릇으로 눈금실린더를 사용하면 편리합니다.  처음 물의 높이 →  →  주스  처음 주스의 높이 → →  →  • 물과 주스의 모양 : 담는 그릇의 모양에 따라 달라진다. • 물과 주스의 높이 : 처음 사용한 그릇으로 다시 옮기면 물과 주스의 높이가 처음과 같다.

(3) 물과 주스의 공통점

① 눈으로 볼 수 있습니다.
② 흐르는 성질이 있고 손으로 잡을 수 없습니다.
③ 여러 가지 모양의 그릇에 담으면 모양은 변하지만 부피는 변하지 않습니다.

2 액체 +2 +3

(1) **액체** : 담는 그릇에 따라 모양은 변하지만 부피는 변하지 않는 물질의 상태
(2) **액체의 예** : 물, 주스, 우유, 사이다, 간장, 식초, *꿀, 알코올, 바닷물, 설탕물, *액상 세제 등

• 컵에 담긴 물을 엎질렀을 때 컵과 물의 모양 변화
컵의 모양은 변하지 않지만, 물의 모양은 컵에 담겼을 때와 다르게 넓게 퍼집니다.

• 물과 같지 않은 액체
- 물은 여러 가지 액체 중의 하나로, 모든 액체가 물과 같지는 않습니다.
- 꿀, 샴푸, 참기름 등은 물과 성질이 달라도, 담는 그릇의 모양에 따라 모양이 변하므로 액체입니다.

▲ 꿀

• 액상
물질이 액체로 되어 있는 상태

+1 액체의 높이 표시 방법

액체의 높이를 표시할 때에는 그릇에 들어 있는 액체의 높이와 눈높이를 같게 맞춘 후 표시합니다.

+2 우리 주변에서 볼 수 있는 여러 가지 액체

▲ 우유   ▲ 간장   ▲ 식용유   ▲ 액상 세제

+3 나무 막대와 주스의 공통점과 차이점

• 공통점 : 나무 막대와 주스는 모두 담는 그릇이 달라져도 부피가 변하지 않습니다.

• 차이점 : 나무 막대는 담는 그릇에 따라 모양이 변하지 않지만, 주스는 담는 그릇에 따라 모양이 변합니다.

핵심 개념 정리

• 물과 주스는 눈으로 볼 수 있고 흐르는 성질이 있으며, 손으로 잡을 수 없습니다.

• 물과 주스를 여러 가지 모양의 그릇에 담으면 그릇의 모양에 따라 물과 주스의 모양은 변하지만, 부피는 변하지 않습니다.

• 담는 그릇에 따라 모양은 변하지만 부피는 변하지 않는 물질의 상태를 액체라고 합니다.

• 물, 주스, 우유, 사이다, 간장 등은 액체입니다.

난 둥근 물

난 길쭉한 물

난 넓적한 물

---

1 다음과 같은 물과 주스의 공통점으로 옳지 <u>않은</u> 것을 두 가지 고르시오.   (,   )

▲ 물   ▲ 주스

① 단단하다.

② 흘러내린다.

③ 눈에 보인다.

④ 무색투명하다.

⑤ 손으로 잡을 수 없다.

2~3 다음과 같이 물을 여러 가지 모양의 그릇에 옮겨 담았습니다. 물음에 답하시오.

㉠   ㉡   ㉢

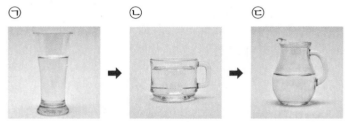

2 위에서 물의 부피와 모양 중 어느 것이 변하는지 쓰시오.

(   )

3 위에서 ㉢에 담긴 물을 ㉠에 다시 옮겨 담으면 물의 높이가 어떻게 되는지 ( ) 안의 알맞은 말에 ○표 하시오.

㉢에 담긴 물을 ㉠에 다시 옮겨 담으면 ㉠에 처음 물을 담았을 때의 높이와 (같다, 다르다).

4 액체에 대한 설명으로 옳은 것은 어느 것입니까? (   )

① 손으로 쉽게 잡을 수 있다.

② 담는 그릇에 따라 부피가 변한다.

③ 담는 그릇에 따라 색깔이 변한다.

④ 담는 그릇에 따라 모양이 변한다.

⑤ 담는 그릇이 바뀌어도 모양과 부피가 변하지 않는다.

1 눈으로 볼 수 없고 손으로 잡을 수 없는 물체나 물질은 어느 것입니까? ( )

① 주스 ② 공기
③ 지우개 ④ 식용유
⑤ 자전거

2 나무 막대, 물, 공기를 각각 차례대로 친구에게 손으로 전달해 보면서 관찰한 특징이 다음과 같은 것은 어느 것입니까? ( )

> 눈에 보이며 전달할 수 있지만, 모양이 계속 변하고 흘러내린다.

① 물 ② 공기
③ 나무 막대 ④ 물과 공기
⑤ 물과 나무 막대

3 나무 막대와 물, 공기의 차이점으로 옳은 것은 어느 것입니까? ( )

① 나무 막대는 색깔이 없지만, 공기는 색깔이 있다.
② 물은 눈에 보이지만, 나무 막대는 눈에 보이지 않는다.
③ 물은 아무 느낌이 없으나, 공기는 만지면 느낄 수 있다.
④ 나무 막대는 모양이 변하지 않지만, 물은 모양이 변한다.
⑤ 공기는 다른 그릇에 옮길 수 있지만, 물은 옮겨 담기 힘들다.

4 다음 수족관 속의 물, 공기, 자갈 중에서 단단한 성질이 있는 것을 쓰시오.

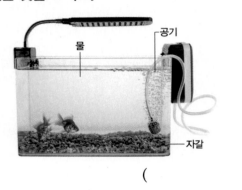

( )

5~6 다음과 같이 나무 막대를 여러 가지 모양의 그릇에 옮겨 담아 보았습니다. 물음에 답하시오.

5 위 실험에서 나무 막대의 크기와 모양의 변화로 옳은 것을 보기 에서 두 가지 골라 기호를 쓰시오.

> 보기
> ㉠ 모양이 변한다.
> ㉡ 크기가 변한다.
> ㉢ 모양이 변하지 않는다.
> ㉣ 크기가 변하지 않는다.

(,)

6 위 나무 막대와 같은 물질의 상태를 무엇이라고 하는지 쓰시오.

( )

7 고체의 성질에 대한 설명으로 옳은 것은 어느 것입니까? (　　　)

① 눈에 보이지 않는다.
② 손으로 잡으면 흘러내린다.
③ 투명하고, 흔들면 출렁거린다.
④ 담는 그릇에 따라 모양이 변한다.
⑤ 담는 그릇에 따라 크기가 변하지 않는다.

8 고체끼리 옳게 짝 지은 것은 어느 것입니까?
(　　　)

① 책, 설탕물　　　② 공기, 지우개
③ 꿀, 식용유　　　④ 의자, 알코올
⑤ 스펀지, 자전거

9 다음과 같은 물과 주스의 공통점으로 옳은 것은 어느 것입니까? (　　　)

▲ 물　　　　　　▲ 주스

① 흘러내리지 않는다.
② 눈에 보이지 않는다.
③ 손으로 잡을 수 있다.
④ 색깔이 없고 투명하다.
⑤ 담은 그릇을 기울이면 모양이 변한다.

10 다음과 같이 물을 다른 모양의 그릇에 옮겨 담을 때 변하는 것을 [보기]에서 골라 기호를 쓰시오.

> **보기**
> ㉠ 모양　　　㉡ 부피　　　㉢ 색깔
> ㉣ 온도　　　㉤ 투명한 정도

(　　　　　)

11 위 **10**의 실험에서 물 대신 사용했을 때 같은 결과를 얻을 수 있는 것은 어느 것입니까? (　　　)

① 나무　　　　　② 구슬
③ 사탕　　　　　④ 우유
⑤ 지우개

12 고체와 액체의 공통적인 성질로 옳은 것을 [보기]에서 골라 기호를 쓰시오.

> **보기**
> ㉠ 눈으로 볼 수 있다.
> ㉡ 손으로 잡으면 흘러내린다.
> ㉢ 담는 그릇에 따라 부피가 변한다.
> ㉣ 담는 그릇이 바뀌어도 모양이 변하지 않는다.

(　　　　　)

4 공간을 차지하는 기체

1 공기가 있는지 알아보기 +1

(1) 공기가 있는지 알아보는 활동

풍선의 크기가 작아지며, 풍선 속에 있던 공기가 빠져나옵니다.

활동		나타나는 변화
부풀린 풍선을 얼굴에 대고 입구 열기		• 풍선 속에 있던 공기가 **빠져나오면서** 머리카락이 날린다. • 바람이 불어서 시원하다. • 무엇인가 얼굴 주변으로 지나가는 느낌이 들고, 공기가 **빠져나오는** 소리가 난다.
물속에서 플라스틱병 누르기	 플라스틱병	• 플라스틱병 입구에서 둥근 공기 방울이 생긴다. • 공기 방울이 위로 올라와 사라진다. • 보글보글 소리가 난다.
물속에서 주사기 피스톤 밀기 주사기의 피스톤을 공기 중에서 바깥으로 잡아당긴 뒤 물속에 넣습니다.	 주사기	• 주사기 끝에서 공기 방울이 생겨 위로 올라온다. • 공기 방울이 위로 올라와 사라진다. • 보글보글 소리가 난다.

(2) 알 수 있는 사실

① **공기는 눈에 보이지 않지만 우리 주변에 있습니다.**
② 공기는 고체, 액체와는 다른 물질의 상태입니다.

2 공기가 공간을 차지하는지 알아보기 +2 +3

(1) 물에 띄운 페트병 뚜껑을 플라스틱 컵으로 덮어 밀어 넣기

탐구 과정	① 수조에 물을 절반 정도 채우고 유성 펜으로 물의 높이를 표시한 뒤 페트병 뚜껑을 물 위에 띄운다. ② 바닥에 구멍이 뚫리지 않은 플라스틱 컵을 뒤집어 페트병 뚜껑을 덮고, 수조 바닥까지 천천히 밀어 넣으면서 관찰한다. ③ 바닥에 구멍이 뚫린 플라스틱 컵으로 ②의 과정을 반복한다.	
	바닥에 구멍이 뚫리지 않은 플라스틱 컵	**바닥에 구멍이 뚫린 플라스틱 컵**
탐구 결과	페트병 뚜껑 페트병 뚜껑이 내려가고, 수조 안 물의 높이가 조금 높아진다.	페트병 뚜껑 페트병 뚜껑이 그대로 있고, 수조 안 물의 높이에 변화가 없다.
까닭	컵 안에 있는 공기가 공간을 차지하고 있기 때문에 컵 안으로 물이 들어가지 못한다.	컵 안에 있는 공기가 컵 바닥의 구멍으로 빠져나가기 때문에 물이 컵 안으로 들어간다.

플라스틱 컵을 위로 올리면 페트병 뚜껑이 위로 올라오고 물의 높이가 낮아집니다.

(2) 알 수 있는 사실 : **공기는 공간을 차지합니다.**

• **공기**
숨을 쉴 때 필요한, 지구를 둘러싼 기체

• **주변에 공기가 들어 있는 물체**
 • 공기가 들어 있는 물체에는 축구공, 튜브, 부푼 풍선, 자동차 타이어, 자전거 타이어, 풍선 미끄럼틀, 광고 인형, 공기 침대, 부표, 공기베개, 구멍조끼 빈 병 등이 있습니다.
 • 부표 : 물 위에 띄워 어떤 표적으로 삼는 물건으로, 배의 안전한 항해를 돕기 위하여 설치하는 항로 표지의 하나

▲ 부표

• **공간을 차지하는 공기의 성질을 이용한 예**
공기 침대, 풍선 미끄럼틀, 자동차 에어백, 구조용 안전 매트, 자동차 타이어, 이불 압축 팩, 광고 인형 등

▲ 공기 침대 ▲ 풍선 미끄럼틀

+1 공기가 있다는 것을 알 수 있는 방법

- 부채질을 하거나 풍선을 불어 봅니다.
- 나뭇가지가 흔들리고 깃발이 휘날리는 것을 봅니다.
- 빠르게 움직이면서 바람개비를 돌려 봅니다.
- 공기를 채운 풍선을 물속에 집어넣고 풍선 입구를 열면 공기 방울이 생깁니다.
- 스펀지를 물속에 넣고 손으로 움켜쥐면 공기 방울이 생깁니다.

+2 풍선에 공기 넣기

풍선에 공기를 넣으면 풍선이 부풀어 오릅니다. 이는 공기가 공간을 차지하고 있기 때문입니다.

공기 주입기

+3 페트병 입구에 풍선을 씌우고 풍선 불기

페트병 안에 들어 있는 공기가 공간을 차지하고 있기 때문에 풍선이 부풀지 않습니다.

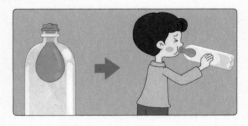

핵심 개념 정리

- 플라스틱병을 물속에 넣고 누르거나 주사기의 피스톤을 물속에서 밀면 공기 방울이 나옵니다. 이를 통해 공기가 있다는 것을 알 수 있습니다.
- 풍선에 공기를 불어 넣으면 풍선이 부풀어 오르는 것은 공기도 나무 막대나 물처럼 공간을 차지하기 때문입니다.

주사기 끝에서 공기 방울이 생겨!

---

1 다음과 같이 물속에서 주사기의 피스톤을 미는 실험에 대한 설명으로 옳은 것을 두 가지 고르시오. (,   )

① 보글보글 소리가 난다.
② 주사기 안으로 물이 들어간다.
③ 주사기 안으로 공기가 들어간다.
④ 물속에서 주사기의 피스톤을 당겨도 같은 결과가 나타난다.
⑤ 주사기의 피스톤을 공기 중에서 바깥으로 당긴 뒤 주사기 끝을 물속에 넣어야 한다.

2~4 다음과 같이 바닥에 구멍이 뚫리지 않은 플라스틱 컵으로 물 위에 띄운 페트병 뚜껑을 덮은 뒤 수조의 바닥까지 밀어 넣었습니다. 물음에 답하시오.

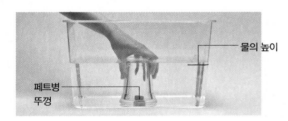
물의 높이
페트병 뚜껑

2 위 실험 결과 페트병 뚜껑의 위치 변화로 옳은 것을 **보기**에서 골라 기호를 쓰시오.

> **보기**
> ㉠ 바닥으로 내려간다.
> ㉡ 처음 위치에 그대로 있다.
> ㉢ 플라스틱 컵의 바닥에 닿는다.

(   )

3 위 실험 결과 수조 안 물의 높이 변화에 대한 설명입니다. ( ) 안의 알맞은 말에 ○표 하시오.

> 물의 높이가 (높아진다, 낮아진다, 변하지 않는다).

4 위 2와 3의 답과 같은 결과가 나타나는 까닭은 플라스틱 컵 속의 공기가 무엇을 차지하고 있기 때문인지 쓰시오.

(   )

5 기체의 이동

1 공기가 이동하는지 알아보기 ➕1

탐구 과정	① 주사기 한 개는 피스톤을 밀어 놓고 다른 한 개는 피스톤을 당겨 놓는다. ② 각 주사기의 입구를 비닐관의 양쪽에 끼운다. ③ 당겨 놓은 주사기의 피스톤을 밀면서 어떤 변화가 나타나는지 관찰한다. ④ 밀었던 주사기의 피스톤을 당기면서 어떤 변화가 나타나는지 관찰한다.	
	한쪽 주사기의 피스톤을 밀 때	**한쪽 주사기의 피스톤을 당길 때**
탐구 결과	공기의 이동 방향	공기의 이동 방향
	다른 쪽 주사기의 피스톤이 밖으로 나온다.	다른 쪽 주사기의 피스톤이 안으로 들어간다.
알 수 있는 사실	• 한쪽 주사기의 피스톤을 밀거나 당길 때 다른 쪽 주사기의 피스톤이 움직이는 까닭은 한쪽 주사기 안에 들어 있던 공기가 비닐관을 통해 이동했기 때문이다. • 공기는 다른 곳으로 이동할 수 있다.	

└ 공기도 나무나 물과 같이 물질이므로 이동할 수 있습니다.

• 부채
부채는 공기를 밀어내면서 바람이 생깁니다.

▲ 부채

• 다양한 모양의 풍선
• 풍선에 들어 있는 공기는 풍선을 가득 채우고 있어 풍선에 들어 있는 공기의 모양은 풍선의 모양과 같습니다.
• 공기는 담는 그릇에 따라 모양이 변합니다.

▲ 다양한 모양의 풍선을 가득 채운 공기

2 기체

(1) 공기는 다른 곳으로 이동할 수 있습니다.

(2) **다른 곳으로 이동하는 공기의 성질을 이용한 예** : 공기 주입기로 풍선 부풀리기, 자전거 타이어에 공기 채우기, 튜브에 공기 넣기, 비눗방울 불기, *부채질하기 등 ➕2

▲ 풍선에 공기 주입기로 공기를 넣으면 밖에 있는 공기가 풍선 안으로 이동하여 풍선이 부풀어 오릅니다.

▲ 자전거 타이어에 공기 펌프로 공기를 넣으면 밖에 있는 공기가 타이어 안으로 이동하여 타이어가 부풀어 오릅니다.

(3) *공기는 둥근 풍선에 넣으면 둥근 모양이 되고, 막대 모양의 풍선에 넣으면 막대 모양이 됩니다.

(4) **기체** : 공기처럼 담는 그릇에 따라 모양과 부피가 변하고, 담긴 그릇을 항상 가득 채우는 물질의 상태

+1 풍선을 끼운 페트병을 눌렀을 때의 변화 관찰하기

- 풍선을 끼운 페트병을 누르면 풍선에 공기가 채워지면서 풍선이 팽팽하게 부풀어 오릅니다.
- 페트병을 누르던 손을 놓으면 풍선이 다시 납작해지면서 꺾입니다.

▲ 페트병을 눌렀을 때

▲ 페트병을 누르던 손을 놓았을 때

+2 공기를 이동시키는 물건

▲ 부채   ▲ 선풍기   ▲ 공기 공급 장치

핵심 개념 정리

- 공기는 다른 곳으로 이동할 수 있습니다.
- 다른 곳으로 이동하는 공기의 성질을 이용하여 풍선, 자전거 타이어, 튜브 등에 공기를 넣습니다.
- 담는 그릇에 따라 모양과 부피가 변하고, 담긴 그릇을 항상 가득 채우는 물질의 상태를 기체라고 합니다.

공기는 이동할 수 있고 공간을 차지하지!

---

1 다음과 같이 주사기 두 개를 비닐관으로 연결하고 당겨 놓은 주사기의 피스톤을 밀면 어떻게 됩니까?   (   )

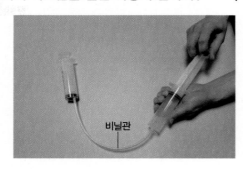

비닐관

① 아무 변화가 없다.
② 비닐관이 쭈글쭈글해진다.
③ 다른 쪽 주사기의 피스톤이 밖으로 나온다.
④ 다른 쪽 주사기의 피스톤이 왔다 갔다 한다.
⑤ 다른 쪽 주사기의 피스톤이 안으로 들어간다.

2 위 **1**에서 밀었던 주사기의 피스톤을 다시 당기면 다른 쪽 주사기의 피스톤은 어떻게 되는지 쓰시오.

(   )

3 다음과 같이 페트병 입구에 풍선을 끼운 뒤 페트병을 힘껏 누르려고 합니다. 페트병을 힘껏 누를 때 공기가 이동하는 방향을 화살표로 표시해 보시오.

6 기체의 무게

1 공기가 무게가 있는지 알아보기

탐구 과정	① 페트병 입구에 공기 *주입 마개를 끼운 뒤 *전자저울로 무게를 측정한다. ② 공기 주입 마개를 눌러 페트병이 팽팽해질 때까지 공기를 채운다. ③ 공기를 가득 채운 페트병의 무게를 전자저울로 측정한다. 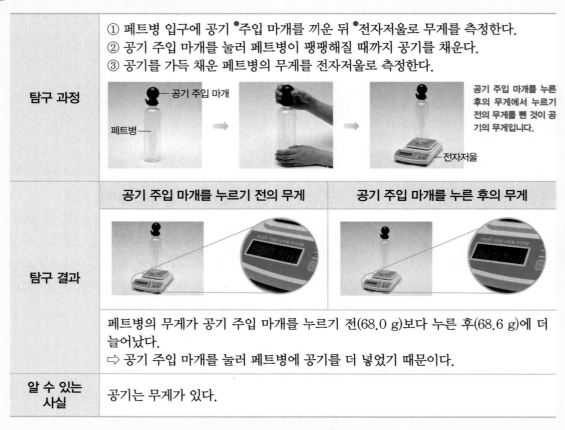

탐구 결과	공기 주입 마개를 누르기 전의 무게	공기 주입 마개를 누른 후의 무게
	페트병의 무게가 공기 주입 마개를 누르기 전(68.0 g)보다 누른 후(68.6 g)에 더 늘어났다. ⇨ 공기 주입 마개를 눌러 페트병에 공기를 더 넣었기 때문이다.	
알 수 있는 사실	공기는 무게가 있다.	

2 공기의 무게

(1) 공기처럼 대부분의 기체는 눈에 보이지 않지만, 고체나 액체와 같이 무게가 있습니다.

(2) 우리가 공부하는 교실 안에 있는 공기의 무게는 약 200 kg으로, 3학년 학생 여섯 명의 무게와 비슷합니다.

(3) 학교 체육관 안에 있는 공기의 무게는 다 자란 코끼리 한 마리의 무게와 비슷합니다.

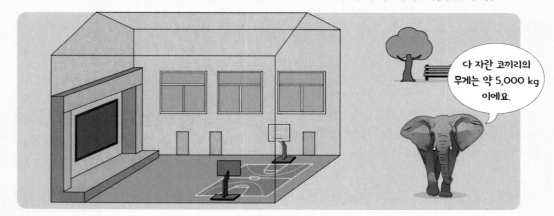

다 자란 코끼리의 무게는 약 5,000 kg 이에요.

3 공기가 무게가 있다는 것을 알 수 있는 예 +1 +2

(1) *고무보트에 공기를 넣으면 더 무거워집니다.

(2) 공기를 넣은 축구공이 공기를 넣지 않은 축구공보다 더 무겁습니다.

• **주입**
흘러 들어가도록 부어 넣음

• **전자저울 사용 방법**
❶ 전자저울을 평평한 곳에 놓고, 저울의 수평(한쪽으로 기울지 않고 평평한 상태)을 맞추는 공기 방울이 검은색 원 안 가운데에 오도록 합니다.
❷ 전원 단추를 눌러 작동합니다.
❸ 영점 단추를 눌러 영점을 맞춥니다.
❹ 물체를 올려놓고 무게를 측정합니다.

• **고무보트에 공기를 넣으면 더 무거워지는 까닭**
공기는 무게가 있기 때문에 고무보트 속에 공기를 넣기 전보다 넣은 후에 무게가 늘어납니다.

+1 축구공에 공기를 넣기 전과 넣은 후의 무게 비교하기

- 찌그러진 축구공에 공기를 넣으면 팽팽해지면서 무게가 늘어납니다.
- 이 활동으로 공기가 무게가 있다는 것을 알 수 있습니다.

공기를 넣은 후 →

▲ 축구공에 공기를 넣기 전과 넣은 후의 무게 비교

+2 공기 침대에 공기를 넣기 전과 넣은 후의 무게 비교하기

공기가 들어 있지 않은 공기 침대는 한 사람이 들 수 있지만, 공기를 가득 채운 공기 침대는 여러 사람이 힘들게 듭니다.

공기를 넣은 후 →

▲ 공기 침대에 공기를 넣기 전과 넣은 후의 무게 비교

 핵심 개념 정리

- 공기처럼 대부분의 기체는 눈에 보이지 않지만, 고체나 액체와 같이 무게가 있습니다.
- 교실 안에 있는 공기의 무게는 약 200 kg으로, 3학년 학생 여섯 명의 무게와 비슷합니다.

> 공기도 무게가 있어서 고무보트에 공기를 넣었더니 너무 무거워!

1 다음과 같이 페트병 입구에 공기 주입 마개를 끼우고 공기 주입 마개를 누르면 페트병 안으로 무엇이 들어가는지 쓰시오.

공기 주입 마개

(   )

2 페트병의 무게를 측정한 결과가 다음과 같을 때 공기가 더 많이 들어 있는 페트병의 기호를 쓰시오.

㉠    ㉡

(   )

3 다음과 같은 고무보트의 무게를 가볍게 하는 방법으로 옳은 것은 어느 것입니까? (   )

▲ 고무보트

① 공기를 뺀다.   ② 옆으로 세운다.
③ 뒤집어 놓는다.   ④ 물 위에 띄운다.
⑤ 공기를 더 넣는다.

7 물질의 상태에 따른 분류

1 우리 주변의 물질을 고체, 액체, 기체로 분류하기 +1

(1) 우리 주변에서 볼 수 있는 물질들은 책과 같은 고체, 물과 같은 액체, 공기와 같은 기체로 분류할 수 있습니다.

고체

▲ 책 ▲ 연필 ▲ 필통

액체

▲ 물 ▲ 주스 ▲ 우유

물체 속에 들어 있는 기체

▲ 에어 캡 속의 공기 ▲ 구명조끼 속의 공기 ▲ 풍선 놀이 기구 속의 공기

● 바다에서 볼 수 있는 고체, 액체, 기체
 · 바다는 물질의 고체, 액체, 기체의 세 가지 상태를 볼 수 있는 곳입니다.
 · 돌과 자갈, 산호 등은 고체이고, 바닷물은 액체이며, 공기 방울은 기체입니다.

● 고체, 액체, 기체의 성질

고체	담는 그릇에 따라 모양과 부피가 변하지 않는다.
액체	담는 그릇에 따라 모양은 변하지만, 부피는 변하지 않는다.
기체	담는 그릇에 따라 모양과 부피가 변하고, 담긴 그릇을 항상 가득 채운다.

2 고체, 액체, 기체의 성질 비교하기

고체
얼음, 버터, 그릇은 고체입니다.
고체는 담는 용기가 달라져도 모양과 부피가 변하지 않습니다.

액체
물, 주스, 우유는 액체입니다.
액체는 담는 용기에 따라 모양이 변하지만, 부피는 변하지 않습니다.

기체
공기는 기체입니다.
기체는 담는 용기에 따라 모양과 부피가 변합니다.

+1 우리 주변의 물질을 고체, 액체, 기체로 분류하기

고체	액체	기체
▲ 집게	▲ 물	▲ 페트병 속 공기
▲ 트라이앵글	▲ 오렌지 주스	▲ 풍선 속 공기
▲ 삼각자	▲ 식용유	▲ 축구공 속 공기
▲ 머리빗	▲ 액상 세제	▲ 어항 속 공기
▲ 리코더	▲ 살균 소독제	▲ 에어 캡 속 공기
▲ 캐스터네츠	▲ 우유	▲ 튜브 속 공기
▲ 유리컵	▲ 간장	▲ 공기베개 속 공기
▲ 모래	▲ 물약	▲ 구명조끼 속 공기
▲ 수첩	▲ 샴푸	▲ 바람 인형 속 공기
▲ 모자	▲ 요구르트	▲ 지퍼 백 속 공기

핵심 개념 정리

• 우리 주변에 있는 물질은 상태에 따라 고체, 액체, 기체로 분류할 수 있습니다.

• 책, 컵, 신발 등은 고체, 물, 우유, 기름 등은 액체, 눈에 보이지 않는 튜브 속에 들어 있는 공기 등은 기체입니다.

기체인 공기가 있기 때문에 연을 날릴 수 있어요.

고체인 철봉은 단단해요.

액체인 물은 흘러가요.

1~2 다음은 고체, 액체, 기체 그림 카드입니다. 물음에 답하시오.

ㄱ
▲ 책

ㄴ
▲ 물

ㄷ
▲ 필통

ㄹ
▲ 구명조끼 속의 공기

1 위 ㄱ~ㄹ 중 일정한 모양과 부피를 가지고 있으며, 담는 그릇에 따라 모양과 부피가 변하지 않는 것을 모두 골라 기호를 쓰시오.

(   )

2 위 ㄱ~ㄹ을 물질의 상태에 따라 다음과 같이 분류하여 기호를 쓰시오.

고체	액체	기체

3 다음은 물질의 상태에 대해 친구들이 나눈 대화입니다. 물질의 상태에 대해 <u>잘못</u> 말한 친구의 이름을 쓰시오.

• 경일 : 주스는 흘러서 손으로 잡기 힘든 액체야.
• 석주 : 공기는 눈에 보이지 않지만 손으로 잡을 수 있는 기체이지.
• 보경 : 찰흙도 담는 용기에 따라 모양이 변하지 않는 고체야.

(   )

실력 문제

1 우리 주변에 공기가 있다는 것을 확인할 수 있는 방법으로 옳지 <u>않은</u> 것은 어느 것입니까?　(　　　)

① 부채질을 한다.
② 풍선을 불어 본다.
③ 깃발이 휘날리는 것을 본다.
④ 나뭇가지가 흔들리는 것을 본다.
⑤ 물고기가 물속에서 숨을 쉬는 것을 본다.

2~3 다음과 같이 물이 담긴 수조에 플라스틱병을 넣고 손으로 눌러 보았습니다. 물음에 답하시오.

2 위 실험 결과로 옳은 것은 어느 것입니까?
　　　　　　　　　　　　　　　　　(　　　)

① 물의 양이 줄어든다.
② 공기 방울이 생긴다.
③ 바람이 부는 것이 느껴진다.
④ 플라스틱병의 크기가 조금 커진다.
⑤ 공기 방울이 위로 올라와 물 표면에 쌓인다.

3 위 실험으로 알 수 있는 사실로 옳은 것은 어느 것입니까?　　　　　　　　　　　(　　　)

① 공기는 존재하지 않는다.
② 공기는 나무 막대와 상태가 같다.
③ 공기는 눈에 보이지만 느낄 수 없다.
④ 공기는 눈에 보이며 우리 주변에 있다.
⑤ 공기는 눈에 보이지 않지만 우리 주변에 있다.

4~5 다음과 같이 수조에 물 높이를 표시한 후, 바닥에 구멍이 뚫린 플라스틱 컵과 바닥에 구멍이 뚫리지 않은 플라스틱 컵으로 페트병 뚜껑을 덮은 뒤 수조 바닥까지 밀어 넣었습니다. 물음에 답하시오.

ㄱ 　　ㄴ

페트병 뚜껑　　　　물의 높이

▲ 바닥에 구멍이 뚫린 컵　　▲ 바닥에 구멍이 뚫리지 않은 컵

4 플라스틱 컵을 수조의 바닥까지 밀어 넣었을 때 수조 안의 물의 높이가 높아지는 것의 기호를 쓰시오.
　　　　　　　　　　　　　　(　　　　　　)

5 위 실험으로 알 수 있는 사실로 옳은 것은 어느 것입니까?　　　　　　　　　　　(　　　)

① 공기는 공간을 차지한다.
② 플라스틱 컵은 물에 잘 뜬다.
③ 공기는 우리 눈에 잘 보인다.
④ 페트병 뚜껑은 물에 가라앉는다.
⑤ 투명한 물체는 물에 잘 가라앉는다.

6 공기가 공간을 차지하는 성질을 이용한 물체가 <u>아닌</u> 것은 어느 것입니까?　　　　(　　　)

① 공기 침대
② 플라스틱 컵
③ 자동차 타이어
④ 풍선 미끄럼틀
⑤ 구조용 안전 매트

7 다음과 같이 두 개의 주사기를 비닐관으로 연결하고, 한쪽 주사기의 피스톤을 밀었을 때 비닐관 속 공기가 이동한 방향을 화살표(→)로 옳게 나타낸 것의 기호를 쓰시오.

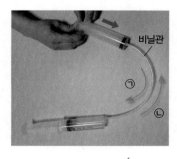

(   )

8 위 **7**의 주사기 피스톤을 움직이는 데 이용한 공기의 성질로 옳은 것은 어느 것입니까? (   )

① 색깔이 없다.
② 냄새가 없다.
③ 눈에 보이지 않는다.
④ 다른 곳으로 이동한다.
⑤ 모양이 변하지 않는다.

9 공기 주입 마개를 끼운 페트병의 무게가 35.0 g일 때 공기 주입 마개를 가장 많이 누른 후의 페트병의 무게로 옳은 것은 어느 것입니까? (   )

① 35.1 g   ② 35.2 g   ③ 35.3 g
④ 35.4 g   ⑤ 35.5 g

10 기체의 무게와 관련 있는 현상은 어느 것입니까?
(   )

① 풍선에 공기를 넣는다.
② 공기를 이용해 숨을 쉰다.
③ 야영용 공기 침대에서 잠을 잔다.
④ 바람이 세게 불어서 나뭇가지가 부러졌다.
⑤ 고무보트 속에 들어 있는 공기를 모두 **뺀** 후에 이동시키면 힘이 덜 든다.

11 각 물질의 상태에 맞게 선으로 연결하시오.

(1) 책상 •   • ㉠ 고체

(2) 주스 •   • ㉡ 기체

(3) 공기 •   • ㉢ 액체

12 다음은 민수가 물질의 상태에 따른 성질을 발표한 내용입니다. 발표 내용 중 옳지 <u>않은</u> 것의 기호를 쓰시오.

고체 상태 물질은 눈으로 볼 수 있고 담는 용기가 달라져도 ㉠ <u>모양과 부피가 변하지 않는다.</u> 액체 상태 물질은 눈에 보이고 ㉡ <u>다른 용기에 담으면 모양이 변한다.</u> 기체 상태 물질은 ㉢ <u>손으로 잡을 수 없고 담는 용기에 따라 모양이 변한다.</u> 또, ㉣ <u>무게가 없다.</u>

(   )

4 물질의 상태

우리 주변에 있는 대부분의 물질은 고체, 액체, 기체의 세 가지 상태로 존재합니다. 고체는 모양과 부피가 일정하고 액체는 부피가 일정하지만, 기체는 모양과 부피가 모두 일정하지 않습니다.

👁️ 그림을 보고 배운 개념을 떠올리며 (　) 안에 알맞은 말을 써 보세요.

개념1 고체의 성질

일정한 모양과 (❶　　　　)을/를 가지고 있으며, 담는 그릇에 따라 (❷　　　　)와/과 부피가 변하지 않는 물질의 상태를 고체라고 합니다.

개념2 액체의 성질

담는 그릇의 모양에 따라 (❸　　　　)은/는 변하지만 부피는 변하지 않는 물질의 상태를 액체라고 합니다.

👁️ 그림을 보고 배운 개념을 떠올리며 (　) 안에 알맞은 말을 써 보세요.

개념4 기체의 이동

공기 주입기를 이용해 밖에 있는 공기를 풍선 안으로 이동시키는 것처럼 공기는 다른 곳으로 (❻　　　　)할 수 있습니다.

개념5 기체의 무게

공기와 같은 (❼　　　　)은/는 대부분 눈에 보이지 않지만, 고체나 액체처럼 (❽　　　　)이/가 있습니다.

개념3 공간을 차지하는 기체

주사기 끝에서 공기 방울이 생겨!

공기는 (❹)에 보이지 않지만 우리 주변에 있으며, 연필이나 물처럼 (❺)을/를 차지합니다.

개념6 물질의 상태에 따른 분류

기체인 공기가 있기 때문에 연을 날릴 수 있어요.

고체인 철봉은 단단해요.

액체인 물은 흘러가요.

우리 주변의 물질은 상태에 따라 크게 (❾), 액체, 기체로 분류할 수 있습니다.

옳은 문장에 ○, 틀린 문장에 ✕하세요. 틀린 부분은 밑줄을 긋고 바른 개념으로 고쳐 써 보세요.

1 나무 막대는 손으로 전달하기 쉽지만 물은 손으로 전달하기 어려우며 공기는 손으로 전달한 것인지 알 수 없습니다. ( )

2 고체인 나무 막대를 여러 가지 모양의 그릇에 넣으면 모양이 변합니다. ( )

3 고체는 담는 그릇이 바뀌어도 모양과 부피가 일정한 물질의 상태입니다. ( )

4 주스를 여러 가지 모양의 그릇에 담으면 모양은 변하지 않지만 부피는 변합니다. ( )

5 물에 띄운 페트병 뚜껑을 구멍이 뚫린 플라스틱 컵으로 덮은 뒤 밀어 넣으면 페트병 뚜껑이 바닥으로 내려갑니다. ( )

6 공기 침대, 자동차 타이어 등은 공기가 공간을 차지하는 성질을 이용한 예입니다. ( )

7 주사기 두 개를 비닐관으로 연결한 후, 한쪽 주사기의 피스톤을 밀면 다른 쪽 주사기의 피스톤이 안으로 들어갑니다. ( )

8 공기는 다른 곳으로 이동하기 어렵습니다. ( )

9 담는 그릇에 따라 모양과 부피가 변하는 것은 기체입니다. ( )

10 풍선에 공기를 많이 넣을수록 풍선이 더 가벼워집니다. ( )

점수

※ 한 문항당 5점입니다.

1 나무 막대, 물, 공기에 대한 설명으로 옳은 것은 어느 것입니까? (   )

① 물은 네모 모양이다.
② 공기는 연한 갈색이다.
③ 나무 막대는 단단하다.
④ 공기는 눈에 잘 보인다.
⑤ 물은 눈으로 잘 볼 수 없다.

2 다음과 같이 나무 막대를 여러 가지 모양의 투명한 그릇에 넣고 모양과 크기의 변화를 관찰하였습니다. 이 실험으로 알 수 있는 사실로 옳은 것을 두 가지 고르시오. (,   )

① 담는 그릇에 따라 나무 막대의 모양이 변한다.
② 담는 그릇에 따라 나무 막대의 크기가 변한다.
③ 담는 그릇이 바뀌어도 나무 막대의 크기가 변하지 않는다.
④ 담는 그릇이 바뀌어도 나무 막대의 모양이 변하지 않는다.
⑤ 담는 그릇에 따라 나무 막대의 모양과 크기가 변하기도 한다.

3* 고체에 대한 설명으로 옳지 <u>않은</u> 것은 어느 것입니까? (   )

① 고체는 눈으로 볼 수 있다.
② 대부분의 고체는 단단하다.
③ 고체는 손으로 잡을 수 있다.
④ 고체는 담는 그릇에 따라 부피가 변한다.
⑤ 고체는 담는 그릇이 바뀌어도 모양이 변하지 않는다.

4 고체가 <u>아닌</u> 것은 어느 것입니까? (   )

① ▲ 컵
② ▲ 책
③ ▲ 유리구슬
④ ▲ 우유
⑤ ▲ 가방

5 다음 물체들의 공통된 성질을 두 가지 이상 쓰시오.

서술형

▲ 가방   ▲ 책상과 의자   ▲ 필통과 색연필

_____

_____

6 물과 주스를 관찰한 내용으로 옳지 <u>않은</u> 것은 어느 것입니까? (   )

① 흐른다.
② 단단하다.
③ 부피가 있다.
④ 눈으로 볼 수 있다.
⑤ 손으로 잡을 수 없다.

7 다음은 오렌지 주스를 여러 가지 모양의 그릇에 담은 모습입니다. 이 실험으로 알 수 있는 사실로 옳은 것은 어느 것입니까? ( )

① 담는 그릇이 바뀌면 부피가 변한다.
② 담는 그릇이 바뀌면 모양이 변한다.
③ 담는 그릇이 바뀌면 무게가 변한다.
④ 담는 그릇이 바뀌면 모양과 부피가 변한다.
⑤ 담는 그릇이 바뀌어도 모양과 부피가 변하지 않는다.

8* 액체에 대한 설명으로 옳은 것은 어느 것입니까? ( )

① 모든 액체는 투명하다.
② 손으로 쉽게 잡을 수 있다.
③ 모양이 변해서 무게를 잴 수가 없다.
④ 그릇의 모양에 따라 모양이 변하지 않는다.
⑤ 다른 그릇에 옮겨 담아도 부피는 변하지 않는다.

9 우리 주변에서 볼 수 있는 액체를 두 가지 고르시오. (,)

① 가방　　② 의자　　③ 우유
④ 식초　　⑤ 유리구슬

10 다음은 무엇을 알아보기 위한 활동인지 쓰시오.

 서술형

• 부채질을 해 본다.
• 부풀린 풍선의 입구를 한 손으로 꼭 쥔 채 얼굴에 가까이 대고 쥐었던 손을 놓는다.

_____

11 다음과 같이 물속에서 플라스틱병을 눌렀을 때 나타나는 현상으로 옳지 <u>않은</u> 것을 보기 에서 골라 기호를 쓰시오.

보기
㉠ 보글보글 소리가 난다.
㉡ 공기 방울이 아래로 내려간다.
㉢ 플라스틱병 입구에 공기 방울이 생긴다.

( )

12~13 다음과 같이 바닥에 구멍이 뚫린 플라스틱 컵과 바닥에 구멍이 뚫리지 않은 플라스틱 컵으로 물 위에 띄운 페트병 뚜껑을 덮은 뒤 수조 바닥까지 밀어 넣었습니다. 물음에 답하시오.

㉠　　　　　　　　㉡

12 바닥에 구멍이 뚫리지 않은 플라스틱 컵으로 페트병 뚜껑을 덮은 뒤 밀어 넣은 모습의 기호를 쓰시오.

( )

13* 위 실험으로 알 수 있는 공기의 성질을 설명한 것입니다. ( ) 안에 들어갈 알맞은 말을 쓰시오.

공기는 ( )을/를 차지한다.

( )

14 공기가 공간을 차지하는 성질을 이용한 예로 옳은 것의 기호를 쓰시오.

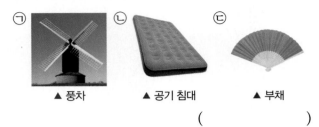

ⓐ ▲ 풍차   ⓑ ▲ 공기 침대   ⓒ ▲ 부채

( )

15 다음과 같이 두 개의 주사기를 비닐관으로 연결하고
_{서술형} 한쪽 주사기의 피스톤을 밀면 다른 쪽 주사기의 피스톤이 밀려 나가는 까닭을 쓰시오.

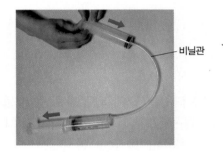

비닐관

_____

_____

16 다음 공기 공급 장치에 이용한 공기의 성질로 옳은 것은 어느 것입니까? ( )

▲ 공기 공급 장치

① 눈에 보이지 않는다.
② 색깔과 냄새가 없다.
③ 손으로 잡을 수 없다.
④ 모양과 부피가 변한다.
⑤ 다른 곳으로 이동할 수 있다.

17 공기처럼 담는 그릇에 따라 모양과 부피가 변하고, 담긴 그릇을 항상 가득 채우는 물질의 상태를 무엇이라고 하는지 쓰시오.

( )

18 입구에 공기 주입 마개를 끼운 페트병의 무게가 가장 무거운 것의 기호를 쓰시오.

> ㉠ 공기 주입 마개를 누르지 않은 것
> ㉡ 공기 주입 마개를 다섯 번 누른 것
> ㉢ 공기 주입 마개를 열 번 누른 것
> ㉣ 공기 주입 마개를 스무 번 누른 것

( )

19* 공기의 무게에 대한 설명으로 옳은 것은 어느 것입니까? ( )

① 공기는 무게가 없다.
② 공기를 넣은 풍선은 공중에 뜬다.
③ 물체에 공기를 많이 넣을수록 가볍다.
④ 물체에 공기를 넣기 전보다 넣은 후에 무게가 줄어든다.
⑤ 우리가 공부하는 교실 안에 있는 공기의 무게는 약 200 kg이다.

20 물질의 상태가 같은 것끼리 옳게 짝 지은 것은 어느 것입니까? ( )

① 돌, 바닷물   ② 책상, 공기
③ 우유, 주스   ④ 식초, 공기
⑤ 가위, 공기

점수

※ 한 문항당 5점입니다.

1~2 다음을 보고, 물음에 답하시오.

ⓐ ▲ 나무 막대   ⓑ ▲ 물   ⓒ 공기가 든 지퍼 백 ▲ 공기

1 위 ㉠~㉢ 중 손으로 잡고 전달하기 쉬운 것을 골라 기호를 쓰시오.

( )

2 위 ㉠~㉢ 중 다음과 같은 성질을 가진 물질의 기호를 쓰시오.

- 흔들면 출렁거린다.
- 눈에 보이지만 흘러서 손으로 잡을 수 없다.

( )

3 다음과 같이 여러 가지 모양의 투명한 그릇에 나무 막대를 담아 보았습니다. 이에 대한 설명으로 옳은 것을 두 가지 고르시오. (,)

① 나무 막대의 색깔이 변한다.
② 나무 막대의 크기가 변한다.
③ 나무 막대의 모양이 변한다.
④ 나무 막대의 모양이 변하지 않는다.
⑤ 나무 막대의 크기가 변하지 않는다.

4 다음 물체의 상태에 대한 설명으로 옳은 것은 어느 것입니까? ( )

| 가방 | 유리구슬 | 책 |

① 눈으로 볼 수 없다.
② 손으로 잡을 수 없다.
③ 담는 그릇이 바뀌면 부피가 변한다.
④ 담는 그릇이 바뀌면 모양이 변한다.
⑤ 담는 그릇이 바뀌어도 부피가 변하지 않는다.

5* 고체에 대한 설명으로 옳은 것은 어느 것입니까?
( )

① 모양과 부피가 일정한 물질의 상태이다.
② 흔들면 출렁거리고 흘러내리는 물질의 상태이다.
③ 모양이 다른 그릇에 담을 수 없는 물질의 상태이다.
④ 눈에 보이지 않고 냄새가 나지 않는 물질의 상태이다.
⑤ 손으로 잡을 수 없고, 전달할 수 없는 물질의 상태이다.

6~8 다음과 같이 물을 여러 가지 모양의 그릇에 차례대로 옮겨 담은 뒤 처음에 사용한 그릇에 다시 옮겨 담아 보았습니다. 물음에 답하시오.

6* 위 실험에서 그릇의 모양에 따라 달라지는 것은 어느 것입니까? ( )

① 물의 모양   ② 물의 부피
③ 물의 색깔   ④ 물의 상태
⑤ 물의 무게

7 앞 실험으로 알 수 있는 물의 성질에 대한 설명입니다. ( ) 안에 들어갈 알맞은 내용을 쓰시오.

서술형

> 물과 같은 액체는 담는 그릇에 따라 ( ).

_____

_____

8 앞 실험을 했을 때 물과 같은 결과가 나타나는 것은 어느 것입니까? ( )

① 공기   ② 자석
③ 식용유   ④ 나무 막대
⑤ 플라스틱 막대

9 다음 활동으로 알 수 있는 사실은 무엇인지 쓰시오.

서술형

▲ 부풀린 풍선을 얼굴에   ▲ 물속에서 플라스틱병
    대고 입구 열기   누르기

_____

_____

10 오른쪽과 같이 물속에 주사기를 넣고 피스톤을 눌렀을 때 나타나는 변화로 옳지 <u>않은</u> 것을 두 가지 고르시오. (,)

① 보글보글 소리가 난다.
② 수조 속 물의 색깔이 변한다.
③ 수조 속 물의 상태가 변한다.
④ 공기 방울이 위로 올라와 사라진다.
⑤ 주사기 끝에서 둥근 공기 방울이 생긴다.

11 공기에 대한 설명으로 옳은 것은 어느 것입니까? ( )

① 눈으로 볼 수 있다.
② 손으로 잡을 수 있다.
③ 일정한 모양을 가지고 있다.
④ 담긴 그릇을 항상 가득 채운다.
⑤ 담는 그릇이 바뀌어도 부피는 변하지 않는다.

12 다음 물체 안에 들어 있는 물질은 무엇인지 쓰시오.

▲ 풍선 미끄럼틀

( )

13 바닥에 구멍이 뚫린 플라스틱 컵으로 물 위에 띄운 페트병 뚜껑을 덮어 수조 바닥까지 밀어 넣었을 때의 결과로 옳은 것을 두 가지 고르시오.

(,)

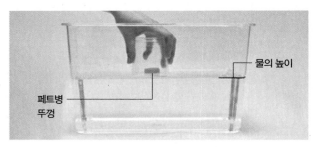

물의 높이
페트병 뚜껑

① 페트병 뚜껑이 내려간다.
② 페트병 뚜껑이 그대로 있다.
③ 수조 안 물의 높이는 높아진다.
④ 수조 안 물의 높이는 낮아진다.
⑤ 수조 안 물의 높이는 변화가 없다.

14 바닥에 구멍이 뚫리지 않은 플라스틱 컵으로 앞 13과 같은 실험을 했을 때의 결과를 설명한 것입니다. ㉠과 ㉡에 들어갈 알맞은 말을 쓰시오.

> 바닥에 구멍이 뚫리지 않은 플라스틱 컵으로 물 위에 띄운 페트병 뚜껑을 덮어 수조 바닥까지 밀어 넣으면 페트병 뚜껑은 (㉠), 수조 안 물의 높이는 (㉡).

㉠ : (   ), ㉡ : (   )

15 다음 ⑺ 주사기의 피스톤을 안으로 들어오게 하려면 공기를 어느 방향으로 이동하게 해야 하는지 기호를 쓰시오.

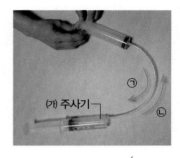

(   )

16 공기를 이동시키는 물건을 두 가지 고르시오.
(,   )

① 수조
② 부채
③ 가정용 저울
④ 전기 다리미
⑤ 수족관의 공기 공급 장치

17~18 다음과 같이 공기 주입 마개를 끼운 페트병의 무게를 측정한 후, 공기 주입 마개를 눌러 공기를 채운 뒤 다시 무게를 측정하였습니다. 물음에 답하시오.

▲ 공기 주입 마개를 누르기 전   ▲ 공기 주입 마개를 누른 후

17 공기 주입 마개를 누른 후 페트병의 무게는 어떻게 변했는지 (   ) 안의 알맞은 말에 ○표 하시오.

> 공기 주입 마개를 누르기 전보다 누른 후의 페트병의 무게가 (가볍다, 무겁다, 변하지 않는다).

18 위 17의 답과 같이 생각한 까닭을 쓰시오.

서술형
_____

_____

19 다음과 같이 공기가 빠진 고무보트와 공기를 팽팽하게 넣은 고무보트 중 더 무거운 것의 기호를 쓰시오.

㉠    ㉡

▲ 공기가 빠진 고무보트   ▲ 공기를 팽팽하게 넣은 고무보트

(   )

20 생활 속에서 볼 수 있는 물질 중 액체 상태인 물질 끼리 옳게 짝 지은 것은 어느 것입니까? (   )

① 연필, 필통
② 주스, 숟가락
③ 액상 세제, 식용유
④ 액상 세제, 거품 속 공기
⑤ 탄산음료 속 거품, 축구공

1~3

개념1 고체의 성질 알아보기

- 나무 막대와 플라스틱 막대는 눈으로 볼 수 있고, 손으로 잡을 수 있습니다.
- 나무 막대와 플라스틱 막대를 여러 가지 모양의 그릇에 넣어도 모양과 부피가 변하지 않습니다.

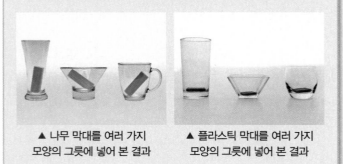

▲ 나무 막대를 여러 가지 모양의 그릇에 넣어 본 결과 / ▲ 플라스틱 막대를 여러 가지 모양의 그릇에 넣어 본 결과

1 빈칸쓰기

① 나무 막대를 여러 가지 모양의 그릇에 넣으면 모양이 (   ).

② 플라스틱 막대를 여러 가지 모양의 그릇에 넣으면 부피가 (   ).

2 문장쓰기

나무 막대와 플라스틱 막대를 여러 가지 모양의 그릇에 넣었을 때 모양과 부피는 어떻게 되는지 쓰시오.

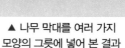

▲ 나무 막대를 여러 가지 모양의 그릇에 넣어 본 결과 / ▲ 플라스틱 막대를 여러 가지 모양의 그릇에 넣어 본 결과

나무 막대와 플라스틱 막대의 모양은 _____

_____

부피는 _____

3 서술완성

다음 나무 도막을 유리병 안에 넣을 수 없는 까닭을 고체의 성질을 이용하여 쓰시오.

▲ 나무 도막   ▲ 유리병

_____

_____

4~6

개념2 액체의 성질 알아보기

- 물과 주스는 눈으로 볼 수 있고, 흐르는 성질이 있습니다.
- 물과 주스를 여러 가지 모양의 그릇에 옮겨 담으면 모양은 변하지만 부피는 변하지 않습니다.

물

처음 물의 높이

주스

처음 주스의 높이

4 빈칸쓰기

① 물과 주스를 여러 가지 모양의 그릇에 넣으면 모양이 (   ).

② 물과 주스를 여러 가지 모양의 그릇에 넣으면 부피가 (   ).

5
문장
쓰기

물을 여러 가지 모양의 그릇에 옮겨 담은 후, 처음 그릇에 다시 옮겨 담았을 때 부피는 어떻게 되었는지 쓰시오.

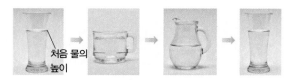

처음 물의 높이

물을 처음 그릇에 다시 옮겨 담았을 때 높이가

_____ 부피는

_____

6
서술
완성

여러 가지 모양의 그릇에 같은 부피의 주스를 담았습니다. 그릇에 담긴 주스의 부피가 같은지 알아보는 방법을 쓰시오.

_____

_____

7~9

개념3 **공간을 차지하는 기체**

• 공기는 눈에 보이지 않고 손으로 잡을 수 없지만, 공간을 차지합니다.
• 물 위에 띄운 페트병 뚜껑을 바닥에 구멍이 뚫리지 않은 플라스틱 컵으로 덮은 뒤 밀어 넣으면 페트병 뚜껑이 바닥으로 내려갑니다. 이는 공기가 공간을 차지하기 때문입니다.

페트병 뚜껑

7
빈칸
쓰기

① 물 위에 띄운 페트병 뚜껑을 바닥에 구멍이 뚫리지 않은 플라스틱 컵으로 덮은 뒤 밀어 넣으면 페트병 뚜껑이 바닥으로 (   ).
② 그 까닭은 공기가 (   )을/를 차지하기 때문입니다.

8
문장
쓰기

바닥에 구멍이 뚫리지 않은 플라스틱 컵으로 물 위에 떠 있는 페트병 뚜껑을 덮은 뒤 밀어 넣으면 어떻게 되는지 기체의 성질을 이용하여 쓰시오.

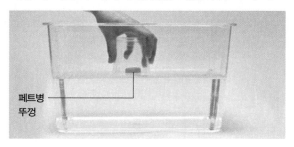

페트병 뚜껑

페트병 뚜껑이 _____

_____

그 까닭은 기체가 _____

_____

9
서술
완성

다음과 같이 페트병에 풍선을 끼우고 입으로 풍선을 불었을 때 풍선이 부풀지 않는 까닭을 쓰시오.

_____

_____

1 다음은 나무 막대와 물, 공기입니다. 물음에 답하시오. [12점]

▲ 나무 막대   ▲ 물   ▲ 공기

(1) 위 나무 막대와 물, 공기 중 손으로 쉽게 잡을 수 있는 것을 쓰시오. [2점]

(   )

(2) 물과 공기의 차이점을 쓰시오. [10점]

_____

_____

2 다음과 같이 나무 막대를 여러 가지 모양의 그릇에 담아 보았습니다. 물음에 답하시오. [12점]

(1) 위 실험을 통해 알 수 있는 고체의 성질을 쓰시오. [8점]

_____

_____

(2) 위 나무 막대 대신 사용해도 같은 결과가 나타나는 물체를 두 가지 쓰시오. [4점]

(   )

3 다음과 같이 물을 여러 가지 모양의 그릇에 옮겨 담아 보았습니다. 물음에 답하시오. [12점]

㉠   ㉡   ㉢

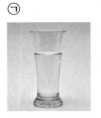

(1) 위 실험 결과 물의 모양은 어떻게 되는지 쓰시오. [6점]

_____

_____

(2) 위 ㉢에 담긴 물을 ㉠에 다시 옮겨 담으면 처음 물의 높이와 비교하여 어떠한지 쓰시오. [6점]

_____

_____

4 다음 여러 가지 물질을 보고, 물음에 답하시오. [12점]

▲ 물   ▲ 주스   ▲ 우유

(1) 위와 같은 물질은 공통적으로 어떤 상태인지 쓰시오. [2점]

(   )

(2) 위 물질의 공통적인 성질을 두 가지 쓰시오. [10점]

_____

_____

5 다음과 같이 플라스틱병을 물속에 넣고 손으로 눌러 보고, 주사기를 물속에 넣고 피스톤을 밀어 보았습니다. 물음에 답하시오. [12점]

(1) 위 실험 결과 플라스틱병 입구와 주사기 끝에 생기는 것은 무엇인지 쓰시오. [2점]

(   )

(2) 위 실험으로 알 수 있는 사실을 쓰시오. [10점]

_____

_____

6 다음과 같이 물 위에 띄운 페트병 뚜껑을 바닥에 구멍이 뚫리지 않은 컵으로 덮은 뒤 수조의 바닥까지 밀어 넣었습니다. 물음에 답하시오. [12점]

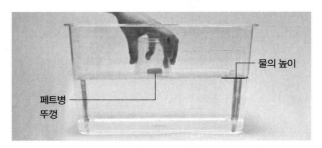

(1) 위 실험 결과 페트병 뚜껑의 위치와 수조 안 물의 높이는 어떻게 되는지 쓰시오. [6점]

_____

_____

(2) 페트병 뚜껑의 위치와 수조 안 물의 높이가 위 (1)의 답과 같이 되는 까닭을 쓰시오. [6점]

_____

7 다음과 같이 주사기 두 개를 비닐관으로 연결하였습니다. 물음에 답하시오. [12점]

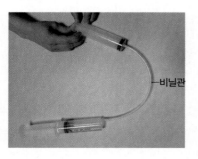

(1) 한쪽 주사기의 피스톤을 당기면 다른 쪽 주사기의 피스톤은 어떻게 되는지 쓰시오. [4점]

_____

_____

(2) 다른 쪽 주사기의 피스톤이 위 (1)의 답과 같이 되는 까닭을 공기의 성질과 관련지어 쓰시오. [8점]

_____

_____

8 다음과 같이 페트병 입구에 공기 주입 마개를 끼우고, 전자저울로 공기 주입 마개를 누르기 전과 누른 후 페트병의 무게를 각각 측정하였습니다. 물음에 답하시오. [12점]

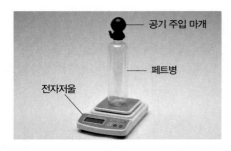

(1) 페트병의 무게가 어떻게 변하는지 쓰시오. [4점]

_____

(2) 위 (1)의 답과 같은 결과가 나타난 까닭을 쓰시오. [8점]

4 물질의 상태

과제명	액체 알아보기	배점	20점
성취 목표	고체와 액체의 성질을 용기에 따른 모양과 부피 변화를 관찰하여 설명할 수 있다.		

1~3 **다음과 같이 물을 여러 가지 모양의 그릇에 옮겨 담아 보았습니다. 물음에 답하시오.**

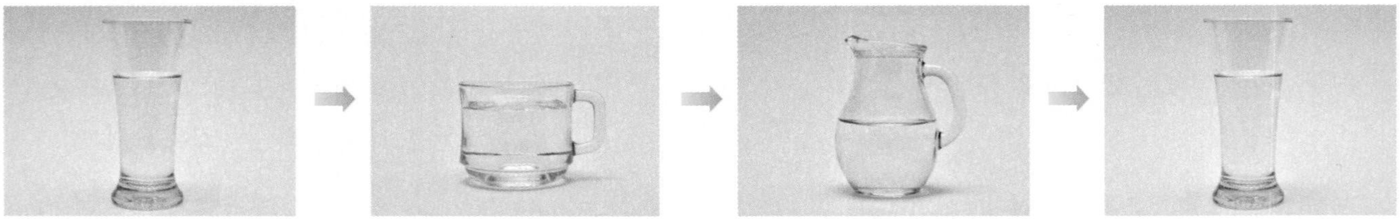

1 **물을 여러 가지 모양의 그릇에 옮겨 담았을 때 물의 모양과 높이에 대한 설명에 맞게 (　　) 안에 들어갈 알맞은 말을 쓰시오.** [5점]

물의 모양	물의 모양은 담는 그릇의 모양에 따라 (　　　　　　　　).
물의 높이	물을 여러 가지 모양의 그릇에 옮겨 담았다가 처음에 사용한 그릇으로 다시 옮기면 물의 높이가 처음과 (　　　　　　　　).

2 **위 실험으로 알 수 있는 액체의 성질을 쓰시오.** [5점]

3 **다음 나무 막대를 여러 가지 모양의 그릇에 옮겨 담은 모습을 보고, 고체와 액체의 공통점과 차이점을 쓰시오.** [10점]

공통점	
차이점	

4 물질의 상태

과제명	공기가 공간을 차지하는지 알아보기	배점	20점
성취 목표	기체가 공간을 차지하고 있음을 알아보는 실험을 할 수 있다.		

1~3 다음은 바닥에 구멍이 뚫리지 않은 플라스틱 컵과 바닥에 구멍이 뚫린 플라스틱 컵으로 물 위에 떠 있는 페트병 뚜껑을 덮은 뒤 바닥으로 밀어 넣은 모습입니다. 물음에 답하시오.

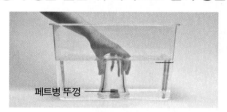

페트병 뚜껑

▲ 바닥에 구멍이 뚫리지 않은 플라스틱 컵

페트병 뚜껑

▲ 바닥에 구멍이 뚫린 플라스틱 컵

1 위 실험 결과를 표로 정리한 것입니다. (　　) 안에 들어갈 알맞은 말을 쓰시오. [5점]

구분	바닥에 구멍이 뚫리지 않은 플라스틱 컵	바닥에 구멍이 뚫린 플라스틱 컵
페트병 뚜껑의 위치	페트병 뚜껑이 아래로 내려간다.	(　　　　　　　).
수조 안 물의 높이	물의 높이가 (　　　　　　).	물의 높이에 변화가 없다.
컵 안	컵 안으로 (　　　　　).	컵 안으로 물이 들어간다.

2 위 실험으로 알 수 있는 공기의 성질을 쓰시오. [5점]

_____

_____

3 다음과 같은 공기 침대와 풍선 미끄럼틀이 위 **2**의 답에 해당하는 공기의 성질을 가지고 있어서 좋은 점을 쓰시오. [10점]

▲ 공기 침대

▲ 풍선 미끄럼틀

_____

_____

🤓 수행 평가

4 물질의 상태

과제명	물질을 고체, 액체, 기체로 분류해 보기	배점	20점
성취 목표	우리 주변의 물질을 고체, 액체, 기체로 분류할 수 있다.		

1~3 다음은 수영장에서 물놀이를 하는 모습입니다. 물음에 답하시오.

1 위 수영장에서 찾을 수 있는 고체, 액체, 기체를 각각 쓰시오. [5점]

고체	
액체	
기체	

2 위 수영장에서 찾을 수 있는 고체, 액체, 기체의 성질을 각각 두 가지 이상씩 쓰시오. [10점]

고체의 성질	
액체의 성질	
기체의 성질	

3 물질이 고체, 액체, 기체 중 어떤 상태인지 알아보기 위한 방법을 쓰시오. [5점]

5

소리의 성질

1 소리가 나는 물체의 특징

2 큰 소리와 작은 소리

3 높은 소리와 낮은 소리

4 소리의 전달

5 소리의 반사

6 소음과 소음을 줄이는 방법

1 소리가 나는 물체의 특징

1 물체에서 소리가 날 때의 특징 알아보기 +1

	소리가 나지 않는 스피커	소리가 나는 스피커
스피커에 손을 대 보기	떨림이 없다.	소리가 날 때 떨림이 느껴진다.
소리굽쇠를 물에 대 보기	아무 일도 일어나지 않는다.	**소리가 나는 소리굽쇠 +2** 고무망치로 소리굽쇠를 쳐서 소리를 냅니다. 소리가 나는 소리굽쇠의 떨림 때문에 물이 튀어 오른다.
트라이앵글에 손을 대 보기	떨림이 없다.	소리가 날 때 떨림이 느껴진다.

- **물체를 두드렸을 때 나는 소리의 특징**
  - 책과 같은 물체를 두드리면 큰 소리가 납니다.
  - 나무와 같은 물체를 두드리면 굵은 소리가 납니다.
  - 유리컵을 젓가락으로 두드리면 맑은 소리가 은은하게 납니다.
  - 쇠와 같은 금속을 젓가락으로 두드리면 날카로운 소리가 길게 납니다.

- **소리가 나는 물체를 소리가 나지 않게 하는 방법**
  - 소리가 나는 물체를 떨리지 않게 합니다.
  - 소리가 나는 물체를 손으로 세게 잡으면 소리가 나지 않습니다.

심벌즈를 손으로 잡으면 떨림이 멈추면서 소리가 나지 않게 됩니다.

- **소리굽쇠**
  일정한 떨림으로 소리를 내는 기구로, 길쭉한 금속 막대를 U자 모양으로 구부려 가운데에 자루를 단 것

▲ 소리굽쇠와 고무망치

2 물체에서 소리가 날 때의 공통점 알아보기

소리가 나는 목	소리가 나는 종	날 때 소리가 나는 벌
소리가 나는 목에 손을 대면 떨림이 느껴진다.	종이 떨기 때문에 소리가 난다.	날개를 빠르게 움직여 떨림이 생겨서 소리가 난다.

➡ 물체에서 소리가 날 때의 공통점 : 물체가 떨립니다.

정답과 풀이 96쪽

+1 소리가 나는 금속 그릇과 대나무 막대 관찰하기

소리가 나는 금속 그릇	소리가 나는 대나무 막대
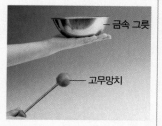	
금속 그릇을 손바닥 위에 올려 놓고 고무망치로 쳐서 소리를 내면 손에서 금속 그릇의 떨림이 느껴진다.	대나무 막대의 한쪽 끝을 손바닥으로 누르고 다른 쪽 끝을 눌렀다가 놓으면 소리가 나면서 떨림이 느껴진다.

+2 소리가 나는 스피커 관찰하기

스피커 위에 스타이로폼 공이 들어 있는 플라스틱 뚜껑을 올려놓고 음악이 나오지 않을 때와 나올 때의 변화를 관찰합니다.

음악이 나오지 않을 때	음악이 나올 때

아무 변화가 없다.	스타이로폼 공이 움직인다.

 **핵심 개념 정리**

• 소리가 나는 목이나 스피커, 소리굽쇠에 손을 대면 떨림이 느껴집니다.
• 물체가 떨리면 소리가 납니다.

1 소리가 나는 스피커에 손을 대 보았을 때의 결과로 옳은 것의 기호를 쓰시오.

ㄱ
▲ 떨림이 없다.

ㄴ
▲ 떨림이 느껴진다.

(   )

2 다음과 같이 소리가 나는 소리굽쇠와 소리가 나지 않는 소리굽쇠를 물에 대었을 때, 물의 변화에 맞게 선으로 연결하시오.

(1)
▲ 소리가 나지 않는 소리굽쇠

•

• ㉠ 물이 튀어 오른다.

(2)
▲ 소리가 나는 소리굽쇠

•

• ㉡ 아무 일도 일어나지 않는다.

3 다음은 물체에서 소리가 날 때의 공통점입니다. ( ) 안에 들어갈 알맞은 말을 쓰시오.

> 소리가 나는 물체는 (   )이/가 있다.

(   )

2 큰 소리와 작은 소리

1 작은북으로 소리의 세기 비교하기

(1) °작은북을 북채로 약하게 칠 때와 세게 칠 때의 소리 비교하기 **+1**

작은북을 약하게 칠 때	작은북을 세게 칠 때
작은 소리가 난다.	큰 소리가 난다.

(2) 북소리의 크기에 따라 작은북 위의 °좁쌀이 튀어 오르는 모습 비교하기

작은 소리가 날 때 좁쌀의 모습	큰 소리가 날 때 좁쌀의 모습
 좁쌀	 작은북이 크게 떨리기 때문입니다.
좁쌀이 낮게 튀어 오른다.	좁쌀이 높게 튀어 오른다.

(3) 작은북을 치는 세기에 따라 작은북 위의 좁쌀이 튀어 오르는 모습이 서로 다른 까닭
  ① 작은북을 북채로 약하게 치면 북이 작게 떨리면서 좁쌀이 낮게 튀어 오릅니다.
  ② 작은북을 북채로 세게 치면 북이 크게 떨리면서 좁쌀이 높게 튀어 오릅니다.

2 소리의 세기 알아보기 **+2**

(1) 소리의 세기 : 소리의 크고 작은 정도
(2) 소리의 세기를 다르게 하는 방법
  ① 물체가 떨리는 크기를 다르게 합니다.
  ② 물체가 크게 떨리면 큰 소리가 나고, 작게 떨리면 작은 소리가 납니다.

3 우리 생활에서 작은 소리와 큰 소리를 내는 경우

작은 소리를 내는 경우	큰 소리를 내는 경우
• 아기에게 자장가를 불러 줄 때 • 피아노로 조용한 곡을 연주할 때 • 도서관에서 친구와 귓속말로 이야기할 때 • '무궁화 꽃이 피었습니다' 놀이에서 술래에게 다가갈 때	• 멀리 있는 친구를 부를 때 • 체육 대회에서 응원할 때 • 수업 시간에 친구들 앞에서 발표할 때 • 야구장에서 우리 팀을 응원할 때
 ▲ 피아노로 조용한 곡 연주하기	 ▲ 야구 응원하기

• 작은북을 치는 방법
① 북채는 양손 엄지와 검지로 살짝 잡고 나머지 손가락은 가볍게 댑니다.
② 북채끼리의 각도(한 점에서 갈라져 나간 두 직선의 벌어진 정도)는 약 90°를 유지하고 북채와 북면과의 각도는 15° 정도를 유지합니다.
③ 어깨에 힘이 들어가지 않도록 하며 손목의 힘을 이용해 가볍게 두드립니다.

• 좁쌀
조의 열매를 찧은 쌀

▲ 좁쌀

➊ 금속 그릇과 고무망치로 큰 소리와 작은 소리 비교하기

금속 그릇을 강하게 칠 때	금속 그릇을 약하게 칠 때
	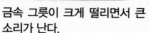
금속 그릇이 크게 떨리면서 큰 소리가 난다.	금속 그릇이 작게 떨리면서 작은 소리가 난다.

➋ 우쿨렐레로 큰 소리와 작은 소리 비교하기

우쿨렐레의 같은 줄을 세게 퉁길 때	우쿨렐레의 같은 줄을 약하게 퉁길 때

줄이 크게 떨리면서 큰 소리가 난다.	줄이 작게 떨리면서 작은 소리가 난다.

🎓 **핵심 개념 정리**

• 작은북을 북채로 약하게 치면 북이 작게 떨리면서 좁쌀이 낮게 튀어 오르고 작은 소리가 납니다.

• 작은북을 북채로 세게 치면 북이 크게 떨리면서 좁쌀이 높게 튀어 오르고 큰 소리가 납니다.

• 물체가 떨리는 크기에 따라 소리의 크기는 달라지며, 소리의 크고 작은 정도를 소리의 세기라고 합니다.

이렇게 세게 치면 큰 소리가 난다고.

1~2 다음은 작은북 위에 좁쌀을 올려놓고 북채로 작은북을 약하게 칠 때와 세게 칠 때의 모습입니다. 물음에 답하시오.

ⓐ  　　ⓑ

좁쌀

▲ 작은북을 약하게 칠 때　　▲ 작은북을 세게 칠 때

1 위에서 작은 소리가 나는 경우와 큰 소리가 나는 경우를 각각 골라 기호를 쓰시오.

(1) 작은 소리가 나는 경우 : (　　　)

(2) 큰 소리가 나는 경우 : (　　　)

2 작은북 위의 좁쌀이 더 높게 튀어 오르는 경우의 기호를 쓰시오.

(　　　　　　　)

3 소리의 세기에 대한 설명으로 옳지 <u>않은</u> 것을 두 가지 고르시오.　　　　　　(　　,　　)

① 소리의 크고 작은 정도이다.

② 소리의 높고 낮은 정도이다.

③ 물체가 크게 떨리면 큰 소리가 난다.

④ 물체가 떨리지 않을 때 작은 소리가 난다.

⑤ 작은북을 칠 때 소리의 세기를 다르게 하며 연주한다.

4 큰 소리를 내는 경우로 옳은 것은 어느 것입니까?

(　　　)

① 도서관에서 이야기할 때

② 아기에게 자장가를 불러 줄 때

③ 친구에게 귓속말로 이야기할 때

④ 야구장에서 우리 팀을 응원할 때

⑤ '무궁화 꽃이 피었습니다' 놀이에서 술래에게 다가갈 때

3 높은 소리와 낮은 소리

1 악기를 이용해 소리의 높낮이 비교하기 +1

(1) 팬 플루트의 관을 불면서 높은 소리와 낮은 소리가 날 때 관의 길이 비교하기

높은 소리가 날 때
관의 길이가 짧다.

낮은 소리가 날 때
관의 길이가 길다.

팬 플루트를 같은 힘으로
불어야 합니다.

(2) *실로폰의 *음판을 치면서 높은 소리와 낮은 소리가 날 때의 음판의 길이 비교하기 +2

낮은 소리가 날 때
음판의 길이가 길다.

높은 소리가 날 때
음판의 길이가 짧다.

└ 긴 음판을 칠수록 낮은
　소리가 납니다.

└ 짧은 음판을 칠수록
　높은 소리가 납니다.

실로폰 음판을 같은 힘으로 쳐야 합니다.

2 소리의 높낮이 알아보기

(1) 소리의 높낮이 : 소리의 높고 낮은 정도

(2) 소리의 높낮이를 다르게 내는 방법

　① 팬 플루트의 관과 실로폰의 음판은 길이에 따라 소리의 높낮이가 다릅니다.
　② 소리의 높낮이를 이용해 다양한 음악을 연주할 수 있습니다.

(3) 소리의 높낮이를 이용하는 경우 : 다양한 악기를 연주하는 *관현
악단과 여러 사람이 함께 노래를 부르는 합창단은 악기와 사람
이 내는 소리의 높낮이 등을 이용해 다양한 음악을 만듭니다.

관현악단은 여러 가지 악기로 소리의
다양한 높낮이를 활용해 멋진 음악을
만듭니다.

▲ 관현악단

3 *우리 생활에서 높은 소리를 이용하는 예

소프라노 가수	*화재경보기	긴급 자동차(구급차)
높은 소리를 이용해 아름다운 노래를 만든다.	높은 경보음으로 화재를 알린다.	높은 경보음으로 위급한 상황을 알린다.

**• 소리의 높낮이를 이용하는
악기와 소리의 세기를 이
용하는 악기**
　• 피아노, 실로폰, 기타 등
　은 주로 소리의 높낮이
　를 이용해 음악을 연주
　합니다.
　• 북, 트라이앵글, 장구 등
　은 소리의 세기를 이용
　해 음악을 연주합니다.

• 음판
　떨어서 소리를 내는 쇠붙
　이나 나무들의 조각

• 관현악단
　관악기, 타악기, 현악기 따
　위로 함께 음악을 연주하
　는 단체

• 낮은 소리를 이용하는 예
　배에서 신호를 보내는 뱃
　고동은 낮은 소리로 멀리
　까지 신호를 보냅니다.

**• 수영장 안전 요원의 호루
라기**
　수영장 안전 요원은 높
　은 소리를 내는 호루라
　기를 이용해서 위험을
　알립니다.

+1 금속 그릇과 고무망치로 높은 소리와 낮은 소리 만들기

작은 금속 그릇을 칠 때	큰 금속 그릇을 칠 때

그릇이 빠르게 떨리면서 높은 소리가 난다.	그릇이 느리게 떨리면서 낮은 소리가 난다.

+2 기타로 높은 소리와 낮은 소리 만들기

기타 줄을 짧게 잡고 퉁길 때	기타 줄을 길게 잡고 퉁길 때

줄이 빠르게 떨리면서 높은 소리가 난다.	줄이 느리게 떨리면서 낮은 소리가 난다.

핵심 개념 정리

- 소리의 높고 낮은 정도를 소리의 높낮이라고 합니다.
- 팬 플루트의 관과 실로폰의 음판은 길이에 따라 소리의 높낮이가 다르며, 이러한 성질을 이용해 음악을 연주할 수 있습니다.
- 다양한 악기를 연주하는 관현악단과 여러 사람이 함께 노래를 부르는 합창단은 악기와 사람이 내는 소리의 높낮이 등을 이용해 공연합니다.

잘 불어 보라고!

긴 관을 불수록 낮은 소리가 나는구나.

1 다음 팬 플루트의 관을 불 때 나는 소리에 맞게 선을 연결하시오.

(1) 긴 관에서 짧은 관의 순서로 불 때 · | · ㉠ 점점 낮은 소리가 난다.

(2) 짧은 관에서 긴 관의 순서로 불 때 · | · ㉡ 점점 높은 소리가 난다.

2 다음과 같은 실로폰은 무엇에 따라 소리의 높낮이가 다릅니까? (   )

① 음판의 굵기   ② 음판의 길이
③ 음판의 색깔   ④ 음판을 치는 사람
⑤ 음판을 치는 세기

3 우리 생활에서 위급한 상황을 알리기 위해 높은 소리를 사용하는 예로 옳지 않은 것은 어느 것입니까? (   )

① 	② 
▲ 화재경보기의 경보음	▲ 수영장 안전 요원의 호루라기
③ 	④ 
▲ 긴급 자동차의 경보음	▲ 피아노 연주하기

1 떨림이 느껴지지 <u>않는</u> 물체는 어느 것입니까?
( )

① 알람이 울리는 시계
② 연주하고 있는 작은북
③ 노래 소리가 나는 스피커
④ 활로 켜고 있는 바이올린
⑤ 고무망치로 치기 전의 소리굽쇠

2 다음과 같이 소리가 나는 목에 손을 대 보았을 때의 결과로 옳은 것은 어느 것입니까? ( )

① 소리가 커진다.
② 소리가 작아진다.
③ 손이 차가워진다.
④ 손에서 떨림이 느껴진다.
⑤ 손에 아무 느낌이 나지 않는다.

3 고무망치로 쳐서 소리가 나는 소리굽쇠를 물에 대보았을 때의 결과로 옳은 것은 어느 것입니까?
( )

① 아무 변화가 없다.
② 물이 튀어 오른다.
③ 소리가 점점 커진다.
④ 물의 색깔이 달라진다.
⑤ 소리굽쇠의 색깔이 달라진다.

4 다음은 소리가 나는 종과 벌의 모습입니다. 이에 대한 설명으로 옳은 것을 보기 에서 두 가지 골라 기호를 쓰시오.

(가) 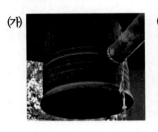　　(나)

보기
㉠ (가)와 (나)에는 떨림이 있다.
㉡ (가)의 종에서는 소리가 나지만 떨림은 없다.
㉢ (나)의 벌이 날기 위해서 날개를 빨리 움직이기 때문에 떨림이 생긴다.
㉣ (나)의 벌은 떨림은 있지만 소리가 나지 않게 날 수 있다.

(,)

5 소리가 나는 소리굽쇠의 소리를 멈추게 하는 방법을 옳게 말한 친구의 이름을 쓰시오.

• 석주 : 소리굽쇠를 계속 흔들어.
• 경일 : 소리굽쇠를 더 떨리게 해.
• 인경 : 소리굽쇠를 손으로 세게 움켜잡아.

( )

6 다음과 같이 작은북 위에 좁쌀을 올려놓고 북채로 치는 세기를 다르게 하여 작은북을 쳤습니다. 가장 큰 소리가 나는 경우의 기호를 쓰시오.

㉠ 　　㉡ 　　㉢

( )

7 소리의 세기에 대한 설명으로 옳지 <u>않은</u> 것을 두 가지 고르시오. (,)

① 소리의 크고 작은 정도를 말한다.
② 소리의 높고 낮은 정도를 말한다.
③ 물체가 크게 떨리면 작은 소리가 난다.
④ 물체가 떨리는 크기에 따라 소리의 세기는 달라진다.
⑤ 북을 치는 힘의 세기를 다르게 하면 소리의 세기를 다르게 할 수 있다.

8 우리 생활에서 큰 소리를 내는 경우를 두 가지 고르시오. (,)

① 책을 넘길 때
② 귓속말을 할 때
③ 가까이에서 이야기할 때
④ 멀리 있는 친구를 부를 때
⑤ 체육 대회에서 우리 팀을 응원할 때

9 팬 플루트를 불 때 가장 높은 소리를 내는 방법으로 옳은 것은 어느 것입니까? ( )

① 팬 플루트를 세게 분다.
② 팬 플루트를 약하게 분다.
③ 팬 플루트를 오랫동안 분다.
④ 팬 플루트의 가장 긴 관을 분다.
⑤ 팬 플루트의 가장 짧은 관을 분다.

10 다음 실로폰을 쳤을 때 (가) 음판보다 낮은 소리를 내는 음판을 모두 골라 기호를 쓰시오.

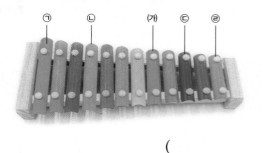

( )

11 다음은 다양한 악기를 연주하는 관현악단의 모습입니다. ( ) 안의 알맞은 말에 ○표 하시오.

관현악 중 현악기와 관악기는 소리의 (높낮이, 세기)가 다양한 악기를 이용하여 음악을 연주한다.

12 우리 생활에서 높은 소리를 이용하는 예가 <u>아닌</u> 것의 기호를 쓰시오.

ⓐ
ⓑ
ⓒ
▲ 화재경보기의 경고음 ▲ 구급차의 경보음 ▲ 귓속말

( )

4 소리의 전달

1 여러 가지 물질을 통해 소리 ˚전달하기 +1

책상을 두드리는 소리 듣기	스피커에서 나는 소리 듣기	물속에서 소리가 나는 스피커 찾기
		물속이 보이지 않습니다.  플라스틱 관
책상에 귀를 대고 책상을 두드리는 소리를 들어 본다.	스피커에서 나는 소리를 들어 본다.	색소를 섞은 물이 담긴 수조에 플라스틱 관을 넣고 소리가 나는 스피커를 찾아본다.
• 책상을 두드리는 소리가 크게 들린다. • 소리가 책상을 통해 전달된다.	• 스피커에서 나는 소리가 들린다. • ˚소리가 공기를 통해 전달된다.	• 플라스틱 관이 스피커에 가까워질수록 소리가 더 크게 들린다. • 소리가 수조의 물과 플라스틱 관, 관 속의 공기를 통해 전달된다.

➡ 소리는 나무나 플라스틱과 같은 고체, 물과 같은 액체, 공기와 같은 기체를 통해서도 전달됩니다.

2 소리의 전달 알아보기

(1) 소리의 전달
① ˚소리는 물질을 통해 전달됩니다.
② 우리 생활에서 들리는 대부분의 소리는 기체인 공기를 통해 전달되고 나무나 철과 같은 고체, 물과 같은 액체를 통해서도 전달됩니다.

(2) ˚여러 가지 물질을 통한 소리의 전달 +2

소리는 고체, 액체, 기체를 통해서 전달됩니다.

공기(기체)	철(고체)	물(액체)

멀리 있는 친구가 부르는 소리를 듣는다.	철봉에 귀를 대고 철봉을 두드리는 소리를 듣는다.	잠수부가 멀리서 오는 배의 엔진 소리를 듣는다.

3 공기를 뺄 수 있는 장치에 소리가 나는 스피커를 넣고 공기를 빼면 소리가 작아지는 까닭

스피커의 소리는 공기를 통해 전달되는데, 통 안의 공기를 빼면 소리를 전달하는 물질인 공기가 줄어들기 때문에 소리가 작아집니다.

 스피커

소리를 전달할 수 있는 공기가 줄어들기 때문에 소리가 잘 전달되지 않습니다.

왼쪽 여백

• 전달
어떤 사람이 물건을 받아 다른 사람에게 넘겨주는 것

• 공기에서 소리가 전달되는 과정
• 물체의 떨림이 주변의 공기를 떨리게 하고, 그 공기의 떨림이 우리 귀까지 도달해 소리가 전달되는 것입니다.
• 물체의 떨림 → 공기의 떨림 → 귓속 고막의 떨림

• 우주에서 소리를 들을 수 없는 까닭
우주에는 소리를 전달해 주는 물질인 공기가 없어서 소리가 전달되지 않습니다.

• 물질의 상태에 따른 소리의 전달

고체	• 실전화기로 소리 듣기 • 땅에 귀를 대고 소리 듣기
액체	•˚수중 발레 선수와 잠수부가 물속에서 소리 듣기
기체	• 꼬불꼬불한 관 속 공기를 통해 소리 듣기 • 스피커에서 나오는 소리에 의해 흔들리는 촛불

• 수중 발레
수영 경기의 하나로, 음악에 맞추어 헤엄치면서 기술과 표현의 아름다움을 겨루는 종목

▲ 수중 발레

+1 실을 이용해 소리 전달하기

숟가락을 두드리는 소리가 공기를 통해 전달되지 않도록 약하게 두드립니다.

탐구 과정	① 실을 이용하여 소리를 전달할 수 있는지 예상해 본다. ② 숟가락에 연결한 실을 귀에 걸고 젓가락으로 숟가락을 두드려 소리가 들리는지 관찰한다.
탐구 결과	실을 통해 숟가락이 울리는 소리가 예상한 것보다 크게 들린다.
알 수 있는 사실	실을 통해 소리가 전달될 수 있다.

+2 실 전화기로 소리 전달하기

• 실 전화기는 실의 떨림으로 소리가 전달됩니다.
• 실 전화기의 한쪽 종이컵에 입을 대고 소리를 내면 실을 통해 소리가 전달되어 다른 쪽 종이컵에서 소리를 들을 수 있습니다.
• 실을 팽팽하게 하고, 손으로 잡지 않고, 실의 길이를 짧게 하거나 두껍게 하면 소리가 더 잘 들립니다.

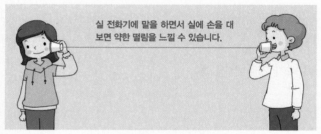

실 전화기에 말을 하면서 실에 손을 대 보면 약한 떨림을 느낄 수 있습니다.

▲ 실 전화기로 소리 전달하기

핵심 개념 정리

• 소리는 물질을 통해 전달됩니다.
• 우리 생활에서 들리는 대부분의 소리는 기체인 공기를 통해 전달됩니다.
• 나무나 철과 같은 고체, 물과 같은 액체를 통해서도 소리가 전달됩니다.
• 공기를 뺄 수 있는 통 안에 소리가 나는 스피커를 넣고 공기를 빼면 소리 전달 물질인 공기가 줄어들어 소리가 작아집니다.

소리는 고체, 액체, 기체를 통해 전달되지만 대부분의 소리는 기체인 공기로 전달돼.

---

1 다음과 같이 책상에 귀를 대고 책상을 두드리는 소리를 들었습니다. 이때 소리를 전달하는 것은 어느 것입니까?

(   )

① 옷   ② 물   ③ 공기
④ 책상   ⑤ 의자

2 다음과 같이 파란색 식용 색소를 섞은 수조의 물속에 소리가 나는 스피커를 넣은 다음, 플라스틱 관을 이용해 스피커를 찾아보았습니다. 스피커의 소리를 전달하는 것이 <u>아닌</u> 것을 보기에서 골라 기호를 쓰시오.

플라스틱 관

> **보기**
> ㉠ 수조의 물
> ㉡ 플라스틱 관
> ㉢ 수조를 올려놓은 책상
> ㉣ 플라스틱 관 속의 공기

(   )

3 소리의 전달에 대한 설명으로 옳지 <u>않은</u> 것은 어느 것입니까? (   )

① 북소리는 공기를 통해 전달된다.
② 소리는 철과 같은 고체에서도 전달된다.
③ 소리는 물과 같은 액체에서는 전달되지 않는다.
④ 소리가 나는 물체의 떨림은 여러 가지 물질을 통해 전달된다.
⑤ 우리 생활에서 들리는 대부분의 소리는 기체인 공기를 통해 전달된다.

5 소리의 반사

1 여러 가지 물체를 이용해 스피커의 소리 듣기 +1

(1) 탐구 과정

① 소리가 나는 스피커를 플라스틱 통 속에 넣고 소리를 들어 봅시다.

② 플라스틱 통의 위쪽에서 나무판을 비스듬히 들고 있을 때 스피커에서 나오는 소리를 들어 봅시다.

③ 스타이로폼판을 이용해 ②와 같이 스피커에서 나오는 소리를 들어 봅시다.

④ ①~③에서 들리는 소리의 크기를 비교해 봅시다.

스피커

나무판
딱딱합니다.

스타이로폼판
부드럽습니다.

(2) 탐구 결과

구분	아무것도 들지 않고 소리 듣기	나무판을 들고 소리 듣기	스타이로폼판을 들고 소리 듣기
소리가 들리는 정도	소리가 가장 작게 들린다.	소리가 가장 크게 들린다.	나무판을 들 때보다 소리가 작게, 아무것도 들지 않을 때보다 소리가 크게 들린다.
크게 들리는 순서	3	1	2

(3) 알 수 있는 사실

① 소리는 나아가다가 물체에 부딪쳐 되돌아옵니다.

② 물체의 종류에 따라 소리를 반사하는 정도가 다릅니다.

2 소리의 반사

(1) **소리의 반사** : 소리가 나아가다가 물체에 부딪쳐 되돌아오는 성질입니다.

(2) 소리는 딱딱한 물체에서는 잘 반사되지만 부드러운 물체에서는 잘 반사되지 않습니다.

도로 방음벽, 공사장 방음벽도 소리의 반사를 이용한 시설입니다.

3 우리 생활에서 소리가 반사되는 경우

(1) °딱딱한 벽을 향해 소리를 내면 그 소리가 다시 들립니다.

(2) °암벽으로 된 산에서 소리를 내면 잠시 뒤에 °메아리가 들립니다.

(3) °공연장의 천장에는 반사판이 설치되어 있어 소리를 골고루 전달합니다.

(4) °동굴이나 목욕탕에서 소리가 울립니다.

▲ 메아리

- **텅 빈 체육관에서 소리를 들은 경험**
  - 텅 빈 체육관에서 손뼉을 치면 잠시 뒤에 그 소리가 다시 들립니다.
  - 빈 공간에서 소리를 내면 흡수되는 소리가 적기 때문에 벽이나 물체에 부딪쳐 되돌아오는 소리를 들을 수 있습니다.

- **암벽**
  깎아지른 듯 높이 솟은 벽 모양의 바위

- **메아리**
  울려 퍼져 가던 소리가 산이나 절벽 같은 데에 부딪쳐 되울려오는 소리

- **공연장 천장에 반사판을 설치하는 까닭**
  반사판을 이용해 공연장 전체에 소리를 골고루 전달하기 위해서입니다.

▲ 공연장 반사판

- **동굴이나 목욕탕에서 소리가 울리는 까닭**
  - 목욕탕에서는 소리를 내는 곳과 벽과의 공간에 소리를 흡수하는 물체가 거의 없어서 소리의 반사가 잘 일어납니다.
  - 동굴에서 메아리를 들을 수 있는 까닭도 이와 같습니다.

+1 소리가 물체에 부딪칠 때 나타나는 현상 관찰하기

탐구 과정	① 두 개의 종이관을 직각이 되게 놓고 한쪽 종이관에 작은 소리가 나는 이어폰을 넣는다. ② 이어폰을 넣지 않은 다른 쪽 종이관 끝에 귀를 대고 소리를 들어 본다.  ③ 두 종이관이 직각으로 만나는 곳에 나무판자와 스펀지를 세우고 소리를 들어 본다.  나무판자　　　　스펀지
탐구 결과	나무판자를 세웠을 때 소리의 크기가 가장 크고, 아무것도 세우지 않았을 때 소리의 크기가 가장 작다.

🎓 **핵심 개념 정리**

· 소리가 나아가다가 물체에 부딪쳐 되돌아오는 성질을 소리의 반사라고 합니다.
· 소리는 딱딱한 물체에서는 잘 반사되지만, 부드러운 물체에서는 잘 반사되지 않습니다.
· 동굴이나 산에서 들리는 메아리, 공연장 천장의 반사판 등은 우리 생활에서 소리가 반사되는 예입니다.

소리의 반사로 벽이 있는 걸 알 수 있지.

1~2 다음과 같이 플라스틱 통 속에 있는 스피커의 소리를 들어 보았습니다. 물음에 답하시오.

ㄱ
스피커

ㄴ
나무판

ㄷ
스타이로폼판

1 위 ㉠~㉢ 중 스피커의 소리가 가장 크게 들리는 경우의 기호를 쓰시오.

(　　　　　)

2 위 ㉠~㉢ 중 소리의 반사를 이용하지 <u>않은</u> 경우의 기호를 쓰시오.

(　　　　　)

3 다음은 소리의 반사에 대한 설명입니다. (　　) 안에 들어갈 알맞은 말을 쓰시오.

> 소리가 나아가다가 물체에 부딪쳐 (　　　) 성질을 소리의 반사라고 한다.

(　　　　　)

4 오른쪽과 같은 동굴에서 소리를 내면 잠시 뒤에 메아리가 들리는 까닭에 대한 설명입니다. (　　) 안에 들어갈 알맞은 말을 쓰시오.

> 동굴에서 소리를 내면 잠시 뒤에 메아리가 들리는 것은 목소리가 딱딱한 벽에 부딪쳐 (　　　　)되기 때문이다.

(　　　　　)

6 소음과 소음을 줄이는 방법

1 일상생활에서 °소음을 줄이는 방법 알아보기 ➕1

음악실 소음은 벽에 소리가 잘 전달되지 않는 물질을 붙여 소리를 줄일 수 있어요.

자동차 소음은 방음벽에서 소리가 반사되기 때문에 소리의 전달을 막아 소음을 줄일 수 있어요.

▲ 도로 방음벽

▲ 음악실 °방음벽

아름다운 음악 소리도 너무 크면 소음이 될 수 있어요.

스피커 소음은 볼륨을 조절하여 소리의 세기를 줄일 수 있어요.

▲ 소리가 큰 스피커

주택

· 의자를 끄는 소리 : 의자 다리에 소음 방지 덮개를 씌워 소리가 잘 전달되지 않도록 한다.
· 사람이 걷거나 뛰어 발생하는 층간 소음 : 소음 방지 매트를 깔아 소리가 잘 전달되지 않도록 한다.
· 밤에 시끄러운 음악 소리 : 이중창을 설치하여 소리가 잘 전달되지 않도록 한다.

공사장

· 땅을 뚫는 소리 : °방음벽을 설치해 소음이 방음벽 밖으로 나오지 않도록 반사시킨다.
· 확성기 소리 : 확성기 사용을 줄이거나 소리의 세기를 줄인다.
· 건설 기계 소기 : 소리를 잘 흡수하는 물질로 주변을 막아 소리의 전달을 막는다.

도로

· 상점의 스피커 소리 : 스피커 소리를 작게 한다.
· 자동차 경적 소리 : °방음벽을 설치해 소음을 도로 쪽으로 반사시킨다.
· 자동차가 달리는 소리 : 과속 방지 턱을 설치하여 자동차가 느리게 달리도록 한다.

2 소리의 성질을 이용해 소음을 줄이는 방법

(1) **소음** : 사람이 들었을 때 기분이 좋지 않거나 건강을 해칠 수 있는 시끄러운 소리

(2) **소리의 성질을 이용해 소음을 줄이는 방법**

소리의 세기 줄이기	· 집에서 TV나 음악을 들을 때는 너무 큰 소리로 듣지 않는다. · 집에서 기타나 바이올린과 같은 악기를 연주할 때는 소리를 줄일 수 있는 장치를 이용한다. · 집 안에서는 뛰어다니거나 공놀이를 하지 않는다.
소리가 잘 전달되지 않게 하기	· 음악실에는 소리가 잘 전달되지 않는 물질을 벽에 붙인다. · 집에서는 바닥에 소음 방지 매트를 깔고 생활한다.
소리 반사시키기	주택가 큰 도로변에는 소리를 반사시키는 방음벽을 설치한다.

왼쪽 여백

° **소음이 생기는 까닭**
· 도로에서 자동차가 빨리 달리기 때문입니다.
· 공사장의 건설 기계가 움직이면서 큰 소리를 내기 때문입니다.

° **방음**
안의 소리가 밖으로 새어 나가거나 밖의 소리가 안으로 들어오지 못하도록 막음

° **소리가 반사되는 성질을 이용한 도로 방음벽**
· 교통량이 많은 도로에서는 소음이 발생하기 때문에 방음벽을 설치해 소음을 차단합니다.
· 방음벽은 소리가 잘 전달되지 않는 물질을 이용하거나 소리를 반사시키는 구조를 사용해 소리를 도로로 다시 반사시킵니다.

▲ 도로 방음벽

+1 소리의 성질을 이용해 소음을 줄이는 방법

공사장	• 공사 현장 주변에 소리를 반사할 수 있는 방음벽을 만든다.(소리의 반사) • 땅이나 암석 등을 파는 굴착기와 같은 기계 주변에 소리가 잘 전달되지 않도록 하는 에어 방음벽을 설치한다. (소리의 반사) • 공사장 벽 바깥쪽에 소음 정도를 표시하는 알림판을 만든다.(소리의 발생을 줄임)
집	• 집 안에서 뛰어다니거나 공을 가지고 놀지 않는다.(소리의 발생을 줄임) • TV나 음악 소리를 너무 크게 하지 않는다.(소리의 발생을 줄임) • 소리가 전달되지 않도록 소음 방지 매트를 바닥에 깔고 생활한다.(소리의 전달을 줄임)
도로	• 도로에서 함부로 경적 소리를 내지 않는다.(소리의 발생을 줄임) • 주택가 도로에서 과속이나 급정거를 하지 않는다.(소리의 발생을 줄임) • 도로변에 주택가로 나가는 소리를 반사하는 방음벽을 설치한다.(소리의 반사)
음악실	• 스펀지와 같은 재료를 벽에 붙인다.(소리의 전달을 줄임) • 악기에 소리를 줄일 수 있는 장치를 단다.(소리의 발생을 줄임)

핵심 개념 정리

• 사람이 들었을 때 기분이 좋지 않거나 건강을 해칠 수 있는 시끄러운 소리를 소음이라고 합니다.
• 소리의 세기 줄이기, 소리가 잘 전달되지 않게 하기, 소리 반사시키기 등 소리의 성질을 이용해 소음을 줄일 수 있습니다.

방음벽을 설치했더니 소음이 줄었어~.

---

1 소음이 생기는 경우가 아닌 것을 보기 에서 골라 기호를 쓰시오.

> **보기**
> ㉠ 스피커의 음량을 많이 줄일 때
> ㉡ 도로에서 자동차가 경적을 울릴 때
> ㉢ 공사장에서 기계를 이용해 땅을 팔 때

(   )

2 과속 방지 턱을 도로에 설치하는 까닭에 대한 설명입니다. ( ) 안의 알맞은 말에 ○표 하시오.

자동차가 (빠르게, 느리게) 달리도록 하여, 소음을 (줄이기, 발생시키기) 위해서이다.

3 소리를 반사시켜 소음을 줄이는 경우의 기호를 쓰시오.

㉠    ㉡

▲ 도로 방음벽   ▲ 음악실 방음벽

(   )

4 공동 주택에서 생기는 소음을 줄이는 방법으로 옳은 것은 어느 것입니까? (   )

① 뛰어다닌다.
② 축구공을 굴린다.
③ 큰 소리로 이야기를 한다.
④ 이어폰을 끼고 음악을 듣는다.
⑤ 문을 열 때 벽에 부딪히게 세게 연다.

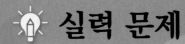

1 같은 상태의 물질을 통해 소리가 전달되는 경우를 [보기]에서 모두 고른 것은 어느 것입니까?
( )

> **보기**
> ㉠ 땅에 귀를 대고 소리를 듣는다.
> ㉡ 멀리서 친구가 부르는 소리를 듣는다.
> ㉢ 책상에 귀를 대고 책상을 두드리는 소리를 듣는다.

① ㉠, ㉡   ② ㉠, ㉢
③ ㉡, ㉢   ④ ㉠, ㉡, ㉢
⑤ 없다.

2 오른쪽과 같이 파란색 식용 색소를 섞은 물 속에 소리가 나는 스피커를 넣은 뒤 플라스틱 관을 이용해 스피커를 찾아보았습니다. 이에 대한 설명으로 옳은 것은 어느 것입니까?   ( )

플라스틱 관

① 수조가 소리의 전달을 막는다.
② 플라스틱 관을 통해 소리가 들리지 않는다.
③ 플라스틱 관을 이동시켜도 들리는 소리의 크기는 일정하다.
④ 플라스틱 관이 스피커에 가까이 갈수록 들리는 소리가 커진다.
⑤ 플라스틱 관이 스피커에 가까이 갈수록 들리는 소리가 작아진다.

3 소리의 전달에 대한 설명으로 옳지 <u>않은</u> 것을 [보기]에서 골라 기호를 쓰시오.

> **보기**
> ㉠ 소리는 기체에서만 전달된다.
> ㉡ 물속에서도 소리가 전달된다.
> ㉢ 공기가 없는 달에서는 소리가 전달되지 않는다.

( )

4 다음과 같이 숟가락에 연결한 실을 귀에 건 뒤 숟가락을 두드리는 소리를 들었습니다. 이에 대한 설명으로 옳은 것은 어느 것입니까?   ( )

실
숟가락
젓가락

① 소리가 작게 들린다.
② 소리가 들리지 않는다.
③ 소리가 기체를 통해 전달된다는 것을 알 수 있다.
④ 소리가 액체를 통해 전달된다는 것을 알 수 있다.
⑤ 소리가 고체를 통해 전달된다는 것을 알 수 있다.

5 소리가 잘 전달되는 경우의 기호를 쓰시오.

㉠ 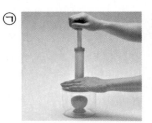   ㉡

▲ 통 안에 소리가 나는 스피커를 넣고 공기를 빼낼 때   ▲ 실 전화기로 멀리 있는 친구와 이야기할 때

( )

6 실 전화기의 소리를 더 잘 들리게 하는 방법을 옳게 말한 친구의 이름을 쓰시오.

> • 석주 : 실에 물을 묻히면 돼.
> • 희경 : 실을 느슨하게 하면 되지.
> • 경일 : 실을 손으로 꽉 잡으면 돼.

( )

7~8 다음과 같이 장치한 뒤 스피커에서 나오는 소리를 들었습니다. 물음에 답하시오.

▲ 아무것도 들지 않을 때

나무판
▲ 나무판을 들고 있을 때

7 ㉠과 ㉡ 중 소리가 더 크게 들리는 경우의 기호를 쓰시오.

( )

8 위 7의 답과 같은 결과가 나타난 까닭으로 옳은 것을 보기 에서 골라 기호를 쓰시오.

보기
㉠ 나무판이 소리를 흡수하기 때문이다.
㉡ 나무판이 소리를 반사하기 때문이다.
㉢ 나무판이 소리를 더 크게 만들기 때문이다.
㉣ 나무판이 소리를 더 작게 만들기 때문이다.

( )

9 소리의 반사가 일어나는 경우로 옳은 것을 보기 에서 모두 고른 것은 어느 것입니까? ( )

보기
㉠ 산에서 메아리를 들은 경우
㉡ 체육관에서 박수 소리가 울린 경우
㉢ 실 전화기로 친구와 이야기를 한 경우
㉣ 공사장에서 건설 기계로 땅을 깊게 판 경우

① ㉠, ㉡
② ㉡, ㉢
③ ㉢, ㉣
④ ㉠, ㉡, ㉢
⑤ ㉠, ㉡, ㉢, ㉣

10 소리의 성질과 관련지어 소음을 줄이는 방법으로 옳지 **않은** 것을 보기 에서 골라 기호를 쓰시오.

보기
㉠ 방음벽을 설치해 소리를 반사시킨다.
㉡ 소음을 일으키는 물체의 떨림을 더 크게 한다.
㉢ 소리를 밖으로 잘 전달하지 않는 물질을 붙인다.

( )

11 공동 주택에서 생기는 소음을 줄이기 위한 방법을 옳게 말한 친구의 이름을 쓰시오.

• **경일** : 문을 세게 닫는다.
• **석주** : 의자를 바닥에 끌고 이동한다.
• **희경** : 음악을 들을 때 스피커의 소리를 작게 한다.

( )

12 일상생활에서 접할 수 있는 소음의 예와 그 소음을 줄이는 방법을 옳게 연결한 것은 어느 것입니까?

( )

① 비행기 소리 – 실내화 신기
② 음악실에서 나는 소리 – 도로 방음벽 설치하기
③ 기차가 달리는 소리 – 주변 집에 이중창 설치하기
④ 세탁기가 돌아가는 소리 – 이어폰 사용하기
⑤ 도로의 자동차가 달리는 소리 – 층간 소음 매트 깔기

5 소리의 성질

소리는 물체의 떨림에 의해 만들어지고, 큰 소리와 작은 소리, 높은 소리와 낮은 소리
가 있으며 소리는 여러 가지 물체를 통하여 전달되거나 반사되는 성질이 있습니다.

그림을 보고 배운 개념을 떠올리며 (　) 안에 알맞은
말을 써 보세요.

개념1 소리가 나는 물체의 특징

이렇게 소리굽쇠를 고무망치로 치면!

오오! 떨림이 느껴져!

댕

으~

소리가 나는 목이나 트라이앵글, 금속 그릇에 손을
대면 (❶　　　　)이/가 느껴집니다. 소리가 나는
물체는 (❷　　　　)이/가 있습니다.

개념2 소리의 세기

이렇게 세게 치면 큰
소리가 난다고.

둥!
둥!
둥!

소리의 크고 작은 정도를 소리의 (❸　　　　)(이)
라고 합니다. 북채로 작은북을 세게 치면 크게 떨리
면서 (❹　　　　) 소리가 나고, 약하게 치면 작게
떨리면서 (❺　　　　) 소리가 납니다.

그림을 보고 배운 개념을 떠올리며 (　) 안에 알맞은
말을 써 보세요.

개념4 소리의 전달

소리는 고체, 액체, 기체를 통해 전달되지만
대부분의 소리는 기체인 공기로 전달돼.

야!

소리는 고체, (❾　　　　), 기체 상태의
여러 가지 물질을 통해 전달됩니다. 우리가
듣는 대부분의 소리는 (❿　　　　)을/를
통해서 전달됩니다.

개념5 소리의 반사

퉁!

소리의 반사로
벽이 있는 걸
알 수 있지.

소리가 나아가다가 물체에 부딪쳐 되돌아오는
성질을 소리의 (⓫　　　　)(이)라고 합니다.
소리는 부드러운 물체보다 (⓬　　　　) 물
체에서 잘 반사됩니다.

개념3 소리의 높낮이

소리의 높고 낮은 정도를 소리의 (❻   )(이)라고 합니다. 실로폰 음판의 길이가 짧을수록 (❼   ) 소리가 나고, 음판의 길이가 길수록 (❽   ) 소리가 납니다.

개념6 소음을 줄이는 방법

소리의 (❸   ) 줄이기, 소리가 잘 전달되지 않게 하기, 소리 (❹   ) 시키기 등 소리의 성질을 이용해 소음을 줄일 수 있습니다.

옳은 문장에 ○, 틀린 문장에 ✕하세요. 틀린 부분은 밑줄을 긋고 바른 개념으로 고쳐 써 보세요.

1 소리가 나는 트라이앵글이나 소리굽쇠에 손을 대면 떨림이 느껴집니다. (   )

2 소리가 나지 않는 스피커에 손을 대면 떨림이 느껴집니다. (   )

3 물체가 떨리는 정도에 따라 소리의 크기가 달라집니다. (   )

4 작은북을 북채로 약하게 치면 북이 작게 떨리면서 큰 소리가 납니다. (   )

5 실로폰의 짧은 음판을 치면 낮은 소리가 나고, 긴 음판을 치면 높은 소리가 납니다. (   )

6 구급차 소리와 화재경보기 소리는 높은 소리를 이용합니다. (   )

7 소리는 고체 상태의 물질을 통해서 전달되지 않습니다. (   )

8 소리가 나아가다가 물체에 부딪쳐 되돌아오는 성질을 소리의 전달이라고 합니다. (   )

9 소리는 딱딱한 물체보다 부드러운 물체에서 잘 반사됩니다. (   )

10 소음은 소리의 세기를 줄이거나 소리가 잘 전달되지 않도록 하여 줄일 수 있습니다. (   )

※ 한 문항당 5점입니다.

1 소리가 나는 물체의 공통적인 특징으로 옳은 것은 어느 것입니까? ( )

① 떨림이 있다.
② 부피가 변한다.
③ 무게가 변한다.
④ 모양이 변한다.
⑤ 온도가 변한다.

2 다음은 소리굽쇠를 물에 대었을 때의 모습입니다. 소리가 나는 소리굽쇠는 어느 것인지 기호를 쓰시오.

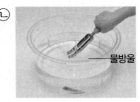

물방울

( )

3 서술형 다음과 같은 작은북을 북채로 세게 치면 약하게 칠 때보다 북의 떨림과 소리의 세기는 어떠한지 쓰시오.

_____

_____

4 소리의 세기에 대해 옳게 말한 친구의 이름을 쓰시오.

- 석주 : 경일이는 나보다 목소리가 커.
- 경일 : 내 목소리는 석주보다 낮아.
- 희경 : 인경이는 기타를 잘 연주해.
- 인경 : 희경이는 말을 너무 빠르게 해.

( )

5 우리 생활에서 큰 소리를 내는 경우를 보기 에서 모두 골라 기호를 쓰시오.

보기
㉠ 멀리 있는 친구를 부를 때
㉡ 아기에게 자장가를 불러 줄 때
㉢ 체육 대회에서 우리 팀을 응원할 때
㉣ 수업 시간에 친구들 앞에서 발표를 할 때

( )

6 다음과 같은 팬 플루트에 대한 설명으로 옳은 것은 어느 것입니까? ( )

① 길이가 긴 관을 불면 높은 소리가 난다.
② 길이가 짧은 관을 불면 작은 소리가 난다.
③ 길이가 다른 관을 불면 소리의 높낮이가 달라진다.
④ 같은 길이의 관을 부는 세기에 따라 소리의 높낮이가 달라진다.
⑤ 관의 길이에 관계없이 같은 세기로 불면 소리의 높낮이가 같다.

7 다음 실로폰의 ㉠~㉢ 음판을 쳤을 때 높은 소리가 나는 음판부터 순서대로 기호를 쓰시오.

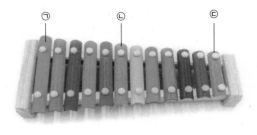

(, ,)

8 소리의 높낮이에 대한 설명으로 옳은 것은 어느 것입니까? ( )

① 북은 주로 소리의 높낮이를 이용해 연주한다.
② 가수는 소리의 높낮이를 이용해 노래를 부른다.
③ 수영장의 안전 요원은 호루라기의 낮은 소리를 이용한다.
④ 화재경보기는 낮은 소리로 불이 난 것을 주위에 알린다.
⑤ 모든 악기는 소리의 높낮이만을 이용해 음악을 연주한다.

9 주로 소리의 높낮이를 이용해 연주하는 악기를 두 가지 고르시오. (,)

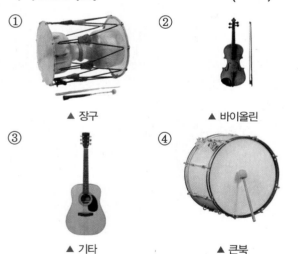

① ▲ 장구   ② ▲ 바이올린
③ ▲ 기타   ④ ▲ 큰북

10 운동장에 있는 석주가 교실에서 자신을 부르는 소리를 들을 수 있는 까닭을 쓰시오.

서술형

_____
_____

11 책상에 귀를 대고 책상을 두드리는 소리를 들을 수 있는 것은 소리가 무엇을 통해 전달되기 때문인지 쓰시오.

( )

12~13 다음은 파란색 식용 색소를 섞은 물속에 들어 있는 소리가 나는 스피커를 플라스틱 관을 이용해 찾는 모습입니다. 물음에 답하시오.

플라스틱 관

12 물속에 들어 있는 스피커의 소리를 전달하는 것을 세 가지 쓰시오.

(, ,)

13 소리가 나는 스피커를 찾을 수 있는 방법을 쓰시오.

서술형

_____
_____

14★ 소리가 잘 전달되지 <u>않는</u> 경우는 언제입니까?
(   )

① 동굴에서 이야기를 할 때
② 소리가 나는 스피커에 가까이 있을 때
③ 철봉에 귀를 대고 철봉을 나무로 두드릴 때
④ 물속에서 수중 스피커로 음악 소리를 들을 때
⑤ 공기를 뺄 수 있는 통 안에 소리가 나는 스피커를 넣고 공기를 모두 뺐을 때

15 다음은 숟가락에 연결한 실을 귀에 걸고 젓가락으로 숟가락을 두드려 소리를 듣는 모습입니다. 이에 대한 설명으로 옳은 것을 보기 에서 모두 골라 기호를 쓰시오.

실
숟가락
젓가락

> **보기**
> ㉠ 소리가 크게 들린다.
> ㉡ 손이 소리를 전달한다.
> ㉢ 실이 소리를 전달한다.

(   )

16 오른쪽 실 전화기에 대한 설명입니다. (   ) 안에 들어갈 알맞은 말은 어느 것입니까?
(   )

> 실 전화기는 (   )이/가 떨리면서 소리가 전달된다.

① 물   ② 실   ③ 누름 못
④ 지우개   ⑤ 전화기

17 _{서술형} 실 전화기로 친구와 이야기를 하였더니 잘 들리지 않았습니다. 실 전화기의 소리가 더 잘 들리게 하기 위한 방법을 두 가지 쓰시오.

_____

_____

18 소리가 나아가다가 물체에 부딪쳐 되돌아오는 성질을 무엇이라고 하는지 쓰시오.
(   )

19 다음과 같이 소리가 나는 스피커를 플라스틱 통 속에 넣고 소리를 들어 보았습니다. 소리가 가장 작게 들리는 경우의 기호를 쓰시오.

㉠   스피커   ㉡ 나무판   ㉢ 스타이로폼판

▲ 아무것도 듣지 않고 소리 듣기   ▲ 나무판을 들고 소리 듣기   ▲ 스타이로폼판을 들고 소리 듣기

(   )

20★ 도로에 오른쪽과 같은 벽을 설치하는 까닭으로 옳은 것은 어느 것입니까? (   )

① 도로를 오래 사용하기 위해서이다.
② 도로를 아름답게 꾸미기 위해서이다.
③ 자동차 소리를 흡수하기 위해서이다.
④ 도로가 훼손되는 것을 막기 위해서이다.
⑤ 자동차 소리를 반사시켜 소음을 줄이기 위해서이다.

점수

※ 한 문항당 5점입니다.

1 다음 활동을 통해 알 수 있는 사실로 옳은 것은 어느 것입니까? ( )

▲ 소리가 나는 목에 손 대 보기   ▲ 소리가 나는 스피커에 손 대 보기

① 소리가 나는 물체는 차갑다.
② 소리가 나는 물체는 떨림이 있다.
③ 소리가 나는 물체는 무게가 무겁다.
④ 소리가 나는 물체에 손을 대면 소리가 멈춘다.
⑤ 소리가 나는 물체에 손을 대면 물체의 색깔이 변한다.

2 다음은 소리굽쇠를 물에 대 보았을 때의 결과입니다. 이에 대한 설명으로 옳은 것은 어느 것입니까? ( )

 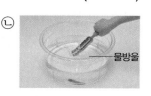

물방울

① ㉠ 소리굽쇠는 크게 떨린다.
② ㉠ 소리굽쇠는 소리가 난다.
③ ㉡ 소리굽쇠는 소리가 나지 않는다.
④ ㉡ 소리굽쇠는 고무망치로 친 것이다.
⑤ ㉠ 소리굽쇠를 물속에 깊이 넣으면 물이 튀어 오른다.

3 작은북을 쳐서 큰 소리를 낼 수 있는 방법으로 옳은 것은 어느 것입니까? ( )

① 북채로 작은북을 세게 친다.
② 북채로 작은북을 약하게 친다.
③ 북채로 작은북을 한 번만 친다.
④ 작은북 위에 수건을 덮고 북채로 친다.
⑤ 작은북 위에 좁쌀을 올려놓고 북채로 친다.

4 다음은 작은북 위에 좁쌀을 올려놓고 북채로 작은북을 친 모습입니다. 좁쌀이 튀어 오르는 모습이 다른 까닭을 쓰시오.

서술형

_____

_____

5 우리 생활에서 큰 소리를 내는 경우와 작은 소리를 내는 경우를 보기 에서 골라 각각 기호를 쓰시오.

보기
㉠ 멀리 있는 친구를 부를 때
㉡ 체육 대회에서 우리 팀을 응원할 때
㉢ 도서관에서 친구와 귓속말로 이야기할 때
㉣ '무궁화 꽃이 피었습니다' 놀이에서 술래에게 다가갈 때

(1) 큰 소리	(2) 작은 소리

6 다음 팬 플루트를 불 때 ㉠~㉢ 중 가장 높은 소리가 나는 관의 기호를 쓰시오.

( )

7 다음 실로폰에 대한 설명으로 옳지 <u>않은</u> 것을 보기 에서 골라 기호를 쓰시오.

보기
ㄱ 소리의 높낮이를 이용해 연주한다.
ㄴ 긴 음판을 치면 낮은 소리가 난다.
ㄷ 짧은 음판을 치면 높은 소리가 난다.
ㄹ 음판의 길이에 관계없이 세게 치면 높은 소리가 난다.

( )

8 한 가지 악기를 이용해 동요를 연주하려고 합니다. 적합하지 <u>않은</u> 악기는 어느 것입니까? ( )

① 기타 ② 장구 ③ 피아노
④ 실로폰 ⑤ 바이올린

9 다음 화재경보기의 경보음과 수영장 안전 요원의
서술형 호루라기 소리의 특징을 소리의 높낮이와 관련지어 쓰시오.

▲ 화재경보기

▲ 수영장 안전 요원

10~11 파란색 식용 색소를 섞은 물속에 소리가 나는 스피커를 넣은 뒤 플라스틱 관을 이용해 스피커를 찾아보았습니다. 물음에 답하시오.

플라스틱 관

10 위 실험에서 스피커의 소리를 전달하는 물질의 상태로 옳은 것을 보기 에서 모두 골라 기호를 쓰시오.

보기
ㄱ 고체 ㄴ 액체 ㄷ 기체

( )

11 위 실험에서 물속에서 소리가 나는 스피커를 찾을 수 있는 방법으로 옳은 것은 어느 것입니까?
( )

① 물의 색깔이 가장 진한 곳을 찾는다.
② 물이 높게 튀어 오르는 곳을 찾는다.
③ 물의 색깔이 가장 옅은 곳을 찾는다.
④ 스피커의 소리가 가장 작게 들리는 곳을 찾는다.
⑤ 스피커의 소리가 가장 크게 들리는 곳을 찾는다.

12 소리의 전달에 대한 설명으로 옳지 <u>않은</u> 것은 어느 것입니까? ( )

① 소리는 물속에서도 전달된다.
② 소리는 공기 중에서도 전달된다.
③ 소리는 고체를 통해서도 전달된다.
④ 달에서는 소리가 전달되지 않는다.
⑤ 교실에서 운동장에 있는 친구를 부를 때 고체를 통해 소리가 전달된다.

13 실 전화기를 이용해서 소리를 들을 수 있는 까닭을
서술형 쓰시오.

14 실 전화기로 친구와 대화를 할 때 소리가 더 잘 들리게 하는 방법으로 옳은 것을 두 가지 고르시오.
(,)

① 실을 길게 한다.
② 실에 물을 묻힌다.
③ 실을 손으로 잡는다.
④ 실을 팽팽하게 한다.
⑤ 클립 대신 셀로판테이프로 실을 종이컵에 고정한다.

18 소음에 대한 설명으로 옳지 않은 것은 어느 것입니까?
( )

① 듣기 싫은 소리이다.
② 조용하고 듣기 좋은 소리이다.
③ 도로에서도 발생하는 소리이다.
④ 사람이 많은 곳에서 나는 소리이다.
⑤ 어떤 일에 집중할 수 없게 하는 소리이다.

15 ~ 16 다음은 소리가 나는 스피커를 플라스틱 통 속에 넣고 여러 가지 물체를 이용해 스피커에서 나오는 소리를 들어 보는 모습입니다. 물음에 답하시오.

15 소리가 크게 들리는 것부터 순서대로 기호를 쓰시오.
(, ,)

16 위 15의 답과 같은 순서로 소리가 크게 들리는 까닭을 쓰시오.
서술형

_____

_____

19 소음의 종류와 그 소음을 줄일 수 있는 방법을 옳게 짝 지은 것은 어느 것입니까? ( )

① 확성기 소리 – 확성기의 음량을 늘린다.
② 큰 도로변 – 소리를 반사하는 방음벽을 설치한다.
③ 피아노 소리 – 벽에 소리가 잘 전달되는 물질을 붙인다.
④ 비행기 소리 – 도시에서 가까운 장소에 공항을 짓는다.
⑤ 공사장의 건설 기계 소리 – 건설 기계를 사용하지 않고 사람이 직접 한다.

17 소리의 반사에 대한 설명으로 옳은 것은 어느 것입니까? ( )

① 소리의 크고 작은 정도이다.
② 소리의 높고 낮은 정도이다.
③ 소리가 나는 물체가 떨리는 것이다.
④ 소리가 공기를 통해서 전달되는 것이다.
⑤ 소리가 나아가다가 물체에 부딪쳐 되돌아오는 성질이다.

20 공동 주택에서 발생하는 소음을 줄이는 방법으로 옳은 것은 어느 것입니까? ( )

① 뛰어다닌다.
② 문을 세게 닫는다.
③ 밤늦게 청소기를 돌린다.
④ 의자 다리에 끼우개를 끼운다.
⑤ 스피커의 소리를 크게 해서 음악을 듣는다.

1~3

개념1 소리의 세기 비교하기

- 소리의 크고 작은 정도를 소리의 세기라고 합니다.
- 작은북을 북채로 약하게 치면 작은 소리가 나며, 북이 작게 떨리면서 좁쌀이 낮게 튀어 오릅니다.
- 작은북을 북채로 세게 치면 큰 소리가 나며, 북이 크게 떨리면서 좁쌀이 높게 튀어 오릅니다.

▲ 좁쌀이 낮게 튀어 오른다.

▲ 좁쌀이 높게 튀어 오른다.

1
빈칸
쓰기

① 물체가 크게 떨리면 (   ) 소리가 나고, 물체가 작게 떨리면 (   ) 소리가 납니다.

② 물체가 떨리는 크기를 다르게 하면 소리의 (   )이/가 달라집니다.

2
문장
쓰기

북채로 작은북을 세게 칠 때와 약하게 칠 때의 떨림과 소리의 크기를 비교해 쓰시오.

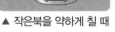
▲ 작은북을 약하게 칠 때

▲ 작은북을 세게 칠 때

북채로 작은북을 세게 치면 _____
_____

북채로 작은북을 약하게 치면 _____
_____

3
서술
완성

우쿨렐레를 이용해 소리의 세기를 비교하는 방법과 그 결과에 대해 쓰시오.

_____
_____
_____
_____

4~6

개념2 소리의 높낮이 비교하기

- 소리의 높고 낮은 정도를 소리의 높낮이라고 합니다.
- 실로폰의 긴 음판을 치면 낮은 소리가 나고, 짧은 음판을 치면 높은 소리가 납니다.
- 물체가 빠르게 떨리면 높은 소리가 나고, 느리게 떨리면 낮은 소리가 납니다.

낮은 소리가 날 때 음판의 길이가 길다.

높은 소리가 날 때 음판의 길이가 짧다.

4
빈칸
쓰기

① 실로폰의 짧은 음판을 치거나 팬 플루트의 짧은 관을 불면 (   ) 소리가 납니다.

② 실로폰의 긴 음판을 치거나 팬 플루트의 긴 관을 불면 (   ) 소리가 납니다.

5
문장
쓰기
기타로 높은 소리와 낮은 소리를 내는 방법을 쓰시오.

기타 줄을 ＿＿＿＿＿＿＿ 빠르게 떨리면서

높은 소리가 나고, 기타 줄을 ＿＿＿＿＿＿＿

느리게 떨리면서 낮은 소리가 납니다.

6
서술
완성
고무망치로 큰 금속 그릇과 작은 금속 그릇을 쳤을 때 나타나는 현상을 그 까닭을 포함하여 쓰시오.

＿＿＿＿＿＿＿＿＿＿＿＿＿＿＿＿＿＿

7~9

개념3 **소리의 전달**

• 막대기로 철을 두드리는 소리는 철을 통해, 잠수부가 듣는 배의 엔진 소리는 물을 통해, 새 소리는 공기를 통해 전달됩니다.
• 소리는 고체, 액체, 기체와 같은 물질을 통해 전달됩니다.
• 소리를 전달해 주는 물질이 없으면 소리가 들리지 않습니다.

공기(기체)	철(고체)	물(액체)

7
빈칸
쓰기
① 소리는 고체, (　　　　), 기체와 같은 물질을 통해 전달됩니다.
② 우주에서는 소리를 전달해 주는 물질이 (　　　　) 때문에 소리가 들리지 않습니다.

8
문장
쓰기
물이 담긴 수조에 소리가 나는 스피커를 넣고 스피커에서 나오는 소리를 들었습니다. 이 과정에서 소리가 전달되는 과정을 쓰시오.

스피커에서 나오는 소리는 액체인 ＿＿＿＿＿

＿＿＿＿＿＿＿＿＿＿＿＿＿＿＿＿＿＿

＿＿＿＿＿＿＿＿ 소리를 들을 수 있습니다.

9
서술
완성
공기를 뺄 수 있는 장치에 소리가 나는 스피커를 넣고 공기를 빼면 어떻게 되는지 그 까닭을 포함하여 쓰시오.

스피커

＿＿＿＿＿＿＿＿＿＿＿＿＿＿＿＿＿＿

＿＿＿＿＿＿＿＿＿＿＿＿＿＿＿＿＿＿

5

1 다음은 물체에서 소리가 날 때의 공통점을 알아보는 실험입니다. 물음에 답하시오. [12점]

▲ 소리가 나는 스피커에 손을 대 보기 　　▲ 소리가 나는 소리굽쇠를 물에 대 보기

(1) 소리가 나는 소리굽쇠를 물에 대 보았을 때 나타나는 현상을 쓰시오. [4점]

_____

_____

(2) 위 실험으로 알 수 있는 물체에서 소리가 날 때의 공통점을 쓰시오. [8점]

_____

_____

_____

2 다음과 같이 작은북 위에 좁쌀을 올려놓고 북채로 치는 세기를 다르게 하여 작은북을 쳤습니다. 물음에 답하시오. [12점]

ⓒ 　ⓒ

▲ 작은북을 약하게 칠 때 　　▲ 작은북을 세게 칠 때

(1) 위 ㉠과 ㉡ 중 좁쌀이 높게 튀어 오르는 경우의 기호를 쓰시오. [2점]

(　　　　　)

(2) 위 (1)의 답과 같은 결과가 나타나는 까닭을 쓰시오. [10점]

_____

_____

3 다음은 우리 생활에서 소리를 내는 경우입니다. 물음에 답하시오. [12점]

㉠ 　㉡

▲ 피아노로 조용한 곡 연주하기 　　▲ 야구 응원하기

(1) 위에서 큰 소리를 낼 때는 언제인지 기호를 쓰시오. [2점]

(　　　　　)

(2) 생활 속에서 큰 소리를 내는 경우와 작은 소리를 내는 경우를 각각 한 가지씩 쓰시오. [10점]

_____

_____

_____

4 다음과 같은 실로폰으로 동요를 연주하려고 합니다. 물음에 답하시오. [12점]

(1) 실로폰으로 동요를 연주할 때 소리의 세기와 소리의 높낮이 중 무엇을 다르게 하여야 하는지 쓰시오. [2점]

(　　　　　)

(2) 실로폰의 짧은 음판에서 긴 음판 순서대로 쳤을 때 소리가 어떻게 달라지는지 쓰시오. [10점]

_____

_____

5 다음은 공기를 뺄 수 있는 장치에 소리가 나는 스피커를 넣고 공기를 빼는 모습입니다. 물음에 답하시오. [12점]

(1) 공기를 빼면 스피커의 소리는 어떻게 되는지 쓰시오. [4점]

_____

_____

(2) 위 (1)의 답과 같은 결과가 나타나는 까닭을 쓰시오. [8점]

_____

_____

6 다음은 실 전화기로 친구와 이야기를 하는 모습입니다. 물음에 답하시오. [12점]

(1) 실 전화기의 소리는 어떻게 전달되는 것인지 쓰시오. [4점]

_____

_____

(2) 실 전화기로 친구와 이야기를 할 때 실 전화기의 소리가 더 잘 들리게 하기 위한 방법을 두 가지 쓰시오. [8점]

_____

_____

7 다음은 플라스틱 통의 위쪽에서 나무판을 비스듬히 들거나 아무것도 들지 않고 스피커에서 나오는 소리를 듣는 모습입니다. 물음에 답하시오. [12점]

▲ 나무판을 들고 소리 듣기   ▲ 아무것도 들지 않고 소리 듣기

(1) 위 ㉠과 ㉡ 중 소리가 더 크게 들리는 경우의 기호를 쓰시오. [2점]

(   )

(2) 위 (1)의 답과 같이 생각한 까닭을 쓰시오. [10점]

_____

_____

8 다음과 같은 공연장의 천장에 반사판을 붙이는 까닭을 쓰시오. [8점]

_____

5 소리의 성질

과제명	소리의 세기 알아보기	배점	20점
성취 목표	소리의 세기를 알고, 큰 소리와 작은 소리를 구별할 수 있다.		

1~3 다음과 같이 작은북 위에 좁쌀을 올려놓고 북채로 작은북을 세기를 달리하며 쳤습니다. 물음에 답하시오.

좁쌀
▲ 작은북을 약하게 칠 때

▲ 작은북을 세게 칠 때

1 작은북을 약하게 칠 때와 세게 칠 때 소리를 비교하여 쓰시오. [6점]

작은북을 약하게 칠 때	
작은북을 세게 칠 때	

2 작은북을 약하게 칠 때와 세게 칠 때 좁쌀이 튀어 오르는 모습을 비교하여 쓰시오. [6점]

작은북을 약하게 칠 때	
작은북을 세게 칠 때	

3 위 **1**과 **2**의 답을 통해 알 수 있는 소리의 세기와 떨림의 관계를 쓰시오. [8점]

수행 평가

5 소리의 성질

과제명	소리의 전달 알아보기	배점	20점
성취 목표	여러 가지 물체를 통하여 소리가 전달되거나 반사됨을 설명할 수 있다.		

1~3 다음은 우리 주변에서 물질의 상태에 따라 소리가 전달되는 여러 가지 경우를 나타낸 것입니다. 물음에 답하시오.

▲ 친구가 부르는 소리 듣기

▲ 철봉에 귀를 대고 철봉 두드리는 소리 듣기

▲ 물속에서 배가 오는 소리 듣기

1 위 ㉠~㉢의 상황을 소리를 전달하는 물질에 맞게 분류하여 빈칸에 알맞은 기호를 쓰시오. [6점]

(1) 고체	(2) 액체	(3) 기체

2 위 경우로 보아 소리는 어떤 물질을 통해 전달될 수 있는지 쓰시오. [6점]

3 오른쪽과 같은 달에서 소리를 들을 수 없는 까닭을 쓰시오. [8점]

5 소리의 성질

과제명	소리의 반사 알아보기	배점	20점
성취 목표	소리가 나아가다가 물체에 부딪쳐 반사되는 현상을 관찰하고 설명할 수 있다.		

1~3 다음과 같이 통 위에 나무판과 스타이로폼판을 비스듬히 들고 스피커에서 나는 소리를 들어보았습니다. 물음에 답하시오.

1 소리가 더 크게 들리는 것을 그 까닭을 포함해 쓰시오. [6점]

_____

_____

2 오른쪽과 같이 두 개의 종이관을 직각이 되게 놓고 이어폰에서 나오는 소리를 들었습니다. 소리를 더 크게 들을 수 있는 방법을 쓰시오. [6점]

_____

_____

3 위 **1**과 **2**의 답으로 알 수 있는 소리의 성질을 쓰시오. [8점]

_____

_____

2 동물의 생활 ·· 142

3 지표의 변화 ·· 150

4 물질의 상태 ·· 158

5 소리의 성질 ·· 166

1 우리 주변에서 사는 동물

• 우리 주변에는 많은 동물이 삽니다.

• 동물들은 각각 다양한 특징이 있으며 화단, 나무 위, 집 주변, 연못 등에서 볼 수 있습니다.

2 동물을 특징에 따라 분류하기

• 동물을 분류할 수 있는 특징 : 날개가 있는 것과 없는 것, 다리가 있는 것과 없는 것, 물속에서 사는 것과 살지 않는 것, 새끼를 낳는 것과 알을 낳는 것 등

• 분류 기준을 세우고 동물을 분류하기

분류 기준   예 날개가 있는가?

그렇다.	그렇지 않다.
비둘기, 참새, 잠자리, 벌, 메뚜기, 사슴벌레, 나비	뱀, 달팽이, 붕어, 개미, 개구리, 거미, 다람쥐, 고양이

3 땅에서 사는 동물

• 땅에서 사는 동물

땅 위	다람쥐, 토끼, 고라니, 공벌레 등
땅속	땅강아지, 두더지, 지렁이 등
땅 위와 땅속	개미, 뱀 등

• 땅에서 사는 동물의 이동 방법

다리가 있어 걷거나 뛰어서 이동하는 동물이 있고, 다리가 없어 기어서 이동하는 동물도 있습니다.

4 물에서 사는 동물

• 물에서 사는 동물

강가나 호숫가	개구리, 수달 등
강이나 호수의 물속	붕어, 다슬기, 물방개 등
갯벌	조개, 게 등
바닷속	상어, 전복, 오징어, 고등어 등

• 붕어와 같은 물고기가 물속에서 생활하기에 알맞은 점

① 지느러미가 있어서 물속에서 헤엄을 칠 수 있습니다.

② 아가미가 있어서 물속에서 숨을 쉴 수 있습니다.

③ 몸이 부드러운 곡선 형태라서 물속에서 빨리 헤엄쳐 이동할 수 있습니다.

5 날아다니는 동물

• 날아다니는 동물의 특징

	새		곤충
동물 이름	제비, 직박구리, 까치, 참새 등	동물 이름	매미, 잠자리, 벌, 나비 등
특징	날개가 있고, 몸이 깃털로 덮여 있다.	특징	날개가 두 쌍, 다리가 세 쌍이다.

• 날아다니는 동물의 공통적인 특징 : 날개가 있고, 몸이 비교적 가볍습니다.

6 사막과 극지방에서 사는 동물

• 사막에서 사는 동물의 특징

낙타	• 등의 혹에 지방이 있어서 먹이가 없어도 며칠 동안 생활할 수 있다. • 발바닥이 넓어 모래에 잘 빠지지 않는다. • 콧구멍을 여닫을 수 있어 모래바람이 불어도 콧속으로 모래가 잘 들어가지 않는다.
사막여우	• 몸에 비해 큰 귀를 가지고 있어 체온을 조절하며, 작은 소리도 잘 들을 수 있다. • 귓속의 털로 인해 모래바람이 불어도 귓속으로 모래가 잘 들어가지 않는다.

• 극지방에서 사는 동물의 특징

북극곰	• 귀와 꼬리가 작고 뭉툭하다. • 몸이 털로 촘촘하게 덮여 있다. • 흰색 털 아래의 검은색 피부가 두꺼워 추위를 막을 수 있다.
북극여우	• 몸의 열을 빼앗기지 않기 위해 귀가 작다. • 몸이 털로 덮여 있고, 계절에 따라 털 색깔이 변한다.

7 우리 생활에서 동물의 특징을 활용한 예

동물의 특징을 활용한 예	활용한 동물의 특징
칫솔걸이	문어 빨판의 잘 붙는 특징
물갈퀴	오리의 발가락 사이에는 막이 있어 헤엄을 잘 치는 특징
집게 차	수리 발가락의 먹이를 잘 잡고 놓치지 않는 특징

1 주변 화단에서 볼 수 있는 잠자리, 거미, 달팽이 중 미끄러지듯이 움직이고 더듬이가 있는 동물은 어느 것입니까?

2 비둘기, 참새, 까치는 날개가 (있는, 없는) 동물이고, 거미, 개구리, 송사리는 날개가 (있는, 없는) 동물로 분류할 수 있습니다.

3 다람쥐, 너구리, 소는 (땅 위, 땅속)에서 사는 동물입니다.

4 붕어와 같은 물고기가 물속에서 헤엄을 잘 칠 수 있는 것은 무엇이 있기 때문입니까?

5 개구리와 수달은 발에 무엇이 있어 헤엄을 잘 칠 수 있습니까?

6 날개가 있는 황조롱이, 까치, 나비 중 곤충인 것은 어느 것입니까?

7 날아다니는 동물은 대부분 이것이 있어 잘 날 수 있습니다. 이것은 무엇입니까?

8 사막에서 사는 동물 중 몸에 비해 큰 귀를 가지고 있어 체온 조절을 하는 동물은 무엇입니까?

9 극지방에서 사는 동물 중 몸이 털로 덮여 있고 날개가 있지만 날지 못하며, 헤엄을 잘 치는 동물은 무엇입니까?

10 수영할 때 사용하는 물갈퀴는 어떤 동물의 특징을 활용해 만든 것입니까?

※ 점수 표시가 없는 문항은 8점입니다.

1 여러 가지 동물의 특징에 대한 설명으로 옳지 <u>않은</u> 것은 어느 것입니까? ( )

① 개미는 다리가 세 쌍이다.
② 잠자리는 날개가 세 쌍이다.
③ 개는 냄새를 잘 맡고 걷거나 뛰어다닌다.
④ 까치는 검은색과 하얀색의 깃털로 덮여 있다.
⑤ 고양이는 다리로 걷거나 뛰어다니고 꼬리가 있다.

2 다음과 같이 동물을 분류한 기준으로 알맞은 것은 어느 것입니까? ( )

| 다람쥐, 고양이, 토끼 | 비둘기, 뱀, 잠자리 |

① 다리가 있는가?
② 날개가 있는가?
③ 새끼를 낳는가?
④ 더듬이가 있는가?
⑤ 물속에서 살 수 있는가?

3 땅 위와 땅속을 오가며 사는 동물은 어느 것입니까? ( )

① 개미   ② 다람쥐
③ 지렁이   ④ 공벌레
⑤ 땅강아지

4 땅에서 사는 동물입니다. 두 동물이 이동하는 방법을 비교하여 쓰시오. [10점]

서술형

▲ 소

▲ 뱀

_____

_____

5 붕어와 같은 물고기가 물속에서 생활하기에 알맞은 점으로 옳지 <u>않은</u> 것은 어느 것입니까?
( )

① 지느러미가 있다.
② 아가미로 숨을 쉴 수 있다.
③ 몸이 부드러운 곡선 형태이다.
④ 물속에서 빨리 헤엄칠 수 있다.
⑤ 배발이 있어 미끄러지듯이 잘 이동할 수 있다.

6 다음과 같은 특징을 가진 동물은 어느 것입니까?
( )

• 강에서 산다.
• 딱딱한 껍데기로 덮여 있다.
• 배발을 이용하여 물속 바위에 붙어서 이동한다.

① 게   ② 수달
③ 붕어   ④ 다슬기
⑤ 오징어

7 날아다니는 동물의 모습과 특징입니다. ( ) 안에 들어갈 알맞은 말을 순서대로 쓰시오.

▲ 황조롱이　　　▲ 나비　　　▲ 직박구리

( )을/를 가지고 있고, 몸이 비교적 ( ).

(,)

8 날아다니는 동물의 종류가 나머지와 <u>다른</u> 하나는 어느 것입니까? ( )

①
▲ 까치

②
▲ 잠자리

③
▲ 직박구리

④
▲ 참새

9 다음 동물들이 사는 곳의 환경으로 옳은 것은 어느 것입니까? ( )

▲ 사막여우　　　▲ 도마뱀　　　▲ 전갈

① 그늘이 많다.
② 먹이가 다양하다.
③ 비가 많이 내린다.
④ 낮에는 덥고 밤에는 춥다.
⑤ 바람이 거의 불지 않는다.

10 낙타가 사막에서 잘 살 수 있는 까닭으로 옳은 것을 두 가지 고르시오. (,)

① 등의 혹에 지방이 있다.
② 몸에 비해 큰 귀를 가지고 있다.
③ 눈과 콧구멍의 위치가 거의 수평하다.
④ 발바닥이 넓어 모래에 잘 빠지지 않는다.
⑤ 앞다리로 땅을 잘 팔 수 있어서 땅굴을 만든다.

11 일 년 내내 눈과 얼음으로 덮여 있고 매우 추운 환경에 사는 동물이 <u>아닌</u> 것은 어느 것입니까?
( )

① 펭귄　　　② 순록　　　③ 하마
④ 북극곰　　　⑤ 북극여우

12 집게 차는 어떤 동물의 특징을 활용한 것인지 활용한 동물의 특징과 함께 쓰시오. [10점]

서술형

_____

_____

_____

서술형 평가 1ᅘ

1 두더지의 모습입니다. 물음에 답하시오. [12점]

(1) 위 동물이 사는 장소를 쓰시오. [2점]

(   )

(2) 위 동물의 특징을 두 가지 쓰시오. [10점]

_____

_____

2 다음 동물들을 보고, 물음에 답하시오. [12점]

▲ 도마뱀   ▲ 사막 거북

(1) 위 동물들이 사는 곳의 특징을 두 가지 쓰시오. [4점]

_____

_____

(2) 위 도마뱀이 (1)의 답의 환경에서 잘 살 수 있는 까닭을 쓰시오. [8점]

3 다음 동물들이 물속에서 생활하기에 알맞은 공통점을 두 가지 쓰시오. [8점]

▲ 붕어   ▲ 상어

_____

_____

_____

4 우리 생활에서 동물의 특징을 활용한 예입니다. 물음에 답하시오. [12점]

ㄱ   ㄴ

▲ 좁은 공간을 살피는 로봇   ▲ 칫솔걸이

(1) 위 ㄱ은 어떤 동물을 활용한 것인지 쓰시오. [4점]

(   )

(2) 위 ㄴ칫솔걸이는 어떤 동물의 특징을 활용한 것이며, 어떤 점이 좋은지 쓰시오. [8점]

_____

※ 점수 표시가 없는 문항은 8점입니다.

1 다음과 같은 특징을 가진 동물은 어느 것입니까?
( )

> • 더듬이가 있다.
> • 미끄러지듯이 움직인다.
> • 딱딱한 껍데기로 몸을 보호한다.

① 잠자리 　　　　② 개구리
③ 달팽이 　　　　④ 지렁이
⑤ 사슴벌레

2 동물을 분류할 수 있는 기준으로 옳지 <u>않은</u> 것은 어느 것입니까? ( )

① 날개의 유무
② 다리의 개수
③ 먹이의 종류
④ 귀여운 정도
⑤ 몸 표면의 특징

3 다음 동물을 두 무리로 분류한 기준은 어느 것입니까? ( )

▲ 고양이　　　▲ 나비　　　▲ 잠자리

▲ 뱀　　　▲ 붕어　　　▲ 지렁이

① 곤충인 것과 곤충이 아닌 것
② 몸집이 큰 것과 몸집이 작은 것
③ 날개가 있는 것과 날개가 없는 것
④ 다리가 있는 것과 다리가 없는 것
⑤ 물속에서 살 수 있는 것과 살 수 없는 것

4 땅에서 사는 작은 동물을 관찰할 때 <u>이것</u>을 사용하면 좋은 점입니다. <u>이것</u>은 무엇인지 쓰시오.

> <u>이것</u> 안에 움직이는 작은 동물을 가둬 놓고 확대해서 관찰할 수 있다.

( )

5 땅에서 사는 동물의 특징으로 옳지 <u>않은</u> 것은 어느 것입니까? ( )

① 지느러미로 헤엄을 잘 친다.
② 다리가 없는 동물은 기어 다닌다.
③ 땅강아지는 땅속에서 사는 동물이다.
④ 다리가 있는 동물은 걷거나 뛰어다닌다.
⑤ 땅 위와 땅속을 오가며 사는 동물도 있다.

6 다음에서 설명하는 동물은 어느 것입니까?
( )

> • 강가나 호숫가에서 땅과 물을 오가며 산다.
> • 뒷다리에 물갈퀴가 있어 물속에서 헤엄쳐서 이동한다.

①
▲ 게

②
▲ 조개

③
▲ 개구리

④
▲ 오징어

7
서술형

다음 물속에서 사는 동물 중 이동하는 방법이 나머지와 다른 동물의 이름을 쓰고, 이동하는 방법을 쓰시오. [10점]

▲ 상어　　　▲ 붕어　　　▲ 전복

8 참새를 관찰하고 그림으로 나타낸 것입니다. 참새에 대한 설명으로 옳지 <u>않은</u> 것은 어느 것입니까?

（　　　）

① 곤충, 벼 등을 먹는다.
② 부리로 먹이를 먹는다.
③ 몸이 깃털로 덮여 있다.
④ 우리나라 어디에서나 쉽게 볼 수 있다.
⑤ 다리는 두 쌍이고, 주로 걸어서 이동한다.

9 날아다니는 동물에 대한 설명으로 옳은 것은 어느 것입니까?

（　　　）

① 밤에 주로 활동한다.
② 다리가 있어 빠르게 뛰어다닐 수 있다.
③ 날아다니는 동물은 날개의 개수가 같다.
④ 날아다니는 동물은 모두 깃털로 덮여 있다.
⑤ 곤충 중에서 잠자리와 같이 날아다니는 동물도 있다.

10
서술형

오른쪽 동물이 사막에서 잘 살 수 있는 까닭을 콧구멍의 특징과 관련하여 쓰시오.

[10점]

▲ 낙타

11 오른쪽 사막여우가 사막에서 잘 살 수 있는 까닭으로 옳은 것을 두 가지 고르시오.

（　　，　　）

① 귀가 크다.
② 몸집이 크다.
③ 귓속에 털이 있다.
④ 온몸이 딱딱한 껍데기로 되어 있다.
⑤ 몸의 일부를 땅에 닿지 않게 하고 이동한다.

12 전신 수영복은 어떤 동물의 특징을 모방해 만든 것인지 보기 에서 골라 기호를 쓰시오.

보기

ㄱ　　　　　　ㄴ

ㄷ　　　　　　ㄹ

（　　　　）

서술형 평가 2^회

1 다음 동물들을 보고 물음에 답하시오. [12점]

▲ 잠자리　　　▲ 거미　　　▲ 달팽이

(1) 위 동물들을 분류할 수 있는 기준을 쓰시오. [6점]

_____

_____

(2) 위 (1)에서 세운 분류 기준에 따른 분류 결과를 쓰시오. [6점]

_____

_____

_____

2 물에서 사는 두 동물의 이동 방법을 비교해서 쓰시오. [8점]

▲ 붕어　　　▲ 수달

_____

_____

3 다음과 같이 사막에서 사는 도마뱀이 모래 위에서 두발을 번갈아 드는 까닭을 쓰시오. [8점]

▲ 도마뱀

_____

_____

4 산양과 산양의 발바닥 모습입니다. 물음에 답하시오. [12점]

(1) 위 동물의 특징을 활용하여 만든 물건을 쓰시오. [4점]

(　　　　　　)

(2) 위 (1)의 답은 산양의 어떤 특징을 활용한 것인지 쓰시오. [8점]

_____

_____

① 장소에 따른 다양한 흙 관찰하기

- 흙은 장소에 따라 알갱이의 크기, 만졌을 때의 느낌, 색깔 등 특징이 다릅니다.
- 화단 흙과 운동장 흙 관찰하기

구분	운동장 흙	화단 흙
색깔	밝은 갈색	어두운 갈색
알갱이의 크기	비교적 크다.	큰 것도 있고 작은 것도 있다.
만졌을 때의 느낌	거칠다.	약간 부드럽다.

② 장소에 따른 흙의 특징 알아보기

- 운동장 흙과 화단 흙의 물 빠짐 비교하기 : 운동장 흙이 화단 흙보다 알갱이의 크기가 더 크기 때문에 물이 더 빠르게 빠집니다.
- 운동장 흙과 화단 흙의 물에 뜬 물질의 양 비교하기 : 운동장 흙은 물에 뜬 물질이 거의 없고, 화단 흙은 물에 뜬 물질이 많습니다.
- 식물이 잘 자라는 흙
① 부식물 : 식물의 뿌리나 죽은 곤충, 나뭇잎 조각 등이 썩은 것
② 화단 흙은 부식물이 많아 식물이 잘 자라고, 운동장 흙은 부식물이 적어서 식물이 잘 자라지 않습니다.

③ 흙이 만들어지는 과정

- 얼음 설탕을 넣은 플라스틱 통을 흔들기 전과 흔든 뒤의 얼음 설탕 모습

플라스틱 통을 흔들기 전	플라스틱 통을 흔든 뒤
• 알갱이의 크기가 크고, 뾰족한 부분이 있다. • 가루가 거의 없다.	• 알갱이의 크기가 작아지고, 모양이 달라졌다. • 가루가 생겼다.

- 자연에서 흙이 만들어지는 과정
① 바위나 돌이 작게 부서진 알갱이와 생물이 썩어 생긴 물질들이 섞여서 흙이 만들어집니다.
② 바위나 돌은 오랜 시간에 걸쳐 여러 가지 과정으로 작게 부서집니다.

④ 흐르는 물에 의한 지표의 변화

- 흐르는 물에 의한 흙 언덕 변화 모습 변화

색 모래의 이동	위쪽 → 아래쪽
흙 언덕의 위쪽	경사가 급하기 때문에 흙이 많이 깎인다.
흙 언덕의 아래쪽	경사가 완만해 물에 의해 위쪽의 깎인 흙이 떠내려와 쌓인다.

- 흐르는 물의 작용 : 흐르는 물은 오랜 시간에 걸쳐 지표의 모습을 서서히 변화시킵니다.

침식 작용	지표의 바위나 돌, 흙 등이 깎여 나가는 것
운반 작용	깎인 돌이나 흙 등이 쌓이는 것
퇴적 작용	운반된 돌이나 흙이 쌓이는 것

⑤ 강 주변 지형의 모습

구분	강 상류	강 하류
강폭과 강의 경사	강폭이 좁고, 강의 경사는 급하다.	강폭이 넓고, 강의 경사는 완만하다.
많이 볼 수 있는 것	• 바위나 큰 돌 • 계곡이나 산	• 모래나 흙이 넓게 쌓여 있는 것 • 넓은 평야와 들
흐르는 물의 작용	침식 작용이 활발하게 일어난다.	퇴적 작용이 활발하게 일어난다.

⑥ 바닷가 주변 지형의 모습

- 바닷가 주변 지형

바닷물의 침식 작용으로 만들어진 지형	• 바닷물이 바위를 깎아 바위에 구멍을 뚫는다. • 바닷물이 바위와 만나는 부분을 깎아 절벽을 만든다.
바닷물의 퇴적 작용으로 만들어진 지형	모래나 고운 흙을 쌓아 모래 해변이나 갯벌을 만든다.

- 바닷물의 작용

침식 작용이 활발한 곳	바다 쪽으로 돌출된 부분
퇴적 작용이 활발한 곳	안쪽으로 들어간 부분

1 운동장 흙과 화단 흙 중 알갱이의 크기가 크고, 물 빠짐이 빠른 흙은 어느 것입니까?

2 나뭇잎 조각, 죽은 곤충 등이 썩은 것으로, 식물이 잘 자라는 데 도움을 주는 것은 무엇입니까?

3 운동장 흙과 화단 흙 중 식물이 잘 자라는 흙은 어느 것입니까?

4 얼음 설탕을 플라스틱 통에 넣고 흔들면 얼음 설탕 알갱이의 크기는 어떻게 됩니까?

5 바위나 돌이 작게 부서진 알갱이와 생물이 썩어 생긴 물질들이 섞여서 ( )이/가 됩니다.

6 흐르는 물에 의하여 지표의 바위나 흙 등이 깎여 나가는 것을 무엇이라고 합니까?

7 흐르는 물에 의해서 흙 언덕의 (위, 아래)쪽은 흙이 깎이고, (위, 아래)쪽은 흙이 흘려내려 쌓입니다.

8 강 상류와 강 하류 중 침식 작용보다 퇴적 작용이 활발하여 운반된 물질이 쌓이는 곳은 어디입니까?

9 바닷물의 침식 작용과 퇴적 작용 중 모래 해변이나 갯벌을 만드는 작용은 어느 것입니까?

10 바닷가 지형은 바닷물의 작용에 의해 ( ) 시간에 걸쳐 만들어집니다.

※ 점수 표시가 없는 문항은 8점입니다.

1 다음 운동장 흙과 화단 흙을 관찰하는 방법으로 옳지 <u>않은</u> 것은 어느 것입니까? ( )

▲ 운동장 흙

▲ 화단 흙

① 맛을 관찰한다.
② 색깔을 관찰한다.
③ 촉감을 관찰한다.
④ 알갱이의 크기를 관찰한다.
⑤ 흙이 뭉쳐지는 정도를 관찰한다.

2 친구들이 가져온 흙에 대해서 말하고 있습니다. 화단 에서 흙을 가져온 친구는 누구입니까? ( )

① 제동 : 밝은 갈색이야.
② 종민 : 만져 보면 거칠어.
③ 지수 : 잘 뭉쳐지지 않아.
④ 미리 : 알갱이의 크기가 비교적 커.
⑤ 은주 : 식물의 뿌리가 많이 섞여 있어.

3 다음은 물 빠짐 장치에 운동장 흙과 화단 흙을 넣고 물을 부었을 때 일정한 시간 동안 물이 빠져나온 모 습입니다. 물음에 답하시오. [10점]

▲ 운동장 흙

▲ 화단 흙

(1) 물 빠짐이 빠른 흙의 기호를 쓰시오.

( )

(2) 위 (1) 답의 흙이 물 빠짐이 빠른 까닭을 쓰시오.

_____

_____

4 부식물에 대한 설명으로 옳지 <u>않은</u> 것은 어느 것입 니까? ( )

① 운동장 흙보다 화단 흙에 많다.
② 물이 잘 빠지는 데 도움을 준다.
③ 흙에 물을 넣었을 때 뜨는 물질이다.
④ 부식물이 많은 흙에서 식물이 잘 자란다.
⑤ 식물의 뿌리, 나뭇잎 조각 등이 썩은 것이다.

5 다음과 같은 경우에 바위가 부서지는 것은 무엇 때문입니까? ( )

① 물   ② 얼음
③ 바람   ④ 부식물
⑤ 나무뿌리

6 다음은 흐르는 물의 작용에 대한 설명입니다. ㉠과 ㉡에 들어갈 알맞은 말을 쓰시오.

> 경사가 급한 곳은 흐르는 물에 의한 (㉠) 작용이 활발하고, 경사가 완만한 곳은 흐르는 물 에 의한 (㉡) 작용이 활발하다.

㉠ : ( ), ㉡ : ( )

7~8 다음과 같이 흙 언덕을 만들어 색 모래를 위쪽에 뿌리고, 흙 언덕 위쪽에서 물을 흘려보냈습니다. 물음에 답하시오.

└ 색 모래

7
서술형
위 실험에서 색 모래는 어떻게 이동하는지 쓰시오.
[10점]

_____

_____

8 위 실험 결과 흙 언덕의 위쪽과 아래쪽 중 침식 작용이 활발한 곳은 어디인지 쓰시오.

(   )

9 오른쪽과 같은 모습을 많이 볼 수 있는 강 주변에 대한 설명으로 옳은 것은 어느 것입니까? (   )

① 강폭이 좁다.
② 강의 경사가 급하다.
③ 계곡을 많이 볼 수 있다.
④ 큰 돌을 많이 볼 수 있다.
⑤ 퇴적 작용이 활발하게 일어난다.

10 오른쪽과 같은 모습을 볼 수 있는 곳은 다음의 ㉠과 ㉡ 중 어느 곳인지 기호를 쓰시오.

▲ 계곡

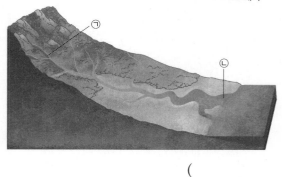

(   )

11 바닷가 지형에 대한 설명으로 옳지 <u>않은</u> 것은 어느 것입니까? (   )

① 바닷가에서 볼 수 있는 지형은 다양하다.
② 해안가의 절벽은 고운 모래가 쌓여 만들어진 지형이다.
③ 바닷가의 갯벌은 바닷물의 퇴적 작용으로 만들어진 지형이다.
④ 바다 안쪽으로 들어간 부분에서는 바닷물의 퇴적 작용이 활발하다.
⑤ 바다 쪽으로 돌출된 부분에서는 바닷물의 침식 작용이 활발하다.

12 다음은 바닷가 지형의 모습입니다. 이에 대한 설명으로 옳은 것을 보기 에서 골라 기호를 쓰시오.

(가)    (나)
▲ 구멍 뚫린 바위   ▲ 모래 해변

보기
㉠ (가)는 바닷물의 퇴적 작용으로 만들어졌다.
㉡ (나)는 바닷물의 침식 작용으로 만들어졌다.
㉢ (가)와 (나)는 짧은 시간에 걸쳐 만들어졌다.
㉣ (가)와 (나)는 시간이 지나면서 모습이 서서히 변한다.

(   )

1 다음은 운동장 흙과 화단 흙이 담긴 비커에 물을 넣고 유리 막대로 저은 뒤 그대로 놓아둔 모습입니다. 물음에 답하시오. [12점]

(1) 위에서 ㉠과 ㉡은 각각 어느 흙에 물을 넣은 것인지 쓰시오. [2점]

㉠ : (   ), ㉡ : (   )

(2) 위 (1)의 답과 같이 운동장 흙과 화단 흙을 구분할 수 있는 까닭을 쓰시오. [10점]

_____

_____

2 다음은 얼음 설탕을 플라스틱 통에 넣고 흔드는 모습과 플라스틱 통을 흔든 뒤의 가루가 생긴 얼음 설탕의 모습입니다. 이 실험으로 알 수 있는 자연에서의 현상에 대해 쓰시오. [8점]

▲ 플라스틱 통을 흔들기   ▲ 플라스틱 통을 흔든 뒤 얼음 설탕의 모습

_____

3 다음은 강 주변에서 볼 수 있는 모습입니다. 강의 하류에서 볼 수 있는 것의 기호를 쓰고, 그것을 많이 볼 수 있는 까닭을 흐르는 물의 작용과 관련지어 쓰시오. [8점]

▲ 바위와 돌   ▲ 모래

_____

4 다음은 바닷가에서 볼 수 있는 지형의 모습입니다. 물음에 답하시오. [12점]

(1) 위의 지형은 강의 상류와 하류 중 어느 부분에서 활발하게 일어나는 흐르는 물의 작용과 같은 것에 의해 만들어진 것인지 쓰시오. [2점]

(   )

(2) 위의 지형은 어떻게 만들어진 것인지 쓰시오.

[10점]

※ 점수 표시가 없는 문항은 8점입니다.

1 운동장 흙과 화단 흙을 비교한 내용으로 옳지 않은 것은 어느 것입니까? ( )

	운동장 흙	화단 흙
①	밝은 갈색	어두운 갈색
②	잘 뭉쳐지지 않는다.	잘 뭉쳐진다.
③	만져 보면 부드럽다.	만져 보면 거칠다.
④	알갱이의 크기가 크다.	알갱이가 큰 것도 있고 작은 것도 있다.
⑤	주로 모래나 흙 알갱이만 보인다.	식물의 뿌리나 나뭇잎 조각 등 여러 물질이 섞여 있다.

2~3 다음은 운동장 흙과 화단 흙이 담긴 비커에 물을 넣고 유리 막대로 저은 뒤 그대로 놓아둔 모습입니다. 물음에 답하시오.

(가)

(나)

2 위 실험 방법에 대한 설명으로 옳지 않은 것을 보기 에서 골라 기호를 쓰시오.

보기
㉠ 비커에 같은 양의 물을 넣는다.
㉡ 비커에 넣는 흙의 종류와 양은 같게 한다.
㉢ 유리 막대로 저은 뒤 놓아두는 시간은 같게 한다.
㉣ 물에 뜬 물질은 핀셋으로 건져서 돋보기로 관찰한다.

( )

3 위에서 식물이 잘 자라는 흙이 담긴 비커의 기호를 쓰고, 그렇게 생각한 까닭을 쓰시오. [10점]

서술형

_____

_____

4 다음 실험 장치는 운동장 흙과 화단 흙의 어떤 특징을 비교하기 위한 것입니까? ( )

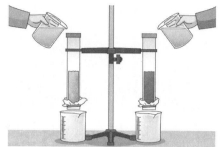

① 색깔
② 물 빠짐
③ 흙의 무게
④ 흙 속의 물질
⑤ 만졌을 때의 느낌

5~6 다음은 얼음 설탕을 플라스틱 통에 넣고 흔들기 전과 흔든 뒤의 얼음 설탕의 모습입니다. 물음에 답하시오.

▲ 플라스틱 통을 흔들기 전　　▲ 플라스틱 통을 흔든 뒤

5 위에서 플라스틱 통을 흔들기 전의 얼음 설탕을 자연에서 바위와 돌에 비유한다면 흔든 뒤에 가루가 된 얼음 설탕은 무엇에 비유할 수 있는지 쓰시오.

( )

6 위에서 플라스틱 통을 흔드는 것은 어떤 자연 현상에 비유할 수 있습니까? ( )

① 모래가 뭉쳐져 흙이 된다.
② 물이 흙을 운반하여 쌓아둔다.
③ 겨울에 물이 얼어 얼음이 된다.
④ 땅이 흔들리면서 도로가 갈라진다.
⑤ 바위틈에서 나무뿌리가 자라 바위가 부서진다.

7 다음과 같이 흙 언덕을 만들고 색 모래를 위쪽에 뿌린 뒤 물을 흘려보냈습니다. 이 실험의 결과로 옳은 것은 어느 것입니까? ( )

① 흙 언덕 위쪽의 모습만 변한다.
② 흙 언덕 아래쪽의 모습만 변한다.
③ 흙 언덕의 위쪽에서는 흙이 많이 깎인다.
④ 색 모래는 흙 언덕의 위쪽에 그대로 있다.
⑤ 흙 언덕의 아래쪽에서는 침식 작용이 활발하다.

8 흐르는 물에 대한 설명으로 옳지 <u>않은</u> 어느 것입니까? ( )

① 돌과 흙을 쌓는다.
② 주변의 흙을 깎는다.
③ 돌이나 흙을 운반하지 않는다.
④ 강 주변의 모습을 변하게 한다.
⑤ 바닷가 주변에 다양한 지형을 만든다.

9 퇴적 작용에 대한 설명으로 옳은 것을 두 가지 고르시오. (,)

① 흙이나 모래 등이 쌓이는 것이다.
② 흙이나 모래 등이 운반되는 것이다.
③ 경사가 완만한 곳에서 활발하게 일어난다.
④ 지표의 바위나 돌, 흙 등이 깎여 나가는 것이다.
⑤ 물이나 나무뿌리에 의해 바위가 부서지는 것이다.

10 서술형 강의 하류에서 많이 볼 수 있는 모습에는 무엇이 있는지 쓰시오. [10점]

11 강 상류와 강 하류에 대한 설명으로 옳은 것을 보기 에서 각각 골라 기호를 쓰시오.

보기
㉠ 강의 경사가 급하고, 강폭이 좁다.
㉡ 강의 경사가 완만하고, 강폭이 넓다.
㉢ 침식 작용보다 퇴적 작용이 활발하게 일어난다.
㉣ 퇴적 작용보다 침식 작용이 활발하게 일어난다.

(1) 강 상류 : (,)
(2) 강 하류 : (,)

12 다음과 같은 바닷가 주변의 모습을 살펴보면 바다 쪽으로 돌출된 부분과 안쪽으로 들어간 부분이 있습니다. 바닷물의 침식 작용이 활발한 곳의 기호를 쓰시오.

( )

1 다음은 운동장 흙과 화단 흙의 물 빠짐을 비교하는 실험입니다. 물음에 답하시오. [12점]

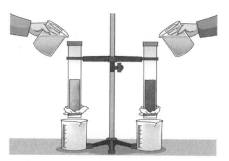

(1) 위 실험에서 다르게 해야 할 조건을 쓰시오. [2점]

(　　　　　)

(2) 위 실험에서 운동장 흙과 화단 흙이 담겨 있는 통을 알 수 없을 때, 화단 흙이 담겨 있는 통을 알 수 있는 방법을 쓰시오. [10점]

_____

_____

2 오른쪽은 얼음 설탕이 든 플라스틱 통을 흔드는 실험입니다. 물음에 답하시오. [12점]

(1) 다음은 플라스틱 통을 흔들기 전과 흔든 뒤의 얼음 설탕의 모습을 순서 없이 나타낸 것입니다. 각각을 흔들기 전과 흔든 뒤로 구분하여 쓰시오. [2점]

㉠  　　㉡

(　　　　) 　(　　　　)

(2) 위 실험에서 얼음 설탕의 모습이 변하는 것과 바위나 돌이 흙이 되는 것의 차이점을 쓰시오. [10점]

3 다음은 흙 언덕을 만들어 흙 언덕 위쪽에서 물을 흘려보내기 전과 흘려보낸 뒤의 모습입니다. 이처럼 물을 부었을 때, 흙 언덕의 모습이 변하는 까닭을 쓰시오. [8점]

 →

_____

_____

_____

4 다음은 강에서 고무 보트를 타는 모습입니다. 강 상류의 모습은 어느 것인지 쓰고, 그렇게 생각한 까닭을 쓰시오. [8점]

㉠  　　㉡

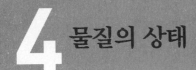

1 나무 막대, 물, 공기 비교하기

• 나무 막대, 물, 공기 관찰하기

나무 막대	물	공기
네모 모양이고 연한 갈색이며, 딱딱하다.	흐르고 투명하며, 흔들면 출렁거린다.	눈에 보이지 않고, 손에 잡히지 않는다.

• 나무 막대, 물, 공기 전달하기

나무 막대	물	공기
손으로 잡고 전달할 수 있다.	흘러서 전달하기 어렵다.	눈에 보이지 않고 손에 잡히지 않아 전달한 것인지 알 수 없다.

2 고체 알아보기

• 나무 막대와 플라스틱 막대의 공통점
① 눈으로 볼 수 있고 단단하며, 손으로 잡을 수 있습니다.
② 여러 가지 모양의 그릇에 넣어도 그릇의 모양과 관계없이 막대의 모양은 변하지 않고, 막대가 차지하는 공간의 크기인 부피도 변하지 않습니다.
• **고체** : 담는 그릇이 바뀌어도 모양과 부피가 일정한 물질의 상태 ⑩ 책, 지우개, 가위, 색연필, 필통, 페트병, 유리컵, 의자, 책상, 신발, 가방 등

3 액체 알아보기

• 물과 주스의 공통점
① 눈으로 볼 수 있고 흐르며, 손으로 잡을 수 없습니다.
② 모양은 담는 그릇의 모양에 따라 달라지지만, 부피는 변하지 않습니다.
③ 담은 그릇을 기울이면 모양이 변합니다.
• **액체** : 담는 그릇에 따라 모양은 변하지만, 부피는 변하지 않는 물질의 상태 ⑩ 물, 주스, 사이다, 우유, 간장, 식초, 꿀, 알코올, 바닷물, 설탕물, 액상 세제 등

4 기체 알아보기

• 공기가 공간을 차지하는지 알아보기

① 바닥에 구멍이 뚫리지 않은 플라스틱 컵으로 물 위에 띄운 페트병 뚜껑을 바닥까지 밀어 넣으면 컵 안에 있는 공기가 공간을 차지하고 있어서 컵 안으로 물이 들어가지 못하기 때문에 페트병 뚜껑이 내려가고 물의 높이가 높아집니다.
② 공기는 공간을 차지합니다.

• 공기가 이동하는지 알아보기
① 주사기 두 개를 비닐관으로 연결해 한쪽 주사기의 피스톤을 밀거나 당기면 공기가 이동하여 다른 쪽 주사기의 피스톤이 밖으로 나오거나 안으로 들어갑니다.
② 공기는 다른 곳으로 이동할 수 있습니다.
• **기체** : 담는 그릇에 따라 모양과 부피가 변하고, 담긴 그릇을 항상 가득 채우는 물질의 상태 ⑩ 공기 등

5 공기의 무게 알아보기

• 공기가 무게가 있는지 알아보기
① 페트병 입구에 공기 주입 마개를 끼운 뒤 공기 주입 마개를 누르기 전과 누른 후의 무게를 비교하면 누른 후에 무게가 늘어납니다.
② 공기처럼 대부분의 기체는 눈에 보이지 않지만, 무게가 있습니다.
③ 우리가 공부하는 교실 안에 있는 공기의 무게는 약 200 kg으로, 3학년 학생 여섯 명의 무게와 비슷합니다.

6 물질의 상태에 따른 분류

• 우리 주변의 물질을 고체, 액체, 기체로 분류하기

고체	쇠구슬, 숟가락, 플라스틱 장난감 등
액체	물, 우유, 주스 등
기체	공기, 타이어 안의 공기, 고무보트 안의 공기 등

• 고체, 액체, 기체의 성질

고체의 성질	담는 용기가 달라져도 모양과 부피가 변하지 않는다.
액체의 성질	담는 용기가 달라지면 모양은 변하지만, 부피는 변하지 않는다.
기체의 성질	담는 용기가 달라지면 모양과 부피가 변하며, 다른 곳으로 이동할 수 있고 무게가 있다.

1 나무 막대, 물, 공기 중 눈에 보이지만 흘러서 손으로 잡을 수 없는 것은 어느 것입니까?

2 나무 막대와 물 중에서 손으로 전달하기 힘든 것은 어느 것입니까?

3 나무 막대를 여러 가지 모양의 그릇에 옮겨 담으면 모양과 크기가 어떻게 되는지 쓰시오.

4 물을 여러 가지 모양의 그릇에 옮겨 담았을 때 모양과 부피 중 변하는 것은 어느 것입니까?

5 연필, 가방, 필통, 식용유 중에서 액체인 것은 어느 것입니까?

6 공기는 눈에 보이는지 보이지 않는지 쓰시오.

7 물속에서 플라스틱병을 눌렀을 때 플라스틱병 입구에서 생겨 위로 올라오는 것은 무엇입니까?

8 주사기 두 개를 비닐관으로 연결한 후, 한쪽 주사기의 피스톤을 밀면 다른 쪽 주사기의 피스톤이 밀려 나가는 까닭은 무엇이 이동하기 때문입니까?

9 담는 그릇에 따라 모양과 부피가 변하고, 담긴 그릇을 항상 가득 채우는 물질의 상태를 무엇이라고 합니까?

10 우리가 공부하는 교실 안에 있는 공기의 무게는 약 몇 kg입니까?

단원 평가 1회

※ 점수 표시가 없는 문항은 8점입니다.

1 다음은 나무 막대, 물, 공기 중 어떤 물질을 관찰한 내용인지 쓰시오.

> • 눈에 보이고 흔들면 출렁거린다.
> • 그릇을 기울이면 모양이 변한다.
> • 흘러내려서 손으로 전달할 수 없다.

( )

2 다음은 공기를 손으로 전달하는 모습입니다. 이때
서술형 공기를 손으로 전달한 것인지 알 수 없는 까닭을
쓰시오. [10점]

_____

_____

3 다음과 같이 나무 막대를 여러 가지 모양의 투명한 그릇에 담아 보면서 관찰한 내용으로 옳은 것을 두 가지 고르시오. (,)

① 나무 막대의 색깔이 변한다.
② 나무 막대의 무게가 변한다.
③ 나무 막대의 모양과 크기가 변한다.
④ 나무 막대의 모양은 변하지 않는다.
⑤ 나무 막대의 크기는 변하지 않는다.

4 물과 주스를 옳게 관찰한 것은 어느 것입니까?

( )

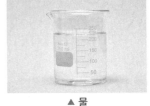
▲ 물

노란색
▲ 주스

① 물은 노란색이다.
② 물은 손으로 잡을 수 있다.
③ 물과 주스는 모두 단단하다.
④ 주스는 손으로 잡을 수 없다.
⑤ 주스는 담는 그릇에 따라 모양이 변하지 않는다.

5 액체의 성질로 옳지 않은 것은 어느 것입니까?

( )

① 흘러내린다.
② 눈에 보인다.
③ 손으로 잡을 수 없다.
④ 일정한 모양을 갖는다.
⑤ 일정한 부피를 갖는다.

6 공기가 있다는 것을 알 수 있는 방법으로 옳은 것은 어느 것입니까? ( )

① 잠을 잔다.
② 부채질을 한다.
③ 음료수를 마신다.
④ 친구와 이야기를 한다.
⑤ 나무 막대를 그릇에 넣어 본다.

7 플라스틱병과 주사기를 이용해 다음과 같이 실험을 하였을 때의 결과로 옳지 <u>않은</u> 것은 어느 것입니까? ( )

▲ 물속에 플라스틱병을 넣고 손으로 누르기

▲ 주사기의 피스톤을 당긴 뒤 주사기 끝을 물속에 넣고 피스톤 밀기

① 보글보글 소리가 난다.
② 공기 방울이 위로 올라온다.
③ 주사기 안으로 물이 들어간다.
④ 물 표면으로 올라온 공기 방울은 사라진다.
⑤ 플라스틱병 입구와 주사기 끝에 공기 방울이 생긴다.

8 다음 물체 안에 공통으로 들어 있는 물질은 무엇인지 쓰시오.

> 부표, 자동차 타이어, 물놀이용 튜브

( )

9 서술형 다음과 같이 바닥에 구멍이 뚫린 플라스틱 컵을 뒤집어 수조 바닥까지 밀어 넣으면 수조 안 물의 높이가 어떻게 되는지 그 까닭과 함께 쓰시오. [10점]

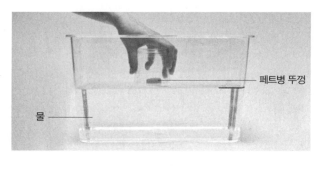
페트병 뚜껑
물

_____

10 다음은 주사기 두 개를 비닐관으로 연결한 다음 한쪽 주사기의 피스톤을 밀면 다른 쪽 주사기의 피스톤이 밀려 나가는 까닭에 대한 설명입니다. ( ) 안에 들어갈 알맞은 말을 쓰시오.

> 한쪽 주사기의 피스톤을 밀면 주사기와 비닐관 안에 들어 있는 공기가 다른 쪽 주사기로 ( )하기 때문에 다른 쪽 주사기의 피스톤이 밀려 나간다.

( )

11 다음은 페트병 입구에 공기 주입 마개를 끼우고 공기 주입 마개를 누르는 횟수를 다르게 하여 전자저울로 페트병의 무게를 측정한 것입니다. ㉠과 ㉡ 중 공기 주입 마개를 더 적게 누른 것의 기호를 쓰시오.

㉠    ㉡

( )

12 다음 보기 의 물체를 고체와 액체로 분류하여 기호를 쓰시오.

> **보기**
> ㉠ 물   ㉡ 주스   ㉢ 자전거
> ㉣ 들기름   ㉤ 유리컵   ㉥ 나무젓가락

(1) 고체 : ( )
(2) 액체 : ( )

서술형 평가 1^회

1 다음은 물을 친구에게 손으로 전달하는 모습입니다. 물음에 답하시오. [12점]

(1) 위와 같이 물을 손으로 전달하기 힘든 까닭을 쓰시오. [4점]

_____

_____

(2) 물과 다르게 나무 막대는 손으로 전달하기 쉬운 까닭을 쓰시오. [8점]

_____

_____

2 다음과 같이 물을 여러 가지 모양의 그릇에 차례대로 옮겨 담은 뒤 처음에 사용한 그릇에 다시 옮겨 담았습니다. 물음에 답하시오. [12점]

(1) 담는 그릇에 따라 물의 모양은 어떻게 되는지 쓰시오. [6점]

_____

_____

(2) 담는 그릇에 따라 물의 부피는 어떻게 되는지 쓰시오. [6점]

3 다음과 같이 부풀린 풍선의 입구를 한 손으로 잡고 얼굴에 가까이 한 후 쥐었던 손을 놓았습니다. 물음에 답하시오. [12점]

(1) 풍선 속에서 밖으로 빠져나오는 물질은 무엇인지 쓰시오. [2점]

(   )

(2) 위 실험으로 알 수 있는 사실을 쓰시오. [10점]

_____

_____

4 다음과 같이 페트병 입구에 끼운 공기 주입 마개를 많이 누를수록 페트병이 무거워지는 까닭을 쓰시오. [8점]

공기 주입 마개

_____

※ 점수 표시가 없는 문항은 8점입니다.

1 다음과 같은 물과 공기의 공통점으로 옳은 것은 어느 것입니까? ( )

▲ 물

지퍼 백 속의 공기

▲ 공기

① 색깔이 있다.
② 네모 모양이다.
③ 눈으로 볼 수 없다.
④ 손으로 잡을 수 없다.
⑤ 손으로 잡아 쉽게 전달할 수 있다.

2 고체의 성질에 대한 설명으로 옳은 것은 어느 것입니까? ( )

① 눈에 보이지 않는다.
② 투명하며 흘러내린다.
③ 담는 그릇이 바뀌면 부피가 변한다.
④ 담는 그릇을 항상 가득 채우려고 한다.
⑤ 담는 그릇에 따라 모양이 변하지 않는다.

3 다음 보기 에서 고체를 모두 골라 기호를 쓰시오.

보기
㉠ 연필   ㉡ 우유   ㉢ 풍선   ㉣ 식용유

( )

4~5 다음과 같이 물을 여러 가지 모양의 그릇에 차례대로 옮겨 담았습니다. 물음에 답하시오.

4 각 그릇에 담겨 있는 물의 부피를 비교하여 쓰시오.

서술형   [10점]

_____

_____

5 위 실험으로 알 수 있는 액체의 성질로 옳은 것을 두 가지 고르시오. (,)

① 눈으로 볼 수 없다.
② 일정한 모양을 가지고 있다.
③ 담긴 그릇을 항상 가득 채운다.
④ 담는 그릇에 따라 모양이 변한다.
⑤ 담는 그릇이 바뀌어도 부피는 변하지 않는다.

6 다음과 같이 풍선을 가득 채우고 있는 공기의 성질로 옳지 않은 것은 어느 것입니까? ( )

① 눈에 보이지 않는다.
② 손으로 잡을 수 없다.
③ 모양이 일정하지 않다.
④ 고체나 액체와는 다른 물질의 상태이다.
⑤ 담는 그릇이 바뀌어도 부피가 변하지 않는다.

7 우리 주변에 공기가 있는 것을 확인할 수 있는 방법으로 옳지 <u>않은</u> 것은 어느 것입니까? (   )

① 풍선을 분다.
② 부채질을 한다.
③ 깃발이 휘날리는 것을 본다.
④ 나뭇가지가 흔들리는 것을 본다.
⑤ 여러 가지 모양의 그릇에 물을 담아 본다.

8~9 다음과 같이 바닥에 구멍이 뚫리지 않은 플라스틱 컵으로 물에 띄운 페트병 뚜껑을 덮은 뒤 천천히 밀어 넣었습니다. 물음에 답하시오.

8 위 실험 결과 페트병 뚜껑의 위치와 수조 안 물의 높이는 어떻게 되는지 쓰시오. [10점]
서술형

_____

_____

9 위 실험을 통해 알 수 있는 공기의 성질로 옳은 것은 어느 것입니까?   (   )

① 공기는 무게가 있다.
② 공기는 무게가 없다.
③ 공기는 이동할 수 없다.
④ 공기는 모양이 일정하다.
⑤ 공기는 공간을 차지한다.

10 다음과 같이 두 개의 주사기가 비닐관으로 연결되어 있습니다. ㈎ 주사기의 피스톤을 밀었더니 ㈏ 주사기의 피스톤이 밖으로 밀려 나왔습니다. 그 까닭으로 옳은 것을 보기 에서 골라 기호를 쓰시오.

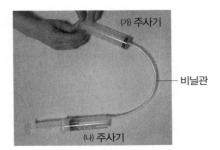

> 보기
> ㉠ 공기는 이동하기 때문이다.
> ㉡ 공기는 무게가 있기 때문이다.
> ㉢ 공기는 눈에 보이지 않기 때문이다.

(   )

11 페트병 입구에 끼운 공기 주입 마개를 누르는 횟수를 다르게 하여 페트병의 무게를 측정했습니다. 페트병의 무게가 가장 무거운 경우는 어느 것입니까?
(   )

① 공기 주입 마개를 누르지 않았을 때
② 공기 주입 마개를 다섯 번 눌렀을 때
③ 공기 주입 마개를 열 번 눌렀을 때
④ 공기 주입 마개를 스무 번 눌렀을 때
⑤ 공기 주입 마개를 서른 번 눌렀을 때

12 물질과 물질의 상태를 옳게 짝 지은 것은 어느 것입니까?   (   )

① 공기 – 액체   ② 필통 – 고체
③ 가위 – 액체   ④ 주스 – 고체
⑤ 암석 – 기체

서술형 평가 2회

1 다음은 나무 막대와 탁구공을 여러 가지 모양의 그릇에 옮겨 담은 모습입니다. 나무 막대와 탁구공의 공통점을 쓰시오. [8점]

▲ 그릇 속 나무 막대의 모습   ▲ 그릇 속 탁구공의 모습

_____

_____

2 다음과 같이 페트병에 물이 들어 있습니다. 물음에 답하시오. [12점]

물

(1) 페트병을 뒤집으면 안에 담긴 물의 모양은 어떻게 되는지 쓰시오. [4점]

_____

_____

(2) 위 실험과 관련 있는 액체의 성질을 쓰시오.

[8점]

_____

_____

3 다음과 같이 페트병 입구에 풍선을 끼우고 페트병을 눌렀더니 납작했던 풍선이 팽팽하게 부풀어 올랐습니다. 풍선이 부풀어 오른 까닭을 쓰시오. [8점]

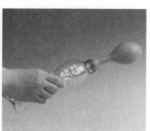

_____

_____

4 다음은 공기가 들어 있지 않은 공기 침대와 공기가 들어 있는 공기 침대를 옮기는 모습입니다. 물음에 답하시오. [12점]

㉠   ㉡

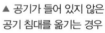

▲ 공기가 들어 있지 않은   ▲ 공기가 들어 있는
   공기 침대를 옮기는 경우   공기 침대를 옮기는 경우

(1) 위 ㉠과 ㉡ 중 공기 침대가 더 무거운 경우의 기호를 쓰시오. [2점]

(   )

(2) ㉠에서는 공기 침대를 한 사람이 들 수 있지만, ㉡에서는 공기 침대를 여러 사람이 힘들게 드는 까닭을 기체의 성질과 관련지어 쓰시오.

[10점]

_____

_____

① 물체에서 소리가 날 때의 공통점

- 소리가 날 때 물체의 떨림이 느껴집니다.
- 소리는 물체의 떨림으로 발생합니다.

소리가 나는 목	소리가 나는 종	날 때 소리가 나는 벌
소리가 나는 목에 손을 대면 떨림이 느껴진다.	종이 떨기 때문에 소리가 난다.	날개를 빠르게 움직여 떨림이 생겨서 소리가 난다.

② 소리의 세기

- **소리의 세기** : 소리의 크고 작은 정도로, 물체가 크게 떨리면 큰 소리가 나고, 작게 떨리면 작은 소리가 납니다.
- 우리 생활에서 작은 소리와 큰 소리를 내는 경우

작은 소리를 내는 경우	큰 소리를 내는 경우
• 아기에게 자장가를 불러 줄 때 • 피아노로 조용한 곡을 연주할 때 • 도서관에서 친구와 귓속말로 이야기할 때	• 멀리 있는 친구를 부를 때 • 수업 시간에 친구들 앞에서 발표할 때 • 야구장에서 우리 팀을 응원할 때

③ 소리의 높낮이

- **소리의 높낮이** : 소리의 높고 낮은 정도로, 팬 플루트의 관과 실로폰의 음판은 길이에 따라 소리의 높낮이가 다릅니다.
- **소리의 높낮이를 이용하는 경우** : 다양한 악기를 연주하는 관현악단과 합창단은 악기와 사람이 내는 소리의 높낮이 등을 이용해 공연합니다.

④ 소리의 전달

- **소리의 전달** : 우리 생활에서 들리는 대부분의 소리는 기체인 공기를 통해 전달되고 나무나 철과 같은 고체, 물과 같은 액체를 통해서도 전달됩니다.

- 여러 가지 물질을 통한 소리의 전달

공기(기체)	철(고체)	물(액체)
멀리 있는 친구가 부르는 소리를 듣는다.	철봉에 귀를 대고 철봉을 두드리는 소리를 듣는다.	잠수부가 멀리서 오는 배의 엔진 등의 소리를 듣는다.

- 실을 이용해 소리 전달하기
① 실 전화기는 실의 떨림으로 소리가 전달됩니다.
② 실을 팽팽하게 하고 소리를 들으면 멀리 있는 친구의 목소리가 크게 들립니다.

⑤ 소리의 반사

- **소리의 반사** : 소리가 나아가다가 물체에 부딪쳐 되돌아오는 성질로, 소리는 딱딱한 물체에서는 잘 반사되지만 부드러운 물체에서는 잘 반사되지 않습니다.
- 우리 생활에서 소리가 반사되는 경우
① 암벽으로 된 산에서 소리를 내면 잠시 뒤에 메아리가 들립니다.
② 공연장의 천장에는 반사판이 설치되어 있습니다.
③ 동굴이나 목욕탕에서 소리가 울립니다.

⑥ 소음을 줄이는 방법

- **소음** : 사람의 기분을 좋지 않게 만들거나 건강을 해칠 수 있는 시끄러운 소리
- 소리의 성질을 이용해 소음을 줄이는 방법

소리의 세기 줄이기	• 집에서 TV나 음악을 들을 때는 너무 큰 소리로 듣지 않는다. • 집에서 악기를 연주할 때는 소리를 줄일 수 있는 장치를 이용한다. • 집 안에서는 뛰어다니거나 공놀이를 하지 않는다.
소리가 잘 전달되지 않게 하기	• 음악실에는 소리가 잘 전달되지 않는 물질을 벽에 붙인다. • 집에서는 바닥에 소음 방지 매트를 깔고 생활한다.
소리 반사 시키기	주택가 큰 도로변에는 소리를 반사시키는 방음벽을 설치한다.

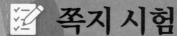
1 소리가 나는 스피커에 손을 대면 손에서 무엇이 느껴집니까?

2 소리가 나는 소리굽쇠를 물에 대면 어떻게 됩니까?

3 소리가 나는 소리굽쇠를 손으로 세게 움켜잡으면 소리는 어떻게 됩니까?

4 소리의 크고 작은 정도를 무엇이라고 합니까?

5 소리의 높고 낮은 정도를 무엇이라고 합니까?

6 불이 난 것을 알리는 화재경보기는 높은 소리와 낮은 소리 중 어떤 소리를 냅니까?

7 책상에 귀를 대고 책상을 두드리는 소리를 들을 수 있는 것은 소리가 무엇을 통해 전달되기 때문입니까?

8 실 전화기에서 소리는 무엇을 통해 전달됩니까?

9 소리가 나아가다가 물체에 부딪쳐 되돌아오는 성질을 무엇이라고 합니까?

10 소리는 딱딱한 물체와 부드러운 물체 중 어느 것에서 반사가 잘 됩니까?

단원 평가 1회

※ 점수 표시가 없는 문항은 8점입니다.

1 소리가 나는 소리굽쇠와 소리가 나지 않는 소리굽쇠를 각각 물에 대었을 때에 대한 설명으로 옳은 것은 어느 것입니까? ( )

▲ 소리가 나는 소리굽쇠를 물에 대는 경우

▲ 소리가 나지 않는 소리굽쇠를 물에 대는 경우

① ㉡에서 물이 튀어 오른다.
② ㉠의 소리굽쇠는 떨림이 있다.
③ ㉡에서는 물의 양이 점점 줄어든다.
④ ㉡에서는 물의 양이 점점 늘어난다.
⑤ ㉠에서는 아무 일도 일어나지 않는다.

2 다음 현상을 통해 알 수 있는 소리가 나는 물체의 특징을 쓰시오. [10점]

서술형

• 소리가 나는 목에 손을 대면 떨림이 느껴진다.
• 소리가 나는 스피커에 손을 대면 떨림이 느껴진다.

3 다음과 같이 작은북 위에 좁쌀을 올려놓고, 북을 치는 세기에 따라 좁쌀이 움직이는 모습을 관찰하였습니다. 작은북 위의 좁쌀이 더 높게 튀어 오르는 것을 골라 기호를 쓰시오.

㉠
좁쌀
▲ 작은북을 약하게 칠 때

㉡
▲ 작은북을 세게 칠 때

( )

4 큰 소리를 내야 할 때를 두 가지 고르시오.
(,)

① 멀리 있는 친구를 부를 때
② 아기에게 자장가를 불러 줄 때
③ 피아노로 조용한 곡을 연주할 때
④ 수업 시간에 친구들 앞에서 발표할 때
⑤ 도서관에서 친구와 귓속말로 이야기할 때

5 다음과 같은 실로폰의 음판을 치면서 소리를 내 보았습니다. 더 높은 소리를 내기 위한 방법으로 옳은 것은 어느 것입니까? ( )

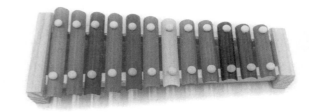

① 긴 음판을 친다.
② 짧은 음판을 친다.
③ 음판을 세게 친다.
④ 음판을 약하게 친다.
⑤ 같은 음판을 여러 번 친다.

6 오른쪽과 같이 책상에 귀를 대고 책상을 두드리는 소리를 들을 때에 대한 설명으로 옳은 것을 두 가지 고르시오.

(,)

① 소리가 크게 들린다.
② 소리가 들리지 않는다.
③ 고체인 물질을 통해 소리가 전달된다.
④ 액체인 물질을 통해 소리가 전달된다.
⑤ 소리가 커졌다가 작아졌다를 반복한다.

7
서술형

파란색 식용 색소를 섞은 물속에 소리가 나는 스피커를 넣고 다음과 같이 플라스틱 관으로 스피커를 찾았습니다. 이때 소리를 전달하는 물질과 이를 통해 알 수 있는 사실을 쓰시오. [10점]

플라스틱 관

_____

_____

8 실 전화기의 소리가 잘 들리게 하는 방법을 옳게 짝 지은 것은 어느 것입니까? (   )

	실의 두께	실의 길이	실의 팽팽한 정도
①	얇다.	길다.	느슨하다.
②	얇다.	짧다.	팽팽하다.
③	두껍다.	길다.	느슨하다.
④	두껍다.	길다.	팽팽하다.
⑤	두껍다.	짧다.	팽팽하다.

9 다음은 여러 가지 물체를 이용하여 소리의 반사를 알아보는 실험입니다. 소리가 더 작게 들리는 경우의 기호를 쓰시오.

ㄱ

나무판

▲ 나무판을 들고
소리 듣기

ㄴ

스타이로폼판

▲ 스타이로폼판을 들고
소리 듣기

(   )

10 다음과 같은 동굴에서 소리를 냈을 때에 대한 설명으로 옳은 것은 어느 것입니까? (   )

① 메아리가 들린다.
② 소리가 점점 커진다.
③ 소리가 점점 높아진다.
④ 아무 소리도 들리지 않는다.
⑤ 소리가 대부분 동굴의 벽에 흡수된다.

11 소음이 생기는 경우가 아닌 것은 어느 것입니까?
(   )

① 문을 세게 닫을 때
② 자동차가 빠르게 달릴 때
③ 이어폰을 사용해 음악을 들을 때
④ 공동 주택에서 밤늦게 피아노를 칠 때
⑤ 확성기의 음량을 크게 하여 사용할 때

12 소음을 줄이는 방법으로 옳지 않은 것은 어느 것입니까? (   )

① 스피커의 음량을 줄인다.
② 도로에 방음벽을 설치한다.
③ 공사장 주변에 방음벽을 설치한다.
④ 확성기에 입을 대고 큰 소리를 낸다.
⑤ 음악실의 벽에 소리가 잘 전달되지 않는 물질을 붙인다.

1 다음은 소리가 나는 목과 스피커에 손을 대 보는 모습입니다. 물음에 답하시오. [12점]

▲ 소리가 나는 목에 손을 대 보기

▲ 소리가 나는 스피커에 손을 대 보기

(1) 위 ㉠과 ㉡ 중 손에서 떨림을 느낄 수 있는 경우의 기호를 쓰시오. [2점]

(,   )

(2) 위 (1)의 답으로 알 수 있는 소리가 나는 물체의 공통점을 쓰시오. [10점]

_____

_____

2 다음은 음악을 연주할 때 이용하는 팬 플루트의 모습입니다. 물음에 답하시오. [12점]

(1) 팬 플루트 소리의 높낮이에 영향을 주는 조건을 쓰시오. [6점]

_____

_____

(2) 팬 플루트로 높은 소리를 내기 위한 방법을 쓰시오. [6점]

3 다음과 같이 스피커가 든 통 위에 스타이로폼판을 비스듬히 들고 스피커의 소리를 들으면 소리가 좀 더 잘 들립니다. 물음에 답하시오. [12점]

스타이로폼판

(1) 스피커의 소리를 더 크게 듣기 위해서 스타이로폼판 대신 사용할 수 있는 물체를 쓰시오. [2점]

(   )

(2) 위 (1)의 답과 같이 생각한 까닭을 쓰시오. [10점]

_____

_____

4 다음과 같이 도로에 방음벽을 설치하는 까닭을 쓰시오. [8점]

▲ 도로에 설치한 방음벽

_____

※ 점수 표시가 없는 문항은 8점입니다.

1 소리가 나는 스피커를 골라 기호를 쓰시오.

ⓐ
▲ 손을 대었을 때 떨림이 느껴진다.

ⓑ
▲ 손을 대었을 때 아무런 느낌이 없다.

( )

2 다음과 같이 소리가 나는 소리굽쇠를 물에 대면 물이 튀어 오르는 까닭으로 옳은 것은 어느 것입니까?

( )

① 소리굽쇠의 떨림 때문에
② 소리굽쇠가 뜨거워졌기 때문에
③ 소리굽쇠가 차가워졌기 때문에
④ 소리굽쇠는 물에 젖지 않는 성질이 있기 때문에
⑤ 소리굽쇠는 물을 튀어 오르게 하는 성질이 있기 때문에

3 작은 소리를 내는 경우로 옳지 <u>않은</u> 것은 어느 것입니까? ( )

① 북을 약하게 칠 때
② 바이올린을 부드럽게 켤 때
③ 피아노 건반을 살살 누를 때
④ 도서관에서 친구와 이야기할 때
⑤ 체육 대회에서 우리 팀을 응원할 때

4 다음은 작은북 위에 좁쌀을 올려놓고, 작은북을 북채로 약하게 칠 때와 세게 칠 때의 모습입니다. 작은북을 약하게 칠 때보다 세게 칠 때 좁쌀이 더 높게 튀어 오르는 까닭을 쓰시오. [10점]

서술형

좁쌀
▲ 작은북을 약하게 칠 때

▲ 작은북을 세게 칠 때

_____

_____

5 소리의 높낮이에 대해 옳게 말한 친구의 이름을 쓰시오.

• **민수** : 소리의 크고 작은 정도야.
• **수지** : 소리의 높고 낮은 정도야.
• **경일** : 소리가 잘 전달되는 정도야.

( )

6 우리 생활에서 높은 소리를 이용하는 경우가 <u>아닌</u> 것은 어느 것입니까? ( )

① 구급차로 환자를 옮길 때
② 건물에서 화재가 발생했을 때
③ 도로에서 긴급한 상황을 알릴 때
④ 배에서 신호를 보내는 뱃고동 소리
⑤ 수영장 안전 요원이 호루라기를 불 때

7 다음의 경우에 소리를 전달하는 물질의 상태는 무엇인지 쓰시오.

(1)
▲ 친구의 목소리 듣기
( )

(2)
▲ 바닷속에서 배의 엔진 소리 듣기
( )

8 서술형 다음과 같이 공기를 뺄 수 있는 장치에 소리가 나는 스피커를 넣고 공기를 빼면 스피커의 소리는 어떻게 되는지 쓰시오. [10점]

공기를 빼는 장치

스피커

_____

_____

9 위 8의 답과 같이 되는 까닭으로 옳은 것을 보기 에서 골라 기호를 쓰시오.

보기
㉠ 공기가 줄어들어 소리가 잘 전달되기 때문이다.
㉡ 공기가 많아져서 소리가 잘 전달되지 않기 때문이다.
㉢ 공기가 줄어들어 소리가 잘 전달되지 않기 때문이다.

( )

10 실 전화기에 대한 설명으로 옳지 않은 것은 어느 것입니까? ( )

① 실의 떨림이 소리를 전달한다.
② 실의 길이가 짧을수록 소리가 더 잘 들린다.
③ 실의 두께가 얇을수록 소리가 더 잘 들린다.
④ 실 대신에 용수철을 연결해도 소리가 잘 들린다.
⑤ 실과 같은 고체 물질이 소리를 전달할 수 있음을 알 수 있다.

11 다음의 현상은 공통적으로 소리의 어떤 성질 때문에 나타나는 것인지 쓰시오.

• 동굴에서 들리는 메아리
• 목욕탕에서 울리는 목소리
• 텅 빈 체육관에서 손뼉을 쳤을 때 잠시 뒤에 다시 들리는 박수 소리

( )

12 소음에 대한 설명으로 옳지 않은 것은 어느 것입니까? ( )

① 소음의 종류는 다양하다.
② 소음은 일정한 장소에서만 발생한다.
③ 도로에서는 자동차 때문에 소음이 생긴다.
④ 소음은 사람의 건강을 해칠 수 있는 소리이다.
⑤ 공동 주택에서는 소음이 발생하지 않도록 주의해야 한다.

서술형 평가 2회

1 다음과 같은 작은북으로 소리의 세기를 비교하려고 합니다. 물음에 답하시오. [12점]

(1) 소리의 세기를 비교하는 방법을 쓰시오. [6점]

_____

_____

(2) 소리의 세기를 눈으로 확인할 수 있는 방법을 쓰시오. [6점]

_____

_____

2 다음과 같은 실로폰으로 낮은 소리부터 높은 소리 순서로 치려고 합니다. 물음에 답하시오. [12점]

(1) 소리가 차례대로 높아지게 하려면 어떻게 쳐야 하는지 쓰시오. [4점]

_____

(2) 음판의 길이와 소리의 높낮이 관계를 쓰시오.

[8점]

_____

3 다음과 같이 실에 연결한 숟가락을 젓가락으로 두드렸습니다. 소리가 우리 귀로 전달되는 과정을 쓰시오. [8점]

_____

_____

4 다음과 같이 주택에서 발생하는 소음을 줄일 수 있는 방법을 두 가지 쓰시오. [8점]

계산이 아닌   개념을 깨우치는

수학을 품은 연산

디딤돌
연산은
수학이다.

1~6학년(학기용)

수학 공부의 새로운 패러다임

이 한 권에 다 있다! 국·사·과 정답 해설

초등 3·2

디딤돌
통합본

정답해설북

초등 **3·2**

디딤돌
통합본

정답해설북

디딤돌

국어 교과개념북

1 작품을 보고 느낌을 나누어요

😊 개념 확인하기　6쪽

1 마음　**2** 말투　**3** (1) ○　**4** (2) ×

준비 😊　7쪽

1 (1) ① (2) ④ (3) ② (4) ③　**2** ㉢, ㉣　**3** ④　**4** ③
5 예 그림 **나**에서는 풀이 죽은 표정으로 몸을 움츠리고 있지만, 그림 **다**에서는 빈정거리는 표정으로 고개를 쳐들고 있다.
6 나

2 그림 **다**와 **라**에 미안해하는 마음이 드러나 있습니다.

3 웃으며 말하는 것이 마음을 전달하기에 알맞습니다.
❗ **오답 피하기**
그림 **가**는 웃는 표정, 그림 **다**와 **라**는 당황스러운 표정이 알맞습니다.

4 남자아이가 실수로 친구의 필통을 바닥에 떨어뜨렸습니다.

5 남자아이의 표정과 몸짓의 차이를 구분해 봅니다.
채점 기준 두 그림에서 남자아이의 표정과 몸짓의 차이가 드러나게 썼으면 정답으로 인정합니다.

6 그림 **나**에서 풀이 죽은 표정으로 몸을 움츠리고 있는 남자아이의 모습에서 미안해하는 마음이 느껴집니다.

기본 😊　8~14쪽

핵심내용 ❶ 표정　**❷** 허리

1 ⑤　**2** ①, ⑤　**3** (2) ○　**4** 은주　**5** ④　**6** ③, ⑤　**7** 발레　**8** 현수　**9** 예 장면 **3**에서 자두가 미미를 돋보이게 하기 위해 무대를 망친 부분에서 동생을 생각하는 자두의 마음에 감동받았다.　**10** ①　**11** 지렁이　**12** 미정　**13** 지렁이　**14** ⑤　**15** (1) ○　**16** (2) ○　**17** ③　**18** ⑤　**19** 주희　**20** ④　**21** 예 활짝 웃는 표정으로 덩실덩실 춤을 추고 기쁨에 찬 목소리로 크게 외치며 말한다.　**22** (2) ○　**23** ④　**24** (2) ○　**25** ②　**26** ①　**27** 가죽 줄, 검은흙　**28** ④　**29** (2) ○

1 장금이가 강아지를 찾다가 수라간에서 온 상궁과 궁녀들을 보게 되었습니다.

2 그림 **가**에서 눈을 크게 뜨고 입을 벌리고 있는 표정으로 보아, 놀라고 호기심을 느끼는 마음임을 알 수 있습니다.

3 강아지 때문에 국수를 쏟아 수라간 궁녀에게 꾸중을 듣고 있는 상황이므로 죄송하다는 표정으로 고개를 숙이고 있는 (2)가 어울리는 표정과 몸짓입니다.

4 밝게 웃는 표정은 알맞지 않고, 죄송하다는 듯이 공손한 표정을 지어야 합니다.
❗ **오답 피하기**
장금이의 강아지 때문에 국수가 엉망이 된 상황이므로 고개를 숙이고, 낮고 작은 목소리로 잘못을 비는 것이 알맞습니다.

5 어른들이 엄마를 '자두 엄마'로만 부르고 학교 친구와 선생님도 언니 자두에게만 관심을 기울여 미미는 화가 났습니다.

6 화가 난 미미는 잔뜩 찡그린 표정으로 두 팔을 아래위로 흔들었습니다.

8 미미가 몰래 발레를 배웠다는 사실을 알고, 자두는 미미를 돋보이게 하려고 일부러 자신의 무대를 망쳤습니다.

9 재미를 느꼈거나 감동받은 부분을 찾아 써 봅니다.
채점 기준 적당한 까닭을 들어 자신이 재미나 감동을 느낀 부분을 썼으면 정답으로 인정합니다.

10 부벨라가 거인이라서 모든 사람이 무서워했습니다.

11 부벨라가 만난 작은 목소리의 주인공은 지렁이입니다.

12 부벨라가 발 근처 땅바닥을 자세히 들여다보며 지렁이를 발견하여 말하는 상황이므로 쪼그리고 앉아서 말하는 것이 알맞습니다.
❗ **오답 피하기**
㉡은 다른 사람들은 모두 자기를 무서워하는데 지렁이는 그렇지 않자 놀라서 묻는 말이므로, 화난 표정은 알맞지 않습니다. 그리고 땅에 있는 지렁이와 대화하는 장면이므로 하늘을 쳐다보는 것도 알맞은 몸짓이 아닙니다.

13 부벨라가 지렁이를 자기 집에 초대했기 때문에 집 안을 정리하고 몸을 깨끗이 씻었습니다.

15 부벨라가 지렁이가 바나나케이크를 싫어할지도 몰라 무엇을 내놓아야 할지 고민하는 부분으로, 근심하는 표정과 고민하는 몸짓이 어울립니다.
❗ **오답 피하기**
(2) 슬프거나 억울한 일을 당했을 때 알맞은 몸짓입니다.
(3) 기쁘거나 좋은 일이 생겼을 때 알맞은 몸짓입니다.

16 부벨라는 지렁이가 무얼 먹고 사는지, 무슨 음식을 좋아하는지 몰라 차 마실 때 지렁이에게 무엇을 내놓으면 좋을지 물어보기 위해 정원사를 찾아갔습니다.

17 정원사는 지렁이들이 다른 집 정원의 흙을 좋아할 것 같다면서 진흙파이를 만들어 주면 어떻겠냐고 하였습니다.

18 정원사는 정원 세 곳에서 각기 다른 종류의 흙을 접시에 담은 뒤, 접시를 부벨라에게 건네주었습니다.

19 정원사가 자신의 고민을 해결해 주자 기뻐서 눈물을 흘릴 것 같은 상황이므로 주희가 말한 것이 알맞습니다.

20 부벨라가 손을 들어 정원사를 가리키자 갑자기 정원사가 허리를 꼿꼿하게 펴더니 똑바로 서게 되었습니다.

21 허리가 낫게 된 정원사의 마음을 생각하여 어떻게 말하였을지 생각해 봅니다.

> **채점 기준** 상황을 고려하여 정원사의 표정, 몸짓, 말투를 모두 알맞게 썼으면 정답으로 인정합니다.

22 지렁이가 뚜껑 안에 무엇이 들어 있는지 궁금해서 물어본 말이므로 궁금해하는 표정인 (2)가 알맞습니다.

23 부벨라가 뚜껑을 들어 올리자 지렁이는 신이 나서 진흙파이 속으로 파고들어 갔습니다.

24 부벨라는 파리 한 마리도 해치지 못하는 성격인데, 사람들이 자신을 무서워하며 도망을 치니 속상하고 슬프고 억울한 생각이 들었을 것입니다.

25 수백 명이나 되는 친척들과 가까이에서 함께 사는 지렁이는 가족 없이 홀로 지내는 부벨라가 안쓰러워 보였습니다.

26 부벨라는 지렁이에게 친구가 되어 준다면 어디든지 데리고 다니겠다고 하였습니다.

28 부벨라가 지렁이와 진정한 친구가 되기로 하고 한 말이므로 뿌듯한 표정과 다정한 목소리가 어울립니다.

> **❶ 오답 피하기**
> ㉠ 부벨라가 진정한 친구인 지렁이를 만나 뿌듯해하는 장면으로 무뚝뚝한 표정은 어울리지 않고, 먼 산을 보는 것이 아니라 가까이 있는 지렁이를 바라보며 말하는 것이 알맞습니다.
> ㉡ 부벨라가 화가 난 상황이 아니므로 화난 표정과 높은 목소리도 알맞지 않습니다.

29 그림은 아이가 무언가를 들고 인사하는 모습으로, 부벨라가 정원사에게 흙이 담긴 접시를 받아들고 인사하는 장면임을 알 수 있습니다.

실천 😊 **15쪽**

1 ④ **2** ④ **3** (1) ○ **4** ③

2 '주고받는 말'을 통해 표현할 장면에 필요한 역할을 알 수 있습니다.

---

3 표현할 장면은 두 형제가 서로 볏단을 옮겨 놓다가 마주치는 장면이므로, 무엇인가를 들고 마주쳤을 때 깜짝 놀라는 표정을 지은 (1)이 알맞게 표현한 것입니다.

4 서로를 아끼고 위하는 형과 아우의 행동을 보고 한 말이므로 흐뭇하고 기쁜 표정을 짓는 것이 어울립니다.

국어

국어활동 😊 **16쪽**

1 ⑤ **2** ② **3** ㉮ **4** (2) ○ **5** ①, ②, ⑤

4 실망하는 내용과 표정, 몸짓, 말투가 잘 어울리도록 말해야 합니다.

5 표정, 몸짓, 말투에 주의하며 말하면 다른 사람의 기분을 생각하며 자신의 생각과 느낌을 더 정확하고 실감 나게 전달할 수 있습니다.

➕ 단원 어휘 다지기 **17쪽**

1 (1) 보답 (2) 물끄러미 (3) 예외 (4) 혼례 **2** (1) 조마조마하고 (2) 가여워 **3** ④ **4** (2) ○ (3) ○ **5** ⑤ **6** (1) [느피] (2) [무르페] (3) [비치] (4) [서녀케]

1 '예외'는 일반적 규칙이나 예에서 벗어나는 일을, '혼례'는 부부 관계를 맺기로 맹세하고 약속하는 의식을 뜻합니다. '보답'은 남에게 받은 은혜를 갚는 것을, '물끄러미'는 우두커니 한곳만 바라보는 모양을 뜻합니다.

2 (1) '초조하다'는 애가 타서 마음이 조마조마하다는 뜻입니다. (2) '안쓰럽다'는 손아랫사람이나 약자의 딱한 형편이 마음이 아프고 가엽다는 뜻입니다.

3 '군침이 돌다'는 '음식을 먹고 싶어 하는 마음이 생기다.'라는 뜻을 지닌 관용어입니다.

4 (1) 풀이나 털 등을 짧게 자른다는 뜻을 지닌 '깎다'는 읽을 때는 [ㄱ]으로 소리 나지만 쓸 때는 'ㄲ'이 바른 표기입니다.

5 어려운 친구를 돕는 것은 자기 자신의 이익만을 꾀하는 이기적인 것이 아니므로 낱말의 쓰임이 바르지 않은 것은 ⑤입니다.

6 (1) '높이'는 [느피], (2) '무릎에'는 [무르페], (3) '빛이'는 [비치], (4) '서녘에'는 [서녀케]로 발음됩니다.

1 (1) ○ (2) ○   **2** 나   **3** ②, ③   **4** (1) ② (2) ③ (3) ① (4) ①   **5** ②   **6** (1) 예 눈물을 글썽이며 (2) 예 두 손에 힘을 꼭 주며 (3) 예 가늘고 떨리는 목소리로   **7** ①   **8** (1) ○   **9** ③, ④   **10** (2) ○   **11** ①, ③   **12** ①, ③, ④   **13** 이 세상 모든 것, 계속 입을 다물고 살아야   **14** ②   **15** (3) ○   **16** ②   **17** (1) ㉮ (2) ㉯   **18** ②   **19** (3) ○   **20** 예 자신을 무서워하지 않고 늘 진실을 말해 주는 좋은 친구와 헤어지고 싶지 않기 때문이다.

1 그림 가, 나는 고마움을, 그림 다, 라는 미안함을 표현해야 하는 상황입니다.

2 그림 나가 다친 곳을 치료해 주신 선생님께 고마움을 표현해야 하는 상황이므로 높임말로 공손하게 말해야 합니다.

3 여자아이가 친구에게 고마움을 표현하는 상황이므로 밝게 웃으며 손을 가볍게 흔들어 주는 몸짓이 알맞습니다.

4 친구에게 고마움을 표현하는 상황이므로 ㉠에는 '고마워.', 선생님께 하는 말이므로 ㉡에는 '고맙습니다.', ㉢과 ㉣에는 미안함을 표현하는 '미안해.'가 들어가는 것이 알맞습니다.

5 남자아이는 풀이 죽은 표정으로 몸을 움츠리고 있어 미안한 마음이 느껴집니다.

6 ㉠은 볼 수 없을 것이라 생각했던 시험을 볼 수 있게 된 상황에서 장금이가 한 말입니다.

채점 기준	
인물의 표정, 몸짓, 말투를 모두 알맞게 쓴 경우	5점
인물의 표정, 몸짓, 말투 중 어느 한두 가지만 맞게 쓴 경우	3점

7 장금이는 눈물을 글썽이며 행복해하고 있습니다.

8 인물의 표정, 몸짓, 말투에서 재미를 느낄 수 있어 더 재미있게 만화 영화를 볼 수 있고, 줄거리를 이해하는 데도 도움이 됩니다.

9 미미는 어른들이 엄마를 '자두 엄마'로만 불러 섭섭해서 팔짱을 끼고 눈썹을 찡그리며 말하고 있습니다.

10 언니랑 같이 다니고 싶지 않다고 화를 내는 상황입니다.

12 모든 사람이 부벨라를 무서워하는데 지렁이는 그렇지 않아서 쪼그리고 앉아서 놀란 표정으로 목소리를 높여 지렁이와 대화를 나누었을 것입니다.

13 지렁이는 자기보다 큰 이 세상 모든 것들에게 말 붙이기를 겁냈다면 계속 입을 다물고 살아야 했을 것이라고 했습니다.

14 현장 체험 학습을 민속촌으로 간다는 말을 듣고 주연이가 활짝 웃으며 만세를 부르고 있는 것으로 보아 현장 체험 학습 장소를 마음에 들어 한다는 것을 알 수 있습니다.

16 부벨라는 정원사가 자신에게 친절을 베풀어 걱정거리를 해결해 주자 고마운 마음에 연신 인사를 하였습니다.

17 ㉠은 정원사가 부벨라를 걱정하며 묻는 말이므로 궁금한 표정이, ㉡은 뿌듯한 표정과 다정한 말투가 어울립니다.

18 허리가 굽어 있던 정원사가 허리를 꼿꼿하게 펴더니 똑바로 서게 된 일을 가리킵니다.

19 갑자기 허리가 펴진 정원사는 기뻐서 춤을 추고 활짝 웃으며 말했을 것입니다.

20 지렁이가 부벨라에게 친구가 되어 준다면 좋은 점이 뭐냐고 물었을 때 부벨라가 답한 내용을 살펴봅니다.

채점 기준	
자신을 무서워하지 않고 진실을 말해 주는 좋은 친구와 헤어지고 싶지 않다는 내용을 쓴 경우	5점
좋은 친구와 함께 있고 싶다고 쓴 경우	3점

서술형 평가   21쪽

1 1단계 표정, 목소리   2단계 예 정말 죄송합니다. 다시는 이런 일이 없도록 하겠습니다.   3단계 예 눈을 감고 풀이 죽은 표정으로 고개를 숙이며 낮고 작은 목소리로 말한다.

2 (1) 예 짜증이 나고 화가 났다. (2) 예 깜짝 놀랐고 미미에게 미안한 마음이 들었다.

3 (1) 예 환하게 웃는 표정을 하고 두 손으로 박수를 친다. (2) 예 미미야, 정말 축하해.

1 1단계 강아지 때문에 국수가 엉망이 된 상황임을 고려합니다.

2단계 궁녀에게 꾸중을 들은 장금이의 표정, 몸짓 등을 고려합니다.

채점 기준	
장금이의 상황에 맞는 말을 쓴 경우	5점
쓴 말이 상황에 다소 어울리지 않는 경우	2점

3단계 꾸중을 들을 때의 장금이의 죄송하고 속상한 마음을 생각하며 표정이나 행동 등을 생각해 봅니다.

채점 기준	
장금이가 꾸중을 들을 때의 표정, 몸짓, 말투를 알맞게 쓴 경우	6점
표정, 몸짓, 말투 중 한 가지만 쓴 경우	2점

2 인물이 처한 상황을 생각하며 인물의 마음을 알아봅니다.

채점 기준	
각 장면에서 두 인물의 마음을 모두 알맞게 쓴 경우	6점
두 인물의 마음 중 하나만 맞게 쓴 경우	3점

3 미미를 축하하는 상황이므로 축하의 말을 해야 합니다.

채점 기준	
알맞은 표정과 몸짓, 들어갈 말을 모두 알맞게 쓴 경우	8점
(1)과 (2) 중 하나만 알맞게 쓴 경우	4점

😎 수행 평가
22쪽

1 (1) 예 친구의 필통을 바닥에 떨어뜨렸다. (2) 예 정말 미안해. 실수로 그랬어. 내가 떨어진 것들을 주워 줄게. **2** 예 진심이 느껴지지 않게 빈정거리는 표정으로 고개를 쳐들고 말했기 때문이다.   **3** 예 웃지 말고 진지하게 말해야 하고 장난치듯이 말하면 안 된다. / 진심을 담아 진지한 표정으로 말한다.

1 실수를 저질렀을 때 어떻게 말해야 하는지 써 봅니다.

채점 기준	
상황을 파악하고, 인물이 해야 할 말도 알맞게 쓴 경우	6점
상황을 파악했으나 인물이 할 말을 알맞게 쓰지 못한 경우	3점

2 같은 말을 해도 표정, 몸짓, 말투에 따라 뜻이 다르게 전달될 수 있습니다.

채점 기준	
인물의 표정, 몸짓이 어떤지 구체적으로 써서 까닭을 밝힌 경우	10점
단순히 표정과 몸짓에서 미안함이 느껴지지 않았다고만 쓴 경우	6점

3 인물의 표정, 몸짓, 말투를 어떻게 해야 하는지 구체적으로 써 봅니다.

채점 기준	
미안함이 느껴지는 표정, 몸짓, 말투를 생각하여 쓴 경우	9점
아주 단순하게 답한 경우	3점

2 중심 생각을 찾아요

😊 개념 확인하기
23쪽

1 아는 내용 **2** 중심 생각 **3** 제목 **4** ㉰

준비 😊
24~25쪽

1 ① **2** ②, ⑤ **3** (2) ○ (3) ○ **4** 칡 줄기, 새끼줄 **5** ⑤ **6** 예 혼자서 줄넘기를 할 때에 외발 뛰기도 할 수 있다. **7** ③ **8** 닭이 싸우는 모습 **9** 외발 싸움, 깨금발 싸움, 무릎 싸움 **10** 미진 **11** ③

1 ㉮는 줄넘기한 경험을 떠올리며 부르면 더 흥미를 느낄 수 있습니다.

2 ㉮는 줄넘기를 하면서 '뒤로 돌아라, 땅을 짚어라, 만세를 불러라'에 맞추어 행동을 하며 부르는 노래입니다.

3 지금도 체육 시간이나 운동 경기로 줄넘기 놀이를 자주 합니다.

4 예전에는 칡 줄기나 새끼줄로 줄넘기를 했다는 기록이 남아 있다고 했습니다.

5 혼자서 줄넘기를 할 때에는 앞으로 뛰기, 손 엇걸어 뛰기, 이단 뛰기 같은 놀이 방법이 있습니다. 노래에 맞추어 놀이를 하는 것은 긴 줄 넘기입니다.

6 줄넘기에 대해 아는 내용이나 경험을 떠올려 씁니다.

> **채점 기준** 줄넘기의 방법, 줄넘기의 유래, 줄넘기와 관련된 경험 등을 떠올려 알맞게 썼으면 정답으로 합니다.

7 요즘도 어린이는 물론 청소년과 어른도 즐기는 놀이라고 했습니다.

8 두 사람이 겨루는 모습이 닭이 싸우는 것과 비슷하다고 해서 '닭싸움'이라고 이름이 지어졌습니다.

9 닭싸움 놀이는 한 발로 서서 하므로 '외발 싸움', '깨금발 싸움'이라고도 하고, 무릎을 부딪쳐 싸운다고 해서 '무릎 싸움'이라고도 부릅니다.

10 이 글은 친구들과 함께 닭싸움 놀이를 한 경험이나 책에서 읽었던 내용과 관련지으며 읽으면 내용을 더 쉽게 이해할 수 있습니다.

11 아는 내용이나 겪은 일과 관련지어 글을 읽을 때에도 글은 끝까지 읽어야 합니다.

핵심내용 ❶ 장난   ❷ 제목   ❸ 꽃샘추위

1 ㉱   2 과학 실험 안전 수칙   3 ②   4 ②, ⑤   5
㉮   6 (2) ◯   7 ①   8 (1) 예 선생님께서 계시지 않을
때에는 과학 실험을 하지 않아야 한다는 것을 알고 있었다.
(2) 예 장난을 치다가 알코올램프가 바닥에 떨어지면 화재가
발생할 수 있다는 것을 알았다.   9 갯벌   10 ⑤   11 ①
12 ①, ⑤   13 ㉮, ㉯, ㉱   14 (1) ◯   15 ④   16 예
갯벌을 보존해야 하는 까닭을 알고 소중한 갯벌을 보존해야
한다.   17 ③   18 꽃샘추위, 꽃샘바람, 소소리바람   19
(1) ②   (2) ①   20 (1) ◯   21 (1) 무서리, 된서리, 건들바
람   (2) 도둑눈, 가랑눈, 진눈깨비   22 ㉠   23 (1) ②   (2)
①   24 ㉯

2 과학실에서 안전하게 과학 실험을 하려면 과학 실험 안전
수칙을 확인하고 실천해 안전사고의 위험을 줄여야 합니다.

4 과학실에는 조심히 다루어야 할 실험 기구와 위험한 화학
약품이 많아서 선생님의 말씀에 따라 실험 기구나 화학 약
품을 다루어야 합니다.

5 제시된 내용은 과학실에서 장난을 치면 안 되는 까닭을 설
명한 것입니다.

6 실험할 때 책상에 너무 바짝 다가가 앉지 않고, 실험 기구
와 어느 정도 거리를 유지하는 것이 안전합니다.

8 경험이나 책 또는 대중 매체를 통해 알고 있는 내용과 글
을 읽고 새롭게 깨달은 사실을 구분하여 써 봅니다.

채점 기준 글의 내용과 관련지어 (1)과 (2)의 내용을 모두 알맞게 썼
으면 정답으로 합니다.

10 게, 조개, 갯지렁이, 불가사리, 물고기 같은 여러 가지 생
명체가 산다고 했습니다. 소금쟁이는 하천이나 저수지의
고요한 물 위에서 주로 삽니다.

11 문단 ❷에서 중심 문장은 '갯벌은 다양한 생물이 살 수 있
는 장소입니다.'이고, 문단 ❸에서 중심 문장은 '어민들은
갯벌에서 수산물을 키우고 거두어 돈을 법니다.'입니다.
❶ 오답 피하기
㉡은 문단 ❷에서 ㉠의 뒷받침 문장이고, ㉣과 ㉤은 문단 ❸에서
㉢의 뒷받침 문장입니다.

12 ①은 문단 ❷에서, ⑤는 문단 ❸에서 설명하였습니다.

13 갯벌이 산사태를 예방해 준다는 내용은 설명되어 있지 않
습니다.

14 (2)와 (3)은 (1)의 내용을 자세히 설명해 주는 뒷받침 문장
입니다.

15 글쓴이는 마지막에 갯벌은 우리와 함께 살아가는 소중한
장소이므로 소중한 갯벌을 잘 보존해야겠다고 했습니다.

16 중심 생각을 찾는 방법에는 문단의 중심 문장을 찾아보기,
글의 제목을 보고 무엇에 대해 쓴 글인지 생각하기, 글에
있는 사진이나 그림을 보고 글쓴이의 중심 생각을 찾기 등
이 있습니다.

18 문단 ❷의 첫 번째 문장에 봄 날씨를 나타내는 토박이말
이 나타나 있습니다.

19 무더위는 '물+더위'가 합쳐진 낱말이고, 불볕더위는 '불볕
+더위'가 합쳐진 낱말입니다.

20 '날씨를 나타내는 토박이말을 많이 알고 쓰자.'와 같은 생
각이 담겨 있을 거라고 짐작할 수 있습니다.

22 문단 ❺에서 중심 문장은 문단의 맨 처음에 나와 있습니다.

24 중심 생각을 파악할 때에는 글의 제목, 문단을 대표하는
중심 문장, 그림이나 사진 등을 살펴보면 됩니다.

핵심내용 ❶ 그림

1 ③   2 ㉮   3 (1) ②   (2) ①   4 ③, ④, ⑤   5 ①
6 사람   7 ⑤   8 (1) ◯   9 예 조선 시대 여자 한복에
는 어떤 것이 있었는지 더 알고 싶다.

1 옛날에는 양반과 평민 모두 한복을 주로 입었습니다.

2 문단 ❷에서 옛날에는 신분에 따라 옷차림이 달랐다고 했
습니다.

3 양반 남자는 소매가 넓은 저고리와 폭이 큰 바지를 입었
고, 평민 남자는 비교적 폭이 좁은 저고리와 바지를 입었
습니다.

4 '무진장하다'는 '다함이 없이 굉장히 많다.'는 뜻이고, '어마
어마하다'는 '매우 놀랍게 엄청나고 굉장하다.'는 뜻입니다.

5 문단 ❸에서는 옛날에 남자와 여자의 옷차림이 어떻게 다
른지 설명하고 있으므로, ㉠에는 '성별'이 들어가야 합니
다.

6 오늘날에는 남자와 여자의 옷차림을 엄격하게 구분하지
않고 사람에 따라 옷차림이 다르다고 했습니다.

8 이 글을 읽고 '옛날 사람들은 신분, 남녀에 따라 옷차림이 엄격했지만 오늘날에는 이런 구분이 없다.'와 같이 중심 생각을 정리할 수 있습니다.

9 글 전체를 읽고 옛날과 오늘날 옷차림에 대해 궁금한 내용이나 알고 싶은 점을 떠올려 써 봅니다.

> **채점 기준** 글을 읽고 더 알고 싶은 내용을 글의 내용과 관련되게 썼으면 정답으로 합니다.

국어활동 😊 　　　　　　　　　　　　34〜35쪽

1 ④　**2** 배　**3** (2) ○　**4** 예 사과의 효능을 좀 더 자세히 알고 싶다.　**5** 골칫거리　**6** ①　**7** ④

1 우리나라 날씨는 사과가 자라기에 알맞습니다.

3 포도는 처음에 푸르다가 검게 익고, 기침이 많이 나거나 가래가 생겼을 때 복숭아씨를 갈아서 먹습니다.

4 더 알고 싶은 내용을 생각해 봅니다.

> **채점 기준** 글을 읽고 더 알고 싶은 내용을 글의 내용과 관련되게 썼으면 정답으로 합니다.

5 곡식이 익어 갈 때면 허수아비를 세워야 할 만큼 농부들에게는 골칫거리라고 했습니다.

6 '펴다'는 '접히거나 개킨 것을 젖히어 벌리다.'라는 뜻입니다.

7 글 **마**의 중심 문장을 찾아봅니다.

단원 어휘 다지기 　　　　　　　　　　　　36쪽

1 (1) ④　(2) ①　(3) ③　(4) ②　**2** (1) 짚고　(2) 집어　**3** (1) 엄격　(2) 시샘　**4** (1) ㉰　(2) ㉮　(3) ㉯　**5** 되게　**6** (1) 가뒀다　(2) 나눠　(3) 쳤다니　(4) 낮춰

1 '본디'에는 처음이라는 뜻이, '탐구'에는 깊이 연구한다는 뜻이, '수행'에는 일을 해낸다는 뜻이, '보존'에는 보호하고 간수한다는 뜻이 담겨 있습니다.

2 (1)은 목발에 몸을 의지하였다는 말이므로 '짚고'가 들어갈 말로 알맞습니다. (2)는 손가락으로 동전을 잡아서 들었다는 말이므로 '집어'가 들어갈 말로 알맞습니다.

---

3 '엄격'은 규칙 따위를 엄하고 철저하게 따지는 것을 뜻하고, '시샘'은 자기보다 잘되거나 나은 사람을 공연히 미워하고 싫어하는 것을 뜻하며, '번식'은 붙고 늘어서 많이 퍼지는 것을 뜻합니다.

4 (1)은 바지를 접어서 포개었다는 말이므로 ㉰의 뜻이, (2)는 흐린 날씨가 맑아졌다는 말이므로 ㉮의 뜻이, (3)은 밀가루에 물을 섞어 반죽했다는 말이므로 ㉯의 뜻이 알맞습니다.

5 '질다'는 밥이나 반죽 따위가 되지 않고 물기가 많다는 뜻이고, 반죽이나 밥 따위가 물기가 적어 빡빡하다는 뜻을 지닌 낱말은 '되다'입니다. 따라서 '질게'와 뜻이 반대인 낱말은 '되게'입니다.

6 (1) '두었을'을 줄여 '뒀', (2) '누어'를 줄여 '눠', (3) '추었을'을 줄여 '췄', (4) '추어'를 줄여 '춰'로 바꾸어 씁니다.

단원 평가 💡 　　　　　　　　　　　　37〜39쪽

1 예 설날에 친척들과 함께 윷놀이를 했던 경험이 있다.　**2** 수빈　**3** (2) ○　**4** ③, ⑤　**5** ⑤　**6** 과학실에 화재가 발생할 수 있다.　**7** ①　**8** ①, ②　**9** 복숭아, 대추　**10** (1) ○　**11** ②　**12** ⑤　**13** 갯벌에 물이 들어오기도 하고 빠지기도 하면서 생물이 살기에 적합한 환경을 만들기 때문에　**14** ③　**15** ㉠　**16** 예 갯벌에서 사는 생물들이 오염 물질 분해를 돕는다는 것을 새롭게 알았다.　**17** (1) ②　(2) ①　**18** ①, ③　**19** ㉮　**20** ⑤

1 전통 놀이를 직접 해 보았거나 책 또는 대중 매체에서 전통 놀이에 대해 본 적이 있는지 떠올려 봅니다.

> **채점 기준**
>
> | | |
> |---|---|
> | 우리나라 전통 놀이와 관련해 경험한 것이나 아는 내용을 알맞게 쓴 경우 | 5점 |
> | 쓴 내용이 부족한 경우 | 2점 |

2 이 글은 줄넘기를 해 본 경험이나 줄넘기와 관련해 아는 내용을 떠올리며 읽으면 내용을 더 이해하기 쉽습니다.

3 노래에 맞추어 놀이를 하는 줄넘기는 긴 줄 넘기입니다.

5 이 글은 과학 실험을 할 때 지켜야 하는 안전 수칙에 대해 설명하였습니다.

6 장난을 치다가 알코올램프가 바닥에 떨어지면 과학실에 화재가 발생할 수도 있다고 했습니다.

7 과학실에서는 위험한 실험 기구나 화학 약품이 많으므로, 장난을 치지 말고 진지한 자세로 실험을 해야 합니다.

10 복숭아나 대추, 과일과 관련지어 아는 내용이나 겪은 일을 떠올리며 글을 읽을 수 있습니다.

11 글에 있는 모든 문단의 중심 문장을 찾아보고 중심 생각을 간추려야 합니다.

13 글 **가**에서 갯벌에 여러 가지 생명체가 살 수 있는 까닭을 설명하였습니다.

14 양식은 농민들이 밭이나 논에서 농작물을 키워 파는 것과 비슷한 것으로, 어민들이 바다 생물들을 직접 키우는 것을 말합니다.

16 글을 읽고 새롭게 깨달은 지식이나 알게 된 사실을 바탕으로 써 봅니다.

채점 기준	
글의 내용과 관련지어 새롭게 안 내용을 쓴 경우	5점

17 옛날에는 신분과 성별에 따라 옷차림이 달랐고, 오늘날에는 직업이나 유행, 옷을 입는 사람에 따라 다르다고 했습니다.

19 옛날에는 남녀가 전혀 다른 옷을 입었지만 오늘날에는 비슷한 옷을 입기도 한다는 것을 말하고 있습니다.

20 오늘날에는 남자와 여자의 옷차림을 엄격하게 구분하지 않습니다. 대신 각자 좋아하는 옷을 입기 때문에 옷차림이 사람에 따라 다릅니다.

📋 서술형 평가　　40쪽

1 1단계 다리, 균형, 상대　2단계 **예** 두 사람이 겨루는 모습이 닭이 싸우는 것과 비슷하다고 해서 지어졌다.　3단계 **예** 닭싸움 놀이를 해 본 경험과 관련지어 읽었더니 글의 내용을 기억하기가 쉽다.

2 **예** 갯벌을 잘 보존하면 우리에게 어떤 좋은 점이 있는지 알려 주려는 것 같다.

3 **예** 갯벌이 어떻게 오염 물질을 분해해 좋은 환경을 만드는지 궁금하다.

1 1단계 이 글에서 설명한 닭싸움의 놀이 방법을 찾아 써 봅니다.

---

2 2단계 '닭싸움'이라는 이름의 유래에 대해 설명한 부분을 정리하여 써 봅니다.

채점 기준	
'닭이 싸우는 것과 비슷해서'의 내용이 들어가게 쓴 경우	4점

3 3단계 아는 내용이나 겪은 일과 관련지어 글을 읽으면 내용을 기억하기가 쉽고 글이 쉽게 이해됩니다.

채점 기준	
'글이 쉽게 이해된다, 글 내용에 더 흥미를 느끼게 된다, 글을 읽으면서 그 모습을 상상할 수 있다.'의 내용으로 답을 쓴 경우	6점

2 글쓴이는 글 전체 내용을 가장 잘 전할 수 있는 내용을 제목으로 정하기 때문에 제목을 보면 무엇을 쓴 글인지 알 수 있습니다.

채점 기준	
'갯벌을 보존하면 우리에게 좋은 점이 많다, 갯벌을 보존해야 하는 까닭을 강조하는 것 같다.'와 같이 쓴 경우	6점

3 자신이 알고 있는 내용이나 새롭게 안 내용을 바탕으로 하여 더 궁금한 점을 써 봅니다.

채점 기준	
글의 내용과 관련지어 답을 쓴 경우	4점

😎 수행 평가　　41쪽

1 (1) **예** 선생님께서 계시지 않을 때에는 과학 실험을 하지 않는다.　(2) **예** 과학실에서는 절대 장난을 치면 안 된다.　(3) **예** 실험할 때 책상에 바짝 다가가지 않는다.　**2** (1) **예** 과학실 안에서는 음식을 먹지 않는다.　(2) **예** 과학실에서는 시약병을 함부로 들고 다니지 않는다.

1 이 글은 과학 실험 안전 수칙을 세 가지로 나누어 설명하였습니다.

채점 기준	
(1)~(3)의 내용을 모두 알맞게 정리하여 쓴 경우	6점
(1)~(3)의 내용을 두 가지만 알맞게 정리하여 쓴 경우	4점
(1)~(3)의 내용을 한 가지만 알맞게 정리하여 쓴 경우	2점

2 과학실에서의 안전 수칙을 정해 봅니다.

채점 기준	
수칙 두 가지를 모두 만들어 쓴 경우	10점
수칙 한 가지만 알맞게 만들어 쓴 경우	5점

3 자신의 경험을 글로 써요

😊 **개념 확인하기** 42쪽

1 (1) ○ (2) ○ (4) ○   **2** ㉣, ㉤, ㉮, ㉯   **3** 아이스크림을 두 개나 먹었다.   **4** 고쳐쓰기

준비 😊 43쪽

1 (1) ② (2) ① (3) ③   **2** ②   **3** ⑤   **4** ①   **5** 우진
6 ④

1 그림 ㉮에는 수영을 한 일, 그림 ㉯에는 친구들과 축구를 한 일, 그림 ㉰에는 갯벌 체험을 한 일이 나타나 있습니다.

2 운동회에서 겪은 일과 관련한 경험을 떠올려 봅니다.
❗ **오답 피하기**
②는 운동회에서 겪은 일과 관련이 없는 내용입니다.

3 ⑤는 자신이 겪은 일이 아니라, 앞으로 하고 싶은 일을 계획한 것입니다.

5 친구들과 함께 여러 가지 운동을 해서 즐거웠다고 했습니다.

기본 😊 44~45쪽

핵심내용 ❶ 마음

1 ②   **2** ③   **3** ㉐ 동생 주혁이가 아픈 일은 평소와 달리 특별히 일어난 일이기 때문이다. / 동생을 걱정하는 마음이 기억에 남았기 때문이다.   **4** (1) "아이고, 배야." (2) 이번 가을에만 두 번째네.   **5** (1) ㉮ (2) ㉰ (3) ㉯   **6** ②
7 ④   **8** ②   **9** 경태   **10** ①

1 이 글은 글쓴이의 동생 주혁이가 아팠던 일을 글감으로 하여 쓴 글입니다.

2 아픈 동생이 걱정되고 얼른 낫기를 바라는 글쓴이의 마음이 잘 나타나 있습니다.

3 평소에 일어나는 일을 자세히 쓰거나, 평소와 다른 특별한 일이나 자신의 생각이나 느낌이 달라진 일을 골라서 글을 쓸 수 있습니다.

채점 기준 글쓴이가 이 글을 쓴 까닭을 짐작하여 알맞게 썼으면 정답으로 인정합니다.

---

4 (1) 마침표(.)나 쉼표(,) 뒤에 오는 말은 띄어 씁니다. (2) 수를 나타내는 말과 단위를 나타내는 말 사이는 띄어 씁니다.

5 그림 ㉮~㉰의 내용을 잘 살펴보고, 각 계절별로 겪었던 인상 깊은 일을 찾아봅니다.

7 ④는 자신의 생각이나 느낌이 아니라, 다른 사람들의 생각이나 느낌이므로 정리할 내용으로 알맞지 않습니다.

8 제목은 자신이 쓴 글에서 가장 하고 싶은 말이 무엇인지, 어떤 마음을 표현하고 싶은지를 생각해서 정해야 합니다.

9 글의 내용이나 표현에서 고치고 싶은 점을 생각해 봅니다.
❗ **오답 피하기**
겪은 일 가운데에서 인상 깊은 일을 글로 쓸 때에 상상한 내용이 들어가는 것은 알맞지 않습니다.

10 글을 쓴 뒤에 고쳐쓰기 하면 겪은 일이나 전하고자 한 내용이 잘 나타나 있는지 확인할 수 있고, 잘못된 띄어쓰기나 표현을 고칠 수 있습니다.

실천 😊 46쪽

1 ㉰, ㉣, ㉤, ㉮   **2** (3) ×   **3** ②, ③   **4** ③   **5** ㉐ 10월에 개교기념일 행사로 나눔 장터를 열었던 일이 가장 기억에 남는다.   **6** ④

3 반 친구들은 국립중앙과학관에 가서 별자리 관찰, 지진 체험을 다 같이 했습니다.

5 지금까지 우리 반에서 있었던 일을 떠올려 보고 가장 기억에 남는 일을 써 봅니다.

채점 기준 우리 반에서 일어난 일 가운데에서 가장 기억에 남는 일을 떠올려 알맞게 썼으면 정답으로 인정합니다.

6 모둠별 소식지이므로 자신이 하고 싶은 말을 쓰는 게 아니라 우리 반에서 있었던 일과 그 일에 대한 생각이나 느낌을 써야 합니다.

국어활동 😊 47쪽

1 (1) ③ (2) ② (3) ① (4) ④   **2** 현장 체험 학습은 새로운 것을 체험할 수 있어서 좋다. 다음에 또 오고 싶다.   **3** ㉣, ㉯, ㉮, ㉰   **4** (1) ○   **5** ㉮   **6** 예쁜 신 한 켤레

2 글쓴이가 현장 체험 학습을 하고 나서 생각하거나 느낀 점을 찾아봅니다.

3 학교에서 출발하여 목장에 도착하였고, 먼저 피자 만들기 체험장에 간 뒤에 치즈 체험장에 갔습니다.

4 낱말과 낱말 사이는 띄어 쓰되, '이/가, 을/를, 은/는, 의'와 같은 말은 앞말에 붙여 씁니다.

5 띄어쓰기가 바르지 않으면 뜻을 잘못 전할 수 있고 오해가 생길 수 있습니다. ㉮는 만 원이 있다는 뜻이고, ㉯는 이만 원이 있다는 뜻입니다.

6 낱말과 낱말 사이는 띄어 쓰고, 수를 나타내는 말과 단위를 나타내는 말 사이는 띄어 써야 합니다.

➕ 단원 어휘 다지기
48쪽

1 (1) ○ (2) × (3) ○ (4) ○   **2** (1) 낫기 (2) 낳기   **3** ⑤   **4** (1) 좋겠다 (2) 나을 (3) 갔다   **5** ①   **6** (1) ④ (2) ① (3) ② (4) ③

1 '머리맡'은 누웠을 때의 머리 부근을 말합니다.

2 감기가 고쳐지기를 바라는 것이므로 (1)에는 '낫기'가, 개가 강아지를 몸 밖으로 내놓는 것이므로 (2)에는 '낳기'가 알맞습니다.

3 '밀가루(밀+가루)', '감나무(감+나무)', '물수건(물+수건)', '목소리(목+소리)'는 두 개의 서로 다른 낱말이 합쳐져서 새로운 뜻의 낱말이 된 것입니다.

4 (1) '-겠-'은 미래의 일이나 추측을 나타내는 말이므로 '좋겠다'가 어울립니다. (2) '-ㄹ 거다'는 문장에 추측의 뜻을 더해 주는 말이므로 '나을 거야.'가 어울립니다. (3) '지난주'는 과거 시간을 나타내는 말이므로 '갔다'가 어울립니다.

5 보기 의 낱말은 서로 뜻이 반대인 관계에 있습니다. '얼른'과 '빨리'는 서로 뜻이 비슷한 낱말입니다.

6 (1)에는 열매 따위가 많이 달려 있는 모양을 흉내 내는 말 '주렁주렁'이, (2)에는 몹시 앓거나 힘겨울 때 자꾸 내는 소리를 흉내 내는 말 '끙끙'이, (3)에는 크게 원을 그리며 자꾸 도는 모양을 흉내 내는 말 '빙글빙글'이, (4)에는 작은 동작으로 물건 따위를 자꾸 주무르는 모양을 흉내 내는 말 '조몰락조몰락'이 알맞습니다.

💡 단원 평가
49~51쪽

1 (1) ⑩ 축구 (2) ⑩ 갯벌 체험 (3) ⑩ 운동회   **2** ⑤   **3** 성준   **4** (1) ○ (3) ○   **5** ②   **6** ⑩ 서연이는 친구와 함께 축구를 하며 놀았지만, 나는 친구와 함께 야구를 하며 놀았다.   **7** 동생이 아팠던 일   **8** ⑩ 동생이 아팠을 때에는 평소와 다른 느낌이 들었기 때문이다. / 동생이 아프니까 잘못해 준 것이 생각나서 미안한 마음이 들었기 때문이다.   **9** ①   **10** 하늘이맑고푸르다. / 하늘이 맑고 푸르다.   **11** ①   **12** 가을   **13** ①, ②, ⑤   **14** ⑩ 현장 체험 학습 가는 날   **15** (2) ○   **16** 진경, 소윤   **17** ㉮   **18** ⑤   **19** ③   **20** (1) ○ (2) ○ (3) ○

2 그림 🄬에서는 선물 받은 경험을 떠올렸습니다.

4 이 밖에도 기억에 남는 일을 정리하면 어떤 내용을 말하거나 쓸지 점검할 수 있습니다.

❗ 오답 피하기
(2) 앞으로 자신에게 일어날 일은 미래의 일이므로 자신의 경험이나 기억에 남는 일과 관련이 없습니다.

6 서연이가 하루 동안 겪었던 일과 자신이 하루 동안 겪었던 일을 비교해 보고 다른 점을 찾아 써 봅니다.

채점 기준	
서연이가 겪은 일과 다른 점을 찾아 알맞게 쓴 경우	5점
서연이가 겪은 일과 다른 점을 찾아 썼으나 표현이 자연스럽지 못한 경우	3점

8 서연이는 동생이 아팠을 때에 평소와 다른 느낌이 들어서 그 마음을 글로 써 보기로 했습니다.

채점 기준	
서연이가 동생이 아팠던 일을 골라서 글을 쓰기로 정한 까닭을 알맞게 쓴 경우	5점
서연이가 동생이 아팠던 일을 골라서 글을 쓰기로 정한 까닭을 썼으나 표현이 어색한 경우	3점

9 언제, 어디에서, 누구와, 무슨 일이 있었는지 정리하고, 그 일에 대한 생각이나 느낌도 정리합니다.

10 낱말과 낱말 사이는 띄어 쓰되, '이/가, 을/를, 은/는, 의'와 같은 말은 앞말에 붙여 씁니다.

11 마침표(.)나 쉼표(,) 뒤에 오는 말은 띄어 써야 합니다.

14 현장 체험 학습을 가서 겪은 일에 대하여 쓴 글이므로 그 일이 잘 드러나는 제목을 붙이는 것이 알맞습니다.

15 자신이 겪은 일을 글로 쓴 뒤에는 쓴 글을 다시 읽고 잘못된 띄어쓰기나 표현 등을 고쳐 써야 합니다.

17 띄어쓰기가 바르지 않으면 뜻을 잘못 전할 수 있고 오해가 생길 수 있습니다.

❶ 오답 피하기
㉮는 물을 달라는 뜻이고, ㉯는 나물을 달라는 뜻입니다.

18 우리 반에서 있었던 일 가운데에서 인상 깊었거나 기억에 남는 일을 모아 소식지를 만들어야 합니다.

19 민우는 이름 불러 주기 놀이를 할 때 친구들 이름을 잘 몰라 힘들어 했습니다.

20 우리 반에서 있었던 일 가운데에서 가장 기억에 남는 일을 정하여 소식지를 만들어야 합니다.

📝 서술형 평가   52쪽

❶ 1단계 (1) 예 집 (2) 예 학교 (3) 예 한밤중 **2**단계 예 친구와 축구를 한 일이다. 친구와 매일 축구를 하지 않고 가끔 시간이 날 때 하기 때문이다. **3**단계 (1) 예 동생이 아팠던 일 (2) 예 아픈 동생이 걱정되어서 마음이 무거웠기 때문이다.
❷ 예 언제, 어디에서, 누구와, 어떤 일이 있었는지 구체적으로 표현한다. / 그 일에 대한 생각이나 느낌을 나타낸다.
❸ 1학기에한번,2학기에한번했다. / 1학기에 한 번, 2학기에 한 번 했다.

❶ 1단계 서연이가 하루 동안 겪은 일을 살펴보고 언제, 어디에서, 누구와, 무슨 일이 있었는지 정리하여 써 봅니다.

채점 기준	
(1)~(3)에 알맞은 내용을 쓴 경우	각 1점

2단계 매일 하지 않는 특별한 일은 무엇이겠는지 생각해 봅니다.

채점 기준	
매일 하지 않는 특별한 일을 까닭과 함께 쓴 경우	5점

3단계 어떤 일을 글로 쓸 것인지 정하고, 그 일을 정한 까닭이 잘 드러나게 써 봅니다.

채점 기준	
어떤 일을 글로 쓸 것인지 분명하게 정하고 그 일을 쓰기로 정한 까닭이 잘 드러나게 쓴 경우	8점
어떤 일을 글로 쓸 것인지 분명하게 정했으나, 그 일을 쓰기로 정한 까닭을 쓰지 못한 경우	4점

❷ 이 밖에 우리 반에서 있었던 일을 쉽고 재미있게 나타냅니다.

채점 기준	
소식지를 만들 때 주의할 점을 쓴 경우	4점

---

❸ 띄어쓰기를 바르게 하면 전하고자 하는 뜻을 정확히 전할 수 있습니다.

채점 기준	
띄어 써야 할 부분에 ∨표를 정확하게 하고 문장을 바르게 띄어 쓴 경우	5점
띄어 써야 할 부분에 ∨표를 정확하게 하였으나, 문장을 바르게 띄어 쓰지 못한 경우	2점

👓 수행 평가   53쪽

1 (1) 예 5월 (2) 예 놀이공원 (3) 예 가족 (4) 예 맛있는 음식을 먹고 여러 가지 놀이기구를 타며 놀았다. (5) 예 가족과 함께 즐거운 시간을 보내서 행복했다. **2** 예 일어난 일을 자세히 표현할 수 있고, 자신이 한 일을 되돌아볼 수 있다. **3** 예 제목: 즐거운 놀이공원 / 5월에 가족과 함께 놀이공원에 갔다. 아침부터 서둘러 놀이공원에 도착해 보니 사람들이 정말 많았다. 우리 가족은 가장 먼저 식당에 가서 맛있는 음식을 먹었다. 그런 다음에 나와 동생은 여러 가지 놀이기구를 타며 놀았다. 놀이기구가 흔들릴 때는 무서운 느낌이 들어서 나도 모르게 "으악!" 소리를 지르기도 했다. 부모님께서는 그런 내 모습을 보고 껄껄껄 웃으셨다. 가족과 함께 즐거운 시간을 보내서 무척 행복했다. 다음엔 친구들과 함께 또 오고 싶다.

1 일 년 동안 경험한 일 가운데에서 인상 깊은 일을 떠올려 보고, 그 일을 구체적으로 정리해 봅니다.

채점 기준	
(1)~(5)에 알맞은 내용을 쓴 경우	각 2점

2 글을 쓰기 전에 글로 쓸 내용을 구체적으로 정리해 보면 있었던 일을 자세히 쓸 수 있고, 그때의 생각이나 느낌을 생생하고 실감 나게 표현할 수 있습니다.

3 글에서 자신이 가장 하고 싶은 말이 무엇인지, 어떤 마음을 표현하고 싶은지를 생각해서 제목을 정합니다. 꾸며 주는 말이나 따옴표를 사용해 있었던 일과 생각이나 느낌을 재미있고 실감 나게 표현해 봅니다.

채점 기준	
인상 깊은 일을 자세히 쓰고 생각이나 느낌을 실감 나게 표현한 경우	20점
인상 깊은 일을 자세히 썼으나 생각이나 느낌을 잘 표현하지 못한 경우	10점

개념 확인하기 54쪽

1 생생하게　**2** (2) ×　**3** ㉮　**4** 관찰

준비 😊 55쪽

1 ①, ③, ⑤　　**2** (1) 예 ㉡ 동글동글　(2) 예 ㉢ 매끈매끈
(3) 예 ㉣ 아삭아삭　**3** 감각적 표현　**4** (1) 예 강아지　(2)
예 솜사탕처럼 하얗다　(3) 예 보들보들하다　(4) 예 꼬불꼬불
하다　**5** 예 솜사탕처럼 하얀 강아지　**6** ②

2 사과를 보고 어떤 느낌이 드는지 생각하고 어울리는 표현
을 찾아봅니다.

3 눈, 귀, 피부 따위로 전해지는 느낌이 감각이고, 그 느낌을
말로 표현한 것이 감각적 표현입니다.

4 대상을 떠올리고 그 느낌을 표현해 봅니다.

5 〈문제 **4**번〉의 답에서 정한 대상과 표현한 느낌을 바탕으
로 하여 감각적 표현이 드러난 문장을 만들어 봅니다.

기본 😊 56~63쪽

핵심내용 ❶ 피아노

1 ④　　**2** ③　　**3** ②, ③　　**4** 예 감기에 걸린 상태를 몸
에 무엇이 들어온 것처럼 표현한 것이 창의적이다.　**5** ⑤
6 두더지　**7** 굼질굼질　**8** ④　　**9** (3) ○　　**10** (2) ○
11 ①　　**12** ⑤　　**13** 투명 인간　**14** ④　　**15** ⑤　　**16**
정아　**17** 예 블링크 아저씨가 집에 찾아와 피아노 음을 맞
추었다.　**18** ①, ②　　**19** ④　　**20** ⑤　　**21** 예 에밀의
집 냄새가 났고 에밀의 바지 구겨지는 소리가 들렸기 때문
이다.　**22** ②　　**23** (2) ○　　**24** (1) ③ (2) ① (3) ②
25 예 병아리가 삐악거리는 소리　**26** ㉮　**27** 감자를 갈
때 쓰는 강판을 만지는 것 같다.　**28** ④, ⑤　　**29** (1) ○
30 예 진짜 투명 인간을 봐서　**31** ⑤　　**32** ②　　**33** ②
34 (1) 예 엄마　(2) 예 에밀이 피아노 치는 시간이 괴롭다고
했으니까 즐겁게 피아노를 치게 해 주면 좋겠어요.

1 이 시의 말하는 이는 감기에 걸려 힘들어하고 있습니다.

2 감기에 걸려 열이 많이 나서 불덩이가 들어왔다고 표현했
습니다.

3 '뜨끈뜨끈'은 열이 나는 것을, '잠꾸러기도 들어왔다'는 약
을 먹고 몹시 졸린 상태를, '몹시 추운 사람도 들어왔다'는
감기에 걸려 추운 상태를 감각적으로 표현한 것입니다.

4 이 시를 읽고 떠오른 생각이나 느낌, 시에 쓰인 표현에 대
한 생각 등을 자유롭게 써 봅니다.

채점 기준 시를 읽고 난 뒤의 생각이나 느낌, 시에 쓰인 표현에 대
한 생각 등을 정리하여 썼으면 정답으로 합니다.

5 이 시의 말하는 이는 발로 강가 모래밭을 파고들었습니다.

6 흙을 파는 두더지에 빗대어 '두더지처럼 파고들었다'라고
표현했습니다.

7 '굼질굼질'은 느리게 조금씩 움직이는 모습을 흉내 내는 말
입니다.

8 말하는 이가 말한 작은 신호는 발가락으로 모래밭을 파고
든 것을 말합니다.

9 모래의 움직임을 지구가 움직이는 것으로 생각했습니다.

10 에밀은 폴에게 투명 인간이 된 남자의 이야기를 신나게 하
고 있었습니다.

11 에밀은 피아노 치는 시간을 괴로운 시간이라고 했습니다.

12 에밀의 엄마는 피아노 선생님이기 때문에 엄마의 제자 중
에서 에밀이 피아노를 제일 잘 치기를 원했습니다.

13 투명 인간 책을 읽으면서 에밀은 투명 인간처럼 되고 싶다
는 생각을 했습니다.

15 엄마는 시각 장애인인 블링크 아저씨가 현관문을 찾지 못
할까 봐 도와준 것입니다.

16 에밀은 블링크 아저씨와 인사를 나누며 아저씨의 웃음소
리를 피아노 줄 위에서 통통 튀듯 유쾌하게 느끼고 있으므로,
시각 장애인에 대해 부정적인 느낌을 갖지는 않았습니다.

17 피아노 음이 맞지 않아서 블링크 아저씨가 에밀의 집에 찾
아와 맞춰 주었습니다.

18 에밀은 비(b) 플랫이 여전히 이상해서 블링크 아저씨께 피
아노 조율을 부탁하려고 갔습니다.

19 블링크 아저씨는 앞을 보지 못하지만 다른 사람보다 발달
한 감각을 이용하여 일상생활을 하고 있습니다.

20 블링크 아저씨는 태어날 때부터 앞을 보지 못해서 다른 사
람보다 촉각, 후각, 미각, 청각이 발달했습니다.

21 블링크 아저씨는 감각을 이용하여 앞이 보이지 않는데도
집에 찾아온 사람이 에밀이라는 것을 알았습니다.

22 집에 돌아오는 길에 색깔들이 참 아름다워서 에밀은 슬펐다고 했습니다.

25 노란색과 관련 있는 대상을 떠올려 감각이 드러나게 색깔을 표현해 봅니다.

26 에밀은 아저씨에게 색깔을 설명해 주었고, 아저씨는 색깔을 떠올리고 그 느낌을 피아노로 연주했습니다.

27 점자책을 만졌을 때의 느낌을 감자를 갈 때 쓰는 강판을 만지는 것 같았다고 했습니다.

28 아저씨가 떠나고 에밀은 도서관에서 책을 많이 빌려 읽었고, 피아노 연습을 많이 했습니다.

29 에밀은 블링크 아저씨에게 세상 모든 색을 들려주고 싶어서 피아노 연습을 많이 했습니다.

30 학교에서 돌아온 에밀은 거실에 앉아 엄마와 얘기하는 투명 인간(블링크 아저씨)을 보고 깜짝 놀랐습니다.

31 책에서 보았던 것처럼 아저씨가 얼굴을 붕대로 칭칭 감고 있어서 진짜 투명 인간으로 생각했습니다.

32 블링크 아저씨가 안구 기증을 받아 수술을 받고 돌아오셨다는 내용을 통해 짐작할 수 있습니다.

33 '새하얗다'라는 시각을 이용하여 '침묵'을 감각적으로 표현했습니다.

34 에밀, 블링크 아저씨, 엄마 중에서 한 인물을 골라 해 주고 싶은 말이나 바라는 점을 써 봅니다.

실천 😊   **64쪽**

1 ③   **2** ⑤   **3** 우르르 쿵쾅   **4** (1) 예 이불 (2) 예 따뜻하다, 포근하다   **5** 예 엄마 품처럼 포근한 이불   **6** ③

1 이 시의 글감은 '천둥소리'입니다.

2 2연에서 하늘에 사는 아이들이 운동장으로 뛰쳐나가는 소리로 표현했습니다.

3 '우르르 쿵쾅'은 천둥 치는 소리를 흉내 내는 말입니다.

---

4 자신이 고른 대상에 어떤 특징이 있는지 생각해 보고, 그 느낌을 자유롭게 적어 봅니다.

5 대상을 자세히 관찰하여 그 대상이 어떤 느낌을 주는지 생각하고, 닮은 점이 있는 대상을 떠올려 빗대어 봅니다.

6 시에서 반복되는 말을 사용하면 노래하는 듯한 느낌을 줍니다.

국어활동 😊   **65~66쪽**

1 ⑤   **2** (2) ◯   **3** ①, ⑤   **4** ③, ④, ⑤   **5** 슈우웅
6 예 물이 가물가물하다가 산꼭대기가 쏙 하고 물속으로 사라지는 것   **7** ⑤   **8** (1) ◯

1 '뽕나무'의 '뽕'을 방귀 뀌는 소리에 빗대어 '방귀 뀌는 뽕나무'라고 표현하였을 것입니다.

2 ㉡은 입 맞출 때의 소리 '쪽'을 활용하여 '입 맞추자 쪽나무'라고 표현했습니다.

3 초승달은 낫, 머리빗, 꼬까신이 되겠다고 했습니다.

4 시에서 두 번 이상 나오는 말을 찾아봅니다. 시에 쓰인 반복되는 말은 노래하는 듯한 느낌을 줍니다.

5 배가 파도에 밀려 먼바다까지 나아가는 모습을 '슈우웅'이라는 흉내 내는 말로 감각적으로 표현했습니다.

6 선달은 물이 가물가물하다가 산꼭대기가 쏙 하고 물속으로 사라지는 것을 보고 땅이 둥글다는 첫 번째 증거로 삼았습니다.

7 선달이 읽은 책을 통해 바닷물은 마실 수는 없으나 물을 끓여 나오는 김을 식혀 받으면 먹을 물이 생긴다고 말했습니다.

8 선달은 책을 많이 읽어 아는 것이 많고 사람들을 위해 지식을 실천해 보려고 노력합니다.

➕ **단원 어휘 다지기**   **67쪽**

1 (1) 가까운 (2) 줌 (3) 희미하여 분명하지 아니하다 (4) 어둡고 침침하다   **2** (1) 까무룩 (2) 오들오들 (3) 뜨끈뜨끈
3 감각   **4** 말문   **5** ②, ④   **6** (1) 무릎 (2) 핑계   **7** (1) 만날 (2) 넝쿨 (3) 차지다 (4) 간지럽히다

1 '코앞'은 코의 바로 앞이라는 뜻이고, '기증'은 남에게 물품을 거저 주는 것을 뜻합니다. '애매하다'는 희미하여 분명하지 않다는 뜻이고, '우중충하다'는 날씨나 분위기 따위가 어둡고 침침하다는 뜻입니다.

2 '까무룩'은 정신이 갑자기 흐려지는 모양을, '뜨끈뜨끈'은 매우 뜨뜻하고 더운 느낌을, '오들오들'은 춥거나 무서워서 몸을 잇따라 심하게 떠는 모양을 흉내 내는 말입니다.

3 후각, 청각, 미각, 촉각은 코, 귀, 혀, 피부를 통하여 느껴지는 감각입니다. 따라서 '감각'은 '후각', '청각', '미각', '촉각'을 모두 포함하는 말입니다.

4 '말문이 막히다'는 '말이 입 밖으로 나오지 않게 되다.'라는 뜻을 가진 관용어입니다.

5 '사냥'과 '나무' 뒤에는 '어떤 일을 전문적으로 하는 사람' 또는 '어떤 일을 잘하는 사람'의 뜻을 더해 주는 '-꾼'을 붙이는 것이 어울립니다.

6 허벅지와 종아리 사이에 앞쪽으로 둥글게 튀어나온 부분은 '무릎'이, 하고 싶지 않은 일을 피하거나 사실을 감추려고 다른 일을 내세우는 것은 '핑계'가 바른 표기입니다.

7 '맨날', '만날'은 '매일같이 계속하여서.'라는 뜻이고, '덩굴', '넝쿨'은 다른 물건을 감기도 하고 땅바닥에 퍼지기도 하는 식물의 줄기를 뜻합니다. '찰지다', '차지다'는 반죽이나 밥, 떡 따위가 끈기가 많다는 뜻입니다.

💡 단원 평가

68~70쪽

1 ④, ⑤ **2** ⑤ **3** ④ **4** 까무룩 **5** 예 ㉠과 ㉡을 넣고 읽을 때 표현이 더 구체적이다. / ㉠과 ㉡을 넣고 읽을 때 더 재미있다. **6** ② **7** ① **8** 피아노를 쳐야 해서 **9** ① **10** (1) ○ **11** ⑤ **12** 투명 인간 **13** 맨발로 걸을 때 발가락 사이로 살살 삐져 나오는 촉촉한 풀잎이다. **14** 예 거칠고 딱딱한 나무 기둥을 만지는 느낌이다. **15** ⑤ **16** 블링크 아저씨 **17** 예 아저씨가 세상을 볼 수 있을 때 어떤 느낌이 들지 궁금하다. **18** ①, ②, ③ **19** 천둥소리 **20** ③

---

1 '아삭아삭'은 '연하고 싱싱한 과일이나 채소 따위를 보드랍게 베어 물 때 자꾸 나는 소리'를 표현할 때 어울리고, '꼬불꼬불'은 '이리로 저리로 고부라지는 모양.'을 표현할 때 어울립니다.

❶ 오답 피하기
① '뻥'은 공을 차는 소리나 모양을, ② '데굴데굴'은 공이 구르는 모양을, ③ '왁자지껄'은 여럿이 시끄럽게 떠드는 소리나 모양을 표현하는 말로 축구하는 그림과 모두 어울립니다.

2 감각을 통해 알게 된 대상의 느낌을 다른 대상에 빗대어 표현하거나 흉내 내는 말 등으로 생생하게 표현하는 것을 감각적 표현이라고 합니다.

3 말하는 이는 '내' 몸에 불덩이, 몹시 추운 사람, 거북이, 잠꾸러기가 들어왔다고 했습니다.

4 감기약을 먹고 몹시 졸린 상태를 '까무룩, / 잠꾸러기도 들어왔다.'로 표현하였습니다.

5 감각적 표현을 빼고 읽는 것보다 감각적 표현을 넣고 읽을 때 느낌이 생생하게 살아납니다.

채점 기준	
예시 답이나 '넣고 읽을 때 느낌이 생생하게 살아난다.'와 같이 답을 쓴 경우	5점

6 가시나무는 가시가 뾰족뾰족 나 있을 것이므로 만졌을 때의 느낌을 감각적으로 표현하는 '따끔따끔'이 어울릴 것입니다.

7 바람이 보드랍게 부는 모양인 '솔솔'이라는 낱말에서 '솔'을 따서 표현하였습니다.

8 피아노 선생님인 엄마는 에밀이 피아노 칠 시간이 되어 불렀습니다.

9 에밀은 피아노 치는 것이 싫어서 괴로워하고 있습니다.

10 에밀은 엄마의 기대만큼 피아노를 잘 치지 못했고 피아노 치는 시간이 괴로워서 투명 인간이 되고 싶었습니다.

11 블링크 아저씨는 태어날 때부터 앞을 보지 못한 일이 원인이 되어 몸의 다른 감각들이 아주 발달하는 결과가 생겼습니다.

12 시각 장애인인 아저씨에게 에밀은 투명 인간과 같은 존재였습니다.

13 글 ㈏에서 에밀은 초록색은 '맨발로 걸을 때 발가락 사이로 살살 삐져 나오는 촉촉한 풀잎'이라고 표현했습니다.

14 갈색을 어떤 방법으로 표현하면 색깔을 떠올리는 데 도움이 될지 생각해 봅니다.

채점 기준

갈색의 느낌을 여러 가지 감각으로 느낄 수 있게 생생하게 표현하여 쓴 경우	5점
감각으로 느낄 수 있게 표현하지 않은 경우	2점

15 에밀은 블링크 아저씨가 돌아오면 세상 모든 색을 들려주려고 피아노 연습을 많이 했습니다.

16 눈 수술을 하고 얼굴을 붕대로 칭칭 감은 블링크 아저씨의 모습이 진짜 투명 인간과 같았습니다.

17 생각이나 느낌은 사람마다 다를 수 있습니다. 재미있거나 감동적인 부분, 인상적인 부분을 생각해 글의 내용과 연관 지어 써 봅니다.

채점 기준

글의 내용과 관련지어 떠오른 생각이나 느낌을 쓴 경우	5점

18 ④와 ⑤는 이 시의 내용과 맞지 않습니다.

19 '우르르 쿵쾅, / 운동장으로 / 뛰쳐나가는 소리'는 천둥소리를 감각적으로 표현한 것입니다.

20 ③의 '하얗고, 보드라운'은 토끼를 꾸며 주기는 하나, 흉내 내는 말이 아닙니다.

❗ 오답 피하기
①에는 '텅', ②에는 '씽씽', ④에는 '푸드득', ⑤에는 '펄럭펄럭'을 넣어 대상의 느낌을 나타내었습니다.

📝 서술형 평가 71쪽

1 1단계 거북이 2단계 ❀ 감기약을 먹고 몸이 무거워진 상태를 나타내었다. 3단계 ❀ 감기에 걸려 힘없이 말하는 목소리가 어울릴 것 같다. / 기운이 없는 목소리로 천천히 읽는 것이 어울릴 것 같다.

2 ❀ 아저씨에게 피부의 느낌이나 맛으로 색깔을 알려 주고 싶어 하는 마음

3 ❀ 에밀, 나는 너를 칭찬하고 싶어. 앞을 못 보는 블링크 아저씨를 위해 색깔을 알려 주려고 무척 노력했을 거라는 생각을 했어. 아저씨도 너에게 감동받았을 거야.

1 1단계 이 시에 나타난 감각적 표현은 '내 몸에 / 불덩이가 들어왔다, 몹시 추운 사람도 들어왔다, 거북이도 들어오고, 잠꾸러기도 들어왔다, 뜨끈뜨끈, 오들오들, 느릿느릿, 까무룩'입니다.

---

2 단계 '느릿느릿, / 거북이도 들어오고'는 감기약을 먹고 몸이 무거워진 상태를 나타낸 것입니다.

채점 기준

감각적 표현이 나타내는 것을 알맞게 쓴 경우	4점

3 단계 시에서 말하는 이는 감기에 걸려 힘든 상태입니다.

채점 기준

감기에 걸려 힘든 상태임을 알고 그에 어울리는 목소리를 답으로 쓴 경우	6점
답으로 쓴 내용이 부족하거나 설명이 간단한 경우	3점

2 에밀은 피부의 느낌이나 맛으로 색깔을 설명하며 아저씨에게 알려 주고 싶어 했습니다.

채점 기준

아저씨에게 색깔을 알려 주고 싶은 마음임을 알고 그 내용이 드러나게 쓴 경우	4점

3 에밀에게 편지를 쓴다고 생각하고 바라는 점이나 해 주고 싶은 말을 씁니다.

채점 기준

하고 싶은 말이 드러나게 자세히 쓴 경우	8점
내용이 자세하지 않은 경우	4점

👓 수행 평가 72쪽

1 ❀ 지구가 굼질굼질 움직였다는 표현이 재미있다. / 모래의 움직임을 지구의 대답이라고 생각한 점이 재미있다.
2 (1) ❀ 추석날 밤에 할머니 댁에서 있었던 일이다. (2) ❀ 풀벌레 소리를 들으니 그 소리가 마치 지구가 숨 쉬는 소리 같았다.

1 이 시에 쓰인 감각적 표현에 대한 생각이나 시의 내용에 대한 느낌 등을 떠올려 보고 정리하여 써 봅니다.

채점 기준

시의 표현이나 내용과 관련지어 생각이나 느낌을 쓴 경우	5점
생각이나 느낌을 썼으나 내용이 자세하지 않은 경우	3점

2 자신이 어떤 행동을 했을 때 지구가 대답을 해 준 것 같이 느꼈는지 깊이 있게 자연을 체험했던 경험을 떠올려 봅니다.

채점 기준

지구가 살아 있다고 느낀 경험이 드러나게 (1)과 (2)를 연관지어 쓴 경우	10점
답으로 쓴 내용이 부족하거나 관련이 적은 경우	5점

5 바르게 대화해요

😊 개념 확인하기   73쪽

1 목적, 대화 상황   **2** 갔습니다   **3** (3) ✕   **4** 영수

준비 😊   74~75쪽

핵심내용 ❶ 듣는

1 엄마   **2** ⑤   **3** (2) ◯   **4** ❶, ❸   **5** (1) ① (2) ②
6 ②   **7** 아픈 친구   **8** (1) 고마워. (2) 고맙습니다.   **9** 현수

2 수정이가 준비물만 알려 준 뒤에 진수의 말을 더 듣지 않고 전화를 끊었기 때문에 당황하였을 것입니다.

3 진수가 문구점 주인아저씨께 풀값을 물어보는데 주변에 아이들이 시끄럽게 떠들고 있어서 문구점 주인아저씨가 진수의 말을 제대로 알아듣지 못한 상황입니다.

❗ 오답 피하기
(1) 진수는 아저씨께 높임 표현을 사용하여 말하고 있습니다.
(3) 진수가 작은 목소리로 말한 것이 아니라 주변이 시끄러워서 주인아저씨가 진수의 말을 잘 듣지 못하였습니다.

4 엄마와 대화하는 대화 ❶과 문구점 주인아저씨와 대화하는 대화 ❸이 높임 표현을 사용해야 하는 상황입니다.

8 대화 ㉮는 친구와 대화하는 상황이므로 반말로, 대화 ㉯는 웃어른인 선생님과 대화하는 상황이므로 높임말로 고마움을 표현해야 합니다.

9 대화 ㉮와 ㉯는 듣는 사람이 친구인 경우와 선생님인 경우로 대화 상대가 다르기 때문에 같은 뜻이지만 형태가 다르게 말하였습니다.

기본 😊   76~81쪽

핵심내용 ❶ 물통   **❷** 상대   **❸** 공공장소   **❹** 밝은색

1 ②   **2** ②, ③, ④   **3** 높임 표현   **4** (1) 나왔습니다
(2) ⓓ 사과주스가 사물이라 높임 표현을 사용할 수 없기 때문이다.   **5** 드시고 계세요   **6** 할아버지, 어머니   **7** 친구, 선생님   **8** ①, ②, ④   **9** ③   **10** 갔습니다   **11** (1)
② (2) ①   **12** ⑤   **13** ⑤   **14** ㉰   **15** ④   **16** ③,
⑤   **17** ⓓ 저는 예원이 친구 수진이예요. 예원이 좀 바꿔주시겠어요?   **18** (2) ◯   **19** 윤지   **20** ②, ⑤   **21**
⑤   **22** (2) ◯   **23** ④   **24** ㉮   **25** ②   **26** (1)
◯ (3) ◯   **27** ㉰   **28** ②, ④, ⑤

---

1 할머니께서 승민이가 좋아하는 과일을 사 오신 상황이므로 알맞은 높임 표현을 써서 감사의 말을 해야 합니다.

2 승민이는 할머니의 말씀을 잘 들으며 할머니의 눈을 바라보며 공손한 태도로 대화하고 있습니다.

❗ 오답 피하기
① 승민이는 무성의한 태도로 대화하고 있지 않고, 할머니께 공손히 말하고 있습니다.
⑤ 할머니의 질문에 알맞게 답하였습니다.

4 친구나 동생, 사물에 높임 표현을 사용하는 것처럼 높임 표현을 지나치게 사용하는 것도 잘못된 언어 예절입니다.

채점 기준 알맞은 표현으로 바꾸고, 바꾼 까닭을 썼으면 정답으로 인정합니다.

5 할아버지와 어머니가 웃어른이므로 할아버지와 어머니를 높이는 말로 '드시고 계세요'라고 말해야 합니다.

8 대화 ㉮, ㉯의 왼쪽 상황에서는 친구와 대화하고 있으므로 반말을, 오른쪽 상황에서는 선생님과 대화하고 있으므로 높임 표현을 사용해야 합니다. 그리고 대화할 때에는 상대를 고려하고 상대가 하는 말을 존중해야 합니다.

❗ 오답 피하기
③ 상대가 하는 말에는 항상 적절히 반응해야 합니다.
⑤ 웃어른뿐만 아니라 친구와 대화할 때에도 상대가 하는 말을 존중해야 합니다.

10 선생님과 대화하는 상황이므로 높임 표현을 사용해 말해야 합니다.

12 전화를 건 지원이가 자신이 누구인지를 밝히지 않아서 민지가 전화를 건 사람이 누구인지 몰랐기 때문입니다.

13 지원이가 정확히 어떤 미술 준비물인지 말하지 않아서 물감과 물통 두 가지를 다 생각했습니다.

14 지원이는 물통을 들고 학교 앞 문구점에서 미술 준비물로 산 것이라고 말했지만, 전화 통화에서는 민지가 지원이의 상황을 볼 수 없으므로 정확하고 구체적으로 표현해야 합니다.

15 잘 알아들을 수 있도록 정확하고 구체적으로 말하는 것이 좋지만, 내용을 두 번씩 반복해서 말할 필요는 없습니다.

❗ 오답 피하기
① 상대의 말에 반응하는 말을 해야 합니다.
② 전화 통화에는 전화를 건 사람과 받는 사람이 있습니다.
③ 전화 통화를 시작할 때 대부분 사람들이 "여보세요?"와 같은 말을 사용합니다.
⑤ 민지와 지원이는 직접 만나지 않고 서로의 집에서 전화 통화를 하고 있습니다.

17 자신이 누구인지 밝혀 바르게 고쳐 써 봅니다.

18 지수가 계속 자신이 할 말만 했기 때문에 ⓒ처럼 생각한 것입니다.

19 전화를 건 지수는 전화를 받은 정아의 상황은 헤아리지 않고 계속 자신이 할 말만 하고 있으므로 윤지의 충고가 가장 알맞습니다.

20 할머니께서는 토요일에 한국에 가니 세 시까지 공항에 데리러 오라는 말씀을 하기 위해 전화를 거셨습니다.

21 할머니께서 하실 말씀이 남아 있는데 유진이가 그것을 듣지 않고 갑자기 전화를 끊었기 때문에 당황하셨습니다.

22 할머니의 말씀을 잘 전하겠다는 말을 하고, 더 하실 말씀이 없는지 묻고 대화를 끝마치는 것이 좋습니다.

23 '지하철 소리'라는 자막과 그림으로 알 수 있습니다.

24 남자아이가 공공장소에서 큰 목소리로 통화를 해서 주변 사람들의 표정이 좋지 않았습니다.

25 훈이가 노란색 우산에 노란색 옷을 입은 강이를 유치원생 같다고 놀려 강이가 속상해했습니다.

26 ⑤에서 강이 엄마께서 강이에게 우산으로 앞을 가리지 않고 땅을 쳐다보고 걷지 말라고 당부하셨습니다.

❗ **오답 피하기**
(2) 비 오는 날에 뛰지 말고 천천히 걸어다니는 것이 좋긴 하지만, 엄마께서 당부하신 말씀은 아닙니다.

28 훈이가 교통사고를 당할 뻔한 상황이므로 강이는 놀라면서 당황했을 것입니다. 그리고 뛰어가는 훈이를 잡으려는 몸짓과 다급하게 "안 돼!"를 외치는 말투가 어울립니다.

실천 😊   82쪽

핵심내용 ❶ 높임

1 ③   **2** (1) 할아버지 (2) 남동생   **3** (1) 예 가장 좋아하시는 음식이 뭐예요 (2) 예 가장 좋아하는 음식이 뭐야   **4** ㉣

3 선생님께서 조사해 오라고 한 내용을 통해 미나가 할아버지와 남동생에게 각각 어떻게 질문했을지 써 봅니다.

---

4 웃어른이나 친구를 만나 대화할 때 알맞은 표정, 몸짓, 말투로 말하는 것이 좋습니다.

❗ **오답 피하기**
㉮ 할아버지와의 대화이므로 상냥하게 말하는 것이 좋습니다.
㉯ 할아버지뿐 아니라 누구든지 대화를 나눌 때에는 언어 예절을 잘 지켜서 말해야 합니다.
㉰ 할아버지와 대화를 나누는 상황이므로 높임 표현을 사용합니다.

국어활동 😊   83쪽

1 ㉯   **2** ④   **3** 피구   **4** 승윤

1 대화 ㉯에서는 전화를 건 사람이 자신이 누군지 밝히지 않아서 전화를 받은 사람이 당황해하고 있습니다.

2 여자아이는 전화할 때 자신이 누구인지 밝히고 상대를 확인하는 예절을 갖추어야 합니다.

3 민지는 어제 한 피구가 너무 재미있어서 영선이에게 내일 같이 할 수 있는지 묻기 위해서 전화를 하였습니다.

4 전화를 받은 영선이는 숙제하느라 바쁜 상황인데 민지는 영선이의 상황을 헤아리지 않고 계속 자기 할 말을 하였습니다.

➕ **단원 어휘 다지기**   84쪽

1 (1) ③ (2) ④ (3) ② (4) ①   **2** (1) 안 들리는데 (2) 안 말했나   **3** (1) 비 (2) 반 (3) 비 (4) 비   **4** (1) 역할 (2) 말할게   **5** ④   **6** (1) 섭써파다 (2) 야깐 (3) 끈차마자

1 '장'은 여러 가지 물건을 사고파는 곳을, '당번'은 어떤 일을 책임지고 돌보는 차례가 되는 것을 뜻합니다. '주위'는 어떤 사람의 가까이에 있는 사람들을, '당부'는 말로 부탁하는 것을 뜻합니다.

2 '-지 않다'에서 '않'은 '아니하'의 준말이고, '안'은 '아니'의 준말입니다. 뒤에 오는 말의 반대 뜻을 나타낼 때에는 '않'이 아니라 '안'으로 쓰고 뒷말과 띄어 써야 합니다. 따라서 '들리지 않는데'는 '안 들리는데'로, '말하지 않았나'는 '안 말했나'로 바꾸어 쓸 수 있습니다.

3 '사다'와 '팔다'는 뜻이 서로 반대되는 말이고, 나머지는 뜻이 비슷하여 서로 바꾸어 쓸 수 있는 말입니다.

4 (1) 자기가 마땅히 하여야 할 맡은 바 직책이나 임무를 뜻하는 낱말은 '역할'입니다. (2) '말할게'는 [말할께]로 소리 나지만 소리 나는 대로 쓰지 않습니다.

5 책을 세는 단위는 '권'입니다. '장'은 종이나 유리 따위의 얇고 넓적한 물건을 세는 단위입니다.

6 'ㅂ'이 'ㅎ'과 만나면 [ㅍ]으로, 'ㄱ'이 'ㅎ'과 만나면 [ㅋ]으로, 'ㅈ'이 'ㅎ'과 만나면 [ㅊ]으로 발음됩니다.

💡 단원 평가

85~87쪽

1 (1) ○   **2** ②   **3** ③   **4** ⓒ   **5** 진영   **6** (2) ○
7 지원   **8** ④   **9** ⓜ 전화를 건 수진이가 자신이 누구인지 밝히고 상대가 누구인지도 확인해야 한다.   **10** 유진, 할머니   **11** ⑤   **12** (2) ○   **13** (2) ○   **14** (2) ○   **15** ③   **16** (1) ⓒ (2) ④   **17** ⓜ 비가 오는 날에는 밝은색 옷을 입어야 한다.   **18** ④   **19** 좋아하는 음식   **20** ②

1 진수는 수정이에게 전화를 걸어 내일 준비물이 무엇이냐고 묻고 있습니다.

2 수정이는 진수의 말을 끝까지 듣지 않고 전화를 끊어 버렸습니다.

3 준비물을 빌려 달라는 은정이의 말에 진수가 안 된다고 딱 잘라 말해서 섭섭하고 속상한 마음이 들었을 것입니다.

4 ㄱ은 할머니께 하는 말이므로 '고맙습니다.', ㄴ은 가게에 온 손님이 사과주스를 주문하는 말이므로 높임 표현으로 '~ 주세요.'라고 말하는 것이 알맞습니다.

5 ㄷ은 사과주스가 사물이라 높임 표현을 사용할 수 없으므로 '나왔습니다.'가 알맞은 표현입니다.

6 제시된 대화에서 승민이가 대화를 나누는 것은 친구이지만, 대화 상대가 선생님으로 바뀐다면 높임 표현을 사용해 말해야 합니다.

7 지원이는 전화를 걸어 자신이 누구인지 밝히지 않았습니다.

8 지원이가 내용을 정확하게 설명하지 않아 민지가 지원이의 말을 잘 알아듣지 못하고 있으므로 지원이는 전화 예절을 잘 지켰다고 보기 어렵습니다.

9 전화 대화에서 문제가 무엇인지 파악하여 해결 방법을 씁니다.

채점 기준

내용	점수
전화를 건 사람이 자신을 밝히고, 상대가 누구인지 확인해야 한다는 내용 두 가지를 모두 쓴 경우	5점
전화를 건 사람이 자신을 밝혀야 한다는 내용만 쓴 경우	3점

10 할머니가 전화를 건 사람이고 유진이가 전화를 받은 사람입니다.

11 유진이가 할머니의 말씀을 다 듣지 않고 갑자기 전화를 끊은 ㅁ이 전화 예절에 어긋나는 부분입니다.

12 이 대화의 문제는 할머니께서 하실 말씀이 남아 있는데 유진이가 그것을 듣지 않고 전화를 끊은 것입니다.

13 전화를 할 때에는 자신이 누구인지 밝혀야 합니다.

14 남자아이는 지하철에서 큰 목소리로 통화하고 있습니다.

15 지하철과 같은 공공장소에서는 작은 목소리로 통화해야 합니다.

16 훈이가 놀릴 때에는 속상하고 시무룩한 표정이, 훈이가 교통사고가 날 뻔한 상황에서는 놀라고 당황하는 표정이 어울립니다.

17 훈이가 교통사고가 날 뻔한 일을 겪고, 4에서 강이가 한 말을 살펴보고 깨달은 점을 정리해 봅니다.

채점 기준

내용	점수
비가 오는 날에는 밝은색 옷을 입어야 한다는 내용을 쓴 경우	5점
비가 오는 날에 주의할 점을 알게 되었다는 내용을 쓴 경우	3점

18 수홍이가 걷다가 친구를 친 상황이므로 미안해하며 걱정하는 목소리가 어울립니다.

19 선생님께서는 이번 주 금요일까지 우리 주위 사람들이 좋아하는 음식을 조사해 오라고 하셨습니다.

20 ㄴ은 미나가 할아버지와 대화를 나누는 부분이므로 알맞은 높임 표현을 사용해 말해야 합니다.

📃 서술형 평가

88쪽

1 1단계 어머니   2단계 먹고 있어요. → 드시고 계세요.   3단계 ⓜ 할아버지와 어머니가 웃어른이기 때문에 높임 표현을 사용해야 하기 때문이다.

2 ⓜ 전화 통화를 할 때 지수가 정아의 상황은 헤아리지 않고 계속 자신이 할 말만 했다.

3 ⓜ 정아야, 미안해! 내 생각만 말했구나. 네 생각은 어때?

1 **1**단계 어머니께서 승민이에게 할아버지께서 무엇을 하시는지 물어보는 상황입니다.

2단계 승민이의 말에서 잘못된 표현을 찾아 고쳐 써 봅니다.

채점 기준	
잘못된 표현을 찾아 알맞은 높임 표현으로 고쳐 쓴 경우	4점

3단계 웃어른인 할아버지와 어머니께는 높임 표현을 사용해야 합니다.

채점 기준	
잘못된 표현을 고친 까닭을 알맞게 쓴 경우	6점

2 전화로 대화할 때 지켜야 할 예절을 떠올려 봅니다.

채점 기준	
지수가 자신이 할 말만 했다는 내용이 들어가게 쓴 경우	6점
지수가 전화 예절을 지키지 않았다는 내용으로 쓴 경우	3점

3 정아의 상황을 고려하는 마음이 드러나게 고쳐 씁니다.

채점 기준	
정아에게 사과하고 정아의 생각을 묻는 내용으로 고쳐 쓴 경우	8점
정아에게 사과하는 내용만 쓴 경우	4점

수행 평가　89쪽

1 (1) 예 전화를 건 지원이가 자신이 누구인지 밝히지 않아 민지가 전화를 건 사람이 누구인지 모른다. (2) 예 지원이는 물통을 들고 학교 앞 문구점에서 미술 준비물로 산 것이라고 말했지만, 전화 통화에서는 상황을 볼 수 없기 때문에 민지는 지원이가 무엇을 말하는지 모른다. **2** (1) 예 여보세요, 나 지원이야. 민지 맞니? (2) 예 나, 아까 학교 앞 문구점에서 미술 준비물인 물통을 샀는데 집에 와서 보니 망가져 있네.

1 전화 예절에 맞지 않게 말한 것을 생각해 써 봅니다.

채점 기준	
두 상황의 문제점을 파악하여 모두 알맞게 쓴 경우	10점
상황 중 어느 하나만 파악하여 알맞게 쓴 경우	5점

2 〈문제 **1**번〉에서 답한 문제를 해결할 수 있도록 바른 전화 예절을 생각해 고쳐 봅니다.

채점 기준	
㉠과 ㉡ 모두 전화 예절에 맞게 바꿔 쓴 경우	20점
둘 중 어느 하나만 전화 예절에 맞게 바꿔 쓴 경우	10점

6 마음을 담아 글을 써요

😊 개념 확인하기　90쪽

1 고마운　**2** 마음　**3** (1) ○ (2) ○　**4** 진영

준비 😊　91쪽

핵심내용 ❶ 걱정

1 ②　**2** ③　**3** (1) ○　**4** (1) 정말 미안해. (2) 와, 신난다! (3) 빨리 나아야 해.　**5** 현석

1 그림 **가**는 이웃집 아주머니가 음식을 전해 주시는 상황으로, 고마운 마음을 전해야 합니다.

3 그림 **나**에서 약속 시간에 늦은 친구는 미안한 마음이 들었을 것입니다. (1)은 미안한 마음, (2)는 위로하는 마음을 전하기에 알맞습니다.

4 그림 **나**는 약속 시간에 늦은 상황, 그림 **다**는 가을 현장 체험 학습을 가게 되어 기뻐하는 상황, 그림 **라**는 아픈 친구를 걱정하는 상황입니다.

5 그림 **다**와 같이 즐겁고 기쁜 마음을 전한 사람은 현석이입니다.

기본 😊　92～97쪽

핵심내용 ❶ 행복　❷ 속상　❸ 달리기　❹ 진심

1 ③, ⑤　**2** ③　**3** ②　**4** 예 떨면서 발표할 차례를 기다렸고, 겨우 발표를 끝냈다.　**5** (3) ○　**6** 미라　**7** 강아지　**8** ⑤　**9** ⑤　**10** (2) ○　**11** ④　**12** ②, ④　**13** 제비뽑기　**14** 우진　**15** ⑤　**16** ①　**17** ①　**18** (3) ○　**19** ④　**20** 예 최선을 다해서 결과와 상관없이 뿌듯한 마음이 들었을 것이다.　**21** 예의 없는 말과 행동　**22** ⑤　**23** ㉰　**24** (2) ○

1 규리는 아침에 늦잠을 자서 엄마께서 깨워 주셔서 억지로 일어났고, 늦어서 거의 뛰다시피 걸어 1교시 시작하기 직전에 교실에 들어갔습니다.

❗ 오답 피하기
① 규리는 몸이 아픈 것이 아니라 일어나기 싫어서 늦잠을 잤습니다.
② 1교시 시작하기 직전에 교실에 들어갔습니다.
④ 아침밥을 먹는 둥 마는 둥 하고 서둘러 집을 나섰습니다.

2 규리는 아침에 더 자고 싶은데 엄마께서 깨워서 억지로 일어나서 속상하고 화가 나는 마음이 들었을 것입니다.

3 규리는 사회 시간에 발표할 차례가 되자 실수를 할까 봐 걱정이 되고 겁이 나서 가슴이 콩닥콩닥 뛰었습니다.

4 규리가 1교시에 한 일을 정리해 봅니다.

> **채점 기준** 사회 시간에 발표를 했다는 내용을 썼으면 정답으로 인정합니다.

5 규리는 민호가 자신이 가르쳐 주는 대로 리코더 연주를 잘 따라 해서 덩달아 기분이 좋아졌습니다.

6 규리는 음악 시간에 민호의 리코더 선생님이 되었는데 민호가 잘하자 덩달아 기분이 좋았습니다. 이와 비슷한 경험을 말한 친구는 미라입니다.

7 수업이 모두 끝나고 집으로 가는 길에 강아지를 데리고 산책 나오신 옆집 수호네 엄마를 만나 강아지의 하얀 털을 쓰다듬어 주었습니다.

8 규리는 음악 시간에 민호에게 리코더를 가르치면서 자랑스러운 마음이 들었고, 집에 가는 길에 만난 강아지를 만지면서 행복한 마음이 들었습니다.

10 기찬이는 운동에 자신이 없는데 운동회가 다가오자 심술이 나서 돌멩이를 발로 뻥 차 버렸습니다.

11 기찬이가 찬 돌멩이 때문에 책가방에서 공책과 연필이 쏟아져 머리에 혹이 나자 친구들은 화가 났습니다.

12 기찬이는 운동회가 다가오자 운동을 잘 못해서 속상하고, 자기 때문에 머리에 혹이 난 친구들에게 사과하려고 했지만 할 말이 생각나지 않아 당황스러웠을 것입니다.

> **❶ 오답 피하기**
> ① 기찬이는 운동회가 다가오는 것을 싫어합니다.
> ③ 운동에 자신이 없어서 속상해하고 운동회를 싫어합니다. 운동회에 참여하지 못해 아쉬워하는 것은 아닙니다.
> ⑤ 운동회 준비를 하는 아이들을 보며 심술이 났습니다.

13 선생님께서는 누구나 한 경기씩 나갈 수 있도록 제비뽑기로 선수를 뽑자고 하셨습니다.

14 '이어달리기' 쪽지를 뽑은 기찬이가 울상이 된 것으로 보아, 달리기를 잘하지 못해 마음이 무거웠을 것입니다.

16 친구들은 달리기를 못하는 기찬이를 '거북이 나기찬'이라고 불렀습니다.

17 이호는 자기 차례가 다 되어 가는데 배가 너무 아파서 더 이상 참을 수 없어 화장실로 뛰어갔습니다.

18 기찬이 반 누군가가 백군의 마지막 선수와 같이 달리고 있는 기찬이를 보고 기찬이가 이기고 있다고 생각하여 소리친 것입니다.

> **❶ 오답 피하기**
> (1) 기찬이가 느리지만 최선을 다해 열심히 달린 것이지, 이날 특별히 빨리 달린 것은 아닙니다.
> (2) 기찬이가 백군의 마지막 선수랑 함께 뛴 것은 한 바퀴나 차이 나게 지고 있어서입니다.

19 친구들은 기찬이가 백군을 이기고 있다고 생각하여 신이 나서 목청껏 기찬이의 이름을 부르며 응원하였습니다.

20 최선을 다해 이어달리기를 하고 난 기찬이의 마음이 어떨지 생각해 봅니다.

> **채점 기준** 상황을 고려하여 기찬이의 마음을 헤아려서 썼으면 정답으로 인정합니다.

22 주은이가 말로는 사과한다고 했지만, 표정이나 분위기, 말한 내용이나 행동이 사과하는 것처럼 느껴지지 않아 사과를 받지 않았습니다.

23 원호가 주은이의 사과를 받지 않은 까닭이 표정이나 분위기, 말한 내용이나 행동에서 사과가 느껴지지 않아서이기 때문에 사과할 때는 표현 방법 또한 중요합니다.

24 표현을 잘 골라 진심을 담아서 상냥한 말투로 사과한 것은 (2)입니다.

> **실천** ☺ 　　　　　　　　　　　　　　98쪽
>
> **핵심내용** ❶ 편지
>
> **1** ①　　**2** 마음을 전하는 우리 반　　**3** (1) ○ (4) ○　　**4**
> (1) 미안한 마음 (2) 고마운 마음 (3) 위로하는 마음　　**5** (1)
> ⑩ 며칠 전 내가 아팠을 때 짝꿍 은경이가 집까지 가방을 들어 준 일이 있었다. (2) ⑩ 고마운 마음

2 우리 학교 전교 어린이회에서는 '마음을 전하는 우리 반' 행사를 함께하기로 결정했습니다.

3 자신의 마음을 다른 사람에게 전하는 행사로, 10월 넷째 주에 하기로 하였습니다.

> **❶ 오답 피하기**
> (2) 전교생이 모여서 행사를 하는 것이 아니라, 각 반에서 행사를 합니다.
> (3) 친구들뿐만 아니라 주위 사람들에게 마음을 전할 수 있습니다.

5 친구 또는 다른 사람과 있었던 일 가운데 기억에 남은 일을 떠올려 봅니다.

> **채점 기준** 마음을 전하고 싶은 일과 그때의 마음을 알맞게 썼으면 정답으로 인정합니다.

1 ④   **2** ③   **3** ⑩ 네가 물통을 건드리는 바람에 그림을 망쳐서 내가 많이 속상해.   **4** ②   **5** 유주, 태현   **6** (1) ◯ (2) ◯ (4) ◯

1 우는 친구의 마음을 이해하고 그대로 인정해 주는 말은 ④입니다.

2 다른 사람의 마음을 생각하며 자신의 마음을 전하는 말로 바르게 고쳐 쓴 것을 찾아봅니다.

3 자신의 감정을 솔직하게 쓰되 상대의 마음도 생각하여 고쳐 써 봅니다.

> 채점 기준 상대의 마음을 고려하여 자신의 속상한 마음을 솔직히 썼으면 정답으로 인정합니다.

4 ②는 다른 사람의 마음을 고려하지 않고 말한 표현입니다.

5 상대의 잘못만을 쓰는 것은 읽을 사람을 생각하며 글을 쓰는 방법으로 알맞지 않습니다.

6 자신의 마음을 전하는 글을 쓸 때에는 읽을 사람의 마음을 생각하며 써야 합니다.

단원 어휘 다지기   100쪽

1 (1) 울 (2) 산 (3) 잔 (4) 각   **2** (1) ×   **3** ⑤   **4** (1) 이튿날 (2) 배턴   **5** ②   **6** (1) 가져왔는데 (2) 한대 (3) 숨겼대 (4) 길인데, 않았대

1 울려고 하는 얼굴 표정은 '울상'이고, 휴식을 취하거나 건강을 위해 걷는 일은 '산책'입니다. 맞대어 놓고 언짢게 꾸짖거나 비꼬아 꾸짖는 일은 '핀잔'이고, 실제와 다르게 깨닫거나 생각하는 것은 '착각'입니다.

2 '서툴다'는 일 따위에 익숙하지 못하여 잘하지 못한다는 뜻이고, '멋쩍다'는 어색하고 쑥스럽다는 뜻입니다. 젓가락질이 서툴면 반찬을 잘 집을 수 없으므로 (1)의 쓰임이 적절하지 않습니다.

3 마음이 초조하고 불안하여 어찌할 바를 모른다는 뜻을 지닌 낱말은 '안절부절못하다'입니다.

4 (1) '어떤 일이 있은 그다음의 날'을 뜻하는 낱말은 '이튿날'이 바른 표기입니다. (2) 이어달리기 경기에서 앞 주자가 다음 주자에게 넘겨주는 막대기를 '배턴' 또는 '바통'이라고 합니다.

5 '목청껏', '힘껏'에서 '−껏'은 다른 낱말 뒤에 붙어서 '그것이 닿는 데까지'의 뜻을 더해 주는 말입니다.

6 '가져왔는데', '길인데'는 뒤에 나오는 일을 설명하기 위하여 어떤 일을 미리 말하므로 '−데'가 알맞고, '한대', '숨겼대', '않았대'는 다른 사람에게 들은 말을 전하는 상황이므로 '−대'가 알맞습니다.

단원 평가   101∼103쪽

1 (4) ×   **2** 다   **3** ④   **4** (1) ⑩ 빨리 나아야 해. (2) ⑩ 친구가 아파서 걱정되기 때문이다.   **5** ②, ⑤   **6** 우리 지역의 자랑거리   **7** ①   **8** ③   **9** ②, ⑤   **10** 유진   **11** ③   **12** (3) ◯   **13** 이어달리기   **14** ④   **15** (2) ◯   **16** ⑩ 청군의 마지막 선수인 이호가 화장실에 가는 바람에 기찬이의 다음에 아무도 없었기 때문이다.   **17** ③   **18** ④   **19** ③   **20** (2) ◯

1 그림 라는 아픈 친구를 걱정하는 상황입니다.

2 달리기 대회에서 우승한 상황에서 반 아이들은 기쁜 마음입니다. 그림 다에서 전할 마음이 이와 같은 마음입니다.

3 약속 시간에 늦어 뛰어온 친구는 기다린 친구에게 미안한 마음을 전해야 합니다.

4 그림 라에서 인물이 어떤 마음이었을지 생각합니다.

> 채점 기준
> | 위로의 말을 쓰고 까닭도 함께 쓴 경우 | 5점 |
> | 위로의 말은 썼으나, 까닭을 제대로 쓰지 못한 경우 | 3점 |

5 '나'는 아침에 일어나기 싫은데 억지로 일어났고, 1교시 사회 시간에 자기 발표 차례를 기다렸습니다.

6 우리 지역의 자랑거리를 조사해서 발표하는 시간이었습니다.

7 글 가에서 억지로 일어나서 속상하고 화가 났고, 글 나에서는 발표 차례를 기다리며 실수할까 봐 걱정스럽고 불안했습니다.

8 규리는 음악 시간 내내 민호의 리코더 선생님이 되었습니다.

9 민호의 리코더 선생님이 되어 민호가 가르쳐 주는 대로 잘 따라 하자 뿌듯하고 자신이 자랑스러웠을 것입니다.

10 글 🕒에서 규리가 강아지를 만나 반가워하고 좋아한 일을 경험했는데, 이와 비슷한 경험을 말한 친구는 유진이입니다.

11 달리기를 못한다고 친구들한테 놀림을 받을 때 기찬이는 속상하고 외로웠을 것입니다.

12 선생님께서 운동회에 나갈 선수를 제비뽑기로 뽑자고 하셨습니다.

13 달리기를 못하는 기찬이가 제비뽑기로 '이어달리기'가 쓰인 쪽지를 뽑자 걱정이 되어 울상이 되었습니다.

14 기찬이가 '이어달리기'가 쓰인 쪽지를 뽑자 아이들은 질 게 뻔하다며 아무 기대를 하지 않고 실망하였습니다.

15 진 거나 마찬가지라고 하는 친구의 말에서 알 수 있듯이 기찬이가 달리기를 못해서 친구들은 이길 수 없다고 생각하여 응원하지 않았습니다.

16 이호가 갑자기 뛰쳐나간 까닭과 관련지어 생각해 봅니다.

채점 기준	
이호가 화장실을 가서 아무도 없었다는 내용을 쓴 경우	5점
기찬이 다음에 아무도 없었다는 내용만 쓴 경우	2점

17 자기 대신 한 바퀴 더 달려 준 기찬이에게 고맙고 또 미안한 마음이 들었을 것입니다.

18 말은 미안하다고 하고 있지만 표정, 말이나 행동 등에서 진심이 느껴지지 않아 원호는 오히려 화가 났을 것입니다.

19 상냥하고 부드러운 말투로 사과하는 것이 좋습니다.

20 준비물을 가져오지 않은 친구의 마음을 상하지 않게 하면서 자신의 마음을 전한 말은 (2)입니다.

📝 서술형 평가
105쪽 → 104쪽

1 1단계 약속 2단계 ⑳ 미안한 마음 3단계 ⑳ 정말 미안해. / 다음엔 약속 꼭 지킬게, 미안해.

2 ⑳ 주은이가 딱지치기를 하다가 원호에게 예의 없는 말과 행동을 하였다.

3 ⑳ 원호야, 안녕 나 주은이야. 교실에서 활동할 때 네게 예의 없게 행동하고 제대로 사과하지 못해 미안해. 사과하려고 했는데 쑥스러운 마음에 그렇게 행동한 것 같아. 정말 미안해. 내 사과 받아 줄 거지? 앞으로 친하게 지내자.

1 1단계 진수가 약속 시간에 늦어서 뛰어가고 있는 상황을 나타낸 그림입니다.

2 단계 약속 시간에 늦은 진수가 어떤 마음을 전해야 할지 생각해 봅니다.

채점 기준	
진수가 전할 마음을 알맞게 쓴 경우	3점

3 단계 진수가 마음을 전하기 위해 할 말을 생각해 봅니다.

채점 기준	
전해야 할 말을 알맞게 쓴 경우	6점
전해야 할 말을 제대로 못 쓴 경우	2점

2 장면 **1**에서 일어난 일을 정리해 씁니다.

채점 기준	
주은이가 원호에게 예의 없는 말과 행동을 했다는 내용을 쓴 경우	5점
주은이가 원호를 화나게 했다고 쓴 경우	3점

3 진심을 담아서 상냥한 말투로 사과의 말을 써 봅니다.

채점 기준	
사과하고 싶은 자신의 마음을 잘 표현하되, 진심이 느껴지도록 상냥한 말투로 잘 쓴 경우	15점
사과하는 내용은 있지만 말투나 내용에서 상냥함이 느껴지지 않는 경우	8점

😎 수행 평가
105쪽

1 (1) ⑳ 걱정스러운 마음 / 불안한 마음 (2) ⑳ 민호에게 리코더 연주 방법을 가르쳐 줌. (3) ⑳ 행복한 마음 / 기쁜 마음 **2** (1) ⑳ 학교 갈 때 (2) ⑳ 친한 친구를 만남. (3) ⑳ 반가운 마음 (4) ⑳ 체육 시간 (5) ⑳ 피구를 하다가 공에 맞음. (6) ⑳ 화난 마음 / 속상한 마음 (7) ⑳ 방과 후 (8) ⑳ 친구와 놀이터에서 재미있게 놀이함. (9) ⑳ 행복한 마음

1 그림과 인물이 한 말을 통해 겪은 일과 그때의 마음을 정리해 봅니다.

채점 기준	
인물이 한 일과 그때의 마음을 모두 알맞게 쓴 경우	9점
인물이 한 일과 마음 중 어느 하나만 파악하여 쓴 경우	각 3점

2 자신에게 하루 동안 있었던 일을 떠올려 보고 세 가지를 정리해 그때의 마음과 함께 씁니다.

채점 기준	
일어난 일이나 겪은 일 세 가지를 떠올려 마음과 함께 모두 잘 정리해 쓴 경우	21점
일어난 일이나 겪은 일 세 가지를 떠올렸으나 그때의 마음과 잘 맞지 않거나, 세 가지를 다 떠올려 쓰지 못한 경우	9점

7 글을 읽고 소개해요

개념 확인하기 106쪽

1 (2) × **2** 책 보물 상자 **3** 독서 감상문 **4** 연우

준비 😊 107쪽

핵심내용 ❶ 피구

1 ⑤ **2** ①, ②, ⑤ **3** (1) × **4** 강준

2 공 하나를 준비하고, 교실에 있는 책상을 모두 뒤로 밀어 가로로 긴 네모 모양으로 피구장을 만들고, 학급 친구 전체를 두 편으로 나누어 놀이를 준비해야 합니다.

❗ 오답 피하기
③ 수비하는 사람은 피구장 안쪽에 있고, 공격하는 사람은 피구장 밖에 있는 놀이로, 탁구나 배구처럼 네트가 필요하지 않습니다.
④ 골키퍼가 필요하지 않은 놀이입니다.

3 상대를 맞힐 때에는 공을 바닥에 굴려서 맞혀야 합니다.

4 강준이가 글을 읽고 알게 된 점을 소개한 경험을 말하고 있습니다.

기본 😊 108~112쪽

핵심내용 ❶ 단풍잎 ❷ 별 ❸ 흰색 ❹ 아기별

1 ⑤ **2** 자연 **3** ④ **4** 메이플시럽 **5** ①, ③ **6** ①, ③, ④ **7** (1) ○ **8** (3) ○ **9** ①, ②, ③ **10** (1) ③ (2) ① (3) ② **11** ⓔ 국제 경기에 참여할 때와 같이 나라를 빛내는 순간에 언제나 국기가 함께한다. **12** (2) ○ **13** 『바위나리와 아기별』 **14** ④ **15** ① **16** ② **17** ⑤ **18** ⓔ 살아 있을 때에는 만나지 못하다가 죽은 뒤에야 같이 있을 수 있게 된 것이 너무 슬펐기 때문이다. **19** (4) ○ **20** ①, ③, ④

1 국기는 그 나라를 나타내는 깃발이어서 각 나라를 대표하는 선수들이 국기를 들고 입장하는 것입니다.

2 국기에는 그 나라의 자연이 담겨 있다고 하였습니다.

3 캐나다에는 설탕단풍 나무가 많이 자라서 국기에 빨간 단풍잎을 그려 넣었습니다.

4 캐나다 사람들은 설탕단풍 나무에서 나오는 즙으로 달콤한 메이플시럽을 만들어 먹었습니다.

5 국기에는 그 나라의 전설과 그 나라의 땅이 담겨 있다고 하였습니다.

6 독사를 물고 날아가는 독수리가 선인장 위에 앉으면 그곳에 도시를 세우라는 신의 계시를 받고 도시를 세운 이야기를 국기에 그려 넣었습니다.

7 미국 국기에서 열세 개의 줄은 미국이 처음 나라를 세울 때 주가 열세 개였다는 것을 기념하는 것입니다.

8 미국이 처음 나라를 세울 때에는 주가 열세 개라고 했으므로 바탕의 열세 개의 줄은 그대로이고, 별이 지금과는 달리 열세 개 있었을 것입니다.

❗ 오답 피하기
(1) 미국 국기는 열세 개의 줄이 있다고 하였으므로 일곱 줄이 있는 이 국기는 미국 국기의 알맞은 모습이 아닙니다.
(2) 별이 오십 개가 있는 것으로 보아, 현재 미국 국기의 모습에 해당합니다.

9 태극기 무늬는 조금씩 변했고, 태극 문양과 사괘에는 각각 담겨 있는 뜻이 있습니다. 우리는 독립하려고 열심히 싸울 때마다 태극기를 힘차게 휘날렸습니다.

❗ 오답 피하기
④ 1945년에 나라를 되찾았고, 1949년에 지금의 태극기 모습으로 정해졌습니다.
⑤ 일본에 나라를 빼앗긴 시대에는 일본이 태극기 사용을 금지해서 태극기를 마음대로 사용하지 못했습니다.

10 태극기의 흰색에는 우리나라 사람들의 평화를 사랑하는 마음이, 태극 문양에는 조화로운 우주가, 사괘에는 하늘, 땅, 물, 불의 의미가 담겨 있습니다.

11 글 **6**의 내용을 잘 정리해 봅니다.

채점 기준 나라를 빛내는 순간에나 나라를 대표하는 자리에 국기가 함께한다는 내용을 썼으면 정답으로 인정합니다.

12 아이는 책을 읽고 기억에 남는 문장을 책갈피에 써서 친구들에게 소개하고 있습니다.

14 앞표지에 있는 바위나리와 아기별 그림이 무척 예뻐서 내용이 궁금해서 읽게 되었습니다.

15 글 **2**는 『바위나리와 아기별』의 내용을 간략하게 소개한 부분입니다.

17 글 **3**에 가장 인상 깊은 부분이 나와 있습니다.

18 살아 있을 때에는 만나지 못하다가 죽은 뒤에야 같이 있을 수 있게 된 것이 슬펐기 때문이라고 하였습니다.

19 글 **4**에는 책을 읽고 난 뒤에 든 생각이나 느낌이 나타나 있습니다.

핵심내용 ❶ 인상

1 (2) ○   2 윤주, 성민   3 예 책 보물 상자를 만들어 전시하기   4 ③

1 친구들은 나뭇잎 모양으로 책 나무 환경판을 만들어 독서 감상문으로 교실을 꾸민 것을 보고 이야기하고 있습니다.

2 ㉠에는 독서 감상문에 들어갈 내용과 관련 있는 말이 들어가야 하는데, 책을 산 장소를 밝힐 필요는 없습니다.

3 독서 감상문으로 교실을 꾸밀 수 있는 다양한 방법을 생각해 봅니다.

채점 기준 독서 감상문으로 교실을 꾸미는 구체적인 내용을 썼으면 정답으로 인정합니다.

4 먼저 독서 감상문을 쓰고 싶은 책을 생각한 뒤, 소개할 책 제목을 쓰고, 독서 감상문에 들어갈 내용에 대해 이야기하고, 교실을 꾸미는 방법을 정합니다.

1 ②   2 열차   3 ③   4 아인슈타인   5 (1) ○   6 (1) ㉲ (2) ㉮ (3) ㉯ (4) ㉴   7 팀파니   8 ④   9 예 컵라면 그릇 두 개 윗면에 두꺼운 종이로 뚜껑을 만들어 붙이고, 바닥을 서로 붙여 나무젓가락으로 두드린다.

2 다음 날 어젯밤에 본 것을 확인하고 싶어 산꼭대기에 있는 빈터에 가니 열차가 있었습니다.

3 산꼭대기에 거대한 검은 물체가 보이자 영롱이가 그 자리에서 그대로 얼어 버렸다는 것으로 보아, 두렵고 겁이 나는 마음이었음을 알 수 있습니다.

5 열차 그림과 관련 있는 내용을 찾아봅니다.

❗ 오답 피하기
책 보물 상자에 넣을 물건의 그림이 가방일 때 (2)가 그림을 고른 까닭이 될 수 있습니다.

6 책을 읽게 된 까닭, 책 내용, 인상 깊은 부분, 책을 읽은 뒤에 든 생각이나 느낌의 순서대로 썼습니다.

7 팀파니는 밑이 좁은 통에 막을 씌운 것인데 두드리면 일정한 소리를 낸다고 하였습니다.

9 글 ❹에 글쓴이가 만들려고 하는 타악기가 나와 있습니다.

1 (1) ㉯ (2) ㉲ (3) ㉮ (4) ㉴   2 (1) 마쳐야 (2) 맞혀야
3 (1) 설마 (2) 드디어 (3) 도대체   4 (1) 바닷가 (2) 빗소리
5 ③   6 (1) 올게요 (2) 칠게 (3) 할게요 (4) 먹을게요

1 ㉮는 '우정', ㉯는 '수비', ㉲는 '문양', ㉴는 '개막식'의 뜻입니다.

2 (1)은 숙제가 끝나야 놀 수 있다는 말이므로 '마쳐야'가 알맞고, (2)는 공을 던져서 상대의 몸에 닿게 했다는 말이므로 '맞혀야'가 알맞습니다.

3 (1) 가방을 누가 훔쳐 갈 리가 없다는 것을 강조하는 문장이므로 '설마'가 알맞습니다. (2) 고대하던 월드컵 개막식이 시작되었다는 말이므로 '드디어'가 알맞습니다. (3) '도대체'는 '다른 말은 그만두고 요점만 말하자면'이라는 뜻입니다.

4 우리말로 된 두 낱말이 합쳐질 때, 앞말이 모음으로 끝나는 '바다'와 '비' 등은 뒤에 'ㄱ', 'ㅅ' 등의 자음을 만나 '바닷가', '빗소리'처럼 사이시옷을 받쳐 씁니다.

5 '타악기'는 두드려서 소리를 내는 악기를 통틀어 이르는 말입니다. 피리는 불어서 소리를 내는 악기이므로 '타악기'에 포함되는 말이 아닙니다.

6 '올게요'는 [올께요], '칠게'는 [칠께], '할게요'는 [할께요], '먹을게요'는 [먹을께요]로 소리 나지만 '게'로 적는 것이 바른 표기입니다.

1 공 하나   2 ①, ②, ④   3 (1) ○   4 ②, ③   5 ②   6 빨간 단풍잎   7 (1) ○   8 독사, 독수리   9 신지   10 ③   11 예 미국 땅이 점점 커져 주가 생길 때마다 주를 나타내는 국기의 별이 하나씩 늘어났기 때문이다.   12 1949년   13 ②   14 (1) ○   15 ⑤   16 ④   17 예 가슴이 찢어질 듯이 심한 고통이나 슬픔을 느끼다.   18 ③, ④   19 타악기   20 (1) ○ (2) ○

1 '앉아서 하는 피구'는 공 하나로 교실에서 쉽게 즐길 수 있는 놀이입니다.

2 '앉아서 하는 피구'라는 놀이 이름과 놀이를 하기 전 준비할 내용, 경기하는 규칙을 소개하고 있습니다.

3 규칙은 피구와 같지만 앉은 자세로 하는 것이 특징입니다.

4 옆으로 이동해 공을 피하거나 무릎을 가슴에 붙여 앉은 자세로 뜀을 뛰어 공을 피할 수 있고, 공을 튀기거나 던져서 맞히면 맞은 사람은 밖으로 나가지 않습니다.

5 설탕단풍 나무는 캐나다처럼 추운 날씨에 잘 자랍니다.

6 캐나다 사람들은 국기에 빨간 단풍잎을 그려 넣었습니다.

7 캐나다에서 많이 자라는 설탕단풍 나무의 잎을 국기에 그려 넣은 것으로 보아, 국기에는 그 나라의 자연이 담겨 있다는 것을 생각할 수 있습니다.

8 독사와 독수리와 선인장이 나오는 아즈텍족의 전설이 담겨 있습니다.

9 독사와 독수리와 선인장이 나오는 아즈텍족의 전설이 국기에 담겨 있다고 했으므로 장훈과 민영이가 국기의 모습을 알맞게 말하였습니다.

10 미국 국기에는 줄이 열세 개, 별이 오십 개 있습니다.

11 미국 국기에서 별의 의미와 관련지어 설명해 봅니다.

채점 기준	
주가 생길 때마다 별이 늘어났기 때문이라는 내용을 쓴 경우	5점
미국의 주가 늘었기 때문이라는 내용만 쓴 경우	3점

12 그동안 무늬가 조금씩 달랐던 태극기는 1949년에 지금의 태극기 모습으로 정해졌습니다.

13 태극기의 태극 문양은 '조화로운 우주'를 뜻합니다.

14 책 내용을 친구들에게 직접 보여 주며 소개하고 있습니다.

15 ㉠은 책을 읽게 된 까닭, ㉡~㉣은 책 내용, ㉤은 인상 깊은 부분이 드러난 부분입니다.

16 아기별이 바닷가에 내려가지 못한 것은 너무 늦게 하늘 나라로 올라가 벌을 받았기 때문입니다.

17 글의 내용을 통해 낱말의 뜻을 짐작해 봅니다.

채점 기준	
심한 고통이나 슬픔을 느낀다는 내용과 비슷한 뜻으로 쓴 경우	5점
'아프다'와 같이 단순하게 한 낱말로 쓴 경우	2점

18 독서 감상문을 쓸 때에는 책 전체 내용을 다 써야 하는 것은 아니고, 책을 쓴 사람도 반드시 소개할 필요는 없습니다.

19 책에는 여러 가지 타악기가 나와 있다고 하였습니다.

20 글 ㉮는 책 내용, 글 ㉯는 책에서 인상 깊은 부분에 대해 썼습니다.

📝 서술형 평가
120쪽

1 1단계 설탕단풍 2단계 ⓐ 처음 국기에는 별이 열세 개였지만 지금 국기에는 별이 오십 개로 늘었다. 3단계 ⓐ 국기의 별은 미국의 주를 뜻하는 것으로, 미국이 처음 나라를 세울 때는 주가 열세 개였지만, 지금은 오십 개다.

2 ⓐ 바닷가에 핀 꽃 바위나리는 아기별을 기다리다가 점점 시들어 그만 바람이 세게 불어 바다로 날려 갔고, 아기별은 빛을 잃어 바위나리가 날려 간 그 바다로 떨어졌다.

3 (1) ⓐ 책을 읽게 된 까닭과 책 내용을 쓴다. (2) ⓐ 책에서 인상 깊은 부분이나 책을 읽은 뒤에 든 생각이나 느낌 등을 쓴다.

1 1단계 캐나다 국기에 무엇을 그려 넣었는지, 왜 그것을 그렸는지와 관련지어 생각해 봅니다.

2단계 글 ㉯를 잘 살펴봅니다.

채점 기준	
미국의 처음 국기와 현재 국기의 다른 점을 알고 알맞게 쓴 경우	4점

3단계 미국 국기에서 별이 무엇을 뜻하는지 알아봅니다.

채점 기준	
미국의 처음 국기와 현재 국기의 다른 점을 알고 그것의 의미를 알맞게 쓴 경우	6점
미국의 처음 국기와 현재 국기의 다른 점을 알고 그것의 의미를 썼으나 부족한 부분이 있는 경우	3점

2 글 ㉯의 내용을 정리해 봅니다.

채점 기준	
아기별을 기다리던 바위나리가 바람에 바다로 날려 갔다는 내용이 들어가게 쓴 경우	6점
아기별과 바위나리가 놀았다는 등의 내용으로 간단하게 쓴 경우	3점

3 독서 감상문이 무엇인지 그 특징을 생각하여 씁니다.

채점 기준	
독서 감상문의 특징을 알아 이 글에 나타난 특징과 이외에 더 써야 할 내용을 모두 쓴 경우	10점
이 글에 나타난 독서 감상문의 특징만 쓴 경우	5점

🤓 수행 평가

1 (1) 예 『아낌없이 주는 나무』 (2) 예 선생님께서 국어 시간에 간단히 소개해 주셨는데 재미있을 것 같아서 도서관에서 찾아 읽었다. (3) 예 소년과 그를 사랑하는 나무가 있었는데 소년은 사과를 따 먹고, 그네를 타며 놀았고, 청년이 되자 나무의 줄기와 가지를 잘라 멀리 떠났다. 노인이 된 소년은 다시 나무를 찾아왔고 나무는 소년을 위해 나무 밑동을 내 주었다. (4) 예 나무를 떠났던 소년이 늙어 다시 나무를 찾아와 편히 쉴 곳이 필요하다고 말하자 꼬부라진 밑동을 펴며 소년에게 쉴 자리를 내어 준 부분이다. (5) 예 아낌없이 주는 나무의 마음이 정말 착하다고 생각했고 나도 그런 친구가 있으면 좋겠다고 생각했다. 그리고 나도 누군가에게 아낌없이 베푸는 사람이 되고 싶다. **2** 예 얼마 전 도서관에서 『아낌없이 주는 나무』라는 책을 읽었다. 국어 시간에 선생님께서 간단히 소개해 주신 내용을 듣고 재미있을 것 같았기 때문이다. 이 책은 책 제목처럼 아낌없이 사랑을 베푸는 나무와 소년의 이야기이다. 소년과 나무는 서로 사랑했고 소년은 늘 나무 옆에서 사과도 따 먹고 그네도 타고 즐겁게 놀았다. 청년이 된 소년이 돈이 필요하다고 말하자 나무는 자신의 줄기와 가지를 베어 가라고 했고 소년은 떠났다. 시간이 많이 흘러 노인이 된 소년이 다시 나무를 찾아왔고 쉬고 싶다는 소년에게 나무는 마지막 남은 밑동을 내어 주며 쉴 자리를 만들어 주었다. 나는 나무가 소년에게 자신의 마지막 남은 나무 밑동을 내어 준 부분이 가장 기억에 남는다. 왜냐하면 나무의 아낌없이 주는 사랑과 베풂이 큰 감동을 주었기 때문이다. 이 책을 읽고 아낌없이 주는 나무의 마음이 정말 착하다고 생각했고 나도 그런 친구가 있으면 좋겠다고 생각했다. 그리고 나도 누군가에게 아낌없이 베푸는 사람이 되고 싶다.

1 자신이 읽은 책 중 기억에 남는 책을 떠올려 정리합니다.

채점 기준	
책을 읽게 된 까닭, 책 내용, 인상 깊은 부분, 책을 읽은 뒤에 든 생각이나 느낌 모두를 정리하여 쓴 경우	20점
각 요소 중 몇 가지만 쓴 경우	각 4점

2 독서 감상문의 특징이 잘 드러나게 독서 감상문을 써 봅니다.

채점 기준	
책을 읽게 된 까닭, 책 내용, 인상 깊은 부분, 책을 읽은 뒤에 든 생각이나 느낌 모두가 잘 드러나게 한 편의 독서 감상문을 쓴 경우	20점
몇 가지의 요소만 드러나게 독서 감상문을 쓴 경우	10점

---

8 글의 흐름을 생각해요

😊 개념 확인하기

1 다음 날 밤 **2** (1) ○ **3** 장소 변화 **4** (3) ✕

준비 😊

핵심내용 **❶** 시간

1 ③ **2** '커졌다 작아졌다' 마법 열매 **3** 세라 **4** ③
5 ① **6** (마침내) 베가 완성되었을 때 **7** ④ **8** ④, ⑤
9 ⑤ **10** (1) ○ **11** (1) 예 베틀에서 열심히 베를 짰음. (2) 예 할아버지는 베를 들고 쥐들을 찾아가 베와 마법 열매를 서로 바꾸었음.

1 발목까지밖에 오지 않던 화단 턱이 절벽처럼 높아 보일 만큼 할아버지의 몸이 작게 줄어들었습니다.

2 베짱이의 말에서 이야기 할아버지가 '커졌다 작아졌다' 마법 열매를 먹고 작아졌다는 것을 알 수 있습니다.

3 베짱이가 쥐들이 갖고 있는 '커졌다 작아졌다' 마법 열매를 한 알 더 먹어야 본래 크기로 돌아올 수 있다고 하였습니다.

4 '그날 밤', '다음 날 밤', '오늘 낮'과 같은 말이 시간을 직접 드러내는 표현입니다.

6 '(마침내) 베가 완성되었을 때'가 시간 흐름을 알 수 있게 해 주는 말입니다.

7 베짱이는 자기가 놀기만 하는 곤충이 아니라는 것을 동시든 이야기든 좋으니 글로 써 달라고 하였습니다.

❗ 오답 피하기
① 베짱이를 게으른 곤충 취급하는 것은 할아버지가 아니라 「개미와 베짱이」 이야기를 읽은 다른 사람들입니다.
② 놀기만 하는 곤충이 아니라는 글을 써 달라고 하였지 베짱이가 나온 글을 소개시켜 달라고 하지 않았습니다.
③ '커졌다 작아졌다' 마법 열매가 필요한 것은 할아버지입니다.
⑤ 「개미와 베짱이」 이야기에서 베짱이가 놀기만 해서 늘 게으른 곤충 취급 당하는 것이 속상하다고 하였습니다.

8 "너같이 솜씨 좋고 부지런한 베짱이더러 놀기만 하는 곤충이라니, ~"라고 말한 표현에서 알 수 있습니다.

9 할아버지가 본래 크기로 돌아가기 위해서는 쥐들이 갖고 있는 마법 열매를 먹어야 해서 베짱이가 짜 준 베와 마법 열매를 바꾸기 위해 쥐들을 찾아갔습니다.

11 이야기의 전체 내용을 시간 흐름에 맞게 정리해 씁니다.

채점 기준 (1)에는 베짱이가 한 일을, (2)에는 할아버지가 한 일을 정리해서 썼으면 정답으로 인정합니다.

126~134쪽

핵심내용 ❶ 차례   ❷ 매듭   ❸ 곤충관   ❹ 열대   ❺ 소품
❻ 시간

1 ④   **2** ②   **3** 차례   **4** ②   **5** ③   **6** 실 팔찌
7 소원 팔찌   **8** ④, ⑤   **9** ④, ⑤   **10** ②   **11** ④
12 네 번째   **13** ②   **14** ⑤   **15** (1) ○   **16** ④   **17**
②, ③, ④   **18** ⑤   **19** 세현, 자경   **20** ②   **21** 선
운사   **22** (1) 예 고인돌과 관련된 영화와 유물들을 보면
서 고인돌의 역사를 알았다.   (2) 예 물 위로 날아오르는 가
창오리들을 구경했다.   **23** 장소 변화   **24** ②   **25** (1)
○   **26** 곤충관   **27** ⑤   **28** ①   **29** 밤   **30** 열대
조류관, 큰물새장   **31** ②   **32** (1) ○   **33** (1) ② (2)
①   **34** ⑤   **35** ⑤   **36** ③   **37** ②, ④   **38** 시간,
장소   **39** (1) 중앙 광장 (2) 오후 한 시 (3) 예 소방관 체험
을 했다.   **40** (2) ○   **41** ㉡   **42** 예 아빠와 함께 떡볶
이를 만든 경험을 일 차례의 흐름으로 쓰고 싶다.

1 이 글은 세 가닥 땋기를 하는 방법을 설명하는 글입니다.
⑴ 오답 피하기
① 편지글이나 일기 등이 마음이 잘 드러난 글입니다.
② 전기문의 특징입니다.
③ 주장하는 글의 특징입니다.
⑤ 독서 감상문의 특징입니다.

2 세 가닥 땋기는 머리를 땋을 때 많이 쓰는 방법입니다.

3 '먼저, 두 번째, 세 번째'는 차례를 나타내는 말입니다.

4 실 세 가닥을 나란히 펴고, 왼쪽 빨간색 실을 가운데 실 위
로 올린 다음, 오른쪽 노란색 실을 가운데로 온 실 위에 올
립니다. 이와 같은 방법을 계속 반복하면 실이 땋아집니다.

5 실을 땋는 동안 실이 풀어지지 않도록 실 세 가닥을 단단
히 잡아야 합니다.

6 이 글은 실 팔찌를 만드는 방법을 알려 주는 글입니다.

7 팔목에 차다가 자연스럽게 닳아서 끊어지면 소원이 이루
어진다는 이야기가 있어서 '소원 팔찌'라고도 합니다.

8 실 팔찌를 만들기 위해서는 서로 다른 색깔 털실 세 줄, 셀
로판테이프만 있으면 됩니다.

9 '첫 번째', '두 번째'가 차례를 나타내는 말입니다.

10 실은 손목 둘레보다 서너 배 정도 길게 자릅니다.
⑴ 오답 피하기
① 굵을수록 엮기 쉬우므로 굵은 실을 준비합니다.

③ 셀로판테이프로 매듭 위쪽을 책상에 붙이면 실이 움직이거나
꼬이지 않게 고정하는 역할을 합니다.
④, ⑤ 실 세 가닥을 한꺼번에 잡아 만든 작은 원 쪽으로 짧은 쪽 실
세 가닥을 집어넣고 당기면 쉽게 매듭을 만들 수 있습니다.

11 실 세 가닥을 잡고 세 가닥 땋기를 할 때에는 손목 둘레의
두세 배 정도 길이로 땋는 것이 좋습니다.

12 앞 문단에서 '세 번째'라는 차례를 나타내는 말이 쓰였으므
로 ㉠에는 '네 번째'라는 차례를 나타내는 말이 들어가는
것이 알맞습니다.

13 '연결하다'는 '둘 이상의 사물이 서로 이어지거나 관계를 맺
다.'라는 뜻으로, '잇다'와 바꾸어 쓸 수 있는 낱말입니다.

14 서로 다른 색깔 실 세 가닥으로 매듭을 짓고, 매듭 위쪽을
셀로판테이프로 고정시키고, 세 가닥 땋기를 하여 끝 쪽에
매듭을 짓고 양쪽 끝을 연결합니다.

15 실 팔찌 만드는 방법과 같이 차례가 있어서 그 차례를 반
드시 지켜야 하는 경우에는 일 차례에 주의하며 읽고 중요
한 내용을 간추려야 합니다.

16 이 글은 주로 감기약을 먹는 방법에 대해 알려 주고 있습
니다.

17 감기약을 먹는 방법과 감기약을 먹을 때 주의할 점을 알려
주고 있고, 차례가 정해져 있지는 않습니다.
⑴ 오답 피하기
①, ⑤는 「실 팔찌 만들기」와 같은 글의 특징에 해당합니다.

18 감기약을 먹는 시간을 놓쳤다고 다음에 두 배로 먹으면 안
되고 정해진 양만큼만 먹어야 합니다.

19 중간에 마음대로 감기약을 먹지 않으면 감기가 더 심해지
거나 나중에 감기약을 먹어도 낫지 않을 수 있으므로 끝까
지 먹어야 합니다.

20 이 글은 가족과 함께 주말여행을 한 뒤에 쓴 글입니다.

21 맨 처음 고인돌 박물관을 갔다가 동림 저수지, 마지막으로
선운사에 갔습니다.

22 고인돌 박물관과 동림 저수지에서 한 일을 정리해 씁니다.
채점 기준 각 장소에서 한 일을 잘 간추려 썼으면 정답으로 인정
합니다.

23 이 글은 장소 변화와 각 장소에서 한 일에 주의하며 간추
려야 합니다.

24 '나'는 과학 관찰 보고서를 쓰려고 동물원에 갔습니다.

25 '내' 보고서 주제는 '날개가 있는 동물'로, 동물원의 많은 동물 중 날개가 있는 동물을 찾아 관찰하였습니다.

26 동물원 입구를 지나 가장 먼저 간 곳은 '곤충관'이었다고 하였습니다.

27 곤충관에서 가장 관심이 갔던 곤충은 톱사슴벌레입니다.

28 원래 밤에 활동하는 곤충이지만 참나무 수액을 먹으려고 낮에도 돌아다닌다고 하였습니다.

29 곤충관 바로 옆에 있는 야행관은 주로 밤에 활동하는 동물들이 있는 곳입니다.

30 '나'는 곤충관에 이어서 야행관, 열대 조류관, 큰물새장을 차례대로 방문했습니다.

31 붉은 눈과 앞뒤로 자유롭게 움직이는 목이 신기하다고 했습니다.

32 열대 조류관은 따뜻한 지역에 사는 새들이 사는 곳입니다.

33 키가 더 크고 머리가 붉은색이고 목과 다리가 까만색인 새가 두루미, 다리가 붉은색인 새가 황새입니다.

34 직업 체험 학습을 하러 직업 체험관에 다녀온 뒤에 쓴 글입니다.

35 민기가 집안 어른들께 선물로 드릴 만한 물건을 만들고 싶다는 의견을 내서 소품 설계관을 첫 번째 체험 활동 장소로 정했습니다.

36 '나'는 할아버지께 드릴 손수건을 만들었습니다.

37 '열 시', '열한 시'와 같이 시간을 직접 드러낸 표현이 시간 흐름을 알 수 있는 부분입니다.

❶ 오답 피하기
㉠, ㉢, ㉣은 장소 변화를 알 수 있는 표현입니다.

38 이 글은 '열 시', '열한 시'와 같은 표현으로 시간 흐름과 '학교', '직업 체험관' 등과 같은 표현으로 장소 변화가 잘 드러나 있습니다.

39 열두 시에 어디에서 무엇을 했는지, 소방서 체험으로는 무엇을 했는지 정리하여 써 봅니다.

40 체험해 보니 적성에도 잘 맞고 보람도 있어서 미래에 소방관이 되어도 좋겠다고 생각했습니다.

41 선생님 말씀을 들으며 직업의 세계에 관심을 두어야겠다고 생각했습니다.

42 자신의 경험을 떠올려 그에 어울리는 글의 흐름을 생각하여 써 봅니다.

채점 기준 자신의 경험을 떠올려 알맞은 글의 흐름을 썼으면 정답으로 인정합니다.

실천 ☺   135~136쪽

핵심내용 ❶ 일   ❷ 장소

1 (1) ○   **2** (1) 일 차례   (2) 시간 차례   **3** 닥나무 껍질
4 ②, ④   **5** 조선 (태종 때)   **6** (3) ○   **7** ③   **8** ㉮
9 (1) ㉔ 우리 지역의 국가유산에 대해 소개하고 싶다. (2) 장소 변화

1 글 **㉮**는 괴산 특산물인 한지를 만드는 방법을, 글 **㉯**는 '괴산'이라는 이름의 변화 과정을 다른 지역 사람들에게 소개하기 위해 쓴 글입니다.

2 지역 특산물을 소개하는 글인 **㉮**는 일 차례대로, 지역 이름의 변화를 소개하는 글인 **㉯**는 시간 차례대로 정리하는 것이 알맞습니다.

3 한지는 닥나무 껍질로 만든 우리 종이입니다.

4 괴산에서 만든 한지는 질기고 보관하기 좋아 외국으로 많이 수출합니다.

5 조선 태종 때부터 지금 이름인 '괴산'이라는 지명으로 불렸습니다.

6 옛길을 안내하는 글인 **㉰**는 장소 변화의 흐름으로 쓰였습니다.

7 산골 마을인 산막이 마을에 도착하면 산막이 옛길이 끝납니다. 괴산호는 산막이 옛길의 오르막을 걷다 보면 나오는 소나무 동산에서 바라볼 수 있습니다.

❶ 오답 피하기
①, ⑤ 사오랑 마을에서 산골 마을인 산막이 마을까지 연결되는 10리(약 4킬로미터)에 걸친 옛길을 산책로로 만든 것이 지금의 산막이 옛길입니다.
②, ④ 주차장을 지나 오르막을 걷다 보면 40년이 넘는 소나무 숲과 아름다운 풍경을 볼 수 있습니다.

8 주차장을 지나 오르막을 걷다 보면 차돌 바위 나루를 지나 소나무 동산에 이릅니다. 그리고 호랑이 굴 앞을 지나 호수 전망대, 고공 전망대로 갈 수 있습니다.

9 우리 지역의 소개할 만한 자랑거리를 떠올려 봅니다.

채점 기준 우리 지역의 소개하고 싶은 자랑거리와 그에 맞는 글의 흐름을 썼으면 정답으로 인정합니다.

핵심내용 ❶ 먼저

1 (1) 술래잡기 (2) 소화기　　**2** ①　　**3** (1) 두 번째 (2) 세 번째　　**4** ④　　**5** 꽃의 거리　　**6** ②　　**7** 혼자서 청사 밖을 거닐었다.　　**8** (1) ○ (3) ○　　**9** ①, ③

2 글 **가**, **나** 모두 일 차례에 따라 쓰여진 글이므로 일 차례에 주의하며 내용을 정리해야 합니다.

3 앞뒤의 차례를 드러내는 말이 '첫 번째'와 '마지막으로'이므로 중간인 ㉠, ㉡에는 '두 번째', '세 번째'가 들어가는 것이 알맞습니다.

4 차례를 나타내는 말을 살펴보면 '먼저', '두 번째', '세 번째', '끝으로'의 순서로 정리하는 것이 알맞습니다.

5 환이는 아빠와 함께 보행자 광장인 '꽃의 거리'에서 쿠리치바 시청으로 가서 시청 청사에 도착했습니다.

6 아빠와 함께 보행자 광장인 '꽃의 거리'로 가서 신나게 걸었습니다.

7 아빠가 볼일을 마칠 때까지 환이는 혼자서 청사 밖을 거닐며 조각상들과 벽화를 구경했습니다.

8 쿠리치바 사람들은 오래된 건물을 부수기보다는 아름답고 쓸모 있는 건물로 되살리려고 애씁니다.

9 '이튿날 아침', '오후에'가 시간을 나타내는 말입니다.

➕ **단원 어휘 다지기**　　　　　　　　139쪽

1 (1) 기원 (2) 멸종 (3) 둘레 (4) 매듭　　**2** (2) ○　　**3** ②
4 (1) 야외, 실내 (2) 출발해, 도착했다　　**5** 수출　　**6** (1) 눈길 (2) 산골

1 '보답'은 남의 친절한 마음이나 은혜를 갚는 것을, '발굴'은 땅속이나 흙, 돌 더미 따위에 묻혀 있는 것을 찾아서 파내는 것을, '땋기'는 머리털이나 실 따위를 둘 이상의 가닥으로 갈라서 어긋나게 엮어 한 가닥으로 하는 것을 뜻합니다.

2 이 문장에서 '기가 막히다(기막히다)'는 어떻다고 말할 수 없을 만큼 좋거나 정도가 높다는 뜻입니다.

3 '벌', '나비', '메뚜기'는 모두 곤충에 속하는 동물이므로 빈칸에 들어갈 포함하는 말로 알맞은 것은 '곤충'입니다.

4 (1) '야외'는 집이나 건물의 밖을, '실내'는 방이나 건물의 안을 뜻합니다. (2) '출발하다'는 '목적지를 향하여 나아가다.', '도착하다'는 '목적한 곳에 다다르다.'라는 뜻입니다.

5 질기고 보관하기 좋은 한지를 외국으로 팔아 내보냈다는 의미이므로 '수출'로 바꾸어 써야 합니다. '수입'은 다른 나라로부터 상품이나 기술을 우리나라로 사들이는 것을 뜻합니다.

6 '눈길'과 '산골'은 [눈낄], [산꼴]로 소리 나지만 글로 적을 때는 '눈길', '산골'로 적어야 합니다.

💡 **단원 평가**　　　　　　　　140~142쪽

1 '커졌다 작아졌다' 마법 열매　　**2** ⑤　　**3** 베짱이가 너무도 빠르게 베 한 필을 짜 내었을 뿐 아니라, 솜씨 또한 기가 막혔기 때문에　　**4** 예 할아버지는 쥐들을 찾아가서 베짱이가 준 베와 '커졌다 작아졌다' 마법 열매를 바꾸었다.　　**5** 세 가닥 땋기　　**6** 두 번째　　**7** (1) 2 (2) 1 (3) 3　　**8** 영주　　**9** ②　　**10** (1) ○　　**11** ④　　**12** (2) ○　　**13** ②, ⑤　　**14** (3) ○　　**15** ②　　**16** ①, ③　　**17** 예 수리부엉이는 몸길이가 70센티미터나 될 정도로 큰 새이다. 눈이 붉고 목이 앞뒤로 자유롭게 움직이며, 멸종 위기 동물이다.　　**18** (1) 소품 설계관 (2) 열한 시 (3) 소방서　　**19** (1) ② (2) ① (3) ③　　**20** ②, ⑤

2 베짱이는 할아버지께 완성된 베를 가지고 쥐들에게 가서 마법 열매와 바꾸자고 하라고 하였습니다.

3 할아버지는 베짱이가 너무도 빠르게 베 한 필을 짜 내었을 뿐 아니라, 솜씨 또한 기가 막혀 감탄하였습니다.

4 글 **나**와 글 **다** 사이에 어떤 사건이 일어났을지 짐작해 써 봅니다.

채점 기준	
할아버지가 쥐들의 마법 열매와 베를 바꿨다는 내용을 쓴 경우	5점
할아버지가 쥐들을 찾아갔다는 내용만 쓴 경우	3점

6 '첫 번째', '두 번째' 같은 표현이 차례를 나타내는 말입니다.

7 첫 번째 실 세 가닥을 나란히 펴고(2), 왼쪽 빨간색 실을 가운데 파란색 실 위로 올리고(1), 오른쪽 노란색 실을 가운데로 온 실 위에 올립니다(3).

8 어떤 일을 하는 방법을 알려 주는 글로, 감기약을 먹는 방법을 알려 줄 때 차례가 정해져 있지는 않습니다.

9 감기약을 먹을 때에는 물과 함께 먹어야 하고, 우유나 녹차, 주스와 같은 다른 음료나 밥이나 빵을 같이 먹어서도 안 됩니다.

10 글 **가**는 술래잡기하는 방법, 글 **나**는 소화기 사용 방법을 알려 주는 글입니다.

11 '먼저', '첫 번째', '두 번째', '끝으로', '마지막으로'와 같은 표현이 차례를 나타내는 표현입니다.

12 이 글은 장소 변화에 따라 사건이 달라지는 글이므로, 장소 변화에 따라 글을 간추리는 것이 좋습니다.

13 고창 관광지인 '고인돌 박물관'과 '선운사'를 방문했습니다.

14 맨 처음 도착한 관광지는 고인돌 박물관이며, 그곳에서 고인돌 영화와 고인돌 관련 여러 유물을 봤습니다.

15 '내' 보고서 주제는 '날개가 있는 동물'입니다.

16 '고니'와 '두루미'는 '큰물새장'에서 본 동물입니다.

17 '야행관'에서 특히 인상 깊게 본 것을 중심으로 내용을 간추려 봅니다.

채점 기준	
관찰한 내용을 잘 정리하여 쓴 경우	5점
중심이 되는 내용을 제대로 간추려 쓰지 못한 경우	2점

18 열 시와 열한 시, 오후 한 시에 어디에서 체험을 했는지 살펴봅니다.

19 소품 설계관에서는 디자이너 체험을, 제빵 학원에서는 제빵사 체험을, 소방서에서는 소방관 체험을 했습니다.

20 소방관 체험 활동으로 소방관 복장을 하고, 소방차를 타고 출동하고, 불이 난 곳에 물도 뿌렸습니다.

📝 서술형 평가
143쪽

1 1단계 (1) 매듭 (2) 셀로판테이프 (3) 세 가닥 땋기 2단계 ⑩ 감기약은 끝까지 먹는 게 좋다. / ⑩ 감기약은 물과 함께 먹어야 한다. 3단계 (1) ⑩ 일을 하는 방법을 알려 준다. (2) ⑩ 차례가 정해져 있다. (3) ⑩ 차례가 정해져 있지 않다.
2 (1) 열대 조류관 (2) ⑩ 왕관앵무, 장미앵무, 회색앵무와 같이 색과 크기도 다양한 앵무새를 관찰했다.

1 1단계 '첫 번째', '두 번째', '세 번째'에서 일하는 방법을 각각 정리해 씁니다.

2 2단계 각 문단에서 감기약 먹는 방법을 잘 정리해 씁니다.

채점 기준	
감기약 먹는 방법 두 가지를 모두 쓴 경우	6점
감기약 먹는 방법을 한 가지만 쓴 경우	3점

3 3단계 글 **가**와 **나**에서 무엇을 설명하고 있는지 알아보고, 두 글에는 어떤 차이가 있는지 생각해 봅니다.

채점 기준	
두 글의 비슷한 점과 다른 점을 모두 잘 쓴 경우	12점
두 글의 비슷한 점이나 다른 점 어느 하나만 잘 쓴 경우	6점

2 어디에서 무엇을 관찰했는지 정리해 씁니다.

채점 기준	
장소와 관찰한 내용 모두를 잘 간추려 쓴 경우	8점
장소는 썼으나, 관찰한 내용을 잘 간추려 쓰지 못한 경우	3점

😎 수행 평가
144쪽

1 ⑩ 할아버지가 '커졌다 작아졌다' 마법 열매를 먹고 작아져서, 다시 커지기 위해 베짱이가 짜 준 베를 가지고 쥐들을 찾아갔다. 할아버지는 쥐들에게 '커졌다 작아졌다' 마법 열매와 베를 바꾸자고 하였고, 쥐들에게서 받은 마법 열매를 먹고 본래 크기로 돌아왔다. **2** ⑩ 베짱베짱 솜씨 좋은 베짱이 / 쉬지 않고 부지런히 / 훌륭하게 베 한 필을 짜 내어요. / 놀기만 하는 베짱이는 틀린 말이죠. // 베짱베짱 맘씨 좋은 베짱이 / 할아버지를 돕기 위해 / 아름답게 베 한 필을 짜 내어요. / 맘씨 또한 곱기도 하죠.

1 작아진 할아버지가 다시 본래 크기로 돌아오기까지의 내용을 정리해 씁니다.

채점 기준	
할아버지가 작아진 까닭, 베짱이가 도움을 준 내용, 열매를 먹고 다시 커진 내용이 모두 들어가게 정리하여 쓴 경우	20점
할아버지가 작아졌다가 본래 크기로 커졌다는 내용으로 간략하게 쓴 경우	10점

2 시의 형식에 맞게 베짱이를 칭찬하는 내용의 시를 씁니다.

채점 기준	
시의 형식에 맞게 베짱이를 칭찬하는 내용으로 한 편의 시를 쓴 경우	20점
베짱이를 칭찬하는 내용으로 썼으나, 시의 형식에 다소 맞지 않는 경우	10점

9 작품 속 인물이 되어

😊 개념 확인하기   145쪽

1 (2) ◯   **2** 성격   **3** ㉣   **4** 가운데

준비 😊   146~149쪽

핵심내용 ❶ 용기

1 (2) ✕   **2** ④   **3** ①, ⑤   **4** ⑤   **5** 쿠부   **6** ④
7 예 비웃는 표정   **8** 수아   **9** ④   **10** ②   **11** ㉣
12 (1) ◯   **13** ②   **14** ⑤   **15** ③   **16** ①   **17** ⑤

---

1 무툴라는 산토끼로, 코로로 언덕의 굴속에서 삽니다.

2 무툴라는 코가 따끔거려서 잠에서 깼습니다.

3 투루는 다른 사람이 하는 말을 잘 듣지 않았고 거만하고 남을 무시하는 태도로 무툴라에게 말했습니다.

4 투루는 무툴라를 무시하고 거만하게 구는 모습을 보이므로 크고 거만한 말투가 어울립니다.

5 무툴라는 눈을 반쯤 감고 물속에 잠겨 있는 하마 쿠부를 찾아냈습니다.

6 무툴라의 말 중 "그럼 내가 얼마나 힘이 센지 알게 될 거야!", "난 줄다리기를 하면 널 언제든 이길 수 있어!"는 자신감이 있는 목소리로 말합니다.

7 ㉠은 가소롭다는 듯이 웃으며 읽으면 좋습니다. 다른 사람을 무시하고 비웃을 때 어떤 표정을 짓는지 생각해 봅니다.

8 무툴라는 쿠부가 자신을 무시하는데도 주눅들지 않고 당당하게 말하고 있습니다.

9 무툴라는 줄다리기를 하려고 무지무지 튼튼한 밧줄을 열심히 만들었습니다.

10 밧줄을 잡으라고 말하고 있으므로, ②의 몸짓이 어울립니다.

11 ㉡을 읽을 때에는 웃음이 나오려는 것을 억지로 참고 읽는 것이 알맞습니다.

❗ 오답 피하기
글에서 무툴라는 쿠부가 투루와 줄다리기를 하게 될 것을 속이고, 자신과 줄다리기를 하는 것처럼 시치미를 떼며 말하고 있습니다.

12 무툴라가 가져온 밧줄의 양끝은 각각 투루와 쿠부가 잡고 있습니다.

13 덤불숲에 숨어 투루와 쿠부가 줄다리기를 하게 만든 행동에서 꾀가 많은 인물임을 짐작할 수 있습니다.

14 휘파람 신호에 맞추어 양쪽 끝에서 투루와 쿠부가 밧줄을 잡아당기기 시작했습니다.

15 무툴라와 줄다리기를 한다고 생각한 투루와 쿠부는 지고 싶지 않아서 줄다리기를 그만두지 않았습니다.

16 무툴라에게 속아 해가 질 때까지 줄다리기를 하는 투루와 쿠부의 행동에서 어리석음을 느낄 수 있습니다.

17 자신의 꾀에 넘어가 열심히 줄다리기를 하는 투루와 쿠부의 모습을 보고 고소한 마음이 들었을 것입니다.

기본 😊   150~153쪽

핵심내용 ❶ 간절한

1 ④   **2** ①, ②   **3** ⑤   **4** ⑤   **5** ①   **6** (1) ◯
7 ③, ⑤   **8** 예 호랑이를 구해 준 것을 후회했을 것이다. / 말을 바꾸는 호랑이가 미웠을 것이다.   **9** ④   **10** (1) ㉣
(2) ㉮   **11** ④   **12** ②   **13** 토끼   **14** ④   **15** ②
16 ③

---

1 두 사냥꾼은 목이 말라 근처에 샘이 있는지 찾아보려고 아래로 내려갔습니다.

2 호랑이는 궤짝 속에 갇혀 있고 배가 몹시 고픈 상황입니다.

3 호랑이가 처한 상황으로 미루어 배가 고프고 궤짝 안에 갇혀서 답답하고 힘들어하는 말투가 어울립니다.

4 궤짝 문을 열어 보려고 여러 번 시도해 보았지만 실패하여 실망스러울 것입니다.

5 호랑이가 살려 달라고 사정을 하고 있으므로, 간절한 말투가 어울립니다.

6 호랑이는 궤짝 문을 열어 주는 대신 나그네를 잡아먹지 않겠다는 약속을 꼭 지키겠다고 했습니다.

7 ①, ②, ④는 이 글에 나타난 나그네의 성격입니다.

8 호랑이는 자신을 구해 주면 은혜를 잊지 않겠다고 했으나 나그네가 문을 열자 뛰쳐나와 나그네를 잡아먹으려고 했습니다. 그런 호랑이에게 어떤 마음이 들지 써 봅니다.

9 소나무와 길은 호랑이가 옳다고 했습니다.

10 소나무는 맑은 공기를 마시게 해 주는데도 사람들은 자신을 마구 꺾고 베어 버린다는 까닭, 길은 날마다 자신을 밟고 다니면서도 고맙다는 말 한마디를 하지 않는다는 까닭을 들어 사람을 잡아먹어도 된다고 했습니다.

11 나그네는 소나무와 길이 자신에게 불리한 이야기를 하여 실망스럽고 기운이 빠질 것입니다.

12 ㉡에는 자신 없어 하는 마음이 드러나 있으므로, 기죽고 시무룩한 표정이 어울립니다.

13 토끼가 지나가자 나그네는 마지막으로 토끼를 불러 재판을 해 달라고 했습니다.

14 호랑이는 토끼가 말을 이해하지 못해서 답답했습니다.

15 꾀를 내어 나그네를 도와주는 장면에서 꾀가 많고 지혜로운 인물임을 알 수 있습니다.

16 토끼에게 고마워하며 하는 말로, 가려는 토끼를 쫓아가며 말하는 상황이 어울립니다.

기본/실천 😊   154쪽

1 (1) ⑩ 호랑이가 나그네에게 궤짝 문을 열어 달라고 부탁하는 장면 (2) ⑩ 호랑이 머리띠, 나그네 머리띠, 궤짝, 나무
2 ⑩ 나그네   **3** ①, ④, ⑤   **4** ④   **5** (1) 3 (2) 2 (3) 1
6 ④   **7** 진지한   **8** ②

1 극본에 나오는 여러 가지 장면 중 연극 발표회를 하고 싶은 부분을 골라, 인물 머리띠나 꼭 필요한 소품은 무엇인지 적어 봅니다.

2 「토끼의 재판」에 나오는 인물에는 사냥꾼 1과 2, 호랑이, 나그네, 소나무, 길, 토끼가 있습니다.

---

3 없는 소품을 그림으로 그리거나 있다고 생각하고 표현해도 되고, 모든 소품을 실제 물건으로 준비할 필요는 없습니다.

4 ④는 연극 준비하기에서 공연할 장면을 정하고 준비할 때 할 일입니다.

5 소리 내어 자신이 맡은 인물에 알맞은 표정, 몸짓, 말투를 연습한 다음 상대와 맞추어 연습하고 친구들과 함께 전체 장면을 연습합니다.

6 연극 중간에는 떠들거나 다른 소리를 내지 않도록 합니다.

7 연극을 하는데 장난을 치거나 다른 친구와 떠들면서 보면 연극하는 친구는 실망스럽고 열심히 하고 싶지 않을 것입니다.

8 연극 발표를 할 때에는 인물의 마음이 잘 드러나는 표정으로 표현합니다.

국어활동 😊   155~156쪽

1 ⑤   **2** ④   **3** (2) ○   **4** ③   **5** ①, ②   **6** (2) ○
7 먼 곳에 사는 토끼들에게 가야 해서   **8** ④

1 마을 사람은 집에 먹을 것이 하나도 없어 개구리라도 구워 먹으려고 한다고 했습니다.

2 '개구리가 불쌍한 생각이 들어.'라는 말과 마을 사람에게서 개구리를 구하려고 비싼 쌀과 바꾸는 행동을 통해 생명을 소중히 여기고 인정이 많은 성격임을 알 수 있습니다.

3 ㉠에는 농부에 대한 개구리의 고마운 마음이 담겨 있습니다.

4 아내가 한 말을 통해 바가지로 물을 뜨고 나면 바가지에 물 대신 쌀이 가득해진다는 것을 알 수 있습니다.

5 눈은 자기가 최고라고 생각하고, 세상 모두가 자기를 좋아한다고 믿었습니다.

6 눈이 세상에 내려오는 일이 신나서 한 말이므로 (2)의 표정이 어울립니다.

7 땅속에서 막 나온 홍당무들은 먼 곳에 살고 있는 토끼들에게 가야 하는데 눈이 너무 많이 와서 걱정했습니다.

8 인물이 처한 상황을 떠올려 보고, 알맞은 말투를 생각해 봅니다.

➕ 단원 어휘 다지기　157쪽

1 (1) ㉰　(2) ㉱　(3) ㉯　(4) ㉮　**2** 질겅질겅, 탁탁　**3** (1) 너머　(2) 넘어　**4** (1) 대단히　(2) 주의　**5** ③　**6** (1) 일어나려고　(2) 챙기려고　(3) 가려고　(4) 먹으려고

1 (1)은 '덤비다', (2)는 '애걸복걸하다', (3)은 '팽개치다', (4)는 '버티다'의 뜻입니다.

2 '질겅질겅'은 질긴 물건을 거칠게 자꾸 씹는 모양을, '탁탁'은 침을 잇따라 뱉는 소리나 모양을 흉내 내는 말입니다.

3 '산 너머'는 산 뒤에 있는 공간을 뜻하고, '산을 넘어'는 산 위를 지나간다는 뜻입니다. '너머'는 '저쪽'이라는 공간을 나타낼 때 쓰고, '넘어'는 넘는 동작을 나타낼 때 씁니다.

4 '무지무지'는 '몹시 놀랄 만큼 대단히'라는 뜻이고, '경고'는 조심하거나 삼가라고 미리 주의를 주는 것을 뜻합니다.

5 '귀(를) 기울이다'는 '남의 이야기나 의견에 관심을 가지고 주의 깊게 듣다.'라는 뜻을 가진 관용어입니다.

6 'ㄹ'이 붙지 않는 '일어나려고', '챙기려고', '가려고', '먹으려고'가 바른 표기입니다.

💡 단원 평가　158~160쪽

1 ⑤　**2** 투루　**3** ⑩ 다른 사람의 말을 듣지 않는다. / 남을 무시한다.　**4** ⑩ 기분이 상했을 것이다.　**5** 무툴라　**6** ⑤　**7** ①　**8** 나그네　**9** ①　**10** ⑤　**11** (1) ⑩ 나그네님은 왜 호랑이를 도와주었나요?　(2) ⑩ 호랑이가 불쌍해 보였고, 당연히 약속을 지킬 줄 알았어요.　**12** 극본　**13** ④　**14** ③　**15** ③　**16** 나그네　**17** ②, ⑤　**18** 민주　**19** ㉡　**20** ⑩ 집중해서 본다.

1 「해와 달이 된 오누이」에는 호랑이, 어머니, 오빠, 동생이 나옵니다.

2 코로로 언덕 아래로 내려간 무툴라는 코끼리 투루를 만났습니다.

3 인물의 말과 행동에서 인물의 성격을 짐작할 수 있습니다.

채점 기준	
예시 답의 내용으로 답을 쓴 경우	5점

4 거만하게 구는 투루의 말과 행동에 기분이 상했을 것입니다.

5 '꼬맹이'라는 말 속에는 작고 힘없는 무툴라를 무시하고 있는 마음이 담겨 있습니다.

6 쿠부가 무툴라를 무시하고 거만하게 굴며 하는 말이므로, 고개를 뒤로 젖히고 큰 목소리로 거들먹거리며 읽는 게 어울립니다.

7 무툴라는 용기가 있고 자신감이 있는 성격으로, 몸집이 큰 쿠부 앞에서도 주눅들지 않고 당당하고 자신 있게 말하고 있습니다.

8 극본의 내용으로 보아, 나그네가 궤짝 문을 열어 주었음을 알 수 있습니다.

9 도와준 은혜를 모르고 호랑이가 잡아먹으려고 하므로 당황스럽고 억울한 마음이 들 것입니다.

10 나그네가 궤짝 문을 열자 호랑이는 은혜를 잊지 않겠다는 약속과 달리 나그네를 잡아먹으려고 했습니다.

11 극본의 내용과 관련지어 궁금한 점을 질문하고, 자신이 극본에 나오는 인물이라고 생각하고 대답해 봅니다.

채점 기준	
질문과 대답이 적절한 경우	5점
둘 중 한 가지만 적절한 경우	2점

12 극본은 무대에서 공연을 하기 위해 쓴 글입니다.

13 아내의 말에는 실망한 마음이 담겨 있으므로, 실망스러운 말투가 어울립니다.

14 호랑이는 토끼가 말귀를 못 알아듣는다고 답답해하며 화를 내고 있습니다.

15 호랑이가 답답해하며 화를 내고 있으므로, 답답한 표정으로 가슴을 치며 큰 소리로 읽는 것이 어울립니다.

16 꾀를 내 호랑이를 다시 궤짝 속으로 들어가게 한 후 문고리를 잠근 모습에서 나그네를 돕고 있음을 알 수 있습니다.

17 토끼는 호랑이가 자신의 꾀에 속아 다시 궤짝 속에 갇혔기 때문에, 죄 없는 나그네를 구할 수 있었기 때문에 기분이 좋고 통쾌한 마음이 들었습니다.

18 소품은 평소 사용하는 물건이나 재활용품으로 간단히 준비합니다. 또 없는 소품은 그림으로 그리거나 있다고 생각하고 표현해도 됩니다.

19 무대 위 인물은 무대 중앙에서 관람석을 향해 서서 큰 소리로 말합니다.

20 연극을 관람할 때 주의할 점에는 어떤 것이 있을지 생각해 봅니다.

📒 서술형 평가
161쪽

1 **1**단계 예 자신감 / 용기 **2**단계 예 "난 줄다리기를 하면 널 언제든 이길 수 있어!" **3**단계 예 이야기 속 인물이 어떤 말과 행동을 했을 때, 그렇게 한 까닭을 찾아본다.

2 예 호랑이의 부탁을 무시하지 못하는 행동으로 보아, 남을 걱정하고 잘 돕는 성격이다.

3 예 친절하고 상냥한 말투 / 느리고 너그러운 말투 / 다정하고 따뜻한 말투

1 **1**단계 무툴라가 한 말을 통해 무툴라의 성격을 알 수 있습니다.

2단계 무툴라는 자신감이 있고, 용기가 있는 성격입니다.

채점 기준	
무툴라의 성격을 알 수 있는 말을 알맞게 쓴 경우	4점

3단계 이야기 속 인물의 성격을 짐작하는 방법을 생각해 봅니다.

채점 기준	
이야기 속 인물의 성격을 짐작하는 방법을 쓴 경우	5점

2 나그네는 거절을 잘 못하고 남을 잘 믿으며, 남의 어려움을 그냥 지나치지 않는 인정이 많은 성격이기도 합니다.

채점 기준	
조건 에 맞게 답을 쓴 경우	5점
내용은 알맞으나 조건 에 맞지 않는 경우	3점

3 상황과 인물의 성격에 어울리게 목소리의 크기를 조절하며 읽는 것이 좋습니다.

채점 기준	
인물의 성격과 상황에 알맞은 말투를 쓴 경우	4점
답으로 쓴 내용에 부족한 점이 있는 경우	2점

😎 수행 평가
162쪽

1 (1) 예 재활용품에서 큰 상자를 찾아 나무 그림을 그리고 오려서 세운다. (2) 예 호랑이의 얼굴을 그린 머리띠를 준비한다. **2** (1) 예 사냥꾼 1 (2) 예 "여보게, 목이 마른데 근처에 샘이 없을까?" (3) 예 주위를 두리번거리는 몸짓과, 지친 표정과 말투

1 소품이 있으면 연극에 훨씬 몰입하게 됩니다. 그러나 소품 제작에 너무 큰 노력이나 부담을 갖지 않도록 해야 합니다.

채점 기준	
각 소품을 준비할 방법으로 알맞은 내용을 쓴 경우	6점
둘 중 한 가지만 적절하게 쓴 경우	3점

2 맡고 싶은 역할을 정하고, 발표회를 한다고 생각하고 인물이 한 말을 골라 알맞은 표정, 몸짓, 말투를 생각해 봅니다.

채점 기준	
(1)~(3)을 모두 알맞게 쓴 경우	9점
(1)~(3) 중 두 가지만 알맞게 쓴 경우	6점
(1)~(3) 중 한 가지만 알맞게 쓴 경우	3점

1 작품을 보고 느낌을 나누어요

✍ 쪽지 시험

1 (1) ○ (2) ○ **2** (1) ① ○ (2) ① ○ **3** (1) ③ (2)
① (3) ② **4** (1) 섭섭한 (2) 화난 (3) 놀란 **5** (1) ① ○
(2) ② ○

1 표정, 몸짓, 말투에 주의하며 말하면 듣는 사람에게 자신의 마음을 더 잘 전할 수 있고, 자신의 생각을 더 생생하게 전달할 수 있습니다.

2 (1)은 친구가 문을 잡아 준 상황이고, (2)는 친구의 우유를 엎지른 상황입니다.

3 (1)은 놀라움과 호기심을 느낀 장면, (2)는 죄송한 마음이 든 장면, (3)은 궁으로 가게 된 것을 기뻐하는 장면입니다.

5 부벨라가 지렁이에게 인사할 때에는 땅에 있는 작은 지렁이를 보려고 쪼그리고 앉는 몸짓이 어울리고, 정원사가 아픈 허리를 펼 때에는 기뻐서 활짝 웃는 표정이 어울립니다.

💡 단원 평가

1 (1) ○ **2** ⑤ **3** (1) 나 (2) 예 풀이 죽은 표정으로 몸을 움츠리며 진지하게 말하고 있기 때문이다. **4** ②, ⑤ **5**
④ **6** (1) 죄송한 (2) 고개를 숙이는 (3) 낮고 작은 **7** ④
8 3 **9** (2) ○ **10** ② **11** (1) ② (2) ① **12** 예
쪼그리고 앉아서 놀란 표정으로 목소리를 높여서 말한다.
13 ① **14** 정원사 **15** 진흙파이 **16** ② **17** ㉮
18 ③ **19** 준서, 희연 **20** ⑤

1 아픈 곳을 치료해 주신 선생님께 고마운 마음을 전할 때에는 공손하게 고개를 숙여 말합니다.

2 그림 가의 남자아이의 표정을 볼 때 당황스러워하고 있음을 알 수 있습니다.

3 미안한 표정을 지으며 말한 그림을 찾아봅니다.

채점 기준

(1)과 (2)를 모두 알맞게 쓴 경우	5점
미안한 마음이 느껴지는 그림은 찾았으나, 그 까닭을 알맞게 쓰지 못한 경우	2점

4 누군가를 칭찬할 때는 엄지를 높이 세우거나 칭찬하는 의미를 담아 박수를 치는 몸짓이 어울립니다.

5 자신의 강아지 때문에 국수가 엉망이 되자 장금이는 속상하고 죄송한 마음이 들었을 것입니다.

6 꾸중을 듣는 장금이는 죄송한 표정과 고개를 숙이는 몸짓을 하고, 낮고 작은 목소리로 말하는 것이 어울립니다.

7 과일 가게에서 언니 얘기만 하는 엄마에게 미미는 섭섭함을 느끼고 속상한 마음이 들었습니다.

8 발레 연습을 하다가 부르튼 미미의 발이 나온 장면 3을 보고 감동받은 부분에 대해 말한 것입니다.

9 자두가 미미가 몰래 발레를 배웠다는 사실을 듣고 놀라는 장면이므로 놀라는 모습인 (2)가 가장 알맞습니다.

10 자두가 웃으며 박수를 치고 있는 표정과 몸짓으로 보아, 상을 탄 미미를 진심으로 축하하고 있음을 알 수 있습니다.

11 부벨라는 자신이 지렁이보다 훨씬 덩치가 커서 지렁이가 자신을 무서워할 것이라고 생각하였지만, 지렁이는 말도 안 되는 소리라고 하였습니다.

12 덩치가 큰 거인 부벨라가 발 근처 땅바닥의 작은 지렁이와 이야기하고 있는 상황에서 어울리는 표정, 몸짓, 말투를 생각해 봅니다.

채점 기준

상황에 맞는 인물의 표정, 몸짓, 말투를 모두 쓴 경우	5점
인물의 표정, 몸짓, 말투 중 어느 한 가지만 쓴 경우	2점

13 부벨라는 발가락을 몇 번이나 씻었지만 발톱을 정리하지는 않았습니다.

14 부벨라는 정원사가 지렁이가 무엇을 먹고 사는지 알고 있을지도 모른다는 생각에 정원으로 갔습니다.

15 정원사는 지렁이가 다른 집 정원의 흙을 좋아할 것 같으니 진흙파이를 만들어 주면 어떻겠냐고 하였습니다.

16 부벨라의 걱정거리를 해결해 주고 도움을 준 것으로 보아 정원사는 친절한 성격입니다.

17 정원사가 부벨라에게 흙을 챙겨 주면서 한 말로 다정하게 웃으며 말하는 표정이 어울립니다.

18 부벨라가 손을 들어 정원사를 가리키자, 갑자기 정원사가 허리를 꼿꼿하게 펴더니 똑바로 서게 되었습니다.

19 지렁이는 진흙파이를 먹으며 신이 났습니다. 따라서 높고 신이 난 목소리와 진흙을 이리저리 파고 다니는 상황을 온몸을 비트는 몸짓으로 표현하는 것이 어울립니다.

20 체험 학습 장소가 맘에 들지 않아 실망한 표정으로는 이마를 찌푸리며 입을 삐죽대는 것이 알맞습니다.

📜 서술형 평가

168쪽

1 ⑩ 미안해하는 몸짓으로 진지한 표정을 지으며 진심을 담은 말투로 말해야 한다.　　**2** ⑩ 정아는 깜짝 놀라는 표정과 눈과 입을 크게 벌리는 것으로 보아 단원평가를 보는 것을 몰라 준비를 하지 않아 당황했다는 것을 알 수 있고, 윤서는 웃으면서 반듯한 자세로 말하는 것으로 보아 단원평가를 열심히 준비해 자신 있다는 것을 알 수 있다.　　**3** (1) ① ⑩ 눈썹을 올리고 잔뜩 찡그린 표정 ② ⑩ 두 팔을 빠르고 크게 휘젓는 몸짓　(2) ⑩ 화나고 짜증 나는 마음　　**4** ⑩ 울지 않고 사람들에게 자두 동생이라고 하지 말고 "미미"라는 내 이름을 불러 달라고 당당하게 말했을 것이다.

1 친구에게 사과할 때 어떤 표정, 몸짓, 말투로 표현해야 하는지 생각해 봅니다.

채점 기준	
사과할 때의 표정, 몸짓, 말투를 모두 쓴 경우	6점
표정, 몸짓, 말투 중 어느 한 가지만 쓴 경우	2점

2 같은 말이라도 표정, 몸짓에 따라 다를 수 있음을 파악하고, 차이점을 써 봅니다.

채점 기준	
인물의 표정과 몸짓 등을 비교하여 두 인물의 마음을 잘 파악하여 쓴 경우	10점
인물의 표정이나 몸짓만 표현하여 나타낸 경우	3점

3 미미가 어떤 상황에 있는지 파악하여 표정, 몸짓으로 드러내고 있는 마음을 알아봅니다.

채점 기준	
인물의 표정과 몸짓, 마음을 모두 알맞게 쓴 경우	10점
인물의 표정과 몸짓, 마음 중 어느 한 가지만 맞게 쓴 경우	5점

4 자신이 미미라면 어떻게 했을지 상상하여 써 봅니다.

채점 기준	
미미의 행동을 파악해 자신이라면 어떻게 했을지 구체적으로 쓴 경우	8점
미미와는 다르게 행동했을 것이라고 단순하게 쓴 경우	4점

---

2 중심 생각을 찾아요

📝 쪽지 시험

169쪽

1 긴 줄 넘기　**2** 과학 실험 안전 수칙　**3** 중심 생각　**4** (1) 중심 문장 (2) 제목　**5** 소중한 갯벌을 잘 보존해야겠습니다.　**6** ㉠, ㉣　**7** (1) ⑩ 풍족하다 (2) ⑩ 적다

1 「꼬마야 꼬마야, 줄넘기」는 긴 줄 넘기를 할 때 부르는 노랫말입니다.

2 과학실에서 안전하게 과학 실험을 하려면 과학 실험 안전 수칙을 잘 지켜야 한다고 했습니다.

3 중심 생각은 글쓴이가 글 전체에서 말하고 싶은 생각으로, 이야기에서는 주제라고도 합니다.

4 중심 생각을 찾을 때에는 문단의 중심 문장, 글의 제목, 글에 있는 사진이나 그림을 통해 알아볼 수 있습니다.

5 한 문단의 전체 내용을 대표하는 문장을 찾아봅니다.

6 ㉡은 여름 날씨를, ㉢은 가을 날씨를 나타내는 토박이말입니다.

7 '많다'는 '수효나 분량, 정도 따위가 일정한 기준을 넘다.'는 뜻입니다.

💡 단원 평가

170~172쪽

1 ①　**2** 줄넘기　**3** (2) ○ (3) ○　**4** ⑩ 글 내용을 더 쉽게 이해할 수 있다. / 글 내용에 더 흥미를 느끼게 된다.　**5** ①, ③　**6** 준희　**7** ㉡　**8** ⑩ 게, 갯지렁이　**9** ④　**10** ㉣　**11** ②, ③　**12** ④　**13** 순우리말, 고유어　**14** ⑤　**15** ⑤　**16** ⑩ 날씨를 나타내는 토박이말이 많이 있으니 이를 알고 자주 사용하자.　**17** 무겁고(무겁다)　**18** ⑩ 올해 봄은 꽃샘추위가 빨리 찾아왔다.　**19** ②　**20** 풍요로움

1 「꼬마야 꼬마야, 줄넘기」 노래를 부르면서 긴 줄을 넘습니다.

2 이 글의 중심 글감은 줄넘기입니다.

3 고정된 줄을 뛰어넘는 줄넘기는 발목 높이에서 시작해 만세를 하듯 두 팔을 든 높이까지 합니다.

4 아는 내용이나 겪은 일과 관련지어 글을 읽을 때의 좋은 점을 생각해 봅니다.

채점 기준	
예시 답이나 '내용을 기억하기가 쉽다. 글을 읽으면서 그 모습을 잘 상상할 수 있다.'의 내용으로 쓴 경우	5점

5 깨지기 쉬운 실험 기구가 많아 깨진 유리 조각에 다칠 수 있고, 알코올램프가 떨어지면 화재가 발생할 수도 있습니다.

6 민서가 한 말은 글에 설명되어 있습니다.

7 이 글을 읽을 때에는 갯벌에 대해 아는 내용이나 갯벌에 가 본 경험을 떠올리며 읽으면 좋습니다.

8 갯벌에는 게, 조개, 갯지렁이, 불가사리, 물고기 같은 여러 가지 생명체가 삽니다.

9 ④의 내용은 글에 나타나 있지 않습니다.

10 문단 **가**의 내용을 대표하는 문장은 ㉣입니다.

11 글에서 중심 생각을 찾을 때에는 제목, 중심 문장, 글에 있는 그림이나 사진 등을 살펴봅니다.

12 봄, 여름, 가을, 겨울의 날씨를 나타내는 토박이말을 알아보자고 했으므로, '계절별'이 알맞습니다.

13 토박이말은 다른 말로 순우리말, 고유어라고도 합니다.

14 건들바람은 이른 가을날, 가볍고 부드럽게 건들건들 부는 서늘한 바람을 말합니다.

15 글 **나**의 중심 문장을 찾아 정리해 보면 글쓴이가 하고 싶은 말이 무엇인지 찾을 수 있습니다.

16 '우리말과 우리글을 사랑하는 마음으로 날씨를 나타내는 토박이말을 많이 사용하자.'라고도 정리할 수 있습니다.

채점 기준	
글의 내용을 바탕으로 중심 생각을 알맞게 정리한 경우	5점
정리하여 쓴 내용에 부족한 점이 있는 경우	2점

17 ㉠ '가볍다'와 뜻이 반대인 낱말은 '무겁다'입니다.

18 '꽃샘추위, 무더위, 건들바람, 함박눈'과 같은 토박이말을 넣어 알맞은 문장을 만들어 씁니다.

19 이 글에서 참새는 축복을 전하는 새라고 했습니다.

20 문단 **가**의 중심 문장은 '수많은 참새가 모여들어 날개를 활짝 펴고 마음껏 곡식을 쪼는 이 커다란 그림은 가을의 풍요로움을 느끼게 해 준다.'입니다.

서술형 평가

173쪽

1 (1) ⑩ 급식실 (2) ⑩ 식판을 두 손으로 든다. (3) ⑩ 젓가락으로 친구와 장난치지 않는다. **2** 춥거나 나들이를 갈 때 겉에 입었다. **3** 식물에서 뽑은 실로 짠 옷감들이다. **4** ⑩ 옛날에는 성별에 따라 다른 옷을 입었지만 오늘날에는 성별에 상관없이 자신이 좋아하는 옷을 입는다. **5** ⑩ 옛날과 오늘날 사람들의 옷차림에 차이가 많이 있다는 것을 말하고 있는 것 같다.

1 급식실, 음악실, 과학실, 체육관 등의 교실을 생각해 보고, 각 장소에서 지켜야 할 안전 수칙을 생각해 봅니다.

채점 기준	
(1)~(3)의 내용을 서로 관련지어 안전 수칙을 알맞게 쓴 경우	6점
안전 수칙을 한 가지만 알맞게 쓴 경우	3점

2 문단 **다**에서 두루마기의 쓰임을 설명하였습니다.

채점 기준	
두루마기의 쓰임을 알맞게 쓴 경우	4점
'외출용, 방한용'과 같이 낱말만 쓴 경우	2점

3 옛날에는 자연에서 얻은 실로 짠 옷감으로 옷을 만들었는데 삼베·모시·무명은 식물에서 뽑은 실로 짠 옷감들입니다.

채점 기준	
자연(식물)에서 얻은 실로 짠 옷감이라고 답을 쓴 경우	4점

4 신분, 성별, 옷감에 따라 옛날과 오늘날의 옷차림이 어떻게 다른지 정리하여 봅니다.

채점 기준	
예시 답이나 '옛날에는 신분에 따라 옷차림이 달랐지만 오늘날에는 직업이나 유행에 따라 다르다.', '옛날에는 자연에서 얻은 실로 짠 옷감으로 옷을 만들었지만 오늘날에는 합성 섬유로 옷을 만든다.'의 내용으로 답을 쓴 경우	6점
옛날과 오늘날의 옷차림의 차이점을 썼지만 조건에 맞지 않게 쓴 경우	4점

5 글쓴이는 글 전체 내용을 가장 잘 전할 수 있는 내용을 제목으로 정하기 때문에 제목을 보면 무엇을 쓴 글인지 미리 알 수 있습니다.

채점 기준	
예시 답의 내용으로 글쓴이의 생각을 짐작하여 쓴 경우	6점
답으로 쓴 내용에 부족한 점이 있는 경우	3점

3 자신의 경험을 글로 써요

1 구체적으로   **2** (1) 3 (2) 4 (3) 2 (4) 1   **3** (1) ○ (3) ○   **4** 서윤, 희수   **5** 제목   **6** ㉮, ㉰

1 있었던 일을 구체적으로 떠올려 보고 자신의 생각이나 느낌, 그렇게 생각한 까닭을 정리해 봅니다.

2 인상 깊은 일은 '글로 쓸 내용 정하기 → 쓸 내용 정리하기 → 글 쓰기 → 고쳐쓰기'의 차례대로 씁니다.

3 수를 나타내는 말과 단위를 나타내는 말 사이는 띄어 씁니다.

4 띄어쓰기를 바르게 하면 전하고자 하는 뜻을 정확히 전할 수 있고, 글을 읽는 사람도 편하게 읽을 수 있습니다.

5 글을 쓸 때에 제목은 자신이 쓴 글에서 가장 하고 싶은 말이 무엇인지, 어떤 마음을 표현하고 싶은지를 생각해서 정해야 합니다.

6 글을 쓴 뒤에 고쳐쓰기 하면 자신이 전하고자 한 내용을 효과적으로 표현했는지 확인할 수 있고, 잘못된 띄어쓰기나 표현을 고칠 수 있어 좋습니다.

1 (1) ○   **2** ③   **3** (1) 언제 (2) 어디에서 (3) 생각이나 느낌   **4** ㉣, ㉯, ㉱, ㉰, ㉮   **5** ⑤   **6** (1) 예 놀이터에서 친구와 논 일 (2) 예 동생이 아팠던 일   **7** ③   **8** ④, ⑤   **9** ㉡   **10** 우정은예쁘게가꿀수록좋다. / 우정은 예쁘게 가꿀수록 좋다.   **11** ㉮   **12** 윤서   **13** ④   **14** 할아버지 댁   **15** ㉢, ㉣   **16** 고쳐쓰기   **17** 예쁜 손수건으로 닦아.   **18** ㉮   **19** ⑤   **20** (1) 예 10월 (2) 예 학교 강당 (3) 예 개교 기념일 행사 (4) 예 신나고 즐거운 기분이 들었다.

1 친구들은 책 내용에 대한 독서 그림을 그리고 있습니다.

2 ③은 겪은 일이 아니라, 아직 일어나지 않은 일입니다.

3 기억에 남는 일에 대해 정리하려면 언제, 어디에서, 누구와 어떤 일이 있었는지, 그때 생각이나 느낌은 어떠했는지 등을 정리합니다.

4 서연이가 겪은 일을 시간의 순서대로 살펴봅니다.

5 친구와 놀이터에서 축구를 하는 서연이의 표정을 잘 살펴봅니다.

6 서연이가 겪은 일과 자신의 경험을 비교해서 비슷한 일과 다른 일을 생각해서 써 봅니다.

채점 기준	
서연이가 겪은 일과 자신이 겪은 일을 비교해 보고 비슷한 점과 다른 점을 알맞게 쓴 경우	5점
서연이가 겪은 일과 자신이 겪은 일을 비교해 보고 비슷한 점이나 다른 점 중 한 가지만 알맞게 쓴 경우	3점

7 '나'는 주혁이의 이마에 차가운 물수건을 얹어 주었습니다.

8 '나'는 배가 아프고 열이 나는 주혁이가 걱정되어 마음이 아팠습니다.

9 수를 나타내는 말과 단위를 나타내는 말 사이는 띄어 써야 합니다.

10 띄어쓰기를 바르게 해야 글을 읽는 사람도 편하게 읽을 수 있습니다.

11 영서는 인상 깊은 일로 가족과 바닷가에 간 일을 떠올렸습니다.

12 가을에 겪은 일을 언제, 어디에서, 누구와 있었던 일인지 알맞게 말한 친구는 윤서입니다.

13 인상 깊은 일은 자신이 직접 경험한 일이므로 알맞은 근거를 드는 것과는 관련이 없습니다.

15 ㉠과 ㉡은 겪은 일을 나타낸 부분이고, ㉢과 ㉣은 겪은 일에 대한 생각이나 느낌이 드러난 부분입니다.

16 고쳐쓰기의 뜻과 고쳐쓰기 하면 좋은 점에 대해 정리한 것입니다.

17 '손수건'은 하나의 낱말이므로 붙여 써야 합니다.

18 그림에 밤나무 그림이 나타나 있으므로, "자연 보호를 위해 오늘 밤나무를 심자."가 맞는 표현입니다.

19 이 글은 모둠별로 농장을 가꾸는 일을 전한 소식지입니다.

20 우리 반에서 있었던 일을 떠올려 보고 그 가운데에서 가장 기억에 남는 일을 한 가지 정해 소식지로 만들어 봅니다.

채점 기준	
소식지로 만들고 싶은 일을 한 가지 정하여 (1)~(4)의 내용을 알맞게 쓴 경우	5점
소식지로 만들고 싶은 일을 한 가지 정했으나, (1)~(4)의 내용을 두 가지만 알맞게 쓴 경우	3점

1 (1) 예 책 내용에 대한 독서 그림을 그렸다. (2) 예 동생과 함께 피자를 만들었다. (3) 예 아버지께 생일 선물을 받았다. **2** 예 남자아이는 선물을 받아서 기분이 좋고 기뻤을 것이다. **3** 예 수를 나타내는 말과 단위를 나타내는 말 사이는 띄어 쓴다. **4** (1) 예 지난 주말 (2) 예 할머니 댁 (3) 예 누나 (4) 예 고구마 밭에 가서 처음으로 고구마를 캤다. (5) 예 고구마를 캐는 것은 참 재미있었다. (6) 예 할머니, 누나와 힘을 합쳐 고구마를 캤기 때문이다. **5** 예 제목: 신나는 고구마 캐기 / 지난 주말에 누나와 함께 할머니 댁에 놀러 갔다. 할머니와 함께 고구마 밭으로 가서 처음으로 고구마를 캤다. 나는 할머니, 누나와 힘을 합쳐 고구마를 캤다. 고구마를 캐는 것은 참 신나고 재미있었다. 다음엔 부모님과 함께 고구마를 캐 보고 싶다.

1 그림 **가** 는 독서 그림을 그린 일, 그림 **나** 는 피자를 만든 일, 그림 **다** 는 선물을 받은 경험을 나타낸 것입니다.

채점 기준	
(1)~(3)의 내용을 모두 알맞게 쓴 경우	4점
(1)~(3)의 내용 중 한두 가지만 알맞게 쓴 경우	2점

2 그림 **다** 에서 선물을 받은 친구는 기분이 좋고 기뻤을 것입니다.

채점 기준	
선물을 받았을 때의 기쁜 마음을 알맞게 쓴 경우	4점

3 수를 나타내는 말과 단위를 나타내는 말의 띄어쓰기 방법을 알아봅니다.

채점 기준	
공통적인 띄어쓰기 방법을 정확하게 쓴 경우	4점

4 인상 깊은 일을 구체적으로 정리하면 일어난 일을 자세히 표현할 수 있고, 자신이 한 일을 되돌아볼 수 있습니다.

채점 기준	
(1)~(6)에 모두 알맞은 내용을 쓴 경우	8점
(1)~(6)에서 세 가지만 알맞은 내용을 쓴 경우	4점

5 인상 깊은 일의 내용을 구체적으로 쓰고, 그때의 생각이나 느낌을 표현해 봅니다.

채점 기준	
인상 깊은 일을 구체적으로 쓰고, 그 일에 대한 생각이나 느낌을 잘 표현한 경우	8점
인상 깊은 일을 구체적으로 썼으나, 그때의 생각이나 느낌을 잘 표현하지 못한 경우	4점

4 감동을 나타내요

1 ㉠　**2** 귤　**3** 감기약을 먹고 몸이 무거워졌기 때문에
4 (1) ○　**5** ㉠　**6** 흰색　**7** (하늘에 사는 아이들이) 운동장으로 뛰쳐나가는 소리

1 '동글동글'은 사과의 모양을, '아삭아삭, 와삭'은 사과를 먹을 때 나는 소리를 표현한 것입니다.

2 귤의 모양이나 맛, 만졌을 때의 느낌을 생각해 보면 '말랑말랑', '새콤달콤', '탱글탱글'과 같은 말이 어울립니다.

3 감기약을 먹고 몸이 몹시 무거워졌기 때문에 '거북이가 들어왔다'라고 감각적으로 표현하였습니다.

4 '굼질굼질'은 느리게 조금씩 움직이는 모습, 무언가가 천천히 움직이는 모습을 흉내 내는 말입니다.

5 엄마는 피아노 조율을 부탁하려고 피아노 조율사인 블링크 아저씨를 집으로 불렀습니다.

6 에밀은 흰색을 '여름에 푹 자고 열 시쯤에 일어났을 때'라고 표현했습니다.

7 천둥소리를 마치 하늘에 사는 아이들이 운동장으로 뛰쳐나가는 소리 같다고 했습니다.

1 (1) ○　**2** ③　**3** (3) ○　**4** 예 대상의 느낌을 생생하게 표현할 수 있다.　**5** ㉠　**6** (2) ○　**7** ④　**8** ④
9 예 시각 장애인이어서　**10** ④　**11** (1) ○　**12** 예 껍질을 까고 깨물었을 때 눈이 감기는 새콤한 맛　**13** ②
14 색깔　**15** ⑤　**16** (1) ①　(2) ②　**17** 점자책　**18** ①, ②, ⑤　**19** ③, ④　**20** ③

1 축구하는 모습을 보고 축구공의 모습이나 축구공을 손으로 만졌을 때의 느낌 등을 감각적 표현을 넣어 표현한 것을 찾아봅니다.

2 곰 인형을 만졌을 때의 촉감을 강아지를 만지는 것에 빗대어 표현하였습니다.

3 귤을 만져본 느낌을 표현하는 말이므로 (3)의 방법으로 관찰했음을 알 수 있습니다.

4 사물의 느낌을 보거나 듣는 것처럼 생생하게 표현한 것을 '감각적 표현'이라고 합니다.

채점 기준	
예시 답이나 '대상의 느낌을 재미있게 나타낼 수 있다, 감각적 표현을 말하려고 대상을 더 자세히 관찰할 수 있다.'의 내용으로 쓴 경우	5점

5 '느릿느릿, / 거북이도 들어오고'는 약을 먹고 몸이 무거워진 상태를, '까무룩, / 잠꾸러기도 들어왔다'는 약을 먹고 몹시 졸린 상태를 감각적으로 표현한 것입니다.

6 이 시를 읽으면 밤하늘에 떠 있는 초승달을 보고 있는 장면이 떠오릅니다.

7 초승달의 모양을 보고 닮은 점이 있는 대상에 빗대어 표현하였습니다.

8 피아노 조율사라는 점과 일을 마쳤다는 점에서 피아노를 조율하려고 에밀의 집에 왔다는 것을 알 수 있습니다.

9 시각 장애인인 블링크 아저씨는 검은 선글라스를 쓰고 흰 지팡이를 갖고 다녔습니다.

10 웃음소리가 피아노 줄 위에서 통통 튀었다고 표현하여 경쾌하고 발랄한 느낌을 줍니다.

11 무릎으로 보는 것과 같다는 것은 아무것도 볼 수 없다는 것을 표현한 것입니다.

12 자신이 에밀이 되어 오렌지색을 어떻게 표현하면 좋을지 생각해서 써 봅니다.

채점 기준	
오렌지색의 느낌을 미각, 후각, 촉각 등으로 감각적으로 표현하여 색깔을 나타낸 경우	5점
오렌지색을 표현하였으나 내용이 부족한 경우	2점

13 에밀은 아저씨를 만나고 집에 돌아오면서 세상의 아름다운 모습을 못 보고 사는 아저씨가 안타까웠습니다.

14 에밀은 아저씨에게 색깔을 알려 주려고 애를 썼고, 아저씨는 에밀에게 색깔을 연주해 주려고 애를 썼습니다.

15 에밀은 아저씨가 진짜 색깔을 볼 수 없는 것이 안타까워 기운이 빠졌습니다.

16 '쭉'은 '물기나 살, 기운 따위가 한꺼번에 많이 빠진 모양.'을, '오톨도톨'은 '물건의 거죽이나 바닥이 여기저기 잘게 부풀어 올라 고르지 못한 모양.'을 뜻합니다.

17 에밀은 점자책을 만질 때의 느낌을 강판을 만지는 것 같다고 표현했습니다.

18 학교 주변의 자연을 시로 써도 좋고, 가장 인상 깊었던 일을 시로 써도 좋습니다. 또 자신이 평소에 관심이 있는 대상을 떠올려 시로 써도 좋습니다.

19 대상을 자세히 관찰하고 그 대상이 어떤 느낌을 주는지 생각해 봅니다.

20 ①은 대상에 대한 느낌만 나타나 있고, ②와 ④는 대상을 흉내 내는 말을 넣어 표현하였고, ⑤는 대상을 사람이 행동하는 것처럼 표현하였습니다.

📝 서술형 평가
183쪽

1 📵 발가락을 구부려서 두더지 발톱처럼 만들어 모래밭으로 파고드는 모습이다.　**2** 📵 모래의 움직임을 지구가 움직이는 것으로 생각했기 때문이다.　**3** 📵 우리가 하는 작은 행동을 깊이 있게 생각한 말하는 이의 상상력에 감동받았다.　**4** 📵 부모님이 피아노 실력이 많이 늘었다고 믿게 하고 싶어서　**5** 📵 피아노 연습을 하고 싶지 않은 마음 / 피아노 실력이 늘지 않아 부담스러운 마음

1 모래밭에서 발가락을 옴지락거려 파고드는 모습을 두더지처럼 파고들었다고 표현했습니다.

채점 기준	
시의 내용을 바르게 파악하고 예시 답의 내용으로 쓴 경우	6점
답으로 쓴 내용이 자세하지 않은 경우	3점

2 시의 말하는 이는 모래의 움직임이 지구의 대답이라고 표현하였습니다.

채점 기준	
감각적 표현에 담긴 뜻을 알고 예시 답의 내용으로 답을 쓴 경우	4점
답으로 쓴 내용이 자세하지 않은 경우	2점

3 시에 대한 생각이나 느낌, 경험을 바탕으로 하여 재미있었거나 감동받은 점을 써 봅니다.

채점 기준	
시를 읽고 느낀 재미나 감동을 알맞게 쓴 경우	6점
답으로 쓴 내용이 간단한 경우	3점

4 에밀은 정확한 음을 자동으로 연주하는 피아노를 사서 부모님이 자신의 피아노 실력이 많이 늘었다고 믿게 하고 싶었습니다.

채점 기준	
'부모님이 피아노 실력이 많이 늘었다고 믿게 하고 싶어서'와 같은 예시 답의 내용으로 쓴 경우	4점
답으로 쓴 내용에 부족한 점이 있는 경우	2점

5 "난 이만 갈게. 악! 괴로운 시간이야."와 "또요?"라는 말과 자동으로 연주하는 피아노를 사고 싶어 하는 마음을 통해 에밀이 피아노 치는 시간이 즐겁지 않고 부담스러워한다는 것을 알 수 있습니다.

채점 기준	
인물의 말과 행동을 통해 인물의 마음을 알맞게 짐작하여 쓴 경우	5점
답으로 쓴 내용에 부족한 점이 있는 경우	2점

5 바르게 대화해요

쪽지 시험
184쪽

1 (2) ○ (3) ○ **2** 듣는 사람 **3** 고맙습니다 **4** 드시고 계세요 **5** 높임 표현 **6** (1) ○ **7** (2) ○ **8** (1) 자신, 상대 (2) 공손하게 (3) 상황 (4) 작은 목소리

1 대화할 때는 상대의 기분을 생각하고, 상대가 웃어른일 때에 높임 표현을 사용합니다.

2 대화 **가**, **나**에서 듣는 사람이 친구와 선생님인 경우로 서로 다르기 때문에 진영이는 다른 형태로 말하였습니다.

3 웃어른과 대화할 때에는 높임 표현을 사용해야 합니다. 할머니께서 승민이가 좋아하는 과일을 사 오셨으므로 승민이는 "고맙습니다."라고 높임 표현을 사용해 말해야 합니다.

4 승민이는 할아버지와 어머니 두 분 다 높여야 하므로 "드시고 계세요."라고 높임 표현을 사용해 말해야 합니다.

5 대화를 할 때에는 상대를 고려해서 대화해야 합니다. 친구와는 높임 표현을 사용하지 않고, 웃어른과는 높임 표현을 사용해 대화해야 합니다.

6 전화 통화할 때는 상대의 얼굴을 보지 않고 이야기하므로 내용을 정확하고 자세히 말해야 합니다.

7 전화를 건 사람은 자신이 누구인지 밝히고 전화를 받은 사람이 누구인지 확인해야 합니다.

8 전화로 대화할 때에는 자신이 누구인지 밝히고 상대가 누구인지 확인합니다. 그리고 상대의 얼굴을 보지 않고 이야기하므로 더 공손하게 말하고 상대의 상황을 헤아립니다. 그리고 공공장소에서는 작은 목소리로 말합니다.

단원 평가
185~187쪽

1 ④ **2** (2) ○ **3** 미령 **4** ②, ④, ⑤ **5** (1) 고마워 (2) 고맙습니다 **6** 나왔습니다 **7** ④ **8** 의주 **9** 물감, 물통 **10** ⑩ 지원이는 물통을 들고 학교 앞 문구점에서 미술 준비물로 산 것이라고 말했지만, 전화 통화에서는 상황을 볼 수 없기 때문이다. **11** ③ **12** 예원 **13** (2) ○ **14** (1) ○ **15** ④ **16** ⑩ 네, 전해 드릴게요. 할머니, 혹시 더 하실 말씀 있으세요? **17** 갔어요 **18** ① **19** ④ **20** ②, ③, ④

1 엄마와 대화하는 상황이므로 진수는 알맞은 높임 표현을 사용해 말해야 합니다. "엄마, 어제보다 많이 좋아졌어요."가 맞는 표현입니다.

2 대화 **나**는 영지가 진수에게 가위를 빌려 달라고 부탁하였으나 진수가 거절하는 상황입니다.

3 미령이가 진수가 가위를 빌려 주지 않은 상황과 비슷한 경험을 말하였습니다.

4 대화 상대에 따라 반말이나 높임 표현을 사용해야 하고, 자신이 하고 싶은 말만 해서는 안 됩니다.

5 첫 번째 그림은 친구와의 대화 상황이므로 ㉠에는 반말을 사용한 표현이, 두 번째 그림은 선생님과의 대화 상황이므로 ㉡에는 높임말을 사용한 표현이 들어가는 것이 알맞습니다.

6 사과주스는 사물이라 높임 표현을 사용할 수 없으므로 "나왔습니다."가 알맞은 표현입니다.

7 사과주스는 사물이라 높임 표현을 사용할 수 없어서 '나오셨습니다' 대신 '나왔습니다'로 고쳐 써야 합니다.

8 전화를 건 지원이가 자신이 누구인지 밝히지 않아서 민지가 누구냐고 묻고 있습니다.

9 지원이가 미술 준비물이 망가져 있다고 해서 물감과 물통을 모두 떠올렸습니다.

10 지원이가 전화 통화를 하며 잘못한 점이 무엇인지 생각해 봅니다.

채점 기준	
지원이가 잘못한 점을 들어 구체적으로 쓴 경우	5점
지원이가 자세히 설명하지 않았기 때문이라고 쓴 경우	2점

11 수진이가 전화를 걸어 자신이 누구인지 밝히지 않았습니다.

12 수진이가 예원이에게 내일 어디서 만나기로 했는지 물어보려고 전화를 하였습니다.

13 전화를 건 수진이가 자신이 누구인지 밝히지 않고 상대가 누구인지도 확인하지 않아 예원이 언니가 ㉠처럼 생각한 것입니다.

14 전화를 건 지수는 전화를 받은 정아의 말은 듣지 않고 계속 자신이 할 말만 했습니다.

15 할머니께서 하실 말씀이 남아 있는데 유진이가 그것을 듣지 않고 갑자기 전화를 끊었습니다.

16 할머니의 말을 끝까지 듣고 어떻게 말하면 좋을지 생각해 봅니다.

채점 기준	
할머니의 말을 끝까지 듣고 더 남은 말이 있는지를 묻고 대화를 마무리하여 쓴 경우	5점
할머니의 말에 공손하게 대답하고 인사만 쓴 경우	2점

17 할머니와의 대화이므로 높임 표현을 사용합니다.

18 훈이가 갑자기 뛰어들자 차를 운전하던 아저씨도 강이도 깜짝 놀라고 당황하였을 것입니다.

19 훈이가 교통사고가 날 뻔한 일을 겪고 강이와 훈이는 비가 오는 날에는 밝은색 옷을 입는 것이 좋다는 것을 알게 되었습니다.

20 미나는 할아버지께 높임말을 사용해서 말해야 하고, 할아버지는 미나와의 대화를 즐거워하는 분위기므로 귀찮은 듯한 표정은 어울리지 않습니다.

📋 **서술형 평가**   188쪽

1 ⑩ 할머니의 말씀을 잘 들으며 공손하게 대화하고 있다.
2 (1) ⑩ 책을 사러 서점에 갔어. (2) ⑩ 책을 사러 서점에 갔습니다.   **3** ⑩ 공공장소에서는 작은 목소리로 말해야 하는데 남자아이가 큰 목소리로 통화했기 때문이다.   **4** ⑩ 대화 **1**에서는 높임 표현을 사용하고, 대화 **2**에서는 높임 표현을 사용하지 않아야 한다.   **5** ⑩ 밝고 즐거운 목소리로 말하며 활짝 웃는 표정으로 남동생을 바라본다.

1 승민이가 대화를 하면서 할머니를 어떻게 대하고 있는지 파악해 써 봅니다.

채점 기준	
할머니의 말씀을 잘 들으며 공손한 태도로 대화하고 있다는 내용을 쓴 경우	7점
대화 태도가 좋다고만 쓰고 구체적으로 내용을 쓰지 않은 경우	3점

2 대화하는 대상이 친구일 때와 선생님일 때 어떤 점이 다를지 생각해 써 봅니다.

채점 기준	
서점에 갔다는 내용으로 높임 표현을 사용할 때와 사용하지 않을 때를 잘 구분하여 쓴 경우	10점
높임 표현을 사용할 때와 사용하지 않을 때를 구분하여 썼으나 조건의 내용을 따르지 않은 경우	2점

3 지하철과 같은 공공장소에서는 어떻게 통화해야 하는지 생각해 봅니다.

채점 기준	
공공장소에서 큰 목소리로 통화했다는 내용을 쓴 경우	8점
큰 목소리로 통화했다는 내용만 쓴 경우	5점

4 대화 **1**과 **2**에서 미나의 대화 대상이 어떻게 다른지 살펴보고 대상에 따라 어떻게 대화해야 하는지 씁니다.

채점 기준	
높임 표현을 다르게 사용해야 한다는 내용으로 쓴 경우	5점
언어 예절을 지켜야 한다고만 쓴 경우	2점

5 미나가 남동생과 대화할 때의 내용과 그때의 분위기를 생각합니다.

채점 기준	
인물에게 어울릴 만한 표정, 몸짓, 말투를 두 가지 이상 쓴 경우	8점
인물에게 어울릴 만한 표정, 몸짓, 말투 중 한 가지만 쓴 경우	3점

6 마음을 담아 글을 써요

📝 쪽지 시험
189쪽

1 (1) 미안한 마음 (2) 기쁜 마음 　**2** (1) 속상한 (2) 불안한 (3) 자랑스러운 (4) 행복한 　**3** (2) ○ (3) ○ 　**4** 제비뽑기, 이어달리기 　**5** (1) 속상하다 (2) 마음이 무겁다 (3) 뿌듯하다 　**6** ㉬

3 이야기 속 인물이 한 일이나 겪은 일, 생각, 말이나 행동을 살펴보면 인물의 마음을 알 수 있습니다.

4 선생님께서 운동회에 나갈 선수를 제비뽑기로 뽑자고 하셨고, 기찬이가 이어달리기 선수로 나가게 되었습니다.

6 친구에게 전하고 싶은 마음이 장난스럽게 보이지 않아야 하는 것은 맞지만, 상냥한 말투로 부드럽게 쓰는 것이 좋습니다.

💡 단원 평가
190~192쪽

1 ㉮ 　**2** ③ 　**3** ③ 　**4** ⑤ 　**5** ② 　**6** (1) 예 자랑스러운 / 뿌듯한 (2) 예 고마운 　**7** (1) ○ 　**8** (1) ② (2) ① 　**9** 누구나 한 경기씩 나갈 수 있도록 하려고 　**10** ② 　**11** ⑤ 　**12** 예 기찬이가 당연히 질 것이라 생각해서 딴전을 부리고 있었는데 이기고 있다고 생각해서 깜짝 놀라고 신이 났을 것이다. 　**13** ⑤ 　**14** (2) ○ 　**15** ② 　**16** ⑤ 　**17** 예 그렇게 짜증을 내는 걸 보니, 그 일이 너를 많이 속상하게 했구나. 　**18** ④ 　**19** 손 편지 　**20** (1) ×

1 그림 ㉮에서 음식을 주시는 이웃집 아주머니께 고마운 마음을 전하고 있습니다.

2 그림 ㉯는 가을 현장 체험 학습을 가게 되어 기뻐하는 상황으로, ③은 마음을 전할 말로 알맞지 않습니다.

3 아픈 친구의 병문안을 간 상황에서 전할 마음은 걱정하는 마음입니다.

4 규리는 뛰다시피 걸어서 1교시 시작하기 직전에 교실에 들어갔습니다.

5 ㉠에는 더 자고 싶은데 엄마가 깨우셔서 화가 나고 속상한 마음이 담겨 있습니다.

6 규리는 민호가 가르쳐 주는 대로 잘 따라하자 자신이 자랑스럽고 뿌듯한 마음이, 민호는 자신에게 리코더 연주 방법을 잘 가르쳐 준 규리에게 고마운 마음이 들었을 것입니다.

7 기찬이는 운동에 자신이 없어 심술이 나서 돌멩이를 찬 것이지, 일부러 친구들을 괴롭힌 것이 아니고, '이어달리기' 선수가 되어 울상이 되었습니다.

8 친구들이 박 터뜨리기 연습을 하고 있을 때 운동에 자신이 없어 혼자 앉아 있을 때에는 속상한 마음이, 자신이 찬 돌멩이 때문에 머리에 혹이 난 친구들에게 사과를 하려고 할 때에는 미안한 마음이 들었을 것입니다.

9 글 ㉯의 선생님 말씀을 통해 알 수 있습니다.

10 ㉠에는 속상한 마음, ㉢에는 화난 마음, ㉣에는 걱정되는 마음, ㉤에는 실망하는 마음이 드러나 있습니다.

11 배 속에서 천둥처럼 큰 소리가 났다고 한 것으로 보아 화장실이 급해서 뛰어간 것입니다.

12 반 친구들이 기찬이가 백군의 마지막 선수와 달리는 것을 보고 어떤 착각을 하고 있는지 살펴보고 답해 봅니다.

채점 기준	
친구들의 마음을 까닭과 함께 잘 쓴 경우	5점
친구들의 마음만 쓴 경우	2점

13 좀전까지 딴전을 부리던 반 친구들이 목청껏 자신의 이름을 부르며 응원을 했기 때문입니다.

14 이호가 휴지를 들고 나타나자, 이긴 것이 아니라 한 바퀴나 차이 나게 진 거라는 사실을 알게 되어서 친구들은 이마를 친 것입니다.

15 장면 ②에서 주은이는 자신의 예의 없는 말과 행동 때문에 화가 난 원호에게 미안한 마음을 전하려고 하였습니다.

16 사과를 할 때에는 표정이나 분위기, 말한 내용이나 행동 등에 진심을 담아 말해야 합니다.

17 다른 사람의 감정을 인정하는 표현으로 고쳐 봅니다.

채점 기준	
다른 사람의 감정을 인정하며 속상한 마음을 헤아려 쓴 경우	5점
문장의 뜻을 포함하는 다른 문장으로 바꿔 썼으나 그 표현이 다른 사람의 감정을 헤아리는 표현이 아닌 경우	2점

18 10월 넷째 주에 각 반에서 행사를 하기로 했습니다.

19 다양한 방법 중 예쁜 종이에 마음을 담아 손 편지를 써서 전하자는 의견이 많았습니다.

20 상대가 속상해할 때에는 그 사람의 감정을 그대로 인정해 주면서 부드럽게 말해야 합니다.

국어

📜 서술형 평가

1 ⑩ 병원에 입원해서 심심했을 때 친구가 찾아와서 얘기하고 같이 놀아 줘서 고맙다고 말하였다.   2 ⑩ 규리야, 나도 전에 조사한 내용을 발표할 때 실수하면 어쩌나 걱정했어. 하지만 막상 해 보니 그렇게 떨리지 않았어. 다음에는 더 용기를 가지고 씩씩하게 해 보자.   3 ⑩ 얘들아, 안녕. 나 기찬이야. 내가 돌멩이를 발로 차는 바람에 너희들 머리로 학용품이 쏟아져서 머리에 혹이 났는데 사과하지 못해 미안해. 사과하고 싶었는데 어떻게 말을 꺼내야 할지 모르겠고 또 운동을 못 해서 괜히 심술이 나기도 했었어. 정말 미안해. 운동은 못하지만 최선을 다해서 같이 운동회 준비를 하도록 하자.   4 (1) ⑩ 민아, ⑩ 미안한 (2) ⑩ 교실에서 모둠별 발표 때문에 너와 다투었어. 그때 내 말만 하고 네 말을 듣지 않고 가 버려서 정말 미안했어. (3) ⑩ 앞으로는 다른 사람의 말을 듣지 않고 내 말만 하는 행동과 말이 다 끝나지 않았는데 가 버리는 행동을 하지 않을게. 앞으로 더 친하게 지내자.

1 제시된 그림은 이웃집 아주머니께서 주시는 음식을 받는 상황으로 고마운 마음을 전하고 있습니다. 평소 친구나 주변 사람에게 고마움을 전한 경험을 떠올려 봅니다.

채점 기준	
고마운 마음을 전한 경험을 떠올려 쓴 경우	8점
다른 사람에게 마음을 전한 경험을 썼으나 그 마음이 제시된 상황과 다른 경우	2점

2 규리처럼 발표를 했던 경험을 떠올려 써 봅니다.

채점 기준	
인물이 겪은 일을 파악하여 하고 싶은 말을 잘 쓴 경우	10점
인물이 겪은 일과 관련하여 하고 싶은 말을 제대로 쓰지 못한 경우	3점

3 기찬이가 되어 사과하는 마음을 전하는 쪽지를 써 봅니다.

채점 기준	
쪽지를 쓸 때 주의할 점을 고려하여 사과하는 마음을 전하는 내용으로 쓴 경우	15점
사과하는 마음은 전하고 있으나 상대의 마음을 헤아리며 쓴 쪽지가 아닌 경우	7점

4 마음을 전하고 싶은 사람과 그때의 일을 떠올려 봅니다.

채점 기준	
마음을 전하고 싶은 사람을 떠올려 관련하여 하고 싶은 말과 다짐을 모두 잘 쓴 경우	10점
마음을 전하고 싶은 사람과 마음은 떠올렸으나 상대의 마음을 고려하여 전할 말을 쓰지 못한 경우	3점

7 글을 읽고 소개해요

📝 쪽지 시험

1 ㉮, ㉯, ㉣   2 자연   3 독수리   4 줄, 별   5 (1) ㉮ (2) ㉰ (3) ㉯   6 (1) ○   7 독서 감상문   8 (1) 책 내용 (2) 책을 읽은 뒤에 든 생각이나 느낌   9 (1) ○ (2) ×

1 글을 읽고 친구에게 소개하면 자신이 관심 있는 분야를 더 다양하게 생각할 수 있습니다.

2 캐나다 국기에 빨간 단풍잎이 그려져 있는 것으로 국기에 자연이 담겨 있다는 것을 소개하고 있습니다.

3 멕시코 국기에는 독수리, 뱀, 선인장이 그려져 있습니다.

4 미국 국기에는 열세 개의 줄과 오십 개의 별이 있습니다.

5 태극기의 흰색은 '우리나라 사람들의 평화를 사랑하는 마음'을, 태극 문양은 '조화로운 우주'를, 사괘는 '하늘, 땅, 물, 불'을 뜻합니다.

6 '책 보여 주며 말하기'로 책을 소개하는 방법입니다.

7 독서 감상문에 대한 설명입니다.

8 독서 감상문의 특징에 맞는 내용을 찾아 써 봅니다.

9 책 내용을 모두 써야 하는 것이 아니라 책에 나오는 중요한 내용이나 사건을 중심으로 쓸 수 있습니다.

💡 단원 평가

1 교실   2 나리   3 ①, ⑤   4 ④   5 (2) ○   6 설탕단풍 나무   7 (1) ○ (2) ○   8 ④   9 ④   10 (3) ×   11 일본이 태극기 사용을 금지해서   12 ④   13 (3) ×   14 ⑩ 국기가 나라를 대표하기 때문이다. / 국기는 그 나라이자 국민이기 때문이다.   15 (1) ⑩ "하느님은 쓸데없는 물건을 하나도 만들지 않으셨어. 너도 꼭 무엇엔가 귀하게 쓰일 거야." (2) ⑩ 우리 모두 소중하지 않은 사람이 없다는 것을 깨우쳐 주었기 때문이다.   16 (1) ② (2) ① (3) ③   17 (3) ○   18 ①, ④, ⑤   19 ⑤   20 ②, ④

1 공 하나로 교실에서 쉽게 즐길 수 있는 놀이입니다.

2 학급 친구 전체를 두 편으로 나눠 반 친구 모두 참여할 수 있는 놀이입니다.

3 공을 피할 때에는 옆으로 이동하거나 무릎을 가슴에 붙여 앉은 자세로 뜀을 뛰어 피할 수 있습니다.

4 앉은 자세에서 무릎을 한쪽이라도 펴서 일어나는 자세가 되면 피구장 밖으로 나가야 합니다.

5 놀이 이름과 규칙을 잘 설명한 것은 (2)입니다.

6 캐나다에는 설탕단풍 나무가 많이 자랍니다.

7 캐나다 국기에는 캐나다에서 많이 자라는 설탕단풍 나무 잎이 국기에 그려져 있는데 이것을 통해 국기에 자연이 담겨 있음을 알 수 있습니다.

8 멕시코 국기에는 그 나라가 세워진 전설이 담겨 있고, 미국 국기에는 땅과 함께 국기도 변한 상황이 담겨 있습니다.

9 신의 계시대로 독사를 물고 날아가는 독수리가 내려앉은 곳에 도시를 세웠습니다.

10 오십 개의 별은 현재 미국 주의 수를 의미합니다.

11 일본이 태극기 사용을 금지했기 때문에 태극기를 마음대로 사용하지 못했습니다.

12 태극기의 사괘는 '하늘, 땅, 물, 불'을 나타낸 것입니다.

13 국제 경기에 참가할 때처럼 나라를 빛내는 순간이나, 남극의 과학 기지나 우주로 날아가는 우주선 등 나라를 대표하는 자리에 국기가 함께합니다.

14 글 나 에서 그 까닭을 찾아봅니다.

채점 기준	
국기가 나라를 대표한다는 내용을 담아 쓴 경우	5점
국기가 중요하기 때문이라는 내용으로 쓴 경우	1점

15 자신이 읽은 책에서 기억에 남는 문장을 책갈피 앞쪽 칸에 쓰고 그 까닭은 책갈피 뒤쪽 칸에 써 봅니다.

채점 기준	
기억에 남는 문장과 그렇게 생각한 까닭을 모두 쓴 경우	5점
기억에 남는 문장만 떠올려 쓴 경우	2점

16 글 가 에는 책을 읽게 된 까닭, 글 나 에는 인상 깊은 부분, 글 다 에는 책을 읽은 뒤에 든 생각이나 느낌이 나타나 있습니다.

17 바위나리를 그리워하며 울다가 빛을 잃은 아기별이 하늘 나라에서 쫓겨나 바다로 떨어진 장면이 가장 기억에 남는다고 하였습니다.

18 바위나리와 아기별의 우정이 아름다우면서도 안타깝고 슬펐다고 하였습니다.

19 글 가 에는 책 내용이, 글 나 에는 책을 읽은 뒤에 든 생각이나 느낌이 나타나 있습니다.

20 타악기 중 자신이 모르는 팀파니와 비브라폰도 있었다고 하였습니다.

📖 **서술형 평가**   198쪽

1 (1) 앉아서 하는 피구 (2) ⑩ 공을 바닥에 굴려서 맞혀야 한다. (3) ⑩ 옆으로 이동해 피하거나, 무릎을 가슴에 붙여 앉은 자세로 뜀을 뛰어 피한다. **2** ⑩ 빙고 놀이는 종이와 연필만 있으면 쉽게 즐길 수 있는 놀이이다. 스물다섯 개의 네모 칸에 숫자나 나라 이름 같은 것을 쓰고, 친구와 돌아가면서 쓴 낱말을 말한다. 먼저 세 줄이나 다섯 줄을 완성하면 이긴다. **3** ⑩ 독사를 물고 날아가는 독수리가 선인장 위에 앉는 곳에 도시를 세워 점점 강해졌다는 아즈텍족의 전설이다. **4** (1) ⑩ 미국이 처음 나라를 세울 때 주가 열세 개 있었음을 의미한다. (2) ⑩ 현재 미국의 주가 오십 개라는 것을 의미한다.

1 글에서 소개하는 놀이에 대해 정리해 써 봅니다.

채점 기준	
놀이 이름, 규칙을 모두 잘 정리해서 쓴 경우	10점
놀이 내용 중 한 항목 정도만 정리해 쓴 경우	3점

2 자신이 좋아하는 놀이에 대해 잘 정리해 써 봅니다.

채점 기준	
놀이 이름과 놀이 방법을 잘 소개한 경우	15점
놀이 이름만 쓰고 놀이 방법은 알기 쉽게 소개하지 못한 경우	2점

3 글 가 에서 멕시코 국기에 담긴 전설을 정리해 써 봅니다.

채점 기준	
멕시코 국기에 그려진 독사, 독수리, 선인장과 관련된 아즈텍족의 이야기를 잘 정리해 쓴 경우	7점
아즈텍족이 신의 계시를 받은 이야기를 그렸다고 쓴 경우	4점

4 미국 국기에서 열세 개의 줄과 오십 개의 별이 각각 의미하는 바를 정리해 씁니다.

채점 기준	
미국 국기에서 줄과 별의 의미를 모두 잘 정리해 쓴 경우	10점
미국 국기에서 줄과 별의 의미 중 어느 하나만 쓴 경우	5점

8 글의 흐름을 생각해요

1 (1) ○ **2** 시간 흐름 **3** 일 **4** 차례가 정해져 있는, 차례가 정해져 있지 않은 **5** (1) ② (2) ③ (3) ① **6** ㉼ **7** 시간 흐름, 장소 변화

1 직접 시간을 말하는 시간 표현 외에도 시간을 짐작할 수 있게 해 주는 말도 시간을 나타내는 말입니다.

2 시간 흐름에 따라 중요한 사건을 정리하면 글의 내용을 잘 알 수 있습니다.

3 두 글 모두 일하는 방법을 알려 주는 글입니다.

4 「실 팔찌 만들기」는 물건을 만드는 차례를 알려 주는 글로 차례가 정해져 있고, 「감기약을 먹는 방법」은 차례가 정해져 있지 않습니다.

5 고인돌 박물관에서는 고인돌의 역사를 알았고, 동림 저수지에서는 가창오리들을 구경했고, 선운사에서는 동백나무 숲을 보았습니다.

6 장소 변화에 따라 각 장소에서 한 일을 중심으로 간추리는 것이 좋습니다.

7 시간 흐름과 장소 변화를 알 수 있는 표현입니다.

단원 평가
200~202쪽

1 ㉼, ㉮, ㉯ **2** 쥐(들) **3** ② **4** 예 베짱이의 베 짜는 솜씨가 뛰어나고 부지런하다고 칭찬하는 내용일 것이다. **5** ④ **6** ① **7** (1) ○ (2) ○ **8** 주희 **9** ⑤ **10** 고인돌 박물관 **11** (2) ○ **12** ㉯, ㉮, ㉰ **13** ⑤ **14** ② **15** 열두 시 **16** (2) ○ **17** 오후에 **18** (1) 시청 앞 거리 (2) 예 아빠와 아름다운 벽화를 구경했다. **19** ① **20** ④

1 할아버지가 작아져서 베짱이가 베를 짜서 할아버지에게 주었고, 할아버지는 그걸 들고 쥐를 찾아가서 마법 열매를 먹고 본래 크기가 되었습니다.

2 할아버지는 '커졌다 작아졌다' 마법 열매를 한 알 더 먹어야 본래 크기로 돌아올 수 있는데 베짱이가 마루 밑에 사는 쥐들이 그 마법 열매를 갖고 있는 걸 보았다고 하였으므로 쥐들을 찾아가야 합니다.

3 할아버지가 베를 내주자, 쥐들이 할아버지에게 마법 열매를 주었습니다.

4 베짱이는 그동안 「개미와 베짱이」 이야기 때문에 늘 게으른 곤충 취급을 당해 속상했다고 하였으므로 할아버지는 베짱이를 칭찬하는 내용의 글을 썼을 것입니다.

채점 기준	
베짱이를 칭찬하는 내용을 쓴 경우	5점
베짱이가 게으르지 않다는 내용만 쓴 경우	2점

5 이 글은 실 팔찌를 만드는 방법에 대해 일 차례가 드러나게 소개하고 있습니다.

6 실 팔찌 만드는 방법을 일 차례의 흐름으로 쓴 글입니다.

7 일을 하는 방법을 알려 주고 있고, '첫 번째', '두 번째'와 같이 일하는 차례가 정해져 있지는 않습니다.

8 감기약을 먹다가 몸이 나았다고 생각해 그만 먹으면 안 되고, 먹는 시간을 놓쳤다고 다음에 두 배로 먹어서는 안 됩니다.

9 우리 가족은 할머니 생신을 맞아 주말에 고창으로 여행을 다녀왔습니다.

10 토요일 아침 일찍 출발해서, 맨 처음 도착한 고창 관광지는 고인돌 박물관이었습니다.

11 이 글은 장소 변화에 따라 글의 내용을 간추리는 것이 좋습니다.

12 이 글은 장소가 바뀌면서 각 장소에서 한 일을 중심으로 쓰여진 글입니다. 처음에 간 곳은 '곤충관', 곤충관 바로 옆에 있는 '야행관', 야행관 다음으로 간 곳은 '열대 조류관'이므로, 글 ㉯, ㉮, ㉰의 차례가 알맞습니다.

13 '야행관'에는 주로 밤에 활동하는 동물이 있는데, '내' 눈길을 끈 것은 수리부엉이입니다.

14 오후 한 시에 소방관 체험을 하였습니다. 제빵사 체험과 디자이너 체험은 글쓴이가 오전에 한 직업 체험입니다.

15 제빵사 체험을 마치고 나온 열두 시에 중앙 광장에서 점심을 먹었습니다.

16 ㉠~㉢은 시간을 나타내는 표현입니다.

17 '오후에'가 시간을 직접적으로 표현한 말입니다.

18 환이는 시청 앞 거리에 가서 아빠와 아름다운 벽화를 구경했습니다.

채점 기준

장소와 그곳에서 한 일을 모두 알맞게 쓴 경우	5점
장소만 알맞게 쓴 경우	2점

19 괴산 지역 이름은 고구려, 신라, 고려, 조선의 시간에 따라 변해 왔으므로 ㉠에는 '시간'이 들어가는 것이 알맞습니다.

20 고구려 때는 '잉근내군', 신라 때 '괴양군', 고려 시대에는 '괴주', 조선 태종 때부터는 '괴산'이라는 지명으로 불렸습니다.

📜 서술형 평가　　　　　203쪽

1 예 '커졌다 작아졌다' 마법 열매를 먹었다.　**2** (1) 예 베짱이가 부지런히 베를 짰다.　(2) 예 할아버지가 베를 가지고 쥐들을 찾아갔다.　(3) 예 할아버지가 본래 크기로 돌아왔다.　**3** (1) 예 할아버지께 드릴 손수건을 만들었다.　(2) 예 크림빵을 완성했다.　(3) 예 소방관 복장으로 소방차를 타고 출동하고, 불이 난 곳에 물도 뿌렸다.　**4** (1) 예 방송국　(2) 예 아나운서가 되어 뉴스를 전하고 싶다.

1 할아버지가 작게 줄어든 까닭을 찾아봅니다.

채점 기준

'커졌다 작아졌다' 마법 열매를 먹었다고 쓴 경우	5점
처음 보는 열매를 먹었다고만 쓴 경우	3점

2 시간 흐름에 따른 중요한 사건을 정리해 써 봅니다.

채점 기준

시간에 따른 중요 사건을 모두 잘 정리한 경우	9점
중요 사건을 한두 가지 정리하여 쓴 경우	각 3점

3 각 체험관에서 경험한 일을 정리해 써 봅니다.

채점 기준

'내'가 한 활동을 모두 알맞게 쓴 경우	9점
활동 중 어느 한 가지만 맞게 쓴 경우	3점

4 자신이 해 보고 싶은 직업 체험을 생각하여 장소와 체험 내용을 써 봅니다.

채점 기준

체험하고 싶은 곳과 하고 싶은 체험을 모두 잘 쓴 경우	8점
체험하고 싶은 곳만 쓴 경우	4점

---

9 작품 속 인물이 되어

📝 쪽지 시험　　　　　204쪽

1 ㉮, ㉰　**2** (3) ○　**3** 투루, 쿠부　**4** 궤짝 안(속)　**5** 나그네　**6** 소나무　**7** (3) ✕

1 이야기에서 인물의 성격은 인물이 한 말이나 행동을 통해 알 수 있습니다.

2 투루와 쿠부는 거만한 태도로 무툴라를 무시했고, 무툴라의 말을 잘 듣지 않았습니다.

3 무툴라의 꾀에 속은 투루와 쿠부가 해가 질 때까지 줄다리기를 했습니다.

5 나그네는 남을 걱정하고 잘 돕는 성격이어서 호랑이를 궤짝 속에서 꺼내 주었습니다.

7 다른 친구들이 발표할 때 자기가 할 연극을 준비하거나 연습하지 않습니다.

💡 단원 평가　　　　　205~207쪽

1 ②　**2** ③, ⑤　**3** 줄다리기　**4** 무툴라　**5** 예 웃음이 나오는 것을 억지로 참듯이 읽는다.　**6** ①　**7** 호랑이, 나그네, 소나무　**8** ⑤　**9** ③　**10** ②　**11** (2) ○ (3) ○　**12** (땅속에서 막 나온) 홍당무들　**13** ㉰　**14** 재판　**15** 예 호랑이를 궤짝 속으로 들어가게 만들기 위해서　**16** ③　**17** ④　**18** ①, ②, ④　**19** ㉰　**20** 몸짓

1 '베짱이'와 짝이 되는 인물은 「개미와 베짱이」에 나오는 '개미'입니다.

2 몸집이 크다고 거만하게 구는 투루와 쿠부에게 주눅 들지 않고 용감하고 자신있게 하고 싶은 말을 하고 있습니다.

3 무툴라는 투루와 쿠부에게 줄다리기를 하면 언제든 이길 수 있다고 했습니다.

4 무툴라의 꾀에 넘어가 투루와 쿠부는 둘 다 무툴라와 줄다리기를 한다고 생각했습니다.

5 ㉠은 시치미를 떼고 하는 말이므로, 웃음이 나오려는 것을 억지로 참듯이 시치미 떼는 표정으로 읽으면 실감 납니다.

채점 기준	
인물의 말을 실감 나게 읽는 방법을 내용에 어울리게 쓴 경우	5점
답으로 쓴 내용이 간단하거나 부족한 경우	2점

6 글 **다**에 나타난 무툴라의 생각과 행동에서 투루와 쿠부의 줄다리기를 통쾌한 마음으로 보았음을 짐작할 수 있습니다.

7 이 글에는 호랑이, 나그네, 소나무의 대사가 있으므로 세 인물이 나옴을 알 수 있습니다.

8 소나무는 사람은 자신이 맑은 공기를 마시게 해 주는데도 사람들이 자신을 마구 꺾고 베어 버리기 때문에 호랑이가 옳다고 하였습니다.

9 소나무가 호랑이가 옳다고 했으므로, 어깨에 힘이 들어가고 뻔뻔한 말투로 말했을 것입니다.

10 사정을 다 보고도 소나무가 호랑이 편을 들어서 서운하고 속상할 것입니다.

11 인물이 처한 상황과 인물의 성격을 생각하면 극본을 실감 나게 읽을 수 있습니다.

12 땅속에서 막 나온 홍당무들은 먼 곳에 살고 있는 토끼들에게 가야 하는데 눈이 너무 많이 와서 발도 시리고 길도 보이지 않기 때문에 이제 그만 멈췄으면 좋겠다고 했습니다.

13 모두가 눈을 좋아하는데 눈이 멈췄으면 좋겠다는 말을 듣고 눈은 믿을 수 없어 슬퍼하고 있습니다.

14 나그네는 토끼에게 재판 좀 해 달라고 부탁했습니다.

15 글 **나**에서 이어지는 내용을 통해 토끼가 꾀를 부렸음을 짐작할 수 있습니다.

채점 기준	
예시 답의 내용이 들어가게 답을 쓴 경우	5점

16 호랑이에게 잡아먹힐 위험에 처한 나그네를 토끼가 도와주어 고마웠을 것입니다.

17 호랑이가 스스로 궤짝 속으로 들어가 문제를 해결했으므로 기쁜 말투로 말하는게 어울립니다.

18 무대 중앙에서 서서 연극을 보는 친구들을 향해 큰 소리로 말해야 하고, 무대에서 입장이나 퇴장할 때에는 관객의 시선을 가리면 안 됩니다.

19 극본에는 표정, 몸짓, 말투를 직접 알려 주는 부분이 있습니다. 그것을 '지문'이라고 하는데, ( ) 안에 설명하여 나타내며 연극을 할 때에는 읽지 않습니다.

20 극본을 읽을 때에는 인물의 성격을 생각하며 읽고, 알맞은 표정, 몸짓, 말투로 실감 나게 읽습니다.

서술형 평가   208쪽

1 ⑩ 시치미를 떼며 진지한 말투   **2** ⑩ 무툴라에게 속은 것 같아 기분이 상했을 것이다. / 무툴라의 꾀에 속아 넘어갔지만 대단한 아이라고 생각했을 것이다.   **3** (1) ⑩ 사람들은 날마다 나를 밟고 다니면서도 고맙다는 말 한마디를 하지 않기 때문에 (2) ⑩ 코나 흥흥 풀어 팽개치고 침이나 탁탁 뱉기 때문에   **4** ⑩ 거만하게 거들먹거리는 표정   **5** ⑩ 호랑이에게 잡아먹히게 될 것 같아 절망스러운 마음일 것이다. / 길의 말을 듣고 실망스러운 마음일 것이다.

1 무툴라는 투루와 쿠부를 속이고 자신과 줄다리기를 하는 것처럼 말하고 있습니다.

채점 기준	
무툴라가 말하는 상황을 파악하여 인물의 말에 어울리는 말투를 생각하여 쓴 경우	4점
답으로 쓴 내용에 부족한 점이 있는 경우	2점

2 투루와 쿠부는 무툴라의 꾀에 넘어가 둘 다 무툴라와 줄다리기를 하는 줄 알았을 것입니다.

채점 기준	
투루와 쿠부의 상황을 파악하고 인물의 마음을 알맞게 짐작하여 쓴 경우	5점
답으로 쓴 내용에 부족한 점이 있는 경우	2점

3 길은 사람들은 날마다 자신을 밟고 다니면서도 고맙다는 말 한마디를 안 하고, 코나 흥흥 풀어 팽개치고 침이나 탁탁 뱉는다고 했습니다.

채점 기준	
(1)과 (2)를 모두 알맞게 정리하여 쓴 경우	6점
(1)과 (2) 중 한 가지만 정리하여 쓴 경우	3점

4 호랑이는 자신만만하게 말하고 있습니다.

채점 기준	
인물의 말에 어울리는 표정을 답으로 쓴 경우	4점

5 길이 호랑이가 옳다고 했을 때 어떤 마음이 들었을지 짐작해 봅니다.

채점 기준	
인물이 처한 상황을 파악하여 인물의 마음을 알맞게 짐작하여 쓴 경우	4점

사회 교과개념북

1 환경에 따라 다른 삶의 모습

1 우리 고장의 환경과 생활 모습

1 (1) – ⓒ　(2) – ⓒ　**2** 인문　　**3** (1) ○　(2) ○
4 (1) – ㉠　(2) – ⓒ　(3) – ㉢　　**5** 산

1 자연환경은 땅의 생김새와 날씨에 영향을 주는 요소들을 말하며, 인문 환경은 사람들이 고장의 자연환경을 이용해 만든 환경을 말합니다.

2 고장의 환경은 자연환경과 인문 환경으로 구분할 수 있습니다.

3 (1) 우리는 다양한 땅의 모양을 볼 수 있습니다. (2) 고장 사람들은 자연환경을 이용해 살아갑니다. 또한 자연환경을 이용해 생활에 편리한 시설을 만들기도 합니다.

4 고장 사람들이 하는 일이나 생활 모습은 그 고장의 환경과 밀접한 관계가 있습니다.

5 산이 많은 고장에서는 전망대나 케이블카 등 생활에 편리한 시설을 만듭니다.

1 들　　　　**2** (1) – ⓒ　(2) – ㉠　　**3** 바다
4 양식장　　**5** (1) ×　(2) ○

1 들이 펼쳐진 곳에서는 논과 밭에서 곡식과 채소를 기르거나, 도시가 발달하기도 합니다.

2 들이 펼쳐진 곳에는 도시가 발달하기도 하는데 도시에 사는 사람들은 훨씬 더 다양한 일을 하며 살아갑니다.

3 고장 사람들이 하는 일이나 생활 모습은 그 고장의 환경과 밀접한 관계가 있습니다.

4 고장 사람들이 하는 일이나 생활 모습은 그 고장의 환경과 밀접한 관계가 있습니다.

5 (1) 바다가 있는 고장에 사는 사람들은 농사를 지으며 살아가기도 합니다.

1 (1) – ㉢　(2) – ⓒ　(3) – ⓒ　(4) – ㉠　　**2** 7
3 겨울　　　　**4** 여름　　　　**5** 염전

1 계절에 따라 고장 사람들의 생활 모습은 다르게 나타납니다.

2 기온이 가장 높은 달은 평균 기온이 25℃인 7월입니다. 기온이 가장 낮은 달은 평균 기온이 2℃인 1월입니다.

3 계절에 따라 고장 사람들의 생활 모습이 다릅니다. 겨울에는 난로나 온풍기를 사용하는 모습도 볼 수 있습니다.

4 우리나라는 여름에는 덥고 비가 많이 오며, 겨울에는 춥고 눈이 내리기도 합니다

5 기온이나 비, 바람의 영향으로 나타나는 날씨를 이용해 사람들은 다양한 일을 하며 살아갑니다.

1 여가 생활　　　　**2** (1) – ⓒ　(2) – ㉠
3 강에서 래프팅하기　　**4** 면담　　**5** (1) ○　(2) ×

1 사람들은 주로 자신이 살고 있는 고장의 자연환경과 인문 환경을 이용해 여가 생활을 합니다.

2 (1)은 영화관(인문 환경)을 이용한 여가 생활, (2)는 산(자연환경)을 이용한 여가 생활입니다.

3 공원에서 산책하기는 인문 환경을 이용한 여가 생활입니다.

4 면담 조사를 할 때는 먼저 상대방에게 방문 계획과 조사 목적을 알립니다.

5 (2) 면담이 끝나고 나면 면담 결과를 합해 표나 그래프로 나타내고 발표합니다.

🏃 핵심문장으로 시작하기   **1** 자연환경   **2** 도시   **3** 여름

4 ①, ③   **5** ㉠ 자연환경 ㉡ 인문 환경   **6** ④   **7** ②
8 ㉋ 바다에서 염전을 만들어 소금을 얻는다. 바다에서 물고기를 잡는다. 등   **9** 바다   **10** ㈏   **11** ②, ③   **12** ㉋ 고장마다 자연환경과 인문 환경이 다르기 때문이다.   **13** ⑤
14 ㈐   **15** ①   **16** ㉋ 단풍 구경을 간다. 논과 밭에서 곡식을 수확한다. 과수원에서 과일을 수확한다. 등   **17** ②
18 ㉠ → ㉣ → ㉢ → ㉡   **19** ④   **20** ㉡, ㉣

4 산, 들, 하천, 바다와 같은 땅의 생김새와 눈, 비, 바람, 기온, 우박 등 날씨에 영향을 주는 것을 자연환경이라고 합니다.

5 자연환경에는 산과 들 등이 있고, 인문 환경에는 도로, 아파트 등이 있습니다.

6 고장 사람들이 하천의 물을 생활용수와 공업용수로 이용하거나, 주변에 공원을 만들어 이용하기도 합니다.

7 사람들은 고장의 자연환경을 이용해 논, 밭, 과수원, 다리, 도로, 항구, 공장 등을 만듭니다.

8 자연환경 중 바다에서는 물고기를 잡거나 염전을 만들어 소금을 얻는 데 이용합니다.

채점 기준

바다가 있는 고장의 환경과 고장 사람들의 생활 모습을 바르게 쓴 경우	5점
바다라는 자연환경을 이용하는 모습과 관련지어 쓰지 않은 경우	3점

9 바다가 있는 고장에서는 주로 물고기를 잡으며 생활하고 소규모로 농사를 짓기도 합니다.

10 ㈎ 도시에서는 공장에서 물건을 만들거나 회사를 다니고 음식을 만들어 팔기도 하고 버스나 택시를 운전하는 등의 일을 합니다.

11 ①, ④, ⑤는 인문 환경에 해당합니다.

12 도시에 사는 사람들은 넓은 들이 있는 고장에 사는 사람들과 비교해서 훨씬 더 다양한 일을 합니다. 도시에는 많은 시설을 비롯한 인문 환경이 있기 때문입니다.

채점 기준

'고장마다 자연환경과 인문 환경이 다르기 때문이다.'라고 바르게 쓴 경우	5점
위 내용 중 일부만 쓴 경우	3점

13 ⑤는 도시에 사는 사람들이 하는 일에 해당합니다.

14 봄에는 주변의 산이나 공원으로 꽃구경을 갑니다.

15 ① 여름에는 에어컨과 선풍기를 사용합니다. 난로나 온풍기는 겨울에 사용합니다.

16 가을은 곡식이 익어 가고 날씨가 선선한 계절입니다.

채점 기준

가을에 주로 나타나는 고장 사람들의 생활 모습을 바르게 쓴 경우	5점
'가을'이라고 계절만 쓴 경우	3점

17 기온이 가장 높은 달은 7월이고, 강수량이 가장 많은 달은 7월로 여름에 해당합니다.

18 조사한 자료를 직선, 막대, 그림 등으로 한눈에 알아볼 수 있도록 나타낸 것을 그래프라고 합니다.

19 서영이는 영화관과 같은 인문 환경을 이용해서 여가 생활을 즐겼고, 주원이와 민우는 산, 바다와 같은 자연환경을 이용해서 여가 생활을 즐겼습니다.

20 ㉠, ㉢은 자연환경을 이용한 여가 생활에 해당합니다.

1 (1) 인문 환경 (2) ㉋ 사람들이 고장의 자연환경을 이용해 만든 환경을 인문 환경이라고 한다.   **2** (1) ㉠ 1월 ㉡ 1월 (2) ㉋ 봄에는 날씨가 따뜻해 꽃구경하는 사람이 많다. 여름에는 더워서 해수욕을 즐기는 사람이 많다. 가을에는 날씨가 선선해서 단풍 구경을 가는 사람이 많다. 겨울은 추워서 두꺼운 옷을 입는다.
3 (1) ㉠ 낚시, 등산 ㉡ 박물관 관람, 영화 감상 (2) ㉋ 여가 생활이란 스스로 즐거움을 얻고자 남는 시간에 하는 자유로운 활동을 의미한다.

1 (1) 고장의 인문 환경에는 이 밖에도 아파트, 학교, 다리, 공장 등이 있습니다.
(2) 우리 주변을 둘러싸고 있는 모든 것을 환경이라고 하고, 환경에는 자연환경과 인문 환경이 있습니다.

채점 기준

'사람들이 고장의 자연환경을 이용해 만든 환경을 인문 환경이라고 한다.'라고 바르게 쓴 경우	8점
'인문 환경'의 의미를 다르게 쓴 경우	4점

2 (1) 기온이 가장 높은 달은 7월, 기온이 가장 낮은 달은 1월이고, 강수량이 가장 많은 달은 7월, 강수량이 가장 적은 달은 1월입니다.

(2) 기온과 강수량이 계절에 따라 다르게 나타납니다.

채점 기준	
'봄에는 날씨가 따뜻해 꽃구경하는 사람이 많다.', '여름에는 더워서 해수욕을 즐기는 사람이 많다.', '가을에는 날씨가 선선해서 단풍 구경을 가는 사람이 많다.', '겨울은 추워서 두꺼운 옷을 입는다.'라고 바르게 쓴 경우	8점
위 내용 중 일부만 쓴 경우	4점

3 (1) 사람들은 주로 고장의 환경을 이용해 여가 생활을 즐깁니다.

(2) 사람들은 산, 바다 등의 자연환경과 박물관, 영화관 등의 인문 환경을 이용해 여가 생활을 합니다.

채점 기준	
'여가 생활이란 스스로 즐거움을 얻고자 남는 시간에 하는 자유로운 활동을 의미한다.'라고 바르게 쓴 경우	8점
여가 생활의 의미를 다르게 쓴 경우	4점

2 환경에 따른 의식주 생활 모습

😊 개념 확인 문제   19쪽

1 (1) – ⓒ (2) – ㉠ (3) – ⓛ **2** 의(의생활)

3 여름   **4** 날씨   **5** (1) – ⓛ (3) – ㉠

1 의식주란 옷과 음식, 집을 통틀어 이르는 말로, 사람들이 생활하는 데 기본적으로 꼭 필요한 것입니다.

2 옷, 신발은 의식주 생활 중에서 의생활과 관련 있는 것입니다.

3 우리 고장 사람들은 여름에는 바람이 잘 통하는 모시와 같은 소재의 옷을 많이 입고, 겨울에는 바람을 막고 몸을 따뜻하게 하려고 솜을 넣어 만든 옷을 입습니다.

4 고장별로 사람들의 옷차림이 차이가 나는 까닭은 고장마다 날씨가 다르기 때문입니다.

5 사막에서는 더운 날씨를 피하고, 뜨거운 햇볕과 모래바람을 막으려고 흰 천으로 된 옷을 입고, 머리에도 천을 둘러 감습니다. 춥고 눈이 많이 오는 고장에서는 동물의 털과 가죽으로 만든 옷을 입고, 발목을 감싸는 부츠를 신습니다.

😊 개념 확인 문제   21쪽

1 다르다   **2** (1) ○ (2) ×   **3** 바다

4 (1) × (2) ○   **5** 자연환경

1 식생활 모습을 비교해 보면 고장마다 발달한 음식이 다릅니다.

2 (1) 산지가 많은 영월에서는 감자, 산나물 등을 이용해 만든 음식을 먹습니다.

(2) 비빔밥이 유명한 곳은 넓은 들이 있는 전주입니다.

3 제주나 영덕처럼 바다가 있는 고장에서는 산지나 들이 많은 고장보다 신선한 해산물을 구하기 쉽습니다.

4 (1) 신선한 해산물을 이용한 음식은 바다로 둘러싸인 지역에서 발달하였습니다.

5 고장의 자연환경은 식생활 모습에 영향을 줍니다.

😊 개념 확인 문제   23쪽

1 (1) – ⓛ (2) – ㉠ **2** 우데기   **3** 너와집

4 아파트   **5** (1) ○ (2) ×

1 (1)은 터돋움집, (2)는 우데기집입니다. 과거 사람들이 살았던 집의 모습은 고장의 자연환경의 영향을 많이 받았습니다.

2 우데기는 울릉도처럼 겨울철 눈이 많이 내리는 고장에서 눈이 많이 와도 집안을 자유롭게 다닐 수 있도록 만든 벽입니다.

3 농사가 활발하지 않아 짚을 구하기 어려운 고장에서는 주변에서 쉽게 구할 수 있는 나무로 지붕을 얹었습니다.

4 도시가 발달한 고장에서는 아파트 등에 많은 사람이 모여 삽니다.

5 고장의 날씨, 땅의 생김새 등 자연환경에 따라 집의 모양이 다릅니다. (1) 일 년 내내 덥고 습한 고장에서는 더위와 해충을 피하기 위해 물 위에 집을 지었습니다. (2) 화산 폭발이 있었던 고장에서는 바위의 속을 파서 동굴집을 지었습니다.

🔍 **핵심문장으로 시작하기**   **1** 의식주   **2** 날씨   **3** 자연환경

4 ④, ⑤   **5** ㉠, ㉣   **6** ④   **7** (나)   **8** 예 고장별로 날씨가 다르기 때문이다.   **9** ③, ④   **10** ㉢, ㉣   **11** ②   **12** ①   **13** 예 산지가 많아 날씨가 서늘한 영월은 감자를 많이 심기 때문에 감자를 이용해서 만드는 음식이 발달했다. **14** ㉣   **15** (나), 터돋움집   **16** 예 눈이 집 안으로 들어오는 것을 막기 위해서이다.   **17** ③   **18** ③   **19** ②, ③ **20** ②

4 로빈슨 크루소는 무인도에서 홀로 살아가려고 자연환경을 이용해 필요한 것들을 스스로 마련했습니다.

5 ㉡, ㉢은 옷을 입고 생활해야 하는 까닭에 해당합니다.

6 ④는 교통수단에 해당합니다.

7 제주특별자치도 사람들은 반소매 옷을 입었고, 강원도 평창군 사람들은 긴소매 옷을 입고 있는 것으로 보아 강원도 평창군의 날씨가 더 추운 것을 알 수 있습니다.

8 제주특별자치도보다 강원도 평창군의 날씨가 더 춥기 때문입니다.

채점 기준

'고장별로 날씨가 다르기 때문이다.'라고 바르게 쓴 경우	5점
'날씨'라는 단어를 쓰지 않은 경우	3점

9 사막에서는 뜨거운 햇볕과 모래바람을 막으려고 긴 옷을 입고 머리에는 천을 둘러 감습니다.

10 ㉠은 덥고 비가 많이 내리는 고장에서 볼 수 있고, ㉡은 낮의 뜨거운 햇볕을 막고 밤의 추위를 견디려고 걸친 옷입니다.

11 바다가 근접한 고장에서는 해산물을 구하기 쉽습니다.

12 전주 지역에서는 넓은 들과 산에서 쌀과 채소를 구하기 쉽습니다. 장맛도 좋아 비빔밥이 유명합니다.

13 영월에서는 감자를 많이 재배하므로 감자떡과 같은 음식이 유명합니다.

채점 기준

'산지가 많아 날씨가 서늘한 영월은 감자를 많이 심기 때문에 감자를 이용해서 만드는 음식이 발달했다.'라고 바르게 쓴 경우	5점
'땅의 모양'과 '날씨' 특징 중 일부만 쓴 경우	3점

14 날씨가 덥고 습한 고장에서는 파인애플, 바나나, 망고 등과 같은 열대 과일을 이용한 음식이 많습니다.

15 터돋움집은 여름철에 홍수로 집이 물에 잠길 위험이 있는 고장에서 땅 위에 터를 돋우어 높은 곳에 지은 집입니다.

16 겨울철에 눈이 많이 내리는 고장에서는 눈이 많이 와도 집 안을 자유롭게 다닐 수 있도록 우데기를 만들었습니다.

채점 기준

'눈이 집 안으로 들어오는 것을 막기 위해서이다.'라고 바르게 쓴 경우	5점
'눈'이라는 환경과 관련지어 쓰지 않은 경우	3점

17 나무를 쉽게 얻을 수 있는 고장에서는 나뭇조각으로 지붕을 얹어 너와집을 만들었습니다.

18 터키에 있는 고장 사람들은 화산 폭발로 만들어진 바위가 단단하지 않아서 그 속을 파서 지은 집에서 살고 있습니다.

19 고장의 날씨, 땅의 생김새 등은 고장 사람들의 주생활에 영향을 줍니다.

20 제시된 자료는 환경에 따른 주생활 모습을 작은 책으로 만든 것입니다.

1 (1) ㉠ 의 ㉡ 식 ㉢ 주 (2) 예 우리가 살아가는 데 가장 기본적이고 필수적인 것이기 때문이다.   **2** (1) (가) (2) 예 (나) 지역은 덥고 비가 많이 내리기 때문에 얇은 소재로 시원한 옷을 만들어 입고, 챙이 넓은 모자를 썼다.   **3** (1) 여름 (2) 예 여름철에 비가 많이 올 때 집이 물에 잠길 위험이 있기 때문이다. 여름철 홍수로 인한 피해를 막기 위해서이다. 등

1 (1) 사람이 살아가는 데 반드시 필요한 입을 옷과 먹을 음식, 자거나 쉴 수 있는 집을 통틀어 의식주라고 합니다.
(2) 의식주는 우리가 살아가는 데 가장 기본적이고 필수적인 것입니다.

채점 기준

사람이 살아가는데 기본적이고 필수적이기 때문이라는 내용을 포함하여 쓴 경우	8점
의(옷), 식(음식), 주(집)가 필요하다고만 쓴 경우	4점

2 (1) 사막 지역에 사는 고장 사람들은 흰 천으로 된 옷을 입고, 머리에도 천을 둘러 감았습니다.
(2) 베트남처럼 덥고 습한 고장에 살고 있는 사람들은 바람이 잘 통하는 긴 옷을 입고 챙이 큰 모자를 씁니다.

3 (1) 터돋움집은 여름철 홍수로 집이 물에 잠길 위험이 있는 고장에서 지은 집입니다.

(2) 터돋움집은 땅 위에 터를 돋우어 높은 곳에 집을 지었습니다.

단원 정리 1 환경에 따라 다른 삶의 모습   28~29쪽

❶ 사람   ❷ 자연환경   ❸ 바다   ❹ 의식주
❺ 다양합니다

O X   1 ×   2 ×   3 ○   4 ○   5 ○   6 ○   7 ○
8 ○   9 ×   10 ×

1 산은 사람들이 만든 것입니다.
└ 자연적으로 생겨난 것
2 고장의 자연환경에는 논과 밭, 공장, 도로 등이 있습니다.
└ 인문 환경
9 산으로 둘러싸인 고장에서는 신선한 해산물을 자주 먹습니다.
└ 바다로
10 눈이 많이 내리는 울릉도에서는 나뭇조각으로 지붕을 얹은 너와집을 지었습니다.
└ 눈이 많이 와도 집 안을 자유롭게 다닐 수 있도록 우데기집

단원 평가   30~32쪽

1 ③   **2** ⑩ 자연환경은 땅의 생김새와 날씨 등 자연적으로 만들어진 환경이고, 인문 환경은 인간이 자연을 토대로 만들어 낸 환경이다.   **3** ①, ④   **4** ④   **5** ④   **6** ⑩ 도시에는 많은 시설을 비롯한 인문 환경이 있기 때문이다. 인문 환경을 이용해 사람들이 매우 다양한 일을 하고 있다. 등   **7** ⑤
8 계절   **9** ③   **10** ④   **11** ①   **12** ㉡   **13** (1) ㉠, ㉣, ㉤, ㉥ (2) ㉡, ㉦ (3) ㉢, ㉣   **14** ⑤   **15** ③   **16** ⑩ 낮과 밤의 기온 차가 큰 고장이다. 낮에는 햇볕이 뜨겁고 밤에는 춥다. 등
17 (1) – ㉠ (2) – ㉡ (3) – ㉢   **18** ①   **19** ⑤   **20** ㉠, ㉡

---

1 자연환경은 산, 들, 하천, 바다, 눈, 비, 바람 등이 있고, 인문 환경은 논, 과수원, 도로, 항구 등이 있습니다.

2 우리 주변을 둘러싸고 있는 환경은 자연환경과 인문 환경으로 구분할 수 있습니다.

3 들은 농사를 짓거나 도로와 주택 등을 만들어 이용합니다.

4 ④ 산이 많은 고장에서는 경사진 밭이나 계단식 논에서 농사를 짓기도 합니다.

5 ①, ②, ⑤는 도시에 사는 사람들이 하는 일이고, ③은 바다에 사는 사람들이 하는 일입니다.

6 도시에 사는 사람들이 하는 일은 넓은 들이 있는 고장에 사는 사람들이 하는 일보다 훨씬 더 다양합니다.

7 ⑤는 도시에 사는 사람들이 하는 일에 해당합니다.

8 여름에는 기온이 높아 덥고 비가 많이 오며, 겨울에는 기온이 낮아 춥고 눈이 내리기도 합니다.

9 민우네 고장은 여름에는 기온이 높아 덥고 비가 오지만, 겨울에는 기온이 낮아 춥고 눈이 내리기도 합니다.

10 겨울에는 날씨가 추워 두꺼운 옷을 입고, 난로나 온풍기를 사용합니다.

11 ②, ③, ④, ⑤는 인문 환경을 이용한 여가 생활에 해당합니다.

12 바다에서 낚시하는 것은 자연환경을 이용한 여가 생활입니다.

13 의식주는 사람이 살아가는 데 가장 기본적이고 필수적인 것입니다.

14 ⑤ 필요한 영양분을 얻기 위해서는 음식을 먹어야 합니다.

15 ③은 사우디아라비아와 같은 사막 지역 고장 사람들의 모습에서 볼 수 있습니다.

16 높은 산이 있는 페루는 낮의 뜨거운 햇볕과 밤의 추위로부터 몸을 보호하기 위해 망토와 같은 긴 옷을 입고 모자를

씁니다.

17 음식은 각 고장의 자연환경에 맞게 발달합니다.

18 산지가 있는 고장에서는 치즈를 이용한 음식이 많은데 산지에서 소를 키우는 낙농업이 발달했기 때문입니다.

19 울릉도 등 겨울철에 눈이 많이 내리는 고장에서 눈이 많이 와도 집 안을 자유롭게 다닐 수 있도록 우데기를 만들었습니다.

20 ㉢ 고장에서 구하기 쉬운 재료로 집을 짓고, ㉣ 도시가 발달한 고장에서는 주로 아파트 같은 높은 집을 많이 짓습니다.

수행 평가 1-2 환경에 따른 의식주 생활 모습 34쪽

1 ❶ 들 ❷ 의 ❸ 해산물 ❹ 너와 ❺ 홍수

2 ㉐ 고장마다 환경과 생활 모습이 다양하다. 자연환경에 따라 다양한 의식주 생활 모습이 나타난다. 고장에서 쉽게 구할 수 있는 재료를 이용한 생활 모습이 나타난다. 등

1 환경에 따른 고장의 의식주 생활 모습 자료를 찾고 그 특징을 바르게 정리할 수 있습니다.

2 고장의 날씨나 땅의 생김새와 같은 자연환경은 사람들의 의식주 생활 모습에 많은 영향을 줍니다.

수행 평가 1-1 우리 고장의 환경과 생활 모습 33쪽

1 (1) 기온 (2) 강수량   **2** (1) 7 (2) 1

3 ❶ ㉐ 더위를 피해 해수욕을 즐긴다. 얇은 옷을 입는다. 에어컨이나 선풍기를 사용한다. 등 ❷ ㉐ 눈썰매장에서 신나게 썰매를 탄다. 두꺼운 옷을 입는다. 난로나 온풍기를 사용한다. 등

1 그래프의 ℃를 통해 ㉠은 기온을 나타내고, mm를 통해 ㉡은 강수량을 나타내고 있음을 알 수 있습니다.

2 여름철인 7월의 기온이 가장 높고, 강수량도 가장 많습니다.

3 계절에 따라 사람들의 생활 모습은 다양합니다. 봄에는 꽃이 핀 곳으로 소풍을 가고, 여름에는 물놀이를 하고, 가을에는 단풍 구경을 가며, 겨울에는 두꺼운 옷을 입습니다.

2 시대마다 다른 삶의 모습

1 옛날과 오늘날의 생활 모습

1 생활 도구   **2** 돌   **3** (1) × (2) × (3) ○
4 청동   **5** (1) 철 (2) 나무

---

1 사람들이 일상생활에서 사용하는 물건을 생활 도구라고 합니다.

2 옛날 사람들은 자연에서 쉽게 구할 수 있는 돌과 나무로 생활 도구를 만들기 시작했습니다.

3 돌을 깨뜨려 도구를 만들었던 시대의 사람들은 추위와 동물의 공격을 피하려고 동굴이나 바위 그늘에서 살았습니다. (1)과 (2)는 돌을 갈아서 도구를 만들었던 시대의 모습입니다.

4 청동은 재료를 구하기 어렵고, 만드는 과정이 복잡하였습니다.

5 철은 청동보다 더 단단하여 다양한 생활 도구를 만들 수 있었습니다.

1 (1) × (2) ○   **2** (1) – ㉠, ㉢ (2) – ㉡, ㉣
3 맷돌   **4** (2) ○   **5** 전기

---

1 (1) 농사 도구를 만드는 재료는 돌에서 점차 철로 바뀌었습니다.

2 ㉠ 돌괭이와 ㉢ 트랙터는 땅을 가는 도구이고, ㉡ 콤바인과 ㉣ 반달 돌칼은 곡식을 수확하는 도구입니다.

3 맷돌에 곡식을 넣고 손잡이를 돌리면 곡식을 갈 수 있습니다.

4 음식을 끓이거나 밥을 짓는 도구는 (3) 토기 → (2) 가마솥 → (1) 전기밥솥 순서로 발달했습니다.

5 오늘날에는 전기 요리 도구를 이용해 더욱 편리하고 안전하게 음식을 만듭니다.

1 가락바퀴   **2** (1) × (2) ○   **3** 움집
4 (1) – ㉡ (2) – ㉠   **5** (1) ○ (2) ×

---

1 옛날 사람들은 식물의 줄기를 얇게 뜯어 가락바퀴에 꽂은 막대기에 꼬아서 실을 만들었습니다.

2 (1) 가죽이나 옷을 꿰매는 도구는 뼈바늘, 바늘, 재봉틀의 순서로 발달했습니다.

3 사람들은 움집 안에서 불을 피워 따뜻하게 지내면서 음식을 만들어 먹고 잠을 잤습니다.

4 주로 농사를 지었던 옛날 사람들은 볏짚으로 지붕을 얹은 초가집에서 살았습니다. 기와집은 안채와 사랑채 등으로 구분되었습니다.

5 (2) 오늘날의 집은 보통 거실과 주방이 연결되어 있고, 화장실이 집 안에 있습니다.

핵심문장으로 시작하기   **1** 생활 도구   **2** 농기계   **3** 동굴
4 ②   **5** ③   **6** ⑤   **7** 청동   **8** ①   **9** ②
10 ㉡ → ㉢ → ㉣ → ㉠   **11** ③   **12** ⑤   **13** 예 다양한 음식을 빠르고 편리하게 만들 수 있게 되었다.
14 ⑤   **15** ②   **16** ③   **17** ④   **18** ②   **19** 온돌
20 예 거실과 주방이 연결되어 있고 화장실이 집 안에 있다. 보일러가 있어 집 안에서 따뜻하게 생활한다. 등

---

4 주먹 도끼는 돌을 깨뜨려서 만든 도구입니다.

5 돌을 갈아서 만든 도구를 사용한 시대에는 땅을 파고 기둥을 세운 집을 지어 살았습니다. ③은 돌을 깨뜨려 만든 도구를 사용한 시대의 생활 모습입니다.

6 제시된 사진은 음식을 담았던 빗살무늬 토기로, 흙으로 만들었습니다.

7 청동으로 도구를 만들어 사용한 시대에도 농사를 지을 때나 일상생활에서는 여전히 돌과 나무로 만든 도구를 사용했습니다.

8 비파형 동검은 청동으로 만든 도구입니다. 청동과 같은 금속으로 도구를 만들어 사용하다가 이후 철을 이용하여 도구를 만들었습니다.

9 철로 만든 도구를 사용한 시대에는 농사 도구도 철로 만들어 사용하면서 농업이 크게 발달했습니다.

10 땅을 가는 도구는 ⓒ 돌괭이 → ⓒ 철로 만든 괭이 → ⓔ 쟁기 → ⊙ 트랙터 순으로 발달했습니다.

11 오늘날에는 다양한 농기계가 발달하여 적은 힘으로 넓은 땅을 농사지을 수 있게 되었고 수확하는 곡식의 양도 많아졌습니다.

12 토기, 가마솥, 전기밥솥은 음식의 재료를 익힐 때 사용하는 도구입니다.

13 음식을 만드는 도구가 발달하면서 빠르고 편리하게 다양한 음식을 만들 수 있게 되었습니다.

채점 기준	
'다양한 음식을 빠르고 편리하게 만들 수 있게 되었다.'라고 바르게 경우	5점
'음식을 빨리 익히게 되었다.', '편리해졌다.' 등과 같이 간단하게 쓴 경우	3점

14 옛날 사람들은 식물의 줄기를 얇게 뜯어 가락바퀴에 꽂은 막대기에 꼬아서 실을 만들었습니다.

15 오늘날에는 옷을 만드는 기계가 발달하여 다양한 종류의 옷을 쉽고 빠르게 만들 수 있습니다.

16 먹을 것을 찾아 이동하며 살았던 사람들은 더위나 추위, 사나운 짐승을 피할 수 있는 동굴에서 살았습니다.

17 주로 농사를 지었던 옛날 사람들은 볏짚으로 지붕을 만든 초가집에서 살았습니다.

18 ② 오늘날에는 많은 사람이 철근과 콘크리트로 만든 주택, 아파트 등에 삽니다.

19 온돌은 아궁이에 불을 때면 뜨거운 열기가 방바닥 아래를 지나가면서 구들장을 데워 방을 따뜻하게 합니다.

20 그 밖에도 오늘날 사람들은 가족이 같이 식사를 준비하고, 거실에서 이야기를 나누며 함께 시간을 보내기도 합니다.

채점 기준	
'거실과 주방이 연결되어 있고 화장실이 집 안에 있다.' 등 오늘날 집의 형태에 맞게 사람들의 생활 모습을 구체적으로 쓴 경우	5점
'생활이 편리해졌다.'라고 간단하게 쓴 경우	3점

📑 **서술형 평가** 45쪽

1 (1) 생활 도구 (2) 예 사냥을 하거나 열매를 따서 먹을거리를 얻었다. **2** (1) 철 (2) 예 적은 힘으로 넓은 땅을 농사지을 수 있게 되었고 수확하는 곡식의 양도 많아졌다. **3** (1) 움집 (2) 예 움집 안에서 불을 피워 따뜻하게 지냈다. 하나의 방에서 도구를 손질하고 음식을 만들어 먹었다. 등

1 (1) 제시된 그림은 돌을 깨뜨려 만든 도구를 사용한 시대를 나타낸 것입니다.
(2) 제시된 그림과 같은 시대에 살았던 사람들은 열매를 따거나 짐승과 물고기를 잡아서 먹을 것을 마련했습니다.

채점 기준	
'사냥을 하고 열매를 따서 먹을거리를 얻었다.'라고 바르게 쓴 경우	8점
'사냥하기', '열매 따기' 중 한 가지만 쓴 경우	4점

2 (1) 처음에 사람들은 돌이나 나무를 이용하여 농사 도구를 만들었지만, 이후 튼튼한 철로 농사 도구를 만들어 사용했습니다.
(2) 오늘날에는 농기계를 사용해 사람들이 더욱 편리하게 농사를 짓습니다.

채점 기준	
'적은 힘으로 넓은 땅을 농사지을 수 있게 되었고 수확하는 곡식의 양도 많아졌다.'라고 바르게 쓴 경우	8점
위 내용 중 일부만 쓴 경우	4점

3 (1) 땅을 파서 평평하게 한 후 기둥을 세우고 풀, 짚을 덮어 지은 집을 움집이라고 합니다.
(2) 농사를 짓고 한곳에 모여 살았던 사람들은 움집을 짓고 그 안에서 불을 피워 따뜻하게 지내면서 음식을 만들어 먹고 잠을 잤습니다.

채점 기준	
'움집 안에서 불을 피워 따뜻하게 지냈다.', '하나의 방에서 도구를 손질하고 음식을 만들어 먹었다.' 등 움집의 생활 모습을 바르게 쓴 경우	8점
'불을 피웠다.', '하나의 공간만 있었다.' 등과 같이 간단하게 쓴 경우	4점

2 옛날과 오늘날의 세시 풍속

1 세시 풍속   **2** (1) × (2) ○   **3** 1월 15일
4 (1) – ㉢ (2) – ㉠ (3) – ㉡   **5** (1) ㉢ (2) ㉡ (3) ㉠

---

1 설날에 입는 옷, 하는 놀이, 하는 일, 먹는 음식처럼 일정한 시기에 되풀이하여 행해 온 고유의 생활 모습을 세시 풍속이라고 합니다.

2 (1)은 정월 대보름에 했던 세시 풍속입니다.

3 음력 1월 15일은 정월 대보름이고, 음력 8월 15일은 추석입니다.

4 (1) 삼짇날에는 진달래꽃으로 전을 만들어 먹었고, (2) 한식에는 불을 사용하지 않고 찬 음식을 먹었습니다. (3) 단오에는 창포물에 머리 감기 등을 했습니다.

5 (1)은 중양절, (2)는 추석, (3)은 삼복의 세시 풍속입니다.

1 (2) ○   **2** (1) ○ (2) ×   **3** 농사
4 (1) × (2) ○   **5** 윷놀이

---

1 옛날 사람들은 동지에 팥죽을 만들어 먹으며 나쁜 기운을 몰아내고자 했습니다.

2 (2)는 오늘날까지 이어지고 있는 설날의 세시 풍속입니다.

3 조상들은 주로 농사를 짓고 살았기 때문에 농사가 잘되기를 바라며 때에 따라 농사와 관련된 다양한 세시 풍속을 즐겼습니다.

4 (1) 오늘날 사람들의 생활 모습이 달라지면서 옛날의 세시 풍속은 사라지거나 일부만 남았습니다.

5 우리 조상들은 설날부터 정월 대보름까지 윷놀이를 즐겼습니다.

핵심문장으로 시작하기   **1** 명절   **2** 정월 대보름   **3** 농사

4 세시 풍속   **5** ④   **6** ⑤   **7** ②   **8** 예 창포물에 머리를 감았다. 그네뛰기와 씨름 등 다양한 놀이를 즐겼다. 수리취떡을 먹었다. 부채를 선물했다. 등   **9** ㉠, ㉢
10 ③   **11** ②   **12** ④   **13** ①   **14** ②   **15** (가) 겨울 (나) 봄 (다) 가을 (라) 여름   **16** ④   **17** 예 직업이 다양해져 농사와 관련된 세시 풍속이 많이 사라졌다. 큰 명절을 중심으로 세시 풍속이 이어져 오고 있다. 등   **18** ①
19 ⑤   **20** ③

4 해마다 일정한 시기에 반복적으로 되풀이되는 일과 놀이, 음식 등의 다양한 생활 모습을 세시 풍속이라고 합니다

5 설날은 음력 1월 1일로 우리나라의 대표적인 명절입니다. 설날에는 세배하기, 차례 지내기, 떡국 먹기, 윷놀이와 연날리기 등을 했습니다.

6 정월 대보름에 즐긴 쥐불놀이는 농사와 관련된 세시 풍속입니다.

7 한식은 동지로부터 105일째 되는 날(양력 4월 5일 무렵)로, 찬 음식을 먹는 세시 풍속이 있었습니다. 음력 3월 3일은 새봄을 알리는 삼짇날입니다.

8 단오는 음력 5월 5일로, 더위가 시작되는 때입니다. 사람들은 단오에 다양한 세시 풍속을 즐겼습니다.

채점 기준

단오의 세시 풍속을 두 가지 모두 바르게 쓴 경우	5점
단오의 세시 풍속을 한 가지만 쓴 경우	3점

9 삼복에는 더위를 이겨 내려고 물놀이를 즐겼고, 닭백숙 등 영양이 풍부한 음식을 먹었습니다. ㉡은 농사일이 어느 정도 끝나는 시기인 백중에 했던 세시 풍속입니다. ㉣은 한식의 세시 풍속입니다.

10 음력 8월 15일인 추석에는 송편과 토란국을 먹었습니다. ① 오곡밥은 정월 대보름, ② 팥죽은 동지, ④ 닭백숙은 삼복에 먹었습니다.

11 달력에서 작게 쓰여 있는 날짜가 음력입니다. 중양절은 음력 9월 9일로, 옛날 사람들은 이날 국화전을 만들어 먹었습니다.

12 상달은 음력 10월입니다. 상달에는 다가오는 겨울을 대비해 김장을 하고 메주를 띄웠습니다.

13 동지는 일 년 중 밤이 가장 긴 날입니다. 조상들은 붉은 팥이 나쁜 기운을 쫓는다고 믿어 동지에 팥죽을 만들어 먹었습니다.

14 ② 옛날에는 설날에 복을 바라며 복조리를 집 안에 걸었습니다.

15 옛날에는 계절과 농사와 관련된 세시 풍속이 많았습니다.

16 옛날 사람들은 주로 농사를 짓고 살았는데 날씨와 계절의 변화는 농사를 짓는 데 매우 중요했습니다. 이에 따라 농사와 관련된 세시 풍속이 계절에 따라 다양했습니다.

17 그 밖에도 오늘날에는 계절에 관계없이 언제든지 세시 풍속을 즐길 수 있고, 세시 풍속에 담긴 의미가 변하기도 했습니다.

<table>
<tr><td>채점 기준</td><td></td></tr>
<tr><td>'직업이 다양해져 농사와 관련된 세시 풍속이 많이 사라졌다.', '큰 명절을 중심으로 세시 풍속이 이어져 오고 있다.' 등 구체적으로 쓴 경우</td><td>5점</td></tr>
<tr><td>'세시 풍속이 많이 사라졌다.'라고 간단하게 쓴 경우</td><td>3점</td></tr>
</table>

18 추석에 조상들께 차례를 지내고 송편과 햇과일을 먹는 세시 풍속은 오늘날까지 이어져 오고 있습니다.

19 옛날 사람들은 조리가 깨끗한 쌀알을 골라내는 것처럼 그 해의 행복을 복조리로 골라내고자 하는 바람으로 설날에 복조리를 벽에 걸어 두었습니다.

20 윷놀이에는 풍년이 들기를 바라는 마음이 담겨 있습니다.

📋 서술형 평가
53쪽

1 (1) (가) 설날, (나) 정월 대보름 (2) 예 나물을 먹었다. 부럼을 깨물었다. 달집태우기와 쥐불놀이를 하였다. 등 **2** (1) 추석 (2) 예 조상들께 차례를 지내고 성묘하기 **3** (1) (나) (2) 예 교통과 통신, 과학 기술의 발달로 직업이 다양해졌기 때문이다.

---

1 (1) 떡국은 설날, 오곡밥은 정월 대보름에 먹었습니다.

(2) 정월 대보름은 새해의 첫 보름달이 뜨는 날입니다. 사람들은 밤에 보름달을 바라보며 농사가 잘되기를 빌기도 했습니다.

<table>
<tr><td>채점 기준</td><td></td></tr>
<tr><td>정월 대보름의 세시 풍속을 두 가지 모두 바르게 쓴 경우</td><td>8점</td></tr>
<tr><td>정월 대보름의 세시 풍속을 한 가지만 쓴 경우</td><td>4점</td></tr>
</table>

2 (1) 추석은 음력 8월 15일로, '한가위'라고도 합니다.

(2) 추석에는 조상들께 감사하는 마음을 담아 차례를 지내고 성묘를 하였습니다.

<table>
<tr><td>채점 기준</td><td></td></tr>
<tr><td>'조상들께 차례를 지내고 성묘하기'라고 바르게 쓴 경우</td><td>8점</td></tr>
<tr><td>'차례', '성묘' 중 한 단어만 포함하여 쓴 경우</td><td>4점</td></tr>
</table>

3 (1) 쥐불놀이는 논이나 밭의 언덕에 불을 놓아 해로운 벌레를 쫓고 농사가 잘되기를 바라는 뜻으로 했던 놀이입니다.

(2) 옛날에는 사람들이 주로 농사를 지었지만, 오늘날에는 여러 분야에서 다양한 일을 합니다.

<table>
<tr><td>채점 기준</td><td></td></tr>
<tr><td>'교통과 통신, 과학 기술의 발달로 직업이 다양해졌기 때문이다.'라고 바르게 쓴 경우</td><td>8점</td></tr>
<tr><td>'농사를 짓는 사람이 많이 줄어서', '직업이 다양해서' 등과 같이 간단하게 쓴 경우</td><td>4점</td></tr>
</table>

단원정리 **2** 시대마다 다른 삶의 모습
54~55쪽

❶ 철 **❷** 초가집 **❸** 세시 풍속 **❹** 농사

○ ✕ **1** ○ **2** ✕ **3** ○ **4** ○ **5** ✕ **6** ○ **7** ✕

8 ○ **9** ✕ **10** ✕

2 청동을 이용하여 음식을 만드는 칼, 농사 도구, 무기 등을 만들어 사용했습니다.
　└ 철

5 흙을 구워 만든 기와로 지붕을 덮은 집을 움집이라고 합니다.
　　　　　　　　　　　　　　└ 기와집

7 설날은 음력 1월 15일로, 새해 첫날입니다.
　　　　　　└ 1월 1일

9 추석에 다가오는 겨울을 대비해 김장을 하고 메주를 띄웠습니다.
　└ 상달

10 오늘날에는 경칩과 같은 큰 명절을 중심으로 세시 풍속이 이어져 오고 있습니다.
　　　　└ 설날, 추석

1 ⑤　　**2** 예 강가나 바닷가에 모여 살았다. 집을 짓고 살았다. 농사를 짓고 가축을 길렀다. 흙으로 그릇을 만들었다. 등
3 ④　　**4** ⑤　　**5** ②　　**6** ⑤　　**7** 재봉틀　**8** ①　**9** ④
10 (1) 기와집　(2) 예 안채에서는 여자들이 생활했다. 사랑채에서는 남자들이 손님을 맞이하거나 글공부를 했다. 등　　**11** ③
12 ②　　**13** 한식　**14** ③　　**15** ⑤　　**16** 예 나쁜 기운을 몰아내고자 팥죽을 만들어 먹었다.　　**17** 봄　　**18** ③
19 ②　　**20** ④

1 주먹 도끼는 자연에서 쉽게 구할 수 있는 돌을 깨뜨려서 만든 생활 도구입니다.

2 돌을 갈아서 도구를 만들었던 시대의 사람들은 강이나 바다에서 먹을거리를 얻었고, 농사를 짓고 가축을 길렀습니다.

채점 기준	
돌을 갈아서 도구를 만들었던 시대의 생활 모습을 두 가지 모두 바르게 쓴 경우	5점
돌을 갈아서 도구를 만들었던 시대의 생활 모습을 한 가지만 쓴 경우	3점

3 청동은 재료를 구하기 어렵고 만드는 과정이 복잡했습니다.

4 사람들은 철로 만든 농사 도구를 사용하면서 더 많은 곡식을 수확할 수 있었습니다.

5 곡식을 수확하는 도구는 반달 돌칼 → 철로 만든 낫 → 탈곡기 → 콤바인 순으로 발달했습니다.

6 음식을 만드는 도구가 발달하면서 사람들은 다양한 음식을 빠르고 편리하게 만들 수 있게 되었습니다.

7 제시된 것은 옷을 만드는 도구가 발달한 순서입니다. 방직기와 재봉틀과 같은 옷을 만드는 기계가 발달하여 사람들은 다양한 종류의 옷을 쉽고 빠르게 만들 수 있게 되었습니다.

8 먹을 것을 찾아 이동하며 살았던 사람들은 더위나 추위, 사나운 짐승을 피할 수 있는 동굴에서 살았습니다.

9 움집에 살던 사람들은 집 가운데에 불을 피워 따뜻하게 지내면서 간단한 음식을 만들어 먹었습니다.

10 제시된 그림은 흙을 구워 만든 기와로 지붕을 덮은 기와집입니다. 기와집은 남자와 여자가 생활하는 공간이 구분되어 있었고, 화장실이 방과 떨어져 있었습니다.

채점 기준	
(1) 집의 이름과 (2) 생활 모습을 모두 바르게 쓴 경우	5점
(1) 집의 이름과 (2) 생활 모습 중 한 가지만 바르게 쓴 경우	3점

11 정월 대보름은 음력 1월 15일로, 새해 첫 보름달이 뜨는 날입니다. ③ 씨름은 단오에 즐겼던 놀이입니다.

12 ㈎ 단오에는 나쁜 기운을 쫓으려고 창포물로 머리를 감았습니다. ㈏ 삼복에는 더위를 이겨 내려고 닭백숙, 육개장 등을 먹었습니다.

13 한식은 동지로부터 105일째 되는 날로, 찬 음식을 먹었습니다.

14 추석에는 조상들께 차례를 지내고 성묘를 했습니다. 송편과 토란국을 먹었고 줄다리기, 강강술래 등을 했습니다.

15 옛날 사람들은 중양절이 되면 산에 올라가 단풍을 즐겼습니다. 또 국화로 만든 음식을 먹으면서 서로의 건강을 기원했습니다.

16 동지는 일 년 중 밤이 가장 긴 날입니다. 사람들은 붉은색이 나쁜 기운을 쫓는다고 생각하여 팥죽을 먹었습니다.

채점 기준	
'나쁜 기운을 몰아내고자 팥죽을 만들어 먹었다.'라고 바르게 쓴 경우	5점
'나쁜 일이 생기지 않게 하려고'라고 간단하게 쓴 경우	3점

17 봄에는 조상의 산소를 보살피고 한 해의 농사를 시작했습니다.

18 설날에 웃어른께 세배를 드리고 떡국을 먹는 세시 풍속은 오늘날까지 이어지고 있습니다.

19 오늘날에는 교통과 통신, 과학 기술이 발달하였고 직업이 다양합니다. 그래서 농사와 관련된 세시 풍속이 많이 사라졌습니다.

20 크리스마스는 우리나라의 명절이 아닙니다.

수행 평가 2-1 옛날과 오늘날의 생활 모습　59쪽

1 ㈎ → ㈐ → ㈏ → ㈑　**2** ㉡, ㉢　**3** (1) 청동　(2) 예 청동은 재료를 구하기 어렵고 만드는 과정이 복잡하여 무기나 장신구, 제사를 지내는 도구를 만드는 데 주로 사용했다.

1 옛날 사람들은 자연에서 얻은 돌이나 나무를 이용해 생활 도구를 만들었습니다. 시간이 흐른 뒤에는 흙으로 그릇을 만들고 돌이나 동물의 뼈를 갈아서 더 좋은 도구를 만들어 사용했습니다. 점차 청동과 같은 금속으로 도구를 만들기 시작했고, 이후 청동보다 훨씬 단단한 철로 도구를 만들었습니다.

2 주먹 도끼는 돌을 깨뜨려서 만든 것입니다. 돌을 깨뜨려 도구를 만들었던 시대의 사람들은 동물 가죽으로 옷을 만들었고, 동굴이나 바위 그늘에서 살았습니다.

3 청동과 같은 금속으로 도구를 만들어 사용하기 시작했어도 농사를 지을 때나 일상생활에서는 여전히 돌과 나무로 만든 도구를 사용했습니다.

채점 기준	
(1) '청동'과 (2) 구체적 이유를 들어 청동으로 만든 도구의 종류를 모두 바르게 쓴 경우	20점
(2) '청동은 재료를 구하기 어렵고 만드는 과정이 복잡하여 무기나 장신구, 제사를 지내는 도구를 만드는 데 주로 사용했다.'라고만 쓴 경우	15점
(1) '청동'이라고 쓴 경우	5점

😎 수행 평가 2-2 옛날과 오늘날의 세시 풍속 60쪽

1 ㈐ **2 ❶** ㉘ 조상들께 차례를 지냈다. 웃어른께 세배를 드렸다. 윷놀이와 연날리기 등을 즐겼다. 등 **❷** 오곡밥 **❸** 창포 **❹** ㉘ 조상들께 차례를 지내고 성묘를 했다. 강강술래와 줄다리기 등을 했다. 등 **❺** 팥죽

1 추석은 곡식과 과일을 수확할 때의 명절입니다. 사람들은 처음 수확한 햇곡식과 과일로 차례를 지냈고, 송편과 토란국을 먹었습니다.

2 옛날에는 계절에 따라 다양한 세시 풍속이 있었습니다.

❶

채점 기준	
차례 지내기, 세배하기, 윷놀이, 연날리기 등 설날의 세시 풍속을 바르게 쓴 경우	5점
설날의 세시 풍속 중 일부만 쓴 경우	3점

❹

채점 기준	
차례 지내기, 성묘하기, 강강술래와 줄다리기 등 추석의 세시 풍속을 바르게 쓴 경우	5점
추석의 세시 풍속 중 일부만 쓴 경우	3점

---

3 가족의 모습과 역할 변화

1 가족의 구성과 역할 변화

😊 개념 확인 문제 63쪽

1 결혼 **2** (1) ✕ (2) ○ **3** 폐백
4 (1) – ㉠ (2) – ㉡ **5** (1) ✕ (2) ○

1 남자와 여자가 결혼하여 새로운 가족이 생깁니다.

2 (1) 혼인하는 날 신랑은 말을 타고 신부의 집으로 갔습니다.

3 가마는 신랑의 집으로 갈 때 신부가 탔던 이동 수단입니다.

4 오늘날에는 신랑은 턱시도를 입고, 신부는 웨딩드레스를 입고 결혼식을 합니다.

5 (1) 오늘날의 결혼 풍습으로, 신랑과 신부는 결혼반지를 주고받으며 결혼을 약속합니다.

😊 개념 확인 문제 65쪽

1 (1) – ㉡ (2) – ㉠ **2** (1) 핵 (2) 확 **3** 농사
4 (1) ○ (2) ✕ **5** ㉠ 확대 가족, ㉡ 핵가족

1 확대 가족은 가족 구성원의 수가 많은 편이고, 핵가족은 가족 구성원의 수가 상대적으로 적은 편입니다.

2 (1) 핵가족은 결혼하지 않은 자녀와 부모가 함께 사는 가족이고, (2) 확대 가족은 결혼한 자녀와 부모가 함께 사는 가족을 말합니다.

3 옛날에는 자녀가 결혼을 한 후에도 부모와 함께 사는 경우가 많았습니다.

4 오늘날에 직장이나 교육 등을 위해 다른 고장으로 이사를 가거나 쾌적한 환경, 살기 좋은 곳을 찾아 이동하면서 핵가족이 많이 늘어났습니다.

5 옛날에 비해 오늘날에는 가족 구성원의 수가 적고 핵가족이 더 많습니다.

😊 개념 확인 문제   67쪽

1 (1) ✕ (2) ◯   **2** 없어지면서   **3** (1) 옛 (2) 오

4 갈등   **5** 대화

1 (1) 옛날에는 여자는 주로 음식 준비, 빨래하기, 수놓기 등 집안일을 했습니다.

2 오늘날에는 성별에 따라 가족 구성원의 역할을 구분하지 않습니다.

3 옛날에는 집안의 남자 어른이 가족의 중요한 일을 결정하였고, 오늘날에는 가족 구성원이 함께 의논하여 결정합니다.

4 갈등은 어느 가족이나 겪을 수 있습니다. 중요한 것은 갈등을 해결하려고 노력하는 태도입니다.

5 가족 구성원 간에 갈등이 생기면 대화를 하면서 서로의 생각을 이해하고 해결 방법을 찾으려고 노력해야 합니다.

💡 실력 문제   68~70쪽

🔎 핵심문장으로 시작하기   1 기러기   **2** 확대 가족   **3** 역할

4 ①   **5** ㉢ → ㉤ → ㉡ → ㉣ → ㉠   **6** ②, ③

7 ④   **8** ⑤   **9** ②   **10** 핵가족   **11** ⑤

12 예 옛날에는 주로 농사를 짓고 살아서 일손이 많이 필요했기 때문이다.   **13** ③   **14** ⑤   **15** ②   **16** ⑤

17 ㉠, ㉢   **18** 예 대화를 나누며 갈등의 원인을 파악해야 한다. 서로의 생각을 이해하며 해결 방법을 찾도록 노력해야 한다. 등   **19** ②   **20** ⑤

4 가족은 함께 살아가면서 힘들고 어려운 일이 있을 때 서로 도와주고, 기쁘고 즐거운 일이 있을 때 행복을 함께 나눕니다.

5 옛날에 혼례는 주로 신부의 집에서 치렀고, 혼례가 끝난 뒤 신부는 신랑의 집으로 갔습니다. 신랑의 집에 도착하면 신부는 폐백을 드렸습니다.

6 신부가 폐백을 드릴 때 신랑의 집안 어른들은 자식을 많이 낳고 부자가 되라는 뜻으로 대추와 밤을 던져 주었습니다.

7 전통 혼례복을 입고 전통 혼례 방식으로 결혼하는 사람도 있습니다.

8 오늘날에는 결혼식 때 신랑은 턱시도를, 신부는 웨딩드레스를 입습니다.

9 시간이 지나면서 결혼 풍습은 달라졌지만, 옛날과 오늘날의 결혼식 모두 새로운 가정을 이루는 중요한 의식입니다.

10 오늘날에는 핵가족이 많습니다.

11 확대 가족은 결혼한 자녀와 부모가 함께 사는 가족을 말합니다. ①~④는 결혼하지 않은 자녀와 부모가 함께 사는 핵가족입니다.

12 옛날 사람들은 주로 농사를 짓고 살았습니다. 농사에는 일손이 많이 필요했기 때문에 결혼한 자녀와 부모가 함께 사는 확대 가족이 많았습니다.

채점 기준

'주로 농사를 짓고 살아서 일손이 많이 필요했기 때문이다.'라고 바르게 쓴 경우	5점
'주로 농사를 지어서', '일손이 필요해서' 등과 같이 간단하게 쓴 경우	3점

13 오늘날에는 직장이나 교육 등을 위해 다른 고장으로 이사를 가거나 쾌적한 환경, 살기 좋은 곳을 찾아 이동하면서 핵가족이 많이 늘어났습니다.

14 ⑤ 옛날에는 집안에서 나이 많은 남자 어른이 가족의 중요한 일을 결정했습니다.

15 오늘날에는 성별에 따라 가족 구성원의 역할을 구분하지 않기 때문에 부모가 함께 자녀를 돌봅니다.

16 오늘날에는 남녀 모두 교육받을 기회가 많아지고 여성의 사회 활동이 활발해지면서 남녀의 역할 구분이 없어지고 있습니다.

17 가족 구성원이 함께 생활하다 보면 서로 생각이 다르거나 각자의 역할을 하지 않아 갈등이 생기기도 합니다.

18 갈등을 해결하려면 대화를 통해 가족 구성원을 이해하고 배려해야 합니다.

채점 기준

'대화를 나누며 갈등의 원인을 파악해야 한다.', '서로의 생각을 이해하며 해결 방법을 찾도록 노력해야 한다.'라고 바르게 쓴 경우	5점
'대화를 한다.'라고 간단하게 쓴 경우	3점

19 가족이 행복하게 생활하려면 가족 구성원 모두가 서로 배려하고 협력해야 합니다. 또한 가족 구성원으로서 자신의 역할을 바로 알고 실천해야 합니다.

20 가족 구성원 간에 대화를 하지 않는 것은 바람직한 행동이 아닙니다.

📖 서술형 평가

1 (1) 신부의 집 (2) 예 신부가 신랑의 집안에 새로 들어왔다는 것을 알리는 뜻으로 폐백을 드렸다. **2** (1) (가) 확대 가족 (나) 핵가족 (2) 예 부모와 함께 사는 자녀가 결혼을 했는지 안 했는지로 구분한다. 결혼한 자녀와 부모가 함께 살면 확대 가족이라고 하고, 결혼하지 않은 자녀와 부모가 함께 살면 핵가족이라고 한다. 등 **3** (1) (나) (2) 예 오늘날에는 남녀 모두 교육받을 기회가 많아졌기 때문이다. 여성의 사회 활동이 활발해졌기 때문이다. 등

1 (1) 옛날에는 신부의 집에서 혼례를 치렀습니다.

(2) 신랑의 집에 도착한 신부는 신랑의 집안 어른들에게 첫인사로 폐백을 드렸습니다.

채점 기준	
'신부가 신랑의 집안에 새로 들어왔다는 것을 알리는 뜻으로 폐백을 드렸다.'라고 바르게 쓴 경우	8점
'인사를 드리는 것이다.'라고 간단하게 쓴 경우	4점

2 (1) 확대 가족은 가족 구성원의 수가 많은 편이고, 핵가족은 가족 구성원의 수가 적은 편입니다.

(2) 옛날에는 확대 가족이 많았지만 오늘날에는 핵가족이 더 많습니다.

채점 기준	
자녀의 결혼 상태에 따라 결혼한 자녀와 함께 살면 확대 가족이고, 그렇지 않으면 핵가족이라고 바르게 쓴 경우	8점
확대 가족과 핵가족 중 한 가지 가족 형태에 대해서만 쓴 경우	4점

3 (1) (가) 옛날에는 집안일을 주로 여자들이 했고, (나) 오늘날에는 가족 구성원들이 역할을 정해 집안일을 나누어 합니다.

(2) 오늘날에는 남자와 여자가 평등하다는 생각으로 성별의 구분 없이 다양한 역할을 나누어 합니다.

채점 기준	
'남녀 모두 교육받을 기회가 많아졌기 때문이다.', '여성의 사회 활동이 활발해졌기 때문이다.'라고 바르게 쓴 경우	8점
위 내용 중 일부만 쓴 경우	4점

2 다양한 가족이 살아가는 모습

😊 개념 확인 문제

1 다양한   **2** 결혼   **3** (1) ○

4 (1) ○ (2) ×   **5** (1) ○ (2) × (3) ○

1 다양한 형태의 가족들이 함께 우리 사회를 이루고 있습니다.

2 가족마다 함께 살아가는 구성원이 다릅니다.

3 (1)은 한 부모와 자녀로 이루어진 가족이고, (2)는 부모님의 재혼으로 이루어진 가족입니다.

4 (2) 가족 구성원이나 가족 형태 등이 달라 가족마다 살아가는 모습이 다양합니다.

5 일기, 편지, 영화, 신문 기사 등에 담긴 다양한 가족의 생활 모습을 찾아볼 수 있습니다.

😊 개념 확인 문제

1 (1) 3 (2) 1 (3) 2   **2** 그림   **3** (1) ○ (2) ×

4 소중   **5** 존중

1 다양한 가족의 생활 모습을 표현하는 과정은 (2) → (3) → (1) 순입니다.

2 다양한 가족의 생활 모습을 역할극이나 뉴스 대본 쓰기, 그림 그리기, 노랫말 바꾸기 등으로 표현할 수 있습니다.

3 (2) 가족과 생활하면서 여러 가지 규칙과 예절을 배웁니다.

4 가족은 누구에게나 특별하고 소중합니다.

5 우리는 가족의 모습이 다를 수 있음을 인정하고 서로를 존중하는 태도를 가져야 합니다.

핵심문장으로 시작하기 **1** 가족 **2** 재혼 **3** 배려

4 ②　　**5** ③　　**6** ①　　**7** 예 국적과 문화가 다른 남녀가 만나 이루어진 가족이다. 한국인과 외국인이 결혼하여 이루어진 가족이다. 등 **8** ⑤　　**9** ㉡, ㉢ **10** ④　　**11** ③　　**12** 신문 **13** ⑤　　**14** ④　　**15** ⑤　　**16** 예 할아버지와 손주들이 함께 살고 있다. 할아버지가 손주들을 위해 나무 목걸이와 흔들의자를 만들어 주셨다. 등 **17** ①　　**18** ②　　**19** ②　　**20** ③

4 오늘날에는 다양한 형태의 가족이 있습니다.

5 우리 주변에는 할아버지나 할머니가 손주를 키우는 가족이 있습니다.

6 ㉠은 결혼한 자녀와 부모가 함께 사는 확대 가족입니다.

7 어떤 가족은 가족 구성원의 피부색이나 태어난 나라가 다르기도 합니다.

채점 기준	
'국적과 문화가 다른 남녀가 만나 이루어진 가족이다.', '한국인과 외국인이 결혼하여 이루어진 가족이다.'라고 바르게 쓴 경우	5점
'태어난 나라가 다르다.'라고 간단하게 쓴 경우	3점

8 가족 구성원이나 가족 형태, 가족이 살아가는 상황과 환경 등이 달라 가족마다 살아가는 모습이 다양합니다.

9 ㉠ 아파트 사진은 집의 형태를 확인할 수 있는 자료입니다.

10 일기를 쓴 어린이는 아버지와 어머니, 동생과 함께 살고 있습니다.

11 엄마와 아빠가 결혼해서 언니가 생겼다는 것으로 보아, 부모님의 재혼으로 새롭게 가족이 된 것을 알 수 있습니다.

12 가족의 이야기가 담긴 일기, 편지, 동화, 신문, 그림, 시, 영화 등에서 다양한 가족이 살아가는 모습을 살펴볼 수 있습니다.

13 제시된 신문 기사에는 베트남 출신의 세 아이 엄마인 경찰의 이야기가 쓰여 있습니다.

14 다양한 가족의 생활 모습을 표현하려고 할 때에는 가장 먼저 어떤 가족의 모습을 나타낼지 정합니다.

15 제시된 자료는 할아버지와 손주로 이루어진 가족의 생활 모습이 담겨 있는 역할극 대본입니다.

16 역할극에 등장하는 가족은 할아버지와 손녀, 손자입니다.

할아버지가 손주들에게 나무로 목걸이, 흔들의자를 만들어 주셨습니다.

채점 기준	
'할아버지와 손주들이 살고 있다.', '할아버지가 손주들을 위해 나무 목걸이와 흔들의자를 만들어 주셨다.'라고 바르게 쓴 경우	5점
가족 구성원만 간단하게 쓴 경우	3점

17 가족의 형태나 살아가는 모습은 달라도 가족들이 서로 사랑하고 배려하는 마음은 같습니다. ① 가족마다 자녀의 수는 다릅니다.

18 우리 사회를 이루는 다양한 가족이 살아가는 모습을 이해하고 존중하는 태도를 가져야 합니다.

19 잘못을 하거나 힘든 일이 있을 때 가족의 위로로 힘과 용기를 내어 어려움을 이겨 낼 수 있습니다.

20 우리 가족이 소중한 것처럼 다른 가족도 소중합니다. 다른 가족의 어려움을 도와주려는 태도가 중요합니다.

1 (1) (나) (2) 예 우리 주변에는 다양한 형태의 가족이 있다. 다양한 형태의 가족들이 함께 우리 사회를 이루고 있다. 등　　**2** (1) 편지 (2) 예 자녀를 입양한 가족이다.　　**3** (1) 그림 (2) 다른 가족이 살아가는 모습을 이해하고 존중한다. 다른 가족의 어려움을 도와주려고 노력한다. 등

1 (1) 조부모는 할아버지와 할머니를 뜻합니다.
(2) 우리 가족과 비슷한 형태의 가족도 있고, 다른 형태의 가족도 있습니다.

채점 기준	
'우리 주변에는 다양한 형태의 가족이 있다.'라고 바르게 쓴 경우	8점
'다양한 가족이 있다.'라고 간단하게 쓴 경우	4점

2 (1) 제시된 자료는 지유가 부모님께 쓴 편지입니다.
(2) 3년 전 부모님께서 동생 승주를 입양하여 네 식구가 살아가고 있습니다.

채점 기준	
'자녀를 입양한 가족이다.'라고 바르게 쓴 경우	8점
'부모님과 자녀로 이루어진 가족이다.'라고 쓴 경우	4점

사회

3 (1) 제시된 작품은 다양한 가족이 모여 사는 집을 그림으로 표현한 것입니다.

(2) 다양한 가족이 함께 어울려 살아가려면 다양한 가족의 모습을 존중하는 태도를 지녀야 합니다.

채점 기준	
다양한 가족을 대하는 바람직한 태도를 두 가지 모두 바르게 쓴 경우	8점
다양한 가족을 대하는 바람직한 태도 중 한 가지만 바르게 쓴 경우	4점

단원 **3 가족의 모습과 역할 변화** 80~81쪽
정리

❶ 결혼 ❷ 남자 ❸ 여자 ❹ 가족
❺ 존중

O X 1 × 2 ○ 3 ○ 4 × 5 × 6 ○ 7 ×
8 ○ 9 × 10 ○

1 우리는 부모, 형제자매, 조부모 등으로 이루어진 ~~학교~~ 안에서 행복을 나누며 함께 살아갑니다.
└→ 가족

4 옛날에는 농사를 짓기 위하여 결혼한 자녀와 부모가 함께 사는 ~~핵가족~~이 많았습니다.
└→ 확대 가족

5 오늘날에는 성별에 따라 가족 구성원의 역할을 ~~구분합니다.~~
구분하지 않습니다. └┘

7 오늘날에는 사회가 변화하면서 가족의 형태가 ~~비슷해지고~~ 있습니다.
다양해지고 └┘

9 다양한 가족의 생활 모습을 표현하는 방법에는 ~~백지도로 그리기~~가 있습니다.
└→ 역할극으로 표현하기, 그림 그리기 등

단원 평가 82~84쪽

1 ② **2** ③ **3** ③ **4** ③, ④ **5** ㉠ 확대 가족, ㉡ 핵가족 **6** ⑤ **7** 예 직장이나 교육 등을 위해 다른 고장으로 이사 가는 사람이 많기 때문이다. 쾌적한 환경 등을 찾아 이동하는 사람이 많기 때문이다. 등 **8** ① **9** ④ **10** ㉡, ㉢ **11** ③ **12** 예 한 부모와 자녀로 이루어진 가족이다. **13** ③ **14** (다) **15** (나) **16** ⑤ **17** ② **18** ③ **19** 예 역할극으로 표현한다. 뉴스 대본으로 표현한다. 그림으로 그린다. 등 **20** ⑤

1 가족은 함께 살아가면서 힘들고 어려운 일이 있을 때 서로 도와줍니다.

2 ①, ②, ④, ⑤는 오늘날의 결혼 풍습입니다.

3 오늘날에도 전통 혼례 방식으로 결혼하는 사람이 있습니다. ①은 결혼식장, ②는 바닷속 결혼식, ④는 야외 결혼식 모습으로 오늘날에만 볼 수 있습니다.

4 옛날과 오늘날의 결혼 풍습은 달라졌어도 결혼을 통해 가족이 만들어집니다. 그리고 두 사람의 결혼을 알리는 것, 많은 사람이 신랑 신부를 축복해 주는 것은 같습니다.

5 옛날에는 확대 가족이 많았고, 오늘날에는 핵가족이 많습니다.

6 옛날에는 농사짓는 데 일손이 많이 필요했기 때문에 자녀가 결혼을 한 후에도 부모와 함께 사는 확대 가족이 많았습니다.

7 그 밖에도 개인의 독립된 생활을 중요하게 생각하면서 부모와 따로 사는 경우가 많아졌습니다.

채점 기준	
'직장이나 교육 등을 위해 다른 고장으로 이사 가는 사람이 많기 때문이다.', '쾌적한 환경 등을 찾아 이동하는 사람이 많기 때문이다.'라고 바르게 쓴 경우	5점
'직장 때문에' 등과 같이 간단하게 쓴 경우	3점

8 옛날에는 가족 구성원들의 역할이 구분되어 있었습니다.

9 ④ 오늘날에는 가족 구성원이 집안일을 함께 나누어 합니다.

10 오늘날에는 누구나 교육받을 수 있고 사회 활동에 참여할 수 있게 되면서 가족 구성원의 역할도 많이 달라졌습니다.

11 서로 생각이 다르거나 각자의 역할을 하지 않아 가족 구성원 간에 갈등이 생기기도 합니다.

12 아버지와 자녀들이 함께 살고 있습니다.

채점 기준	
'한 부모와 자녀로 이루어진 가족이다.'라고 바르게 쓴 경우	5점

13 우리 주변에서 볼 수 있는 다양한 형태의 가족 중에는 국적과 문화가 다른 남녀가 만나 이루어진 가족이 있습니다.

14 우리 주변에는 할아버지 또는 할머니와 손주가 함께 살아가는 가족이 있습니다.

15 제시된 편지에는 엄마와 아빠가 결혼해서 언니가 생겼다고 쓰여 있습니다. 따라서 부모님의 재혼으로 이루어진 가족입니다.

16 오늘날에는 다양한 형태의 가족이 있습니다. 가족들의 모습은 서로 비슷하기도 하고 다르기도 합니다.

17 한 부모와 자녀로 이루어진 가족의 생활 모습이 담겨 있는 일기입니다.

18 여러 가족 형태 중 부모님이 한 분인 가족에 해당합니다.

19 여러 가지 방법으로 다양한 가족의 생활 모습을 표현할 수 있습니다.

채점 기준	
다양한 가족의 생활 모습 표현 방법을 두 가지 모두 바르게 쓴 경우	5점
다양한 가족의 생활 모습 표현 방법을 한 가지만 쓴 경우	3점

20 가족들이 서로를 아끼고 사랑하며, 격려하고 도우며 살아간다는 점은 가족의 형태와 상관없이 같습니다.

수행 평가 3-1 가족의 구성과 역할 변화 85쪽

1 ㉠ 신부의 집, ㉡ 턱시도   **2** 다운, 라진

3 ⓔ 사람들에게 신랑 신부 두 사람이 부부가 된 것을 알린다. 가족과 친척이 모여 신랑 신부의 행복한 미래를 축복해 준다. 등

1 옛날에는 신부의 집에서 혼례를 치렀습니다. 옛날에는 신랑 신부가 한복을 입었지만, 오늘날에는 신랑은 턱시도를 입고 신부를 웨딩드레스를 입습니다.

2 옛날에는 혼례가 끝나면 신부의 집에서 며칠을 보낸 후 신랑의 집으로 갔습니다. 오늘날에는 결혼식을 마치고 신혼여행을 떠납니다.

3 옛날과 오늘날의 결혼 풍습은 달라도 두 사람의 결혼을 알리고 신랑 신부를 축하해 주는 마음은 같습니다.

채점 기준	
옛날과 오늘날의 결혼 풍습에서 달라지지 않은 점을 두 가지 모두 바르게 쓴 경우	16점
옛날과 오늘날의 결혼 풍습에서 달라지지 않은 점을 한 가지만 쓴 경우	8점

수행 평가 3-2 다양한 가족이 살아가는 모습 86쪽

1 (1) (라) (2) (마) (3) (다) (4) (아) (5) (가)

2 ⓔ 가족 구성원끼리 아끼고 사랑하며 배려하는 마음, 가족들이 격려하고 도우며 살아가는 점

3 ⓔ 다른 가족이 살아가는 모습을 이해한다. 다른 가족이 살아가는 모습을 존중한다. 다른 가족의 어려움을 도와주려고 한다. 등

1 그 밖에 (나) 부부와 자녀로 구성된 가족, (사) 아이 없이 부부만 있는 가족 등 우리 주변에는 다양한 형태의 가족이 살아가고 있습니다.

2 가족들이 서로를 아끼고 사랑하며, 격려하고 도우며 살아간다는 점은 가족의 형태와 상관없이 같습니다.

채점 기준	
'가족 구성원끼리 아끼고 사랑하며 배려하는 마음', '가족들이 격려하고 도우며 살아가는 점'이라고 바르게 쓴 경우	10점
'사랑하는 마음', '배려하는 마음' 등과 같이 간단하게 쓴 경우	5점

3 우리는 가족의 모습이 다를 수 있음을 인정하고 서로를 존중하는 태도를 가져야 합니다.

채점 기준	
'다른 가족이 살아가는 모습을 이해한다.', '다른 가족이 살아가는 모습을 존중한다.' 등의 내용을 쓴 경우	10점
위 내용 중 일부만 쓴 경우	5점

사회 평가대비북

1 환경에 따라 다른 삶의 모습

1 우리 고장의 환경과 생활 모습

✏️ 쪽지 시험
89쪽

1 자연환경 **2** 인문환경 **3** 다릅니다
4 바다 **5** 강수량 **6** 가을 **7** 해수욕 **8** 도시 **9** 산
10 인문 환경

2 자연환경에 대비되는 개념으로 사람이 자연환경을 토대로 만들어 낸 환경을 인문 환경이라고 합니다.

5 계절에 따라 기온과 강수량이 달라지고 그에 따라 고장 사람들의 생활 모습이 다양하게 나타납니다.

7 여름에는 더위를 피해 물놀이를 하고 에어컨과 선풍기를 사용합니다.

9 산이 많은 고장에서는 경사진 밭이나 계단식 논에서 농사를 짓기도 합니다.

💡 단원 평가 1회
90~91쪽

1 ① **2** (1)－ⓒ (2)－ⓛ (3)－⊙ **3** ② **4** ②
5 예 가두리 양식장을 한다. 바다에서 물고기를 잡는다. 해녀들이 바다에 나가 해산물을 직접 구한다. 소규모로 농사를 짓기도 한다. 등 **6** 가을 **7** ① **8** ⑤ **9** ③ **10** ③, ④

1 자연환경에는 산, 들, 하천, 바다, 눈, 비, 바람, 기온 등이 있고, 인문 환경에는 논, 밭, 과수원, 다리, 도로, 공장, 항구 등이 있습니다.

2 고장 사람들을 산, 들, 하천, 바다를 이용하며 살아가고 다양한 자연환경을 이용하여 생활에 편리한 시설을 만들기도 합니다.

3 산에는 비탈진 곳이 많아 농사지을 장소가 충분하지 않기 때문에 경사지를 계단처럼 만들어 이용합니다.

4 ①, ④는 산이 많은 고장에 사는 사람들, ③은 바다가 있는 고장에 사는 사람들이 하는 일입니다.

5 제시된 그림은 바다가 있는 고장으로 주변에 바다가 있고 모래사장이 있습니다.

채점 기준

바다가 있는 고장 사람들이 환경을 이용해서 하는 일을 바르게 쓴 경우	5점
바다라는 고장의 환경과 관계가 없는 일을 쓴 경우	3점

6 단풍을 통해 계절이 가을임을 알 수 있습니다.

7 ②는 겨울, ③은 봄, ④, ⑤는 여름에 고장 사람들이 생활하는 모습입니다.

8 강수량이 가장 많은 달인 7월에는 비가 많이 옵니다.

9 겨울에는 두꺼운 옷을 입고, 스키나 썰매를 탑니다.

10 ①, ②는 인문 환경을 이용하여 즐긴 여가 생활 모습입니다.

💡 단원 평가 2회
92~93쪽

1 ③ **2** ⑤ **3** ①, ③ **4** ⑤ **5** ① **6** ①, ②
7 예 도시에는 많은 시설을 비롯한 다양한 인문 환경이 있기 때문이다. 도시의 인문 환경을 활용해 사람들이 매우 다양한 일을 하기 때문이다. 등 **8** ④ **9** ② **10** (1)－⊙, ⓒ
(2)－ⓛ, ⓔ

1 디지털 영상 지도를 통해 땅의 생김새인 산, 들, 하천, 바다와 이를 이용하는 모습을 살펴볼 수 있습니다.

2 인문 환경에는 과수원, 도로, 항구, 아파트, 학교, 공장, 논, 밭 등이 있습니다.

3 ②, ④는 인문 환경에 해당합니다.

4 ⑤ 바다가 있는 고장에 사는 사람들이 하는 일입니다.

5 ① 산이 많은 고장의 인문 환경에는 스키장이 있고 식당이나 숙박 시설 등이 있습니다. ②~⑤는 자연환경에 해당합니다.

6 ③, ④는 넓은 들이 있는 고장에 사는 사람들, ⑤는 바다가 있는 고장에 사는 사람들이 하는 일입니다.

7 도시에 사는 사람들은 사람들 간의 교류 모습이나 생활 모습도 다양하게 나타납니다.

채점 기준

도시에 사는 사람들은 고장의 환경 중 '인문환경'을 활용하여 다양한 일을 한다고 바르게 쓴 경우	5점
단순히 고장의 환경을 활용하여 일을 한다고 쓴 경우	3점

8 민우네 고장에서 강수량이 가장 많은 달은 7월이고, 강수량이 가장 적은 달은 1월입니다.

9 여름에는 더위를 피해 해수욕을 즐깁니다.

10 사람들은 산, 강 등의 자연환경과 박물관, 영화관 등의 인문 환경을 이용해 여가 생활을 합니다.

📝 서술형 평가　94쪽

1 (1) ㉠ 땅 ㉡ 날씨 (2) ⑩ 산, 들, 하천, 바다와 같은 땅의 생김새와 날씨에 영향을 주는 눈, 비, 바람, 기온 등을 자연환경이라고 한다.
2 (1) 바다 (2) ⑩ 바다에서 물고기를 잡거나 김이나 굴 등을 양식하고, 소규모로 농사를 짓기도 한다.
3 ⑩ 계절에 따라 날씨가 다르기 때문이다.
4 (1) 인문 환경 (2) ⑩ 놀이공원에서 놀이 기구를 탄다. 공원에서 산책을 한다. 영화관에서 영화를 본다. 볼링장에서 볼링을 친다. 등

1 (1) 산, 들, 하천, 바다 등은 땅의 생김새, 눈, 비, 바람, 우박 등은 날씨에 영향을 주는 요소에 해당합니다.
(2) 땅의 생김새와 날씨에 영향을 주는 요소들을 자연환경이라고 합니다.

채점 기준	
자연환경의 의미를 땅의 생김새(산, 들, 하천, 바다)와 날씨에 영향을 주는 것(눈, 비, 바람, 기온 등)으로 나누어 모두 바르게 쓴 경우	8점
땅의 생김새와 날씨에 영향을 주는 것 중 한 가지만 바르게 쓴 경우	4점

2 (2) 바다가 있는 고장에서는 바다에서 물고기를 잡으면서 주변의 땅을 일구어 농사를 짓기도 했습니다.

채점 기준	
'바다에서 물고기를 잡거나 김이나 굴 등을 양식하고, 소규모로 농사를 짓기도 한다.'라고 바르게 쓴 경우	8점
고장의 환경을 이용하며 살아가는 사람들의 생활 모습을 바르게 설명하지 못한 경우	4점

3 봄에는 꽃이 핀 곳으로 소풍을 가고, 여름에는 물놀이를 합니다. 가을에는 단풍 구경을 가고, 겨울에는 두꺼운 옷을 입는 등 계절에 따라 생활 모습이 다릅니다.

채점 기준	
'계절에 따라 날씨가 다르기 때문이다.'라고 바르게 쓴 경우	8점
'날씨'라는 단어를 빼고 간단하게 쓴 경우	4점

---

4 (1) 박물관, 영화관, 도서관, 공원 등은 인문 환경에 해당합니다.
(2) 여가 생활은 주로 자신이 살고 있는 고장의 환경을 이용해 여가 생활을 즐깁니다.

채점 기준	
인문 환경을 이용한 여가 생활을 두 가지 이상 바르게 쓴 경우	8점
자연환경을 이용한 여가 생활을 쓰거나 인문 환경을 이용한 여가 생활 중 한 가지만 바르게 쓴 경우	4점

2 환경에 따른 의식주 생활 모습

✏️ 쪽지 시험　95쪽

1 의식주 **2** 많은 **3** 추위 **4** 사막 **5** 두꺼운 **6** 바다
7 감자떡 **8** 터돋움집 **9** 우데기 **10** 자연환경

1 옷과 음식, 집은 사람이 살아가기 위해 없어서는 안 될 가장 기본적이고 필수적인 것입니다.

4 사막에 있는 고장에서는 더운 날씨를 피하기 위해 사람들이 긴 옷을 입습니다.

7 산지가 많은 고장에서는 논농사보다 밭농사를 많이 짓고 옥수수, 메밀, 감자 등이 많이 납니다.

10 세계 여러 고장 사람들의 의식주 생활 모습은 각 나라 및 고장의 자연환경에 따라 달라집니다.

1 자신의 개성을 표현하기 위해서 옷을 입고 생활할 수 있습니다.

2 집은 사람이 살아가는 데 잠을 자고 쉬거나 더위와 추위를 피하기 위해서 꼭 필요한 것입니다.

채점 기준	
'안전하고 편안하게 쉬기 위해서'라는 내용을 바르게 쓴 경우	5점
'사람이 살아가려면 필요하기 때문에'라고 간단하게 쓴 경우	3점

3 ㉡, ㉣은 여름철 옷차림에 해당합니다.

4 페루와 같이 높은 산이 있는 고장 사람들은 낮의 뜨거운 햇빛과 밤의 추위로부터 몸을 보호하기 위해 망토와 같은 긴옷을 입고 모자를 썼습니다.

5 사막에서는 뜨거운 햇빛과 모래바람을 막으려고 긴 옷을 입고 머리에는 천을 돌려 감습니다.

6 감자떡은 감자가 많이 나는 고장에서 발달한 음식입니다.

7 날씨가 덥고 습한 고장은 파인애플, 바나나, 망고와 같은 열대 과일을 이용한 음식이 많습니다.

8 여름철 홍수에 대비하여 터돋움집을 만들었고, 겨울철 눈에 대비하여 우데기집을 만들었습니다.

9 ⑤ 눈과 얼음으로 만든 집은 이글루가 있습니다.

10 환경에 따른 의식주 생활 모습을 작은 책 만들기, 그림으로 그리기, 신문 만들기, 역할극, 노래 가사 바꾸어 부르기 등으로 표현할 수 있습니다.

1 우리가 살아가는 데 가장 필요한 기본적이고 필수적인 것을 통틀어 의식주라고 합니다.

2 제주특별자치도 사람들은 반소매를, 강원도 평창군 사람들은 긴소매를 입고 있는 것은 고장별로 날씨가 다르기 때문입니다.

3 춥고 눈이 많이 오는 고장에서는 동물의 털로 만든 두꺼운 외투를 입고 발목까지 감싸는 부츠를 신습니다.

4 ⑤ 높은 산이 있는 고장 사람들의 의생활 모습입니다.

5 산지가 많아 서늘한 영월에서는 감자를 많이 재배하며 감자떡, 감자옹심이, 곤드레나물밥 같은 음식이 유명합니다.

6 (가)는 날씨가 서늘하고 비가 많이 내리지 않아 메밀을 많이 재배하는 지역에서 만든 음식입니다. (라)는 넓은 들과 산에서 쌀과 채소를 구하기 쉬운 지역에서 만든 음식입니다.

7 전주 지역의 넓은 들과 산에서 쌀과 채소를 쉽게 구할 수 있었습니다.

채점 기준	
'넓은 들과 산에서 쌀과 채소를 쉽게 구할 수 있기 때문에'라고 바르게 쓴 경우	5점
'고장마다 자연환경이 다르기 때문에'라고 간단하게 쓴 경우	3점

8 울릉도집에 우데기를 설치한 까닭은 눈이 집 안으로 들어오는 것을 막기 위해서입니다.

9 터키에서는 예전에 화산 폭발이 있었습니다. 그때 생긴 돌은 큰 힘을 들이지 않고도 굴을 팔 수 있을 만큼 부드러워서 그 고장 사람들은 바위 속을 파서 동굴 형태의 집을 짓고 살았습니다.

10 해충의 피해를 막기 위해 물 위에 집을 짓는 것은 덥고 습한 고장에서 볼 수 있는 주생활 모습입니다. 일 년 내내 춥고 눈이 많이 내리는 곳에서는 눈과 얼음으로 집을 만듭니다.

1 (1) ㉠, ㉢ (2) 예 덥거나 추운 날씨로부터 몸을 보호할 수 있기 때문이다.

2 (1) 사막 (2) 예 더운 날씨를 피하고, 뜨거운 햇볕과 모래바람을 막기 위해서이다.

3 (1) ㉠ 평양냉면 ㉡ 전주비빔밥 (2) 예 고장의 날씨나 땅의 생김새와 같은 자연환경은 그 고장 사람들의 식생활에 많은 영향을 주었기 때문이다.

4 예 여름철에 홍수로 집이 물에 잠길 위험이 있는 고장이다.

1 (1) ㉡, ㉻은 주생활, ㉢, ㉣은 식생활과 관련된 모습입니다.
(2) 옷을 입고 생활해야 하는 까닭은 덥거나 추운 날씨로부터 몸을 보호하기 위해서입니다.

채점 기준	
'덥거나 추운 날씨로부터 몸을 보호할 수 있기 때문이다.'라고 바르게 쓴 경우	8점
'살아가는데 꼭 필요하기 때문이다.'라고 간단하게 쓴 경우	4점

2 (2) 사막에서는 뜨거운 햇볕과 모래바람을 막으려고 긴 옷을 입고 머리에는 천을 둘러 감았습니다.

채점 기준	
'더운 날씨를 피하고, 뜨거운 햇볕과 모래바람을 막기 위해서이다.'라고 지역의 날씨 특징과 관련지어 쓴 경우	8점
'사막'이라고만 간단하게 쓴 경우	4점

3 (1) 평양냉면은 날씨가 서늘하고 비가 많이 내리지 않아 메밀을 많이 재배하여 메밀로 면발을 만들었습니다. 전주비빔밥은 넓은 들과 산에서 쌀과 채소를 쉽게 구할 수 있을 뿐만 아니라 장맛도 좋아서 유명합니다.
(2) 음식은 각 고장의 자연환경에 맞게 발달해 왔습니다.

채점 기준	
'고장의 날씨나 땅의 생김새와 같은 자연환경은 그 고장 사람들의 식생활에 많은 영향을 주었기 때문이다.'라고 바르게 쓴 경우	8점
'자연환경이 영향을 주었기 때문이다.'라고 간단하게 쓴 경우	4점

4 터돋움집은 여름철 홍수에 대비하여 땅 위에 터를 돋우어 높은 곳에 지은 집입니다.

채점 기준	
'여름철에 홍수로 집이 물에 잠길 위험이 있는 고장이다.'라고 바르게 쓴 경우	8점
'여름'이라는 계절과 '홍수'라는 날씨 중 한 가지만 쓴 경우	4점

2 시대마다 다른 삶의 모습

1 옛날과 오늘날의 생활 모습

1 생활 도구	**2** 갈아서	**3** 청동	**4** 철	**5** 돌괭이
6 전기밥솥	**7** 기계	**8** 초가집	**9** 여자	**10** 아파트

2 돌을 깨뜨려 도구를 만들었던 시대에는 사냥을 하거나 열매를 따서 먹을거리를 얻었습니다.

4 철은 청동보다 재료를 구하기 쉽고 단단해서 다양한 생활 도구를 만들 때 사용되었습니다.

5 반달 돌칼은 곡식을 수확하는 도구입니다.

9 기와집의 사랑채에서는 남자들이 손님을 맞이하거나 글공부를 했습니다.

1 ③　　**2** 농사　　**3** 예 청동은 재료를 구하기 어렵고 만드는 과정이 복잡했기 때문이다.　　**4** ④　　**5** ㉠→㉢→㉣→㉡
6 ①, ②　　**7** ③　　**8** ㉡, ㉢　　**9** ②　　**10** ⑤

1 제시된 그림은 돌을 깨뜨려 도구를 만들었던 시대의 생활 모습을 나타낸 것입니다.

2 옛날 사람들은 먹을 것을 구하기 위해 장소를 옮겨 다니다가 한곳에 머물러 살게 되면서 농사를 짓기 시작했습니다.

3 청동은 재료를 구하고 만드는 일이 힘들어 주로 무기나 제사 도구, 장신구를 만들 때 사용했습니다.

채점 기준	
'청동은 재료를 구하기 어렵고 만드는 과정이 복잡했기 때문이다.'라고 바르게 쓴 경우	5점
'재료를 구하기 어렵다.' '만드는 과정이 복잡하다.' 중 한 가지만 쓴 경우	3점

4 철로 도구를 만들었던 시대에는 검, 갑옷 등의 무기를 철로 만들면서 전쟁이 활발해졌습니다.

5 곡식을 수확하는 도구는 ㉠ 반달 돌칼 → ㉢ 철로 만든 낫 → ㉣ 탈곡기 → ㉡ 콤바인 순으로 발달했습니다.

6 오늘날에는 트랙터, 콤바인 등의 농기계를 사용해 더욱 편리하게 농사를 짓고 있으며, 수확하는 곡식의 양도 많아졌습니다.

7 오늘날에는 믹서를 이용해 손쉽게 재료를 갈 수 있습니다.

사회

8 옷을 만드는 도구가 발달하면서 사람들은 다양한 종류의 옷을 쉽고 빠르게 만들 수 있게 되었습니다.

9 농사를 짓고 한곳에 모여 살았던 사람들은 움집을 짓고 그 안에서 불을 피워 따뜻하게 지내면서 음식을 만들어 먹고 잠을 잤습니다.

10 기와집의 안채에서는 주로 여자들이 생활했고, 사랑채에서는 남자들이 손님을 맞이하거나 글공부를 했습니다. ①은 동굴, ②는 주택이나 아파트, ③은 초가집, ④는 움집의 생활 모습입니다.

💡 단원 평가 2회 105～106쪽

1 ③	**2** ㉠, ㉢	**3** ①	**4** ④	**5** ②	**6** ⑤

7 ③ **8** 예 방을 오랜 시간 따뜻하게 유지할 수 있다.

9 ② **10** ④

1 옛날 사람들은 자연에서 얻은 돌이나 나무를 이용하여 생활 도구를 만들어 사용했습니다.

2 돌을 갈아서 만든 도구를 사용한 시대에는 강가나 바닷가에 집을 짓고 모여 살았으며, 농사를 짓고 가축을 길렀습니다.

3 ①은 청동으로 만든 검이고, ②는 돌을 깨뜨려 만든 도끼입니다. ③은 흙으로 만든 그릇이고, ④는 철로 만든 솥입니다.

4 철은 농사 도구, 무기뿐만 아니라 음식을 만드는 칼, 옷을 꿰매는 바늘 등 일상생활에서 널리 사용되었습니다.

5 사람들은 농사를 짓기 시작하면서 돌을 나무에 연결하거나 돌칼을 만들어 농사 도구로 사용했습니다.

6 오늘날에는 전기를 이용한 도구의 발달로 음식을 빠르고 편리하게 만들 수 있습니다.

7 실을 뽑거나 옷감을 짜는 도구 중 가장 처음에 등장한 것은 가락바퀴입니다.

8 온돌은 우리나라의 대표적인 난방 방법으로, 오늘날에 사용하는 보일러는 온돌의 원리를 이용해 만든 것입니다.

채점 기준	
'방을 오랜 시간 따뜻하게 유지할 수 있다.'라고 바르게 쓴 경우	5점
'따뜻하게 한다.'라고 간단하게 쓴 경우	3점

9 보일러는 오늘날 사람들이 사용하는 난방 방법입니다.

10 오늘날 사람들은 주로 주택, 아파트 등에서 생활합니다.

📝 서술형 평가 107쪽

1 (1) ㈎ (2) 예 동굴이나 바위 그늘에서 살았다.

2 (1) 철 (2) 예 철로 만든 농사 도구를 사용하면서 전보다 더 넓은 땅에 농사를 지을 수 있게 되었다. 수확할 수 있는 곡식의 양이 늘어났다. 등

3 (1) 방직기 (2) 예 쉽고 빠르게 옷을 만들 수 있게 되었다. 다양한 종류의 옷을 만들 수 있게 되었다. 등

4 (1) ㈎ 초가집 ㈏ 기와집 (2) 예 ㈎ 초가집은 볏짚을 엮어 지붕을 만들었고, ㈏ 기와집은 흙을 구워 만든 기와로 지붕을 덮었다.

1 (1) ㈎는 돌을 깨뜨려 만든 주먹 도끼이고, ㈏는 흙으로 만든 빗살무늬 토기입니다.

(2) 돌을 깨뜨려 도구를 만들었던 시대의 사람들은 추위와 동물의 공격을 피하려고 동굴이나 바위 그늘에서 살았습니다.

채점 기준	
'동굴이나 바위 그늘에서 살았다.'라고 바르게 쓴 경우	8점
'동굴', '바위 그늘' 중 한 가지만 쓴 경우	4점

2 튼튼한 철로 농사 도구를 만들어 사용하면서 더 쉽게 농사를 지을 수 있었습니다.

채점 기준	
'더 넓은 땅에 농사를 지을 수 있게 되었다.', '수확할 수 있는 곡식의 양이 늘어났다.'라고 바르게 쓴 경우	8점
위 내용 중 일부만 쓴 경우	4점

3 (1) 오늘날에는 방직기, 재봉틀 등의 기계를 이용합니다.

(2) 옷을 만드는 도구가 발달하면서 사람들은 다양한 종류의 옷을 쉽고 빠르게 만들 수 있게 되었습니다.

채점 기준	
'쉽고 빠르게 옷을 만들 수 있게 되었다.', '다양한 종류의 옷을 만들 수 있게 되었다.'라고 바르게 쓴 경우	8점
위 내용 중 일부만 쓴 경우	4점

4 초가집의 지붕은 불에 타기 쉽고 잘 썩었기 때문에 자주 갈아야 했지만, 기와집의 지붕은 불에 잘 타지 않고 썩지 않았습니다.

채점 기준	
'㈎ 초가집은 볏짚을 엮어 지붕을 만들었고, ㈏ 기와집은 흙을 구워 만든 기와로 지붕을 덮었다.'라고 바르게 비교하여 쓴 경우	8점
초가집과 기와집 지붕의 재료 중 한 가지만 바르게 쓴 경우	4점

2 옛날과 오늘날의 세시 풍속

📝 쪽지 시험

1 세시 풍속 2 세배 3 정월 대보름
4 음력 5월 5일 5 삼복 6 팥죽 7 추석 8 농사
9 복조리 10 윷놀이

2 단오에 여름을 시원하게 지내라는 의미로 부채를 주고받았습니다.

5 한식에는 불을 사용하지 않고 찬 음식을 먹었습니다.

7 옛날에는 중양절에 국화전을 만들어 먹었습니다.

💡 단원 평가 1회

1 설날 2 ① 3 ⑤ 4 ④ 5 ② 6 예 송편과 토란국을 먹었다. 강강술래, 줄다리기 등의 놀이를 즐겼다. 조상들께 차례를 지내고 성묘를 했다. 등 7 ④ 8 ㉡, ㉣
9 ④ 10 ③

1 설날은 음력 1월 1일로 우리나라의 대표적인 명절입니다.

2 정월 대보름에 즐긴 쥐불놀이는 해로운 벌레를 쫓고 농사가 잘되기를 바라는 뜻으로 했던 세시 풍속입니다.

3 삼짇날에는 진달래꽃으로 전을 만들어 먹고, 들판으로 나가 꽃놀이를 했습니다.

4 사람들은 단오에 창포물로 머리를 감고, 그네뛰기와 씨름 등의 놀이를 즐겼습니다.

5 삼복은 일 년 중 가장 더운 시기이기 때문에 더운 여름을 건강하게 나기 위해 영양이 풍부한 음식을 먹고 물놀이를 즐겼습니다.

6 추석은 음력 8월 15일로, 한 해 동안 농사하여 거둔 곡식과 과일로 조상들께 고마움을 표현하는 날입니다.

채점 기준	
추석의 세시 풍속을 두 가지 이상 바르게 쓴 경우	5점
추석의 세시 풍속을 한 가지만 쓴 경우	3점

7 주로 농사를 짓고 살았던 조상들은 계절과 날씨에 따라 그에 알맞은 세시 풍속을 즐겼습니다.

8 ㉠ 오늘날에는 계절과 관계없이 언제든지 세시 풍속을 즐길 수 있고, ㉢ 옛날의 세시 풍속이 오늘날보다 다양했습니다.

9 ④ 오늘날 창포물에 머리 감는 세시 풍속은 사라졌고, 체험 활동으로 즐기는 경우가 있습니다.

10 복조리 만들기, 윷놀이하기, 팥죽 먹기, 제기차기, 부채 만들기 등 다양한 방법으로 세시 풍속을 체험할 수 있습니다.

💡 단원 평가 2회

1 ㉠, ㉡, ㉢, ㉣ 2 ③ 3 ⑤ 4 ③ 5 ②
6 (1) – ㉢ (2) – ㉡ (3) – ㉠ 7 ③ 8 예 오늘날에는 교통과 통신, 과학 기술의 발달로 직업이 다양해졌기 때문이다.
9 ① 10 ④

1 우리나라에는 설날, 추석, 정월 대보름, 동지 등 여러 명절이 있습니다.

2 ③ 삼복에 더위를 이겨 내려고 계곡에서 물놀이를 즐겼습니다.

3 ①은 단오, ②와 ③은 설날, ④는 추석에 했던 세시 풍속입니다.

4 제시된 내용은 단오에 즐겼던 세시 풍속입니다. 단오는 음력 5월 5일로, 더위가 시작되는 때입니다.

5 중양절은 음력 9월 9일로, 수확을 마무리하는 시기에 있었습니다. 사람들은 단풍과 국화를 구경하거나, 국화전을 만들어 먹었습니다.

6 삼복에는 닭백숙, 육개장 등 영양이 풍부한 음식을 먹었고, 추석에는 송편을 먹었습니다. 동지에는 나쁜 기운을 쫓는 의미로 팥죽을 먹었습니다.

7 조상들은 가을에 추수를 하고, 수확한 재료로 음식을 만들어 먹었습니다.

8 옛날에는 사람들이 주로 농사를 지었지만 오늘날에는 여러 분야에서 다양한 일을 합니다.

채점 기준	
'오늘날에는 교통과 통신, 과학 기술의 발달로 직업이 다양해졌기 때문이다.'라고 바르게 쓴 경우	5점
'농사를 짓는 사람이 줄어서', '직업이 다양해서' 등과 같이 간단하게 쓴 경우	3점

9 오늘날에는 설날이 되면 가족들이 모여 웃어른께 세배를 드리고 덕담을 주고받습니다. 그리고 떡국을 먹습니다.

10 윷놀이는 장소에 크게 영향을 받지 않고 남녀노소 누구나 즐길 수 있는 놀이입니다.

1 (1) 세시 풍속 (2) 설날, **예** 조상들께 차례를 지냈다. 웃어른께 세배를 드렸다. 윷놀이, 연날리기 등의 놀이를 즐겼다. 등

2 (1) 동지 (2) **예** 나쁜 기운을 몰아내기 위해서이다.

3 (1) (나) (2) **예** 송편을 먹는다. 민속 마을에 가서 전통 놀이를 체험한다. 음식을 만들거나 사 먹기도 한다. 성묘를 간다. 등

4 (1) 농사 (2) **예** 설날이나 추석과 같은 큰 명절을 중심으로 세시 풍속이 이어져 오고 있다. 계절과 관계없이 언제든지 세시 풍속을 즐길 수 있다. 등

1 떡국을 먹는 명절은 설날입니다. 설날에 하는 일, 하는 놀이, 먹는 음식처럼 일정한 시기에 되풀이하여 행해 온 고유의 생활 모습을 세시 풍속이라고 합니다.

채점 기준	
설날과 설날의 세시 풍속을 모두 바르게 쓴 경우	8점
설날 또는 설날의 세시 풍속 중 한 가지만 쓴 경우	4점

2 동지는 일 년 중 밤이 가장 긴 날입니다. 조상들은 붉은 팥이 나쁜 기운을 쫓는다고 믿어 동지에 팥죽을 만들어 먹었습니다.

채점 기준	
'나쁜 기운을 몰아내기 위해서이다.'라고 바르게 쓴 경우	8점
'안 좋은 일을 막으려고'라고 간단하게 쓴 경우	4점

3 (1) (가) 옛날에는 추석에 마을 사람들이 모여서 강강술래 등을 하였지만 오늘날에는 하지 않습니다.
(2) 오늘날에는 세시 풍속이 많이 달라지거나 사라지고 있습니다.

채점 기준	
'송편을 먹는다.', '민속 마을에 가서 전통 놀이를 체험한다.' 등 오늘날 추석의 모습을 바르게 쓴 경우	8점
위 내용 중 일부만 쓴 경우	4점

4 (1) 오늘날에는 농사와 관련된 세시 풍속이 많이 사라졌습니다.
(2) 오늘날에는 옛날에 즐겨 했던 세시 풍속을 체험으로 즐기는 경우가 많습니다.

채점 기준	
'큰 명절을 중심으로 세시 풍속이 이어져 오고 있다.', '계절과 관계없이 즐길 수 있다.' 등 오늘날 세시 풍속의 특징을 바르게 쓴 경우	8점
'일부만 남아 있다.'라고 간단하게 쓴 경우	4점

3 가족의 모습과 역할 변화

1 가족의 구성과 역할 변화

1 가족   **2** 나무로 만든 기러기   **3** 폐백
4 웨딩드레스   **5** 핵가족 **6** 확대 가족   **7** 역할
8 많아지고   **9** 갈등   **10** 배려

2 신랑이 나무로 만든 기러기를 신부 측에 건네주면 혼례가 시작되었습니다.

4 오늘날에는 결혼식 때 신랑은 턱시도, 신부는 웨딩드레스를 입습니다.

6 옛날에는 결혼한 자녀와 부모가 함께 사는 확대 가족이 많았습니다.

8 오늘날 남녀 모두 교육받을 기회가 많아지고 여성의 사회 활동이 활발해지면서 남녀의 역할 구분이 없어지고 있습니다.

1 가족   **2** (나)→(가)→(라)→(다)   **3** ③   **4** ⑤
5 ②   **6** ④   **7** ①   **8** 나진   **9** ③   **10** **예** 가족 구성원이 서로 존중하고 배려하는 마음을 가진다. 가족 구성원들이 각자의 역할을 잘 실천한다. 등

1 가족은 함께 살아가면서 힘들고 어려운 일이 있을 때 서로 도와주고, 기쁜 일이 있을 때 행복을 함께 나눕니다.

2 옛날에 혼례는 주로 신부의 집에서 치렀고, 혼례가 끝난 뒤 신부는 신랑의 집으로 갔습니다. 신랑의 집에 도착하면 신부는 폐백을 드렸습니다.

3 신부가 폐백을 드릴 때 신랑의 집안 어른들은 자식을 많이 낳고 부자가 되라는 뜻으로 대추와 밤을 던져 주었습니다.

4 제시된 사진은 신랑은 턱시도, 신부는 웨딩드레스를 입고 결혼식장에서 결혼하는 모습입니다.

5 (가) 결혼하지 않은 자녀와 부모가 함께 사는 가족을 핵가족이라고 하고, (나) 결혼한 자녀와 부모가 함께 사는 가족을 확대 가족이라고 합니다.

6 오늘날에는 직장이나 교육 등을 위해 다른 고장으로 이사를 가거나 쾌적한 환경, 살기 좋은 곳을 찾아 이동하면서 핵가족이 많이 늘어났습니다.

7 오늘날에는 성별에 따라 가족 구성원의 역할을 구분하지 않습니다.

8 오늘날에는 남녀 모두 교육받을 기회가 많아지고 여성의 사회 활동이 활발해지면서 남녀의 역할 구분이 없어지고 있습니다.

9 제시된 그림의 '나'가 자신의 방을 정리하지 않아 어머니와 갈등을 겪었고, 대화를 나누며 갈등 상황을 해결하고 있는 모습입니다.

10 그 밖에도 가족 구성원에게 문제가 생겼을 때 협력하여 해결해야 합니다.

채점 기준	
'가족 구성원이 서로 존중하고 배려하는 마음을 가진다.', '가족 구성원들이 각자의 역할을 잘 실천한다.' 등의 내용을 쓴 경우	5점
'존중해야 한다.'라고 간단하게 쓴 경우	3점

5 옛날에는 주로 농사를 지어 일손이 많이 필요했기 때문에 결혼을 해도 가족이 따로 살지 않고 함께 모여 사는 경우가 많았습니다.

6 오늘날에는 사회가 변화하면서 결혼한 후에 부모와 따로 사는 경우가 많아졌습니다.

7 옛날에 남자는 주로 바깥일을, 여자는 주로 집안일을 하는 등 가족 구성원의 역할이 구분되어 있었습니다.

8 오늘날에는 가족 구성원들이 가족의 중요한 일을 의논하여 함께 결정합니다.

9 각자가 처한 상황이 다르고 서로에게 바라는 것이 달라 가족 구성원 간에 갈등이 생기기도 합니다.

10 행복한 가족이 되려면 가족 구성원으로서 자신의 역할을 바로 알고 실천해야 합니다.

💡 단원 평가 2회
118~119쪽

1 ②　　**2** 나무로 만든 기러기　　**3** 예 옛날에는 신랑 신부가 한복을 입었지만, 오늘날에는 신부는 웨딩드레스를 입고 신랑은 턱시도를 입는다.　　**4** ㉡, ㉢　　**5** ③　　**6** 핵가족
7 ①　　**8** ④　　**9** ⑤　　**10** ③

1 ②는 오늘날의 결혼 풍습입니다.

2 신랑이 오래도록 행복하게 함께 살자는 의미로 나무로 만든 기러기를 신부 측에 건네주면 혼례가 시작되었습니다.

3 옛날과 오늘날의 결혼 풍습을 비교해 보면 결혼식 때 입는 옷, 결혼식 장소, 주고받는 물건 등이 다릅니다.

채점 기준	
옛날과 오늘날 결혼 풍습에서 신랑 신부가 입는 옷을 바르게 비교하여 쓴 경우	5점
옛날 또는 오늘날 신랑 신부가 입는 옷만 쓴 경우	3점

4 ㉠ 옛날에는 신부의 집에서 혼례를 치렀고, 오늘날에는 다양한 장소에서 결혼식을 합니다. ㉢ 옛날의 결혼 풍습입니다.

📄 서술형 평가
120쪽

1 (1) (가) (2) 예 옛날에는 신부의 집에서 혼례를 치렀고, 오늘날에는 주로 결혼식장에서 결혼식을 한다.

2 (1) 확대 가족 (2) 예 옛날에는 주로 농사를 지어 일손이 많이 필요했기 때문이다.

3 (1) 옛날 (2) 예 오늘날에는 남녀 모두 교육받을 기회가 많아지고 여성의 사회 활동이 활발해졌기 때문이다.

4 (1) 나진 (2) 예 가족 구성원 간에 갈등이 생기면 대화를 나누며 갈등의 원인을 파악해야 한다.

1 (1) (가)는 오늘날의 결혼 풍습, (나)는 옛날의 결혼 풍습을 나타낸 그림입니다.
(2) 오늘날에는 결혼식장이나 정원, 공원 등 다양한 장소에서 결혼식을 합니다.

채점 기준	
옛날에는 신부의 집, 오늘날에는 주로 결혼식장에서 결혼식을 한다고 바르게 쓴 경우	8점
옛날 또는 오늘날의 결혼식 장소만 쓴 경우	4점

2 (1) 결혼한 자녀와 부모가 함께 사는 가족을 확대 가족이라고 합니다.
(2) 옛날 사람들은 주로 농사를 짓고 살았습니다. 농사에는 일손이 많이 필요했기 때문에 확대 가족이 많았습니다.

'주로 농사를 지어서 일손이 많이 필요했기 때문이다.'라고 바르게 쓴 경우	8점
'농사를 지어서', '여러 사람의 힘이 필요해서'라고 간단하게 쓴 경우	4점

3 (1) 옛날에는 가족 구성원의 역할이 구분되어 있었습니다.
(2) 오늘날에는 남녀의 역할 구분이 없어지고 있습니다.

채점 기준

'남녀 모두 교육받을 기회가 많아지고 여성의 사회 활동이 활발해졌기 때문이다.'라고 바르게 쓴 경우	8점
위 내용 중 일부만 쓴 경우	4점

4 갈등은 어떤 가족이나 겪을 수 있습니다. 중요한 것은 갈등을 해결하려고 노력하는 태도입니다.

채점 기준

'가족 구성원 간에 갈등이 생기면 대화를 나누며 갈등의 원인을 파악해야 한다.'라고 바르게 고쳐 쓴 경우	8점
'대화를 해야 한다.'라고 간단하게 쓴 경우	4점

2 다양한 가족이 살아가는 모습

✏️ 쪽지 시험
121쪽

1 형태 **2** 늘어나고 **3** 입양 **4** 달라서
5 일기, 편지, 신문 등
6 역할극으로 표현하기, 그림 그리기 등 **7** 사랑 **8** 존중
9 가족 **10** 예절

2 오늘날에는 다양한 형태의 가족이 늘어나고 있습니다.

3 가족은 결혼, 출산, 입양 등으로 만들어집니다.

7 가족의 형태나 살아가는 모습은 달라도 가족 구성원끼리 아끼고 사랑하며 배려하는 마음은 같습니다.

10 가족 안에서 사회생활에 필요한 규칙과 예절을 배울 수 있습니다.

💡 단원 평가 1회
122~123쪽

1 ⑤ **2** ② **3** ㉠, ㉢ **4** ③ **5** ④ **6** ④
7 ③ **8** ⑤ **9** 예 국적과 문화가 다른 남녀가 만나 이루어진 가족이다. 다연 학생은 한국인 어머니와 독일인 아버지 사이에서 태어났다. 다연 학생은 외국어에 익숙하다. 등 **10** ①

1 제시된 그림은 한 부모와 자녀로 이루어진 가족의 모습입니다.

2 조부모는 할아버지와 할머니를 말합니다. ②는 할머니와 손주로 이루어진 가족입니다.

3 오늘날에는 사회가 변화하면서 다양한 형태의 가족이 늘어나고 있습니다. 그리고 가족의 형태는 상황에 따라 달라질 수 있습니다.

4 새롭게 가족이 된 언니에게 동생이 쓴 편지입니다.

5 제시된 편지를 보면 엄마와 아빠가 결혼해서 언니가 생긴 것을 알 수 있습니다.

6 할머니와 손주로 이루어진 가족의 모습입니다.

7 가족의 형태나 살아가는 모습은 달라도 가족은 누구에게나 특별하고 소중합니다.

8 ⑤ 디지털 영상 지도는 고장의 전체 모습을 살펴볼 수 있는 지도로, 다양한 가족의 생활 모습을 표현하는 방법으로 알맞지 않습니다.

9 가족 구성원의 피부색이나 태어난 나라가 다른 가족도 있습니다.

다연이네 가족의 생활 모습에서 나타나는 특징을 파악하여 쓴 경우	5점
'부모님과 함께 살고 있다.' 등과 같이 일반적인 상황을 쓴 경우	3점

10 우리 사회를 이루는 다양한 가족이 살아가는 모습을 이해하고 존중하는 태도를 가져야 합니다.

💡 단원 평가 2회 124~125쪽

1 ⑤   **2** ③   **3** ㈜   **4** ㈎   **5** 예 가족 구성원이나 가족의 형태가 다르기 때문이다. 가족이 살아가는 상황과 환경 등이 다르기 때문이다. 등   **6** ②   **7** ②   **8** ③
9 ①   **10** 가족

1 오늘날 사회가 변화하면서 다양한 형태의 가족이 늘어나고 있습니다.

2 각각 다른 가족이었지만, 부모님의 재혼으로 가족이 되었습니다.

3 ㈎는 자녀를 입양한 가족, ㈏는 아이 없이 부부로만 이루어진 가족, ㈐는 국적과 문화가 다른 남녀가 만나 이루어진 가족, ㈑는 결혼한 자녀와 부모가 함께 사는 확대 가족입니다.

4 편지에 나타난 가족은 부모님께서 동생 승주를 입양해 네 식구가 살아가고 있습니다.

5 가족의 형태나 구성원에 따라 가족이 살아가는 모습은 달라집니다.

가족 구성원, 가족의 형태, 가족이 살아가는 상황과 환경 등이 다르기 때문이라고 바르게 쓴 경우	5점
위 내용 중 일부만 쓴 경우	3점

---

6 일기를 쓴 어린이의 어머니는 베트남인입니다.

7 다양한 가족의 생활 모습을 그림으로 그린 것입니다.

8 제시된 작품은 다양한 가족이 모여 살고 있는 집을 그림으로 표현했습니다.

9 우리 가족이 소중한 것처럼 다른 가족도 소중합니다.

10 우리는 가족의 사랑과 보살핌을 받으며 살아갑니다.

📖 서술형 평가 126쪽

1 (1) ㈎ (2) 예 조부모, 부모, 자녀가 있는 가족이 있다. 자녀를 입양한 가족이 있다. 등
2 (1) 신문 (2) 예 각각 다른 가족이었다가 새로운 하나의 가족이 되었다. 입양을 통해 가족을 이루었다. 등
3 (1) 가족 (2) 예 다양한 가족이 살아가는 모습을 이해하고 존중하는 태도를 가져야 한다.
4 (1) © (2) 예 가족 안에서 사회생활에 필요한 규칙과 예절을 배울 수 있다.

1 ㈎는 아버지와 자녀로 이루어진 가족이고, ㈏는 조부모와 손주로 이루어진 가족입니다.

(2) 그 밖에도 국적과 문화가 다른 남녀가 만나 이루어진 가족, 부모님의 재혼으로 이루어진 가족, 아이 없이 부부만 있는 가족 등 오늘날에는 다양한 형태의 가족이 있습니다.

가족의 형태를 두 가지 모두 바르게 쓴 경우	8점
가족의 형태를 한 가지만 쓴 경우	4점

2 (1) 부모님과 자녀 셋으로 이루어진 가족에 관한 신문 기사입니다.

(2) 송 씨의 식구와 이 씨의 식구가 만나 새로운 하나의 가족이 되었고, 막내딸은 입양을 통해 가족이 되었습니다.

'각각 다른 가족이었다가 새로운 하나의 가족이 되었다.', '입양을 통해 가족을 이루었다.'라고 바르게 쓴 경우	8점
위 내용 중 일부만 쓴 경우	4점

3 (1) 우리 사회에는 다양한 형태의 가족들이 살고 있습니다.

(2) 다양한 가족이 함께 어울려 살아가려면 다양한 가족의 모습을 존중해야 합니다.

채점 기준	
'다양한 가족이 살아가는 모습을 이해하고 존중하는 태도를 가져야 한다.'라고 바르게 쓴 경우	8점
'존중한다.'라고 간단하게 쓴 경우	4점

4 가족은 여러 가지 규칙과 예절을 가르쳐 주고, 우리가 어렵고 힘들 때 위로와 용기를 줍니다.

채점 기준	
'가족 안에서 사회생활에 필요한 규칙과 예절을 배울 수 있다.'라고 바르게 고쳐 쓴 경우	8점
'배울 수 있다.'라고 간단하게 경우	4점

과학 교과개념북

1 과학 탐구

1 탐구 문제 정하기

1 ①　　　**2** ⑤

1 '사람이 죽으면 천국으로 갈까?'는 초자연적인 현상으로, 탐구가 불가능한 문제입니다.

2 탐구 문제는 일상 생활과 관련이 있고, 우리 주변에서 쉽게 볼 수 있는 현상과 관련된 것이 좋습니다.

2 탐구 계획을 세우고 탐구 실행하기

1 ②　　　**2** ①

1 회전판의 크기를 다르게 한 후 그에 따라 팽이가 회전하는 시간을 알아보아야 합니다.

2 탐구 결과는 옳은 탐구 결과와 잘못된 탐구 결과를 모두 사실대로 기록해야 합니다.

3 탐구 결과를 발표하고 새로운 탐구 시작하기

1 ⑤　　　**2** ⑤

1 탐구 결과를 발표하기 위해서는 발표 방법을 정한 후 발표 자료를 만들고, 탐구 결과를 발표합니다.

2 새로운 탐구 문제를 정할 때에는 탐구하면서 또는 탐구한 후에 궁금했던 것 중에서 찾습니다.

2 동물의 생활

1 주변에서 사는 동물 관찰하기

1 (1) ×　(2) ○　(3) ×　　　**2** 잠자리　　　**3** 달팽이
4 먹이, 많은

1 동물 중에는 땅속에서 사는 것도 있습니다. 화단 주변의 꽃에서 나비를 볼 수 있습니다.

2 잠자리는 날개가 두 쌍이고, 다리는 세 쌍입니다. 소금쟁이는 물웅덩이에서 볼 수 있고, 달팽이는 화단에서 볼 수 있으며 미끄러지듯이 움직입니다.

3 달팽이는 딱딱한 껍데기로 몸을 보호하고, 미끄러지듯이 움직이는 동물입니다.

4 동물은 사람이 적고 먹이가 많으며, 숨을 곳이 많은 안전한 장소에서 잘 볼 수 있습니다.

2 동물을 특징에 따라 분류하기

1 (1) ○　(2) ×　(3) ○　　　**2** ②
3 (1)-㉠　(2)-㉡　(3)-㉠

1 송사리와 금붕어는 더듬이가 없는 동물입니다. 동물은 날개가 있는 것과 날개가 없는 것, 다리가 있는 것과 다리가 없는 것 등으로 분류할 수 있습니다.

2 송사리는 다리가 없고 토끼는 다른 동물을 먹지 않으며, 새끼를 낳습니다. 개구리는 다른 동물을 먹으며 몸이 털로 덮여 있지 않습니다.

3 잠자리, 소금쟁이, 꿀벌, 메뚜기, 사슴벌레, 달팽이, 개미 등은 더듬이가 있습니다.

1 ⑤　**2** ③　**3** ㉡　**4** ㉢　**5** ②　**6** ③　**7** ②
8 ④　**9** ①　**10** ④　**11** 알을 낳는 것 : 금붕어, 개구리, 사슴벌레, 비둘기, 새끼를 낳는 것 : 토끼, 다람쥐　**12** ③

1 잠자리는 날아다니며 화단의 돌 밑에서 공벌레를 볼 수 있습니다.

2 까치는 몸이 검은색과 하얀색 깃털로 덮여 있으며, 꿀벌은 대롱 모양의 입으로 꿀을 먹습니다. 공벌레는 날개가 없으며, 건드리면 몸을 공처럼 둥글게 만듭니다.

3 공벌레는 화단의 돌 밑에서 볼 수 있고 몸은 여러 개의 마디로 되어 있으며, 건드리면 몸을 공처럼 둥글게 만듭니다.

4 참새는 몸의 윗면 전체가 갈색이고 등은 갈색 바탕에 검은색 줄무늬가 있습니다. 부리로 곤충, 벼 등을 먹으며 우리나라 어디에서나 쉽게 볼 수 있습니다.

5 거미는 화단, 나무, 건물 벽에서 볼 수 있으며, 네 쌍의 다리로 걸어 다닙니다.

6 달팽이는 화단에서 볼 수 있습니다. 더듬이가 있으며 미끄러지듯이 움직입니다.

7 학교 화단은 먹이가 많고 눈에 잘 보이지 않는 숨기 좋은 장소입니다.

8 모두 알을 낳는 동물이며, 달팽이와 뱀은 다리가 없습니다. 잠자리와 참새는 날개가 있으며, 모두 물속에서 살 수 없습니다.

9 까치와 나비는 날개가 있어 날아다니며, 다람쥐와 토끼는 다리로 걷거나 뛰어다닙니다. 모두 다리가 있으며, 까치만 부리와 깃털이 있습니다. 모두 지느러미가 없습니다.

10 '크다', '작다'는 사람마다 기준이 다를 수 있으므로 무엇보다 크고 작은 것인지 기준을 정해야 합니다.

11 금붕어, 개구리, 사슴벌레, 비둘기는 알을 낳는 동물이며, 토끼와 다람쥐는 새끼를 낳는 동물입니다.

12 개구리는 물속에서 살 수 있는 동물이고, 나머지 동물은 물속에서 살 수 없는 동물입니다.

3 땅에서 사는 동물의 특징

🙂 **개념 확인 문제** 17쪽

1 ㉡, ㉢　　**2** (1) ○ (2) × (3) ○　　**3** ③
4 ④

1 다람쥐는 땅 위에서 삽니다. 두더지는 삽처럼 생긴 앞다리로 땅속에 굴을 파고, 지렁이는 땅속을 기어 다닙니다.

2 뱀은 다리가 없고 배를 땅에 대고 기어 다닙니다. 너구리는 다리가 두 쌍이고, 걷거나 뛰어다닙니다. 땅강아지는 다리가 세 쌍이고, 걸어 다니며 날기도 합니다.

3 개미는 다리가 세 쌍이며, 피부가 축축하지 않습니다. 머리에는 더듬이가 한 쌍, 겹눈이 한 쌍 있습니다. 몸에 고리 모양의 마디가 있으며 땅속을 기어 다니는 동물은 지렁이입니다.

4 다리가 없는 지렁이, 뱀 등은 기어 다닙니다.

4 물에서 사는 동물의 특징

🙂 **개념 확인 문제** 19쪽

1 (1)-㉠ (2)-㉡ (3)-㉠　　**2** ③　　**3** ②

1 전복, 고등어 등은 바닷속에서 살고, 게, 조개 등은 갯벌에서 삽니다.

2 상어와 오징어는 지느러미를 이용하여 헤엄치고 아가미로 숨을 쉽니다. 오징어는 몸이 세모 꼴이며, 머리에 다리가 열 개 있습니다. 상어는 다리가 없으며, 몸이 비늘로 덮여 있습니다.

3 수달은 몸이 가늘고 발가락에 물갈퀴가 있어 헤엄을 잘 칩니다. 몸이 털로 덮여 있습니다.

5 날아다니는 동물의 특징

🙂 **개념 확인 문제** 21쪽

1 (1) ㉡, ㉣ (2) ㉠, ㉢　　**2** ⑤　　**3** 두(2), 세(3)
4 ①, ⑤

1 까치, 황조롱이는 몸이 깃털로 덮여 있는 새입니다. 나비, 잠자리는 날개가 두 쌍이고, 다리가 세 쌍인 곤충입니다.

2 직박구리는 몸이 깃털로 덮여 있는 새이며, 주로 나무 위에서 머무릅니다.

3 나비, 매미, 잠자리는 날개가 두 쌍, 다리가 세 쌍입니다. 나비는 앉을 때 날개를 붙여서 접고, 매미는 나무 사이를 날아다닙니다. 잠자리는 날개가 아주 얇아 빨리 날 수 있습니다.

4 날아다니는 동물은 날개가 있고, 몸이 비교적 가벼워 잘 날 수 있습니다.

6 사막이나 극지방에서 사는 동물의 특징

🙂 **개념 확인 문제** 23쪽

1 (1) × (2) ○ (3) ○　　**2** (1)-㉠ (2)-㉢ (3)-㉡
3 ①, ③

1 사막여우는 몸에 비해 큰 귀를 가지고 있어 체온을 조절할 수 있습니다.

2 낙타는 등의 혹에 지방이 있어서 먹이가 없어도 며칠 동안 생활할 수 있고, 발바닥이 넓어서 모래에 발이 잘 빠지지 않습니다. 또한 콧구멍을 여닫을 수 있어 모래바람이 불어도 콧 속으로 모래가 잘 들어가지 않습니다.

3 순록과 북극곰은 극지방에서 살고, 사막 도마뱀은 사막에서 삽니다.

7 동물의 특징 활용하기

😊 **개념 확인 문제**   25쪽

1 ②   **2** ㉡   **3** (1)-㉡ (2)-㉠

1 문어 다리의 빨판이 잘 붙는 특징을 활용하여 거울이나 유리에 잘 붙는 칫솔걸이를 만들었습니다.

2 오리의 발가락 사이에는 막이 있어 물속에서 헤엄을 잘 칩니다. 이런 오리의 발 모양을 활용하여 물갈퀴를 만들었습니다.

3 바다거북의 움직임을 활용하여 네 개의 물갈퀴를 사용해 상하좌우 모든 방향으로 물속에서 헤엄칠 수 있고 한 지점에서 다른 방향으로 회전할 수 있는 탐사 로봇을 개발하였습니다. 뱀은 좁은 공간을 기어서 이동할 수 있으므로 이를 활용하여 건물이 무너지거나 지진이 발생했을 때 정찰할 수 있는 로봇을 개발하였습니다.

💡 **실력 문제**   26~27쪽

1 ⑤ **2** ③ **3** ③ **4** 오징어 **5** ② **6** ③ **7** ②
8 귀 **9** ③, ④ **10** ① **11** ⑤ **12** ㉢

1 다리가 없는 동물은 기어서 이동하며, 다리의 개수는 동물마다 다릅니다. 땅에서 사는 동물은 땅 위, 땅속, 땅 위와 땅속을 오가며 삽니다.

2 개미는 머리에 더듬이가 한 쌍, 겹눈이 한 쌍 있습니다. 다리는 마디로 되어 있고 가늘고 길며, 털이 나 있습니다.

3 뱀, 지렁이와 같은 다리가 없는 동물은 기어 다닙니다.

4 오징어는 아가미로 숨을 쉬고 지느러미로 헤엄쳐 이동합니다. 몸이 세모꼴이며, 머리에 다리 열 개가 있습니다.

5 게는 표면이 딱딱하고 집게 다리 한 쌍이 있으며 나머지 네 쌍의 다리로 걸어 다닙니다. 붕어는 몸이 비늘로 덮여

있으며, 다슬기는 배발을 이용하여 물속의 바위에 붙어서 기어 다닙니다. 고등어는 지느러미로 헤엄칩니다.

6 참새, 까치, 직박구리는 날개가 있어 날아다니며, 몸이 깃털로 덮여 있습니다. 몸이 비교적 가볍습니다.

7 벌은 몸이 머리, 가슴, 배의 세 부분으로 구분됩니다. 거미는 몸이 머리가슴, 배로 구분됩니다.

8 사막여우는 큰 귀로 체온 조절을 하며, 귓속의 털로 인해 귓속으로 모래가 잘 들어 가지 않아 사막에서 잘 살 수 있습니다.

9 낙타는 긴 다리가 두 쌍 있으며, 발바닥이 넓어 모래에 잘 빠지지 않습니다. 몸의 수분을 유지하기 위해 땀을 잘 흘리지 않습니다.

10 극지방에서 사는 동물은 추위에 견디기 위해 긴 털을 가지고 있는 경우가 많습니다.

11 오리의 발가락 사이에는 막이 있어 물속에서 헤엄을 잘 칩니다. 이런 오리의 발 모양을 활용하여 물갈퀴를 만들었습니다.

12 세찬 파도에도 바위에 단단하게 붙어 있는 홍합의 특징을 활용하여 홍합 접착제를 만들었으며, 부리가 길고 머리가 날렵한 물총새의 특징을 활용한 고속 열차는 소음을 줄일 수 있습니다. 문어 다리의 빨판이 잘 붙는 특징을 활용하여 칫솔걸이를 만들었습니다.

단원정리 **3 동물의 생활**   28~29쪽

❶ 생김새 ❷ 사는 곳 ❸ 땅속 ❹ 땅 위와 땅속
❺ 지느러미 ❻ 다리 ❼ 땅 ❽ 물 ❾ 곤충 ❿ 새
⓫ 사막 ⓬ 극지방 ⓭ 특징

O X **1** × **2** ◯ **3** × **4** × **5** × **6** ◯
7 × **8** × **9** ◯ **10** ◯

1 우리 주변에서 볼 수 있는 거미는 다리가 세 쌍이고, 몸이 머리가슴과 배 두 부분으로 구분됩니다.
└ 네

3 땅에서 사는 노루는 몸이 털로 덮여 있으며, 암컷은 머리에 뿔이 있습니다.
└ 수컷

4 뱀은 주로 땅속에서만 삽니다.
└ 땅 위와 땅속

5 미꾸리는 몸이 가늘고 길며, 물갈퀴를 이용해 헤엄칩니다.
└ 지느러미

7 날아다니는 동물에는 황조롱이, 제비 같은 새와 나비, 벌, 백로 같은 곤충이 있습니다.
└→ 백로는 새입니다.

8 사막에서 사는 사막여우는 몸에 비해 작은 귀를 가지고 있어 체온 조절을 합니다.
└→ 큰

단원 평가 1회　　　　30~32쪽

1 ①　**2** ③　**3** 달팽이, 예 미끄러지듯이 움직인다.　**4** ④
5 ③　**6** ④　**7** ㉠　**8** ③　**9** ㉡, ㉣　**10** ②, ③　**11** ④
12 ⑤　**13** ①　**14** ③　**15** 예 등에 있는 혹에 지방이 있기 때문이다.　**16** 딱딱한, 물　**17** ③　**18** ㉢　**19** ③
20 예 절벽에서 잘 미끄러지지 않는 특징을 활용해 만들었다.

1 개는 두 쌍의 다리로 걷거나 뛰어다니며, 냄새를 잘 맡습니다.

2 개구리는 주로 연못이나 물웅덩이에서 볼 수 있습니다.

3 달팽이는 더듬이가 있으며, 딱딱한 껍데기로 몸을 보호하고 미끄러지듯이 움직입니다.

채점 기준	
예시 답안과 같이 옳게 쓴 경우	5점
예시 답안과 의미는 비슷하지만 정확하게 쓰지 못한 경우	2점

4 참새와 꿀벌은 날개가 있으며, 고양이와 토끼는 새끼를 낳습니다. 모두 다리가 있으며, 물속에서 살 수 없습니다.

5 소금쟁이와 거미는 물속에서 살 수 없는 동물입니다.

6 다람쥐와 너구리는 땅 위에서 살며, 지렁이와 두더지는 땅속에서 삽니다.

7 뱀과 지렁이는 다리가 없으며 기어 다닙니다. 개미는 다리로 걸어 다닙니다.

8 조개와 상어는 아가미가 있습니다. 조개는 갯벌에서 살고, 상어는 바닷속에서 삽니다. 조개는 딱딱한 껍데기가 있고 기어 다닙니다. 상어는 여러 개의 지느러미가 있으며 헤엄쳐 이동합니다.

9 다슬기와 전복은 배발이 있습니다. 물방개는 뒷다리로 헤엄치며, 게는 집게 다리가 한 쌍이고 나머지 다리 네 쌍으로 걸어 다닙니다.

10 붕어와 같은 물고기는 지느러미가 있어서 물속에서 헤엄을 잘 칠 수 있으며, 아가미가 있어서 물속에서 숨을 쉴 수 있습니다. 또한 몸이 부드러운 곡선 형태이므로 물속에서 빨리 헤엄쳐 이동할 수 있습니다.

11 나비는 몸이 머리, 가슴, 배로 구분되며 두 쌍의 날개가 있는 곤충입니다. 나방은 날개를 펴고 앉습니다.

12 날아다니는 동물은 날개가 있고, 몸이 비교적 가볍습니다. 새는 가늘고 길며 속이 비어 있는 뼈와 가벼우면서도 단단한 깃털로 덮여 있습니다.

13 잠자리는 몸이 가늘고 길며, 두 쌍의 날개와 세 쌍의 다리가 있습니다. 날개가 얇아 빨리 날 수 있습니다.

14 사막의 환경은 물과 먹이가 부족하며, 그늘이 별로 없습니다. 비가 거의 내리지 않아 매우 건조하며, 낮에는 매우 덥고 밤에는 매우 춥습니다.

15 낙타는 등의 혹에 지방이 있어서 먹이가 없어도 며칠 동안 생활할 수 있습니다.

채점 기준	
예시 답안과 같이 옳게 쓴 경우	5점
예시 답안과 의미는 비슷하지만 정확하게 쓰지 못한 경우	2점

16 전갈은 온몸이 딱딱한 껍데기로 되어 있어 몸에 있는 물이 잘 빠져나가지 않습니다.

17 사막에서 사는 동물 중 몸에 비해 귀가 매우 커서 작은 소리도 잘 들을 수 있는 동물은 사막여우입니다.

18 칫솔걸이처럼 거울이나 유리, 벽 등에 붙이는 생활용품에 문어 다리의 빨판이 잘 붙는 특징을 활용하였습니다.

19 물총새는 부리가 길고 머리가 날렵합니다. 이런 특징을 활용한 고속 열차는 소음을 줄일 수 있습니다.

20 산양의 발바닥은 절벽에서 잘 미끄러지지 않기 때문에 산양이 절벽에서 잘 이동할 수 있습니다. 이러한 특징을 등산화 바닥에 활용해 등산화를 신고 등산을 하면 잘 미끄러지지 않습니다.

채점 기준	
예시 답안과 같이 옳게 쓴 경우	5점
예시 답안과 의미는 비슷하지만 정확하게 쓰지 못한 경우	2점

단원 평가 2회　　　　33~35쪽

1 ③　**2** ③　**3** 예 먹이가 많다. 동물이 쉬거나 집을 지을 수 있는 장소를 제공한다. 눈에 잘 보이지 않는 숨기 좋은 장소이다.
4 ④　**5** ④　**6** (1) ㉡, ㉢ (2) ㉠, ㉣　**7** ①　**8** ③　**9** 예 지느러미가 있다. 아가미가 있다. 몸이 부드러운 곡선 형태(유선형)이다.　**10** ④　**11** ②, ④　**12** 까치　**13** 새, 곤충　**14** ①, ③
15 ④　**16** 사막여우　**17** ⑤　**18** ⑤　**19** ②　**20** ①

80 디딤돌 통합본 과학 3-2

1 공벌레는 몸이 여러 개의 마디로 되어 있고 위험을 느끼면 몸을 둥글게 만듭니다.

2 달팽이는 화단에서 볼 수 있고 더듬이가 있으며, 다리가 없고 미끄러지듯이 움직입니다.

3 학교 화단은 먹이가 많고 동물이 쉬거나 집을 지을 수 있는 장소를 제공하며, 눈에 잘 보이지 않는 숨기 좋은 장소입니다.

채점 기준	
예시 답안과 같이 옳게 쓴 경우	5점
예시 답안과 의미는 비슷하지만 정확하게 쓰지 못한 경우	2점

4 색깔이 화려함은 사람마다 기준이 다르므로 분류 기준으로 알맞지 않습니다.

5 금붕어와 뱀은 다리가 없으며, 개구리는 다리가 네 개, 참새는 다리가 두 개입니다. 금붕어와 개구리는 물속에서 살 수 있으며, 모두 더듬이가 없습니다.

6 너구리와 소는 땅 위에서 살고, 지렁이와 땅강아지는 땅속에서 삽니다.

7 두더지는 삽처럼 생긴 앞다리로 땅속에 굴을 팝니다.

8 뱀은 혀로 냄새를 맡아 쥐, 개구리 등의 먹이를 찾아냅니다.

9 물고기가 물속에서 생활하기에 알맞은 점은 지느러미가 있어서 물속에서 헤엄을 잘 칠 수 있고, 아가미가 있어서 물속에서 숨을 쉴 수 있다는 것입니다. 또 몸이 부드러운 곡선 형태라서 물속에서 빨리 헤엄쳐 이동할 수 있습니다.

채점 기준	
예시 답안과 같이 옳게 쓴 경우	5점
예시 답안과 의미는 비슷하지만 정확하게 쓰지 못한 경우	2점

10 개구리는 물속에서도 땅에서도 삽니다. 긴 다리에 물갈퀴가 있어 헤엄을 잘 칩니다.

11 수달은 몸이 털로 덮여 있습니다. 발가락에 물갈퀴가 있어 헤엄을 잘 치고 강이나 호수의 물가에서 물고기나 개구리를 잡아먹습니다.

12 까치는 날개가 있고 몸이 검은색과 흰색의 깃털로 덮여 있습니다. 꽁지깃이 검고 길게 있습니다. 잠자리와 거미는 깃털이 없으며, 거미는 날개가 없습니다.

13 새와 일부 곤충은 날개가 있어 날아다닐 수 있습니다.

14 새와 날 수 있는 곤충은 날개가 있습니다. 새는 뼈 속이 비어 있고 깃털로 덮여 있어 가벼우며, 곤충의 날개는 종이와 같이 얇아 가볍습니다.

15 그늘이 거의 없고, 비가 내리지 않으며 모래바람이 많이 부는 곳은 사막과 같은 환경입니다. 이 곳에서는 낙타, 전갈, 사막 거북, 뱀, 도마뱀, 사막여우, 사막 딱정벌레 등이 살고 있습니다.

16 사막여우는 큰 귀로 체온을 조절하고 작은 소리도 잘 들을 수 있으며, 귓속에 털이 있어서 모래가 잘 들어가지 않습니다.

17 낙타는 발바닥이 넓어 모래에 잘 빠지지 않으며, 혹에 지방이 있어 먹이가 없어도 며칠 동안 생활할 수 있습니다. 또 몸에 있는 수분을 유지하기 위해 땀을 잘 흘리지 않습니다. 사막 거북은 앞다리로 땅을 잘 팔 수 있어서 땅굴을 만들어 뜨거운 낮에 쉴 수 있습니다.

18 북극여우와 펭귄은 극지방에서 살며, 극지방은 1년 중 대부분이 겨울로 온도가 매우 낮습니다.

19 홍합의 특징을 활용한 홍합 접착제는 물속에서 이루어지는 공사에 이용할 수 있으며, 의료용 실 대신 사용할 수 있습니다. 혹등고래 지느러미에 난 혹은 혹등고래가 물속에서 순간적으로 몸을 틀 때 생기는 복잡한 소용돌이를 줄여 줍니다. 이 특징을 활용한 에어컨 실외기 날개는 다른 날개에 비하여 전기를 적게 쓰고 소음이 적습니다.

20 수리의 발가락이 먹이를 잘 잡고 놓치지 않는 특징을 활용하여 쓰레기를 잡아 원하는 곳으로 옮길 수 있는 집게 차를 만들었습니다.

📝 서술형 익히기　　　　36~37쪽

개념1 **1** ① 생김새 ② 사는 곳　　**2** 날개가 있습니다. 또는 물에서 살 수 없습니다., 날개가 없습니다. 또는 물에서 살 수 있습니다.

3 예 날개가 있는가?, 날개가 있는 것 : 잠자리, 까치, 날개가 없는 것 : 개, 돌고래, 금붕어, 개구리, 다리가 있는가?, 다리가 있는 것 : 개, 잠자리, 까치, 개구리, 다리가 없는 것 : 돌고래, 금붕어

개념2 **4** ① 걸어 ② 헤엄쳐 ③ 기어　　**5** 걸어 다니고, 헤엄쳐 다니며, 기어 다닙니다.

6 예 다리로 걸어 다닙니다. 지느러미로 헤엄쳐 다닙니다. 바위 등에 붙어서(또는 배발로) 기어 다닙니다.

개념3 **7** ① 큰 ② 작은　　**8** 작습니다., 하얀색입니다.

9 예 사막은 모래로 덮여 있고 매우 더우며, 극지방은 눈으로 덮여 있고 매우 춥습니다. 사막여우는 큰 귀로 몸속의 열을 밖으로 내보내고, 털 색깔이 모래와 비슷합니다. 북극여우는 작은 귀로 몸속의 열을 밖으로 적게 내보내며, 털 색깔이 눈과 비슷합니다.

1 동물은 생김새와 사는 곳에 따라 분류할 수 있습니다.

2 벌, 닭, 잠자리, 까치는 날개가 있고 물에서 살 수 없습니다. 금붕어와 개구리는 날개가 없고, 물에서 살 수 있습니다.

3 생김새에 따라 다리가 있는 동물과 다리가 없는 동물, 날개가 있는 동물과 날개가 없는 동물로 분류할 수 있습니다.

4 게는 다리로 걸어 다니고, 고등어는 지느러미로 헤엄쳐 이동합니다. 전복은 배발로 바위에 붙어서 기어 다닙니다.

5 게는 다리가 있고, 고등어는 지느러미가 있습니다.

6 물에서 사는 동물 중 수달, 게와 같이 다리가 있는 동물은 걸어서 이동하고, 상어, 고등어와 같이 지느러미가 있는 동물은 헤엄쳐 이동합니다. 또한 전복, 다슬기처럼 바위에 붙어서 기어 다니는 동물도 있습니다.

7 귀가 크면 몸속의 열이 잘 빠져나가고, 귀가 작으면 몸속의 열이 잘 빠져나가지 않습니다.

8 사막여우는 몸에 비해 귀가 크고, 털 색깔은 적갈색입니다. 북극여우는 몸에 비해 귀가 작고, 털 색깔은 하얀색입니다.

9 사막여우와 북극여우는 더운 사막과 추운 극지방의 환경에서 잘 살아남을 수 있도록 적응했습니다.

📑 서술형 평가

38~39쪽

1 ⑩ 먹이가 많고 잘 보이지 않도록 숨기 좋은 장소이기 때문이다. **2** (1) 땅 위와 땅속 (2) ⑩ 다리가 세 쌍이다. 몸이 전체적으로 검은색이다. 머리에 더듬이가 있다. 다리가 마디로 되어 있고 털이 나 있다. 몸이 머리, 가슴, 배로 구분된다. **3** ㉠ ⑩ 다리가 있어 걷거나 뛰어서 이동한다. ㉡ ⑩ 다리가 없어 기어서 이동한다. **4** (1) 바닷속 (2) ⑩ 여러 개의 지느러미로 헤엄쳐 이동한다. 몸이 비늘로 덮여 있다. 아가미가 있다. 몸이 부드러운 곡선 형태이다. **5** ⑩ 날개로 날아다닌다. **6** (1) ⑩ 낮에는 덥고 밤에는 춥다. 비가 거의 내리지 않아 매우 건조하다. 모래바람이 많이 분다. 그늘이 거의 없다. 물과 먹이가 부족하다. (2) ⑩ 몸에 비해 큰 귀를 가지고 있어 체온 조절을 하고, 작은 소리도 잘 들을 수 있다. 귓속에 털이 있어 귓속으로 모래가 잘 들어가지 않는다. **7** ⑩ 귀와 꼬리가 작아 몸의 열을 밖으로 적게 내보낸다. 촘촘한 털이 몸의 열을 밖으로 적게 내보낸다. 피부가 두꺼워 추위를 잘 견딜 수 있다. **8** (1) 물갈퀴 (2) ⑩ 오리의 발가락 사이에는 막이 있어서 물속에서 헤엄을 잘 치는 특징을 활용한 것이다.

---

1 화단은 먹이가 많고, 눈에 잘 보이지 않는 숨기 좋은 장소이기 때문에 동물을 많이 볼 수 있습니다.

채점 기준	
예시 답안과 같이 옳게 쓴 경우	8점
예시 답안과 의미는 비슷하지만 정확하게 쓰지 못한 경우	3점

2 (1) 개미와 뱀은 땅 위와 땅속을 오가며 사는 동물입니다.
(2) 개미는 주로 땅속 또는 오래된 나무 등에 둥지를 틀고 살아가며, 몸은 머리, 가슴, 배로 구분되며 다리는 세 쌍입니다.

채점 기준	
(1), (2)를 모두 옳게 쓴 경우	12점
(1)만 옳게 쓴 경우	2점
(2)만 옳게 쓴 경우	10점

3 땅에서 사는 동물 중 다리가 있는 동물은 걷거나 뛰어서 이동하고, 다리가 없는 동물은 기어서 이동합니다.

채점 기준	
예시 답안과 같이 옳게 쓴 경우	8점
예시 답안과 의미는 비슷하지만 정확하게 쓰지 못한 경우	3점

4 (1) 상어와 전복은 바닷속에서 사는 동물입니다.
(2) 붕어와 상어는 아가미가 있어 물속에서 숨을 쉴 수 있으며, 여러 개의 지느러미로 헤엄쳐 이동합니다. 몸이 비늘로 덮여 있고, 부드러운 곡선 형태입니다.

채점 기준	
(1), (2)를 모두 옳게 쓴 경우	12점
(1)만 옳게 쓴 경우	2점
(2)만 옳게 쓴 경우	10점

5 직박구리는 날개를 가지고 있는 새이며, 잠자리와 매미는 날개를 가지고 있는 곤충입니다. 날개가 있는 동물은 날아서 이동합니다.

채점 기준	
예시 답안과 같이 옳게 쓴 경우	8점
예시 답안과 의미는 비슷하지만 정확하게 쓰지 못한 경우	3점

6 (1) 사막은 덥고 물이 매우 적습니다. 모래바람이 많이 불고 먹이가 부족합니다.
(2) 사막여우는 큰 귀로 체온 조절을 하며, 귓속의 털로 인해 모래바람이 불어도 귓속으로 모래가 잘 들어가지 않습니다.

채점 기준	
(1), (2)를 모두 옳게 쓴 경우	12점
(1)만 옳게 쓴 경우	4점
(2)만 옳게 쓴 경우	8점

82 디딤돌 통합본 과학 3-2

7 북극곰은 작은 귀와 촘촘한 털, 두꺼운 피부로 체온을 잘 유지할 수 있어 추운 극지방에서 잘 살 수 있습니다.

8 (1) 물갈퀴는 헤엄을 잘 칠 수 있도록 도와줍니다.
(2) 오리의 발가락 사이에는 막이 있어 물속에서 헤엄을 잘 칩니다.

😎 수행 평가

1 예 물속에서 살 수 있는가? **2** ⓒ 비둘기, 개구리, 다람쥐, 고양이, 참새, 개미, ⓒ 금붕어, 달팽이, 송사리, 뱀 **3** (1) 비둘기, 참새 (2) 개구리, 다람쥐, 고양이, 개미 **4** 예 날개가 있는가?, 다른 동물을 먹는가?, 더듬이가 있는가?, 새끼를 낳는가?, 알을 낳는가? 등

1 개구리, 금붕어, 송사리는 물속에서 살 수 있는 동물입니다.

2 금붕어와 송사리는 지느러미로 물속에서 헤엄치며, 달팽이는 미끄러지듯이 움직이고 뱀은 기어서 이동합니다.

3 개구리, 다람쥐, 고양이는 다리가 네 개이며, 개미는 다리가 여섯 개입니다.

4 동물을 다양한 특징에 따라 분류할 수 있고, 동물을 분류해 보면 동물의 특징을 더 잘 이해할 수 있습니다.

😎 수행 평가

1 직박구리, 나비, 잠자리 **2** 예 직박구리와 나비, 잠자리는 모두 날개가 있지만 직박구리는 다리가 두 개이고, 나비, 잠자리는 다리가 여섯 개이다. 등 **3** 몸이 가볍고 날개가 있기 때문이다. **4** 예 몸은 머리, 가슴, 배로 구분된다. 다리가 여섯 개이다. 날개가 두 쌍이다. 등

1 직박구리와 나비, 잠자리는 날아다니는 동물이고, 뱀은 땅에서 사는 동물, 붕어는 물에서 사는 동물입니다.

2 직박구리는 새이고 나비, 잠자리는 곤충입니다. 새는 몸이 깃털로 덮여 있고 날개가 한 쌍 다리가 두 개이지만, 곤충은 대부분 날개가 두 쌍이고 다리는 여섯 개입니다.

3 새와 곤충은 모두 날개가 있어 날 수 있습니다. 또한 몸에 비해 날개가 크고 가볍습니다.

4 나비와 잠자리는 곤충이며, 몸이 머리, 가슴, 배로 구분됩니다. 다리는 세 쌍, 날개는 두 쌍입니다.

😎 수행 평가

1 게코 테이프, 예 도마뱀붙이의 발바닥에는 수백만 개의 털이 있어 벽에 달라붙을 수 있다. **2** 예 전신 수영복은 상어의 피부, 방탄복은 전복 껍데기를 활용하였다. **3** 뱀, 바퀴벌레, 예 뱀은 좁은 공간을 기어서 이동할 수 있기 때문이다. 바퀴벌레는 좁은 틈으로 들어갈 수 있기 때문이다.

1 도마뱀붙이의 특징을 활용한 게코 테이프는 벽이나 천장에도 붙일 수 있으며, 밀고 당기는 방향에 따라 쉽게 떼어 낼 수 있습니다.

2 상어의 피부에는 작게 튀어나온 부분이 많으며, 이것은 물이 흐르면서 생기는 소용돌이를 막아 줍니다. 전복 껍데기는 탄산 칼슘이 겹겹이 쌓여 있으며, 이런 특징을 활용한 방탄복은 가볍고 잘 뚫리지 않습니다.

3 무너진 건물 사이는 좁으므로 좁은 공간으로 잘 들어갈 수 있는 뱀의 특징을 활용하여 로봇의 머리는 작게 하고, 앞가슴판 밑에 머리를 숨길 수 있게 했습니다. 배 부분은 매우 납작하고 넓게 하여 좁은 틈으로 잘 들어갈 수 있게 만들었습니다. 빠르게 움직일 수 있는 바퀴벌레의 특징을 활용하여 로봇의 긴 다리를 만들었습니다.

3 지표의 변화

1 장소에 따른 다양한 흙 관찰하기

개념 확인 문제   45쪽

1 (1) × (2) ○ (3) ×   **2** 운동장 흙
3 ㉠ 밝은, ㉡ 어두운

1 흙은 우리 주변뿐 아니라 산, 바다, 강 등 다양한 곳에서 볼 수 있습니다. 흙은 장소에 따라 알갱이의 크기가 다릅니다.

2 만졌을 때의 느낌이 운동장 흙은 거칠고, 화단 흙은 약간 부드럽습니다.

3 운동장 흙은 화단 흙보다 밝은색을 띱니다.

2 장소에 따른 흙의 특징 알아보기

개념 확인 문제   47쪽

1 ③   **2** 운동장 흙   **3** ④   **4** (1) ㉠ (2) ㉡

1 운동장 흙과 화단 흙의 물 빠짐을 비교하는 실험이므로, 흙의 종류 외 다른 조건은 모두 같게 해야 합니다.

2 운동장 흙은 화단 흙보다 알갱이의 크기가 더 크기 때문에 물 빠짐이 빠릅니다.

3 흙의 종류 이외의 조건인 흙의 양, 물의 양, 비커의 크기, 유리 막대로 젓는 시간, 저은 뒤 놓아두는 시간 등은 모두 같게 해야 합니다.

4 운동장 흙은 물에 뜬 물질이 거의 없고, 화단 흙은 물에 뜨는 물질이 많습니다.

3 흙이 만들어지는 과정

개념 확인 문제   49쪽

1 ④   **2** 작은 알갱이   **3** ①
4 (1) ○ (2) × (3) ×

1 얼음 설탕을 플라스틱 통에 넣고 흔들면 알갱이의 크기가 작아지고 모양이 달라지며 가루가 생깁니다.

2 플라스틱 통을 흔들기 전의 크기가 큰 얼음 설탕은 자연에서의 바위나 돌과 같고, 플라스틱 통을 흔든 뒤의 크기가 작아진 얼음 설탕은 자연에서의 흙과 같다고 할 수 있습니다.

3 겨울에 바위틈에 스며든 물이 얼면 부피가 증가하면서 바위가 부서집니다. 겨울이 지나고 따뜻한 봄이 되면 바위틈에 얼어 있던 물이 녹습니다. 이러한 과정을 반복하면서 바위가 부서집니다.

4 자연에서 바위나 돌이 흙으로 만들어지는 데 걸리는 시간은 매우 깁니다. 작은 돌이 부서져 생긴 알갱이와 생물이 썩어 생긴 물질이 섞여서 흙이 됩니다.

실력 문제   50~51쪽

1 ③ **2** ㉣ **3** 다르 **4** ② **5** ㉠ **6** ④ **7** ㉡
8 ㉡ **9** ④ **10** ㉡ **11** ① **12** ②, ③

1 흙의 무게는 흙의 종류가 아닌 흙의 양에 따라 달라집니다.

2 운동장 흙은 잘 뭉쳐지지 않고, 화단 흙은 잘 뭉쳐집니다.

3 운동장 흙과 화단 흙은 색깔, 촉감, 알갱이의 크기가 다릅니다.

4 한꺼번에 많은 물을 붓게 되면 흙이 파이면서 흙의 높이에 영향을 줄 수 있으므로, 물을 플라스틱 통의 벽을 따라 천천히 부으면서 아래로 흐르도록 합니다.

5 운동장 흙은 화단 흙보다 알갱이의 크기가 크기 때문에 일정 시간 동안 물이 더 많이 빠집니다.

6 식물이 잘 자라는 흙에는 부식물이 많습니다. 흙 알갱이의 크기와 색깔은 식물이 잘 자라는 것과 관련이 적습니다.

7 핀셋은 손으로 집기 어려운 작은 물건을 집는 데 쓰는 도구입니다.

8 운동장 흙에는 물에 뜨는 물질이 거의 없고, 화단 흙에는 물에 뜨는 물질이 많이 섞여 있습니다.

9 바위틈에서 나무뿌리가 자라면서 바위틈을 벌리게 되고 결국 바위가 부서집니다.

10 플라스틱 통을 흔들기 전에는 얼음 설탕의 크기가 크고, 뾰족한 부분이 있으며 가루가 거의 없습니다. 플라스틱 통을 흔든 뒤에는 얼음 설탕의 크기가 작아지고 모양이 달라지며 가루가 생깁니다.

11 플라스틱 통을 흔들어 얼음 설탕이 작게 부서지는 것은 자연에서 물이나 나무뿌리에 의해 바위가 부서지는 것과 비슷합니다.

12 바위나 돌이 여러 가지 과정으로 작게 부서진 알갱이와 생물이 썩어 생긴 물질들이 섞여서 흙이 됩니다. 흙이 되는 데에는 오랜 시간이 걸립니다.

4 흐르는 물에 의한 지표의 변화

😊 **개념 확인 문제**   53쪽

1 ⓒ   **2** ②   **3** 위, 아래   **4** 침식, 퇴적

1 흙 언덕의 위쪽은 경사가 급하고, 아래쪽은 경사가 완만합니다.

2 흙 언덕의 위쪽에서 물을 흘려보내면 위쪽의 흙이 깎여 아래쪽으로 운반되어 쌓입니다.

3 흐르는 물에 의해 흙 언덕의 위쪽에 있는 흙이 깎여 아래쪽으로 이동해 쌓이기 때문에 색 모래는 위쪽에서 아래쪽으로 이동합니다.

4 흐르는 물은 바위나 돌, 흙 등을 깎아 낮은 곳으로 운반해 쌓아 놓습니다. 지표의 바위나 돌, 흙 등이 깎여 나가는 것을 침식 작용이라고 하며, 운반된 돌이나 흙이 쌓이는 것을 퇴적 작용이라고 합니다.

5 강 주변 지형의 모습

😊 **개념 확인 문제**   55쪽

1 ⓒ   **2** 넓고, 완만   **3** ⓒ   **4** ⓒ 침식,
ⓒ 퇴적

1 강 상류는 강폭이 좁고 강의 경사가 급합니다.

2 강 하류는 강폭이 넓고, 강의 경사가 완만합니다

3 강 하류에는 모래나 흙이 쌓여 있으며, 강 상류에는 바위나 큰 돌이 있습니다.

4 강 상류에서는 침식 작용이 활발하여 지표를 깎고, 강 하류에서는 퇴적 작용이 활발하여 운반된 물질이 쌓입니다.

6 바닷가 주변 지형의 모습

😊 **개념 확인 문제**   57쪽

1 ⓒ   **2** ⓒ, ⓒ   **3** (1) ○ (2) × (3) ○
4 ⓒ

1 ⓒ은 바닷물에 의해 바위가 깎여서 바위 가운데에 구멍이 생긴 지형입니다. ⓒ은 해안가에 있는 바위가 가파른 절벽으로 깎여 있는 지형입니다. ⓒ은 바닷물이 모래를 쌓아서 만들어진 지형입니다.

2 ⓒ과 ⓒ은 바닷물의 침식 작용으로 만들어진 지형이며, ⓒ은 바닷물의 퇴적 작용으로 만들어진 지형입니다.

3 바닷물의 퇴적 작용으로 모래나 고운 흙이 쌓이기도 하며, 바닷물의 침식 작용으로 바위에 구멍이 뚫리거나 가파른 절벽이 만들어지기도 합니다.

4 바닷물의 침식 작용은 ⓒ 바다 쪽으로 돌출된 부분에서 활발하고, 바닷물의 퇴적 작용은 ⓒ 안쪽으로 들어간 부분에서 활발합니다.

💡 **실력 문제**   58~59쪽

1 ⑤   **2** 해설 참조   **3** (1) ⓒ (2) ⓒ   **4** ④
5 ⓒ 깎여, ⓒ 쌓이는   **6** ⓒ   **7** ⓒ   **8** ⑤   **9** ①, ④
10 ⓒ, ⓒ   **11** ③   **12** ④

1 색 모래를 사용하면 물에 의해 흙이 어떻게 이동하는지 쉽게 볼 수 있습니다.

2

색 모래는 위쪽에서 아래쪽으로 이동합니다.

3 흙 언덕의 위쪽은 경사가 급해서 물에 의해 흙이 깎이고, 아래쪽은 경사가 완만해서 위쪽의 깎인 흙이 떠내려와 쌓입니다.

4 흐르는 물은 바위나 돌, 흙 등을 깎아 낮은 곳으로 운반하여 쌓아 놓습니다.

5 지표의 바위나 돌 등이 깎여 나가는 것을 침식 작용, 운반된 돌이나 흙 등이 쌓이는 것을 퇴적 작용이라고 합니다.

6 ⓒ 강 상류에서는 퇴적 작용보다 침식 작용이 가장 활발하게 일어나고, ⓒ 강 하류에서는 침식 작용보다 퇴적 작용이 가장 활발하게 일어납니다.

7 강 하류에서는 모래나 흙이 넓게 쌓여 있으며 넓은 평야나 들을 많이 볼 수 있습니다.

8 ⓒ 강 하류는 강폭이 넓고, 강의 경사가 완만하며 퇴적 작용이 활발하게 일어납니다.

9 강 상류는 강폭이 좁고, 강의 경사가 급하며, 계곡이나 산을 많이 볼 수 있습니다. 그리고 퇴적 작용보다 침식 작용이 활발하게 일어납니다.

10 바닷물의 퇴적 작용은 모래나 고운 흙을 쌓아 모래 해변이나 갯벌을 만듭니다.

11 바닷물에 의해 바위가 깎이면서 가운데에 구멍이 뚫렸습니다. 이러한 지형은 바다 쪽으로 돌출된 부분에서 볼 수 있습니다.

12 강폭이 넓고 경사가 완만한 강 하류와 바닷가에서 안쪽으로 들어간 부분에서 퇴적 작용이 활발하게 일어납니다.

단원 정리 3 지표의 변화　　　　　60~61쪽

❶ 다릅　❷ 크　❸ 작습　❹ 부식물　❺ 자랍
❻ 흙　❼ 침식　❽ 운반　❾ 퇴적　❿ 좁고　⓫ 급
⓬ 넓고　⓭ 완만　⓮ 침식　⓯ 퇴적

O X 1 ○　2 ○　3 ×　4 ○　5 ×　6 ○　7 ×
8 ○　9 ○　10 ×

3 화단 흙보다 운동장 흙에서 물이 더 느리게 빠집니다.
　　　　　　　　　　　　　　　　　　└→ 빨리

5 흙 언덕 위쪽에서 물을 흘려보내면 주로 흙 언덕의 위쪽에서는 흙이 쌓이고, 아래쪽에서는 흙이 깎입니다.
　　　　　　　└→ 깎이고　　　　　　　　└→ 쌓입니다

7 강 상류에서는 퇴적 작용이 활발하고, 강 하류에서는 침식 작용이 활발합니다.
　　└→ 침식　　　　　　　　　　　　　└→ 퇴적

10 바닷가 지형은 짧은 시간에 걸쳐 만들어집니다.
　　　　　　　　　└→ 오랜

단원 평가 1회　　　　　62~64쪽

1 ㉡　**2** ②　**3** ③　**4** >　**5** ①, ⑤　**6** ㉡　**7** ④
8 ③　**9** 예 얼음 설탕이 작게 부서져 가루가 되는 것처럼 바위나 돌이 부서져서 흙이 된다.　**10** ㉡ → ㉢ → ㉠ → ㉣
11 ④　**12** 예 흙 언덕의 위쪽은 경사가 급하고, 아래쪽은 경사가 완만하기 때문이다.　**13** ⑤　**14** (1) ㉡ (2) ㉠　**15** ⑤
16 ㉢　**17** ⑤　**18** ①, ②　**19** ㉡　**20** 예 바닷물의 침식 작용으로 바위나 절벽이 깎이기 때문이다.

1 만졌을 때의 느낌이 운동장 흙은 거칠고, 화단 흙은 약간 부드럽습니다.

2 흙의 알갱이를 자세하게 관찰할 때에는 돋보기를 사용합니다.

3 두 흙의 물 빠짐을 비교하는 실험이므로, 흙의 종류 이외의 조건은 모두 같게 해야 하며, 고무줄의 길이는 상관없습니다.

4 운동장 흙은 화단 흙보다 물이 더 빠르게 빠지므로 일정한 시간 동안 운동장 흙의 비커에 물이 더 많이 모입니다.

5 운동장 흙은 알갱이의 크기가 비교적 크고, 주로 모래나 흙 알갱이만 보입니다. 또 화단 흙에 비해서 밝은색이며, 거칠고 잘 뭉쳐지지 않습니다.

6 흙에 물을 넣었을 때 물에 뜨는 물질의 대부분은 식물의 뿌리나 나뭇잎 조각, 죽은 곤충 등이 썩은 부식물입니다.

7 식물이 잘 자라는 흙은 물에 뜨는 물질, 즉 부식물이 많습니다. 화단 흙은 부식물이 많아 식물이 잘 자라지만, 운동장 흙은 부식물이 적어서 식물이 잘 자라지 않습니다.

8 플라스틱 통에 얼음 설탕을 넣고 흔들면 알갱이의 크기가 작아지고 모양이 달라지며 가루가 생깁니다.

9 얼음 설탕을 플라스틱 통에 넣고 흔드는 실험은 자연에서 바위나 돌을 부서지게 하는 것을 알아보기 위한 것입니다.

채점 기준	
예시 답안과 같이 옳게 쓴 경우	5점
예시 답안과 의미는 비슷하지만 정확하게 쓰지 못한 경우	2점

10 바위틈에 있는 물이 얼었다 녹았다를 반복하면서 바위가 부서지고, 작게 부서진 알갱이와 생물이 썩어 생긴 물질들이 섞여서 흙이 됩니다.

11 ㉠ 흙 언덕의 위쪽은 흐르는 물에 의해 흙이 깎이고, ㉢ 흙 언덕의 아래쪽은 깎인 흙이 운반되어 쌓입니다. 색 모래는 위쪽에서 아래쪽으로 이동합니다.

12 흐르는 물이 경사가 급한 흙 언덕 위쪽의 흙을 깎아 경사가 완만한 아래쪽으로 운반해 쌓았습니다.

채점 기준	
예시 답안과 같이 옳게 쓴 경우	5점
예시 답안과 의미는 비슷하지만 정확하게 쓰지 못한 경우	2점

13 흐르는 물은 오랜 시간에 걸쳐 지표의 모습을 서서히 변화시킵니다.

14 강 상류에서는 침식 작용이 활발하여 지표를 깎고, 강 하류에서는 퇴적 작용이 활발하여 운반된 물질이 쌓입니다.

15 강 상류에서 바위나 큰 돌을 볼 수 있으며, 강 상류는 강의 경사가 급하고 강폭이 좁으며 바위가 많습니다. 강 상류에서도 퇴적 작용이 일어납니다.

16 ㈎ 강 상류는 강폭이 좁고 강의 경사가 급합니다. ㈏ 강 하류는 강폭이 넓고, 강의 경사가 완만합니다.

17 모래사장의 모래가 많아지는 것은 바닷물의 퇴적 작용에 의한 것입니다.

18 바닷가에서 볼 수 있는 모래 해변과 갯벌의 모습입니다. 이 지형은 바닷물의 퇴적 작용으로 모래나 고운 흙이 쌓여 만들어진 것으로, 바닷가의 안쪽으로 들어간 부분에서 볼 수 있습니다.

19 바닷물의 침식 작용으로 바위에 구멍을 뚫거나 가파른 절벽을 만듭니다.

20 오랜 시간이 지나면 바닷물에 의해 바위나 절벽이 깎여 윗부분이 무너지고 기둥만 남기도 합니다.

채점 기준	
예시 답안과 같이 옳게 쓴 경우	5점
예시 답안과 의미는 비슷하지만 정확하게 쓰지 못한 경우	2점

💡 단원 평가 2회 65~67쪽

1 ② **2** ㉠ **3** 화단 흙 **4** 예 운동장 흙은 화단 흙보다 알갱이의 크기가 더 크기 때문이다. 화단 흙은 운동장 흙보다 알갱이의 크기가 더 작기 때문이다. **5** ④ **6** ⑤ **7** ④ **8** ㉣
9 ㉡ **10** ① **11** ㉠, ㉢ **12** ⑤ **13** ㉡ **14** ②
15 ② **16** 상류, 침식, 하류, 퇴적 **17** 바닷물의 침식 작용
18 ①, ⑤ **19** 예 바닷물의 퇴적 작용으로 모래나 고운 흙이 쌓여 만들어졌다. **20** ④

1 흙의 냄새는 비교할 수가 없습니다. 흙의 색깔, 알갱이의 크기, 손으로 만졌을 때의 느낌, 흙을 뭉쳐 보거나 물을 넣어 보며 관찰합니다.

2 운동장 흙은 밝은 갈색이고 알갱이의 크기가 비교적 큽니다.

3 화단 흙은 운동장 흙보다 알갱이의 크기가 작기 때문에 물이 더 느리게 빠집니다.

4 운동장 흙은 화단 흙보다 알갱이의 크기가 더 크기 때문에 일정한 시간 동안 물이 더 많이 빠집니다.

채점 기준	
예시 답안과 같이 옳게 쓴 경우	5점
예시 답안과 의미는 비슷하지만 정확하게 쓰지 못한 경우	2점

5 흙의 종류 이외의 조건, 즉 흙의 양, 물의 양, 비커의 크기, 유리 막대로 젓는 횟수, 저은 뒤 놓아두는 시간 등은 같게 해야 합니다.

6 운동장 흙은 물에 뜬 물질이 거의 없고, 화단 흙은 식물의 뿌리, 나뭇잎 조각, 죽은 곤충 등 물에 뜬 물질이 많습니다. 화단 흙은 이러한 부식물이 많아 식물이 잘 자랍니다.

7 부식물은 식물의 뿌리나 죽은 곤충, 나뭇잎 조각 등이 썩은 것으로, 식물이 자라는 데 도움을 줍니다.

8 얼음 설탕을 넣은 플라스틱 통을 흔들면 큰 알갱이가 작은 알갱이로 부서지고, 가루가 생깁니다.

9 얼음 설탕을 플라스틱 통에 넣고 흔들기 전의 모습은 자연에서 알갱이의 크기가 큰 바위나 돌의 모습에 해당됩니다. 플라스틱 통을 흔들고 난 뒤의 모습은 흙의 모습에 해당됩니다.

10 바위틈에 있는 물이 얼거나 바위틈에서 나무뿌리가 자라면서 바위가 부서집니다.

11 흙 언덕의 위쪽에서 물을 흘려보내면 흙 언덕의 위쪽에서는 흙이 깎이고, 아래쪽에서는 흙이 흘러내려 쌓입니다.

12 흐르는 물이 흙 언덕 위쪽의 흙을 깎고 운반하여 아래쪽에 쌓았기 때문에 흙 언덕의 모습이 변한 것입니다.

13 운반된 돌이나 흙 등이 쌓이는 것을 퇴적 작용이라고 합니다.

14 강 상류에서 계곡을 많이 볼 수 있습니다. 강 상류는 강의 경사가 급하고 침식 작용이 활발합니다.

15 ㉠ 강의 상류에서는 침식 작용이 활발하며, 바위를 많이 볼 수 있습니다. 강의 상류는 강폭이 좁고, 강의 경사가 급합니다.

16 강 상류에서는 침식 작용이 활발하여 지표를 깎고, 강 하류에서는 퇴적 작용이 활발하여 운반된 물질이 쌓입니다.

17 바닷물이 바위와 만나는 부분을 계속 깎고 무너뜨려서 절벽이 만들어집니다.

18 강 상류와 바닷가에서 바다 쪽으로 돌출된 부분은 침식 작용이 활발합니다. 강 하류와 바닷가에서 안쪽으로 들어간 부분은 퇴적 작용이 활발합니다. 그리고 빗물이 흐르면서 산 위쪽에 있는 흙을 깎아 산 아래쪽에 쌓습니다.

19 바닷물의 퇴적 작용으로 모래나 흙이 쌓여 모래 해변이나 갯벌이 만들어집니다.

20 바닷가에서는 바닷물의 침식 작용과 퇴적 작용으로 오랜 시간에 걸쳐 다양한 지형이 만들어집니다.

서술형 익히기
68~69쪽

개념1 **1** ① 밝습니다 ② 화단 흙 **2** 부식물이 많으며, 썩은 것으로 **3** 운동장 흙, ⑩ 운동장 흙은 화단 흙보다 알갱이의 크기가 더 크기 때문입니다.

개념2 **4** ① 깎이고, 쌓입니다 ② 침식, 퇴적 **5** 흙을 깎고, 운반하여 쌓았기 **6** ⑩ 흐르는 물은 바위나 돌, 흙 등을 깎아 낮은 곳으로 운반하여 쌓아 놓습니다.

개념3 **7** ① 좁고, 급합니다 ② 침식, 퇴적 **8** 하류, 넓고, 완만합니다, 퇴적 작용이 활발합니다 **9** ⓛ, ⑩ 강 하류에서는 퇴적 작용이 활발하게 일어나 운반되어 온 흙이나 모래를 쌓아 놓았기 때문입니다.

1 운동장 흙은 색깔이 밝고, 만졌을 때의 느낌이 거칩니다. 화단 흙은 색깔이 어둡고, 만졌을 때의 느낌이 부드럽습니다.

2 식물이 잘 자라는 흙에는 부식물이 많습니다

3 운동장 흙은 알갱이의 크기가 크고, 화단 흙은 알갱이의 크기가 작기 때문에 물은 화단 흙보다 운동장 흙에서 더 빠르게 빠집니다.

4 지표의 바위나 돌 등이 깎이는 것을 침식 작용, 운반된 돌이나 흙이 쌓이는 것을 퇴적 작용이라고 합니다.

5 흙 언덕의 윗부분은 흐르는 물에 의해 깎이고, 아랫 부분은 깎인 흙이 운반되어 쌓입니다.

6 흐르는 물에 의한 침식 작용, 운반 작용, 퇴적 작용으로 지표의 모습은 계속 변합니다.

7 강의 상류에서는 침식 작용이 가장 활발하게 일어나 지표를 깎고, 강의 하류에서는 퇴적 작용이 가장 활발하게 일어나 운반된 물질이 쌓입니다.

8 강 하류의 모습으로 강 하류는 강폭이 넓고, 경사가 완만합니다.

9 강 하류에서는 침식 작용보다 퇴적 작용이 활발하여 모래나 흙을 볼 수 있습니다.

서술형 평가
70~71쪽

1 ⑩ 운동장 흙은 밝은 갈색이고, 화단 흙은 어두운 갈색이다. 운동장 흙은 알갱이의 크기가 비교적 크고, 화단 흙은 알갱이의 크기가 큰 것도 있고 작은 것도 있다. 운동장 흙은 거칠고, 화단 흙은 약간 부드럽다. **2** (1) 부식물 (2) ⓛ, ⑩ 부식물이 많기 때문이다. 또는 식물의 뿌리나 죽은 곤충, 나뭇잎 조각 등이 썩은 물질이 많기 때문이다. **3** (1) ⑩ 알갱이의 크기가 작아졌다. 모양이 달라졌다. 가루가 생겼다. (2) ⑩ 바위나 돌이 작게 부서져 흙이 만들어진다. 또는 바위나 돌이 나무뿌리나 물에 의해 작은 알갱이로 부서져 흙이 만들어진다. **4** ⑩ 바위틈에 스며든 물이 얼었다 녹았다를 반복하면서 바위가 부서진다. **5** (1) ㉠ (2) ⑩ 침식 작용은 지표의 바위나 돌, 흙 등이 깎여 나가는 것이다. 퇴적 작용은 운반된 돌이나 흙이 쌓이는 것이다. **6** ⑩ 강폭은 넓어진다. 강의 경사는 완만해진다. **7** ⑩ ㉠을 볼 수 있는 곳은 강의 하류이며, 침식 작용보다 퇴적 작용이 활발하게 일어난다. ㉡을 볼 수 있는 곳은 강의 상류이며, 퇴적 작용보다 침식 작용이 활발하게 일어난다. **8** (1) 침식 작용 (2) ⑩ 바닷물에 의해 바위가 깎이면서 바위 가운데에 구멍이 뚫렸기 때문이다.

1 운동장 흙과 화단 흙은 색깔, 촉감, 알갱이의 크기가 다릅니다.

2 부식물은 식물이 잘 자라는 데 도움을 줍니다.

3 (1) 얼음 설탕을 플라스틱 통에 넣고 흔들면 큰 덩어리가 작은 알갱이로 부서집니다.
(2) 얼음 설탕이 부서져 가루가 생기는 것을 통해 흙이 만들어지는 과정을 알아 보는 실험입니다.

4 겨울에 바위틈에 스며든 물이 얼면 부피가 증가하면서 바위가 부서집니다. 겨울이 지나고 따뜻한 봄이 되면 바위틈

에 얼어 있던 물이 녹는 과정을 반복하면서 바위가 부서지는 현상이 발생합니다.

채점 기준	
예시 답안과 같이 옳게 쓴 경우	8점
예시 답안과 의미는 비슷하지만 정확하게 쓰지 못한 경우	3점

5 (1) 흙 언덕의 위쪽에는 침식 작용이 활발하게 일어나고, 흙 언덕의 아래쪽에는 퇴적 작용이 활발하게 일어납니다.
(2) 침식은 지표를 깎는 것이고, 퇴적은 쌓이는 것입니다.

채점 기준	
(1), (2)를 모두 옳게 쓴 경우	12점
(1)만 옳게 쓴 경우	2점
(2)만 옳게 쓴 경우	10점

6 강 상류는 강폭이 좁고 강의 경사가 급합니다. 강 하류는 강폭이 넓고 강의 경사가 완만합니다.

채점 기준	
예시 답안과 같이 옳게 쓴 경우	8점
예시 답안과 의미는 비슷하지만 정확하게 쓰지 못한 경우	3점

7 ㉠은 강 하류에서 많이 볼 수 있는 넓은 평지의 모습이며, ㉡은 강 상류에서 많이 볼 수 있는 바위가 많은 계곡의 모습입니다.

채점 기준	
㉠과 ㉡에 대해 모두 옳게 쓴 경우	8점
㉠과 ㉡ 중 한 가지만 옳게 쓴 경우	4점

8 (1) 바닷물의 침식 작용으로 만들어진 구멍이 뚫린 바위입니다.
(2) 바닷물의 침식 작용으로 바위가 깎입니다.

채점 기준	
(1), (2)를 모두 옳게 쓴 경우	12점
(1)만 옳게 쓴 경우	2점
(2)만 옳게 쓴 경우	10점

😎 수행 평가　　　　　　　　　　　72쪽

1 흙의 종류　　**2** ㉢, ㉣, ㉡, ㉠　　**3** 약 200 mL, ㉖ 운동장 흙은 화단 흙보다 알갱이의 크기가 더 크기 때문에 물이 더 빠르게 빠진다.　　**4** ㉖ 운동장 흙은 물이 잘 빠지므로 물이 잘 고이지 않을 것이다.

1 두 흙의 물 빠짐을 비교하는 실험이므로, 흙의 종류만 다르게 하고 나머지 조건은 모두 같게 합니다.

2 플라스틱 통의 밑부분을 거즈로 감싸고 같은 양의 흙을 각각 넣은 뒤 두 흙에 같은 양의 물을 비슷한 빠르기로 동시에 붓습니다.

3 운동장 흙에서 물이 더 빠르게 빠지므로, 더 많은 물이 모인 비커가 운동장 흙 아래에 놓은 비커입니다.

4 운동장 흙은 알갱이의 크기가 크기 때문에 물이 잘 빠지므로 비가 온 뒤에도 운동장은 물이 잘 고이지 않습니다.

😎 수행 평가　　　　　　　　　　　73쪽

1 ㉠ 작아지, ㉡ 가루　　**2** ㉖ 얼음 설탕이 플라스틱 통에 부딪쳐 깨지거나 얼음 설탕끼리 서로 부딪쳐 깨졌기 때문이다.　　**3** ㉖ 바위틈에서 나무뿌리가 자라면서 바위틈을 점차 벌리고 나무가 더 자라게 되면서 바위가 점차 부서진다.

1 플라스틱 통을 흔들기 전에는 알갱이의 크기가 크고, 가루가 거의 없습니다. 플라스틱 통을 흔든 뒤에는 알갱이의 크기가 작아지고, 가루가 생겼습니다.

2 플라스틱 통을 흔들면 통 속의 얼음 설탕이 서로 부딪칩니다.

3 바위틈에서 나무뿌리가 자라면서 바위가 부서지기도 합니다. 바위틈으로 스며든 물이 얼었다 녹으면서 바위가 부서지기도 하고, 흐르는 물이나 바람에 의해서 바위가 부서지기도 합니다.

😎 수행 평가　　　　　　　　　　　74쪽

1 ㉖ 물에 의해 흙이 어떻게 이동하는지 쉽게 볼 수 있게 하기 위해서이다.　　**2** (1) ㉠ (2) ㉡　　**3** (1) ㉠ (2) ㉡
4 ㉖ 흐르는 물은 강 상류에 있는 바위를 깎고 운반하며, 이 과정에서 만들어진 모래가 강 하류에서 쌓이기 때문이다.

1 흐르는 물에 의해 흙 언덕의 위쪽에 있던 색 모래가 아래쪽으로 이동하므로 물에 의해 흙이 어떻게 이동하는지 쉽게 볼 수 있습니다.

2 흙 언덕의 위쪽은 경사가 급해 흐르는 물에 의해 흙이 깎이고, 아래쪽은 경사가 완만해 흐르는 물에 의해 위쪽의 깎인 흙이 떠내려와 쌓입니다.

3 강 상류는 침식 작용이 활발하고, 강 하류는 퇴적 작용이 활발합니다.

4 강 상류에서는 흐르는 물에 의한 침식 작용이 활발하여 바위나 돌 등 지표를 깎고, 강 하류에서는 흐르는 물에 의한 퇴적 작용이 활발하여 운반된 물질이 쌓입니다.

4 물질의 상태

1 우리 주변 물질의 특징

개념 확인 문제 77쪽

1 (1) ⓒ (2) ㉠ (3) ㉢   **2** 공기   **3** ㉠

---

1 나무 막대는 딱딱하고, 물은 흐르는 성질이 있으며, 공기는 눈에 보이지 않습니다.

2 나무 막대는 손으로 잡고 전달할 수 있으며, 물은 흘러서 전달하기 힘들지만 전달한 것인지는 알 수 있습니다.

3 눈에 보이지 않고 전달하는 느낌이 나지 않으며, 손으로 잡을 수 없는 것은 공기입니다.

2 고체의 성질

개념 확인 문제 79쪽

1 ①   **2** 변하지 않는다   **3** ⑤
4 ⑤

---

1 나무 막대와 플라스틱 막대는 손으로 잡을 수 있고 단단하며, 눈에 보입니다.

2 나무 막대를 여러 가지 모양의 그릇에 넣어도 나무 막대의 모양과 크기는 변하지 않습니다.

3 담는 그릇이 바뀌어도 모양과 부피가 일정한 물질의 상태를 고체라고 합니다.

4 주스는 담는 그릇에 따라 모양이 변하기 때문에 고체가 아닙니다.

3 액체의 성질

개념 확인 문제 81쪽

1 ①, ④   **2** 모양   **3** 같다   **4** ④

---

1 물과 주스는 단단하지 않으며, 물은 무색투명하지만 주스는 색깔이 있습니다.

2 물을 여러 가지 모양의 그릇에 담으면 그릇의 모양에 따라 물의 모양은 변하지만, 부피는 변하지 않습니다.

3 물을 여러 가지 모양의 그릇에 담아도 부피는 변하지 않기 때문에 ㉢에 담긴 물을 ㉠에 다시 옮겨 담으면 ㉠에 처음 물을 담았을 때와 높이가 같습니다.

4 담는 그릇에 따라 모양은 변하지만 부피는 변하지 않는 물질의 상태를 액체라고 합니다.

실력 문제 82~83쪽

1 ②   **2** ①   **3** ④   **4** 자갈   **5** ㉢, ㉣   **6** 고체
7 ⑤   **8** ⑤   **9** ⑤   **10** ㉠   **11** ④   **12** ㉠

---

1 주스, 지우개, 식용유, 자전거는 눈으로 볼 수 있지만 공기는 눈으로 볼 수 없습니다.

2 물은 전달할 수 있지만, 모양이 계속 변하고 흘러내립니다.

3 나무 막대는 색깔이 있고 모양이 변하지 않으며, 물은 다른 그릇에 옮길 수 있지만 모양이 변합니다. 공기는 눈에 보이지 않으며 아무 느낌이 없습니다.

4 자갈은 나무 막대처럼 단단합니다.

5 나무 막대를 여러 가지 모양의 그릇에 넣어도 그릇의 모양과 관계없이 나무 막대의 모양은 변하지 않으며, 나무 막대가 차지하는 공간의 크기인 부피도 변하지 않습니다.

6 나무 막대처럼 담는 그릇이 바뀌어도 모양과 부피가 일정한 물질의 상태를 고체라고 합니다.

7 고체는 눈에 보이며 손으로 잡을 수 있습니다. 또한, 담는 그릇에 따라 모양과 크기가 변하지 않습니다.

8 책, 지우개, 의자, 스펀지, 자전거는 고체이고, 설탕물, 꿀, 식용유, 알코올은 액체입니다. 공기는 기체입니다.

9 물과 주스는 흐르고 눈에 보입니다. 또한, 담는 그릇에 따라 모양이 변하며 담은 그릇을 기울여도 모양이 변합니다.

10 물의 모양은 담는 그릇의 모양에 따라 달라지지만, 부피는 변하지 않습니다.

11 물 대신 사용했을 때 담는 그릇에 따라 모양이 변하는 것은 액체인 우유입니다. 나무, 구슬, 사탕, 지우개는 고체입니다.

12 고체와 액체는 눈으로 볼 수 있으며 손으로 만질 수 있는 공통점이 있습니다. ㉡은 액체의 성질이고, ㉣은 고체의 성질입니다.

4 공간을 차지하는 기체

😊 **개념 확인 문제** 85쪽

1 ①, ⑤   **2** ㉠   **3** 높아진다   **4** 공간(부피)

1 주사기의 피스톤을 공기 중에서 바깥으로 당긴 뒤 주사기 끝을 물이 담긴 수조 속에 넣고 피스톤을 밀면 주사기 끝에서 둥근 공기 방울이 생기고, 이 공기 방울은 위로 올라와 사라집니다.

2 바닥에 구멍이 뚫리지 않은 플라스틱 컵을 수조 바닥으로 밀어 넣으면 페트병 뚜껑이 내려갑니다.

3 바닥에 구멍이 뚫리지 않은 플라스틱 컵 안의 공기가 공간을 차지하고 있기 때문에 컵 안의 공기 부피만큼 물이 밀려나와 수조 안의 물 높이도 조금 높아집니다.

4 바닥에 구멍이 뚫리지 않은 플라스틱 컵 안에 들어 있는 공기는 공간을 차지하기 때문에 컵 안의 공기가 물을 밀어내어 컵 안으로 물이 들어가지 못합니다. 따라서 페트병 뚜껑이 바닥으로 내려가고 수조 안 물의 높이가 높아집니다.

5 기체의 이동

😊 **개념 확인 문제** 87쪽

1 ③   **2** 안으로 들어간다.

3
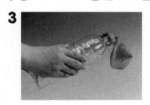

1 당겨 놓은 주사기의 피스톤을 밀면 공기가 이동해 다른 쪽 주사기의 피스톤이 밖으로 나옵니다.

2 밀었던 주사기의 피스톤을 당기면 공기가 이동해 다른 쪽 주사기의 피스톤이 안으로 들어갑니다.

3 페트병을 누르면 페트병에 있던 공기가 풍선 쪽으로 이동합니다.

6 기체의 무게

😊 **개념 확인 문제** 89쪽

1 공기   **2** ㉠   **3** ①

1 페트병 입구에 끼운 공기 주입 마개를 누르면 페트병 밖에 있던 공기가 페트병 안으로 들어갑니다.

2 페트병에 공기가 많이 들어 있을수록 페트병이 더 무겁습니다.

3 공기도 무게가 있기 때문에 고무보트에 들어 있는 공기를 빼면 무게가 가벼워집니다.

7 물질의 상태에 따른 분류

😊 **개념 확인 문제** 91쪽

1 ㉠, ㉢   **2** 고체 : ㉠, ㉢ 액체 : ㉡ 기체 : ㉣   **3** 석주

1 일정한 모양과 부피를 가지고 있으며, 담는 그릇에 따라 모양과 부피가 변하지 않는 것은 고체입니다. 책과 필통은 고체입니다.

2 책과 필통은 고체이고, 물은 액체, 구명조끼 속의 공기는 기체입니다.

3 공기는 눈에 보이지 않고 손으로 잡을 수 없습니다.

💡 **실력 문제** 92~93쪽

1 ⑤   **2** ②   **3** ⑤   **4** ㉡   **5** ①   **6** ②   **7** ㉠
8 ④   **9** ⑤   **10** ⑤   **11** (1) ㉠ (2) ㉢ (3) ㉡   **12** ㉣

1 물고기가 물속에서 숨을 쉬는 것을 보는 것으로는 우리 주변에 공기가 있다는 것을 확인할 수 없습니다.

2 물이 담긴 수조에 플라스틱병을 넣고 손으로 눌러 보면 플라스틱병 입구에서 둥근 공기 방울이 생기고, 이 공기 방울이 위로 올라와 사라집니다.

3 공기는 고체, 액체와는 다른 물질의 상태이며, 공기는 눈에 보이지 않지만 우리 주변에 있습니다.

4 ㉡은 플라스틱 컵 안에 공기가 들어 있어 컵 안의 공기의 부피만큼 물이 밀려나오므로 수조 안의 물의 높이가 높아집니다.

5 바닥에 구멍이 뚫리지 않은 플라스틱 컵 안에 있는 공기가 공간을 차지하고 있기 때문에 컵 안의 공기의 부피만큼 물이 밀려나와 수조 안의 물의 높이도 조금 높아집니다.

6 공기 침대, 자동차 타이어, 풍선 미끄럼틀, 구조용 안전 매트는 공기가 공간(부피)을 차지하는 성질을 이용한 예입니다.

7 한쪽 주사기의 피스톤을 밀면 주사기와 비닐관 안에 들어 있는 공기가 다른 쪽 주사기로 이동합니다.

8 한쪽 주사기의 피스톤을 밀거나 당기면 주사기와 비닐관 안에 들어 있는 공기가 이동하기 때문에 다른 쪽 주사기의 피스톤이 밖으로 나오거나 안으로 들어갑니다.

9 공기도 무게가 있으므로 공기 주입 마개를 많이 누를수록 페트병의 무게가 더 무겁습니다.

10 기체인 공기도 무게가 있기 때문에 고무보트 속에 들어 있는 공기를 빼면 고무보트의 무게가 가벼워집니다.

11 책상은 모양과 부피가 일정한 고체, 주스는 모양은 변하지만 부피는 일정한 액체, 공기는 모양과 부피가 모두 변하는 기체입니다.

12 기체는 너무 가벼워서 무게가 없는 것처럼 생각되지만, 공기가 많이 들어 있는 페트병이 공기가 적게 들어 있는 페트병보다 무거운 것으로 공기도 무게가 있다는 것을 알 수 있습니다.

단원
정리 **4 물질의 상태**   94~95쪽

❶ 부피   ❷ 모양   ❸ 모양   ❹ 눈   ❺ 공간   ❻ 이동
❼ 기체   ❽ 무게   ❾ 고체

O X   1 ○   2 ×   3 ○   4 ×   5 ×   6 ○   7 ×
8 ×   9 ○   10 ×

2 고체인 나무 막대를 여러 가지 모양의 그릇에 넣으면 모양이 ~~변합니다.~~
　　└→ 변하지 않습니다.
4 주스를 여러 가지 모양의 그릇에 담으면 모양은 ~~변하지 않~~지만 부피는 ~~변합니다.~~
　└→ 변하지만　　　└→ 변하지 않습니다.
5 물에 띄운 페트병 뚜껑을 구멍이 뚫린 플라스틱 컵으로 덮은 뒤 밀어 넣으면 페트병 뚜껑이 ~~바닥으로 내려갑니다.~~
　　　　　　　　　　　　└→ 그대로 있습니다.
7 주사기 두 개를 비닐관으로 연결한 후, 한쪽 주사기의 피스톤을 밀면 다른 쪽 주사기의 피스톤이 ~~안으로 들어갑니다.~~
　　　　　　　　　　　　　　　　└→ 밖으로 나옵니다.
8 공기는 다른 곳으로 ~~이동하기 어렵습니다.~~
　　　　　　　　└→ 이동할 수 있습니다.
10 풍선에 공기를 많이 넣을수록 풍선이 더 ~~가벼워집니다.~~
　　　　　　　　　　　　　　　　└→ 무거워집니다.

💡 **단원 평가 1회**   96~98쪽

1 ③   **2** ③, ④   **3** ④   **4** ④   **5** ⑩ 담는 그릇이 바뀌어도 모양이 변하지 않는다. 담는 그릇이 바뀌어도 부피가 변하지 않는다. 손으로 잡을 수 있다. 등   **6** ②   **7** ②   **8** ⑤
9 ③, ④   **10** ⑩ 공기가 있는 것을 알아보기 위한 활동이다.
11 ⓛ   **12** ⑤   **13** 공간   **14** ⓛ   **15** ⑩ 공기가 이동하기 때문이다.   **16** ⑤   **17** 기체   **18** ⓔ   **19** ⑤   **20** ③

1 나무 막대와 물은 눈으로 볼 수 있고, 공기는 눈으로 볼 수 없습니다. 나무 막대는 단단하고 손으로 잡을 수 있고, 물은 일정한 모양이 없습니다.

2 나무 막대는 담는 그릇이 바뀌어도 모양과 크기가 변하지 않습니다.

3 담는 그릇이 바뀌어도 모양과 부피가 일정한 물질의 상태를 고체라고 합니다.

4 우유는 담는 그릇이 바뀌면 모양이 변합니다.

5 가방, 책상, 의자, 필통, 색연필은 담는 그릇이 바뀌어도 모양과 부피가 일정한 고체입니다.

채점 기준

두 가지 이상 옳게 쓴 경우	5점
한 가지만 옳게 쓴 경우	2점

6 물과 주스는 모두 흐르기 때문에 손으로 잡을 수 없습니다. 또한, 나무 막대와 마찬가지로 눈으로 볼 수 있습니다.

7 오렌지 주스는 담는 그릇에 따라 모양은 변하지만 부피는 변하지 않습니다.

8 담는 그릇에 따라 모양은 변하지만 부피는 변하지 않는 물질의 상태를 액체라고 합니다.

9 우리 주변에서 볼 수 있는 액체에는 물, 사이다, 우유, 주스, 간장, 식초 등이 있습니다.

10 부채질을 하면 시원한 것을 통해 공기가 있는 것을 알 수 있고, 부풀린 풍선의 입구를 쥐었다가 놓으면 풍선 속의 공기가 밖으로 빠져나와 무엇인가 얼굴 주변으로 지나가는 느낌이 드는 것으로 공기가 있는 것을 알 수 있습니다.

채점 기준

예시 답안과 같이 옳게 쓴 경우	5점
예시 답안과 의미는 비슷하지만 정확하게 쓰지 못한 경우	2점

11 물속에서 플라스틱병을 누르면 공기 방울이 생겨 위로 올라옵니다. 이때 보글보글 소리가 납니다.

12 바닥에 구멍이 뚫리지 않은 플라스틱 컵으로 페트병 뚜껑을 덮은 뒤 밀어 넣으면 페트병 뚜껑이 아래로 내려갑니다.

13 바닥에 구멍이 뚫리지 않은 플라스틱 컵 속에 들어 있는 공기가 공간을 차지하기 때문에 컵 안으로 물이 들어가지 않습니다.

14 공기가 공간을 차지하는 성질을 이용한 예에는 공기 침대, 풍선 미끄럼틀, 자동차 에어백, 자동차 타이어, 자전거 타이어 등이 있습니다.

15 한쪽 주사기의 피스톤을 밀면 주사기와 비닐관 속에 들어 있는 공기가 이동해 다른 쪽 주사기의 피스톤이 밀려 나가는 것입니다.

채점 기준	
예시 답안과 같이 옳게 쓴 경우	5점
예시 답안과 의미는 비슷하지만 정확하게 쓰지 못한 경우	2점

16 수족관에 사용하는 공기 공급 장치는 물 밖의 공기를 물속으로 이동시키는 장치입니다.

17 기체는 담는 그릇에 따라 모양이 변하기 때문에 공기를 둥근 풍선에 넣으면 둥근 모양이 되고, 막대 모양의 풍선에 넣으면 막대 모양이 됩니다.

18 공기 주입 마개를 많이 누를수록 공기가 페트병 안으로 많이 들어가며, 공기는 무게가 있기 때문에 공기가 가장 많이 들어 있는 페트병이 가장 무겁습니다.

19 초등학교 교실 안 공기의 무게는 3학년 학생 여섯 명 정도의 무게와 비슷합니다.

20 돌, 책상, 가위는 고체이고, 바닷물, 우유, 주스, 식초는 액체이며, 공기는 기체입니다.

단원 평가 2회
99~101쪽

1 ㉠ **2** ㉡ **3** ④, ⑤ **4** ⑤ **5** ① **6** ① **7** 예 모양은 변하지만 부피는 변하지 않는다 **8** ③ **9** 예 공기는 눈에 보이지 않지만 우리 주변에 있다. **10** ②, ③ **11** ④ **12** 공기 **13** ②, ⑤ **14** ㉠ 내려가고, ㉡ 높아진다 **15** ㉡ **16** ②, ⑤ **17** 무겁다 **18** 예 공기는 무게가 있기 때문이다. **19** ㉡ **20** ③

---

1 나무 막대는 손으로 잡을 수 있기 때문에 전달하기 쉽습니다. 물은 흘러내려 손으로 잡을 수 없고, 공기는 아무 느낌이 없습니다.

2 나무 막대와 물은 눈에 보이고, 공기는 눈에 보이지 않습니다. 물은 흘러서 손으로 잡을 수 없습니다.

3 나무 막대를 여러 가지 모양의 그릇에 넣었을 때 그릇의 모양과 관계없이 막대의 모양과 크기가 변하지 않습니다.

4 가방, 유리구슬, 책은 고체로, 담는 그릇이 바뀌어도 모양과 부피가 변하지 않습니다.

5 나무 막대나 플라스틱 막대와 같이 담는 그릇이 바뀌어도 모양과 부피가 일정한 물질의 상태를 고체라고 합니다.

6 물과 같은 액체는 담는 그릇의 모양에 따라 모양이 변하지만 부피는 변하지 않습니다.

7 물과 같이 담는 그릇에 따라 모양은 변하지만 부피는 변하지 않는 물질의 상태를 액체라고 합니다.

채점 기준	
예시 답안과 같이 옳게 쓴 경우	5점
예시 답안과 의미는 비슷하지만 정확하게 쓰지 못한 경우	2점

8 물, 식용유와 같은 액체는 담는 그릇에 따라 모양은 변하지만 부피는 변하지 않습니다.

9 부풀린 풍선 속에 있던 공기가 빠져나오면서 무엇인가 얼굴 주변으로 지나가는 느낌이 들고, 플라스틱병 입구에서 공기 방울이 생깁니다.

채점 기준	
예시 답안과 같이 옳게 쓴 경우	5점
예시 답안과 의미는 비슷하지만 정확하게 쓰지 못한 경우	2점

10 물속에 주사기를 넣고 피스톤을 누르면 주사기 속 공기가 빠져나오면서 주사기 끝에 공기 방울이 생깁니다.

11 공기는 기체로, 모양과 부피가 일정하지 않습니다.

12 풍선 미끄럼틀 안에는 공기가 들어 있어서 충격을 흡수할 수 있습니다.

13 바닥에 구멍이 뚫린 플라스틱 컵으로 물 위에 띄운 페트병 뚜껑을 덮어 수조 바닥까지 밀어 넣으면 컵 속의 공기가 구멍으로 빠져나가 페트병 뚜껑이 그대로 있고, 수조 안 물의 높이는 변화가 없습니다.

14 바닥에 구멍이 뚫리지 않은 플라스틱 컵의 경우에는 컵 안의 공기가 물을 밀어내어 컵 안으로 물이 들어가지 못해

페트병 뚜껑이 내려가고 컵 안 공기의 부피만큼 물이 밀려 나와 수조 안 물의 높이도 조금 높아집니다.

15 ㈎ 주사기의 피스톤을 안으로 들어오게 하려면 공기를 손으로 잡고 있는 주사기 쪽으로 이동하게 해야 합니다.

16 공기를 이동시키는 물건에는 부채, 선풍기, 수족관의 공기 공급 장치, 타이어에 공기를 넣는 펌프 등이 있습니다.

17 공기 주입 마개를 누르면 페트병 속으로 공기가 들어가기 때문에 페트병의 무게가 더 무거워집니다.

18 공기는 무게가 있기 때문에 페트병에 공기가 많이 들어 있을수록 더 무겁습니다.

채점 기준

| 예시 답안과 같이 옳게 쓴 경우 | 5점 |
| 예시 답안과 의미는 비슷하지만 정확하게 쓰지 못한 경우 | 2점 |

19 공기도 무게가 있기 때문에 공기가 많이 들어 있는 고무보트가 공기가 빠진 고무보트보다 더 무겁습니다.

20 주스와 액상 세제, 식용유는 액체, 연필과 필통, 숟가락, 축구공은 고체, 거품 속 공기, 탄산음료 속 거품은 기체입니다.

📜 서술형 익히기   102~103쪽

개념1 **1** ① 변하지 않습니다 ② 변하지 않습니다
2 변하지 않고, 변하지 않습니다.   **3** ⓔ 나무 도막은 고체로, 모양이 변하지 않기 때문에 나무 도막보다 입구가 작은 유리병에 넣을 수 없습니다.

개념2 **4** ① 변합니다 ② 변하지 않습니다   **5** 같은 것으로 보아, 변하지 않았다는 것을 알 수 있습니다.   **6** ⓔ 한 개의 빈 컵에 각 주스를 옮겨 담아 눈금을 표시해서 높이가 같은지 알아봅니다.

개념3 **7** ① 내려갑니다 ② 공간   **8** 바닥으로 내려갑니다., 공간을 차지하는 성질이 있기 때문입니다.   **9** ⓔ 페트병 속 공기가 공간을 차지하기 때문에 풍선을 불어도 풍선이 부풀지 않습니다.

1 나무 막대와 플라스틱 막대는 여러 가지 모양의 그릇에 넣어도 모양과 부피가 변하지 않습니다.

2 나무 막대와 플라스틱 막대는 모양과 부피가 일정하기 때문에 여러 가지 모양의 그릇에 넣어도 모양과 부피가 변하지 않습니다.

3 고체는 모양과 부피가 일정하므로, 고체의 크기보다 작은 용기에 넣을 수 없습니다.

4 물과 주스는 액체로, 담는 그릇에 따라 모양은 변하지만 부피는 변하지 않습니다.

5 물을 여러 가지 모양의 그릇에 옮겨 담은 후 처음 그릇에 다시 옮겨 담았을 때 물의 높이가 변하지 않았습니다. 이는 액체는 담는 그릇이 바뀌어도 부피가 변하지 않기 때문입니다.

6 액체는 담는 그릇에 따라 부피가 변하지 않으므로 각 주스를 한 개의 빈 컵에 각각 옮겨 담은 후 눈금을 표시하면 높이가 같습니다.

7 바닥에 구멍이 뚫리지 않은 플라스틱 컵 안에는 공기가 들어 있고, 공기는 공간을 차지하고 있기 때문에 물이 플라스틱 컵 안으로 들어가지 못하는 것입니다.

8 바닥에 구멍이 뚫리지 않은 플라스틱 컵으로 물 위에 떠 있는 페트병 뚜껑을 덮은 뒤 밀어 넣으면 컵 속의 공기가 공간을 차지하기 때문에 물이 컵 안으로 들어가지 못하고 페트병 뚜껑이 바닥에 닿게 됩니다.

9 페트병 속 공기가 공간을 차지하기 때문에 입으로 풍선을 불어도 풍선이 부풀 공간이 생기지 않으므로 풍선이 부풀지 않습니다.

📜 서술형 평가   104~105쪽

1 (1) 나무 막대 (2) ⓔ 물은 만질 수 있고 눈에 보이지만, 공기는 만질 수 없고 눈에 보이지 않는다.   **2** (1) ⓔ 담는 그릇이 바뀌어도 모양과 부피가 변하지 않는다. (2) ⓔ 플라스틱 막대, 연필 등   **3** (1) ⓔ 담는 그릇에 따라 모양이 변한다. (2) ⓔ 처음 물의 높이와 같다.   **4** (1) 액체 (2) ⓔ 담는 그릇에 따라 모양이 변한다. 담는 그릇이 바뀌어도 부피는 변하지 않는다. 손으로 잡을 수 없다. 등   **5** (1) 공기(공기 방울) (2) ⓔ 우리 주변에는 눈에 보이지 않지만 공기가 있다.   **6** (1) ⓔ 페트병 뚜껑이 아래로 내려가고, 수조 안 물의 높이가 높아진다. (2) ⓔ 컵 속의 공기가 공간을 차지하기 때문이다.   **7** (1) ⓔ 안으로 들어간다. (2) ⓔ 공기는 다른 곳으로 이동할 수 있기 때문이다.   **8** (1) ⓔ 공기 주입 마개를 누른 후 무게가 더 무거워진다. (2) ⓔ 공기는 무게가 있기 때문이다.

1 나무 막대는 손으로 잡을 수 있고, 물과 공기는 손으로 잡을 수 없습니다. 물은 만질 수 있고 눈에 보이지만 공기는 눈에 보이지 않고 만질 수 없습니다.

(1), (2)를 모두 옳게 쓴 경우	12점
(1)만 옳게 쓴 경우	2점
(2)만 옳게 쓴 경우	10점

2 나무 막대나 플라스틱 막대와 같이 담는 그릇이 바뀌어도 모양과 부피가 일정한 물질의 상태를 고체라고 하며, 고체에는 연필, 가방, 책상, 의자 등이 있습니다.

채점 기준

(1), (2)를 모두 옳게 쓴 경우	12점
(1)만 옳게 쓴 경우	8점
(2)만 옳게 쓴 경우	4점

3 물은 담는 그릇에 따라 모양이 변하지만, 부피는 변하지 않습니다. 따라서 ㉢에 담긴 물을 ㉠에 다시 옮겨 담으면 처음 물의 높이와 같게 됩니다.

채점 기준

(1), (2)를 모두 옳게 쓴 경우	12점
(1)만 옳게 쓴 경우	6점
(2)만 옳게 쓴 경우	6점

4 물, 주스, 우유는 액체 상태입니다. 액체는 담는 그릇에 따라 모양은 변하지만, 부피는 변하지 않습니다.

채점 기준

(1), (2)를 모두 옳게 쓴 경우	12점
(1)만 옳게 쓴 경우	2점
(2)만 옳게 쓴 경우	10점

5 플라스틱병을 물속에 넣고 누르거나 주사기의 피스톤을 물속에서 밀면 공기 방울이 나옵니다. 이를 통해 우리 주변에는 눈에 보이지 않지만 공기가 있다는 것을 알 수 있습니다.

채점 기준

(1), (2)를 모두 옳게 쓴 경우	12점
(1)만 옳게 쓴 경우	2점
(2)만 옳게 쓴 경우	10점

6 컵 속의 공기가 공간을 차지하기 때문에 컵 안으로 물이 들어가지 못해 페트병 뚜껑이 아래로 내려가고, 컵 안 공기의 부피만큼 물의 높이가 높아집니다.

채점 기준

(1), (2)를 모두 옳게 쓴 경우	12점
(1)만 옳게 쓴 경우	6점
(2)만 옳게 쓴 경우	6점

7 주사기 두 개를 비닐관으로 연결한 뒤 한쪽 주사기의 피스톤을 당기면 다른 쪽 주사기의 피스톤이 안으로 들어가고, 당겼던 피스톤을 밀면 다른 쪽 주사기의 피스톤이 밖으로 나옵니다. 이는 공기가 다른 곳으로 이동할 수 있는 성질이 있기 때문입니다.

채점 기준

(1), (2)를 모두 옳게 쓴 경우	12점
(1)만 옳게 쓴 경우	4점
(2)만 옳게 쓴 경우	8점

8 공기 주입 마개를 누르면 공기가 페트병 속으로 들어가고, 공기는 무게가 있기 때문에 공기 주입 마개를 누른 후 무게가 더 무거워집니다.

채점 기준

(1), (2)를 모두 옳게 쓴 경우	12점
(1)만 옳게 쓴 경우	4점
(2)만 옳게 쓴 경우	8점

수행 평가

106쪽

1 달라진다, 같다 **2** 예 액체는 담는 그릇에 따라 모양은 변하지만 부피는 변하지 않는다. **3** 공통점 : 예 고체와 액체는 모두 담는 그릇에 따라 부피가 변하지 않는다. 차이점 : 예 고체는 담는 그릇에 따라 모양이 변하지 않고, 액체는 담는 그릇에 따라 모양이 변한다.

1 물과 같은 액체는 담는 그릇이 달라지면 모양이 변하지만 부피는 변하지 않기 때문에 처음 사용한 그릇으로 다시 옮기면 물의 높이가 처음과 같습니다.

2 담는 그릇에 따라 모양은 변하지만 부피는 변하지 않는 물질의 상태를 액체라고 합니다.

3 고체는 담는 그릇에 따라 모양과 부피가 변하지 않지만, 액체는 담는 그릇에 따라 모양은 변하고 부피는 변하지 않습니다.

😎 수행 평가

1 페트병 뚜껑이 그대로 있다, 높아진다, 물이 들어가지 않는다   **2** ㉖ 공기는 공간을 차지한다.   **3** ㉖ 공기 침대와 풍선 미끄럼틀에 공기가 들어 있어 공간을 차지하고 있기 때문에 푹신푹신해서 사람이 잘 다치지 않는다.

1 바닥에 구멍이 뚫리지 않은 플라스틱 컵으로 물 위에 떠 있는 페트병 뚜껑을 덮고 바닥으로 밀어 넣으면 페트병 뚜껑이 아래로 내려가고 수조 안 물의 높이가 높아집니다.

2 바닥에 구멍이 뚫리지 않은 플라스틱 컵 속에 들어 있는 공기가 공간을 차지하기 때문에 플라스틱 컵 속으로 물이 들어가지 못합니다.

3 공기 침대와 풍선 미끄럼틀에 공기가 들어 있어 푹신푹신하기 때문에 사람이 눕거나 미끄럼틀을 타고 내려올 때 충격을 흡수해서 잘 다치지 않습니다.

😎 수행 평가

1 고체 : ㉖ 잔디, 나무, 튜브, 수영복 등, 액체 : ㉖ 수영장 물 등, 기체 : ㉖ 공기, 튜브 속 공기 등   **2** 고체의 성질 : ㉖ 눈으로 볼 수 있다. 손으로 잡을 수 있다. 무게가 있다. 담는 용기가 달라져도 모양과 부피가 변하지 않는다. 등, 액체의 성질 : ㉖ 눈으로 볼 수 있다. 흐르는 성질이 있다. 손으로 잡을 수 없다. 무게가 있다. 담는 용기가 달라지면 모양이 변한다. 담는 용기가 달라져도 부피는 변하지 않는다. 등, 기체의 성질 : ㉖ 눈에 보이지 않는다. 손으로 잡을 수 없다. 항상 용기를 가득 채우며, 담는 용기가 달라지면 모양이 달라진다. 다른 곳으로 이동할 수 있다. 무게가 있다. 등   **3** ㉖ 여러 가지 모양의 용기에 담아 모양과 부피가 변하는지 확인한다.

1 나뭇잎, 흙, 돌 등도 고체이며, 수영장 물 등은 액체, 눈에 보이지 않는 공기와 튜브 속에 들어 있는 공기 등은 기체입니다.

2 고체는 담는 용기에 따라 모양과 부피가 변하지 않지만, 액체는 담는 용기에 따라 모양이 변하고, 기체는 담는 용기에 따라 모양과 부피가 모두 변합니다.

3 여러 가지 모양의 용기에 물질을 담았을 때 모양과 부피가 모두 일정하면 고체, 모양은 변하지만 부피는 일정하면 액체, 모양과 부피가 모두 변하면 기체입니다.

5 소리의 성질

1 소리가 나는 물체의 특징

😊 개념 확인 문제

1 ㉡   **2** (1) ㉡ (2) ㉠   **3** 떨림

1 소리가 나는 스피커에 손을 대면 떨림이 느껴집니다.

2 소리가 나는 소리굽쇠를 물에 대 보면, 소리굽쇠의 떨림 때문에 물이 튀어 오릅니다.

3 물체에서 소리가 날 때는 공통적으로 물체가 떨립니다.

2 큰 소리와 작은 소리

😊 개념 확인 문제

1 (1) ㉠ (2) ㉡   **2** ㉡   **3** ②, ④   **4** ④

1 작은북을 약하게 치면 작은 소리가 나고, 세게 치면 큰 소리가 납니다.

2 큰 소리가 날 때 좁쌀이 높게 튀어 오르고, 작은 소리가 날 때 좁쌀이 낮게 튀어 오릅니다.

3 물체가 떨리는 크기에 따라 소리의 크기가 달라지며, 소리의 크고 작은 정도를 소리의 세기라고 합니다.

4 야구장은 시끄럽기 때문에 큰 소리로 응원을 합니다.

3 높은 소리와 낮은 소리

😊 개념 확인 문제

1 (1) ㉡ (2) ㉠   **2** ②   **3** ④

1 팬 플루트를 불 때 관의 길이가 짧을수록 높은 소리가 나고, 길수록 낮은 소리가 납니다.

2 실로폰은 긴 음판을 칠수록 낮은 소리가 나고, 짧은 음판을 칠수록 높은 소리가 납니다.

3 피아노는 소리의 세기와 소리의 높낮이를 이용해 음악을 연주하는 악기입니다.

1 ⑤   **2** ④   **3** ②   **4** ㉠, ㉢   **5** 인경   **6** ㉡
7 ②, ③   **8** ④, ⑤   **9** ⑤   **10** ㉠, ㉡   **11** 높낮이
12 ㉢

1 소리가 나는 물체는 떨림이 있습니다. 고무망치로 치기 전의 소리굽쇠에서는 소리가 나지 않기 때문에 떨림이 느껴지지 않습니다.

2 소리가 나는 목에 손을 대 보면 손에서 작은 떨림이 느껴집니다.

3 고무망치로 쳐서 소리가 나는 소리굽쇠를 물에 대 보면 소리굽쇠의 떨림 때문에 물이 튀어 오릅니다.

4 종을 칠 때 생기는 떨림 때문에 종에서 소리가 나고, 벌은 빠른 날갯짓의 떨림 때문에 소리가 납니다.

5 소리굽쇠를 세게 움켜잡으면 떨림이 멈추어서 더 이상 소리가 나지 않습니다.

6 작은북을 세게 치면 큰 소리가 나면서 좁쌀이 높이 튀어 오릅니다.

7 소리의 높고 낮은 정도는 소리의 높낮이라고 하고, 물체가 크게 떨리면 큰 소리가 납니다.

8 멀리 있는 친구를 부를 때, 수업 시간에 친구들 앞에서 발표할 때, 체육 대회에서 우리 팀을 응원할 때 큰 소리를 냅니다.

9 팬 플루트의 짧은 관을 불수록 높은 소리가 나고, 긴 관을 불수록 낮은 소리가 납니다.

10 실로폰의 짧은 음판을 칠수록 높은 소리가 나고, 긴 음판을 칠수록 낮은 소리가 납니다. 따라서 ㈎ 음판보다 길이가 긴 ㉠과 ㉡ 음판을 치면 ㈎ 음판보다 낮은 소리가 납니다.

11 악기의 종류에 따라 소리의 높낮이가 다르며, 관현악 중 현악기, 관악기, 피아노 등은 소리의 높낮이가 다양한 악기를 이용해 음악을 연주합니다.

12 귓속말은 작고 낮은 소리로 말합니다.

4 소리의 전달

1 ④   **2** ㉢   **3** ③

1 책상에 귀를 대고 책상을 두드리는 소리를 들으면 소리가 크게 들립니다. 이때 소리는 책상을 통해 전달됩니다.

2 스피커에서 나는 소리는 수조의 물과 플라스틱 관, 관 속의 공기를 통해 전달됩니다.

3 대부분의 소리는 기체인 공기를 통해 전달되고 나무나 철과 같은 고체, 물과 같은 액체를 통해서도 전달됩니다.

5 소리의 반사

1 ㉡   **2** ㉠   **3** 되돌아오는   **4** 반사

1 소리는 딱딱한 물체에서 잘 반사되기 때문에 나무판을 들고 있을 때 소리가 가장 크게 들립니다.

2 ㉡과 ㉢은 통 속에 있는 스피커의 소리가 나무판과 스타이로폼판에 부딪쳐 반사됩니다.

3 소리가 나아가다가 물체에 부딪쳐 되돌아오는 성질을 소리의 반사라고 합니다. 소리는 딱딱한 물체에서 더 잘 반사됩니다.

4 빈 공간에서 소리를 내면 흡수되는 소리가 적기 때문에 벽이나 물체에 부딪쳐 되돌아오는 소리를 들을 수 있습니다.

6 소음과 소음을 줄이는 방법

1 ㉠   **2** 느리게, 줄이기   **3** ㉠
4 ④

1 스피커의 음량을 많이 줄이는 것은 소음을 줄이는 경우입니다.

2 골목이나 주택가 등에 과속 방지 턱을 설치하면 자동차가 느리게 달려 소음이 줄어듭니다.

3 도로의 방음벽은 소리의 반사를 이용해 소음을 줄이는 경우이고, 음악실 방음벽은 소리가 잘 전달되지 않게 하여 소음을 줄이는 경우입니다.

4 이어폰을 끼고 음악을 들으면 음악 소리를 이어폰을 낀 사람만 들을 수 있어서 소음이 줄어듭니다.

과학

1 ②　**2** ④　**3** ㉠　**4** ⑤　**5** ㉡　**6** 석주　**7** ㉡
8 ㉡　**9** ①　**10** ㉡　**11** 희경　**12** ③

1 땅과 책상은 고체로, ㉠과 ㉢은 고체를 통해 소리가 전달되는 것을 듣는 것입니다.

2 플라스틱 관이 스피커에 가까워질수록 소리가 더 크게 들리며, 소리가 가장 큰 곳에서 스피커를 찾을 수 있습니다.

3 소리는 물질을 통해 전달됩니다. 우리 생활에서 들리는 대부분의 소리는 기체인 공기를 통해 전달되고 나무나 철과 같은 고체, 물과 같은 액체를 통해서도 전달됩니다.

4 숟가락에 연결한 실을 귀에 건 뒤 숟가락을 두드리는 소리를 들으면 고체인 실을 통해 숟가락이 울리는 소리가 크고 선명하게 들립니다.

5 통 안의 공기를 빼내면 소리를 전달할 수 있는 물질(공기)이 줄어들기 때문에 소리가 잘 전달되지 않습니다.

6 실에 물을 묻히고, 실을 팽팽하게 할수록 실 전화기의 소리가 더 잘 들립니다. 실을 손으로 잡을 때보다 잡지 않을 때 소리가 더 잘 들립니다.

7 나무판이 소리를 반사시키기 때문에 ㉠보다 ㉡에서 소리가 더 크게 들립니다.

8 소리가 물체에 부딪쳐 되돌아오는 성질을 소리의 반사라고 하며, 나무판과 같은 딱딱한 물체는 소리를 잘 반사시키기 때문에 나무판을 비스듬히 들고 있으면 스피커에서 나오는 소리가 반사돼 더 잘 들립니다.

9 실 전화기로 친구와 이야기를 하는 것은 소리의 전달이 일어나는 경우이고, 공사장에서 건설 기계로 땅을 깊게 파는 것은 소음이 발생하는 경우입니다.

10 소음을 일으키는 물체의 떨림을 더 크게 하면 소리가 더 커지게 됩니다.

11 문을 세게 닫거나 의자를 바닥에 끌고 이동하면 소음이 발생합니다.

12 도시에서 떨어진 곳에 공항을 지어서 비행기 소리를 사람이 적게 들을 수 있게 하고, 음악실에서 나는 소리와 세탁기가 돌아가는 소리는 벽이나 바닥에 소리를 잘 전달하지 않는 물질을 붙여서 소음을 줄입니다. 도로의 자동차가 달리는 소리는 과속 방지 턱 또는 방음벽을 설치해서 소음을 줄입니다.

❶ 떨림　**❷** 떨림　**❸** 세기　**❹** 큰　**❺** 작은　**❻** 높낮이
❼ 높은　**❽** 낮은　**❾** 액체　**❿** 기체　**⓫** 반사　**⓬** 딱딱한
⓭ 세기　**⓮** 반사

O X　**1** ○　**2** ✕　**3** ○　**4** ✕　**5** ✕　**6** ○　**7** ✕
8 ✕　**9** ✕　**10** ○

2 소리가 나지 <u>않는</u> 스피커에 손을 대면 떨림이 느껴집니다.
　　　　　└ 나는

4 작은북을 북채로 약하게 치면 북이 작게 떨리면서 <u>큰</u> 소리가 납니다.
　　　　　　　　　　　　　　　　　　　　└ 작은

5 실로폰의 짧은 음판을 치면 <u>낮은</u> 소리가 나고, 긴 음판을 치면 높은 소리가 납니다.
　　　　　　　　　　　　└ 높은　　　└ 낮은

7 소리는 고체 상태의 물질을 통해서 <u>전달되지 않습니다.</u>
　　　　　　　　　　　　　　　　└ 전달됩니다.

8 소리가 나아가다가 물체에 부딪쳐 되돌아오는 성질을 소리의 <u>전달</u>이라고 합니다.
　　　　　　　└ 반사

9 소리는 <u>딱딱한</u> 물체보다 <u>부드러운</u> 물체에서 잘 반사됩니다.
　　　　└ 부드러운　　　└ 딱딱한

1 ①　**2** ㉡　**3** ⑩ 북이 크게 떨리면서 큰 소리가 난다.
4 석주　**5** ㉠, ㉢, ㉣　**6** ③　**7** ㉢, ㉡, ㉠　**8** ②　**9** ②, ③
10 ⑩ 공기가 소리를 전달하기 때문이다.　**11** 책상(고체)
12 물, 공기, 플라스틱 관　**13** ⑩ 소리가 가장 크게 들리는 곳이 스피커가 있는 곳이다.　**14** ⑤　**15** ㉠, ㉢　**16** ②
17 ⑩ 실에 물을 묻힌다. 실을 팽팽하게 한다. 실을 짧게 한다. 등
18 소리의 반사　**19** ㉠　**20** ⑤

1 물체에서 소리가 날 때 물체가 떨립니다.

2 소리가 나는 소리굽쇠는 떨림이 있기 때문에 물에 대었을 때 물이 튀어 오릅니다.

3 작은북을 북채로 세게 치면 북이 크게 떨리면서 큰 소리가 나고, 약하게 치면 작게 떨리면서 작은 소리가 납니다.

채점 기준	
예시 답안과 같이 옳게 쓴 경우	5점
북에서 큰 소리가 난다고만 쓴 경우	2점

4 물체가 떨리는 크기에 따라 소리의 크기가 달라지며, 소리의 크고 작은 정도를 소리의 세기라고 합니다.

5 아기에게 자장가를 불러 줄 때에는 작은 소리를 냅니다.

6 소리의 높고 낮은 정도를 소리의 높낮이라고 하며, 팬 플루트의 관의 길이에 따라 소리의 높낮이가 달라집니다.

7 실로폰의 음판은 길이에 따라 소리의 높낮이가 다릅니다. 음판의 길이가 짧을수록 높은 소리가 납니다.

8 가수는 소리의 높낮이를 이용해 노래를 부르며, 수영장 안전 요원의 호루라기와 화재경보기는 높은 소리를 이용합니다. 북과 같은 악기는 소리의 세기를 다르게 하여 연주합니다.

9 바이올린과 기타는 주로 소리의 높낮이를 이용해 연주하며, 장구와 큰북은 소리의 세기를 이용해 연주합니다.

10 소리는 공기(기체)를 통해서 전달되기 때문에 운동장에 있는 석주가 교실에서 자신을 부르는 소리를 들을 수 있는 것입니다.

11 소리가 고체인 책상을 통해 전달되기 때문에 책상에 귀를 대고 책상을 두드리는 소리를 들을 수 있는 것입니다.

12 물속에 있는 스피커에서 나는 소리는 수조의 물과 플라스틱 관, 관 속의 공기를 통해 전달됩니다.

13 플라스틱 관이 스피커에 가까워질수록 소리가 크게 들리고 소리가 가장 크게 들리는 곳에 스피커가 있습니다.

14 소리는 물질을 통해서 전달되기 때문에 통 안에 공기가 없으면 소리가 잘 전달되지 않습니다.

15 젓가락으로 숟가락을 치면 실을 통해 소리가 전달되어 숟가락이 울리는 소리가 선명하게 들립니다.

16 실 전화기는 실의 떨림에 의해 소리가 전달됩니다.

17 두꺼운 실을 사용해도 소리가 더 잘 들리며, 실을 손으로 잡을 때보다 잡지 않을 때 소리가 더 잘 들립니다.

18 소리의 반사에 대한 설명으로, 소리는 부드러운 물체보다 딱딱한 물체에서 더 잘 반사됩니다.

19 소리는 딱딱한 물체에서는 잘 반사되지만, 부드러운 물체에서는 잘 반사되지 않습니다. 아무것도 들지 않았을 때에는 소리가 반사되지 않아 가장 작게 들립니다.

20 자동차가 많이 다니는 도로에 방음벽을 설치하면 도로에서 생기는 소리를 도로로 다시 반사시켜 소음을 줄일 수 있습니다.

단원 평가 2회
131~133쪽

1 ② **2** ④ **3** ① **4** 예 작은북을 치는 세기가 다르기 때문이다. **5** (1) ㉠, ㉡ (2) ㉢, ㉣ **6** ㉠ **7** ㉣ **8** ② **9** 예 위험을 알리기 위해 높은 소리를 이용한다. **10** ㉠, ㉡, ㉢ **11** ⑤ **12** ⑤ **13** 예 실 전화기의 실의 떨림을 통해 소리가 전달되기 때문이다. **14** ②, ④ **15** ㉡, ㉢, ㉠ **16** 예 소리는 부드러운 물체보다 딱딱한 물체에서 반사가 잘 되기 때문이다. **17** ⑤ **18** ② **19** ② **20** ④

1 소리가 나는 목에 손을 대 보거나 소리가 나는 스피커에 손을 대 보면 떨림이 느껴집니다. 이 활동을 통해 소리가 나는 물체는 떨림이 있다는 것을 알 수 있습니다.

2 ㉠ 소리굽쇠는 소리가 나지 않아 떨림이 없고, ㉡ 소리굽쇠는 물이 튀어 오른 것으로 보아 떨림이 있는 것입니다. 따라서 ㉡ 소리굽쇠는 고무망치로 쳐서 소리가 나고 있는 것입니다.

3 작은북을 세게 치면 큰 소리가 나고, 약하게 치면 작은 소리가 납니다.

4 작은북을 세게 치면 큰 소리가 나며 떨림이 크게 생기고, 약하게 치면 작은 소리가 나며 떨림이 약하게 생깁니다.

5 멀리 있는 친구를 부를 때, 체육 대회에서 우리 팀을 응원할 때는 큰 소리를 냅니다.

6 팬 플루트의 짧은 관을 불수록 높은 소리가 나고, 긴 관을 불수록 낮은 소리가 납니다.

7 실로폰은 음판의 길이에 따라 높낮이가 다른 소리가 나며, 긴 음판을 치면 낮은 소리가, 짧은 음판을 치면 높은 소리가 납니다.

8 동요를 연주하기 위해서는 소리의 높낮이를 낼 수 있는 악기가 필요합니다. 장구는 소리의 세기만 표현합니다.

9 화재경보기의 경보음과 수영장 안전 요원의 호루라기 소리는 높은 소리로 주변에 위급한 상황을 알려 빠르게 이동할 수 있도록 합니다.

채점 기준	
예시 답안과 같이 옳게 쓴 경우	5점
높은 소리의 언급이 없이 위험을 알리기 위해서라고만 쓴 경우	2점

10 액체인 수조의 물, 고체인 플라스틱 관, 기체인 관 속의 공기를 통해 전달되어 소리를 들을 수 있습니다.

11 플라스틱 관이 스피커에 가까울수록 소리가 크게 들리므로, 스피커의 소리가 가장 크게 들리는 곳에서 스피커를 찾을 수 있습니다.

12 교실에서 운동장에 있는 친구를 부를 때 기체인 공기를 통해 소리가 전달됩니다.

13 실 전화기는 실의 떨림을 이용해 소리를 전달합니다.

채점 기준	
예시 답안과 같이 옳게 쓴 경우	5점
실의 떨림에 대한 언급이 없는 경우	2점

14 실을 짧게 하고, 실을 손으로 잡지 않아야 소리가 잘 전달됩니다. 클립 대신 셀로판테이프로 실을 종이컵에 고정하면 소리가 잘 전달되지 않을 수 있습니다.

15 나무판과 스타이로폼판에 의해 소리가 반사되기 때문에 ㉡과 ㉢에서 소리가 ㉠에서보다 크게 들립니다.

16 소리는 딱딱한 물체에서는 잘 반사되지만, 부드러운 물체에서는 잘 반사되지 않습니다.

채점 기준	
예시 답안과 같이 옳게 쓴 경우	5점
딱딱한 물체에서 소리가 더 잘 반사된다는 언급이 없는 경우	2점

17 소리의 크고 작은 정도는 소리의 세기, 소리의 높고 낮은 정도는 소리의 높낮이입니다.

18 소음은 사람의 기분을 좋지 않게 만들거나 건강을 해칠 수 있는 시끄러운 소리를 말합니다.

19 확성기 소리는 확성기의 음량을 줄이고, 피아노 소리는 벽에 소리가 잘 전달되지 않는 물질을 붙이며, 비행기 소리는 도시에서 먼 장소에 공항을 짓고, 공사장의 건설 기계 소리는 방음벽을 설치하여 소음을 줄일 수 있습니다.

100 디딤돌 통합본 과학 3-2

20 의자 다리에 끼우개를 끼우면 의자를 끌 때 소리가 작게 납니다.

📋 서술형 익히기

134~135쪽

개념1 **1** ① 큰, 작은 ② 세기   **2** 북이 크게 떨리며 큰 소리가 나고, 북이 작게 떨리면서 작은 소리가 납니다.   **3** 예 우쿨렐레의 같은 줄을 세게 퉁기고 약하게 퉁겨서 소리의 세기를 비교할 수 있습니다. 우쿨렐레의 같은 줄을 세게 퉁기면 줄이 크게 떨리면서 큰 소리가 나고, 약하게 퉁기면 줄이 작게 떨리면서 작은 소리가 납니다.

개념2 **4** ① 높은 ② 낮은   **5** 짧게 잡고 퉁기면, 길게 잡고 퉁기면   **6** 예 고무망치로 큰 그릇을 치면 그릇이 느리게 떨리기 때문에 낮은 소리가 나고, 작은 그릇을 치면 그릇이 빠르게 떨리기 때문에 높은 소리가 납니다.

개념3 **7** ① 액체 ② 없기   **8** 물을 통해 공기로 전달되고, 공기를 통해 다시 우리 귀로 전달되어   **9** 예 공기를 빼기 전보다 소리가 작게 들립니다. 통 안의 공기를 빼면 소리를 전달하는 물질인 공기가 줄어들기 때문입니다.

1 소리의 크고 작은 정도를 소리의 세기라고 하며, 물체가 크게 떨리면 큰 소리가 나고, 작게 떨리면 작은 소리가 납니다.

2 물체가 떨리는 크기에 따라 소리의 크기가 달라집니다. 물체가 크게 떨리면 큰 소리가 나고, 작게 떨리면 작은 소리가 납니다.

3 우쿨렐레로 소리의 세기를 비교하려면 같은 줄을 퉁기는 세기를 다르게 하여 비교해야 합니다.

4 실로폰의 짧은 음판을 칠수록, 팬 플루트의 짧은 관을 불수록 높은 소리가 납니다.

5 기타 줄을 짧게 잡고 퉁기면 줄이 빠르게 떨리면서 높은 소리가 나고, 길게 잡고 퉁기면 줄이 느리게 떨리면서 낮은 소리가 납니다.

6 금속 그릇의 크기에 따라 소리의 높낮이가 달라집니다. 고무망치로 큰 그릇을 치면 금속 그릇이 느리게 떨리고 따라서 낮은 소리가 납니다. 고무망치로 작은 그릇을 치면 금속 그릇이 빠르게 떨리고 따라서 높은 소리가 납니다.

7 우리 생활에서 들리는 대부분의 소리는 기체인 공기를 통해 전달되고, 나무나 철과 같은 고체, 물과 같은 액체를 통

해서도 전달됩니다. 소리를 전달해 주는 물질이 없으면 소리를 들을 수 없습니다.

8 물속에 있는 스피커에서 나는 소리는 물 밖에서 잘 들을 수 있습니다. 이때 소리는 수조의 물과 공기를 통해 우리에게 전달됩니다.

9 소리는 공기와 같은 기체를 통해서 전달되며, 소리를 전달하는 물질이 없으면 소리가 들리지 않습니다. 장치에서 공기를 빼는 것과 같이 소리를 전달해 주는 물질이 줄어들면 소리가 잘 전달되지 않아 작게 들립니다.

✑ 서술형 평가
136~137쪽

1 (1) ⑩ 물이 튀어 오른다. (2) ⑩ 물체에서 소리가 날 때 물체가 떨린다. **2** (1) ㉡ (2) ⑩ 작은북을 세게 칠수록 떨림이 크게 생기기 때문이다. **3** (1) ㉡ (2) ⑩ 아기에게 자장가를 불러 줄 때 작은 소리를 내고, 멀리 있는 친구를 부를 때 큰 소리를 낸다. 등 **4** (1) 소리의 높낮이 (2) ⑩ 소리의 높이가 점점 낮아진다. **5** (1) ⑩ 스피커의 소리가 작아진다. (2) ⑩ 스피커의 소리는 공기를 통해 전달되는데 공기의 양이 줄어들면 소리가 잘 전달되지 않기 때문이다. **6** (1) ⑩ 실의 떨림으로 소리가 전달된다. (2) ⑩ 실을 팽팽하게 한다. 실에 물을 묻힌다. 등 **7** (1) ㉠ (2) ⑩ 딱딱한 나무판에서 스피커에서 나오는 소리가 반사되기 때문이다. **8** ⑩ 소리의 반사를 이용해 공연장 전체에 소리를 골고루 전달하기 위해서이다.

1 소리가 나는 스피커에 손을 대 보면 떨림을 느낄 수 있고, 소리가 나는 소리굽쇠를 물에 대 보면 떨림 때문에 물이 튀어 오릅니다. 이 실험으로 물체에서 소리가 날 때 물체가 떨린다는 공통점이 있다는 사실을 알 수 있습니다.

채점 기준	
(1), (2)를 모두 옳게 쓴 경우	12점
(1)만 옳게 쓴 경우	4점
(2)만 옳게 쓴 경우	8점

2 작은북을 약하게 치면 떨림이 작게 생기고 작은 소리가 나며, 작은북을 세게 치면 떨림이 크게 생기고 큰 소리가 납니다. 따라서 세게 칠 때 좁쌀이 높게 튀어 오릅니다.

채점 기준	
(1), (2)를 모두 옳게 쓴 경우	12점
(1)만 옳게 쓴 경우	2점
(2)만 옳게 쓴 경우	10점

3 아기에게 자장가를 불러 줄 때, '무궁화 꽃이 피었습니다' 놀이에서 술래에게 다가갈 때에는 작은 소리를 내야 하고, 멀리 있는 친구를 부를 때, 수업 시간에 친구들 앞에서 발표를 할 때에는 큰 소리를 내야 합니다.

채점 기준	
(1), (2)를 모두 옳게 쓴 경우	12점
(1)만 옳게 쓴 경우	2점
(2)만 옳게 쓴 경우	10점

4 실로폰은 소리의 높낮이를 이용해 연주하는 악기로, 짧은 음판을 치면 높은 소리가, 긴 음판을 치면 낮은 소리가 납니다.

채점 기준	
(1), (2)를 모두 옳게 쓴 경우	12점
(1)만 옳게 쓴 경우	2점
(2)만 옳게 쓴 경우	10점

5 우리 주변의 소리는 대부분 공기를 통해 전달되며, 공기가 없으면 소리가 전달되지 않습니다.

채점 기준	
(1), (2)를 모두 옳게 쓴 경우	12점
(1)만 옳게 쓴 경우	4점
(2)만 옳게 쓴 경우	8점

6 실 전화기는 실의 떨림으로 소리가 전달됩니다. 실에 물을 묻히거나 실을 팽팽하게 하고, 실을 짧게 하면 소리가 더 잘 들립니다.

채점 기준	
(1), (2)를 모두 옳게 쓴 경우	12점
(1)만 옳게 쓴 경우	4점
(2)만 옳게 쓴 경우	8점

7 소리가 나아가다가 물체에 부딪쳐 되돌아오는 성질을 소리의 반사라고 합니다. 소리는 딱딱한 물체에서 잘 반사되며 스피커에서 나오는 소리가 나무판에서 반사되기 때문에 ㉠에서 소리가 더 크게 들립니다.

채점 기준	
(1), (2)를 모두 옳게 쓴 경우	12점
(1)만 옳게 쓴 경우	2점
(2)만 옳게 쓴 경우	10점

8 공연장 천장에 반사판을 붙이면 소리가 반사되어 공연장 전체에 소리가 골고루 전달됩니다.

과학

채점 기준

예시 답안과 같이 옳게 쓴 경우	8점
소리의 반사에 대한 언급이 없이 골고루 전달하기 위해서 라고만 쓴 경우	4점

수행 평가

138쪽

1 작은 소리가 난다. 큰 소리가 난다. **2** 좁쌀이 낮게 튀어 오른다. 좁쌀이 높게 튀어 오른다. **3** 예 물체가 작게 떨리면 작은 소리가 나고, 크게 떨리면 큰 소리가 난다.

1 작은북을 약하게 치면 작은 소리가, 세게 치면 큰 소리가 납니다.

2 작은북을 약하게 치면 떨림이 작기 때문에 좁쌀이 낮게 튀어 오르고, 세게 치면 떨림이 크기 때문에 좁쌀이 높게 튀어 오릅니다.

3 물체가 떨리는 크기에 따라 소리의 크기는 달라지며, 소리의 크고 작은 정도를 소리의 세기라고 합니다.

수행 평가

139쪽

1 (1) ㉡ (2) ㉢ (3) ㉠ **2** 예 소리는 물질을 통해 전달되며, 공기와 같은 기체, 나무와 철과 같은 고체, 물과 같은 액체를 통해서 전달된다. **3** 예 공기와 같이 소리를 전달할 수 있는 물질이 없기 때문이다.

1 ㉠은 기체인 공기가, ㉡은 고체인 철봉이, ㉢은 액체인 물이 소리를 전달하고 있습니다.

2 소리는 고체, 액체, 기체와 같은 물질을 통해 전달됩니다.

3 소리는 고체, 액체, 기체와 같은 물질이 있어야 전달됩니다. 달에는 공기가 없기 때문에 소리가 전달되지 않아 소리를 들을 수 없습니다.

수행 평가

140쪽

1 예 나무판을 들고 있을 때 소리가 더 크게 들린다. 소리는 부드러운 물체보다 딱딱한 물체에서 더 잘 반사되기 때문이다. **2** 예 두 종이관이 직각으로 만나는 곳에 나무판을 세우고 소리를 듣는다. **3** 예 소리는 나아가다가 다른 물체를 만나면 방향이 바뀌는 반사가 일어나며, 소리의 반사는 부드러운 물체보다 딱딱한 물체에서 더 잘 일어난다.

1 소리는 딱딱한 물체에서는 잘 반사되지만 부드러운 물체에서는 잘 반사되지 않습니다. 따라서 통 위에 나무판을 비스듬히 들었을 때 소리가 더 크게 들립니다.

2 소리는 딱딱한 물체에서 잘 반사되기 때문에 두 종이관이 직각으로 만나는 곳에 딱딱한 물체를 세우면 소리가 반사되어 더 크게 들을 수 있습니다.

3 소리가 나아가다가 물체에 부딪쳐 되돌아오는 성질을 소리의 반사라고 합니다. 소리는 나무판자와 같이 딱딱한 물체에서는 잘 반사되지만, 스펀지와 같이 부드러운 물체에서는 잘 반사되지 않습니다.

과학 평가대비북

2 동물의 생활

📝 쪽지 시험   143쪽

1 달팽이   **2** 있는, 없는   **3** 땅 위   **4** 지느러미   **5** 물갈퀴
6 나비   **7** 날개   **8** 사막여우   **9** 펭귄   **10** 오리

💡 단원 평가 1회   144~145쪽

1 ②   **2** ③   **3** ①   **4** 예 소는 다리로 걷거나 뛰어다니고, 뱀은 기어 다닌다.   **5** ⑤   **6** ④   **7** 날개, 가볍다   **8** ②   **9** ④   **10** ①, ④   **11** ③   **12** 예 먹이를 잘 잡고 놓치지 않는 수리 발의 특징을 활용한 것이다.

1 잠자리는 두 쌍의 날개를 가지고 있습니다.

2 다람쥐, 고양이, 토끼는 새끼를 낳고, 비둘기, 뱀, 잠자리는 알을 낳습니다. 다람쥐, 고양이, 토끼, 비둘기, 잠자리는 다리가 있으며, 비둘기와 잠자리만 날개가 있습니다. 잠자리 외에는 모두 더듬이가 없으며, 모두 물속에서 살 수 없습니다.

3 다람쥐와 공벌레는 땅 위에서 살며, 지렁이와 땅강아지는 땅속에서 삽니다.

4 소와 같은 다리가 있는 동물은 걷거나 뛰어다니고, 뱀과 같은 다리가 없는 동물은 기어서 이동합니다.

채점 기준	
예시 답안과 같이 옳게 쓴 경우	10점
예시 답안과 의미는 비슷하지만 정확하게 쓰지 못한 경우	4점

5 물고기가 물속에서 생활하기에 알맞은 점은 지느러미가 있어 물속에서 헤엄을 잘 칠 수 있고, 아가미가 있어 물속에서 숨을 쉴 수 있다는 것입니다. 또한 몸이 부드러운 곡선 형태(유선형)이므로 물속에서 빨리 헤엄쳐 이동할 수 있습니다.

6 다슬기는 배발을 이용하여 물속 바위에 붙어서 기어 다닙니다.

7 날아다니는 동물은 날개가 있고, 몸이 비교적 가볍습니다.

8 까치, 직박구리, 참새는 새이며, 잠자리는 곤충입니다.

9 사막에서 사는 동물입니다. 사막은 그늘이 거의 없고 먹이가 부족하며, 모래바람이 심하게 붑니다. 또한 비가 많이 내리지 않아 물이 매우 적습니다.

10 낙타는 등의 혹에 지방이 있어 먹이가 없어도 며칠 동안 생활할 수 있으며, 발바닥이 넓어 모래에 발이 잘 빠지지 않습니다. 콧구멍을 여닫을 수 있어 모래바람이 불어도 콧속으로 모래가 잘 들어가지 않습니다.

11 하마는 강이나 호수가 있는 초원에서 삽니다.

12 수리의 발가락은 먹이를 잘 잡고 놓치지 않습니다. 이런 특징을 활용한 집게 차는 쓰레기를 잡아 원하는 곳으로 옮길 수 있습니다.

채점 기준	
예시 답안과 같이 옳게 쓴 경우	10점
예시 답안과 의미는 비슷하지만 정확하게 쓰지 못한 경우	4점

📄 서술형 평가 1회   146쪽

1 (1) 땅속 (2) 예 몸이 털로 덮여 있다. 삽처럼 생긴 앞다리로 땅속에 굴을 판다.   **2** (1) 예 낮에는 덥고 밤에는 춥다. 비가 많이 내리지 않아 물이 매우 적다. 모래바람이 많이 분다. 그늘이 거의 없다. 먹이가 부족하다. (2) 예 뜨거운 땅에 서 있거나 이동할 때 한 번에 두 발씩 번갈아 들어 올리며 열을 식힌다.   **3** 예 지느러미가 있어 물속에서 헤엄을 잘 칠 수 있다. 아가미가 있어 물속에서 숨을 쉴 수 있다. 몸이 부드러운 곡선 형태이므로 물속에서 빨리 헤엄쳐 이동할 수 있다.   **4** (1) 뱀 (2) 문어(문어 다리의 빨판), 예 거울이나 유리에 붙일 때 편리하다.

1 (1) 두더지는 땅속에서 삽니다.
(2) 두더지는 몸이 털로 덮여 있고, 삽처럼 생긴 앞다리로 땅속에 굴을 팝니다.

채점 기준	
(1), (2)를 모두 옳게 쓴 경우	12점
(1)만 옳게 쓴 경우	2점
(2)만 옳게 쓴 경우	10점

2 (1) 사막은 덥고 물이 매우 적으며, 모래바람이 많이 불고 먹이가 부족합니다.
(2) 도마뱀은 서 있거나 이동할 때 한 번에 두 발씩 번갈아 들어 올리며 열을 식힙니다. 사막 거북은 앞다리로 땅을 잘 팔 수 있어서 땅굴을 만들어 뜨거운 낮에 쉴 수 있습니다.

채점 기준	
(1), (2)를 모두 옳게 쓴 경우	12점
(1)만 옳게 쓴 경우	4점
(2)만 옳게 쓴 경우	8점

3 물속에서 사는 동물은 지느러미로 헤엄치며, 아가미로 숨을 쉽니다.

채점 기준	
예시 답안과 같이 옳게 쓴 경우	8점
예시 답안과 의미는 비슷하지만 정확하게 쓰지 못한 경우	3점

4 (1) 좁은 공간을 기어서 이동할 수 있는 뱀의 특징을 활용하여 건물이 무너지거나 지진이 발생했을 때 정찰할 수 있도록 개발한 로봇입니다.
(2) 칫솔걸이처럼 거울이나 유리, 벽 등에 붙이는 생활용품에 문어 다리의 빨판이 잘 붙는 특징을 활용하였습니다.

채점 기준	
(1), (2)를 모두 옳게 쓴 경우	12점
(1)만 옳게 쓴 경우	4점
(2)만 옳게 쓴 경우	8점

💡 단원 평가 2회 147~148쪽

1 ③ **2** ④ **3** ④ **4** 확대경 **5** ① **6** ③ **7** 전복, ⑩ 배발을 이용하여 물속 바위에 붙어서 기어 다닌다. **8** ⑤
9 ⑤ **10** ⑩ 콧구멍을 여닫을 수 있어 모래바람이 불어도 콧속으로 모래가 잘 들어가지 않는다. **11** ①, ③ **12** ㉡

1 달팽이는 더듬이가 있고, 미끄러지듯이 움직입니다.

2 귀여운 정도는 사람마다 기준이 다르므로 분류 기준이 될 수 없습니다.

3 나비와 잠자리는 곤충이며 날개가 있습니다. 붕어만 물속에서 살 수 있으며, 몸집이 '크다', '작다'는 사람마다 기준이 다를 수 있으므로 무엇보다 크고 작은 것인지 기준을 정해야 합니다.

4 확대경을 사용하면 작은 동물을 확대경 안에 가둬 놓고 확대해서 자세히 관찰할 수 있습니다.

5 지느러미는 물속에서 생활하는 동물이 가진 특징입니다.

6 개구리는 뒷다리에 물갈퀴가 있어 물속에서 헤엄쳐 이동합니다. 땅에서는 폴짝 폴짝 뛰어다닙니다.

7 상어와 붕어는 지느러미를 이용하여 헤엄쳐서 이동합니다.

채점 기준	
예시 답안과 같이 옳게 쓴 경우	10점
예시 답안과 의미는 비슷하지만 정확하게 쓰지 못한 경우	4점

8 참새는 다리가 한 쌍이며, 날개가 있어 주로 날아다닙니다.

9 날아다니는 동물은 주로 날개를 이용하여 이동하며, 날아다니는 동물이 모두 깃털로 덮여 있는 것은 아닙니다. 날개의 개수는 동물에 따라 다릅니다.

10 낙타는 콧구멍을 여닫을 수 있어 모래바람이 불어도 콧속으로 모래가 잘 들어가지 않습니다.

채점 기준	
예시 답안과 같이 옳게 쓴 경우	10점
예시 답안과 의미는 비슷하지만 정확하게 쓰지 못한 경우	4점

11 사막여우는 몸에 비해 큰 귀를 가지고 있어 체온을 조절할 수 있으며, 귓속의 털로 인해 귓속으로 모래가 잘 들어가지 않습니다.

12 전신 수영복은 상어 피부의 특징을 모방한 것입니다.

📋 서술형 평가 2회 149쪽

1 (1) ⑩ 날개가 있는가?, 다리가 있는가? (2) ⑩ 잠자리는 날개가 있는 동물로, 거미와 달팽이는 날개가 없는 동물로 분류할 수 있다. 잠자리와 거미는 다리가 있는 동물로, 달팽이는 다리가 없는 동물로 분류할 수 있다. **2** ⑩ 붕어는 물속에서 지느러미를 이용해 헤엄쳐 이동하고, 수달은 물 밖에서는 다리를 이용해 걷거나 뛰어다니며, 물속에서는 물갈퀴가 있는 뒷발을 이용해 헤엄친다. **3** ⑩ 뜨거운 모래의 열을 식히기 위해서이다.
4 (1) 등산화 (2) ⑩ 절벽에서 잘 미끄러지지 않는 산양 발바닥의 특징을 모방한 것이다.

1 (1) 잠자리는 날아다니는 동물인 곤충으로 날개가 있으며 잠자리와 거미는 다리가 있습니다.
(2) 잠자리는 날개가 있고 거미와 달팽이는 날개가 없습니다. 잠자리와 거미는 다리가 있고 달팽이는 다리가 없습니다.

채점 기준	
(1), (2)를 모두 옳게 쓴 경우	12점
(1)만 옳게 쓴 경우	6점
(2)만 옳게 쓴 경우	6점

2 붕어는 지느러미를 이용해 물속에서 헤엄쳐 이동합니다. 수달은 물가에서 살며 물 밖에서는 다리를 이용해 이동하고, 물속에서는 물갈퀴가 있는 뒷발을 이용해 헤엄쳐 이동합니다.

채점 기준	
예시 답안과 같이 옳게 쓴 경우	8점
예시 답안과 의미는 비슷하지만 정확하게 쓰지 못한 경우	3점

3 사막의 모래는 매우 뜨겁기 때문에 도마뱀은 모래에 닿아 있는 발을 번갈아 들면서 열을 식힙니다.

채점 기준	
예시 답안과 같이 옳게 쓴 경우	8점
예시 답안과 의미는 비슷하지만 정확하게 쓰지 못한 경우	3점

4 (1) 산양 발바닥의 특징을 모방하여 만든 물건은 등산화입니다.

(2) 주로 절벽에서 살아가는 산양은 발바닥이 절벽에서 잘 미끄러지지 않게 생겼습니다. 이러한 특징을 이용해 등산화 밑창을 만들어서 등산화를 신고 등산을 하면 잘 미끄러지지 않습니다.

채점 기준	
(1), (2)를 모두 옳게 쓴 경우	12점
(1)만 옳게 쓴 경우	4점
(2)만 옳게 쓴 경우	8점

3 지표의 변화

쪽지 시험
151쪽

1 운동장 흙 **2** 부식물 **3** 화단 흙 **4** 작아집니다. **5** 흙
6 침식 작용 **7** 위, 아래 **8** 강 하류 **9** 바닷물의 퇴적 작용
10 오랜

단원 평가 1회
152~153쪽

1 ① **2** ⑤ **3** (1) ㉠ (2) 예 운동장 흙이 화단 흙보다 알갱이의 크기가 크기 때문이다. **4** ② **5** ⑤ **6** ㉠ 침식, ㉡ 퇴적 **7** 예 위쪽에서 아래쪽으로 이동한다. **8** 흙 언덕의 윗쪽
9 ⑤ **10** ㉠ **11** ② **12** ㉣

1 흙을 관찰할 때 맛을 보지 않습니다.

2 화단 흙은 운동장 흙에 비해 어두운색이며, 만졌을 때의 느낌이 약간 부드럽습니다. 또한 알갱이의 크기는 큰 것도 있고, 작은 것도 있습니다.

3 운동장 흙은 화단 흙보다 알갱이의 크기가 크기 때문에 일정 시간 동안 물이 더 많이 빠집니다.

채점 기준	
(1), (2)를 모두 옳게 쓴 경우	10점
(1)만 옳게 쓴 경우	2점
(2)만 옳게 쓴 경우	8점

4 흙이 든 비커에 물을 부었을 때 물에 뜨는 물질은 대부분 부식물로, 부식물은 식물이 잘 자라는 데 도움을 줍니다.

5 바위틈에서 나무뿌리가 자라 바위가 부서지기도 합니다.

6 경사가 급한 곳은 물의 흐름이 빨라 지표를 깎는 침식 작용이 잘 일어납니다. 경사가 완만한 곳은 물의 흐름이 느려져 깎인 흙이 운반되어 쌓이는 작용이 잘 일어납니다.

7 흙 언덕의 위쪽에서 물을 흘려보내면 색 모래는 위쪽에서 아래쪽으로 이동합니다.

채점 기준	
예시 답안과 같이 옳게 쓴 경우	10점
예시 답안과 의미는 비슷하지만 정확하게 쓰지 못한 경우	4점

8 흐르는 물이 흙 언덕 위쪽의 흙을 깎고 운반하여 아래쪽에 쌓습니다.

9 강 하류에서 넓은 평야나 들을 볼 수 있으며, 강 하류는 강 폭이 넓고 강의 경사가 완만합니다.

10 ㉠ 강 상류에서 큰 바위나 돌, 계곡이나 산을 볼 수 있습니다. ㉡ 강 하류에서는 넓은 평야나 들을 볼 수 있습니다.

11 바닷물이 바위와 만나는 부분을 계속 깎고 무너뜨려서 절벽이 만들어집니다.

12 ㈎는 바닷물의 침식 작용, ㈏는 바닷물의 퇴적 작용으로 만들어진 지형입니다. 오랜 시간에 걸쳐 바닷가 지형이 만들어집니다.

📝 서술형 평가 1회   154쪽

1 (1) ㉠ 운동장 흙, ㉡ 화단 흙 (2) 예 운동장 흙보다 화단 흙에 부식물이 많기 때문이다. 또는 운동장 흙보다 화단 흙에 물 위에 뜨는 물질이 많기 때문이다.   **2** 예 바위나 돌이 작게 부서져 흙이 된다. 또는 바위나 돌이 나무뿌리나 물에 의해 작은 알갱이로 부서져 흙이 된다.   **3** ㉡, 예 강 하류에는 퇴적 작용이 활발하여 강 상류에서 깎인 물질들이 물에 의해 운반되어 쌓이기 때문이다.   **4** (1) 강의 상류 (2) 예 바닷물에 의해 바위가 깎여서 만들어진다. 또는 바닷물의 침식 작용으로 만들어진다.

1 화단 흙에는 물에 뜨는 물질인 나무뿌리, 나뭇잎 조각, 죽은 곤충이 많습니다.

채점 기준	
(1), (2)를 모두 옳게 쓴 경우	12점
(1)만 옳게 쓴 경우	2점
(2)만 옳게 쓴 경우	10점

2 얼음 설탕이 부서져 알갱이의 크기가 작아지고 가루가 생기는 것은 바위나 돌이 부서져 흙이 되는 과정과 비슷합니다.

채점 기준	
예시 답안과 같이 옳게 쓴 경우	8점
예시 답안과 의미는 비슷하지만 정확하게 쓰지 못한 경우	3점

3 강 상류에서는 침식 작용이 활발하여 지표를 깎고, 이때 깎인 물질들이 운반되어 퇴적 작용이 활발한 강 하류에 쌓입니다.

채점 기준	
기호와 까닭을 모두 옳게 쓴 경우	8점
기호만 옳게 쓴 경우	3점

4 (1) 강 상류에서는 퇴적 작용보다 침식 작용이 활발하게 일어납니다.
(2) 가운데에 구멍이 뚫린 바위, 해안가의 절벽은 바닷물의 침식 작용으로 만들어진 지형입니다.

채점 기준	
(1), (2)를 모두 옳게 쓴 경우	12점
(1)만 옳게 쓴 경우	2점
(2)만 옳게 쓴 경우	10점

💡 단원 평가 2회   155~156쪽

1 ③   **2** ㉡   **3** ㈏, 예 ㈏ 화단 흙에는 물에 뜨는 부식물이 많기 때문이다.   **4** ②   **5** 흙   **6** ⑤   **7** ③   **8** ③   **9** ①, ③   **10** 예 모래나 흙이 넓게 쌓여 있는 것을 볼 수 있다. 넓은 평야와 들을 볼 수 있다.   **11** (1) ㉠, ㉣ (2) ㉡, ㉢   **12** ㉠

1 만졌을 때의 느낌이 운동장 흙은 거칠고, 화단 흙은 약간 부드럽습니다.

2 두 흙의 물에 뜨는 물질의 양을 비교하는 실험이므로 흙의 종류는 다르게 하고, 나머지 조건은 모두 같게 합니다.

3 운동장 흙에는 물에 뜬 물질이 거의 없고, 화단 흙에는 물에 뜬 물질이 많습니다. 화단 흙에서 식물이 잘 자랍니다.

채점 기준	
기호와 까닭을 모두 옳게 쓴 경우	10점
기호만 옳게 쓴 경우	3점

4 플라스틱 통에 운동장 흙과 화단 흙을 각각 반 정도 채운 뒤, 비슷한 빠르기로 물을 부어 흙의 물 빠짐을 비교하기 위한 실험입니다

5 플라스틱 통을 흔든 뒤 얼음 설탕은 알갱이의 크기가 작아지고 가루가 생깁니다.

6 얼음 설탕을 넣은 플라스틱 통을 흔드는 것은 자연에서 물이나 나무뿌리가 큰 덩어리인 바위나 돌을 작은 알갱이로 부수는 것에 비유할 수 있습니다.

7 흙 언덕의 위쪽에서 물을 흘려보내면 위쪽의 흙이 깎여 아래쪽으로 운반되어 쌓입니다. 또한 색 모래도 위쪽에서 아래쪽으로 이동합니다.

8 흐르는 물은 돌, 흙 등을 깎아 낮은 곳으로 운반해 쌓아 놓습니다.

9 퇴적 작용은 운반된 돌이나 흙이 쌓이는 것으로, 경사가 완만한 곳에서 활발하게 일어납니다.

10 강 하류에는 모래나 흙이 쌓여 있는 것을 볼 수 있습니다.

채점 기준	
예시 답안과 같이 옳게 쓴 경우	10점
예시 답안과 의미는 비슷하지만 정확하게 쓰지 못한 경우	4점

11 강 상류는 강폭이 좁고 강의 경사가 급하며, 침식 작용이 활발하게 일어납니다. 강 하류는 강폭이 넓고 강의 경사가 완만하며, 퇴적 작용이 활발하게 일어납니다.

12 바닷물의 침식 작용은 바다 쪽으로 돌출된 부분(㉠)에서 활발합니다.

---

1 (1) 흙의 종류 (2) 예 두 흙에 같은 양의 물을 비슷한 빠르기로 동시에 부었을 때 물이 더 적게 빠진 흙이 화단 흙이다.   **2** (1) ㉠ 흔든 뒤, ㉡ 흔들기 전 (2) 예 얼음 설탕이 가루가 되는 데 걸린 시간은 짧지만, 자연에서 바위나 돌이 흙이 되는 데 걸린 시간은 매우 길다.   **3** 예 흐르는 물에 의해 흙 언덕의 윗부분에서는 흙과 색 모래가 깎이는 침식 작용이 일어났고, 아랫부분에서는 윗부분에서 깎여 운반되어 온 흙과 색 모래가 쌓이는 퇴적 작용이 일어났기 때문이다.   **4** ㉡, 예 강폭이 좁고 경사가 급하며 큰 바위가 많이 보이기 때문이다.

1 (1) 흙의 물 빠짐을 비교하는 실험이므로 흙의 종류는 다르게 하고 나머지 조건은 모두 같게 합니다.

(2) 화단 흙이 물 빠짐이 느리므로 물이 더 적게 빠져 나온 쪽이 화단 흙입니다.

채점 기준	
(1), (2)를 모두 옳게 쓴 경우	12점
(1)만 옳게 쓴 경우	2점
(2)만 옳게 쓴 경우	10점

2 (1) 플라스틱 통을 흔든 뒤에는 얼음 설탕이 작게 부서지고 가루가 생깁니다.

(2) 자연에서 바위나 돌이 부서져 흙이 될 때에는 오랜 시간이 걸립니다.

채점 기준	
(1), (2)를 모두 옳게 쓴 경우	12점
(1)만 옳게 쓴 경우	2점
(2)만 옳게 쓴 경우	10점

3 흐르는 물이 흙 언덕 위쪽의 흙을 깎고, 흙을 아래로 운반합니다.

채점 기준	
예시 답안과 같이 옳게 쓴 경우	8점
예시 답안과 의미는 비슷하지만 정확하게 쓰지 못한 경우	3점

4 강 상류는 강폭이 좁고, 강의 경사가 급하여 물의 흐름이 빠릅니다.

채점 기준	
기호와 까닭을 모두 옳게 쓴 경우	8점
기호만 옳게 쓴 경우	3점

---

4 물질의 상태

1 물   **2** 물   **3** 변하지 않는다.   **4** 모양   **5** 식용유   **6** 보이지 않는다.   **7** 공기(공기 방울)   **8** 공기   **9** 기체   **10** 200 kg

---

1 물   **2** 예 공기는 눈에 보이지 않고 손에 잡히지 않기 때문이다.   **3** ④, ⑤   **4** ④   **5** ④   **6** ②   **7** ③   **8** 공기   **9** 예 플라스틱 컵 바닥의 구멍을 통해 컵 속의 공기가 빠져나가기 때문에 물의 높이가 변하지 않는다.   **10** 이동   **11** ㉡   **12** (1) ㉢, ㉤, ㉥ (2) ㉠, ㉡, ㉣

1 나무 막대는 손으로 전달할 수 있고, 공기는 눈에 보이지 않습니다.

2 공기는 눈에 보이지 않고 손에 잡히지 않기 때문에 손으로 전달한 것인지 알 수 없습니다.

채점 기준	
예시 답안과 같이 옳게 쓴 경우	10점
예시 답안과 의미는 비슷하지만 정확하게 쓰지 못한 경우	4점

3 나무 막대와 같은 고체는 담는 그릇에 따라 모양과 크기가 변하지 않습니다.

4 물은 투명하고 주스는 노란색이며, 물과 주스는 모두 손으로 잡을 수 없고 담는 그릇에 따라 모양이 변합니다.

5 액체는 담는 그릇이 달라지면 모양은 변하지만 부피는 변하지 않습니다.

6 부채질을 하면 바람이 느껴지는 것은 공기가 있기 때문으로, 부채질을 통해 눈에 보이지는 않지만 공기가 있다는 것을 알 수 있습니다.

7 물속에서 플라스틱병을 누르거나 주사기의 피스톤을 밀면 보글보글 소리가 나면서 공기 방울이 위로 올라갑니다. 위로 올라간 공기 방울은 사라집니다.

8 부표와 자동차 타이어, 물놀이용 튜브 속에는 공기가 들어 있습니다.

9 바닥에 구멍이 뚫린 플라스틱 컵을 물속으로 밀어 넣으면 바닥의 구멍을 통해 플라스틱 컵 속의 공기가 빠져나가기 때문에 수조 안 물의 높이가 변하지 않습니다.

채점 기준	
예시 답안과 같이 옳게 쓴 경우	10점
예시 답안과 의미는 비슷하지만 정확하게 쓰지 못한 경우	4점

10 비닐관으로 연결된 두 개의 주사기 중 한쪽 주사기의 피스톤을 밀면 주사기와 비닐관 속에 있는 공기가 다른 쪽 주사기로 이동해 피스톤을 뒤로 밀어냅니다.

11 공기 주입 마개를 많이 누를수록 페트병의 무게가 더 무겁습니다.

12 물, 주스, 들기름은 담는 그릇에 따라 모양이 변하는 액체이고, 자전거, 유리컵, 나무젓가락은 담는 그릇이 바뀌어도 모양과 부피가 변하지 않는 고체입니다.

서술형 평가 1회
162쪽

1 (1) 예 물은 모양이 계속 변하고 흘러내리기 때문이다. (2) 예 나무 막대는 단단하여 손으로 잡을 수 있기 때문이다. **2** (1) 예 담는 그릇에 따라 물의 모양이 변한다. (2) 예 담는 그릇에 따라 물의 부피는 변하지 않는다. **3** (1) 공기 (2) 예 눈에 보이지 않지만 우리 주변에 공기가 있다. **4** 예 공기는 무게가 있기 때문에 공기 주입 마개를 많이 눌러 공기를 많이 넣을수록 페트병이 무거워진다.

1 나무 막대는 손으로 잡을 수 있어 전달하기 쉽지만, 물은 모양이 변하고 흘러내려서 손으로 전달하기 어렵습니다.

채점 기준	
(1), (2)를 모두 옳게 쓴 경우	12점
(1)만 옳게 쓴 경우	4점
(2)만 옳게 쓴 경우	8점

2 물과 같은 액체는 담는 그릇에 따라 모양은 변하지만, 부피는 변하지 않습니다.

채점 기준	
(1), (2)를 모두 옳게 쓴 경우	12점
(1)만 옳게 쓴 경우	6점
(2)만 옳게 쓴 경우	6점

3 부풀린 풍선 속에 들어 있는 공기가 빠져나오면서 얼굴에 바람이 느껴지는 것으로 눈에 보이지 않지만 우리 주변에 공기가 있다는 것을 알 수 있습니다.

채점 기준	
(1), (2)를 모두 옳게 쓴 경우	12점
(1)만 옳게 쓴 경우	2점
(2)만 옳게 쓴 경우	10점

4 공기 주입 마개를 많이 누를수록 페트병 속에 공기가 많이 들어갑니다. 공기는 무게가 있기 때문에 공기가 많이 들어 있을수록 페트병이 더 무겁습니다.

채점 기준	
예시 답안과 같이 옳게 쓴 경우	8점
예시 답안과 의미는 비슷하지만 정확하게 쓰지 못한 경우	3점

단원 평가 2회
163~164쪽

1 ④ **2** ⑤ **3** ㉠, ㉢ **4** 예 각 그릇에 담겨 있는 물의 부피는 같다. **5** ④, ⑤ **6** ⑤ **7** ⑤ **8** 예 페트병 뚜껑이 아래로 내려가고 수조 안 물의 높이가 높아진다. **9** ⑤ **10** ㉠ **11** ⑤ **12** ②

1 물은 흘러내리고, 공기는 눈에 보이지 않아서 손으로 잡을 수 없습니다.

2 고체는 담는 그릇이 바뀌어도 모양과 부피가 변하지 않는 물질의 상태를 말합니다.

3 연필과 풍선은 고체이고, 우유와 식용유는 액체입니다.

4 물과 같은 액체는 담는 그릇이 달라져도 부피는 변하지 않습니다.

채점 기준	
예시 답안과 같이 옳게 쓴 경우	10점
예시 답안과 의미는 비슷하지만 정확하게 쓰지 못한 경우	4점

5 액체는 담는 그릇이 바뀌면 모양은 변하지만 부피는 변하지 않습니다.

6 공기와 같은 기체는 담는 그릇에 따라 모양과 부피가 변하며, 담는 그릇을 가득 채우는 성질이 있습니다.

7 풍선을 불거나 깃발이 휘날리는 것, 부채질, 나뭇가지가 흔들리는 것을 통해 우리 주변에 공기가 있다는 것을 확인할 수 있습니다.

8 바닥에 구멍이 뚫리지 않은 플라스틱 컵 속의 공기가 공간을 차지하고 있기 때문에 페트병 뚜껑이 아래로 내려가고 컵 속 공기의 부피만큼 수조 안 물의 높이가 높아집니다.

9 이 실험을 통해 공기가 공간을 차지하고 있다는 것을 알 수 있습니다.

10 ㈎ 주사기의 피스톤을 밀면 ㈎ 주사와 비닐관 속에 있는 공기가 ㈏ 주사기로 이동하면서 ㈏ 주사기의 피스톤이 움직입니다.

11 공기는 무게가 있기 때문에 공기 주입 마개를 많이 눌러 페트병 속에 공기를 많이 넣을수록 페트병이 더 무겁습니다.

12 공기는 기체, 필통, 가위, 암석은 고체, 주스는 액체입니다.

📖 서술형 평가 2회

1 ⓔ 담는 그릇이 달라져도 모양과 부피가 변하지 않는다.
2 (1) ⓔ 물의 모양은 페트병의 모양과 같게 변한다. (2) ⓔ 액체는 담는 그릇에 따라 모양이 변한다.　**3** ⓔ 페트병 속의 공기가 풍선으로 이동했기 때문이다.　**4** (1) ㉡ (2) ⓔ 공기는 무게가 있어서 공기가 더 많이 들어 있는 ㉡ 공기 침대가 더 무겁기 때문이다.

1 나무 막대와 탁구공은 고체로, 담는 그릇에 따라 모양과 부피가 변하지 않습니다.

2 (1) 페트병을 뒤집으면 페트병 뚜껑이 있는 쪽과 같게 물의 모양이 변합니다.
(2) 액체는 담는 그릇에 따라 모양이 변하기 때문에 페트병을 뒤집으면 페트병의 모양에 따라 물의 모양이 변합니다.

3 페트병 속에 있던 공기가 풍선으로 이동해 풍선을 부풀게 한 것입니다. 이는 공기의 이동으로 인해 나타나는 현상입니다.

4 (1) 공기는 무게가 있기 때문에 ㉠ 공기가 들어 있지 않은 공기 침대보다 ㉡ 공기가 들어 있는 공기 침대가 더 무겁습니다.
(2) 공기는 무게가 있습니다. 따라서 공기를 가득 넣은 ㉡ 공기 침대가 공기를 넣지 않은 ㉠ 공기 침대보다 더 무거워 ㉡ 공기 침대를 옮길 때에는 여러 사람이 필요합니다.

과학

5 소리의 성질

1 떨림　**2** 물이 튀어 오른다.　**3** 멈춘다.　**4** 소리의 세기
5 소리의 높낮이　**6** 높은 소리　**7** 책상(고체)　**8** 실
9 소리의 반사　**10** 딱딱한 물체

단원 평가 1회

1 ②　　**2** ⑩ 소리가 나는 물체는 떨림이 있다.　　**3** ⓒ
4 ①, ④　**5** ②　**6** ①, ③　**7** ⑩ 수조의 물과 플라스틱 관,
관 속의 공기를 통해 소리가 전달되며, 이를 통해 소리는 물질
을 통해 전달된다는 것을 알 수 있다.　**8** ⑤　**9** ⓒ　**10** ①
11 ③　**12** ④

1 소리가 나는 소리굽쇠를 물에 대면 소리굽쇠의 떨림 때문에 물이 튀어 오릅니다.

2 소리는 물체가 떨면서 나기 때문에 소리가 나는 물체는 떨림이 있습니다.

채점 기준	
예시 답안과 같이 옳게 쓴 경우	10점
예시 답안과 의미는 비슷하지만 정확하게 쓰지 못한 경우	4점

3 작은북을 세게 치면 작은북이 크게 떨리면서 좁쌀이 높게 튀어 오르고 큰 소리가 납니다.

4 큰 소리를 내야 할 때는 멀리 있는 친구를 부를 때와 수업 시간에 친구들 앞에서 발표할 때입니다.

5 실로폰의 짧은 음판을 칠수록 높은 소리가 납니다.

6 책상에 귀를 대고 책상을 두드리는 소리를 들으면 소리가 크게 들리며 이는 고체인 책상을 통해 소리가 전달되었기 때문입니다.

7 플라스틱 관이 스피커에 가까워질수록 소리가 더 크게 들리며, 스피커에서 나는 소리는 수조의 물과 플라스틱 관, 관 속의 공기를 통해 전달됩니다.

채점 기준	
예시 답안과 같이 옳게 쓴 경우	10점
플라스틱관, 관 속의 공기, 물 모두를 언급하지 않은 경우	4점

8 실의 두께가 두껍고 길이가 짧을수록, 실이 팽팽할수록 소리가 잘 들립니다.

9 소리는 부드러운 물체에서는 잘 반사되지 않기 때문에 나무판을 들었을 때보다 스타이로폼판을 들었을 때 소리가 더 작게 들립니다.

10 동굴에서는 소리를 내는 곳과 벽과의 공간에 소리를 흡수하는 물체가 거의 없어서 소리의 반사가 잘 일어납니다. 따라서 동굴에서 소리를 내면 메아리가 들립니다.

11 이어폰을 사용해 음악을 들으면 음악 소리가 밖으로 들리지 않아 소음이 생기지 않습니다.

12 확성기의 사용을 줄여야 소음을 줄일 수 있습니다.

서술형 평가 1회

1 (1) ㉠, ㉡ (2) ⑩ 소리가 나는 물체는 공통적으로 떨림이 있다.
2 (1) ⑩ 관의 길이에 따라 소리의 높낮이가 달라진다. (2) ⑩ 팬 플루트의 짧은 관을 분다.　**3** (1) ⑩ 나무판 (2) ⑩ 소리는 딱딱한 물체에서 잘 반사되기 때문이다.　**4** ⑩ 소리를 반사시켜 소음을 줄이기 위해서이다.

1 소리가 나는 목이나 스피커에 손을 대면 떨림이 느껴집니다. 이는 물체가 떨면서 소리가 나기 때문입니다.

채점 기준	
(1), (2)를 모두 옳게 쓴 경우	12점
(1)만 옳게 쓴 경우	2점
(2)만 옳게 쓴 경우	10점

2 팬 플루트는 관의 길이에 따라 소리의 높낮이가 달라집니다. 짧은 관을 불면 높은 소리가 나고, 긴 관을 불면 낮은 소리가 납니다.

채점 기준	
(1), (2)를 모두 옳게 쓴 경우	12점
(1)만 옳게 쓴 경우	6점
(2)만 옳게 쓴 경우	6점

3 소리는 딱딱한 물체에서는 잘 반사되지만, 부드러운 물체에서는 잘 반사되지 않습니다. 따라서 스타이로폼판 대신에 나무판이나 금속판을 사용하면 스피커의 소리를 더 크게 들을 수 있습니다.

채점 기준	
(1), (2)를 모두 옳게 쓴 경우	12점
(1)만 옳게 쓴 경우	2점
(2)만 옳게 쓴 경우	10점

4 도로에 방음벽을 설치하면 소리가 반사되어 주택가로 전달되는 것을 막아 주므로 자동차 소음을 줄일 수 있습니다.

채점 기준	
예시 답안과 같이 옳게 쓴 경우	8점
반사의 언급 없이 소음을 줄이기 위해서라고만 쓴 경우	4점

💡 단원 평가 2회

171~172쪽

1 ㉠ **2** ① **3** ⑤ **4** 예 작은북을 세게 치면 북이 크게 떨리기 때문이다. **5** 수지 **6** ④ **7** (1) 기체 (2) 액체 **8** 예 스피커의 소리가 작아진다. **9** ㉢ **10** ③ **11** 소리의 반사 **12** ②

1 소리가 나는 스피커에 손을 대면 떨림이 느껴집니다. 이는 물체가 떨리면서 소리가 나기 때문입니다.

2 소리가 나는 소리굽쇠는 떨림이 있기 때문에 물에 대면 물이 튀어 오릅니다.

3 체육 대회에서 우리 팀을 응원할 때는 큰 소리를 냅니다.

4 작은북을 치는 세기에 따라 좁쌀이 튀어 오르는 높이가 다릅니다. 세게 칠 때 더 높게 튀어 오릅니다.

채점 기준	
예시 답안과 같이 옳게 쓴 경우	10점
크게 떨리기 때문이라는 언급이 없는 경우	4점

5 소리의 높낮이는 소리의 높고 낮은 정도를 말합니다.

6 배는 멀리까지 신호를 보내기 위해 낮은 소리를 이용합니다.

7 소리는 고체, 액체, 기체 물질을 통해 전달됩니다.

8 공기가 소리를 전달하므로 밀폐된 통 안의 공기를 뺄수록 소리가 작아집니다.

채점 기준	
예시 답안과 같이 옳게 쓴 경우	10점
예시 답안과 의미는 비슷하지만 정확하게 쓰지 못한 경우	4점

9 소리는 공기를 통해 전달되는데, 통 안의 공기를 빼면 공기가 줄어들어서 소리가 잘 전달되지 않습니다.

10 실이 짧고 두꺼울수록 소리가 더 잘 들립니다.

11 소리가 나아가다가 벽에 부딪쳐 되돌아오는 소리의 반사 성질과 관련된 현상입니다.

12 소음은 일상생활에서 장소에 상관없이 발생합니다.

📋 서술형 평가 2회

173쪽

1 (1) 예 작은북을 세게 치면 큰 소리가 나고, 약하게 치면 작은 소리가 난다. (2) 예 작은북 위에 좁쌀을 올려놓고 작은북을 치면, 소리의 세기에 따라 좁쌀이 튀어 오르는 높이가 달라진다.

2 (1) 예 긴 음판에서 짧은 음판 쪽으로 순서대로 친다. (2) 예 음판의 길이가 짧을수록 높은 소리가 나고, 길수록 낮은 소리가 난다.

3 예 숟가락을 젓가락으로 치면, 숟가락이 떨리게 되고, 숟가락의 떨림이 실로 전달되고, 실의 떨림이 우리 귀로 전달되어서 소리를 들을 수 있다. **4** 예 의자 다리에 소음 방지 덮개를 씌운다. 이중창을 설치하여 소리가 잘 전달되지 않게 한다. 바닥에 소음 방지 매트를 깐다. 등

1 작은북을 북채로 약하게 치면 좁쌀이 낮게 튀어 오르고, 세게 치면 높게 튀어 오릅니다.

채점 기준	
(1), (2)를 모두 옳게 쓴 경우	12점
(1)만 옳게 쓴 경우	6점
(2)만 옳게 쓴 경우	6점

2 긴 음판을 치면 음판이 느리게 떨리면서 낮은 소리가 나고, 짧은 음판을 치면 음판이 빠르게 떨리면서 높은 소리가 납니다.

채점 기준	
(1), (2)를 모두 옳게 쓴 경우	12점
(1)만 옳게 쓴 경우	4점
(2)만 옳게 쓴 경우	8점

3 숟가락의 떨림이 실로 전달되고, 실의 떨림이 귀로 전달되어 소리를 들을 수 있습니다. 소리는 실과 같은 고체를 통해서도 전달됩니다.

채점 기준	
예시 답안과 같이 옳게 쓴 경우	8점
전달 과정이 없이 숟가락의 떨림이 전달됐다고만 쓴 경우	4점

4 바닥에 소음 방지 매트를 깔아 소리가 잘 전달되지 않게 하고, 음악을 들을 때 이어폰을 사용하면 소음을 줄일 수 있습니다.

채점 기준	
두 가지 답을 모두 옳게 쓴 경우	8점
한 가지 답만 옳게 쓴 경우	4점